思想會

思想會

STARING AT GOD

Simon

凝视上帝

大战中的英国

上

BRITAIN IN THE GREAT WAR

H e f f e r

〔英〕西蒙·赫弗 著

伍秋玉 译

社会科学文献出版社
SOCIAL SCIENCES ACADEMIC PRESS (CHINA)

致格雷维尔·霍华德

友谊如酒，历久弥香

这场战争使我们陷入了最糟糕的境地……现在，弹片正在杀死整整一代人，我们只能凝视上帝了。

玛戈特·阿斯奎斯的日记，1914 年 10 月 26 日

基钦纳在组建军队的过程中创造了爱。对于一个以前只知道结婚的国家来说，这是一个巨大的变化。

乔治·桑塔亚纳就西班牙报纸的报道于
1915 年 5 月 5 日写给伯特兰·罗素的信

会有人出现的。战争将会造就一个天才。

诺思克利夫勋爵写给乔治·里德尔爵士的信，
1915 年 6 月 5 日

但我要说的是，就像我所做的那样，我站在上帝和永恒的面前。我意识到仅有爱国主义是不够的，我不会怨恨和仇恨任何人。

艾迪丝·卡维尔写给斯特灵·加汉的信，
布鲁塞尔，1915 年 10 月 11 日

加略人犹大的直系后裔。

克莱门汀·丘吉尔写给其丈夫的批判
劳合·乔治的信，1915 年 12 月 30 日

查特菲尔德，我们的船今天似乎出了点问题。

海军中将戴维·贝蒂爵士在日德兰海战中与舰长
厄尼·查特菲尔德的对话，1916 年 5 月 31 日

相信我，英格兰没有腐烂堕落。虽然它是一个由笨驴和无赖领导的雄狮之国，但英格兰的本质还是好的。我从来没有对人民失去信心。但是，我对我们所有的领导人失去了信心。

H. A. 格温写给巴瑟斯特伯爵夫人的信，
1918 年 1 月 15 日

诸位阁下，请想一想，过去五十年来，在获得爱尔兰人民的喜爱和爱戴方面，我们几乎没有取得任何进展，这难道不是一件非常可悲的事情吗？

第 12 代米斯伯爵雷金纳德·布拉巴松在
上院发表的演讲，1918 年 3 月 12 日，

每一个士兵都必须坚守每一个位置，不能退却。我们背水一战，相信我们的事业是正义的，我们每一个人都必须奋战到底。

陆军元帅道格拉斯·黑格爵士的电报，
1918 年 4 月 11 日

人们将不得不重新审视长期而非短期的远景，人们最终将充分认识到，逝去的不仅仅是在战争期间死去的人。

辛西娅·阿斯奎斯夫人的日记，1918年10月7日

目 录

引　言

本书讲述的不是一个军事故事。它讲述的是自由放任原则塑造的具有强大的海军和商业实力的政府和人民如何打破其文化、自由、教义和习俗等传统，并适应全面战争。它讲述了 1914 年 8 月，英国是如何迅速而又不确定地突然下达动员令，如何组建一支庞大的军队，限制行动和言论自由，并战胜了一个强大的敌人，以及这个国家如何以激进的方式崛起并发生不可逆转的改变。它从英国的角度描述了国际事件：由于一名塞尔维亚的民族主义者在遥远的波斯尼亚谋杀了奥地利大公，政府如何使英国卷入了一场灾难性的战争；这场战争对英国及其人民的影响；在全面战争后重新适应和平时的困难，妇女可以投票的新时代的出现，俄国革命对工人阶级的鼓舞，以及“新派男人”组成的联合政府如何做出几乎不可能兑现的承诺。

这是计划出版的四卷本中的第三卷，这些书是关于 1838 ~ 1939 年间的英国，这是一个变革的世纪，甚至超越了发生罗马入侵、诺曼人征服英格兰和宗教改革的那些世纪。从 1914 年 6 月 28 日弗朗茨·斐迪南大公遇刺到 1919 年 6 月 28 日签署《凡尔赛和约》的五年间，英国发生了一场具有隐喻意义的革命，与欧洲部分地区和俄国发生的具有明示意义的革命形成对比；不过，1918 年 12 月，爱尔兰通过投票箱卓有成效地完成了一项革命。[*]

1 在英国，数百万人自愿参军或被征召入伍，他们因此过早地结束了生命，或者生活被颠覆。虽然妇女们仍然希望一家人齐齐整整的，但她们失去了亲人，应征参加工作，取得了进步，并获得了选举权。1917 年初，曾有一段时间，这个国家似乎会因饥饿而屈服。轰炸机袭击了英格兰的南部和东部，船舰炸毁了东海岸的城镇。英国负债累累，税负沉重；然而最严峻的情况是，这个国家膨胀起来，对人民的生活进行了前所未有的控制。这场战争成为一个创建福利国家的契机，早在签署停战协定之前，政府就已经有了改善医疗、住房和教育的打算。英国还必须学会如何应对和照顾大批伤残退役军人，以及阵亡将士的遗孀和孤儿。然而，英国无法始终尽善尽美地做到这一点。

就像前两卷《高远之见：维多利亚时代与现代英国的诞生》（对 1838～1880 年的英国进行探讨）和《堕落时代：1880～1914 年的英国》（将视角转向欧洲危机的爆发前夕）一样，《凝视上帝：大战中的英国》力图探究社会、文化和政治层面的历史。但是，由于战争造成的绝望境地，以及随之形成的认知——如果英国要取得胜利，那么每一个男人、女人和诸多儿童都必须做出贡献——政府和政客们前所未有地凌驾于普通公民之上。由于国家在个人生活、所选择的方向和巨大的战争投入中起着核心和主导作用，因此，较之于前几卷，本卷将不可避免地更多关注于政治和政治阴谋。

《凝视上帝：大战中的英国》还描绘了英国在与德国作战时必须应对的第二个冲突：爱尔兰冲突。士兵、水手和战役都不可避免

---

* 1918 年 12 月，爱尔兰举行大选，主张独立的新芬党赢得 73% 的选票，成立了第一届爱尔兰议会。——译注

地贯穿于本书，因为他们是最终由威斯敏斯特和白厅所制定的战略的一部分，并且他们的命运对那些遗属产生了影响。许多优秀的历史学家已经讲述过有关这场战斗的故事和冲突的详细国际背景。对于英国和爱尔兰来说，这是动荡、悲惨的五年，长期以来，这五年间在西线和其他战区上演的恐怖事件都被掩盖了。本书对它们进行了全新、详细的探究，并描绘了一个国家如何从近乎傲慢的笃信状态走向因蒙受伤痛和损失而出现的不安定状态。 2

第一章　后果

一

1914年6月28日（星期日）下午4点，位于伦敦的英国外交部收到一封电报，说奥匈帝国的弗朗茨·斐迪南（Franz Ferdinand）大公和他以贵庶通婚的方式迎娶的妻子霍恩贝格（Hohenberg）公爵夫人遇刺。大公是83岁的弗朗茨·约瑟夫（Franz Josef）皇帝的侄子和王位的假定继承人。这对皇室夫妇在访问波斯尼亚首都萨拉热窝时遇害。波斯尼亚之前归属于奥斯曼帝国，于1908年和黑塞哥维那一同并入奥地利。这封电报是由驻萨拉热窝的副领事J·弗朗西斯·琼斯（J. Francis Jones）向外交大臣爱德华·格雷爵士（Edward Grey）发送的。“根据这里收到的消息，法定推定继承人［*原文如此*］及其配偶今天早上遭到炸弹暗杀。”[1]两个小时后，英国驻维也纳大使莫里斯·德邦森（Maurice de Bunsen）爵士证实了这个消息，并补充说：“我从另一个消息来源获悉，在他们前往市政厅的途中，有人先是向他们的马车投掷炸弹，造成数人受伤；后来，在他们返回科纳克（Konak）酒店时，一位年轻的塞尔维亚学生使用左轮手枪向他们开枪射击。”[2]消息立刻传到了国王和王后那里，那是一个炎热的下午，当时他们正在白金汉宫的花园里喝茶。“这对亲爱的年迈的皇帝来说将是一个可怕的打击，”乔治五世在日记中写道，“是非常令人惋惜和悲伤的。”国王在他的新邮票目录上标注了这个事件*，以此来宽慰自己。[3]

第二天早上，当英国从报纸上得知了谋杀事件时，琼斯向格雷发送了最新消息。“当地报纸说，这是无政府主义者犯下的罪行，但很可能是很早以前就预谋的塞尔维亚领土收复主义者的所作所为。”[4]1913 年弗朗茨·斐迪南访问英国时，格雷曾与他见过面，格雷代表政府和他本人向弗朗茨·约瑟夫“表示沉痛的哀悼，并致以诚挚的问候”。在践行君主制的欧洲，对一个国家的攻击被视为对所有国家的攻击：在这个问题上，英国丝毫没有意识到自己会与奥地利为敌。国王宣布宫丧一周，《泰晤士报》报道称，王室成员“极为震惊，难以言表”。[5]格雷给奥地利驻伦敦大使门斯道夫（Mensdorff）伯爵写信说：“无论是出于政治情感还是个人情感，我都同情你。”[6]格雷和门斯道夫关系密切：在这场愈演愈烈的悲剧中，好几个高层官员之间的友谊破裂了，他们也是其中之一。当天下午，国王亲自前往位于贝尔格雷夫广场的奥匈帝国大使馆，向门斯道夫表达遗憾之情。

然而，并不是所有人都怀有同情之心，并且在表达同情时，也不是所有人都怀有特别深切的感情。哈布斯堡家族在他们的历史上有过一段悲惨的经历，而这只是最近的一个插曲。1867 年，弗朗茨·约瑟夫的弟弟、墨西哥的马西米连诺皇帝被推翻他的政府处决；1889 年，他的儿子兼继承人鲁道夫（Rudolf）被发现和情人一同死于皇家狩猎小屋，据推测（但未得到证实）是死于自杀，并发生在与父亲的争吵之后；他的妻子茜茜（Sisi）遭到暗杀（他

---

* 乔治五世酷爱集邮，他在邮票目录中标记这个事件，是为了收集与该事件有关的邮票。——译注

们的婚姻大概破裂了)；在鲁道夫死后，弗朗茨·斐迪南的父亲放弃了王位继承权，因此弗朗茨·斐迪南成了王位继承人，但他的伯伯和宫廷中的大多数成员都不喜欢他，几乎没有什么人哀悼他。不仅仅在实行双重君主政体的奥匈帝国，在欧洲大陆，弗朗茨·斐迪南也遭到了人们的厌恶。他的死令布达佩斯松了一口气，匈牙利股市因此上涨11%。[7]

星期一下午，在英国下院召开会议时，首相赫伯特·亨利·阿斯奎斯（Herbert Henry Asquith）表示，他将提出一项动议，以便向被谋杀的大公表示哀悼；但对于他本人和他领导的政府来说，暗杀事件并不是当务之急。内阁一直被爱尔兰的地方自治问题所困扰。[8]相比之下，在遥远的萨拉热窝发生的事件似乎对英国没有任何影响。阿斯奎斯在动议中说："下院获悉弗朗茨·斐迪南大公殿下被暗杀，对此感到深深的愤慨，并深切关注此事。"他还请求国王向奥地利皇帝转告下院"对罪行的憎恶和对他们的深切同情"。[9]

阿斯奎斯赞扬了年事已高、失去亲人的弗朗茨·约瑟夫"在履行职责的过程中表现出来的耐心、勤勉和无私的自我牺牲"，称 6
赞他已经实现了"君主所能取得的……最高理想"，是"一个强大国家的英雄元首"。他补充说："一直以来，他和他的人民都是我们的朋友。"[10]反对党领袖安德鲁·博纳·劳（Andrew Bonar Law）附和说道："今天，全世界都对这位年迈皇帝的孤独和凄凉感到悲伤和怜悯。"[11]

格雷没有费心去猜测暗杀事件可能造成的后果。但是，他的一些职员做到了。经验丰富的英国外交官意识到，考虑到奥地利与其主要盟友德国关系密切，两国有着共同的语言、历史和文化，并且有着共同的国际目标，谋杀可能会在德国激起人们的强烈情绪。6月30日，英国驻柏林大使馆的第一秘书霍勒斯·朗博尔德爵士

(Horace Rumbold）给格雷写信说，德国外交部告诉塞尔维亚应当“自发地……尽其所能帮助波斯尼亚政府”，提供“令人信服的证据，证明他们与导致这一可怕罪行的动机无关”。[12]英国外交部常务次官兼高级常驻官员亚瑟·尼科尔森（Arthur Nicolson）爵士当天给英国驻圣彼得堡大使乔治·布坎南（George Buchanan）写信说：“我希望最近发生在萨拉热窝的悲剧不会导致任何更为复杂的情况；虽然很明显，奥地利人把这些可怕的事件归咎于塞尔维亚人的阴谋诡计。”[13]不过，即使是亚瑟爵士也能看到乌云背后的一线光明，因为新的继承人，也就是皇帝的侄孙卡尔（Charles）会比他死去的叔叔更受欢迎，“尽管这么说似乎有点残忍”。如同证明他的观点一样，德国人并没有立刻诉诸战争，而且似乎正在努力避免中欧紧张局势的恶化。在英国，人们继续过着平静的生活：7 月 1 日，《泰晤士报》就“公务员问题”发表了意见，声称“这是目前最严重的问题之一”。[14]那年夏天，困扰这个国家的其他问题还包括铁路车厢里惹人讨厌的狗，以及汽车喇叭发出的令人苦恼的噪音。

然而，到了 7 月 3 日，朗博尔德感觉到柏林的情绪发生了变化——指挥军队的普鲁士军官阶层强烈要求支持奥地利，并向伦敦发出了警告。他告诉格雷，谋杀“几乎让德国人感到惊愕不已”。[15]朗博尔德强调说，弗朗茨·斐迪南是德皇的“亲密朋友”，并且德
7 国人普遍对弗朗茨·约瑟夫“怀有同情”。柏林的一些报纸“指出缔造更加伟大的塞尔维亚的愿望对欧洲和平构成了威胁”。[16]在谋杀事件五天后，身在德国的英国外交官首次向伦敦表明，有可能发生一场把一个又一个欧洲国家拖进来的冲突，但格雷直到三天后才收到这份声明，因为朗博尔德是通过外交邮袋寄送的，而非电报。他提醒格雷，柏林方面“正密切关注”事态的发展，并说道，毫无疑问，谋杀这对皇室夫妇的阴谋是在塞尔维亚策划的。

塞尔维亚人自己也非常清楚这一点。英国驻贝尔格莱德公使戴雷尔·克莱肯色普（Dayrell Crackanthorpe）说道，这个城市处于一种“茫然的状态，而不是感到抱歉”，但也有“恐惧”，担心会对塞尔维亚境外的塞尔维亚人，甚至对塞尔维亚采取报复行动。[17]他报告说，塞尔维亚政府和报纸都谴责谋杀事件，以期安抚奥地利。然而，克莱肯色普听说，当奥地利临时代办致电塞尔维亚外交大臣，回复吊唁电话时，“一场相当激烈的会谈发生了”。7月4日，他报告说，塞尔维亚谴责“每天都在波斯尼亚和黑塞哥维那发生的针对塞尔维亚人的迫害”，并且当维也纳报纸决定指责塞尔维亚政府时，贝尔格莱德感到非常愤怒。[18]不过，根据克莱肯色普的说法，塞尔维亚意识到自己的脆弱，并“真诚地希望与双重君主制国家建立良好关系”。

随着日子一天天过去，向伦敦传输的可能发生冲突的警报信号越来越响亮，也越来越紧迫。然而，伦敦的反应并不强烈，部分原因是政府认为，由奥地利惩罚塞尔维亚引起的任何大陆争端都不可能涉及英国。和其他欧洲国家的首都一样，伦敦毫不怀疑奥地利和塞尔维亚之间的关系会一触即燃，但在谋杀事件发生一周后，伦敦却没有尽力主张双方冷静。在电报的发送和到达目的地之间不可避免地要耽搁几个小时，有时甚至是几天，随着危机的演变，危机的处理变得愈发困难，因为当对方读到电报时，一些消息几乎成了古代史——尤其是在7月下旬，在面临着可能发布动员令的威胁时。

英国未能洞悉萨拉热窝事件的后果，部分原因在于政府继续将注意力放在爱尔兰问题上。就地方自治问题发生争执的双方——主要是占少数的信奉新教的统一派，他们集中在爱尔兰岛的东北部，强烈反对爱尔兰自治；以及占多数的信奉罗马天主教的民主主义者，他们希望爱尔兰自治——准备掀起一场内战，他们非法武装的 8

枪械主要由德国的武器制造商提供。阿斯奎斯的政府之所以能够执政，完全是因为爱尔兰的民族主义党议员对下院的支持，因为在1910年12月举行的最近一次选举中，自由党失去了绝对多数席位。对于这种支持，爱尔兰人索要的回报就是地方自治；而自由党不得不这样做，甚至在1911年强行通过了一项议会法案，规定一旦某个法案在下院获得三次通过，即可取消上院的否决权。《爱尔兰自治法案》恰恰做到了这一点，于是，占少数的统一派决心在必要时使用武力和暴动来阻止该法案的实施。在英国，另一个让人分心的事情是约瑟夫·张伯伦（Joseph Chamberlain）在身体衰弱多年后逝世。张伯伦是伟大的自由统一党政治家，在1880年代因地方自治问题导致自由党内部分裂，之后又试图在自由贸易问题上采取一些类似于统一党的做法；全世界都在纪念他。为了表示对他的尊敬，下院于7月6日下午休会，对中欧日益动荡的局势浑然不觉。

同样，法国人也有自己的关注事项，对于因奥地利人迁怒于暗杀事件所造成的后果，他们反应迟钝；7月15日星期三，法国总统雷蒙·普恩加莱（Raymond Poincaré）和总理勒内·维维亚尼（René Viviani）乘坐一艘战舰从敦刻尔克出发，经波罗的海前往圣彼得堡，从7月20日开始对俄国进行为期三天的国事访问。他们不知道，当他们到达的时候，将会发生一场日益升级的外交危机，在这场危机中，他们的伟大盟友将深陷其中，而两国将紧密地联系在一起。的确，在圣彼得堡举行的为期三天的首脑会议将主要讨论萨拉热窝事件的各种可能性。然而，即使是普恩加莱也因某些事情而分了心；他最关心的是即将到来的对约瑟夫·卡约（Joseph Caillaux）的妻子亨利埃塔·卡约（Henriette Caillaux）的审判。卡约曾在1911～1912年的七个月中担任法国总理。去年3月，卡约夫人开枪打死了《费加罗报》的编辑加斯顿·卡尔梅特（Gaston Calmette），她以为加斯顿要发表对她丈夫造成沉重打击的私人信件。普恩加莱与此事有很深的牵连，因为卡约声称有证据证明总统对他实施了不当行为，他威胁说，除非普恩加莱利用其影响力让卡约夫人无罪释放，否则他就会公布这些证据。卡约夫人将于7月 9
28日被无罪释放。在巴黎，人们谈论的几乎没有别的内容，就像在伦敦谈论的主要是爱尔兰问题一样。

和伦敦、巴黎的情况不同，欧洲大多数其他国家的注意力都主要集中在萨拉热窝事件的后果上。7月2日，德邦森写信——伦敦在6日才收到——说道，维也纳报界正在煽动反塞情绪，他评论说塞尔维亚应当“担责，因为该国协助制造了一种气氛来策划骇人听闻的萨拉热窝罪行”。[19]他认为奥匈帝国和塞尔维亚之间“极有可能”出现“高度紧张的态势”。正如他在信中写到的那样，波斯尼亚和黑塞哥维那两省已经实行军法管制。

然而，在对暗杀事件的愤怒背后，奥地利人意识到该事件为他们创造了一个机会：自1908年以来，他们一直在寻找的让塞尔维亚俯首听命的借口如今已经出现了。在愤怒的情绪中，奥地利不大关心它的德国盟友在这个问题上所处的困境，它也不知道一旦像预期的那样，在一场短暂而暴力的战争中摧毁了塞尔维亚，它将会对塞尔维亚做些什么。（事实上，奥地利不久后便指责其匈牙利兄弟建议它吞并和分割塞尔维亚。）对德国人来说，他们很清楚奥地利盟友的可靠性值得怀疑。德国首相特奥巴尔德·冯·贝特曼·霍尔韦格（Theobald von Bethmann Hollweg）的顾问库尔特·利策勒尔（Kurt Riezler）坦言：“奥地利在巴尔干采取的每一次行动都会让我们陷入进退两难的境地。如果我们给予鼓励，他们会说是我们强迫他们这么做的。如果我们表示反对，他们会说是我们让他们陷入了困境。然后，他们将会接近张开双臂的西方大国，而我们就会失去最后一个理性的盟友。”[20] 自 1907 年以及英、法、俄签订三国协约以来，德国一直抱怨遭到了包围；它非常害怕被孤立，如果奥地利与法国或英国达成谅解，那么德国可能会被孤立，因此，在危机期间它不得不站在奥地利的一边。然而，无助于平息奥地利情绪的是，德国驻维也纳大使海因里希·冯·奇尔施基（Heinrich von Tschirschky）告诉柏林，奥地利针对塞尔维亚的和解政策毫无意义，当时德皇并不这样认为；大多数奥地利人也不这样认为。

1914 年 6 月，英俄两国就海军事务进行了一轮谈判，这让德
10 国人更加紧张，加剧了柏林很多人的猜疑，他们认为协约国正在密谋瓜分德国。在协约国集团中，英国不是军事同盟*；并且德国的外交政策基于这样一种信念：无论俄国人和法国人做什么，英国人都不会对德国发动战争。正如我们将看到的那样，格雷本人一直坚持这个观点，直到德国人侵比利时，才为英国提供了一个不得不采取行动的独立宣战理由，如同格雷和他的大多数同僚目睹的那样。

在这些大国中，俄国的内部局势最不稳定，它也有需要考虑的当务之急。在 1914 年的新年，一些俄国人想要开展一场军事杂志上描述的“消灭德国人的战争”，并声称俄国正在为此武装自己。[21] 在萨拉热窝事件发生前，关于这个主题的文章就持续出现在俄国的报纸上，敦促其法国军事盟友做好准备。德国理所当然地会对这样的言论感到不安，特别是俄国在人数上超过了德国，而俄国的动员程序也因为铁路交通的改善而得以简化，这让德国和它的奥地利盟

* 在协约国集团中，仅仅法俄是军事同盟，两国在 1891 年同意，一旦发生战争，便会互相协助；英国仍然为自己保留了采取军事行动的自由。——译注

友感到惊慌。更关键的是，俄国人的虚华辞藻——意图巩固沙皇尚未稳定的地位——开始让不那么好战的德国人相信，来自东方的威胁相当大，必须认真对待。奥地利也有理由害怕俄国。出于不同的原因，俄国和法国都对塞尔维亚人怀有一种本能的同情之心。对俄国人来说，他们是经受了奥匈帝国多年挑衅的斯拉夫同胞。撇开与俄国结盟（英国也是这个联盟中的一员）这一原因，法国自身也对塞尔维亚深表同情。

尽管身在伦敦的格雷未能立刻提醒他的内阁同僚或议会注意这些危险，但他的一些官员（无论是在伦敦还是在国外）确实体会到了这种威胁；1870～1871 年以来，德国一直被视为欧洲大陆的主要霸权国家，这些官员中的一些人长期以来对德国不信任，因为对德国存在偏见，他们更加容易地把握到了这种威胁。英国的政策也没有充分考虑到法国和德国之间深深的相互猜疑——自 1871 年起，德国吞并了法国的阿尔萨斯省和洛林省，并试图将这两个省“德国化”。这不仅使任何涉及两国利益的欧洲问题都变得非常棘手，也意味着，任何分歧都有可能很快失去控制，而英国外交官很可能会对形势本能地做出不利于德国的估计。英国外交部的主导信念是，法国是英国和德国之间的堡垒，如果这两个欧洲大陆强国之 11
间的关系恶化，那么到时支持法国的压力将变得势不可挡——即使英国根据协约不负有军事义务。

随着欧洲事态的迅速发展，英国未能及时认识到这些事态对地区稳定造成的威胁。虽然英法关系的某些方面是明确的，但英俄关系中仍有一些方面含糊不清。爱德华七世不仅促成了英法协约，还促成了 1907 年俄国的加入。但是，大臣们知道，英国的民意普遍将沙皇斥为独裁者、压迫者和暴君；因此，不要指望英俄站在同一战线的战争会得到广泛支持。此外，在拿破仑战争之后，参与欧洲大陆战争的想法是自卡斯尔雷[*]时代以来英国一直反对的：在欧洲，对英国来说，重要的是低地国家[**]的中立和海洋自由。

7月6日，德邦森向格雷发电报，警告说，他在维也纳的塞尔维亚同行认为，奥匈帝国将对塞尔维亚人进行系统性镇压，并对塞尔维亚发动攻击。格雷已经从利希诺夫斯基（Lichnowsky）亲王那里获悉了类似消息。利希诺夫斯基是一位有教养、受人欢迎的德国大使，他曾拜访格雷，传达了德国政府对最近英德海军合作的满意之情。利希诺夫斯基告诉格雷，他“知道一个事实”，那就是奥地利人将会采取行动：这条关键信息本应改变英国人对这个问题的紧迫性的看法。格雷对奥地利人可能将要占领塞尔维亚的领土表示震惊。[22]奥地利是德国的主要盟友：不过，格雷和利希诺夫斯基知道，柏林对维也纳具有很大的影响力，但让格雷难以理解的是，为什么一旦维也纳决定采取行动，柏林至少必须表示支持、理解，甚至可能追随。当时英国外交部没人知道，7月5日，德国向奥匈帝国给予了德国人所谓的“全权委托状”（而英国人将此称为“空白支票”），让奥匈帝国去对付它们认为合适的敌人；因此，呼吁德国要求其盟友保持克制几乎没有意义。此外，奥地利也有一些人一直在等待一个机会，以便把俄国的影响力从巴尔干半岛驱逐出去，取而代之地建立自己的影响力：情况可能就是这样。

12 利希诺夫斯基对奥地利将占领塞尔维亚的部分地区不以为然，他说这些领土对奥地利人来说毫无用处；但他将德国人的不安告知

---

* 卡斯尔雷（Castlereagh）：其名叫罗伯特·斯图尔特（Robert Stewart，1769～1822年），通称卡斯尔雷子爵，英国-爱尔兰政治家，曾任英国外交大臣，协助领导反拿破仑的大联盟，并在1815年重绘欧洲地图的维也纳会议上起过主要作用，欧洲一致原则的主张主要是他提出来的。——译注

** 低地国家：是对欧洲西北沿海地区的荷兰、比利时、卢森堡三国的统称。——译注

了格雷，对于格雷和英国政府来说，这些不安本应成为进一步的警告。首先，他要求格雷理解德国的困境：如果德国在奥地利举国愤怒之际敦促奥地利要克制，那么“就会被指责为总是拖他们的后腿，不支持他们”；但是，如果“任由事态发展下去，就有可能出现非常严重的麻烦”。[23]这个困境在柏林引起了“焦虑和悲观”，首席悲观主义者是首相贝特曼·霍尔韦格；尽管不清楚当时首相是否认为英国可能是麻烦的一部分。利希诺夫斯基恳求格雷，如果奥地利真的攻打塞尔维亚，希望英国将会力图“缓和柏林的情绪”，也就是试图说服柏林不要给它的盟友太多鼓励：利希诺夫斯基害怕德国参战。多米诺骨牌正在排队竖立。

利希诺夫斯基透露，柏林确信，最近军事实力大幅增强的俄国对德国“非常不友好”：这是格雷得到的第一个暗示，即如果德国与奥地利一起对抗俄国的盟友塞尔维亚，那么德国担心会遭到俄国的攻击。格雷此前曾向利希诺夫斯基保证，英国和俄国之间不存在秘密海军协定，在英、俄、法签订的三国协约背后也没有秘密协议——尽管自 1906 年以来，英国就一直与法国讨论军事合作，以防任何一方受到攻击。他重申了这一点。利希诺夫斯基在会谈中说，海军协定将“损害英国和德国之间的良好关系”。利希诺夫斯基担任大使的主要目的就是改善英德关系，到目前为止，他似乎取得了成功。在这次谈话后，格雷应该已经明白了所有欧洲大国都有可能卷入这场冲突，以及德国人是如何认为英国有责任让俄国保持冷静的。然而，德国缺乏冷静也同样是一个大问题：利希诺夫斯基说，奥地利和塞尔维亚可能会在某个时候打起来，最好把这件事给解决掉。

英国对此的看法截然不同。在与格雷交谈后，利希诺夫斯基向柏林汇报说，英国无意退出协约国，“因为她必须维持势力均衡，而

13 且不能眼睁睁地看着法国被消灭”。之后又出现了前后矛盾的说法，因为格雷也曾告诉利希诺夫斯基，说“我们不希望看到大国之间反目”。格雷不仅急切地希望英国与所有欧洲大国保持良好关系，也希望这些大国之间能够相安无事。随后几天的外交斡旋都在力图根据各种事件和对这些事件的反应来实现不可能之事。格雷承诺，如果奥地利进攻塞尔维亚，那么他将利用“我能施加的所有影响力”来阻止俄国；如果“乌云密布，那么他将尽其所能防止暴风雨的来临”。他与利希诺夫斯基的谈话——他立即把谈话内容报告给了驻柏林的朗博尔德——是有价值的，而且提供了有用信息。

但是，当有人警告说暗杀行动可能会产生更广泛的影响时，面对这种警告，格雷表现出了明显的自满情绪，这可能受到了他的常任秘书不断变化的观点的影响。7 月 6 日，尼科尔森——他最初对潜在的危机十分警惕——对德邦森说，他相信“不管怎样，萨拉热窝的罪行……都不会对除奥匈帝国之外的国家产生严重的后果”。[24]在要求塞尔维亚为“某些革命分子”的罪行负责时，一些维也纳报纸采取了较为温和的立场，这让尼科尔森感到宽慰。令人遗憾的是，发表这种观点的“理性期刊”对奥地利政府或人民几乎没有影响力。在写给格雷的下一封信中，德邦森描述了弗朗茨·斐迪南和他不幸妻子的葬礼，之后使用截然不同的语气，详细讲述了在塞尔维亚驻奥地利公使的房子周围严密部署了警察，以保护公使免受暴徒的袭击。他说，“整个塞尔维亚民族”都成了袭击目标，而且已经采取了特别的预防措施，以防止暴徒在遇到无端挑衅时接近俄国大使馆。[25]塞尔维亚的报纸对谋杀事件发表了评论，维也纳的报纸进行了转载，“不幸的是，其中有些言论几乎要求给予宽恕，甚至是对卑鄙暴行的赞同”。

7 月 8 日，大使向格雷报告说，奥地利人的情绪愈发强烈，这让格雷非常担心，以至于他曾“非正式地”向本肯多夫（Benckendorff）伯爵提及民意正驱使着奥地利政府进攻塞尔维亚。本肯多夫是俄国驻伦敦大使，也是三国协约的最主要负责人。[26]本肯多夫希望德国能够制止奥地利；格雷向他讲述了柏林的紧张局势，以及人们对俄国计划袭击德国——本肯多夫否认了这种可能性——的担忧。不过，他理解德国人的想法，德国人认为，在俄国的军事实力增强之前，德国应该现在就与俄国开战，以期让俄国知道自己有多少斤两；但他认为德皇或他的大臣们都不持有这样的想法。格雷告诉他，俄国“应该尽其所能让德国放心，并让德国相信其没有策划针对德国的计谋”。本肯多夫同意了，并承诺立刻给俄国外交大臣萨索诺夫（Sasonov）写信。 14

第二天，格雷收到了德邦森的电报，证实了他的担心。在维也纳，从社会的上层到底层，人们的态度都在变得强硬。德邦森说，法国驻奥地利大使杜梅因（Dumaine）“在过去的一周反复和我谈论局势的危险，他担心这种局势可能会迅速发展成为容易引发战争的复杂情况”。[27]7 月 9 日，格雷和利希诺夫斯基再次交谈，并告诉朗博尔德“我将竭尽全力阻止大国之间爆发战争”。[28]格雷承认奥地利可能会报复塞尔维亚，但是，利希诺夫斯基希望柏林能够成功地劝服奥地利克制。格雷担心奥地利将会反应过激，导致圣彼得堡由于俄国国内斯拉夫人的愤怒情绪而被迫向维也纳发出最后通牒。在维也纳，政府就如何回应暗杀事件产生争论，而且花费了不少时间。与此同时，7 月 11 日的《泰晤士报》刊登了一篇文章，指着一朵比人手还小的云*说：“过去几天，维也纳证券交易所的情况

---

* 一朵比人手还小的云（a cloud no bigger than a man's hand）：谚语，指一种不显著的为人所忽视的不安定迹象。——译注

可谓糟糕透顶。”[29]

7月11日，朗博尔德向格雷证实了利希诺夫斯基的观点，即柏林态度谨慎并且不愿看到事态恶化；奥地利表示，在对萨拉热窝进行调查期间，它将不采取行动。英国外交部似乎感受到了一段相对平静的间奏曲。然而，这是一种错觉，因为在维也纳，人们的态度变得强硬起来。7月16日，德邦森向格雷发电报说：“我推测，奥地利外交部非常严肃地看待这个事件，并且正准备对塞尔维亚政府提起控告，指控它涉嫌参与了导致大公被暗杀的阴谋。”[30]他说，塞尔维亚将被告知须取缔“民族主义和无政府主义宣传”。奥匈政府“无意与贝尔格莱德进行和谈”，如果不按照拟发出的最后通牒做，那么贝尔格莱德将会遭到武力对待。维也纳目前还没有发出最后通牒的打算：普恩加莱和维维亚尼还在圣彼得堡，在法国人返航之前，他们不会发出最后通牒，也不会轻易与俄国人协商。现在，格雷应当非常清楚，奥地利已准备好——为了维护其大国地位——使用武力，并且所有大国都将会牵扯进来。更令人担忧的是，德邦森报告说，德国“完全同意这个建议”。[31]

奥地利人的主要担忧是俄国人将会对最后通牒做出怎样的反应。德邦森曾问一名奥地利官员——该官员向他讲述了这一事态发展——是否认为在这种情况下俄国人将会袖手旁观，是否准备对他透露的情况赌一把。“我的线人说，他认为俄国不想保护种族暗杀者，但是无论如何，奥匈帝国都会不顾结果地继续行动，”他补充说道。奥地利坚信，“如果俄国容忍塞尔维亚的进一步胡闹”，那么俄国将丧失其大国地位。维也纳报纸也认为俄国不能宽恕弑君行为。奥地利还担心，如果不采取强有力的措施，它将失去大国地位。战争爆发在一定程度上要归因于这些臆想和假设，以及奥地利有信心能够从塞尔维亚那里得到它想要的，尤其是因为，正如德邦森暗示的那样，它还持有德国的空白支票。

第二天下午，克莱肯色普告诉格雷，贝尔格莱德对奥地利采取了“谨慎和安抚”的态度。[32]但是，有些条件（例如对新闻的审查、对民族主义社会的镇压，以及任命调查委员会——奥地利可能会提出这方面的要求）“是无法接受的，因为这意味着外国干涉国内事务和立法”。鉴于目前所知道的一切，格雷本应看到警告信号，并开始变得更加积极主动，但他似乎被惰性所困住。部分原因在于他是一个漠然的人。自从他的妻子于1906年（也就是他42岁那年）逝世后，他就一直孤单度日；他们没有子女，他的朋友为他没能找到第二任理想妻子感到惋惜。此外，格雷一直对外交政策的各个方面讳莫如深，尤其是他力求在不惹恼英法协约伙伴的情况下与德国保持良好的关系；现在，他坚持把自己的想法放在心里，不告诉任何人。和他的上司阿斯奎斯一样，在其他情况下，格雷宁愿“观望”：这是一种惰性，意味着当他最终试图出面调解时，一切都太迟了，并且英国的实力使得它只能作为参与人，而非仲裁人。目前 16
还不清楚的是，除了他的官员或同僚之外，格雷是否还与其他人讨论和争论过正在发生的事情。如果真有这样的一个人，那么他可能会采取一种更加干涉主义的态度，并搭乘前往柏林或维也纳的专列，与他的同行举行面对面的会晤。遗憾的是，他不会是最后一个因为不愿与政府其他部门的同僚讨论问题的细节，或者未能提出正确的问题，而迟迟未能看到问题深度的英国政治领导人。我们将看到，奥地利很快就会向塞尔维亚发出最后通牒，从而让格雷意识到暗杀事件造成灾难的无尽可能。

要想在最后通牒发出前意识到潜在危险，需要的不是事后诸葛亮。一些政治嗅觉敏锐的人士开始意识到，爆发战争的可能性越来越大。例如，英国工党领袖詹姆斯·基尔·哈迪（James Keir

Hardie）正在巴黎参加法国社会主义者的年度大会，他［与法国同行爱德华·瓦扬（Edouard Vaillant）］提出了一项动议，号召在任何一个卷入战争的国家的工人阶级中发起总罢工。国际社会主义者向来反对战争，另外，来自欧洲大陆部分地区的代表是带着对奥地利－塞尔维亚争端一触即发的深刻认识来到巴黎的。这项动议获得了通过，以警告各国政府战争可能产生的后果，尽管当战争来临时所有国家的工人阶级都强烈支持战斗号召。

随着维也纳股市暴跌，伦敦焦急地关注着事态的发展。7月16日，《泰晤士报》警告读者说，“在一场最终可能导致灾难性后果的混乱中”，维也纳和贝尔格莱德——在贝尔格莱德，关于民族主义者密谋炸毁奥匈帝国公使馆的谣言四起，引起了恐慌——的情绪被报界“不计后果和挑衅性”的言论所煽动。该报敦促塞尔维亚对民族主义者的行动展开全面调查，并立即向当权者报告，以帮助改善欧洲舆论对它的看法。该报推测弗朗茨·约瑟夫和他“睿智”的顾问们意识到，如果奥地利以武力回应，那么欧洲和平将面临危险：这个推测很快便得到了验证。[33]然而，这篇社论在柏林引起了不错的反响，德国人认为这是英国对塞尔维亚的警告。

尽管紧张局势日益加剧，但英国人的注意力仍然集中在其他地
17 方，尤其集中在爱尔兰。此外，公众还喜欢逸闻趣事，例如皇家性病委员会的报告，在从伊顿公学和哈罗公学的校长那里获得证据时，这些报告引起了人们的极大兴趣：“努力锻炼，勤奋工作，创造健康的社会，节制饮食和饮酒，这些都对防止纵欲大有好处。”公众对此表示赞同。[34]在该年夏季，英国最大的事件是检阅从斯皮特海德（Spithead）出发的舰队。到7月17日，大部分舰队已经就位，英国海军大臣温斯顿·丘吉尔（Winston Churchill）登上停泊在朴次茅斯的海军游艇“女巫”号，忙着宴请高级军官。在那些

夜晚，舰队变成了“漂浮的光之城”。[35]国王将于周末到达以检阅船舰。其中的一个新奇事物是水上飞机：丘吉尔一直热衷于建立和加强海军的空中能力，与此同时，英国皇家海军航空队在一个月前刚刚成立。阳光普照，参观者聚集在莱德和朴次茅斯的岸边，观看从汉普郡出发横跨索伦特海峡前往怀特岛的船舰。在接下来的周一，当队伍经过皇家游艇时，在500英尺的高空，通过无线电发出提示信号的水上飞机编队将会出现。大海上布满了无畏舰，国王和他的人民聚集在海岸线上，见证着现代科技对战争做出的最新贡献。对威斯敏斯特和白厅的几乎所有人——高级外交官除外，例如助理次官艾尔·克劳（Eyre Crowe）爵士和尼科尔森——来说，在可预见的未来，没有人预料到将会需要这支舰队。克劳出生在莱比锡，他的母亲和妻子都是德国人，他的母语是德语，但多年来他一直对格雷说，英国对德国表现得太软弱了。很快，他就会发现自己的观点将得到证实。

二

7月的第三周，欧洲的争论焦点从是否会发生冲突变成了是否可以将冲突限制在奥地利和塞尔维亚境内，或者冲突是否会波及更广的范围。7月18日，在吃午餐时，格雷从克莱肯色普那里得知，奥地利驻贝尔格莱德公使“并不赞成对塞尔维亚施加过多压力，因为他确信，塞尔维亚政府已准备好采取合理要求的一切措施。他对形势并不感到悲观”。[36]这可能仅仅是外交上的安抚性说辞——如 18
果这种说法是真的，那么它是毫无根据的——也可能反映出奥地利人的谨慎，因为他们不像以前那样确信俄国不会采取任何行动。两个小时后，德邦森在《威斯敏斯特公报》——维也纳的一些报纸将其视为英国政府的机关报——上撰写了一篇文章，实际上是在告诉塞尔维亚，如果奥地利人严厉惩罚塞尔维亚，那是塞尔维亚罪有应得，这似乎表明英国在鼓动奥地利。事实可能如此，而且德邦森也是这样告诉奥地利人的：这表明当时的气氛是多么狂热。据《泰晤士报》报道，在维也纳，人们（错误地）相信塞尔维亚征召了7万名后备役军人，“并进行了大规模的军队调动”。[37]当天晚上，布坎南从圣彼得堡报告说，俄国人对奥地利的行为感到“非常不安”，并希望不惜一切代价避免战争；但是，奥地利拟向塞尔维亚发出的最后通牒不容忽视。第二天，身在贝尔格莱德的克莱肯色普告诉格雷，塞尔维亚外交大臣曾说“俄国不会坐视塞尔维亚遭到肆意攻击”。[38]也是在那天，奥地利最终决定发出最后通牒，由此消除了它与匈牙利在战略上的内部分歧。

相互猜疑仍在继续。7月20日，格雷收到朗博尔德的来信，信中详述了他与法国驻伦敦大使保罗·康邦（Paul Cambon）的谈话，康邦的弟弟朱尔（Jules）是法国驻柏林大使。康邦告诉朗博尔德，“法国和德国之间的事态绝对不应该是这个样子的。必须迟早消除误会”。[39]法国和德国认为彼此都在暗中监视对方，这使人联想到德国和俄国之间的相互猜疑。“俄国指挥的庞大军队长久以来都是德国民众关注的焦点”，在谈到德国时，朗博尔德这样写道。“在俄国，如果某些事件可能引起俄国民众反对德国，那么民众似乎会自然而然地对这些事件进行猜测。”[40]在维也纳，据《泰晤士报》报道，那天早晨《德国邮政报》（*Reichspost*）问道：“我们的政治家还没有意识到他们的立场是什么，以及他们必须做什么吗？”[41]《泰晤士报》还报道说，柏林的报纸强烈支持维也纳要求塞尔维亚澄清其对奥地利的立场，并援引一家报纸的话说，希望讨论能仅限于“局部”。该报还报道说，俄国的态度“不确定”造成了

“严峻局势”和“紧张”。与此同时，格雷向布坎南道歉，因为他没有机会就俄国外交大臣提出的改善英俄关系的建议征求同僚的意 19 见，并承诺“只要议会和爱尔兰局势能给他们喘息的机会”，他将会向同僚征询意见。[42]他还敦促布坎南利用其影响力，在事情变得“棘手”时，让俄国和奥地利坐下来谈判。[43]

同一天，利希诺夫斯基——他与柏林的态度不一致，并开始担心会发生灾难——告诉格雷，尽管他没有确切消息，但他确信奥地利准备采取行动，“并且他认为形势令人非常不安”。[44]德国人和格雷（其程度不及德国人）仍然希望俄国充当塞尔维亚的“调停人”，而不是卷入一场站在塞尔维亚一方的冲突；这也是一个根本性的误判。尽管如此，格雷还是变得非常担心。他对朗博尔德说，他“讨厌大国之间发生战争的想法，任何一个大国被塞尔维亚拖入战争都是令人厌恶的”。同时，法国的一家主要报纸《晨报》（*Le Matin*）公布了俄国的军事实力、动员程序和资源可利用度的全部细节：使战争成为欧洲局部战争的想法现在被广为接受，尽管英国仍然坚信奥地利不会对塞尔维亚提出不合理的要求。英国的反应表明，英国外交部要么不知道俄国军方领导层数月来一直在为他们与德国的“灭绝之战”进行积极宣传，要么选择不把它当回事。

7 月 21 日，《泰晤士报》在内页——因为头版只登载了广告，不过对这样一篇报道来说，这种做法比以往更加引人注意——上报道说，在维也纳，反对塞尔维亚的新闻宣传“愈演愈烈”，维也纳证券交易所股票再次暴跌，柏林股市也应声下跌，越来越多的人相信奥地利人将利用这次危机一劳永逸地“解决”塞尔维亚问题。该报接着说，“在外交界，即将到来的危机被认为是严峻的。据信，如果奥匈帝国的要求以任何方式损害了塞尔维亚的独立或民族尊严，那么俄国将从对塞尔维亚的支持中抽身而退的假设将是毫无根据的”。[45]这篇简明扼要的报道表明，在暗杀事件发生 23 天后，危机是如何进入到一个新的量级。

7 月 22 日的晚些时候，格雷从罗马等地进一步证实了这一点。意大利外交大臣曾对英国大使雷内尔·罗德（Rennell Rodd）爵士
20 说，在将向塞尔维亚发送的信函中，奥地利使用的“措辞肯定是无法接受的。他确信，奥地利的一个政党决心利用这个机会来征服塞尔维亚”。[46]那天早些时候，格雷曾请求本肯多夫尽力确保俄国开启与奥地利的沟通；但俄国大使告诉他，这很“困难”，因为“目前没有任何进展”。[47]格雷试图说服他，俄国可以阻止麻烦升级。

那天早上，格雷还从《泰晤士报》上获悉奥地利外交大臣贝希托尔德（Berchtold）伯爵已前往巴德伊舍，以便觐见正在那里静养的弗朗茨·约瑟夫，其间（维也纳报纸认为）将对塞尔维亚做出决定。但是，《泰晤士报》被误导了，这表现在它确信奥地利将发出的照会“绝对不是最后通牒”。[48]维也纳证券交易所股票继续暴跌，奥地利报界仍热衷于鼓吹对塞尔维亚采取惩罚性行动，使得政府几乎没有回旋的余地。据《泰晤士报》驻柏林记者报道，尽管德国迫切希望保持中立，但它一定会支持奥地利抵抗来自第三方的攻击，所有人的目光都集中在俄国，那里的报纸不断报道奥地利对塞尔维亚的“忿恨”。[49]

可能引发灾难的所有要素现在都浮现出来。《泰晤士报》在头条新闻中向统治阶层发出了警告，要求暂时忘掉爱尔兰（旨在解决阿尔斯特省拒绝地方自治问题的议长会议正在举行之中），以及审视“欧洲政治中不容忽视的严峻形势”。[50]该报敦促塞尔维亚国王核实是否对暗杀者进行了公正处置，因为“社会的首要利益和人类的良知极力要求”对暗杀者进行惩罚。但是，该报要求奥地利在惩罚之前对阴谋进行证明：“为了获得道义上的支持或其他国家

的默许，奥地利必须清楚地表明，它没有打着合法自卫的幌子来寻求政治优势。”该报敦促奥匈帝国保持克制，不要屈从于维也纳和布达佩斯报纸的观点；并主张不应“严厉地”对待煽动性言论，而是应当采用“仁慈与坚定明智结合”的方式。然而，该报认为，如果不这样做，这场可能爆发的战争将会席卷巴尔干半岛：考虑到德国对和平的承诺，人们仍然没有意识到这场战争可能会向西蔓延。

第二天，也就是 7 月 23 日，布坎南从圣彼得堡发了一封电报， 21
报告说俄国外交部指示驻维也纳大使“与驻法国和驻德国的同僚协调一致，以期提出友好的缓和建议”。[51]法国也向其大使做出了类似指示。但是，那天早上的晚些时候，门斯道夫向格雷告知了奥地利的要求，答应第二天早上向他提供一份副本。正如格雷告诉德邦森的那样，最令他不安的是，此类要求是带有时限的最后通牒。“我说，我对此感到非常遗憾”。格雷坦言。[52]他担心此举会激怒俄国，并降低塞尔维亚做出满意答复的可能性。门斯道夫指责塞尔维亚人没有对其领土上的无政府主义活动进行彻底调查。格雷说：“我无法不去想这种局势的可怕后果。”

他试图说出自己的担心，但即便是这样做，他仍然认为英国不可能卷入战争。“如果欧洲的四个大国——即奥地利、法国、俄国和德国——参战，那么在我看来，这一定会耗费非常庞大的一笔开销，并且会干扰到贸易，以至于伴随战争而来的将是欧洲信贷和工业的彻底崩溃。”他富有预见地补充道，“这意味着情况将比 1848 年（即反对欧洲旧秩序的革命之年）还要糟糕，并且无论谁赢得了战争，很多东西都将遭到彻底毁灭。”门斯道夫表示，这将完全取决于俄国。从很大程度上来讲，他的说法是正确的。

当奥地利最终发布备忘录时，这份备忘录的性质和语气证实了格雷的最坏猜测。

这份法语照会中列出了十个条件。第一，查封任何旨在激起对奥匈帝国的君主制和领土完整产生憎恨和藐视的刊物；第二，要求马上取缔民族自卫组织（一个激进的民族主义组织），并没收该组织和其他组织的宣传资料；第三，根除煽动反对奥匈帝国的任何其他团体；第四，革除被指反对奥匈帝国的军队和政府官员，并向维也纳通报此等官员的姓名；第五，同意允许奥匈帝国的特工“合作”打击塞尔维亚境内的颠覆活动；第六，对 6 月 28 日刺杀事件
22 背后的相关人士的活动进行司法调查；第七，逮捕塞尔维亚军队的一名高级军官；第八，采取措施防止塞尔维亚官员协助向民族主义者非法提供武器和炸药，特别是惩罚允许将在萨拉热窝使用的炸药运入波斯尼亚的边境官员；第九，要求对为什么允许塞尔维亚官员表达对奥匈帝国的敌意做出正式的解释；第十，也是最后一项要求，在对其他九个条件采取行动时立刻告知维也纳。[53]

正如外交人员后来经常说的那样，接受这些条件实际上将使塞尔维亚沦为附庸国。在 7 月 23 日晚上 10 点 30 分发往伦敦的电报——这封电报直到第二天早上 8 点才被接读——中，克莱肯色普坦言，向塞尔维亚政府传达的这些条件“极其苛刻”。[54]

塞尔维亚有 48 个小时来满足这些条件。奥地利官员对德邦森说，这份照会太“严苛”了，但又争辩说没有其他办法。[55]奥地利外交部次官告诉德邦森：“塞尔维亚官员共谋犯罪的事实已经得到充分证明，如果未能严肃追究塞尔维亚的责任，那么一个星期后奥地利政府就别想继续执政。”法国和俄国大使恳请奥地利在照会中使用较为和缓的语气，他们失败了。在格雷看到照会的同时，伦敦报界进行了详细报道。他对 48 小时的时限提出了正式抗议，并在事后表示：“在我看来，这份照会是我见过的一个国家向另一个独

立国家发出的最可怕的文件。”[56]丘吉尔称之为“有史以来最无礼的文件”。[57]格雷告诉门斯道夫，此案的是非曲直不是英国所关心的，他“完全是从欧洲和平的角度”感到担忧，而他现在明白，欧洲的和平已经岌岌可危。[58]他于3点15分参加了内阁会议，概述了欧洲的形势，阿斯奎斯在他的日记中写道，“欧洲的形势已经糟糕得不能再糟糕了”。[59]内阁被告知，如果俄国决定保卫塞尔维亚，那么“德国和法国都不会袖手旁观”，正如阿斯奎斯写道的那样：“我们距离真正的大决战只有几步之遥。”

阿斯奎斯的大决战设想并没有涉及英国。除了继续奉行长久以来不干涉欧洲冲突的政策外，还有一个实际的原因能够说明为什么英国卷入任何战争似乎都是不可能的。政府曾被告知，为了在爱尔兰实行地方自治，它需要动用整个潜在的英国远征军，也就是 23
1908年陆军改革时所规定的，在紧急情况下派往欧洲大陆的士兵人数；它也无法在欧洲发起一场战役，因此它必须做出这样的选择。[60]但是，在这个紧要关头，欧洲取代了爱尔兰成为内阁最关心的问题，或者就像丘吉尔一番令人难忘的话语所描绘的那样：“弗马纳郡和蒂龙郡的教区慢慢隐没在爱尔兰的迷雾和狂风之中，一道奇怪的光立刻开始以一种可以觉察得到的方式慢慢变化，落在欧洲地图上并不断扩大。”[61]他已经看到了大陆强国之间的战争对英国安全的威胁，并决心说服他的同僚。根据比弗布鲁克（Beaverbrook）勋爵的回忆录，从那时起，丘吉尔成了“内阁主战派的领导人”。[62]

那天下午，格雷收到克莱肯色普的电报，其中转达了“焦虑而沮丧”的塞尔维亚总理的请求，希望英国能够劝说奥地利降低这些“不可能”的要求。[63]不到二十分钟，德邦森从维也纳发来电报，报告了他与法国驻维也纳大使的谈话：法国人会见了他们驻塞尔维亚的同僚，后者报告说，贝尔格莱德和圣彼得堡之间就塞尔维亚人的反应“积极交换”了电报。随即，克莱肯色普再次发来电报，说塞尔维亚政府告诉他某些要求是“完全不能接受的”。[64]

那天晚上的晚些时候，德邦森报告说，最后通牒“让觉得自己的存在已经岌岌可危的双重君主制国家得到了极大的满足”。德邦森补充说，对于维也纳外交界一致认为是“草率和专横的”照会，奥地利外交大臣则“认为没有哪个国家会考虑提出反对意见”。最后通牒刺激了整个欧洲的狂热外交活动。格雷会见了康邦，并强调说，只有那些与塞尔维亚没有直接利益的国家——英国、法国、德国和意大利——才能在维也纳和圣彼得堡之间进行斡旋。康邦说，这样的斡旋必须等到俄国人发表意见之后进行，但是，一旦奥地利进军塞尔维亚，那么一切都将太晚，因为亲斯拉夫的俄国舆论将迫使其政府采取行动。格雷和康邦一致认为，德国参加这项工作是必不可少的；而且格雷相当天真地认为，就算俄国和奥地利真的准备好开战，仍然可以阻止局势进一步发展，并进行调解。康邦反驳说，一旦奥地利进攻塞尔维亚，想要阻止就为时已
24 晚了。

格雷询问利希诺夫斯基几个大国联手调解奥地利和塞尔维亚的可能性有多大。他得到了含糊其辞的回答，利希诺夫斯基无法预测柏林的动向，在那里，不同的利益集团——尤其是军队——都争着让德皇听取自己的意见，他不确定柏林将如何行动。格雷告诉利希诺夫斯基，鉴于奥地利的照会措辞生硬，没有可能让俄国冷静下来。圣彼得堡的沉默让格雷大为不安。利希诺夫斯基警告说，如果塞尔维亚未能做出“同意某些条件的答复”，那么他料定奥地利将会立刻采取行动。他敦促格雷传达这样一个信息，即塞尔维亚必须通过合理的行动来向奥地利争取时间，以便给其他国家一个干预的机会。[65]格雷把这个信息告诉了柏林，并向英国驻其他大国的大使

发送了副本。

在会见期间，利希诺夫斯基向格雷阐明了德国政府的立场。可以确定的是，塞尔维亚策划了萨拉热窝袭击事件，作为“将南部斯拉夫省从奥匈帝国分离和并入塞尔维亚王国”的计划的一部分。[66]德国人也确信，“至少这是在政府和军队成员的默许下”执行的，塞尔维亚违背了其行为端正的承诺。德国认为，如果奥地利让塞尔维亚逍遥法外，那么奥地利将不再是一个强国。但是，柏林非但没有好战，反而希望该事件仍然只是奥地利和塞尔维亚之间的争吵：“帝国政府迫切希望将冲突局部化。”在对奥地利的照会做出官方回应时，德国如是说道：“由于不同的条约义务，其他国家的干涉都会造成不可估量的后果。”第二天，《泰晤士报》报道说，照会的严厉语气让柏林感到“惊讶”，但德国政府和大多数人完全支持双重君主制国家，“因为它现在已经没有了回头路”。[67]

英国外交部的第一反应是，奥地利条件的“极端性质”和时间限制使得将冲突仅限于奥地利和塞尔维亚之间变得十分困难。克劳认为，到目前为止，还没有充分证据能够支持奥地利要求塞尔维亚对民族主义者进行控制的主张，因此，德国毫不含糊地支持这些主张是危险的。直到7月24日晚上8点，格雷才获得了俄国立场 25
的第一手证据。布坎南发电报说俄国外交大臣的最初看法是，最后通牒“意味着战争”。[68]萨索诺夫在法国驻圣彼得堡大使馆会见了布坎南：萨索诺夫和法国大使告诉布坎南，在普恩加莱启程返回巴黎之前，俄国和法国已经就它们希望与英国盟友分享的几点意见达成了一致。

布坎南传达了这些意见。法国和俄国一致认为有必要维持和平与保持势力均衡；但认为最后通牒“相当于干涉塞尔维亚的内政，而塞尔维亚认为干涉内政是对其主权和独立的侵犯”；并且两国

"郑重确认了法俄同盟施加的义务"。萨索诺夫提出了重要意见："希望国王陛下政府能宣布与法国和俄国团结一致。"他告诉布坎南，奥地利的行为是"不道德的且具有挑衅性的"。他认为德国肯定串通一气提出了这些条件。不妙的是，法国大使告诉布坎南，法国对俄国的支持不会仅限于外交领域。

布坎南说，他不能代表自己的政府说话，他告诉格雷，他曾说过"我个人对国王陛下政府将会发表团结声明（包括动用武力支持法国和俄国）不抱任何希望"。他坦言，他还对萨索诺夫说："我们与塞尔维亚没有直接的利益关系，英国的民意永远不会支持一场为塞尔维亚而战的战争。"萨索诺夫驳斥了这种说法，他说英国在欧洲问题上不能置身事外。他认为俄国可能会进行动员，但是，如果奥地利进攻塞尔维亚，那么对奥地利宣战的任何决定，都将在第二天由沙皇领导的大臣会议上做出。法国大使将康邦告知格雷的事情告诉了布坎南：现在干预维也纳为时已晚，奥地利要么进攻，要么让步。

英国大使继续顶住其他国家的同行要求英国承诺给予支持的压力，但说道，他将敦促格雷就攻击塞尔维亚的危险向柏林和维也纳做出最有力的陈述——这是他发送的电报的关键内容。他建议格雷警告这两个大国，俄国将被迫介入，这将使法国也卷入战场。如果德国也参战，那么"英国将难以保持中立"。[69]布坎南担心，如果战
26 争爆发，"我们迟早会被卷入其中"，但他也认为，如果英国不尽快达成共识，那么爆发战争的可能性将会更大。这是英国对其所面临的问题做出的完美表述。英国可能在塞尔维亚没有任何利益，但它的盟友却有。

在看到布坎南写给格雷的信后，克劳认为，如果奥地利进攻塞尔维亚，那么要想让法国人来阻止俄国，显然已经太迟了。三国协

约的内部动力是无关紧要的。“重要的是，”他敏锐地指出，“现在德国是否下定决心要打这场仗。”[70]让德国犹豫的唯一方法，就是使它确信它将“发现英国站在法国和俄国的一边”。他提议说，为了传递这个信号，政府应当“发布命令，一旦俄国或奥地利进行动员，我们的整个舰队将立刻进入战备状态”。

克劳认为犹豫不决没有好处：英国必须知道“在发生明天可能出现的情况时”应该做什么。[71]他的逻辑很残酷：

> 如果战争来临，而英国在一旁观看，那么必然会发生下列两种情况之一：
>
> (a) 如果德国和奥地利获胜，那么法国将遭到摧毁，俄国将遭到羞辱。随着法国舰队的离开，德国将占领英吉利海峡，不管荷兰和比利时是否愿意合作，一个没有朋友的英国将处于什么样的地位？
>
> (b) 如果法国和俄国获胜，那么它们对英国的态度将会如何？印度和地中海地区又会怎样？

克劳对战争针对的是塞尔维亚的说法提出了异议，因为这将是“意图在欧洲建立政治独裁的德国和希望保留个人自由的大国之间的斗争”。如果英国表现出愿意动用海军力量，那么也许可以阻止前述情况的发生，因此必须做出努力。他建议，一旦外国进行动员，那么英国应当立刻做出动员舰队的决定，并且应立刻将这个决定告知法国和俄国。

尼科尔森认为克劳的观点值得“认真考虑”，并强调了不要疏远俄国的重要性，因为俄国可能会使英国在地中海、中东和印度的处境变得困难。格雷确认，丘吉尔曾告诉他可以在 24 小时内动员

舰队，但格雷认为现在就将此告知法国或俄国还为时过早。虽然舰
27 队在检阅后开始解散，但大部分仍保持就位，因此，做好准备是很
容易的；格雷认为，鉴于外交形势，让舰队保持待命状态是“完
全合情合理的”。[72]

7 月 24 日的晚些时候，格雷向位于贝尔格莱德的克莱肯色普发电报，告知了他和利希诺夫斯基的谈话，敦促克莱肯色普就采取联合行动征询驻法国和驻俄国同僚的意见，以便力促塞尔维亚政府“在限定的时间内，尽可能多地同意奥地利的条件，而不是直截了当地拒绝奥地利人的要求”。[73]随后，格雷从柏林方面获悉，法国驻柏林大使告诉德国外交大臣戈特利布·冯·贾高（Gottlieb von Jagow），德皇的政府不能“一味地幻想”将奥地利和塞尔维亚之间的争端局部化。[74]他对塞尔维亚人将接受奥地利的条件提出了异议，说道，如果塞尔维亚国王下令接受这些条件，那么国王很可能会遭到暗杀。不过，贾高承认这份照会“太严苛了”。法国大使认为奥地利人是在虚张声势。

接着，奥地利开始表现得像是在虚张声势。在格雷回家后，门斯道夫给英国外交部打电话，询问能否立刻与格雷会面。接电话的助理文员休·蒙哥马利（Hugh Montgomery）找不到格雷，门斯道夫便请他去大使馆一趟。门斯道夫对蒙哥马利说，奥地利的照会“不是最后通牒，而是‘有时限的外交照会（*démarche*）’，如果未能在时限内满足奥地利的条件，那么奥地利政府将断绝外交关系，并启动军事备战（而不是行动）”。[75]奥地利似乎已经考虑到了后果，并且可能会先认输。格雷向布坎南发电报，传达了这个消息，并向巴黎发送了一份副本。“这让眼下的形势变得不那么严峻。”他说。匈牙利的情况就不是这个样子了。英国驻布达佩斯总领事 W. G. 马克斯·穆勒（W. G. Max Müller）那天晚上发电报——他的电报

在午夜后才抵达——说，匈牙利人没有料到俄国会干预，因此他们表示，如果“在星期天（7 月 25 日）没有收到表示同意的答复，那么他们将在星期天早上动员八个军团……已经向多瑙河下游派遣了监察员”。[76]匈牙利人相信俄国没有行动意向，这是错误的。7 月 25 日一早，俄国政府发布了一份公报，说它“密切关注”奥地利和塞尔维亚之间的事件，“对于这些事件，俄国不能置之不理”。[77] 28

《泰晤士报》直言不讳地告诉政府忽视与爱尔兰问题有关的协商（这些协商已经破裂），并专注于欧洲的“严重危机”。[78]大概是为了让政府摆脱惰性，该报声称：“我们无法怀有柏林和罗马感受到的或强装出来的信心，即奥匈帝国和塞尔维亚之间的冲突将‘局部化’，并且不可能引起并发症。”该报还说：“据说，威廉大街（德国外交部和总理府所在地）认为塞尔维亚‘在道义上遭到了孤立’。来自圣彼得堡的消息对局部化的假设发出了不祥的声音。”该报谴责奥地利的行为“几乎没有……政治家的风度”，并推断奥地利想要一场战争。它还评论说，该国的挑衅行为可能引发的大火将“危及君主制的存在。应该不遗余力地将该国和欧洲从如此严重的错误中拯救出来”。

尽管给出了这些劝告，格雷仍然表现得非常被动：他既没有向内阁同僚寻求指示，以便开展更加积极的外交活动，也没有主动与维也纳或柏林的同行直接对话。那天下午，他获悉，如果没有收到令人满意的答复，奥地利驻贝尔格莱德的公使将奉命于当晚 6 点随工作人员一同离开。现在，他承认，奥地利和俄国将在“很短的时间内”进行动员，而维护和平的唯一机会就是让其他大国要求奥地利和俄国不要越界，并试图和潜在的交战国讲道理。[79]他意识到德国的合作是“必不可少的”。尽管如此，他告诉布坎南：“我认为英国的民意不愿意，也不会同意我们就塞尔维亚冲突开战。”[80]

来自贝尔格莱德的消息一度似乎表明，毕竟没有理由去激起公众舆论。那天下午，克莱肯色普给格雷发了一封电报，他说，据他所知，塞尔维亚的答复“将使用最温和的措辞起草，并将尽可能满足奥地利的要求”。[81]塞尔维亚人将同意成立一个混合调查委员会，“前提是须证明委员会的任命符合国际惯例”。它同意革除和起诉被证明有罪的任何官员，并取缔民族自卫组织。克莱肯色普补充说：“塞尔维亚政府的意见是，除非奥地利政府不惜一切代价地想要开战，否则他们将接受塞尔维亚给出的完全满意的答复。”[82]

29 格雷也持有这种突如其来的乐观情绪：他将这些消息告诉了利希诺夫斯基。他想提醒德国大使，“除了盟友以外，任何人都很难向奥地利政府建议它们应该采取怎样的态度”。[83]他希望，如果克莱肯色普对答复的了解是正确的，那么德国将会对奥地利人施加影响，说服他们持“赞同”态度。他向朗博尔德告知了此事。他曾试图联系法国的高级官员，争取他们的支持，但普恩加莱和他的随从正从圣彼得堡返航，无法与之联系。根据俄国的提议，格雷指示德邦森支持俄国同行在维也纳进行干预，以便请求奥地利延长时限。

7月25日下午6点，就在最后通牒的时限快到的时候，格雷从朗博尔德那里获悉，利希诺夫斯基言而有信，已经要求德国外交部请求延长时限。但是，朗博尔德还报告说，柏林持悲观态度，认为奥地利已经决定“给塞尔维亚人一个教训，他们打算采取军事行动”。[84]塞尔维亚的答复几乎在每一个条件上都对奥地利进行了安抚，对于那些没有完全接受的条件，塞尔维亚也是有条件地接受；然而，奥地利决心已定。英国敦促塞尔维亚安抚奥地利，即使奥地利未能找到支持其主张的证据。“塞尔维亚的答复超出了我们大胆希望的屈服程度，”多年后，格雷这样写道，“从那一刻起，情况变得越来越糟。”[85]

朗博尔德听说，贝希托尔德已经告诉俄国驻维也纳大使奥匈帝国无意夺取塞尔维亚的领土。虽然不知道真假，但德国人相信这将平息圣彼得堡的怒气。德国人已经告诉俄国，他们最不想要的就是全面战争，他们将支持英国外交大臣格雷于 7 月 26 日提出的四国解决方案或调停建议。根据朗博尔德的报告，很明显，德国外交部不了解俄国人对攻击斯拉夫同胞的痛恨之情有多深：尽管德国人对盟友奥地利感到失望（贾高“私下承认，作为一份外交文件，奥地利的照会还有许多待改进之处”），但他们似乎认为可以避免这场大火。[86]为了阻止战争，格雷坚信只有德国人才值得英国与之对话。

格雷很快了解到，在巴黎，人们对事情的看法有所不同。一家法国报纸谴责德国共谋起草了照会——德国对此坚决否认——并抨 30
击德国和奥地利试图羞辱三国协约，以及在英国专注于爱尔兰问题、俄国面临工人骚乱问题和法国领导人正从波罗的海返程之际，推动了这场危机。虽然德国人极力否认，但这些报道已对法国的公众舆论产生了影响。晚上 9 点刚过，格雷听说“立即动员”的所有准备工作已经在维也纳完成，德邦森转述了一份未经证实的报告，声称一支装载着榴弹炮的装甲部队已经离开了维也纳南站。[87]在英国，人们普遍认为——主要是由于报纸的报道——即使德国人没有起草这份照会，奥地利的威胁行为也是因它真诚地相信德国将向其提供支持而造就；并且认为是德国人给了他们（指英国人）得出这种结论的理由。

格雷在回忆录里说，从这一点上他看到，如果法国不得不与俄国并肩作战，那么英国的利益要求它支持法国。“我认为，内阁、议会和国家是否对战争的爆发持这种看法，这很值得怀疑，并且在

（宣战前的）整整一周，我认为可能出现的意外情况是，我们在关键时刻不做出支持法国的决定。”[88]他补充说，“如果是那样的话，我应当辞职。”他还看到了向法国和俄国保证英国决定履行义务的必要性。在接下来的日子里，这将给他带来巨大的压力。这碰巧是劳的立场，也是统一党的观点，部分原因是 A. J. 贝尔福（A. J. Balfour）和兰斯多恩（Lansdowne）侯爵——他们不希望自己在担任首相和外交大臣时显得无能——一直声称爱德华七世在 1903 ~ 1904 年达成英法协约*的政策实际上是他们的主意。现在打退堂鼓已经太迟了。[89]

7 月 25 日晚上 10 点 30 分，格雷听说，那天早上，在沙皇的领导下，大臣会议在圣彼得堡召开，批准起草了帝国法令，以召集 110 万士兵。萨索诺夫向布坎南保证，俄国只有在迫不得已的情况下才会进行动员；并且布坎南听说“法国无条件地站在俄国的一边”。[90]他被问及英国是否给予支持，但他向格雷保证，他所做的不过是建议英国继续充当潜在的调停者。这惹恼了萨索诺夫，他回答说，如果英国不承诺与它的两个盟友并肩作战，那么“将会血流
31 成河，我们最终都会被拖入战争”。布坎南指出，他的法国同行说，法国政府“想立刻知道我们的舰队是否准备好扮演《英法海军公约》所赋予的角色。他相信英国不会不支持它的两个朋友，它们在这件事情上是一致的”。法国毫不含糊地支持俄国的看法，即奥地利试图与俄国争夺在巴尔干地区的影响力，以及这事关整个欧洲的势力均衡，而不仅仅是塞尔维亚。

格雷刚刚明白这一点，就从身在布达佩斯的马克斯·穆勒那里

---

* 是指 1904 年 4 月 8 日英国和法国签订的英法协约，它标志着两国停止关于争夺海外殖民地的冲突，开始合作对抗新崛起的德意志帝国的威胁。——译注

收到了毫不出人意料的消息，说塞尔维亚的答复“令人不满意”，奥地利公使及其人员已经离开了贝尔格莱德，匈牙利已经开始召集后备役军人。朗博尔德告诉格雷，从柏林的角度来看，这场危机能否保持“局部化”，将“取决于当情况总体上变得错综复杂时，俄国和法国是否以及在何种程度上认为它们可以指望获得国王陛下政府的支持”。[91]现在，实际上是由英国人决定是否将发生全面战争。经验丰富的英国驻巴黎大使弗朗西斯·伯蒂（Francis Bertie）爵士告诉法国外交部长，没有公众的支持，就不会发生战争；他确信英国公众不会支持由俄国挑起的战争，俄国“就奥地利和塞尔维亚之间的矛盾挑起了与奥地利的争端”。[92]当他发表这一意见时，他呼应了英国外交大臣的观点，使得法国没有理由相信英国将会加入它与俄国采取的任何军事行动；但是，这个观点即将发生根本性的转变。

晚上 11 点 30 分，克莱肯色普告诉格雷，塞尔维亚人已经发布了动员令。第二天（也就是 7 月 26 日）早晨，格雷收到的第一个消息来自维也纳，德邦森告诉他，维也纳“极度狂热”，俄国向驻维也纳大使馆派遣了特别护卫队。[93]奥地利也召集了后备役军人，并敲定了动员计划。现在，危机呈现出一个新的量级，在这种背景下，格雷的反应令人震惊。前一天，他和国王短暂会面，其间，他让国王觉得“我们即将爆发一场全面的欧洲战争”，然后他前往汉普郡的伊钦·阿巴斯（Itchen Abbas）钓鱼。[94]实际上，即使在河边，他也没有选择，只能扮演更积极的角色。根据尼科尔森（他让尼科尔森留在伦敦负责处理事务）的建议，他向德国、法国和意大利的外交大臣发送了电报，授权这些国家的驻伦敦大使同他一 32
起参加一个旨在“防止事态复杂化”的会议。[95]然而，即使是尼科尔森也认为这个想法“取得成功的机会很渺茫”，尽管到目前为止，德国人一直都在提议合作。尼科尔森告诉格雷，他和利希诺夫斯基谈了半个小时，后者“确信我们可以置身事外并保持中立——这是一个不可取的信念”，尼科尔森从未有过这样的信念。[96]普鲁士的亨利亲王身在伦敦，那天早上他和表兄英国国王一起吃早餐。亲王向国王保证，如果俄国发动战争，就会面临革命，因此很可能不会开战。尼科尔森将这次会面称为“愚蠢的礼节”，是说服英国“保持沉默”的一种手段。据说，国王告诉亨利亲王，“我们应尽一切努力，以便不介入此事并保持中立”。然而，亲王意识到英国与法国的关系，他对中立能保持多长时间表示怀疑。[97]

那天下午，利希诺夫斯基给格雷写信说，柏林获悉俄国召集了几类后备役。“在这种情况下，”他继续说道，“我们必须亦步亦趋，因为这意味着俄国也会发布针对我们的动员令。”[98]他敦促格雷动用他在圣彼得堡的一切影响力来阻止这样的动员，并重申德国愿意接受格雷的四国调停计划。尼科尔森希望平息事态，他告诉利希诺夫斯基，虽然俄国已经起草了帝国法令，但是还没有发布。7 月 26 日下午，身在柏林的朗博尔德写信说，尽管德国的公众舆论仍然坚定地支持奥匈帝国，但是，人们慢慢领会了战争的后果，对战争的热情正在消退。格雷不知道的是，利希诺夫斯基恳求柏林的主宰者们避免战争。

令克劳和尼科尔森感到沮丧的是，德国驻维也纳大使对奥地利人说，伦敦希望他们同意塞尔维亚人的答复，而不是直截了当地告诉奥地利人要克制自己的行为。克劳发现这种迂回曲折的做法是“阴险的”——他指责贾高，他认为贾高私下里“怂恿奥地利人”——并希望格雷对此提出抗议。朗博尔德告诉格雷，柏林所要做的就是把自己与英国的感触联系起来。[99]然而，德国坚持认为，除非奥地利开始吞并塞尔维亚的领土，否则俄国将不会采取任何行动——这让格雷的官员们更加恼火。与此同时，萨索诺夫主张英国应该“宣布它与俄国和法国站在一起”，共同反对奥地利。[100]阿斯奎斯觉得奥地利“决心遭受彻底、终极的羞辱”。[101]现在，他认为这是“过去四十年来最危险的局面”。[102]然而，英国将如何卷入这 33
种局面仍不清楚；在巴黎，实际上在其他地方，信奉的仍然是伯蒂的不干涉政策。

7 月 26 日的晚些时候，布坎南给格雷发电报，恳求他在议会发表的任何声明中说明危及和平的是奥地利，而不是俄国。他说：“俄国已经尽了最大的努力，劝诱塞尔维亚接受未与它作为独立国家的地位或现行法律相冲突的奥地利的所有要求。”[103]他重申了圣彼得堡的信念，即“对塞尔维亚实施的任何打击……实际上针对的是俄国”。布坎南警告格雷，俄国民众认为英国实际上是站在奥地利的一边，而对于英国不愿变得更加好战，沙皇“表达了极大的失望”。[104]现在，英国对俄国的立场“非常微妙”。几分钟后，布坎南发来了另一封电报，声称动员的最初迹象在圣彼得堡和莫斯科已经很明显了。那天晚上，在丘吉尔的直接指挥下，海军部命令第一舰队和第二舰队不要离开驻地，在斯皮特海德接受检阅后，它们就一直驻扎在那里。

三

鉴于政治阶层意识到英国的安全可能会受到影响，以及英国甚至可能会卷入战争，在伦敦，正如英国外交大臣和其内阁同僚不得不转移注意力那样，社会活动人士和普通公众（在一两天后）最后也都没有选择，只能将注意力从爱尔兰问题转移到欧洲危机上。7 月 24 日至 26 日的周末，政客们（包括大臣们）发表演讲，与公众分享了他们的观点。大法官约翰·西蒙（John Simon）子爵告诉奥特林厄姆的自由党人，在“爱德华·格雷爵士冷静、沉着的指挥下”，英国的唯一角色将是“调停人”。[105]格雷的次官弗朗西斯·戴克·阿克兰（Francis Dyke Acland）在萨塞克斯郡发表演讲，确认英国将把影响力用于“维护和平”。然而，这种观点与实际发生的情况不符。

在接下来的日子里，随着关于战争的讨论变得具体起来，而不是变得抽象，格雷不仅需要向欧洲各国的大臣们提出越来越多的紧
34 急请求，他还发现，面对与他意见相左的自由党中不同团体的同僚（无论是和平主义者，还是丘吉尔等好战的政治家），他在不得不采取行动时受到了阻碍。西蒙等人的自由理想主义没有考虑到国际条约和义务等现实，也没有考虑到上个世纪被视为英国在欧洲之利益的问题——而这是克劳等人非常了解的。一旦自由党开始看到这些情况的后果，其内部就会出现分歧。随着英国从格莱斯顿*提出的践行自由放任和个人自由的国家转变成参与全面战争的国家（在这样的国家中，每一个男人和女人都成了商品，被旨在拯救国家和为帝国而战的政府所利用），在接下来的四年里，自由党人将一次又一次地遭受折磨。到战争结束时，自由党已经分崩离析，不过，在战争爆发前的最后几天，其支持率就已经跌入低谷。实际上，这种情况还可以追溯到更早的时候，比如辉格党和组成该党的激进派缔结联盟的时候，1890 年代和 1900 年代工人运动兴起的时候，该运动宣称的社会主义理想让许多激进分子感到自己被深深吸引。和很多社会主义者一样，自由党的激进派发现，在任何类型的

* 格莱斯顿：是指威廉·尤尔特·格莱斯顿（William Ewart Gladstone），英国政治家，曾作为自由党人四次出任英国首相（1868～1874 年、1880～1885 年、1886 年以及 1892～1894 年），他被很多学者视作最伟大的英国首相之一。——译注

冲突中支持全俄罗斯沙皇的想法与他们的原则深深抵触。此外，作为该党重要组成部分的非国教派厌恶帝国主义，除了党内剩下的少数最具辉格派特征的达官显贵外，其余的人都是如此。格雷是此类达官显贵之一，但是，他加入自由党已经很长时间了，对第二次布尔战争期间的党内分裂记忆犹新。当时，自由党领袖亨利·甘贝尔－班纳曼（Henry Campbell-Bannerman）爵士极力反对布尔战争，他的反战言论的激烈程度仅次于大卫·劳合·乔治（David Lloyd George），后者作为一流政治家的名声很大程度上要归功于此。

当把英国在危机中扮演的角色问题摆在内阁面前时，这引发了严重分歧，让人联想到早先的那场冲突。护民官和舆论领袖开始发表意见。7 月 27 日，《曼彻斯特卫报》的编辑、自由主义民意的重量级人物 C. P. 史考特（C. P. Scott）敦促政府不要卷入任何战争。[106]和几乎所有同僚一样，财政大臣劳合·乔治仍然专注于爱尔兰和劳工骚乱的威胁，他在党内的选民是激进的非国教派，强烈反对战争。他告诉史考特："毫无疑问，我们不会一开始就参战。"[107] 35
的确，劳合·乔治——几个月来一直主张削减国防开支——曾于 7 月 23 日在下院中说道："我不禁想到文明，它能够处理个人和国内小群体之间的争端，能够通过理智而有序的仲裁调解争端，我们应将文明这个调解手段扩展到更大范围的国家间的争端。"[108]

在谈到德国时，他说："我们之间的关系比几年前好多了。没有了我们过去看到的……这两个大国之间的那种咆哮，我不是说两个敌对的国家，而是两个伟大的帝国。两国的感情已经好转。两国开始意识到它们可以为共同的目标合作，而且合作领域要比可能发生争议的领域更大、更多、更重要。"[109]更值得一提的是，考虑到格雷和克劳的观点，劳合·乔治告诉史考特，他"知道没有哪位大臣会支持它（战争）"，他怀疑是否会有官员支持战争。但是，他确实表示，如果德国人攻击法国的海峡港口，法国在海中埋设水雷，那么英国可能会有麻烦。财政大臣还说，他相信奥地利想要战争，以便给塞尔维亚一个教训，但是德国人不想打仗。这种观点充其量只是一个天真的想法。如今，伦敦已经意识到，用克劳的话说，德国的报纸是怎样恶意地“鼓动”奥匈帝国：双重君主制国家感觉自己受到了怂恿，并相信德国会给予支持。尼科尔森和克劳知道贾高对哪些方面表示支持，也知道利希诺夫斯基对柏林的想法可能被误导，或者没有全面了解柏林的想法。和伦敦一样，在柏林，关于战争的看法也是存在分歧的。

7 月 27 日，星期一早上的报纸突然铺天盖地地报道危机，因此，除了政治阶层之外，公众也迅速地意识到和平受到了威胁。每天下午，劳都要和格雷会面，私下讨论枢密院条款的最新修订：与格雷所在政党的非干涉主义者及和平主义者不同，统一党人（包括最激进的反德分子）无意制造麻烦。但是，劳曾警告过他，对于加入支持法国、反对德国的欧洲冲突，统一党人在这个问题上看法不一致。那天下午，格雷回答了劳在下院就当前局势提出的问题：这是自 4 周前议会就弗朗茨·斐迪南被谋杀一事向弗朗茨·约
36 瑟夫表示哀悼以来，第一次讨论欧洲局势。他概述了政府采取的路线，重申了他私下对各个大使说过的话：只要这场冲突仍保持局部化，那么英国就无权干涉，但是，如果俄国介入，那么冲突将发展成“关系到我们所有人的事情”。[110]他提到了他的“四国倡议”，但表示他在等待答复。随着这件事的公之于众，报界消除了疑虑，公众舆论也平静下来。格雷说，“很明显”，如果其他大国卷入奥地利和塞尔维亚的冲突，“那么它只会以欧洲大陆有史以来遭受的最大灾难结束：没有人知道这场冲突可能引发的问题将会波及哪些方面，它直接或间接造成的后果将是无法估量的”。[111]即便如此，在

得知消息后，下院仍花了一天的大部分时间来讨论爱尔兰，欧洲的灾难似乎不那么迫在眉睫。

格雷提出了一个法律层面的观点，但至关重要。即如果德国破坏比利时的中立，那么将导致相关国家“一致”支持战争。[112]根据1839年签订的条约，英国与法国、德国同为比利时中立的保卫者；不过，格雷最担心的仍然是欧洲的势力均衡遭到破坏，而不是可能将英国拖入战争的任何行为。1870年，德国曾与法国作战，但没有侵犯比利时；眼下，他似乎认为历史会重演，即使冲突更广泛地蔓延到了整个欧洲大陆。然而，格雷越来越清楚地意识到，如果欧洲冲突导致同盟国的影响力增强，那么英国的安全可能会受到严重影响。他逐渐意识到，英国与法国和俄国建立的外交联盟意味着，在共同参与的任何战争中，英国都不能袖手旁观——克劳等高级官员也持有这样的观点，他们对德国有着根深蒂固的不信任，格雷无疑受到了他们的影响。他很快就会让他的同僚们了解这个观点，从而促使他们改变英国在这个问题上的政策动向。

那天，内阁召开了会议。莫莱（Morley）子爵——他是枢密院议长，也是自由主义思想中一股崇高的道德力量——在会后不久编写的私人备忘录中指出，格雷采取了“一条非常重要的路线”。[113]他谈到了布坎南的电报，在这份电报中，萨索诺夫希望英国宣布与俄国和法国团结一致，不管英国是否参战，俄国和法国都决心要同奥地利和德国作战。根据莫莱的说法，格雷“以其特有的平静方 37
式”说道，现在是时候在加入英国的协约国伙伴和保持中立之间做出选择了：如果内阁选择中立，那么他无法执行这样的政策。“内阁似乎叹了一口气，”莫莱回忆说，“大家陷入了片刻令人窒息的沉默之中。”[114]莫莱知道外交大臣现在认为外交干涉是毫无意义的，只有武装干涉的威胁才是有用的，但是，莫莱不清楚内阁是否意见一致。如果阿斯奎斯的政府垮台，那是“由内部分歧造成的，而不是由下院造成的”。[115]

翌年1月，莫莱向爱德华七世的前顾问伊舍（Esher）勋爵讲述了故事的大致内容，尽管他提到的这些事件的日期是不准确的。“7月25日，格雷参加了内阁会议，”伊舍记录道，“他认为如果我们打算支持法国，那么是时候将此告诉法国了；他补充说，还有一种选择，那就是我们应该坦率说明我们打算奉行中立政策；他说，他个人觉得我们没有资格执行这项政策。”[116]莫莱表示，他将不得不辞职，根据这个说法，劳工部首席专员比彻姆（Beauchamp）勋爵、殖民地事务大臣刘易斯·哈科特（Lewis Harcourt）、西蒙、贸易委员会的主席约翰·伯恩斯（John Burns）都点头表示同意。然而，阿斯奎斯展示出了拖延时间的才能，这最终导致了他的垮台。“对此，首相说在那个时候无法做出任何决定，并宣布休会。”

在会见了劳合·乔治后，C. P. 史考特和自由党的首席党鞭*珀西·伊林沃斯（Percy Illingworth）进行交谈，并说了一句预言性的话：如果自由党将英国卷入战争，“那么目前的自由党组阁将会终结，下一个政府将不得不建立在激进派和工党的基础上”。[117]在内阁召开会议后，海军部、陆军部和新闻委员会——成立于1912年，作为这两个部门与报界之间的官方沟通渠道——召开了会议，向舰队街**告知了可能会有大量的海军和军事行动，并且必须对此保密。《世界新闻报》的董事长乔治·里德尔（George Riddell）爵士告诉官员，“如果要求报界保持沉默，那么它们将不得发表任何

* 党鞭：在议会里代表其政党领袖（党魁），督导其所在政党议员出席及做出表决行为的人，某些议会、政党可能有多个党鞭，其领导“首席党鞭”是议会党团内较重要的职位。——译注

** 舰队街（Fleet Street）：英国几家著名报馆的办事处所在地。——译注

有害言论”。[118]

那天早上，《泰晤士报》报道说，在塞尔维亚和奥匈帝国的外交关系破裂的消息传出后，巴黎出现了“极大的骚动”。[119]“维也纳出现了战争热。”[120]为了防止其英国读者后知后觉，《泰晤士报》 38
驻巴黎记者补充说道，“欧洲非常有可能爆发全面战争，这对法国人来说犹如晴天霹雳。”[121]在英国，普通公众也觉得这是晴天霹雳。在过去的几天里，人们愈发意识到可能爆发欧洲战争，而英国可能卷入这场战争的看法现在也被公开。该报指出，法国国内普遍认为危机是由“德国的阴谋”所导致，比利时陆军大臣正在“采取防范措施”，他们召回了休假的士兵。

在那天的社论中，《泰晤士报》问道：“可以肯定的是，弗朗茨·约瑟夫皇帝已经向世界证明了他对和平的热爱，那么他是否不会因为塞尔维亚未能立刻同意照会中列出的所有极具羞辱性的内容而危及其帝国的安全和欧洲的安宁？”塞尔维亚做出了“一个主权国家闻所未闻的让步”，如果奥地利予以拒绝，那么它将会把自己置于非常错误的境地。[122]但是，该报还提出了英国可能卷入欧洲战争的问题，认为这是奥地利固执己见造成的必然结果：“如果任何时刻需要检验我们是否遵循了原则——公开宣布结盟和捍卫欧洲的势力均衡——那么将会发现，正如过去那样，我们已经做好了准备，并下定决心用整个帝国的力量来维护它们。”

这样的言论不仅让公众意识到英国卷入战争的可能性：也让伦敦证券交易所的股票陷入了暴跌，就如同欧洲大陆的证券交易所那样。星期一上午，格雷回到办公室，获悉了奥地利发布动员令的消息。在 7 月 26 日午夜发出的两封电报中，德邦森告诉格雷，预计奥地利将在 7 月 31 日之前完成动员，并将在 8 月 5 日之前在塞尔维亚边境集结部队。俄国驻维也纳大使对德邦森说，他的国家现在认为奥匈帝国“决意要开战，俄国无法置之不理”。[123]俄国加大向英国施加的压力，但布坎南仍然毫不动摇，尽管俄国人坚持认为，只有当英国公开其与法国和俄国的结盟时，德国才会采取行动阻止奥地利。

克劳向格雷清楚地解释说奥地利正在进行动员；俄国将紧随其
39 后；之后，德国也将如法炮制，鉴于德国的动员主要针对法国，法国将不得不立刻效仿。克劳认为奥地利从一开始就决定不惜一切代价诉诸战争。如果他对此的看法是正确的——他肯定自己是正确的——那么“采取任何行动来阻止俄国动员都是不可能的，也是不公平、不明智的”。[124]由于阻止俄国动员一直以来都是格雷政策的核心，为了采纳德国问题专家克劳的建议，需要内阁同意对策略进行根本性的改变。格雷已经意识到了这一点。一旦奥地利和俄国都进行动员，那么难以想象有什么措施能够阻止它们或者阻止德国和法国效仿。

克劳接着说：“然而，这意味着在24小时内，国王陛下的政府将面临这样一个问题：在这场奥地利强行迫使不情愿的法国卷入的争吵中，英国要么袖手旁观，要么选边站。这个问题极其重要。”尼科尔森将塞尔维亚的答复告诉了格雷，他说他觉得塞尔维亚“几乎同意了奥地利提出的所有要求，很难想象，在塞尔维亚做出如此巨大的让步之后，奥地利如何能够正正当当地开展敌对行动”。[125]奥地利的大部分无端指责都是要求塞尔维亚进行解释说明。克劳认为塞尔维亚的答复“是合理的”，“如果奥地利要求绝对服从它的最后通牒，那么只能意味着它想要开战”。因此，格雷的两位高级顾问都认为，如果奥地利人攻打塞尔维亚，那么他们就犯了大错，因为俄国将不得不进行动员，而英国将不得不做出选择。

尼科尔森越来越感到沮丧，因为德国虽然口口声声地说想要和平，却没有利用自己的影响力来阻止奥地利。法国曾要求德国驻巴黎大使敦促德国政府采取此类行动，但德国含糊其辞地答复了这个请求。尼科尔森也明白，奥地利想要取代俄国在巴尔干半岛的影响力，因此渴望战争。7 月 27 日下午，德邦森的电报对此进行了确认，他告诉格雷："我认为奥匈帝国彻底下定决心要与塞尔维亚开战，它认为自己的大国地位岌岌可危，它用这样的措辞拟写照会就是为了让战争无法避免，在塞尔维亚受到惩罚之前，它不太可能听取调停的建议。"[126] 他认为德国人什么也做不了，并说他是在一个"欣喜若狂"地展望战争的国家写这封电报。"前景非常糟糕，"读到这封电报时，克劳这样说道，"现在一切都取决于德国准备走哪条路。"[127]

那天下午，当英国外交大臣在下院发表声明后，利希诺夫斯基 40
告诉他，德国同意在奥地利和俄国之间进行四国调停，同时保留其作为盟友的权利，以便在奥地利受到攻击时帮助奥地利。利希诺夫斯基似乎真诚地相信这就是其政府的观点；但是，目前还不清楚柏林是否对这位被视为过于亲英的大使直言不讳，并且利希诺夫斯基可能并不清楚为了一劳永逸地解决谁主宰欧洲的问题，德国的军事高层正在施加怎样的压力，以便要求与该国的对手作战。利希诺夫斯基代表德国政府请求格雷建议俄国保持克制。格雷的仁慈本能正在消退，他告诉利希诺夫斯基，在安抚奥地利方面，塞尔维亚人的所作所为已经大大超出了预期，他认为这是由于俄国对贝尔格莱德施加影响所致。"对于维也纳，现在确实需要施加让其克制的影响力。"[128] 坚定路线的格雷也让俄国人知道了他们中的一些人的想法，即英国"在任何情况下都将袖手旁观"的说法是错误的，而且不解散舰队的决定也对这个说法进行了反击；然而，格雷明确表示，尽管做好了军事准备，但此时他只承诺采取外交行动。

由于普恩加莱不在国内，巴黎的外交活动几乎陷于停顿。不过，现在总统取消了从圣彼得堡前去拜访挪威和丹麦国王的行程，急匆匆打道回府。伯蒂告诉格雷，巴黎的代理外交部长已经会见了德国大使，但后者把球踢给了俄国。伯蒂说，法国外交部“认为这是一个不好的迹象”。[129]克劳认为德国人试图在俄国和法国之间挑拨离间；尼科尔森认为英国最好不要插手法国的活动。

那天晚上，在听说德国已经对四国调停的可取性改变了立场后，格雷声称调停相当于进行仲裁，并且贾高认为，除非奥地利和俄国提出请求，否则不可能进行调停。贾高确认，如果俄国在北方进行动员，那么德国将不得不进行动员；如果俄国在南方进行动员，那么德国可能不会进行动员。一切似乎都太迟了：门斯道夫来到英国外交部，告诉格雷，“为了进行自卫”，奥地利准备对塞尔维亚动用武力。奥地利认为这样做“符合欧洲的利益”，因为塞尔维亚曾是一个“多么不安定的因素”。[130]

41 门斯道夫说，他的政府认为，“他们可以指望我们在一场迫使他们接受的战争中给予同情，如果有必要，还可以指望我们帮助他们将战争局部化”。格雷回答说，他无法理解奥地利人对塞尔维亚的答复所做出的解释，他和利希诺夫斯基讨论了这个问题；门斯道夫说，这个答复似乎令人满意，但是，如果拒绝与奥地利的官员和警察合作，将会容许进一步的破坏活动。格雷表示惊讶，因为奥地利似乎认为自己可以在使俄国不卷入的情况下与塞尔维亚开战；而且奥地利不明白这样一场冲突的后果将是“无法估量的”——德国政府在表达对和平的渴望时使用了这个词。格雷告诉门斯道夫，虽然他无法威胁政府让英国出面干预，但由于英国政府感到“不安”，舰队并没有按计划解散。他认为塞尔维亚的答复是“我所见过的一个国家遭受的……最大耻辱”，但令我失望的是，奥地利仅仅将这种跪拜视为“令人不满意的，从而直接否定了”。

7 月 27 日，伯蒂从巴黎给格雷写了一封私信说：“我相信，法国政府不想开战，应该鼓励他们向俄国政府施压，不要假设无论斯拉夫国家的行为举止如何，俄国都是这些国家的保护伞，因为这种荒谬、过时的态度将会导致战争。”[131]他还说，巴黎的报纸错误地报道说，德国曾威胁法国说，除非其他大国不介入这场争端，“否则它们将不得不让德国来处理，并有可能面临一场欧洲的全面战争”。[132]格雷认为，德国拒绝对话，这“决定了欧洲的命运是走向和平还是战争”。[133]他后来在 1918 年告诉牛津大学希腊语学钦定教授吉尔伯特·默里（Gilbert Murray），“德国拒绝召开会议，这使我失去了能用于和平的唯一有效工具”。[134]即使经过四年的反思，格雷似乎仍然没有意识到，开展更积极的外交活动——离开伦敦，但不是为了钓鳟鱼，而是为了会见一些欧洲国家的大臣，以便向他的同行施压，表明欧洲可能爆发的这场灾难性冲突将会牵扯所有的大国，即使他无法威胁政府让英国出面干预——可能是一个更有效的工具。

7 月 27 日至 28 日的晚上打响了大战的第一枪。7 月 28 日，格雷获悉，匈牙利人抓获了两艘塞尔维亚商船，两艘塞尔维亚蒸汽机船遭到攻击。克莱肯色普主动敦促塞尔维亚政府保持“最大的谨慎和克制”。然而，从这一刻起，所采取的每一步似乎都无法挽 42
回。格雷从布坎南那里获悉萨索诺夫更倾向于进行“调停”，但不久后，他收到了德邦森的电报，报告说俄国驻维也纳大使和奥地利外交部次官进行了会晤。[135]大使说“不可能”将冲突局部化，因为俄国之前已经在这些事情上让了步，以后不会再这样做。[136]大使要求进行会谈，但是，次官提到了多瑙河上的“小冲突”，在这些冲突中，塞尔维亚的船只遭到了破坏，尽管他说塞尔维亚人是侵略者。[137]不过，奥地利人暗示他们将授权奥地利驻圣彼得堡大使与萨索诺夫进行直接会谈。克劳对此表示欢迎，认为这是“第一缕希望之光”，格雷声称此举“非常令人满意”。[137]

然而，希望转瞬即逝。格雷随即从本肯多夫那里获悉，在圣彼得堡与奥地利大使进行坦率讨论时，萨索诺夫愚蠢地告诉他，不要指望塞尔维亚会信守承诺。此类失言激怒了格雷，因为格雷告诉德国人的恰恰相反。俄国人声称这是误译，但在如此狂热的氛围中，在报界和欧洲各国政府的谣言满天飞的情况下，这种解释毫无帮助。本肯多夫请求格雷让英国支持俄国和法国，格雷无法做出这样的承诺。这与英国的公众舆论一致。那天，中立联盟——这是诺曼·安吉尔（Norman Angell）的想法，安吉尔是巴黎《每日邮报》的前任编辑，后来成为工党议员，并获得诺贝尔和平奖——发表了一份宣言，并散发了50万份，声称英国支持俄国将导致俄国主宰欧洲，这将损害德国的利益，德国是一个“和我们同属一个种族、在道德理想上与我们大同小异”的国家。[138]

法国政府同意四国干预；然而，就在那天下午，在萨索诺夫散漫的失言后，德国正式拒绝了这个提议，尽管柏林声称他们仍希望寻求和平。协同行动的机会似乎没了可能，误解和不信任成为各方近乎蓄意而为之的举动。格雷向柏林发电报说，如果圣彼得堡和维也纳之间能够进行直接谈判，那么他将放弃四国调停方案。克劳建议对德国采取赶鸭子上架的做法，并询问德国认为各个大国应当怎样做；尼科尔森认为不要提出新的建议，而是允许维也纳和圣彼得
43 堡进行谈判。那天晚上的早些时候，格雷告诉英国驻柏林大使爱德华·戈申（Edward Goschen）爵士，他将根据俄国与奥地利之间谈判的进展情况，直接向贾高提出克劳的问题。

那天下午，阿斯奎斯在下院被问及是否有新的消息。“没有足够明确的新情况能够做进一步的说明，”他回答说。[139]当休·塞西

尔（Hugh Cecil）勋爵问他是否爆发了敌对行动时，阿斯奎斯说："对此我们还没有确切的消息。"他对后来成为其情人的维尼夏·斯坦利（Venetia Stanley）说，至少他的一个同僚想要战争："温斯顿……赞成用这种方式来摆脱爱尔兰的麻烦。"[140]下午6点45分，格雷收到一封来自克莱肯色普的电报，说奥地利已经对塞尔维亚宣战。格雷的次官阿克兰立即向下院宣布了这个消息。与此同时，分遣队士兵驻扎在英国海岸的海军基地，以充当武装警卫。虽然舰队几乎完全动员起来，但仍在锚泊。

德邦森警告奥地利外交大臣贝希托尔德，阐明冲突可能造成哪些后果。德邦森强调说，从外交的角度来说，奥地利自始至终都把与塞尔维亚的争端放在首位，而英国则把欧洲的和平放在首位。晚上11点，格雷从布坎南那里得知，一旦奥地利对塞尔维亚采取行动，俄国就会进行动员。利希诺夫斯基向格雷保证，德国政府已经和贝希托尔德联系，敦促他与萨索诺夫谈判，并且焦急地说道："由于英德两国为拯救欧洲和平而进行合作，我开始希望谈判能够再次成为可能。"[141]

然而，格雷的官员陷入了悲观情绪。尼科尔森给布坎南写信，描述了英国的反应被俄国视为"对我们友谊的考验"，以及俄国人又是怎样地不理解英国政府必须根据民意采取行动：在那个阶段，民意当然不支持与俄国联合对抗德国。[142]他补充说，"我认为我们已经说得很清楚了，在任何情况下，无论是德国还是奥地利，都不可能百分之百地指望我们保持中立"，并认为不解散舰队的命令就已经非常明确地说明了这一点。他告诉布坎南，报界现在是怎样认为英国不能置身事外的，并请他告诉圣彼得堡："毫无疑问，如果我们卷入这场大火，我们应该站在我们朋友的一边。"在那个阶段，这也是外交大臣自己的看法。 44

四

在接下来的几个小时里，情况变得很清楚，俄国不仅会采取行动，还期望获得协约国伙伴的支持。布坎南从圣彼得堡发电报说，萨索诺夫强调，一旦奥地利人越过塞尔维亚的边境，俄国就会进行动员。“我问道，”布坎南继续说，“让尼古拉皇帝在最后关头亲自向奥地利皇帝提出请求，要求奥地利将行动限制在俄国能够接受的范围之内，这个做法是不是没有可能。在回答我的问题时，阁下重复说，避免战争的唯一方法是，国王陛下的政府明确表示其将加入法国和俄国的阵营。”[143]具有讽刺意味的是：德国驻圣彼得堡大使恳求布坎南设法让萨索诺夫冷静下来；布坎南对德国大使说，他最好建议他在维也纳的同僚对奥地利人采取类似的做法。布坎南对德国说：“俄国是完全认真的，如果奥地利进攻塞尔维亚，那么任何举措都无法避免全面战争。”[144]他之所以这样说，表明了德国外交部门认为俄国还不是十分认真。

很快，事情变得毫无疑问：7 月 29 日，当尼科尔森读到布坎南的电报时，有关俄国正在南部地区进行动员的消息传到了伦敦。这似乎是另一个危险的、无法挽回的举动。在柏林，应德国首相的邀请，戈申在前一天下午拜访了贝特曼，贝特曼向他保证，德国正在尽其所能让俄国和奥地利进行谈判。贝特曼坚称奥地利和塞尔维亚之间的争端不关俄国的事；他还听说俄国在南部动员了十四个军团，他不知道自己在呼吁奥地利克制方面能做到何种程度。“这个决定取决于俄国，也只取决于俄国，”戈申报告说贝特曼是这样说的；贝特曼强调说，他希望与英国合作，并希望尽最大努力维持全面和平。[145]他最后对戈申说：“大国之间的战争必须避免。”

尼科尔森说："很显然，没有任何迹象表明德国对维也纳施加了影响力以要求奥地利克制。把责任推给俄国是相当过分的，因为一直以来，俄国都愿意采取可能通向和平的任何道路。我猜测，在奥地利勒死塞尔维亚期间，德国希望俄国和其他大国一同保持中 45
立。"[146]格雷回忆说，读到这封电报时，"我对冯·贝特曼·霍尔韦格和冯·贾高感到非常生气"。[147]他认为柏林对维也纳的行为采取了一种漫不经心的态度："他们让奥地利向塞尔维亚发出了最后通牒，他们的这种自满让人感到可悲。"他还认为柏林阻止了所提议的会议，他将此视为"更加糟糕"。当然，他不知道那张"空白支票"，该支票可以对所有的一切进行解释。

7月29日一早，当维也纳宣战的正式消息传来时，克劳和尼科尔森告诉格雷不要发布常规的中立声明。尼科尔森说："我问自己，在这个节骨眼交换意见有什么用……我的看法是，就目前而言，外交手段已经用尽……呼吁奥地利或俄国改变其路线将是徒劳的，并将导致误解。"到午饭时间，伦敦已经听说贝尔格莱德有枪声响起；俄国正在进行动员，但它已经明确告知德国政府，"俄国对德国没有任何侵略意图"。[148]

形势已变得非常严峻，美国人主动进行斡旋。英国国王取消了去古德伍德的旅行，据说他下个星期去考斯的计划和下下个星期去打松鸡的计划都被搁置了。证券交易所发生了大规模的抛售：它将在7月31日关闭，直到1915年1月4日才会重新开放。《泰晤士报》宣称："乍看之下，欧洲和平似乎危在旦夕。"[149]尽管奥地利的最后通牒已经充分提醒英国人注意冲突日益危险，但是，直到现在，英国报纸才开始大篇幅地报道这件事情，公众无法抗拒地被这些新闻吸引，因为这个国家不仅在思考战争的可能性，而且也在思考英国在这场战争中不仅仅是一个旁观者的可能性。内阁在午餐前召开会议，决定实施《战争手册》（*War Book*）中概述的防范措施。幸运的是，一个月前，政府刚刚对《战争手册》进行了更新，该手册规定了在国家紧急情况下各部门必须实施的计划，包括召集本土防卫军的特别分队，以执行护卫任务，这是向公众和其他大国发出信号，表明英国开始动员。那天下午，和其他总指挥官一样，奥尔德肖特的总指挥官道格拉斯·黑格（Douglas Haig）爵士收到了一封来自陆军部的电报，命令他在全面动员之
46 前采取“防范措施”。[150]

接着，一个新的考虑因素出现了，该因素被证明是至关重要的，并且劳已经向格雷提起过。7 月 28 日的晚些时候，英国驻布鲁塞尔公使弗朗西斯·维利尔斯（Francis Villiers）爵士向格雷发电报，告诉他说，比利时政府讨论了可能发生的“种种不测事件”，“并决定如果比利时的完整或中立受到任何方面的攻击，那么他们将竭尽全力进行抵抗”。[151] 1870 年，英国曾告诉普法战争的双方，英国不能容忍对比利时主权的侵犯，并且格莱斯顿的警告*提供了充分保障。当时，比利时并没有预料到法国或德国将会破坏其中立地位，但还是希望做好准备，因为历史似乎没有理由不会重演。[152]于是，动员 15 万人的准备工作正在进行中。

自 1906 年以来，英法两国关于军事合作的讨论，是建立在法国永远不会入侵比利时这一认知之上的；如果德国入侵比利时，那么英法两国就会联合起来驱逐德国。[153]在接下来的几天里，协约国继续相信这些外交惯例将会得到遵守，它们沉浸在满足之中，忽视了德国的军事思想 1870 ~ 1871 年以来发生了很大的变化。法国在

---

* 普法战争时，格莱斯顿曾从交战国双方争取到一项条约，规定倘若交战国的任何一方破坏比利时的中立，英国就将与另一方合作，协同保卫比利时，不过，英国将不参与全面作战。——译注

东部——尤其是在凡尔登（Verdun）——修建堡垒，这迫使德国想出了一个不同的计划来进攻法国，而不是在之前的战争中使用的计划，当时德国在反击法国的进攻后，从洛林进入法国。根据德意志帝国陆军总参谋长阿尔弗雷德·冯·施里芬（Alfred von Schlieffen）伯爵在1905～1906年制订的最新计划，德国现在打算借道比利时进攻法国。

施里芬计划给德国人带来了巨大的风险。首先，该计划在政治方面的考量因素是英国不会捍卫比利时的中立；其次，当英国能够动员远征军以便向欧洲大陆派兵时，法国的军事力量已经被击败，德国人已经攻克了巴黎：1870～1871年以来，德国的军事实力已呈指数级增长，并且德国希望它能够用火力打通一条进入巴黎的路（就像它后来在1940年所做的那样）。英国陆军部和外交部对施里芬计划一无所知，但法国的情报部门早在1907年就已经看到了德国的动员计划，知道它的目的是将德国的大部分军事力量投入到西线。该举措如今已成为德国战略的核心，因此，法国的情报部门应当向 47
英国和法国强调，他们的潜在敌人现在是多么的强硬。这个战略也象征着柏林的分裂，即德皇的激进派军事顾问和由贝特曼·霍尔韦格（他在1912年才知道施里芬计划）领导的更为谨慎的文职顾问之间的分裂。

7月29日下午，利希诺夫斯基拜访格雷，向他保证贝特曼正“努力地在维也纳和圣彼得堡之间进行斡旋，他希望能取得成功”。[154]格雷强调，最好的解决方案是俄国和奥地利直接达成协议；但他告诉德国大使，他知道奥地利拒绝了俄国的建议，也就是奥地利驻圣彼得堡大使应当与萨索诺夫进行讨论的建议。他把解决这个问题的责任推给了德国，并告诉利希诺夫斯基，“只要德国愿意为了和平‘按下按钮’，那么就可以按照德国认为可行的任何方式进行调停”。[155]格雷很悲观。他推断，这已经成了与德皇的威望有关的问题，并且对德国来说，敦促奥地利让步可能会让德皇显得很懦弱。

但是，格雷也意识到，不管比利时发生了什么，随着法国越来越有可能卷入这场冲突，英国很快需要决定是否加入它们的行列。7月25日，他参加了霍尔丹（Haldane）勋爵和他妹妹举办的晚宴。霍尔丹是大法官，在担任陆军大臣期间，他于1908年进行了军队改革，包括策划英国远征军和建立本土防卫军。他和妹妹邀请格雷、莫莱与亲英的德国航运大亨阿尔伯特·巴林（Albert Ballin）共进晚餐。霍尔丹回忆说，格雷和他告诉巴林，与德国保持良好关系，“取决于德国不会进攻法国”。[156]这表明格雷很早就断定，如果法国遭到攻击，英国就该参战。巴林强烈反对战争，因为如果战争爆发，他的商业利益将受到威胁；1918年，在得知德皇退位后，他自杀了。

7月29日，普恩加莱回到巴黎，他发现几乎没有迹象表明公众希望对德国开战。一些人认为这是收复阿尔萨斯和洛林的机会，这两个省在普法战争后被德国吞并，但是，有这种想法的只是占极少数的一部分人。下午，格雷会见了康邦，他们一致认为形势很严
48 峻。格雷向康邦保证，他刚刚告诉利希诺夫斯基，德国不应该把格雷与他打交道的友好态度解读为英国不会参战的信号：英国将会为了自己的利益采取任何措施。格雷回忆说，这些会面对他和康邦来说都是“沮丧的”，主要是因为格雷无法向康邦讲述他私下里向利希诺夫斯基暗示的话，即如果德国进攻法国，英国将不会作壁上观。[157]格雷向康邦强调，如同他曾向利希诺夫斯基强调的那样，如果德国和法国卷入这场冲突，那么英国的考虑因素将会发生改变。康邦说，他“预计，在德国进攻俄国期间，德国将会要求法国保

持中立。法国当然不会给予这种保证；如果俄国遭到攻击，它一定会帮助俄国”。[158]不过，英国没有受到此类承诺的制约。

那天下午，阿斯奎斯告诉下院——下院一声不吭地听着——形势“非常严峻”，政府正在尽一切努力防止冲突。[159]虽然劳合·乔治当了六年的财政大臣，但他对财政和贸易知之甚少，他试图通过拒绝召开解决财政不确定性的银行家会议来平息焦虑，他说目前没有必要召开这样的会议。幸运的是，他很快就邀请他的朋友首席大法官雷丁（Reading）勋爵在这些问题上给他出主意，雷丁是这方面的专家，当时正在休长假。

与此同时，《泰晤士报》驻巴黎记者报道说，黄金在当地的流通已经“消失”，这是在警告英国，如果形势进一步恶化，可能会发生什么。[160]海军部撤回了为防止军火走私而在爱尔兰海岸巡逻的驱逐舰，第一舰队从波特兰驶入英吉利海峡。部队的每一次调动，或者休假士兵的每一次召回，都助长了谣言的散布。所有政府部门和武装部队都进入了“防范阶段”的备战状态。阿斯奎斯告诉斯坦利小姐：“我们当然希望能够置身事外，但是，我们所能做的最糟糕的事情，就是此时此刻向世界宣布，我们在任何情况下都不会进行干预。”[161]

那天晚上，戈申汇报了与贝特曼的进一步讨论，主要报告了德国首相的声明，德国首相说，他已经敦促奥地利盟友确认，他们之所以向塞尔维亚发起攻击，纯粹是为了执行他们的最后通牒，而不是为了强行获得领土；但没有收到维也纳的答复。贝特曼请求戈申务必转告格雷，他是“真心实意地尽其所能来防止欧洲的局势变 49
得复杂”。[162]事实上，贝特曼觉得自己已经做了很多，他恳请戈申坚持要求格雷不要向其他大国提到他的干预。贝特曼甚至没有告诉利希诺夫斯基。贝特曼和其他人正试图抑制德国军队的好战本能，这些军队想要彰显德国在欧洲的影响力，并担心德国可能会失去彰显其影响力的机会。克劳——他获悉德皇和沙皇在互相发电报——驳斥了贝特曼的观点。尼科尔森说："我认为柏林不是太明白，如果奥地利对塞尔维亚实施严厉的惩罚，那么俄国不能、也不会袖手旁观。"

布坎南报告说，法国驻圣彼得堡大使向德国大使保证，法国没有实施针对德国的任何军事准备活动，法国所做的只是召回休假的军官，就像德国那样。随后，布坎南确认俄国在进行动员，并报告说奥地利拒绝了与俄国进行直接对话的邀请。格雷会见了门斯道夫，但拒绝讨论奥地利针对塞尔维亚指控的是非曲直，而是强调了英国对事件的不满。此时此刻，格雷已经无计可施：他等待着，而贝特曼试图促成俄国和奥地利进行讨论，这就是利希诺夫斯基所说的计划。

7 月 29 日晚饭后，阿斯奎斯发现格雷在外交部与霍尔丹交谈。三人一同讨论局势，一直持续到凌晨一点，他们希望能发生"奇迹"以避免战争。[163]霍尔丹以他的才智而闻名，这不仅仅是因为他对德国文学和哲学的了解；据说，他称德国是他的精神家园，但事实上，他所称的精神家园是指哥廷根大学的教室，他曾在那里学习；他还有一只叫凯泽*的狗。在即将到来的狂热时期，这些利害关系都将产生影响。

那天晚上，当英国政府的三个关键人物倾诉他们对未来的担忧时，奥地利人炮轰了贝尔格莱德。在柏林，贝特曼派人去请戈申，并给出了这位大使所称的"高价"，以换取英国保持中立。[164]德国首相承认，"很明显"，英国绝对不会允许法国被"击垮"，但"这

* 凯泽是 Kaiser 的音译，而 Kaiser 在德文中是指德皇。——译注

样的结果是德国没有想到的”。德国对奥地利的义务可能会“使欧洲的战火无法避免”，这将让德国“感到非常遗憾”，但德国“不谋求法国的领土”，尽管德国没有承诺避免获得法国的殖民地。格 50
雷说，如果德国占领法国的殖民地，这将结束法国的大国地位，这是无法容忍的。“对我们来说，以法国为代价与德国做这笔交易将是一种耻辱，如此一来，这个国家的良好声誉将永远无法恢复。”当然，这并不是目前唯一的问题：贝特曼暗示，进攻法国将会把比利时问题抬上桌面。“实际上，德国跟我们讨价还价，要求我们放弃在比利时中立问题上的任何义务或利益。我们无法接受这样的交易。”英国必须保留“根据情况需要采取行动的充分自由”。在咨询了阿斯奎斯之后，格雷请戈申转告柏林，维持两国良好关系的最佳途径是共同为欧洲和平而努力。

在格雷发电报的同时，戈申也发来了电报，说德国没有收到维也纳的答复。戈申报告说，鉴于俄国进行了动员，以及听说法国正在采取军事措施，贾高“恳请”他“务必向你告知德国在立场方面的困难”。[165]稍后，德邦森从维也纳发来电报说，据了解，德国人言辞激越地告诉奥地利，他们的行为可能会引发一场欧洲大战；德邦森补充说，问题在于，德国驻维也纳大使深深认同反塞情绪和反俄情绪，以至于不要指望他能够竭尽所能地说服奥地利放弃好战态度。

贝特曼承诺尊重荷兰的中立地位，但对于比利时，他就没有那么绝对了。“阁下无法告知我们法国的行为可能会迫使德国采取怎样的行动，但他能够说明的是，只要比利时不站在反对德国的一边，那么在战争结束后，德国将尊重比利时的完整。”[166]这番话的言下之意激怒了伦敦。格雷带着“绝望”的心情读着电报，因为贝特曼现在似乎已经屈从于战争；而且贝特曼理应明白，他是在向英国提供一条不光彩的出路。[167]戈申从柏林汇报说，很显然，贝特曼对格雷就其中立建议做出的反应感到震惊，他要求给予一些时间，以便好好考虑一下。克劳坦言："对于这些令人震惊的提议，我们唯一需要发表的评论是，它们反映了提出这些提议的政治家名
51 誉扫地。"他意识到，"德国实际上承认它意图破坏比利时的中立地位，但仍努力尊重荷兰的中立地位（以便保护经由莱茵河和鹿特丹入境德国的商品）。很明显，德国实际上已经下定决心要开战，到目前为止，唯一的制约因素是，德国担心英国将会加入保卫法国和比利时的行列"。[168]

正如克劳意识到的那样，最后的游戏已经开始了。7 月 30 日，《泰晤士报》在社论中说，政府为限制冲突做出的努力，是一项"可能需要超越所有外交智慧才能完成的任务"，并再次警告说，如果有必要，英国将参战并将取得胜利——尤其是在比利时的中立地位受到威胁的情况下。[169]当时，任何一位大臣私下里都不愿表达这种观点，更不用说在公开场合了，这是第一次将可能发生的事情公之于众。《泰晤士报》进行了格外详尽的报道。这场危机是自拿破仑战争以来英国遭遇的最严重的一次。

那天上午，英国驻汉堡总领事报告说，沿着德国的北海海岸，炮台已经部署完毕，潜艇防御系统也已安装完成。克劳和尼科尔森认为，这是德国将不得不与英国开战的预兆。格雷对戈申说："请你务必转告德国首相，他建议我们在这样的条件下必须保持中立，这是绝对不能接受的。"[170]格雷从康邦那里获悉，德国驻巴黎大使已经告诉俄国驻巴黎大使，如果俄国不停止军事准备活动，那么德国就会进行动员。就在同一天上午，德邦森告诉格雷，维也纳刚才"迟缓地意识到"俄国是认真的。[171]

随后，戈申报告说，驻柏林的英国武官已经注意到德国军队大

规模地向该国的东部和西部边境调动，并认为德国“即将”进行动员。[172]英国驻汉堡和德累斯顿的领事馆工作人员也做出了类似的报告，克劳认为这是“不祥之兆”。[173]早些时候，格雷曾在下院短暂露面，回答了劳的问题。“我没什么可说的，”他对反对党的领袖说道，他还重复了多数议员在报纸上看到的内容，即奥地利人开始对塞尔维亚采取行动，以及俄国下令进行部分动员。他向劳保证，外交人员之间一直保持着联系，“尽管各个大国不可能像星期一提议的那样联合采取外交行动”。[174]

劳和爱尔兰统一党的领袖爱德华·卡森（Edward Carson）爵 52
士邀请阿斯奎斯同他们见面。他们告诉阿斯奎斯，为了最大限度地发挥英国在维持和平方面的影响力，他们和追随者将搁置他们与政府就法案（该法案将对《爱尔兰自治法案》进行修正）产生的分歧。随后，阿斯奎斯会见了民族主义党的领导人约翰·雷德蒙（John Redmond），后者同意，如果《爱尔兰自治法案》立即被写入法典，那么他将同意在修正法案成为法律之前，《爱尔兰自治法案》将不会生效。这让首相松了一口气，但这也是唯一的一点光亮。他在日记中写道：“这座城市正处于一种可怕的萧条和瘫痪状态，它目前完全反对英国出面干预。前景一片黑暗。”[175]

晚上，伯蒂给格雷发电报说，普恩加莱告诉他，德国威胁说，除非俄国停止行动，否则德国将进行动员。普恩加莱问伯蒂，如果法国和德国发生冲突，英国现在是否会承诺帮助法国，因为普恩加莱觉得此类声明会让德国“改变态度”。[176]伯蒂说，眼下要让英国发布这样的声明“比较困难”。普恩加莱坚称这样做有利于和平，并强调法国不希望开战。然而，他还认为，如果战争爆发，英国将会卷入其中，因此，英国应当现在就承诺和法国并肩作战，以避免战争的发生。

7月29日，在回想起格莱斯顿于1870年提出的政策后，内阁第一次讨论了比利时的中立地位，因此，这个问题的利害关系不再有疑问。不过，由于当时还停留在理论阶段，所以，如何解释英法之间的协约并不是一个重要的问题，因为法国人自身也将英法协约作为一个理由，以此要求英国支持他们认为可能与俄国人联合采取的任何军事行动。克劳认为，英国的团结承诺只会鼓励法国和俄国同条顿人*作战。但是，他还认为，如果法国和俄国在没有英国鼓励的情况下参战，那么英国应作为盟友同它们站在一起，并且应当立刻且毫不含糊地做出出面干预的决定。康邦正在劝说格雷，提醒他两年前他们曾达成的共识，“如果欧洲的和平受到严重威胁，我们将讨论我们准备做什么”。[177]他并不是在寻求承诺，而是希望与格雷讨论，在发生某些不测的事情（例如德国攻击法国）时，英国将会做什么。格雷说，内阁将于第二天早上召开会议，并将讨论这个问题。康邦强调，如果德国和俄国爆发战争，那么法国无法保
53 持中立。格雷意识到，法国想要知道，在此类情况下，英国打算如何行动；但是，内阁的意见出现了分歧；此外，在根据三国协约的条款与俄国达成的谅解中，法国需承担规定的义务，但英国无须承担与此类似的义务，因此，格雷什么也做不了。

伯蒂告诉格雷，在巴黎，“人们认为……在德国无法从俄国和法国那里得到供应品，并且从奥地利那里几乎得不到什么供应品的时刻，德国不希望面临海上供应被英国舰队切断的危险……因此，大国之间的和平取决于英国”。[178]他说报纸（而不是民众）正在变得好战；他批评法国政府未能敦促俄国停止行动，并同意伦敦的看

---

* 条顿人（Teutons）：是古代日耳曼人中的一个分支，公元前4世纪时大致分布在易北河下游的沿海地带，后来逐步和日耳曼其他部落融合。后世常以条顿人泛指日耳曼人及其后裔，或者直接指代德国人。——译注

法，即英国的支持只会鼓励俄国人。巴黎证券交易所几乎关闭，银行拒绝发行硬币来替代纸币。驻巴黎的英国武官发现，全面动员的所有必要准备工作都已就绪。

7月31日，星期五，欧洲大陆的证券交易所已经关闭，伦敦证券交易所也关闭了。尽管劳合·乔治试图让人们冷静下来，但恐慌笼罩着整个城市，商业陷入了停顿。据一家票据贴现所报道，前一天，人们“蜂拥”来到英格兰银行，“用纸币兑换黄金”。[179]为了维护黄金供应，英格兰银行将贴现率从4%上调至8%，并宣布，由于囤积索维林金币*，该行“考虑”发行1英镑的纸币。[180]第二天，贴现率达到了10%。当客户要求从清算银行取出黄金时，清算银行给他们纸币，并让他们把纸币交给英格兰银行，这导致数百人在针线街**排起了长队。这促使没有什么魅力的英格兰银行行长沃尔特·坎利夫（Walter Cunliffe）在7月31日午餐后拜访了劳合·乔治，抱怨说合股银行正在鼓励人们耗尽黄金储备，“这是同英格兰银行对着干，而不是与之合作”。坎利夫希望政府下令暂停现金支付，但财政部拒绝了：银行的储备降至1700万英镑，并认为如果再损失500万英镑，那么将达到“临界点”。[181]

那天早上，《泰晤士报》宣称，“作为国民生计中最重要的因素，自我保护的本能……迫使我们……为了我们自己和朋友的安全，准备动用一切力量进行打击”。该报担心德国将奋力争取占领法国和比利时位于英吉利海峡的港口，“然后这些港口可能会成为德国用于对抗英国的海军基地”。[182]该报说，即使占领比利时和法 54

* 索维林（sovereign，又称主权币）：一种英国发行的黄金铸币，面值一英镑。最初在1489年开始铸造。——译注

** 针线街（Threadneedle Street）：伦敦市著名的街道，是英格兰银行的所在地。——译注

国北部，而不控制港口，也会威胁到英国的国家安全，英国为了保卫自己，需要庞大的陆军和海军，这将摧毁经济。但是，主要的旅行社报告说，它们的业务“没有受到太大的影响”，下周拟议前往法国、比利时、德国、意大利和瑞士的旅行将按原计划进行。[183]中立联盟在英国各地张贴了10000张海报，在伦敦街头有362人举着夹板广告牌：反战情绪仍然很强烈。[184]

在戈申报告他于上午11点和贝特曼的会面，以及二人就比利时的中立地位交换的意见后，现在，内阁对德国侵犯比利时主权的可能性保持高度警惕。内阁再次讨论了比利时问题，一致认为一切都取决于比利时的中立地位是否得到尊重。莫莱注意到，现在出现了支持和反对军事干预的两个派别——这两个派别都相当直率，不涉及任何阴谋诡计。格雷表明了自己的立场；丘吉尔渴望一场战斗，而哈科特表示支持中立。用莫莱的刻薄话语来说，阿斯奎斯则是“观望和等待”。[185]劳合·乔治报告说，与他交谈过的那些金融家和实业家对英国有可能介入欧洲冲突感到“震惊”，因为这将破坏伦敦作为国际信用体系中心的地位。[186]当他最终表态支持战争时，莫莱向他提到这些观点，他回答说，他从来不相信那些观点，只是进行了汇报。莫莱还表明了自己的担忧，即如果英国与德国开战，俄国由此赢得了这场战争，那么事情将会如何。“这对西方文明有好处吗？我至少不这么认为……德国在英国不受欢迎，但俄国更不受欢迎。”[187]他补充道：“后来，劳合·乔治告诉我，他从来没有想过这些问题。”到目前为止，莫莱和约翰·伯恩斯已经达成了共识，他们都心照不宣地认为，两人都不会留在一个致力于战争的内阁里。

事实上，现在是俄国在带头行动。据戈申报道，贝特曼听说俄国实际上已经封锁了与德国的边境，并将人员和资金疏散到内陆。

克劳将此解释为试图把随之而来的任何灾难都归咎于俄国，尼科尔森认为俄国只是采取了明智的预防措施。康邦告诉格雷，德国在未事先宣布的情况下进行了动员。他认为，德国希望法国先宣布动员，那样就显得法国是侵略者。 55

格雷告诉利希诺夫斯基，对于德国向奥地利提出的任何合理建议，如果俄国和法国予以拒绝，那么英国将不会插手此事。否则，他警告利希诺夫斯基说，如果法国卷入冲突，那么英国也会介入。那天下午，德国大使馆通知英国外交部，除非俄国在 12 小时内撤回其全面动员令，否则“德国将不得不进行动员以保卫自己”。[188]这种情况将会发生在俄国和法国的边境上。格雷——将自己的举动称为“在考虑到可能发生战争的情况下采取的外交措施”——分别质问法国政府和德国政府，如果其他国家没有破坏比利时的中立地位，那么两国是否准备尊重比利时的中立地位。[189]他还要求布鲁塞尔确认，比利时将“尽其所能保持中立，并希望其他国家遵守和维护比利时的中立地位”。[190]

在援引条约义务之前，英国的官方立场不会改变。格雷说，拒绝保持中立将使“抑制公众情绪变得极其困难”。[191]就在那个星期五的下午 5 点，当下院正在开会时，阿斯奎斯——他刚刚去过白金汉宫，向国王进行了简要报告，并讨论了这位君主刚刚从德皇那里收到的“令人沮丧”的电报，在电报中，德皇抨击沙皇“背信弃义”——做了一个简短的声明，确认英国外交部已经听说（他强调是从德国那里听说，而不是俄国）“俄国宣布全面动员军队和舰队，因此，德国即将宣布实行军法管制。我们认为，这意味着德国将紧随其后进行动员”。[192]在星期一之前，他拒绝回答任何问题，然而，事态的发展比他想象的要快。

现在，格雷和他的顾问们看到战争越来越近。这位外交大臣认为是德国“加速了战争的发生”。[193]事实上，是俄国的动员导致德国无法置身事外：这可能正是德国想要的。7月31日的晚些时候，伯蒂告诉格雷，《泰晤士报》驻巴黎的记者受到了法国外交部的召见，简要汇报了德国军队的行动，以及这些行动如何超过了法国采取的任何行动。这位记者认为，法国希望在英国进行动员之前，英国能够拉拢公众舆论。法国人正式询问格雷，如果德国进行动员，那么英国将采取什么态度。伯蒂说，德国驻巴黎大使将于8月1日（星期六）下午1点拜访法国外交部长，以便得到法国的答复，并
56 且德国大使告诉法国他需要自己的护照。当有消息说，德国人侵占了就在边界上的法国火车，并破坏了通往法国的铁路线时，伦敦的舆论进一步变得强硬起来。克劳认为，德国“是在和我们玩障眼法，其目的如果不是阻止……英国进行备战，就是拖延英国采取备战行动”。尼科尔森认为，“在过去的几天，德国一直在和我们耍花招”。[194]

格雷告诉康邦，“法国认为我们让德国觉得我们不会出面干预，这种看法是完全错误的，因为我曾拒绝向德国承诺我们会保持中立”。但是，他承认，早些时候开会时，内阁得出的结论是，它仍无法做出保证。“商业和金融形势极其严峻，有彻底崩溃的危险，这将使我们和其他所有人都遭到毁灭。”[195]他警告康邦，英国保持中立可能是防止整个欧洲信贷崩溃的唯一方法，为此，他也保留了英国中立的立场。格雷采取了与阿斯奎斯和内阁一致的立场，强调必须征求议会的意见，并对民意进行评估。他指出，“在决定我们的态度时，保护比利时的中立地位，我不能说这是一个决定性的因素，但这可能是一个重要的因素”。[196]康邦表示“非常失望”，更令人失望的是，如果德国攻打英国，格雷仍然无法承诺支持法国。他要求格雷重新向内阁会议提交他的问题，但格雷只是回答

说，在事态有了进一步发展后，内阁才会再次开会。

那天晚上，阿斯奎斯和劳合·乔治设法让英格兰银行的董事们对金融形势放心；随后，阿斯奎斯与印度事务次官埃德温·孟塔古（Edwin Montagu）和格雷共进晚餐；但晚餐后，阿斯奎斯从柏林收到消息，声称“由于沙皇下达命令要求俄国进行全面动员，德国皇帝为和平所做的努力突然遭到了阻挠和挫败”。[197] 7 月 31 日午夜，英国外交部得到了德国大使馆的确认，说沙皇已经要求德皇在奥匈帝国和俄国之间进行调停。德皇立即表示同意，并与维也纳进行了交谈，但得知俄国进行了动员，“于是，德皇立即通知沙皇，说此类行动使他的调停化为了泡影”。[198]德皇要求沙皇尼古拉停止动员，沙皇拒绝了。尽管如此，德国的调停仍在继续，而且是按照格雷建议的路线进行，但是，俄国宣布整个陆军和舰队进行动员，使得俄 57
国“不可能”做出任何积极的答复。根据大使馆的消息，这就是为什么德国向俄国发出需在 12 小时内答复的最后通牒，并询问法国的立场。

就在 7 月 31 日的午夜之前，康邦寻求并获得了国王的接见；但是，国王只能按照大臣们的建议行事，他无法对康邦说一些与格雷交代的话不同的话语。随后，阿斯奎斯叫了一辆出租车，携带着一份为国王拟好的，将送交沙皇的私人信件，在凌晨 1 点 30 分来到了宫殿。“国王从床上爬了起来，我最奇怪的经历之一就是，我和他坐在一起，他穿着睡衣，我读着消息和拟议的回信。”[199]伦敦还获悉比利时军队已经进行了动员，比利时和德国之间的铁路通信已经停止。1839 年《伦敦条约》涉及的问题及其对比利时中立地位的保证，随着时间的流逝，正变得越来越不具有理论意义。

伯蒂告诉格雷，德国驻巴黎大使馆正在收拾行装，法国政府再次请求英国回答，如果德国发动攻击，英国将站在哪一边。法国还回答了格雷就比利时的中立地位提出的问题，他们承诺尊重比利时的中立地位；柏林直到8月1日凌晨3点30分才答复，在这段时间里，戈申报告说，贾高说在答复前必须先咨询德皇和贝特曼；戈申请他尽快咨询。贾高回答说，比利时“已经采取了某些行动，他只能将此称为敌对行动”，并声称对德国实施粮食禁运是一种挑衅行为。[200]随后，他承认自己“不太可能”给出答复。

在康邦和伯蒂进行简要汇报后，格雷告诉利希诺夫斯基，法国建议严守比利时的中立地位。8月1日凌晨，英国外交部向沙皇发送了国王的私人信件，敦促他再次与奥地利进行谈判并停止备战活动。国王说，这对“确保世界和平”至关重要。[201]这封信的副本被送至巴黎，并拿给普恩加莱看，以让他放心。8月1日凌晨，英国外交部从戈申那里获悉，贾高认为，在收到俄国的消息之前，他什么也不能做；由于他承认德国向俄国发送的信件实际上是最后通牒，因此获得积极答复的可能性不大。戈申报告说，向俄国提出的
58 要求已经在柏林的晚报上刊登出来，“大批民众上街游行，高唱爱国歌曲”。[202]英国驻布鲁塞尔公使弗朗西斯·维利尔斯爵士报告说，比利时不仅会为捍卫中立而战，还希望得到其他国家的支持。比利时外交大臣单独向英国外交部传达了1839年条约的重要性。到了这个阶段，这样的提醒已经没有必要了。

7月31日的晚些时候，尼科尔森告诉格雷，英国发布动员令是“有所必要的”。[203]他对外交大臣说：“如果我们对德国可能在未来24小时内越过法国边境的事实视而不见，这将是毫无助益的。”他认为，在这种情况下，民意会迅速转向支持法国。格雷表示同意，并说将在第二天早上考虑此事，因为内阁已于上午11点开过会了。克劳的行为更具有煽惑性，当晚，他向格雷发送了一份私人备忘录，说如果格雷认为这份备忘录“毫无价值”，则请他忽视

不理。

“英国不能参加大战，这样的理论意味着英国放弃了作为一个独立国家的地位，”他在备忘录的开头写道，“参与战争的任何一个或一些国家的淫威都可以让它屈服和服从，而这些国家又有好几个。”[204]他辩称：这种态度否定了“每年都要耗费巨大开支的”陆军和海军的重要性；作为英国外交政策之最后手段的武力原则将被证明是“毫无意义的徒劳”；一个没有能力参战的国家是无法维持势力均衡的。他警告格雷，“商业恐慌”是所有冲突的前奏，不要被它蒙蔽了。他将伦敦的恐慌归咎于德国金融机构的行为，声称这是德国为破坏他国稳定而进行的备战活动的一部分。在克劳看来，格雷认为德国提出的让英国保持中立的建议是“耻辱的”，因而不予考虑。然而，拒绝为法国而战恰恰也是因为这个理由。

克劳称英法协约是“一种道义上的纽带”，即使它不是条约。[205]否认它将使英国名誉扫地，而赞同英国不能参战的观点将是“政治自杀”。事关法国的问题首先是对与错，其次才是政治私利。“我相信，我们的责任和利益将证明我们会在法国需要的时候给予支持，”他最后说道。完整复制了这份备忘录的官方文件集称，这份备忘录“是怀着强烈的感情拟写的。他认为正在做出的决定将危及整个国家的未来，正在考虑的政策将不可挽回地破坏这个国家 59
的声誉”。[206]格雷同意克劳的观点，但内阁尚未批准，因此，不能立刻按照建议行事。

8月1日，《泰晤士报》附和了克劳的路线，不过，该报也赞扬了德国人“头脑冷静”，试图“阻止一场毁灭性战争的发生，这场战争将使没有正当理由争吵，却因为多个利益关系而紧密联系在一起的国家发生冲突”。[207]《泰晤士报》的社论仍然很好战——其老板诺思克利夫（Northcliffe）勋爵多年来一直渴望与德国开战——并且在那天早上，它警告读者说，战争“甚至可能会威胁到我们国家的生死存亡”。[208]国王源源不断地收到英国外交部的电报，断定几乎“没有可能维持和平”。[209]政府采取了进一步的防范措施：不仅向造船厂、弹药库和其他仓库派遣了驻军，也在铁路枢纽站、信号塔、桥梁和隧道等战略交通要道设置了警卫。军用和民用造船厂及修船厂都有人守卫，在进入朴次茅斯、德文港、希尔内斯和其他重要海军地区时都受到了限制。加拿大、澳大利亚和新西兰传来消息说，这些国家准备向欧洲派遣远征军以保卫宗主国。王室指出，任何冲突都将成为全球性的事件。

格雷既面临着政治问题，也面临着外交问题。那天上午，他在内阁会议上警告阿斯奎斯，如果“不惜一切代价采纳了不折不扣且毫不妥协的不干预政策”，那么他将辞职。[210]正如他回忆的那样：“在内阁之外，我确信反战团体正在开会，并根据需要安排协调一致的行动，以便使这个国家远离战争，如果他们没法做到，那么他们将会辞职。”[211]他知道，一些最有影响力的自由党人加入了这个团体，“人数多到足以解散内阁”。因此，他谨慎行事，克劳感到非常沮丧。此外，格雷没有试图改变那些与他想法不同的人的看法。如果战争爆发，他希望所有人一致同意开展战事；他不希望任何人“被操纵着”卷入战争。他知道，他所希望的支持法国的承诺不会到来，而政府可能会为了试图获得这项承诺而垮台。他还意识到，尽管一些人因为憎恨普鲁士的军国主义而想要与德国开
60 战——也许他想到了诺思克利夫——但是，大多数英国人想要和平。他知道，实业家尤其不想开战，因为正常的贸易活动对他们是有利的。另外，一些人怀有亲法的情感，鲜有人真正在乎塞尔维亚。阿斯奎斯决定，如果格雷辞职，那么他也将辞职。然而，他觉得，如果比利时遭到入侵，只有莫莱（可能还有西蒙）将会反对

英国出面干预。

但是，事情不会发展到那个地步。格雷在回忆录中说，到了8月1日，内阁中的“反战团体”的情绪发生了变化。[212]他认为这是因为同僚们考虑到了战争爆发的后果；而且，随着他们的情绪发生变化，“他们对英国的前景越发感到不安，因为后果不可估量的重大事件就在家门口发生，而他们只是一动不动地坐着”。他觉得，一想到德国舰队驶过英吉利海峡，在看得见英国海岸的地方轰炸法国，舆论对他的支持就更加坚定了。他在1925年写道：“我记得，在8月1日、2日和3日那三天，内阁连续不断地召开会议，压力巨大。”[213]

欧洲各国的大使馆不断传来令人不安的消息。沙皇声称俄国动员军队并没有侵略意图，但德国驻伦敦大使馆不接受这种说法。德国人认为这“对我们的生存构成了极大威胁”，是“一种严重的挑衅行为……如果我们不采取强有力的措施加以应对，那么，无论是德国人还是外国人都无法理解”。[214]那天下午，格雷从伯蒂那里获悉，普恩加莱说法国的动员“对于自卫而言是有所必要的”，但为了避免被指责为是一种挑衅行为，军队被命令不得进入距离德国边境10公里以内的地方。接着，格雷从圣彼得堡那里得知，奥地利和俄国愿意谈判。现在，他寄希望于这样的会谈能争取到一些时间，他通知六个大国，伦敦将主办会谈。

五

8月1日早上，内阁（在过去的一周几乎每天开会）就危机讨论了两个半小时——“毫不夸张地说，温斯顿至少占用了一半的时间，”阿斯奎斯对斯坦利说道。[216]此举是在银行利率上升至10%

的背景下做出的，当时英格兰银行的储备当天几乎下跌了600万英镑，至1100万英镑。坎利夫获得了劳合·乔治的允许，中止了
61 《英格兰银行条例》，这限制了新钞票的供应；但是，除非必要，否则坎利夫不愿采取这些措施。这是自1866年以来的最高利率，当时奥弗伦·格尼公司（Overend, Gurney & Co.）倒闭，却忽视了从国外吸收黄金存款，从而加剧了危机。

内阁的讨论主要关于比利时，阿斯奎斯认为会议在“友好”的氛围中结束，尽管他告诉斯坦利小姐他觉得内阁分裂是不可避免的。那天早上，《晨间邮报》的编辑H. A. 格温（H. A. Gwynne）给格雷的私人秘书威廉·泰瑞尔（William Tyrrell）爵士写了一封信，声称“80%的人都支持他”，这给了格雷“巨大的个人力量”，他可以据此“把自己的观点强加给内阁和国家”。[217]然而，格雷没有准备好这么做。会议不时地被收到的电报打断，会后，劳合·乔治在财政部与其他大臣、资深银行家和金融家召开了一个单独的会议。第二天，政府宣布暂停支付某些账单，并建议那些持有银行账户的人使用支票来支付账单，以避免现钞供应短缺。政府决定，星期一因8月银行假日而关闭的银行将继续关闭到星期五。《泰晤士报》斥责那些为应对严重危机而囤积黄金的人是“不道德的”。[218]

内阁决定，还不能向欧洲大陆派遣远征军。格雷就此向康邦进行了解释。德国同意，如果法国保持中立，那么它将不会向法国发动攻击；如果法国不能保持中立，“这是因为法国受到联盟的制约，而我们不是这个联盟的缔约方，也不知道其中的条款。这不意味着我们在任何情况下都不会援助法国，而是意味着，此时此刻法国必须独自做出决定，不要指望得到我们眼下无法承诺的援助”。[219]康邦无法使自己向法国政府传达这个消息。他会见了尼科尔森，并提醒尼科尔森不要忘了在英法协约签订后达成的谅解，即

法国海军将驻扎在地中海，法国的北部和西部海岸由英国皇家海军保卫。现在，他告诉格雷，“法国海岸没有防备”，“德国舰队随时都可能穿过海峡袭击他们”。

看到康邦很苦恼，格雷告诉他，此类举动“可能会改变英国公众的情绪，并且可能会破坏比利时的中立地位”。他让法国大使 62
报告说内阁正在考虑比利时问题，他将确保内阁会讨论海军应急措施。格雷立刻咨询了阿斯奎斯，强调说必须在24小时内批准或拒绝做出承诺。康邦认为，虽然英国没有条约义务来为法国而战，但长期利益可能会迫使英国这样做。如果拒绝支持法国，英法协约将“不复存在”，不管谁赢得了战争，英国在战后的处境都会“非常不舒服”。[220]

伯蒂发电报说，由于德国召集了后备役军人，那天下午3点40分，法国下达了全面动员军队的命令。法国统计，在与法国接壤的边境有8个德国军团，他们“随时”可能发动攻击。[221]格雷警告利希诺夫斯基，对于维护比利时的完整，德国的态度漫不经心，这将会影响公众舆论；利希诺夫斯基询问，如果德国承诺不破坏比利时的中立地位，英国是否会保持中立。格雷拒绝回答，但强调入侵比利时会对英国人的感情产生可怕的影响。在被问及英国承诺保持中立的条件时，格雷没有给出答复：内阁的决定也是不可预测的。

那天晚上，布坎南发电报说，由于没有收到俄国对最后通牒做出的答复，德国对俄国宣战。德邦森从维也纳发电报说，进行谈判和避免更大范围的欧洲战争似乎不太可能了。在获悉这个消息后，那天傍晚6点30分，内阁召开了第二次会议，一些曾威胁要辞职的人——尤其是劳合·乔治，他要么被原则所激励，要么看到了巨大的政治机遇，见风使舵——都陷入了重新考虑之中。随后，阿斯奎斯召集了一次陆军委员会会议：尽管在第一次会议上，内阁拒绝允许丘吉尔完成舰队的动员工作，但现在，阿斯奎斯下达了动员令。8 月 2 日凌晨 1 点 25 分，丘吉尔也下令动员海军后备役。

大概就在那个时候，尼科尔森看到了康邦发来的电报，说德国军队在隆维（Longwy）附近侵犯了法国边境，这个说法后来遭到质疑。他对格雷说，德国把自己变成了侵略者，“在这种情况下，我们应该毫不犹豫”。[222]他建议立刻进行动员，以确保英国远征军
63 能够迅速奔赴战场。他还说，“如果我们现在犹豫不决，我们以后会后悔的”。法国敦促英国表明其意图。那天上午的晚些时候，维利尔斯报告说，比利时人听说德国士兵进入了卢森堡。卢森堡首相保罗·埃申（Paul Eyschen）给格雷发电报，提醒他说，1867 年的《伦敦条约》——该条约保证了卢森堡的独立——规定各大国负有集体义务。

就在这个周末，劳和其他统一党领袖——包括卡森、F. E. 史密斯（F. E. Smith）和马克斯韦尔·艾特肯（Max Aitken）爵士，艾特肯是加拿大冒险家和统一党议员，也是劳的知己密友——在位于泰晤士河上的沃格雷夫（Wargrave）参加一个乡村别墅聚会。他们的最初想法是讨论统一党人对爱尔兰问题的下一步行动；但是，除了国际危机之外，他们几乎没有触及其他事情。史密斯是丘吉尔的密友，他转告了自由党内部分裂的消息，这让丘吉尔开始思考在必要时联合起来开展战事的可能性有多大。史密斯认为，丘吉尔的讲话得到了格雷的支持和阿斯奎斯的默许，但事实并非如此。劳很精明，他不信任丘吉尔，只和阿斯奎斯打交道。史密斯能做的就是传达一个消息，即如果政府选择宣战，统一党将会给予支持。“统一党的所有领袖被告知一切都很好，”统一党议员里奥·艾莫里（Leo Amery）在日记中如是写道。于是，他们离开了镇子，艾莫里

和同僚乔治·劳埃德（George Lloyd）* 开始了一场拉拢行动。[223]劳埃德找到贝尔福，事态已经变得如此严重的消息让贝尔福“大吃一惊”。奥斯丁·张伯伦（Austen Chamberlain）当时在肯特郡的滨海韦斯特盖特，他接到召他回去的电报。英国上院的托利党领袖兰斯多恩勋爵从博伍德归来，并于8月2日凌晨和劳及其他人——包括约翰·弗伦奇（John French）爵士的密友亨利·威尔逊（Henry Wilson）将军，他将在即将到来的冲突中成为一名高度政治化的战士——在伦敦的家中召集了一个“军事委员会”。

并不是每个人都对这个时刻感到兴奋。据布兰奇·劳埃德（Blanche Lloyd）——她的丈夫是最热情支持英国参战的人士之一——说，“德文郡（Devonshire）公爵坐在沙发上睡着了”。[224]他们同意在战争爆发时支持政府。丘吉尔——阿斯奎斯在日记中将他描述为“非常好战，要求立刻进行动员”——早些时候拜访了贝尔福，以期获得统一党的支持保证。[225]随后，劳给阿斯奎斯写信说：“兰斯多恩勋爵和我觉得，我们有责任告诉你，我们认为……此刻，对支持法国和俄国表现出来的任何犹豫，都会对联合王国的荣 64
誉和未来的安全造成致命影响，我们向英国政府保证，对于英国干预战争所需的一切措施，国王陛下政府都将获得反对党的一致支持。”[226]他们没有提到比利时，对统一党来说，法国才是至关重要的。8月2日，阿斯奎斯在早餐时收到了兰斯多恩的司机送来的这封信，但他暂时没有将这封信告诉其他人。他给劳写了一封秘密回信，说内阁将明确会保护法国海岸不受德国舰队的侵犯。然而，比利时却是一个更加重要的考虑事项。但凡德国违反了这方面的条约

---

* 乔治·劳埃德（George Lloyd，1879年9月19日～1941年2月4日）：第一代劳埃德男爵，英国保守党政治家。他曾就读于伊顿公学和剑桥大学三一学院。他后来成为保守党议员，担任殖民地总督。——译注

义务，都应给予严肃对待。这种说法可能是一种诡辩，因为阿斯奎斯赞同格雷关于有必要支持法国的观点。不过，阿斯奎斯明确表示，“不让法国这个大国遭到摧毁是符合英国利益的做法”；但是，德国入侵比利时的唯一目的就是要摧毁法国。[227] 1918 年，一位党派色彩颇浓的托利党记者利奥·马克西（Leo Maxse）写了一篇文章，暗示说这封信（他还声称他对这封信产生了影响）本来可以阻止内阁的“犹豫不决”，并迫使阿斯奎斯采取“积极路线”，但阿斯奎斯轻蔑地对待这个建议。“据说，”他告诉最信任的同僚克鲁（Crewe）勋爵（克鲁在 1914 年担任上院领袖和印度事务大臣），“阿斯帕西娅的妄自尊大是伯罗奔尼撒战争的真正始作俑者。”[228]

星期天的早晨，英国陷入了危机。出于意识形态和商业原因，诺思克利夫出版了《泰晤士报》的周日特刊，对这种情况进行了描述。它报道了德国入侵卢森堡和在俄国边境作战的消息，并声称德国军队已经进入了法国。它记录了全国各地正在发生的事件，以及公众情绪的转变。邮轮正在返回港口，以防被德国海军捕获，无论如何，这破坏了欧洲大陆的假日。邮局的电报业务被政府控制。国王已下令取消“考斯帆船赛周”。人们担心可能会影响到粮食收成，影响到持续的粮食进口（英国依赖进口），并且有报道说，公众人物警告人们不要恐慌：这是消除恐慌的可靠方式。该报出版了战区地图和卢森堡周边地区的详细地图。它建议读者：“应该保留它们以供参考。”[229]《泰晤士报》利用特刊进行舆论造势。“最重要的是，如果战争爆发，全体人民都必须保持冷静、耐心和自我克
65 制。在这场大战中，我们注定要遭受许多人员、船只和各种物质资源的损失。我们必须毫无怨言地承担这些损失，也必须默默接受这些损失。”[230]该报指示那些无法战斗的人“静静地坐着”，或者抵制囤积黄金、食物或散播恐慌的行为，正如在另一场冲突中所说的那

样，“保持冷静，坚持前进”。舆论正逐步转向支持战争，哪怕只是为了保卫法国和比利时来挽回英国的国家荣誉。

其他星期日出版的报纸警告政府，如果英国任由法国被打垮，这将是政府的“耻辱”（《观察家报》）和“英国的堕落”（《星期日泰晤士报》）；但读者来信显示，舆论存在分歧。[231]《世界新闻报》模棱两可，《雷纳德新闻报》强烈反对战争。布兰奇·劳埃德记录道，那天早上，当她的丈夫穿过伦敦去见奥斯丁·张伯伦时，“在前往……卡尔顿花园的路上，他看到大约4000人在为法国加油——在每个街角，人们都在看报纸，并且只谈论战争”。[232]

阿斯奎斯觉得事情“非常糟糕”。[233]星期天，他和利希诺夫斯基在唐宁街共进早餐。阿斯奎斯形容他“很激动”，他恳求首相“不要站在法国一边”。[234]阿斯奎斯提到：“他说德国军队在法国和俄国之间两头作战，因此，德国比法国更有可能被击败。他非常激动，这个可怜的人哭了起来。”阿斯奎斯郑重说道，他不希望英国介入，而且英国也不会介入——前提是德国没有入侵比利时，或者没有向英吉利海峡派遣军舰，他之前没有和德国大使谈过这些细节。利希诺夫斯基“对他的政府不制止奥地利的做法感到痛苦，而且似乎很伤心”。那些对国家的精神福祉负有责任的人现在都抓住机会试图对进程产生影响。那天早上，坎特伯雷大主教和约克大主教发表了一篇特别的和平祈祷文，以供在英格兰各地的教堂里诵读。大主教兰德尔·戴维森（Randall Davidson）在白金汉宫为王室成员举行了私人仪式，下午在威斯敏斯特教堂布道。“此刻，在欧洲闹得沸沸扬扬的这件事不是上帝的杰作，而是魔鬼的杰作，”他对会众说道。[235]戴维森希望，自滑铁卢战役以来，各国政府在解决争端时能够远离战争；但很显然没有。他觉得唯一的解决方案就是祈祷。

星期天，政府召开了第一次内阁会议，从上午 11 点持续到下午 2 点。根据阿斯奎斯的说法，最后，英国向法国给予了康邦寻求
66 的保证，但在达成一致时有“一些困难”。[236]格雷承认，英国“对法国承担的荣誉上的义务与法国对俄国负有的义务不同”，除非（正如他告诉康邦的那样）在英吉利海峡或北海发生针对法国的行动。[237]他将劳的信读给同僚听，这封信表明统一党将给予支持。就他个人而言，他认为英国对其邻国负有荣誉上的重大义务，并且法国在地中海向英国提供了援助。然而，并不是所有的同僚都被说服了。一些人（诸如莫莱）仍然相信，违反协约的任何行为都可以通过英国的外交努力予以解决，而不是通过武力。伯恩斯说，但凡英国授权在北海或英吉利海峡采取行动，“这都是在挑战德国，无异于向德国宣战”。[238]

被海军动员令激怒的伯恩斯当下表示要辞职，但阿斯奎斯（莫莱觉得阿斯奎斯“对这个打击表现得有点过于冷静”）说服他在那天晚上 6 点半内阁再次开会之前不要宣布辞职。莫莱觉得现在还没到要辞职的时候，他告诉伯恩斯，他觉得伯恩斯犯了一个错误，因为当英国进行伯恩斯所说的干预时，德国早就已经站在英国的家门口了。“如我所愿，约翰·伯恩斯被我说动了——也就是完全被我说服了。”[239]

阿斯奎斯和格雷的意见完全一致，这对维系摇摇欲坠的政府及其政党而言至关重要。在得到全体内阁成员的允许后，格雷告诉利希诺夫斯基：“如果任何一个交战国违反比利时中立原则，这将难以遏制英国人的情绪。”[240]随后，他告诉康邦：“内阁授权我做出保证，如果德国舰队进入英吉利海峡或穿过北海，对法国海岸或航运采取敌对行动，那么英国舰队将尽其所能提供保护。”[241]他强调说，在德国人发起攻击后，这些保证才具有约束力，尽管如此，它代表

了英国政策的重大转变。他还告诉康邦，内阁正在考虑第二天（也就是8月3日）向议会发表一份关于比利时中立的声明，对英国来说，破坏比利时中立所造成的直接后果要比破坏卢森堡中立严重得多。

在上午的内阁会议结束后，劳合·乔治开车载莫莱到比彻姆家吃午饭。“谈话是以我们三人都要辞职为立足点，”莫莱回忆说。[242]他们对同意格雷向康邦做出保证感到后悔。莫莱后悔没有提出必须派遣远征军参加“这场规模巨大、持续时间很长的欧洲战争”的 67
想法，他认为这样的讨论会让政府垮台。莫莱还担心欧洲战争将会对解决地方自治问题造成影响，并对格雷和利希诺夫斯基所说的“过去三四年英德关系取得的可喜改善”造成损害。[243]对他来说，这是争论的中心，但其他人似乎都不这么看。塞缪尔（Samuel）也在比彻姆家吃午饭，之后，他去会见了阿斯奎斯。为了表明自己与财政大臣有多么疏离，以及为了证明政府的生存在多大程度上取决于财政大臣不站出来反对他，阿斯奎斯提出的主要问题是：“劳合·乔治将会怎么做?”[244]塞缪尔自己也拿不定主意，觉得没有资格回答这个问题。

8月2日下午，英国外交部收到了沙皇写给国王的信，信中说，在他同意进行谈判之前，德国就已经宣战了。他说，他觉得宣战“相当出人意料”，因为他已经向堂兄德皇做出了“最明确的保证”，即在调停谈判继续期间，俄国军队不会采取任何行动。布坎南敦促支持俄国，并引述了法国曾提到的相同痛处：无论谁赢得了欧洲战争，英国最终都会面临失去朋友的危险；如果英国拒绝帮助俄国，那么印度就很容易受到俄国的攻击。

随着俄国和德国交战，俄国人预计奥匈帝国将向他们宣战，以及法国将要遭到德国的进攻，或者似乎遭到了德国的进攻，英国的回旋余地十分有限。格雷、尼科尔森和克劳代表了英国外交部的观点，他们认为英国的荣誉取决于向法国提供支持；但是，现在所有人都意识到，对比利时的侵犯可能会成为导火索。统一党公开支持战争，但阿斯奎斯认为，四分之三的自由党议员仍然没有被说服，或者是不折不扣的和平主义者。那天下午，工会组织了一场大规模的反战示威，基尔·哈迪等人也在特拉法加广场发表了演讲。他们遇到了一场反示威游行。游行队伍向白金汉宫进发，当国王出现在阳台上致意时，他们大声欢呼。晚上 6 点 30 分，在格雷汇报了他与康邦的谈话后，内阁成员伯恩斯决定辞职。莫莱告诉阿斯奎斯他也要辞职，不过阿斯奎斯恳请他将辞职一事留待第二天解决，他同
68 意了。作为格雷在上院的发言人，莫莱目睹了所有的外交活动，没有任何单一的因素促使他做出这样的决定。他回忆道，这是“一系列情况和思考共同作用的结果”。他已经 75 岁了，也已经受够了。

德国人阻碍英国从柏林发出电报，这让问题变得复杂起来；但是，戈申最终向尼科尔森传达了消息，他警告尼科尔森，德国人不仅不愿意回答格雷就比利时中立提出的质询，他们还编造了比利时行为不当的故事（例如德国声称比利时阻止他们运送粮食），以便为入侵提供理由。8 月 2 日晚上 7 点，比利时政府收到了德国的最后通牒，如果比利时愿意协助德国军队的行动，那么德国就与比利时达成协约；比利时内阁正在开会，德国要求在上午 7 点前做出答复。比利时的答复是断然拒绝了最后通牒；法国说，如果比利时愿意，他们有五支军团已经准备好进入比利时与德国人作战。那天晚上，阿斯奎斯给维尼夏·斯坦利写信，强调说，“无论是法国还是俄国，我们都没有任何义务向他们提供军事或海军方面的帮助”，但他补充说，“如果法国被打败，失去大国的地位，这将有悖英国

的利益”。这证实了至少他已经下定决心，为了保障英国的安全和它在世界上的地位，政府需要采取哪些行动。

六

8 月 3 日，星期一（银行假日），《泰晤士报》写道：“木已成舟。各国长期以来竭力避免的欧洲大战已经开始了。”[245]该报预见性地补充道：“欧洲将成为自罗马帝国灭亡以来它目睹过的最可怕战争的战场。”对于错误出在谁的身上，该报毫不怀疑：“很显然，这一切应归咎于德国。”这印证了诺思克利夫反复讲述的预言。该报认为，德国本来可以阻止奥地利的妄自尊大。这是一个值得怀疑的假设，而且这种说法没有考虑到俄国的鲁莽。这些论断——也出现在《每日邮报》（诺思克利夫的另一个新闻媒体）上——为大多数公众阐明了问题，尽管有些不准确。但是，就德国背信弃义、对比利时和卢森堡采取专横跋扈的态度而言，几乎没有什么可争辩的：诺思克利夫总是说德国冷酷无情，这得到了证实。 69

那天早上，阿斯奎斯提出的关于其财政大臣的问题终于得到了解答。早餐后，莫莱“怀着由衷的痛苦”给阿斯奎斯写信，他说自己“无法提供有用的见解以供审议”，因此，他决定在上午的内阁会议结束后辞职。[246]在会议开始前，他把这个计划告诉了劳合·乔治，发现后者似乎“很吃惊”。随后，他得到的是劳合·乔治的变卦。劳合·乔治告诉他：“不过，如果你要辞职，这将会使我们这些没有辞职的人陷入困境。”德国“欺凌”比利时是劳合·乔治改变主意的原因，对于德国的“欺凌”，莫莱表示“战争不是唯一的解决方案”。莫莱确信丘吉尔已经说服了劳合·乔治。他觉得财政大臣选择了“冒险政治，并在德国向比利时发出的最后通牒中找到了一个貌似充分合理的借口”。伊舍——一个消息来源比任何其他人都多的八卦人士——在日记中写道：“刚开始，财政大臣对德国是怀有敌意的；之后，他受到自由党议员向他发表的强有力的声明以及国内支持者的影响，加入了内阁的主和派。”[247]伊舍没有记录劳合·乔治最终改变主意的原因，大概是劳合·乔治想和大多数人的想法一致。

现在，随着内阁正朝着达成共识的方向迈进，当务之急是确保在军事上对冲突做好充分准备。阿斯奎斯还兼任陆军大臣，自从杰克·希利（Jack Seely）因3月的卡勒事件*辞职以来，他一直担任这个职位兼首相。[248]他如此专注于总体形势，以至于没有足够的注意力着手军队的准备工作以应对冲突。8月2日的早些时候，亨利·威尔逊告诉艾莫里，“陆军部肯定没有采取任何行动”。[249]霍尔丹暂时接管了陆军部，他召集了陆军委员会，下令立刻进行动员。他和指挥英国远征军的将军约翰·弗伦奇爵士希望立刻派遣6个师去法国。他们被委员会的其他成员投票否决了，这些成员希望派4个师去，不久后再派第5个师。

这就引出了一个问题，即谁将会长久地担任陆军大臣一职，因为阿斯奎斯不可能既担任陆军大臣，又担任首相。格雷认为，首相最初的想法是，让霍尔丹担任他曾在1905~1912年出任过的职位，在担任陆军大臣期间，霍尔丹通过实施军队改革而声名大噪。改革
70 削减了军队的规模，提高了效率，使军队为大陆战争做好了准备。

* 卡勒事件（Curragh incident）：1912年，自由党政府推出了一项自治法案，1914年，由新教徒的忠诚者组成的志愿者准备抵制自治的实施。在这种高涨的气氛中，位于卡勒——驻扎在爱尔兰的英军的重要军事基地——的英国军官收到对抗志愿者的命令。这些军官普遍同情志愿者对皇家和联盟所表达的忠诚，对这一前景感到不安。大约60人辞去了职务。——译注

早在 1907 年，格雷就想让霍尔丹相信军队最可能要对付的敌人是德国。在过去的四个月里，霍尔丹为阿斯奎斯分担了一些压力，因为首相没有时间好好履行陆军大臣的职责，于是他就自然而然地肩负起责任来。

然而，对许多人来说，公认的候选人是支持派四个师的陆军委员会的成员之一：喀土穆的陆军元帅基钦纳（Kitchener）伯爵。他在埃及担任总领事，目前从埃及归来，在伦敦休假。他有许多支持者。《泰晤士报》得到了明确的消息，第二天早上，它请求任命基钦纳在战争期间担任陆军大臣，这是该报的军事记者、陆军元帅的密友查尔斯·科特·雷普顿（Charles à Court Repington）中校发出的呼吁。雷普顿是一个好色之徒，也是一个花花公子和极端利己主义者。在贝尔福的怂恿下，丘吉尔向阿斯奎斯提议让基钦纳接管陆军部。这并不是一个新奇的想法，在布尔战争后，罗斯伯里（Rosebery）就提出了这个想法。最近，当阿斯奎斯接手这个职位时，有江湖骗子、小贩和破产者之称的霍雷肖·博顿利（Horatio Bottomley）在他的杂志《约翰牛》（*John Bull*）中提出了这个建议。阿斯奎斯向霍尔丹透露，一旦发生敌对行动，基钦纳将被任命为陆军大臣。

枢密院召开了会议，发布了公告，之后，内阁于上午 11 点 15 分开会。阿斯奎斯一开始就说他收到了四位大臣的辞呈——比彻姆和西蒙加入了伯恩斯和莫莱的行列，他将这些人称为“政府道德权威的最重要来源”。[250]帝国防务委员会秘书莫里斯·汉基（Maurice Hankey）——他的名字将因战争而出名——记录道，工党领袖拉姆齐·麦克唐纳（Ramsay MacDonald）也曾被邀请加入政府，但是，在某种程度上受到莫莱的影响，他拒绝了。[251]阿斯奎斯承认很多自由党议员也有同样的感受，他说，如果更多大臣想要辞职，那么他将不得不向国王递交辞呈。他认为，就处理危机而言，没有哪个推定的领袖能比他做得更好；他还认为联合政府将不会起作用。劳合·乔治声称支持阿斯奎斯，反对再有人提出辞职，这平息了事态，辞职的四位大臣承诺暂时不发表任何言论，并承诺维护国家的团结。

阿斯奎斯已经同兰斯多恩和劳交谈过了，并承诺，如果战争爆
71 发，他们将支持政府。但是，和法国并肩作战仍然不是内阁为战争进行辩护的理由；捍卫比利时的中立才是，到 8 月 3 日的会议结束时，除了辞职的大臣外，内阁决定英国必须为此而战。莫莱因为与阿斯奎斯断绝了近三十年的关系而深受困扰，但是，内阁决定支持法国，由此“让英国和俄国绑在一起”，这有违他的良知。[252]那天吃早餐的时候，格雷劝说西蒙（他的雄心是出了名的）留下来，之后，阿斯奎斯劝说比彻姆（他具有真正的责任感）留下来。西蒙在回忆录中写道：“许多爱国的自由党人感到自己陷入了焦虑和痛苦的氛围之中。”[253]他曾一度设法浮出水面喘口气。

晚上 12 点 30 分，格雷从驻安特卫普总领事那里获悉，德国人越过了比利时边境，并占领了通厄伦（Tongres）。利希诺夫斯基声称，德军进犯法国的故事“完全是捏造的”。[254]英国皇家海军将保卫法国海岸的承诺产生了效果，因为德国人说，只要英国保持中立，它就不会攻击法国的海岸。现在，这种中立正在成为德国人的执念。8 月 3 日晚些时候，德国驻伦敦大使向英国外交部发送了一份清单，列举了法国人涉嫌侵犯边境的行为，恳请“英国毫不怀疑地承认德国已经尽其所能维护和平，敌人的挑衅［*原文如此*］迫使它拿起武器以维护国家的生存”。[255]

即使是银行休假日，议会仍然召开了会议。当危机逼近人们的生活时，这个国家出现了休闲放松和紧张焦灼共存的不安景象。寻

找火车的一日游旅客发现服务被取消了，因为车辆因部队调动而改道，政府接管了铁路。许多伦敦人不再去海边旅行，而是涌向白厅街和唐宁街的周围，见证军队的来来往往。小贩们出售大量的小国旗，供人们挥舞。阿斯奎斯说，当他进出下院时，“总是被欢呼的闲散人士和度假者包围和护送”。[256]伦敦博物馆的参观人数远远低于1913年。从维多利亚开来的联运火车上坐满了人，不是英国的旅客，而是返回欧洲大陆的欧洲人。“极其严肃的表情证实了他们的焦虑，”《泰晤士报》报道说。[257]

到了星期一，海军后备役人员壮大了离开维多利亚的人群队 72
伍。那些取消了旅行的人站在广场上为后备役军人欢呼。不过，对许多人来说，没有什么能够抑制他们对假日的热情：例如，有6万人坐火车从伦敦前往索森德，还有一些人坐轮船到索森德、马盖特和拉姆斯盖特。[258]近1.5万人聚集在椭圆体育场观看萨里郡对阵诺丁汉郡的比赛，比分为472比5，杰克·霍布斯（Jack Hobbs）得了226分。此外，还有坎特伯雷板球节，肯特郡打得非常好，即使紧张气氛笼罩着大地，但球迷的帐篷里几乎空无一人。不过，在其他地方，可以感知到这个国家进入了紧急状态。据报道，英国商船正在驶离德国港口，驶向本国或中立国的锚地。实验无线电台被关闭，商船被禁止在英国水域使用无线电。国王发布了一个公告，允许国家征用商船作为军队运输工具。此外，政府还发布了另一个公告，禁止出口可能在战争中有用的货物，从飞机到驮畜，从炸药到绷带和医用敷料。

下午3点前，外交大臣在拥挤的下院起立。他曾考虑将贝特曼要求英国保持中立的请求和他的答复读给大家听，但担心会引起“愤怒”，于是，他否决了这个做法：格雷认为，参战决定应该冷静地做出，而不是愤怒地做出。他认为普鲁士的军国主义“非常可恨”，但仅有个人感情是不够的。[259]因此，他在演讲中对当时的事态发展进行了冷静评估，但他没有淡化危机的严重性：“事态发展得如此迅速，要想在技术层面准确说明实际情况是极其困难的，但是很明显，欧洲的和平是无法维持了。不管怎么说，俄国和德国已经互相宣战了。”[260]

他说，前几日的外交活动旨在维护和平，这种方法曾在1912年的巴尔干半岛危机中奏效，当时各国联合起来，即使巴尔干同盟和土耳其因为后者继续占领欧洲大陆的部分地区而开战，但各个大国——以法国和奥匈帝国为首——同意不卷入这场战斗。可是，现在外交手段已经不管用了。格雷将责任归咎于“一些国家的军事部署……迫使事情迅速走向某种结局”。[261]他希望下院“从英国的利益、英国的荣誉和英国的义务出发，着手处理我们目前的危机，而不要对和平为什么没有得以维护而变得情绪激动”。不同寻常的
73 是，他承诺公布外交函件，以证明英国的诚信。当这本书出版时，它成了一本畅销书，并被翻译成几种语言，让公众毫不怀疑英国外交部曾试图让各国谈判，尽管效果不佳。

格雷说，直到前一天，除了向这场争端中的任何一方提供外交上的支持外，英国没有做出任何承诺。他强调，是否采取进一步的措施将由下院决定。他提到了英国与法国的协约，且法国无意为了塞尔维亚而与任何国家开战，但是，法国与俄国的正式联盟迫使它们为了塞尔维亚开战。英国不是这个联盟的成员，甚至不知道其条款；但他公开表示，只要第三方轰炸法国位于英吉利海峡的海岸，那么英国不会袖手旁观。“我相信这就是这个国家的感想，”他补充说。[262]

他希望从国家利益的角度，而不是感情的角度来看待英国的困境：把友好的法国军舰留在地中海非常符合英国的利益，这有助于

保持开放的贸易路线。他把自己为此目的向康邦做出的声明念给大家听。不过，他说这不是宣战，也不需要采取侵略行动，而是表明在出现意外情况时，英国有义务采取这样的行动。格雷指出，德国人承诺不攻击法国北部的海岸，这是不够的。“还有一个更危急的考虑事项——随着时间的流逝，这个事项变得越来越危急——那就是比利时的中立问题。”[263]

他解释说，根据1839年和1870年的条约，英国有义务保证比利时的中立地位。他援引了格莱斯顿在1870年说过的话，格莱斯顿说，如果比利时的中立地位是普法战争的必然结果，那么英国的荣誉和利益就是建立在保护比利时的中立地位之上。他向下院报告了他与巴黎和柏林就这个问题进行的讨论；并透露了比利时国王刚刚请求乔治五世进行“外交干预”。[264]格雷做出了这些干预，但事态的发展似乎已经超出了他所采取的干预措施。为了比利时，也为了可能受到大国威胁的其他欧洲小国，他重申了英国在维护比利时独立方面的“重大利益”。

这既是一个道德问题，也是一个战略问题，格雷再次引述格莱斯顿的话来处理1914年8月面临的问题。在1870年的时候，格莱斯顿曾说过：“比利时的独立关系到我们的切身利益，这比我们书 74
面上保证的利益还要广泛。你可以从针对下面问题的回答中有所了解：在这种情况下，这个被赋予了影响力和权力的国家是否会袖手旁观，对史上最严重的玷污历史篇章的罪行熟视无睹，从而成为这一罪行的帮凶？”[265]在格雷和政府看来，这些话描述的是当前的情况：不采取任何行动，将会使格莱斯顿所说的其他大国的“无度扩张”成为可能，并将鼓励对小国的攻击行为。如果法国被打败（尽管格雷说他确信法国不会被打败），那么欧洲将会处于德国的主宰之下。[266]

格雷说了一番可能在将来引起麻烦的话。在说明支持比利时的理由后，他补充说，“如果我们卷入战争，我们将会遭受损失，但这些损失只不过比我们袖手旁观所遭受的损失多了那么一点”。和其他所有人一样，他没有预见到第一次世界大战将导致无数人的死亡。他的理由是，即使英国不参战，对外贸易也会停止，因为没有客户；在战争结束后，英国将既没有财富，也没有道德权威来消除战争期间造成的一切伤害。“我敢肯定，”他说，“我们的道义立场将使我们失去所有人的尊敬。”[267]私下里，他认为，如果英国不参战，它就会“被孤立、丧失信誉并遭到憎恨”。[268]

他证实政府还没有做出派遣远征军的决定，但他确认政府下达了动员舰队和军队的命令，与此有关的公告将于第二天发布。基于他已经阐述的理由，以及为了避免“最危险和最严重的经济后果”，他拒绝代表英国发表一项无条件中立的声明。[269]他在结束语中说道：“政府正担负着最棘手的任务：确定就下院应采取什么样的行动而提出建议……我们相信，无论后果如何，无论形势的发展或他国采取的行动将迫使我们采取怎样的措施，我们都将得到整个下院的支持。”[270]他补充道：“我认为，在如此快速的时间里，国家就被逼到了这个地步，却没有意识到这个问题。它也许还在考虑奥地利和塞尔维亚之间的争端，而不是由这个争端所引发的问题的复
75 杂性。”由于事态发展迅速，不仅仅是公众感到茫然不知所措。他带着显而易见的困惑表情承认：“很难描述到底发生了什么。”[271]然而“如果国家弄清楚危险何在，真正的问题何在……我们将获得全面的支持，不仅获得下院的支持，还将获得举国上下的决心、毅力、勇气和耐力的支持”。休·塞西尔勋爵（一位不容易取悦的托利党人）对一位朋友说：“格雷的演讲非常精彩——我想，在这种情况下，我们可以说，这是我们这个时代最伟大的演讲……这是我

听过的最伟大的劝说艺术的范例。”[272]

劳确信格雷和政府已经竭尽所能来维持和平，并且无论政府为国家的“荣誉和安全”做了什么，反对党都会毫不犹豫地提供“支持”。[273]爱尔兰民族主义党的领袖约翰·雷德蒙说，不管以前发生了什么，在英国的困难时期，由于为地方自治采取的举措，爱尔兰人的支持已经发生了转变。他说：“在可能发生的每一次考验和每一次危险中，爱尔兰的民众将带着最大的担心和同情转向这个国家。”[274]他希望威胁要发动内战的爱尔兰的两个志愿者团体——统一党和民族主义党——能够以“同志之谊”来保卫“我们的国家”。[274]

拉姆齐·麦克唐纳代表工党发言。他称赞了格雷的演讲，但说道：“他错了。我认为他所代表的以及为之发言的政府是错的。我认为历史的结论将是他们错了。”他不相信格雷关于荣誉的观点，他将克里米亚和南非的冲突归咎于荣誉问题。他的政党将支持保卫比利时，但战争不会仅仅涉及比利时问题。鉴于劳工对全俄罗斯的独裁者心怀憎恨，他不愿卷入一场将巩固俄国势力的战争。他要求格雷描述法国所处的危险，但格雷一直不愿这么做，而是宁愿通过谈论对比利时的义务来为战争正名。他以一记狠狠的打击结束了发言，他说，英国的中立立场更符合“执政党的传统”。[275]他的演讲造成工党内部发生分歧，一旦战争爆发，他的地位就会遭到削弱，于是他在 8 月 6 日辞去了工党主席一职，亚瑟·亨德森（Arthur Henderson）接替了他。前一天晚上，麦克唐纳对乔治·里德尔爵士说，“再过三个月，就会发生饥饿骚动，届时我们应发挥作用”。[276]

许多议员都想针对格雷的演讲进行辩论，阿斯奎斯说，下院将有机会讨论危机，但不是今天。这引起了一阵恐慌，议长宣布休会 76
两个半小时，直到七点再复会，以便各方进行讨论，以及让格雷了解下院的最新情况。在英国外交部，私人秘书告知尼科尔森，格雷取得了“巨大成功”，这表明“现在方向已经明确了，但这将是一件可怕的事情”。[277]在格雷讲话时，德国询问比利时其能否“和平地”占领列日，前者要求比利时在12小时内做出答复。比利时说，他们的部队将“立刻”向领土内的德国人开火，并认为德国军队已经越过了默兹河。[278]在回复法国提供五个军团的提议时，比利时表示，目前它还没有向担保国寻求帮助——不过，它也提醒德国，保护其独立地位的一个担保国是普鲁士王国。这减缓了冲突的升级，并为英国赢得了更多一点的时间。

然而，那天晚上，维利尔斯告诉格雷，德国声称法国打算借道比利时入侵德国，所以军队正在做准备，以保卫比利时免受法国的攻击。德国人承诺“为所有战争必需品支付现款，并赔偿在比利时造成的所有损失”，如果比利时愿意让他们通过，他们将在媾和时撤离比利时的领土。德国威胁比利时，如果比利时采取“敌对态度”，那么它们之间的关系将“通过武力解决”。比利时嘲笑德国对企图借道攻击法国的意图所做出的解释，并承诺“将尽其所能击退”德国的进攻。[279]随即，德国大使离开巴黎前往柏林：德国已经对法国宣战。霍尔丹——他已经履行了动员令——要求派遣六个步兵师。

那天晚上，在伦敦，沿着林荫大道，挥舞着旗帜的人群从特拉法加广场一直延伸到白金汉宫。前一天晚上，他们也是这样做的，这使阿斯奎斯想起了沃波尔*说过的话：“现在他们正在摇铃，再

* 沃波尔（Walpole）：是指罗伯特·沃波尔（Robert Walpole，1676年8月26日~1745年3月18日），第一代奥福德伯爵，英国辉格党政治家。后人普遍认为他是英国历史上第一位首相，尽管“首相”一词在当时并没有得到法律的认可，也没有在官方场合被使用，但有鉴于他在内阁所施加的影响力，他事实上也是内阁的掌权者。——译注

过几个星期，他们就只能搓手干着急了。”[280]正是由于人们意识到国家是在捍卫正义和道德，信守保卫比利时的承诺，才引发了战争狂热；并且，由于完全不了解现代战争的真正含义，这助长了战争狂热。这个国家是在鲁德亚德·吉卜林（Rudyard Kipling）的帝国冒险故事和《男孩周报》的言论中成长起来的，更不用说诺思克利夫多年来发表的危言耸听的反德言论了，它即将有机会以正义和 77 正派的名义，对抗不久后所称的“德国的骇人行径”，为英国的光荣做出自己的贡献。

《泰晤士报》报道说，“每隔几分钟，爱国歌曲的歌声中就会夹杂着对国王的高声呼喊”。[281]晚上 8 点 15 分、9 点和 9 点 45 分，国王和王后出现在阳台上，向民众挥手致意：“爱国和忠诚以几近欣喜若狂的方式表现出来。”晚上 7 点，格雷回到下院，概述了德国照会和比利时答复的细节。他说，政府正在“认真考虑”此事的严重性。[282]国王评论说，格雷的演讲“完全改变了公众舆论”。[283]

后座议员*席传来一个反对的声音。它来自菲利普·莫雷尔（Philip Morrell），一位来自牛津的酿酒世家的后裔，这对于自由党来说很不寻常。莫雷尔在伊顿公学和贝利奥尔学院接受教育，通过他的妻子奥托林（Ottoline）夫人（波特兰公爵同父异母的妹妹）游离于布鲁姆斯伯里团体。他们的婚姻不同寻常：两人都有很多风流韵事（被奥托林夫人征服的最有名的人物是伯特兰·罗素），而且莫雷尔有好几个私生子。奥托林夫人在贝德福德广场举办了一场

---

* 后座议员：是指坐在议会后座的普通议员。后座议员并非执政党内阁成员，亦不是在野党的领袖、发言人或影子内阁成员（因他们已占据前座，故称前座议员）。后座议员通常是新当选或委任的议员，或已从政府退休的议员。由于并非内阁成员或党内重要人物，后座议员在国会的地位及影响力稍低。但他们可以通过参与国会的各个委员会，渗入各范畴的立法程序。——译注

宏大的自尊自爱沙龙：莫雷尔夫妇是坚定的和平主义者，他们在牛津郡嘉辛顿的乡村别墅后来成为布鲁姆斯伯里团体中出于良心而拒服兵役者的避难所，这些人包括利顿·斯特雷奇[*]、克莱夫·贝尔[**]和邓肯·格兰特[***]。她的丈夫在那天晚上发表的演讲使他站到了这场运动的前沿。

莫雷尔声称自己代表许多自由党人发言，但他并不怀疑格雷为和平所做的努力，而是怀疑“他是否真的做出了足够的努力来与德国达成公平条款”。[284]这番话揭示出一个很深的误解——德国欺凌比利时的做法表明，它没有真正弄明白“公平条款”——但这确实暗示了格雷在最初阶段存在惰性。正如格雷表现的那样，在前五周的大部分时间里，他都是被动的，尽管他的官员们（尤其是尼科尔森）几乎从萨拉热窝刺杀事件发生的那一刻起就觉察到了潜在的灾难。这是在进行外交斡旋之前的事，但是，如果他愿意的话，他本可以在 48 小时内到达柏林，与贾高进行面对面的交谈，这也许会改变历史。不过，考虑到在柏林，普鲁士人主导的德国军队决心发动一场战争，以维护国家霸权，这些努力也可能是徒劳的。

78 莫雷尔声称，德国承诺尊重比利时的领土完整；一名质问者喊道“是在战争结束后！”，这才是重点。[285]他说，如果德国吞并或占

* 利顿·斯特雷奇（Lytton Strachey）：英国著名传记作家。毕业于剑桥大学，与法国的莫洛亚、奥地利的茨威格，同为 20 世纪传记文学的代表作家。——译注

** 克莱夫·贝尔（Clive Bell）：英国形式主义美学家，当代西方形式主义艺术的理论代言人。早年在剑桥大学攻读历史，后来对绘画产生强烈兴趣，并与女画家斯蒂芬结婚。——译注

*** 邓肯·格兰特（Duncan Grant）：英国艺术家，以其对人物、静物和风景的绘画表现而闻名。格兰特的作品融合了后印象派、保罗·塞尚（Paul Cezanne）的雕塑风格，以及他的朋友、画家和艺术评论家罗杰·弗莱（Roger Fry）的宁静自然主义。——译注

领比利时，他将同意英国必须采取行动。几天后，英国基本上这么做了。莫雷尔讽刺了格雷的论证，忽视了格雷对条约的详细诠释，声称“仅仅因为在比利时领土的某个角落里可能有几个德国军团就要求我们参战。我不打算支持在这种情况下参战的政府”。他认为，报界助长了“对德国野心的恐惧和嫉妒”，由此造成了这种局面。确实，报界——尤其是诺思克利夫经营的那几家报纸——长期以来把德国描绘成天敌。然而，对战争的外交背景进行的研究表明，这种情感与格雷不情愿做出的主战决定没有关系。莫雷尔与社会党人站在了同一战线上，他说，要求英国参战，“既是为了维护俄国的专制，也是为了干涉德国的野心”。[286]虽然他对德国没有好感，但对俄国的好感就更少了。他认为“保持光荣的中立”是可能的，尽管他没有一开始就通过分析比利时和法国的看法来阻止下院的行动，并且他坚定地无视德国向布鲁塞尔发送的照会所体现出来的傲慢和挑衅。

来自陶瓷区的自由党议员约西亚·韦奇伍德（Josiah Wedgwood）是一个伟大陶艺家的后代，他担心信贷会耗尽、工作岗位会流失殆尽、民众会挨饿，从而引发革命。“民众不再是一百年前的温顺农奴了，”他宣称。[287]（战争爆发时，韦奇伍德是第一批自愿参军的人士之一。他在达达尼尔海峡受了伤，被授予杰出服务勋章，最后成为上校。）劳合·乔治说，政府正在考虑如何确保战争期间的食物供应，并承诺将在第二天提供更多细节。他承认，他还将被迫就货币和纸币流通发表声明。一名后座议员嘲讽说，他在布尔战争中的反战立场与他现在支持开战的态度形成了鲜明对比。对此，他没有公开表露自己的想法。

发言的大多数议员忽视了奥地利政府通过惩罚塞尔维亚来抵制内部批评的决心，也忽视了德国军事领导层推翻贝特曼、贾高和利

希诺夫斯基等人的决定及发动战争的决心。对于工党来说，哈迪认为战后恢复比利时的中立是没有问题的，如果有必要，可以让德国
79 与法国决一死战。后来在工党内阁任职的自由党人亚瑟·庞森比（Arthur Ponsonby）提出了一个更慎重，因此更能说明问题的反对意见，尽管他的假设仍有问题。庞森比曾和莫雷尔一同在伊顿公学和贝利奥尔学院读书，而且还是维多利亚女王的侍从：他的岳父是休伯特·帕里（Hubert Parry）爵士。他觉得自己在见证历史：

> 这是我见过的最悲剧性的时刻。我们正处在大战前夕，我讨厌看到人们带着一颗轻松的心开始这场战争。战争狂热已经开始了。昨晚，当我走过街道的时候，我目睹了战争狂热。我看到一群群喝得半醉的年轻人挥舞着旗帜，我还看到在圣詹姆斯街的一家大型俱乐部外有一群人，他们受到从楼座里出来的俱乐部成员的鼓舞。战争狂热已经开始，这就是所谓的爱国主义。我觉得我们陷得太快了，而且我还觉得，外交大臣的讲话表明，这些年来一直在人们的心头作怪的，是对德国野心的深切仇恨。这是为了保持势力均衡造成的——这是一种疯狂的欲望，是为了在欧洲维持一种不可能的状态，为了把欧洲的两个派别割裂成一个武装营地，用怀疑、敌意和仇恨的眼光互相怒视，时刻拿起武器防备着，并让民众为武装斗争付出流血的代价。[288]

战后十年，他出版了一本书《战时谎言：第一次世界大战期间在全国范围内流传的各种各样的谎言》（*Falsehood in War-time, Containing an Assortment of Lies Circulated Throughout the Nations During the Great War*）。在这本书中，他引用了美国参议员海勒

姆·约翰逊（Hiram Johnson）的话，“战争来临时，首先倒下的是真理”，从而导致他被视为这句话的作者。他的反战态度不会动摇。他成为民主监督联盟的重要成员。该联盟是一个反战运动先驱组织，他曾与麦克唐纳和糖果商乔治·吉百利（George Cadbury）等人一起共事。

在为格雷辩护时，煤矿主、曼斯菲尔德的自由党议员亚瑟·马卡姆（Arthur Markham）爵士无意中站在了和平主义的立场上，该立场认为此举是为了让德国待在该待的地方，而不是为了保护比利时（保护比利时才是格雷的优先考虑事项）。他说，“任何一个有自尊的国家都不可能承认欧洲大国有权践踏和打倒小国”。[289]他补充说：“我们所属的这个伟大的帝国，它的立国根基是，不允许在 80
我国海岸附近建立一个可能对英国人民的利益构成威胁的大国。在我看来，如果我们这次犹豫不决，那我们将为大英帝国的灭亡而踉跄摇晃，因为欧洲大陆上有自尊的人永远不会相信，我们这些过去曾为自由而奋斗的人会再次为自由而奋斗。”他的这些话反映了公众的心声。

自由党议员卢埃林·威廉姆斯（Llewellyn Williams）指责报界为一场公众不希望看到的战争制造了热情，并指责格雷试图散播对德国势力的恐惧，而另一位自由党同僚认为不可能像建议的那样让小国受奴役。自由党议员罗伯特·奥斯韦特（Robert Outhwaite）则认为，德国军队穿越比利时与法国作战，这是“从法律的角度”破坏了比利时的中立地位，而不是“征服”比利时。[290]他提醒下院，是专制的俄国通过动员引发了更广泛的战争，而不是德国。这也是一种令人不舒服的说法。正如自由党议员约瑟夫·金（Joseph King）指出的那样，政府遭到了自身成员的攻击（只有一人除外），而统一党则保持沉默。金问道：“我想知道，我们正在实施的政策是否得到了内阁的一致支持。我们在下院的内部和外部都听到了传言，说内阁存在分歧，甚至有一位内阁大臣辞职了。”[291]另一个议员喊道：“这是一个恶毒的建议！”

在这件事情上，金完美地阐述了激进的观点，他谴责沙皇的“残暴的专制政府”及其“残忍”和“不公正”。[292]另一位自由党人威廉·拜尔斯（William Byles）爵士问道，如果法国进军比利时以攻打德国，那么英国是否会与法国作战。最后，在对格雷进行了连续几个小时的抨击后，拉纳克郡的自由党议员威廉·普林格尔（William Pringle）发表了一篇庄严的演讲，谈到自由党的传统是要求英国站在“国际道德的一边，反对铁血势力”。[293]最后，前统一党首相贝尔福发言，请求结束休会期间的辩论，并等待机会，因为阿斯奎斯曾答应在他和格雷等人出席时适当地讨论这项政策——他们整晚都没有出席。统一党人正在做着充足的准备。

七

发表完演讲后，格雷回到英国外交部，接待了他的朋友和亲信J. A. 斯宾德（J. A. Spender）。斯宾德是《威斯敏斯特公报》的
81 编辑，也是自由党的拥护者。两周前，当人们对欧洲危机谈论甚少时，可能是在格雷的建议下，斯宾德写了一篇文章（在国外广泛传阅），提请塞尔维亚人明白奥匈帝国是有理的一方，并尽其所能避免“使事态复杂化以至于有可能走向战争”。[294]现在，所有这一切都被交付给了历史：自由党大臣的主流意见认为英国必须参战，而这种观点能够获得支持几乎全靠格雷。他这样描述他与斯宾德的会面：“我们当时站在我办公室的窗户旁边。天快黑了，我们向下眺望的场所亮起了灯。我的朋友回忆说，我当时是这样讲的：‘整

个欧洲的灯火正在熄灭，在我们的有生之年，再也看不到它们被重新点燃了。’”[295]

为什么格雷认为这场战争需要这么长的时间？作为一名经验丰富的外交家——他担任外交大臣已经九年了——他了解所有其他有关各方的动机。他知道沙皇的政权是多么的脆弱，而假借斯拉夫同胞的名义战胜德国将被视为巩固罗曼诺夫王朝的完美手段。他也知道德国是如何看待俄国的，认为它是一个由一群野蛮人组成的未开化的国家，这些野蛮人完全敌视欧洲文化，德国将会如何竭尽全力地击退这些野蛮人，并在东欧扩展自己的影响力。他知道奥匈帝国决心竭力压制崛起的邻国塞尔维亚，这不仅仅是为了自身的安全，还因为奥匈帝国的皇帝将近 84 岁，帝国境内的民族主义团体鼓动变革，和俄国一样，它需要向其人民展示实力。最重要的是，格雷知道法国已经下定决心不再重蹈 1870～1871 年的耻辱，正是那场耻辱，导致普鲁士人割走了阿尔萨斯省和洛林省，为此，必要时法国将战斗到底。此外，还有其他一些国家——意大利、保加利亚、罗马尼亚和土耳其——向各个大国负有义务或与之达成了谅解。正如许多外交官和政治家所了解的那样，自 1878 年柏林会议以来，欧洲一直生活在不安之中，总有一天，重新排序的事情一定会发生，而当它发生的时候，那将是一场巨大的、灾难性的战争。格雷知道那一刻已经到来，但他未能阻止这个时刻的到来——或者说他未能以更加和平的方式确保重新排序——这个事实几乎压垮了他，并对他的健康造成了严重的损害。 82

阿斯奎斯对事态的看法与格雷一致，但事实证明，他不太适应战争的要求。8 月 3 日的午夜，他坐在首相府，给莫莱写信说：“我们有 30 年的至交，在承受巨大危机带来的沉重压力的时刻失去了你的友谊，这是一场我一想到就不寒而栗的灾难，如果它成为现实，我将永远感到悔恨。”[296]阿斯奎斯恳求他，“我真心诚意地希望你三思而后行，在你采取可能会让政府失去一个智囊、让我陷入困境而变成孤家寡人的行动之前，请你多想想，再思考几次”。[297]莫莱回忆道，“除了精神上的痛苦外，没有什么能够扼住我的咽喉”，但他告诉阿斯奎斯，他仍然坚决反对：“向法国发誓，就等于把自己和俄国绑在一起……你的呼吁如此慷慨感人，我做此答复，感到深深的痛苦，我一生中都没有写过这样痛苦的回信。”[298]

对于大多数其他大臣来说，德国向比利时发送的照会将他们逼到了忍耐的极限。8 月 4 日上午 9 点 30 分，格雷请求戈申转告柏林，“德国违反其作为共同缔约国签订的条约，国王陛下的政府一定会对此提出抗议，而且必须要求德国保证其向比利时提出的要求不会得到执行，德国将尊重比利时的中立地位”。戈申被告知需“立刻获得答复”。刚收到这个消息，德国驻伦敦大使馆就给英国外交部发了一封贝特曼写的信：“由于法国在 8 月 1 日向德国领土发动了多次军事攻击，德国现在正处于与法国交战的状态。”[299]那天下午，英国发布了动员令，召集所有后备役军人，并邀请退役名单上的军官重新申请服役。不久后，海军部宣布海军上将约翰·杰利科（John Jellicoe）爵士将指挥本土舰队。现在，阿斯奎斯不得不迅速地任命基钦纳，因为局势发展得太快了。

8 月 4 日上午，格雷告诉伯蒂，他已经建议挪威、荷兰和比利时政府抵制德国向它们施加压力、迫使它们放弃中立立场的任何企图。它们将获得英国的支持，并将加入俄国和法国的行列，“共同行动，以便抵制德国对它们使用武力，并保证它们在未来几年维持独立和完整”。[300]他命令伯蒂请求法国政府也提出类似的建议。一
83 旦德国人进入比利时并拒绝离开，那么英国就会与他们开战。上午 11 点 20 分，格雷从维利尔斯那里得知，德国告诉比利时外交大

臣，由于比利时政府拒绝了德国的“善意”提议，他们将“非常遗憾地在必要时动用武力，鉴于法国的威胁，他们将被迫采取必不可少的措施”。[301]中午，利希诺夫斯基向英国外交部出示了一封来自贾高的电报，重申了德国“绝不使用任何借口”吞并比利时领土的“正式保证”。“务必请爱德华·格雷爵士明白，”贾高继续说道，“借道比利时，将不会使德军暴露在法国人的攻击之下，而这是根据绝对无懈可击的情报所做出的决策。因此，德国不得不无视比利时的中立地位，对德国来说，阻止法国前进是一个生死攸关的问题”。[302]

下午2点，格雷向戈申发了一封电报，提到德国向比利时发送的消息，以及他收到的比利时的领土根曼尼克（Gemmenich）遭到“侵犯”的消息。[303]他让戈申告诉德国政府，英国仍在等待有关比利时中立问题的答复，并希望在伦敦时间晚上11点前得到答复。“如果没有得到答复，那么你必须索要你的护照，并表明，国王陛下的政府认为有义务采取一切措施维护比利时的中立地位和遵守条约，德国和我国都是该条约的缔约国。”

那天下午，戈申拜访了贝特曼和贾高。在一封直到8月13日才抵达伦敦的电报中，戈申告诉格雷，他们“很遗憾”无法给出格雷想要的答复。[304]他觉得自己和贝特曼的会面“非常痛苦”。“他（贝特曼）不得不将此视为一件无法容忍的事情，因为他们采取了唯一可行的办法来将帝国从灾难中拯救出来，而英国却为了比利时的中立地位攻击他们。他认为英国对目前可能发生的事情负有全部责任。我问他是不是不明白，我们在道义上必须尽力维护我们所保证的中立。他说：‘但是要付出怎样的代价呢？’”后来，戈申告诉格雷，贝特曼“非常激动地”用英语对他进行了长达20分钟的慷慨陈词，说“中立”这个词在战时经常被忽视，英国政府的行动

“只是为了一张废纸”。[305]贾高告诉他，德国政策的中心目标是与英国建立更友好的关系，并通过英国拉近与法国的距离。现在，这一
84 切都遭到了严重破坏，从表面上看，这是因为英国人认真对待条约，而德国人却没有。戈申强烈抗议试图将责任推给英国的任何做法。

8 月 4 日下午，阿斯奎斯向下院发表了讲话，由于近 100 名被征召为后备役军人的议员缺席，以及约翰·伯恩斯缺席国务大臣席，下院的议员数量锐减。首相提到了最近外交往来的三封电报：第一封是比利时国王的呼吁；第二封来自维利尔斯，确认由于比利时决心保持中立，德国将通过武力进入比利时以进攻法国；第三封是比利时公使馆发来的电报，宣称德国侵犯了比利时的边境。“无论从哪个角度来讲，我们都不认为这是一次令人满意的沟通，”他继续说道，“在答复时，我们已经重申了我们上周向德国政府提出的要求，即他们应该向我们保证比利时的中立地位，就像法国上周向我们和比利时做出的保证一样。我们已经要求德国对这个请求做出答复，并……要在午夜前对今天上午的电报做出满意的答复。”[306]

阿斯奎斯认为，德国声称法国正在策划入侵比利时以攻击德国的说法是“一个昭然若揭的谎言”。[307]他告诉下院，由于“非常紧急的情况”，国王正在召集本土防卫军，并保护航运以确保食物供应。他走到下院的白线*处，鞠了一躬，然后走到主席台前，把国王亲笔签署的军队动员公告交给了议长。下午 4 点 17 分，下院休会，等待德国方面的消息。阿斯奎斯对可能爆发战争深感悲痛，他的感受与海军大臣的感受反差巨大：“温斯顿已经穿上了战袍，他

* 下院的一种布局设置，称为“Bar of the House”，一些议员没有座位的时候会站在这条白线外。在进行会议的时候，任何人都不得跨越这条白线。——译注

很想在清晨打一场海战，以击沉戈本号。”史考特谴责丘吉尔“漫不经心，不负责任”，并将这种态度与格雷在一次内阁会议上“痛哭流涕”的行为（西蒙向他转述了这个场景）进行了对比。[308]对于丘吉尔来说，战争是他一直渴望的伟大而又浪漫的冒险；对阿斯奎斯来说，事情不会像他希望的那样发展，尤其是因为他无法调和浪漫与现实。具有讽刺意味的是，他的朋友劳合·乔治在最后一刻改变了反战的想法，劳合·乔治通过保持镇定、暗中行动和表里不一，最终把这场冲突变成对他个人有利的契机。 85

那天下午的晚些时候，一名德国外交官致电英国外交部说，“有关一名德国士兵越过了法国边境的说法完全是谣传”。[309]克劳说，法国人声称他们在自己的领土上射杀了一些德国军官。维利尔斯报告说，德国人试图迫使列日投降，但遭到了反击。巧合的是，下午 4 点 17 分——当下院正在开会时——英国外交部截获了贾高使用普通文字向利希诺夫斯基发送的英文电报（使用这种方式发送电报，目的就是希望被截获），证明德国入侵比利时是正当的，电报说，“我们知道法国准备入侵”（比利时），并承诺“只要英国保持中立，我们的舰队将不会攻击法国的北部海岸，并且我们将不会破坏比利时的领土完整和独立”。[310]到了下午 5 点左右，大多数总指挥官收到了陆军部发来的只有一个单词的电报：“动员。”[311]

那天下午，格雷告诉美国政府：“德国有两种人：一种是像德国首相冯·贝特曼·霍尔韦格先生和德国驻伦敦大使利希诺夫斯基亲王那样的人，他们信奉的是‘我们怎样处理这些事情，他们就怎样处理’；另一种是军方人员，他们对这些事情一点儿也不尊重。”[312]格雷所说的“这些事情”指的是条约义务，他认为条约义务是“对文明进步的检验”，是“国家间相互信任的基础”。他解释说，如果德国主宰了法国，那么比利时、荷兰、丹麦、甚至挪威和瑞典等国的港口都将由德国支配，这些国家名义上的独立都将变成“空想”。格雷认为，德国主宰西欧将“使我们的处境变得愈发不可忍受”。美国大使佩奇（Page）回忆道，格雷的“眼里噙满了泪水”，说道：“因此，一生的努力都白费了。我觉得自己就像一个浪费生命的人。”[313]格雷始终不明白为什么莫莱和伯恩斯辞职，但他认为他们的决定是基于“深刻而真诚的信念”，而不是“胆怯”。

那天晚上，格雷给利希诺夫斯基发了最后一封信。他告诉利希诺夫斯基，戈申准备回国，并补充说：“我荣幸地通知阁下，按照今天向德国政府发送的通知中载明的条款，国王陛下的政府决定，
86 从今天晚上 11 点开始，两国进入战争状态。谨随函附上阁下、阁下家属和职员的护照。”[314]那天晚上，他的大部分时间都是在唐宁街与阿斯奎斯和其他同僚一起度过的。

在柏林，戈申按照外交惯例，于 8 月 6 日清晨和工作人员乘坐出租车离开了大使馆，并乘坐火车到达荷兰角，然后返回英国。他带来了德皇写给国王的简短信件，德皇在信里宣布放弃他作为英国海军上将和陆军元帅的任命。由于奥地利对法国和俄国采取了敌对行动，8 月 12 日午夜，英国向奥地利宣战；8 月 14 日，德邦森乘坐前往瑞士边境的火车以便回国，前一天，“贝希托尔德夫人（外交大臣的妻子）和维也纳社交界的其他女士打电话向德邦森夫人告别”。[315]格雷向门斯道夫传达了一个口信，请他在 8 月 13 日的上午造访：“我想跟您告别，握握手，并向您保证，我们之间的个人情谊将不会改变。”[316]会面是在格雷的家里“私下”举行的。门斯道夫对宣战“深感悲痛”，但“我非常感激并衷心地回报了他所表达的友好的个人感情”。

政府要求医生、摩托车驾驶员、铁匠、卡车司机、屠夫、面包师和其他行业的人士自愿参军。军官们在返回部队之前举办了婚礼。民众在白金汉宫外唱歌欢呼。英国王室分别在晚上7点、9点30分和11点（也就是向德国发出最后通牒的期限届满之时）向他们致意。晚上10点45分，国王在白金汉宫召开了枢密院会议，比彻姆（他即将接替莫莱成为枢密院议长）和两名朝臣批准对德宣战。"这是一场可怕的灾难，"国王写道，"但这不是我们的错。"[317]

当汉基走过圣詹姆斯公园时，他遇到了"一群兴奋的人……他们不时地手挽着手，高唱爱国歌曲"。[318]休·斯特拉坎（Hew Strachan）爵士在他的《冲突史》一书中写道："虽然并不是民众的热情导致了第一次世界大战，但是，如果民众没有参战的意愿，那么世界大战也就不可能发生。"[319]这种意愿的产生，是由于人们不了解现代战争的实际后果，特别是机械化屠杀的容易程度，以及布尔战争已经成为一个遥远的记忆（只有少数人还记得）。

晚上11点，人群聚集在唐宁街，想要知道德国人是否接受了英国的最后通牒。在白厅街，当宣战的消息传到大街上时，民众大声欢呼，情绪激昂。他们离开了唐宁街，聚集在陆军部前，在那里，爱国游行一直持续到凌晨。[320]不仅仅是民众认为战争是正确和正义的。四天前，时任剑桥大学三一学院教员的伯特兰·罗素开始收集签名，准备在《曼彻斯特卫报》上发表一份声明，以表达对战争的反对。他告诉奥托林·莫雷尔（Ottoline Morrell）夫人："所有人都认为这是愚蠢的，是非常不得人心的。"[321]他回忆道："但到了宣战那天，几乎所有的人都改变了主意。"[322] 87

8月5日中午12点15分，英国外交部发表了一份正式声明，声称由于政府要求尊重比利时中立地位的请求遭到"断然拒绝，从 8 月 4 日晚上 11 点起，英国和德国将处于战争状态”。当大本钟在午夜敲响的时候，虽然还没有正式确认英国处于战争状态，但是，“人群中爆发出一阵巨大的欢呼声，回荡了将近 20 分钟。人们内心激动，庄严肃穆地唱起了国歌，这表明民众在对待眼前的重
88 大问题时严肃认真并具有责任感”。[323]

第二章　战争

一

1914 年 8 月 5 日上午，报纸上登载了博柏利（Burberry）为军官设计的战壕风衣的广告。广告主角是一名布尔战争的老兵，在新近发生的敌对状态下，这类老兵可以被授予从总司令到中尉的所有军衔（士官和其他军衔的军士只能穿胶布雨披）。博柏利还可以在四天内提供“现役配套服装”。另一则广告恳请本土防卫军的军官购买越野汽车，每辆只需 275 英镑，这些汽车可以承受“最恶劣的使用环境”，可以在“最陡峭的山坡上行驶”，每加仑汽油可以行驶 20 英里至 24 英里。[1] 几天之内，报纸上还宣传说，“被国家接纳入伍的负有保卫和进攻职责的每一个人都应该携带一瓶 J. 克里斯・布朗的利眠宁”，可以在药剂师那里买到，价格为 2 先令 9 便士，对“治疗腹泻、痢疾、腹绞痛和其他肠道疾病有特效”。[2]

向军官阶层提供佩枪的韦伯利 & 斯科特（Webley & Scott）将价格从 5 基尼上调至 10 英镑，这惹恼了议员。该公司声称，它之所以这样做，是因为它不得不向工人支付 15% 的奖金，而且钢铁的价格已经上涨了 15%。后来，在评论 1918 年选出的议会时，斯坦利・鲍德温（Stanley Baldwin）说：“很多冷酷无情的人在战争中似乎表现得很好”，其中一些最冷酷无情的人曾在战时的“商人政府”中效劳。[3]在英国这样的重商主义社会中，这是不可避免的：无论如何，这场战争都将是历史上最伟大的销售机会。然而，这些广告并非总是能够打动顾客。在战争爆发的第一个下午，J. C. 科尔-福克斯（J. Ker-Fox）少校参观了供应陆军和海军军需品的商
91 店，“看到数以百计的人（不分男女）在那里囤积成吨的食物，这让他感到恶心”。由于英国正在为“国家的生存”而战，少校呼吁“政府应当没收这些私人商店，并对囤积食物的自私自利的无耻之徒处以罚款和监禁”。[4]

战场地图大卖，因为这些地图可以让平民百姓了解前线的情况。诺思克利夫推出了一本新的期刊《世界大战》（*The Great War*），对每周的大事进行记录。《泰晤士报》每周出版一次战争史画报，并为订阅者设立了电话新闻服务，这样一来，在没有收音机的时代，当消息抵达印刷所广场时，他们可以立刻收到消息。但是，由于费用为每周 1 基尼，并且由于电话系统的容量有限，只有极少数人能够获得这项服务。人们对新闻的需求是如此之大，以至于在战争的第一个星期，纸的消耗量增加了 25%，新闻纸从每磅一便士上涨到了每磅一便士三法新*：十周的供应量突然变成了仅可以使用六周。虽然当时没有考虑实行配给，但是，这个国家对新闻的渴求增加了这种可能性。

战争的第一天不可避免地出现了狂热的爱国潮。那天早上，格雷要求维利尔斯转告比利时外交大臣，“国王陛下的政府认为正在进行共同抵抗德国的行动，而且根据 1839 年的条约，这个行动是正当的”。[5]英国为了保护自己的荣誉而战，为了信守对比利时的承

* 法新：1961 年以前的英国铜币，等于 1/4 便士。——译注

诺而战，为了加入（作为其外交行动的结果）其朋友法国的行列以抵抗德国对法国的挫败而战，从而阻止德国进入英吉利海峡，以此巩固英国的国家安全。“我惊奇地发现，”伯特兰·罗素记录道，“每一个普通的男人和女人都对战争的前景感到欣喜。”[6]但是，一个奇怪的持不同政见者站了出来：那天早晨，中立联盟（几乎不再听到它的发声）在《公民日报》（*Daily Citizen*）上刊登了一则广告，敦促所有英国人“负起自己的责任”，反对“一场邪恶且愚蠢的战争”。[7]然而，其他报纸却坚定地支持战争。在那天早晨的《泰晤士报》上，亨利·纽伯特（Henry Newbolt）——他是“今夜，令人窒息的寂静就在眼前”的作者——发表了一首题为《守夜》（*The Vigil*）的诗，诗歌以欢呼惊叹开头：

> 英格兰！是圣火
> 在内心深处的神殿前燃烧的地方，
> 是爱你名字的嘴唇
> 正专注奉献他们的希望和你的希望的地方……

并以同样澎湃的激情结尾： 92

> 让回忆告诉你的心意，
> “英格兰！过去的你，现在的你！”
> 用你那古老的力量武装自己，
> 向前！愿上帝捍卫正义！[8]

在壕堑战的第一个冬天扑灭这种基调之前，拥有一点点诗歌才华的鲁珀特·布鲁克（Rupert Brooke）就采用了这种基调：这是

1914 年 8 月民众普遍存在的情绪。然而，第二天，随着现实的到来，《泰晤士报》写道："首先，也是最重要的，就是保持头脑清醒，保持冷静。平静而严肃地做好你的日常本职工作。不要沉溺在激动兴奋或愚蠢的示威游行之中。"[9]这个国家有海上霸权撑腰，它认为自己知道战争的结果将会是什么样的：在一些战役中，德国海军被摧毁，德国陆军从两条战线被赶回国，人民因饥饿而屈服，这是以夸张的方式重演布尔战争。8 月 13 日，当丘吉尔行至雷丁时，汽油用完了，他走进一家当地俱乐部，俱乐部的成员们欢呼起来，"高唱《去征服吧，大不列颠》"。[10]

《约翰牛》杂志曾在战争的早期阶段要求将塞尔维亚从地图上抹去，它嗅到了商业需要，很快成为声音最洪亮的战争拥护者。8 月 15 日，经过重新设计后，该杂志再次亮相，在封面上，一名海员的帽子上印着"约翰牛"和"皇家海军胜利"号。一篇名为《英国最伟大荣耀的黎明》（The Dawn of England's Greatest Glory）的社论勉励每个英国人都要"全副武装"。它继续写道："不一定非要成为一名士兵，但一定要拿出勇气来。"[11]关于《约翰牛》的编辑霍雷肖·博顿利的传说大多是自我美化和渲染，例如，传言他的生父是查尔斯·伯兰德拉福（Charles Bradlaugh）。伯兰德拉福是一位自由党议员，六年来一直拒绝进行宗教宣誓以担任他赢得的下院议员职位，而他和伯兰德拉福的相貌颇为相似。[12]博顿利于 1860 年出生在贝思纳尔格林（Bethnal Green），他在孤儿院度过了童年的部分时光，之后，他创办了一家出版公司，被撤销了关于欺诈罪的指控，投资金矿股赚了一大笔钱，成为一名花花公子和赌徒。而后，他担任自由党议员，在 1912 年宣布破产时不得不离开下院。

《约翰牛》将成为沙文主义和猛烈抨击匈人*的主要机构，而博顿利将领导大规模的募兵活动，在 300 多个公开会议上发表演讲。1915 年 3 月，他在《星期日画报》上开辟了一个专栏，很快， 93
他便成为当时主要的政治煽动家，受到民众的喜爱，但遭到知识分子和精英的痛恨。在未被崇拜他的公众察觉的情况下，博顿利继续不道德的私人行为。他的报应在战后到来，在一次与法律和秩序力量进行的对抗中，他失败了，被判犯有欺诈罪。在战争期间，他是这个国家最自吹自擂的爱国者之一，产生了巨大的影响。他告诉朋友亨利·休斯顿（Henry Houston），"这场战争将是我的机会"，在被狂妄自大致命性地击倒之前，他是对的。[13]

一些店主挂起"欧洲版图重划期间照常营业"的招牌来表现他们的幽默感，但和其他人一样，他们很快就会发现"照常营业"已经结束了。[14]农民们最早体验到了这种情况。陆军部征用了大量的马匹，这让东部各郡陷入了困境——那里的农业以耕地为主——因为这些马匹都是在收获季节被征用的。阿斯奎斯下令停止这项工作，同时停止征用拖运食物和燃料所需的马匹。但是，政府征用了铁路上所有的运马棚车，赛马大会很可能被取消。肯特郡的板球俱乐部委员会表示，坎特伯雷板球周将继续进行，但希望公众不要误以为"他们对影响国家的严重危机漠不关心"。[15]在对阵萨塞克斯郡的比赛中，肯特郡获得了 107 分，该郡慢速球左臂投手、英格兰板球对抗赛的运动员科林·布莱斯（Colin Blythe）获得了 6 分：他

---

* 匈人（Hun）：公元 4 世纪至 6 世纪生活在中亚、东欧地区的民族，他们在 4 世纪西迁到了欧洲东部。被称为"上帝之鞭"的阿提拉率领匈人在欧洲进行了劫掠和屠杀。他被视为残暴和抢夺的象征。德皇威廉二世曾将匈人作为德国军人的榜样。一战期间，在协约国的政治宣传里，德军曾经长期被称为"匈人"，而当时的德国皇帝威廉二世则被称为阿提拉再世。——译注

后来于1917年11月在帕斯尚尔（Passchendaele）战役中阵亡。政府责令萨里郡在战争期间不得在椭圆体育场举办赛事，因为那里被用来进行军事训练。尽管人们在异常情况下想要维持正常生活的表象，但最终不得不屈服于异常情况。

各个年龄和阶层的男人都涌向了募兵中心。对许多工人阶级的小伙子来说，吸引他们的不仅仅是战争的刺激（相较于战争而言，他们中的许多人从事的是不需要技术的工作），还因为这份工作提供一日三餐、一双结实的靴子、新衣服和自己的床。人们的热情如此高涨，以至于政府对那些明显不到年龄的人睁一只眼闭一只眼，而医生们（每让一个人通过体检就会得到半克朗的报酬）也习惯于对他们眼前经常看到的营养不良、身体虚弱的人抱着过分乐观的态度。在英国的一些地方，向达到服役年龄的人提供的慈善或教区援助被中断，迫使他们去参军。[16]

军官阶层也同样热情高涨。对于一些刚走出校门的人（比如
94 罗伯特·格雷夫斯*）来说，这意味着以一种受欢迎的方式告别大学。对于那些生活似乎很乏味或令人失望的人来说，这意味着冒险。公立学校的校友协会在较为出名的报纸上刊登广告，表示愿意帮助校友获得军官资格。那些没什么权势的群体遇到了更大的麻烦：R. C. 谢里夫（R. C. Sherriff）18岁，刚刚离开一所很棒的文法学校，在那里，他曾担任运动会的队长（1928年，他的戏剧《旅程的终点》被誉为前线生活的最伟大的代表作之一），他被拒绝授予军官资格，因为一名副官告诉他："我们接到的指示是，申请军官资格的所有人必须从认可的公立学校选出，而你的学校不在

* 罗伯特·格雷夫斯（Robert Graves）：英国诗人、小说家、评论家。第一次世界大战时任军官。——译注

其中。”[17]最后，他在东萨里郡获得了一个军官职位。战争将改变军队中阶级至上的特性，“临时绅士”* 也可以加入旧有军官阶级。

对于一些更加深谙世事或更有经验的人来说，他们由于认清了现实，热情慢慢地淡下来：不言而喻的一点是，一部分人永远不会回来了。8 月 10 日，在前往法国之前的告别晚宴上，在卡勒事件前担任陆军大臣的杰克·希利上校对乔治·里德尔爵士说，“死亡人数将触目惊心”。[18]伯特兰·罗素——他后来声称自己预见到了屠杀，而大多数人都没有预见到——回忆道，“战争的前景使我充满了恐惧，但更让我恐惧的是，90% 的人在预料到战争造成的屠杀时竟是愉快的。我不得不修正我对人性的看法”。[19]

整个社会的核心思想是年轻人应当尽忠职守。当皇家音乐学院的院长休伯特·帕里爵士在 1914 年 9 月的新学期欢迎学生返校时，他提到了那些“受到荣誉鼓舞而参与和冒险经历军旅生活的人”——包括杰克·莫伦（Jack Moeran）和亚瑟·布里斯（Arthur Bliss）等学生，他们在战争中活了下来，并成为著名的作曲家，以及拉尔夫·沃恩·威廉斯（Ralph Vaughan Williams）等老师，他余生创作的音乐受到了战争经历的影响。[20]他补充说：“我们对他们肃然起敬。当我们看到同胞们以美好和高尚的动机面对现代战争的可怕状况时，我们对他们感到由衷的钦佩——他们为了崇高的理想而甘冒生命危险，有时情况比这还要可怕。”失去亲人的民众是如何在不引发骚乱的情况下承受之前从未体验过的生命消逝，仍然是

---

* 临时绅士：指英国军队中担任临时（或战时）任务的军官，这些人来自传统军官阶层之外。历史上，英国军队的军官都来自贵族和中上层阶级，被认为是绅士。昂贵的制服和社会对军官的期望阻止了那些没有私人收入的人加入。第一次世界大战爆发后，军队规模迅速扩大，军官队伍人数相应增加。在战争期间，超过 26.5 万名额外的军官被招募，其中很多是临时任命的。这些人大多来自中下阶层和工人阶级。他们被称为“临时绅士”。——译注

这场冲突中令人震惊的一面。

95 然而，帕里暗示，失去这么多年轻人将会造成损失——虽然他指的是音乐天才，但随着这个国家未来的领导人、教师、艺术家和科学家遭到屠杀，很明显，这个国家也将失去其他领域的许多卓越人才。“我们的学生和普通学校的学生不同。他们有一种罕见而特殊的天赋。他们中的一些人天赋极高，他们的逝去几乎是无法弥补的。这对整个社会来说将是一个特别的损失……这个世界承受不起将这样的生命白白浪费掉，就好像这些生命无足轻重，就如同这些生命并没有给人一种罕见的特殊希望一样。”他问，如果瓦格纳在1849年的德累斯顿骚乱中被杀，那时《特里斯坦与伊索尔德》、《纽伦堡的名歌手》、《尼伯龙根的指环》或《帕西法尔》等歌剧还没有问世，这将意味着什么？但同时，他也提出了一个悖论：“那些愿意为了风险主动献身的人往往是最优秀的人，但这个世界往往容不下这样的人；而那些不主动献身的人，很多不过是游手好闲者、逃避责任者，他们不会有任何损失，甚至会因为被迫面对枪口、了解到获得一些真正艰苦生活的经验对他们而言将是多么大的收获而感到更好、更快乐。”这种主旋律贯穿了接下来的几个月。尽管需要更多的士兵，但自愿参军的人更少了。虽然很多人希望参军，但家人迫使他们不要去，或者雇主告诉他们退役后将失去原来的工作。

不过，在战争初期，普遍盛行的是一种冒险精神：年轻人借来了摩托车，这样他们就可以作为骑摩托车的信使为国效力；一些没有参军的人试图成为战地记者，但因为法国拒绝让此类人士出现在其国土上，这个职业受到了阻碍。年长的人士放弃了退休，这样年轻人就可以离职去战斗了。自 8 月 17 日开始登记以来，许多人自愿成为临时警察。几个月后，一支志愿军团——后来被正式命名为

“国防志愿军”——纳入了更多的老年人，他们遵循的路线与希特勒战争中国土警卫队奉行的路线相类似。男童子军被招募去做志愿工作，例如保卫电话线路、铁路桥和水库，担任信使，以及后来在地里干农活。女童子军负责协助护士，在医院工作，但也学会了发信号。

尽管收获季节成为许多土地所有者的大问题，尽管政府要求不适合服兵役的志愿者提供帮助，但爱国的雇主们还是敦促员工前去服役。来自贝辛斯托克*附近的谢伯恩圣约翰村庄的诺克斯（Knox）夫人刊登了一则广告，招聘“司机、园丁和马夫……以代 96
替那些参军的人。能够使用步枪的壮丁不需要申请”。[21]富人被劝诫牺牲舒适的个人生活，鼓励他们的员工参军。许多人纷纷效仿诺克斯夫人。据首相的女儿维奥莱特·阿斯奎斯（Violet Asquith）——她与家人住在一起——说，威姆斯（Wemyss）伯爵在格罗斯特郡的斯坦威拥有一家很大的公司，“突然向他的所有雇员、仆人等发出最后通牒，要求他们参军或离职”。[22]威姆斯在未和妻子商量的情况下去了伦敦，留下他的妻子处理由此造成的混乱局面。

萨瑟兰（Sutherland）公爵将他的苏格兰宅邸邓罗宾城堡用作伤员的医院和疗养院。他设立了一个由贵族要人组成的委员会，负责登记用于此类目的的房屋，并安装配备设施。这个委员会的名义领袖是维多利亚女王的第三个女儿克里斯蒂安（Christian）公主，她也是国王的姑母。除了萨瑟兰，该委员会还包括另外两位公爵马尔博罗（Marlborough）和波特兰（Portland），以及基钦纳、伊舍和查尔斯·贝斯福（Charles Beresford）勋爵等社会名人。在十天

* 贝辛斯托克（Basingstoke）：英国英格兰汉普郡东北部的集镇，也是汉普郡最大的镇。——译注

内，萨瑟兰就收到了250个房屋清单，主要位于南部和东部海岸附近，包括格拉米斯城堡（后来的伊丽莎白女王的宅邸）、考德雷公园、沃尔默城堡和北汉普郡高尔夫俱乐部。布鲁塞尔贝肯达医学院的护士长艾迪丝·卡维尔（Edith Cavell）呼吁提供资金，以便为预计将在布鲁塞尔受伤的英国人提供广泛的治疗：卡维尔护士没有料到布鲁塞尔很快将会落入德国人的手中。

当松鸡狩猎季开始时——也就是英国的四个师启程前往法国的那一天——纳茨福德（Knutsford）勋爵给《泰晤士报》写信，敦促“分发和食用这些松鸡，而不是让它们成为市场上贩卖的肉”，并将大量的松鸡冷藏起来；当鹧鸪和野鸡狩猎季开始时，也要这样处置。[23]他敦促也要猎取地面上的猎物——兔子和野兔，他说：“医院将会非常感激所得到的雄鹿。”这个呼吁得到了广泛响应，但附带条件是，在猎杀了狩猎季的动物后，猎场看守人应当去参军。精心策划的盛大的秋季集体婚礼仓促地提前举行，在新郎离开去服兵役之前，夫妻们在小型的私人仪式中结婚：许多人没有活到庆祝周年纪念日的那一天。

较年长的富裕阶层，以及各个年龄段的女性，在为慈善机构（尤其是医院）筹集资金和物资方面发挥了主导作用。玛丽王后（她具有德国血统，但在伦敦出生、长大，是乔治三世的曾孙女，
97 她来自符腾堡的泰克家族，其父母为贵庶通婚）成立了全国刺绣协会——该协会的成员包括阿斯奎斯夫人、诺思克利夫夫人和兰斯多恩夫人——并吩咐地方分会的会长让女工们为军队募捐和生产服装。王后敦促组织者为失业的妇女在服装制造业寻找有报酬的工作，并为由于家中的经济支柱在外打仗而陷入贫困的妇女和儿童提供衣服。几乎整个国家都以某种方式动员起来。比阿特丽斯·韦伯（Beatrice Webb）曾渴望这样的团结表现，但她为此感到不安，她

是一名“集体主义者，并相信爱是种族之间和个人之间的纽带”。[24]

政府勉励地方地主、显贵和议会议员带头鼓励所在地区的男子参军。尽管最初打算招募10万名新兵，但在蒙斯战役（英国远征军的第一次交战）后，阿斯奎斯直接宣布，招募人数没有限制：“我们需要招募尽可能多的新兵。”[25]不过，参军强调的是志愿。政府坚定地认为，为了与它力图践行的自由主义精神保持一致，它将不会，也不需要引入征兵制，尽管很有门路的《晨间邮报》猜测这是因为没有组织来负责处理这项工作。C. P. 史考特再次成为传统自由主义的发言人，他遗憾地告诉前同僚伦纳德·霍布豪斯（Leonard Hobhouse），“如果战争持续很长时间，毫无疑问，将会有人提议进行某种形式的强制训练，无论政府提出怎样的建议，在现有条件下都会被采纳”。[26]他是对的，正如他在进一步预测中所说的那样，此举将激发劳工运动，使之成为激进分子的理想依据。然而，在给曼彻斯特的工团主义者——该工团主义者希望史考特在抗议集会上发言——写信时，史考特表达的是反对战争的许多自由党人的爱国之情：“我坚决认为这场战争不应该发生，我们不应该成为战争的参与方，但是，一旦参战，我们整个国家的未来将危如累卵，我们别无选择，只能尽最大的努力争取胜利。”[27]这与左翼知识分子（比如布鲁姆斯伯里团体的成员）的普遍观点形成了及差，他们假装非常关心国家，并认为战争是令人讨厌的、不相干的。在战争将摧毁的许多东西中，自由主义是其中最重要的一样。 98

尽管1914年8月不存在征兵制的问题，但征召的士兵和他们组建的庞大的新军队都需要审慎的全面管理。假设格雷是对的，假设阿斯奎斯本来打算让霍尔丹留在陆军部，那么他可能是受到了公众舆论的影响才没有这样做。虽然和《泰晤士报》的军事记者雷普顿成为密友会对霍尔丹不利，但霍尔丹的不幸并非在于此。该报称，“他不是最佳人选”。[28]人们普遍认为基钦纳才是合适的人选。具有讽刺意味的是，霍尔丹曾告诉阿斯奎斯，“在我看来，你应该任命基钦纳担任陆军大臣。他在一定程度上赢得了公众的信任，没有人会给这个职位带来这样的信心”。[29]有人认为基钦纳缺乏议会工作经验，对此，《泰晤士报》继续说道，“可以立刻将这种说法抛到一边”。他是印度总督委员会的成员（没有人提到他搞的阴谋和引发的问题）。[30]政府需要的不是深谙辩论巧妙之处的人，而是能够在战场上指挥军队的人——正如该报所了解的那样，他承担的将是总指挥官的工作，而不是内阁大臣的工作。

8 月 4 日的晚些时候，基钦纳告诉阿斯奎斯，他只会以陆军大臣的身份在陆军部为国效力。阿斯奎斯觉得自己别无选择，于是开始说服他的同僚。至于基钦纳的品质是否足以弥补他的缺陷，就不那么清楚了。霍尔丹后来告诉阿斯奎斯夫人，基钦纳是“一个很有权势的人，而且相当无知”。他补充道：“他会改进的。”[31] 1913 年，鲁德亚德·吉卜林曾在开罗同基钦纳会面，觉得他是“一个冲动的胖法老……醉心于权力”。[32]几个月后，阿斯奎斯夫人这样描述基钦纳，“说真话不是他的长处，他具有有良好的判断力，但没有礼貌；他生性粗暴，不讲道理；他是一个没有想象力但不是没有想法的人……自从他接替亨利以来，陆军部一直对他感到失望”。[33]不过，她承认：“英国公众和托利党认为他是神！”实际上，全国人民都为他的新职位感到欣喜若狂。布兰奇·劳埃德指出，这项任命的“背后承载了公众的所有热情”。[34]

的确，尽管基钦纳有种种缺点——这些缺点是那些习惯于发号施令、被调至与其地位相当的审议机构的职业军人所具有的通病——但他也有优点。他是一个现实主义者，他知道战争不会很快结束：当时，阿斯奎斯和他的大多数同僚都不认同这种观点，他们

认为战争只是暂时的困难。（阿斯奎斯对基钦纳的重要性进行了证 99
实，他对维尼夏·斯坦利——他的红颜知己，他非常希望她成为自己的情妇——说，在战争结束前，基钦纳是我们在“非常时期的要员”。[35]他在开罗的工作经历使他一直保持清醒。）这位新上任的陆军大臣了解德国人的能力，在他的第一次内阁会议上，他就让同僚们感到震惊不已，他警告说，“我们必须做好将数以百万计的军队投入战场以及让军队持续作战数年的准备”。[36]如果基钦纳没有意识到需要一支庞大的、更专业的、受过更好训练的军队来赢得这场战争，那么在英国远征军遭受惨重伤亡后，在需要大量的替代人员时，英国可能会遭受灾难性的后果。然而，在对自己职责的把握方面，基钦纳存在一个矛盾之处：尽管他意识到军队需要大量的士兵，但他却不清楚让他们继续战斗需要多少额外的弹药。军工厂24小时开工，政府尽快增建了工厂，但这远远不够，真正需要的是以工业化的方式大规模地生产军需品，以应对战争的机械化。

任命基钦纳让自由党的激进派感到不安，史考特说，这标志着自由党政府的结束，取而代之的是“一个无论从哪个方面来看都是联合政府”的政府。[37]与其说基钦纳是一名组织者，不如说他是一个管理者。他不知道如何委派工作。他还失去了陆军部最优秀的参谋人员，因为他们被召去了前线。他将公务员和内阁同僚视为下属，他的行为举止就像一个不习惯被质疑或批评的陆军元帅。到了9月中旬，他仍然穿着便服出席内阁会议；之后，随着局势愈发严峻，他重新换上了陆军元帅的制服。

随着志愿参军者的人数激增，越来越多的人要求允许他们同日常生活中的朋友和同事一起服役。一些营是根据这些人在和平时期的职业角色或共同背景组建的。8月21日，伦敦市市长组建了一个股票经纪人营；9月11日，他又组建了4个公立学校营。另一些营则把来自同一社区或城镇的人聚集在一起——即伙伴营。8 月 29 日，德比伯爵组建了利物浦伙伴营，它是国王（利物浦）军团的一部分。德比被称为“兰开夏郡郡主”，是乔治五世的知己，也
100 是西兰开夏地方协会的主席，他致力于招募志愿军，他发表的公认的募兵演说惹恼了劳工运动，演说中包括这一承诺：“在战争结束后，我打算尽我所能只雇用曾在前线执行任务的人。我还要进一步承诺，在其他条件相同的情况下，如果两个人来找我要一个农场，而其中一个曾在前线服役，那么谁将得到这个农场，将是毫无疑问的事情。”[38]许多城镇组建了伙伴营，他们的名字被刻在英国各地的纪念碑上，或者以隐喻的方式被写入传说。9 月 2 日，阿克宁顿的镇长成立了阿克宁顿伙伴营，几天之内，布拉德福德伙伴营和利兹伙伴营也纷纷组建起来。诺丝敖宝兰德明火枪团组建了 12 个伙伴营，皇家燧发枪团组建了 10 个，米德尔塞克斯、曼彻斯特和韦尔奇军团以及皇家爱尔兰步枪团各组建了 9 个。

男人们是如此渴望与他们的邻居一同服役，以至于当来自埃塞克斯郡的志愿参军者被告知埃塞克斯军团因“满员”而不再招募时，他们感到十分难过。[39]之后，该军团被获允再招募 1000 名士兵，并在几天之内就招满了，随后即被告知不能再招了：任何想要在埃塞克斯报名参军的人都不得不加入一个与当地没有联系的军团，这让一些人打消了参军的念头。人们恳求陆军部在郡军团中增加更多的营，陆军部很快就这么做了；但是，战斗部队迟迟没有意识到将士兵与其家乡联系在一起而带来的情感吸引力。虽然根据士兵的来源地建营可能有助于募兵，但将士兵集中在按地域划分的战斗部队中，当军团参与特别血腥的战斗（尤其是从索姆河开始的战役）时，将会让社区遭受严重的人员损失。

甚至在著名的基钦纳募兵海报（9 月 5 日公布）出现之前，就

有大批人要求参军，这给许多家庭造成了经济困难。对于那些技能熟练的工人阶级和以上阶层的人来说，服役将带来经济上的损失。意识到这一点，8 月 6 日，威尔士亲王——他 20 岁，在掷弹兵卫队服役，但基钦纳禁止他参加战斗，以免他被俘——发起成立了一个救济基金会。在第一周内，该基金会就筹集了 100 万英镑。王后特别向妇女发出了呼吁。亚历山德拉王后为士兵和水手家庭协会发起了一项呼吁，在布尔战争期间，她曾与该协会保持密切联系：她征召各郡的首席治安长官、各大城市的市长担任地方代表。在一周之内，政府整合了这些呼吁，并发表了一份意向声明，旨在减轻所 101
有困难，特别是由于军人的死亡、被捕或受伤所造成的困难。公众自发地做出了慷慨回应：国王带头捐赠了 5000 英镑；作为英国财政实力的标志，佩斯利的棉花生产商乔治·高士（George Coats）捐赠了 5 万英镑。1916 年，他被提升为贵族，成为格伦塔纳尔（Glentanar）勋爵。到了 1915 年 3 月底，这项呼吁已经筹集到 490.7 万英镑，其中 196 万英镑已经拨付。[40]

一个缺少了经济支柱的家庭如何在没有慈善机构的情况下继续生存下去，这个问题困扰着政府。9 月 16 日，内阁同意发放按人口增减的军属津贴，例如向没有子女的妻子每周发放 12 先令 6 便士，向有 4 个或以上子女的妻子每周发放 22 先令 6 便士。“他们中的许多人将比以前过得更好，”阿斯奎斯对斯坦利小姐说道。[41]以没有孩子的妇女为例，如果她的丈夫在战争中阵亡，那么她将得到 6 先令 6 便士的遗孀抚恤金，而有孩子的妇女将会得到更高的抚恤金。志愿组织设法让妇女有事可做，并获得报酬——无论是为军队制作服装，还是培训年轻妇女成为护士，尽管当时的社会习俗认为这些职业最适合中产阶级和中上层阶级的女性。念过大学的女性被鼓励成为护士，她们就读的机构之一——伦敦贝德福德学院——开始为那些感兴趣的人举办广泛的培训课程。

工人阶级也团结起来，开始关心自己的同胞。在约克郡的许多矿井里，矿工们每周向一个基金会捐赠 2 便士，以帮助那些被征召加入本土防卫军的矿工同胞的妻子和孩子。利兹的工程人员为军工生产工作更长的时间，他们同意将加班工资拨入一个单独的基金会，以资助这些家庭。《泰晤士报》的一位记者被派到利兹去进行报道，他发现，“四处弥漫着一种真正无私的精神，并且爱国主义也展现出它美好的一面”。[42]西雷丁的牙医自愿免费为新兵进行检查。位于利兹的庞大的犹太居住地承诺建立一支志愿兵队伍。

在推动女性就业、取代男性、增加家庭收入方面，玛丽王后也发挥了重要作用。许多妇女经营的小企业都受到了战争的影响，王后希望帮助这些企业维持下去。她派朋友克鲁夫人向首相概述了她的愿望。一直以来，阿斯奎斯都是反对妇女参政的领头人，因此，
102 王后担心他可能需要比较长的时间才能领悟到女性在工业方面做出的贡献，王后有这样的顾虑也是可以理解的。然而，他很高兴国家救济基金会通过了这项计划，该计划将被证明是减轻妇女困难和促进经济发展的一个成功手段。潘克赫斯特（Pankhurst）夫人宣布，在战争期间，妇女参政论者的活动将暂停。不过，她的女儿克丽斯特贝尔（Christabel）声称：“俾斯麦夸耀德国是一个男儿国，但我们不想要男儿国。”[43] 8 月 10 日，追求国家团结的内政大臣雷金纳德·麦克纳（Reginald McKenna）宣布，国王将赦免所有争取妇女参政权的囚犯，并将无条件释放她们。（之前被判犯有人身攻击罪的罢工者也被释放，麦克纳表示，希望这两个组织都能提供帮助，而不是破坏这个国家的稳定。）

然而，由于妇女在战略和经济上日益重要，一场争取妇女权利的运动将在战争期间以更加微妙的形式继续进行。克丽斯特贝尔·

潘克赫斯特（Christabel Pankhurst）的妇女杂志《妇女参政论者》（*Suffragette*）更名为《大不列颠》（*Britannia*）。不久，妇女社会与政治联盟的妇女参政论者成立了一个妇女急救队，其目的是培训女医生、护士和摩托车信使。该急救队演变成由卡斯尔雷夫人领导的妇女志愿兵后备队。1915 年，在其丈夫继承侯爵后，卡斯尔雷夫人成为伦敦德里（Londonderry）夫人。她还成立了妇女军团，培训了4万名穿着卡其布制服的妇女志愿者，帮助她们成为司机、机械师、农场工人和厨师；不少女性在战争中丧生。作曲家保罗·鲁本斯（Paul Rubens）在战争爆发后的几天内发布了一首名为《你的国王和你的国家》（*Your King and Your Country*）的歌曲。它的叠句歌词广为人知，“我们不想失去你，但我们认为你应该去”，这首歌是女人唱给男人听的。这张散页乐谱的版税被捐给了玛丽王后的妇女工作基金会，由于这首歌非常受欢迎，它筹集到了近 50 万英镑。一些流行的音乐厅艺人［如维斯塔·蒂丽（Vesta Tilley）］也选择了这首歌，并进行了演唱，目的是说服听众中的男人们直接到募兵办公室去。

二

英国最重要的文化名人之一乔治·萧伯纳*对这场战争的看法就没那么乐观了。他的《卖花女》（*Pygmalion*）——由帕特里克·坎贝尔（Patrick Campbell）夫人饰演伊丽莎·杜利特尔（Eliza Doolittle），赫伯特·比尔博姆·特里（Herbert Beerbohm Tree）爵士 103
饰演希金斯（Higgins）教授——自去年 4 月在伦敦上映后，获得了

* 乔治·萧伯纳（George Bernard Shaw）：爱尔兰剧作家，1925 年因为作品具有理想主义和人道主义而获诺贝尔文学奖。——译注

当年戏剧界的巨大成功。然而，当萧伯纳在 9 月下旬告诉一位美国记者，双方的士兵都应该“射杀他们的军官，然后回家”时，他的人气一落千丈。[44]一直以来，很多人都找他撰写关于战争的新闻，但他却发现自己的电话突然不再响了。到了 11 月，他修正了自己的看法。11 月 14 日，他在《新政治家》（*New Statesman*）上发表了一本名为《战争常识》（*Common Sense about the War*）的小册子，声称这本小册子“从民主的角度阐述了战争”，展示了战争如何向社会底层的人们赋予权利和选举权，并帮助他们从资本主义势力的手中夺取控制权。[45]这使他遭到了更多的辱骂，在战争期间，他在塑造公众舆论方面所起的作用将受到限制。甚至连克丽斯特贝尔·潘克赫斯特都称他是“玩笑开得太过火了”。[46]平常赞同他的一些人，比如同样好辩的 G. K. 切斯特顿（G. K. Chesterton），感到大为震惊，而 H. G. 威尔斯（H. G. Wells）——战前他和萧伯纳针锋相对，随着时间的推移，他对战争的看法变得更加萧伯纳化——兴奋地拥护他，称他是“一个上了年纪的青少年”。[47]

基尔·哈迪过于激进地挑战了团结的氛围。他反对战争，因为他天生就是一个和平主义者，而且他认为在战争中工人最有可能成为受害者。他谴责与沙皇结盟，因为沙皇是劳工运动的主要敌人。然而，在表明对战争的憎恶时，他对战事指挥进行了抨击，甚至是工党的议员们也感到尴尬和委屈，其中包括与他一同代表梅瑟蒂德菲尔的议员埃德加·琼斯（Edgar Jones）。11 月 16 日，琼斯在下院列举了哈迪的过分言行：哈迪选择不出席下院会议。哈迪说，“对妇女的蹂躏总是伴随着战争而来”，这似乎轻视了比利时妇女在德国入侵期间所遭受的痛苦——这种痛苦激怒了英国人。[48]他暗示在“国内”的军营周围也发生了类似的事情，并声称士兵们的信件遭到了审查，因为它们提到了“关于法国盟友仍在进行某些活动的可怕传闻”。[49]不出所料，他把更严重的罪行归于英国的俄国盟友；更令人震惊的是，他说，德国人犯下的那些暴行“目前正在被法国盟友重新占领的城镇和村庄中发生”。

哈迪还说，任何议和条件都将由俄国人说了算，并声称比利时人在刚果犯下了暴行；他曾“嘲笑”印度军队的忠诚；他曾污蔑 104
博塔将军“不可信”，后者正在动员南非人民支持协约国。[50]他谈论说，政府“打开了谎言工厂的大门，德国暴行的故事就是在这个工厂里产生的”，他称这是“协约国没有取得进展的一个迹象”。最糟糕的是，他将宣称具有军事领导能力的德皇与“喜欢围炉陪伴家人的英国国王”进行了比较。[51]这最后的嘲讽尤其使国王陛下在梅瑟蒂德菲尔的忠实臣民大为恼火，因此，这也给琼斯带来了大麻烦，导致琼斯和他们产生了隔阂。

在社会阶梯的另一端，奥托林·莫雷尔夫人在贝德福德广场44号创办了一家沙龙，在人们听说该沙龙之前，她实际上是布鲁姆斯伯里团体的成员。她和丈夫——自由党议员菲利普——一同挥舞着和平主义的旗帜。白天，莫雷尔夫人为穷困潦倒的德国人做善事，帮助那些遭到英国公众舆论攻击的人士。但是，从1914年11月开始，每个星期四的晚上，她都要在44号举办晚会，让上流社会的人高兴起来，或者至少是让那些不认为莫雷尔“亲德”、觉得能够参加晚会的人高兴起来。这些人包括艺术界的精英，例如克莱夫·贝尔（Clive Bells）、邓肯·格兰特、马克·格特勒（Mark Gertler）、沃尔特·西克特（Walter Sickert）和奥古斯都·约翰（Augustus John）*，

---

* 奥古斯都·约翰（Augustus John）：英国画家，是一名有成就的肖像画家、蚀刻版画家兼制图师。其肖像画有力地刻画出当代政界和艺术界的许多杰出人物。他最得意的题材是吉卜赛人、渔民和天生高贵的女子，如《抒情狂想曲》。他还画过一些当代政治家和文豪的肖像，如萧伯纳、哈代和托马斯等。——译注

以及作家和思想家，例如利顿·斯特雷奇、J. M. 凯恩斯（J. M. Keynes）、伯特兰·罗素和阿诺德·本涅特（Arnold Bennett）。“那些出席的人经常穿上艳丽的波斯、土耳其和其他东方服装，我有大量这种衣服，”奥托林在她的回忆录中直言不讳地写道。[52]当英国的正规军在马恩河被击败时，莫雷尔弹起自动钢琴（“一种新玩具”），格兰特“就像俄国芭蕾舞演员一样跳来跳去”，罗素“个头小，身体僵硬，他像孩子一样跳上跳下，当他发现自己在做一件像跳舞这样的普通事情时，脸上流露出惊讶的欣喜表情”。不幸的是，周四夜晚的活动在1915年4月停止了，当时奥托林夫人和她的小伙伴们撤离到了莫雷尔夫妇在嘉辛顿的乡村别墅，那里将成为征兵制实行时期，和平主义者与出于良心而拒服兵役者的天堂。

不过，那样的人是少数。许多人与莫雷尔夫妇及其朋友有着共同的艺术兴趣，但他们把自己完全奉献给了战争。在不情愿地转为支持战争后，现在，劳合·乔治全身心地投入到了战斗中，并以阿斯奎斯似乎无法做到的方式掌握了主动权。9月2日，在劳合·乔治的建议下，查尔斯·马斯特曼（Charles Masterman）——他是兰开斯特公爵领地事务大臣，曾与福特·马多克斯·许弗尔（后来将名字改为福特·马多克斯·福特）一同担任《英国评论》的联
105 合编辑——邀请25位“杰出的文学家”到惠灵顿馆成立了一个秘密的战时宣传局。这些人包括阿诺德·本涅特、切斯特顿、阿瑟·柯南·道尔（Arthur Conan Doyle）、约翰·高尔斯华绥（John Galsworthy）、许弗尔、托马斯·哈代（Thomas Hardy）、吉卜林、约翰·梅斯菲尔德（John Masefield）、纽伯特、G. M. 屈勒味林（G. M. Trevelyan）和威尔斯。也许是因为疏漏，罗伯特·布里奇（Robert Bridges）缺席了，那天早上，他把这场战争描述为，他眼

中的“基督与魔鬼之间的战争*”。这段描述表明，从尼采开始，德国人就在哲学上处于领先地位。[53]

惠灵顿馆的行动——该馆的存在直到1935年才得到官方证实——成为英国向中立国进行宣传的一个协调点。不过，政府也领悟到了公众阅读最喜欢的作家赞美英国战斗的文章所带来的巨大好处。马斯特曼委托他的文学朋友撰写一些与匈人的邪恶有关的宣传册，例如福特写的《当鲜血成为他们的论据》（*When Blood is Their Argument*）。福特是一位德国移民的儿子，他强烈反对萧伯纳的《战争常识》。《战争常识》认为交战双方都是错的，愈发火上加油的是，《战争常识》认为一旦战争爆发，“具有战争意识的平民就会失去理智”。[54]纽伯特开始为男孩们撰写冒险故事，灌输爱国主义美德，在全国各地发表题为《诗歌与爱国主义》的巡回演讲。他的听众一度只有一小群人，“大部分是编织工人”。[55]

牛津大学现代史学院的教师们协助内阁大臣和文人们鼓吹战争，到9月14日，他们已经出版了一本薄薄的红色硬皮书，名为《我们为什么开战：大不列颠的理由》（*Why We Are at War: Great Britain's Case*）。该书记录了自1870年以来欧洲的紧张局势，并描述了德国在1914年7月间的背信弃义行为。它论述了宪法哲学：“英国现在与德国进行的这场战争，从根本上讲是两种不同主义之间的战争——一种是国家至上主义，另一种是法律规则主义。”[56]它回忆了斯图亚特王室和议会之间的古老斗争，前者选择凌驾于法律之上，而后者争取将王权纳入法律并服从法律。作曲家艾弗·诺韦洛（Ivor Novello）在《让国土烈火继续燃烧》（*Keep the Home Fires*

* 尼采反基督，他将基督和魔鬼置于等量齐观的位置，这句话的意思是“这是魔鬼之间的战争”。罗伯特·布里奇使用这个描述，表明他认同尼采的观点。——译注

Burning）中从更加通俗的角度传达了这个信息。据说，他写这首歌是因为他的母亲厌倦了《去蒂珀雷里的路途很遥远》（*It's a Long Way to Tipperary*），于是请求他谱写其他歌曲。[57]这首歌第二段的歌词包括：

海外传来了恳求声：
“请帮助一个陷入困境的国家。”
106 我们将这个任务交给光荣的小伙子们—
荣誉感要求我们竭尽全力。
因为任何一个勇敢的自由之子
都不会屈服于暴君的枷锁，
而高尚的心灵必须响应
“朋友”的神圣召唤。

早在牛津大学的教师们说明他们为什么认为这场战争是正义的之前，政府就已经确定了要走的路线：德国是侵略者，而英国只是力图阻止这场战争。与此有关的证据是在8月6日提交的，当时，在首相发表演讲之前，这场危机的所有外交信函都已经交给了下院。唯一的其他资料是德国在8月4日公布的，但不完整，没有提到英国和德国之间的谈判。采用这个路线是一个明智的宣传举措，有助于确保不会削弱公众的决心，因为公众认为英国是站在正义的一边。阿斯奎斯证实，为了让英国不要卷入战争，德国提出了一个建议：让英国背弃对比利时的承诺，无视比利时的中立地位。“比利时人正在战斗，在献身，”他对下院说，“如果我们同意这个臭名昭著的提议，面对这样的场面，大不列颠今日的处境将会是怎样呢？”[58]他不可能接受这种“背叛”和“耻辱”。[59]他赞扬格雷为维护和平所做的努力，并宣称“我们正在为正义的事业拔出我们的剑”，他对为什么要宣战给出了明确的观点：

> 如果有人问我们为什么而战，我会用两句话来回答。第一，是为了履行一个庄严的国际义务，如果这是私人之间在日常生活中缔结的义务，那么这个义务不仅被认为是法律方面的义务，也被认为是荣誉方面的义务，但凡有自尊心的人都不可能否认这一点。第二，我们是为了维护这样一个原则而战，那就是在当今时代，武力（即必要的武力）有时似乎是人类发展的主要影响力和因素；我们也是为了维护这样一个原则而战，那就是任何一个强大和喜欢征服的国家都不得无视国际诚意，不应随意践踏任何小国。[60] 107

三

把战争的起因归结为一种简单的二元论（即正直的英国力图把具有侵略性的、狡诈的德国赶出被压迫的国家），对公众如何看待生活在英国的德国人产生了不可避免的迅猛影响，并使他们成了被怀疑的对象。防范德国人渗入英国生活的本能愿望很快演变成了反德主义。8 月 5 日，在内阁召开会议——该会议请求议会通过一项 1 亿英镑的未规定具体内容的预算数，以支付战争的初期费用，阿斯奎斯本着两党合作的精神，立即与劳进行了磋商——后，首相会见了国王，他发现国王“大大松了一口气”；他告诉斯坦利小姐，国王“变得非常反德”。[61]同日，议会提出了一项《外国人限制法案》（Aliens Restriction Bill），用雷金纳德·麦克纳的话说，该法案“旨在消除或限制不受欢迎的外国人的活动”，帮助防止间谍活动。[62]军情五处的中央登记处（职员均为女性）将外国人分成六类：

AA——绝对英国化或绝对结盟——毫无疑问是友好的

A——英国化或结盟——友好的

AB——介于英国化或德国化之间，偏向于英国化——不确定，但可能是友好的

BA——介于英国化或德国化之间，偏向于德国化——不确定，但可能是怀有敌意的

B——德国化——怀有敌意的

BB——非常德国化——毫无疑问是怀有敌意的。[63]

该法案规定，这些人进出英国以及他们的活动和居住地都将受到严格控制。法律将对那些帮助外国人逃避此类限制的人施以惩罚。那些被认为是怀有敌意的人将被关押在拘留营——或者政府所称的“集中营”。[64]由此出现了被拘留者的妻子和孩子陷入贫困的案例，管理济贫院的地方监护委员会获得了资助来帮助他们。

这又提出了一个无法避免的问题——由自由党议员约瑟夫·金提出——关于那些在英国生活多年的德国人，他们“在感情上比
108 德国人更加亲英”。麦克纳说，只要他们不生活在禁区，只要当局没有理由认为他们“秘密参与了针对这个国家的行动”，那么在登记后，他们将不会受到干扰。[65]该法案在几分钟内获得了通过，没有人对它的紧迫性提出质疑。几天后，自由党议员埃德蒙·哈维（Edmund Harvey）强调说：“值得注意的是，虽然我们处于战争状态，但我们对德国民众没有怨恨或敌意。我们对他们没有任何不友好的感觉，在危机时刻，我们可以对我们之中那些不幸的陌生人表

现出友好和自制。”然而，在报界的大肆渲染以及德国针对平民的暴行后，英国的这种态度没能持续多久。在第一个月内，有66773名德国人、奥地利人和匈牙利人进行了登记，其中37457人居住在伦敦，949人居住在爱尔兰。到11月1日为止，已有17283名敌国侨民被拘禁。[66]

带有德国特色的痕迹也从英国人的生活中消失了。位于伦敦和其他地方的德国轮船公司的办公室被关闭。德国人开的商店都起了英国名字。一家德国熟食店的连锁店贴出告示，宣称“店主是归化的英国臣民”。作为额外的预防措施，另一则告示上写道：“战时，本人所有店铺收入的25%将捐给英国红十字会。”[67]报纸刊登了改名换姓者的公告，在三年内，王室也将更改姓氏。利物浦的治安法官菲利克斯·罗森海姆（Felix Rosenheim）改成了罗斯先生；来自霍洛威的叫席根贝格的两兄弟，选择了贵族名字寇松（Curzon）；而股票经纪人阿尔弗雷德·沙克特（Alfred Schacht）则改成了阿尔弗雷德·丹特（Alfred Dent）。[68]

对于身处社会底层的人来说，情况就更糟了。在伦敦东区等德国人高度集中的地区，到处张贴着海报，以便向当地居民告知《外国人限制法案》规定的义务。德国商店的窗户被砖头打破了；莱姆豪斯*的几个面包师和一名杂货商的店铺被毁，因为有传言称德国商人在他们出售的食物中下毒。一些商人以非常低廉的价格卖掉了他们的生意，另一些人则干脆不干了。有些人担心会被遣送回德国，因为对他们来说，德国已经变成了一个外国。很多犹太人在战争初期就受到了怀疑。《犹太纪事报》的编辑驳斥说：“全国上下无知地认为，每个犹太人都必然是德国人，因此被当作这个国家

* 莱姆豪斯（Limehouse）：伦敦东部的区名，以肮脏贫穷著称。——译注

109 的敌人而成为仇恨的对象……犹太人有自己的传统，事实上，他们受到单独的犹太法律的制约，忠于其公民身份所属的国家。”[69]

8月7日，政府要求议会通过《保卫王国法案》（Defence of the Realm Bill），其中部分内容允许军事法庭审判间谍和破坏分子；几分钟内，该法案就走完了所有流程。这项新法案——通常称为“DORA”，其权力将增加6倍——还规定，凡是在印刷刊物、演讲或谈话中破坏募兵、货币或对君主的效忠的，均属非法行为，可能会招致无法预料的后果。几个画家因在户外作画而被捕，其中包括约翰·拉维利*爵士和奥古斯都·约翰，因为人们担心他们画风景是为了把相关信息传递给德国人。[70]随后，政府出台了法令，旨在惩罚与敌人交易或者给予商业援助的任何人。这是一项与英国的常规做法相去甚远的立法：它让陆军和海军负责起草民法的一个领域，并且只提供有限的上诉权。然而，在战争的前半部分，该法案产生的影响相对较少。直到1916年征兵制开始实施，公众对战争的支持开始减弱，不同意见开始浮出水面时，《保卫王国法案》的影响才开始强行侵入普通人的生活。

有关德国人暴行的报道激起了英国人对敌人的憎恨。到了9月中旬，这些暴行不仅针对人民，还针对文化。比利时鲁汶大学城化为了灰烬，这对更敏感的英国人来说是一种挑衅。9月21日，有消息说兰斯大教堂成了一个正在闷烧的躯壳，这似乎是德国人野蛮行径的确凿证据。劳合·乔治的情妇兼秘书弗朗西丝·史蒂文森（Frances Stevenson）记录道，“自战争爆发以来，这种破坏对他造成的触动比任何其他事情都要大”。[71]《泰晤士报》称，这是对不仅

---

* 约翰·拉维利（John Lavery）：英国画家，以创作肖像画闻名。拉维利出生于爱尔兰，1918年，拉维利获得爵士封号。他的作品有《春》、《黑衣女士》，以及萧伯纳和海斯主教的肖像画。——译注

属于法国，而且属于“全世界”的东西实施的“最冠冕堂皇的暴行”；德国已经“抛弃了基督教义”，并“超越了文明的界限”。[72]

公众发出呼声，要求对在英国的德国人、奥地利人和匈牙利人采取严厉措施，这在相当程度上是由诺思克利夫的报纸煽动起来的，因为大众已经将这些报纸奉若神明。军情五处的前身——陆军部军事行动指挥部第五处［MO5（g）］——变得非常活跃，它截获了电报和信件，听到这个消息，麦克纳吓坏了。这种干扰通信的行为可以被判处两年监禁，他提醒 MO5（g）的官员，但被他们说服了。他不知道的是，这个成立于 1909 年的部门在战前也做过同样的事情。10 月中旬，伦敦东区和其他主要城镇围捕了大量外国 110
人。饮料公司怡泉（Schweppes）在报纸上刊登了大量广告，宣称自己是瑞士公司，并请求提供相关信息，以便对散布谣言称他们是德国公司的人士提起诽谤诉讼。10 月 21 日，90 名外国人——主要是旅馆职员和商业旅客——在纽卡斯尔和盖茨黑德被捕；第二天，谢菲尔德的 100 名酒店老板和商人遭到围捕。《泰晤士报》报道：“据估计，伯明翰大约有 700 名到 800 名敌国侨民。昨天（10 月 22 日）大概有 20 人被捕，这个过程将持续下去，直到这座城市的敌国侨民被清理干净。”[73]

在福克斯顿*，31 名外国人（主要是服务员）被逮捕入狱，48 小时内，这个城镇宣布“清除”了达到服役年龄的敌国侨民。10 月 22 日，有 1000 名这样的外国人在英国被捕，次日被捕的侨民也几乎达到了这个数字。在英格兰南部被捕的人——被《泰晤士报》称为“一群服务员”——在被送往马恩岛之前，被关押在萨里郡弗里斯山的一个营地。[74]《每日邮报》敦促读者拒绝德国或

---

* 福克斯顿（Folkestone）：英国肯特郡东部港市。——译注

奥地利服务员提供的服务，如果有人说自己是瑞士人，就会“要求查看他的护照”。[75]这次围捕不仅打击了酒店和餐馆行业，也让喜欢打扮的英国男子受到了影响，因为伦敦最好的裤子制造商大多是德国人，在他们被捕后，裁缝公司失去了这些制造商。很多人娶了英国妻子，他们中的一些人乞求地方行政区能宽大处理。还有一些德国人仅仅因为在错误的时间出生在错误的地方而受到了不公正的对待。10月26日，北安普顿市议会解雇了其电车经理戈特沙尔克（Gottschalk）先生，因为他出生在德国。为使被解雇的人士好受些，他们将获得300英镑的补偿金，但大多数登记为外籍人士且遵纪守法的德国人的命运是，如果被解雇，就没有人会雇用他们，他们也无法“回国”。归化入籍的想法被驳回，“一朝德国人，永远德国人”的观念成了人们共同信奉的准则。

当在马恩河战役中被击退的敌人继续向其他地方推进，逼近了西北部的加来（在后来的第一次伊普尔战役中，英国人占领了该地区）时，反德情绪变得更加严重。10月23日，国王告诉阿斯奎斯，他和王后收到了“成堆的信件”，辱骂他们的德国表亲们对抗英国。一位记者把血缘关系更为紧密的巴腾堡亲王路易斯*（他是
111 国王的表亲，也是第一海务大臣）叫作“该死的德国间谍”。[76]阿斯奎斯发现国王为路易斯亲王“感到焦虑不安”，并为他在另一边作战的表亲们辩护。“他很天真地告诉我，”阿斯奎斯向斯坦利小姐转述说，“他的堂兄阿尔伯特‘并不是真正地站在德国人的一边作战’：他只是被派到柏林附近‘管理一个英国俘虏营’！——这两

* 巴腾堡亲王路易斯（Prince Louis of Battenberg）：原系德国王室成员，后放弃德国国籍。为与德国划清界限，身居英国的巴腾堡亲王在表亲英王乔治五世的建议下，将家族德文姓氏意译为英文的蒙巴顿。他参加英国皇家海军，曾任海军参谋长兼第一海务大臣。——译注

者还是有细微区别的。”阿斯奎斯访问了位于萨里郡/汉普郡边境的迪普切特（Deepcut）的一个拘留营，发现社会各个阶层的人都被关在那里：“他们都非常邋遢——服务员、理发师、伦敦东区白教堂地区的渣滓，还有少量医生、教授和受过教育的人。”[77] 10月27日，政府公布了一份沿海地区的名单，在这些地区，即使登记在册、遵纪守法的敌国侨民也无法进入，以防他们观察到船舰的动向。这些地区包括：诺福克郡、萨福克郡、萨塞克斯郡和蒙茅斯郡；苏格兰的大部分沿海地区，以及奥克尼和谢德兰群岛；还有除伦敦以外的几乎英国的每一个港口。第二天，这个由于为新士兵提供食宿和装备而苦苦挣扎的国家，已经没有足够的居住空间来容纳这些被拘留者。

在受到反德情绪攻击的受害者中，路易斯亲王并不是唯一一位社会上层人士。另一个受害者是萨纳托根*的老板，战争期间，身在德国的他无法从英国子公司那里收取任何利润。此时，英国也停止向乔治三世最后幸存的孙女、92岁的梅克伦堡-施特雷利茨（Mecklenburg-Strelitz）大公夫人——她是剑桥的奥古斯塔郡主，由乔治三世的第七子所生，是玛丽王后挚爱的姑妈——支付3000英镑的年金，因为大公夫人（出生在肯辛顿宫，并在白金汉宫嫁给了她的大公表兄）躲藏在波美拉尼亚的新施特雷利茨**。还有埃德加·施派尔（Edgar Speyer）爵士，他是1890年代和1900年代伦敦地下铁路和电气化项目的主要出资人之一。1906年，他被授予从男爵爵位，更不寻常的是，1909年他成为枢密院顾问。他之所

* 萨纳托根（Sanatogen）：德国鲍尔化学公司1898年发明的一种“健脑剂”，销往世界各地。——译注

** 新施特雷利茨（Neustrelitz）：德国梅克伦堡-前波美拉尼亚州的一个市镇。——译注

以获得这些荣誉，来自于他对自由党的慷慨捐赠。他于1862年出生在纽约，父母都是德国犹太人，他后来在法兰克福接受教育。他在家族金融公司施派尔兄弟（Speyer Brothers）担任董事长，也是该公司纽约和法兰克福分公司的合伙人。1887年，他接管了伦敦分公司，并于1892年取得英国国籍。他和妻子小提琴演奏家莱昂诺拉·冯·斯托施（Leonora von Stosch）是古典音乐的慷慨赞助
112 人，两人于1902年结婚。埃尔加、理查德·施特劳斯和德彪西是他的朋友。为了丰富在入籍国家的文化生活，从1902年到1914年，他还在皇后大厅举办了十三届逍遥音乐会*，这是他从事的众多慈善活动之一，其他活动包括为斯科特的南极探险之旅提供资金，担任白教堂艺术画廊的创始人之一，以及向多个医院进行捐赠。

战争爆发的那一天，施派尔辞去了法兰克福分公司的职务，一个月后，他又辞去了美国合伙人的职务，因为英国臣民被禁止与任何仍在同德国进行贸易往来的公司（例如纽约分公司）做生意。然而，这并没有阻止对他的攻击。他不得不让女儿们退学，并辞去了慈善委员会的职务。几个月来，一名警察和他住在一起，以便守护他的房子。他在诺福克郡的奥弗斯特兰德海岸有一处房产，据传（没有任何支持性证据），他曾从那里向德国舰队发送信号。1915年5月，在“卢西塔尼亚”（Lusitania）号沉没后，在一片反德情绪的激流中，他提出辞去枢密院的职务，并被剥夺了从男爵爵位。阿斯奎斯说，国王坚决认为施派尔不是亲德派，并补充说，他自己

* 逍遥音乐会是每年一度在伦敦中部举行的古典音乐节。观众可以在音乐厅站着欣赏音乐会，并允许随意走动，犹似散步。许多人身着休闲装，有的还喝着饮料、吃着东西，而且演到高潮处，观众们会情不自禁地大声跟唱，甚至会像看球赛一样呐喊欢呼。——译注

非常了解施派尔，也认为施派尔不是亲德派。然而，施派尔辞去了伦敦地下电气铁路公司的主席一职，当解除他枢密院顾问一职的运动开始时，他已经受够了。他开始表现出他的朋友雷丁勋爵所说的“故意不尊重”的态度，并带着妻子和女儿去了纽约。他对英国的敌意越来越大，以至于在1921年，他和家人被取消了英国国籍（以及他的枢密院顾问职务）。[78]

尽管一些朋友会避开施派尔夫妇，其他人会从施派尔的银行撤资，但是，在1914年10月，阿斯奎斯夫妇仍在唐宁街与施派尔夫妇共进晚餐。这不是首相最后一次款待他们，不过，有资格出席晚宴的一些人不会在他们面前讨论与战争有关的话题。不幸的是，施派尔的哥哥詹姆斯（James）——他在纽约经营生意——宣布自己支持德国，并接待了德国驻华盛顿大使。

路易斯亲王是一名海军军官，自1868年加入英国国籍以来，他不得不忍受诺思克利夫的报纸带头对他的人格进行的污蔑。丘吉尔对阿斯奎斯说，路易斯亲王必须辞职，不是因为他做错了什么，也不是因为他行为不检点，只是因为他的出生，就像那个经营北安普顿有轨电车的人一样。阿斯奎斯同意了，丘吉尔与亲王进行了一 113
次“最伤脑筋、最痛苦的会面”，由于亲王的外甥莫里斯亲王（维多利亚女王最小的外孙）于前一天在伊普尔丧命，这次会面变得更加痛苦。阿斯奎斯说，路易斯亲王即刻辞职，表现出了“极大的自尊和公德心”。第一海务大臣做了一个简要的汇报，他给丘吉尔写了一封简短而庄重的信，说道：“最近，我痛苦地得出了这样一个结论：在这个节骨眼儿上，我的出生和门第在某些方面对我在海军部的作用造成了影响。”[79]国王命令亲王担任枢密院顾问，以表明相信他的忠诚和正直：“这个国家没有比他更忠诚的人了。”[80]《泰晤士报》——诺思克利夫的报纸，该报并没有迫使他离职——称这场运动“部分是正当的（尽管不合时宜），部分是非常不公正的”。[81]丘吉尔说：“在我的公职生涯中，没有一件事让我如此悲伤。”[82]

伴随着反德情绪，人们对间谍活动的恐惧和对形势的担忧大大增加。自8月5日以来，苏格兰场*的侦探们一直在搜捕可疑的间谍，其中一人“住在海德公园附近的一家时髦酒店里”。[83]据报道，当天有21人被捕，其中有10多人在伦敦被捕，许多人在造船厂附近被抓：根据1911年《官方保密法案》（Official Secrets Act），4人在弓街被还押候审，其中3个是德国人，第4个是出生于德国的英国臣民。数天来，报纸都在报道与逮捕和间谍引发的恐慌有关的消息，其中包括迪尔（Deal）市长被捕的传言，以及一名澳大利亚人拿着摄像机在温莎城堡水厂附近“开展可疑活动”的谣传。8月中旬，费利克斯托警察局的牢房里“挤满了作为间谍被逮捕的人”。[84]为了应对这种蔓延的情况，MO5（g）的工作人员增加了不止一倍，从17人增加到了1914年底的40人，但仍然无法应对工作量。[85]一年后，它将在伦敦阿德菲（Adelphi）的一座建筑内开拓新的区域，并招募另外227名工作人员，其中包括因受伤而不适合服现役的军官，但他们能够以同样重要的方式为国效力。不过，它的大部分职员都是受过良好教育的妇女，这是妇女为战争做出贡献的开创性范例。

英国在战时处置的第一个间谍卡尔·汉斯·洛迪（Carl Hans Lody）于11月6日拂晓被枪决。在詹姆斯党人叛乱**后，自1747

---

* 苏格兰场（Scotland Yard）：伦敦警察厅的代称。——译注

** 詹姆斯党人叛乱：在英国1688年“光荣革命”后，忠于詹姆斯二世的托利党人和斯图亚特王族组成詹姆斯党。许多失意的军人和政客亦加入詹姆斯党人行列，詹姆斯党的宗旨是复辟斯图亚特王朝。1688～1746年詹姆斯党人曾策动过5次叛乱。——译注

年处决洛瓦特（Lovat）勋爵以来，伦敦塔就再也没有处决过任何人了。10月2日，洛迪在基拉尼被捕，之前他发往瑞典的电报被MO5（g）发现，后者将此视为敌对行动。在逃往爱尔兰之前，他观看了福斯湾的海军演习。他向柏林寄送的信件被截获，里面塞满 114
了与舰队有关的信息，并以一种奇怪的方式签上了“纳粹”的字样（这好像有些时代倒错）。[86]军事法庭对他进行了公开审判（尽管在讨论国家安全问题时要求闭庭），在审判中，他坐在被告席上，两名拿着刺刀的士兵看着他，内容严肃的报纸对该审判进行了几乎一字不差的报道——政府希望向敌人展示它的反间谍防御有多棒——虽然判决是私下宣布的。洛迪否认了所有指控。令议员们感到愤怒的是，从他被处决到宣布这个消息相隔了4天。哈默史密斯的议员威廉·布尔（William Bull）爵士说：“让人难以明白的是，为什么没有立刻将洛迪被枪决的消息传遍整个帝国。有很多间谍从来不相信我们会枪决任何人。”[87]伦敦塔还将进行10多次这样的处决。

副检察长斯坦利·巴克马斯特（Stanley Buckmaster）爵士被派去监督新闻局。他直截了当地提醒布尔，不仅需要保护国家安全，确保发布的信息准确无误，对敌人毫无用处，而且稍不留意，情况可能会变得更糟。他对他们说，“我们是站在报界和严厉程度没有限制的军法管制之间的唯一机构”。[88]根据《保卫王国法案》，报纸受到军法管制：由于只刊登新闻局批准的东西，这样报纸就可以对关于它危害国家安全的任何指控进行有效辩护。公众并不愚蠢，他们将死亡和受伤的报道以及战争根深蒂固的本性与报纸上所谓的“欺骗性乐观主义”进行了对比。《泰晤士报》尖锐地指出，“让公众对事件持有不公正看法的真正责任在于审查”。[89]报纸确认，它们的客户所读到的消息与事实相差甚远，再没有比这更加确凿的证据了。

在审判洛迪之后，公众对间谍或其他背叛行为越来越警惕。众所周知，坎伯兰（Cumberland）公爵和奥尔巴尼（Albany）公爵都是英国臣民（后者出生在英格兰），但现在，他们都在积极协助国王的敌人。坎伯兰是乔治三世的曾孙，是德皇的坚定支持者；奥尔巴尼是维多利亚女王的儿子利奥波德（Leopold）的遗腹子，他正在指挥德国军队。1900 年，16 岁的他继承了堂叔阿尔弗雷德亲王（维多利亚女王的儿子）的爵位，成为萨克森-科堡-哥达公爵，他的教育是由表兄德皇负责监督管理。议员斯威夫特·麦克尼尔
115 （Swift MacNeill）询问阿斯奎斯两位公爵是否犯下了叛国罪，是否应该在第一时间剥夺他们的英国爵位，并禁止他们进入上院。阿斯奎斯意识到这可能会让国王尴尬，因为这两人是国王的堂兄弟，于是说可以等到战后再做决定。然而，1917 年，当国王决定将他的姓氏从让人讨厌的萨克森-科堡-哥达改为更英国化的温莎（Windsor）时，这个问题又被重新提起。

尽管恐慌过了头，但安保措施却惊人的松懈。洛迪假扮成一名美国游客进入英国，在纽卡斯尔下船。政客、官员和他们的妻子都在轻率地闲聊军队的调动、战略和政策，以至于伦敦社交圈里的任何人能够在几天内了解到正在发生的很多事情。在爱尔兰，尽管民族主义党人聚集在英国国旗前，但充满煽动性的反募兵宣传册随处可见。11 月 18 日，米斯（Meath）伯爵告诉上院，爱尔兰充斥着德国的金钱和间谍，“此刻的都柏林正在被文学作品淹没，我认为这些文学作品属于严重的叛国罪”。[90]

用伦敦警察厅助理局长巴兹尔·汤姆森（Basil Thomson）的话来说，间谍热“形成了一种致命的流行病，伴有妄想症，难以治疗”，它把怒火转向了阿斯奎斯最亲密的政治朋友、亲德派人士霍尔丹。[91]由于不愿屈从于这种偏见，霍尔丹在上院谈到了一些被拘

留者的不公平待遇，例如有一个男人出生于德国，他的两个儿子正在为国王而战，而他却在集中营里备受煎熬。所有这些都不能减轻统一党人及其报界朋友对霍尔丹的怀疑，因为他们认为他是亲德派支持者。

当《泰晤士报》担心霍尔丹（而不是基钦纳）将会被任命为陆军大臣时，该报再次试图抹黑霍尔丹。该报承认，霍尔丹是一位“忠诚的爱国者”，但“长期以来，他对德国怀有强烈的偏爱之情，这是众所周知的”。他在“那个国家接受过部分教育，他经常在那里度过闲暇时光，他对德国文学和哲学的不懈研究使他的思想变得丰富多彩，他珍视与许多德国人结下的亲密友谊”。在列出应被取消资格的理由后，社论作者认为这些理由“无关紧要”。“与他为促成英德友谊付出的艰苦……努力相比，与在追求这个目标的过程中，他无意中让英国人对德国野心勃勃的傲慢统治目标产生了模糊 116
的印象相比，这些理由似乎不那么具有说服力。”事实是，霍尔丹有胆量对德国采取与诺思克利夫不同的态度，这激起了后者发表既充斥偏见又无知的长篇大论，即使以他经营的《泰晤士报》的标准来看，这些长篇大论也是极端的。然而，在狂热的情绪中，这些言论击中了要害。即便如此，该报仍宽宏大度地主张让霍尔丹继续担任议长。关于霍尔丹的谎言将会流传好几个月，这一切都归功于诺思克利夫，而这些谎言将激怒那些知道本土防卫军（其中的许多成员即将被派往国外）存在的同僚。虽然诺思克利夫出版了一本利己主义的小册子《贩卖恐怖》（*Scaremongerings*）——吹嘘《每日邮报》预测德国好战是多么正确——由此煽动民众的情绪，但他不是最坏的罪魁祸首。对大法官的主要攻击来自极端保守的《晨间邮报》。

霍尔丹保持冷静，坚持原则。11 月，在上院关于间谍的辩论中，他强调说，“大规模拘捕外国人，无论他们有罪还是无罪，无论他们是否有妻子或有家庭需要赡养，你可能会让绝对无辜的人遭受最大的困难，这是一个既不人道又无效的政策”。[92]然而，在当时，公众没法领会这样的道理和敏感性，主要是因为其他人的引领作用。前总督和统一党领导人寇松勋爵嘲笑霍尔丹说，“这位高贵、博学的子爵似乎更关心这些行动可能给外国人造成的不舒服的程度，在我看来，这并不是什么值得惊慌或抱歉的事情，他没有对这个国家的当务之急给予足够的重视”。圣·戴维斯（St Davids）勋爵清楚地表达了大多数人的感受：“我一点儿也不想让任何外国人遭受不必要的痛苦。如果你把外国人关进集中营，我认为他们应该和我们的士兵一样得到食物。我不想让他们遭受任何不必要的困难。但是，即使这些外国人确实遭受了苦难，这个国家也不能冒任何不必要的风险。在战争时期，所有国家都不得不面临困难……陛下的大臣们应该铁石心肠，在这件事情上，他们应该采取更激烈的观点。”[93]甚至霍尔丹的军队改革也被用作反对他的理由，因为有人认为，通过削减正规军和建立本土防卫军，他削弱了军队。

117 随着秋去冬来，公众相信东海岸有很多间谍在给德国船舰发信号，尽管没有证据能够证明。帝国防务委员会的秘书莫里斯·汉基坦言，乡间到处都是闪烁的灯光，通常来自汽车，或者是士兵夜间的演习信号。[94]在 11 月 25 日关于间谍的另一场辩论中，克劳福德（Crawford）伯爵和巴尔卡雷斯（Balcarres）伯爵声称，“在很多情况下，归化的英籍德国人比敌国侨民更加危险。我不会相信任何一个放弃了母国国籍的人”。[95]军情五处的记录显示，在战争期间，有 65 名德国特工根据《外国人限制法案》被定罪或监禁；德国档案显示，他们向英国派遣了 120 名特工。[96]不久后，德国士兵和水手将作为战俘来到乡下的营地，这为英国人提供了另一个机会，让他们目睹敌人的性格缺陷和缺点。一位曾在萨里郡的弗莱姆利见过一些战俘的《泰晤士报》记者报道说："据我们判断，他们在围区内感到满足和自在。条顿人的性格使得他们听天由命，而不是在逆境中保持乐观，也许这些人的主要烦恼是营地生活的单调和无聊。"[97]

四

A. J. P. 泰勒（A. J. P. Taylor）在1914～1945年关于英国的调查中指出："在1914年8月以前，任何一个明智、守法的英国人都可以平稳地度过一生，除了邮局和警察，鲜有人会意识到国家的存在。他可以住在自己喜欢的任何地方，想住哪儿就住哪儿。他没有正式编号和身份证。他可以在没有护照或任何官方许可的情况下出国旅行或永远离开他的国家。他可以不受限制地把钱兑换成任何其他货币。他可以从世界上的任何一个国家购买商品，就像他在国内购买商品一样。"[98]现在，突然之间——尽管强调了英国公众为战争献出了身心、时间和资源——这个国家开始坚持自己的立场，不仅征用马车、铁路和公共汽车，而且最重要的是，通过海报宣传和报纸广告来敦促年轻的、身体健全的男子参军。这些是为了在全面战争中全面征召公众入伍的第一步。

事实上，在战争爆发之前，白厅就已经为动员国民做好了准备。它起草了一份名为《战争手册》的文件，概述了在紧急情况 118
下应采取的措施，并修订了行政程序，以应对国家权力的增长。其中包括对外国人关闭军事区域，禁止与敌人进行贸易，以及征用商船。它产生了立竿见影的效果，而且根据战前英国的不干涉主义标准，它还产生了深远的影响。例如，在战争爆发的第一天，地方行政官就签署了《战争手册》所要求的征用书，不仅是马匹的征用书，还有汽车的征用书。不过，它的权力实际上相当有限。真正具有决定性权力的是《保卫王国法案》及其随后的修正案，到了1918年，该法案几乎触及了私人生活的所有方面。

这本《战争手册》是莫里斯·汉基的杰作。汉基37岁，是一名皇家海军军官，在情报领域有着辉煌的职业生涯，他从1902年开始在白厅工作。自1912年起，他担任帝国防务委员会的秘书，监督这些程序的执行。后来，汉基成为白厅中负责战事指导的核心人物，随着战争的推进，他的权力也将不断扩大，这不仅是因为他掌管着政府的关键委员会，还因为他在白厅的两大对立派别——政客和高级军官——之间扮演着中间人的角色。

他在回忆录里写道，在最初的几个月，“我的主要职责是让首相时刻了解战争的各个方面，以及对政府机器的工作进行监督，这些工作是由于帝国防务委员会的战前工作而产生”。[99]阿斯奎斯几乎完全信赖汉基，尽管有些方面汉基无法左右他。12月4日，当这位备受赞誉的顾问建议“立即逮捕仍在伦敦自由行动的2.5万名德国和奥地利臣民”，包括“成千上万的波兰人、斯洛伐克人、斯洛文尼亚人等，他们对英国统治者的憎恨比毒药更甚”时，阿斯奎斯说，他感到非常震惊。[100]汉基担心这些人正在策划一场大规模的破坏活动：阿斯奎斯直截了当地告诉他“不行”。

后来，汉基对阿斯奎斯在战争最初几个月里的战事指挥进行了批评。他强调说，内阁没有设置秘书处来记录决定和确保执行决定，这是荒谬的，阿斯奎斯组建的战争委员会和整个内阁之间产生了冲突。阿斯奎斯不明白这一点，这说明了为什么尽管他才华横
119 溢，却没能从和平时期的首相变成战时的首相，这让他在政治上容易受到攻击。他的继任者将设立这样一个秘书处，由汉基负责领导。

阿斯奎斯在其他方面着手为战争做准备，尽管他被和平时期最后几年的较量弄得疲惫不堪。自1912年以来，他一直主持帝国防务委员会的重要会议，并确切地了解正在实施的计划。汉基与他密切合作，将他描述为“最善良、最简单、最具人性的人”，“具有无比的勇气……他决心要把战争进行到底，无论是在公开场合还是私下里，我从来没有见过他犹豫或动摇”。[101] 为了应对这种压力，阿斯奎斯向维尼夏·斯坦利倾吐国家机密，幸运的是，斯坦利一直保守秘密：他会在内阁会议和军事委员会（一个汇集了他令霍尔丹召集的一批高级政客和军人的机构）及其继任机构作战委员会的会议期间给她写信。他还保持着酗酒的习惯，并且——在一些同僚看来，这是所有行为中最不恰当的一种——他把尽可能多的夜晚时间用来打桥牌。

在1914年8月以前，阿斯奎斯在乡村别墅与维尼夏·斯坦利会面，共度周末，他们还会在伦敦开车绕着公园兜风，但战争限制了他们这样做。在指挥战争的时候，阿斯奎斯思念着她（因为无法经常见到她），给她写信，这些信让历史学家清楚地了解到他在战争最初几个月里的所作所为和想法。8月22日，星期六，他因为不能陪她度过27岁生日而特别伤心。在感情上，他依赖于她所提供的一个世界，在这个世界中，他可以逃避现实：“因为我已经习惯了每天早上收到一封（信）（我每天都会时不时地重读一遍），昨天我很不耐烦，迫不及待地想要收到第二封信了（我本应该等待的）。”[102] 这种痴迷使他花在战争、地方自治和威尔士政教分离上的时间变少。斯坦利小姐学识渊博，在政治上精明能干，并且充满智慧，具有生命活力，阿斯奎斯会在关键的政策问题上征求她的意见。

然而，她发现阿斯奎斯对她的要求已经超出了她能承受的范

围。阿斯奎斯不知道他的一个门徒、印度事务次官埃德温·孟塔
120 古——达夫·库珀*令人印象深刻地将其描述为“一个用魅力抹去其丑陋的男人”——也在追求她，她开始意识到，也许孟塔古可以为她提供一个途径，以逃避阿斯奎斯令人窒息的关注。[103]首相是幸运的，因为斯坦利小姐很谨慎：他与她分享的一些秘密，尤其是关于军队动向的秘密，可能会使成千上万人的生命处于危险之中，并可能改变战争的进程。阿斯奎斯深知其中的风险，并完全相信她会保守秘密。幸好她以守口如瓶来回报他的感情。

汉基合情合理地批评道，虽然形势所迫将不可避免地带来深刻变化，但内阁在适应战争形势时行动缓慢。8月6日，议会在一天之内通过了《货币和纸币法案》（Currency and Banknotes Bill），允许发行10先令和1英镑的国库券，以防止公众囤积黄金。这些纸币被称为“Bradburys”，因当时担任财政部联合常任秘书长的约翰·布拉德伯里（John Bradbury）爵士在上面签字而得名。自由党议员约翰·亨德森（John Henderson）问道，是否出于“尊严”方面的考虑而无法改进新版1英镑纸币的外观，因为它看起来“很像一张彩票，或者寄存处的小票”。[104]劳合·乔治承认，“从艺术的角度来讲，我不能说我为这个外观感到骄傲，但这是我们在这种情况下所能提供的最好设计了”。[105]不久后，政府将对设计进行修改。当天，在恐慌消退后，银行利率从10%降到了6%，这安抚了金融业。第二天早上，银行重新开门营业，第一批国库券开始流通，银行利率又下调了1%。限制纸币印刷的目的是确保充足的黄金储备，以便在必要时用于支付现金款项。现在，政府发行了自己的国

---

* 达夫·库珀（Duff Cooper）：英国外交官、内阁成员和广受赞誉的作家。库珀于1954年去世后，他的友人们为了纪念他而创立了达夫·库珀奖基金会，以鼓励在人物传记、历史、政治和诗歌领域的杰出作者。——译注

库券，此类国库券仅以其声誉作为背书。这表明英国已经放弃了金本位制。

上院领袖克鲁侯爵证实了他的同僚们与伦敦高端金融业的代表进行的讨论，并向同行们保证，他们已经咨询了行业巨头及其工作人员，大家将齐心协力。然而，这没能阻止须支付股息的几家公司宣布，由于危机，它们将暂扣这些股息。这个政策激怒了靠非劳动收入生活的富人以及正等着对这些钱征税的政府。担心业务将会枯竭的企业解雇了员工。尽管如此，英国仍出现了多年未见的劳资和谐。虽然一些小的劳资纠纷仍在发生——没有大范围的纠纷，不过，在伦敦的建筑工人和威尔士的采煤工人中发生的一些纠纷有可能扩大并造成巨大损害——但是很快就结束了。

在军事方面，虽然不存在与强制征兵有关的问题，但政府最初 121
希望扩大军队规模，在即刻招募到 10 万人之后，再征召 50 万人。当时有 24.7 万人在军队服役，大约一半在海外服役，另有 14.5 万人在后备役。8 月 10 日，政府刊登了一则广告，招募 2000 名年龄在 17 岁至 30 岁之间的男大学生或者“受过良好普通教育的”男子，以便在战争期间担任临时军官。[106]第二天，政府又刊登了一则广告，招募 10 万名年龄在 19 岁到 30 岁之间的男子，需服役三年，“或者直到战争结束”。[107]普通指挥军官被告知，因轻罪入狱的人士如参军，可以获得免刑。阿斯奎斯证实，印度提供了两个师，“自治领正在自发地主动请求”派遣军队：但是，这些军队必须由其宗主国领导。[108]

阿斯奎斯的想法获得了极大赞同：贝尔福后来告诉保罗·康邦，阿斯奎斯的演讲是“他听过的最精彩的演讲”。[109]劳赞同政府的行为，并赞扬了阿斯奎斯和格雷。他唯一的建议是，工业和食物供应也应当进入作战状态。其他成员再次请求照顾志愿兵的妻子：

几天后，政府宣布为她们和失去母亲的孩子提供军属津贴。这笔钱是未经表决通过的：下院一致给予了批准。军属津贴产生了一个意想不到的结果，由于合法的妻子和不合法的妻子作为同一个男人的家眷申请津贴，这暴露出了许多重婚者。[110]

由于对短缺的担忧引发了恐慌性采购，进而推高了价格，导致资金也变得紧张起来，这使得穷人更难养活家人。议员敦促政府确定面包、肉类和其他食品的价格；并要求政府命令农民种植牧草、储存谷物以供政府分配，并在下个季度种植更多。虽然政府不赞成对农民的私人事务进行干涉，但没有驳回这个意见。8 月 6 日，一个内阁委员会建议对食物制定最高价格，但这个建议遭到忽视；此外，政府宣布接管面粉厂。在后来的战争中被称为“黑市商人”的群体在伦敦东区发起了一场贩卖交易活动，他们让一小群儿童带着钱去商店购买尽可能多的食物，这样他们就能以高昂的价格出售食物。政府实事求是地认为不会出现食物短缺，除非是被这种交易
122 创造出来的。

然而，当与“富裕阶层的恐慌和贪婪（这些富裕阶层真的很丢脸，他们在商店外面排起了长长的车队，并尽可能多地抢夺（*原文如此*）能说服商店出售的食物）”——这番话出自贸易委员会主席沃尔特·朗西曼（Walter Runciman）之口——有关的故事流传开来的时候，政府不得不采取行动，尽管朗西曼在 8 月 8 日的时候坚称恐慌已经结束。[111] 为确保食物供应，政府将寻求权力，以便征用被认为是“无合理理由被扣留”的食物，无论是被商人扣留，还是被农民扣留；尽管他预计不可避免的价格上涨将吸引更多的进口。这也是一个几乎不加掩饰的警告，那就是政府可能会对囤积者采取措施。政府必须确保有足够的额外供应被送到正在集结本土防卫军的小城镇，以避免因大批士兵涌入而需购买大量食物，从

而导致当地居民挨饿。8 月 20 日，政府接管了糖业，因为到目前为止，英国三分之二的食糖供应来自德国和奥匈帝国。

五

宣战并不意味着可以把政府在 1914 年 7 月的最后一周前关心的事情搁置一旁不予理会。尤其是爱尔兰问题，这是不容忽视的。阿斯奎斯感到沮丧和困惑，因为这些事情妨碍了他把注意力放在战争上。作为爱尔兰民族主义党的领导人，雷德蒙曾对劳合·乔治进行游说，声称议会休会的计划并不能阻止将《爱尔兰自治法案》写入法典；8 月 5 日，在与“势不两立”的爱尔兰统一党领袖爱德华·卡森爵士会面后，他对阿斯奎斯说了同样的话。[112]他说，如果政府屈服于卡森——卡森威胁说统一党人将阻挠重要立法的颁布——那么，这将给爱尔兰带来“灾难性的”后果，而阿斯奎斯将失去“爱尔兰历史上最伟大的机会来赢得爱尔兰人民对帝国的忠诚”。阿斯奎斯说，该法案将被写入法典，但也会继续进行短暂的休会。保守党对此做出的回应是，劳和兰斯多恩策划了一场报界活动，抨击政府在 90 名议员（多数是统一党人）应征入伍、无法投票的情况下，仍在推行地方自治立法。

虽然与地方自治有关的争论具有潜在危险，但阿斯奎斯认为他 123
已经化解了争论，方法就是建议暂停《爱尔兰自治法案》，直到政府通过一项修正法案（其中规定阿尔斯特省不参加地方自治）。内阁出现了分歧。8 月 10 日，阿斯奎斯在议会休会两周后确认，一旦议会复会，该法案将得到处理。休会期间，政府将试图达成协议，以确保在需要与外部敌人作战时，爱尔兰的争议不会困扰威斯敏斯特和这个国家；反对地方自治的主要煽动者劳称，这将是

“一场国家灾难”。[113]另一位著名的统一党人奥斯丁·张伯伦警告劳合·乔治说，党派斗争将会对“伦敦、金融业以及所有分支机构的信贷构造成灾难性的影响”，并且“必然会导致一场巨大的金融危机”。[114]同大多数保守党人一样，他希望在敌对状态结束之前什么都不要做，爱尔兰人认为这等同于无视下院的意愿。8 月 21 日，雷德蒙回到英国，会见了阿斯奎斯，在进行长时间的讨论后，阿斯奎斯认为雷德蒙会接受的唯一选择——正如他预测的那样——是将《爱尔兰自治法案》写入法典，但阿尔斯特省的六个郡不参与地方自治，这六个郡将有三年的时间来决定是否永久性不参与地方自治。雷德蒙回到了爱尔兰，布政司奥古斯丁·比雷尔（Augustine Birrell）告诉他，政府将按照他所希望的路线走——尽管尚不确定统一党人将会做何反应。在那个阶段，阿斯奎斯并不打算推迟实施《爱尔兰自治法案》。

为了帮助其政党制定对策，劳向英国卓越的宪法历史学家 A. V. 戴雪（A. V. Dicey）征求意见；9 月 1 日，戴雪告诉劳，阿斯奎斯做出了一项“绝对不应该给予的”保证，即这个法案将被载入法典，然而，戴雪似乎忘记了 1911 年《议会法案》的通过（他也反对该议会法案），该议会法案规定，一旦下院连续三次通过了一项法案，那么这个法案将成为法律。[115]从爱尔兰的新教地区招募士兵意义重大，这多亏了卡森：不过，国民志愿军——1914 年 8 月前集结的支持地方自治的军队，旨在反对任何非法的统一党人阻止爱尔兰的地方自治——正在等待雷德蒙的消息。阿斯奎斯希望将《爱尔兰自治法案》写入法典，并附带一项条款，那就是将法案的实施推迟到战争结束后。坎特伯雷大主教担心《威尔士政教分离法案》（Welsh Disestablishment Bill）将会终结，但他得到了安抚，
124 因为政府向他保证该法案将会得到同样的待遇。阿斯奎斯本来有意

安抚统一党人，但8月下旬，英国远征军在蒙斯与敌人的第一次交战中遭遇了挫折，于是这种意向化为了泡影。事实上，当蒙斯的消息传来时，国王就给阿斯奎斯写信，让他解决爱尔兰问题：但到了那个时候，由于事件的影响，阿斯奎斯已经不需要任何提示了。

9月11日，在得知阿斯奎斯的计划后，劳"深感遗憾"，并指责他不守信用。[116]为了国家的利益，自由党人试图缓和局势。9月13日，丘吉尔给张伯伦写信说道："亲爱的奥斯丁，我恳求你认识到，在这个危机时刻，在这里，在殖民地，尤其是在美国，与爱尔兰的民族主义党人挑起一场争吵，对我们任何一方来说，都是多么鲁莽和愚蠢的行为。"[117]在战争结束和大选之前，"让法典中存在一份不起作用的法案"，政府的这个计划将仅仅创造一种"情感上的满足"，他认为，较之对英国造成威胁的"爱尔兰的公开不忠"，这样做肯定要好些。他承诺，那些已经参军的阿尔斯特人"永远不会"成为被胁迫的对象。

然而，张伯伦是难以抚慰的。他反驳说，由于爱尔兰国民志愿军的"敲诈"，阿尔斯特省成了牺牲品。尽管如此，考虑到国家的紧急情况，他的政党认为必须停止反对政府。9月14日，统一党人在卡尔顿俱乐部开会，以讨论策略：该党承认失败，并决定，在劳把这个举措告诉下院时，他应当答复阿斯奎斯，并且只有他才能做出答复。史密斯向卡森保证，在战争结束后，统一党人"应该回到最极端的斗争立场"。[118]在"长时间的大声欢呼"中，罗伯特·塞西尔（Robert Cecil）勋爵在会上说，他不再认为政府成员"配得上绅士群体"的称号，而是将他们视作"老仟"。有人批评阿斯奎斯在"国家进入最高紧急状态"时，以"爱国主义精神"为借口违反先前做出的保证。于是在通知下院时，阿斯奎斯竭力对这种说法进行澄清。[119]如果政府无法就如何制定爱尔兰法案的修正法案达成协议，那么需要就暂停讨论该法案达成协议。

阿斯奎斯描述了自战争爆发以来爱尔兰发生的“伟大的爱国起义”。爱尔兰民族主义党的成员加入了爱尔兰军团，为国王和国家而战，而他最不愿意做的事情，就是给爱尔兰人理由来指责英国人背信弃义，从而毒化这种情感，或者激怒美国和英帝国的爱尔兰群体。《爱尔兰自治法案》——和《威尔士政教分离法案》一样——将被
125 写入法典，但其实施将会暂停12个月，如果一年后战争仍在继续，那么该法案将在枢密院令确定的期限（这个期限不能超过战争的持续时间）内暂停实施。不过，他表示，为了允许某些郡不参与地方自治，在《爱尔兰自治法案》生效之前，需要重新出台修正法案。考虑到“严峻及前所未有的国家紧急情况”，阿斯奎斯认为这是“公平、合理和公正行事”的唯一手段。[120]

劳和他的政党不同意：当他听说政府如何“利用我们的爱国心背叛我们”时，他说这种感觉“与其说是愤怒或怨恨，倒不如说是伤心”。[121]劳说阿斯奎斯违背了自己的诺言，他在没有先达成修正法案的情况下准备让王室批准《爱尔兰自治法案》，并且——他将话题转移到六个星期以来没有听到的党派偏见上——问道，为什么反对党会相信在法案实施前将出台一项修正法案的承诺。卡森说：“在英国议会的历史上，大概从未出现过如此严重的违背承诺和誓言的情况。”[122]统一党人希望全面暂停法案——也就是不颁布法案和修正法案，但保证在需要颁布法案时，《议会法案》的条款仍然适用。他们原以为政府准备这样做，因为这些建议在前一周就已经讨论过了，现在，他们觉得自己上当了。劳抱怨说，如果不是因为战争，企图按照阿斯奎斯的计划行事的任何做法都会导致阿尔斯特省发生叛乱。[123]和卡森一样，劳也觉得政府现在对阿尔斯特省的看法是，“即使我们对它施加了任何不公，我们仍然可以

指望它”。[123]

劳把背信弃义与德国入侵比利时进行了对比，在结束演讲时，他带领自己的政党离开了会场，“这不是抗议，更不是示威。我们离开会场，是因为我相信，在目前的情况下，迫使我们就这个问题进行辩论，这压根就是不体面的，我们不应参与这种不体面的活动”。[124]《暂停执行法案》在下院未受阻挡，并于第二天在上院获得了通过。“下院的所有人都站了起来，疯狂地欢呼”，阿斯奎斯把下院发生的事情告诉了斯坦利小姐。这真是“一个历史性的时刻”。[125]劳在演讲中对阿斯奎斯的信用提出了质疑，这让首相意识到劳“从来没有像今天这样绝望”。[126]雷德蒙表示，他希望在修正法案出台时，在紧迫的情况下，统一党人和民族主义党人已经解决了他们之间的分歧。但事实证明，他将会失望的。 126

9 月 17 日，《爱尔兰政府法案》及其附带的《暂停执行法案》获得了王室的批准，《威尔士政教分离法案》也获得了王室的批准。这是英国宪法的历史性时刻。它们是经议长确认符合 1911 年《议会法案》所述条件的法案，因此可以成为法律，尽管上院没有同意。国王很不高兴。“我很遗憾地说，我不得不同意《爱尔兰自治法案》和《威尔士政教分离法案》……必须出台针对前者的修正法案，政府已经承诺了这一点。”[127]在阿斯奎斯颁布法案后，雷德蒙发表了一份战争“宣言”，号召爱尔兰人民为争取民主而战，号召派遣一支爱尔兰旅作为英国远征军的一部分，这样爱尔兰人就可以一起战斗，并可以担任军官。他告诉他的人民，“大不列颠的民众最终且不可撤销地决定信任他们，并将把民族自由还给他们”，他敦促爱尔兰人全面参与“一场正义的战争，这场战争是由令人无法容忍的德国军事专制挑起的”。[128]然而，新芬党憎恶雷德蒙的亲英情绪，认为地方自治是迈向共和制的第一个和不完整的阶段，在目前这个阶段，他们与大多数爱尔兰人的意见不一致。不幸的是，爱尔兰军团中以新教徒为主的军官阶层将激进的统一党人基钦纳作为领导人，他们以轻蔑和不信任的态度对待之前的民族主义党的志愿军，这阻碍了募兵工作。

六

人们对阿斯奎斯执政期间的战事管理工作涌现出了一种批评声音，那就是它偶尔带有外行或自满的味道。一个早期的例子是，在宣战后，军事委员会——其首要任务是决定如何部署英国远征军——的第一次会议无法进行下去，因为它需要听取法国武官的意见；于是会议延期到第二天上午。委员会的第一次会议由阿斯奎斯主持，成员包括格雷、霍尔丹、海军大臣丘吉尔和军队长官。约翰·弗伦奇爵士、道格拉斯·黑格爵士、新任命的英国本土陆军总司令伊恩·汉密尔顿（Ian Hamilton）爵士和基钦纳（他在会议结束后才被任命为陆军大臣）都出席了会议；与会者还有陆军部的
127 元老、陆军元帅罗伯茨（Roberts）伯爵，他是一名镇压印度民族起义的老兵，在第二次布尔战争中扭转了英国的命运。罗伯茨快82岁了，没过几周他就过世了。虽然这个组织将会正式化，但它开创了一个新的宪法方面的先例。那就是政府内阁被边缘化，因为战争的紧迫性需要迅速做出决策。当这个委员会最终开始运作时，黑格赞成基钦纳的意见，说道，由于德国和英国正在为国家存亡而战，这将是一场“持续数年的”战争，需要立刻招募一支拥有一百万人的军队，“双方都不会在短暂的较量后认输”。[129]

霍尔丹和贝尔福讨论了英国远征军的规模，以及应该在什么时候出发，他们一直讨论到8月4日的深夜至5日的凌晨。贝尔福认

为，有必要进行一场迅速而猛烈的打击。霍尔丹打算先组建一支大规模的本土军队，然后在这支军队更具战斗力时派它去攻打德军：他不知道敌人将以何等快速的速度借道比利时进入法国。他认为，与对手相比，之前派遣的任何部队都是“微不足道的”，也将遭到灾难性的摧毁。[130]贝尔福坚持认为“可以立即派遣10万人，而不需要以任何方式巩固本土防御”。他坦言，“总的来说，政府的想法模糊不清、目标犹豫不决，我对此感到相当沮丧”，统一党认为这就是政府应对战争的方式。

没过不久，霍尔丹改变了主意，认为英国远征军应当赶快出发。内阁同意，在不破坏英国本土防御的情况下，可以派遣五个师（或六个师）去法国，当时的问题是，能以多快的速度调遣军队，以及如何在不引起德国人注意的情况下完成调遣。内阁还同意从印度调遣一个师来增援埃及，并感激地接受了加拿大、澳大利亚和新西兰提供的部队。最后，内阁决定立刻派遣四个师，并将根据形势派遣第五个、第六个师。在英国远征军做好开战的准备之前，估计需要20天。8月7日，一支先遣队从南安普顿抵达勒阿弗尔，大部分部队在8月12日至17日间安全抵达法国。时任副参谋长的少将亨利·威尔逊以典型的冷嘲热讽的口吻将这次讨论描述为“一群对会议主题几乎一无所知的人进行的历史性会面”。[131]威尔逊是一个党派色彩颇浓的统一党人，在反对党的高层中有许多朋友；他还是一个老谋深算的阴谋家，在战争结束时获封陆军元帅。 128

阿斯奎斯高兴地说，8月7日，英国远征军的一支先遣队抵达了欧洲大陆，报纸对此未进行任何报道。作为总司令的弗伦奇被告知他的职责是：“支持并与法军合作，对抗我们共同的敌人。你的特殊任务是：（1）协助防止或击退对法国领土的侵犯，（2）协助恢复比利时的中立。”[132]在对最近发生的事件进行有意义的解释时，他被告知，英国参战的理由不仅是因为“德国破坏了比利时的中立地位”，而且是“为了推进这个国家和法国缔结的协约”。日后将担任帝国总参谋长的威廉·罗伯逊（William Robertson）爵士指出，由于英国“没有制定全面的战争政策”，所以他没有向弗伦奇说明将采取什么方式来完成任务。弗伦奇接到的命令是，如果需要在没有法国军队支持的情况下发起进攻，他必须首先与伦敦商量。现实情况是，援军需要几个月的时间才能训练完毕，而现在聚集在英国的本土防卫军没有义务到国外服役。

基钦纳在军事委员会的这场会议上宣布说，他计划至少再招募10万名士兵到海外服役：到1916年3月，他招募了250万名志愿兵。他很早就决定留下一些最有经验的士兵以便在国内训练新兵：他为此受到了批评，尤其是来自丘吉尔的批评，但丘吉尔后来意识到，这是基钦纳做过的最聪明的事情之一，因为这些新兵接受了高水平的培训。军事委员会关注的是建设一支规模大得多的军队，这可能会让公众感到意外，因为他们绝对相信英国的海上力量，就像他们相信英国皇家海军的制海权最终会让德国人屈服一样。公众的这种想法并不完全是错误的，但所需的时间将会比基钦纳预设的还要长。

8月11日，弗伦奇向阿斯奎斯辞行。他告诉阿斯奎斯英国远征军将在两周内就位，双方的力量可能集中在卢森堡南部，这与眼下的现实——敌军在比利时海岸到瑞士边境之间挖了一条战壕，英国军队在北部占主导地位——相去甚远。当晚，黑格声称，他已经
129 把自己对弗伦奇的“严重质疑”告诉了国王（国王曾访问了奥尔德肖特*）。在日记中，他进一步描述了自己的质疑，“我发自内心

* 奥尔德肖特（Aldershot）：英国城市，位于汉普郡。——译注

地认为，在英国有史以来的危急时刻，弗伦奇非常不适合担任这个伟大的职务”。[133]黑格认为弗伦奇既缺乏军事知识，又有脾气上的缺点，但目前只有他自己和国王知道这一情况。相比之下，阿斯奎斯是这样向斯坦利小姐描述弗伦奇的，“我相信他是最佳人选”。[134]弗伦奇是一个有争议的人物，战时的官方历史学家詹姆斯·埃德蒙兹（James Edmonds）爵士称他是“一个虚荣、无知、报复心强的老头，拥有令人讨厌的社会背景”。[135]弗伦奇肯定有他的缺点，他是一个有名的花花公子，幸运的是，他在1890年代初没有毁掉自己的事业，当时他与一名军官兄弟的妻子有染，导致他在随后的离婚案中被传讯。1899年，他挥霍无度，差点破产，这使得他不得不辞去自己的职务；他还喜欢钩心斗角，这种爱好在战争期间很流行。他在第二次布尔战争中担任指挥官，由于表现出色，最终晋升为中将。尽管如此，人们还是认为他能够晋升帝国总参谋长，更多的是因为有后台（他是伊舍勋爵的密友），而不是因为他的能力。由于在1914年初的卡勒事件中判断失误，他不得不辞去了总参谋长一职。黑格与他相识25年，虽然黑格自己在判断上也有失误，但他对弗伦奇缺点的认识可能是正确的，尽管他没有意识到自己也存在这样的一些缺点。

8月12日，也就是英国对奥匈帝国宣战的那一天，最高统帅部已经开始动怒了。阿斯奎斯告诉斯坦利小姐，“基钦纳勋爵像闯进瓷器店的公牛一样笨拙、鲁莽，尤其是他对本土防卫军的无知和冷漠，让陆军部士气低落”。[136]事情的缘由是，霍尔丹组建了一支义勇骑兵队，基钦纳觉得毫无用处。阿斯奎斯的回应是“让霍尔丹去找他”，这让事情平息下来。然而，白厅和军队之间的紧张关系预示着更多的不愉快即将到来。

8月25日，基钦纳向上院发表了抚慰性的讲话，这是他16年来首次以贵族身份发表讲话，而不仅仅是以陆军大臣的身份。他解释说，他的立场并不“意味着我属于任何政党，因为作为一名军人，我没有任何政见”。[137]议会和报界的许多人并不这样认为，他
130 们认为他是天生的托利党人。然而，实际情况确实像他所说的那样：他周围的同僚都把政治当作事业，他很快因为缺乏他们那样的动力而与他们疏远。他认为自己的职责是拯救国家；而他们中的一些人认为自己的责任是保持官职或加官晋爵。他把自己和那些他极力争取支持的人进行了比较：他的职业是“临时的”，和他们一样，他也签了三年的合同。他解释说，为什么签三年，因为如果战争持续很长时间，那么将会有另一波人到来，接替他们和他的位置。然而，他的许多内阁同僚并不持有这样的想法，最重要的原因是，他们认为自己是职业政客，需要维持自己的职业生涯。

在英国的城镇和村庄里，大多数时候都能看到一队队的士兵在行进，他们要么前往港口，要么前往训练营。在没有向英国公众透露风声的情况下，英国远征军抵达了法国，并且没有损失一兵一卒。大臣们认为这是一个巨大的胜利，因为德国海军可能会袭击运兵舰。欧洲大陆的报纸已经报道了远征军的动向，德国人肯定已经获悉了这些消息。伦敦认为，德军没有对运兵舰发动攻击，这证明敌人认为自己的军队不如皇家海军，或者正如汉基推测的那样，这表明德国人拒绝相信他们在法国报纸上读到的东西，除非他们在英国的报纸上也读到这些消息。[138]

8 月 19 日，基钦纳向法国派遣了第五师。两天后，15 岁左右的骑自行车的侦察兵约翰·帕尔（John Parr）成为第一个在西线阵亡的英国人。8 月 22 日，英国远征军刚抵达蒙斯，几乎立刻就投入战斗。有关战斗的第一条消息吸引了人们的注意力：8 月 16 日，德军占领了列日，8 月 24 日拂晓，基钦纳首先向阿斯奎斯、然后

向丘吉尔报告说，位于蒙斯以东45英里的戒备森严的城镇那慕尔可能已经陷落。这座三十年前建造的要塞根本无法与德国的重型火炮抗衡。弗伦奇告诉阿斯奎斯，他将下令英国远征军从蒙斯的前线“撤军”。阿斯奎斯感到很惊骇，“因为我们都认为那慕尔是安全的，即使攻破它不需要两周的时间，至少也需要两三天”。[139]弗伦奇发来电报，要求按照他之前派遣人数的10%提供增援，这意味着损失惨重。“虽然伤亡名单还没有出来，”阿斯奎斯对斯坦利小姐说，“但一想到名单上可能会出现哪些名字，人们就瑟瑟发抖。”

基钦纳警告阿斯奎斯，关于是否应该立刻派遣第六师，他正在等待弗伦奇的答复。在答复英国远征军需要增援的消息——基钦纳 131
向雷普顿透露了这个消息，前一天的《泰晤士报》上登载了这个消息，这导致内阁同僚们对他进行了指责——时，内阁决定向埃及派遣印度军队的两个师，8月28日，感觉自己寡不敌众的英国远征军被告知继续向马赛前进，他们将在那里登陆。在此之前，基钦纳想要让英国远征军驻守亚眠，以防法军被击退：而法国人想要让英国远征军驻守在位于蒙斯正南、比利时边境以东90英里处的莫伯日（Maubeuge），也就是他们一开始进行战斗的地方。由于威尔逊（他是弗伦奇的副参谋长）的坚持，基钦纳输掉了这场争论：如果他赢了，英国远征军就不会在蒙斯被击溃，或许可以更好地抵御德国人。基钦纳和威尔逊的关系因此恶化。

在从蒙斯撤退的过程中，英国远征军伤亡1600人。在8月20日到23日的四天里，法军伤亡14万人。当时阿斯奎斯或任何英国人都不知道这场溃败的严重程度。阿斯奎斯不了解事实，在听取了基钦纳的汇报后（基钦纳对盟友感到非常愤怒），他认为法国人把他们的作战计划“搞得一团糟”，这与“真正勇敢的”比利时人形成了鲜明对比。[140]正如阿斯奎斯所描述的那样，弗伦奇向伦敦汇报说，法国盟友们“由于犹豫和某种类似于恐惧的情绪而不知所措”，他们阻止了“最急于采取攻势”的英国远征军做好其本职工作。[141]

阿斯奎斯知道大多数法国军队都集中在法国东部边境附近，并预见到德军将绕过他们到达里尔、敦刻尔克和大海。军事形势证实了基钦纳的观点，他已经向内阁同僚概述了这个观点，即到 1915 年 4 月，还需要 60 万到 70 万名士兵。到目前为止，他请求增援 10 万人，结果英国派出了 12 万人。“他一点也不气馁，”阿斯奎斯对斯坦利小姐说，“我也没有气馁。”[142]但是，对于丘吉尔来说，光靠志愿兵来完成他们的爱国职责是不够的。在 8 月 25 日的内阁会议上，他提议说“有必要强制征兵”，这是大多数自由党人深恶痛绝的。[143]根据教育委员会主席约瑟夫·皮斯（Joseph Pease）的说法，丘吉尔向同僚们发表了半个小时的“高谈阔论”。尽管这样的举措对大多数大臣来说是不可想象的，但基钦纳也认为有必要这样做。不过，他承认，在 4 月份之前，他无法向更多的士兵提供装备。这件事本应使内阁对武器生产的低效率有所警觉，但是，当 1915 年
132 春天与此有关的丑闻爆出时，内阁声称感到非常震惊。

英国远征军从蒙斯撤退以及法军在那里遭受的溃败，不仅突出了增兵的必要性，而且也证实了在英国参与的战斗中，伤亡人数达到了前所未有的水平。8 月 24 日，当坏消息传来时，军需总监、将军约翰·考恩（John Cowans）爵士在和阿斯奎斯夫妇共进午餐，他认为英国远征军总共可能有 6000 人阵亡、受伤、被俘，并且他说道，“如果是这样，那是一件好事”。这让阿斯奎斯夫人感到惊恐。[144]当她质问考恩为什么会认为这样的损失是“好事”时，他告诉她：“亲爱的阿斯奎斯夫人，这场战争的损失将是非常可怕的。”

政府必须解决的问题是，如何在不打击士气、不揭露导致失

败的错误的情况下，向公众传达伤亡消息。在这些战役后的第二天，阿斯奎斯前往军事委员会，委员会刚刚听说“安菲翁”号（Amphion）巡洋舰在前一天击沉了“路易斯王后”（Königin Luise）号巡洋舰——它被发现在哈里奇（Harwich）和索思沃尔德（Southwold）附近布下水雷——但该舰被其中的一个水雷击沉。包括船长在内的17名军官和143名船员获救；但是，五天后公布了148名海军士官和船员的死亡名单，这是接下来的四年里一连串伤亡名单中的第一份，也是较短的一份。丘吉尔告诉下院，政府并不是“感到惊慌或不安”，而是觉得“文明世界的国家需要认真考虑”这种作战方法。[145]

丘吉尔还抨击报纸制造谣言。为了国家利益，报纸采取了一种自我克制的做法，但不管怎样，政府几乎没有向它们告知战事消息。战地记者们在家里徒劳地等待出发的命令，但一个月后他们被告知不能奔赴前线（这种情况将在第二年春天发生改变）。一些人私底下去前线，但是如果被发现，可能会被法国当局逮捕。丘吉尔（他之前也是一名战地记者）声称，由于新闻审查制度阻碍报纸了解正在发生的事情，“在缺乏事实的情况下，报纸倾向于用流言蜚语来填满它们的专栏，这些流言来自沿海地区不负责任的消息来源”。[146]他的言论将加剧与舰队街的紧张关系，并让同僚和他自己处境艰难。

8月8日，《每日邮报》的特别版刊登了一篇关于荷兰附近大海战的报道，一位统一党议员——日后将担任内政大臣的威廉·乔伊森-希克斯（William Joynson-Hicks）——说：“似乎每一个细节都缺乏真实性”，乔伊森-希克斯敦促政府“停止这种无耻的行 133
为”。[147]内政大臣麦克纳证实了这篇报道是杜撰的，并敦促下院和他一起“以最严厉的措辞谴责编造虚假新闻的行为”。他推测此举可能是“为了帮助提高报纸的发行量而故意为之”。

这种情况不能再继续下去了，于是，自由党政府采取了国家紧急状态所必需的最新的非自由主义措施，并设立了新闻局。在位于查令十字街一幢废弃的海军部大楼里，新闻局开设了一个办事处，由海军大臣的密友 F. E. 史密斯指挥。史密斯是一名统一党议员、律师，也是一位效力于卡森的政治煽动家。作为英国收入最高的律师之一，他过着一种与此相称的生活，并担心自己会遭受经济损失：他的朋友艾特肯确信他的银行账户透支高达 7000 英镑。[148]该局由海军和陆军军官组成。在海军处于作战状态、但英国远征军尚未到达前线的时候，麦克纳相信，没有一家报纸会刊登未经该局批准的海军活动。这种限制也将扩展到陆军的活动。为了在确保国家安全的情况下让人们了解战事，在广播普及前的时代，政府安排在各个邮局张贴新闻局的公告，并且每周日进行更新。就像战争期间的许多重要事件一样，审查制度的制定也是临时的，而不是根据任何伟大的政府计划制定的。埃塞克斯大雷伊教区的牧师安德鲁·克拉克（Andrew Clark）对战争期间的生活进行了详尽的记录，他称这些公告“提供了极少的信息”。[149] 8 月 9 日，他所在村庄的乡绅告诉他，英国远征军正在集结——这是从乡绅的儿子（冷溪近卫团的团长）那里获得的消息——所以他对此并非一无所知。在大多数城镇和村庄，由于鲜有人能够获得可靠的消息，因此各种达到荒谬程度的谣言纷至沓来。

大臣们很快意识到有必要利用宣传来鼓舞士气和迷惑敌人，而建立新闻局是实现这个目标的核心。担任本土防卫军上尉的史密斯被授予了上校军衔，因此他利用军事职权来履行领导新闻局的职责。然而，他在这方面做得不是特别好，部分原因是他有时候脾气急躁——尤其是在他开始每天大量饮酒之后——还有部分原因是该

局人手不足。不久后，他遇到了麻烦。8月30日，《泰晤士报》的 134
一个周日特刊和《每周快讯》（诺思克利夫经营的另一家报纸）刊登了关于从蒙斯撤退的不光彩但生动的报道，声称它们是从一个自称位于亚眠的人那里获悉，军队溃败，在稍微有些混乱的局面中仓促撤退，最重要的是，军队伤亡惨重。《晨间邮报》的编辑 H. A. 格温对女老板巴瑟斯特（Bathurst）夫人说，他认为《泰晤士报》刊登这些报道的“行为非常恶劣”。[150]他补充说，“即使审查员给予批准，也不能成为刊登这些报道的理由。在没有制定相关法律的年代，每个编辑必须是他自己的审查员”。格温甚至不愿意登载伤亡名单，他担心这会破坏士气，并认为，“在我看来，在这样的时刻，诺思克利夫的存在对这个国家来说是一个巨大的危险”。[151]具有讽刺意味的是，不久之后，诺思克利夫将被称为“这个国家最有权势的人”。[152]

史密斯不仅遭到议员的攻击，还遭到了格温（他表现得更加克制）等编辑的抨击，8月31日，下院让史密斯承担责任。阿斯奎斯说，“虽然我们极力称赞整个报界因为爱国而表现出来的缄默”，但这份特殊报道却是“一个非常令人遗憾的败笔”，这惹恼了诺思克利夫。[153]他说公众应该得到更好的信息，而且会得到的。《泰晤士报》为自己辩护说，这篇报道“出自一位经验丰富、值得信赖的记者之手……绝对没有被毫无根据的谣言所欺骗”。[154]审查员史密斯看过了报道，还进行了“润色”。因此，该报“自然而然地得出了这样的结论：是政府希望这条消息出现在报纸上的”。

很快，事情就清楚了，史密斯为了鼓励募兵而对这篇报道进行了添油加醋。对其行为进行攻击的是自由党议员亚瑟·马卡姆爵士，他不仅反对史密斯的工作，还反对史密斯任命弟弟哈罗德（也是一名议员）担任新闻局的秘书。马卡姆曾收到报社编辑的投诉，称史密斯兄弟“在与报界打交道时，行为更像是德皇的参谋人员之一”。[155]他要求将审查员的工作交由一名内阁成员负责。阿斯奎斯说，考虑到所有同僚在通过紧急立法的过程中承担的工作量，他不愿再向他们委派更多的工作。哈里·劳森(Harry Lawson)是自由统一党议员，他的家族拥有《每日电讯报》，他提出了一个与战事有关的观点：虽然个别士兵的证词可能是真实、准确的，但
135 他们只看到了行动的一小部分，而由弗伦奇从他的指挥官那里获得并转告伦敦的全部情况才更加接近事实。

审查员史密斯为自己辩护说，他从来没有想过担任这个职位，而职责却是“非常艰巨的”。[156]他和职员都是在工作中摸索学习，并且《保卫王国法案》的最新修正案将惩罚那些利用在军事敏感领域获得的信息来引起“恐慌或离叛”的人，这使得编辑们在发表伤亡报道之前需要三思。[157]他为弟弟和职员进行了有力辩护，并（以一名优秀的托利党人的身份）为诺思克利夫的报纸进行了辩护。伊舍简要地说道：“F. E. 史密斯曾因允许刊登这封电报（来自亚眠的电报）而遭到指责，但他说，他认为这样做对国家有益。可是，基钦纳勋爵不这样认为。”[158]

史密斯误导了下院。他说，当他退回那篇建议不要发表的经过审查的文章时，他应该写一份补充说明。事实上，他确实附上了一份补充说明，但说明中谈到，他对不得不审查“这条最有用、最有意思的消息”感到“抱歉”，并敦促该报“利用我批准的文章中的部分内容来推行这个告诫——向军队增援并立刻进行”。[159] 9 月，麦克纳开始负责新闻局的工作。两周后，史密斯辞去了局长一职，并试图带领他的地方自卫军团（即牛津郡轻骑兵团）前往法国，但以失败告终。随后，他被派往马赛与印度军队会面，负责撰写与他们的事迹和英雄行为有关的报道，这些报道可以被发往印度。然

而，他在战争中扮演的非凡角色才刚刚开始。

《泰晤士报》毫无悔过之意。如果这篇报道是准确的，那么审查员让它出版就是对的；如果它不准确，则是审查员做出了错误的判断。“不管怎样，我们是清白的。”[160]丘吉尔被派去训斥诺思克利夫，但诺思克利夫告诉他：“它（这篇报道）不仅仅获得了批准，而且经过了精心编辑，并伴有进行登载的强烈呼声，除了这是政府的明确愿望之外，我们得不出其他可能的结论。”[161]对于诺思克利夫允许《泰晤士报》刊登这篇报道所造成的“伤害”，丘吉尔对他痛斥了一番，并说道：“我没有想到你会拿新闻局作挡箭牌，尽管他们的错误是显而易见的。”诺思克利夫（他对丘吉尔说“现在不是英国人争吵的时候”）坚持自己的立场——这篇报道“不仅仅获得了批准，而且经过了精心编辑，并伴有进行登载的强烈呼声”， 136
所以他得出结论，认为是政府“刻意希望”看到它被刊登出来。[162]如今，报纸（尤其是诺思克利夫的《每日邮报》）上充斥着与德国暴行有关的报道和照片，这些都对公众的坚定态度起到了推波助澜的作用。

为了减轻报界和公众对瞒报的担忧，政府决定派一名官方“目击证人”欧内斯特·斯温顿（Ernest Swinton）少校到前线，以便向英国报界发回经过批准的报道，他直到 1915 年 7 月才被解除这一职务，后来成为牛津大学奇切尔军事史教授。尽管他的报道不偏不倚，但报界认为他的报道是不恰当的，于是掀起了一场允许派遣记者上前线的运动。直到 1915 年 5 月，这个目标才得以实现，即便如此，所有报道都将根据《保卫王国法案》受到审查。谣言工厂非但没有尽力获取事实，反而加紧了谣言的传播，如果它们增加对普通英国陆军士兵的赞赏和对匈人的憎恨，政府就会宽恕他们的谣言；如果诸如蒙斯撤退的消息被传了出去，它们就必须进行反击，政府也需要进行抨击。《蒙斯的天使》《被刺刀刺中的婴儿》、《被强奸的修女》《百万俄军在阿伯丁登陆，向西线挺进》等报道就是这样产生的，这些报道偶尔讲述了事实，并集合了神话和谎言。并非每篇报道都是轰动新闻或者来源不清不楚。阿斯奎斯曾与一名来自蒙斯的伤兵交谈，这名伤兵声称，他目睹了德军躲藏在一群比利时平民的身后向前挺进，这些人被后人称为“人体盾牌”。另一种说法是这些平民是女学生。

政府对保密的执迷反映出公众舆论是多么的狂热，以及为什么与英国远征军在伊普尔附近遭受的惨重伤亡有关的报道是如此之少。一些军团只剩下8月初动员的少数军官和士兵。例如，在第二高地轻步兵团中，一千名士兵只剩下了三十名。而后，10月27日，“大胆”号（HMS Audacious）无畏舰与大舰队*进行了射击演习，在多尼戈尔郡附近被德国水雷击中，幸运的是，没有造成人员伤亡，当时正值巴腾堡亲王路易斯准备辞去第一海务大臣一职。杰利科要求对失去了海军最强大的战舰之一予以保密：阿斯奎斯和丘吉尔同意了，然而，不久后谣言四起，部分原因是“泰坦尼克”号的姐妹船“奥林匹克”号（RMS Olympic）上的乘客目睹了沉船，这艘船曾试图将“大胆”号拖进港口。尽管有
137 人抗议，但直到休战后三天，当海军部宣布这艘船沉没后，英国报纸才刊登消息。这个习惯于信息自由流通的国家发现，对新闻进行限制的做法让人难以理解，尤其是发布新闻对敌人并没有什么助益。11月11日，也就是国王发表演讲的那天上午，“尼日

* 大舰队：成立于1914年8月，由“第一舰队”与“本土舰队”的“第二舰队”之一部为基干，加上三十多艘当时最先进的战舰组成。母港在斯卡帕湾的奥克尼群岛，为当时世界上最强大的一支舰队，主要假想敌为德国海军的“公海舰队”。——译注

尔”号（HMS Niger）被鱼雷击沉，数小时内，舰队街便得知了这个消息：但这个消息直到第二天早上的报纸付印后才得到证实，这让许多议员感到费解，他们认为推迟一天发布消息并没有任何好处。

在 1915 年 1 月 24 日的多格滩海战之后，海军中将戴维·贝蒂（David Beatty）爵士的旗舰在一次原本成功的行动中受创，这个消息被掩盖了，阿斯奎斯向斯坦利小姐抱怨说，这种保密行为“相当幼稚……这样做绝对骗不了德国人，无疑，他们很清楚自己击中并且击伤了‘雄狮’号，当真相大白的时候，英国民众会义正词言地说，我们没有以开诚布公的态度对待他们”。[163]海军部在三天后的一份简短公报中承认“雄狮”号受创。然而，直到几年后，西线的真实生死报道才走近英国报纸的读者。

德军向巴黎进发，冲过兰斯和埃佩尔奈的香槟镇，军事形势继续恶化。报纸刊登了德军越过边界、进入法国的地图和巴黎周围要塞的示意图（从这些示意图可以衡量事态的严重程度），以及英军正从里尔和亚眠撤离的消息。9 月 2 日，来自西线的第一份伤亡名单又加剧了这些如雪崩一般的坏消息，该名单显示有 188 名军官和 4939 名士兵死亡、受伤或失踪。

《泰晤士报》适时发表了一篇社论，呼吁英国人坚称自己的文明要优于野蛮的匈人，在这篇社论的同一页还刊登了大英博物馆印刷图书部的管理员劳伦斯·比尼恩（Laurence Binyon）的一首诗。作为一名诗人，他的声誉足以使他在 1913 年有机会获得桂冠诗人的称号，但最终，这一称号却被布里吉斯（Bridges）获得。他的诗歌《谨献给阵亡将士》（*For the Fallen*）是为了回应第一波重大伤亡而作，这首诗将渗入英国人的国民意识，尤其是下面的四行诗句：

他们永远不会变老，而我们这些留下来的终将日渐老去。
年龄不会使他们厌烦，岁月不会留下沧桑的痕迹。
每当太阳落下，每当清晨来临，
138 我们就会想起他们。[164]

9 月 2 日，阿斯奎斯听说俄军在东普鲁士被德军击退了：指望沙皇的军队击溃所有先头部队被证明是不切实际的，就像指望比利时的防御工事坚不可摧一样。这就是坦嫩贝格战役，情况比伦敦意识到的还要糟糕。保罗·冯·兴登堡*的第八集团军摧毁了俄国第二集团军，造成 3 万人死亡、失踪，4 万人受伤，9.2 万人被俘，约 500 门重炮被毁：后来，这支军队又击溃了俄国第一集团军，使俄军在接下来的几个月里基本上无能为力。然而，奥军在伦贝格吃了败仗的消息很快传来，在那里，俄军造成奥军 32.4 万人受伤、死亡，俘虏了 10 万人，击溃了奥匈帝国的军队。

从西线传来了更坏的消息。9 月 6 日，邮局以约翰·弗伦奇爵士的名义印发的每周公报提到，在战争的第一次行动中，有 1.5 万人死亡、受伤或失踪，并报告说英国远征军现在位于马恩河以南。兰斯陷落了，巴黎成为德国的目标。政府将公布伤亡人员名单的时间推迟到通知其近亲之后，但这次公布的消息证实了英国为战斗付出的代价，并引发了对德国军队更胜一筹的担忧。9 月 8 日，阿斯奎斯宣读了英国驻布加勒斯特使团发来的电报，电报说，德皇曾告诉罗马尼亚国王，“位于法国的德军将在 20 天内击溃英法联军……然后，他将留下 50 万德军占领法国，并将‘注意力转向’

* 保罗·冯·兴登堡（Paul von Hindenburg）：德国陆军元帅，政治家，军事家。后来担任魏玛共和国的第二任总统。——译注

俄国。咱们拭目以待吧”。[165] 8 月底，当比利时难民抵达巴黎时，一些巴黎人开始自发地向更南的地方撤离，政府撤退至波尔多。否则，随着德军穿过法国北部向他们逼近，而英国远征军尚未站稳脚跟，这座城市就要像 1870 年那样准备应对一场漫长的围攻了。法国人预计德军将向大海进发，而布洛涅*需要做好应对准备：并且英国政府知道，一旦德军到达那里，他们距离英国就只有一步之遥了。为了保卫安特卫普，比军要求并得到了 2000 万发子弹，这加剧了人们对枪支和弹药供应的担忧。无论是基钦纳还是任何其他人都没有预见到，上演的会是夹带频繁炮击的持续不断的堑壕战，而不是断断续续的大型战役。因此，没有人预见到弹药的消耗速度会如此之快。到了春天的时候，这将产生严重的军事和政治后果。 139

当火车从英吉利海峡的港口开来时，大批伤员或步行或躺在担架上陆续抵达站台，这成了伦敦火车站的常见景象。为了帮助他们，大量年轻女性——约 4.7 万人——加入了志愿救护队，为玛丽王后的帝国护理部队的专业护士提供帮助，到了 1918 年，专业护士的人数从 700 人增加到 1.36 万人。[166]在公布第一批伤亡人员名单的那天下午，国王和王后主动到白金汉宫附近的一家医院探望了伤员，这是众多此类探视中的第一次。

当一名军官阵亡时，他的家人最先从陆军部发来的电报中获悉消息，电报上印有如下刻板话语：“非常遗憾地通知您，（姓名）于（日期）在行动中阵亡。基钦纳勋爵向您表达深切的同情。”几天后，国王和王后发来电报：“您的儿子为国捐躯，国王和王后对您和军队所遭受的损失深感遗憾，并对您的不幸深表同情。”对于士官和其他军衔的军士，通知是使用信件发送的，有时会附上阵亡

---

* 布洛涅（Boulogne）：法国北部港口城市。——译注

将士的排长写的信作为引言。这是一个严酷、凄凉的通知，成千上万的家庭将熟悉它们，它们的到来将使众多家庭提心吊胆。政府做出不遣返尸体的决定，部分原因是许多尸体被严重肢解、造成无法挽救的残缺或无法辨认。在一个习惯了丧葬仪式的文化里，不能埋葬尸体是一种混乱不堪的经历。

来自前线的晦暗消息导致了新一轮的募兵潮。在伦敦郡本土防卫军主席伊舍的呼吁下，仅 9 月 1 日就有超过 4000 人加入了伦敦的本土防卫军；1488 人加入了伯明翰的本土防卫军，并且全国有 3 万人在该日应征入伍；9 月 2 日，有同样数量的人应征入伍。[167]当正规军在法国作战时，现有的本土防卫军正在进行艰苦的训练，或者被派去守卫码头、要塞、铁路和军火库：然而，下一波浪潮是募集参加海外服役的士兵。军队迫切需要海外服役的士兵，用于接替伤亡的“老不齿”——这是参加战争的正规军战前给自己起的绰号，用来嘲笑德皇的一句话，德皇曾说，英国正在派遣“弗伦奇将军那支不齿的小部队”去打德国人。[168]小镇里到处都是身穿卡其色军装的人：虽然他们纪律严明，但基督教男青年协会还是在 350
140 个地点设立了分会，以便劝诫本土防卫军，并通过提供“廉价的无酒精饮料、桌上游戏、唱歌和健康的娱乐活动”，设法使他们远离妇女和酒精的诱惑。[169]

志愿兵的大量涌入造成了各种实际问题。当时根本没有足够的老兵来训练新兵，在找到人来教这些新兵如何与敌人交战，如何使用他们最终将得到的武器之前，他们通常需要进行数周的训练或行军，以达到强健体魄的目的。陆军部同意，在士兵们等待训练和等待入住营房期间，每天向他们支付 3 先令，以便他们可以将钱寄回家，这让基钦纳大为恼火：在这件事情上，阿斯奎斯否决了基钦纳的提议。本土防卫军和新兵被安置在训练营地附近的平民家中，这需要花费大量的精力来寻找或创建空余的房间。安置过程由不得民众的意愿，而那些拒绝合作的人需要服从严格的军事纪律。为了应付如此庞大的数字，陆军部花了一些时间。9 月 9 日，南部蒙茅斯郡的议员、少将艾弗·赫伯特（Ivor Herbert）爵士在下院发言，将这种情况归咎于“陆军部缺乏合理的预见性”。[170]他声称，由于军营过于拥挤，那些入伍三年或在战时入伍的士兵被列入了后备役，几乎可以肯定的是，此举是违反合同的。更糟糕的是，在政府知道征召士兵是非常重要的时候，以及在这个国家被蒙斯战役搞得仍然迷迷糊糊的时候，新兵们“被送回他们的家乡，散布官方无能和管理不善的消息”。[171]

无论这些士兵是住在营地还是住在平民家中，都没有适当的制度来确保他们获付工资；更令人感到侮辱的是，那些放弃工作但被暂时列入后备役的人，每天只能按照后备役的标准获得 6 便士的工资。住在营地里的士兵发现食物不足，几乎没有厕所或洗涤用品。有些士兵不能住在营地里，他们被迫与流浪汉同住一间旅馆，饱受虱子的侵扰。有些人宁愿睡在外面，而且不愿盖毯子，因为毯子上也长满了虱子。赫伯特问，为什么想参军的人不能仅仅登记一下，然后回家继续他们的正常生活，直到军队能够妥善安置他们时再入伍。陆军部似乎认为，可以采用老办法来大规模征召 50 万名士兵，即“通过在街道的拐角处召集游荡者和流浪汉来招募士兵。这些人不知道，一直以来，那些主动站出来的人都是这个国家最优秀的劳动者”。[172] 141

阿斯奎斯的姐夫杰克·坦南特（Jack Tennant）是陆军部的次官，他在下院向基钦纳汇报工作。他没有反驳赫伯特的说法，而是暗示说蒙茅斯郡的运气向来都不太好，这使得其他选区的议员（他们也发出了类似的抱怨）纷纷质问坦南特。他承认，“那些不得不负责招募如此庞大数目的士兵的人也只是普通人”。[173]事实证明，那些负责安置志愿兵并确保他们接受适当培训的地方官员力有未逮，此外，需要几周的时间，所有的事情才能顺利步入正轨。这些话没能安抚任何人，第二天，阿斯奎斯谈到了问题的严重程度。截至前一天晚上，共有43.9万人加入了基钦纳的军队。参军人数达到最高纪录的一天是9月3日，该日有33204人应征入伍，仅在曼彻斯特就有2151人参军。[174]地方协会被要求帮助提供新兵，而且它们一般都会这样做。政府正在建立训练中心，以缓解“拥挤”。[175]阿斯奎斯发现郡议会和市政当局拥有许多建筑物和房产——学校、市政厅等——这些可以被用于安置和培训新兵。他的告诫唤醒官场意识到这是一场全面战争，这场战争的规模在英国是前所未有的，即使在一个世纪前拿破仑的威胁达到顶峰时，英国也没有发生这种规模的战争。

阿斯奎斯和政府最担心的是，公众将目睹国家无力妥善处置新的战斗力量，以及在“老不齿”被击溃时人们将停止争当志愿兵。他一边盯着记者席，一边告诉议员：“我们都知道，爱国主义精神总是——当然，现在更加重视和热衷于这种精神——激励着社会的各个阶层，我完全相信，如果他们相信国家确实需要他们服役，并在适当的时候向他们提供足够的训练和装备，那么他们将愿意忍受目前的困难和不适。”[176]他证实，一旦实现了征召50万名新兵的最初目标，国家将再招募50万人，以建立一支超过120万人的军队。这需要再次对资金问题进行投票，而下院几天内就进行了表决。

在英雄主义和牺牲精神的故事充斥报端的时候，一些蜂拥着应征的人暂时继续过着平民生活，而这有时候使他们成了英国国内不愉快场景的无辜受害者。几乎就在战争刚刚爆发的时候，退休的皇
142 家海军中国区舰队的副指挥官、海军中将查尔斯·库珀·彭罗斯·

菲茨杰拉德（Charles Cooper Penrose-Fitzgerald）组建了一个白羽协会。该协会怂恿女性给达到服役年龄、穿着便服的男性一根白色的羽毛——这个传统的标识给这些男人打上了“逃避责任者”或“懦夫”的烙印。海军中将向福克斯顿的30名妇女提供了大量的白色羽毛，让她们合理分发。尽管这种当面羞辱缺乏男子气概的人的做法非常粗俗且不正当，但十分有效，并在全国范围内流行起来，这让那些已经应征却发现自己遭到女性责难的人感到非常气愤（尽管许多女性觉得这种活动很可怕）。议员们请求向男士们发放徽章，让他们把徽章戴在纽扣孔上，以表明他们已经应征入伍。坦南特答应考虑这个主意。公众向那些显而易见的新兵给予了大力支持，但这种支持并不总是受欢迎的。10月下旬，基钦纳敦促平民不要在酒吧为士兵买酒来表达感激之情，因为只有“通过努力工作和严格的节制，他们才能保持强健的体魄”，才能完成他们的任务。他敦促在士兵密集的地区成立委员会来监督和执行这些要求，但没有证据表明公众把这些要求放在心上。

9月13日，当阿斯奎斯去奥尔德肖特视察军事准备工作时，传来了英国远征军将德军赶回马恩河并向兰斯进发的好消息，他发现，“所有的街道和小路都挤满了基钦纳的新军——有些人穿着卡其布制服，但绝大多数人穿着伦敦东区的服装四处游荡，这样的聚集场景是非常少见的”。[177]他目睹了等待训练的军团，到那时止，已有21.3万名士兵和5.7万匹马被派往法国。[178]不久后，弹药短缺的问题便显现出来，军靴和军服短缺的问题也相应出现。很快，陆军部的采购主管就被撤换掉了。

这场战争对那些负责指挥战事的人产生了巨大影响。9月2日，阿斯奎斯夫人说，格雷“几乎要崩溃了”，他的同僚们都感到压力重重，但据她的丈夫说，丘吉尔是“内阁中唯一快乐的人……”。[179]比阿特丽斯·韦伯和丈夫西德尼曾在8月28日与格雷共进晚餐，她觉得格雷“很痛苦……他过于敏感地认为自己对没能阻止战争负有个人责任”。[180]不过，丘吉尔也不像阿斯奎斯夫人认为的那样镇定。他渴望发动一次海军进攻，以便把德军赶出去，但他的顾问们
143 都不同意，这使他大为恼火。包括海军部士兵在内的军人发现，如果他们提出丘吉尔不同意的意见，那么丘吉尔一定不会再征求他们的意见。“我无法忍受这些反对我的人，”他对参谋A. H. 奥利沃特（A. H. Ollivant）中校说道。[181]然而，这没能增加他们对他的尊敬之情。

七

9月4日，阿斯奎斯在伦敦市政厅发表了关于英国各组成部分的四篇演说中的第一篇，旨在证明宣战是正当的。劳和贝尔福都发表了简短的讲话以示支持，坎特伯雷大主教向他授予了属灵权柄*。阿斯奎斯的计划（随后将在加的夫、爱丁堡和都柏林发表演讲）是这样设想的：在去都柏林的路上，他可能会在北威尔士停留，顺道在斯坦利小姐家人的房子（这座房子位于安格尔西岛的彭罗斯）里和她会面。不管借口是什么，这个演讲都给了他一个机会，让他能够在《泰晤士报》所称的“教育运动”中实现全国范围内的露面。在市政厅，他说这场战争是“强权与公理之间的

* 属灵权柄：在宗教改革之前，教会的传统认为，教皇是基督的代表，教皇的权柄来自基督的授予，而路加福音第22章第38节提到的两把剑就是上述权柄的象征。一把剑是属灵之剑，象征着属灵权柄；另一把是世俗之剑，象征着世俗权柄。根据这两把剑，基督已经把属灵权柄和世俗权柄都赐给了教皇。其中，属灵权柄由教皇及其委托的神职人员行使。——译注

血腥仲裁”。他还补充说，如果英国不参战——无论是“出于胆怯、扭曲的算计、自身利益，还是出于荣誉感和责任感上的麻木”——都将使英国“背弃承诺，对朋友不忠”。[182]“当今世界面临的无穷无尽的苦难”，责任全在于德国；他赞扬了帝国大有可为的人才和他们给予的支持，特别提到了印度；他让人们回想起与拿破仑的作战，并引用了皮特的话；他恳请更多的人志愿参军。这场演讲是对公众开放的，听众超过了市政厅可以容纳的人数。演讲结束时，一个新招募的军士在外面巡逻。

政治分歧继续被掩埋。政府宣布，在此期间将不会举行有争议的补选（随着爱尔兰新芬党的崛起，这种情况将发生改变），任何政党均可以提名其前任议员的继任人。由于欧洲正受到“军事专制”的威胁，工党（其领导人一直反对战争）公开宣布支持与德国作战的决定。该党要求国家为来自工人阶级的参军士兵的家庭提供适当资助。此时，政府的一个更强大的敌人将在全国各地巡游，要求对德国进行更加猛烈的抗击。自称从 1912 年初开始流亡巴黎、令伦敦警察厅鞭长莫及的克丽斯特贝尔·潘克赫斯特宣布，她将于 9 月 8 日在皇家歌剧院发表首次演讲。 144

9 月 19 日，阿斯奎斯在爱丁堡向“时而深深沉默、时而狂野热情”的民众发表了第二次“全国”演讲。[183]同一天，在伦敦女王大厅发表的演讲中，劳合·乔治戏剧性地证实了他最近对战争涌现出来的热情。“一直以来，我们都过得太舒适，太懒散了——很多人也许非常自私，”他说，“命运的粗暴之手正驱使我们，使我们站到一个新的高度。从这里我们能够看到维系一个国家伟大永恒的东西——我们已经忘却的荣誉、职责、爱国主义，以及裹藏在白色光辉中的牺牲的峰巅，它像一只粗糙的手指直指苍穹。”[184]英国人“世世代代生活在一个被屏蔽的山谷里”。正如杰拉德·德格鲁特

（Gerard DeGroot）描述的那样，我们要传达的信息是，“我们不是为新事物战斗，而是为光荣而古老的事物战斗”。[185]

截至那时，德国U艇一天内在北海击沉了三艘巡洋舰，这进一步打击了士气，因为潜艇战似乎威胁到皇家海军所谓的无敌和获胜的必然性。消息传出时，汉基正在唐宁街吃午餐，他说：“我不记得，在战争的这一阶段还有哪些事件能像今天的事件这样导致如此沮丧的气氛。”在刊登“霍格”号（48人丧生）、“克雷西”号（560人丧生）和“阿布基尔”号（527人丧生）的伤亡名单时，《泰晤士报》用了整整一页的小字来列出他们的名字。在接下来的一页中，几乎用了半页来列载英国远征军的阵亡人员。海军的损失令人惋惜，但战前组建的正规军正在遭到摧毁。10月4日，圣保罗大教堂的主教威廉·英奇（William Inge）——由于初期的悲观主义情绪，他后来获得“悲观院长”的绰号——在坦普尔教堂的一次集会上警告说，这场战争将改变英国的国民性格，因为由于这场战争，英国将“面对丧亲之痛、贫困，并失去曾经坚信不疑的100多年来包裹我们的安全感”。[186]不过，他确实希望能够恢复民族自尊，并希望这次危机能够促使人们理智地看待最近几年的政治争论。

阿斯奎斯的下一场演讲在都柏林举行，民族主义党人和统一党人也参加了演讲。他支持雷德蒙关于派遣爱尔兰旅的呼吁——事实上，他说希望看到一支爱尔兰军团。《泰晤士报》报道说，“阿斯奎斯先生在爱尔兰的募兵呼吁没能产生显著的直接影响”。[187]在接下来的一周，他来到了加的夫，此前不久，劳合·乔治在该市招募
145 了一支5万人的强大的威尔士军团。此时（即10月初），安特卫普遭到了德军的攻击，比军告诉伦敦，他们将撤离这座城市。丘吉尔身负使命，前去会见比利时国王和他的大臣们，“试图给他们打

气”。[188]丘吉尔——极不情愿回国——成功说服他们不要撤退到奥斯坦德，但不得不承诺英国将提供进一步的援助，尽管英国远征军已经寡不敌众，并超出了承受能力。令他的顾问们恼火的是，他决心插手战事，他提议利用驻守保护海军基地的士兵和一些新兵（印度士兵将接替他们的职责）来组建皇家海军分队，并建议将他们派往安特卫普。基钦纳同意了。

丘吉尔提出从海军部辞职，以指挥他的新分队，内阁予以否定，阿斯奎斯称这个建议在内阁引起了“哄堂大笑”。[189]阿斯奎斯说，他不能把丘吉尔调离海军部，尽管基钦纳声称，如果阿斯奎斯肯放人，他打算让丘吉尔（其曾在南非服役，是本土防卫军的军官）担任陆军中将。回到英国后，丘吉尔指责阿斯奎斯不放人，声称这次战役中的海上部分实际上已经结束了，英国应保留优势，因为还有更大的仗要打。首相对斯坦利小姐说：“一看到和想到基钦纳的新军，他就流口水了。”[190]丘吉尔不敢相信这些新的“机警的军队”会被派去“挖垃圾”，去执行“过时的”战术。“在大约一刻钟的时间里，他滔滔不绝地发表了一通谩骂和呼吁。我很遗憾，速记员不在旁边，没能听见这些话——因为他脱口而出的一些话是相当荒谬的。”

在一次糟糕的、准备不足的行动之后，10 月 10 日，安特卫普陷落，丘吉尔的判断中遭到质疑的那部分再次引起了人们的注意。尽管海军分队奋勇作战，但他们中的 1400 人在逃到荷兰时被荷兰人扣押。另有近 1000 人被俘虏。由于英国海军之前在远到奥斯坦德的海域中埋下了水雷，并答应派一艘领航船来带领部队，但后来却忘了这么做，致使海军分队没有完成登陆的任务。他们被召回，并试图第二次发起攻击。丘吉尔的身边缺少能与他对抗的专家，他的新分队根本没有能力迎接这个挑战。阿斯奎斯的儿子亚瑟（也称

146 为“欧克”）当时就在那里，他针对这次溃败向阿斯奎斯做了详尽的描述。他听到的情况促使阿斯奎斯断定这次溃败“极其愚蠢”。他认为“温斯顿（他知道所有的事实）另外派遣两个海军旅的做法是无法原谅的”。[191]第一旅中有“经验丰富的海军后备役人员”。但是，另外两个旅主要是“一群初生牛犊（新手），他们中的大多数人从来没有开过枪，也从来没有使用过挖战壕的工具”。他告诉斯坦利小姐，欧克营队中的主要军官是“鲁珀特·布鲁克（诗人）、欧克和丹尼斯·布朗（Dennis Brown）（钢琴家），他们分别服役1周、3天和1天。这就像把羊送到屠宰场一样”，他说，他在提及屠宰场时使用的是方言。布鲁克和他的朋友W. 丹尼斯·布朗（作曲家）逃过此劫，但在达达尼尔海峡战役中丧生。欧克幸存了下来。阿斯奎斯希望丘吉尔（他将责任归咎于基钦纳）能从中吸取教训，并希望他把海军分队移交给军事当局。这些外行的士兵不仅非常危险，而且非常让人为难。很快，阿斯奎斯就原谅了丘吉尔，并在10月24日说道：“《晨间邮报》的疯子编辑（H. A. 格温）今天早上给我写了一封很长的私人信件，敦促我让杰利科撤掉温斯顿！”[192]

有趣的是，格温对丘吉尔的批评是以安特卫普为依据，并与阿斯奎斯的批评相类似。10月13日，他在《晨间邮报》的社论中发表了这些尖酸刻薄的批评，并决心要让丘吉尔（格温等托利党人将丘吉尔视为叛徒）下台。丘吉尔被激怒了，他召见了负责审查的副检察长斯坦利·巴克马斯特爵士，询问能否对格温采取行动。巴克马斯特告诉丘吉尔，他的令状只适用于阻止刊印敏感的军事或海军信息，不适用于惩罚批评大臣的记者。不过，巴克马斯特确实给格温写了一封信，建议他缓和攻击行为，但格温没有答应。不久后，格温写道：“丘吉尔先生已经把海军部的全部权力掌握在自己的手中，海军不再由专家委员会管理，而是由一个绝妙的、反复无常的外行管理。”[193]弗朗西丝·史蒂文森记录道，丘吉尔“厌恶”劳合·乔治，“当他走过去，站着让摄影师和电影摄像师拍照的时候，举止相当傲慢”。[194]

丘吉尔似乎认为自己因错误判断而积累的过错还不够多，现在，他选择引起更多的争议。10 月，当巴腾堡亲王路易斯被迫辞职时，在安特卫普惨败后，饱受围攻的海军大臣丘吉尔迫切地需要 147
一个盟友来取代路易斯。令白厅和威斯敏斯特感到困惑、但令公众高兴的是，他的盟友是前第一海务大臣、海军元帅杰基·费希尔勋爵。虽然他已于 1911 年 1 月满 70 岁时正式退休，但自从战争爆发以来，他经常出入丘吉尔的办公室。当丘吉尔将这个任命告诉国王时，国王感到“非常惊讶”，因为他认为费希尔在之前任职时“制造了一种不安的状态，并招致服役军官的反感”。[195]据费希尔说，国王曾试图劝阻丘吉尔，暗示这份工作将害死费希尔。据说丘吉尔是这样回答的：“阁下，我想不出比这更光荣的死亡了！”。[196]国王向丘吉尔推荐了其他人，但都被排除了。国王不会在没有咨询阿斯奎斯的情况下批准任命费希尔，于是，国王请求阿斯奎斯停止这项任命。然而，阿斯奎斯支持丘吉尔，他补充说，如果不任命费希尔，那么丘吉尔将会辞职。国王的私人秘书，执拗、忠诚并具有权势的斯坦福德汉（Stamfordham）勋爵出席了面谈，他说：“从丘吉尔先生前一天对国王说的话来看，他不会因为离开海军部而感到遗憾，因为海军部的工作与他不合拍。他想上前线，想去打仗，想去当一名士兵。”[197]

费希尔曾立下一些汗马功劳：从 1904 年到 1910 年，他下令拆除旧船，使用现代船舰。皇家海军装备如此精良，在很大程度上要归功于他。阿斯奎斯支持这项任命，因为他错误地认为，费希尔将会牵制丘吉尔。最终，国王（他持保留意见，原因很多，其中包括他担心丘吉尔和费希尔会闹翻）还是同意了，但他写道："我是带着一些不情愿和疑虑同意的……我希望我的担心是毫无根据的。"[198]他补充说："我竭尽所能阻止这件事，并告诉他（丘吉尔）海军不信任他（费希尔），他们对他没有信心。"[199]然而，费希尔已经73岁了，是一个我行我素的人，不太尊重政治权威。他一生都容易晕船，他是一位出色的舞者，是爱德华七世的密友，而且他非常笃信宗教。他也有幽默感：1909年，在被授予贵族爵位时，他的座右铭是"敬畏上帝，无惧一切"。但是，他脾气暴烈、焦躁不安：费希尔与已故的国王关系密切，但在位的国王不喜欢他，不信任他。不管怎样，乔治五世改变了主意，费希尔告诉阿斯奎斯，在
148 一次提其任命的谈话中，国王和他"一见如故，打得火热"。[200]

安特卫普的溃败让英国远征军和法军在马恩河战役中取得的胜利（在这场战役中，英法联军将德军赶出了兰斯，使巴黎免遭1870~1871年的命运）蒙上了一层阴影。当德军创立了一种新的战争模式时，要想取得更大突破就不太可能了。9月中旬，德军在埃纳河的高地挖了第一个堑壕，随着堑壕向东西蔓延，机动作战结束了。到了10月，形势越来越清楚地表明基钦纳是对的，认为战争会在圣诞节结束的人都大错特错了。他警告阿斯奎斯："在西线和东线，敌对两军可能会在几个月后陷入僵局。"[201]

八

头几个星期的战事逐渐证明，无论报界怎么描绘，一切都和往常不一样了。随着大量的男性从商业和工业领域转移到军队，一切也不可能像往常那样了。其他因素也让英国更进一步感受到了战争。

多年来，通过小说作品的灌输，公众对敌人成功入侵、甚至企图入侵怀有非常强烈的恐惧。英国在多佛海峡、泰恩河口和亨伯河口布下了雷区，作为额外的预防措施；水上飞机驻扎在克拉克顿和东海岸的其他地点，以监视德国人的动向。10 月 21 日，在内阁会议上，基钦纳向阿斯奎斯表达了他对本土可能遭到德军入侵的担忧。

然而，被德国侵略或受到侵略威胁的协约国的平民抵达了英国海岸，正是他们的到来，才使公众认识到战争的规模和影响。来自巴黎和比利时的难民抵达福克斯顿和伦敦，其中有 2.6 万人是在安特卫普沦陷后一周抵达的。9 月 9 日，地方政府委员会主席赫伯特·塞缪尔（Herbert Samuel）宣布政府支持比利时难民，并呼吁公众提供帮助。他在回忆录中写道："人们立刻积极响应号召。地方政府委员会要求成立地方接待委员会；很快，英国各地出现了不少于 2500 个这样的机构。"[202]伯爵府和亚历山德拉宫成了向难民分发物资的中心，到了 11 月底，已经安置了 4.5 万名难民。由于在男人们服役后工厂急需劳动力，那些不适合参军的难民被敦促加入劳动力大军。 149

由于担心可能遭到德军的入侵，赫伯特·塞缪尔奉命负责一个新的小组委员会，该委员会试图从接收比利时难民的经验中汲取教训，以便在德军到来时以最佳方式对平民进行管理。该委员会建议内阁制定规则，要求平民留在原处，因为转移难民将会妨碍输送用于与敌人交战的防御部队。该委员会相信敌军的补给将会被皇家海军切断，并且将会耗尽弹药。该委员会认为，政府应该发布公告（但仅在发生入侵时），以便告知平民"待在他们的惯常居住地，若无军队或警察的命令，不得驱赶牲畜；若无命令，不得破坏食物、饲料、桥梁、铁路车辆、电站、电报、无线电台、自来水厂、水闸或船闸、码头、防波堤、船只或渡轮"。[203]

内阁拒绝呼吁平民待在家里，因为大臣们确信，当恐慌控制了一切的时候，他们是不会这样做的。政府还决定杀掉无法转移的牛，并决定烧毁粮食。在汉基的帮助下，贝尔福奉命负责组织这项计划，他与英格兰和苏格兰东海岸所有郡的首席治安长官会面，并向他们委派了启动计划的责任。它还决定让公众知晓这个计划，而不是等到德军入侵后才设法告诉他们。所有受影响的郡都张贴了海报，没有出现恐慌，一些社区等不及政府的指示，已经制定好了应急计划。

齐柏林飞艇*在西线的使用于英国国内引发了进一步的不安，这可以从10月初伦敦保险市场上为空袭投保的企业和户主的交易数量中看出来。东部各郡和伦敦的警察局张贴告示，要求任何可能遭受空袭的地方必须熄灯。不出所料，大多数保险客户来自伦敦和英格兰东部，保险生意不错。保险公司向私人客户收取3先令4便士或其房产价值的16.5%；向企业客户收取5先令，向东海岸的企业客户收取7先令6便士。承保范围不仅包括轰炸造成的损失，也包括“暴动或民众骚乱”造成的损失，但当时似乎不太可能发生这样的民众骚乱。于是，寻求保险的客户只对轰炸投保，他们按
150 照统一的费率，为每1英镑房产价值支付2先令，这意味着户主或企业每年需要支付相当于房产价值10%的保费，以防范这些风险。[204]保险公司交易活跃，生意兴隆。

刚开始，平民的生活发生了一些轻度变化。逍遥音乐会继续在伦敦女王大厅举行，尽管曲目被替换成了爱国乐曲——在8月15

---

* 齐柏林飞艇（Zeppelin）：一种或一系列硬式飞艇的总称，是著名的德国飞船设计家斐迪南·冯·齐柏林伯爵（Count Ferdinand von Zeppelin）在20世纪初期以大卫·舒瓦兹（David Schwarz）所设计的飞艇为蓝本，进一步发展而来。1914年8月5日夜，Z-6号齐柏林飞艇成功轰炸了比利时的列日要塞，8月26日，德国飞艇对安特卫普实施了一周的轰炸，8月30日空袭了巴黎。1915年1月19日，德国飞艇开始轰炸英国本土。——译注

日举行的音乐会上，曲目中包括博伊斯（Boyce）的《橡树之心》（*Hearts of Oak*），这是皇家海军的军歌。人们被告知，海滨是完全安全的，不会受到德军的攻击。虽然度假胜地刚开始空无一人，尤其是在东海岸，但随着天气变得越来越热，以及火车较少被用于运送军队，两周内人群开始回流。起初，由于运输马匹存在困难，更多的赛马比赛被取消了，到战争的第二周已经没有了任何赛事。然而，为了避免商业灾难，8 月 13 日，赛马会表示，由于众多的人依靠赛马谋生，除非必要，否则不应取消固定赛事，但数周的大规模军队调动导致赛事的取消不可避免。不过，这项运动很快又恢复了，9 月举行了圣烈治锦标赛（St Leger），之后在纽马克特（Newmarket）举行了秋季比赛。国王继续让马参加比赛，因此，组织者认为这项运动获得了继续进行下去的官方认可。

虽然郡际板球赛一直持续到了 8 月份，但业余俱乐部还是取消了固定赛事。8 月 6 日，马里波恩板球俱乐部的秘书宣布，他认为，“除非那些没有参加军事训练的板球运动员能以任何方式为他们的国家效力，否则目前取消比赛是没有好处的……英格兰板球队员一定会响应任何明确的召唤”。[205] 汉普郡俱乐部的秘书 F. H. 培根（F. H. Bacon）建议成立一支职业板球运动员军团，他的所有球员都同意加入军团。诺丁汉郡的特伦特桥板球场被征用，以用于治疗伤员。许多杰出的业余运动员［尤其是约克郡的队长阿奇博尔德·怀特（Archibald White）爵士］都加入了兵团，但在其他地方，这项职业比赛在整个 8 月仍在进行，吸引了一小部分度假人群，随着来自法国的消息变得越来越糟，这些人群逐渐减少。最后，在从蒙斯撤军后，8 月 27 日，精神抖擞的最传奇的板球运动员 W. G. 格雷斯（W. G. Grace）博士对此进行了猛烈抨击，导致门柱被撤走。他给《运动员》（*Sportsman*）写信说：“我认为结束

郡际板球赛季的时候到了，因为在这种时候，身体强壮的人白天打
151 板球，而寻欢作乐的人在一旁观看，这是不合适的。”[206]大多数俱乐部取消了剩余的比赛；马里波恩板球俱乐部决定9月初不派出一流的强队参加斯卡伯勒板球赛，很显然，这令俱乐部的秘书大为恼火。直到1919年，英格兰才恢复了郡际板球赛，届时，在1914年出现的210名一流板球运动员中，有34名为他们的国家捐躯了。

大多数其他运动项目也接到了消息。职业高尔夫球手决定取消该年剩余时间里的所有比赛，橄榄球联盟要求其所有球员参军。此外，足球俱乐部也取消了固定赛事，留出场地供陆军部进行训练和募兵。足球总会承诺，在举行比赛的地方，当地的知名人士都将向球员和观众说明募兵的重要性。这还不够。弗雷德里克·查林顿（Frederick Charrington）是伦敦东区一位经验丰富的禁酒工人，他给国王写信，要求国王出面干预，以便彻底停止足球运动；他还给足球总会的主席金纳德（Kinnaird）勋爵写信，要求他辞职，因为足球总会做出了继续参加职业比赛的“不爱国的”决定。显而易见的是，金纳德很不舒服，在停止职业比赛时，他以合同作为借口。[207] 9月6日，阿瑟·柯南·道尔直接呼吁足球运动员参军，米德尔塞克斯军团为他们组建了一个足球运动员营，并在爱丁堡建立了另一个营，即皇家苏格兰团第十六营。尽管来自公众的批评声不断，但在1914～1915年，足球联赛还是踢完了一个完整的赛季。之后，联赛和足总杯都暂停了，直到1919年才恢复。

在英国远征军撤退后，军队越来越迫切地需要合适的年轻人，无论在接纳他们入伍时是否向他们支付奖励金。9月5日，《伦敦观点》（*London Opinion*）刊登了阿尔弗雷德·李特（Alfred Leete）设计的海报，在海报中，基钦纳指着英国人，宣称：“国家需要你们。”当募兵办公室于两天后的星期一重新开放时，伦敦有近5000

名男子应征入伍。当法庭在长假结束后重新开庭时，法官们将轻罪犯人送到募兵办公室，而不是送到监狱。

到了9月初，尽管国王继续光顾赛马，但仍有人要求停止这项运动。罗伯特·塞西尔勋爵带头呼吁，他说如果足球比赛停止了，那么赛马也应该停止。对此，纽马克特的著名教练乔治·兰布顿（George Lambton）提出了异议。他说，足球需要身材高大、强壮的人，而赛马通常需要身材矮小、不会被军队录用的人。这番话忽 152
视了“矮脚营”的组建，该营对新兵的身高制定了非常低的要求。兰布顿僭越地说道，赛马业雇用了许多不适合干其他事情的人，如果赛事停止，这些人就会失业。他还认为，如果赛马停止，马匹的饲养就会受到影响，从而对战事造成影响。由于军事医院占用了场地，埃普索姆的赛马被取消了，但现在，用《泰晤士报》的读者查尔斯·布莱特（Charles Bright）的话来说，其他比赛的继续进行引发了“一定程度的反感”，因为每次比赛“都会聚集达到服役年龄的不受欢迎的游手好闲者，他们的人数可能和观看足球联赛的人数一样多”。[208]布莱特提出了类别冲突的问题，暗示那些被迫放弃足球的人无法理解为什么“赛马的人”可以保留他们的乐趣。《泰晤士报》同意他的说法。“任何举办受欢迎的大型赛事的企图，例如艾普索姆赛马，尤其是阿斯科特赛马，都会给我们的邻国留下可悲的糟糕印象……数以百万计的人，包括我们自己的人民，将面临死亡的威胁，在这种情况下举行赛马（阿斯科特赛马）合适吗?”

与罗斯伯里勋爵的争论一直持续到了1915年春，主要围绕类别问题展开。在此期间，罗斯伯里声称，他希望避免争议，照常举办赛事，并称历史上最伟大的阿斯科特金杯赛于1815年6月8日举行，就在滑铁卢战役前的十天，“当时，为争夺世界霸主的地位，拿破仑和惠灵顿互相对峙”。[209]他同意，如果比赛停止，英国纯种马将消失，因为“没有人会仅仅为了在马厩里观赏马匹而饲养纯种马”。然而，剑桥大学基督学院的研究员 J. 霍兰德·罗斯（J. Holland Rose）问道，为什么那些被认为不适合服役的骑师不能骑着马在前线当信使，“以便为国家造福，并激励那些偷懒躲起来的人参军。大型赛马和职业足球比赛的壮观场面简直就是国家的耻辱”。[210]1915 年 3 月 4 日，在盖特威克举行的一次比赛上，媒体对 2500 名观众进行了调查，结果发现，他们大多是中年人，其中有很多是女性，而且几乎所有到了服役年龄的人都穿着制服，战事工作似乎并没有受到过度影响。《泰晤士报》因为一边谴责比赛，一边继续报道比赛而受到攻击。该报傲慢地反驳道：“一份伟大的报纸不可能把它的报道范围局限在它认可的事件上。”[211]

153 第二年 5 月，在“卢西塔尼亚”号（Lusitania）沉没后引发的严酷现实环境中，经过数月的辩论，政府向赛马会发出了停止赛马的指示。当月早些时候，公众提出了强烈抗议，因为当时在滑铁卢车站，观看赛马的人阻碍了试图返回前线的士兵，也阻碍了受伤的士兵回家。赛马会承诺将阻止与赛马比赛有关的社交活动，同时认可这项运动应当继续以保护纯种马产业的观点。但是，当时公众的情绪是如此高涨，以至于贸易委员会的主席朗西曼发布了一项命令，认为“有必要让我们整个英国的铁路系统在任何时候都不拥堵，以便快速、畅通无阻地运送军队和军火”，以及防止出现《泰晤士报》所说的“不受欢迎的聚众滋事”。[212]

唯一的例外是，纽马克特可以继续举行赛马。这项运动的领导者们认为，整个小镇都非常依赖这个产业，如果赛马业倒闭，经济将会遭到严重破坏。政府预计埃普索姆和唐卡斯特举办比赛的困难程度将进一步降低。爱尔兰被豁免在禁止举办比赛的行列之外，这进一步表明它在很大程度上并没有卷入英国的战争。A. W. 考克斯（A. W. Cox）——他自称拥有“英格兰最大、最有价值的养马场之一”——给《泰晤士报》写信说，他很乐意为自己的国家做出经济上的牺牲，但现在，他希望政府把注意力转向“一大群没用的追随者上，他们没有马，他们参加比赛只是为了赌博，而且他们完全有能力为陛下持枪上战场”。[213]考克斯相信“这些游手好闲的人”将会被派上用场。直到征兵制出台，这一呼声才引起共鸣。因此，零零星星的比赛持续到了1917年5月4日。到了那个时候，用于喂马的饲料太少，之前的参与者和大部分观众都有事要忙，抽不出身，而那些仍在参加比赛的人被谴责为不爱国的逃避者，他们因为前去观看比赛浪费了本来就不充足的铁路输送能力或汽油。出于同样的原因，在比赛遭到限制后，很快就有人呼吁在战争期间禁止使用私人汽车，尽管这个呼吁将会因为志愿者的私家车对战事工作至关重要而受阻。

英国远征军的战斗结果和大量伤亡不仅导致需要招募更多的新兵，而且使人们进一步认识到正常的生活将无法继续，因为有那么多身强力壮的人必须参加战斗。此外，公众越来越清楚地意识到，船舰和拖网渔船在北海不时触雷并沉没，造成越来越多的人丧生。
到了该年秋天，人们的情绪迅速恶化。随着伤亡人员的名单逐渐加 154
长，阿斯奎斯夫人的斗志一落千丈，10月26日，她在日记中记录道：“这场战争使我们陷入了最糟糕的境地。”她回忆了过去几个月的和平——激进的妇女参政论者，面临内战的爱尔兰，考虑发动叛乱的高级军官，分裂以及“如此轻率、无情、懒散和亵渎神明的”伦敦社会，“完全无视真理和礼仪”的政客们，没有影响力的教会以及本身“稀奇古怪”和“没有骨气的”文化。[214]她接着写道：“我远远看着这一切，看着它们发展，看着它们越来越严峻，
现在，弹片正在杀死整整一代人，我们只能凝视上帝了。” 155

第三章　同盟

一

11 月 11 日，国王召开了新的议会会议，御前宣言只涉及一个主题："继续我们所参与的战争，以取得胜利。"[1]不管三个月前人们是怎么想的，如今，两支军队在法国和佛兰德斯*深挖堑壕，而预期中的海战（以及英国迅速取得胜利）仍然遥遥无期，现在情况已经很清楚，这场战争将会持续很长时间。《泰晤士报》报道说，国王"慎重、严肃地"发表了演讲，"演讲内容给人留下了深刻印象"。[2]王后和在场的许多贵族夫人都穿着黑色或紫色的衣服，以示哀悼。

11 月 17 日，劳合·乔治提出了紧急战争预算，旨在应对旷日持久的战争。在此之前，他通知说，将向下院提交 2.25 亿英镑的新的未规定具体内容的预算数字。正如他所说，报纸低估了战争的成本，在他宣布新的未规定具体内容的预算数字之前，"公众……对战争大业的成本毫无概念"。[3]当时英国有 200 万人服役，

---

* 佛兰德斯（Flanders）是欧洲纵跨荷兰南部、比利时西部和法国北部的一片低地。一战爆发后德军发动"施里芬计划"，借道比利进攻法国，佛兰德斯就完全处在这个战略要道上。——译注

预计几个月内还会再增加 100 万人，而且“我们还养着一支庞大的海军”。[4]与其他国家相比，英国的军属津贴“更加慷慨”，在另外一百万人入伍后，政府每年在军属津贴上的开销将达到 6500 万英镑。战前，政府估计公共支出将达到近 2.07 亿英镑，即便如此，仍将有 1100 万英镑的缺口。预计该年的额外战争支出为 3.28 亿英镑，因此，英国面临着有史以来开销最大的一年，它不 157
得不从某个地方筹集近 3.4 亿英镑。布尔战争持续了 4 个财政年度，花费了 2.11 亿英镑：预计这场战争的第一年就将至少花费 4.5 亿英镑。

通过征税来筹集全部款项是“不可能的”，但是，未能“征收税费和重税”将背离在迄今为止的每一场战争中所采取的政策，并将破坏英国的财务稳健。[5]在拿破仑战争和克里米亚战争中，超过一半的支出是使用贷款支付的，剩下的来自税收。对于那些工资较低的群体，皮特（Pitt）和格莱斯顿按财富比例增税，如果劳合·乔治照搬这个举措，那么政府根本不需要借贷。这不仅仅是因为纳税人——劳合·乔治指出，为了筹集资金，可以对很多东西征税，而不仅仅是收入——意识到了自己对国家的责任，他们也意识到自己对子孙后代的责任，他们不想让后代背上需要支付利息的巨额债务负担。

就当前年度来说，他需要找到 1600 万英镑，第二年需要找到 5000 万英镑，才能弥补收入损失和支付贷款利息。此外，在战争爆发前直接或间接做出税收贡献的 200 万人，一年后也许会在海外服役，并且也许不再纳税。借钱来支付这些费用将“让财政账面变得极度不光彩”。[6]他为增税提出了另一个理由，那就是大部分额外的政府开支——可能是五分之四——将在英国产生，这将对工业起到巨大的推动作用。为此，征收高额税费才是明智的做法。他预计战后将会有一个复兴计划。随着和平时期的到来，将会出现严重的经济问题，这是一个非常有先见之明的评估。因此，所有可以通过税收来筹集的钱都应该这样筹集。

他提议将每英镑的个人所得税提高一倍，从 1 先令 3 便士增加到 2 先令 6 便士。与烈性酒相比，啤酒的税率很低（相对于其酒精浓度而言），因此，他提议每半品脱啤酒加收半便士的税费，他通过调查研究得知，这是通常喝的量。他宣称："一个人每喝半品脱酒，就会为战事的继续进行做出贡献。"这实际上是把喝酒变成了爱国行为。他承认，1909 年烈性酒的税率大幅提高导致财政部损失了一大笔钱，因为这降低了消费，并严重打击了酒商。因此，他不会增加此类税率，但是，他将对每磅茶叶收取 3 便士的税费，他
158 预计一年能筹集 320 万英镑。

所有这些都无法弥补额外的支出——他估计增税后仍有 3.21 亿英镑的"缺口"——因此，他宣布了战争贷款。[7]政府将发行一种息率为 3.5% 的债券，可以在 1928 年 3 月 1 日赎回，或者经提前三个月通知后，在 1925 年 3 月 1 日之后赎回（前提是该时期恰好是低息借款时期）。由于预计政府将会推出这样一笔贷款，机构和个人出资了 1 亿英镑，并且政府将立刻发布招股说明书，以便筹集总额为 3.5 亿英镑的资金。为了证明此举是正当合理的，他说："这是一笔贷款，用来帮助这个国家为生死存亡而进行的战争，为了让我们拥有的一切债券升值而进行的战争。胜利意味着升值，失败意味着贬值。这是一项极好的投资，因为大不列颠的信用在市场上仍然是最好的，而且在这场战争结束后，它将是一项比以往任何时候都要好的投资。再也不会有关于大英帝国衰落和垮台的信口胡说和恶意言论。"[8]他说，对于那些年纪太大或病得太重而无法上战场的人来说，这是一种为战斗做出贡献的绝佳方式。在一次几乎没

有党派之分的演讲中，影子大臣*奥斯丁·张伯伦支持了他的提议，尤其是关于贷款的建议。第二天，下院开始考虑为军人、家属、寡妇提供适当的财政支持，并为那些因受伤而不能工作的人提供慷慨的养老金。

然而，虽然劳合·乔治用尽了聪明才智，但英国作为一个庞大的债务国的角色还是开始了，并将无限期地扮演这个角色。由于一些盟友的信用状况不确定，英国一直在借钱（主要是向美国借）以便贷款给它们，但英国须对这些债务负责，这使英国处于非常不利的地位。后来，俄国在革命后以及在与同盟国缔结单边和平条约后违约，这产生了非常可怕的经济后果。还有其他国家（例如该年秋天的罗马尼亚），它们在拒绝了德国的提议后，要求英国作为盟国向它们提供资金。正如贝尔福在 12 月告诉作战委员会的那样："如果我们要成为许多国家的司库和万能的资金提供者，我们必须维持良好的经济状况。"由于预计战争将持续数年，随着更多的男性被征召入伍，即使女性接替了他们的工作岗位，经济也将因为他们的离开而遭到削弱。这种紧张局面将在 1915 年爆发。

11 月 3 日，战火烧到了英国本土。德国海军对英格兰最东端的大雅茅斯（Great Yarmouth）发动了一次突袭——按照审查员的命令，英国报纸没有进行报道。这次突袭似乎印证了基钦纳的观 159
点，即德国正在对英国发动侵略战争，不仅在欧洲大陆，也在英国本土，英国需要在北海南部部署更多船舰。德军向该镇发射了炮弹，但炮弹落在了海里，这既恐吓了居民，又为德国的另一次布雷行动提供了掩护。然而，与此同时，来自南大西洋的消息称，英国

* "影子"大臣：在野党内部建立的影子内阁的大臣。影子内阁是指实行多党制的国家中不执政的政党为准备上台执政而设的预备内阁班子，也叫"预备内阁"、"在野内阁"。——译注

在科罗内尔海战*中损失了船舰，这导致一些本来要去东海岸的增援部队被派往科罗内尔，并导致了1914年12月在福克兰群岛与德国海军中将格拉夫·冯·斯佩（Graf von Spee）率领的德国东亚舰队开战。虽然德国公海舰队直到1916年5月才出现在日德兰半岛，并且此后再也没有出现过，但阿斯奎斯对大雅茅斯的袭击感到局促不安，对科罗内尔海战感到愤怒。他告诉斯坦利小姐，指挥第四舰队的海军少将克里斯托弗·克拉多克（Christopher Cradock）爵士并没有随“好望角”号一同“沉没”，“他应当接受军事法庭的审判”。[10]这种想法极度不公平，也表明阿斯奎斯的消息不灵通。即使自己的部队处于极大的劣势，克拉多克仍与敌人交战，而且表现得极为英勇，在被击沉前的三天，他曾请求增援，但被拒绝了。

12月16日拂晓，德军对斯卡伯勒、哈特尔普尔和惠特比发动了一轮更加恶劣的突袭，这又一次证明了丘吉尔的轻浮，也表明他不明白，他那夸夸其谈的措辞并不总是恰当的。和大雅茅斯突袭一样，这次突袭也是为布雷作掩护，但这一次炮弹并没有全部落入海里。根据当时的官方数字，轰炸从上午8点刚过开始，一直持续到上午8点50分，这三个城镇有137人死亡，360人受伤（后来修改为455人）。后来，汉基声称，仅哈特尔普尔就有86人死亡，426人受伤。[11]当时没有建造防空洞的计划，当晚陆军部通告说，西哈特尔普尔的民众“都挤在街头，大约有22人死亡，50人受伤”。[12]不过，报告说，这三个城镇“完全没有恐慌”，具有讽刺意味的是，这可能会增加伤亡人数，因为人们在袭击期间选择不躲起

---

* 科罗内尔海战（Battle of Coronel）：第一次世界大战初期，德国巡洋舰分舰队在智利科罗内尔角附近击败英国巡洋舰分舰队的海战。11月1日，双方分舰队在科罗内尔角附近海域遭遇，英分舰队首先发起攻击。战斗中，英旗舰“好望角”号和“蒙默斯”号被击沉，其余2舰趁暗夜逃脱。——译注

来。许多房屋被毁，哈特尔普尔的三座教堂和煤气厂遭到袭击。在惠特比，修道院的残存部分遭到破坏，斯卡伯勒的一座教堂和一家医院被毁，大饭店也遭到破坏。在恢复秩序后，哈特尔普尔市长发布公告，建议民众待在家中。 160

德国军舰行驶在距离海岸 10 英里到 12 英里的地方。官方报道称，皇家海军追击它们，但在大雾中追丢，并且未能击沉它们。看来派去追击的船舰根本不够快。根据 1907 年在海牙会议上达成的《陆战法规和惯例公约》，斯卡伯勒和惠特比是没有设防的城镇，因此，这些突袭是非法的。丘吉尔失言了，他给斯卡伯勒市长写了一封信，信中总结道："不管德国海军今后取得什么样的战功，当水手们在海上航行的时候，都将给他们的军官和士兵打上斯卡伯勒婴儿杀手的烙印。"[13]阿斯奎斯夫人被他的语气激怒了，"因为在战争时期，人们无法忍受的东西就是煽动性言论"。她的丈夫表示同意，认为这封信"太老套了，内容是一大堆廉价的空谈言论，夹杂着愤怒的咆哮"。

然而，公众似乎站在了丘吉尔的一边，这些突袭激起了反抗和愤怒，报纸要求知道为什么伤亡人数如此之高。长期以来，《泰晤士报》一直呼吁制定一套详细的方案，以指导平民如何保护自己，它斥责政府"以零敲碎打和偷偷摸摸的方式处理这件事"。[14]当局按照《保卫王国法案》将敌国侨民从被袭城镇转移到 30 英里外的内陆，在对个别情况进行调查后才允许一些人返回。尽管如此，东海岸还是暴露出其脆弱性。12 月 21 日，多佛的海军码头显然成了盘旋在英格兰上空的一架飞机的第一次轰炸目标，当时一架飞机在附近海域投下了两枚炸弹，12 月 29 日，人们在英国海岸的上空发现了第一艘齐柏林飞艇。

尽管政府认为德国可能会为了试图打破欧洲大陆的僵局而入侵

英国，但除了早先向沿海各郡的首席治安长官下达的命令外，政府在推进正式的本土防御工作方面几乎毫无作为，这是不合逻辑的。与沿海各郡接壤的其他郡没有收到任何指示，即使敌人登陆后几乎肯定会到达这些郡。在上院的压力下，上院的自由党领袖克鲁被迫承认，这些计划已经被修改，而且可能会遭到进一步的修改。不过，他表示，向各个郡发布指示，或者让每个郡都有一名本土防卫协调员，这是“不可取的”。[15]寇松将此番言论视作克鲁的高傲自满，并被此激怒。他说：“12月16日早上8点，斯卡伯勒的无辜
161 百姓走上街头，他们没有时间去找警察，也没有时间询问紧急委员会主席的地址。”[16]他希望发布的紧急指令能让所有人都看到并了解，而不是在某个特定群体中保密。他还批评志愿兵训练军团——由超过服役年龄的男士组成的团体，目的是鼓动他们的干劲——缺乏协调，认为该军团在紧急情况下将“毫无用处”。[17]在斯卡伯勒，火车站已经被想要逃离的人群包围：寇松担心，一旦发生猛烈的袭击，这里将会发生“踩踏事件”，并指责政府没有制定应急运输计划。

1月19日，齐柏林飞艇带着致敌于死命的意图再次出现。从晚上8点20分开始，炸弹——据说是从那天下午在荷兰海岸发现的三艘飞艇上扔下的——对大雅茅斯进行了10分钟的轰炸。市政当局立即关闭了路灯，与斯卡伯勒和哈特尔普尔的突袭不同，在这次突袭期间，人们待在家中。东海岸实行了实验性灯火管制。飞艇继续轰炸克罗默、谢林汉姆，并于晚上11点轰炸了金斯林（King's Lynn）。这次轰炸造成四人死亡——金斯林的一名鞋匠和一名老太太，大雅茅斯的一名14岁男孩和一名26岁的士兵遗孀。一名婴儿和一名休班士兵受伤。随着间谍热笼罩着全国，有传言称，一辆装有闪光灯的汽车引导着飞艇。进一步的调查显示，这辆车属于国王

的家庭牧师，他要去桑德林汉姆的教区。那天早上，王室回到了伦敦。齐柏林飞艇并不是故意瞄准克罗默和金斯林的，它们在亨伯河上寻找工业厂房，但在大雾中迷失了方向，并在它们看到的第一个城区投下了炸弹。突袭使沿海各郡的当局惊慌失措。在伦敦，所有的临时警察都被召集起来执行防空袭任务。

不出所料，人们对突袭感到愤怒。“德国政府和德国人民已经以一百种方式向全世界表明，他们随时准备实施任何暴行，并且不打算遵守上帝或人类的任何法律，”《泰晤士报》宣称。[18]“他们对弱者和无助的人实行了无情和不人道的毁灭。”该报称，这种暴行——是“一千年来世界上从未发生过的”——将在更大范围内继续，但它说英国不应该报复，而是应当集中精力打败德国军队，赢得战争。德国人的这种“兽性”表现应该不足为奇：威尔斯在 162
他 1908 年的小说《太空战》（*The War in The Air*）中预言了这一点，书中展示了大后方和军事前线是怎样合二为一的。

二

尽管所有的人都承诺投入战斗，尽管德国对英国海岸线的袭击使人们意识到这场战争的紧迫性和潜在的致命性，但战前困扰人们的劳资纠纷卷土重来。1915 年 1 月，约克郡的矿工就是否举行罢工以提高最低工资进行了投票。工会给煤矿老板写信，询问他们是否支持这个想法，但他们还没来得及回答，劳资调解委员会就召开了会议，而且人们普遍认为政府将会进行干预。约克郡的煤田为每天 24 小时生产制服的纺织厂提供电力。由于约克郡大约有 2 万名煤矿工人（占总数的六分之一）应征入伍，劳动力出现了严重短缺。然而，老板们说盈利能力下降，他们付不起更多的钱了。

劳动力短缺也让农民们感到不安，由于劳动密集型工作失去了人手，农民们预见到了耕种和收获方面的问题，与此同时，生活成本突然上涨。自 8 月份以来，食品价格一直保持稳定，但现在又开始上涨了，原因是进口小麦短缺、船运成本上升以及港口拥堵，这些问题同样是由人手短缺造成的。工党宣布，当议会于 2 月 2 日复会时，它将要求国家对食品分配和价格进行全面控制，自由党政府完全不接受这种想法，尽管自 1914 年 8 月以来，自由党政府在国家干预方面做出了妥协。被斥责为投机倒把的船主们说，他们并没有提高运费，而是指责外国的粮食生产商利用英国的食物短缺来抬价。即使自由党人从意识形态的角度不反对干预，但这也是毫无意义的。意识到可能会有更大的蛋糕，比林斯盖特海鲜市场的搬运工也罢工了。

在 1914 年的冬天至 1915 年，食品价格高企也让公众焦躁不安。在伦敦，一袋 20 英石重的面粉，一年前是 26 先令 6 便士，现
163 在变成了 40 先令 6 便士。[19]政府敦促农民们种植更多的作物，但这不会立刻缓解粮食问题，而且由于农场工人被征召入伍，导致劳动力短缺越来越严重，这意味着 1915 年将很难有收成。一种可能的解决办法是，根据许多农村地区存在的教育规章制度给予豁免，允许 11 岁的男孩不上学，到地里干活：但这引起了巨大的不安。工党和一些自由党人认为，这种做法延续了长期以来农民们呼吁更多童工的运动，因为童工成本低廉。正如哈迪在 2 月 25 日所说的那样，多年来，劳工运动一直都在争取免费的义务教育，它的许多成员从未上过学，他们不愿看到受教育权遭到侵蚀，即使是在战争期间。[20]哈迪主张雇用妇女从事某些农业工作（这是一项超前的建议，很快就会流行起来），同时主张土地国有化和成立地方工人合作社——后来没有成立。农业大臣哈里·维尼（Harry Verney）爵士

表示，农民们应该更好地利用职业介绍所，把雇佣男孩作为最后的手段，而非首要的手段。

粮食供应问题之所以恶化，原因是俄国不再出口小麦，而是寻求在世界市场上购买小麦，从而推高了价格。1915 年初，糖（平均每人每周消耗 1.5 磅）的价格从每磅 2 便士上涨到 3.5 便士，大米从 2 便士涨至 2.5 便士，面包从每条 3.5 便士上涨到 4 便士。之所以出现这种情况，运费上涨是一个因素，这意味着在苏格兰的偏远地区价格会更高。在战前，对于一个每周收入 25 先令的人来说，他在食物上的开销是 13 先令 9 便士；而现在，除非他的家庭成员减少，否则他需花费 16 先令 6 便士。[21]战前，纽卡斯尔的优质煤在伦敦的售价为每吨 30 先令，现在是 34 先令。更糟糕的是，穷人用的劣质煤以前是 22 先令一吨，现在变成了 32 先令一吨，这让他们的生活变得异常困难。就组建一支由 70 个师组成的新军队——这是基钦纳的最终目标，建立这支军队需要进行一场文化革命，以便树立全面战争的意识——而言，后勤方面的问题层出不穷，并且即使议会愿意投票批准新的贷款，但财政限制依然存在。尽管如此，11 月 9 日，政府宣布进一步小幅增加向妻子、儿童和寡妇发放的津贴，例如将寡妇的津贴从每周 5 先令增加至 7 先令 6 便士，这个举动引起了社会某些阶层的愤怒。“一位户主”（他不愿意透露姓名是明智的）给《泰晤士报》写信说，如果每周真的要向有孩子的妻子和寡妇支付 1 英镑的津贴，“我们在这一带将连一个女佣都留不住。她们都会去追逐那些男人，‘因为不管这些男人是死是 164
活，她们每周都可以获得一英镑’。在这些津贴的强大诱惑下，很多年轻女孩已经开始劝说男人娶她们”。[22]他建议只对战争前或入伍前结婚的妇女发放津贴。

然而，造成通货膨胀的根本原因是货币供应量的巨大增加，这是由于商业中断导致（不仅英国，而且世界各地的）纸币发行过多而引起的。2 月 22 日，在回应将部分纸币退出流通的请求时，英国财政部财务秘书弗朗西斯·阿克兰（Francis Acland）对下院说道，“没有出现货币贬值”，这是胡说八道。[23]战前，流通中的大额纸币有 2800 万英镑：到了 1915 年 2 月，流通中的大额纸币为 8700 万英镑，其中大部分是 10 先令和 1 英镑的纸币，它们取代了 1/2 索维林和 1 索维林——这些金币要么由银行留存，要么被囤积起来，要么已经离开了这个国家。但是，随着纸币加上黄金的总数超过了 1914 年 8 月之前的水平，货币的总供应量增加了。阿克兰确认，持有纸币的任何人都可以在英格兰银行随意兑换黄金，但是，如果每个人都这样做，那么随着这个国家的黄金储备被耗尽，经济将会崩溃。

整个冬天，政府一直都在处理劳工纠纷。食物价格以不可阻挡的速度继续上涨，这刺激着人们要求获得更高的工资——伦敦码头工人要求每小时增加 2 便士的工资，但码头老板的代表拒绝满足他们的要求，直到贸易委员会施压。此外，人们还威胁要罢工。1915 年 2 月，克莱德（Clyde）造船厂的工程师们因工资问题罢工，其他造船厂也出现了难以掌控的局面。政府的造船委员会宣布，向计件工人发放 10% 的奖金，或者向与政府签订合同的领薪员工每周发放 4 先令 6 便士的工资。工会希望的数字是 15% 的奖金和 6 先令的工资，但它妥协了，接受了这个较低的数字。但是，这没能安抚克莱德赛德（Clydeside）造船厂的工人们，由于食物和煤炭的价格上涨，他们希望每小时能多增加 2 便士。他们将罢工委员会重新命名为“退出工作”委员会，最终，他们同意重返工作岗位，但在回到工作岗位后，他们拒绝加班，而且在上班时，他们设法尽量少干点。[24]《泰晤士报》援引一名技工的话说，他们的行动导致弹药短缺，他对此感到抱歉，但是，“我们认为，每小时增加2便士要比军队的弹药重要得多”。在整个战争期间，克莱德赛德造船厂 165
都令政府感到恼怒，克莱德赛德成了具有革命性的社会主义工党的根据地，该党把战争视为扼杀资本主义的机会，并利用它来达到这个目的。他们为普通工人（而非为了获得意识形态上的满足感）取得的成就，是极具争议的。报纸报道说，虽然这不是大多数人的观点，并且工会敦促人们恢复正常工作，但这种情绪煽动了公众舆论。

2月24日，当内阁讨论劳资纠纷的形势时，阿斯奎斯感到不安，他指示丘吉尔和劳合·乔治从对不爱国的工人采取制裁措施的角度争相提出建议，包括“进行强制劳动和实行军法管制”。[25]随着法国形势的恶化，现在最不想看到的就是劳工士气的崩溃和社会的分裂。然而，由于审查制度，公众对战争的真实状况、弹药的短缺以及军队对工业生产的巨大依赖一无所知，包括那些罢工工人，他们几乎肯定没有意识到自己所造成的损害。这样一个虚幻的世界是不可持续的。《泰晤士报》不断抱怨审查制度，甚至建议把一群群的工人带到堑壕里，让他们亲眼看看，而不是在这里“为钱争吵”。[26]到了3月初，克莱德造船厂的工作逐渐恢复正常，主要原因是罢工工人家庭的钱快用完了，但是，伦敦码头工人和北安普顿制鞋工人的骚乱仍在继续，他们的工作中断可能会给战斗部队带来严重的问题。

《保卫王国法案》向政府赋予权力，让它接管了一家对战争至关重要的工厂，并迫使厂主和工人们继续进行生产。1915年3月出台的修正法案授权政府对不用于（但可能会被用于）战事的工厂进行控制。这个修正法案几乎没有遭到议会的反对。诚然，阿斯奎斯非常不愿意采取这样的措施，并且之前在北安普顿达成的重返工作岗位的协议排除了采取此类措施的必要性。然而，在加薪20%的要求遭到拒绝后，东北铁路发生了罢工；此外，2000名苏格兰钢铁工人要求加薪25%，4000名高炉工人要求加薪50%。

劳合·乔治之所以成为政府不可或缺的人物，并不是因为他对金融的了解，而是因为他可以与工会建立融洽的关系。煤炭行业的
166 问题是如此棘手，以至于英国的矿工联合会召开了一次会议，讨论加薪要求，这场会议变成了于3月17日至19日在财政部与财政大臣举行的为期三天的会议。不管国家的形势多么危险，一些工人无意做出牺牲，而物价上涨使得许多本来家境就很殷实的人生活富足，导致工人们认为这些人借此发家致富。尽管如此，会议的结果是工会（矿工联合会的34个工会）达成了一项协议（被称为"财政部协议"），愿意接受仲裁，而不是继续罢工。还达成了一项严格的谅解，即新的工作规程只适用于战争期间。更有争议的是，政府承诺工会在军需工业的管理上拥有发言权，而且利润将受到限制——这符合政府的目的，因为买单的是纳税人。

在某些方面，社会的变化比人们想象的要缓慢得多。人们仍然反对女性从事男性的工作，因此，人们宁愿让男学生在田里劳作，也不愿让大量失业妇女（这些妇女的业务因为战争受到打击）从事这种工作。来自加拿大和美国的访问者——例如来自多伦多大学的阿尔弗雷德·瓦特（Alfred Watt）女士，她于3月4日在伦敦发表了关于荣誉联盟的演讲——谈到了在北美的农业劳作中随处都可以见到妇女，以及如何开发节省劳动力的家用设备，使得她们有更多的时间在地里工作。然而，就在她发表演讲的当天，有报道称，莱斯特郡计划向11岁或12岁的男孩发放许可证，允许他们在春季和夏季辍学到农场工作。牛津教区的主教给《泰晤士报》写信，称这样的政策是"一个灾难性的反动措施"，而且他在一份具有预

见性的观察报告中指出，在士兵们休假回家后，他所在教区的乡村牧师们看到这些士兵模样的教区居民“因为服兵役和不错的伙食而有了很大的改善”，而且他们希望从战场上回来后能过上比干农活要好的生活。11 岁的男孩们很可能要在这块土地上生活一辈子，而他们的哥哥们（如果幸存下来的话）打算远离家乡。对于那些因为足够幸运而逢时逢地的人来说，战争开阔了他们的视野。

很快，平民将会习惯另一种匮乏，对酒的供应和买卖的限制。3 月 15 日，基钦纳在上院发表了一份关于新沙佩勒战役（他将这场战役称为“瞩目的胜利”）的声明，他声称，由于地面积水严重，战斗仅限于堑壕战。要么是他没有意识到，无论天气如何，机 167
动作战都是不可能的，要么是他认为没有理由把这个情况告诉更多的人。[27]在弹药方面，他说已经向工厂下达了“大量”订单，“绝大多数”工人都“忠心耿耿地迎难而上”。[28]但是，他报告说，生产工厂出现了人力短缺和延误，并且“由于缺勤、不守时、工作懒散，导致工厂的产量显著下降”。[29]他将此归罪于“饮酒的诱惑”和工会的限制性做法，并警告上院，除非军队新兵和军需品的供应得到改善，否则“这将会严重阻碍和延误”战事的进行。弹药短缺尤其让他感到“非常焦虑”。为了激励工人，他宣布削减雇主的利润，并在战争结束时颁发忠诚服务奖章。

和基钦纳一样，劳合·乔治也认为饮酒会限制军工厂的生产力。这正是政府向公众传达的信息，将军需工业表现不佳的部分责任推给醉醺醺的工人，而不是把责任集中在陆军部的身上，因为后者需要控制这个重要的行业。劳合·乔治的自由党选民（主要是非国教派）与禁酒运动密切相关，所以，对饮酒采取强硬路线对他个人是有帮助的，甚至在战争的早期，就已经有足够多的醉酒和旷工的报道来刺激政府采取行动。

去年 8 月，议会通过了一项法律，允许地方当局控制酒馆的营业时间，但此举只能在发生骚乱的情况下实施。1914 年 11 月，由马尔博罗公爵夫人率领的代表团会见了内政大臣麦克纳，要求政府“立刻采取措施，以便处理女性饮酒人数不像样的增长”。[30]几位贵妇告诉内政大臣，她们认为——不清楚是基于什么样的理由——开始喝酒的女人一般会在早上喝酒，所以，她们要求他禁止酒馆在中午之前开业。他告诉她们，他觉得自己无法就这样一项举措获得议会的支持。

虽然税收增加了，但在军工厂和与军火生产有关的其他工厂（如纺织厂和机械厂）里，工作时间延长了，这意味着可支配的收
168 入有所增加。这些增加的收入大部分花在了饮酒上。不管怎样，统计数据确实证明，不仅是女性饮酒的情况增多，而且这种增多是在全国的总体饮酒量下降的情况下出现的，毫无疑问，这是因为目前众多男性受到军纪的约束，而女性正在从受到严密监督、薪酬微薄的家政服务行业进入工厂。在 2 月 28 日的班戈会议上，财政大臣说，“饮酒造成的损害……比所有德国潜艇加起来还要大”。[31]这个演讲不仅在酒饮行业，也在担心禁酒令的公众之中引起了巨大的不安。报界被告知，这次演讲是一次警告，而不是威胁，但是，劳合·乔治打算满足自由党长期以来的愿望，即控制托利党支持的酿酒业，同时声称这样做是出于爱国理由。问题是如何做到这一点，同时即不惹恼饮酒人士，又不损害财政部的收入，或者不会对私人企业进行不可接受的干预。阿斯奎斯夫人——她声称自己几乎滴酒不沾——“强烈反对这个举措，既对那些不喝酒的工人充满了同情，也对那些‘想要从可怜人的手中夺走啤酒’的人充满了愤慨”。[32]

劳合·乔治向国王——他私下里称国王为“我可怜的德国朋友”——建议，如果国王在战争期间放弃喝烈酒，并在所有王室

宫殿里实行这个规定，那么全国将会效仿。[33]国王同意了：但凡有可能，他都会小心翼翼地做出爱国的姿态。在公共场合，他现在只穿军装或海军制服；他已经减少了自己的社交生活，放弃了外出就餐；在战争的最初几天，当粮食恐慌达到顶峰时，白金汉宫宣布，在此期间王室只吃普通的食物。王室做出牺牲的先例早已有之。他在日记中热情洋溢地写道：“我完全支持采取严厉的措施，并赞成在战争期间禁止饮酒。”[34]阿斯奎斯不打算戒酒，他为此感到不安。有传言说他是一个酒鬼，这种说法是基于对“酒鬼”这个词的宽泛定义：他确实大量饮酒，就像他那个时代和那个阶层的大多数人一样，而且他确实喝得太多，超过了妥善处理国家大事所需限定的理想水平。[35]随着压力的增加，他的酒精摄入量也增加了，同僚们偶尔发现他的体力衰退。1916 年夏天加入内阁的克劳福德勋爵说，64 岁的阿斯奎斯“表现出一副令人昏昏欲睡的样子——他的双手颤抖，双颊下垂”，“他的眼睛湿湿的，他的五官在神经质地抽搐”。[36]劳合·乔治告诉阿斯奎斯，他当然可以享有医疗费用豁免。丘吉尔也在通往这种状态的途中，他说，如果被迫戒酒，他也会向 169
医生进行咨询。劳合·乔治被认为是一个绝对禁酒者，他在 19 岁的时候就签署了禁酒誓约，并且他高度依赖非国教派的支持。不过，他一生适度饮酒，而且他似乎认为敦促国王也发誓戒酒并没有任何虚伪之处，然而，作为一个已经发过誓的人，他却有组织、有计划地违背了不喝酒的诺言。

财政大臣将自己置于这个国家的自我牺牲精神的最前沿，但他自身却没有做出太多的自我牺牲。他在演讲中说：“我们正在与德国、奥地利及喝酒作战，在我看来，在这三个致命的敌人中，最大的敌人是喝酒。”[37]卫理宗的循道会教堂的禁酒部非常喜欢这句话，于是制作了一幅海报，贴满全英国，以便宣传这句话。4 月 1 日，报纸刊登了一封信，宣布国王、他的家人和王室将从4月6日起停止饮酒，直到战争结束。基钦纳宣布他也将效仿。劳合·乔治和麦克纳签署了禁酒誓约，英国国教也发出了“节制”饮酒的官方呼吁。英国首相的女儿伊丽莎白·阿斯奎斯（Elizabeth Asquith）在谈到基钦纳时说，“无论是战争开始时的撤退，还是新沙佩勒（战役），都不会像喝了3天的柠檬汁那样对他的精神造成严重影响”。[38]欧克·阿斯奎斯正在跟随皇家海军分队前往达达尼尔海峡，途中，他给父亲发了一封电报，上面写着：“据报道，戒酒的做法正在蔓延，这让我们既警惕又惊喜。愿您坚持到底。”[39]

然而，没过多久，国王开始方寸大乱，因为其他公众人物都没有真正以他为榜样，而且他对其他大臣没有效仿他的做法感到特别愤愤不平。他让斯坦福德汉告诉劳合·乔治推迟颁布禁酒令，但劳合·乔治告诉他不可能。随后，国王向阿斯奎斯夫人抱怨说，除非政府通过“关于这个问题的严厉立法”，否则他永远不打算戒酒。[40]他对劳合·乔治处理禁酒誓约的方式感到非常生气，恶语不断。一年多后，在向劳合·乔治的前任次官亚瑟·李（Arthur Lee）授予爵位时，国王对李说道，劳合·乔治“劝说他在战争期间戒酒，以作为表率，但不幸的是，公众没有回应，他感觉自己被愚弄
170 了”。[41]在公共场合，大多数时候国王都无视这一誓约。国王偶尔会将酒精用于医疗目的，比如1915年的晚些时候，他在视察军队时从马上摔了下来并受了伤。

因此，虽然劳合·乔治希望发布禁酒令——阿斯奎斯认为禁酒令会导致大罢工——但国王不答应。之后，他又寻找其他方法来控制酒的消费，他认为政府应该买下所有的酒馆，首相对这个建议“完全不认同”。[42]在那之后，他尝试大幅提高酒类税，但未能取得一致同意。而后，他想将酒饮行业国有化，以控制酒的生产和销

售，这将花费纳税人 2.5 亿英镑。阿斯奎斯告诉斯坦利小姐：“我警告过他要小心行事，我认为国家垄断酒饮行业是政治上最危险的事情。”[43]然而，在听说了这个提议后，劳在 4 月 7 日给劳合·乔治写信，并说道，如果这样的措施被认为是“成功开展战事活动所必需的”，那么他的政党（该政党获得酿酒商和制酒商的资助）将会给予支持。[44]

尽管如此，政府还是采取了一些措施来控制饮酒。1915 年 5 月中旬，政府颁布了《保卫王国法案》的修正案，允许政府在任何被认为是对生产或运输战争物资至关重要的地区对酒类的销售实施特别规定。政府还建立了一个中央酒类控制委员会，这个委员会及其执行的政策在极大程度上减少了酗酒，被认为是战争期间实施的最有效的官僚主义行动。此外，酒类销售许可法——它是 20 世纪大众生活的祸根——诞生了，在执行这些法律的同时，委员会下令生产酒精浓度很低的啤酒，并限制外卖酒饮。

这并不是禁酒运动的终点。在该年的暮春时节，劳合·乔治试图提高酒类税，这给政府带来了麻烦，要不是阿斯奎斯当时在越来越多的领域陷入了困境，他本可以摆脱这些麻烦的。4 月 29 日，财政大臣在下院谈到了政府的饮酒政策，以及他对执行这项政策所负有的“令人困惑和不愉快的”的职责。[45]他声称，在阻碍生产力发展的众多因素中，饮酒排在第三位，排在劳工流动性和可用性限制，以及工会的限制性做法之后。他声称，多亏了《保卫王国法案》以及他与工人代表的谈判，另外两个因素已经得到了解决。现在只剩下饮酒了。一名海军上将报告说，在一家拥有 135 名装配 171
工的造船厂，周一只有 60 人全天工作。在接下来的四天里，分别只有 90 人、86 人、77 人和 103 人前去上班；在和平时期，正常轮班期间的工时本应为 7155 小时，现在只有 5664.5 小时，损失了

30%，况且现在并非和平时期，战争要求工人尽最大努力工作。[46]综观全国，在私营工厂和造船厂的每1000名工人中，就有493名工人的每周工作时间低于45小时，这是灾难性的：工资的上涨非但没有激励工人，反而使情况变得更糟，因为工资增加使得他们有更多的钱拿去喝酒，并减少了他们的加班需求。另一方面，根据劳合·乔治的说法，在皇家军工厂，男性每周工作长达80个小时，劳合·乔治未对此做出任何解释。

他宣布将葡萄酒的税费增加三倍，并对高浓度啤酒征收附加税。他提议将烈酒税增加一倍。由于含气葡萄酒的税费从每加仑2先令6便士上调至15先令，使得一瓶上好香槟的价格将升至1英镑——事实上，啤酒价格的上涨之所以看起来不那么像一场类别之争，并不是因为泰恩赛德（Tyneside）造船厂的工人在酒类饮品方面做出的选择。“四便士麦芽酒”——之所以这么叫，是因为长期以来它的价格一直都是每夸脱4便士——的价格在第一次战争预算中曾上涨到每夸脱6便士，现在将升至8便士，在不到6个月的时间里价格翻了一番。高浓度的啤酒（比如吉尼斯黑啤酒或巴斯啤酒）将会更贵。一瓶像样的红葡萄酒将从2先令6便士上涨到4先令，威士忌将从4先令6便士涨到7先令。更有争议的是，对于销售酒类将“有损于”当地工厂的产出或当地驻军健康的地区，政府将在这些地区关闭酒馆或者限制烈性酒和高浓度啤酒的销售，但政府将对生活因此受到损害的人给予补偿。[47]

支持工党的报纸《公民日报》（*Daily Citizen*）说，这篇演讲是“有史以来听到的对工人阶级的最全面控诉”，英国工人被描绘成“醉鬼……故意把自己的国家出卖给敌人”。[48]《泰晤士报》称，这让我们“不可避免地推断”，政府“为了掩盖自己的缺点，在诽谤整个工人阶级”。[49]该报声称，最喜欢喝酒的是临时工，而不是技术工人，并且只有在行情好时，他们才负担得起过量饮酒。但是，该报明白，在战争时期纵酒的后果可能非常可怕，因此，它支持对烈性酒征收重税，并支持对重要工厂高度集中的地区实施特别限制。

劳合·乔治的措施不仅激怒了工人阶级的权利保护者，还受到 172
了统一党和爱尔兰民族主义党的攻击。统一党除了与酿酒业有联系外，还认为他提出的对葡萄酒增税的建议损害了与英国结盟的法国出口商的利益。而爱尔兰民族主义党认为，该措施将威胁威士忌贸易和爱尔兰农民。雷德蒙谴责劳合·乔治的提议“实际上是要彻底摧毁爱尔兰的一个伟大行业”。[50]他说，劳合·乔治未能证明对爱尔兰实施这些措施是“必要的”。爱尔兰报界一致持敌对态度，并预测制酒厂、酿酒厂将关闭，并将发生骚乱。

为了对酒类征税计划的合理性进行证明，5 月 2 日，政府发布了一份名为《糟糕时期船舶制造、军需和运输领域的报告和统计数据》的财政部白皮书。根据高级海军军官的调查，报告详细描述了位于泰恩和克莱德的各个造船厂因饮酒导致的延误。尽管统一党人和他们的报界支持者认为报告中的一些内容存在争议，但它确实暴露了造船厂的某些限制性做法，这种做法导致生产率如此低下。这就是“黑色班组”制度。工厂向组长支付班组工人的工资。如果组长身体不舒服（比如说因为酗酒），那么其余的人都不用工作。组长通常会带他的手下去酒吧，分付工资，然后每人买一杯酒。一个班组的人喝得烂醉如泥，这已经够糟糕的了，如果几个班组受到影响，那么损失将是巨大的。一位工厂检查员说，工资增加了，但工人们“还没有学会如何明智地支配他们的工资，这些钱大部分都被浪费掉了，因为除了喝酒，他们没有可以花钱的兴趣爱好，也没有可以花钱的地方”。[51]报告中还提到，监督船舰生产的官员提出请求，要求确保酒馆一直关闭到上午 10 点，因为在上班前，男人们会从大清早就开始喝酒，克莱德区的监管负责人甚至提倡禁止销售烈性酒。

酿酒商、制酒商和他们的政治客户发誓要抵制税收。下院必须进行投票表决，鉴于爱尔兰人的愤怒，这些税收能否通过还远未可知。都柏林发生了抗议活动，声称征税违背了尚未起作用的《爱尔兰自治法案》的精神。由于全球三分之一的香槟产自英国，以及英国失去了比利时和俄国等出口市场，劳合·乔治提议的额外税将产生毁灭性的潜在影响。波尔多也发生了强烈抗议。法国议会向
173 法国外交部提出正式控告，并敦促它与伦敦讨论这个问题。澳大利亚也在抱怨，担心这会损害南澳的葡萄酒产业。

大舰队的指挥官杰利科也为支持征税的说法进行声援，他说，海军因为糟糕的工作习惯而处于危险之中。在听说克莱德的男人们拒绝在星期六和星期三的下午工作，并且星期三常常休息一整天后，他说，“无论如何，这些劳工方面的难题会延误我的驱逐舰的入坞和改装，而且花费的时间将是所需时间的两倍”。[52]杰利科的言论激怒了泰恩赛德的工人，他们将原因归咎于造船厂的老板未能重新分配商船上的工人。

他的支持是白费力气。5 月 4 日，在公布预算（该预算不会进一步增加税收）之前，劳合·乔治安排向报界透露将削减税收的消息，这惹来了如洪水般的咒骂。政府将推迟提高啤酒税，并且将不会征收葡萄酒税——此类税收旨在证明征税并不是针对某个类别进行的。不过，劳合·乔治决心对烈性酒征税，而爱尔兰人坚决认为不应该征收此类税费。但是，在 5 月 7 日与酒饮行业进一步谈判后，所有的新税都取消了（在公布之前，阿斯奎斯夫人曾向她的丈夫预言过这些税将会被取消），但禁止出售酒龄低于三年的烈性酒——这些酒浓度更高、更便宜，因此工人们买得

起——所有这些烈性酒将被强制放在仓库中。不过，政府建议对军工厂周围的酒类销售点进行控制，这个建议获得批准。据估计，由于获得含酒饮料的难度加大，到了 1918 年，酒的消费量减少了一半。

三

通过限制饮酒来提高生产率是一项有用的措施，但是，为了使重要的实业公司达到战时所需的产量，还需要付出更多的努力。随着大批男性参军，人们将注意力转向了优秀女性如何为战争做出贡献；在很多情况下，此举需要打破根深蒂固的偏见。农民们仍然对女性是否有体力来承担农业劳动存有疑虑，他们更愿意雇佣因为年龄太小而不能参战的男孩。具有讽刺意味的是，政府却因为对想要参军的公务员设置障碍而受到指责。很明显，女性可以接受与诸多 174
公务员工作有关的培训，然而，《泰晤士报》报道称，“对于这些职位，人们对用女性代替男性是否切实可行表示怀疑”。[53]虽然国家处于紧急状态，但各部门的领导仍然不愿意向女性开放哪怕是最初级的职位，很显然，这是怀疑她们能否在智力方面与男性基层官员旗鼓相当。尽管不久后政府将带头推动妇女在国有军工厂就业，但许多私营军火企业仅把雇佣妇女作为最后的手段。为了鼓励雇主们认识到女性可以接受培训，以便从事一项需要技能的工作，这样便可以让男性去参加战斗，政府发起了一场被称为“再教育”的运动。

3 月 17 日，贸易委员会宣布，它希望女性能够通过职业介绍所——其保留了招募岗位的登记册——自愿参加与战争有关的工作。1911 年的人口普查显示，年龄在 15 岁到 54 岁之间的英国女性有1565.0778万人，其中只有550万人有工作。[54]在头八天里，有将近2.1万名女性前来报名，其中三分之一来自伦敦。截至4月16日，有4.7万名女性自愿报名，其中8000多名正在寻找军工方面的工作。[55]许多女性来自于被称为“中产阶级和富人”的有钱人家，其中许多人表示希望在军工厂工作。[56]其他人则表示愿意开出租车或大蓬货车，或者代替男性在政府机构工作。铁路公司想要招聘女性雇员，虽然不是招聘她们当司机；零售商则招募女性到店里工作。大多数工厂都将技术类工作留给了男性，战争开始打破这些壁垒。国家没有强迫私人雇主雇用女性，也不需要这样做，因为没有女性，企业很快就会无法运行。不久后，妇女组织在其成员中发起了招募活动。

在一篇“由一名女记者”撰写的文章中，《泰晤士报》承认：“大量有能力的女性正走出大学……她们担任议会议员和其他公职人员的秘书，她们能够担任这些职位，而这些职位通常只留给那些毕业于牛津大学或剑桥大学、既没有工作经验也不热爱工作的年轻人。”[57]工人阶层的女性也有很强的适应能力。“男性垄断”的餐饮行业决定为女性提供课程，此外，1911年的人口普查发现，有4名女性担任砌砖匠，所以一切都是有可能的。她还写道，“建议让
175 女性代表来填补议员队伍中的诸多空缺，这也许会让贸易委员会的主席搬起石头砸自己的脚。但是，这种暂时性的尝试将会有其用处”。招募女性加入劳动大军，以及她们对战事做出的不可估量的贡献，将成为妇女获得选举权的无法争辩的最终理由。1915年4月，格拉斯哥市进行了一项实验，让女性充当电车售票员，这项实验宣告成功，很快，其他地方也纷纷效仿，农业学院开始培训妇女从事较为轻松的农活。虽然并非所有女性都适合从事体力劳动（尽管基钦纳告诉阿斯奎斯，他曾在桑给巴尔看到妇女往船上装载

货物)，但现在，强烈反对女性拥有选举权的首相开始意识到，女性也可以从事一些工作，以便让男性解放出来，即便不是为了让他们服役，也能让他们从事更加粗重的体力活。

但是，作为一种尚未开发的人力资源，女性也给社会带来了它不愿面对的挑战——维多利亚时代遗留下来的过分拘谨的作风还没有被根除——现在，政府不得不面对这些挑战："预计这个国家将有大量的未婚妈妈。"[58]1915 年 1 月，内阁对此进行了讨论。坎特伯雷大主教兰德尔·戴维森表示，他不赞成与士兵同居并与士兵生孩子的未婚妇女得到的帮助同已婚妇女得到的帮助一样多。"虽然大主教似乎不希望她们或她们的孩子挨饿，"劳合·乔治的情妇弗朗西丝·史蒂文森说道，她对这些事情有着深刻的见解，"但他又不希望她们被公认为应当得到救济。"[59]对这种关系略有了解的劳合·乔治主张，每一个以妻子身份与士兵一同生活的女性都应当得到平等对待，他赢了，这促使戴维森告诉政府，此举"对婚姻关系造成了致命打击，(是在) 鼓励不道德的行为"。

《泰晤士报》被这场剧变的社会影响吓了一跳，担心"一股情绪激动的妄言浪潮已经开始，而且人们说的很多话都是在颠覆道德原则和国家根基"。这波私通潮的后果似乎无法低估。"妄言"指的是有人认为"在马恩河和蒙斯河作战的士兵"是将出生的孩子的父亲。该报称，这是真的，"但只是在极少数情况下"，人们在"满口胡言地"谈论"我们死去的英雄的孩子"。牧师安德鲁·克拉克在埃塞克斯教区的隐居处记录道："在士兵们驻扎的切姆斯福 176
德、霍尔斯特德和特林，与这些地方年轻女性的不道德行为有关的邪恶传闻传到了我的耳中。在今天下午举行的母亲会议上，担任领导的妇女们确认，今年这三个地方的私生子数量将令人震惊，这些数字不仅打破了纪录，还令人难以置信。"[60]

《泰晤士报》继续写道：“在战争爆发引起的激动中，许多年轻女孩失去了平衡。她们需要这样一种反常的行为来揭示父母控制力的减弱、信仰的衰落、理想的堕落，以及教会在某些方面的不作为在多大程度上削弱了对她们的约束。”该报的观点并不宽容。“这些人需要怜悯和帮助，而不是谴责，但我们不能愚蠢地为所发生的事情找借口，这样是解决不了问题的。”该报宣称，“对这些女孩和妇女的悲惨处境负有责任的战斗部队要么属于本土防卫军，要么属于新成立的军队”。人们指责为军队安排宿营的城镇过于拥挤，这为私通提供了机会。英国成立了一个战时婴儿和母亲联盟，并宣布到 1915 年 4 月，它已经处理了 4000 多起案件，为这些婴儿和母亲发放食物补贴。它在全国范围内呼吁筹集资金。卡莱尔主教对这个问题进行说教，并指责家庭没有负起训导的责任；萨里郡的副主教宣布，他将请求即将召开的宗教会议关注“提供管理良好的产房的必要性，在这些产房中，未婚女孩可以因为分娩而入住，并可以接受与自我管控和洁生自好有关的教导”；迟做总比不做好。[61]

信奉律法者担心这样的孩子是否可以获得合法权利，但授予合法权利将对继承法产生影响，而且取决于知道孩子父亲的身份。国家对这些妇女和儿童提供的援助不受欢迎，因为人们认为，在这种情况下，女孩的父母本来应该把她赶出去。“我们已经在削减对婚姻关系的特殊认可方面走了很长一段路，在很大程度上以及在现实中，婚姻关系都是国家的整体结构所依赖的基石，”《泰晤士报》继续写道，“如果每一位女孩（这些女孩跟她们称为士兵的未知男子生孩子）都能得到国家的补助，那么我们的社会状况将会发生一场几乎不可想象的剧变。实际上，我们要说的是，未来的每一场战争都将是一个信号，表明国家将滥发许可证，而国家将为此付出

代价。”第二天，该报又回到了这个话题上，暗示如果能够证明某 177
个士兵是私生子的父亲并且已经死亡，那么孩子可以得到一些补助，但是，父母没有义务抚养成年的女儿，并且雇主完全有权利解雇她们，“不能为了荒淫的行为而废除”这些严苛的权力，这似乎有些残酷。[62]该报认为，任何法律上的变通都应当保持在最低限度内。

这个话题在议会上又被提起，但遭到了冷遇，理由是那些在报纸上报道这个话题的人显然沉迷于性。统一党议员詹姆斯·霍普（James Hope）问道：“为了妥善处理在报纸上报道这个话题的、患有性歇斯底里症的作者们，修订精神失常法不是更加重要吗？”[63]伯特兰·罗素收到一封信，来自他的导师乔治·桑塔亚纳（George Santayana），这封信让他觉得很好笑。桑塔亚纳曾在西班牙的一家报纸上读到关于“战时婴儿”的报道，他在信中写道：“基钦纳在组建军队的过程中创造了爱。对于一个以前只知道结婚的国家来说，这是一个巨大的变化。”[64]

然而，即使妇女大量涌入重要的工作岗位，也不足以满足军队对男性的需求。11 月初，每天大约有 4000 名男子参军，陆军部将规定身高从 5 英尺 6 英寸*降至 5 英尺 3 英寸，以便能够招募到更多的士兵。服装厂和军工厂夜以继日地工作。但是，5 英尺 3 英寸这个标准还不够矮。由于工人阶级长期营养不良，如果不放低身高和胸围的标准，那么将难以招募到足够的士兵。于是标准放宽了，随之出现了“矮脚营”，士兵身高不足 5 英尺 3 英寸，胸围不到 34 英寸。最初，政府允许拥有大量工业人口的四个城镇（曼彻斯特、

* 5 英尺 6 英寸约为 1.71 米，5 英尺 3 英寸约为 1.62 米，5 英尺 1 英寸约为 1.55 米，34 英寸约为 86.3 厘米。——译注

利兹、伯肯黑德和伯里）建立这样的军营。经过一番抗议，1915年2月，该方案扩展到了格拉斯哥和爱丁堡。到了2月下旬，一些军团的士兵身高已经低至5英尺1英寸。

拖累募兵的另一个因素是，许多人不愿意参军，因为他们的家庭靠着向妻儿发放的军属津贴无法过活，此外，虽然许多雇主承诺战后为男人们保留工作岗位，但其他雇主却没有这样做。丘吉尔就此事劝说劳合·乔治，称这种情况是一种“耻辱”：“任何士兵的
178 妻子都不应当靠着慈善施舍才能生活下去。”[65]男人们担心他们从前线回来后将失业，或者在作战行动中被杀，从而让家人陷入贫困。为此，政府还同意向有亲属（例如母亲或祖母）需要抚养的未婚男子提供津贴，以便鼓励他们应征入伍。不管怎样，工会声称，如果制定更慷慨的津贴制度，那么就不必声嘶力竭地呼吁人们参军了。

对于“逃避责任者”，人们义愤填膺，以至于德比建议，应当给那些志愿参军但被发现不合格的人，以及那些正在从事重要工作或等待穿上制服的人颁发徽章。随着关于强制征兵的争论日益激烈，人们开始主动劝说男性参军，甚至在举行足球比赛时，也会有人向人群（和球队）发表演讲。哈里·劳德（Harry Lauder）——国王最喜欢的音乐厅演奏者——在征得陆军部的批准后，带着一队风笛手在苏格兰巡回演出，招募了1000名新兵。为了进一步劝诱人们参军，许多招聘广告特别说明他们只需要不适合参军或年龄太大的男子。

四

当志愿兵正在接受长达八个月的训练以便奔赴海外服役时，军

事局势继续恶化。第一次伊普尔战役*瞻前顾后，而新沙佩勒战役让人难堪，在这些战役中，由于缺乏弹药导致未能充分利用早期的战果。在基钦纳上任时，内阁（成员中鲜有人具备军事专业知识）对他心怀敬畏，但这种敬畏很快就消失了，因为他们预料他能迅速取得成功，结果这个愿望未能实现。政客们既没有为新型工业化武器及其可能造成的杀戮做好准备，也没有为消耗战（即堑壕战）做好准备。10月25日，劳合·乔治告诉里德尔——他不只是他那家乏味报纸的老板，还是位于萨里郡沃尔顿希思（Walton Heath）的钦赐住宅**的房东，这种安排在今天是不会获得通过的——“他（基钦纳）是个大人物，但他不了解英国人的生活，无论他过去取得过怎样的成就，他都不注意细节，也没能很好地管理手下。他只是个徒有虚名的大人物。”[66]

三天后，在内阁会议上，劳合·乔治斥责基钦纳未能在志愿兵中组建爱尔兰军团和威尔士军团，他认为组建这些军团将有助于士兵招募，但基钦纳对此持怀疑态度。他争论说，如果基钦纳不接受威尔士军团，那么士兵们不应在列队行进中或军营里说威尔士语。179
这并不是他们的第一次争论。一个月前，当基钦纳抱怨将非国教派牧师派往前线时，劳合·乔治不适宜地将这种情况与锡克教徒和廓尔喀人进行了比较，因为后两者可以在军队里拥有和自己信仰相同

* 1914年10月，德军占领安特卫普后，英法联军退守到伊普尔一线，双发在伊普尔发生激烈的对抗。该战役被称为“第一次伊普尔战役”。在战役之初，由于英军的防线遭突破，导致英军伤亡惨重，但最终凭借着法军的支援，将战局重新拉回了对峙阶段，此后德军对英法阵地实施了三个月的狂轰滥炸，但最终也没有完全突破该地区的英法联军防线，双方在损失了十余万兵力后，进入到阵地战的相持阶段。——译注

** 钦赐住宅：君主因其国家元首的身份而拥有的住宅，通常以免租金的方式出租给受雇者，或者是对其过去所提供的服务表示感谢。——译注

的牧师。“如果你打算派一支由英国国教徒组成的军队上前线，就直说吧！”劳合·乔治宣称，“但是，你不能带着半个国家上战场”。[67]基钦纳做出了让步，但是，这一次，他告诉阿斯奎斯，“纯粹的威尔士军团是不可信任的，（他说）他们常常粗野无礼，不服从命令，应该在军团中注入些英国兵或苏格兰兵，以便使他们更强大”。[68]陆军部未能妥善管理军属津贴，引发了麻烦，劳合·乔治就此对基钦纳进行了抨击。当基钦纳对别人的指责感到愤怒时，他会提醒自己必须像其他人一样接受批评。基钦纳意识到了另一个更为严重的问题：10 月 29 日，在与劳合·乔治发生争吵后的第二天，他告诉阿斯奎斯，他认为双方很快就会耗尽弹药。他估计，双方每天使用的弹药是之前任何战役的七倍。

鉴于迫切需要士兵，阿斯奎斯夫人认为基钦纳对待变革和创新的态度证明了他的“愚蠢和缺乏想象力”。她曾问过基钦纳，皇家骑兵卫队阅兵场（从她的卧室窗户可以看到）的募兵站是否应该搭建一个帐篷，这样男人们就不必在雨中排队了。是否应该安排一支军乐队在旁边演奏，这样“热泪盈眶的女人们就会觉得他们是英雄”。[69]当劳合·乔治没能说服基钦纳建立威尔士军团时，他开始对基钦纳挥舞拳头，并对他说：“你真以为自己是个独裁者吗？你只不过是 18 名成员中的一员！”据说这位陆军元帅一边指着陆军部的窗外，一边回答说：“好吧，如果你认为你能比我做得更好，那么你来做。”他带着一丝怨恨向劳合·乔治让了步，很快，他们似乎又和好了，尽管双方的感情是表面化和形式化的。

为了给大臣们——尤其是阿斯奎斯——更多时间思考，从 11 月初开始，内阁会议从每天一次改为每周三次。目前，海军问题是首要考虑的问题。基钦纳认为，在欧洲大陆遇到阻碍的德军将试图入侵英国。这个论点与其说给人带来了恐惧，不如说给人带来了希望：大臣们和长官们认为，任何入侵企图都将以德国海军的溃败而告终，都将巩固英国的海上霸权，打击敌人的士气，并朝着胜利迈出重要的一步。在获得大舰队的指挥官、海军上将约翰·杰利科爵士的全面批准后，费希尔的首要任务之一就是把战舰开进北海南部和英吉利海峡，以应对任何入侵企图。然而，掌握制海权并不是一件容易的事情。德国广泛布雷，不仅击沉了“大胆”号，也击沉了几艘较小的船舰和商船。皇家海军扫雷舰在北海清扫出“安全”的航道，并告知哪些航道是友好船只可以使用的，哪些是供海军巡逻的，但是，德国 U 艇仍在多佛海峡击沉英国船舰，例如 10 月 31 日“赫尔墨斯”号（HMS Hermes）巡洋舰被击沉。 180

然而，人们持续担忧英国是否有能力打一场胜利的陆战。阿斯奎斯对西线局势的担忧导致了他与军队关系紧张，这让基钦纳从军人变成了政客，处在了招人怨尤的境地。更糟糕的是，军队内部也关系紧张。弗伦奇听说政府对他失去了信心——这是不真实的，尽管他和基钦纳（他俩同为高级军官，也是两兄弟）的关系不好——于是，他把副官弗莱迪·盖斯特（Freddie Guest）——一位自由党议员，也是丘吉尔的堂弟——送回伦敦，以表达他的不满。对此，阿斯奎斯写了一封长长的赞美信，竭力安抚他。不幸的是，弗伦奇对英国远征军的指挥在内阁中遭到了攻击，基钦纳立刻提出用将军伊恩·汉密尔顿爵士（他在英格兰南部指挥反入侵部队）取代弗伦奇，所以，弗伦奇的担忧是有道理的。更糟糕的是，盖斯特向阿斯奎斯汇报的前线战况“令人震惊”。[70]报纸上充斥着在前线阵亡的正规军军官的简短讣告，其中许多人是在威斯敏斯特和白厅参与战事的人所认识的，而且被屠杀的士官和士兵的人数遭到了低估。损失如此之大，以至于“现在一个军团的人数只比一个师多一点”，而增援部队需要花费很长时间才能到达前线。汉基（阿斯奎斯对他寄予极大的信任）告诉阿斯奎斯，英国远征军需要休息，而这只有在法国军队给予支援的情况下才能实现——但这似乎是不可能的。

11 月初，阿斯奎斯极度依赖充当精神科社工的维尼夏·斯坦
181 利，并于 11 月 18 日向她抱怨说，“我感到非常孤独”，他试图重新确立自己对战事的指挥。[71]为了精简决策流程，他让军事委员会成为一个更加正式的机构，并将其名称改为“作战委员会”。到目前为止，该委员会的组成人员都是阿斯奎斯想要的人——也就是当他需要讨论事态发展时，碰巧在他身边的大臣或长官。现在，该委员会由他领导，成员包括劳合·乔治、格雷、丘吉尔和基钦纳。丘吉尔担任海军大臣，基钦纳担任帝国总参谋长。作为向反对党做出的让步，贝尔福——因为阿斯奎斯看重他的经验——也被邀请加入。汉基担任秘书。

作战委员会并非一个逐日开会的决策机构，而是一个根据需要召开会议的机构。和内阁会议一样，委员会的会议通常没有议程，这让汉基很恼火。[72]到 1915 年 3 月，人数增加到了 13 人，主要是因为阿斯奎斯不愿意拒绝那些觉得自己被排斥的同僚。它经常重复内阁举行过的讨论，但拥有“一群不同的观众”——正如埃德温·孟塔古（他于 1915 年 2 月初作为兰开斯特公爵领地事务大臣加入内阁）所说的那样。孟塔古认为，该委员会“应该被其政治成员用来坦率地听取军事专家的意见”。他告诉汉基，阿斯奎斯应该将此作为委员会的具体宗旨。[73]由于奥斯曼帝国与德国结盟，以及土耳其袭击了俄国的黑海海岸，11 月 5 日，英国和法国对土耳其宣战，事情变得更加复杂。军队（包括来自澳大利亚和新西兰的一船一船的士兵）被派往埃及，以作为对抗土耳其的潜在力量，防止他们攻击苏伊士运河（在 2 月初，土军就这样做了，这对英军

来说是一场灾难）。随着海军在南太平洋和大西洋进行遭遇战，战争扩展到了全球。

英德两军之间的僵局使政治阶层分成了东线派和西线派。东线派以劳合·乔治和丘吉尔为首，他们受到爱国主义的驱使，看到了加速结束战争的机会，巧合的是，这个机会对他们有利，他们认为攻击应该转移到东线，集中在德国的盟友奥匈帝国和奥斯曼帝国的身上。西线派由阿斯奎斯和基钦纳领导，包括大部分军队高层，他们认为只有在西线才能赢得战争，从西线抽调军队去另一个战场，只会让德军占领法国，尤其是在能把第二条战线的战斗交给奥地利 182
人或土耳其人的情况下。一些大臣（尤其是劳合·乔治）希望英国派兵保卫塞尔维亚，阿斯奎斯担心战线拉得过长，并意识到佛兰德斯的情况是多么不堪一击，于是抵制这种做法。英国也有可能从奥斯曼帝国的手中夺取巴勒斯坦，使其成为英国的保护国，并鼓励犹太人在那里定居。去年 11 月，威尔斯曾在《每日纪事报》上刊登的一封信中提到了这一点，而英国犹太复国主义者的领袖哈伊姆·魏茨曼（Chaim Weizmann）也招募了第一位犹太裔内阁大臣塞缪尔来支持这项事业。具有讽刺意味的是，英国的反犹太主义者也拥护犹太复国主义，把它作为将犹太人从英国社会驱逐出去的一种手段。

英国下定决心要在高加索地区帮助俄国，但是，所有这些援助都将以西线的战斗作为代价。10 月 7 日，阿斯奎斯（他是坚定的西线派，一开始与劳合·乔治在战略上产生分歧）在帝国防务委员会的会议上指出，已经对德军入侵英国的问题进行了讨论，但是，“大家一致认为，目前不太可能发生这种事，这样也好，因为在今后的两个星期里，我们在国内的正规军将比以往任何时候都要少”。[74] 1914 年，当政客们回家过圣诞节时，东西线的争论就像战争一样深入人们的脑海。无论是否开辟新的战线，都需要更多的炮灰：募兵的年龄限制最初是30岁，后来提高到35岁，接着提高到了38岁。当时，军队已经排除了德国人企图入侵英国的可能性，只是担心会发生由多达1万人发起的零星袭击。虽然本土防御部队是必不可少的，但政府别无选择，只能向法国派遣更多的正规军。每一项军事考虑都会产生严重的政治后果，这类难题将拓展政客们的能力，因为对他们来说，这是前所未有的情况。正如在随后的达达尼尔海峡战役中所表明的那样，除非进行妥善规划，否则任何战略都不可能奏效。

丘吉尔继续烦扰阿斯奎斯，阿斯奎斯让他专注于作为海军大臣的职责。在英国于1914年11月5日对土耳其宣战后，也许是因为这次宣战，丘吉尔对东线战略更加执着。这促使丘吉尔提出建议，阿斯奎斯将这个建议称为“针对加里波利（Gallipoli）和达达尼尔
183 海峡的英勇冒险，我完全反对”。[75]这是丘吉尔在去年8月（在土耳其成为正式敌人之前）谈到的一个想法的复燃，即迫使达达尼尔海峡成为抵达并占领君士坦丁堡的一条途径。1914年底，汉基认为开辟第二条战线是有益的，于是该计划得以成形。在1915年1月7日的作战委员会会议上，该计划得到了劳合·乔治的支持，他在会议上主张，有必要“从其他方向攻击敌人”。[76]丘吉尔说服海军中将萨克维尔·卡登（Sackville Carden）爵士支持该计划。卡登是东地中海分队的指挥官，但作战经验有限。

丘吉尔认为，在攻击奥匈帝国之前，一旦土耳其受到攻击，巴尔干半岛的国家（例如保加利亚）就会奋起反抗土耳其——格雷也持有这种看法。汉基也想让军队对付土军，丘吉尔主张进行一场新的海军战役，但他的想法是从波罗的海突袭德国，这个计划几乎没有什么吸引力，因此他采纳了汉基的建议。他也得到了费希尔

的支持，至少一开始是这样。如果海军能够攻入并控制波罗的海，这将允许俄军在距离柏林 90 英里的地方登陆，但是，这将导致在途中破坏丹麦的中立地位，除非英国能够说服丹麦加入协约国。1915 年初，尽管 1915 年初，海军部正考虑在达达尼尔海峡登陆，但丘吉尔再次迫切要求攻占波罗的海，然而，这个想法没有任何吸引力。

虽然丘吉尔的达达尼尔海峡计划赢得了支持，但他仍然在惹麻烦。他为频繁前往西线寻找借口，他的障眼法开始让基钦纳大为恼火，因为基钦纳担心这些造访会加剧弗伦奇和他之间的冲突。丘吉尔试图在 12 月访问敦刻尔克，阿斯奎斯明确告诉他，他不应该尝试去造访弗伦奇。就在圣诞节前夕，阿斯奎斯在沃尔默城堡（五港总督比彻姆勋爵曾把城堡借给他度周末）会见了弗伦奇和基钦纳，弗伦奇同意阿斯奎斯关于丘吉尔问题的看法。尽管弗伦奇对海军大臣“怀有好感和钦佩之情”，但他认为丘吉尔的判断“反复无常”。[77]丘吉尔容易激动，而且令陆军大臣颇为烦恼，王位继承人*也是这样。12 月 18 日，伊舍写道：“国王告诉我，当威尔士亲王去见基钦纳勋爵，并让他允许自己出国服役时，他对基钦纳勋爵说，‘我有很多兄弟，即使我被杀了也没有关系！’而基钦纳的回 184
答是，‘我不介意你被杀，但我反对你被俘，并且你没有经验’。”[78]

尽管如此，丘吉尔比大多数人更早地认识到了堑壕战中无法预见的问题，尤其是它对作战部队的毁灭性影响。虽然这不能证明他的东线战略是正确的，但有助于解释这个战略背后的想法。基钦纳也开始意识到，在西线发生的事情与他所经历的战役完全不同——他告诉格雷：“我不知道该怎么办。这不是战争。”[79]汉基的想法也

---

* 即爱德华八世，1910 年 6 月 2 日，他被封为威尔士亲王和切斯特伯爵。——译注

和丘吉尔一样。在他们于 12 月 30 日分别向阿斯奎斯提交的备忘录中，他们列出了堑壕战的凶残后果。然而，更让人感到不安的是，18 个月后，在策划于索姆河发起灾难性的袭击时，他们忽视了这些后果。

连绵不断的堑壕意味着不可能采取传统的侧面包抄打法——这是基钦纳对“战争”的理解。而且，正如阿斯奎斯告诉斯坦利小姐的那样，“双方目前正在进行的挖战壕行动造成了巨大损失，与所取得的战果完全不成比例”。[80]这些损失是如此之大，以至于 12 月 26 日，英国远征军的残余部队被重组为第一军（由黑格领导）和第二军［由将军霍勒斯·史密斯-多林（Horace Smith-Dorrien）爵士领导］。在应对这些挑战时，汉基建议大力开发坦克，使用“汽油弹射器”来粉碎带刺的铁丝网，并保护士兵不受机关枪的射击，这导致阿斯奎斯评论道，“如果我们被迫回到中世纪的做法，那将是很奇怪的”。[81]丘吉尔提出了类似的建议。

1914 年的最后一天，在另一份备忘录中，丘吉尔如实地告诉同僚们：“战争将因为各国的精疲力竭而结束，而不是因为军队的胜利。”[82]然而，他给人留下的印象仍然是享受战争，而不是领悟到了战争造成的损伤。1915 年 1 月 10 日，他和妻子与阿斯奎斯夫妇一同住在沃尔默城堡。在告诉阿斯奎斯夫人他已经放弃成为印度总督（当时有这样一个职位空缺）的野心时，丘吉尔补充说：“这是活生生的历史。我们所做的一切和所说的一切都是那么惊心动魄。它将被 1000 代人传阅——想想看吧！不管世界给我什么，我都不想从这场光荣而美妙的战争中脱身。”[83]甚至连丘吉尔
185 也觉得“美妙”这个形容词不合时宜，他恳求阿斯奎斯夫人不要重复。

在整个圣诞节，劳合·乔治都在发愁，他起草了一份备忘录，

让阿斯奎斯分发给同僚们。他加入了在塞尔维亚和叙利亚开辟新战线的争论。阿斯奎斯开始遭受一连串的批评，这些批评将持续两年，并将导致他的下台。在批评声中，阿斯奎斯要求“采取果断措施以控制局势”。[84]他抨击政府缺乏军事领导，并呼吁召开一系列的作战委员会会议——“偶尔召开的会议只会一无所获”，他说。“目前的僵局持续下去将是非常危险的。”阿斯奎斯当然知道财政大臣正在监视他。这不会是劳合·乔治最后一次试图对重大战略问题产生影响。

对阿斯奎斯来说，新的一年开局不利。1 月 3 日，就在担任枢密院顾问的两天后，自由党的首席党鞭珀西·伊林沃斯（阿斯奎斯依靠他来管理政党）突然去世，享年 45 岁。官方的说法是他死于伤寒，据说他是在吃了一个坏牡蛎后逝世的。他对阿斯奎斯表现出了极大的忠诚，保守了很多秘密。这个损失使得阿斯奎斯更加依赖维尼夏·斯坦利，他仍然每天给她写信，而且措辞越来越激昂。在 1915 年新年写的两封信的第一封中，他写道，“我亲爱的……在我的生命中，你（总是）无处不在”，这是他典型的示爱情话。[85]四天后，在恳求斯坦利每天给他写信时，他对她说：“我时时刻刻都想着你，你的爱是我一生中最美好的东西。”[86]那时她刚开始接受护士培训，她最不需要的就是阿斯奎斯提出的令人窒息的要求。如果阿斯奎斯知道她和她的另一位仰慕者孟塔古之间的关系正在升温，他一定会发疯的，不过，他很快就得处理这件事了。

在劳合·乔治和丘吉尔提出各自的战略时，弗伦奇请求在奥斯坦德*和泽布吕赫**之间开辟新的战线，以便从后面包抄德国，但

---

* 奥斯坦德（Ostend）：位于西佛兰德省，是比利时的西北部城市。——译注

** 泽布吕赫（Zeebrugge）：比利时西北部港市。——译注

被作战委员会拒绝了，因为这个计划需要55个营的兵力和难以置信的大量大炮，他感到很恼火。在当时的情况下，1月12日，基钦纳告诉阿斯奎斯，他手下有175万人，尽管战争只进行了五个月，但伤亡人数达到了8万，尽管人数不足以满足弗伦奇的需要，但一开始的兵力还是令人吃惊的。弗伦奇确信，虽然先前向他做出了保证，但由于他所造成的僵局，一旦基钦纳的第一波军队在4月
186 或5月前得到训练，那么他就会被取代，基钦纳将会成为最高指挥官；这确实是基钦纳一直在考虑的（尽管他后来否认了）并泄露给西线的事情。

阿斯奎斯和他的同僚们可能不喜欢这种僵局，但他们缺乏资源来做出改变，统一党对政府的批评正在腐蚀公众的士气。正是在这种情况下，阿斯奎斯开始对在达达尼尔海峡开辟新战线产生了兴趣。对他来说，两党支持攻打土军也是很重要的。贝尔福认为，一次成功的打击“将把土耳其军队一分为二，它会将君士坦丁堡置于我们的控制之下，它将使我们有机会获得俄国小麦，并使俄国能够恢复出口……它将开辟一条通往多瑙河的通道”。[87] 1月15日，作战委员会一致通过了这项计划。卡登制定了作战计划，丘吉尔在1月12日的一次海军部会议上批准了这个计划，并于次日将其交给了大臣们。至关重要的是——考虑到后来发生的事情——在实施这个计划之前，丘吉尔曾就其可行性咨询了海军专家卡登，卡登回答说，他认为达达尼尔海峡不能“迅速攻克”，但是，“调动大量军舰并展开持久战则可以攻占达达尼尔海峡”。[88]1月3日，费希尔对丘吉尔说：“对土耳其发起攻击将会使我们保持优势！——但只有在即刻进攻的情况下才会！然而，那是不可能的！”[89]

1月15日，作战委员会召开了批准达达尼尔海峡作战计划的会议，会上，霍尔丹提出了一个问题，这个问题后来成为1915年

政治争论的主要议题：所谓的“征兵制”——用他的话说就是“强制征兵”。他采纳了基钦纳的观点，认为战争将是漫长的，大量的伤亡人员使得必须不断地补充兵员。法国征召了所有的成年男子，而德国拥有一支庞大的军队。霍尔丹认为，“根据这个国家的普通法，王国的每一个臣民都有义务协助君主击退对海岸的入侵并保卫王国”，但这个观点没有被普遍接受。[90]霍尔丹是一位相当成功的律师，他承认这种说法没有任何法律依据，但它是“我国宪法所固有的”。当时，人们认为目前没有必要强制征兵，但以后可能会有这个必要，而且如果有这个必要，那么它不仅仅符合这个国家的理念，也是这个国家的理念所固有的。强制征兵需要获得《议会法案》的批准，而这样的法案将与宪法兼容。通常不赞赏霍尔丹的《泰晤士报》宣称，有一种“压倒性”的观点认为，“政府应 187
该动用整个国家的力量和所有可用的武器来打这场仗”。[91]它代表了由寇松领导的卓越的统一党人的观点，现在，他们喋喋不休地说政府不能不加鉴别地继续募兵制。1 月 28 日，兰斯多恩对劳说，“我们必须采取措施，以便明确我们对国王陛下政府的态度。我们不能把事情搁置不理”。[92]寇松向劳抱怨说，也有其他选择，要么敷衍了事，要么组建联合政府，劳回答说：“我很不情愿地得出这样的结论，那就是在此期间，我们唯一正确的做法就是继续走自战争开始以来我们所采取的路线。”[93]

在海军部，丘吉尔和费希尔的关系在不到三个月的时间里就呈现出剑拔弩张的态势。1 月 20 日，汉基（费希尔的老朋友）造访了阿斯奎斯，向他报告说，第一海务大臣的“心情很不好”。费希尔拥有 60 年的经验，他本人很喜欢丘吉尔，但这位对海军事务知之甚少的海军大臣否决了他，令他感到不满。[94]费希尔认为，海军的军舰没有几艘在正确的位置，而抽调军舰的计划是不可靠的。前一天，费希尔给杰利科写信说，他担心达达尼尔海峡的行动会抽调“国内决定性的战场紧急需要的”大舰队的军舰。[95]他把自己的担忧告诉了汉基，汉基（尽管他参与了达达尼尔海峡作战计划的制定）向阿斯奎斯传达了这种担忧。就在同一天，丘吉尔向基钦纳承认，“在开始轰炸达达尼尔海峡的要塞之前，我们都不知道事情将怎样发展”。[96]

“虽然我认为那老头相当不正常，但我担心他说的有些道理，”阿斯奎斯对斯坦利小姐说。由于费希尔通过汉基向阿斯奎斯表明他反对在达达尼尔海峡开展海军战役，两人的分歧继续加剧。1 月 21 日，在写给杰利科的一封信中，费希尔详细阐述了他的疑虑，他告诉杰利科，他认为这次行动会削弱海军对英国的保护，并且只有在 20 万军队的支持下才会奏效，他相信基钦纳也持有这一观点。伊舍在日记中写道，费希尔“觉得温斯顿很有才智，但太善变了，他每天都提出不同的计划”。[97]他断定阿斯奎斯是“他俩分歧的仲裁人”。

丘吉尔指望着基钦纳能在作战委员会给予支持，并指望贝尔福
188 和格雷也能给予支持。然而，费希尔仍持怀疑态度，当作战委员会于 1 月 28 日讨论达达尼尔海峡作战计划时，第一海务大臣——他几乎没有参加过会议，因为“我与海军大臣意见不一，并且我认为在委员会面前这样说不合适”——示意要起身离开，但基钦纳说服他，声称他有义务留下来。[98]于是，他“保持了一种倔强的、令人生畏的沉默。他总是威胁要辞职，并且几乎每天都给温斯顿写信，声称他想回到‘在里士满种植玫瑰’的生活”，阿斯奎斯说道。[99]费希尔向汉基、阿斯奎斯和杰利科告知他与丘吉尔之间的分歧，这个做法让丘吉尔感到愤怒，因为这表明海军部的支离破碎、缺少凝聚力。他力图证实费希尔支持他的计划，当 1916 年达达尼

尔委员会就此事询问他时，他声称，如果费希尔没有明确承诺支持他，他不会继续实施这个计划的。[100]阿斯奎斯坚持认为，费希尔之所以反对，不是因为这个计划注定要失败，而是因为（正如他在1月28日上午，也就是在作战委员会于该日下午开会之前对阿斯奎斯所说的那样）他更愿意进攻波罗的海。[100]

更令人担忧的是，费希尔——关于达达尼尔海峡作战计划一事，他知道自己寡不敌众——对汉基说，即使是极其冷静的杰利科，现在也开始担心丘吉尔的一些命令了，而且（和汉基一样）还担心费希尔不愿公开反对海军大臣，后者对海军部署的判断似乎很有问题，并且越来越不愿意接受建议。不幸的是，丘吉尔对达达尼尔海峡做出了令人怀疑的判断，同时他未能考虑最坏的结果，而且他预料抽调军队以实施计划并不会增加协约国在西线的脆弱性，这种看法错得离谱。2月25日，他告诉作战委员会，“没有理由相信德国能够随时向西线调派100万人”。[101]事实上，德军在西线的兵力从1915年1月的150万增加到了13个月后（即凡尔登战役开始时）的235万。

英法联军也在西线进行了重要部署，英军从海上向东占领了极左翼，而法军则集中在战线的东端。不管这种部署是否公平，英国的政治和军事领导层对法国人的表现并不满意，在弗伦奇与法军元帅约瑟夫·霞飞（Joseph Joffre）协商后，英法联军被分成了两个 189
不同的部分，这让英国人觉得他们可以在没有法国人持续干预的情况下行动，并重新获得一些自主性。

在1915年的头几个星期里，当英国在努力制定一份新的、更成功的战略时，它还必须面对新的、更加直接的挑战：英国商船被U艇击沉。1月21日，一艘从利斯开往鹿特丹的船只被击沉。击沉商船的做法还没有成为德国的官方政策，但是，2月初，德皇和德国首相宣布，现在将对英国进行封锁。德国人提议使用无限制潜艇战来挑战皇家海军的霸权。他们警告中立国，任何进入德国划定的不列颠群岛“战区”的船只都有可能被击沉。然而，这次行动并不像它看起来的那样奏效：在那个阶段，德国只有22艘潜艇，数量太少，无法进行有效的行动。英国国王对没有武装的船只遭到袭击感到震惊。他说，“海军军官做出这样的事情简直令人作呕”。[102]

3月1日，英国做出回应，枢密院令宣布，“英国和法国政府将有权扣留所载货物的推定目的地、所有权和原产地是敌国的任何船只，并将这些船只拖入港口”。[103]德国人这样做是在自掘坟墓，因为在直到战争结束的这段时期，除了最接近的邻国，他们几乎无法与任何国家进行贸易，到1916年底，这将会造成严重的物资短缺。4月10日，反潜障碍网拦截了一艘U艇，英国警告德国人在该日后不得进入多佛海峡。德国愿意采取一项可能威胁到平民生命的政策，这导致舆论进一步反德，尤其是在美国。到了秋天，美国的抗议活动迫使德国暂停了这项政策。不过，英国继续对德国进行封锁。

2月8日，阿斯奎斯宣布，自从到达西线以来，英国远征军的伤亡人数已经达到了10.4万人——有被杀的，有受伤的，还有失踪的。[104]在听到这个消息时，已经习惯了长长的伤亡名单的公众并不感到意外，而且异常平静。他们仍然义无反顾地支持军队。当英国战俘在德国战俘营里被冻僵的消息传来时，一场为他们制作并送去保暖衣物的全国性运动开始了。国家犬类防务联盟甚至成功地发起了一场募捐活动，呼吁为新募士兵的狗支付执照费用，这样他们
190 的四条腿朋友不会因为付不起7先令6便士的年费而被杀掉。人们还意识到一些士兵患有“创伤性神经衰弱和精神紧张”，2月4日，坦南特告诉下院，已经开设了一家特殊的红十字军事医院来医治这些病症。[105]

人们仍然坚定不移地希望追击国内的敌人或者对他们怀有同情心的人。从1914年10月17日（在此之前没有任何记录）到1915年1月30日，英国释放了2821名被拘留的敌国侨民，陆军部的一个分支根据11月11日的内阁命令对涉及他们的案件进行了审查，仅在1月就有717人被释放。[106]为了寻找替罪羊，在诺思克利夫的报纸的领导下，2月初再次爆发了针对霍尔丹的运动。2月8日，在下院举行的一场关于报纸审查运作不当的辩论中，自由党议员约瑟夫·金提出了报纸审查问题。在陈述他对霍尔丹的辩护时，金声称，新闻局的工作似乎“没有明确的原则作为指导，而且引起了怀疑和不满”。[107]其中的一个例子是，拒绝向英国公众透露的与士兵有关的消息在欧洲大陆上自由传播。他评论说，每个人都知道海军的损失——伤亡人数已经公布了——但是，不允许报纸报道这些消息，导致“公众对战争的进展感到不安、震惊、忧虑，甚至迷惑”。[108]此外，还有一个例子对新闻局的无能进行了证明，那就是该局制定了一项规定，不允许对大臣们进行攻击，以防止损害公众的信心。金认为这个所谓的原则与对霍尔丹进行的“放肆而荒谬”的攻击相矛盾。

金指责迫害霍尔丹的人“把他说成是比德国特工好不了多少”。[109]攻击事件导致许多选民给议员写信，询问他们是否知道真相，这些消息开始挫伤士气。金想知道，如果新闻局允许这样的事情发生，那么它的意义何在。诺思克利夫的《泰晤士报》没有理会对大法官的辩护，而是抨击“由于害怕公众紧张而艰难地掩盖灾难和僵局的政策，该政策拒绝向公众透露士兵的所作所为（即使隔了几个月），弄错并尽可能少地列举伤亡名单，秘密行动，甚至在遭到突袭而向公众发布指导其行动的命令时也是这样”。[110]该报建议不要让律师和外行管理新闻局，而应设立一个新的部门。 191

五

2月19日，皇家海军开始轰炸达达尼尔海峡的要塞。上周，费希尔订购了三十艘新的军舰，以应对即将到来的战役。[111]从一开始，事情就没有按计划进行。海峡布满了水雷，海军的扫雷舰极易遭到攻击，并且发挥不了作用，天气状况也非常糟糕，土军的装备比预期的要好。由于基钦纳在西线防守不足的情况下行事谨慎，导致难以为随后的地面进攻集结军队。本应由作战委员会——一个机构，现在越来越少、也越来越不经常开会——做出的决定被交由战场上的指挥官做出，因此，当将军伊恩·汉密尔顿爵士于3月中旬到达前线指挥军事行动时，他和海军少将约翰·德·罗贝克（John de Robeck）爵士将决定何时登陆。3月18日，就在汉密尔顿到达后不久，海军发起了攻击，但这次攻击全然无效，海军的两艘战舰被击沉。十天前，三艘军舰在进入雷区后被击毁。“海军部对于光靠军舰就能采取某些行动太过乐观了”，阿斯奎斯对斯坦利小姐说道，并记录下了丘吉尔的又一个污点。

弗伦奇告诉阿斯奎斯，2月中旬的堑壕战造成了重大伤亡，但是，基钦纳依然坚信，仍在国内的训练最好的师（也就是第二十九师）应当留在国内，以防德军在俄国战线上突然取得突破，进而向西线大举进攻，企图粉碎法军的防线。3月6日，基钦纳的小心谨慎给作战委员会带来了麻烦，因为阿斯奎斯支持基钦纳不要把第二十九师派往达达尼尔海峡的请求，这激怒了丘吉尔，丘吉尔需要这支部队来加强攻势。首相发现海军大臣“表现糟透了……吵吵嚷嚷、夸夸其谈、说话没轻没重、暴躁激动、盛气凌人”。[112]在做出不符合他意愿的决定时，丘吉尔“毫不掩饰地表现出巨大的愤怒”。阿斯奎斯认为达达尼尔海峡战役是值得冒险的。他对斯坦利小姐说，如果成功了，那就意味着“占领君士坦丁堡，把土耳其切成两半，让整个巴尔干半岛站在我们一边”。[113]达达尼尔海峡战役的成功与粮食价格紧密联系在一起，因为俄国进入地中海将使粮食出口得以恢复，粮食价格是大臣们日益关心的问题。德国宣称 192
其海军正在“封锁”英国，阿斯奎斯手下的大臣们将此斥责为胡扯。首相说，“德国舰队没有封锁、无法封锁、并且永远不会封锁我们的海岸”。[114]然而，不可否认的是，粮食价格正在上涨，这使阿斯奎斯进退两难。达达尼尔海峡战役的成功将缓解粮食供应压力，但这只有冒着不听从基钦纳的建议而派遣军队的风险才能实现。在接下来的几天，很明显，法国和希腊都准备向战区派遣大量军队，但是俄国——以扩张主义的眼光看待土耳其，并考虑将君士坦丁堡和达达尼尔海峡并入其帝国——强烈反对希腊介入。

在3月19日的会议之后，作战委员会直到5月14日才再次开会，部分原因是阿斯奎斯不得不在外交部顶替生病的格雷，这从另一个方面表明阿斯奎斯对西线局势的严峻程度、达达尼尔海峡局势的恶化和需要做出的积极反应知之甚少。汉基和伊舍一致认为，轰炸一开始，军队就应该到位，而不是在轰炸之后才到位，也不应该刊登关于进攻的任何新闻报道。然而，出其不意的全部有利条件都消失了。3月15日，汉基告诉伊舍：“现在，我们已经给了土军时间来集结一支庞大的军队，来投入野战炮和榴弹炮，来巩固每一个登陆地点，这次行动已经成了最可怕的一次行动。”[115]

在3月19日的会议上，来自东线的报告（包括三艘军舰被击沉、另外两艘被击毁的消息）证实了达达尼尔海峡战役的作战行动存在缺陷和不足。当劳合·乔治问“是否取得了任何成功来弥补损失”时，已退休但被丘吉尔召回的另一位前第一海务大臣阿瑟·威尔逊（Arthur Wilson）爵士告诉他，“根据收集到的消息……要塞的大炮暂时被打哑”。[116]丘吉尔声称，现在下结论还为时过早，但他同意授权德·罗贝克继续作战，前提是“如果他认为合适的话”。汉基说道：“弗伦奇勋爵和我处于一种相当难堪的境地，以至于我们对丘吉尔说‘我早就告诉过你了’。”[171]在随后的几十年里，丘吉尔将花费大量的精力试图逃避达达尼尔海峡战役失败的责任，但事实对他不利。

然而，一场新的危机正在出现，这将对政府的稳定构成更大
193 的威胁。由于基钦纳对目前西线战场风行的堑壕战没有任何经验，他本能地认为弗伦奇对弹药的需求是不合理和夸大的。他也不喜欢在陆军部之外披露军火事务的细节。战前，兵器行业高度依赖德国技术，由于人们普遍认为下一个敌人将是德国，这导致英国非常荒谬地摒弃了德国的技术和产品。[118]多亏英国从瑞典、瑞士和美国购买了机床，该行业才能为军队提供足够的发动机，因为英国没有能力足够快地制造它们。英国几乎没有化学工业——它依赖德国进口——这不仅意味着专利药品存在短缺，还意味着用于弹药和飞机机身的化学品也存在短缺。提高产量的另一个障碍是工会，其成员尚未适应在和平时期难以想象的做法。此外，自 19 世纪 90 年代以来，人们将股利用于支出（而非进行再投资），这抑制了创新，其后果如今已十分明显。

劳合·乔治放宽了军备开支限制，政府为军工厂的扩张提供资助。3 月 1 日，阿斯奎斯告诉下院，到本月底，这场战争将花费 3.62 亿英镑，换言之，考虑到届时战争已持续了 240 天，平均下来，每天的开支为 150 万英镑。[119]他说，目前的费用是每天 170 万英镑，到 1916 年初将增加到 190 万英镑。政府的这些计算都不是以战争会迅速结束作为依据。尽管早在 2 月 11 日，弗伦奇就让参

谋长威廉·罗伯逊爵士警告黑格要留意使用了多少炮弹，但是，如果武器制造或供应方面的进展妨碍了他对军备的控制，那么基钦纳会继续对这些进展设置障碍。阿斯奎斯希望让劳合·乔治控制一个新的军队合同理事会来监督军火的生产，这是基钦纳不会同意的。

1915 年 3 月，在达成财政部协议后不久，阿斯奎斯、劳合·乔治、丘吉尔、孟塔古——他是新的兰开斯特公爵领地事务大臣，负责制定军需工业运作的行政框架——和贝尔福召开会议，设置了一个新的军火委员会，该委员会由劳合·乔治领导，旨在对整个流程进行控制。基钦纳威胁要辞职，他觉得这个委员会完全没有必要，因为在某次行动——这个行动证实了他在印度赶走寇松时所施 194
展的政治手腕——中，他在陆军部设立了自己的委员会。然而，阿斯奎斯说服了他。4 月 8 日，他告诉基钦纳，劳合·乔治将负责军火，而且这个变动在 4 月 5 日被泄露给了报界。新的委员会来得有些迟，据估计，在 3 月 10 日至 13 日发生的新沙佩勒战役的前后两周，英国军队使用的军械数量相当于第二次布尔战争的全部军械。[120]

六

组建战时联合政府的旅程并不是在一夜之间完成的。这个建议最初于 1915 年 1 月 23 日在沃尔默城堡提出，当时，劳合·乔治告诉城堡主人阿斯奎斯“反对党渴望建立联合政府”。[121]玛戈特·阿斯奎斯（Margot Asquith）声称她之前听说过这件事；劳合·乔治暗地里认为这样的剧变是晋升的大好机会，于是他说，除了贝尔福，他想不出还有哪些托利党人能够效劳。虽然劳合·乔治和贝尔福彼此厌恶，但财政大臣承认，对于建立任何可能的联合政府而言，这位前统一党领袖都是不可或缺的。阿斯奎斯认为，贝尔福——自从 1902 年担任英国首相以来，为了坚持托利党的立场，他进行了十多年的努力，但基本上没有成功，他态度懒散、漠不关心，这几乎与人们对待奥运会的态度不相上下——是“我们这个时代最大的骗子”。[122]阿斯奎斯入主唐宁街六年，他将大部分时间用于应对雪崩般的逆境，但他仍然认为，为了成功地对抗德国，没有理由建立一个支持他的联合政府。他的政敌们不同意，这也许并不奇怪。1 月 28 日，兰斯多恩告诉劳，未来的关系应该包括“让反对党领导人充分了解与战事指挥有关的所有重要事项”。[123]

阿斯奎斯与同僚之间的麻烦可能使他想要挑选新的同僚。他仍然对劳合·乔治保持警惕，而后者到目前为止对他还算忠诚，尽管这种忠诚不会持续太久。基钦纳专横武断，霍尔丹遭到了攻击，他认为格雷“疲惫不堪、歇斯底里”，他对妻子说道：“温斯顿是内
195 阁中最令同僚们讨厌的人……他让人无法忍受！他吵吵嚷嚷，啰啰嗦嗦，夸夸其谈。我们需要的不是建议，而是智慧。”[124]很早以前，阿斯奎斯就断定丘吉尔并不像丘吉尔本人认为的那样聪明。1914 年 8 月 11 日，他告诉斯坦利小姐，这位海军大臣在内阁里讲个没完没了，“摆出一副战略专家的样子”。[125]由于斯坦利是丘吉尔妻子的表亲，阿斯奎斯很可能轻描淡写地诉说了自己的感受，以免冒犯她。由于加里波利战役*将遭受溃败——3 月初，阿斯奎斯对妻子如是说道——他没有支持丘吉尔，这意味着他承担不起失败的

---

* 加里波利战役，又称达达尼尔战役，在土耳其此战称为“恰纳卡莱之战”。是第一次世界大战中在土耳其加里波利半岛进行的一场战役。它始于英法联盟的一次海军行动，目的是强行闯入达达尼尔海峡，打通博斯普鲁斯海峡，然后占领奥斯曼帝国首都伊斯坦布尔。在此次登陆战中，协约国方面先后有 50 万士兵远渡重洋来到加里波利半岛。近十一个月的战斗后，协约国军队有 44072 名士兵战死，97037 名负伤。这场战役是一战中最著名的战役之一，也是截至当时最大的一次海上登陆作战。——译注

后果。

丘吉尔毫不掩饰他对组建联合政府的信念。2 月 9 日，阿斯奎斯告诉斯坦利小姐：“很难预测温斯顿在这里的职业前景，爱德华·格雷和劳合·乔治在一定程度上抢了他的风头，而他又没有个人追随者，他总是热切地希望组建联合政府和进行奇怪的重组。”[126]阿斯奎斯甚至打算让丘吉尔担任印度总督，不久后，彭斯赫斯特的哈丁勋爵（Lord Hardinge of Penshurst）将回国，到时这个职位就会空出来，但他拿不准丘吉尔是否会接受。丘吉尔雄心勃勃，而联合政府将向他提供新的征服之地。他最亲密的朋友之一（F. E. 史密斯）是托利党*的领袖。然而，令人惊讶的是，丘吉尔当时没有意识到，在他于 1904 年抛弃的政党**中，几乎所有人都对他怀有敌意和不信任——尽管他抛弃的托利党领袖贝尔福是一个例外，贝尔福虽然没有忘记丘吉尔的所作所为，但还是原谅了他。许多自由党人理所当然地认为丘吉尔是托利党人，当他谈到组建联

* 托利党（Tory）：英国政党，产生于 17 世纪末。托利党人参加了 1688 年的“光荣革命”。1714 年汉诺威王朝建立后的半个世纪中，托利党在政治上一直处于在野地位。18 世纪中叶，托利党成为以土地贵族和上层英国国教徒为核心的政治派别，代表着英国贵族、地主和英国国教上层教徒的利益。1760 年，逐渐成为执政党。工业革命后，托利党逐渐向资产阶级保守主义转变，以适应政治经济发展的需要。该党在教会和国家关系、保护关税政策和反对天主教问题上仍然保持旧偏见。到 19 世纪中叶，托利党发展成为保守党。也有人认为，托利党在 1833 年改称“保守党”。但是，至今人们有时仍然用“托利党”来称呼“保守党”。原文是 Tory 的时候，就翻译成托利党，是 Conservative 的时候翻译成保守党。——译注

** 1900 年 10 月，代表英国托利党参选的丘吉尔顺利当选议员，从此开始了长达 61 年的政治生涯。不过，在议会中他虽然是托利党成员，却抨击托利党政府的多项政策，包括政府在英布战争中的政策，并坚持反对政府的扩军计划，在成功阻挡政府的扩军提案在下院通过后，丘吉尔又在贸易问题上走到了政府的对立面，他公开表示反对首相内维尔·张伯伦的贸易壁垒政策，坚持维护自由贸易原则，这使得他与托利党彻底决裂。1904 年他自称“独立的托利党人”，并最终于 1905 年 1 月被托利党取消了党员资格。——译注

合政府时，人们推测他的这个举动是为了让自己与可能上台的下届政府结盟，所以同僚们也不信任他。

从 3 月 10 日（即基钦纳同意将第二十九师派往达达尼尔海峡的那一天）开始，阿斯奎斯扩大了作战委员会的规模，纳入了劳和兰斯多恩。首相没有对他们留下深刻印象，他对斯坦利小姐说："他们没有做出很大的贡献。"因此，3 月 15 日，当劳告诉阿斯奎斯，虽然他和兰斯多恩"乐意参加"这次会议，但如果他们再次出席，将会"削弱他们在保守党中的地位"时，阿斯奎斯并没有感到失望。[127]不过，他们在作战委员会中加入了贝尔福的一边，这暂时证明战事指挥得到了两党的支持，以及阿斯奎斯觉得有必要进行两党合作。阿斯奎斯要求汉基把他们列为作战委员会编写的所有文件的分发对象，但没有邀请他们参加会议。然而，从那时开始到
196 建立正式的联合政府，还有很长的路要走。

3 月 24 日，《国家》杂志的编辑 H. W. 马辛汉姆（H. W. Massingham）告诉阿斯奎斯夫人，丘吉尔正在策划让贝尔福取代格雷，以推动组建联合政府。阿斯奎斯对这个想法感到震惊，认为丘吉尔"受到贝尔福流于表面的魅力的影响，成了复杂力量作用下的牺牲品"，他向劳合·乔治征询意见，财政大臣认为马辛汉姆的信息"基本上是真实的"。[128]阿斯奎斯感到遗憾，因为丘吉尔缺乏"主次观念"，并且没能展现出"更大的忠诚本能"。丘吉尔的阴谋诡计将损害一位资深内阁同僚的利益，也将损害首相本人的权威。在谈到丘吉尔时，阿斯奎斯对斯坦利小姐说道："我对他的未来充满疑虑。"他继续说："即使他具有出色的才能，他也永远爬不上英国政坛的顶峰；如果一个人不能激发别人的信任，那么即使他能说万人的语言和天使的话语，即使他日日夜夜地辛苦操劳，也是没有用的。"格雷的视力出现了严重的问题。尽管如此，1915 年 4 月

的上半月，当关于意大利加入协约国的谈判正处于一个微妙阶段时，他跑去钓鱼了，此举显然不能激发公众的信心。在格雷缺席的情况下，霍尔丹通常会接手外交部的工作，但由于报界一直批评他亲德，于是阿斯奎斯介入了。

在阿斯奎斯的生活中，还有一个复杂因素对他的总体判断造成了严重影响，那就是他与维尼夏·斯坦利的关系。没有证据表明这种影响是身体上的，但是，在战争的头九个月里，他对她的感情依赖不断加深。在 3 月 16 日的一封信中，他在“晚安，我最爱的人……今晚我想到的最后一个人是你，我早晨起来想到的第一个人也是你，我一天中最美好的想法都是关于你”之后，以“你的爱人”落款。[129]两天后，他在结尾时写道：“我从来没有像现在这样更加爱你，更加需要你，”并承诺在征询了她的意见之后，才考虑让劳合·乔治担任全职军需大臣。（有趣的是，阿斯奎斯坚决反对妇女参政，但在他认为不适合拥有参政权的数以百万计的妇女之中，有一位就这样被赋予了政治权力。）这给她带来越来越难以忍受的压力，她和潜在的解脱救星孟塔古的关系越来越亲密（阿斯奎斯仍不知情）。即使她决定嫁给孟塔古，但把这件事告诉阿斯奎斯——他自己也不能娶她，因为与妻子离婚是不可想象的——也是不容易的。3 月 19 日，当她暗示自己可能要去国外当护士时，他告诉她，这个举动让他置身于“悲惨的夜幕笼罩着的漆黑午 197
夜”。[130]一个月后，阿斯奎斯夫人给孟塔古写信说，她担心自己会被维尼夏取代，并请他劝维尼夏嫁给他。不用说，他不需要怂恿。

作为战事指挥的负责人，阿斯奎斯过着一种奇特的生活。他会在某个下午坐在自己的俱乐部“阿西纳姆”（Athenæum）里读书，而他自己也承认，此时他本应待在唐宁街，批阅堆积如山的备忘录。就像他对斯坦利小姐的迷恋和晚上打桥牌一样，这是他应对压力的方式，但是，那些在周二下午看到他坐在扶手椅上阅读一本现代英语散文集的人，看到他在英国停止新沙佩勒（在新沙佩勒战役中，有7000名英军和4200名印军伤亡）的进攻后剪头发的人，一定认为他们看到的只是他们想象出来的首相。[131]劳合·乔治告诉里德尔："他缺乏主动，没有采取任何措施来控制或团结公共部门，每个部门都是各行其是，听不到批评的声音。在和平时期，这些都没什么大碍，但在大战中，首相应该指挥和监督整个机器。其他人没有这个权力。"[132]

要是公众得知首相疯狂迷恋斯坦利小姐，或者他下午在阿西纳姆阅读纯文学，或者晚上打桥牌，事情可能很快就会变得无法控制。如果公众得知他有喝酒的嗜好，那么他们将会感到震惊。4月12日，格温告诉中将亨利·威尔逊（威尔逊是与法军进行联系的主要联络官，格温经常与他密谋计划），首相"最近很放纵自己，他的妻子也效仿他的做法，大约十天前，她在一所私人住宅里喝得酩酊大醉，以至于在客厅里和离开时的台阶上呕吐了起来"。[133]阿斯奎斯是一个非常聪明的人，也是一个很有天赋的理智人士，他能够迅速地办完事情，并迅速地抓住问题的核心；他还有一种智识上的天赋，那就是能从深思熟虑中获益，尤其是在面临前所未有的问题（即使这些问题相当严重）时，比如一个只习惯于处理和平问题的人所面临战争时。与他的一些同僚不同，他并没有每天将几个小时花费在政治阴谋上。但是，他的信件清楚地表明，他已经疲惫不堪、心烦意乱，而且仍然没能像基钦纳和劳合·乔治那样完全理
198 解这场近乎全面的战争的所有含义和不同需求。格温告知威尔逊的这些失礼的事情表明，阿斯奎斯夫人也在备受折磨。

3月中旬，劳合·乔治邀请《曼彻斯特卫报》的编辑、自由党新闻事业的领袖C. P. 史考特共进早餐，并对史考特说，他认为这

场战争“还会再持续两年”。[134]政府将接受的德国人提出的最低条件是交还阿尔萨斯和洛林，这是德国在1871年从法国手中夺去的，但在“德国人被赶回莱茵河”之前，这是不可能实现的，看不到立刻实现这个愿景的希望。他告诉史考特，必须“收回”波兰，“这不是一个‘摧毁’德国的问题，而是一个击败德国的问题”。不过，“如果我们一个月能生产1200万枚炮弹，而不是三个月才能生产那么多，整个局面就会改观”。劳合·乔治告诉史考特，他曾访问过法国，看到那里军工厂的产量非常高，希望英国也能达到类似的产量。“这个国家最迫切的需要就是组织生产线进行生产，并最大限度地加快速度……而障碍在于基钦纳。”[135]

随着伤亡人数增加和公众态度变得愈发紧张，政府在策划取得突破性进展方面的压力也越来越大。穿丧服的妇女和穿制服的休假士兵成了街头司空见惯的景象；当地的报纸登载了一卷又一卷的荣誉名单，上面有死者的照片，而且死者往往很年轻，这些名单似乎在不断加长。由于看不到结束的迹象，人们开始对战事指挥是否掌握在正确的人的手中进行了更加直言不讳的讨论。在新沙佩勒战役和达达尼尔海峡战役的问题变得明显后，诺思克利夫的报纸对这些问题的报道并没有怠慢。1915年4月，诺思克利夫对同为报业大亨的里德尔说，阿斯奎斯“懒惰、软弱、冷漠”，并认为“劳合·乔治可能是那个正确的人”。[136]此时，劳合·乔治还没有全面意识到自己的重要性。麦克纳让阿斯奎斯留意诺思克利夫的报纸对劳合·乔治发表的好评，并暗示这两人可能在密谋，或许还带着丘吉尔。这是一个超前的想法——因为那时没有进行密谋——但它令阿斯奎斯和他的朋友们感到担忧。

3月29日，阿斯奎斯就这些谣言和财政大臣当面对质，并告诉斯坦利小姐，“我从未见过他如此激动”。[137]劳合·乔治认为，麦

克纳这样做是因为仇恨丘吉尔，而托利党的报纸之所以批评阿斯奎
199 斯，是因为他们认为基钦纳——他才真正应该对阻碍战争进行的弹药短缺负有责任——是托利党人，不应该受到攻击。阿斯奎斯写道，劳合·乔治告诉他："他宁愿（1）砸碎石头，（2）挖土豆，（3）被处以绞刑和肢解（这些都是在他不同阶段进行的充满激情的慷慨演讲中使用的比喻），也不愿意做一件对我不忠的事情，说一句对我不忠的话，或者怀有一个对我不忠的想法……他的眼里噙满了泪水，我相信，尽管他有着凯尔特人的冲动和短暂的热情，但他是十分真诚的。"

阿斯奎斯对最亲密的知己说的最后一句话，揭示了他是多么不了解劳合·乔治的真实性格。当时他并不知道这些，不过，劳合·乔治很快就把政府高层的动向告诉了他的亲信们，就像他告诉里德尔一样。劳合·乔治的私人生活也让阿斯奎斯对斯坦利小姐的柔情显得纯真烂漫。1915 年的春天，这段私人生活经历了一个尤其复杂的阶段。但凡有机会，劳合·乔治就会开车去位于萨里郡沃尔顿希思的房子，他声称自己在伦敦睡不着觉。事实是他害怕烈性炸药，去那里将使他免受齐柏林飞艇的突袭。在离开伦敦的路上，他会带着情妇弗朗西丝·史蒂文森一起走。1915 年 3、4 月间，她病了。劳合·乔治的传记作者约翰·格里格（John Grigg）猜测她可能是流产了，或者是堕胎了。她当时说道"关于私生子的想法不得不暂时放弃了"。[138] 据格里格说，她告诉她最终与劳合·乔治生下的女儿，她曾经堕过两次胎。如果让人知道她怀孕了，即使在战时，也会终结这位最不可或缺的大臣的职业生涯。

与劳合·乔治不同的是，阿斯奎斯不喜欢报界，尽管他身边有一两个记者［尤其是《威斯敏斯特公报》的编辑 J. A. 斯班德（J. A. Spender）以及同他一样毕业于贝利奥尔学院的校友］。不

过，他认真听取了马辛汉姆针对内阁有多么脆弱做出的诠释说明。（他并没有意识到这一点，但《晨间邮报》的格温很清楚这种脆弱性，他曾就这个问题向劳提出建议。）格温认为，联合政府“将削弱保守党，并将分裂自由党”，只会给托利党人带来短期优势；他确信，为了国家利益，联合政府是不必要的。[139]格温更倾向于举行大选，或者在不需要托利党帮助的情况下任凭内阁顺其自然地行事。阿斯奎斯必须小心谨慎地对待报界。在诺思克利夫的带领下，报社的老板们已经因为审查制度而对政府怀有满腔怒火，阿斯奎斯 200
认为舰队特街关于公众被操纵的说法——或者说“被过度安抚和鼓动”的说法——是完全正确的。[140] 4 月 1 日，他和其他几位大臣、审查员巴克马斯特和弗兰克·斯威特南（Frank Swettenham）爵士会见了由来自伦敦的所有报纸（《泰晤士报》除外）的老板和编辑组成的代表团。他说，他对赢得最终的胜利持乐观态度，但他驳斥了认为政府正在发布完全错误的乐观声明的观点。

3 月 30 日，《每日纪事报》刊登了一篇关于密谋反对阿斯奎斯的文章，当天晚些时候，阿斯奎斯召见了劳合·乔治和麦克纳，以便让他们澄清事实（丘吉尔也受到邀请，但他谢绝了，因为他觉得没有必要为自己辩护）。财政大臣谴责说是麦克纳让《每日纪事报》的编辑撰写了这篇文章。麦克纳“言辞激烈地”否认了这个说法，并推罪于贝尔福。阿斯奎斯结束了这场激烈的争论，他说，如果他认为任何同僚对他持保留意见，那么他将立刻辞职。三人一致认为，丘吉尔与前统一党首相的关系过于亲密。[141]接着，阿斯奎斯不得不对基钦纳和劳合·乔治就军需委员会发生的争吵进行斡旋。生死攸关的问题应当是最重要的，而他却关注于没有意义的问题，这似乎很矛盾。尽管如此，在他必须为麦克纳和劳合·乔治之间的争吵进行公断的那天，他仍抽出时间给维尼夏·斯坦利写了四封信。

第二天，由阿斯奎斯、丘吉尔、基钦纳和汉基组成的一小群人召开会议，批准对达达尼尔海峡发动海陆联合进攻，两天前，德·罗贝克向丘吉尔发电报，确认海上单独进攻失败了。劳合·乔治后来说："精打细算的计划无可救药地误入歧途。"[142]丘吉尔比费希尔制定了更多的计划，费希尔对计划的热情最终化为乌有，这就是所发生事情的很多都归咎于丘吉尔的原因。一个星期前，也就是4月6日，汉基曾在一次大臣会议上警告说，让部队登陆将是非常困难的，但丘吉尔对此置之不理——"他预计在实施登陆时不会遇到什么困难，"会议纪要上写道。[143]现在，派遣地面部队是挽救这场战役的唯一希望。

内阁得到的消息是，地势平坦，军舰上的枪炮可以消灭试图坚守阵地的土耳其士兵。但事实并非如此，土军毫不费力地为自己挖了堑壕。"这次行动是有风险的，"阿斯奎斯对斯坦利小姐说道，
201 "但我相信我们执行这个计划是对的。"[144]然而，他把取得有利结果的概率比作"在达达尼尔海峡抛硬币，这要看是正面朝上还是反面朝上"，这暗含着一种宿命论的意味。如果英国和法国能够获得执行这个计划的武器装备，那么二者计划在5月初发动联合进攻，以便把德军赶回默兹河彼岸。阿斯奎斯告诉斯坦利小姐，如果硬币正面朝上，那么军队将在达达尼尔海峡顺利登陆，并且协约国在法国的弹药供应将得到改善，"战争应该会在三个月内结束"。不过，鲜有人像他那么乐观。当首轮登陆行动的伤亡情况传到英国时，格温正在给巴瑟斯特夫人写信，谴责这次远征是"带有丘吉尔作风的疯狂阴谋"。[145]

达达尼尔海峡战役的问题象征着阿斯奎斯现在面临的种种挑战，这些挑战来自于每一个方面，无论是军事方面的还是国内方面

的。斯坦利小姐对自己的未来难以抉择，这种局面已经达到了白热化的程度。4 月 16 日至 18 日的周末，孟塔古和斯坦利及其家人待在一起，他们似乎已经决定要结婚了。在他离开奥尔德利回到伦敦后不久，斯坦利小姐给他写信说："这个星期天的经历让我很难继续给首相写信，我没法装作好像什么事也没有发生一样。亲爱的，我该怎么办？"[146]阿斯奎斯计划两天后在纽卡斯尔就战争发表重要讲话，而在此之前她不愿意向他坦白一切。她的信件一定让孟塔古感到非常高兴："亲爱的，我想我爱上你了，维尼夏。"她确实给阿斯奎斯写了一封暗示未来的信（她写给他的这封信弄丢了），提到（他引述她的话说）她"有可能让我痛苦，"但他补充说，"如果你告诉我明天你要结婚了，我希望自己有足够的力量不去抗议或劝阻。"[147]她没有告诉他她要结婚了——她必须征求家人的意见——但她确实说过，如果她真的结婚，她对阿斯奎斯的感情将不会改变。然而，他需要的是她的一心一意。

4 月初，在审查制度允许的范围内，各大报纸生动报道了弹药短缺，这加重了阿斯奎斯的麻烦。汉基曾到伊普尔会见高级军官，他向阿斯奎斯报告说，"普遍存在需要更多炮弹的情况"。[148]为了研究这个问题，内阁任命了两个委员会（一个来自下院，由劳合·乔治领导，其成员包括孟塔古、贝尔福和工党领袖亚瑟·亨德森；另一个是陆军部的部门之一，由基钦纳领导），用阿斯奎斯的话说，以便"确保将国家所有可用的生产资源最迅速和最有效地用 202
于为海军和陆军制造和供应战争弹药"。[149]有趣的是，基钦纳居然同意这个任职，因为他曾在 3 月 29 日暗示说，如果成立这样的委员会，他将把它当作一种批评并将辞职。阿斯奎斯说，委员会拥有充分的授权，以便下令采取任何必要的措施来改善情况。在军工厂集中的利兹、谢菲尔德、纽卡斯尔和格拉斯哥等城镇，经理和工会代表组建了地方委员会，以讨论如何提高生产率。显而易见的办法是从对战争不太重要的其他行业引入更多的劳动力，并加大对妇女的招募力度。由于情况紧急，甚至有人呼吁将那些受过修造工、铁匠或工程师培训，现在担任警察的人调派到伍尔维奇军工厂（英国主要的炸药工厂），并由临时警察接替他们的职责。伦敦市警察局宣布，局长已“邀请”所有未婚警员参与这些工作。达到服役年龄的警察没有被招募加入劳动大军，而警察队伍的空缺则由退休人员填补。尽管如此，劳合·乔治仍然利用炮弹短缺扼住了基钦纳的咽喉。4 月 16 日，阿斯奎斯告诉他的秘书兼未来女婿莫里斯·伯纳姆·卡特（Maurice Bonham Carter），“劳合·乔治确实说了一些话，要是这番话是对他说的，他觉得这是无法原谅的”。[150]

不仅是炮弹，就连士兵也存在数量不足的情况。那些响应基钦纳的号召应征入伍的士兵仍在训练中，鲜有士兵能在 6 月之前到达法国。应征入伍的人越来越少。4 月 13 日，《每日邮报》披露了这个令人尴尬的结果。该报复制了《晨报》的一份地图，显示当法军在防守 543.5 英里的前线时，英国远征军仅仅防守了 31.75 英里，比被占领的比利时防守的 17.5 英里多不了多少。《每日邮报》称这种“境况非常不光彩”，并指责政府缺乏远见。[151]为了给军队腾出更多的人手，政府采取措施让那些不适合服兵役的人担任基本工作。根据德比的倡议，经基钦纳批准，4 月 1 日，利物浦宣布成立一个码头工人营，以便在港口执行政府的相关工作。它将由那些想要穿上军装但因为年纪太大而不能参战的人士组成。他们需要遵守军事纪律，因此避免了使重要港口陷入瘫痪的罢工威胁：如果人们所称的利物浦的“试验”取得了成功，那么其他地方也会效
203 仿。[152]然而，为了安抚工会，但凡加入该营的人，必须是工会会员；

但凡离开工会的人，都将被开除出军队。士官都是前工会官员和老兵，其中一人曾在伊普尔战役中受伤。

认识到政府面临的挑战，4 月 20 日，阿斯奎斯前往纽卡斯尔，向那里的弹药工人发表了演讲。他希望他的话能安抚托利党的报纸，损害诺思克利夫的信誉，鼓舞士气，并强调提高生产率的重要性。五天前，齐柏林飞艇袭击了那里——这在东海岸已成为司空见惯的事情——目标似乎是军火工厂和造船车间，因此，首相访问此地也是恰逢其时。报纸报道了泰恩赛德发生的酗酒故事，为他的到来铺平了道路。

《泰晤士报》报道说，虽然军工厂极少抱怨工人们缺乏敬业精神，但造船厂的情况就不是这样了。该报写道："在河流下游雇用的部分工人可能需要首相对他们发表直言不讳的演讲。"[153]英国海军部催促着制造已经订购的军舰：但是"据称，一些人迄今仍拒绝改变习惯或投入更多精力来应对全国的紧急状况"。下午，《泰晤士报》的记者参观了一家造船厂，发现"听不到锤子敲打的声音"。他还说，"一位主管告诉我，让铆工每周工作超过 50 个小时似乎是不太可能的"。在那里，星期天本来是要上班的，但是，如果星期天上班，那么工人们在接下来的周一和周二就会"怠工"，所以星期天就不上班了。有一个决定性的论据能对这种情况进行说明，那就是"这些人喝的是烈性麦芽酒——低度啤酒在纽卡斯尔不受欢迎——虽然实际醉酒的人可能不多，但与我交谈过的雇主说，他确信周末酗酒降低了工人们的工作效率，让他们在周一没有心思工作"。这名记者接着说道，在四天的复活节假期之后，到了周二，一些部门只有 20% 的员工恢复正常上班。劳动力不足意味着不能解雇这些人，但是，如果饮酒被证明是问题所在，那么新的政府军备委员会就有权限制酒类的销售。此外，根据对《保卫王国法案》进行的最新修订，政府可以接管生产“战争物资”的工厂，并指导如何开展工作。不到两个月，那些因为醉酒而旷工的人遭到了起诉，尽管理由是他们违反了合同，而不是《保卫王国法案》。6 月 14 日，政府对位于贾罗（Jarrow）泰恩港的四家造船厂
204 的工人提起了诉讼，这是此类案件中的第一例。

阿斯奎斯去了纽卡斯尔，由于报纸的报道，英国民众希望他告诉英国工人要提高生产率，延长工作时间，更加努力地工作，停止饮酒，把国家利益放在个人利益之上。正如《泰晤士报》在他视察的当天早上报道的那样，“如果我们技能熟练的工人不可靠，不能像士兵一样履行他们的职责，那么德国人关于我们国家堕落的看法将是正确的，我们不配赢得这场战争”。[154]与由一组顾问反复起草稿件的现代程序不同，这篇演讲稿是由阿斯奎斯在去纽卡斯尔的火车上潦草写下的，之后在他下榻的酒店房间里完成。他的听众都是军工厂的工人，大多数人都戴着领章，上面标有“工业战士”的字样。他的这场 40 分钟演讲的主题是“交货”。他赞扬了他的听众在战争中发挥的关键作用，并重申了他的参战理由。弹药供应出现问题，是因为“最优秀的专家”无法预测到弹药的消耗规模是“空前的”。[155]他说，国家将接管许多工人的雇用合同，并确保将他们安置在最重要的工作岗位上，目前不生产军火的其他工厂将改为生产弹药。

但是，他否认了报纸关于弹药短缺的报道，称“那些陈述中没有一句实话”，他这样做是非常欠缺考虑的。[156]基钦纳曾告诉阿斯奎斯，弹药短缺的问题已得到解决，这是基于弗伦奇向陆军大臣发表的意见，弗伦奇说自己有足够的弹药用于下一次进攻，尽管自 10 月底以来，弗伦奇就一直向他抱怨弹药短缺，基钦纳承认知道此事。[157]阿斯奎斯狠狠批评了对之前攻势中缺少弹药的报道，这是

一种异常笨拙的做法。每个士兵都知道他的否认是错误的，议员和阿斯奎斯的同僚也认为这是错误的。也许斯坦利小姐打算退出这段关系让他感到慌乱，但这表明，由于他对她的痴迷，以及他将时间花在打桥牌上和图书馆里，他很少关注战争的实际情况，及其对领导者的要求。

阿斯奎斯的演讲没有局限于军火和军舰。摆在他面前的最新的煤炭产量数据也同样令人担忧：2 月份，煤炭产量同比下降 11.9%，3 月份同比下降 10.8%，而当时煤炭的需求正在增加。大约有 20% 的矿工应征入伍，但来自其他行业的男性接替了三分之 205
一的矿工。因此，他在演讲中提到了矿工——即使没有矿工在场——并说道，军火工人每周工作 67 到 69 个小时，他向“留在矿井里的矿工发出呼吁，要求他们按时出勤，尽可能增加产量，借此与那些已经或即将奔赴前线的同胞们来一场爱国主义精神的较量”。他提醒听众，在这类事情上，《保卫王国法案》向政府授予了权力，但他还是希望避免“采取强迫手段”。军火工人们欢呼起来，但对矿工们来说，这似乎是一种含蓄的威胁。他还说，为了国家利益，煤矿主们可能不得不限制自己的利润，工会也必须终止限制性做法。在战争结束后，一切都将恢复正常，但现在需要的是“共同牺牲”。

他是在背景复杂的情况下在纽卡斯尔发表演讲的，这场演讲关注的不仅仅是提高生产率，还有鼓舞士气。阿斯奎斯了解战争给工人阶级家庭带来的问题。根据贸易委员会的数据，在 1914 年 7 月至 1915 年 3 月间，这些家庭的生活成本增加了 20%。尽管加班的机会大幅增加，军火工人的工资也相对较高，但其他人认为，大幅加薪以弥补可支配收入减少的时机已经到来。英国矿工联合会做出榜样，立即要求加薪 12.5%，而最初要求的幅度为 20%。矿主们提出加薪10%。然而，在前往纽卡斯尔的途中，阿斯奎斯听说，英国矿工联合会的一位重要的管理层人员计划建议全国的100万名矿工在同一天辞职。他们不太可能获胜，但拟议采取的这个行动对英国构成了极大的威胁。为了获得战争奖金，在整个春季和初夏期间，西米德兰兹郡和南威尔士的矿工们无视工会领导人的反对，举行任意罢工，要求发放15.5%的奖金。

战前劳工动乱给阿斯奎斯留下的伤疤，到1915年4月下旬似乎又卷土重来。他意识到食品价格上涨，获悉了牟取暴利的说法，并了解这些事情对士气造成的不利影响。因此，4月29日，他召集了矿工代表和煤矿业主就工资要求举行会议。煤炭行业的罢工将会摧毁英国的作战能力。矿工们知道，如果他们在这样的时刻罢
206 工，将会招来骂声。即便如此，南威尔士的矿工联合会还是呼吁开展劳工运动。现在，食品价格已经升至战争爆发以来的最高点，预计还将进一步上涨。去年8月，4磅重面包的价格为5？便士，到了今年4月下旬涨至8？便士。令人们普遍感到愤怒的是，铣削公司史彼勒（Spillers）刚刚公布其利润为36.8万英镑，而一年前的利润为8.9万英镑，这被视为公司在工人们做出牺牲的同时牟取暴利的证据。首相同意针对矿工案件进行的司法审判，但是，由于认识到不同煤田之间的差异，他拒绝在全国范围内统一加薪的建议。相反，他说，如果有任何地区的煤矿业主和英国矿工联合会之间的讨论不能在一周内就相应地区的加薪达成一致，那么政府将强制他们达成共识。这促成了和解。

在纽卡斯尔演讲后的第二天早上，阿斯奎斯去了位于城外的生产阿姆斯特朗炮的军工厂，自8月以来，该厂的在册员工人数增加了十倍，从1300名增加到了1.3万名，并且开辟了邻近的几英亩土地，建起了新的临时工棚。一直反对妇女参政的阿斯奎斯似乎对

工厂里妇女操作机器的熟练程度感到吃惊，“她们在三天内就学会了如何灵巧地操作机器，稍笨一些的也能在不到两周的时间内学会”。[158]但是，由于需要技能熟练的工人投入工作，工棚里没有一个人。当天早上，他读到诺思克利夫的报纸对他的演讲发表的大肆批评，该报认为他对弹药短缺的报道不屑一顾是不诚实的。《泰晤士报》赞扬了他对爱国主义精神的呼吁，但补充道，“如果他不那么急于掩盖其政府能力的不足，那么这个呼吁对整个国家的鼓励作用将会更大”。[159]该报对阿斯奎斯在这样“庄严的规劝”中和“决定命运的重大时刻”试图确立其政府“绝对正确”的做法提出了质疑。

《泰晤士报》嘲笑他否认军队装备不足，还嘲笑他声称政府已经解决了弹药问题。该报嘲笑阿斯奎斯的“自鸣得意”，问道，如果一切进展顺利，为什么还要迫切呼吁提高生产率？该报还质疑他的可信度，并得出结论认为，他和他的同僚们做出了“错误的估算”，并犯了“错误”。该报几近要求重组内阁。该报还指出，阿斯奎斯并没有指责纽卡斯尔的工人因为酗酒而怠工，这种做法不仅是一种挑衅行为，而且还很虚伪。

阿斯奎斯夫人记录道，《泰晤士报》的编辑杰弗里·罗宾逊（Geoffrey Robinson）是“一个地地道道的最无耻的恶棍”。出于继承的缘故，罗宾逊在1917年改姓道森（Dawson），道森是他姨妈 207
的姓氏。在20世纪30年代，他因为支持对希特勒实施绥靖政策而声名鹊起。[160]他“曾公开吹嘘说他将为亨利效力。他希望组建联合政府——劳合·乔治担任首相，奥斯丁（张伯伦）担任内政大臣，博纳·劳担任外交大臣（反过来也一样），赫伯特（阿斯奎斯）担任财政大臣等”。道森是阿尔弗雷德组建的杰出的年轻外交官“养习所”的前成员。阿尔弗雷德是前殖民地总督，现在被称为“米尔纳子爵”，他曾创建南非联盟。此外，道森还是万灵学院*的研究学者。在他职业生涯的这个阶段，他也急于表现出对诺思克利夫的完全服从，不过，战后他与诺思克利夫决裂。当其他报纸都在抨击她的丈夫时（“《晨间邮报》经常辱骂我们，该报最讨厌温斯顿，然后是亨利”），阿斯奎斯夫人指出，《泰晤士报》“极具报复性，手段卑鄙”，并声称没有一家英文报纸“表现出如此之少的爱国主义精神”。由于该报拥有极具影响力的读者群，当传播新闻和观点的唯一手段是通过印刷文字时，它的编辑路线变得至关重要。

那些不太有声望的报纸如今都在报道针对阿斯奎斯的阴谋。《每日纪事报》曾进行过明确的报道，认为存在这些阴谋，阿斯奎斯夫人认为，劳合·乔治和丘吉尔（尤其是与贝尔福和史密斯等朋友之间）的闲言碎语在诺思克利夫的报纸上造成了很多出人意料的影响，最好不要说出来。劳合·乔治认为麦克纳正在密谋对付自己，是他向阿斯奎斯告发了财政大臣对他的厌恶。而麦克纳认为劳合·乔治正在密谋对付自己，并试图把自己开除出内政部。两个人都说对了。因此，阿斯奎斯不得不调解内政大臣和财政大臣之间的不和。从阿斯奎斯对他妻子所说的话来看，丘吉尔已经黔驴技穷了——“他将和F. E. 史密斯见面，并和史密斯讨论内阁的每一个秘密”，阿斯奎斯对妻子说道——而且他已经到了“和温斯顿讨论事情是没有用的”地步。[161]

在从纽卡斯尔回来后，以及当下院正在讨论后座议员提出的动

* 万灵学院（All Souls）是牛津大学联盟中的一所学院。由亨利六世于1438年为纪念反法庭之役去世的战士而建。与牛津大学其他学院的不同之处在于，它没有自己的学生。每一年，万灵学院都会补充新成员，即邀请牛津大学中最优秀的学生参加由万灵学院组织的一场考试，其中最出色的两名学生将成为万灵学院的新成员。成为万灵学院的成员在英国被认为是最高的荣誉。——译注

议（内容是关于究竟应该对军需工业实行中央控制，还是进行国有化，以确保其表现得更好）时，阿斯奎斯给斯坦利小姐写信，谈到他对她的“崇拜和爱”，虽然她曾警告过他不能再这样下去了，但他仍然抱有希望：“我知道……尽管命运给了我最好的际遇，但它却把这样的际遇切断了，请上帝仍然赐予我这个时代的很 208
多人所拥有的最丰富的爱和幸福。”[162]他恳求道：“我最亲爱的，无论你想做什么，都不要‘糟蹋了面包，洒了酒’。不要……”但他也承认，如果她选择了比他更好的人，那就表明他根本配不上她，他会为她的幸福而高兴。

可是，为时已晚。就在同一天，斯坦利小姐给孟塔古写了一封信（她后来说，她感到羞耻，因为这封信对阿斯奎斯不够宽宏大量），声称她曾经本来可以离开阿斯奎斯的，而这一切都无关紧要了。现在，“我觉得我对他如此不近人情，有时候，我非常怨恨他成为我爱情路上的阻碍”。[163]阿斯奎斯曾告诉她，如果他们分手，他的生活将变得一无所有：“他怎么能如此残忍地对我说这些话呢?”她问孟塔古。[164]在接下来的几天里，她和孟塔古设法将他们要结婚的消息告诉了他。孟塔古对她说：“我想不到什么办法，但是，亲爱的，我们必须找到一个方法……因为我们不应再浪费时间了。”[165]

对于纽卡斯尔的演讲，阿斯奎斯继续受到他所谓的“诺思克利夫及其下流职员”的攻击。[166]由于政客们为了国家统一在很大程度上保持沉默，报纸便接替了批评的工作。4 月 22 日，《泰晤士报》再次对阿斯奎斯进行了抨击，声称细想之后，认为他的讲话“缺乏勇气和坦率”，并声称最初的狂热很快就会消退，取而代之的将是“失望”。[167]该报用其老板的口吻继续写道：“他对这次战争处于什么样的境况只字未提，也丝毫没有试图警告国民这个国家现在面临的任务是多么艰巨。”这种批评有失公允，虽然阿斯奎斯没有使用“全面战争”一词，但他强调，这是一场需要所有人参与的战争，无论是在前线，还是在其他地方。

然而，当时对阿斯奎斯的主要批评——他没有向议会和英国充分传达战争的进展情况——是有道理的。就在几天前，张伯伦还指责他给这个国家戴上了眼罩，他指的是对作战细节进行过度审查，不让公众知道真相，或许还有不让公众了解他们是多么迫切地需要劳动力来做出更大的贡献。4 月 22 日，德比在奥尔德姆举行了一次招聘会，征召合格的战地记者，以便让公众了解形势的严峻，让
209 更多的人明白参军的重要性。几天后，他在曼彻斯特发表讲话，声称阿斯奎斯关于弹药的言论“与事实完全相悖。军队里没有一个人，而且我相信陆军部也没有一个人支（阿斯奎斯）的观点”。[168]报界为此称赞他，并敦促其他“地位高”的人以他为榜样。自从战争爆发，德比就不知疲倦地工作，受到了普遍尊重。虽然他是托利党人，但人们相信他批评阿斯奎斯是出于绝望，而不是因为党派偏见。但是，如果有人把他的话诠释为对阿斯奎斯的谎言进行指控，那他也确实道歉了，他觉得人们误解了阿斯奎斯在演讲中所表达的意思，然而，这个声明却对澄清事实产生了完全相反的效果。

就支持放松审查的呼吁而言，报界也有自己的理由，因为它们相信配图描述越多，卖出的报纸也会越多。虽然《泰晤士报》没有指责阿斯奎斯撒谎，但在第二天再次抨击他在纽卡斯尔的演讲时，该报确实声称，他关于弹药供应的说法“经不起检验”。[169]该报认为政府没有及早采取措施提高产量，情况的确如此。对阿斯奎斯及其同僚的批评远远超出了对诺思克利夫的批评。新沙佩勒战役的弹药供应问题已经从休假回家的军官那里传到了伦敦社交圈，人们正在广泛讨论《泰晤士报》提到的短缺问题。然而，随着阿斯

奎斯对自己和斯坦利小姐的关系越来越猜疑，他对战事的投入似乎也越来越少。4 月 22 日的晚些时候，他给她写了当天的第二封信，恳求道："我宁愿知道最坏的情况——不要掩饰，不要拖延……告诉我——是还是不是！"[170]

正当阿斯奎斯对此烦躁不安时，劳合·乔治利用下院关于军火工业的辩论，试图挽回纽卡斯尔演讲所造成的一些损失。他说，军队是"我们历史上最伟大的组织之一"，自从战争爆发以来，军队的规模扩大了四倍，但仍配备有"足够的弹药"。[171]他表扬了基钦纳，并引用了一位不愿透露姓名的将军的话，这位将军告诉他，战争中使用的重型炮弹的数量"让人吃惊"。财政大臣认为，国家应该"感到骄傲"；他还提到，在德军向英军发射的炮弹中，有很大一部分是哑弹，因为它们的质量低劣。[172]政府已经向 2500 至 3000 家公司分包了制造弹药的工作；他还声称，去年 12 月的时候就可以明显看出，生产进度太慢了。政府对此采取的应对措施是利用职 210
业介绍所来寻找更多的人，但到了 3 月，很明显，没有足够的人乐意搬到不熟悉的地区去做这项工作。越是技能熟练的人，越是不愿意搬家。因此，政府再次对《保卫王国法案》进行了修改，使得政府能够接管工程工厂，并将工厂完全用于生产武器。现在，火炮弹药的产量几乎是去年 9 月的 19 倍。他赞扬了工人们的爱国主义精神和工会的配合。

对诺思克利夫来说，这些安抚的话语是不够的，他最近刚从西线回来，并同弗伦奇和霞飞进行了交谈，后者帮助取消了对战地记者的一些限制。眼下，他有多么不喜欢阿斯奎斯，就有多么不喜欢劳合·乔治——这种情况将会改变，因为这与诺思克利夫的野心相称——尤其是在财政大臣的禁酒政策上。《泰晤士报》称劳合·乔治的介入"助长了自满情绪的复苏"。[173]考虑到报纸上不断增加的伤亡名单（某些日子里有 2000 人死亡、失踪和受伤），大多数人认为自满是一种不太可能的心态。劳合·乔治未能解决的问题——报纸上毫不掩饰地指出——似乎是，“和六个月前一样，德军仍然占据着西线的大多数据点，把他们赶出去不仅代价高昂，而且存在着致命危险，因此我们距离完成入侵德国这个紧迫的任务还差得很远”。

最后一点对诺思克利夫来说关系重大且非常重要，但几乎没有人考虑到，因为战争的主要目的是把德军赶出比利时和法国，而不是战胜和征服德国人民，正如社论承认的那样。但是，对政府的两位主要人物进行的尖锐批评只朝着一个方向发展，让诺思克利夫的一些统一党朋友进入政府，以改善战事管理。在回复劳合·乔治的演讲时，对于劳合·乔治关于事件的描述和自新沙佩勒战役以来从与高级军官交谈过的人士那里听到的内容之间的差距，劳——几个月来，他竭尽全力确保他的政党不会攻击政府——表示“焦虑和担忧”。这体现了一种不安，诺思克利夫和想要组建联合政府的其他统一党人可以利用这种不安。

然而，阿斯奎斯太过专注于自己的情感波折，以至于无法把握
211 这些战略考量。在他不知情的情况下，孟塔古和斯坦利小姐结婚的
最后一个障碍被清除了，她同意改信他所信仰的犹太教，这样他就可以满足获得遗产的条件，即根据他父亲的遗嘱，他每年可以得到 1 万英镑的遗产。不管怎样，她预定在 5 月的第二个星期到布洛涅去护理伤员，阿斯奎斯正在为这次分离做心理准备。对他来说，这不是一件小事，即使在情况最佳时也不是小事，但问题不断堆积在他的身上，单凭他杰出的智慧和丰富的经验并不总是能解决这些问题。战争给他带来了一系列超出经验范畴的困难，并需要不同的心态和经历才能处理：显而易见的是，劳合·乔治觉得这些困难不那

么具有挑战性，尤其是因为他准备掩饰自己，以一种阿斯奎斯不会采用的方式进行表演。

5 月 4 日，他和斯坦利小姐见了面，他一边走回唐宁街，一边“沉思”，之后，他给她写信说：“有时候，我认为诺思克利夫和他的下流职员也许是正确的——不管世界上的其他人怎么说，我就算不是一个骗子，也是一个失败者，一个傻瓜。”[174]她没有把自己即将结婚的消息告诉他，第二天下午，当阿斯奎斯开车带她出去兜风时，她也没有告诉他。两天后，他们又去兜了一次风——三年来，他们一直都有出游的习惯。她本来打算启程去布洛涅，但她的身体垮了——主要是因为这种双重生活的压力让她感到“不适和痛苦”——她的离开也被推迟了。[175]阿斯奎斯如释重负，5 月 10 日，他在写给她的信中说道：“你是我的一切，”但这对她没有任何帮助。[175]

七

荒谬的是，1915 年春，西线和东线的坏消息不断传来，伤亡名单不断加长，但这却坚定了国民的决心。由于士兵被派往达达尼尔海峡，以及英军在伊普尔遭遇了挫败，这引发了与征召士兵有关的新问题，强制征兵的可能性已经不再局限于统一党的内部争论了。正如《泰晤士报》在 5 月 6 日报道的那样：“志愿兵役制有其限度，而我们正在迅速接近这个限度。”[176]到目前为止，由于计划方面的失败，士兵人数要多于装备数量，但现在，如果军工生产加速，那么装备数量可能会超过士兵人数。令人愤怒的是，公共资金 212
被花在广告宣传活动上，以敦促人们履行自己的职责、志愿参军，《泰晤士报》说，“对于一个自尊自重的国家来说，这是一个耻辱的应急措施”。义务兵役制还没有必要，但人们敦促政府开始这方面的计划，就像政府在为时已晚之前为庞大的弹药供应制定计划那样。对阿斯奎斯来说，强制征兵（从战争爆发的那一刻起就在法国实施）仍然是不可想象的，但对劳合·乔治来说就不同了，他标榜的自由主义以阿斯奎斯永远无法做到的方式拥护了国家主义。

在许多重要的行业和职业，男性所剩无几，因此第一步是培训女性，或招募退休人员来接替他们。然而，许多企业甚至没有进行这方面的尝试。5月7日的报道声称，自8月以来，邮局雇用了2万人，其中1.1万人符合参军的条件。5月11日，一直反对强制征兵的格温告诉米尔纳：“我愈发认为（*原文如此*），征兵制非但不会引起人们的反感，而且在目前这个时刻将会受到人们的衷心欢迎。”[177]弗雷德里克·米尔纳（Frederick Milner）爵士——不是前面提到的殖民地总督，而是前统一党议员——提出了征召“不爱国的逃避兵役者”的另一个理由：一旦每个人都在履行自己的“职责”，一旦“踌躇不定的局面停止了，那么这个国家”将从严峻的磨难中得到“净化”。[178]他并不是唯一一个相信战争是某种苦行赎罪的人，通过这种苦行赎罪，一个道德复兴的国家将从战争中崛起。

一些左翼人士——例如《每日先驱报》的编辑、未来的工党领袖乔治·兰斯伯里（George Lansbury），他将在战争期间崭露头角，并始终如一地主张他的原则——认为，继续打下去不会有任何好处。1915年5月，他的报纸试图在左翼知识分子和工团主义者中争取对和平的支持，却遭到了强烈反对。H. G. 威尔斯和阿诺德·本涅特只想取得胜利，后者要求德国人支付巨额赔款，并“让比利时军队举行仪式，游行经过菩提树下大街”。[179]工会领导人希望战斗到底，只有麦克唐纳和西德尼·韦伯（Sidney Webb）大胆说出了自己的想法，麦克唐纳建议对边界做一些修改，韦伯提议建立国际联盟。博顿利利用他在《星期日画报》的专栏抨击麦克唐纳的和平主义，要求以叛国罪传讯他。麦克唐纳之前曾说博顿利的“出身非常可疑，他的一生都活在牢狱边缘”。[180]不过，博顿利是个危险的敌人，他获得了麦克唐纳的出生证明，并将其公布，以证明这位工党议员是非法移民。 213

后来发生了一件事，在英国引发了一轮新的、更为暴力的反德浪潮，阿斯奎斯领导的政府不得不努力控制由此造成的社会后果。1915 年 5 月 7 日，“卢西塔尼亚”号在从纽约开往利物浦的途中，在爱尔兰南部海域被 U－20 艇击沉，在此之前的几天里，U－20 艇已经击沉了几艘商船。船上共有 1959 名乘客和船员，1201 人死亡，其中包括 128 名美国人。[181]德国驻华盛顿大使馆曾在美国报纸上登广告，警告美国公民不要乘坐英国船只，因为一旦它们进入英国水域就会成为袭击目标。据说这艘船装载了 173 吨弹药，但这一点在击沉后没有得到证实，并且德国人对此并不知情。英国海军部发表声明说，关于这是艘“武装”商船的报道“完全是子虚乌有”，这个说法完全符合实情：这艘船没有配备枪支。[182]

报纸完美传达了全国民众的愤怒，同时也不可避免地助长了这种愤怒。《泰晤士报》先发制人，它抨击德国人实施“大规模谋杀”。[183]德国人蓄意屠杀了一艘客轮上的平民：他们不是因为客轮装有弹药才把它作为袭击目标的，他们对装载弹药的情况毫不知情。其他报纸也可能有不同的论点，并且可能引发一场不同层面的政治风波。人们不可避免地提出了这样一个问题：面对德国的威胁，英国海军部是否可以采取更多措施来保护这艘船？对于一个已经被指责为自满的政府来说，这是一个本不应该在最糟糕的时候提出的质询。之后，《泰晤士报》抨击阿斯奎斯的政府“极度缺乏先见之明”。[184]

由于政府即将发表一篇布莱斯（Bryce）子爵撰写的关于德国在比利时暴行的报告，因此英国深刻感受到了德国人干的“可怕”事情。布莱斯曾担任驻美大使，也是一位杰出的学者。在大多数英国人看来，毒气的使用和对东海岸的轰炸表明德国的行为已经超出了道德界限。国王本人不希望宽恕德国。在沉船事件后的两天，伊舍拜访了国王，并提到：“我告诉国王，大主教昨天跟我谈过使用
214 毒气的问题，并强烈希望我们不要以同样的方式回敬。国王的观点正好相反，他认为这个问题纯粹是军事上的，不要涉及道德方面的考量。”[185]

就在沉船的消息还没有被完全消化的时候，一艘齐柏林飞艇在绍森德投下了大约100枚炸弹。现在，就连伦敦也易于遭受这种恐怖的空中袭击。但是，“卢西塔尼亚”号是压死骆驼的最后一根稻草。有关船员受伤和被摇晃坠入海中的场景从昆士敦（幸存者在那里获救）传到了利物浦，在利物浦激起了愤怒。德国人开的商店遭到破坏，埃弗顿爆发了骚乱，出动了50名警察才镇压下去。社会上层人士宣布，敌国的所有嘉德骑士都将被除名，并将从温莎的圣乔治教堂撤下他们的旗帜。受影响的人包括弗朗茨·约瑟夫和符腾堡国王威廉二世、德国王储、普鲁士亨利亲王、萨克森-科堡-哥达公爵以及坎伯兰公爵。国王不想小题大做，他坚持把降级骑士的黄铜勋章留在他们的座位上，以纪念曾经的荣耀。自1814年以来，还没有发生过骑士降级的事件，对此，报纸热心地指出，在此之前，也就是1621年，曾经举行了一个仪式，威斯敏斯特大厅的传令官砍断了勒索者弗朗西斯·米切尔（Francis Mitchell）爵士的马刺，割断了他的佩剑腰带，并在他的头顶上方砍断了他的剑，然后宣布他不再是骑士，而是一个无赖。

报纸上的漫画把德国人描绘成一个戴着尖顶头盔——普鲁士军队的带穗头盔——的丑陋怪物。《每日邮报》刊登了一张照片，在照片中，昆士敦的太平间里摆放着在这场灾难中遇难的妇女和儿童的尸体。伦敦市举行了反德会议，一个代表团从那里前往下院。他们会见了检察总长，要求在此期间拘留所有德国人和奥地利人。皇家交易所决定不让这些国民参加会议，即使他们已经入籍。德国人被赶出了史密斯菲尔德市场*，警察命令伦敦市的德国餐馆不得营业。5 月 11 日，一群暴徒袭击了伦敦东区的德国商店，六七十名警察和 50 名本土防卫军奋力控制局面。一个新的募兵海报声称“卢西塔尼亚”号遇袭是一场“冷血谋杀!”，它说袭击的目的是让英国人“害怕这些德国野蛮人”。对此，唯一的解决办法就是到最近的募兵办公室去报名，而且“今天就应征入伍”。[186] 5 月 11 日， 215
内阁讨论了沉船事件的影响，担心美国会因此禁止军火出口，“这几乎是致命的，”阿斯奎斯承认道。[186]

然而，第二天早上，阿斯奎斯情绪低沉。斯坦利小姐来了一封信，宣布她和孟塔古订婚了。与平日写给她的语气平和的信件不同，阿斯奎斯的回信直截了当：

> 最亲爱的：
>
> 你很清楚，这让我心碎。
>
> 我不敢去看你，我承受不住。
>
> 我只能祈求上帝保佑你——帮帮我。
>
> 挚爱你的阿斯奎斯[187]

---

* 史密斯菲尔德市场：伦敦的肉类市场。——译注

她的信让阿斯奎斯暴怒、发疯。之所以暴怒，是因为他认为孟塔古是一个荒谬的选择（尽管阿斯奎斯和他的社交关系不错，而且他是内阁同僚，他的事业全靠阿斯奎斯的支持），最重要的原因是，斯坦利小姐由于基督教的拒认才不得不与他结婚；之所以发疯，是因为在处理职务上的压力时，他在情感上完全依赖她，尤其是在战争爆发之后。在担任首相七年（几乎所有的年份都经历过一些重大危机，甚至在战前就经历过其他危机）后，他处于精疲力竭的边缘，有些偏执地认为同事们在策划阴谋诡计，并发现（对他来说）前所未有的战事管理极具挑战性。在他看来，他梦想（这是他一直以来的梦想）着与斯坦利小姐保持亲密关系，但这个梦想即将破灭，这对他而言似乎是一次巨大的人身攻击。

他设法给孟塔古写了一封道贺的信，因为他不得不继续和孟塔古一起工作，但他立刻改为给斯坦利小姐的妹妹西尔维娅·亨利（Sylvia Henley）写信，并告诉她："她和孟塔古以各自的方式忠诚于我，我觉得，在这世上，在活着的所有人中，不会再有比他们对我更忠诚的两个人了。可是命运却很讽刺，他们两个居然联手给了我致命一击。"[188]他继续说道，他感到"痛苦、受伤"。亨利夫人寄来了一封"亲切而通情达理的信"，他回信说："我必须见你：我无法向其他人倾诉，而你是明智的、有爱心的，你知道所有的一切。"[189]她将在某种程度上取代她姐姐的地位，成为阿斯奎斯所需
216 要的情感支柱，并成为频繁的信件和过分倾吐的情感的接受者。

他无法对妻子隐瞒这个打击，阿斯奎斯夫人以她并不擅长的轻描淡写的方式说道，"亨利来到我的卧室，对他这位知己的订婚感到烦乱不安"。[190]雷蒙德·阿斯奎斯（Raymond Asquith）——他正在里士满公园进行掷弹兵的基础训练，在冷眼旁观中，他知道父亲"有成见地反对"这场婚姻——宣称自己支持这场婚姻，"因为对

一个女人来说，结婚总比当老处女好，过了一定的年龄（对维尼夏来说，这个年龄并不遥远），当老处女就会荒谬得让人无法忍受”。[191]他认为她“明智地”选择了这场“权宜婚姻”，因为她显然无法“对某人或其他人怀有浪漫的激情”。他没有和父亲分享这个观点，无疑，阿斯奎斯应当庆幸他没有这样做。他的妹妹维奥莱特（Violet）附和达夫·库珀的说法，她在日记中写道：“我对孟塔古的丑陋身躯是如此厌恶，以至于我会从安妮女王大厦的顶层（*原文如此*）或者埃菲尔铁塔上纵身跳下，以避免和他的身体有丝毫接触，一想到和他在一起的性爱经历，都足以让人毛骨悚然。”[192]

事情并没有就此终止，以便让阿斯奎斯消化命运带给他的一切，反而使他更加无法理性地处理事情，并使他极易受到他人策划的政治阴谋的攻击。布莱斯关于德国在比利时实施暴行的报告——在阿斯奎斯收到斯坦利小姐的来信的同一天发布——助长了反德情绪的新浪潮。布莱斯的委员会纳入了学者和律师，并得到了中立的美国红十字会地方专员的支持。这是政府实施的第一次大规模的反德宣传活动：马斯特曼将报告翻译成30种语言，使它产生了最大限度的影响。该报告是以1200名比利时难民以及英国和比利时士兵的证词作为依据。

然而，报告的可信度遭到了质疑。这些目击者都没有宣誓，很多人无法证实他们的故事，或者这些故事是道听途说的。委员会没有走访比利时——该国的大部分地区已被占领——也没有采访目击者。战后，他们的陈述词不知所踪。一些证词（从婴儿被刺刀刺死，平民被肢解，到比利时妇女遭到大规模强奸）可能是无稽之谈。这是令人遗憾的，因为有确凿的证据表明，平民遭到处决，村庄遭到破坏，即使不加以修饰或虚构，这些事件的影响也足以对德国的声誉造成毁灭性的打击。然而，支持并附和布莱斯的报告成为 217

衡量爱国主义精神的标准。由于得到了政府的认可，这些报告被视作千真万确的。

入籍英国的胆战心惊的德国人给报纸写信，宣称自己将与德皇军队的野蛮行径划清界限。骚乱不仅在利物浦（造成了4万英镑的损失）和伦敦持续着，也在绍森德持续着。在绍森德，政府在轰炸后的愤怒中召集了军队。伦敦的骚乱蔓延到了海格特、卡姆登镇、北肯辛顿、富勒姆和旺兹沃斯。对商店的袭击绝不仅仅是表面上的。“人们不满足于砸门、砸窗、洗劫所有家具和商店里的东西，在很多情况下，这些房子的内部也遭到了严重损坏，”《泰晤士报》报道说。[193] “楼梯被砍成碎块，墙壁和天花板被拆毁。”

警察想要阻止破坏和劫掠，但为时已晚。那些肇事者驾驶着满载着德国人财产的车辆穿过街道，他们只是在自救。被告们声称他们的抢夺和劫掠行为是在履行爱国义务，面对这一情况，地方法官们对大多数违法者处以罚款和严加看管：他们被判处了罕见的苦役徒刑，但除此之外，几乎没有什么措施来阻止暴徒。据估计，西汉姆在三天内遭受了10万英镑的损失。英国国民的情绪变得非常糟糕，“报复”得到了广泛认可，如果有人（例如阿斯奎斯夫人）认为袭击无辜及爱好和平的条顿人的行为令人震惊，那么这些人将被谴责为“亲德”。[194]一些人谴责对完全无辜的人进行的迫不得已的攻击，一位愤怒的市民给《泰晤士报》写信说，事实上，攻击者是“那些太懒惰或者太胆小而不敢参军的人”。[195]

4月22日至23日，一名加拿大士兵在伊普尔被“钉死在十字架上”的报道进一步激发了公众对敌人的憎恨。《泰晤士报》的记者称，英国司令部已经“写了书面证词，对发现尸体的事实进行证明”。[196]报道说，发现了一具中士的尸体，手脚被钉在木栅栏上，“他曾多次被刺刀刺伤”。报道还说：“我没有听说我们的人目睹了罪行的发生。我们有理由推测，在被钉在木栅栏之前，这个人就已经死了。在对英国人的疯狂仇视和憎恨中，敌人对尸体进行了泄愤报复。”报道继续说：“在整个行径中，这是最仁慈的一面，尽管很恐怖。” 218

阿斯奎斯正处于惊愕之中，他对领导工作投入的专心程度比往常还要少，对他来说，成为由诺思克利夫发起的运动的目标是一个可怕的时刻，这场运动逼迫他要么采取更强硬的手段来指挥战争，要么辞职。就在斯坦利小姐投下她的炸弹时，诺思克利夫令他的报纸立刻呼吁拘留未入籍的德国人和奥地利人，以维持公共秩序，粉碎间谍的威胁（“很显然，公众没有心情‘观望’”，《泰晤士报》嘲笑道）。5 月 13 日，阿斯奎斯——不需要再次提醒——宣布，除特殊情况外，所有敌国侨民都将被驱逐或拘留。[197]一般情况下，他决不会给人留下这样的印象：允许诺思克利夫或任何其他报纸的老板就政府政策对他发号施令。早在两个月前，政府就拒绝了统一党人的呼吁，他们要求任命一位大臣专门负责处理外国侨民问题。现在，公众舆论让政府别无选择，只能更加严肃地对待此事，尤其是保护那些处于危险中的人，以使他们免于遭受那些决心以外国侨民身份为借口来攻击他们的民团和暴徒的伤害。

阿斯奎斯说，虽然已经有 1.9 万名未入籍的外国侨民被拘留，但还有 4 万人——其中 2.4 万名男性和 1.6 万名女性——未被拘禁。他建议，“为了他们自己和社区的安全”，成年男子应该被拘留，那些超过服役年龄的人应该被遣返。[198]不过，他承认，“毫无疑问，在许多情况下，正义和人道要求政府允许他们留下来”。准司法法庭将对此类事情进行裁决。对于入籍的外国人，他说，“初步推定应成为另一种手段”。只有在特殊情况下，入籍的臣民才会被拘留，但政府保留这样做的权利。劳代表反对党欢迎这些建议，声称这是结束骚乱的“唯一令人满意的方式”，阿斯奎斯已经在前一天和他商量过了。这预示着所有的事情很快就可以得到解决。

然而，到了 1916 年 7 月，仍有 2.2 万名敌国侨民未被拘留，其中 1 万名是女性，她们当中的很多人是老年人，其余的大部分嫁给了英国臣民，生下的孩子也是英国臣民。未被拘禁的奥地利男人或德国男人共有 1.2 万人，他们被认为是“友好的”，因为他们仇恨或反对奥地利或德国，此外还有捷克人、波兰人、斯拉夫人、阿
219 尔萨斯人或拥有奥地利国籍的意大利人，他们中大约有 1500 人是老年人，不太可能在拘留营中存活下来。[199]但是，在当时，即使阿斯奎斯做出了承诺，在 1916 年年中，仍有 6500 名男性敌国侨民未被拘留，他们由于娶了英国妻子或养育的英国孩子参了军而被豁免。除此之外，有多少德国人或奥地利人为了避免被发现而给自己改了一个英国化的名字，或者伦敦餐馆里有多少“瑞士”服务员是真正的敌国侨民，这些都是无法计算的。

伦敦警察厅的厅长宣布对男性敌国侨民实行宵禁，命令他们在晚上 9 点到凌晨 5 点之间待在家中。在此之前，许多敌国侨民——主要是未婚男子——在警察局自首，导致现有的拘留营扩大。随着气氛越来越狂热，伦敦有谣言说，在德国入侵之前，一支由齐柏林飞艇和飞机组成的庞大舰队即将把这座城市炸成平地，还有传言说，德国将投放一种称为“内贝尔炸弹”（Nebelbomb）的新型邪恶武器，当它爆炸时，会在几平方英里的范围内产生烟雾。[200]但是，再阴沉的天空也会有一丝阳光，Kyl-Fyre 灭火器的广告应运而生，每支灭火器只需 5 先令 6 便士，因为“消防队不可能同时出现在所有地方”。[201]

对阿斯奎斯来说，事情变得愈发糟糕。5 月 14 日，《泰晤士报》刊登了军事记者雷普顿的报道，描述了弹药短缺——阿斯奎

斯在纽卡斯尔否认了这一情况——阻碍军队作战的实际情况和后果。[202]烈性炸药的短缺阻碍军队将德国在弗隆美尔和里瑟堡防线上的矮护墙夷为平地；军队从德国人的手中夺取了堑壕，但无法守住，因为军队缺乏弹药。他认为，在短缺问题得到解决之前，伊普尔战役不可能取得决定性的胜利。他说，“为了打破这层硬壳，我们需要更多的烈性炸药、更多的重型榴弹炮和更多的士兵”。[203]他不需要补充说所有这些短缺都是政府的责任，因为该报的社论专栏已经按照报纸老板的意愿进行了大肆报导。

基钦纳——自从内阁指责他向记者通报情况以来，他一直与雷普顿保持距离——认为这篇文章受到了弗伦奇的鼓舞，他坚称，前线的审查员根据弗伦奇的明确指示批准了这篇文章。他认为弗伦奇既见过诺思克利夫，也见过雷普顿，弗伦奇早就认识雷普顿，雷普顿曾无视命令造访过弗伦奇的司令部。基钦纳的猜疑是对的。诺思 220
克利夫曾于5月1日给弗伦奇写信，告诉他，“我相信，您只要向一位军事记者发表一篇简短而又十分有力的声明……就将使政府处于极难应付的境地，并使您能够确保发布新闻，把真相告诉英国民众”。[204]弗伦奇把他与陆军部的通信拿给雷普顿看，还通过他的副官和秘书发给了劳合·乔治、贝尔福和劳。5月17日，一向乐于帮助报界的劳合·乔治应诺斯克利夫的要求与后者进行了“非常有用的”讨论，并邀请雷普顿进行“长谈”。[205]雷普顿向劳合·乔治提供了一份关于弹药情况的报道，这份报道写得很仓促，但很详尽；到那时，政治危机正在如火如荼地开展，使得雷普顿没有必要进行更多报道。基钦纳禁止雷普顿上前线，在索姆河战役之后雷普顿才重返前线。多亏了他的文章，到了索姆河战役的时候，弹药情况已经有所改观。不过，雷普顿的立场有点惺惺作态。在宣战前，他曾呼吁实行审查制度，直到他看见这个制度“被用作掩盖所有政治、海军和军事错误的外衣”。[206]

当有关弗伦奇与《泰晤士报》串通一气的谣言在议会传开时，该报予以否认，声称英国的审查员也批准了这篇文章，尽管他和法国的审查员“进行了重大删改”。[207]雷普顿在其回忆录中写道，他之前试图提及炮弹短缺的报道“受到了审查，就像战争期间对政府不利的所有东西都受到了审查一样”，不过，他一定意识到，掌握这样的情报将会对敌人有多么大的帮助。[208]该报在一篇社论中写道：“由于炮弹不足，周日，英国士兵在奥贝尔岭（Aubers Ridge）白白牺牲。政府严重失职，未能充分组织我们国家的资源，它必须承担起那份沉重的责任。即使是现在，政府也没有全面应对这种情况。”[209]必要的政策“本应在九个月前就制定好”。在4月22日到5月9日之间，已经有5.1万人伤亡——这个事实被审查员删除了，但雷普顿在其回忆录里将之保存下来——他将此归咎为没有弹药来对付德国人的枪炮。[210]

为了证明这一点，该报派了一名通讯员前往格拉斯哥，以便报道与克莱德的生产力有关的情况。他在5月17日刊登的报道中谴责说：“男性的工作量远远低于他们的能力”，他如是写道，计件工人“故意操纵工作”，他们拖延工作时间，使得实际工时远远超过所需的工时，这样他们就可以要求支付更多的钱。[211]这种现象在
221 和平时期非常普遍，但现在这个国家正在遭受战争。此外，工会的限制意味着，无法向那些人为闲置的机器引入更有效率的劳动力，同时又不引起罢工。

最重要的是，来自达达尼尔海峡的消息一天比一天糟糕。5月12日，费希尔试图辞职，但阿斯奎斯劝说他留下来。伤亡人数已经达到3万，其中1.6万名是大英帝国的士兵，1.4万名是法国士兵；德军在东线与俄军作战，取得了胜利，使得他们能够调遣军

队，为对战英法两国进行增援。费希尔向丘吉尔发送了一份长长的备忘录，告诉他要谨慎行事，并告诫他在登陆失败后不要发动海上进攻，但是，根据汉基的说法，丘吉尔的“圆滑”回答让他“非常不满意”。[212] 5 月 14 日，基钦纳告诉作战委员会，“我们绝不可能打通达达尼尔海峡”，而且他“被海军部误导了，不知道需要多少士兵”，丘吉尔向他保证不会遭到“围攻”。[213]

英国似乎处于防御状态，它的力量在减弱；政府和首相丧失了主动权。当天晚些时候，影子内阁讨论是否成立一个国家状态委员会，以便秘密开会，进行“自由和坦率”的讨论。[214]有人认为这样做可能会让人不安，不应该强行要求：但是，寇松和塞尔伯恩（Selborne）勋爵坚持认为必须采取一些行动，以便使政府采用更强硬的措施，包括军事征兵或工业征召。兰斯多恩和劳承诺向阿斯奎斯做出申述，但事态发展让他们受阻。

因为与丘吉尔意见不合，在六个月的时间里，费希尔曾八次威胁要辞去第一海务大臣的职务。他习以为常的口无遮拦让每个人都知道他反对远征达达尼尔海峡——“我们可以在北海打败德军”。[215]然而，他向阿斯奎斯夫人——他挽着她的腰，陪她在唐宁街的办公室里跳华尔兹——坚称，他并没有向任何人表达反对意见，是丘吉尔向史密斯和贝尔福散布了这个谣言。“这个老朋友跳舞跳得不错，”阿斯奎斯夫人说道。[216]还有人认为，关于格温在《晨间邮报》上对丘吉尔发起的越来越猛烈的攻击，一直以来都是费希尔间接提供了这些内幕消息。

5 月 15 日，在增援达达尼尔海峡的问题上，丘吉尔推翻了费希尔的否决，费希尔第九次也是最后一次提出辞职。他给丘吉尔写信说：“在日益增加的达达尼尔海峡战役的需求方面，我觉得越来 222
越难以调整自己以迎合你的观点——正如你昨天说的那样，我总是一心要否决你的建议——这对你来说是不公平的，而且这也令我非常不愉快。”[217]他告诉劳合·乔治，这场战役将把“海军的鲜血流光”，而登陆行动将会让陆军的鲜血流光。[218]当劳合·乔治将费希尔的辞职告诉阿斯奎斯时，阿斯奎斯并没有认真对待。在收到辞职信后，阿斯奎斯立刻给费希尔发了一封电报，上面写道：“我以国王的名义命令你立刻重返工作岗位。”[219]伯纳姆·卡特被派去寻找他，后来卡特找到了费希尔，并把他带到了唐宁街，阿斯奎斯对他说，“如果他现在辞职的话，他将给自己招来骂名和嘲笑，因为我们在西线和达达尼尔海峡都遇到了困难，他将因为擅自离开军舰而招致骂名，因没有在作战委员会进行讨论的那一天当场提出辞职而遭到嘲笑”。这番恶狠狠的言论让费希尔感到震惊，他问自己是否可以和麦克纳商量，阿斯奎斯希望麦克纳能说服他放弃，尽管他知道麦克纳比费希尔更讨厌丘吉尔。自由党的其他资深成员（例如首席大法官雷丁勋爵）认为，如果费希尔真的辞职，那么联合政府将变得不可避免。

5 月 16 日，星期天，麦克纳去了阿斯奎斯位于伯克郡的房子，也就是萨顿考特尼（Sutton Courtenay）附近的沃尔夫别墅（Wharf），告诉他费希尔态度坚决，说费希尔再做出决议方面无法与丘吉尔合作。丘吉尔以他们之间的友谊、他再次任命费希尔冒了很大的风险以及避免给人留下海军部正在内斗的印象为由，恳求费希尔重新考虑一下。他声称，“任何决裂都将严重损害每一个公众的利益”——而且，他还说费希尔本来可以拥有更好的职业前景。[220]但费希尔不为所动。利特尔顿（Lyttelton）将军的妻子、费希尔的朋友利特尔顿夫人告诉里德尔：“温斯顿和费希尔之间的一个难题是，费希尔晚上 9 点睡觉，凌晨 4 点起床，而温斯顿喜欢在晚上 10 点到凌晨 1 点之间商讨海军工作。”[221]第二天早晨，丘吉尔给阿斯奎斯写信，说他很乐意离开海军部，但是，除非在军事部门工作，否则他不会担任任何职务；如果无法服务于军事部门，那么他将重新加入陆军。他的辞呈遭到拒绝，于是，他开始寻找费希尔的替代人选。

星期天晚上，消息走漏了。劳发现了一个寄给他的信封，笔迹是费希尔的，里面含有一张《波迈公报》的剪报，报道说费希尔曾拜会过国王。劳推断费希尔要辞职，于是径直去找了劳合·乔 223
治，他和劳合·乔治的关系比和阿斯奎斯的关系要好。后来，劳告诉伊舍，“他觉得自己有义务不让费希尔辞职”。[222]他发现劳合·乔治和麦克纳在一起，麦克纳已经回到伦敦，在唐宁街 11 号和财政大臣抽烟到深夜。劳直接提出问题，并得到了直截了当的回答。他们得出结论认为，费希尔的离开将引发一场危机。劳说，如果海军部的情况真有如此糟糕的话，那么必须组建联合政府。“当然，我们必须建立联合政府”，劳合·乔治告诉他，“因为另一种选择是不可能的”。

第二天早上，在阿斯奎斯从伯克郡返回后，劳合·乔治告诉他发生了什么。正如劳合·乔治对阿斯奎斯夫人所说的那样，两人一致认为，如果能避免一场有助于鼓舞敌军士气且破坏我军稳定的争吵，那么“组建联合政府是无法避免的”，但这“不是我鼓动的”。[223]那天上午，劳希望获得确认，并得到了确认。他要求见阿斯奎斯，并和劳合·乔治一同前去。劳告诉阿斯奎斯，他必须让费希尔在下院现身，“否则我们必须建立一个国家政府”。[224]劳——根据里德尔的说法，劳想让劳合·乔治来领导政府，但财政大臣拒绝背叛阿斯奎斯——声称，阿斯奎斯“没说一句话就同意组建联合政府”。[225]人们只能猜测阿斯奎斯的决心和精神是否因为与斯坦利小姐的决裂而遭到摧毁，劳合·乔治在不知道原因的情况下发现了阿斯奎斯的脆弱。那天晚上睡觉前，阿斯奎斯告诉女儿维奥莱特，“这是我一生中最不开心的一周”。虽然她和继母意识到阿斯奎斯爱上了斯坦利小姐，但她只知道事情的一半。[226]

阿斯奎斯的失败主义还表现在，他几乎没有为保护霍尔丹（他的老朋友之一）而战，撤除霍尔丹的议长职位是组建联合政府的另一个条件，因为统一党认为霍尔丹亲德。时任殖民部官员 J. C. C. 戴维森（J. C. C. Davidson）——他后来成为保守党主席——将霍尔丹的命运描述为“乌合之众和下流报界的可耻胜利，托利党没有从中获得任何好处”。[227]具有讽刺意味的是，5 月 17 日，政府收到了汉密尔顿的电报，汉密尔顿在达达尼尔海峡指挥军队，他请求增援，那样战役的结果可能会大不相同。[228]新内阁直到 6 月 7 日才考虑他的请求，而从他请求派遣军队到军队抵达需要 6 周的时间。因此，他们到达得太晚了。[228]

阿斯奎斯给他的大臣同僚们写信，要求他们辞职，以便在
224 “广泛的、无党派的基础上”重组政府。[229]他承认，费希尔的离开推动做出这个决定，正如“合理的议会争论推动政府处理所谓的烈性炸药短缺问题”一样。伊舍在日记中写道：“今天争吵的原因是……丘吉尔把他所能得到的一切都派往达达尼尔海峡，剥夺了大舰队和本土防卫军的资源。他（费希尔）痛苦地抱怨丘吉尔与地中海海军上将通信的方式和他遮遮掩掩的整个计划。”[230]丘吉尔的同僚们向他隐瞒了他们正在与统一党人进行谈判的事实，在其相当不可靠的回忆录中，比弗布鲁克声称丘吉尔“受到了怠慢”。[231]

劳坦言，丘吉尔必须离开海军部，他还告诉阿斯奎斯，统一党人对基钦纳深为反感，因为作为一名内阁同僚，基钦纳行事隐秘、缺乏合作精神。他还说，陆军元帅暗示说自己很想辞职。阿斯奎斯想把陆军部交给劳合·乔治，让劳担任财政大臣，基钦纳担任总指

挥官，并把这些想法告诉了贝尔福——鉴于他长期在帝国防务委员会工作，他将取代丘吉尔担任未来的海军大臣。再三考虑后，阿斯奎斯推迟做出决定，阿斯奎斯政府中的经济自由主义者不可能支持像劳这样的关税改革者担任财政大臣。[232]关于组建联合政府的谈判使双方免于陷入尴尬。统一党议员违背劳的意愿，在四天前提出了一项关于弹药短缺的动议，该动议将在当晚进行辩论。应政府的要求，会议被推迟，因为没有具备足够资历的大臣出席会议。

当关于重组政府的谈判仍在继续时，诺思克利夫让《泰晤士报》毫无约束地发表言论。5 月 18 日，该报对丘吉尔进行了猛烈抨击——费希尔的辞职已是众所周知，但仍未得到证实——声称他“应承担责任，他一直凌驾于专家顾问之上，这随时可能危及国家安全”。[233]该报继续写道：“当一位负责作战的文官执着地寻求掌握不应落入他手中的权力，并试图以危险的方式使用这种权力时，他的内阁同僚是时候采取一些明确行动了。”该报的最后一击是建议让费希尔担任海军大臣（即掌管海军部的军人，类似于掌管陆军部的军人）——“这无疑会得到公众的广泛认可”。 225

统一党人对组建联合政府意见不一。反对者以罗伯特·塞西尔勋爵和卡森为首，他们中的一些人认为与自由党共事的想法令人反感，另一些人则希望举行大选，尽管在战争期间这样做可能不太现实。劳建议召开党代会来讨论这件事。张伯伦建议他不要这么做，声称他应该把联合政府当作一个既成事实，并解释说费希尔的辞职让他们别无选择。坚定反对地方自治的前爱尔兰布政司沃尔特·朗（Walter Long）对卡森说：“我非常讨厌我们的好伙伴与这些恶贯满盈的叛徒坐在一起。”[234]正如他告诉阿斯奎斯的那样，朗相信，“我们想要被领导；我们想要被统治”。[235]卡森和塞西尔意识到，在这种情况下，反对党的传统作用是不可能实现的。之后，在 5 月

18 日，影子内阁一致同意让劳加入政府。他们还一致同意阿斯奎斯应该继续担任首相，尽管他缺乏“推动力和驱动力”，基钦纳必须留在陆军部，丘吉尔必须辞职，因为他不仅要为最近的失败负责，还要为反对保守主义的历史罪行负责。[236]费希尔敦促劳把丘吉尔赶出海军部，因为他是一个“真正的危险”。[237]这与危机期间国王对王后说的话相呼应，国王说丘吉尔是“真正的危险”。三天后，费希尔在日记中写道，海军大臣“不可能继续当下去了”。[238]

劳不需要劝说：去年 10 月，他曾说过，丘吉尔“已经完全精神错乱，在这种时候，这是一个真正的危险”。[239]托利党的报纸看法一致：《晨间邮报》指责丘吉尔“狂妄自大”，是“这个国家的威胁……”。[240]担任印度事务大臣的张伯伦声称，阿尔弗雷德·米尔纳（Alfred Milner）因为其“头脑、性格、认真、勇气、组织能力”应该被纳入内阁，但米尔纳强烈反对 1909 年的人民预算案和 1911 年的上院改革，因此，统一党人的这个野心失败了。在战争期间，米尔纳曾因为敦促实施征兵制而大胆说出自己的想法，这也让自由党人同他反目。伊舍对这些变化持怀疑态度：“他们可以用喜欢的叫法来称呼这个结果，但实际上这将是一个联合政府，而联合政府在这个国家从来都没有成功过。”[241]此外，还将有“一个不成熟的内阁，这个内阁由不和谐的成员和人士组成，他们经受的训
226 练和精神素养都使他们不适合与德国皇帝和德国的总参谋部作战”。伊舍对“米尔纳未能报效国家”和“他的性格天赋……因为党派倾轧和不公正的批评所掩盖”表示遗憾，因为他觉得米尔纳具有现在所需要的“道义勇气和坚韧”。[242]

几天后，当他们讨论此事时，劳合·乔治同意阿斯奎斯夫人的观点——即从某种程度上来说，他们是被“胁迫着”建立联合政府，但“这一天迟早会到来”——以此掩饰自己对这些变动的热

情。劳合·乔治说，报业大亨就弹药短缺攻击政府的做法是正确的，考虑到阿斯奎斯夫妇对诺思克利夫的看法，他的这番举动非常不明智。阿斯奎斯夫人气得脸色铁青，对他说："诺思克利夫将会让你反对亨利。"[243]正如他对丘吉尔所说的那样，劳合·乔治向她抗议道，"我可能很恶劣，但我不是一个大傻瓜……你真的以为我不知道诺思克利夫是个什么样的人吗？哎唷，他将会背叛我，随时在背后捅我一刀"。阿斯奎斯夫人发现劳合·乔治耳根子软、易受谄媚，并且随时准备搭上能助他实现抱负的马车。阿斯奎斯从来都不认为联合政府能比自由党政府更好地指导战事工作，但他确实看到组建联合政府是不可避免的，也知道在政治上忽视这种势头将是多么的不明智。

八

5 月 19 日，报纸报道说，反对党领导人同意效力于联合政府，这让大多数英国人第一次了解到国家、战争和政治方向发生的变化，不过具体细节仍有待披露。人们认定丘吉尔和费希尔之间存在不可调和的分歧，正如人们认定丘吉尔正在"收拾"东西走人一样。[244]费希尔已经三天没有在海军部露面了，但人们普遍认为，正如诺思克利夫所希望的那样，他在等待时机，等到丘吉尔辞职，等到电话打来。那天早上，费希尔再次露面，陈述了他回来的条件：免去丘吉尔的职务，使用除贝尔福以外的人士取而代之。作为第一海务大臣，他所拥有的权力使得海军大臣"实际上被降职为海军部次官的位置"。[245]他想要和基钦纳一样的地位，拥有"对所有海军军队完全不受约束的指挥权"。[246]汉基告诉他这个想法是"不可能的"，阿斯奎斯对这些条件感到"非常愤怒"。费希尔的职业生

涯就此结束。阿斯奎斯的看法可能也与那天晚上汉基在日记中写下的内容一致，即费希尔“正在与诺思克利夫、统一党和诸如此类
227 的人士进行可怕的密谋”。[247]伊舍认为，“由诺思克利夫和他的报纸控制的集团一直希望用劳合·乔治代替阿斯奎斯，如果此举不成，他们就希望在陆军部用劳合·乔治代替基钦纳勋爵，并把贝尔福先生安置在海军部”。[248]

根据伊舍的说法，5月19日下午1点，阿斯奎斯会见了国王，解释了重组政府的原因，他说，这是由费希尔的辞职和雷普顿在《泰晤士报》上的报道引发的不安所造成的。他对国王说，费希尔的要求“表明他出现了精神失常的迹象”。[249]国王对玛丽王后说道：“我很高兴首相将建立一个国家政府。只有用那种方法，我们才能把丘吉尔从海军部赶走。丘吉尔在和弗伦奇密谋反对基钦纳，他是真正的危险。”[250]然而，根据国王的日记，这段对话似乎在5月22日才发生，当时他在苏格兰和北部的造船厂、军工厂和军事基地进行了为期五天的访问后回到伦敦。5月19日，他正在纽卡斯尔。

5月19日下午，阿斯奎斯向下院发表了一份声明。那天早上，他和妻子聊天到凌晨两点，而且看上去“非常、非常不开心”，之后，他和妻子以及西尔维娅·亨利共进午餐。[251]“目前，我只能说，我们正考虑在更广泛的个人和政治基础上重建政府所涉及的步骤。”[252]他说，除了让他继续当首相，让格雷继续在外交部工作之外，什么也没有定下来；对德作战政策将继续保持不变，“将动用一切可能的力量，以及使用一切可能的资源”。任何变动都是为了战争，而不是为了任何其他理由。考虑到一些统一党人急于算账，尤其是和丘吉尔算账，这种说法至少可以说是不真诚的。劳也沆瀣一气地对下院撒谎说，“成功结束战争的最佳方法”是“我们的唯一考虑因素”，“我们应把除战争以外的所有政治或其他方面的考

虑因素完全抛在脑后”。[253]那天，朗对劳说：“绝大多数（统一党人）认为，这个政府是如此没有节操、如此不诚实，以至于无论两位诚实的英国绅士（劳和兰斯多恩）多么能干，都不太可能和他们等量齐观。”

阿斯奎斯内阁的大多数议员都感到震惊和愤怒，他们中鲜有人 228
认为可能会组建联合政府。这个局面对他造成了巨大影响。5 月 21 日，他的儿媳辛西娅·阿斯奎斯（Cynthia Asquith）女士在“十分紧张和苦恼的气氛中”与他共进午餐，她说：“我以前从未见过他看上去既疲惫、忧虑、忙碌，又心不在焉……但是，这一次，他看起来真的极度疲劳，眼睛里有一些瘀血。”[254]劳合·乔治原计划访问北方的工业城市，敦促工人提高产量，但他的出行被取消了，他告诉阿斯奎斯夫人，联合政府是自由党内阁中“两名托利党人”——丘吉尔和基钦纳——的杰作，这种说法只说对了一半，却帮助他掩饰了自己的兴奋和对这个想法的支持。[255]

自由党议员聚集在一起表达他们的愤怒，但阿斯奎斯走进了会场，在一间会议室里和他们谈话。他无法给出自己同意组建联合政府的充分理由——他不希望讨论费希尔和丘吉尔之间的争斗，以此进一步暴露内阁的不团结——但他请求他们信任他。他还否认自己是迫于诺思克利夫或其他报界大亨的压力才采取这一行动的。他唤起了同僚们的爱国主义精神，因为他们相信他为国家做了正确的事情：他的声望和他们对他的固有信任使他把他们都争取了过来。几分钟前，他的议员们还表示反对，现在都为他欢呼。然而，第二天早上，《泰晤士报》试图把这个转变归功于自己。该报报道说，上周，在答复一名议员的问题时，阿斯奎斯表示没有可能组建联合政府，如今态度发生了转变，主要原因是该报发表了雷普顿的文章以及对弹药短缺的强烈抗议。该报还说，海军部的麻烦“更加清楚地表明，事情不能再这样下去了”，而联合政府是“摆脱困境的唯一爱国路”。[256]不爱国的做法是进行选举，这将在竞选期间损害战事工作的开展，并给德国人一个大肆宣传的机会。

那天晚上，当阿斯奎斯夫人驾车经过伦敦时，她看到海报上印有这样一句话：“我们要受到诺思克利夫和博顿利的支配吗？”[257]考虑到诺思克利夫计划达到的目的，这个海报提出了一个贴切的问题。

5 月 18 日下午，丘吉尔前往下院，打算就新的海军委员会发
229 表一份声明，但是他被告知，因为重组政府，无法发布此类声明，这是他第一次听到重组政府的消息。他还被告知，他将不得不离开海军部，他不顾一切地想要留在政治前线，在劳合·乔治的建议下，他对阿斯奎斯说，如果把他调到殖民部，那么他可能会设法留在政界。然而，他树敌太多，前殖民部次官埃默特（Emmott）勋爵直言不讳地告诉阿斯奎斯，丘吉尔“的性情和举止都不适合担任这个职位”。[258]自由党议员认为，丘吉尔不仅对费希尔的事情处理不当，还与弗伦奇密谋，引发了雷普顿的撰文曝光，从而导致了政府的垮台。5 月 19 日晚，他（似乎）在姗姗来迟中有所觉悟，他对维奥莱特·阿斯奎斯说：“我完了。”[259]

5 月 20 日，在决定他的命运之前，他的妻子给阿斯奎斯写了一封近乎歇斯底里的信，但这无济于事。丘吉尔夫人（她绝非一个歇斯底里症患者，所以，她丈夫被免职的灾难对他们来说显然是可怕的）说，海军部将因为他被免职而一蹶不振，只有德国的公众才会因为此事而重塑信心。“如果你抛弃了温斯顿，”她写道，“那么你在实施一个软弱、怯懦的行动，而你的联合政府不会成为一个像现在的政府那样强大的战争机器。”[260]阿斯奎斯夫人认为，这封信“带有一点威胁、傲慢的意味，揭露了政府的忘恩负义和

没有人情味”，暴露了“一个公仆的灵魂”。[261]阿斯奎斯夫妇想知道，这封信是她的主意，还是她的丈夫向她口授的？维奥莱特认为丘吉尔“不可能做出这样的蠢事”。[262]长期以来，他都被认为是对阿斯奎斯不忠，这不仅引起了首相的不安，更重要的是引起了首相妻子的不安。自从斯坦利小姐离开他的生活后，阿斯奎斯现在非常依赖他的妻子。几天前，劳合·乔治——丘吉尔可能将他视为忠实的盟友——告诉阿斯奎斯，“温斯顿……不仅仅是判断能力差，而且是一点判断能力都没有”。[263]

在达达尼尔海峡战役的问题上，他推翻了费希尔的否决，这对他极为不利。他对战争的热情也被认为是令人反感的。劳合·乔治告诉阿斯奎斯夫人，“他不具备真正有价值的想象力”。他向弗朗西丝·史蒂文森讲述了丘吉尔对他发脾气的故事，丘吉尔指责他不在乎“我是否被敌人踩在脚下”，也不在乎“我的个人声誉”。[264]据说，劳合·乔治言辞锋利地告诉丘吉尔自己是对的，因为“我现 230
在唯一关心的事情就是我们要赢得这场战争”。（这种说法并不完全正确，劳合·乔治当然想赢得这场战争，但是要以一种尽可能多地为自己赢得荣誉的方式。）5 月 20 日，当里德尔前去看望丘吉尔时，发现他“疲惫不堪、满面愁容”，而且宣称：“我是政治阴谋的受害者。我完了！……就我所关心的一切——进行作战、打败德国人——而言，都结束了。”[265]丘吉尔还给劳写信，请求让他留任，但是，劳简略地告诉他，他被免职是“不可避免的事情”。[266]

阿斯奎斯夫人在讨论中说道：“如果温斯顿做出了很大贡献的即将上任的联合政府容不下他的话，那这将是多么讽刺的事情啊！”[267]当丘吉尔意识到自己是多么孤立无援时，他开始采取行动来保住自己的饭碗。他告诉阿斯奎斯，他将“接受你愿意向我提供的任何职位——哪怕是最低的职位”。[268]当他们于 5 月 22 日会面时，阿斯奎斯确实向他提供了一个职位："我知道，不管在军舰上给你安排什么职位，你都会坚强不屈、吃苦耐劳"，他的长官对他说道。[269]实际上，丘吉尔很幸运，因为阿斯奎斯设法留住他，让他担任地位卑微的、不承担任何部门职责的兰开斯特公爵领地事务大臣。他怒火中烧，但阿斯奎斯——被丘吉尔斥为"极其软弱，软弱到了极点"——别无选择。[270]

在意识到公众把达达尼尔海峡的惨败归罪于他后，丘吉尔一生的主要任务变成了使他们信服自己。甚至在被降职之前，他的主要论点就是费希尔已经批准了所有的事情，并且他已经按照卡登和德·罗贝克的建议采取了行动。争论的焦点在于丘吉尔是否干涉了远征计划的细节，而他坚决声称自己没有干涉。18 个月后，劳合·乔治告诉 C. P. 史考特，丘吉尔的问题在于他的"唯我主义"——劳合·乔治对这个问题略知一二。[271]"在达达尼尔海峡战役中，我们之所以失败，主要是因为他急于独立完成整个任务，而不愿等待地面部队的合作，因为那样一来，他就可以与基钦纳勋爵分享成功的功劳。"

劳合·乔治的判断完全正确，但他朋友的不幸——费希尔离职，迫使政府重组为联合政府——将是他的大好机会。建立由他领导的军需部是新政府的关键要素。当过钢材商人的劳是这份工作的理想人选，他想领导这个新部门，但是，在阿斯奎斯的指示下，劳
231 合·乔治恳求他不要坚持争夺这个职位。于是，他接受了殖民事务大臣一职，"他因为得到这样一个二流职位而感到痛苦"，他的亲信 J. C. C. 戴维森说道。[272]劳进入政府部门，使得他的密友、亲信和加拿大同胞马克斯韦尔·艾特肯爵士（后来获封比弗布鲁克勋爵）也进入了公众生活。劳不愿在没有他的建议的情况下采取任何行动。鉴于劳对联合政府的重要性，他拥有涉及军需的完全权

利。然而，劳合·乔治之所以想要这个职位，是因为这个职位有助于他实现指挥战争和成为首相的野心，阿斯奎斯不希望劳获得这个职位，因为他认为殖民部才是劳的才干能够发挥的地方。这次误判是最终导致阿斯奎斯丢掉首相职位的一系列重大失误之一。

陆军部的士兵和公务员负责监督武器的生产，劳合·乔治想把他们的惯常做法丢进历史的垃圾箱，他希望与商界密切合作，并利用商人，因为他们更了解生产的基本原理。他说，军需部“从头到尾都是一个商人机构”。[273]这位新上任的大臣立即招募了一些人——在 3 月的时候，他将他们称为“有进取心的人”——来负责与供应商进行谈判。[274]他善于发现人才，可以找到能把事情做好的人，从而改变了作战武器的生产速度，这使他在新部门取得了成功。正如威尔斯所说的那样，这是“外行绅士”指挥战争的结束。[275]在《保卫王国法案》的强有力支持下，在上任后的几个星期里，劳合·乔治——正如人们所了解的那样，他绝对不是一个绅士，当涉及政治时，他动用了各种各样不择手段的专业人士——在全国各地不停地游说，解释他的计划，并寻求工人阶层的帮助。这是一种新的、更大众化、更无情的政府模式。

此举也许有助于提高效率，但它在创造战争投机商方面也发挥了作用，尤其是当一些被选中的人代表政府与借调他们的公司进行谈判时，他们通常会为后者谋取利益。军需部次官克里斯托弗·艾迪生（Christopher Addison）举了一个臭名昭著的例子。威廉·赖特（William Wright）上校是一名煤矿业主，后来成为钢铁生产的负责人。人们发现，他正在为自己拥有权益的塔尔伯特港钢铁公司（Port Talbot Steel Company）寻求更加有利的条款。[276]据说，这些被 232
选中的人都是公务员：但 1916 年 12 月之后，有些人成了大臣。人们对劳合·乔治的朋友圈持怀疑态度。诺丝敖宝兰德公爵（他于翌年冬天在西线视察了他曾经帮助招募的本土防卫部队）告诉黑格，他认为，“现在花在军火上的钱大部分都落在了某些人的手上，更确切地说，劳合·乔治的朋友们拿走了大部分薪酬，但在生产军火方面几乎没有什么贡献”。[277]不久后，“劳合·乔治认识我的父亲/我的父亲认识劳合·乔治”变成了一首士兵们哼唱的行军歌。除了改变政府的结构外，这位威尔士奇才还成了一种更严厉的新的政治形式的象征，像阿斯奎斯那样的人无法理解这种政治形式，但这种政治形式打着救国的名义，是情有可原的。

弹药委员会于去年 10 月成立，劳合·乔治曾在该委员会任职。该委员会发现，尽管基钦纳希望在战场上部署 70 个师，但负责军械的少将斯坦利·冯·多诺普（Stanley von Donop）爵士只订购了 24 个师的军械，这批军械将于 1915 年 6 月交付。在劳合·乔治的倡议下，订购的枪支从 900 支增加到了 3000 支，并将在 5 月底交付。该委员会还说服军械处使用不在其核准名单上的供应商。尽管对军火有着巨大的需求，但议会在 6 月 8 日才得知，新成立的军需部新增了一份包含 300 家公司的名单，这些公司曾表示愿意制造军械，却没有接到任何订单。[278]

这是一种制度上的谨慎和僵化，和德国人一样，英国也在与这种情况做斗争，劳合·乔治曾游说阿斯奎斯和他的同僚们，建议说有必要从根本上解决这个问题。他召见了冯·多诺普，并从承包商那里得知冯·多诺普拒绝了他们提出的制造军火的要约，他非常不高兴。前所未有的弹药需求让他和其他高级军官们措手不及。他也没有政治手段来对付工会的限制性做法和劳动力短缺。后来，劳合·乔治将剥夺冯·多诺普的权力，不过他将留任到次年年底。在战争爆发后，冯·多诺普已经开始增加炮弹产量，尽管数量有限，但见机行事的劳合·乔治打算将此揽为己功。没有人能够质疑这位

军需大臣的精力，不过，他从来没有让原则挡住他想要的任何东西，并且生存斗争使他更没有理由这样做。 233

劳合·乔治还想继续担任财政大臣，但阿斯奎斯认为，为了让新部门应对危机，军需大臣需要一心一意。该部门主要有两个目的。第一个是组织私营工业，为军备的生产和供应提供最有效的服务。第二个是从陆军部手上接管这些工厂的监察工作。该部门将建立一个新的军工厂网络，从铁路车间开始。这意味着基钦纳和陆军部的职责将遭到严重剥夺。议会通过了一项法案，中止了《安妮女王法案》，以迫使调动工作的大臣们辞职，并争取补选。劳合·乔治有更重要的事情要处理，他不必忍受这样的干扰。

劳合·乔治希望让基钦纳靠边站（诺思克利夫和爱尔兰人也这么认为，爱尔兰人觉得他对爱尔兰国民志愿军没有同情心）的想法落了空。陆军大臣得到了统一党普通成员——他们在政治上一直认为基钦纳是他们中的一员——的支持，即使没有得到与他共事过的统一党领导人的支持，他仍然是一个在全国范围内鼓舞人心的人物，他从零开始建立了一支庞大的军队。劳合·乔治对他的批评简单直白："我责怪基钦纳没有从一开始就把所有的工厂聚拢组织起来，尽管他说战争将持续三年。"[279] 此外，阿斯奎斯并不知道，向基钦纳索要更多炮弹的弗伦奇对陆军元帅的做法颇有微词。

1915 年 6 月初，立法确定了新部门的权力和责任，这是第一个被称为"部"的部门（在此之前，除了国家的重要机构外，所有的部门都被称为"委员会"）。劳合·乔治认为对工业实施中央控制是至关重要的，但他想要的消除供需鸿沟的权力直到 1915 年底才完全实现。他还招募了一小群科学家——尤其是化学家——来开发炸药和提高生产率。一上任，他立刻成立了一个由十几个人组成的酒类贩卖管制委员会，其中大部分成员是议员和公务员，但也包括伯明翰市市长内维尔·张伯伦（Neville Chamberlain）和他的异母兄奥斯丁，以确保他为装备军队做出的最大努力不会遭到酗酒的破坏。

劳合·乔治的任命被宣布为“临时的”，但他试图建立的体系
234 并不是临时的。他下令建设国有的国家弹药工厂、国家炮弹工厂（生产重型火炮弹药）和国家灌装工厂。位于恩菲尔德、沃尔瑟姆艾比和伍尔维奇的现有的政府军工厂也得到了扩建。伍尔维奇将成为这个行业的中心。到 1918 年，它将覆盖 285 英亩的土地，包含近 150 英里的铁路轨道。劳动力将从 1914 年的 15559 人增加到 1917 年的 96325 人。[280]

《1915 年军需法》禁止工人在未经允许的情况下辞职。这引起了后来被称为“红色克莱德赛德*”运动的强烈反对，这个运动的首要任务是解放工人，让他们反抗资本主义，而不是直接对抗德国人。克莱德劳工委员会称该法案是“向雇主提供人力机器的一种途径，它将彻底粉碎工会自由和惯例的整体结构”。[281]这个运动决定根据工人的地位组织工人，“坚持阶级斗争，直到推翻工资制度”。赢得战争是优先级较低的目标。对其他工人来说，还有一个不同的问题：他们的工资涨得太多，以至于他们现在每周工作三到四天，其余时间则喝得酩酊大醉。

新成立的军需部处理军火生产的做法将产生深远影响，尤其是劳动力中女性人数的大幅增加，她们被称为“弹药厂女工”，而这些工作曾被认为是男性专属。这使得劳合·乔治需要与工会

---

* 红色克莱德赛德（Red Clydeside）：是指 1910 年代到 30 年代初，苏格兰格拉斯哥市克莱德河畔和整个城市周边地区发生的政治激进主义。该时期是整个英国的劳工运动历史，尤其是苏格兰劳工历史的重要组成部分。报界常常使用“红色克莱德赛德”这个词来指代当时的政治斗争运动。——译注

白厅的征兵办公室前，拥挤着大批急切为国家服务的年轻人。

霍尔丹子爵（左）和基钦纳勋爵（中），前者因了解德国而“犯错”，
后者的形象很快被征兵海报借用。

英国海军上将约翰·杰利科，
日德兰海战中英军统帅。

阿斯奎斯，英国自由党首相（1908–1916）。

爱德华·格雷爵士，
英国外交大臣（1905–1916）。

Keep on sending me OXO
The reviving, strength-giving power of OXO has received remarkable endorsement from officers and men during the War.
OXO exactly meets their needs. It aids and increases nutrition and stimulates and builds up strength to resist climatic changes; it is invaluable for all who have to undergo exertion either to promote fitness or to recuperate after fatigue.
OXO is made in a moment, and with bread or biscuits sustains for hours.
A Captain in the R.A.M.C. writes to his father:
"I can buy most things here except cigarettes, OXO and soups. If you could send me OXO occasionally it would be very useful, and would be a great comfort to some of my fellows in hospital and expedite recovery."
Oxo in Mesopotamia.
"It was with some doubt and misgiving that I sent some OXO to my son in Mesopotamia, feeling it might not reach him in good condition; but he writes home to us that he uses OXO to fortify the soup they have, and asks for more to be sent each week, as OXO is very sustaining and helpful to buck one up in such a trying climate."
From a Mine-sweeper:
"OXO has kept warmth in us all these perishing nights. There was a terrific rush on it as soon as our chaps found out it was aboard. I can tell you it has proved one of the best gifts we have received."
OXO Limited, Thames House, London, E.C.

“继续为我寄送固体浓缩汤料（OXO）”，一名士兵的信上写道。广告意图在前线营造家乡的舒适感。

1914 年 12 月 16 日，约克郡的斯卡伯勒大饭店被德军轰炸。

卡尔·汉斯·洛迪，
第一个被处死的德国间谍。

伯特兰·罗素，英国哲学家。

德比伯爵，英国保守党政治家。

诺斯克利夫勋爵，英国报业大亨，
《每日邮报》的创办人，《泰晤士报》的所有者，
在被劳合·乔治取代前，可能是英国最有权势的人物。

1914年伦敦的反德骚乱：一群人敲碎了一家德国店铺的窗户。

1915年5月7日，“卢西塔尼亚”号客轮被德国潜艇发射的水雷击沉，1201人丧命。

1915 年 10 月 12 日，英国护士和人道主义者艾迪丝·卡维尔被德军处决。

艾迪丝·卡维尔（1865–1915）肖像，
她的死最终成了德国人凶狠可恶的证明。

温斯顿 · 丘吉尔，一战时任英国海军大臣。

大卫 · 劳合 · 乔治，英国自由党政治家，1916 年底取代阿斯奎斯出任首相，领导战时内阁。

道格拉斯 · 黑格，陆军元帅，
1915 年底始任英国远征军司令。

进行谈判。在许多地方，当地协议允许技能不熟练和半熟练的男女工人从事某些工作，从而“稀释”了对技能熟练的工人的需求，但在其他地区，这是禁止的。新部门也推动了20世纪后期所称的健康安全条例的发展，尽管这些条例未能阻止战争期间发生的三个可怕的爆炸事件：1916年4月2日，位于法弗沙姆（Faversham）的工厂发生了爆炸（造成115人死亡，死者均为男性，因为当时是星期天，工厂里没有女工）；1917年1月19日，位于西尔弗敦（Silvertown）的工厂发生了爆炸（造成73人死亡）；1918年7月1日，位于奇尔韦尔（Chilwell）的工厂发生了爆炸（造成134人死亡）。

在关于组建联合政府的谈判中，阿斯奎斯设法将统一党人排除在内阁的主要职位之外。他对格雷不舍不弃，这让他的妻子感到惊讶，她将格雷描述成“极其自私”，在危机期间“毫无用处”。[282]虽然劳合·乔治办事高效，但由于他喜爱阴谋诡计且反复无常，因此从另一个角度来看，他对阿斯奎斯也是无益的，不过，他在党内和国家中拥有庞大的支持者，所以他留任内阁是不可避免的。他是唯一一个可以挑战阿斯奎斯权威的人，并且阿斯奎斯 235
知道，不管他对劳合·乔治持怎样的怀疑态度，对他继续担任首相来说，劳合·乔治都是至关重要的。1920年10月，劳告诉汉基，统一党人认为加入联合政府是“一个权宜之计”，因为“人们预计联合政府不会持久”。[283]在托利党的圈子里，有人认为，拒绝合作将会对他们造成很大的伤害，格温曾用这个论点来为他和《晨间邮报》在这个问题上的一百八十度大转变进行辩护。另一个选择是进行大选，他告诉巴瑟斯特夫人，这“比让德国人占领加来还要糟糕”。[284]

对阿斯奎斯来说，最大的苦恼是，在劳的坚持下，他不得不解雇霍尔丹，霍尔丹以一个哲学家应有的斯多葛主义*的态度接受了解雇。令人安慰的是，阿斯奎斯保住了根据功绩勋章（因服务于科学和哲学而获得）进行任命的权力。对包括他本人和阿斯奎斯夫人在内的许多人来说，解雇亲密的老朋友是向报界屈服的表现。阿斯奎斯坚持让检察总长巴克马斯特接替霍尔丹的议长职务。“没人知道，”阿斯奎斯对塞缪尔说道，“我有多么痛苦。我真的愿意不当首相了。”[285]在劳合·乔治、克鲁、麦克纳和贝尔福参加的会议上，阿斯奎斯指着麦克纳对劳说：“我打算让我的这位朋友留任目前的职位，他对我来说是不可或缺的。你有什么要说的吗？”[286]劳抗议说，人们认为麦克纳在担任内政大臣期间未能有效处理敌国侨民问题，阿斯奎斯问麦克纳是否愿意换个岗位，但麦克纳说，他知道自己在做什么，所以最好还是留在内政部。

事实上，前银行家麦克纳最终接替劳合·乔治出任财政大臣。阿斯奎斯原本打算在担任首相的同时担任财政大臣一职，但遭到了统一党人的强烈抵制，他们表示，如果阿斯奎斯担任两个内阁职位，那么他将无法全身心地投入到指挥战事的工作之中。财政部的官员们不喜欢劳合·乔治，也从来不认为他能够胜任这份工作，但他们很高兴麦克纳回来了，他曾在甘贝尔-班纳曼政府担任财政大臣。西蒙（当他因宣战而试图辞职时，他的职业生涯几近结束）拒绝了议长一职，成为内政大臣。他只有42岁，他觉得自己很年轻，不想离开下院。爱尔兰民族主义党的领袖雷德蒙反对

---

* 斯多葛哲学学派是塞浦路斯岛的芝诺（Zeno）（约公元前336~约前264年）于公元前300年左右在雅典创立的学派。在社会生活中，斯多葛主义强调顺从天命，要安于自己在社会中所处的地位，要恬淡寡欲，只有这样才能得到幸福。在国家观方面，斯多葛主义认为，国家不是人们的意志达成协议的结果，而是自然的创造物。——译注

把卡森纳入内阁，他拒绝充当制衡力量，并且坚持民族主义党不加入英国政府的原则。和卡森一样，兰斯多恩也是一个充满激情的统一党人，他同意成为上院的联席领袖和不管部大臣*，尽管有报道称他的健康状况不适合担任内阁职位。民族主义党承诺支持联合政府，前提是统一党人不会把反对爱尔兰自治的观点强加给他们。阿斯奎斯拒绝让统一党人在爱尔兰政府任职。这些承诺将受到毁灭性的考验。 236

为使新政府真正代表整个国家，工党领导人亚瑟·亨德森受到邀请。亨德森是一位来自格拉斯哥的铸铁工和绝对禁酒主义者，尽管他 12 岁就辍学了，但他却成为教育委员会的主席。他是一个虔诚的卫理公会教徒和一个真诚的爱国者，在同僚之中受到广泛欢迎和普遍尊重；他是第一位担任内阁大臣的工党议员，他的一个儿子后来在 1916 年的战役中阵亡。寇松以掌玺大臣的身份加入内阁——不久后，他因为自己倾向于从事自由职业而激怒了阿斯奎斯，致使阿斯奎斯告诉克鲁，“他很快就将丢掉自己的乌纱帽”。[287] 塞尔伯恩成为农业大臣和地方政府委员会的常任主席，因此，除了寇松之外，内阁还纳入了其他三个在党内拥有相当多追随者的统一党成员。

战后，霍尔丹在写回忆录时，对针对他的那些攻击保持着理性的态度。他回忆说，1912 年，他因公务访问柏林，他的对手后来歪曲了这一事实，尽管讨论的所有问题——主要涉及通往巴格达的铁路和针对葡萄牙的非洲殖民地的政策——都可以通过外交部发表的文件得到澄清，但外交部不愿这么做。除此之外，“关于我的各

* 不管部大臣：英国政府中不专管某一部事务的大臣。其通常是内阁成员，出席内阁会议，参与政府决策，承办内阁会议或政府首脑交办的特殊重要事务。——译注

种荒谬故事到处流传。例如，我娶了一个德国妻子，我是德皇的异母兄，我曾与德国政府秘密通信，我早就知道他们要发动战争，却把这件事瞒着我的同僚，在派遣远征军方面，我推迟了动员”。[288]烦扰他的不只是诺思克利夫的报纸。“某天，为了响应《每日快报》的呼吁，上院收到了不少于2600封抗议信，声称我对国家利益不忠。”[289]霍尔丹承认，他知道很多关于德国和德国人性格的消
237 息，这对他是有好处的，但遗憾的是，他的同胞们知道得太少。1914年秋，他曾向阿斯奎斯提出辞职，但阿斯奎斯一笑置之。霍尔丹没能成功辞职，然而，令他愤怒的是，英国外交部拒绝对战前谈判进行澄清，这让他遭受了不必要的攻击。

坚持解雇霍尔丹几乎引发了另一个横祸。格雷认为这件事“极其不公”，5月26日，他对阿斯奎斯说，霍尔丹是因为国家利益才没有辞职。[290]不过，他提醒阿斯奎斯，关于霍尔丹“背着同僚们与德国密谋”、“削弱军队，特别是减少大炮数量的做法”、“反对或阻挠”向法国派遣英国远征军等指控不仅是无稽之谈，而且与事实相反。“此后”，格雷继续说道，“人们把霍尔丹单独挑出来，对他进行特殊攻击，并指责他缺乏爱国主义或公共精神，这是一个令人无法容忍的完全无知、恶意或疯狂的例子”。[291]

格雷私下里和劳见面，试图让他改变主意，但劳暗示说，他的政党已经授权他这么做了。联合政府是必要的，如果没有统一党人，这一切就无法实现，而统一党人容不下霍尔丹。在保守党跌宕起伏的历史中，这是最耻辱的事件之一，更糟糕的是，阿斯奎斯——他告诉格雷，这些攻击是“最卑鄙的个人和政治怨恨的无耻纪念碑”——未能妥善地向霍尔丹解释清楚，他们之间的关系也不再像从前那样了。[292]霍尔丹继续参与引人注目的公共服务，他一有机会就去战区，担任法官，从事英勇的工作，以激发人们创建

新大学的兴趣，并为战后的校外学生提供机会。1924 年，他作为第一届工党政府的大法官再次担任议长一职。

九

5 月 18 日，基钦纳在上院发言，表面上是为了让议会了解战争的最新情况，他沮丧地承认，“自从我上次就军事形势向阁下做报告以来，各个战区没有发生显著变化或采取决定性行动”。[293] 相反，前方消息证实，德国在伊普尔战役中使用了大量毒气，军队伤 238
亡惨重，尤其是加拿大军队，而且达达尼尔海峡战役的进展“势必会非常缓慢”。几个小时前，劳合·乔治获得任命，这解除了他的担忧，他承诺正在解决军工厂生产率低下的问题——那天，国王访问了克莱德赛德，试图鼓舞造船厂工人的士气——并表示“产量有了很大提高”。[295] 他宣布军队还需要 30 万人。“从事战争物资生产的人不应该离开工作岗位”，他说，“我呼吁那些没有履行这一职责的人参军”。公众对此表示赞同，并且逐渐觉察到了《泰晤士报》所说的“成千上万个逃避兵役的年轻人”。[296]

基钦纳在上院发表演讲后不到两天，报纸就将他的传真信作为广告刊登出来，全国各地的广告牌和公共建筑物上都张贴了新的募兵海报。募兵的年龄上限从 38 岁提高到了 40 岁。然而，呼吁志愿参军的想法似乎过时了。报纸正在讨论强制征兵，公众舆论似乎也越来越支持这个想法。尽管公众继续要求发布未经审查的新闻——这些新闻使人们认识到形势的严峻性以及迫切需要更多的人参军——但报道对战争的某些实际情况仍然避而不谈，这或许有助于鼓舞士气。

在组建了联合政府后，《每日邮报》（虽然这个政府不完全合它的意）将基钦纳斥责为“战斗将军”。该报抨击他忽视了烈性炸药炮弹的生产，而是分发榴霰弹，并称这些榴霰弹在堑壕战中“毫无用处”，尤其是在摧毁带刺的铁丝网方面。[297]这些批评被纳入了诺思克利夫撰写的社论中。两天前，劳合·乔治私下里也向阿斯奎斯提出了同样的看法，人们只能猜测他可能对这篇社论贡献了哪些意见。[298]这篇报道特别不受公众欢迎；《每日邮报》的发行量急剧下降——从 5 月的每天 122.7 万份下降到 7 月的每天 107 万份——许多广告商也取消了广告。[299]大多数伦敦俱乐部停止订阅该报，人们在证券交易所、波罗的海交易所和大街上烧毁报纸。伊舍在日记中写道：“今天早上，《每日邮报》对基钦纳勋爵进行了恶毒的攻击。这是由一小群人策划的，他们认为自己是约翰（弗伦
239 奇）爵士的朋友。”[300]他还说，了解法国做法的康邦认为，审查员允许发表这样的文章简直是“疯了”。当时为诺思克利夫打工的雷普顿在战后说，“诺思克利夫这次特别的攻击只是为了让基钦纳勋爵得到嘉德勋章，通过以有利于基钦纳勋爵的方式引起人们的反感，由此巩固自己的地位”。[301]

第二天，《每日新闻》将政治危机归咎于诺思克利夫，并声称控制他是新政府面临的主要任务。然而，诺思克利夫确信他揭露弹药短缺和军事领导失败的做法是正确的。他认为自己的行为是一种爱国行为，并且毫不在意此事对自己的生意造成的影响。他后来说：“我不在乎《泰晤士报》的发行量是否降到只有一份，也不在乎《每日邮报》的发行量是否降到只有两份。我咨询了我的母亲，她同意了，除此之外，我没有咨询任何人。我觉得对基钦纳来说，这场战争规模太大，公众对他的信任在一开始是必不可少的，但现在却成了军事进展的障碍。因此，我尽了最大的努力来改变现状。”[302]《每日邮报》一度宣称自己是“揭露了弹药短缺悲剧的报

纸”。[303]显然，诺思克利夫说得很有道理，在几周内，公众的敌意消减了，发行量增加了，他的影响力也上升了。

诺思克利夫对基钦纳的攻击可能让一些读者疏远了该报，但基钦纳还是失去了盟友。劳和贝尔福都不信任他。他的同僚们坚持认为，他对自己的失败守口如瓶，对于那些本应由集体负责讨论的问题，他不愿和他们推心置腹。在谈到他与内阁的关系时，他曾说，“我极度反感向 23 位我几乎不认识的绅士透露军事机密的做法”。[304]丘吉尔发现自己也遭到了类似的攻击。由于未能撤换陆军大臣，诺思克利夫的《泰晤士报》报道称，自由党的普通成员对丘吉尔“愤怒不已”，丘吉尔的“冒险行动”导致了政府的垮台。[305]该报说，他的同僚们不希望他加入新的内阁，然而，当丘吉尔继续任职时，他们感到失望。他自己也感到愤怒和生气。6 月 2 日，他给汉基写信，不带讽刺意味地说，“从安特卫普到达达尼尔海峡，我们在这场战争中失去了机会，这是一个悲剧。我们没有制定任何计划，也没有做出任何决策”。[306]他毫不含糊地说自己是不可缺少的：“如今，继续打完达达尼尔海峡战役将是一项艰 240
难、严峻的任务，如果没有决策和计划，可能会发生非常可怕的灾难。”

似乎有一位资深政治家赢得了诺思克利夫的报纸的尊重，他就是劳合·乔治。1915 ~ 1916 年间，诺思克利夫对军需大臣给予的信心和支持，在推动着劳合·乔治从一个关键职位走向另一个关键职位的过程中所起到的作用是不可小觑的。他钦佩劳合·乔治的精力，而军需大臣对他的过分奉承助长了他本已可怕的自负。这增强了诺思克利夫的自我重要感。1915 年 5 月，在与里德尔进行交谈时，诺思克利夫说他是个有钱人，只要愿意，他可以把所有的时间都花在钓鱼上，“但是，我觉得自己对这个国家负有责任。我觉得自己必须留下来指导和批评国家”。[307]用 A. J. P. 泰勒的话来说，诺思克利夫“渴望权力，而不是影响力，结果两者都丧失了”。[308]劳合·乔治的许多同僚认为诺思克利夫只是在听从劳合·乔治的命令，可是，随着阿斯奎斯遭到削弱，这种做法对于一个眼睁睁地看着最终的战利品落入劳合·乔治手中的人来说，是一种极大的伤害。劳合·乔治仍然对阿斯奎斯的总体作战方针感到不满，但他意识到，如果他在没有保守党支持的情况下就如此笼统的问题辞职，那么他将会孤立自己。他与劳密切联系——随着时间的流逝，这种联系更为密切——将有助于他与另一个党派找到共同点，而这个共同点就是实行征兵制的必要性。

忠诚于阿斯奎斯的汉基觉察到阿斯奎斯是多么脆弱，6 月 2 日，在共进午餐时，他强烈要求阿斯奎斯“今后一定要把所有海军和军事行动的电报和信件以及外交部寄送的信件都发给他，这样……他至少可以知道有关战争的所有消息”。[309]他发现，没有一个人能从战略角度完整概述战争中发生的事情，这是多么的糟糕，而他认为首相应该成为那样的角色。阿斯奎斯同意了，并答应任命汉基作为自己、海军部和陆军部之间的联络人。他还决定向报纸发出正式警告，“切勿在未经审查的情况下，在社论中谈论军火、实力、部署以及我国舰队和军队的动向”。汉基声称，将对违反者采取“严厉措施”，他很清楚，诺思克利夫对基钦纳的攻击只会坚定阿斯奎斯留住基钦纳的决心。

联合政府的谈判花了几天时间才结束，直到 5 月 24 日——
241 也就是圣灵降临节——新政府的组成才明确。在那个法定假日，英国的大部分地区一直都艳阳高照。在布莱克浦（Blackpool）的沙滩上举行的招募集会中，德比勋爵向大约 10 万人发表了演说。那些没有穿制服的人如果被看到玩得高兴、过得快活，人们就会产生一种意识。《泰晤士报》的一位记者说，如果一个年轻人被看到去打网球，那么他就会被认为是“双重叛徒”，一则是因为他没有上前线，二则是因为他的行为举止不得体。据推测，看到他如此行为的大多数人都认为他“应该被拖出去枪毙”。[310]报纸每周刊登两到三次伤亡名单，通常是数百名军官和数千名士兵，人们的情绪高涨。5 月 22 日上午 7 点前，邓弗里斯郡发生了昆廷斯希尔（Quintinshill）铁路事故，给这个法定假日蒙上了一层阴影。据信，死亡人数为 226 人（一些尸体没有找到）。它是英国历史上最严重的铁路灾难，是由格雷特纳格林（Gretna Green）郊外的主线发生了信号故障所引起，涉及五列火车。一列军车的半数乘客——开往达达尼尔海峡的苏格兰皇家利斯营的七分之一的士兵——遇难。

5 月 27 日，新内阁召开了首次会议，阿斯奎斯告诉国王，当时的气氛“融洽、友好”，然而，一些政界元老排队批评新内阁。[311]前一天晚上，统一党在卡尔顿俱乐部聚会，表示支持联合政府，但仍有持不同政见者。那天早上，米尔纳给《泰晤士报》写信说，尽管英国人才济济，但缺乏有才干的领导，这标志着该报长达 18 个月的撤换阿斯奎斯运动的开始。米尔纳的证据是，在这个极端紧急的时刻，国家被迫“招兵买马”，这表明领导层不知道如何进行战事指挥。[312]

内阁的第一次讨论围绕着达达尼尔海峡战役进行，那里的情况非常糟糕。在阿斯奎斯的领导下，政府设立了一个内阁委员会以监控局势，成员包括被免职的丘吉尔和统一党领袖，汉基担任这个委员会的秘书。作战委员会已经解散；但是，汉基不时邀请军队首长加入，由此引导着达达尼尔海峡委员会成为作战委员会的继任机构。这种情况一直持续到了 1915 年夏天，当时大臣们在争论是否要向这场失败的战役派遣增援部队。次年 11 月，该委员会更名为“战争委员会”。[313]它的主要缺点是，统一党人发现
242 该委员会很难停止对自由党的提案吹毛求疵，它的结论对整个内阁没有约束力，这减缓了决策过程。这不是指导一场大战的理想机制。

《经济学人》的编辑弗朗西斯·赫斯特（Francis Hirst）给他的前同僚 C. P. 史考特写信问道：“如果没有共同目的和目标，这个联合政府从一开始难道不是软弱无能和没有信誉的吗？……各地难道不是对战争既恐惧又厌恶吗？邪恶的诺思克利夫迫害有着德国名字的人，难道没有人对这种行为做出反应吗？……一小群自由党和托利党的帝国主义者做出了毁灭德意志民族的愚蠢决定，为什么我们英国人都要因为这个决定而遭到毁灭？”[314]即使是自由党人史考特也觉得这些问题有些过头，史考特告诉他必须抵制德国的“侵略性帝国主义”。甚至像史考特这样的人也转而接受这样的观点，即英国必须“按照欧洲的类似规模保持武装。这种做法极为必要”。[315]任何通过大选来“确认”联合政府的想法都被排除了。随后的一个月出台了一项法案，将 1910 年议会的任期延长一年。联合政府的任期也将延长，直到停战后才举行选举。

6 月 15 日，阿斯奎斯就组建联合政府的行为向下院进行申辩。“我对同僚们怀有一种深切的、持久的、难以言说的感激之情。他们迫于新的和不可预见的责任，十个月来，以坚定不移的忠诚和无可比拟的效率（在我看来是这样），承受着英国政治家有史以来肩负的最沉重的负担……作为政府的首脑，以及作为整个国家的首脑，我对他们之中的每一个人都欠有永久的人情债。与他们切断关系，或与他们中的任何一个人切断关系，都是我的公众生活中最艰难、最痛苦的经历。”[316]他明确表示了自己厌恶联合政府，他引用

了福克斯－诺斯联盟*的话，他还说政策将保持不变，“将不惜一切代价来进行这场战争，以便取得胜利”。[317]他认为，最好的做法是表明各党派团结一致，决心打败德国，以便促成自8月以来出现的休战状态。

他的发言对事实进行了平淡描述，而随后的所有批评都说他的申辩有气无力、让人昏昏欲睡，或者——正如他那些不屑一顾的同僚们经常称呼他的那样：处理政治问题的“法官”——批评他在这番重要发言的结尾使用了丘吉尔式的不合时宜的说辞，并揭示了 243
一种信念，而这种信念并不总是与行动相匹配。“目前，我们有一项明确且至高无上的责任要履行，让社会各阶层提供自愿和有组织的帮助，以便为国家效力。在这片土地上，每一个男人和女人都有适合的地方及适合的工作，而且，当我们的事业被证明是正确时，当地球上重现和平时，这迟早——它一定会来临——会在这个国家的编年史上谱写出最值得自豪的一页，那就是在联合王国，所有家庭或车间都参与了共同的斗争，为赢得共同胜利贡献了自己的一分力量。”[318]

他的讲话让他心力交瘁。那天晚上，当他的妻子来到卧室看他时，他在她的怀里哭了。“我意识到，”她在日记中写道，“当他不得不坦白时，那种心力透支的感觉是多么可怕。”[319]她知道，这不是唯一的原因：自由党反对联合政府，他感到备受打击，同时

---

* 福克斯－诺斯联盟（Fox and North）：是指由英国辉格党政治家查尔斯·詹姆士·福克斯（Charles James Fox）与其政敌托利党前首相诺斯勋爵（Lord North）缔结的联合政府。这个政治联盟在1783年2月14日组成，随后在同年4月成功迫使亲乔治三世的辉格党首相谢尔本伯爵领导的政府垮台，继而上台执政，成为联合政府。这个由议会各派系组成的联合政府并不成功，也没有得到英皇乔治三世的支持。联合政府很快就因为多项争议而导致声望下滑，最后因为同年12月的《印度草案》不获上院通过，结果在乔治三世的压迫下垮台。——译注

“因为维尼夏的婚事而情绪低落”。[320]阿斯奎斯夫人比以往任何时候都更确信劳合·乔治密谋对付她的丈夫。雷丁向她吐露说，他曾警告军需大臣不要让诺思克利夫和他的报纸“攻击”阿斯奎斯。阿斯奎斯夫人确信劳合·乔治打算与自由党决裂，“他并不是有意要搞垮亨利，然而，他看到战后情况将会完全改变，并且在英国受到崇拜的人将是为我们在堑壕里的可怜鬼提供帮助的人”。她察觉到报界在进行“击垮”阿斯奎斯和基钦纳的活动，并对劳合·乔治与里德尔之间的友谊感到担忧。有人警告阿斯奎斯夫妇劳合·乔治是一个“叛徒、无赖”，不过，应该由首相本人采取坚决的行动，以防止同僚取代他的位置。

与此同时，他对西尔维娅·亨利迷恋不已。他告诉她，在这个时期，“军火问题一团糟、达达尼尔海峡战役……关于劳合·乔治的令人不悦的消息风传，联合政府的命运、党派和政府的领导地位、法国的竞选……日后美国的态度都不明朗，还有其他 199 件事情亟待处理——对我来说，这周最突出、最主要的事情是什么？你能猜到吗？我知道你不需要猜。当然是你”。[321]不过，她确实就一件事给了他一条重要的忠告，这件事已经引起了同僚们的注意，并使他遭到了同僚们的反对：“你今天给了我很多很好的建议，我再
244 也不会在内阁或作战委员会给你写信了。”[322]很快，他便更加得寸进尺，6 月 20 日，他给她写信说，当她认为他取得了进步时，她发出了“内心的呼唤”，导致阿斯奎斯声称这促使他“产生了一种你从未料想到的阵阵疼痛，我真想把我们之间那美妙的爱和信任的关系转变成——我应该叫它什么呢？——情爱冒险？”[323]他的话似乎让她觉得很尴尬，这促使他发誓再也不提“这件事”，并告诉她“把那封冒犯她的信烧掉”。[324]他继续向“我最亲爱的人”写信，落款是“永远爱你和全心全意的阿斯奎斯”，但他对她从来都不像对

她姐姐那样坦率。1916 年，他还试图与曾获诺贝尔奖的科学家瑞利（Rayleigh）勋爵的女儿埃米莉·斯特拉特（Emily Strutt）建立亲密的友谊。他第一次见到斯特拉特是十年前在她父亲位于埃塞克斯郡的宅邸。[325]在和平时期，强烈的孤独感折磨着他。到了战争时期，这种感觉变得无法忍受。

十

5 月 31 日，伦敦遭受了第一次齐柏林飞艇的突袭。怀特查佩尔（Whitechapel）有 8 人死亡，10 人受伤。在对其中的两名死者进行调查后得知，在爆炸中丧生的这对夫妇的尸体被发现时，他们跪在床边，仿佛在祈祷。他们完美地代表了如今公众经常指称的德国人野蛮行径的受害者。政府花了近三周的时间发布了在遭受空袭时应采取的标准措施：不要到街上去；预计袭击将在晚上发生，需要在楼上备好沙子和水，以用来灭火；楼下门窗必须关闭，以防止“有毒气体”的侵入。[326]

在重组政府时，议会因为圣灵降临节提前休会，直到 6 月 3 日才复会。它就设立军需部通过了必要的立法，这激起了一小部分和平主义议员的反对。劳合·乔治没有出席：他在曼彻斯特发起了一场新的推动提高生产力的运动，而阿斯奎斯去了法国，会见了英国远征军的总司令弗伦奇。劳合·乔治在曼彻斯特发表了一场演讲，展示了风向是如何改变的，至少对他来说是如此。关键的一段话是：“当房子着火时，程序、优先次序、礼仪、时间和分工的问题都消失了。如果火灾还在继续，那么你不能说你没有义务在凌晨 3 点灭火。你无法选择时间；至于谁负责提水桶，谁负责把水倒进噼啪作响的炉子里，你是无法争辩的。你必须把火扑灭。”[327]对于那 245

些阻挠改革工作方式或阻挠使用女性劳动力的工团主义者，他告诫说，堑壕里的人在按照规定的时数作战后是不能解除戒备的，也不能拒绝在指定的战线上进行战斗。但是，考虑到在接下来的18个月里将发生的事情，劳合·乔治得出了另一个有趣的观察结果，“党派政治正在逐渐消失”。他的话惹恼了工党；不过，也有许多自由党人被激怒，因为他们察觉到政府正在将某种强制性做法引入工业实践。然而，劳合·乔治是对的。作为军需大臣，他将启动一个由218家国有工厂组成的项目，由纳税人提供资金，生产对作战至关重要的各种武器和零部件，同时控制大部分工业的劳动力和产量。[328]

他继续前往利物浦，再次呼吁工会在战争期间取消限制性做法。和在曼彻斯特一样，他谈到了一个前所未有的严峻形势。为了赢得战争，德国人已经全身心地投入。现在英国也不得不这么做。这意味着工会应当为培训技能不熟练的男工，以及让女性进入职场提供便利，就像法国那样。但是，所有人都不得不更加努力地工作：“懒散的人将没有机会游手好闲，”他对欢呼者说道，“我不是要消除松懈。我只是想让他们避免出现懒散懈怠。”[329]更具争议性的是，他进一步点头赞成民事和军事方面的强制措施。“每一个人都应当尽自己的全力来帮助国家渡过难关，政府应当将此确立为一项义务，以作为公民的基本义务之一。我相信，如果把它变成人人都应享有的法律权利和义务，那么社会各阶层的人都不会反对的。”

随着大批女性涌入工业领域从事高薪工作，烧饭女佣和客厅女佣出现了短缺，并引发报纸刊登了更多与仆佣问题有关的文章，虽然女性参与工作是爱国的表现，但一些人对此不赞同。承担对国家至关重要的其他工作的人士拒绝从爱国的角度看待问题：6月初，南威尔士的煤田威胁要罢工；在黑乡*，煤矿的绞车工和司炉工认为10%的奖金不够，拒绝接受，尽管他们的工资在两年内增加了一倍；在洛奇代尔（Rochdale），有2万名棉纺织工人在雇主拒绝支付10%的战争合同奖金后威胁要停工。所有这一切都在同一天 246
（也就是6月9日）发生，当天，又有50名军官和2100名士兵出现在法国出具的伤亡名单上。自8月以来，已有5万多人死亡，5.3万人失踪。[330]

6月10日，劳合·乔治在伦敦会见了来自22个工会的75位代表，并与他们进行了私人会谈。同一天，在首都举行了全国女工工会的第一次公开会议，据说，在这次会议上，“妇女们总体表现不错，但是，看到这么多身穿卡其色军装的男人，一些轻浮的年轻女孩感到很兴奋”。[331]全国总工会需要资金建立俱乐部，在那里，女孩们可以在监视下与士兵见面，并可以学习“更好地管控自己，使自己的行为举止更加端庄”，而男性则可以学会“尊重女性”。在战争爆发以来涌现的所有理想主义事件中，这是更加值得注意的事件之一。

6月12日，劳合·乔治前往布里斯托尔参观军工厂，并继续恳求工会的合作。他宣布，已要求基钦纳将所有技术类工程师送回工厂以制造弹药。“英国打算弥补浪费的时间”，他说。[332]在胜利的那一刻，“工程师们将激动地得知，在为使国家兴盛的正义事业中，英国的工厂赢得了长久的胜利”。但是，他告诉工会：“只有一个办法能够增加劳动力供应，那就是在战争期间暂停实施某些规定，这些规定阻碍了女性和非熟练工人帮助技能熟练的工人。”在战争期间，法国人已经摒弃了这种不切实际的做法：他希望英国也

* 黑乡：是指英格兰的密集工业区。——译注

这样做。

6月16日，经过4个小时的会谈，他取得了显著的成功。他会见了来自41个工会的代表，他们同意，在战争期间，军火车间将暂停执行所有工会规则；所有的工人都要服从军纪，违反军纪的将受到惩罚；公众将自愿参与工作，除非工会未能招募到必要的工人；而且，没有之前雇主的证明，任何私营公司都不得雇用军火工人，以避免出现“逃兵”。作为对这些让步的回报，因军火获得的所有利润都将归国家所有。就在劳合·乔治规劝布里斯托尔工人的同一天，社会主义国防委员会呼吁结束“私营企业耗费资源的冒
247 险活动和混乱”，并实行大规模国有化，以便最大限度地为战争出力。由于政府所有的军工厂和国家控制的铁路网极需维护和投资，没过多久，联合政府就采取了这样的战略。比阿特丽斯·韦伯指出，“人们听到的都是劳合·乔治正在走张伯伦的老路，用激进派的领导权换取拥护帝国主义的民族主义政党的领导权……如今，他屈从于托利党人，这让人怜悯；在政治上，一旦消除了敌意，最大的敌人就会成为最亲密的同谋者”。[333]

在劳合·乔治手下工作的军需部次官艾迪生负责查明情况有多糟。他和统计部门的领导编写了报告，这份报告令人非常震惊，以至于阿斯奎斯禁止刊印和传阅它。那些想要阅读报告的大臣们（甚至包括劳合·乔治）被告知需在艾迪生的办公室里阅读，不得将报告带离办公室。虽然基钦纳想要70个师，但陆军拥有的重达18磅的小口径火炮只够28个师使用，重达60磅的小口径火炮只够31个师使用，以及只够17个师使用的榴弹炮。[334]按照当时的供应速度，要到20世纪20年代才能对他想要的军队进行充分装备。此外，陆军拥有的步枪只够33个师使用；在1914年8月至1915年5月间，拥有的机关枪仅能按照最低标准对12个师进行装备。

陆军部每天需要向法国交付7万颗手榴弹，而实际的日产总量是2500颗。另一个困难是如何在政府计划建造的新工厂附近，或者在扩建的现有工厂附近安置军火工人。当时没有人力来建造永久使用的厂房，因此，在基督教男青年协会的赞助下，人们发起了一项捐款呼吁，以便建造临时住所——工人们可以自行组装的活动棚屋。考虑到非常有必要将新工业大军的注意力从饮酒和异性身上转移开来，于是，基督教男青年协会被视为理想的责任机构。

为了使生产走上正轨，6月19日至26日，军需部向6.5万名制造商发送了调查问卷，以便确定可供英国动用的确切产能。一旦答案出来，军需部就会在地方委员会的监督下发布订单。同样是在6月，劳合·乔治与工会达成了一项协议，以便建立一个战争军火志愿者系统。这些志愿者同意在必要时离开目前的工作岗位，为政 248
府承包商工作；报纸上刊印了整版的广告，劳合·乔治警告说，如果工人们未能及时响应，那么必须通过强制手段迫使他们参与。在第一周，4.6万名技能熟练的工人自愿加入，但后来人数急剧下降：到了11月，10.7万名工人自告奋勇，但由于现任雇主反对，只征募到了相对较少的人——大约只有10%。[335]军需部建立了自己的国有工厂，并在现有工厂的基础上进行了扩建，许多工人被调到那些工厂。当工人阶级在这些工厂发挥他们的技能时，中产阶级和中上层阶级的妇女自愿服务于她们能够加入的任何工厂。阿斯奎斯的两个儿媳——凯瑟琳（Katharine）和辛西娅女士——就是典型的例子，前者在尤斯顿车站的餐厅工作，后者则在下午为军队制造防毒面具。

尽管报告被压制，但可怕的情况还是很快被人知晓了，劳合·乔治——他告诉从法国回来接受封爵的亨利·威尔逊，“我们要被打败了”——开始寻求更多的权力来力挽狂澜。[336]7月1日，亨利·达尔齐尔（Henry Dalziel）爵士——他是劳合·乔治的密友之一，也是自由党议员和报纸老板——在下院请求军需部接管冯·多诺普的军械部门。阿斯奎斯夫人认为是诺思克利夫策划了这个计策，目的是要让《泰晤士报》报道此事，而劳合·乔治是同谋。霍尔丹打破了辞职后的沉默，为冯·多诺普辩护，导致劳合·乔治对霍尔丹讲述的事件版本进行抨击：7 月 8 日版的《泰晤士报》完美呈现了这个抨击。现在，阿斯奎斯夫人正在有条不紊地寻求与那些她认为应对她丈夫的困局负责的人算账。7 月 2 日，当从前线回来的弗伦奇向战时内阁汇报情况时，她对他说："你是不是恨我和我的男人，否则你不会做一件有损于我们的事情，这件事比你会见诺思克利夫和雷普顿那样卑贱的人还要糟糕。"[337]她告诉他，如果基钦纳未能对弹药问题做出充分反应，他应该直接给阿斯奎斯写信，对指挥人员的行为进行令人不悦的汇报。她以为弗伦奇的一个工作人员向雷普顿汇报了情况，但事实并非如此。如果她知道是弗伦奇亲自做的，那么他可能无法活着离开房间了。

6 月初，阿斯奎斯夫人在查令十字火车站接她的丈夫，她被允许进入一个车站的大厅，其他地方都不对公众开放，因为当时一辆救护列车正在卸下伤患。当看到一排排的伤员和垂死的人躺在地上
249 的担架上，"像尸体一样平躺着"，她吓得目瞪口呆。[338]这类列车大多安排在深夜或凌晨到达，这样做主要是为了让迎接它们的救护车车队避开公众视线。关于这场战争的可怕规模和影响再也没有什么可怀疑的了。几个月前，也就是 1915 年 1 月中旬，《泰晤士报》刊登的一封信解决了困扰读者的一个问题：现在，这个国家全身心
250 投入的战争被称为"第一次世界大战"。[339]

第四章　征兵

一

在战争爆发将近一周年之际，这场战争仍得到了公众的普遍支持，不过，1914 年 8 月的狂热早已过去。死亡人数之高，以及英国被重新界定为交战国，使得公众的不安感开始显露出来。全国爱国组织中心委员会敦促议员们在周年日当天于选区的会议上发言。基钦纳希望将 8 月 4 日在圣保罗举行的纪念活动变成一次招募集会，但神职人员拒绝了这个建议。年轻人毫无意义地去送死，让无数家庭痛失亲人，这种感觉正在人们的心里扎根，让那些负责指挥战争的人的工作变得越来越困难。即便如此，7 月 9 日，基钦纳在市政厅安排的集会上请求招募更多新兵。“每个人的生命中都有生死关头的那一刻，所有早期的经历都走向这个时刻，所有未来的结果都由这个时刻推算出来”，他说，“对于每一个英国人来说，对我们国家的存亡来说，这个时刻都是不同寻常的”。[1]

政府在提供信息方面对公众进行了严格控制，以至于很多人花了很长时间才明白事情到底有多糟糕，即使基钦纳曾告诫过他们。直到 7 月 6 日，平淡乏味的报纸头条仍在接连报道达达尼尔海峡的英勇战斗，但那天公布了将军伊恩·汉密尔顿爵士于 5 月 20 日发出的电报，该电报仍在谈论 5 月 4 日之前的事情，表明这次行动是

253 多么的失败。5 月 31 日，政府承认有 7500 名官兵阵亡，公众开始担心，自那以后，这个数字将会大幅上升。虽然汉密尔顿公开承认军队勇猛作战，却牺牲在计划的无能上，这个计划导致陆军和海军之间缺乏协调。

受伤和休假的士兵从佛兰德带回了消息，声称他们遭受了新的恐怖战斗。在佛兰德，从 4 月下旬开始，第二次伊普尔战役已经打了五个星期。德国人在战斗中第一次使用毒气，这是“骇人行径”的最好例证，这场战斗足以与“卢西塔尼亚”号的沉没相提并论。越来越明显的是，随着伤亡名单的公布，社会各方面都受到了影响：牛津大学的夏季纪念活动在肃穆中进行，因为据信该校有 8000 名校友服役，其中 300 人阵亡；伊顿公学——该校的一些学生在附近的一家军工厂里轮班工作，每天工作 5 小时——决定为救护车筹集资金，这是市长夫人们一直在全国范围内做的事情，据估计，在每 10 名阵亡的陆军军官中，就有 1 名是伊顿公学的校友。[2] 以这些名校优等生的对立面为例，到 1915 年 6 月下旬，在 19648 名通过少管所服役的男孩中，有近 600 人阵亡：不过，其中 3 人获得了维多利亚十字勋章，25 人获得了杰出行为奖章，20 人在电报中被提及。也许最引人注目的是，这些曾经的无赖中有 8 人被任命为军官。[3] 仅 1915 年 5 月，军官的伤亡人数就与整个第二次布尔战争的伤亡人数不相上下——前者为 2440 人，后者为 2752 人。1916 年 2 月，《泰晤士报》公布了迄今为止阵亡的 45 位贵族继承人的名单，其中 6 人的死亡使贵族们失去了继承人，包括国王的私人秘书斯坦福德汉勋爵的继承人。[4]

鲍勃·布思比（Bob Boothby）——战争爆发时，他是一名年仅 14 岁的伊顿公学的学生——在回忆录中回忆了战争对他这一代人造成的累积影响：

> 1914~1918年间，驻法军队的伤亡人数对长大成人的男孩的生活造成了严重影响，这种影响很难被夸大。每个星期天，都会在学院的礼拜堂宣读阵亡者的名字。当我们看到我们年轻时代的英雄们一个接一个地在不远的地方阵亡时，我们对生活的整个态度都改变了。“去吃喝玩乐吧，因为明天你一定会死去”，这句话成了我们的座右铭。新沙佩勒、洛奥 254
> (Loos)、索姆河和帕斯尚尔战役深深刺入我们幼小的心灵。如果早逝和血腥死亡显然都是生命不可避免的结果，那生命又有什么意义呢?

战争距离英国本土越来越近，这让政府做出果断反应的压力变得越来越大。尽管达达尼尔海峡战役的新闻遭到审查，但是，大量的家庭接到了来自战区的死亡通知，这让各种版本的真相通过口口相传的方式迅速传播开来。9月7日，齐柏林飞艇突袭了伦敦南部、首都的船坞区和赫特福德郡的切舍特（Cheshunt）。第二天，齐柏林飞艇轰炸了伦敦的法灵顿路，造成22人死亡，86人受伤，这是战争中最具破坏性的一次轰炸袭击；而且还袭击了约克郡的一家粗苯工厂。(1917年，在一项经过深思熟虑的挑战性行动中，法灵顿路61号被重建为齐柏林飞艇大楼。) 10月13日，齐柏林飞艇再次突袭了伦敦和东部郡县，造成71人死亡，128人受伤。政客和公众对缺乏防空保护的抱怨超出了审查人员的制止范围，空袭后的第二天，《环球报》在伦敦组织了一次公众集会，由维罗比·德·布罗克勋爵（Wiloughby de Broke）主持，要求采取报复行动。诺思克利夫的报纸抱怨说，目前还不清楚哪位大臣应对保卫伦敦负责——这是在对阿斯奎斯关注枝节问题提出令人惊愕的控诉——而责任落到了身为海军大臣的贝尔福身上。

然而，虽然德军希望摧毁英国人的决心，但他们在1915年秋天针对平民的另一项行动比以往任何时候都更加巩固了英国人的决心。10月12日，德军枪杀了英国人艾迪丝·卡维尔（她是布鲁塞尔一所护士培训学校的校长），原因是她帮助约200名英法囚犯和比利时平民逃往荷兰。1915年，法国在巴黎枪杀了两名协助德国囚犯逃跑的护士，卡维尔小姐的行动是布鲁塞尔地下网络的一部分，她已经知道自己的行为可能带来的后果。在她被处决几十年后，有人透露说她一直在收集情报。她本可以在1914年秋天离开布鲁塞尔，当时美国安排70名协约国的护士离开，但她选择留下来。在她于8月5日被捕后，英国外交部一直都在关注她的案件，
255 但没有向报界透露细节。英国外交部认为，它对此无能为力。10月7日，德国人开始对她进行审判；11日，她被判处死刑。

美国驻柏林大使提出了严正交涉，西班牙驻布鲁塞尔公使馆试图干预，但德国人欺骗外交官们说不打算执行判决。德国人违背了在任何事情发生之前与美国人进行讨论的承诺。行政长官冯·德·兰肯（von der Lancken）男爵认为应该暂缓对卡维尔小姐执行死刑，但他必须服从军事当局的命令。他的一个同僚哈里奇（Harrach）伯爵对没有更多的英国女人可供枪杀感到遗憾。这与军事长官冯·绍瓦斯拜克（von Sauberzweig）将军的观点很接近，他下令执行判决。英国圣公会的牧师斯特灵·加汉（Stirling Gahan）被获准在对卡维尔小姐执行死刑的前夕去探望她，赐予她圣餐。他发现她“非常冷静，一副听天由命的样子”。[6]她说：“我不害怕，也不退缩，我经常看到死亡，所以，对于死亡我并不陌生，它不会让我感到害怕。”在他离开时，她对他说的最后一句话是：“我们还会再见面的。”10月14日，她被处决的消息通过美国大使馆传到了伦敦。

10月16日，新闻局向报纸发布了一份简报，简要报道了发生的事实，不过将她的死亡日期误报为10月13日。英国最著名的护士之一贝德福德·芬威克（Bedford Fenwick）夫人代表护士行业宣布，卡维尔小姐“光荣牺牲”。[7]在英国，人们强烈抗议德国的“骇人行径”，声称这种行为远远超过了布莱斯的报告中描写的情况，并且与英国更加密切相关，这是德国人送给英国政府的一份宣传大礼，使得政府可以通过描绘残暴匈人的邪恶，努力让民众继续保持对战争的热情。伦敦主教亚瑟·温宁顿-英格拉姆（Arthur Winnington-Ingram）博士——一直以来他都在狂热地抨击匈人，他没有完全了解发生的事情，并且似乎不知道卡维尔已经快50岁了——在特拉法加广场举办的集会上说：“卡维尔小姐遭到了冷血谋杀，这个可怜的英国女孩因为庇护难民而被德国人故意枪杀，在文明世界中，这将和‘卢西塔尼亚’号被击沉一同成为历史上最大的罪行。”[8]

卡维尔小姐临终时刻的细节，以及黎明时分她在布鲁塞尔郊区的射击场以有尊严的方式面对死亡，都为她的牺牲增添了金色的光环。她还告诉加汉：“但我要说的是，就像我所做的那样，我站在上帝和永恒的面前。我意识到仅有爱国主义是不够的，我不会怨恨 256
和仇恨任何人。”——这句话被刻在她的纪念碑上，纪念碑位于特拉法加广场的北面，是在战争结束后修建的，但修建计划是在她死后即刻制定的。[9]她说，她希望转告家人，她相信自己的灵魂得到了安息，她最后的遗言是：“我很乐意为国而死。”这是一次悲壮的殉道，英国国教将她的忌日定为圣徒的纪念日。一个具有震撼力的传奇被创造出来，证实了英国正在反抗的敌人的邪恶。国际舆论的谩骂令德皇大为恼火，几周后他下令，未经他的允许，不得处决任何女性。

公众异常愤怒。这个事件激起了人们对敌人更深的憎恨，并促使更多的人参军。在海报、书籍、小册子、廉价的惊险小说、电影、诗歌以及几乎所有形式的创作中，人们都在讲述德国人对卡维尔护士实施的邪恶行为。贝德福德的牧师乔斯林·亨利·斯佩克（Jocelyn Henry Speck）给《泰晤士报》写信，宣称："如果有人对我们尚未入伍的、达到服役年龄的年轻人的骑士精神提出了挑战，那么毫无疑问，从一个英国女人被敌人卑劣处决的事件中，我们看到了这种挑战，一个有自尊心的国家将来对敌人只有一种感情，那就是绝对的憎恶。"[30]牧师斯佩克先生继续说，德国人"谋杀了骑士精神"，200 万尚未响应国家号召的年轻人，"如果他们身上的骑士精神和男子气概还没有消失的话"，他们应该立刻参军。他总结道："这个号召是从坟墓里传来的声音——是布鲁塞尔行刑场上艾迪丝·卡维尔护士的声音。她虽死犹生。"

10 月 20 日，兰斯多恩在上院代表政府首次就此事做出回应：

> 在过去的几个月里，比前几次更可怕、更令人伤感的事件不断震撼着我们，但是，我不确定，在这个国家，除了这位可怜的女士在几个小时前被冷血"处决"外，还有什么事情比这件事更能激起公众舆论。毫无疑问的是……由于她的行为，她可能会因为违反交战时普遍适用的法律而受到惩罚——也许是严厉的惩罚。但是，我要毫不犹豫地说，无论如何，她都应
> 257 该得到宽恕，我相信，任何文明国家都不会拒绝向她给予宽恕，她不仅是一位女性，也是一位非常勇敢和忠诚的女性，一个为减轻其他人的痛苦而付出了一切努力和精力的人。[11]

在兰斯多恩发表声明后，以及在英国外交部、美国政府和西班

牙政府之间的通信被公开后，《泰晤士报》才开始领导英国当局大肆抨击德国人。10 月 22 日，该报在其社论中若有所思地写道，在感谢美国人和西班牙人的全盘努力时，格雷说，在这个故事中，“恐惧和厌恶”引起了文明世界的共鸣，“军国主义的信徒们”是否能够领会格雷这番话的意思。[12] “在欧洲，除了德国和她的盟国以外，读了报道的人没有一个不感到最深切的同情和羞耻。”该报称，卡维尔小姐“将她的一生献给了最高贵的、女性可以从事的最具女性特质的工作”。她曾拯救过德国人的生命，而她的“慈善”竟以这样的方式得到回报。她说了实话，而逮捕她的人却对她毫无怜悯之心。为她寻求宽大处理的西班牙人和美国人被告知，即使是德皇也不会干涉，不过，在抗议爆发的那一刻，德皇介入了，要求向另外两名因类似罪行而被同一法庭判刑的女性给予缓刑。留意到卡维尔小姐的遗言，该报宣称：“说实话，她的确是为英格兰而死，英格兰不会轻易忘记她的死……他们杀了她，这无限加深了他们在全世界眼中的耻辱污点。为了推动英国的战斗大业，他们做了一件再好不过的事情。”

德国人不明白他们行为的严重性，于是拒绝了美国人提出的将卡维尔小姐的遗体挖出、交由英国人埋葬的请求。随着中立国家对德国的态度变得强硬起来，《泰晤士报》认为德国的做法将有效推动英国的战斗大业，这个观点很快被证明是完全正确的，仍对“卢西塔尼亚”号鸣冤叫屈的美国报纸对这个事件反应激烈。在英国国内，从记者到报纸都难以自制地流露出了愤怒之情，这证实了这个事件的宣传作用。

10 月 23 日，斯坦福德汉代表国王和王后给卡维尔小姐的母亲写信，信中说：“两位陛下对夺走您孩子的可怕行径感到震惊。整个文明世界的男男女女，在向您给予同情的时候，也被她的信念和

面对死亡时的勇气所打动，对她充满了钦佩和敬畏之情。”[13] 10月
258 29日，人们在圣保罗大教堂为卡维尔小姐举行了追悼会，亚历山德拉王后带领着哀悼者，她的儿子（也就是国王，他在前一天视察前线部队时，从马上摔下来，骨盆碎裂，而马滚落到他的身上）和王后出席了追悼会，阿斯奎斯和几位内阁同僚也出席了追悼会。[14]在仪式开始前的几个小时，为公众预留的座位都坐满了人，小贩们站在外面出售这位殉难女英雄的纪念明信片。六百名护士参加了追悼会，近卫骑兵团的乐队演奏了肖邦的葬礼进行曲和选自宗教清唱剧《扫罗》（*Saul*）的《死亡进行曲》。在追悼会的前夕，政府宣布了卡维尔雕像的位置，从墨尔本到多伦多的许多城市都宣布将纪念她。

虽然卡维尔护士被执行死刑以及齐柏林飞艇的另一波突袭无疑坚定了公众的决心，不过气氛仍然很紧张。有谣言说“国王和王后经常不在白金汉宫过夜，而是偷偷溜到（*原文如此*）他们在伦敦的一位朋友的家里”，这种说法是完全没有根据的。[15]

二

在卡维尔小姐成为殉道的象征之际，英国也成了牺牲的象征。英国收到一个消息，在加里波利战役开始时，就在圣乔治日*的下午，鲁珀特·布鲁克——玛戈特·阿斯奎斯将他描述为“漂亮的年轻诗人”——在位于希腊斯基罗斯岛附近的法国医疗船上死于败血病。[16]他和玛戈特·阿斯奎斯的继子欧克一同在皇家海军分队

---

* 圣乔治日（St George's Day）：即4月23日，是一个带有强烈宗教色彩的纪念日。在英国，圣乔治日同时也是英格兰地区的国庆日，是为了纪念公元303年的这一天，因试图阻止罗马皇帝对基督徒的迫害而殉道的圣乔治。——译注

服役，在从埃及前往达达尼尔海峡的途中被蚊子叮咬。布鲁克曾被邀请担任伊恩·汉密尔顿爵士的参谋，但他拒绝了，他希望自己能和其他士兵并肩作战。在登船前，阿斯奎斯夫人曾见过他和欧克："1915 年 2 月 26 日，在欧克位于布兰弗德的小木屋里，他把手放在我的肩膀上，用他俊美的眼睛看着我，吻了我，"她在日记中回忆道。晚上，消息传到了唐宁街，当时布鲁克服役的那艘舰艇正在驶向加里波利附近的战斗驻地。阿斯奎斯说："这件事给我带来的痛苦超过了战争中的任何损失。"[17]

《泰晤士报》错误地报道说布鲁克死于中暑，并描述了WSC——即丘吉尔，布鲁克服役时所在部队的长官——对他的赞赏。"一个声音变得可以听见，一个音符被敲响，比任何其他的声音都更加真实，更加激动人心，更能公正地映射这场战争中并肩作 259
战的年轻一代的高贵品质"，海军大臣写道。[18]"可是，只剩下了回声和记忆，但它们将久久不会消散。"这篇简短的文章埋下了神化这位诗人的种子。"他预料到自己会死；他愿意为他所熟悉的亲爱的英国而死，这个国家是那样美丽、庄严；他带着对祖国正义事业的绝对信念，怀着一颗对同胞毫无仇恨的心，泰然自若地走向死亡。"任何一个人都无法怀疑丘吉尔的真诚，但这是一次绝佳的宣传机会，他抓住了。其他人已经意识到利用文化来开展战事工作的潜在作用，布鲁克的死就是这种潜在作用的例证。

布鲁克曾告诉阿斯奎斯夫人，他预料到自己会死，并欣然接受了这一前景：死亡确实是他为战争书写的 5 首十四行诗的主题，其中两首诗在他离开英国时发表，所有的十四行诗都在他去世后的一个月发表在《1914 和其他诗选》（*1914and Other Poems* ）中，这也是他名声大噪的原因。战争激发了诗歌的大量涌现，其中的大部分诗歌都非常拙劣，在战争期间，《泰晤士报》几乎每天都刊载一首诗，通常出自有名望的诗人之手。布鲁克的诗一点儿也不拙劣，正如威尔斯所说的那样，“在第一次世界大战中，英年早逝并不是一个十足的不幸”。[19]

第一首十四行诗的开头几行虽然有些铺张，但无疑是真诚的，并且表达了死亡的意愿：

> 应该感谢上帝让我们逢时而生，
> 赋予我们青春，并把我们从沉睡中唤醒，
> 用他坚毅的手、明亮的眼睛和无上的力量，
> 如同泳者跃入清水，使我们振作起来……[20]

这首十四行诗的结尾宣称“最坏的朋友和敌人无非是死亡”。第五首诗（也是最著名的一首）似乎更进了一步，并接受了死亡的可能性。4 月 4 日，圣保罗大教堂的教长威廉·英奇在讲坛上宣读了这首诗，从而让布鲁克的名声瞬间传开，甚至在他去世前就为他的传说增添了色彩：

> 如果我死了，就这样将我记起：
> 在异国他乡的某处
> 便是我永恒的英伦大地。在那里，
> 丰饶的土地埋葬着一颗更加肥沃的尘粒；
> 260 英伦赋予我生命，养育我身躯，教会我事理，
> 也曾赐予我爱的鲜花，指明前方的道路，
> 我的英伦之躯啊，呼吸着英伦的空气，
> 接受着故国河水的洗礼，享受着故国阳光的沐浴。

请不要忘记，这颗心，已摒弃了所有邪恶，
它永恒地跳动着，毫不吝啬地
把英伦赐予的精神散播到所到之处；
英伦的美景和美声；幸福的甜梦；
还有朋友的欢笑、学识；在英伦的天堂里，
是那样亲切，是那样让人内心平和。[21]

具有讽刺意味的是，理想主义残留的一切将会被加里波利战役的失败所摧毁。由于泥泞、鲜血、腐烂和血肉模糊的尸体深深地印在了前线士兵的脑海中，布鲁克的笔调很快就过时了，就像当时《泰晤士报》和其他期刊上发表的那些特别浮华的诗歌一样。当然，对于帕特里克·肖－斯图尔特（Patrick Shaw-Stewart）来说，战争的荣耀不再像从前那样了。肖－斯图尔特是万灵学院的研究学者，曾与布鲁克一起服役，并在布鲁克的葬礼上提供过帮助，这个葬礼是在斯基罗斯岛的野橄榄林中举行的。布鲁克的死毫无意义，这让他深受打击，以至于他在朋友逝世后似乎失去了求生的意志（1917 年，他在西线战死）。在去达达尼尔海峡的途中，肖－斯图尔特写了一首诗《堑壕里的阿喀琉斯》（*Achilles in the Trench*），因为这首诗，人们记住了他。也许他没有多少诗歌天赋，但这首诗的结尾一定是布鲁克做梦都想描绘的：

今天早上，我将回去
从伊姆罗兹岛跨越海洋；
阿喀琉斯站在堑壕里，
火焰奔腾，为我呐喊。[22]

肖－斯图尔特引用了《伊利亚特》*，在一定程度上渲染了战争的冒险部分。但是，他写诗的时间也不多了。就在布鲁克死后两天，加里波利战役的联合军事行动开始了。

随着平民越来越多地投身于战斗、生产或志愿活动，全面战争的演变对文化产生了深远的影响，这种情况一直持续到了20世纪
261 30年代。它改变了人们的想象，但它也不可避免地打断或改变了正在创作的文化作品。1914年8月，罗杰·弗莱**给一位朋友写信说，“我们的所有想法都结束了”。[23]鉴于战争会给创造力带来新的方向，弗莱的说法是对的。我们将文化与第一次世界大战联系起来，而这些文化往往是经历了第一次世界大战并在战后几年里将之记录下来的人创造的文化。例如，1924～1928年，福特·马多克斯·赫弗（Ford Madox Hueffer）以英国化的名字福特·马多克斯·福特（Ford Madox Ford）出版了《行进的目的》（*Parade's End*）四部曲；齐格弗里德·沙逊（Siegfried Sassoon）、埃德蒙·布伦登（Edmund Blunden）和罗伯特·格雷夫斯在战后重述了他们对堑壕的记忆；诸如拉尔夫·沃恩·威廉斯和亚瑟·布里斯等作曲家也是如此，他们的音乐深受战争经历的影响。除了个别例外，这些经历并没有立刻以文化的形式输出。但是，一些艺术家的名声在很大程度上不可避免地依赖于他们在战争期间创作的作品，因为

* 伊利亚特（Iliad）：相传是由盲诗人荷马（Homer，公元前800年－公元前600年）写的史诗。全诗共15693行，分为24卷，主要内容是叙述希腊人远征特洛伊城的故事。它通过对特洛伊战争的描写，歌颂英勇善战、维护集体利益、为集体建立功勋的英雄。阿喀琉斯是《伊利亚特》中描绘的英雄人物，参与了特洛伊战争，被称为“希腊第一勇士”。——译注

** 罗杰·弗莱（Roger Fry）：英国形式主义批评家，西方现代主义美术的开山鼻祖。英国著名艺术史家和美学家，20世纪最伟大的艺术批评家之一。他提出的形式主义美学观构成现代美学史的主导思想。著有：《贝利尼》（1899）、《视觉与设计》（1920）、《变形》（1926）、《塞尚及其画风的发展》（1927）等。——译注

他们在停战前死去，比如维尔浮莱德·欧文*和诗人爱德华·托马斯（Edward Thomas）。

最广义的文化——尤其是音乐、艺术和文学——在战争期间发挥了两个主要作用。第一，它保持了一种认知，即文明要高于与英国交战的那些国家的基本价值观，因此，它在解释为什么要击败德国方面提供了一些助益。第二，它让公众放松，提供了消遣和灵感。甚至当布鲁克的战争思想被彻底否定时，创造性的艺术也没有对与德国人作战的正义性提出质疑。那些不入流的小说——尤其是每周为男孩和年轻人刊登的冒险故事——很快就被战争故事和英勇士兵的传奇所取代，这些士兵做着一份残忍但必要的工作。伦敦后备骑兵团的少尉塞西尔·默瑟（Cecil Mercer）每周都会写一些英勇事迹，他一直写到 1915 年 3 月他的军团前往埃及的时候；他活了下来，在两次大战的间歇期，他以多恩福德·耶茨（Dornford Yates）的名字成了最著名的作家之一。从 1915 年 1 月起，H. C. 麦克尼尔（H. C. McNeile）船长的前线故事开始出现在诺思克利夫的报纸上。由于服役军官被禁止以自己的名义发表文章，诺思克利夫给皇家工程师麦克尼尔起了一个化名叫“工兵”。麦克尼尔非常了解战场上的情况：1914 年 11 月，他和英国远征军抵达法国，参与了第一次和第二次伊普尔战役及索姆河战役；在 1918 年 9 月参与“大攻势”后，他获得了军工十字勋章，以陆军中校的身份结束了战争，并在电报中多次被提及。战争期间，他在法国待了 32

---

* 维尔浮莱德·欧文（Wilfred Owen）：生于 1893 年 3 月 18 日，虽然一直自视为反战分子，欧文仍于 1915 年 10 月入伍，并受阶为中尉。他于 1917 年 1 月加入英国曼彻斯特军团。在法国其间，欧文开始将他的战争经验写成诗篇。1915 年夏，欧文因为被诊断患有弹震击（战争精神病的一种）而返回英国。1918 年 8 月，欧文重返西线战场。1918 年 11 月 4 日，当欧文领军横越桑布尔河时，遭机关枪扫射身亡。1 周后，停战协议签订。——译注

262 个月，他说他开始写作是因为无聊。在战争结束前，他的名字（或者说化名）已经家喻户晓，他的短篇小说集《中尉及其他》（*The Lieutenant and Others*）在不到两年的时间里卖出了13.9万册。他后来创作了《斗牛犬德拉蒙德》（*Bulldog Drummond*）。

文化和娱乐生活在继续，音乐会照常举办，剧院、电影院——主要是新闻影片和美国无声电影——继续开放，还出现了新的文学作品。剧院里上演的戏剧或音乐剧大多是困窘的艺术家创作的爱国主义作品，比如那个时代最著名的演员之一西摩·希克斯（Seymour Hicks）的《英伦企盼》（*England Expects*）和爱德华·诺布罗克（Edward Knoblock）的作品。希克斯带着他的巡演剧团到法国去鼓舞士气，获得了一枚英勇十字勋章。《英伦企盼》含有以下歌词："我们不想失去你，但我们认为你应该去参战。"在幕间休息时，霍雷肖·博顿利站在英国国旗的面前，讲述了匈人的恶行，并敦促还没有入伍的年轻人赶紧参军。在大多数演出中，一些人即刻被征召入伍。

然而，另一些人难以或无法适应全国高涨的情绪。一些战前剧作家（例如高尔斯华绥和萧伯纳）的作品要比以前少，萧伯纳因为想对战争和爱尔兰发表不可接受的评论而经常被审查员找麻烦。皮涅罗（Pinero）已经过时了，和埃尔加（Elgar）的作品一样，他的作品也代表了一个时代的观念，在经历了短短几个月的战争后，这个时代似乎已经一去不复返了。埃尔加加入了特别任务警察队，但战争使他变得非常沮丧，导致他在战争期间几乎没有创作出什么作品：戏剧配乐《星光快车》（*The Starlight Express*）和芭蕾舞剧《血腥范》（*The Sanguine Fan*）远远比不上他最具灵感的作品。《英伦的精神》（*The Spirit of England*）是以比尼恩的三首诗为背景，当埃尔加于1915年开始写这部作品时，这三首诗非常符合当时的气氛，但当他于 1917 年完成时，这三首诗就不那么应景了。1916 年 5 月，在女王大厅，为红十字会举办的一系列慈善音乐会的第一场音乐会的开幕式上演奏了两首歌曲，第一首是为比尼恩的《谨献给阵亡将士》谱写的曲子，国王和王后观看了这场表演。不过，他的创作贫乏期可谓是适逢其时，因为爱国的乐队经理在音乐会中编排了越来越多的英国音乐。（试图禁止演奏瓦格纳、贝多芬和勃拉姆斯音乐的做法以失败告终，这表明在大多数市场上，品质占据了上风。）当战争接近尾声时，埃尔加的创作突然经历了一个小阳春，在 1919 年的《大提琴协奏曲》中达到了顶点：但是，随着埃尔加夫人在 1920 年去世，这个小阳春刚刚开始便结束了。 263

尽管如此，战争年代还是产生了著名的经久不衰的创造性作品。在埃及为红十字会工作时，E. M. 福斯特（E. M. Forster）一直在撰写《印度之行》（*A Passage to India*），但直到 1924 年才发表。尽管阿诺德·本涅特在宣传部工作，负责对法宣传工作，但 1916 年，他写完了《老两口》（*These Twain*），由此完成了《克莱汉格》（*Clayhanger*）三部曲，而后，他写了两部与战争有关的小说《漂亮女郎》（*The Pretty Lady*）和《点名》（*The Roll Call*），这两本小说都于 1918 年出版，根据他在白厅的战时经历写成的小说《雷明戈勋爵》（*Lord Raingo*）直到 1926 年才出版。虽然他的朋友威尔斯后来参与了宣传工作，但仍继续创作小说，其中的三部作品直接涉及战争的影响，并呼吁人们抱有希望：《波列特林先生把他看穿了》（*Mr Britling Sees it Through*）、《乔恩和彼得》（*Joan and Peter*）以及《主教的灵魂》（*The Soul of a Bishop*）。在 1915 年参军前不久，赫弗出版了《好兵》（*The Good Soldier*），弗吉尼亚·伍尔芙（Virginia Woolf）背井离乡来到泰晤士河畔的里士满，战争期间，她只出版了《远航》（*The Voyage Out*），这本书的大部分内容写于1910～1912年之间，但这本书确实开启了她作为小说家的声誉。

绘画是一种罕见的艺术形式——它不像音乐创作、文学小说写作、戏剧或建筑（后者由于人力短缺几乎不存在），而是像诗歌一样——在战争期间没有大幅衰落。在战争期间，伦敦举办了许多展览，不过展出的都是较为传统的艺术作品，而且经常描绘战争。创作的重点越来越多地与战争有关，在4月底举办的皇家艺术学院的展览会上，评论最多的作品是理查德·杰克（Richard Jack）的《重返前线》（*The Return to the Front*）。《泰晤士报》将其描述为"展现了维多利亚车站挤满了身穿卡其色军装的战士的画面……（它）含有一些真实的东西"。[24]该报认为，"因此，英国可能会拥有该国历史上最伟大时代的珍贵纪念物，而真正的艺术复兴可能是在一种高尚而普遍的情感压力下实现的"。这再次成为向匈人显示道德优越感的一种手段。

起初，战争给一些艺术家提供了一个机会来打破束缚他们的规则，让他们朝着一个完全不可预测的方向发展。事实上，这是在和平即将结束时开始的。1914年6月，温德姆·刘易斯（Wyndham Lewis）编辑的漩涡派杂志《疾风》（*Blast*）创刊，旋涡主义画派——它是现代主义的一个分支，植根于立体主义及其对设计的几何影响，但也隐喻地应用于书面文字——开始出现。刘易斯曾在斯莱德（Slade）接受培训，但他的大部分艺术熏陶是在巴黎获得的。该流派抛弃了英国艺术和文化的一切传统。继1915年6月10日在
264 伦敦多尔画廊举办漩涡派画家展览的开幕式后，《疾风》的第二期于7月出版，这也是最后一期。

《疾风》无疑对战后及此后几十年平面设计的巨变产生了影响。但是，它试图让艺术高于生活的做法迅速遭到了生活高于艺术

的全面挑战：战争中真正发生的事情比漩涡派画家所能进行的描绘更加令人震惊；因此，甚至漩涡主义画派也发现自身被压倒、被超越了。无论如何，在1915年的夏天，大多数美学家的脑子里想的不仅仅是希望探究和支持对这种文化激进主义的自发性涉足。刘易斯本人成了一名炮兵军官，并于1917年12月成为一名官方战争艺术家。

在创新蓬勃发展的地方，往往完全忽视了战争。1915年9月下旬，梅图恩出版了劳伦斯的《虹》。这本书让评论家们很不高兴，他们对书中的性描写感到恼火，尤其是厄休拉·布兰文（Ursula Brangwen）与她的老师温妮弗雷德（Winifred）的女同性恋关系。劳伦斯描写道，她躺在温妮弗雷德的怀里，“她的额头靠在心爱的、让人发狂的乳房上”。[25]这样的谈论引起了检察长的兴趣，他让警察查封了出版商的所有图书库存，并根据1857年的《淫秽出版物法》对梅图恩提出指控。11月13日，《虹》被禁，梅图恩为此道歉，1011本印成品被焚烧。再次能够在英国买到此书也是十多年后的事情了。两天后，劳伦斯将这部小说的手稿寄给了奥托林·莫雷尔夫人：“如果你不想要它，你可以把它烧了，否则在能够被售卖之前，它可能会一直躺在加辛顿庄园。我不想再看到它了。”[26]他曾考虑移居佛罗里达，但没有获得必要的官方许可。相反，他安于去德比郡的姐姐家，而不是去加辛顿庄园寻求庇护以及同伯特兰·罗素讨论人际关系。当罗素临时在加辛顿庄园落脚期间，以前的学生T. S. 艾略特（T. S. Eliot）和他的妻子住在罗素位于伦敦的公寓里。为了回报奥托林夫人向劳伦斯一家提供庇护，劳伦斯以她为模板，创作了《恋爱中的女人》（*Women in Love*）中可怕的郝麦妮·洛迪丝（Hermione Roddice），这个小说是他在那个冬天开始构思的。

作曲家兼艺术家（使用一种极为不同的艺术表现手法）古斯塔夫·霍尔斯特（Gustav Holst）由于健康状况不佳，被拒绝入伍，他继续在圣保罗女子学校教书和创作音乐。他的一些作品似乎完全忽视了战争。1915 年的复活节，他的《西缅颂》（*Nunc Dimittis*）首次被演奏。和以前一样，他仍然是一个不拘一格的艺术家，他对
265 东方的迷恋促使他创作了日本组曲（*Japanese Suite*），这部乐曲也是根据当时在伦敦大剧院表演的日本舞蹈家伊藤道郎（Michio Ito）的建议写成的。当时，日本文化非常盛行；一天下午，霍尔斯特坐在舞蹈家的化妆室里，在舞蹈家吹着口哨，哼出日本民歌时，霍尔斯特把它们记录下来。这些作品是在他创作《行星组曲》（*The Planets*）的时候写成的，部分采用了多调的作曲手法，这耗费了两年中的大部分时间。《日本组曲》是在逍遥音乐会上演奏的霍尔斯特的第一部作品。在完成《行星组曲》后——此后两年都没有演奏这部乐曲——霍尔斯特开始创作《耶稣赞美诗》（*Hymn of Jesus*）。1916 年，他在埃塞克斯郡的撒克斯特德（Thaxted）——从 1913 年起，在社会主义牧师康拉德·诺埃尔（Conrad Noel）的资助下，他在该地租了一间小屋——举办了一场圣神降临周音乐节。具有讽刺意味的是，后来，由于需要钱，霍尔斯特——他是最不倡导极端爱国主义或民族主义的人——竟然允许将《行星组曲》中木星乐章的主旋律用来给诗歌《祖国，我向你立誓》（*I Vow to thee my Country*）配曲。

除了霍尔斯特之外，英国唯一一位产出速率似乎没有受到战争影响的著名作曲家是弗兰克·布里奇（Frank Bridge）。战后，他被誉为积极的和平主义者——在反对希特勒的战争中，他鼓励学生本杰明·布里顿（Benjamin Britten）出于良心而拒服兵役——但在战争期间，他创作了一些受战争启发的作品，包括献给一个在“卢

西塔尼亚”号上失踪的小女孩的作品，另一部作品以布鲁克的第三首战争十四行诗《逝者》（*The Dead*）作为宏大背景。和霍尔斯特一样，布里奇也不是一个有钱人，他认为有必要创作一些作品，而这些作品之所以能被演奏出来，正是因为它们把握了公众的情绪。剑桥大学圣约翰学院的音乐系主任西里尔·鲁坦（Cyril Rootham）在埃尔加之前为比尼恩的《谨献给阵亡将士》谱曲，而且谱写得非常棒。休伯特·帕里爵士创作了《离别之歌》（*Songs of Farewell*），其中的五首让这种文化复兴的势头延续了下去。1916年5月22日，《离别之歌》首次在皇家音乐学院演奏，《泰晤士报》的评论家准确地将这部作品描述为“近几年创作的最令人印象深刻的短合唱作品之一”。[27]把所有这些作品联系起来的是一种悲伤和惋惜的曲调，而不是对爱国主义的颂扬。

1916年3月10日，帕里在他的日记中言简意赅地记录道：“天气湿冷。我为布莱克·布里奇（Blake Bridges）寄给我的歌词写了一首曲子。”[28]布莱克的歌词来自他的诗歌《远古时代的脚步》。布莱克·布里奇就是桂冠诗人罗伯特·布里奇。在那个阴冷的早晨，早餐过后，在皇家音乐学院（自1895年以来他一直担任院 266
长）的午宴开始前，他在位于肯辛顿广场的房子里弹钢琴，谱写我们现在称为《耶路撒冷》（*Jerusalem*）的曲子。在第一次世界大战留下的所有永久的文化印记中，这部仅几个小时的作品，凭借作曲家一生的思想和技巧，将庄严、美丽和简洁组合在一起，成为最有意义的作品之一。

布里奇想让帕里把这些歌词用于“争取权利”——这是自1914年8月以来成立的众多爱国团体之一——运动的歌曲。事实上，由于涌现出如此多的团体（出于对国家的热爱，但也出于对匈人的憎恨），以至于英国成立了一个全国爱国组织中心委员会来协调它们的活动：阿斯奎斯担任主席，贝尔福和罗斯伯里担任副主席。中心委员会的目标是："通过强调斗争的正义性、必要性和生死特性，在所有阶级中创建一个持久的理性基础，以支撑英国人民的意志和献身精神，度过最黑暗、最疲惫和最沮丧的日子。"[29]

1915 年 8 月，探险家、前军官弗朗西斯·荣赫鹏（Francis Younghusband）爵士创建了"争取权利"组织。布莱斯——他发布了德国在比利时实施暴行的报告，揭露了匈人的邪恶——成为该组织的主席。副主席有托马斯·哈代、埃尔加、布里奇和帕里。该组织大量采用了某些文化人物，这些人参与了惠灵顿公馆开展的推动英国战争大业的工作。另一位副主席是吉尔伯特·默里，一位为支持战争而苦恼的自由主义知识分子——他的小册子《为何战争永远是正确的?》（*How Can War Ever Be Right*?）向公众展示了他的苦恼。其他著名的支持者包括纽伯特（对他来说，诗歌和宣传之间的区别消失了），还有妇女参政论者的领袖福西特（Fawcett）夫人。[30]随着"争取权利"组织逐渐转向狂热的沙文主义，作为默里式的自由主义者和非狂热的民族主义党人，帕里对该组织的方向不再抱有幻想。他不再让该组织使用自己的不朽旋律，而是将旋律献给了妇女参政运动，当她们不再需要这首歌的时候，这首歌便传给了一个对战争的态度更符合休伯特爵士口味的团体——妇女联盟。

即使"争取权利"组织的理念（这些理念被他们视为极端主义论调）遭到了诸如帕里等人的拒绝，他们仍下定决心要为击败德国及其盟友而战斗到死。政府向公众公开了英国对德宣战的理由，这些理由是如此严正有力，几乎没有人提出反对。除非迫使德国交出自 1914 年 8 月以来取得的所有领土，否则鲜有人会考虑和平谈判。然而，直到 1916 年 2 月 23 日（当时军事形势似乎陷入了无望的僵局），下院才驳回了工党中狂热的和平主义者斯诺登

267

(Snowden)的主张，即普通德国人渴望和平。阿斯奎斯说，自1914年8月以来，他的条件没有改变：使德国撤出比利时和法国北部，维护法国和塞尔维亚的安全，以及摧毁普鲁士的军国主义。如果议会和公众普遍同意，那么在满足这些条件之前，战争将继续进行，尽管关于如何以最佳方式进行作战的辩论才刚刚开始。

三

《耶路撒冷》的吸引力尤其在于它清晰地表达了战争期间许多人感受到的爱国主义，以及对英国的基督教世俗化这一理想的热爱。为更崇高的理想做出牺牲是具有重要意义的，这已成为一种共同的价值观。这样的态度有助于解释为什么尽管存在与征兵制有关的激烈争论，但大多数人还是接受了如下观点：如果英国要获胜，就必须实行征兵制。在对“浴室新娘”的谋杀者乔治·约瑟夫·史密斯（George Joseph Smith）进行审判——7月1日，陪审团在退庭仅18分钟后，做出了死刑判决——后，公众暂时将注意力从战争中转移开来，政府在没有遭到阻力的情况下，越来越多地控制了公众的生活，这与和平时期践行的自由主义大相径庭。政府发起了一场大规模的节俭运动，希望公众——无论是富人，还是不那么富有的人——认购新发行的战争债券，以便为作战募集资金。富裕的人被要求购买几倍于5英镑的债券，而不太富裕的人一次可以购买5先令的债券。孩子们收集硬币，捐献给为遣返的伤兵提供照顾的基金会。堑壕里的士兵也慷慨解囊。

民主成了战争的牺牲品。《选举和登记法》将地方选举推迟了一年，但后来直到1919年才恢复；本应在1915年12月举行的大选被延期了很多次。政府设置了地理限制地区，在这些地区，国家将在战争期间控制酒类的供应和销售，布里斯托尔、纽黑文、肯特郡的西北部和南威尔士州等地的大部分地区都受到了影响，距离南安普顿中心 6 英里的半径范围内、距离巴罗因弗内斯（Barrow-in-Furness）和泰恩河畔的纽卡斯尔 10 英里的半径范围内以及东北部
268 的大部分地区也受到了影响。利物浦和默西塞德郡同样受到了限制。由于克莱德的气氛紧张，那里的酒类管制被推迟，正在等待进一步的磋商。纽黑文出台了第一批限制措施，规定如下：在工作日，每天只允许售卖四个半小时；在星期天，只允许售卖四个小时。

自大众化报纸诞生以来，公众的思想常常受到报纸社论的限定和影响，特别是诺思克利夫的报纸。这些报纸宣扬说，为了取得胜利，牺牲——无论是奉献出生命、个人财富还是时间——是必不可少的。诺思克利夫最新开展的运动是号召实行征兵制，巴瑟斯特夫人拥有的《晨间邮报》也响应这个号召。诺思克利夫继续对阿斯奎斯和基钦纳发表措辞尖刻的话语，他告诉里德尔战争将持续“数年”，他对目前的战事发展方向感到绝望。不过，他也持有一丝乐观：“会有人出现的。战争将会造就一个天才。”[31]现在，他认为，这个天才或领导人必须发挥的作用是，把这个国家所能找到的每一个可能的人都编入军队。

部分劳工运动人士和自由党的中坚力量不同意诺思克利夫的观点，后者认为应投身于所谓的“全面战争”。然而，形势正在转向支持强制征兵，但征兵制并不是正在考虑的全部内容；在离开海军部的最初几天里，丘吉尔起草了一份关于全国战时服务的备忘录，根据这份备忘录，可以要求工人们做战事工作所需的任何事情。作为一位身份显赫的达官政要，伊舍非常清楚公众的感受，他在 6 月 24 日的日记中写道：“上个月，仅在距离前线一英里左右的地方开

展的战斗中，我们就损失了7.4万名士兵。当我们发动一场真正的大攻击时，我们的损失将会是多少？”[32]但是，明显顺着这一路线思考的独立工党正式宣布反对征兵制，声称试图引入征兵制的做法将遭到工会工人的积极抵制。独立工党坚称，“爱国”人士正在工业领域为国效力，不应该“强迫”他们参军。该党声称，一些工人被雇主强迫离开工作岗位，被迫参军入伍，导致这个过程变成了一种“阶级压迫”。[33]一群自由党的知识分子已经集结起来反对征兵制：“国家有什么权利强迫人们，把他们送到未知的地方去被屠杀？”赫斯特问史考特。[34]

对强制征兵的恐惧助长了工业动荡或对工业造成了威胁，甚至在对国家未来至关重要的、男性被征召入伍的可能性微乎其微的工 269
作岗位上，例如南威尔士的煤田，这些煤田为海军和军需工业提供煤炭。英国矿工联合会坚持认为，由于中央的控制将会削弱联合会的权力，因此联合会的成员将不会受到军需大臣与其他行业共同制定的工业法规的制约。一些最激进的工会官员——这在英国矿工联合会的更高层级中不常见，因为他们相对保守——受到战前在法国占主导地位的工团主义*的影响，最极端的社会主义者将工团主义视为动员工会进行革命的一种手段。到了7月初，政府认为煤田即将停工。朗西曼是贸易委员会的主席，负责防止这种情况的发生。阿斯奎斯告诉他不要去加的夫调解老板和工人之间的争斗，因为大臣们在处理纠纷上浪费了太多时间。然而，煤矿主们非常担心将与政府发生冲突，于是，他们把谈判完全交给了政府。6月30日，在以微弱的优势通过决议后，南威尔士的争端得到了解决，但全国

---

* 工团主义（syndicalism）：又称工联主义，是一种以劳工运动为主导的社会主义，旨在将工人阶级团结起来以组织工会，通过纯粹的工人组织以及罢工来推翻资本主义和国家。——译注

矿工希望达成一项协议，如果要他们增加产量，那么他们将要求提高工资；一些南威尔士的矿工没有复工。

里德尔安排朗西曼于7月6日在伦敦私下会晤矿工领袖，来自英国各地的2000名矿工代表原定于第二天召开会议，但召开会议的约定破裂了。7月12日，南威尔士的矿工们拒绝了朗西曼的最新提议，并威胁要从15日起开始罢工。他们要求支付5先令6便士的最低日工资，而朗西曼只承诺将每天收入低于3先令4便士的所有井上工人的工资提高到这个水平。政府宣布，根据《军需法》，罢工是非法的，并警告罢工者，他们每天可能会遭到5英镑的罚款。英国矿工联合会建议这些人继续工作，同时坚持谈判。苏格兰的矿工们没有气馁，要求加薪25%。

工党的政客不愿支持矿工。斯诺登称在战争期间进行罢工，这是“不可想象的”。[35]于是，英国矿工联合会的代表改在7月21日召开大会。英国矿工联合会的主席罗伯特·斯迈利（Robert Smillie）担心政府会以苏格兰骚乱为借口，采取更严厉的措施。后来，南威尔士的近20万名矿工举行了罢工，声称煤矿主将囤积煤
270 炭，并将在战争结束后使用，以便降低煤炭的价格，从而降低矿工的工资。政府设立了一个普通军需法庭，以便审议违反《军需法》的行为，但在幕后继续进行讨论时，该法庭却一直按兵不动：矿工们将里德尔作为中间人，要求他向朗西曼传达他们的条件。最激进分子的行为损害了所有煤矿工人的声誉，这让许多矿工感到焦虑不安：南威尔士的一名代理人说，“除了德国、奥地利和土耳其，全世界都将与我们为敌”。[36]

激进分子没有听取任何人的意见，至少没有听取他们认为的领导人的意见，这种鲁莽的行为引起了政府的严重关切。这个重要地区的工人举行了罢工，这已经够糟的了，但大臣们意识到他们不能

让步，否则这个问题非常有可能蔓延到全国。7 月 19 日，劳合·乔治、朗西曼和亨德森前往加的夫会见了罢工工人。报纸着重报道说，法国人对矿工的行为感到厌恶，而德国人感到好笑。大臣们与矿工领袖谈到深夜，然后，政府发表了一份声明，确认“对这种性质的大规模战争负责的任何政府都不可能允许资本家和劳工之间的冲突继续下去，从而危及取胜的机会”。[37]

7 月 20 日，双方进行了一天的谈判，劳合·乔治提出了一个折中方案，解决了罢工问题。矿工们被他耍得迷迷糊糊，当他在加的夫发表演讲纪念这一和解时，他说，我为“同胞们”的理智、讲道理感到高兴。[38]他孜孜不倦地向报社汇报情况，以确保功劳完全归他所有。据报道，他与矿工们就他们可能引发的灾难进行了艰难的谈判，让他们明白了道理。据说，他对矿主的态度也很强硬。事实上，矿工们接受的条件是朗西曼在三周前提出的，修订后的两个条件包括承诺免于向罢工者追究责任，以及给予矿工 10% 的加薪。该协定在战后的六个月内仍然有效。

促成和解的另一个因素（也许是更重要的因素）是，工团主义者的鼓动在普通矿工中非常不受欢迎，因为这些矿工不希望被控犯有叛国罪。然而，在关键行业出现了更多的纠纷，这些纠纷通常是由这样一种信念引发的：业主们凭借危急局势获得了不公平的利润，他们的雇员也想分一杯羹。提高超额利润税将会解决这个问题，尽管不可能完全解决。在罢工问题得到解决后，国王就离开温莎，到全国各地视察军工厂了。但到了 8 月底，朗达地区又爆发了 271
劳工纠纷，东北部的煤矿主与矿工之间的关系因为 11% 的战争奖金问题变得紧张，以至于阿斯奎斯不得不在唐宁街召开两党会议，以便找到能让双方进行协商的共同立场。与此同时，这个事件使劳合·乔治丧失了奇迹创造者的声誉，他返回加的夫，与朗西曼又做了一次尝试。直到9月份，劳资纠纷仍在南威尔士蔓延。在今年夏天的早些时候，劳合·乔治对这桩“交易”大吹特吹，可如今，他和朗西曼仍在试图安抚矿工们。8月31日，政府召开了一次会议，建议向更广泛的工人群体发放奖金，但矿主们认为这是不可接受的。又经过了几个小时的谈判后，他们让步了，支付了所要求的奖金。

在劳资纠纷的不满声中，阿斯奎斯自春季以来在征兵制问题上面临的压力一直在增加。早在5月21日，《泰晤士报》曾发表陆军少校理查森（Richardson）的一封信，他在信中抱怨说，在“伊普尔战役后，他看到的都是四肢残缺的人群”；而在他退役时，他看到的景象是：“我遇到了几十个精力充沛、体格健壮的年轻人，他们自以为是地四处闲逛，对他们的兄弟遭受的痛苦漠不关心，全然一幅麻木不仁的样子，他们只关心能否拿到战争奖金。”[39]

6月7日，下院向阿斯奎斯施压，要求制定一项计划，“对不需要从事其他政府工作的英国所有健康的年轻人进行强制性军事训练”。然而，他意识到必须维持其党派的支持，于是否认有这样的要求；这使他与劳合·乔治意见不一，劳合·乔治在曼彻斯特的时候曾说，当房子着火时，每个人都配备水泵是非常重要的。陆军少校罗兰德·亨特（Rowland Hunt）质询阿斯奎斯：“这位绅士是否意识到，人们已经厌倦了等待，他们想要采取行动，以便让那些不想自愿承担责任的人承担起自己的责任？”[40]不过，有错的不仅仅是“逃避责任者”，还有糟糕的中央组织，以及志愿兵们四处闲逛等待训练的故事，这些都在阻碍着一些地区的人们参军。曼斯菲尔德的议员亚瑟·马卡姆爵士告诉阿斯奎斯，在英国需要尽可能多的煤炭的时刻，即“9个月前，诺丁汉郡、约克郡和德比郡的许多矿工还没有拿到步枪就辞职了”。[41]

同一天，《泰晤士报》报道说，当天早上的伤亡名单——80 名军官和 5500 名士兵阵亡，使本周总共有近 900 名军官和 2 万名士 272
兵被杀、受伤或失踪——“肯定足以让最嗜睡的人失去睡意”。[42]更糟糕的是，“应该记住，这些损失并没有发生在一场可以使我们越来越接近终结战争的重大行动中。它们只是正在进行的这场战争的常见损耗”。该报担心，死亡人数如此之高是由于弹药供应不足所导致；这会成为确保“动员”整个社会——正如劳合·乔治建议的那样——的另一个原因。幸好公众已经习惯了这种骇人听闻的损失，因为这种说法的逻辑是错误的。是将军们的战术错误，而不是弹药短缺，造成了更大的伤亡。然而，《泰晤士报》确实发现了军事征兵和工业征召之间存在密不可分的联系。更多的来自重要行业的男性被征召入伍，于是，需要更多的女性或未成年男孩来接替他们的位置。

7 月 5 日，阿斯奎斯、贝尔福、基钦纳和克鲁前往加来会见霞飞。在事前与霞飞进行的一次私人会晤中，基钦纳再次承诺英国将在战场上部署 70 个师。随着战争进入相持阶段，很多战前组建的职业军人阵亡或受伤，第一支基钦纳军参加了堑壕战并战死。不实行征兵制，就无法对这些师进行增援。劳合·乔治——他越来越多地与托利党结盟——打破了所在政党的传统立场，这让他的同僚们感到愤怒。7 月 1 日，劳合·乔治在下院发表的演讲中对冯·多诺普进行了抨击，这惹恼了阿斯奎斯，因为他察觉到了一个阴谋。他告诉克鲁——他最信任的同僚之一——“劳合·乔治的态度……是完全不可原谅的。我们的一些同僚甚至认为整件事是一个精心策划的预谋，而他是参与者之一。他昨天上午向我保证情况并非如此。即便如此，他的行为还是很恶劣”。[43]首相和军需大臣的关系破裂了。阿斯奎斯的任务将会因为他的妻子而变得更加困难，他的妻子成了反对征兵运动的名义领袖，这让统一党人非常恼火。

那天，卡森和德比也在下院发表了讲话，他们认为，如果最新一轮的志愿兵招募活动失败，那么政府应当实行强制征兵。德比在两件事情上与陆军部意见不一致：7 月 2 日，他告诉基钦纳："这
273 个新命令迫使参加本土防卫军的士兵签字，表明他们愿意被调到任何其他军团服役，这简直是在破坏这个地区的士兵招募活动。"[44] 三天后，德比抱怨说，时有时无的军属津贴意味着"募兵活动在这个地区无法运转"。[45] 这使他在 7 月 9 日的讲话有了依据："只有在把他们找来的时候，他们才会来，"他对陆军部说道。

即便遭到一些自由党和工党议员的反对，下院还是通过了《全国登记法案》，旨在强迫所有 15 岁到 65 岁的成年男女向政府报告他们的姓名、年龄和职业，以便当局了解他们的情况，从而将他们安排到必要的战事工作中。基钦纳承认，如果采取这种措施，那么编制登记册将是有用的。7 月 1 日，潘克赫斯特夫人在伦敦的一次公开会议上发表了讲话，谈到了她对法国军工厂的考察，那些工厂雇用了大量妇女，她希望英国也能这样。此外，进行登记还可以确认这些妇女的身份。她获得了著名女低音歌唱家克拉拉·巴特（Clara Butt）的支持，巴特以一曲《天佑吾王》（*God Save the King*）拉开了会议的序幕。在战争期间，巴特举办了慈善公开表演，她的传奇故事以及她在 1911 年为埃尔加的《希望与荣耀之地》（*Land of Hope and Glory*）灌录了无法比拟的唱片，这些都帮她树立起了声望。

7 月 17 日，潘克赫斯特夫人带领 3 万名妇女来到白厅的军需部，要求获得为国效力的权利。劳合·乔治接待了潘克赫斯特夫人和代表团，她对他说："今天参加游行的妇女们都来到了这里，因为她们希望表明自己愿意尽其所能地为国家效力。"[46] 她强调说，如

果女性从事了以往男性所做的工作，那么她应该得到和男人一样的工资。劳合·乔治很高兴她与自己的看法一致，并向她保证说不会剥削妇女。然后，他走到外面，来到白厅的花园，对参加游行的其他人说道，虽然女性在培训程度和生产能力低于技能熟练的工人的情况下无法获得同工同酬，但是，“应该制定一个固定的最低工资标准，我们不应该利用女性的服务来获得更廉价的劳动力”。

这些观点令人印象深刻，但《军需法》实施了工资规定，以防止工会强迫雇主支付更高的工资，因此，必须设计一套全新的规管制度，这最终催生出了一部新法案。他向工会承诺，战事工作只在战争期间持续，战争结束后即刻停止，并且人们不需要担心会失业。妇女们可以利用将于四个星期后汇编好的全国登记册来确定哪 274
些人希望为国效力。一名妇女在所难免地质问劳合·乔治：“那么投票权呢？”他回答说：“等她们进了弹药工厂再说。”[47]将一大批女工动员起来是至关重要的，对此劳合·乔治毫不怀疑。6 月下旬，陆军部要求提供武器来装备一支由 70 个师组成的军队，而不是 50 个师。为了能应对需求，劳合·乔治计划将产量增加到足以装备 100 个师。这一次，他的豪言壮语符合实际。在战争的第一年，大约有 40 万名妇女被调到军需行业；在第二年，又招募了 125 万名妇女。

不久后，20 万名妇女开始在政府部门工作，50 万名妇女开始接手文职工作，25 万名妇女在田里劳作，最重要的是，到了 1916 年夏天，有 80 万名妇女从事工程方面的工作。40 多万名妇女告别了家务活。[48]更多妇女正在接受医生培训，并呼吁其他人加入她们的行列。妇女还充当临时工，让劳累过度的军火工人（其中一些人通常每周工作 70 至 100 个小时）休息一会儿，所有阶层的女性都尽可能地去做志愿者。以前没有女职工的地方，现在突然到处都是女职工，这偶尔带来了一些困难。有一个店主爱上了一个将包裹送到他店里的14岁的信差女孩，并亲了她几次——他声称“以父爱的方式”——这导致伦敦弓街的治安官向他处以3英镑10先令的罚款。“如今，大量女孩被用来顶替男人，保护她们以防止此类行为的发生是至关重要的，”治安官说道。[49] 1915年6月16日，妇女联盟（1897年起源于加拿大）在英国成立，并于11月9日在西萨塞克斯郡的查尔顿召开了第一次会议，它的主要目的是激励女性参与战事工作，特别是粮食生产。

妇女抓住机会为国效力，不仅仅是那些把战事工作视为逃避苦差事或家务活的一种手段的工人阶级妇女。1915年8月，在埃里思*的维克斯（Vickers）工厂报名登记的人中，有科尔布鲁克（Colebrooke）夫人和格特鲁德·克劳福德（Gertrude Crawford）夫人，她们都受过车工师傅方面的培训，还有加塔克（Gatacre）夫人和洛雷本（Loreburn）勋爵的妹妹英歌兰（England）夫人。工厂老板的女儿维克斯小姐报名参加了下一批的培训生；南极探险英
275 雄的遗孀斯科特夫人在电气部门工作，“作为雕刻家，她手艺灵巧，这使得她能够从事非常精细的工作”。[50]然而，对于女性能够做什么，很多人发出了冷嘲热讽：大雷伊教区的牧师安德鲁·克拉克从一个熟悉伍尔维奇军工厂的人那里听说，“她们从未使用过工具，什么也干不了”，“她们一周内就会崩溃”。[51]甚至那些在食堂工作的淑女们也受到了批评，因为男人“不喜欢年轻女士为他们服务，他们见到年轻女士就会害羞”，他们更喜欢“母亲般的女工”。

随着政府越来越担心收成会少于1914年，一场荒谬的斗争开始了：政府试图说服农民使用愿意从事农业工作的女性志愿者。莱

* 埃里思（Erith）：英国伦敦的一个地区。——译注

特·哈葛德（Rider Haggard）主张培训学院为妇女提供指导，以便从事轻型农业工作。他说出了政府普遍持有的观点："我诚挚地相信，除了非常特殊的情况外，人们不会试图让她们从事大自然尚未使她们适于应对的过于繁重的工作。即使是祖鲁妇女也无法做到在难耕的土地上用高头大马耕田一周，而且在我看来，把这样的工作强加给那些没有学过这些本领的英国姑娘一定会导致失败，而且往往会损害她们的健康。"[52]

8月15日，政府通过了《全国登记法》，强制要求每个成年人进行登记，之后，分发了2500万份表格。每个登记者都必须填写自己的年龄、职业、技能和婚姻状况，以帮助政府最大限度地调配部署每一个工人。一些自由党议员认为这是对公众隐私的侵犯，让人难以接受，并警告说此举将会促使人们反对征兵制。朗领导的委员会就如何使用这些信息进行了讨论。10月，免于服役工作委员会（Reserved Occupations Committee）确定，在600万达到服役年龄的男性中，有150万从事对战事至关重要的工作。

对于强制征兵，内阁大致分为统一党和自由党两派，内阁决策的性质——或者未能做出决策——是一个日益令人担忧的问题。7月21日，里奥·艾莫里"与卡森喝茶，并进行了推心置腹的谈话"。"目前的治理体系由22个七嘴八舌的人组成，他对这个体系的绝望表现感到非常沮丧，这22个人围着一张桌子开会，主持会议的是一个优柔寡断的老头。"[53]一个星期后，阿斯奎斯的议员之一、前党鞭弗莱迪·盖斯特——丘吉尔的堂弟，弗伦奇的副官——休假来到下院，并发起了一场关于征兵制的休会辩论。盖斯特将成为支持征兵制的议员们的头目，他声称自己并不想让政府难堪，但 276
他觉得是时候在议会中对这个问题进行好好"讨论"了。[54]他继续巧妙地安慰政府说，许多向来反对征兵制的人已经改变了主意，将会有大量的人支持这项政策。这个问题成了“当务之急”，因为协约国想要“取得胜利，而且是迅速取得胜利”。[55]他说，很多人没有尽到他们“应尽的责任”，这损害了志愿兵的士气。[56]他还争辩说，一些技能熟练的工人声称他们是临时工，志愿应征，这从总体上对战事工作造成了损害。他在下院获得了很多支持者，例如陆军少校罗兰德·亨特，他说，他的对手持有的“个人自由思想，就是其有自由让别人为其而战”。[57]其他人坚持认为，征兵制完全不是英国人的作风，而是可怕的普鲁士人的作风。然而，令人不悦的战争现实仍在加剧：8 月 9 日至 9 月 13 日，齐柏林飞艇经常袭击东海岸，主要是肯特郡、埃塞克斯郡和伦敦，但袭击范围也扩展到了北至约克郡和南至东萨西克斯郡，大部分地方都遭受了伤亡。虽然公众不再像以前那样恐慌，但不断飞过的轰炸机让人们日益愤怒。要阻止这些，就需要付出更多的努力和牺牲。

早在战争开始前，寇松就提倡征兵制。自从 5 月加入内阁后，他感到沮丧、委屈。8 月初，他给阿斯奎斯写信，警告说，“不久后，我——如果其他人不这样做的话——必须提出强制服役的问题，并寻求内阁做出决定。”[58]他补充说，否则他和某些同僚可能会变得“无法忍受”。兰斯多恩也独自写了一封类似的信。阿斯奎斯就这个问题成立了一个内阁委员会，但他对此事的处理解释了他的联合政府为什么注定会失败。他甚至没有咨询劳，更不用说让劳加入这个委员会了。劳很生气，并向阿斯奎斯抱怨。阿斯奎斯说他把劳的名字列在了名单上，但在与寇松协商后，他们同意删去劳（和西蒙），因为他们肩负着繁重的部门职责，这让事情变得更加糟糕。当劳抱怨自己受到的待遇时，阿斯奎斯发出了邀请，劳受够了阿斯奎斯对他的漠视，断然拒绝了邀请。8 月 11 日，内阁最终对强制征兵进行了适当讨论，但阿斯奎斯中途宣布休会，因为

“已经过了午餐时间”。[59]

随后，在8月18日的战争政策委员会的会议上，劳合·乔治提议说征兵制是不可避免的，此时诺思克利夫的报纸正在为强制征 277
兵开辟一条新路线。那天早上，《泰晤士报》发表了一篇题为《国民服务主张》的社论，社论称，虽然英国要求其劳动力承担工业、商业和财政方面的义务，但“普遍征兵制原则才是唯一合理的基础，我们可以在此基础上组织和协调所有军事和经济工作，而不会出现浪费和损耗”。[60]国王担心这个问题可能会使国家分裂，他把阿斯奎斯、贝尔福、格雷和基钦纳召集到白金汉宫，讨论了两个小时。丘吉尔想要无限制地招募士兵，格雷称此举“十分疯狂”。[61]外交大臣提出了一个不同寻常的反论：“一些人从事的工作对于维持国家生存而言是必不可少的，因此，德国谨慎地豁免这些人服兵役：如果他们没有这样做，他们现在早就崩溃了。另一方面，我们是在没有考虑维持国家生存所需的贸易，甚至没有考虑满足军事和海军需求的情况下强制征兵。”诺思克利夫的报纸几乎每天都会回到这个话题上，并将阿斯奎斯拒绝按照他们的建议行事视为“新内阁与旧内阁同样缺乏远见和领导力”的证据。[62]诺思克利夫的行动忽略了这样一个事实：许多达到服役年龄的人从事着矿山、技术工程或军火等对国家至关重要的工作，而妇女实际上只能在最后一项工作中顶替他们。寇松在8月中旬召开的内阁会议上提出了这个问题，会后，阿斯奎斯在听完关于这个问题的辩论后，说道，“我听了很多不可靠的讨论”，这促使劳合·乔治以挖苦的语气说，“那我想除了道歉，我们也没什么可做的了”。[63]

此刻，这个问题正在离间政府的两位领导人，并在分裂自由党。贝尔福站在阿斯奎斯的一边，但他是否会反对寇松和史密斯（后者已经成为联合政府的副检察长），则值得怀疑。（尽管史密斯热衷于征兵制，但他并不喜欢军旅生活，并且很高兴自己能尽快从中解脱出来。）

阿斯奎斯似乎越来越孤立，他的妻子意识到这给他带来了危险，或者她所说的“征兵制导致的极度恐慌骚动”。[64]对于征兵制，也出现了同样惊慌失措的反对意见。德比——他是仅次于基钦纳的征兵活动的名誉领袖，从10月起，他以其名义支持对愿意战斗的
278 男性进行登记的计划——认为，“很多工会人士竭力反对这个计划，它可能会（我没说将会）导致一场大罢工”。[65]然而，尽管有这些警告，劳合·乔治还是对里德尔说，他需要12万名技能熟练的军需工人从部队复员，而征召其他人参军以代替这些人是实现这个目标的唯一途径。[66]对阿斯奎斯来说，不幸的是，报纸和他的同僚们支持劳合·乔治，赞成强制征兵。8月16日，《每日邮报》呼吁实行征兵制，并印制了一份表格，要求读者将表格剪下，填好并寄给政府。战后，丘吉尔写道，因为扳倒自由党政府而得到的赞誉冲昏了诺思克利夫的头脑。“他一手拿着享有庄严声誉的《泰晤士报》，一手拿着无处不在的《每日邮报》，渴望对事件施加决定性的影响。第一届联合政府固有的不稳定性……为推进这些主张提供了有利条件。在征兵制问题上反复出现的危机，为他们的主张提供了无数理由。”[67]

在8月18日关于征兵制的一封私人信件中，格温——他在《晨间邮报》上领导开展了一场活动——告诉阿斯奎斯，“这个国家的绝大多数人都支持立刻实施强制征兵；我还要说，你的内阁中有95%的人支持这个计划，85%的下院议员希望看到它现在就得到执行”。[68]此时，格温正在与劳合·乔治、亨利·威尔逊爵士密谋，试图让基钦纳站出来反对阿斯奎斯。8月24日，在接受克鲁领导的战争政策委员会提出的质询时，基钦纳说，他意识到，在实

行志愿兵役制的情况下，筹建70个师是不可能的，他要求在今年年底前出台一部征兵制法案。一旦基钦纳希望实行征兵制，反对者就会面临失败。首相被逼得走投无路，他的自由主义理念——被诺思克利夫的报纸抨击为在国家紧急情况下毫无用处——过时了。

四

尽管德国人的枪炮正在吞噬英国的士兵，而且必须有其他人来接替这些士兵，但为了留住那些具备必要技能并在具有重要战略意义的行业工作的人，需要达成一种平衡。军火的产量仍然不足。9月3日，劳合·乔治告诉史考特，德国每周生产32万枚炮弹，而英国每周生产3万枚。他说，自5月份以来，已有2.5万名军火工 279
人应征入伍，这进一步拖累了产量。尽管如此，他告诉史考特，在三个月内实行强制征兵是不可避免的，而且他现在就想实行这个计划。唯一的危险是提出来的时候太晚了，因为需要时间来训练士兵。[69]但是，强制征兵将引发一个问题，即强迫那些没有资格服兵役的人从事军火工作。阿斯奎斯仍然反对强制征兵，但他会听从内阁的决定。内阁仍然是分裂的，西蒙、麦克纳、朗西曼和亨德森是最坚决的反对者。不过，亨德森认为，如果内阁一致同意支持征兵制，而且基钦纳也建议这么做，那么英国工人将会接受。

劳合·乔治认为，必须征召男性参军，但为了让有组织的工会满意，他说："如果一次征召200万人，那么可能会有危险，但如果一次只征召3万人左右，就不会有危险，"他告诉史考特。他建议可以通过投票来决定，但史考特提议说——并且劳合·乔治同意了——最好先征召未婚男子，然后再征召低于一定年龄的男性。地方委员会必须确保不会征用关键行业的核心工人，而且在哥哥已经入伍的情况下，不得强迫同一个家庭的弟弟也参军。

关于征兵制的辩论出现了新的变化，恶化了阿斯奎斯和劳合·乔治之间的关系。当劳告诉阿斯奎斯军需大臣正在发起征兵运动时，这是首相第一次听说这件事。在统一党方面，寇松——西蒙将其描述为“陶器里混入的厚颜无耻的罐子”——仍然是征兵制的主要鼓动者，尤其是因为这是展示他有资格作为其政党的下任领导人的一种方式，而他的政党几乎无一例外地认同公众的观点，即到处都是“逃避责任者”。[70] 9月5日，劳合·乔治请史考特周日在位于沃尔顿希思的房子共进午餐，并告诉后者，如果他在强制征兵问题——他认为这个计划“实际上是我们赢得战争的唯一机会”——上被击败，那么他将“拒绝进一步负责战争事宜”，尽管这可能会加速政府的垮台和自由党的分裂。[71]两天前，伊舍写道：“政府缺乏勇气和团结。劳合·乔治可能会在这方面立下大功，但不幸的是，他喜怒无常，是吉伦特派（法国大革命中一个致力于结束君主制的派别，他们中的大多数人被处死）——他
280 是一流的雄辩家，但缺乏胆略。罗伯特·斯迈利（英国矿工联合会的主席）和拉姆齐·麦克唐纳总有一天会羞愧难当的。”[72]

劳合·乔治的论调使他与统一党人站在了一起，后者被阿斯奎斯的行事作风激怒了。卡森觉得内阁毫无用处——人员过多，没有议程，也没有办法确保做出的决定能被付诸实施。他问丘吉尔，有没有办法在不会对阿斯奎斯产生不利影响的情况下，提议组建一个规模更小、更具决断力的内阁。阿斯奎斯设计的现行战时机构是这个样子的，他说：“为了每天审议问题，内阁应当小到只能容纳5到6个人。就我个人而言，我认为我们所有的内阁会议都是无用的，都是在浪费时间，我真诚地希望我能谦卑地退出内阁。”[73]丘吉尔同意他关于政府运行效率低下的观点。

现在，劳合·乔治直接向工会发起了强制征兵运动。9月9日，就在布里斯托尔的工会大会通过反对强制征兵的决议的两天后，他来到布里斯托尔，向工会大会发表演讲，试图正视一些战前的偏见，这些偏见威胁着为胜利付出的努力。[74]“德国在俄国取得了进展，这是德国工会取得的胜利”，他对他们说，现在，轮到英国的工团主义者站出来迎接挑战了。[75]国家已经建立了16个军工厂，而且有11个正在建设中，但是，国家需要8万名技能熟练的工人和20万名非熟练工人来实现生产目标。为了防止工人们认为军需工业在粗鄙地增加资本所有者的财富，劳合·乔治表示，715家工厂已成为受国家控制的企业，这意味着95%的工人实际上是在为那些利润受到国家监管的企业工作。工会领导人都憎恨普鲁士的军国主义，他们全面配合，然而，太多的工会成员把这场战争视为推动阶级斗争的一个机会。他们的固执导致15%的武器制造能力在夜间处于闲置状态。白天，几个中心——他提到恩菲尔德、伍尔维奇和考文垂——的工会谈判代表告诉工人限制他们的产量。伍尔维奇禁止妇女从事车床工作。

随着在战争期间，工会放弃了待实施的限制性做法——这种牺牲可以和就超额利润向雇主征收重税相比拟——他呼吁让更多的男性和女性熟练工人和非熟练工人从事军火工作。他请求熟练工人帮助培训非熟练工人。（然而，在离开工会大会——英国工会协会的年度会议——后，有报道称，在军工厂，有许多人因为过 281
度工作出现了疲劳，导致发生事故或产量低下。）工会领导人很高兴劳合·乔治揭露了他们成员的一些做法，他明智地坚持真相，这样领导人就更容易让工团主义者站在同一战线。军需大臣——他装成工人阶级出身（事实上他不是）——提出了一个更微妙的问题。“战争结束后，如果你赢得了这个国家的心，那么你可以做几代人无法做到的事情。这个国家需要重新安置和重建。它凭着良心感觉事情是错误的，它想要做正确的事。不要让国家反对有组织的工会。”[76]韦伯夫人——她出席了大会，并在一定程度上反映了工人运动中普通工人的感受——觉得这篇演讲“给人留下了不好的印象，缺乏诚意。很明显，他说了一个小小的谎言，工人阶级的懒散和酗酒让人非常反感……到处都有人对他的搪塞支吾感到愤怒”。她还觉得劳合·乔治“看上去就像一个变戏法的人”。欧内斯特·贝文（Ernest Bevin）第一次代表码头工人参加工会大会，他问军需大臣“是否更有把握地认为，如果让技术类工种的工人参与管理，他们就不会改变规章制度”。对此，劳合·乔治给出了“避实就虚”的回答。[77]

即使韦伯夫人准确说出了一些对劳合·乔治的怀疑，但是，工会大会上的其他演讲显示这场战争获得了大力支持——一项证明这场战争是正当的决议以600票对7票获得通过。议会还一致通过了由女性工人联盟（Federation of Women Workers）提出的一项要求同工同酬的决议：它终于承认了可能存在“同工”这种事。一周后，为了进一步赢得劳动阶层的信任，劳合·乔治告诉工程工人，战争不会成为破坏他们力量的一个借口，并派遣亨德森——他是军需部劳动力供给委员会的主席，负责安排了这次会议——核查双方是否按照商定的规则行事，同时将半熟练和非熟练的男女工人派遣去从事迄今为止只有熟练工人才能从事的工作。这就是所谓的“稀释”，此举大大有助于劳动力的供给。

反对稀释和《军需法》的主要活动是“红色克莱德赛德”运动。格拉斯哥市的左派对当局发起了双管齐下的攻击。第一次攻击发生在去年5月，格拉斯哥市的妇女住房协会（Women's Housing
282 Association）在玛丽·巴伯（Mary Barbour）、玛丽·莱尔德（Mary

Laird）和海伦·克劳福德（Helen Crawfurd）的领导下，开始了一场拒缴房租行动，原因是加文地区的居住条件糟糕且过度拥挤。除了拒绝支付租金外，罢工者还领导开展了反对驱逐的暴力示威活动。拒缴房租行动蔓延到全市的贫民窟，截止到10月，有1.5万名租户拒绝支付租金（截至11月，这个数字达到了2万）。随后，工人们采取行动给予声援。工会威胁说工厂要罢工，1915年9月，费尔菲尔德造船厂爆发了一次罢工，以抗议该法案。10月，在亨德森领导的委员会给予同意后，在将女性“稀释工”派遣到位于约翰斯通镇的约翰朗工厂（John Lang）的高技能机床车间时，工程工会威胁要罢工。反对稀释成为“红色克莱德赛德”运动的基石，这场运动的革命骨干将该政策视为一个极好的机会，以便通过参与运动来获得支持，而不考虑会让国家付出怎样的代价。纠纷一直持续到了12月，当时劳合·乔治意识到他别无选择，只能亲自出面干预。

就在圣诞节前，劳合·乔治去格拉斯哥市会见工人领袖，试图降低革命的热度。格拉斯哥市被认为是英国唯一一个反对战争的人可以获得同情和共鸣的地方。当他会见当地著名的工会领袖大卫·柯克伍德（David Kirkwood），以及在后者告诉他《军需法》带有“奴隶制的腐朽味道”时，他感到很不是滋味。[78]圣诞节的那天早上，劳合·乔治在圣安德鲁斯大厅向3000名工团主义者发表讲话。当时他还没有抽出时间去会见当地的工会领袖——与他们的追随者相比，他们中的许多人都是温和派——这次荒谬的失礼导致他们抵制这次会议。结果，会场上都是强硬的左翼分子和他们的追随者。讲台上有一些身穿卡其布制服的军火女工，一提到反对稀释，她们就愤怒不已。当劳合·乔治登上讲台时，乐队演奏了《英雄今日得胜归》（*See the Conquering Hero Comes*），却被观众高唱的《红旗》* 给淹没。更荒谬的是，当军需大臣的茂密头发披散在前额时，人们起哄地叫喊着“把你的头发剪了”。[79]

毫无疑问的是，劳合·乔治勇敢地面对这些人，这为他在工会运动中勉强赢得了人们的尊重。但是，他的演讲在一片喝倒彩、把他轰下台的声音中结束，尽管和他一起站在讲台上的亨德森多次试图让会场平静下来。这些人很愤怒，因为他没有试图解
283 决他们的不满，而是把注意力集中在许多人认为的次要问题（即击败德国）上。回来后，他告诉史蒂文森小姐，克莱德赛德人在“酝酿一场革命”、“局势完全失控了”。[80]他一点儿也没有夸大：“红色克莱德赛德”运动的主要煽动者之一约翰·麦克林（John MacLean）后来被列宁提名为英国苏维埃政府的未来领袖，在此之前，他被任命为布尔什维克驻格拉斯哥的领事，他最终因为煽动叛乱而入狱。

在经审查的官方报道中，几乎没有提及劳合·乔治的艰难历程。但是，当地一份名为《前进报》的工人阶级报纸刊登了所有细节，其中包括嘲笑这位大臣的起哄——例如，当他声称战时大臣的工作并不令人羡慕时，一名男子大喊道“收入很不错！”[81]《前进报》立即被查禁，它的机器被没收，政府一开始实施这个举措就后悔了。当议会在圣诞节休会后复会时，谢菲尔德市阿特克利夫区的议员威廉·安德森（William Anderson）询问陆军部次官，“如实描述格拉斯哥市的工会工人对待军需大臣的方式，在这个国家是否构成犯罪”，以及这是不是“征兵制的第一个成果”。[82]人们警告劳合·乔治，如果这种做法继续下去，将无助于制止劳工骚乱。劳

---

* 红旗（*The Red Flag*）：英国工党的党歌，也是北爱尔兰社会民主工党和爱尔兰工党的党歌。——译注

合·乔治愤怒地告诉下院，“尊敬的朋友们没有向我告知这个问题。要是他们知会我，我就可以获取报道的副本，并向下院说明，为了提高军需品的产量，这个报道一直在蓄意煽动那里的工人不要执行下院通过的议会法案”。[83]

克莱德工人委员会最新刊印的《工人报》复制了这份被查禁的报道。这证实了劳合·乔治的观点，即必须在局势失控前把克莱德赛德的骚动镇压下去。随后，克莱德工人委员会只在第四版中刊登了一篇题为《工人应该武装起来吗?》的文章，但这正中政府的下怀。仅仅这样做已经足够了。1916年2月1日，《工人报》的编辑汤姆·贝尔（Tom Bell）和印刷商约翰·麦克林因煽动叛乱被逮捕。阿斯奎斯宣布，抵制稀释政策是在破坏战事工作，必须停止。委员们被派去强制执行稀释政策。罢工领袖［包括克莱德工人委员会的主席威利·加拉赫（Willie Gallacher）］在劳工运动开始后不久遭到逮捕，这导致大多数工人和他们站在了同一战线。由林登·麦卡西（Lynden Macassey）——他是一名律师，同时也是国王的法律顾问——领导的另一个委员会对克莱德赛德的问题进行了 284
逐个工厂地调查，到第二年8月，该委员会已成功地对那里的1.4万名非熟练女工进行了安置。截至那时，又有6名工会领袖被起诉，并被驱逐出格拉斯哥地区，1916年的劳工纠纷数量是自1907年以来最少的。

反对女工的活动远远超出了克莱德赛德地区。仍有报道称，由于农民不愿像法国和德国那样让妇女在田间劳动，导致在收成方面遇到了困难。不过，在其他地方，偏见开始慢慢消失。8月，格兰瑟姆镇的伊迪丝·史密斯（Edith Smith）成为第一个拥有全面逮捕权的女警官；自4月以来，在格拉斯哥临时担任巴士和电车售票员的女性于10月20日成为正式工。到了第二年5月，该市有1200

名女售票员，而男售票员只有 400 名。[84]伦敦警察厅取消了对女性在伦敦公共汽车和有轨电车上工作的反对意见。9 月 30 日——为和平派领袖基尔·哈迪举行葬礼的那一天，哈迪因肺炎在格拉斯哥市的一家疗养院去世——工会领导人与大臣们进行了会晤，同意支持与招募志愿兵有关的新措施，并同意纳入一个特别的劳工募兵活动。政府继续敦促雇主允许男性参军并为他们保留工作。10 月 23 日，政府宣布，在军工厂从事与男子相同工作的妇女将获得相同的报酬。

公众赞成铁路工人要求大幅加薪以弥补生活费用上涨的请求。（经过数周的谈判，10 月 16 日，政府同意增加战争奖金，但是，在铁路工人获胜后，职员们却威胁要采取罢工行动。）由于当铁路工人可以被豁免服役，因此，要想让工人们为了使家人能够获得军属津贴而志愿参军，是非常困难的。矿工、铁路工人和码头工人之间的“三角联盟”复燃的消息令政府紧张不安。工会领导人表示，他们没有考虑采取任何协调行动，但保留这样做的权利——就像 1910 ~ 1911 年那样，这种情况将使国家陷入瘫痪。

政府则试图不要激怒工会工人。11 月 17 日，政府停止了针对格拉斯哥市的拒缴房租者采取的法律行动。苏格兰事务大臣托马斯·麦金农·伍德（Thomas McKinnon Wood）要求内阁同意立法，以使租金保持在战前水平。仅仅十天后，政府就出台了《租金和
285 按揭利息限制法案》，试图消除克莱德赛德骚乱背后的巨大不满。劳合·乔治要求伯利的贝尔福勋爵和林登·麦卡西调查为什么克莱德赛德的情况如此反复无常。他们在 12 月的报告中指出，主要原因是未能在劳工纠纷失控之前防患于未然，因此，应当任命一名全职的当地仲裁员。

11 月 25 日，矿工的代理人查尔斯·斯坦顿（Charles

Stanton）——他反对工党的和平主义政策——作为独立工党的候选人，赢得了因哈迪死亡导致的梅瑟选区的补选。这个结果似乎反驳了一些政客的断言，这些政客认为，由于受征兵制影响的主要是工人，因此，征兵制将引发革命，并将导致一个阶级对抗另一个阶级。征兵制还会暂时压制工团主义者与主张和平主义的工党议员。斯坦顿为争夺席位而辞职，这是一个惊人的举动，在写给雇主阿伯德尔区行政长官的信中，他告诉他们，“你们区有一个亲德的派别，这让我如同在地狱中生活了好几个月……一直以来，我都忠于我的阶级，没有背叛我的国家”。[85]这些证据非常不利地打破了工党的否认，工党否认其运动中窝藏了那些企图利用战争来推翻既定秩序的人。

然而，不安情绪在各个阶层蔓延。战争陷入僵局、空袭、劳资纠纷（尽管除了朗达的一个劣质矿坑外，其他矿山暂时平静下来，但铁路工人仍威胁着要进行大范围的罢工）、战争成本的增加（9 月 15 日，阿斯奎斯提出新的未规定具体内容的预算数，这一次为 2.5 亿英镑），以及人们意识到未能最大限度地生产粮食，导致了士气下降。短缺导致物价上涨，这对固定收入群体和靠津贴生活的妇女造成了沉重打击。不过，阿斯奎斯指出，那些生产生活必需品的中产阶级老板的日子正过得越来越好。在米尔纳的领导下，英国成立了一个粮食生产委员会，因为政府意识到战争可能会持续到 1916 年的收获季节之后。在推动征兵制的活动中，米尔纳关心的人力问题都与农业劳动力和粮食生产高度相关。

9 月 21 日，麦克纳提出了第三次战争预算。他将所得税的最高税率提高到了 3 先令 6 便士（17.5%），降低了起征点，并对上一个会计年度超过 100 英镑的所有利润征收 50% 的超额利润税。

286 然而，税收只能应付五分之一的国家支出。麦克纳说，如果将税收用于支付利息和用作国家债务的偿债基金，那么借款可能会增加。1914 年，英国的借款数额为 6.25 亿英镑；截至停战时，这个数字上升到了 78.9 亿英镑；但是，过多的资金追逐过少的商品，意味着英镑在 1919 年的价值只有 1914 年的三分之一。[86]英国对汽车等奢侈品（其中许多是进口的）征收关税，目的是腾出商船上的空间，以用于装运对国家存亡至关重要的商品。

物资匮乏并不仅仅归咎于以上因素。9 月下旬，国家对大伦敦地区的酒类销售和供应进行控制。就像全国许多工业中心规定的那样，除了吃饭的时候外，从 10 月 11 日起，在伦敦市、整个米德尔塞克斯郡以及埃塞克斯郡、赫特福德郡、肯特郡和萨里郡的部分地区，向他人购买酒精饮料都属于违法行为，对此将处以 100 英镑的罚款和 6 个月的劳役。这不可避免地让“吃饭”变成了哲学上的争论问题，此外，这也不可避免地减少了酗酒事件。政府还下令取缔夜总会，有传闻称，许多年轻军官在夜总会里喝酒、吸毒。军方希望伦敦市中心的所有夜总会立刻关闭，但这种现象已经根深蒂固，并在两次世界大战的间歇期盛行起来。《泰晤士报》的一位记者抗议说，这样的场所只是让“妓女、娼妓、风流人士和逃避责任者”获得了好处。[87]这些企业的利润和红利是“建立在腐化的基础上”，而这样的企业正沿着泰晤士河向西蔓延。伦敦促进公共道德委员会的主席（也是伦敦主教）以该身份发表了有分量的意见，他将夜总会描述为“坑蒙拐骗者和放荡女人出没和猎食的场所”。[88]为了阻止齐柏林飞艇的袭击，伦敦从 10 月 1 日起实行灯火管制，这进一步阻碍了暗夜访客的活动。结果，许多商店宣布下午 5 点关门，因为在黑暗中行走在伦敦街头是很困难的。夜总会的老主顾们只能冒险碰碰运气了。

五

对阿斯奎斯的批评不断增加，整个秋天，诺思克利夫的报纸增加了对阿斯奎斯个人和政府行为的攻击，对于这些攻击，劳合·乔治没有显露出丝毫的抗议。由于阿斯奎斯的政治对手们近距离目睹 287 了他的工作方式，他们便把战争没有取得进展与他不积极、劲头不高联系起来。诽谤将会发展成全面的阴谋。然而，没多久，劳合·乔治就被泼了一盆冷水。9 月 14 日，他与丘吉尔和寇松共进晚餐，后者告诉他，保守党人计划要求实行征兵制：休会后复会的那天，下院再次讨论了这个问题。阿斯奎斯参加了简短的辩论，明确表示他对发生这种情况感到遗憾，他不悦地说道，“这是一件必须引起国王陛下政府注意的事情。当政府在根据这个问题的严重性给予必要考虑，尽快得出结论后，这些结论将被提交给下院，并成为议会的讨论主题”。[89] 9 月 18 日，阿斯奎斯告诉汉基，他“已经下定决心，支持志愿兵役制，而不是强制征兵”。[90]劳合·乔治告诉史蒂文森小姐，“他无法继续作为管理不善和行动迟缓的无耻同类的一员……事情只是在顺其自然地发展……是时候站出来说话了”。[91]不过，此时站出来说话的不是劳合·乔治。在 1916 年年底之前，征兵制和劳合·乔治未兑现的辞职威胁一直都是人们反复谈论的话题。

1915 年 9 月 25 日，英国发动了规模最大的一次进攻——卢斯战役。在一场关于德军“骇人行径”的辩论后，英国也有样学样，第一次使用了毒气。经过两周的战斗，大约有 6 万名大英帝国的士兵伤亡——这为有关征兵制的争论提供了更多论据——相比之下，德军的伤亡人数为 2.6 万。对约翰·弗伦奇爵士来说，这次进攻没能取得进展，意味着他职业生涯的结束由此开始。大多数大臣都反对在西线发动新的进攻，因为他们认为这些进攻只会失败，但在霞飞的坚持下，基钦纳要求利用这些进攻来辅助法军发动的攻势。劳合·乔治告诉阿斯奎斯，弗伦奇对进攻堑壕里的德军持高度乐观的态度，这种政策——黑格曾反对卢斯战役，称战场不利——不能再继续下去，否则他将不得不辞职。劳合·乔治的朋友们——尤其是丘吉尔——正在游说他接替基钦纳担任陆军大臣，游说黑格担任军事总监（基钦纳同时担任这两个职务）。现在，这位第一集团军的司令被认为是最佳人选。阿斯奎斯成立了一个由兰斯多恩领导的委员会，考虑如何利用新的全国登记制度来招募新兵，从而在关于强制征兵的辩论中赢得了时间。

288 在卢斯战役爆发三天后，盖斯特再次在下院询问阿斯奎斯关于征兵制的问题。阿斯奎斯表示，他们正在“认真、急切地考虑国王陛下政府的意见”，但他要求所有议员（无论持何种意见）“不要在下院提出这个问题”。[92]他认为，如果“表明我们之间存在意见分歧的任何建议被公之于世”，这将会对英国军队和国家造成“伤害”。盖斯特没有理会这个请求，几分钟后他站了起来，发表了一篇演讲。他在演讲中声称，如果不实行征兵制，那么到了 1916 年，就不可能将 70 个师投入战场。除非政府保证明年每周都可以征召到 2 万人，否则政府将不得不同意他的观点。与法国不同，在法国，所有合适的人都应征入伍。然而，由于敌人还没有占领英国的一寸国土，这削弱了英国人自愿参军的动机。就此而言，公众对战争的态度是“眼不见心不烦”。正如阿斯奎斯预测的那样，大家的意见不统一。最令人尴尬的是，有报道说，政府花了很多钱和精力把入伍的未成年男孩——他们的真实年龄直到军医在前线为他们救治时才确定——送回家。兰斯多恩报告说，预计在英格兰和威尔士大约有 1412040 名男性可供招募。

到了 10 月，伤亡名单占据了报纸版面，详述了卢斯战役的损失。星期六（10 月 3 日），政府打着“唤醒伦敦!”的旗号，在伦敦举办了“一场庞大的征兵集会”，由 1200 名士兵——正规军和本土防卫军——组成的 5 个纵队在首都周围的公园里集合，在伦敦不同的地区游行了 10 英里，而高级军官和知名人士发表了演讲。[94]博顿利本应发表压轴演讲，但他在一次出租车事故中扭伤了脚踝。格拉斯哥、伯明翰和其他主要城市也举行了类似的集会。德比在那个星期六主持了伯里的一场集会，一星期前，他曾在曼彻斯特发表演讲，声称像他这样的人“在全国四处乞求，呼吁征募新兵来保护妻子和孩子”，这真是“有失身份”。10 月 5 日，阿斯奎斯任命德比担任募兵总干事。[95]德比说，公众将迫不得已接受一个独裁政府（而不是现在的政府）来解决问题，他的任命被报纸描述为志愿兵役制的最后一次机会。

在任命德比时，阿斯奎斯没有与内阁磋商。兰斯多恩、寇松、张伯伦、丘吉尔和史密斯对德比接受这个任命进行了攻击。他们确信他们已经把阿斯奎斯逼入了困境，要是德比没有同意任职，没有为阿斯奎斯争取时间，那么一周内阿斯奎斯就会默许强制征兵。他 289
们敦促德比退出，但他拒绝了。早些时候，德比——黑格说，人们觉得德比是最后一个骑在他身上的人——告诉基钦纳，他认为“志愿兵役制实际上已经结束了，我们必须实行强制征兵”。陆军元帅回答说：“他本人认为强制征兵是必要的，但他希望尽可能推迟实行这个计划。”[96]基钦纳希望挫败德军，并希望“将强制征兵作为最后的手段”。他告诉内阁，他每周需要 3 万名新兵，另外还需要 5000 名劳动力（不必达到服役年龄）；除了贝尔福外，他即刻得到了统一党所有成员的支持。此举将让他在 1916 年底征募到大约300万士兵。

因此，德比想出了一个计划，阿斯奎斯别无选择，只能支持这个计划。德比把达到服役年龄的所有男性召集到地方委员会，确定他们是否愿意服役，并让他们宣誓在需要时他们将会参军，如果他们不愿意，就请他们说明原因。德比呼吁首先招募那些宣誓愿意参军的单身男性。议会的募兵委员会和工会大会的募兵委员会同意这个做法。阿斯奎斯担心这个计划会对他的自由党同僚产生影响，他告诉自己最亲密盟友的妻子帕梅拉·麦克纳（Pamela McKenna），他在写给内阁的备忘录中说，这将会“让我那些在周末休假时分散各地的同僚感到不安”。[97]尽管如此，他还是给德比寄了一封信，他同意，如果德比的计划——也就是所知的这个计划——失败了，那么除了实行征兵制外，没有其他的选择。德比向格温承认，他对这个计划的不足之处保持警惕，但是，无论这个计划是政治上的权宜之计，还是军事上的权宜之计，都需要尝试一下。而且，值得注意的是，这个计划得到了诺思克利夫及其报纸的支持。

这个过程即刻开始，并计划在11月底结束。地区募兵官员在10月初收到了一份政府通函，通函中说：“很显然，没有被豁免（被安排从事免于服役的工作）的每一个人都有义务立刻参军……你必须采取一切被认为是最有效的措施来劝诱这些人参军。在开展这项工作时，你无疑将得到地方当局的协助。”[98]人们普遍抱怨说，没有人来“找”他们——因此认为军队不需要他们——政府将对这种抱怨进行处理，募兵官员将根据登记册，拜访那些在非重要行业就职、没有“被找来”的人，并设法把他们“找过来”。对于那
290 些拒绝回应“邀请”的人，应记下他们的名字，留待以后参考。其余的自由党人被激怒了，这个指令——尽管不是德比计划本身——在几天内就被撤回了。

此时，阿斯奎斯越来越孤立。他最亲密的伙伴格雷和克鲁希望他从达达尼尔海峡撤军。他与劳合·乔治疏远，对后者深表怀疑，阿斯奎斯的领导能力没能打动托利党。达达尼尔海峡战役的灾难让诺思克利夫对阿斯奎斯政府的看法不可逆转。此后，《每日邮报》和《泰晤士报》带着不同程度的不悦，试图把他赶下台。诺思克利夫相信他能在三个月内实现这个目标。他认为，到 1916 年初，一个可能由卡森领导的"安全委员会"将会同心同力地指导国家事务，而这正是阿斯奎斯和他的同僚们所缺乏的。[99]劳合·乔治想把军队派往遭到同盟国攻击的塞尔维亚，但遭到了内阁同僚的反对，他们认为应当将更多的军队派往加里波利，这进一步加剧了不团结的氛围。

10 月 11 日，《泰晤士报》宣布，"战事指挥出现了严重问题"。[100]该报发现政府"管理不善"，是由"愚笨的人"管控的。该报主张建立一个规模更小的内阁，这样才能更加有效地工作。《每日邮报》也主张建立一个由军方主导的小型作战委员会，以便取代内阁进行决策。维奥莱特·阿斯奎斯说，在她父亲的家里，"最强烈、最普遍的情绪便是对诺思克利夫的憎恨"。[101]在她于 1915 年 12 月 1 日嫁给了父亲的秘书伯纳姆·卡特后，这种憎恨之情与日俱增。婚礼上的排场、宾客们的华丽服饰以及婚礼后的奢华场面（虽然没有举办"婚宴"，但许多客人到唐宁街享用了丰盛的茶点），被一些报纸认为是树立了一个坏榜样，因为国家的资源应该被用来追求胜利，就连埃塞克斯郡的牧师安德鲁·克拉克也在日记中描述了这种铺张浪费是如何惹恼他的教区居民的。

关于强制征兵的讨论主导了内阁会议，危及了政府的延续。10 月 12 日，当朗西曼离开会场时，他告诉伯纳姆·卡特，"内阁的团结还能维持 24 小时"。[102]为军队招募新兵陷入了绝望的境地，以

291 至于一些募兵中心对试图参军的人取消了基本的教育测试——读写能力测试。他们还决定，对于年满 17 岁的男孩，应停止在他们达到合法的服役年龄（18 岁）之前把他们送回父母身边的做法，而是应继续对这些男孩进行训练，这实际上是把募兵年龄降低到了 17 岁。在 10 月 15 日的会议上，劳合·乔治——他前一天告诉史考特，现在有 8 名内阁大臣希望实行强制征兵——“非常激动，丧失了理智和冷静，虽然没有完全丧失，但也很接近了”。[103]对阿斯奎斯来说，不幸的是，基钦纳改变了主意，同意有必要实行强制征兵，然而，甚至在会议召开前，史考特就注意到劳合·乔治在谈论阿斯奎斯时“带着极大的忿恨”。[104]

汉基解释说，基钦纳之所以不愿立刻实行强制征兵，是因为堑壕战导致那些试图夺取敌人堑壕的士兵被屠杀。在招募更多的士兵供“屠杀”之前，基钦纳想看看是否可以找出其他方法（例如坦克），以夺取造成可怕屠杀的由带刺铁丝网和机关枪筑成的阵地。然而，当他的恐惧在最可怕的重复中——在索姆河战役的第一天就有 19026 人死亡——变成了现实时，他知道自己也会死去，因此没有立场反对。无论如何，陆军大臣认清了现实，他的决定给那些要求实行强制征兵的论点增加了不可估量的分量。

当阿斯奎斯得知基钦纳改变主意后，他恳请基钦纳放缓对强制征兵的支持，主要是因为那些基钦纳决定与其共命运的人——尤其是寇松和劳合·乔治——正在密谋迫使基钦纳辞去陆军大臣的职务。劳合·乔治向里德尔坦言，“首相是一个伟大的人，但他的方法不适合战争”。[105]他认为如果征兵制没有取得任何进展，那么 6 名统一党人和丘吉尔将同他一起离开政府。阿斯奎斯夫人很清楚发生了什么事，在把汉基加到她写信痛斥的人员名单中之后，她告诉他：“很明显，劳合·乔治、寇松和温斯顿正在试图破坏政府。”[106]

然而，本可以结束阿斯奎斯政府的大规模罢工没有发生。保守党人曾威胁说，如果不实行征兵制，他们将辞职，现在，他们决定看看德比计划取得了怎样的进展。

尽管面临压力，阿斯奎斯——被格温称为“英国最不受欢迎的人”——表面上仍然坚决反对强制征兵。他坚信自由社会的理念，在这样的社会中，国家（即便处于全国紧急状态）不能强迫人民加入军队或进入某个工业部门，即便工业征召不会像军事征兵那样让他的政党烦乱不安。他相信人民会和他站在一起，他认为人民的权利是至高无上的，并将为维护人民的权利而战。他对妻子说，“如果没有一场类似革命的运动，是不可能在这个国家实行征兵制的”。[107]然而，自由党也在这场争论的压力下出现了分裂。阿斯奎斯告诉伯纳姆·卡特和汉基，“如果可能的话，劳合·乔治将设法在征兵制问题上破坏政府”。[108]虽然丘吉尔的地位下降，但他仍获得了大力支持：其他自由党人（例如格雷和克鲁）仍持反对意见，但他们思想开明。和基钦纳一样，在1915年的深秋，阿斯奎斯自己也慢慢地意识到他必须做出让步，否则政府就会有垮台的危险。对他来说，德比计划只是争取时间的一种手段，而非解决军事人力问题的方案。 292

首相的健康状况恶化。10月18日，在一次气氛严峻的内阁会议上，当一个又一个大臣预言会有灾难发生时，他递给兰斯多恩一张纸条，然后离开了会议室。兰斯多恩宣布阿斯奎斯“因为身体不舒服，不得不退出会议”。[109]那天晚上，他睡得很不好。第二天一大早，他冲进妻子的卧室，声称他认为自己应当辞职。她让他平静下来：但是叫来了医生，医生命令他睡觉，并减少了他的食物和酒饮的摄入量。政府发布了一份病情公报，声称首相患有“胃肠黏膜炎”，需要“充分休息几天”。[110]在执政七年半后——甚至在战争前的紧张、困难岁月便开始执政——他开始崩溃了。那天吃午饭的时候，劳合·乔治告诉雷普顿——这两人已经成了密友——“一个大规模的内阁毫无用处，需要组建一个小规模的战时内阁。”[111]他将会明白吹一首已经受到诺思克利夫的报纸欢迎的曲子将会给自己带来哪些好处。

随后，政府不得不忍受成员的高调辞职。10 月 19 日，检察总长卡森辞职，表面上是因为政府未能兑现早些时候做出的对塞尔维亚给予军事支持的承诺。迅速升任议长的 F. E. 史密斯接替了他的
293 职位。卡森的辞职传闻已经传了好几天了，当这件事发生时，《每日邮报》——卡森和诺思克利夫走得很近——声称，他离开是因为他“拒绝接受任何放任自流的政策”。[112]该报再次发起攻击。它指责政府因为实施审查制度而“在战争进程上背离了民主”。它驳斥了英国将在达达尼尔海峡战役取得重大胜利的说法，也驳斥了俄军已经在东线送别德军的说法。诺思克利夫认为，如果真相被公之于众，那么募兵的麻烦就会少一些。他的另一份报纸《泰晤士报》认为，卡森的离开具有重大意义，并预示着政府即将面临的问题，对于这些问题，诺思克利夫不再抱有任何幻想。

卡森确实对阿斯奎斯指挥战争的方式感到恼火。他的辞职让党魁劳（他本应在这个问题上有所作为）及劳合·乔治（他持有相同的观点）感到难堪。劳与劳合·乔治都可以从爱国主义的角度辩称，在那个阶段抛弃政府是错误的，并将引发危机，而这些也是他们私下持有的意见。然而，在远离公众视线的地方，劳合·乔治采用的方式却是恐吓和威胁。10 月 26 日，他告诉史考特，如果有必要，他将推动举行大选，但不是为了征兵制问题，而是为了军队的人员配备问题。他说，争论的焦点是征募基钦纳想要的 3 万人，还是麦克纳等反对征兵制的人士认为可以根据志愿兵役制募集到的

2 万人。（事实上，正如阿斯奎斯强调的那样，基钦纳认为，3 万人是征兵制能够招募到的最大人数，而不是最低人数。）

劳合·乔治的恐吓使阿斯奎斯的工作越来越困难。《1911 年议会法》规定，1910 年成立的议会将于 1916 年 1 月届满，是否可以延长议会的期限成了迫在眉睫的问题。劳合·乔治说，除非征兵制问题得到解决，否则他不会允许延长议会的期限——他将辞职并推翻政府。不过，军需大臣自己的内心也如同火烧一般：克莱德赛德有 9 万名工人，其中大部分在他管辖的工厂里工作，他们威胁要罢工，因为有 3 名工人在须遵守军纪的行业中旷工而被处以高额罚款，他们宁愿坐牢，也不愿支付罚款。

似乎是唯恐天下不乱，11 月 1 日，在劳的支持下，劳合·乔治威胁说，除非解雇基钦纳，否则他将辞职。阿斯奎斯没有理会最新发出的这个最后通牒，当他与这两位同僚讨论此事时，他们的怒 294
气已经平息下来。第二天，阿斯奎斯宣布成立新的战争委员会，这个委员会由达达尼尔战役委员会演变而来，在他和内阁看来，后者已经“失去了作用”。[113]他将担任这个委员会的主席，贝尔福、劳合·乔治和格雷是成员。兰斯多恩拒绝加入，而是选择继续担任不管部大臣。麦克纳最初被排除在外，但他要求加入委员会以支持阿斯奎斯；阿斯奎斯松口了，这让劳合·乔治极为恼火。这恰恰产生了卡森希望的小型行政机构，尽管它与内阁一起运作，但它将引发冲突，汉基认为这些冲突将会破坏良好决策。

11 月 5 日，战争委员会举行了第一次会议，汉基担任秘书。虽然寇松因为自己被排除在外而感到愤愤不平，但这项安排的最大受害者是丘吉尔。作为公爵领地事务大臣，他至少在内阁和达达尼尔战役委员会留任，有机会继续影响战争政策。更重要的是，在达达尼尔海峡战役的局势变得越来越糟糕的时候，他有机会为自己申辩。然而，10 月 29 日，当他第一次听说自己被战争委员会除名时，这个变动促使他起草了辞职信，但他没有发出去。可是，在他的内心深处，他继续对自己遭受的命运感到愤怒不已。

在新的委员会开始审议时，一位比丘吉尔重要得多的人物缺席了，他就是陆军大臣。基钦纳仍然不被许多同僚信任，他试图把陆军部变成一台独脚戏，无论从行政还是政治的角度来讲，这都是越来越不现实的。虽然他改变了对征兵制的看法，但来得太迟，没能抹去他在去年春天因炮弹短缺而给人们留下的罪责记忆。汉基记录道，他的一些同僚“希望他永远不要再以陆军大臣的身份和他们坐在一起，因为他遭到了许多人的批评”。[114]阿斯奎斯深知基钦纳作为一名政治家所犯的错误，于是决定把基钦纳派往达达尼尔海峡，此举主要是为了安抚劳和贝尔福，他将在基钦纳离开期间指挥陆军部。有传言说，基钦纳可能会留在近东*，担任欧洲以外所有军队的总司令，但没有得到证实。布兰奇·劳埃德在日记中写了一个关于基钦纳的故事，讲述了他没有兑现承诺，未能向萨洛尼卡**
295 派遣军队以支持塞军，由此受到了指责：

* 近东：早期近代西方地理学者以“近东”指邻近欧洲的“东方”，即地中海东部沿岸地区，包括非洲东北部和亚洲西南部，有时还包括巴尔干半岛。在巴尔干战争与第一次世界大战后，一般不再把巴尔干国家称为近东国家，而以“东南欧”或“南欧”代称。——译注

** 萨洛尼卡（Salonica）：希腊东北部的港口城市。第一次世界大战期间，协约国军队与同盟国军队于 1915～1918 年在巴尔干半岛南部进行了几次交战，称为“萨洛尼卡战役”。1915 年 10 月 5 日，英法联军 15 万人开始在希腊东北部港口萨洛尼卡登陆，企图控制希腊并进而增援塞尔维亚和黑山，但由于行动迟缓、中途遭保加利亚军队攻击，未能及时给塞军以直接有效的支援，只得于同年底撤至萨洛尼卡固守待援。11 月底，塞军被迫撤至科孚岛和比塞大。12 月 11 日，英法联军退至预先有防御准备的萨洛尼卡登陆场，因而形成萨洛尼卡战线。最终，协约国军队取得了胜利，导致同盟国军队在巴尔干战场全线崩溃。——译注

> 霞飞来到英国……他用拳头捶着桌子，问道：“英国还有荣誉可言吗?”这番话触及了阿斯奎斯的痛处，他转身对基钦纳说：“这都是你的错。如果我们做不到，你为什么让我们说我们能做到?”基钦纳因此辞职——但是，由于他是向内阁，而不是向国王或首相（据史料记载）提交辞呈，使得我们这位无可斥责的首相在下院站出来，为自己被指责为骗子而激动得脸色发白，并一再重申，陆军大臣既没有递交辞呈，也没有试图递交辞呈。[115]

当《环球报》试图刊登真相时，却遭到了压制。

“在第一次会议后，战争委员会照例开始了快速扩大的过程”，汉基回忆说。他叹息道，本来应该是小规模、高效率的决策机构，现在却不可避免地迅速扩大。[116]阿斯奎斯曾表示，这个团体的规模不会超过5人，但几天后，劳和麦克纳也加入进来。刚开始时，它每两三天开一次会。汉基负责做会议记录，并将委员会结论的副本分发给内阁的所有成员，但为了保密需要口头传达决定的情况除外。有时候，该委员会的决定会遭到全体内阁成员的否决。不到六周的时间，该委员会实际上就停止运作了。保守党议员、后来担任殖民地总督的乔治·劳埃德告诉他的妻子——她写在了日记中——“一直以来，他都在竭力说服劳合·乔治离开内阁，有一次几乎就要成功了，但温斯顿插入一脚，把一切都搞砸了。他的观点是，卡森、博纳·劳和劳合·乔治的个人力量都不够强大，不足以建立一个可以替代阿斯奎斯等人的政府——但如果他们携起手来，则可能会做到。”[117]

阿斯奎斯本应在10月18日向下院汇报战争的总体进展和征兵

制的最新消息，但他的病——劳认为是外交病*，尽管他承认阿斯奎斯极度担心、忧虑——使他无法出席。他去沃尔夫别墅休息了一周，思考自己该如何做选择。然而，在他回来后，他告诉汉基，在伊普尔战役和卢斯战役后，他打算撤换弗伦奇。自7月以来，弗伦奇就成了众矢之的，当时国王告诉黑格——国王向他授予了大十字
296 勋位巴斯勋章——他对弗伦奇和基钦纳之间的不和非常不满，并且（确）信弗伦奇与报社合谋。黑格在日记中写道，国王“对陆军元帅弗伦奇失去了信心”。[118]

三个月后，10月24日，黑格与国王——当时他在法国——共进晚餐，国王想听听黑格对弗伦奇的看法。这一次，黑格没有隐瞒，他向国王报告了弗伦奇在指挥卢斯战役时表现出来的“自负”和“固执”。“因此，我强烈认为，为了帝国的利益，应该撤换弗伦奇。”[119]事实上，自从1914年3月的卡勒事件以来，黑格就讨厌弗伦奇了。当时，与阿尔斯特省有联系的驻爱尔兰军官被告知，如果他们不想奉命去对抗统一党的叛乱分子，就必须休假。黑格认为，弗伦奇对他所面临的政治危机处理不当，“牺牲了整个军队”。[120]流言很快传到了弗伦奇那里：11月13日，伊舍说，他的好朋友“被来自伦敦的传闻搞得心烦意乱，这些传闻说政府打算解雇他”。[121]

阿斯奎斯转变了对弗伦奇的看法，部分原因在于，首相日益认识到需要对战事指挥的总体战略进行紧急修改，他的几位同僚随后也意识到了。然而，政府过于懒散。尽管卡森因这个问题而辞职引起了骚动，但就确保在东南欧取得进展而言，政府还没有做出任何

---

* 外交病：在不想出席一场会议或活动时，就以生病当借口，这就是所谓的“外交病”，实际上是装病。——译注

决定，事实上，甚至根本没有做出继续这种攻势的决定。10 月 24 日，英国远征军的参谋长、将军威廉·罗伯逊爵士在法国拜访了黑格，他特意告诉黑格，英国不再派军队到巴尔干半岛是非常重要的，并敦促黑格给“我在政府里的一些朋友”写信，以说明这一点。[122]罗伯逊（通常被称为“伍莱·罗伯逊”）是英国军队中唯一一个从列兵一步步上升到元帅的人。在第一次世界大战前的阶级分化的时代，走这条路的人都期望能像他那样，他在精力、智力、能力和性格上都令人敬畏。他的父亲是林肯郡的邮政局长。他凭借丰富的经验和深思熟虑，形成了精辟的见解。对于战争，他强烈主张，只有在法国和佛兰德斯才能打赢这场战争。

阿斯奎斯意识到弗伦奇已是强弩之末，他终于明白，由谁来指挥英国远征军已成为现在亟须解决的问题。11 月 23 日，伊舍——他在法国担任红十字会的专员，可以和军人朋友们闲聊——被从法国召回，他来到陆军部会见阿斯奎斯。他这样描述后来发生的事 297
情：阿斯奎斯告诉他，“政府得出了结论，认为必须撤换西线的最高统帅”。[123]伊舍问道，卢斯战役的溃败是不是问题所在，他被告知，这是问题的一部分。“约翰爵士近来似乎无法达到形势所要求的势头，而且……他（阿斯奎斯）之所以请我来，是因为作为一个老朋友，我可以……把他得出的结论转告约翰爵士……他提议说，为了约翰爵士的利益，约翰爵士应该以年事已高、疲惫不堪为由，主动提出辞职。”

阿斯奎斯说，弗伦奇将不会遭到羞辱，他将获得贵族爵位，并将担任本土武装部队司令，伊舍明智地提醒阿斯奎斯，弗伦奇不是一个有钱人，本来希望领导英国远征军取得胜利后获得一大笔钱，而阿斯奎斯承诺在战争结束后提供这笔钱。伊舍称这是一项“非常不愉快的任务”，并要求给予时间，以便考虑自己能否胜任这项工作。第二天，在确认这是阿斯奎斯的最终想法后，他同意转告这个消息，并于第二天早晨出发了。弗伦奇没有意识到国王不支持他，也不知道黑格在削弱他的过程中所起的作用，他听到这个消息时呆若木鸡，不明白自己如何落得个被解雇的下场。伊舍说："除了给他时间冷静下来，并指出在对抗联合政府这种无形的事物上面临的所有显而易见的困难，以及告诉他任何辩驳都是绝望的之外，别无他法。"[124]弗伦奇迟迟没有主动提出辞职，但很快就明白发生了什么："在黑格的鼓动下，我被阿斯奎斯赶出了法国。"[125]

黑格曾就反对卢斯攻势和弗伦奇进行争论，而战役结果导致他减少了对上司的敬重，尤其是因为弗伦奇在电报中试图把责任推给他。黑格于十年前在白厅学到的办公室政客的本领，在这个时刻得到了发挥。他让伊舍作为中间人，向阿斯奎斯转达自己对弗伦奇的不满；更重要的是，他向国王这个听众倾诉自己的疑虑。弗伦奇的参谋长罗伯逊也做出了类似的陈述，不过是以不太高尚的方式。弗伦奇和黑格（弗伦奇曾称呼他为"我亲爱的道格拉斯"）之间的友谊因为这种不忠行为破裂了。[126]然而，黑格真诚地认为他这样做是
298 为了最大程度地保障军队和国家的利益，也许他觉得自己做了可以为弗伦奇做的所有事情，尤其是在1899年，他借给弗伦奇2000英镑来偿还债务，否则弗伦奇将因为债务而被迫离开军队。[127]弗伦奇的欠债仍然没有还清，但黑格是个有钱人，他拒绝向弗伦奇讨债，以免让弗伦奇难堪。

12月3日，基钦纳给阿斯奎斯写信，建议任命黑格接替弗伦奇统帅英国远征军，另外，黑格曾向劳建议任命罗伯逊担任帝国总参谋长，接替被认为是对基钦纳过于恭顺的阿奇博尔德·默里（Archibald Murray）爵士。黑格还希望将总参谋部从陆军部迁移到皇家骑兵卫队，以便在物理和战略层面与基钦纳分离开来。12月8

日，弗伦奇被解除了指挥权，黑格（阿斯奎斯夫人认为他是“一个非常愚蠢的人”，尽管他是“一名非常优秀的士兵”）被授予指挥权。[128]弗伦奇成为本土武装部队的总司令。不久，国王就向汉基暗示说，他觉得黑格获得这项任命很大程度上得益于他。[129] 12 月 16 日，当弗伦奇看望老朋友雷普顿，谈到他被召回时，他给人的印象是，他“很高兴摆脱了这个职位，因为在过去的几个月里，政府一直以各种各样的麻烦事烦扰他，使他无法专心工作”。[130]

在斥责基钦纳（他曾怂恿弗伦奇在卢斯战场发起进攻，但他在公众心中享有很高的地位，无法将他革职）时，政府同意罗伯逊的主张，即由他独自一人（而非陆军大臣）确定战略并答复战争委员会，而不是陆军委员会。随着黑格掌管了英国远征军，军事事务的控制权便交到了这两人的手上，他们甚至比前任更加坚信只有在西线才能赢得战争，作为没有失败记录的新上任者，他们有权向不同意他们观点的政客——尤其是劳合·乔治——强调这一点。他们不是天然的盟友。黑格支持罗伯逊，他承认，他发现“……和一位绅士共事是一件非常轻松的事情”。然而，他们的关系是建立在共同面临的逆境，而不是阶级同情心上面的。[131]新获授权的将军们是幸运的，因为阿斯奎斯认为，一旦士兵们被任命了高级职位，那么他们在履行职责时就不应受到任何干涉。只要他领导政府，这方面将不会存在任何困难。现在，罗伯逊发现自己拥有巨大的权力来指挥这场战争。 299

基钦纳看到自己被排挤，成了一个吉祥物，同时认为自己的职责“仅限于军队的吃饱穿暖”，于是要求辞职。但他被告知，他有责任留下来，因为阿斯奎斯知道解雇他将会对公众士气造成影响。[132]他还获准与战争委员会保持直接接触。基钦纳并不是唯一一个鼻子被气歪的人。自从两周前被战争委员会除名后，丘吉尔一直愤怒不已，11 月 11 日，他从政府辞职。他用愤怒和蔑视的语气说："我问心无愧，这使我能够泰然自若地对过去的事情承担起责任。"他对阿斯奎斯说道："时间将证明我对海军部的管理是正确的，它会把属于我的那份功劳分配给我，我参与了大量的准备和行动，这些准备和行动使我们获得了全面的制海权。"[133]这封信没有提到早些时候的一份草案中提出的要求，该草案要求政府公布与在达达尼尔海峡发起攻击的决定有关的细节。丘吉尔的离开将有助于做出撤离达达尼尔海峡的决定。"我觉得他不会有什么政治前途，"阿斯奎斯夫人写道，并补充说丘吉尔"相当没有原则"。他有一个仰慕者叫史考特，并且《曼彻斯特卫报》称赞他的辞职做法。史考特告诉丘吉尔夫人，"也许我们能让他比预期更早地重返政坛"。[134]但是，12 月 19 日，当时在法国的丘吉尔给史考特写信说："除非在战争事务上获得适当的执行权，否则我决心不重回政府；由于这种情况不大可能出现，我打算重操旧业，并全身心地投入其中。"[135]他觉得劳合·乔治没有帮他什么忙，尽管他们是老朋友，他的妻子也同意这个说法，她给远在法国的丈夫写信，建议他不要"断掉自己在阿斯奎斯政府的后路"，并告诫他，劳合·乔治（她前一天与他共进午餐）是"加略人犹大*的直系后裔"。[136]

六

政府的问题还在于，最高指挥部的改组是在政治紧张局势加剧的情况下进行的，并且没有立刻针对改善情况采取任何行动。汉基

---

* 加略人犹大：《圣经》人物，耶稣的十二门徒之一。据《新约》载，犹大生于加略，后因为 30 个银币将耶稣出卖给罗马政府，耶稣被十字架钉死后，犹大因悔恨而自杀。他的名字常用来指代背叛。——译注

回忆说："在 10 月结束前，联合政府的存在就已经处于危险之中，曾一度面临发生最高等级的政治危机的风险。"[137]他并没有夸大， 300
因为似乎所有的一切都开始出现问题。德军对俄军的反击引起了深切关注，汉基指出，"土军可能很快就会得到足够的弹药，把我们从加里波利半岛上轰出去"。损失在继续增加。10 月 28 日，阿斯奎斯报告说，有 493294 人被杀、受伤或失踪，其中西线有 365046 人，有 67460 人已被证实死亡。[138]在就征兵制进行辩论的同时，另一场主要由自由党人（包括阿斯奎斯）发起的争论也在开展之中。这场争论认为，必须维持英国的经济引擎，否则将没有资源来打仗。英国必须实行出口，否则它将失去外汇（英国使用外汇从海外购买必需的食品和物资），出口（多亏了它的海上力量）使得英国比被封锁的德国具有长期优势。

阿斯奎斯唯一的保守党盟友是贝尔福，他是最早指出扩大士兵招募将会对经济造成影响的人士之一。然而，他的支持遭到了劳合·乔治和丘吉尔的抵制，因为他们想招募更多的士兵。政府对此摇摆不定，对国家的当务之急混淆不清，导致公众在认知方面出现了问题。许多想参军的人觉得，当其他人拒绝应征入伍时，他们参军的话就会让自己成为笑柄。1915 年 5 月，大约有 13.5 万人应征入伍；而在 9 月，参军的总人数为 7.1 万。正如汉基所说的那样，在那些自愿牺牲、奉献生命或受伤的人与那些抢走他们的工作、过着舒适的生活、远离了危险的人之间不存在"同等的牺牲"。[139]

现在，英国成立了国家登记处，这是一个重要的步骤，使得政府能够查明哪些人可供其支配，以及如何部署这些人。当局利用登记处向工人们发表讲话，这些工人并非从事对战争至关重要的、需要熟练技能的工作。官员们像在选举活动中那样，挨家挨户地争取支持，他们接到指示，要不断地上门拜访，直到他们面对面地看到招募对象时为止。招募对象将被官员们邀请入伍，或者宣誓他将在国家需要他的时候应征入伍。游说者们被告知，“要清楚、有礼貌地把国家的需要告诉他，不要使用欺凌或威胁的手段”。[140]那些拒绝宣誓的人将被问及原因，官员们须提供能够说服他们的建议，其中大部分原因都与经济有关。

根据“德比计划”，较之于已婚男子，未婚男子将被优先征召入伍；在18岁到40岁的男性中，年轻男子将比年长男性被优先征
301 召入伍。尚未服役或者从事被豁免服役的工作的每一个成年人，都将收到德比的一封信，信中说，如果他选择不参军，那么他可以料想到政府将别无选择，只能实行征兵制。正如德比承认的那样，这个制度并非十全十美，因为就连基钦纳也收到了这样的号召信。最后，国王就这个国家所处的“严峻时刻”发布了一条消息，几天内，所有的报纸都刊登了这则消息。他号召更多的人参军。“在久远的时代，最黑暗的时刻曾使我们的民族下了最坚定的决心。所有阶层的人，我请求你们，自愿站出来，在这场战斗中贡献自己的一分力量。”[141]在爱尔兰——那里的募兵活动更加不顺利——总督温伯恩（Wimborne）勋爵也发出了类似的呼吁。

《泰晤士报》的记者报道说，德比应将募兵官员派到纽马克特*，去参加剑桥郡会议（为数不多的仍获准举办的会议之一）。在那里，他们可以招募到“一大群体格健壮的逃避兵役者”，而这些人“不能辩解说他们通过打赌和赌博为国家发挥了作用”。[142]大多数人——事实证明，即使这些人参军，人数还是不够的——都知道自己的职责。1913年，有1100名男子在剑桥大学注册入学；但

* 纽马克特（Newmarket）：英格兰东南部的城市。——译注

在 1915 年，只有不到 300 人，在科珀斯克里斯蒂学院，只有三名本科生注册入学。[143] 1915 年 10 月，“德比计划”即刻招募到了 113285 人，11 月增加到了 121793 人。截至 12 月 15 日，自 1914 年 8 月以来，共有 2829263 名达到服役年龄的男子参军，而未参军的同龄人为 2182178 人。[144]

11 月 2 日，在“德比计划”实施近一个月后，阿斯奎斯在下院做出了一个重要承诺：凡是根据该计划宣誓的已婚男子，不得先于未婚男子要求他们信守参军的承诺——他希望“民众自愿参军，如果不行，再通过其他方式招募士兵”。[145] 在德比的坚持下，他做出了这个承诺。在因病缺席两周后，他发表了一个演讲。在演讲中，他回顾了威斯敏斯特投身其中的战争，给这个国家指出了一个方向。《泰晤士报》对此不以为然。该报在社论中称，这篇演讲“在很大程度上对计划的不足之处进行了汇总，并表示愿意对这些不足之处承担责任”，尽管它赞扬了阿斯奎斯对已婚男子的承诺，认为这将有助于推行“德比计划”。[146] 诺思克利夫声称，优先招募未婚男子的政策是他的功劳，他利用《每日邮报》来鼓吹这个运动取得了胜利。不过，《泰晤士报》指出，首相并没有试图为自己的战争指挥进行辩护：他即将宣布成立新的战争委员会，这将使这 302
种辩护变得无关紧要。在与阿斯奎斯唱反调时，该报的典型做法就是进行暗讽式的提醒。该报在一篇社论——这篇社论提到阿斯奎斯呼吁的“希望、耐心和勇气”——的结尾说道：“我们要提醒他，这个国家还希望在其统治者身上看到另外三种同样重要的品质。它们就是远见、主动和活力。在过去的这段时间里，这些品质明显处于欠缺状态……”

阿斯奎斯证实总共有 37.7 万人伤亡，但没有透露具体的死亡人数。他说，根据伤员的恢复比例来看，“净死亡人数要少得多”。[147]他谈到英军在美索不达米亚战役*中“表现出色”，和达达尼尔海峡战役一样，该战役很快将会受到官方调查。他承认，“在东部战区的作战故事中，第二场战役不会是一个没有跌宕起伏的章节”。他承认费希尔对这次行动持保留态度，而且基钦纳反对给予重大军事支持，不过，最重要的是，他承认作战委员会做出了决定，并且内阁批准了这个决定。阿斯奎斯说，他对战役“全权”负责。对于为什么没有任命丘吉尔，他为自己辩护说——“我不赞成把责任分配给一个又一个的大臣，并且反对在这种事情上，建议让某位具有巨大权威和压倒一切意志的、性格难以言状的人来控制和指导行动战略。”这在技术上是正确的，但并不完全正确。在结束语中，阿斯奎斯引用了“艾迪丝·卡维尔在最后时刻的不朽故事”来支持自己。“它给我们之中最勇敢的人上了关于勇敢的重要一课。”[148]

没多久，“德比计划”就遇到了困难。11 月 5 日，史考特去见德比，讨论是否可以为他的计划设立一个拥有很大自由裁量权的上诉委员会。他发现德比“陷入了无可救药的混乱之中，没有把握住任何关键的问题……他的委员会陷入了绝望”。[149]不久后，当史考特拜访阿斯奎斯，并表明自己对德比持保留意见时，首相说道，“他的初衷是好的，但不幸的是，他缺乏头脑”。在人们普遍认为未婚男子应优先于已婚男子被征召入伍的问题上，德比进一步证明

* 美索不达米亚战役：是指第一次世界大战期间，大英帝国及其盟友和奥斯曼土耳其帝国在美索不达米亚地区爆发的战争。这场战争主要在现在的伊拉克地区进行。1914 年 10 月末，土耳其对协约国宣战；11 月 23 日，英军占领了土属美索不达米亚的巴士拉。英军在美索不达米亚的军事行动在最初阶段即取得了小范围的胜利。但到了 1915 年 4 月，土军利用在科纳和阿瓦兹的两次反击战，很轻松地打乱了英军前进的步伐。1918 年 10 月 30 日，奥斯曼土耳其帝国对英国投降，美索不达米亚战役以英国的胜利而结束。——译注

了他对这个问题缺乏掌控力。事实上，他们进行了一场辩论，内容是关于在征召已婚男子之前，须征召的未婚男子的比例是多少，以及一旦征召的已婚男子也达到了这个比例，是否会再次征召未婚男子。阿斯奎斯告诉他不要再谈论数字了，尤其是因为他自己也不清 303
楚怎样才算取得成功。德比说，在 11 月 30 日后，“可以向议会发表声明，说明已经参军的人数和可以服役的人数之间的相对比例，如果人数充足，那么可以表明，已经征召到了足够多的年轻男子，由此确保将征召已婚男子的工作推迟相当长的一段时间，这样一来，这个计划就可以说是取得了成功”。[150]他承认，在 11 月 30 日之前，德比计划将不会结束，但那将是“评估已征募人数”的适当节点。[151]

11 月初，德比向《每日快报》的编辑 R. D. 布卢门菲尔德（R. D. Blumenfeld）承认，“现在的数字明显好于过去，但与我认为的取得成功须达到的数字相去甚远”。[152]截至 11 月 20 日，已经有 27 万人做出了参军宣誓，德比告诉斯坦福德汉，他希望在两周内将这个数字翻一番。由于民众响应迟缓，“德比计划”比原定时间延长了两周，持续到了 12 月中旬。考虑到卢斯战役和之前的伊普尔战役的伤亡情况，宣誓参军的人数也不会有太大变化。不过，有一点是清楚的，那就是对征兵制的敌意并不像反对者所认为的那样普遍。在认识到这种情况后，孟塔古试图说服阿斯奎斯将强制征兵程序写入议案。他说，如果它被写入法典，就不需要使用强制手段了，因为将会有更多的人自愿参军——除非战争再持续一年，他对阿斯奎斯夫人说道。[153]阿斯奎斯夫人认为统一党人将利用这个问题迫使阿斯奎斯辞职，并将导致大选：她指责寇松在这件事上“企图搞破坏”（寇松有一些旧账要和基钦纳算），并且不可避免地弄明白了是诺思克利夫在操纵。[154]当阿斯奎斯在下院发表演讲后，

《泰晤士报》开始攻击阿斯奎斯，这证实了她的猜疑。

12 月 14 日，相关人士向内阁通报了“德比计划”的初步结果，尽管数字还不完整。阿斯奎斯告诉国王，尽管计划的最后几天人数激增，但结果不是很好。德比曾警告公众，特别是于 11 月 24 日在证券交易所发表的一次演讲中，他说，“如果公众想让志愿兵役制的地位绝对无懈可击，那么在未来三周内，参军人数必须大幅增加”。[155]新兵入伍的实际关卡也所剩无几。《泰晤士报》报道说，“无论如何，在某些地方，在宣誓入伍前对新兵进行的体检远远算
304 不上严格。在召集到士兵并把他们送到兵站前，暂停进行视力检测……”这种“不可或缺”的检测被暂缓进行，而且就从事免于服役的工作的人士展开的争论也被推迟了。有人说，“征募对象”——这些人是不可或缺的——“太不加选择了”。[156]公务员——无论是否作为“征募对象”——也被告知他们应该宣誓。宣誓的每一个人都得到了一个卡其色的袖标，以表明他愿意为国家效力：也为从事免于服役的工作的人士设计了臂章，这进一步边缘化了那些没有袖标和臂章的人。

在“德比计划”推行之初，阿斯奎斯就意识到该计划只是推迟了强制征兵，而非消除强制征兵的必要性。现在，已经到了在这个问题上不能再拖延的时刻了。由于孟塔古并不是唯一一个建议他做出安排的同僚，因此，在一个月前，他就要求寇松监督《征兵法案》的起草工作。寇松和年轻的议员里奥·艾莫里一同执行这项工作。艾莫里在 1911 年的补选中以自由统一党党员的身份进入下院，他曾担任情报官员。现在，寇松加入了由朗担任主席的强制征兵委员会，该委员会的成员包括史密斯、克鲁（如果公众支持征兵制的话，那么他也将支持）和西蒙（唯一一个反对征兵制的人）。他们等待着德比将于 12 月 20 日发布的最终报告。阿斯奎斯

知道自己的政党里会有许多人发生争吵，因此感到非常不安。《观察家报》的编辑 J. L. 加尔文（J. L. Garvin）在写给丘吉尔的信中说，“我认为阿斯奎斯能够坚持下去的信心已经大大动摇了”。[157] 公众仍然很好战。在圣诞节前的一周，斯诺登试图在布莱克本举行的和平集会上发表讲话，“他的演讲不时被混乱的场面打断”。[158] 虽然举行这样的集会并不违法，但那些协助和主持集会的人被警告说，违反《保卫王国法案》将会导致他们遭到起诉，并且对于那些发表有争议观点并引起骚乱的人，警方无法保证给予保护。在这种舆论状态下，政府开始招募年龄在 19 岁到 22 岁之间曾经宣誓过的单身男子。

12 月 21 日，阿斯奎斯再也无法掩饰“德比计划”遇到的困难，他在下院提出了一项决议，要求增招 100 万人入伍。尽管自战争爆发以来，已经有 2466719 人志愿参军。[159] 另外，他还宣布，所有未能证明自己患有严重疾病的人，如果之前没能通过军队的体 305
检，那么将被要求重新参加体检。阿斯奎斯说，他希望每一个身体健康、没有从事免于服役的工作的人士都能志愿参军。他要求那些条件符合但没有宣誓的人“即使到了现在也要抓住机会，效仿广大社区的人民群众所树立的爱国主义榜样”。[160] 这项决议案未经表决就获得了通过。由于缺乏透明度，使得他无法透露他所知道的德比计划的失败情况，他还声称弗伦奇自愿放弃了指挥权，并宣布国王晋升弗伦奇为子爵。

阿斯奎斯十分担心接下来将会发生的事情。12 月 22 日，在内阁讨论完德比的报告后，他对西尔维娅·亨利说，“我们似乎处在悬崖边缘。实际的问题是，在接下来的十天里，我能设计并建造一座桥吗?”[161] 德比的最终报告说，有 5011441 人达到服役年龄；有 2829263 人应征入伍、做出宣誓或被拒绝；有 2182178 人没有采取任何行动。[162]他认为大多数没有宣誓的人都是单身汉，除非强迫未婚男子参军，否则没有充分的理由要求已婚男子服役。他承诺尽其所能先招募未婚男子，然后再招募已婚男子。就这样，在圣诞节期间，这个计划停止了。

战争的第二个圣诞节表明，即使没有实行征兵制，斗争和向军队派遣士兵也开始改变社会。醉酒事件的报道变少了，在教区济贫院里吃饭的人也少了很多，这是募兵活动全面开展的一个标志。然而，大量的人仍然拒绝被征召，这导致政府别无选择，只能强制征兵，至少对未婚男子是这样。格雷、朗西曼、麦克纳和西蒙都声称自己将辞职，西蒙是因为反对征兵制，其他三人是因为担心强制征兵将导致矿山、军工厂和造船厂流失必不可少的工人。新上任的帝国总参谋长罗伯逊告诉内阁，如果想要打好这场仗，那么每月必须补充“不少于 13 万人的士兵”，这进一步刺激了事态的发展。

12 月 27 日和 28 日，内阁召开了会议，这两次会议被报纸解读为“严重政治危机的外在迹象”，并向全国进行了广泛散布。[163]
306 第一次会议没有做出决定；阿斯奎斯告诉国王，“存在很大的意见分歧”。[164]他告诫国王，朗西曼和麦克纳“说他们必须考虑自己的立场”。批评他的人认为这是他软弱的表现，但他竭力想阻止内阁解散。劳合·乔治通过雷丁向阿斯奎斯转达了一个信息，如果阿斯奎斯站出来支持征兵制，那么他“在任何情况下都会支持他”；如果危机导致大选，那么“他将负责全国上下所有令人讨厌的工作——例如演讲等，并且会无限期地为他工作”。[165]但是，如果阿斯奎斯拒绝，那么劳合·乔治将辞职。不过，劳合·乔治让阿斯奎斯放心，因为他永远不会在保守党领导的政府中任职。难怪阿斯奎斯会对麦克纳夫人说，1915 年的最后一周是“地狱般的一周，在我记载的心绪烦乱的事件中，这是最糟糕的一次”。[166]

在 12 月 27 日的会议上，大臣们等着阿斯奎斯提出这个问题，但他宁愿讨论其他问题，并且没完没了地谈论除征兵制以外的其他事情。然后他宣布，已经 5 点钟了，没有时间讨论强制征兵了。寇松提出抗议，指责阿斯奎斯浪费时间以逃避做出决定；劳合·乔治认为，阿斯奎斯的行为是由于不知道该如何答复他的最后通牒所致；但实际上却是，阿斯奎斯担心，如果他向劳合·乔治让步，那么四名内阁成员将会辞职，因此他极力避免讨论这个问题。那天晚上，雷丁告诉劳合·乔治，阿斯奎斯“被他的忠诚承诺深深打动”，几个月以来，阿斯奎斯都在尽力避免不可避免的事情，但现在他动摇了，转向支持强制征兵，至少是对未婚男子而言。[167]

在第二次会议上，阿斯奎斯终于开始处理这个问题。他决定，应在征召宣过誓的已婚男子之前，征召没有宣誓的单身男子。劳合·乔治和统一党人要求有足够的士兵来补足 70 个师的兵力。然而，阿斯奎斯没能说服所有人。12 月 29 日，格雷在一封信中告诉阿斯奎斯，他要辞职，阿斯奎斯称这封信“让我感到绝望”。[168]他继续说：“如果我在这个压力重重的时刻被所有的老朋友和好朋友抛弃，很显然，我必须考虑自己的立场。”他警告说，格雷的辞职“毫无疑问将被普遍解读为是德国取得了胜利”。诸如乔治·劳埃德等强硬派统一党人已经对格雷失去了耐心，劳埃德对妻子说，“现在，爱德华·格雷爵士说他不会插手那些旨在让德国妇女和儿童挨饿的措施！……这解释了为什么有些人说在格雷离开外交部的
12 个月后战争将会结束”。[169]格雷并不是唯一的问题。麦克纳拒绝 307
征召超过 54 个师的兵力，如此一来，军队的规模大小将无法满足需求。

12 月 31 日，在两场“友好但有争论”的会议中，内阁的多数成员决定在一定程度上强制征召达到了服役年龄但没有宣誓且无法

给出充分豁免理由的人士。[170]单身男性和没有孩子需要抚养的鳏夫将被优先征召。由于不会征召从事重要岗位的工人，因此，朗西曼和麦克纳觉得可以留任，格雷也改变了态度。国王对阿斯奎斯说，“即使所有的同僚都离开，他也会继续支持他”。[171]大概是根据阿斯奎斯的消息，国王说，朗西曼和麦克纳想要辞职，因为基钦纳“想要在战场上维持 70 个师，而他们觉得我们的财政状况只能维持 50 个师”。[172]1916 年 1 月 1 日，报纸宣布西蒙辞职，在此之前，他没有出席于新年前夕召开的两个内阁会议中的任何一个。愤愤不平的自由党人把这个结果看作是诺思克利夫的胜利，并且越来越把劳合·乔治看作是他的走狗。从报纸上的来信专栏和没有发生广泛抗议的情况来看，公众对这个决定拍手叫好，并对做出这个决定所引起的麻烦感到困惑。1 月 2 日，史考特告诉贝尔福，一直以来，他都“由衷地愿意”接受强制征兵，但前提是应首先尝试志愿兵役制，并在证明该制度不可行后再实行强制征兵。尽管人们普遍对“德比计划”存有看法，但史考特认为，“我确实非常强烈地感到，在没有证据证明其必要性的情况下，政府正在向我们强制推行征兵制，我对此更加深恶痛绝，因为在我看来，这违背了信仰”。[173]史考特担心，在英国急需团结的时候，这将分裂英国，最终导致只有“微不足取的”人参军。贝尔福回答说，他认为阿斯奎斯别无选择。

将更多的人武装起来需要耗费很大一笔资金。1 月 4 日，罗伯逊告诉黑格，“某些大臣试图使强制征兵无效，他们的理由是，尽管我们有权招到士兵，但我们承担不起他们的费用，而且他们的雇主不会放他们走……我的论点是，我们需要可以招到的每一个人，能承担多少费用，能找到多少人，都由政府说了算”。[174]与最有效利用人力有关的老问题成了争论的核心，阿斯奎斯成立了一个特别

的内阁委员会来调查和讨论这个问题。在1月1日至2月2日期 308
间，该委员会每天召开会议，有时一天举行两次。之后，该委员会就如何使用人力达成了妥协，从而避免了内阁的分裂、政府的垮台和可能的大选。大家一致认为，陆军委员会的目标是，在6月底前，战场上应有组建了3个月的62个师作为后备役，有5个师作为本土防卫军。

1月5日，政府第一次官方公布了卢斯战役的损失：就军官而言，有773人阵亡，1288人受伤，317人失踪；就其他军士而言，有10345人阵亡，38095人受伤，8848人失踪。因此，在9月25日至10月8日的14天中，英国远征军遭受了近6万人的伤亡。[175]荒谬的是，在1916年夏天之前，正规军中服役期满的士兵都被允许在约定的期限结束后退役。在颁布法律阻止这种情况之前，每个月大约有5000名士官和其他军士被获允退伍。

在发布“德比计划”报告的同一天，阿斯奎斯出台了《兵役法案》。大约有27.5万人应征入伍，而不仅仅是进行宣誓；有34.3万名单身男子和48.7万名已婚男子表示他们愿意服役。阿斯奎斯称这个结果“非常好，令人鼓舞”，但宣誓并不等同于让这些男子服役。他对德比的数据进行了证实，该数据表明，有65.1万达到服役年龄的单身男子没有说明原因。换句话说，他们没有宣誓。[176]在“德比计划”的最后四天（12月10日到13日），有107万人进行了宣誓。[177]然而，阿斯奎斯说，他仍然觉得“全面实行强制征兵的理由不成立”——换句话说，全面实行强制征兵是指所有18岁以上和40岁以下的人，不论是否单身，都应该被征召入伍——而且反对征兵制的人可能会支持该法案。[178]他说，这只是一项使他能够履行去年11月做出的承诺的法案，即在没有征召未婚男子之前，前来应征的任何已婚男子都无须服役。他说，如果不做出这个承诺，那么已婚男子就会打消宣誓的念头。他还声称，即使德比报告的数字65.1万被证明是不准确的、过高的，但是，毫无疑问，有大量的未婚男子可以服役，而且他已经做出了承诺，现在需要的是采取行动。2月8日，政府将征召年龄在23岁到26岁的单身男子。两年后，阿斯奎斯对强制征兵问题发表意见，他清晰地回顾和阐明了当时的想法："强制征兵问题不是原则问题，而是权宜之计。"[179]

309 由于许多已婚男子同意服役，但前提是先征召未婚男子，为此政府必须征召未婚男子。因此，没有理由被豁免服役的任何单身男子都"应当被视为他们已经做了在这样的时期每个人认为对国家应尽的义务，而且应当被视为已经进行了宣誓或入伍"。[180]在1915年8月15日年满18周岁但未达到41周岁的所有人，只要没有进行宣誓，而且是未婚或没有子女需要抚养的鳏夫，将被视为在法案获得王室批准后的21天应征入伍。除了在对国家至关重要的岗位工作的人士可以被豁免服役外，其他人士的豁免应获得法庭的同意，包括那些已被拒绝服役的人、那些家中兄弟阵亡而独自幸存的人，以及所有教派的牧师。

他还宣布了另一种可予豁免的情形："出于良心而拒服兵役。"[181]他愤怒地回应了对他的声明发表的"异议，甚至是嘲笑"，指出小皮特*在拿破仑战争期间出台了立法来保护信念自由：南非

---

* 小皮特（Pitt the Younger，1759年5月28日~1806年1月23日），活跃在18世纪晚期、19世纪早期的英国政治家。1783年，他获任首相，时年24岁，时至今日，仍然是英国历史上最年轻的首相。因领导英国对抗法国，小皮特声名大噪。他是一位出色的政治家，效率极高，推行改革，培养出一代优秀的政治家。为筹备对法战争军费，小皮特提高税率，又打压国内的激进派。为应对法国支持的爱尔兰叛乱，他提出1800年联合法令，又试图解放天主教，但未获成功。皮特创造了"新托利主义"，奠定了托利党在他去世后继续执政二十多年的基础。——译注

和澳大利亚已经对这场战争制定了类似法律，《兵役法案》效仿了这些立法中与豁免有关的措辞。许多反对杀生的人将以其他身份为国效力，例如担任扫雷兵和“辅助职务”，在这些职务中，他们将自己暴露在与战士一样的危险之中——例如担任医疗兵——但他们没有武装。政府将在各个地方登记区设立审理此类豁免情形和其他豁免情形的法庭，实际上，这些法庭延续了为监督德比计划而设立的委员会；此外，政府还将在区域层面设立一个独立的上诉法庭。它将做出一系列的判决，尽管如此，那些被判定为身体健康的人，如果声称出于良心而拒服兵役，将受到军事纪律的制裁。

阿斯奎斯说，他对西蒙的辞职感到遗憾，“我无法用言语表达”。[182]阿斯奎斯一坐下，西蒙就向下院做了解释。他表达了与他亏欠甚多的人分开的痛苦，但他说，“真正的问题是，我们是否要开始对我们社会的基本结构进行一次巨大的变革”。[183]他并没有指责阿斯奎斯不守信用，而是认为只有在一致同意的情况下，才能放弃志愿兵役制，但现在没有获得一致同意。他觉得阿斯奎斯含糊其 310
辞，没能具体说明65.1万名士兵中有多少人能够服役，而且一直在回避这个问题。西蒙认为募集的总人数还不足以导致需要实行强制征兵。国家登记处计入了每一个人，因此，他认为，在这65.1万人中，有许多人是因为体检不合格、是商船船员或神职人员。根据他的选区沃尔瑟姆斯托的情况，他认为德比报告中的数字是错误的，不应该被用作大规模转变政策的依据。

西蒙担心，一旦该法案获得通过，除了制造分裂外，还会导致征兵制的更广泛应用。《保卫王国法案》赋予了一项权力，即反对强制征兵将被视为犯罪，他认为这项权力过于严苛。他指责“报纸的施压”，并恳求其他议员：“如果没有正当理由，不要告诉敌人这个国家有成千上万的自由人拒绝为自由而战。不要通过效仿最可恨的普鲁士制度来恭维普鲁士的军国主义。”[184]

前陆军大臣杰克·希利——他现在是一名准将——正离开佛兰德斯休假。他曾反对征兵，但后来改变了主意。在阐述爱尔兰人的反对时，雷德蒙说，就英国而言，征兵制并不是西蒙所说的原则问题，而成了必然之事。当投票开始时，西蒙的论点只吸引了和平派的中坚分子和爱尔兰人，政府以 403 票比 105 票获胜。西蒙的恩主阿斯奎斯对西蒙的行为感到苦恼，他对寇松说："我觉得这就像我的儿子当众打了我的脸。"[185]

政府必须安抚工党；政府担心，在全国铁路工人工会领导的一场抗议之后，亨德森和两名次官将被迫辞职。尽管反和平主义者斯坦顿在梅瑟选区的补选中获胜，但 1 月 6 日，工党代表召开了大会，以 2 比 1 的比例反对新法案，即使亨德森恳求他们支持政府，即使他的同僚约翰·霍奇（John Hodge）警告说，另一种方案是举行一次选举，而在这场选举中，反对征兵制的工党将会表现得非常糟糕，并将失去其影响力。亨德森和两名次官表示，如果他们所在的政党坚持这一立场，那么他们将不得不从政府辞职。阿斯奎斯劝说他们就此罢手，并会见了工会领导人，向他们保证法庭制度将防止法律被滥用，而且不会实行工业征召。这些举措被认为是可以接
311 受的。

即使不举行选举，也存在着危险，一些人——不仅仅是统一党人——对阿斯奎斯的态度变得情绪激昂和不耐烦。著名的爱尔兰民族主义党议员约翰·狄龙（John Dillon）告诉史考特："保守党的目标是，在劳合·乔治的帮助下，不通过选举，从而将阿斯奎斯赶下台（1 月 10 日，当史考特见到阿斯奎斯时，'他看起来像一个被击败的人'），让博纳·劳取而代之。[186]卡森将会回来，他和劳合·乔治之间有一个阴险的联盟，他们将主导政府，而博纳·劳将会对

他们唯命是从。”[187]狄龙说对了：劳合·乔治后来告诉史蒂文森小姐，卡森“是个了不起的人，他有勇气、有决心、有判断力”。[188]

1916年1月27日，《兵役法》规定，从3月2日起，对18岁至41岁之间的未婚男子实行征兵制。当天，在布里斯托尔举行的一次会议上，工党投票反对强制征兵和《兵役法》，但也投票反对废除《兵役法》的煽动做法。自由党人也遭受了损失。劳合·乔治认为自己是凭良心做事，他相信一支更强大的军队对赢得胜利是至关重要的。一些自由党人称他为叛徒，背叛了自由党的核心价值观，把其命运和保守党拴在一起。他的自由党同僚们越来越意识到他与诺思克利夫（对诺思克利夫来说，征兵制是一种胜利）之间的联系，并对此深恶痛绝。里德尔告诉史蒂文森小姐，“一旦诺思克利夫勋爵在政府内部站稳脚跟，除非成为独裁者，否则他是不会罢手的……诺思克利夫勋爵寡廉鲜耻，是个危险的人”。[189]

正如西蒙正确预测的那样，《兵役法》只是一个开始。尽管采取了这个近乎变革性的措施，改变了国家和个人之间的整体平衡，但征召的士兵仍然远远没有达到需要的人数。政府还必须考虑海军的需求。海军部要求建造更多的船舰，但是，由于造船厂的大量劳动力被调走，导致建造速度变得更慢。该法案没有对全面实行征兵制时所遭受的压力起到任何作用，并且阿斯奎斯继续在内阁的两个派系之间摇摆不定。没有宣誓的已婚男子最终也会被征召，这使得争论又重新上演了一遍。不久后，西蒙抗议说，审议豁免服役的法庭肆意妄为，他说得没错。奥克兰·戈德斯（Auckland Geddes）——他是劳合·乔治的亲信，1917年，他成为国民服务部的总监——说：“我对征兵制的了解可能比这个国家的大多数工作人员都多，因此，我在全面考虑后认为，总的来说，强 312
制实施征兵制对我们有效开展战事工作几乎没有任何帮助。”[190]士兵的人数超过了装备的数量，而义务兵的积极性比志愿兵要低。有748587人声称自己是军火工人和矿工，要求豁免服役，他们本来可以自愿参军，但现在却发现自己被征召了。[191]在最初的六个月里，只有4.8万名没有宣誓的单身男子应征入伍，大约是实施志愿兵役制时每月自愿参军人数的一半。[192]几周内，一场海报宣传运动和一系列的公众呼吁开始了，希望说服那些没有宣誓的已婚男子前去应征。

新法律催生了“出于良心而拒服兵役”的运动，法庭的大部分时间都被用来审理该运动的拥护者，这些法庭有权命令非战斗人员从事与战争有关的工作（例如在农场或工厂工作）或者监禁那些拒绝战斗的人。这些法庭主要由不支持该运动的人士管理，许多申诉被驳回。在最初的征召中，拒绝服役的41人被送往法国，在那里，他们可能会因为不服从命令而被枪毙。但是，一个月后，阿斯奎斯命令把他们带回来。截至战争结束时，有3300人同意加入非作战部队，有2400人在前线从事救护工作，有3964人加入英国的工作组，从事筑路等工作。拒绝从事任何战争工作的6261人——“绝对主义者”——被送进了监狱，尽管阿斯奎斯早先进行了干预，但一些人还是被送往法国。[193]

在评论英国为了接受征兵制而在思想上取得的飞跃时，威尔斯说，这是“英国人思想的真正转变，是混乱的自由时期的结束，这几乎是社会史上前所未有的”。[194]但是，他为在思想上没有拘束的20世纪设定了一个主题，他称之为“重新发现国家，将其作为个人生活必须适应的必要形式”。

七

11月30日，基钦纳从近东返回，尽管阿斯奎斯一直以来都让人觉得基钦纳将会留在那里。11 月 22 日，根据基钦纳给国内发的电报，战争委员会同意建议军队撤离加里波利半岛。最后的决定交由内阁做出，两天后，内阁进行了讨论。寇松在 11 月 25 日和 30 日分别发了两份备忘录，他提出反对，因此内阁推迟做出决定。寇 313
松与其领导人劳的意见不一致。阿斯奎斯请汉基说明，他应该信赖谁的意见。汉基站在寇松的一边，他认为如果英国减轻对君士坦丁堡的压力，那么土耳其便能够更加轻易地攻击埃及或美索不达米亚，甚至在高加索地区攻击俄国。这进一步分裂了内阁。直到 12 月 7 日，内阁才同意在 12 月 20 日进行部分撤离。一周后，内阁决定在 1916 年 1 月 8 日撤离所有部队，这两次行动的伤亡人数都相对较少。虽然夺取君士坦丁堡的目标失败了，但土军的损失是大英帝国军队的两倍。这削弱了土耳其的军队，最终帮助英国在巴勒斯坦和美索不达米亚的其他战役中取得了进展。在打击土军的士气，破坏奥斯曼帝国的稳定，造成奥斯曼帝国的灭亡，以及促成 1918 年秋天奥斯曼帝国的投降等方面，这场战役取得了一些收益。然而，这并不能洗清丘吉尔在制定计划时存在的不计后果的失职，而这正是丘吉尔余生名誉上的一个污点。

基钦纳与劳合·乔治的关系已经不可挽回地破裂了。他们就是否撤离萨洛尼卡而争论不休。在劳合·乔治的建议下，军队在今年早些时候撤离了萨洛尼卡，开辟了一条对抗奥地利的战线，并保障了保加利亚的中立地位。在争论的最后，劳合·乔治对基钦纳说，“看来你和德国人想要的东西是一样的”。[195]劳合·乔治告诉史蒂文森小姐——她在日记中如实记录了每一个字——他认为陆军部正在有组织地破坏军需部。这是不是真的并不重要，受到自负和野心支配的劳合·乔治认为这是真的，这就够了。1915 年 12 月 12 日，他邀请史考特到位于沃尔顿希思的房子共进午餐，并告诉史考特，他不仅想让基钦纳离开陆军部，而且即便史考特离职，他也会拒绝让基钦纳接替史考特，除非基钦纳没有担任可以扰乱劳合·乔治想做的任何事情的其他职位。他的不满不仅仅限于基钦纳这个大难题：他还抱怨内阁会议存在着僵化的习惯做法，未能就如何更有效地部署军队和推进战争做出决定：这是他明年政治活动的主要议
314 题。劳合·乔治自认为只有他才有远见和动力去把事情做好，但他需要放手干的权力。

如今，军需大臣与诺思克利夫的报社关系密切。一直以来，西蒙因其作为内政大臣执行的审查政策遭到了报纸的攻击，也许是意识到了这一点，这促使他于 11 月 30 日在下院发表了一篇马拉松式的演讲，对诺思克利夫和他的杰作进行了抨击。丘吉尔夫人在写给丈夫的信中说，这次演讲“幸好是由一个一本正经的无聊家伙发表的，否则将造成非常大的伤害”。[196]不管怎样，斯坦福德汉遵照国王的命令祝贺西蒙，因为他对“诺思克利夫的报纸的危险影响”进行了攻击。[197]这导致《泰晤士报》不可避免地抨击西蒙。“如果大臣们能拿出他们攻击《泰晤士报》的一半精力来攻击德国人，那他们离胜利就更近了。”[198]对西蒙发起攻击只是《泰晤士报》和《每日邮报》的热身赛。

12 月 20 日，当劳合·乔治就武器供应一事向下院发表期待已久的声明时，他想自我吹捧——以及暗中贬低之前负责军需品的大臣基钦纳——的愿望得以实现。[199]他对议员们说：“德国目前取得的成功完全，或者几乎完全归功于他们在战争开始时取得的机械方面的优势，”不过，他的部门已经实现了一定程度的机械化，这消除了德国人的优势。[200]他承认去年春天的时候弹药短缺。德国人每天生产 25 万枚炮弹，几乎都是烈性炸药，而英国人每天生产 2500 枚烈性炸药和 1.3 万枚榴霰弹。他感到自豪的是，他将那些在工资

上做出了巨大牺牲的企业家派到工厂，以改善生产流程，尤其是他确保了金属等原材料的供应，此外，他还组建了一个督察组，以推动工厂提高生产率。

他补充说，政府已经认识到机关枪的重要性，他的部门的首要任务是大量增加机关枪的产量。此外，工厂还生产了大量的步枪和迫击炮。他还希望在更大范围内实现机械化，以便提高产量和节省纳税人的钱。他说，英国拥有作战所需的大量原材料，只要保持对海洋的控制权，英国就能赢得战争："我们仍然具有压倒性的优势。"[201]在军队急需士兵的同时，政府面临的主要困难是，军火工 315
业需要"8万名技能熟练的男工，以及20万到30万名非熟练的男女工人"，以便在劳合·乔治建造的新工厂工作。[202]他还相当准确地提到了一个日益引人注意的荒诞说法："我曾听到谣言说，我们开展了太多的工作，订购了太多的弹药，建造了太多的工厂，生产了太多的军火。没有什么能比这个谣言更恶毒或更有害的了。"为了证明他的观点，他说："以最近的一场大战（卢斯战役）为例。虽然你积聚了数量巨大的弹药，但是，凡是参加过战斗的将军，在报告中都会告诉你，如果弹药数量是原来的三倍，特别是在战斗激烈的情况下，那么战果将是原来的二十倍。"[203]他强调，拿纳税人的钱去冒险好过拿士兵的生命去冒险。如果成本太高，那么降低成本的最好方法就是提高生产率。

他提醒人们注意工会的态度，这种态度引起了工党议员的愤怒。工会（错误地）坚持认为，自战争爆发以来，他们一直都在及时回应政府提出的要求。这促使劳合·乔治发表了一段演讲，也许是他所有战时演讲中最令人难忘的一段。在演讲中，他抱怨没有执行稀释法，根据这项法律，在某些行业没有经验的男性和女性被传授了军工生产所必需的技能。他的演讲也被解读为对政府的作战方式进行批评，而他是这个政府中如此重要的一员：

> 除非雇主一开始就安排不熟练的男女工人作为车床工，否则我们无法执行议会的那项法案。因此，第一步是，雇主必须对政府就此事做出的决定提出质疑。但他没有这样做，那是因为其他一些公司也遇到了这样的麻烦。那就让我们来做。胜利就靠它了！成千上万条宝贵的生命依赖于它。现在的问题是，你们是要在一年内胜利地结束这场战争，还是要让这场战争在鲜血淋淋的道路上持续多年。工党已经找到了答案。这项合同是与劳工签订的。我们正在执行这项合同，这是可以做到的。我想知道这是否还不算太晚？啊！这场战争的两个致命的字就
> 316 是“太晚”！太晚采取行动。太晚到达。太晚做出决定。太晚开设工厂。太晚做准备。在这场战争中，协约国军队的脚步一直被“太晚”这个嘲弄人的幽灵所纠缠；除非我们加快步伐，否则我们付出了那么多英勇鲜血的神圣事业将会遭受厄运。我恳求雇主和工人们不要让“太晚”二字刻在他们的车间门口，这就是我的呼吁。[204]

《泰晤士报》对这篇演讲大加赞美，这折射出那个时候诺思克利夫与劳合·乔治关系密切，该报总结道：“要想及时把握未来，你必须认识到，在过去，你总是‘太晚’采取行动。”[205]

在那个冬天，象征正常生活的很多东西都消失了。政府宣布，作为一项节约措施，其将关闭大英博物馆和英国的大多数博物馆，预计此举每年将节省大约25万英镑。[206]虽然政府非常不愿意考虑配给制，但还是鼓励人们少吃肉。与伦敦、利物浦和其他城市一样，曼彻斯特在饮酒时间和“款待”（即轮流买酒）方面也受到了相同

的限制，尽管当地人强烈反对这样做。这不仅仅是为了提高工厂的产量，还因为有证据表明，女性酗酒严重，忽视了自己的孩子。政府限制向酿酒商供应啤酒花、麦芽和糖，迫使他们少酿啤酒或酿造淡啤酒。私人司机被告知汽油严重短缺，并被要求限制驾驶。这至少有助于减少在灯火管制期间丧生的人数，有时候这些人是被肇事逃逸的司机撞死的。

越来越多的人要求强制实行节俭，以便让一些英国人留存更多的资金，以战争贷款的形式提供给政府。牧师安德鲁·克拉克描述了大雷伊教区居民的愤怒，“在那里，除了实行节约，人们不做其他的事情；在那里，收入没有增加，因为没有人从事与战争有关的工作……没有人有任何储备可以捐赠或投资”。[207]公众被告知，由于航运带来的是食品，而不是来自加拿大的纸浆，因此预计报纸的规模将缩小。具有积极意义的事情是，对女性加入劳动力大军的抵制似乎终于消失了。由于军工厂对女工的需求巨大，导致全国呼吁为基督教女青年协会筹款，以便为她们提供宿舍、食堂和公共设 317
施。技术的发展为女性创造了工作，而这些工作很少或几乎没有男性独霸的历史，尤其是无线电报领域的具有重要战略意义的工作。

1916 年初，政府战略规划的另一个关键方面被证明存在缺陷。1 月 31 日晚，齐柏林飞艇轰炸了萨福克郡和东、西米德兰兹郡：死亡总数为 70 人，仅在蒂普顿*就有 14 人丧生。这次突袭引发了公众的愤怒，他们想知道为什么英国的防空系统如此薄弱，以至于轰炸机可以深入英国。在夜幕降临前，齐柏林飞艇于下午 4 点半到达，在几乎没有受到干扰的情况下进行了袭击，直到凌晨 5 点消失在北海上空。政府派出了皇家飞行队，却没有下令告知他们在空袭

* 蒂普顿（Tipton）：位于西米德兰兹郡的一个城市。——译注

中应当做什么，导致这种情况的部分原因是，陆军部和海军部对谁负责指挥皇家飞行队含糊不清。只有 24 架飞机被派去保卫伦敦，只有两架飞机被派去保卫英格兰的其他地区，因此，齐柏林飞艇可以畅通无阻地飞行。劳合·乔治担心伍尔维奇军工厂容易遭到轰炸，因此恳求同僚们出于这个原因改善首都的防空系统。内阁决定让弗伦奇负责保卫伦敦，而且灯火管制的时间也大大延长了。

不幸的是，长久以来的犹豫不决给政府的日常行为造成了损害，也阻碍了这个问题的解决。内阁争论了好几天，主要关于是否应设立一个独立的空军部（这是寇松的建议，他曾希望能领导这个部门），以及如果设立，那么该部门在航空军事方面的自主权能否与陆军部在陆军军事方面的自主权相提并论。诺思克利夫让《每日邮报》发起了一场改善英国防空系统的运动，因为他认为德国人很快就能派出一个中队的飞机来轰炸英格兰——他的观点合情合理，因为后来确实发生了。他还让《泰晤士报》将矛头对准阿斯奎斯，指责战争委员会能力不足，让太多的决定交由内阁做出——而阿斯奎斯对战略方向把握不力，导致内阁没有做出这些决定。

防空问题变得如此严峻，以至于阿斯奎斯任命了一个由德比领导的内阁委员会来解决这个问题：但是，一个月后，德比辞职了，他无法确保陆军和海军就空军事务进行合作。德比向诺思克利夫征
318 求意见，这位报业大亨建议他和企业家谈谈，让一个效率高的人负责发展防空。他可能已经想到了他的弟弟罗瑟米尔（Rothermere）勋爵，后来，罗瑟米尔在战争结束前承担了一些相关的职责。德比在辞职信中建议阿斯奎斯创建一支联合空军。阿斯奎斯的答复是成立一个空军委员会，由寇松领导。这立刻导致《每日邮报》发表了一篇题为《找错人了，寇松勋爵对飞机的了解有多少?》的

社论。[208]

诺思克利夫非常生气，以至于两个月后，在由博利厄的孟塔古勋爵发起的一场辩论中，他罕见地在上院发表了一次演讲。孟塔古反对政府建立一个“完善、健全的空军部”，米尔纳支持这个呼吁。[209]为了避免指名道姓地批评寇松，诺思克利夫谨慎地说，该部门应该设立一个发明委员会，并向制造商给予更多的鼓励，以促进高水平的生产，这是长期战争所必需的。他要求政府立刻培训更多的飞行员，他说：“我相信，如果我们把大量人员的培训推迟到秋天和冬天，那么到了明年，我们的飞行员将会非常短缺，因为那时将会有很大的需求。”[210]

2 月 22 日，政府的封锁政策，或者说是封锁政策的缺失，也遭到了上院的抨击：他们称，该政策在阻止物资（特别是阻止食物和原材料到达敌国）方面发挥的作用太少。这样的抨击有失公平，美国对德国的出口额从 1913 年的 5400 万英镑下降到了 1915 年的 230 万英镑。[211]下一个施压目标是瑞典，它仍与德国有着广泛的贸易往来，不过，政府也对丹麦、挪威和荷兰施加了压力。贵族们认为，鉴于英国皇家海军的实力，居然还存在此类交易，这是荒谬的。人们指责政府拿与生死斗争毫无关系的国际法做幌子，西德纳姆（Sydenham）勋爵指责政府允许向荷兰大量出口可可豆，而这些可可豆被转口到德国，以增强堑壕中的德国士兵的抵抗力。海军上将贝斯福勋爵抱怨说，只有实行“绝对封锁”才能赢得战争。他说，如果早点儿实施这项政策，那么现在战争已经结束了。[212]这项政策意味着海军将逮捕那些涉嫌向同盟国运送货物的船只，然后交由捕获法院审理。和对其他问题的处理一样，内阁被指责未能在这个问题上做出正确的决定。

这进一步说明政府出现了混乱的倾向，以至于贝斯福不清楚是

319 谁在操纵目前的封锁政策：外交部、贸易委员会还是禁运品委员会。各种内阁政令互相矛盾。政府采取的解决办法是宣布任何进入德国的东西都是“绝对禁运品”，并没收中立国船上的所有敌国财产。[213]兰斯多恩宣布将建立一个封锁部，由内阁大臣领导——第二天任命了罗伯特·塞西尔。该部门旨在胁迫中立国不要与德国进行贸易，并威胁说，如果它们与德国进行贸易，就切断它们的供应，但提出购买它们本来要运往德国的货物。这将是一项促使德国在1918年屈服的政策。

在围绕征兵展开的第一轮搏斗结束后，劳合·乔治发现自己在内阁中被孤立了。他的自由党同僚不信任他，大多数统一党人不喜欢他。这让他不再抱有幻想。2月18日，他告诉史考特，他“对整个战事指挥非常不满”，并说他要动身去沃尔顿希思，以便“考虑他的整体立场，并有可能辞去他在内阁的职位”。他觉得自己、卡森和丘吉尔“将一起组成一个有效的反对党”。[214]他对战争的看法与英国远征军总司令的看法一致，不过他并不知情。同一天，黑格向霞飞抱怨说，英国军队“有39个师，兵力不足7.5万人”，其中许多士兵没有接受充分的训练，并且缺乏运送士兵的交通工具。[215]为了避开征召已婚男子，政府在2月下旬宣布，一些宣过誓的已婚男子将被调到免于服役的岗位，以接替将被派往前线的单身男子。

海军也有自己的问题。2月17日，杰利科出席了战争委员会，并告诉委员会，大舰队需要轻型巡洋舰、驱逐舰和扫雷舰，而征召活动严重减缓了船舰的建造速度。费希尔——自从去年5月因为与丘吉尔在达达尼尔海峡问题上产生分歧而辞职后，他一直担任海军发明和研究委员会的主席——被叫去与战争委员会谈话。在谈话时，他重申了杰利科的观点。3月7日（也就是在距离日德兰海战——这是第一次世界大战中英国皇家海军和德意志帝国海军之间发生的至关重要的遭遇战——不到三个月的时间），在下院对海军预算进行讨论时，丘吉尔也谈到了这个观点。

在从前线回来休假时，丘吉尔身穿便服，他有先见之明地指出，在战争期间，德国公海舰队不太可能靠泊在港口。他警告称， 320
事实证明，解决弹药短缺问题要比解决船舰短缺问题容易得多，后者威胁到了英国海军的优势地位。考虑到空袭经常发生，他无法理解为什么海军飞行员没有轰炸德国的齐柏林飞艇基地。他觉得这一切，以及海军部的所有其他问题，都是因为“缺乏驱动力和精神力量，不能让这种情况继续下去……只能用一种方式纠正”。[216]解决方式一目了然：“我敦促海军大臣立刻巩固自己的力量，召回费希尔勋爵，让他担任第一海务大臣，以此重振和激励海军部。”

这是一个惊人的转变。去年7月，丘吉尔——他对自己的降职愤怒不已——痛斥贝尔福让费希尔在海军部担任协助海军大臣的职位：“在战争期间，这位军官放弃了自己的职位。首相以国王的名义命令他重返原职。他违抗了这个命令……14天来，第一海务大臣的职位一直空缺着。在这期间，德国舰队离港出海，必须派整个英国舰队去迎接它。决定性的世界海战可能已经发生，而费希尔拒绝履行他的职责，并参与制造了一场政治危机，他希望从这场危机中获得更多的权力。”[217]从之前的看法到八个月后丘吉尔的态度转变，这是一条漫长的道路。不过，正如解决弹药短缺问题需要像劳合·乔治这样激进的人和“有进取心的人”一样，丘吉尔认为，只有像费希尔这样具有强大能力的人，再加上他在国内享有的威望，才能起到鼓舞海军部所需的带头作用。

他不是唯一一个希望看到费希尔回来的人，他的朋友史考特也曾主张这样做，并试图劝说劳支持这个主张——但失败了。不过，他也曾游说过诺思克利夫，他曾于2月18日在《泰晤士报》的报社见过后者，发现后者对这个想法“一点儿也不反对”，反而“非常支持”，虽然他很清楚诺思克利夫不喜欢费希尔。[218]丘吉尔曾见过费希尔，他们同意既往不咎；他曾在史考特和丘吉尔夫人的面前排练过演讲，只有丘吉尔夫人对演讲提出了异议。演讲的前一晚，阿斯奎斯与丘吉尔夫妇共进晚餐，丘吉尔把打算说的话告诉了阿斯奎斯。当丘吉尔演讲时，费希尔正在走廊里。

同样在走廊里的史考特注意到，在丘吉尔演讲时，贝尔福“因愤怒而身体颤抖”。第二天，贝尔福对丘吉尔进行了驳斥。[219]他称这次演讲“无论是形式上还是内容上都非常令人遗憾”。[220]他否认海军建设落后，尽管他承认获得熟练的造船工人是个问题。他还说：“我不会吹嘘英国海军。我无法保证它不会遭遇不幸或意外。但是，我可以信心十足地说，它在面对可能遭遇的任何公开攻击时都会更加强大，它比战争开始时要强大得多，而且我相信，它比历史上任何时候都更加强大。”[221]至于费希尔，贝尔福说，听到丘吉尔那样说，没有一个人不感到“深深的震惊”。

321 贝尔福说丘吉尔从来没有隐藏他对费希尔的看法，并在20世纪的议会中用一个笑话来打击丘吉尔：“人们总是认为，我这位朋友的伟大祖先第一代马尔博罗公爵*在战争的喧嚣中要比在平静的和平环境中更冷静、更镇定、更有主见、思维更清晰，也许我的这位朋友也遗传了这种特点。我冒昧地说，大家渴望看到那种思维清晰，但是，如果为了证明它而卷入一场欧洲大战，那付出的代价也

---

* 第一代马尔博罗公爵（1650年5月26日～1722年6月16日），是指约翰·丘吉尔（John Churchill），英国军事家、政治家。他在西班牙王位继承战争中名利双收，与战友欧根亲王共同作为法国国王路易十四的两大克星，他使英国上升为一级的海陆强权国家，促成英国18世纪的繁荣兴盛。——译注

太昂贵了。”[222]丘吉尔获准接着发言，他说贝尔福对他的指控“严重夸大其词”，他没能说服下院，这既不是第一次，也不是最后一次。[223]

在达达尼尔海峡战役后，丘吉尔被许多人摒弃，并被认为是不受欢迎的，他的演讲遭到了广泛攻击。《每日邮报》传达了诺思克利夫对他的怀疑，对他进行了猛烈抨击。首相告诉史考特，丘吉尔的演讲是“最粗俗、最无耻的一篇”，是“厚颜无耻的谎言”。[224]基钦纳拜访了阿斯奎斯，报告说，丘吉尔为了“解决国内的政治局势”要求卸任指挥官一职，这个消息无法让阿斯奎斯的情绪变好。[225]至于费希尔，阿斯奎斯对着史考特“喊叫道”，费希尔在去年5月放弃了职位，“他应该被枪毙，在任何其他国家他都会被枪毙”。阿斯奎斯派人去找丘吉尔——他对史考特说丘吉尔“有点疯狂”——并提醒丘吉尔，他父亲*的政治生涯曾被一个荒唐的、肆意妄为的行动毁掉。[226]他建议丘吉尔不要坚持他的要求，丘吉尔同意了，尽管有点勉强，他做出这个决定，或许是因为丘吉尔夫人也对他提出了同样的意见。他回到了法国，但他认为这只是暂时的， 322
他的回归只是“一个准备和时机的问题”。[227]他没有意识到掌管政府的保守势力有多么讨厌费希尔的喜出风头癖，也许是因为他也有着这样的特质。在可能意识到丘吉尔对自己没有什么威胁后，阿斯

---

* 即伦道夫·丘吉尔（Randolph Churchill，1849年2月13日~1895年1月24日），英国政治家，保守党内有影响的人物。他一心想成为真正的政府首脑，疏远了大多数同僚。但是，他提出的第一个预算案没有通过，因为这个预算案要减少军费，陆军大臣威廉·亨利·史密斯拒不接受。12月20日，他向索尔兹伯里提出辞呈，目的在于敦促首相在财政大臣和陆军大臣之间做出选择。当首相表示支持史密斯后，他便于12月23日在伦敦《泰晤士报》公开了他的辞职信，他以为这样会引起轩然大波。但由于预算争论是保密的，民众认为他的行动是无的放矢，对此毫无反应。他的政治生涯就此结束。——译注

奎斯告诉他，如果将来他希望卸任指挥官一职——他已经被晋升为上校，指挥皇家苏格兰燧发枪团的第六营——“在不影响军队的情况下，将尽快安排卸任事宜”。[228]

丘吉尔的失势只是解决了政府面临的众多问题中的一个。3 月 9 日，在东赫特福德郡的补选中，一名获得自由党支持的统一党候选人被一名支持强有力的空军政策的独立人士击败。未能组建空军部，这是联合政府犹豫不决的又一个例子。3 月 11 日，劳合·乔治向史蒂文森小姐抱怨自己感到倦怠：“每个人都在讲同样的故事——这个国家厌倦了现在的政府，讨厌并鄙视阿斯奎斯。然而，既然没有反对党，要把他们赶走是困难的。”[229]他继续说：“博纳·劳既软弱又死气沉沉，贝尔福是一个举棋不定的人。可以说，政府里没有人了。”劳合·乔治无法强迫阿斯奎斯下台，因为这种行为将被归为“个人动机”，虽然他本人有很多这样的动机。

八

虽然阿斯奎斯最终承认有必要开始实行征兵制，但他的地位越来越不稳定。这场危机向劳合·乔治和他的支持者证明，首相未能完成从和平时期的领导人到战时领导人的转变。征召已婚男子的问题也没有得到解决，对这个问题仍然存在意见分歧。汉基担心，在阿斯奎斯于 3 月 31 日动身去罗马说服意大利人（上一年，意大利向奥匈帝国宣战）参加对德战争后，将会有人试图“争取”内阁和议会的其他成员，让他们同意对达到服役年龄的所有男子实行义务兵役制。[230]不过，没有人试图发生这样的政变，意大利最终在 8 月 28 日对德国宣战。在阿斯奎斯回国后，他自己、劳、麦克纳和奥斯丁·张伯伦成立了一个内阁委员会，试图为全面实行征兵制找

到一个解决方案。 323

1916年春末，出现了要求大规模重组政府的呼声，从一年前成立联合政府时开始、并在阿斯奎斯的倒台中达到高潮的一系列事件也在加速进行。保守党的报纸——以格温的《晨间邮报》为首——公开呼吁用一位更有活力的领导人来取代阿斯奎斯，格温指出让卡森担任这个职务。自离开政府以来，卡森一直是反对党的实际领导人，并得到了自由党和保守党议员的支持。他成为统一党战争委员会的主席，并呼吁立刻对已婚男子实行征兵制，罗伯逊支持这一做法，理由是要确保同等牺牲。在高级军官中，也有人批评阿斯奎斯。将军亨利·威尔逊爵士完全无视宪法的规定，他与劳通信，试图说服劳把阿斯奎斯赶下台并组建政府，以便正确地开展战事活动。（劳警告威尔逊不要干涉——他说，如果政府失败，就需要进行大选，这将导致分裂国家。）就连国王也对阿斯奎斯感到不安，他“非常秘密地”询问汉基，阿斯奎斯是否适合担任首相。汉基忠心耿耿地说：“他是唯一一个能够掌控其团队的人。”国王表示认同，不过，国王也高度赞扬了寇松，寇松凭借他一向拥有的指挥权和能力为政府监督航运事务。[231]

然而，随着一个熟悉的棘手难题卷土重来，阿斯奎斯面临的问题越来越多。事实证明，无论是在实践中还是在原则上，征兵制都具有争议。很快就有证据表明，宣过誓的已婚男子正在英国的各大城市组织活动，以确保在征召未婚男子之前不会征召他们。3月31日，全国宣誓已婚男子联盟在艾伯特大厅举行了一场集会，会上，德比宣读了一份据说能安抚人心的声明，表示他将对他们忠诚。这份声明没能达到预期的效果，被“一阵阵讽刺的笑声和嘲弄的叫喊声”打断了。只有当德比确认，如果他违背了所做的承诺，他就会因为荣誉而辞职时，人们才欢呼起来。[232]他同意会见他们的代表团，并且政府承诺将减少免于服役的岗位数量。

4月初，扩大征兵的压力加剧了，诺思克利夫在《每日邮报》上发表了一篇题为《都火烧眉毛了，还在小事上瞎折腾》的社论，对阿斯奎斯进行了嘲讽。[233]《泰晤士报》已经在这个问题上攻击过
324 政府，劳称他和他的同僚们还在"核对所有数据"，该报对此进行了嘲笑。[234]该报称现行的政策"起草拙劣，起不到震慑作用"，并说"伟大的战争是靠勇气和行动赢得的"。托利党的报纸对麦克纳进行了类似批评，尽管他在4月4日因一项预算赢得了广泛的掌声。虽然英国的赤字高达13.23亿英镑，但该预算被认为是巩固了英国的财政稳定。他提高了个人所得税，就每英镑的收入征收5先令的税费，并将超额利润税从50%提高到60%。但是，他也是扩大征兵的主要反对者，理由是此举将对经济造成严重损害：支持征兵制的人对此进行了积极反驳。诺思克利夫——他曾多次访问法国——对军队让士兵"做平民和女人的工作"感到愤怒，工资管理部门"挤满了年轻男人，他们做着女人做的文书工作"。[235]他继续把所有问题归咎于由23人组成的内阁来指导战事，而不是由一个较小的团体。这一点也引起了劳合·乔治的注意。

4月7日，政府开始征召年龄在25岁至32岁之间宣过誓的已婚男子。阿斯奎斯会见了他们的一个代表团。他们要求政府要么更好地开展征召未婚男子的工作，要么取消已婚男子的服役承诺。阿斯奎斯承认，《兵役法案》规定的从事免于服役岗位的男子需要服役两个月的条款"被滥用"了。但不久后，随着情绪变得如此焦躁不安，他被迫意识到，实行全面征兵的理由变得更加充分。[236]反对征兵制的人继续动员反对该制度。在罗素、兰斯伯里和斯诺登等人的支持下，芬纳·布罗克韦（Fenner Brockway）——在20世纪的大部分时间里，他都为工党效力——成立了反征兵联盟。4月8

日，该联盟在伦敦举行了一场集会，韦伯夫人参加了集会，并说会上“挤满了2000名年轻人”。[237]

她发现，在这些人中，大多数是“思想上的虔诚主义者……很显然，他们意识到了公义”，她在他们身上看到了一种令人不愉悦的笃信。也有一些“专职的反叛者”，他们投身于这项运动，是希望以此来“粉碎《兵役法案》”。不过，她也指出：“年轻人受到‘出于良心而拒服兵役’的误导涌入了这场运动中，他们将‘出于良心而拒服兵役’作为拒绝参军的借口，并认为这个借口也许可以把他们从战斗的恐怖和不适中拯救出来——他们是一群脸色苍白、鬼头鬼脑的男孩，对期望他们表现出来的英雄气概感到茫然。”她发现，当内阁一致做出“拒绝替代役”的决定时，他们 325
“吓坏了”：那些不愿在后方或农场工作以协助战事的人将面临军纪和军事法庭的审判。他们未能在战术上达成一致——是殉难，还是扮演非战斗者的角色——由此分裂了这场运动，使运动不起作用。

一周后，陆军委员会正式建议阿斯奎斯扩大征兵。之后，罗伯逊与雷普顿共进午餐，他告诉雷普顿，截至2月底，军队招募的士兵比所需人数少了25万。根据“德比计划”，本应招募19.5万人，只有3.8万人应征，其余的人要么失踪，要么下落不明，要么体检不合格。雷普顿从罗伯逊那里得知，在前来应征的人中，有四分之一不适合服役。[238] 4月17日，内阁召开了一次会议，会上，劳合·乔治同意让罗伯逊打退堂鼓，因为大家一致认为向德国人展示政府出现了分裂是非常有害的。但是，在4月13日，劳合·乔治告诉史考特，“他对战事指挥的不满之情越来越强烈。周二，首相根据内阁委员会的报告，就政府的意图发表了一份承诺声明。之后，卡森就‘同等牺牲’动议发出了通知，以供在下周三（4月

19 日）讨论。如果未能按照这项动议通过一项全面强制征兵的措施，那么他将打算让事态陷入危机”。[239]正忙着培养卡森的劳合·乔治又一次威胁要辞职。《泰晤士报》的外国编辑亨利·威克汉姆·斯蒂德（Henry Wickham Steed）援引劳合·乔治的一位朋友的话说，“他勇敢地向围栏飞奔而去，但一到那儿，就勒住缰绳，四处寻找大门”。[240]统一党议员亚瑟·李——在军需部工作时，他曾在劳合·乔治的手下工作过——将劳合·乔治不会辞职的主要原因告诉了他的妻子：卡森曾告诉李，“如果劳合·乔治辞职，由于没有任何私人收入，他的年收入将从 5000 英镑下降到议员的薪资 400 英镑”。[241]

4 月 13 日，劳合·乔治一如既往地让报纸站在他这一边，他带着史考特去和里德尔和《英国周刊》的编辑兼老板威廉·罗伯逊·尼科尔（William Robertson Nicoll）爵士一起喝茶，讨论他是否应该辞职。他说，虽然征兵制是原因之一，“但我确实应该辞职，以便抗议全面的战事指挥工作”。[242]他补充说：“根本就没有抓住重点。阿斯奎斯和贝尔福似乎没有意识到形势的严峻。”

326 这两位报业大亨认为，如果辞职是实现变革的唯一途径，那么他应该辞职。史考特保持沉默，但会后他告诫劳合·乔治，在可能发表的任何辞职演讲中，劳合·乔治都应当“极其克制，语气慷慨”。[243]劳合·乔治回答说，他将不发表任何演讲，只是向阿斯奎斯发送一封措辞谨慎的信，概述他的理由。他请史考特下个星期天到沃尔顿希思去拜访他，和他一起审议这封信的内容。但是，史考特回忆说，“当我到那儿时，他压根就没有写信”。[244]在一番犹豫不决后——此外，在劳合·乔治和亚瑟·李以及他的私人秘书起草这封信的过程中，劳合·乔治睡着了——斯坦福德汉的消息抵达了，他要求代表国王会见劳合·乔治。劳已经把劳合·乔治打算辞职的消息告诉了国王，斯坦福德汉的工作就是敦促他改变主意。根据史考特的说法，“斯坦福德汉向他列举了维持联合政府、一起面对敌人等显要的考虑因素，对于所有这些问题，劳合·乔治回答说，他将很乐意按照他们说的去做，‘只是因为我发誓要忠实地为陛下效劳’——这个回答似乎让尊贵的斯坦福德汉惊讶不已，乔治说斯坦福德汉不是一个聪明的人”。

劳合·乔治并不是唯一一个搞阴谋反对阿斯奎斯的人。丘吉尔——他和其他议员一同在前线——被召回国，以便对卡森的动议进行投票，他一直在和劳合·乔治、史密斯和卡森通信，密谋重返政坛。4 月 12 日，他给妻子写了一封将交给阿斯奎斯的信，请求解除他的指挥权，她一直在等待送交信件的信号。他非常希望劳合·乔治辞职，这样他就能和卡森组成一个适当的反对党。但是，由于所有的统一党人都支持强制征兵，如果劳合·乔治因为这个问题辞职，那么他们将别无选择，只能辞职。因此，一个有趣的问题将会出现，那就是政府将是怎样的，反对党将是怎样的——这个问题在次年 12 月经过详细讨论后得以解决。丘吉尔意识到风向正在改变，于是他给妻子发了个信号，并于 5 月 11 日返回伦敦。

关于扩大征兵的讨论仍在继续，曾两度推迟的内阁会议最终于 4 月 14 日（星期五）的晚些时候举行，随后讨论延期到了 4 月 17 日下午 4 时 30 分。会议在下院开始，在唐宁街结束。下午 6 点 15 分，会议结束，但劳合·乔治和其他资深大臣一直讨论到晚上 8 点。会议决定，内阁的强制服役委员会将解散，而无须事先进行报 327
告，并将成立一个新的委员会——这次的成员包括阿斯奎斯、劳合·乔治、贝尔福、克鲁和劳——以便解决这个问题。然而，内阁无法达成共识，并且阿斯奎斯不得不两次告诉下院，他无法就法案做出承诺的声明。此时，和阿斯奎斯一样，劳与他的政党之间也出现了严重的问题，后者欣赏卡森采取的更为强硬的立场。劳觉得自己是在为统一党领导人的地位而战。

4 月 17 日结束时，劳合·乔治决定不辞职了，在史考特看来，他的这个决定也是因为受到了作为内阁大臣获得的薪水的影响。他的自负也起到了很大的作用。他告诉史蒂文森小姐，他不情愿，是因为新任大臣“会说目前很多事情进行得不是很顺利，一些最大的工厂还没有开工，而在事情进入正轨后，他会把所有功劳都揽在自己的身上”。[245]他觉得，不出六个星期，他就可以让一切正常运转，他就可以得到称赞，这样才可以“安全地”把工作移交给继任者。他对史考特说了类似的话。

统一党战争委员会由两院的 125 名成员组成，4 月 18 日，卡森主持召开了委员会会议，要求实行全面征兵。第二天，阿斯奎斯承认内阁出现了分裂，他没有办法让亨德森和工党接受征召所有 41 岁以下成年男子的新政策。[246]劳合·乔治告诉斯坦福德汉，他认为阿斯奎斯害怕罢工，甚至可能害怕革命，他认为这些威胁被夸大了。丘吉尔拉拢费希尔，试图让他说服劳合·乔治辞职；劳告诉劳合·乔治，如果他辞职，劳也会辞职，这可能会让政府垮台，并导致需要进行选举。史考特对这种伎俩感到厌恶：“我让他们在军需部的办公室里关起门来谈，”他记录道，“很高兴能从这种徒劳的阴谋气氛中逃脱。”[247]

与此同时，迄今仍不肯让步的亨德森接受了罗伯逊向他提出的一项计划，即只有在新的募兵活动的第一个月征募不到 6 万人，此后每周征募不到 1.5 万人的情况下，才应实行强制征兵。一旦低于这个人数，议会就会通过决议要求实行强制征兵。劳合·乔治同意了，因为他确信这个措施将会失败，不过，在政府不得不接受对所有男子实行征兵制之前，不可避免地需要等待五六个星期。然而，丘吉尔很失望。史蒂文森小姐报告说，他“一想到这件事会悄无声息地过去，就感到非常不舒服”。[248]在重压之下，阿斯奎斯屈服 328
了，他在和平时期曾具有的办事效率现在变得相当低。因此，资深的同僚建议任命一位内阁秘书来记录决定，并确保决定得到执行。起初，众人认为这个人应该是一名大臣，孟塔古暗示他就是那个理想的人选。提出这个想法的时刻将会到来，当它来的时候，汉基将会答应效劳。

议会的第一次秘密会议于 4 月 25 日——爱尔兰复活节起义的第二天——举行。之所以秘密进行，不是为了不让敌人知道，而是为了掩盖政府的内部分歧，同时陈述征召已婚男子的理由。诺思克利夫的报纸对无法报道此事感到愤怒。阿斯奎斯——在复活节期间，他曾向奥托林·莫雷尔诉说与尊重出于良心而拒服兵役者有关的问题——提议修改服役条例。服役期满的士兵将服役到战争结束；在有需要时，可以将本土防卫军派遣到任何军队；豁免证明期满的任何男子都必须立刻应征；所有年轻人到了十八岁都要服从《兵役法案》；而且（至关重要的是）如果参军人数在任何一周内下降到 1.5 万人以下，那么内阁将请求议会授权，以便迫使未宣誓的人服役。

下院拒绝了这些提议，这要归功于卡森和他在统一党战争委员会的盟友们，他们希望实行全面强制征兵。两天后，又以法案的形式重新提出了这些提议，但由于遭到了严重的攻击，阿斯奎斯不得不撤回这些提议，卡森逐条进行了驳斥。报纸近乎一致地对“七拼八凑”的募兵进行了谴责。4 月 29 日，内阁同意实行全面的全国性征兵。尽管阿斯奎斯个人反对这个提议，但秘密会议的基调动摇了他的信心，于是他选择了随大流。这项法案于 5 月 3 日提出，很快在议会获得通过，并于 5 月 25 日成为法律。正如阿斯奎斯告诉国王的那样，内阁“同意将爱尔兰纳入《兵役法案》的提议是不切实际的，应该予以抵制”——这引发了一场争议，并将在日后的战争期间引起反响。[249]此外，该法案将适用于 18 岁生日届满 30 天的英国的所有年轻人——如果他想获得自愿参军的殊荣，就应该给他这样的机会。政府将对因体检原因被豁免的数千名男性的
329 情况进行审查，这样便可以征召他们，让他们在国内履行职责或者从事不如海外服役艰苦的工作。阿斯奎斯说，这项措施是“迫切需要的”；不过，汉基在前一天表示，他“非常讨厌这份工作”。[250]

在第二次宣读法案时，劳合·乔治讲述了政府的观点，他利用这个机会否认自己背叛了自由党的原则——自由党的报纸经常就此谴责他：

> 从希腊开始的每一个伟大的民主国家，在受到挑战，在自由受到威胁时，都通过诉诸强制征兵来捍卫自己。华盛顿通过强制征兵为美国赢得了独立，1812 年，他们采取强制手段捍卫独立。林肯不仅是一位伟大的民主主义者，而且他的事业本身就是民主在政府领域取得的最伟大的胜利。他宣布了“民有、民治、民享”的原则，并通过征兵制使之得以延续。在法国大革命中，法国人民通过强制征兵和征召的方式捍卫他们新获得的自由，反对主张君主政体者的一切努力。今天，法国仍通过征兵制来保卫国家。[251]

西蒙重申了他在辞职时使用的论据：该法案违反了英国为之奋斗的自由主义原则。然而，该法案以 328 票对 36 票获得通过。至少从议会的角度来看，关于征兵制的争论已经结束了。在法案获得通过后，德比在兰开夏郡召开的保守党会议上说，“我们应该在战

争的第一周就采取普遍的强制征兵措施”。[252]就在御准这项法案的那一天，国王向他的人民发布了一则信息，表达了他对许多人通过志愿服役所表现出来的“出色的爱国精神和自我牺牲精神的认可和赞赏”，并提前向他们做出的“额外牺牲”致以敬意。[253]

不仅是男人被迫做出爱国主义“牺牲”，那些将为强制征兵付出最大代价的人还有中产阶级妇女。政府向工人阶级士兵的妻子发放的津贴被认为是慷慨的；而中产阶级的妻子们，她们的丈夫丧失了白领阶层的薪水，得到的补偿少得可怜，她们的生活水平在这个物价上涨的季节里一落千丈。现在，志愿工作的重点将转向妇女，她们将成为军火工人、护士或农场工人。在索姆河战役爆发后不到一个月的时间里，当局就向她们发出了紧急呼吁，要求她们自愿加 330
入红十字会或志愿救护队，以及在为工厂工人提供食物的食堂当帮手。随着法案获得通过，一长串免于服役的其他农业岗位被取消了，政府强迫不情愿的农民使用女性劳动力。

许多中产阶级妇女乐意工作，而且对她们的需求也很大，但这也引发了儿童保育问题。在 1916 年 5 月后，许多这样的家庭搬到了更便宜、更小的出租房——他们中很少有人是房产的终身保有者或抵押人。妇女团体和社团相继成立，以便互相支持。政府宣布了一项补助金制度，最高每年补助 104 英镑，由地方专员管理，以便帮助这些家庭支付抵押贷款的利息或租金、学费、保险费和中产阶级的其他开销。到 1916 年夏末，民众要求允许“受过教育”的妇女担任公务员系统的中级职员，这解放了成千上万名曾被免于服役的男子。一些妇女正在从事繁重的工作，在几个月前，这些工作对她们的性别来说还是不可想象的。9 月 15 日，《泰晤士报》报道：“在一家还原渣厂，妇女们被派去把矿渣铲进碎渣机里。在一家铁矿石工厂，有 22 名妇女代替了男人，主要负责装卸货车……在几个码头，妇女们充当起坑柱搬运工；在一些情况下，她们在建筑行业当工人，尽管还没有妇女扛灰浆桶。”[254]

最明显的是，征兵制的扩大导致军工厂和农业更加依赖妇女。政府开始担心她们的健康状况：1844年，纺织业曾禁止女性在夜间工作，但因迫不得已，又恢复了夜班制度。由于白天还要做家务，许多妇女已经疲惫不堪。人们敦促政府为有年幼子女的母亲提供法定休息时间。由于许多年轻男子离开，出生率正在下降。政府担心，由于过度工作而导致的妇女健康状况下降将会进一步降低出生率。

尽管农业部的政务次官弗朗西斯·戴克·阿克兰以傲慢的态度说道，“女工不能被视为熟练男工的替代者，她们只能被视为男性工人的补充”，但他承认，女性完全有能力照管牲畜和家禽，此外，“很多女人正在从事耕田的工作，并且做得很好，不过，这当
331 然是例外情况”。[255]前一年春天，在任命露丝·戴维斯（Ruth Davis）小姐——她的前任已经参军——担任科尔切斯特市的警长时，人们也是这种态度。据报道，“她将不必拿着权杖，也不必担任祝酒提议人”。[256]阿克兰宣布向全国妇女农田勤务队拨款，用于培训和安置志愿者。各个郡的委员会负责组织妇女并进行登记，截至1916年5月底，已有3.5万人进行了登记。贸易委员会还任命了一个特别委员会，由博福特（Beaufort）公爵夫人担任主席，由妇女主导，负责处理女工的福利，尤其是住房问题，以确保她们不会被分配到不合适的临时住处，在这些住处，她们可能会面临德行方面的危险。

阿克兰告诉农民们，“所有尝试过采用妇女的人都很高兴，并且极其信赖她们……几周的培训让一切变得不同”。[257]他又说：“我们的立场是：‘现在的女人们可用，我们知道她们是有用的——这

已得到充分证明，你必须尝试采用她们。如果你不这样做，你就是德皇的帮凶，而不是国王的帮手。'”然而，即使这样仍不够。战前有 100 万农业劳动者，其中的 25 万到 30 万人已经应征入伍。因此，阿克兰建议人们那年夏天不要像往常一样去度假，而是把时间用于在田里干活。地方委员会也会组织农活。人们呼吁让妇女担任军队的厨师，陆军部则安排德国战俘在田里劳作。

政府将妇女们派往法国，让她们看看法国妇女是如何组织和从事农业工作的。郡委员会举办了招聘活动，在一个月内，来自诺福克郡的 170 个村庄的 3000 名妇女参加了招聘活动。梅里尔·塔尔博特（Meriel Talbot）——她后来将指挥女子农田军——组织了一个演讲者小组，在全国各地巡回演讲，以招募女工。英国成立了全国妇女农田勤务队来组织农业活动，勤务队的首要任务是招募那些“专业人士”担任女工头和培训其他人。[258]一群大学女生在采摘水果和收割中度过了漫长的假期，这是因为林肯郡和芬斯的农民对爱尔兰人不愿参军感到愤怒，从而抵制爱尔兰的马铃薯挖掘者。政府最终采用了在某种程度上类似于招募基钦纳军的组织手段，以便让妇女最大程度地为战争做贡献。

汉基的回忆录引用了官方数据：战争期间的服役人数为 4970902 人，一半多一点（2532684）的人是根据志愿兵役制应征 332
入伍的，有 2438218 人是根据义务兵役制被征召的。[259]现在，没有人能逃出招募军士的天罗地网，包括那些觉得自己太过清高，无法参与多少有些庸俗的拯救国家等集体活动的人。3 月，未婚的利顿·斯特雷奇——布鲁姆斯伯里团体的创始人之一，正在为他的突破性作品《维多利亚女王时代名人传》（*Eminent Victorians*）做准备——被勒令离开位于嘉辛顿的莫雷尔夫妇的乡村别墅，到白城去做体检。“他告诉我们，”奥托林夫人回忆道，“他从 11 点一直等到3点半，读着加德纳*的《英格兰史》。然后他接受了英国皇家陆军军医队的依次检查。他和另外三个年轻人（他们都是粗野的家伙）一起脱了衣服，然后赤身裸体地站在医生的面前。一个年轻的医生看见他时，哈哈大笑起来。这也难怪，因为在其他强壮结实的人中，他一定显得很怪，他是那么高，那么瘦弱，胡子又长。他们一致同意豁免他服兵役。”[260]在预审法庭上，法官问斯特雷奇，如果他看到一名德国士兵试图强奸他的妹妹，他会怎么做，他回答说：“我应该尽我所能挺身而出。”[261]

据说，一些出于良心而拒服兵役者得到的待遇就远没有那么有趣了，议员们开始对这些待遇提出质疑。威廉·拜尔斯要求确认，校长、贵格会教徒、剑桥大学毕业生伦德尔·怀亚特（Rendel Wyatt）是否被“逮捕和监禁，被迫每天擦洗地板和搬运煤炭14个或15个小时；此后，他是否因为拒绝钻探导致一个月来只能吃面包和水，并被戴上了镣铐；他现在是否和另外的12个人一起被关在黑暗的牢房里；这种待遇是否符合规定?”[262]他问陆军部是否知道“出于良心而拒服兵役的奥斯卡·格瑞斯伍德·里基茨（Oscar Gristwood Ricketts）遭到了逮捕，在布伦特福德治安法庭被起诉，被罚款两个基尼，并被移交给了军事当局？他们是否把他押送到费利克斯托，让他戴着手铐在公共街道和铁路上被羞辱？他现在是否在哈威奇的圆形堡垒里，被关在牢房中，唯一的食物就是干饼干和水？这个年轻人是否辞去了市银行的一个好工作？是否愿意从事与他的宗教和道德信仰相一致的对国家至关重要的工作？他是否打算对此事采取行动?”

---

* 加德纳：即塞缪尔·罗森·加德纳（Samuel Rawson Gardiner），英国历史学家，清教徒革命和英格兰内战研究方面最权威的专家。他毕生致力于17世纪英格兰史的研究。他曾任伦敦国王学院近代史教授、《英国历史评论》主编。——译注

斯诺登声称，来自兰开夏郡达温镇的出于良心而拒服兵役的人士“被带到普雷斯顿的军营，在那里，他们受到了最恶劣的虐待，他们被强行脱去衣服，几乎赤身裸体地在营地广场上游行，在穿上制服后，其中一人被带进一个房间，根据那边一个人的证词，他在房间里被粗暴地踢来踢去，外面可以听到他的呻吟声”。[263]他说，全国各地都有类似的故事，并要求制止这种行为，惩罚犯这种错误的士兵。坦南特恳求同僚们不要请求对个别案件进行调查，因为官员们的工作量太大了。这促使斯诺登问道：“由于在陆军部进行调查可能会遇到小麻烦，这些人是否会继续受到折磨？”[264]当其他议员开始攻击坦南特时，他大喊道：“我请求下院不要相信这些流言蜚语。”[265] 333

然而，任何出于良心而拒服兵役的人士，如果因为除宗教信仰以外的理由而不愿参加战斗，都会受到专横的对待。4 月 10 日，反征兵联盟的主席雷金纳德·艾伦（Reginald Allen）在伦敦市的法庭上说，“作为一名社会主义者，他认为自己的生命和人格是神圣的”。然而，军方代表声称，该法案只承认宗教动机。庭长至少给了艾伦一个豁免理由，就是让他从事“对国家重要”的工作，但艾伦拒绝了。[266]塞缪尔曾提出，“出于道德信念拒服兵役是否和出于宗教信仰拒服兵役一样正当合理”，与此有关的争论仍在继续。一些人要比其他人容易获得豁免。剑桥法庭根据约翰·梅纳德·凯恩斯（John Maynard Keynes）提供的专家证据，认为 A. C. 庇古（A. C. Pigou）教授应被豁免服役。庇古是剑桥大学经济学系的系主任，也是庇古效应的确立者。庇古效应是一个关于在衰退期如何恢复平衡的古典经济学理论。没有记录表明，激烈反对庇古理论的凯恩斯是否告诉法庭，庇古曾利用自己的私人收入为凯恩斯的一些研究提供资金。庇古在大学假期里志愿当了一名救护车司机，他因临危不乱而出名。

出于良心而拒服兵役的人士被送到了法国，在后方工作组中效劳，而那些拒绝参加者被关进了监狱，与他们受到虐待有关的更多故事在议会中被提起，这让仍由自由党主导的政府感到尴尬。粗暴的对待常常在他们落入军队的魔掌之前就开始了，他们抱怨法庭专
334 横，声称士兵们因为他们的宗教信仰遭到了嘲笑。在一个法庭上，军方代表向一个出于良心而拒服兵役的人士问道："能不能解释《民数记》中的这段话，'难道你们的弟兄去打仗，你们竟坐在这里吗?'*"[267]这位代表也要求拒服兵役者的妻子对"复仇在我"**发表看法，她回答说"耶和华说"***。

尤其令人愤怒的是，政府使用了一种称作"被钉十字架"的刑罚——这是在将近40年前引入的1号战地惩罚，当时废除了拷打——在这种刑罚中，受罚者长时间被枷锁绑在墙上，手臂高举过头顶，导致许多人昏厥。议员们担心，这种虐待针对的不仅仅是底层人民，也包括像他们这样的人。菲利普·莫雷尔宣称，"当你像现在这样拥有1000多名士兵，这些人具有最好的品格，受过最好的教育，他们中的许多人担任不错的职位，所有人都很出名，但他们宁愿被逮捕、成为罪犯，也不愿参加他们称之为违背良心的战争时，这将是一个非常严重的问题，并且是时候认真对待这个问题了"。[268] 1916年3月，地方法庭对剑桥的72名大学生进行了审判，只允许他们中的大多数人免于参加战斗。其中一人说，他"宁愿看到英格兰在肉体上被毁灭，也不愿看到它在道德上被摧毁，因此

* 出自《圣经》之《旧约－民数记》第32章的第6段。——译注

** 出自《圣经》之《新约－罗马书》第12章的第19段。——译注

*** 出自《圣经》之《旧约－以赛亚书》第56章的第1段，内容是"耶和华说，你们当守公平，行公义。"——译注

他不能参与驱逐任何外国侵略者的行动”。[269]哈罗公学的数学和物理老师乔治·萨瑟兰（George Sutherland）向地方法庭提起上诉，要求不要加入英国皇家陆军军医队，因为他认为军医队的主要目的是让士兵尽快回到前线；他不能夺去别人的生命。“难道你不认为国家应当剥夺杀人犯的生命吗?”有人问他。“不，我们的责任是使他们弃恶从善，”他回答道。

即使是超龄男性——他们认同“出于良心而拒服兵役”的观点——也受到了骚扰：1916 年秋天，44 岁的伯特兰·罗素应邀去哈佛大学教授数学课，但政府拒绝颁发护照，声称向他颁发护照不符合公众利益——政府担心，一旦脱离了英国的管辖，他会说一些关于战争和征兵制的事情，而在那片土地上，他的言论会被高度宣传。后来，他所在的三一学院禁止他在剑桥大学讲课。受到惩罚的不仅仅是杰出的公众人物。从公务员到邮递员，凡是声称出于良心而拒服兵役的政府雇员都将丧失他们的养老金。

在直到战争结束的时间里，罗素几乎专职从事反对征兵制的工 335
作。他声称，当阿斯奎斯在复活节起义后即将前往都柏林时，他和其他几个人去拜访阿斯奎斯——罗素和他是老朋友，他们通过莫雷尔夫妇认识——要求赦免 37 名被判处死刑的出于良心而拒服兵役的人士。罗素回忆说，“即使是政府也普遍认为，出于良心而拒服兵役者在法律上不应被判处死刑，事实证明，判死刑的做法是错误的，如果不是阿斯奎斯，他们中的很多人会被枪毙”。[270]这些人被派往法国，一旦他们拒绝在那里战斗，就要接受军事法庭的审判。黑格也把赦免这些人的功劳归于自己，但他赦免这些人可能是听从了阿斯奎斯的指示。无论对士兵的需求有多么迫切，以冷血方式射杀 37 名拒绝战斗的平民将会来带灾难性的宣传效果。

许多寻求豁免的人之所以希望被免于服役，是因为他们的生计将受到服役的威胁，他们的雇主为他们寻求豁免也是出于同样的原因：大多数这样的请求都被驳回。在音乐厅演出的惠特·坎利夫（Whit Cunliffe）因为慈善工作——为受伤士兵表演——被豁免服役四个月。有些人只是想逃避服役，但无法以宗教理由证明自己是出于良心而拒服兵役，于是，他们想尽办法逃避征兵。1918年6月，一名木匠被罚款10英镑，因为他为了逃避服役故意锯掉了两根手指，使自己致残；还有一些人装聋作哑，记录显示，有人身穿女装以避免被发现。然而，由于政府有时将征召文件发给婴儿、盲人和士兵，因此，许多游手好闲者和逃避责任者肯定认为逃避服役是值得一试的。[271]

然而，大量证据表明，法庭的善变也可能导致给予宽大处理。伊舍从他位于苏格兰的别墅——佩思郡卡兰德的罗马营（Roman Camp）——给阿斯奎斯写信说，在农村地区，法庭的“裁决都是基于这样一种假设：一个人的首要职责是做好自己的本职工作，无论是农民干的农活，还是任何行业的雇员从事的工作……得出这种观点是很自然而然的事情，因为法庭是由申请人的乡邻组成，而军事代表也是乡邻，甚至可能是朋友”。[272]他告诉阿斯奎斯，他查看了60个案例，法庭向其中的大多数给予了缓役。“对任何委员会来说，这样做都是阻力最小的一条路。”奥克兰·戈德斯——他后来在劳合·乔治的联合政府任职——对雷普顿说，“矿井里有大量
336 的矿工不是全职工人，他们要么从事全职工作，要么参加战斗”。[273]罗伯逊向雷普顿讲述了一个“极端的例子”，是一个农业区的法庭做出的判决，两千个人中只有六个人没有被豁免服役。

九

1916年5月6日，在北威尔士的班戈，劳合·乔治对听众说：

“当国家处于危险之中时，你必须组织各项工作。”他的这种做法即使不是为了重建与自由党同胞之间的关系，也是为了给自己辩护。“你不能像管理主日学校*的宴请那样指挥战事工作，例如有人自愿带来面包，有人带来茶叶，有人端来水壶，有人负责烧水，有人端来茶杯，有人贡献现金，还有许多人只是在那里闲荡，尽情享受眼前的一切。你不能按照这样的方式开展战事工作。”[274]然而，如果阿斯奎斯认为通过同意强制征兵，即可压制他的敌人，那么他这是想错了。5月3日，密谋之心比以往任何时候都要强烈的格温给德比写信说：“看在上帝的份上，请站在卡森这一边来对付斯奎夫**。不要回避……（和阿斯奎斯一道）我们就别想赢得这场战争。”[275]

自1914年8月以来，军事问题常常不是政府的唯一问题。发生在克莱德军工厂的劳工行动（这些行动是出于政治动机，而不是要求加薪或改善环境）是如此猛烈，以至于3月28日，当劳合·乔治在巴黎时，史蒂文森小姐给他发了一封电报，要求他速速返回，因为罢工的规模“已经到了令人担忧的地步，而且没有人会为极端行动承担责任”。[276]克莱德劳工委员会——以前称为“克莱德工人罢工委员会”——曾因为艾迪生说的“微不足道的理由”举行罢工。[277]稀释规定导致工会激动、不安，自封的工人代表要求有权在未获得经理允许的情况下在工作时间内与其他工人面谈。根据《保卫王国法案》的规定，拒绝工作的人会被“驱逐”到英国其他地方，并被逮捕，直到承诺做出良好表现后，才允许他们返回家乡和工厂。卡森辩称，他们犯了叛国罪，应该受到相应的处置。由于他的影响，艾迪生答应考虑这件事。

---

* 主日学校（Sunday school）：又称为“星期日学校”。英、美诸国在星期日为在工厂做工的青少年进行宗教教育和识字教育的免费学校。——译注

** 斯奎夫（Squiff）：指阿斯奎斯。——译注

罢工工人所属的工会——工程师联合会——与他们断绝了关系，宣布罢工是违反宪法的，并拒绝支付罢工期间的薪资。这立即
337 使360名工人重返工作岗位。逮捕仍在继续，鼓动者被告知，他们可以把自己的案子交给为此目的而任命的克莱德专员。双方达成了一个令人不安的停止纠纷协议，但这个协议对罢工者产生的主要影响是引起了其大多数格拉斯哥同胞的强烈不满，其中一些人建议对克莱德塞德实行军法管制。

这些并不是唯一的磨难。4月的头六天，齐柏林飞艇在夜间袭击了英格兰，它还将在5月2日再次轰炸东海岸。4月2日，法弗沙姆（Faversham）的一个军工厂发生爆炸，造成108人死亡。4月25日，德国巡洋舰轰炸了洛斯托夫特（Lowestoft）和雅茅斯（Yarmouth）。海上损失还在上升：在4月间，英国损失了14万吨的货物，37艘船舰被潜艇击沉，另有6艘被水雷击沉。3月24日，德国人用鱼雷击沉了一艘从福克斯顿驶往迪耶普*的跨海峡汽船"苏塞克斯"号（Sussex），造成50人至80人死亡，其中包括著名的西班牙作曲家恩里克·格拉纳多斯（Enrique Granados）。美国乘客的受伤激起了美国人的愤怒，他们迫使德国人承诺不会再发生类似事件。"苏塞克斯"号的船头被炸掉，船尾最终被拖到了布洛涅。

航运方面的弱点还引发了一个问题，这个问题将在余下的战争期间主导英国人的生活：食物短缺。1915年的收成不好，潜艇袭击意味着进口（战前英国的农业产量急剧下降，导致依赖进口）大幅下降。一些商品变得难以获得，杂货店外的长队变得司空见惯，这动摇了士气。4月下旬，报纸编辑们被召集到白厅，被责令在提及船运损失和由此造成的食品短缺时要严谨、克制。由于诺思

---

* 迪耶普（Dieppe）：法国港口城市。——译注

克利夫——他的报纸快要遭到根据《保卫王国法案》提起的诉讼，因为它们被认为是失败主义，比他可能意识到的更具失败主义——对政客们在没有报纸鞭策的情况下处理这场危机或任何其他危机的做法感到绝望，5 月 4 日，《每日邮报》公开讨论了这个问题。诺思克利夫对威尔斯说，“只要某个铁腕人士命令人们少吃点，那么就能达到预期的效果——或者通过演讲和报纸进行非常严谨的宣传活动来达到”。[278]牛奶的价格上涨到每夸脱 6 便士，报纸察觉到有些人会投机倒把，于是建议消费者货比三家，光顾那些卖得更便宜的乳品店。[279]为了保障儿童的健康，民众要求政府控制牛奶价格的呼声越来越高；而这是另一项触犯到自由党敏感点的措施。 338

由于战争对社会的影响，政府被迫回应一场关于是否应当通报性病的辩论。从法国回来的士兵带着这样或那样的苦恼，这不仅在平民（这些平民仍然遵循维多利亚时代的道德态度）中引起了可以预料到的流言蜚语，而且在那些与归来的英雄们关系密切的人中引发了传染病。英国成立了皇家性病委员会，该委员会反对通报性病，以防这个问题被转入地下，从而变得更糟。不幸的是，事实证明，这些措施是不够的。

由于燃料和食物短缺，5 月初，内阁同意引入一项在战前就已讨论过、但因为被认为是古怪的而被驳回的措施：引入英国夏令时。阿斯奎斯是内阁中唯一一个持怀疑态度的人，但他默许了。5 月 8 日，下院以 170 票对 2 票通过了一项决议，并将在 5 月 21 日出台法律。除了“增加”白昼时间——在盛夏，伦敦的天黑时间被调整到晚上 9 点 30 分，而不是 8 点 30 分，预计单在照明方面就能节省 250 万欧元——英国议会决定取消圣灵降临节的公共假日，并于 8 月初在战争期间实行这个政策。似乎在人类存在的任何领域，战争都会迫使人们做出新的调整，甚至包括白昼时间。 339

第五章　叛乱

一

随着与征兵制有关的争论接近尾声，有消息传到伦敦，说在远离佛兰德斯的地方发生了重大的军事逆转。从 1914 年秋季开始，美索不达米亚就发生了一场军事战役。1916 年初，试图攻占巴格达的行动以失败和灾难告终。查尔斯·汤森德（Charles Townshend）少将——他是一个极端利己主义者和花花公子——在上一年 10 月曾击溃 4000 名土军士兵，现在，他和他的 2 万名英属印度士兵组成的军队被奥斯曼帝国的军队围困在巴格达东南 100 英里处的库特－阿马拉（Kut-al-Amara）。1916 年 1 月，芬顿·艾尔默（Fenton Aylmer）爵士领导的一支救援部队在谢赫·萨阿德（Shaikh Sa'ad）被击败。4 月 29 日，在被围攻四个月后，汤森德投降了。估计有 4000 名英国伤员因缺乏医疗船而死亡，有 1.3 万名协约国士兵被俘。这次失败造成了两个后果：它给了阿斯奎斯一个借口去征召已婚男子，并导致必须建立美索不达米亚委员会，就像对达达尼尔海峡战役进行指挥的委员会那样，这个委员会将为溃败划定责任。事实上，担任印度事务大臣的张伯伦负责监督这次行动。虽然在意识到60年前弗洛伦斯·南丁格尔*抵达克里米亚之前的伤亡情况后，他曾要求为军队提供更好的医疗设施，但他还是将被迫辞职。兵力的损耗速度高得惊人，以至于需要有新兵来弥补。在达达尼尔海峡战役之后，对于那些主张东线战略的人来说，这是又一次重大挫折：而西线的僵局也没有任何被打破的迹象。

当英国正大范围处于自我怀疑的阶段时，一个严峻的挑战在离 341
英国更近的地方出现了。战争爆发后不久，阿斯奎斯试图安抚约翰·雷德蒙，并在国家危难之时反对统一党人制造麻烦，由此掩盖在爱尔兰问题上的分歧，这些举措似乎奏效了。然而，共和派人士无法支持阿斯奎斯和雷德蒙之间的协议。到了1914年8月，那些希望爱尔兰自治的人之间出现了根本分歧。以雷德蒙为首的立宪派民主主义党认为，如果他们忠诚地为英国而战，并在爱尔兰自治后与英国保持联系，那么出于感激，英国将向他们授予自治的权利。而共和派人士不希望与英国有任何联系。他们将德国视为其宿敌的潜在征服者，并且非常希望德国取得胜利：英格兰的困难再次成为爱尔兰的机会。正是出于同样的心态，1945年，时任爱尔兰总理埃蒙·德·瓦莱拉（Éamon de Valera）前往德国驻都柏林大使馆，对阿道夫·希特勒之死表示哀悼。

从1914年9月13日起，共和派人士为了追求他们的目标将会走多远，变得愈发清楚。就在那一天，前领事官员罗杰·凯斯门特（Roger Casement）爵士（他因此被授予爵士头衔）和阿尔斯特的

---

* 弗洛伦斯·南丁格尔（Florence Nightingale）：英国护士和统计学家，出生于意大利一个来自英国上流社会的家庭。南丁格尔在德国学习护理后，曾往伦敦的医院工作。她于1853年成为伦敦慈善医院的护士长。19世纪50年代，英国、法国、土耳其和俄国进行了克里米亚战争，英国的战地战士死亡率高达42%。南丁格尔主动申请，自愿担任战地护士。她率领38名护士抵达前线，在战地医院服务，仅仅半年左右的时间，伤病员的死亡率就下降到2%。——译注

新教徒在美国华盛顿会见了德皇的武官弗朗茨·冯·帕彭（Franz von Papen），请求德国给予支持。被坚定赞成地方自治的 C. P. 史考特称为“叛国”的爱尔兰报纸，从战争一开始就激起了亲德情绪，尽管它们的主要目标是雷德蒙和民族主义党，而不是英国政府。[1]民族主义党认为，德国人出钱资助了免费发放的共和派报纸，特别是《爱尔兰志愿军报》（*Irish Volunteer*）。重要的民族主义政治家 T. P. 奥康纳（T. P. O’Connor）对史考特说，“在南部和西部，新芬党成员告诉农民，要求他们参军，只是为了能够便利地消灭他们”。[2]9 月 9 日，爱尔兰共和兄弟会的代表和爱尔兰公民军的社会主义领导人詹姆斯·康诺利（James Connolly）召开会议，对战争为打击英国统治提供的机会进行评估。康诺利的目标比大多数人的都要深远：他想打倒资本主义本身。

就在阿斯奎斯于 1914 年 9 月 25 日在都柏林发表演讲——就像许多英国政客发表的演讲那样，这次演讲错误地认为爱尔兰问题要次于战争工作——的前夕，前公务员伊万·麦克尼尔（Eoin
342 MacNeill）和其他六名主要的共和派人士发表了一份声明，谴责雷德蒙的亲英态度。声明中说，要不是作为共和运动的重要人物的凯斯门特在国外，不得不缺席，否则他也会签署这份声明的。从 1914 年春天开始，效仿英国军队的志愿者团体就一直在进行训练，他们被称为“爱尔兰志愿军”；但在战争爆发后，这项运动分裂了，民族主义志愿者跟随雷德蒙，很多人加入了英国军队，只有一小部分人认同共和运动。爱尔兰志愿军的分支机构很快在以前没有志愿者组织的地区建立起来。每个人都被要求购买制服和步枪，妇女被鼓励参加和支持这项运动，麦克尼尔被任命为参谋长。

爱尔兰志愿军被诋毁者称为“新芬党成员”，尽管最初的新芬党已经垂死挣扎了好几年，但它还是进行了非武装的消极抵抗，而且，根据其领导人阿瑟·格里菲斯（Arthur Griffith）的政策，它曾为爱尔兰和英国寻求一种双重君主制。不到一个月，就有1.3万人加入了爱尔兰志愿军，有8000人进行了定期训练，据说这群人有1400支步枪。[3]奇怪的是，爱尔兰没有枪支许可证制度，因此枪支泛滥，当局无力管控。虽然在1914年12月根据《保卫王国法案》实施了允许警察没收武器的措施，但爱尔兰志愿军被获准自由发展，而向爱尔兰走私武器的活动仍在继续，并且在很大程度上没有受到阻碍。在1914年8月的分裂之后，爱尔兰国民志愿军的人数减少，尤其是一些人加入了英国军队。对于雷德蒙、民族主义党和他们的政治来说，这场运动变得奄奄一息乃至崩溃，这是一个可怕的预兆。

10月31日，《泰晤士报》报道说，雷德蒙的招募活动令人遗憾，大约只招到了1万名新兵，大多数来自都柏林和科克郡的统一党人地区。报道称，响应人数如此之少，“让未来的英爱关系进入了终极的道德考验时刻”。[4]《晨间邮报》的J. D. 厄文（J. D. Irvine）为其编辑格温准备的笔记显示，截至12月，有2.8万名阿尔斯特人加入了基钦纳军，但只有1.1万人来自爱尔兰的其他三个省。到处都在激烈地进行反雷德蒙和反英宣传，特别是在都柏林。盖尔人兄弟会——爱尔兰共和兄弟会的美国姐妹组织——称雷德蒙是个“骗子”，并指责他“为了唯一敌人的利益，蓄意、肆意地背叛了爱尔兰”。[5]据《泰晤士报》报道，“存在一批规模虽小但充满 343
怨恨的报纸，它们代表着新芬党运动和拉金主义［以爱尔兰工团主义者詹姆斯·拉金（James Larkin）的名字命名的工团主义］以及最初的反英精神”，正在进行“一场反对募兵的暴力运动”。[6]《泰晤士报》继续写道，这些报纸把加入基钦纳军比作犹大的行为，并坚称这场战争是“英格兰的战争”。甚至有人建议，在英国被打败后，爱尔兰应该与印度和埃及联手，以争取有利的条款。英国人希望爱尔兰志愿军加入基钦纳军，这样德国人就可以屠杀他们的说法广泛流传。共和派人士认为，爱尔兰志愿军不应加入基钦纳军。但是，每一个爱尔兰人都应该加入志愿军，并进行训练，直到他们推翻英国统治的那一天。厄文在《晨间邮报》上向格温提交的报告（由于审查的原因，很多内容无法刊登）证实了《泰晤士报》的调查结果。新芬党正在进行“公开的亲德和激烈的反英宣传”。[7]原本可能参军的年轻人受到了“极端分子的恐吓和威胁”。[8]在都柏林的一次会议上，他目睹了雷德蒙主持的募款活动，“以便为都柏林的爱尔兰国民志愿军有效提供武器和装备”，尽管当时刚刚发布了一份禁止出售步枪和弹药的公告。“现场共筹得 642 英镑。”目前尚不清楚雷德蒙的追随者希望用这些步枪来对付共和派人士，还是统一党人。虽然英国处于国家紧急状态，但许多爱尔兰人似乎正在为抵御另一个敌人而武装自己。

除了这种狂热的气氛外，当局还普遍认为，为共和事业而从美国涌入的资金来自德国，并且爱尔兰的部分地区充斥着德国间谍。《泰晤士报》认为政府的回应是完全不够的。该报认为，布政司奥古斯丁·比雷尔毫无用处。忠诚的英国报纸受到了严格审查，而爱尔兰报纸却可以“宣扬叛国、反对征兵、诋毁英国军队……并且完全不会受到惩罚”。[9]该报建议基钦纳应当呼吁取缔这些报纸，并要求用法律来对付那些鼓吹叛国的人。在《爱尔兰自治法案》没有通过后，忠实的爱尔兰人雷德蒙曾做出承诺，但他的承诺“将会使民众在战争结束后普遍对他失去同情”。

344 在爱尔兰，人们更加强烈地感受到了曾对英国造成打击的经济困难，这导致了进一步的不满。爱尔兰的平均工资已经非常低：78% 的工人每周生活费不足 1 英镑，相比之下，苏格兰为 50%，英格兰为40%。[10]这种情况加上《爱尔兰自治法案》的推迟，使得雷德蒙的处境极其艰难，甚至导致温和的爱尔兰人开始寻找一种可以更积极地维护自己利益的替代方案。雷德蒙明白自己被认为是同谋，这就是为什么他在1915年5月拒绝了阿斯奎斯提出的在内阁任职的邀请，但这并没有奏效。

尽管爱尔兰人经常声称同情比利时人，但对许多爱尔兰人来说，加入英国军队显然是一种背叛行为。据记载，1915年1月，凯斯门特发表了不忠言论，他的养老金被收回。皇家爱尔兰警队撕毁了贴在韦克斯福德*周围的海报，海报上写着："不要理会警察要求你摧毁自己的财产以及当德国军队在爱尔兰登陆时离家出逃的命令。因为当德国人来的时候，他们会以朋友的身份到来，他们将结束英国在爱尔兰的统治。因此，请待在家中，并尽可能地帮助德国军队。"[11]有一位更加杰出的人物采取了被动但直接的抵抗形式。1915年2月，亨利·詹姆斯**请威廉·巴特勒·叶芝（William Butler Yeats）写一首战争诗歌。叶芝答作了一首诗："我想，在如今的世道/诗人还是闭嘴为好，因为说实在的/我们没有纠正政客的天赋；/取悦无聊的年轻姑娘/或者安慰寒冬之夜的老人/已经够我们忙的了。"[12]

在1915年3月16日后，由于强烈反对战争的无党派贵族帕穆尔（Parmoor）勋爵——他后来成为第一个工党内阁的成员——拟写了一份修正案，根据《保卫王国法案》，被提起指控的任何人

---

* 韦克斯福德（Wexford）：爱尔兰东南部城市，韦克斯福德郡的首府。——译注

** 亨利·詹姆斯（Henry James，1843年4月15日~1916年2月28日），美国小说家，文学批评家，剧作家和散文家。代表作有长篇小说《一个美国人》、《一位女士的画像》、《鸽翼》、《使节》和《金碗》等。他的创作对20世纪崛起的现代派及后现代派文学有着非常巨大的影响。——译注

（例如那些传播煽动文学的人）都可以要求陪审团进行审判。这使得阻止此类小册子或报纸的发行变得更加困难，因为爱尔兰陪审团不愿以政治罪给任何人定罪。爱尔兰志愿军加强了他们的宣传活动：那些负责监督公众情绪的人很清楚人们在向共和派靠拢，并向都柏林城堡*进行了报告。然而，比雷尔仍然决心避免对抗或挑衅。

1915年4月4日（复活节），当2.7万名爱尔兰国民志愿军游行经过都柏林的一个人群（估计有10万人）时，雷德蒙接受了他们的致敬。[13]然而，这是一个假象：民族主义党的支持正在减弱，
345 在威斯敏斯特，卡森加入了新的联合政府，这将增强他的影响力，同时削弱雷德蒙的影响力。马修·内森（Matthew Nathan）爵士——他是副布政司，也是一位杰出的前陆军军官——指出，到1915年下半年，共和派人士更有信心了，他们在寻找机会来鼓吹他们的势力。尽管如此，7月2日，在都柏林举办的一次宴会上，雷德蒙表示，他确信《爱尔兰自治法案》——他将该法案称为“爱尔兰有史以来最伟大的自由宪章”——将在战争结束后立刻实施。[14]他攻击那些声称联合政府将违背这个承诺的人，尽管他承认自己对政府“不信任”，他拒绝加入政府就是最好的证明。他声称，尽早取得胜利将最符合爱尔兰的利益——那些被他低估的共和运动中的对手们对此表示深深的不认同——并援引官方数据称，在应征入伍的12万人中，有7.1万人是罗马天主教徒，4.9万人是新教徒。

8月1日，狂热的共和派校长（他有一半英国血统）帕特里克·

---

* 都柏林城堡：位于爱尔兰都柏林的圣母街，在1922年之前，是英国统治爱尔兰的政治中心，现在作为爱尔兰的综合博物馆群。——译注

皮尔斯（Patrick Pearse）在杰雷米亚·奥多诺万·罗萨（Jeremiah O'Donovan Rossa）的墓前发表了演讲。罗萨享年 83 岁，是芬尼亚社*的社员，也是爱尔兰共和兄弟会的领导人，他主张对英国使用武力，并于 1865 年因叛国罪受审。6 月 29 日，汤姆·克拉克（Tom Clarke）——他是爱尔兰共和兄弟会的杰出人物，在 19 世纪 80 年代因恐怖主义行为在英国监狱服刑 15 年——在纽约获悉罗萨死亡的消息后，给盖尔人兄弟会的领导人约翰·德沃伊（John Devoy）发了一封电报，让他“立刻把遗体送回去”。[15]在举办葬礼前，罗萨的灵柩在都柏林的市政厅停放了三天，以供民众瞻仰；为了防止发生意外情况，都柏林城堡告诉便衣警察在格拉斯奈文墓地保持距离。皮尔斯在演讲的末尾说道：“他们自以为已经平息了爱尔兰局势。他们自以为已经买通了我们一半的人，恐吓了另一半人。他们自以为预料到了一切，做了一切可能的防范。真是蠢呀，蠢呀，蠢呀！——殊不知这些死去的芬尼亚社社员的墓都葬在爱尔兰，不自由的爱尔兰将永无宁日。”[16]皮尔斯本人被认为是怀有死亡心愿（为了他所珍视的事业，这个心愿将会实现），叶芝指责他患有“自我牺牲型眩晕症”，这让他成了那些希望以实际而非浪漫主义为导向的人的负担。[17]不过，他的话包含了一个基本的真理。

内森用官腔轻描淡写地说：“我有一种不舒服的感觉，民族主义党正在输给新芬党成员，而这次示威正在加速这场运动。”[18]比雷 346
尔甚至没有领悟到正在发生的事情，当他读到一篇关于罗萨葬礼的报道时，他说：“我认为，在整个集会上，没有一个人关心这个老家伙，因为他从来不关心任何事情。”[19]这充分说明了他对爱尔兰人日益高涨的情绪全然不知。在秋天，公民军——由康诺利在 1913

---

* 该社的目标是争取爱尔兰独立和建立爱尔兰共和国。——译注

年的工会动乱中组织，并承诺实现“解放”工人和建立爱尔兰共和国的目标——开始协调与爱尔兰志愿军的活动。[20]都柏林工人阶级令人震惊的住房条件，为康诺利和他的运动带来了巨大的煽动和行动空间，以及大量的新兵。据信，到目前为止，志愿军的人数为1.5万人，有1800支步枪以及同样数量的手枪和霰弹枪。志愿军的训练仍在继续，并组建了军官培训班和急救培训班。然而，以麦克尼尔为首的志愿军的大多数领导人仍然希望使用暴力，但只是为了自卫。而在1915年9月于克拉克召集的一次会议上，其他共和派人士决定，如果德国人承诺保卫爱尔兰共和国，那么他们将会在德国人登陆后才拿起武器。

对一些共和派人士来说，让德国人参与进来的想法不仅仅是说说而已。凯斯门特前往德国，1915年11月底，约瑟夫·普朗克特（Joseph Plunkett）加入了他的行列。普朗克特是一名诗人、学者，也是爱尔兰共和兄弟会的高级成员，他曾途经西班牙、意大利和瑞士。这两人试图说服德国人登陆爱尔兰，并加入志愿军的起义。他们还要求允许爱尔兰战俘加入一支爱尔兰旅，这支旅是登陆部队的一部分。凯斯门特深信，大多数应征入伍的爱尔兰人之所以参军，只是为了得到一份饭碗和一些前途，而不是出于对国王乔治五世的爱。最后，他设法仅让56人加入这支旅。除了德国在11月20日发表的一份声明外，这个高风险的使命几乎没有取得任何成果。声明称，如果德国登陆爱尔兰，那么它将尽其所能推进爱尔兰的自由。事实上，德国人不会登陆，凯斯门特觉得自己被利用了。当他问自己为什么会相信德国人时，他勃然大怒道：“他们是无赖……这就是全世界都憎恨他们的原因，英国一定会打败他们。”[21]

当凯斯门特未能说服德国总理贝特曼·霍尔韦格与他会面时，

他就应该意识到，德国人在绿宝石岛[*]开辟对抗英国人的第二条战
线的可能性微乎其微。皇家海军很可能在登陆舰队到达黑尔戈兰 347
岛[**]之前就将它击沉，更不用说到达爱尔兰了。然而，普朗克特概述了一项计划，要求德军登陆 1.2 万人（并向当地人提供 4 万支步枪进行武装），但须在西海岸登陆，这大概需要环绕奥克尼群岛[***]进行一番曲折的旅程，然后进入北大西洋。普朗克特认为，这将允许德国人在利默里克[****]建立一个大本营，并从那里占领爱尔兰。对于爱尔兰人（不仅是阿尔斯特省的那些人，还有当时许多不愿在德国庇护下生活的温和的天主教徒）是否顺从，以及德国的补给线是否可行，该计划就此做出的假设令人感到吃惊。当德国人无意参加叛乱的情况变得明显时，凯斯门特采取了更加符合实际的做法，他敦促他在爱尔兰的同志们停止策划叛乱。

1915 年末，英国军队在爱尔兰征募到的士兵人数大幅下降，每周募集到的人数不足 1100 人，尽管雷德蒙的脸出现在一些募兵海报上。到了 1916 年 2 月，人数降到了 300 人——即使是较高的数字也不足以维持两个爱尔兰师所希望的充足储备兵力。在英国面临最大的危机时，爱尔兰对英国的不满是无情的，甚至在 1916 年的复活节事件之前，这种不满就已经加剧了。招募到的士兵如此之少，导致了与兵役制有关的讨论，引起了巨大的不安。到了 1915 年中，在战争之初支持英国的罗马天主教会，开始公开敌对英国。7 月，红衣主教迈克尔·罗格（Michael Logue）——他是全爱尔兰

* 绿宝石岛（Emerald Isle）：爱尔兰的别名。——译注

** 黑尔戈兰岛（Heligoland）：位于欧洲北海东南部的德国岛屿。——译注

*** 奥克尼群岛（Orkney Islands）：英国苏格兰东北部的一个群岛，南距苏格兰本土仅 10 英里左右，由 70 个左右的岛屿组成。——译注

**** 利默里克（Limerick）：是位于爱尔兰中西部的一个城市。——译注

首席阿马大主教——在邓多克 * 参加一个工业展览会时声称，“政府扼杀了爱尔兰工业，迫使爱尔兰人移民，却又在寻找为他们而战的士兵，他们不可能在爱尔兰征募到这些士兵”。[22]他受到人们的欢呼。然而，在复活节起义后，罗格后来谴责了支持新芬党的牧师们。7 月底，教皇本笃十五世发布了一则通谕，要求结束这场徒劳无益的战争。8 月 4 日，利默里克的爱德华·奥德怀尔（Edward O'Dwyer）主教选择在战争届满一周年之日给雷德蒙写信，声称作为一名天主教政治家，雷德蒙应当支持教皇的讲话。雷德蒙既不希望成为伦敦的工具，也不希望成为梵蒂冈的工具，他希望《爱尔兰自治法案》能涵盖阿尔斯特省，于是回答说应责怪德国人。他的演技并不好。

9 月 14 日，爱尔兰志愿军委员会就是否立即发动叛乱进行了
348 辩论。麦克尼尔投票否决了这项动议，这表明他的许多同志认为志愿军对政府构成了潜在威胁。11 月，前印度事务大臣、爱尔兰统一党联盟的领导人米德尔顿（Midleton）勋爵会见了比雷尔，敦促他解除志愿军的武装。比雷尔拒绝了，这在很大程度上是由于英国政府的懈怠，尽管都柏林城堡知道志愿军成功招到了大量人员。因为在当时，情报来源认为，如果英国试图在爱尔兰实行征兵制，那么共和派人士可能会发动叛乱。由于担心会被迫加入英国军队，许多年轻的未婚男子决定移居美国。1915 年 11 月，冠达邮轮（Cunard）和白星航运（White Star）禁止 700 人在利物浦登船，因为航运主管认为他们应当入伍。雷德蒙说，他们企图离开是“非常怯懦的”举动。[23]这激怒了奥德怀尔主教，在写给爱尔兰省级报纸——因为都柏林的报纸审查非常严格，这些内容根本不可能出

---

* 邓多克（Dundalk）：爱尔兰东北部港市。——译注

版——的信中，他就普通爱尔兰天主教男孩的权利问题对雷德蒙进行了猛烈的抨击。这封信被印在传单上，广泛传播；教会的权力极大地助长了反权威的风气。

然而，一些共和派人士并不需要征兵制的挑衅。早在 1915 年 5 月，都柏林起义的计划就已经存在。爱尔兰共和兄弟会设有一个由三人组成的军事委员会，讨论叛乱的可行性和执行：它包括皮尔斯、普朗克特（他制定了最初的计划）和埃蒙·坎特（Éamonn Ceannt），后来纳入了汤姆·克拉克（他长期主张暴力革命）和肖恩·麦克·迪尔迈德（Seán Mac Diarmada）。和他的大多数同志一样，迪尔迈德是爱尔兰语的爱好者，本名叫约翰·麦克德莫特[*]。12 月 26 日，爱尔兰共和兄弟会的军事委员会决定在 1916 年的复活节（4 月 23 日）发动叛乱。1916 年 1 月，该委员会收编了康诺利，然后在 4 月初又纳入了托马斯·麦克多纳（Thomas MacDonagh）。1915 年，康诺利花了大量时间为志愿军部队讲解巷战，他使同志们相信英国军队不会在都柏林使用大炮，这严重误读了因战争和损失而变得更加强硬的英国。叛乱分子对执掌爱尔兰持乐观态度，因为他们相信都柏林和爱尔兰的各地民众将给予全心全意的支持，并假定都柏林城堡将会迅速投降，但这两个假设都没有实现。

1916 年 1 月 8 日，米德尔顿在上院谈到了大范围的暴乱和潜在的叛乱，克鲁让他不要担心。米德尔顿很苦恼，要求见阿斯奎斯，后者曾于 1 月 26 日和他见过面：在重复了自己的要求后，米
德尔顿被要求向阿斯奎斯提交一份备忘录，详细说明他所知道的情 349
况。然而，什么也没有发生，部分原因是阿斯奎斯生病，原定于 3

* 原文是 John MacDermott，有误，应为肖恩·麦克德莫特（Seán MacDermott）。——译注

月召开的第二次会议被取消了。2 月，在就国王的演讲展开的辩论中没有提到爱尔兰，因此，韦斯特米斯*的无党派民族主义议员劳伦斯·金内尔（Laurence Ginnell）提出了一项修正案，要求在一个月后实施《爱尔兰政府法案》。在爱尔兰，志愿军变得越来越大胆，由于英军中的很多人都是雷德蒙的志愿军，因此他们占领了这个战场，都柏林城堡仍然很被动。在都柏林，英国只部署了大约 1000 名士兵；比雷尔的军队寡不敌众。

3 月 4 日，《泰晤士报》驻爱尔兰记者详细报道说，越来越多的人支持那些“宣称信奉新芬党教义”的人，以及那些千方百计阻挠在爱尔兰为军队募兵的人。[24]志愿军的活动公开化，这激励了年轻人加入。共和派人士在都柏林、韦克斯福德、科克郡和克里郡都非常活跃。《泰晤士报》的报道称，志愿军在当局观看的情况下练习了巷战，并进行了训练。该报说，尽管这些怪诞举动可能会让具有比雷尔式幽默感的人觉得好笑，但它们可能具有“严肃的一面”。此外，随处可见的颠覆性文学作品助长了这种情况。作者总结道：“除非爱尔兰政府迅速、坚定地处理此事，否则情况可能会变得危险。”

当米德尔顿警告布政司志愿军正在进行训练时，比雷尔回答说：“整件事让我感到好笑。”[25]没过不久，米德尔顿警告温伯恩勋爵、爱尔兰总督和其他官员，声称他们让志愿军继续操练是危险的。然而，没有人听他的，尽管在都柏林发生了一起明目张胆的事件后，志愿军的三名组织者遭到逮捕，并被驱逐到英国。雷德蒙也收到了与自 1916 年春夏开始的叛乱有关的警告，这些警告旨在迫使英国人镇压叛乱，而后诋毁雷德蒙和他的政党帮助压迫者。随着

---

* 韦斯特米斯（Westmeath）：爱尔兰的一个郡。——译注

预言的上演，这些警告变得非常准确。

军事委员会决定在复活节的晚上进行动员。它计划在3月17日的圣帕特里克节*进行一次试验性动员，届时可以在庆祝爱尔兰国庆节的简单游行中完成动员。“都柏林旅几乎全副武装，穿着制服，戴着装备，在从市政厅到爱尔兰银行的达姆街上停留了一个多小时，在这段时间里，不允许车辆通行，以防止打断志愿军、公民 350
军和爱尔兰共和女子会的队伍。”[26]虽然并不是每一个游行的人都带着武器，但当局没有理由对潜在的麻烦感到惊讶。据估计，在参加圣帕特里克节游行的数千名志愿军中，有三分之一的人携带武器。1916年3月28日出版的《新芬党宣言》在爱尔兰本土没有引起注意，只在都柏林的一家报纸上进行了报道。宣言称，该组织“希望警告公众，政府行动（威胁要根据《保卫王国法案》夺走志愿军的武器）的总体趋势迫使局势变得高度危险”。它继续写道：“政府很清楚，拥有武器对志愿军组织来说是至关重要的，在不放弃和抛弃他们自第一次组建以来一直持有的立场的情况下，志愿军不会服从解除武装的决定，无论是在数量上，还是在具体细节上。没有了组织者，志愿军组织也无法维持其效率。因此，在自然而然的过程中，搜捕武器和企图解除武装的行动只会遭遇抵抗和流血。”[27]志愿军在都柏林市政大厦举行了一场会议，抗议三名组织者被逮捕和驱逐，这场会议在骚乱中结束，一支左轮手枪射出的子弹没能射伤或杀死一名警察，由于被他的皮夹挡住了，子弹只是射穿了他的大衣。

4月初，募兵会议激增，促使都柏林城堡在当天晚些时候考虑

---

* 圣帕特里克节（St Patrick's Day）：这个节日是为了纪念爱尔兰守护神圣帕特里克，于5世纪末期起源于爱尔兰，如今已成为爱尔兰的国庆节。——译注

是否应当解除志愿军的武装，因为志愿军威胁要杀死试图这样做的任何人。4 月 12 日，比雷尔记录道，这个建议“需要认真考虑”。温伯恩认为这是一个“难点”，他想知道如何才能成功地实施这项政策。[28]提出这个问题的皇家爱尔兰警队在复活节前没有收到答复，但在 4 月 13 日，两名共和派人士因在都柏林警察区非法运输枪支和弹药而被监禁 3 个月。

二

由于凯斯门特待在德国（情况有些令人不悦），因此他没有参与复活节起义的计划。3 月初，一位身在柏林、与都柏林有联系的爱尔兰人向他告知了这个计划。虽然没有与凯斯门特协商，但他意
351 识到，这是参与创建他所渴望的爱尔兰共和国的机会。具有讽刺意味的是，英国当局比他更加了解叛乱活动。从战争爆发到 1916 年的复活节，海军部截获了德国驻华盛顿和柏林大使馆为协助爱尔兰反叛者往来的 32 封电报。[29]有人告诉凯斯门特，一艘 U 艇将把他带到爱尔兰西海岸，与反叛者和另一艘经过伪装的、载有武器的德国船舰会合，他将于 4 月 12 日出发。但他的 U 艇抛锚了，在换乘另一艘 U 艇时耽搁了行程。

一些被截获的电报显示，战争爆发时在基尔*被捕获、随后为德国海军服役的一艘货船将带来一些武器；它被伪装成挪威汽船“奥德”号（Aud）。3 月，德国人曾提议在起义的前几天，通过两艘或三艘拖网渔船在特拉利湾**卸下 2 万支步枪和 10 支机关枪。

---

* 基尔（Kiel）：德国港口城市。——译注

** 特拉利湾（Tralee Bay）：毗邻爱尔兰凯里郡的特拉利。——译注

但最后，德国只派了“奥德”号。它于4月9日离开吕贝克*，于20日抵达特拉利湾。由于反叛者与这艘船之间没有无线电联络，所以无法告诉它不要在复活节（23日）的午夜之前抵达，因为反叛者要到那时才能准备好接收这批货物。因此，当“奥德”号的船长卡尔·斯宾德勒（Karl Spindler）在20日下锚时，他惊讶地发现没有领航船来与他会合。凯斯门特的U艇也不见踪影，斯宾德勒的导航能力很差，他停靠的地方和约定的会合地点相距7英里。在4月21日的耶稣受难日，“奥德”号惹人注目地在特拉利湾来回航行，旨在寻找一艘德国U艇，或者寻找一些志愿军来卸下船上的货物。

那天上午，当凯斯门特从U艇上着陆后，皇家爱尔兰警队在凯里郡的海岸逮捕了他。他被带到了特拉利。警察不知道他是谁，但他着陆的那艘折叠船表明他是间谍。在确定了他的身份后，他被带到伦敦；5月15日，根据1351年的法令，他被控犯有叛国罪。4月22日，武装拖网渔船将没有见到U艇的斯宾德勒押送到了昆士敦，他在那里凿沉船舰和货物。

在共和派领导层的内部，关系十分紧张。皮尔斯投身于起义，但麦克尼尔总是怀疑他起义背后的理由，并认为他的论据是基于对起义军的相对力量和能力的不切实际的想法。麦克尼尔承认，在他得知一本小册子的时候，他认为可能有必要采取防御策略。据说这本小册子来自都柏林城堡，但实际上是其他共和派人士伪造的，其中详述了预先阻止起义的镇压“计划”。（它是建立在一个真实的 352
计划——该计划是为了应对颁布征兵制后可能出现的民众不服而制

* 吕贝克（Lübeck）：位于德国北部波罗的海沿岸，是石勒苏益格-荷尔施泰因州第二大城市——译注。

定——之上。在 1916 年 4 月的时候，政府还不打算实施这个计划。）然而，在 4 月 20 日的午夜，皮尔斯告诉麦克尼尔，将在第二天举行起义，并且志愿军正处于爱尔兰共和兄弟会的控制之下。麦克尼尔和一小群忠于他的人立刻向爱尔兰各地的志愿军分支机构发布命令，声称立刻取消“皮尔斯司令下达的特殊命令”。[30]随着从都柏林派来的副官传出消息，分支机构被告知，除非参谋长（麦克尼尔）本人发布命令，否则他们什么也不要做。然而，爱尔兰共和兄弟会绑架了一个叫布尔默·霍布森（Bulmer Hobson）的人来阻止他完成任务。

第二天早上，当麦克·迪尔迈德、皮尔斯和麦克多纳拜访他时，麦克尼尔又一次临时改变了主意，并宣布德国的武器已经到达。但是，当他获悉凯斯门特被捕的消息时，他再次决定取消这次行动。之后，他听说武器已经被销毁，都柏林城堡的文件是伪造的，于是，他命令皮尔斯停止行动，但皮尔斯拒绝了，说道：“试图阻止我们是没有用的。”[31]当麦克尼尔说他将下达命令取消动员时，皮尔斯告诉他不会有人服从。然而，在 4 月 22 日的午夜，麦克尼尔发布了取消起义的命令。他的高级参谋带着新命令，连夜开车前往都柏林以外的分支机构，麦克尼尔则向《星期日独立报》发了一份新闻稿——对向活动人士分发的小册子进行了修改和更加具体的阐述。

4 月 23 日复活节的早晨，据悉，在都柏林附近的一个采石场，有 250 磅葛里炸药被偷走。官员们在城堡里开会，此举是因为受到了报纸报道的警告，而不是因为炸药被盗。比雷尔正在伦敦过复活节，阅读一本关于 18 世纪法国文学家和殖民地总督舍瓦利耶·德·布弗勒（Chevalier de Boufflers）的有教育意义的书籍。在他离开之前，内森让他烦恼焦急了好几天，因为有情报说存在发生起义的危险，他担心采取行动是否会让事情变得更糟。比雷尔不在的时候，由温伯恩和内森代行其职责，他们认为凯斯门特被捕和“奥德”号被凿沉意味着不会发生起义。然而，温伯恩——他的朋友、首相的儿媳辛西娅·阿斯奎斯夫人近来形容他是“一个充满乐趣、但相当可悲的人”——不像内森那样确信一切都将安然无事，他想采取强硬措施。他要求比雷尔允许他下令逮捕潜在叛乱的领导 353
人。[32]在复活节后的星期一（4 月 24 日）早上，比雷尔终于同意逮捕这些领导人，并将他们遣送到英国。

在复活节期间，左翼报纸上刊登了一份共和国公告的副本。为了打乱当局的阵脚，起义被推迟到复活节后的星期一中午。爱尔兰共和兄弟会的七人临时政府取消了麦克尼尔的遣散命令。这个行动在都柏林得到了直截了当的执行，因为那里的通信快捷迅速，很多事情都可以通过口头传达的方式来完成；而在各个省，情况就很复杂了，即使在都柏林，形势也有一些混乱。发布命令，撤销命令，取消撤销命令。爱尔兰共和兄弟会的指挥人员都是外行，组织连续几个小时没有接到命令，导致几乎不可能推进活动和与其他单位进行协调。当起义最终失败时，麦克尼尔和他发布的撤销命令成了众矢之的。事实上，正如麦克尼尔确信的那样，起义的计划是完全不充分的，只会导致英国军队包围和杀害反叛者。不过，更多的反叛者被告知在复活节出来战斗，而不是在星期一，所以麦克尼尔的最后一次撤销命令起到了一定的效果，挽救了生命，这几乎是确凿无疑的。

在爱尔兰共和女子会的 200 名妇女的支持下，皮尔斯的志愿军和康诺利的爱尔兰公民军于复活节后的星期一的早上占领了都柏林的战略要地。这其中包括坎特指挥的都柏林旅第四营，他们占领了南都柏林联盟（一个巨大的济贫院），以及麦克多纳领导的第二营，他们占领了雅各布的饼干工厂。少数人穿着公民军的绿色制服，但大多数人都穿着他们能找到的军式风格的服装（弹药带、绑腿和马裤），并使用可以获得的武器（从步枪到鹤嘴锄）来装备自己。随着混乱的蔓延，估计有700人在都柏林开始起义，并且据信起义人数上升到了1500人。[33]上午11点50分到中午，一个由大约150人组成的“总部军”从贝雷斯福德广场的自由厅（长期以来，这里都是反英煽动者的聚集地）出发，行进到邮政总局（一个世纪前建造的雄伟且具有文艺复兴时期特点的希腊花岗岩建筑）外的萨克维尔街（Sackville Street）——奥康内尔街（O’Connell
354 Street）是它的官方叫法，而不是通俗叫法。康诺利领导这个团队，据说他在行动开始时说：“让我们去迎接杀戮吧。”[34]警察把这次游行当作另一次演习而不予理睬，这足以反映出都柏林城堡的态度。根据康诺利的命令，这个纵队向左转，进入了邮政总局。工作人员和顾客被勒令离开，不过，史料显示，他们花了一些时间才意识到反叛者是来真的。在接下来的四天里，邮政总局不仅将成为所谓的临时政府的总部，还将成为断断续续逃离英国军队的反叛者的避难所，这无意中使他们集中在一个地方，导致最终的失败变得不可避免。

新芬党的三色旗悬挂在邮政总局的旗杆上。中午过后不久，皮尔斯走到萨克维尔街/奥康内尔街，向一群茫然的路人宣读了共和国的宣言（主要由他负责起草）。而《星期六邮报》的一名记者在当时的报道中称，下午1点30分，一名酷似克拉克的男子站在尼尔森纪念柱（Nelson’s Pillar）上宣布共和国成立。这两件事可能都发生了。[35]宣言在很大程度上以爱尔兰的文化根源为基础，一开篇就是号召：“爱尔兰的男女同胞们，爱尔兰，以上帝和赋予她民族独立传统的先辈之名，通过我们，号召她的儿女集合在她的旗帜下为她的自由而战。”[36]

它还宣布，由美国人和欧洲人支持的军队已准备好抓住时机，展示自己。它继续说道：

我们宣布：爱尔兰人民拥有爱尔兰，可以自由决定爱尔兰的命运，这项权利是至高无上、不可侵犯的。即使某个异族和外国政府长期侵占这项权利，也无法使之消灭。除非爱尔兰民族灭亡，否则这项权利永远不会被消灭。每一代爱尔兰人都捍卫他们拥有民族自由和主权独立的权利。在过去的三百年间，他们曾经六次使用武力声张这项权利。为了继续维护这项根本的权利，并再次在世界的面前用武力宣布拥有这项权利，我们在此宣布爱尔兰共和国为主权独立国家。我们发誓要用我们的生命，以及我们手足战友的生命，捍卫共和国的自由、幸福，使共和国屹立于世界民族之林。 355

宣言声称，“爱尔兰共和国有资格得到并在此要求全爱尔兰男女同胞的效忠”，作为回报，共和国将保证“宗教和民权自由；保证所有公民享有平等的权利和机会”；并决心“致力于追求全民族的幸福和康盛”，同时“忘却异族政府在过去蓄意扶植的种种分歧”。爱尔兰共和兄弟会的军事委员会签署了宣言，克拉克、麦克·迪尔迈德、皮尔斯、康诺利、麦克多纳、坎特和普朗克特，他们都把共和国置于“至高无上的主”的保护之下。许多都柏林人和爱尔兰人对他们所认为的极端主义政治行为不以为然。在提到欧洲时，宣言暗示德国给予了支持，这让许多人感到厌恶，就连许多并非统一党的人士也感到厌恶。那些不在萨克维尔街的都柏林人，或者那天下午的晚些时候才在圣斯蒂芬绿园（St Stephen's Green）

附近出现的都柏林人，滞后地获悉了正在进行起义的消息。但到了星期二的上午，当激烈的战斗开始时，都柏林中部实际上已经与外部世界隔绝了。

军事战略家们认为，起义之所以这么快就踉踉跄跄了，是因为在宣布建立共和国后，反叛者没有迅速占领都柏林城堡和圣三一学院的堡垒阵地。这可能是他们有意为之的冒险举动。他们似乎排除了特定的新教徒目标，比如三一学院，以防出现拥护宗派主义的情况，因为宣言承诺要避免宗派主义。后来有人说，保护都柏林传统的愿望，是没有占领爱尔兰银行的一个原因，因为上一届爱尔兰议会是在银行大厦召开的。但是，一些关于如何战斗的决定让人完全无法理解，例如为什么反叛者选择聚集在圣斯蒂芬绿园，让自己暴露在攻击之下，而不是选择周围的一个大型建筑物。他们的人手不足，这对他们造成了致命损害，并且他们缺乏足够的兵力来防守对他们占领的建筑发动的反击。据说，在担任防卫职务的人中，很大一部分是学童。

很快就有人丧命。詹姆斯·奥布莱恩（James O'Brien）是都柏林警察局负责守卫都柏林城堡的警官，他在中午时分遭到枪击。一小时后，一名英国狙击手杀死了击毙他的凶手——公民军的首领、阿比剧院的演员肖恩·康诺利（Seán Connolly）。这两人是双方最先殒命的人物。不久后，反叛者占领了都柏林城堡的警卫室，但他们撤退了，不知道那里只有 25 名士兵。F. W. 勃朗宁（F. W. Browning）
356 是第一批被杀的爱尔兰平民中的一员。他是都柏林的一名律师，也是爱尔兰最著名的板球运动员：在爱尔兰对阵澳大利亚的比赛中，他曾是爱尔兰绅士队的队长，他还是一个勤勉的招募人员，为第六皇家都柏林明火枪团招募到了一个足球队的士兵。他当时正在去上班报到的路上，由于戴着印有皇家花押字的卡其布袖章而成为目标。

情报上的重大失误，以及荒谬的乐观主义，让反叛者的行动陷入不利。有证据表明，和第七骑兵团一样，一些领导人从未停止过相信德国人会出现。在投降后，麦克·迪尔迈德说："我们确信他们将会出现。"[37]他们也没有得到都柏林同胞的支持，鲜有都柏林人具有临时政府的革命精神。当他们征用车辆和手推车作为路障时，他们只是给都柏林人带来了麻烦。对于这个计划，核心的问题是没有备用方案。4 月 24 日的晚上，在从沃尔夫别墅抵达唐宁街时，阿斯奎斯——第二天上午，他将在议会面临一场与征兵制导致的危机有关的重要辩论——听说了这个消息。根据汉基的说法，阿斯奎斯说："嗯，那是件了不起的事"，然后就上床睡觉了。[38]

三

阿斯奎斯对此毫不担忧，这并不令人吃惊。除了有更重要的事情要做之外，他没有发现爱尔兰有什么不对劲的地方。在起义前的几周，比雷尔曾向都柏林的军事指挥官们建议，军队应向民众展现出他们只做合法的事情。在接下来的两三天里，叛军营和都柏林外围的小组织都试图守住那些因太大或太脆弱而无法守住的阵地，并等待不可避免的结果。大约在宣布共和国成立的半小时后，第三营——与不允许妇女参加战斗的其他组织不同——在大运河街大桥旁的一家面包店建立了总部。指挥官德·瓦莱拉出生于美国，是一个有一半西班牙血统、一半爱尔兰血统的数学老师，他从志愿军队伍中脱颖而出。他本来希望派他的人去占领金斯敦*的港口，阻止

* 金斯敦（Kingstown）：爱尔兰东部城市，西北距首都都柏林仅 11 公里。原为渔村。1871 年建成大港口后成为都柏林的客运港。——译注

英国军队和援军从海上过来，但他缺少人手。第二营躲在雅各布的工厂里，等待着英军的攻击，但他们没有发起攻击。正如麦克尼尔
357 警告的那样，很明显，这次行动缺乏一个连贯的计划。

爱尔兰总指挥官洛维克·弗兰德（Lovick Friend）少将——他年轻时曾是一名不定期被雇用的、杰出的一流板球运动员——不顾可能发生叛乱的警告，和比雷尔一样，选择在复活节访问伦敦。他一听到起义的消息就回来了。在复活节后的星期一，仙女屋赛马场（Fairyhouse）举行了赛马，许多军官都去了那里。都柏林的士兵所剩无几，如果反叛者的情报部门消息灵通，他们本可以发现并利用这个机会。当皮尔斯和他的追随者占领邮政总局时，都柏林只有大约 400 名英国士兵，驻扎在都柏林周围的四个独立的兵营里。[39]英军指挥官的第一直觉是保卫都柏林城堡。

由于没有更好的人选，此刻，爱尔兰总督温伯恩成了执行行动的焦点。他担任的只是一个名誉上的职位，但他享受这种装腔作势，他的妻子被称为“爱丽丝王后”。之前当兵时，他曾在卡勒对总指挥官的人员发起战斗，现在他是爱尔兰军队的募兵主管。在 40 岁出头的时候，他是一个贵族式的政治仆从，一个有名的花花公子，女人都被告知不要和他单独在一起。他得到这份工作的一个重要原因是，他的堂兄丘吉尔向阿斯奎斯推荐了他。1914 年 11 月，丘吉尔听说很快就要派人填补这个职位，于是给首相写信说：“最诚挚地请求您不要忽视了艾弗*……我相信选择他将是一个正确的决定。”[40]

在政府要求温伯恩执行行动后，很快，他便发现自己力有未

---

* 他的全名为艾弗·丘吉尔·格斯特（Ivor Churchill Guest），称为温伯恩男爵。——译注

逮。他人微言轻，缺乏政治常识，无法敏锐地处理这种情况。他做出了一个重大的错误判断，那就是他认为都柏林的所有民众都起来反对政府，而不是只有一群松散的反叛分子和狂热分子，如果不是他反应过度，这些反叛分子和狂热分子本来将遭到大多数人的鄙弃。经自行裁量，他立刻决定宣布实行军法管制。笃信自由主义信条的比雷尔对温伯恩的行动感到震惊，并敦促阿斯奎斯不要把军法管制扩展到都柏林中部以外的地方。然而，在布政司比雷尔登上前往都柏林的船后，他的声誉将因为前几个月和数年的自满而毁于一旦，因为内阁（尽管劳合·乔治有些异议）对整个爱尔兰实行了军法管制。4 月 26 日，国王在枢密院对此予以确认。这加剧了尚 358
未结束的过度反应。鉴于爱尔兰的大部分地区都在谴责反叛者的行动，温伯恩的公关工作可以说是做得相当糟糕。

星期二早上，比雷尔还没有抵达都柏林，弗兰德也在从金斯敦出发的路上，在向内森征询意见后，温伯恩派了一个信使，让他向伦敦的陆军部亲手递交增援请求。据辛西娅·阿斯奎斯说，他喝了几口白兰地提神，而温伯恩夫人不断地帮他斟酒。[41]他请求建立一个旅，并要求另外保留两个旅作为后备役。在那个时候，温伯恩至少还有一点理智：星期一，在警察被枪击后，警察局长把他们撤了回来，这导致治安陷入了混乱，尽管部署了一些便衣警察参与情报行动。曾在都柏林城堡的巴兹尔·布莱克伍德（Basil Blackwood）勋爵汇报了情况，辛西娅·阿斯奎斯据此发现，温伯恩“很高兴地认为自己终于成了众人瞩目的焦点，而且表现得那么出色——他因为自己的重要性和成功而兴奋”。[42]然而，温伯恩的出名时刻非常短暂。“总而言之，”辛西娅夫人写道，“他的行为举止就像一个笨驴的统领。”诚然，温伯恩缺乏明面和暗面的权威来平息其他人（例如都柏林的警察）的恐慌，也无法阻止民众对反叛者的行动做出失控的反应。他虽然没有做引发起义的任何事情，但他采取的应对措施将对未来的英爱关系产生严重的后果。4 月 28 日，温伯恩向阿斯奎斯递交了辞呈。辞呈被接受了，但没有生效。温伯恩辞职，并不是因为他觉得自己负有责任——事实上他也确实没有责任——而是因为他想让政府勾销往事，重新塑造爱尔兰的未来。

复活节后的星期一傍晚，一大群反叛者在圣斯蒂芬绿园扎营，其中最著名的是 48 年前出生于伦敦康斯坦斯·戈尔－布斯（Constance Gore-Booth）家族的马克耶维其（Markievicz）伯爵夫人，她的父亲是英裔爱尔兰的从男爵和地主。夜晚时，反叛者被雨淋得浑身湿透，他们没有意识到英军从后门进入了对面的谢尔本酒店，并在屋顶上设置了一个机关枪岗哨。4 月 25 日的黎明时分，英军开始扫射反叛者，迫使他们逃往外科医学院，不出所料，他们在那里遭到了围攻。反叛者试图从绿园破坏附近的铁路线，但失败了。反叛者在都柏林外城又动员了三个营的志愿军，但仍旧未能实
359 现战略目标，很快，他们就躲到路障后面，在战役中扮演起防御而非进攻的角色。反叛者的人数仍然大大低于所期望的人数。从开始防守的那一刻起，反叛者就被打败了，但是，由于男性（和女性，很多女性都积极参与战斗）人手短缺，他们别无选择，只能撤退。

到了星期一晚上，英军的增援部队和大炮陆续从卡勒、阿斯隆和贝尔法斯特运抵。陆军准将威廉·洛（William Lowe）是一名来自卡勒的骑兵，他于星期二早上接管了指挥权，并制定了恢复秩序的计划。当时，都柏林有 2500 多名骑兵和步兵，在这周结束时将会达到 1.6 万人。英军停止了冒险做法。士兵们很快就清理了圣斯蒂芬绿园和市政厅。洛的计划是在都柏林市中心建立一条路线，包括车站、都柏林城堡和三一学院，以分裂利菲河（Liffey）两岸的反叛者。他也是这样做的。一旦训练有素、组织有序、服从指挥的

士兵各就其位，以及战略负责人准备就绪，反叛者被击败就只是时间问题。星期二上午的晚些时候，一艘载着弗兰德的驱逐舰抵达金斯敦。他无法对洛的计划进行改进，于是让洛继续指挥作战。

次日（也就是4月26日）清晨，增援部队（主要由从未参加过战斗的舍伍德森林人团组成）在金斯敦登陆。这群人都是18岁的男孩，由于太年轻，无法被送到法国。其他部队从贝尔法斯特南下。洛下令清除都柏林及其周围的反叛者，每列士兵的排头都有一支机关枪。这些纵队并不是要突破朝他们开火的任何一座建筑物，而是要消除所有的抵抗。

此刻，阿斯奎斯开始变得焦躁不安。几周后，伊舍从总参谋部的一位朋友那里得知，阿斯奎斯进行了如下对话：

> 阿斯奎斯："起义太可怕了。我们该怎么办？"
>
> 罗伯逊："将可供调遣的每一个士兵都派到爱尔兰去。"
>
> 阿斯奎斯："好，但是我们可能会遭到德国人的入侵！"
>
> 罗伯逊："嗯，有100万德军进犯法国，法国还不是没有被攻下，所以，就算有10万德军进犯英国，也不会有什么影响。"[43]

士兵们被告知，反叛者只占爱尔兰人的一小部分，除非绝对必要，否则不要破坏私人财产。从某种意义上来说，不与民众对立的做法是明智的。然而，遭到射击的士兵们四处寻找反叛者。从星期 360
二到星期五下午，虽然双方开展的巷战是局部性的，但非常激烈，并且蔓延到了郊区，造成了大范围的损害。当格拉夫顿街（Grafton Street）的奢侈品店发生有组织的抢劫时，一些都柏林人对财产几乎毫不关心。

星期三，皇家部队将四门18磅重的大炮运到了都柏林市中心，一艘武装游艇“海尔加”号（HMS Helga）驶往利菲河。他们向自由厅进行了一场猛射。自由厅被夷为平地并没有任何实际意义，因为里面没有反叛者。那天早晨，皇家爱尔兰军团的正规军军官约翰·鲍恩-科尔瑟斯特（John Bowen-Colthurst）上尉武断地决定向弗朗西斯·希伊-斯凯芬顿（Francis Sheehy-Skeffington）开枪。希伊-斯凯芬顿是都柏林的著名作家、和平主义者，也是詹姆斯·乔伊斯*和奥利弗·圣约翰·戈加蒂**的同学。科尔瑟斯特在前一晚逮捕了他，当时他（虽然他在1915年因发表不利于募兵的言论而短暂入狱，但他是一个没有恶意的怪人，主张将世界语作为爱尔兰的语言，并提倡女权主义、素食主义、禁酒和社会主义）正在都柏林巡回演讲，以试图阻止抢劫。

星期二（也就是4月25日）的晚上，英国军队逮捕了希伊-斯凯芬顿，当时他们阻止了一群混乱无序的人，而他只是其中无辜的一员。他被关押在波多贝罗兵营，当晚11点，科尔瑟斯特在对一家烟草店——英军误以为这家店属于某个叛乱分子的领导者——进行的突袭中将他作为人质。在前进的过程中，科尔瑟斯特截住了两个从宗教会议回来的年轻人，理由是他们违反了宵禁。然后，他开枪打死了其中一名男子——19岁的机修工。科尔瑟斯特继续进行突袭，他把希伊-斯凯芬顿留在附近的一个警卫室，并命令士兵在狙击手袭击突袭队时开枪打死希伊-斯凯芬顿。科尔瑟斯特让人

---

* 詹姆斯·乔伊斯（James Joyce）：爱尔兰作家、诗人，20世纪最伟大的作家之一，后现代文学的奠基者之一，其作品及“意识流”思想对世界文坛影响巨大。主要作品有短篇小说集《都柏林人》、长篇小说《尤利西斯》等。——译注

** 奥利弗·圣约翰·戈加蒂（Oliver St John Gogarty）：爱尔兰文艺复兴时期的作家，其回忆录生动地再现了他年轻时的都柏林。——译注

质祈祷以防中枪。当希伊-斯凯芬顿拒绝时，科尔瑟斯特便开始为他说一些祈祷的话。

他没有被作为人质击毙，而是被带回了波多贝罗兵营。第二天早上，科尔瑟斯特向他的下级军官宣布，他打算枪毙希伊-斯凯芬顿和两名在宵禁后被围捕的亲英记者。处决是由一个行刑队立即执行的。科尔瑟斯特的行为令人憎恶，但他精神不正常。他因为疑似患有炮弹休克症而被从西线遣送回家，在下令执行死刑之前，他整 361
晚都在阅读《圣经》并祈祷。去年，科尔瑟斯特的兄弟在行动中丧生，这似乎让他像宗教狂热分子一样发狂错乱。他的同志们，尤其是他的指挥官陆军少校弗朗西斯·文（Francis Vane），都认为他疯了。他把一切都告诉了文，可惜当时文不在波多贝罗兵营。两个星期后，科尔瑟斯特说，他之所以这样做，是因为他相信（尽管不可能知道依据是什么）希伊-斯凯芬顿和那两名记者是起义的领袖。军事法庭对他进行了审判，在发现他精神失常后，将他送到了布罗德莫精神病院，民族主义党觉得这是从轻处罚，对这个结果感到非常愤怒。科尔瑟斯特的行为对英国在爱尔兰的声誉造成了无法估量的损害。

当援军向诺森伯兰路的芒特街大桥行进时，他们遭到了德·瓦莱拉营的志愿军的攻击，志愿军从周围的房屋向援军开火。援军被阻挡了几个小时，直到增援部队到达，反叛者被手榴弹炸飞。舍伍德森林人团有240人伤亡。更多的士兵从金斯敦赶来，并在都柏林市中心的周围设置了警戒线。

在英国，政府只公布了起义的最基本细节，这让报界非常愤怒。为了刺激政府，在沉默了几天后，《泰晤士报》发文称——正如美国报纸所说的那样——“当局的沉默证明叛乱过于严重，以至于伦敦方面无法坦诚”。[44]当时，当局认为叛乱已被控制住了。审查是当时惯常的极端谨慎的做法，而这种做法又掺杂了经验不足和能力不足。直到起义结束，所有消息都仅限于官方公报向报界披露的最低限度的细节。为了规避这种限度，大多数报纸设法从目击者那里获取不同程度的可靠叙事。

4 月 27 日，陆军委员会任命将军约翰·“康基”·麦克斯韦（John ‘Conky’ Maxwell）爵士（“康基”是绰号，指他的大鼻子）担任爱尔兰总指挥官，这项任命即刻生效。陆军部给本土防卫军的总司令弗伦奇写了一封信，宣布了这项任命，信中说：

> 国王陛下政府希望担任此职的约翰·麦克斯韦爵士采取他
> 362 认为必要的一切措施，迅速镇压爱尔兰的叛乱，并向他授予自行决定权，以便他调动目前位于爱尔兰或日后可由他指挥的所有军队，以及采取他根据 1916 年 4 月 26 日颁布的《1915 年领土保卫法案（修正案）》认为明智的措施。至于行政管理、军事或军法管制的问题，约翰·麦克斯韦爵士将采用和平时期使用的相同系统，与陆军部直接通信。[45]

麦克斯韦之所以被选中，不是因为他拥有处理爱尔兰问题的经验，而是因为他随时待命：考虑到英国正处于生死攸关的战斗之中，这也说明他具备才干。很快，政府就宣布他将担任爱尔兰的军事长官，这个任命表明阿斯奎斯已经决定把爱尔兰当作敌人来对待。如果是这样的话，将使许多爱尔兰人产生英国想占领爱尔兰的想法，而这在以前从未发生过。这比疏远爱尔兰还要糟糕。阿斯奎斯把爱尔兰交给军队管理和审判，从而开启了在两年内摧毁帕内尔（Parnell）和雷德蒙的爱尔兰民族主义，并把爱尔兰交给新芬党的进程。

4 月 28 日清晨，麦克斯韦来到了都柏林，他发现都柏林市中心的大部分地区都在开火。他的主要目标是结束战斗，但前提是反叛者无条件投降。皇家军队继续使用大炮和手榴弹。星期三，邮政总局被切断。在行乞者福利机构，第一营没有食物和弹药，决定投降。随着其他驻军被包围，以及炮火越来越近，很明显只会有一个结局。在邮政总局的内部，反叛者的士气是由一种没有根据的信念维持着，他们认为，来自于都柏林境外的志愿军将会解救他们。即使一个救援纵队已经在路上了——实际上没有——英国的机枪和大炮也会在它接近邮政总局之前将它消灭。在邮政总局的外面，到了星期四的晚上，萨克维尔街/奥康内尔街几乎从街的一头烧到了另一头。康诺利在大楼外作战时被跳弹打伤了腿，并在星期四的下午被抬进了邮政总局。由于意识到撤离是无法避免的，星期五的早上，皮尔斯命令爱尔兰共和女子会的妇女撤出邮政总局，这让她们非常愤怒。炮弹开始袭击这座建筑。到星期五下午，大楼开始燃烧。28 日的晚些时候，皮尔斯带领总部军撤退到摩尔街 16 号附近的一所房子里。 363

都柏林的周边地区发生了小规模的冲突，但和爱尔兰的其他地方一样，那里的反叛者也听命于领导中心。在星期二之后，领导中心设法向他们传达命令。无论如何，麦克尼尔的撤销命令阻止了一场全国性的起义。虽然在一些地方，志愿军俘获了皇家爱尔兰警队的警察，还发生了零星的枪击事件，但反叛者未能动员整个爱尔兰支持都柏林。英军在戈尔韦*附近（英国情报部门估计那里有 530 名反叛者）和韦克斯福德郡的恩尼斯科西（一个小镇，被 600 名志愿军控制）遭遇了大量抵抗。

---

* 戈尔韦（Galway）：爱尔兰西部港市。——译注

4月29日，皮尔斯意识到他和他的同志们走投无路了。他们筋疲力尽，没有食物，也没有医疗用品。平民在英军试图消灭反叛者的交火中丧生，这个情景成了压垮反叛者的最后一根稻草。皮尔斯派护士伊丽莎白·欧法洛（Elizabeth O'Farrell）举白旗走出来，以促成休战。谈判期间，皮尔斯与麦克斯韦会面，讨论了投降事宜。皮尔斯说，投降的前提条件是审判首领、释放普通成员。麦克斯韦是个军人，不是政客，他认为没有理由给予宽大处理，坚持让反叛者无条件投降。会议记录显示，麦克斯韦说，反叛者应当“乞求我们的怜悯”。他觉得只要普通成员能够迅速投降，那么政府将不会严厉对待他们。[46]当向摩尔街的反叛者告知这些条款时，有些人还想继续战斗，但到了晚上，他们举着白旗走到萨克维尔街/奥康内尔街，并放下了手中的武器。

星期天一大早，欧法洛护士带着皮尔斯的书面命令前往利菲河以南的其他营。最后，这些营都投降了。由于不认识欧法洛小姐，刚开始，德·瓦莱拉要求命令上应该有麦克多纳的会签，之后他宣布，他只是因为服从上级的命令才投降。无论反叛者感到怎样的屈辱，那些幸存下来的人都将把发生的一切看作是为了确保独立，爱尔兰政治从使用宪法手段转向暴力手段的开始。英国在爱尔兰起义期间和之后的行为，促使爱尔兰的民族主义团体开始放弃雷德蒙想要在爱尔兰自治问题上与伦敦达成和解的想法，并开始了大规模追求建立共和国的历程。然而，当一些反叛者被囚禁时，他们听到了基尔曼汉姆监狱外妇女的咒骂声，这些妇女是英国士兵的妻子，她们担心自己的军属津贴会因为这次叛乱而终止，并希望表达自己的
364 不满。当武装护卫队押着他们在街上游行时，在对反叛者做出的处决改变公众舆论的风向之前，都柏林人对他们大声辱骂，并向一些人扔垃圾。这反映了一个事实，即无辜的民众是伤亡人数最多的群

体：256 名平民被杀，其中包括 40 名儿童，相比之下，只有 62 名反叛者被杀。在受伤的 2600 人中，大多数是平民。[47]邮政总局的周围和都柏林中部的其他地区都变成了废墟。大约有 200 座建筑遭到严重破坏。几乎没有或根本没有市区巷战经验的英国军队损失了 106 人（包括 17 名军官），并有 334 人受伤。[48]

共有 3430 名男子和 79 名妇女被认为是反叛者的一员而被逮捕。虽然政府发布了一项命令，要求区分坚定的民族主义党、起义的普通支持者和“危险”的新芬党成员（即那些煽动暴力或有证据证明需要接受军事法庭审判的人），但这项命令要么没有得到正确的理解，要么被广泛忽视了。囚犯通常乘坐运牛的船被遣送到英国监狱。到了 5 月中旬，政府根据《保卫王国法案》将 1600 人关押在英格兰和威尔士，理由是他们是敌国侨民，但这个理由让人生疑。有些人是无辜的，没有参与叛乱，这通常在几天内就能查明，有 1424 人被释放，但他们没有得到道歉或赔偿。

5 月 1 日，伦敦报纸对复活节起义进行了迄今为止最全面的报道。《泰晤士报》发表了一篇由《爱尔兰时报》编辑撰写的描述了战斗的长文，他说这场“暴动”是“由爱尔兰政府极其错误的疏忽和懦弱直接导致的”。[49]在读完报道后，比阿特丽斯·韦伯将起义称为“正中反动派下怀的……令人震惊的疯狂行为”。[50]比雷尔——主要的民族主义地主霍勒斯·普朗克特（Horace Plunkett）爵士曾说他“在煽动叛乱方面所起的作用比任何其他人都要多”——在那天辞职，没多久，内森也辞职了。[51]当比雷尔来找阿斯奎斯请求辞职时，阿斯奎斯为失去朋友而悲伤不已，他“站在窗前哭泣”。[52]鉴于《爱尔兰自治法案》已经被写入了法典，比雷尔认为地方自治是不可避免的，但他是一个拒绝强硬措施的自由主义者。在英国统治爱尔兰的最后阶段，他还试图避免不必要的挑衅，认为爱尔兰人很快就会成为自己国家的主人。

内政大臣赫伯特·塞缪尔前往爱尔兰暂时接管各项工作，直到
365 新政府成立。他发现都柏林“满目疮痍”，许多建筑成了废墟。[53]虽然起义失败了，但爱尔兰问题的性质已经改变。在过去，政府不得不与强硬的统一党人打交道，现在它意识到，它将不得不与强硬的共和派人士打交道。随着缺乏经验、有时受到惊吓的童子军采取挑衅行动，继续离间温和的公民，共和派的人数因此不断增加。政府最初的看法是，“反叛者的人数是如此之少，这个事件可以被视为爱尔兰人对王室忠诚的进一步证明”，不过，现实将冲蚀这种看法。

四

采取新措施与其说是为了恢复秩序，倒不如说是为了强调谁是掌权者。5月2日，麦克斯韦告诉基钦纳，他谴责都柏林城堡的政权自由宽松，纵容了起义，并说他相信“在我报告情况恢复正常之前，政客们将不会干涉”。[54]他为恢复正常生活而采取的方式，就是下令挨家挨户搜查反叛者和非法武器，让都柏林警察局武装起来，以及“丝毫不怜悯”那些“在过去的几个月里参与叛乱”的人。他命令对爱尔兰进行彻底搜查，寻找新芬党，如果能够证明他们支持反叛者，那么无论是否参与了起义，他们都会被逮捕。情报机构认为，只要起义显示出一丁点成功的迹象，大批民众就会加入反叛者，并试图推翻英国的统治。在几个月内，他们发现了2000件武器，这可能只是冰山一角。然而，军队侵入那些几乎没有或根本没有骚乱的社区，这激起人们的愤怒和怨恨，尽管雷德蒙的最资深同僚约翰·狄龙对这样做的影响给予了大声警告，但这种行为仍

在继续。[55]

4 月 30 日，狄龙给雷德蒙写信，敦促他向政府求情，以阻止“大规模”处决反叛者，他说，这样的政策是“极其愚蠢的”，因为“可能会对公众舆论造成灾难性的影响”。[56]然而，就连他似乎也接受了一些主谋可能会被枪毙的事实。5 月 2 日，军事法庭在查尔斯·布莱克戴尔（Charles Blackader）少将掌管的里士满兵营开始进行审判。囚犯们被秘密关押，没有辩护人，这种做法后来被认为是不合法的。处决他们的一些军官具有军事手册中列明的利益冲突。最后，有 90 人被判处死刑，麦克斯韦证实了其中的 15 项判决，并于 5 月 3 日至 12 日进行了处决。他说，只有主谋和冷血的 366
杀人犯才会被处决（这是阿斯奎斯指定的），但这些人的处决并非不可避免。德·瓦莱拉因为是美国人而免于被处决。帕特里克·皮尔斯、克拉克和麦克多纳——毫无疑问，他们是主谋——是第一批被判犯有“向国王陛下发动战争，意图协助敌人”罪的人。[57] 5 月 3 日上午，他们在基尔曼汉姆的一个院子里被处决，那些被判处劳役的人就在那儿击碎石头。

阿斯奎斯告诉弗伦奇，他对这个过程如此迅速感到惊讶，并对处决感到“不安”。当天晚些时候，在同意实行军法管制后，他说，“任何大规模的死刑都很容易引起爱尔兰人的强烈反感，给爱尔兰的未来埋下祸根”。[58]和麦克斯韦一样，弗伦奇认为反叛者应该得到报应，但他还是让麦克斯韦确认，并不是所有的新芬党成员都会被枪毙，尽管他含糊地补充说，他不会试图干涉麦克斯韦的行动自由。于是，在这位高级军官的支持下，麦克斯韦继续执行处决。签署宣言的七个人都被处决了。由于腿伤无法站立，康诺利被绑在椅子上，然后被枪毙。不过，麦克斯韦确实遵从了阿斯奎斯的意愿，即在将案件移交给首相和弗伦奇之前，不得处决任何女性——

首相特别提到了伯爵夫人马克耶维其，她在外科医学院吻了她的左轮手枪，然后把它交给了一名英国军官。当一名军官告诉她她被判处死缓时，伯爵夫人回答说："我希望你能体面地杀了我。"[59] 5月4日，有4人被处决；5月5日，又有1人被枪杀，这时阿斯奎斯的律师接手了案件。他向麦克斯韦发出警告，敦促这位军事长官以一种表明其没有仓促行事，且经过充分"考虑"的步伐行事。最重要的是，他不希望麦克斯韦做任何可能"在爱尔兰播下持久麻烦的种子"的事情。[60]

然而，这已经太迟了。雷德蒙认为反叛者是罪犯，他赞扬政府对"这场试图让爱尔兰成为德国爪牙的疯狂运动"做出的回应。但5月3日，在狄龙的敦促下，他恳求阿斯奎斯停止处决，否则他作为宪政派民族主义党领袖的地位将岌岌可危。[61]他貌似有理地争
367 辩说，他们的叛国行为是针对爱尔兰的自由，而不是针对英国。阿斯奎斯按照过去对弗伦奇和麦克斯韦采用的一贯做法，承诺处决将在有限的范围内进行，但有些人必须被处决。雷德蒙警告他，爱尔兰裔美国人"对这种野蛮镇压流露出来的倒退迹象感到反感"，如果阿斯奎斯希望美国参战，那么他必须认真对待这一点。死刑对美国的公众舆论产生了灾难性的影响，并且虚构的故事已经传播开来。当更多的处决被报道后，雷德蒙警告阿斯奎斯，如果他们继续这样做，那么他将不得不公开谴责他们，并且很可能辞职。

5月8日，由于未能让阿斯奎斯做出不再执行死刑的命令，雷德蒙在下院问他，是否意识到"军事处决"正在"迅速增加那些对叛乱没有丝毫同情的大部分人的痛苦和愤怒"，以及他是否会立刻制止处决。[62]尽管私下里阿斯奎斯对死刑政策愈发持保留意见，但在公开场合，他仍为麦克斯韦辩护。他说，军事长官已经咨询了内阁，大臣们对他的"酌处权"非常"有信心"。他相信麦克斯韦

会谨慎地批准这种极端的刑罚，而且只会对“犯有最严重罪行的责任人”执行。[63]西克莱尔的议员亚瑟·林奇（Arthur Lynch）大声叫道，麦克斯韦下令“残忍地枪杀这些人”。阿斯奎斯拒绝向金内尔承诺，在下院进行讨论之前，不会再执行死刑。金内尔谴责他说这是“谋杀”。[64]在爱尔兰，向殉道者致敬的工作正在顺利进行。出版物准备列出被杀者、被处决者和被捕者的名单，通常附有照片。强硬措施的持续执行催生了许多虚构的故事，这些故事在随后的几十年里长期困扰着英国与爱尔兰的关系。

最终，在5月10日，也就是康诺利和麦克·迪尔迈德被枪杀后的第二天，阿斯奎斯下令停止处决。伦敦的报界普遍给予支持。在停止处决后，《泰晤士报》说，“处决一定数量的人……是绝对有必要的，以便让那些拿着德国钱的叛徒知道，他们不可能在不牺牲自己性命的情况下，让都柏林笼罩在鲜血和灰烬之中”。[65]该报承认政府的公关工作太糟糕，没有对每一个处决的原因进行解释，也没有公开审判。包括《泰晤士报》在内的伦敦报纸——通常都小心翼翼地避免使用粗俗的照片——刊登了萨克维尔街/奥康内尔街和都柏林市中心其他地方的建筑物废墟的照片，368
叛乱的严重程度显而易见，英国的公众舆论对反叛者的态度也变得强硬起来。

然而，即使人们认为正义得到了伸张，但共和派支持者的感情是否得到了安抚，或者雷德蒙是否会停止给予大量支持，这些都非常值得怀疑。对于反叛者使用武力，迫使英国政府同意新芬党提出的撤出爱尔兰、并允许爱尔兰完全独立的要求，英国政府绝对不会做出回应。但是，向新芬党开战也是完全不可想象的，尤其是因为有证据表明德国共谋参与了新芬党的活动。然而，雷德蒙对这种反应的担忧很快就得到了证实。5月25日，狄龙告诉史考特，“处决使得新芬党的领导人从几乎受到普遍谴责的傻瓜和离间者变成了爱尔兰的殉道者”。[66]他预见性地告诉史考特，除非阿斯奎斯立刻提出地方自治的措施，否则民族主义党将会分裂，新芬党将会控制爱尔兰的政治。

五

5月3日，在第一次处决后的几个小时，比雷尔在下院发表了辞职演说，在此之前，金内尔对“这个匈人一样的政府枪杀无辜者”进行了抨击。[67]在被金内尔打断后，当比雷尔能够说话时，他承认：“我仅代表我自己悲哀地说，我对新芬党运动做出了不准确的估计——无论是它的性质，可能参与或属于这个组织的人数，最容易发现它的地方，它时常表现出来的明显的不忠，还是它造成的一些危险。”[68]金内尔后来于1917年加入新芬党，并于1918年入狱。

有人告诉比雷尔，他应当镇压这个组织：

> 我可能犯了一个错误，因为我没有镇压这个组织。但是，
> 我要求下院考虑一下，如果当时采取了这项措施，可能或者将
> 会产生什么样的后果。正如我所说，内阁甚至未能对爱尔兰问
> 题达成一致意见。这不是爱尔兰叛乱。我希望，即使这个组织
> 被镇压，无论是正在遭到镇压，还是必须被镇压，我们都将以
> 勇气成功地将它镇压下去，同时向被其领导者引入歧途的受骗
> 369 者、普通成员展示人性，以便表明即使这场起义会留在爱尔兰
> 人的脑海中和记忆中，也永远不会与他们过去的叛乱联系起
> 来，亦不会成为他们历史上的一个里程碑。[69]

在这一点上，比雷尔错了，而且他的下一句话只是证实了他对形势的误解有多么严重。在描述他离开都柏林的情景时，他继续说："当我看到萨克维尔街一大片冒烟的废墟时，当我被自己头脑和想法中的废墟包围时，我在过去九年里怀有的所有希望、抱负和所做的工作，如一缕安慰的光芒，仁慈地进入我的内心，它们表明，这不是爱尔兰人的反叛，爱尔兰的士兵仍在所有战场上为自己赢得荣耀，并且已有证据表明，在这些灰烬之上，人们可能会握手言和，可能会做很多事情，可能会结成新的联盟，可能会为这个国家找到新的力量和繁荣的源泉。"[70]

阿斯奎斯确认，政府将进行调查和辩论。但他说，在眼下如此激烈的时刻进行辩论是"最不可取的做法"。[71]雷德蒙称所发生的一切"令人痛苦和心碎"，并恳求道："令人高兴的是，这次暴动似乎已经结束了。它已经得到了坚决的处理，这不仅是正确的，而且也是政府的责任。叛乱或者说暴动，随便你怎样称呼它，已经被坚决地镇压了，我诚心诚意地、发自内心地恳请政府，不要对牵涉其中的广大民众表现出过分的压制或严苛，他们的肩上背负着一种罪行，这种罪行与暴动的煽动者和发起者所背负的罪行截然不同。"[72]他要求宽大处理的请求提出得太晚了，并且没有得到完全认同。卡森说："纵然新芬党的阴谋与爱尔兰的任何一个政党无关，但是，我认为应该以勇气和决心来镇压这些阴谋，从而以儆效尤、阻止复兴，这样做最符合爱尔兰的利益。然而，如果认为任何一个真正的爱尔兰人都会要求复仇，那就错了。"[73]

政府对军事法庭审判反叛者的可行性进行了重新考虑。主要来自阿尔斯特省的爱尔兰统一党人不仅想要调查起义的原因，而且想要彻底检查所有爱尔兰公务员的凭证，以根除新芬党。这个事件的 370
冲击促使卡森和雷德蒙寻求一个统一党和民主主义党同意的解决方

案。一种可能性是由一个自治领的总理来进行仲裁，但他们拿不准他们的追随者是否会同意。5 月 10 日，史考特与卡森共进午餐，卡森说，这些事件的影响如同“一颗钉子刺穿了他的心脏”。[74]

同一天，上院对起义进行了讨论。洛雷本勋爵是要求继续执行处决的为数不多的人之一，尽管只是针对谋杀犯。第二天，下院就狄龙的一项决议进行了更长的辩论，该决议认为，“为了爱尔兰的和平与善政，对于是否将在进行秘密军事审判之后继续在爱尔兰执行处决，是否继续实行军法管制、军事统治，以及是否在爱尔兰各个地区进行搜查和大规模逮捕，政府必须立刻充分表明其意图，这是至关重要的”。[75]

狄龙准备以雷德蒙没有想到的方式抨击政府，他谈到了在弗莫伊*执行处决（这是在都柏林之外发生的第一起处决）所造成的震惊。英国政府似乎成立了一个“巡回委员会”，以便在爱尔兰各地执行处决。他觉得阿斯奎斯的消息不灵通。“可怕的谣言”正在“都柏林流传”，“正在造成不可言喻和难以名状的危害，使都柏林的人民发狂，他们是你的朋友和忠实的盟友，他们反对上周的叛乱，他们很快就被流传的故事和这些处决激怒——我想说的是，这个案件的事实揭露了最严重的情况”。[76]他接着说：“我要说，此时此刻，你正在尽一切可能来激怒爱尔兰人民，让叛乱扩散——也许不会发生叛乱，因为如果你解除爱尔兰的武装，那么不会有叛乱——并将不满和痛苦从爱尔兰的一端散播到另一端。”[77]

他以利默里克郡为例，那里没有发生起义，但当局正在挨家挨户搜查并逮捕“嫌犯”。同样的情况也发生在克莱尔和他所在的梅奥郡。然而，“我的动议主要是为了绝对、最终停止这些处决。你

---

* 弗莫伊（Fermoy）：位于爱尔兰科克郡东部布莱克沃特河上的一个小镇。——译注

们让两个民族血流成河，不要在这个问题上犯错了，在经历了三百年的仇恨和冲突后，我们近乎成功地团结在一起”。[78]和前一天在上院发言的米德尔顿一样，狄龙相信十分之九的爱尔兰人仍然是忠诚 371
的：通过让军法管制大行其道，政府正在滥用其强势地位。

他的结论和他演讲的其他部分都引起了不安。

> 我来这里不是为了给谋杀辩护的。如果发生了冷血谋杀，你可以在军事法庭上公开审判他，但要让公众知道做出这个判决的证据，并证明他是一个谋杀犯，然后对他做你想做的事。然而，被处决的不是谋杀犯，而是进行了一场公平较量、英勇战斗、误入歧途的叛乱分子，如果你的士兵能够像这些人在都柏林那样打一场漂亮战——3000 人与使用机关枪和大炮的 2 万人作战——对你来说，那将是一件好得要命的事情。[79]

阿斯奎斯被迫承认对当地情况一无所知。但是，他提醒下院不要忘了丧生的英国士兵，并恳求议员们：“不要让我们的同情完全被这场悲惨和恶劣叛乱中的不幸、误入歧途的受害者所操纵。”[80]他觉得狄龙丧失了分寸感，并称惩罚是“必要的”。为了减轻公众对正义无法得到伸张的恐惧，他承诺，今后军事法庭对谋杀进行的任何审判都不会秘密举行。

鉴于人们怀疑某些定罪是站不住脚的，他补充道：“对另一个人的死亡负责，可能是强加给任何人的最痛苦的责任之一。我不能——我公正、坦率地告诉下院——让判决顺从我的良心或判断，就像我所做的那样，我相信其他五项判决是正确的，并得到了妥善执行，我们不能仅仅因为某个时段的处决人数达到了一定的程度，就应该对犯有相同或更严重罪行的人给予差别待遇或优待。”[81]他同意狄龙的观点，即大多数反叛者都“非常勇敢地”作战，并具有“人性”，这与进犯法国和佛兰德斯的“所谓的文明”敌人形成了鲜明对比。[82]他还确信，参加叛乱的许多人压根不知道自己在做什么，并强调，“我们不仅要对他们宽大处理，而且应该向他们给予
372 一切可能的机会——这是一项非常困难的任务，一项需要深思熟虑的任务——为的是让他们在将来弥补这个错误，对他们来说（而不是对那些领导他们的人来说），这只是一个微不足道的、可予原谅的错误”。

阿斯奎斯承认，希伊-斯凯芬顿被无故枪杀，每个人都必须对这种情况予以“谴责”，但他不相信希伊-斯凯芬顿的遗孀声称英国士兵袭击并劫掠了她的房子（他们确实这么做了）的说法。如果此时阿斯奎斯还在当律师，那么他会要求提供证据；如果此时是维多利亚时代*（这个时期所有形式的战争都是针对异族），那么阿斯奎斯会说麦克斯韦不会“包庇那些实施了没有绅士风度的、不人道行为……的军官和士兵……这是英国军队最不愿看到的事情”。[83]当天晚上，他将前往爱尔兰，会见民事和军事当局，并做出安排，以便在“全体爱尔兰人普遍同意的情况下”对爱尔兰进行统治。[84]他不了解狄龙对新芬党崛起的看法。新芬党是爱尔兰的一个政治组织，现在出现了真正的发展势头。民族主义党欢迎阿斯奎斯的和解声音，但民族主义党不是爱尔兰的未来。

有两个案件给麦克斯韦出了难题。他认为麦克尼尔是主谋，但由于缺乏证据，后者最终因散播不满情绪和妨碍募兵而被判终身监禁。他被送往达特穆尔**，但第二年就被释放了。除了 18 人被关

---

* 维多利亚时代被认为是英国工业革命和大英帝国的峰端。它的时限通常被定义为 1837 年~1901 年，即维多利亚女王的统治时期。——译注

** 达特穆尔（Dartmoor）：英格兰德文郡中部穆尔兰的一个地区。——译注

押在芒乔伊监狱的女子单元外，妇女几乎在两周内全部获释。很快，她们中的五人被释放，一些人被驱逐出境，只有伯爵夫人马克耶维其受到了军事法庭的审判。令麦克斯韦气愤的是，阿斯奎斯坚持自己的决定，不能枪杀她，因为这发生在艾迪丝·卡维尔死后仅仅七个月，而且会使英国人沦落到和德国人一样的野蛮程度。和麦克尼尔一样，她被判处无期徒刑，但很快就被释放了。

现在，阿斯奎斯缺了个布政司，他在努力寻找符合条件的人来担任这个职位。他本想让劳合·乔治担任该职位，但军需大臣拒绝了，阿斯奎斯又不能强迫他；他们之间的关系正在发生变化，在阿斯奎斯逐渐丧失自信心的时候，劳合·乔治的自信心却在逐渐增加。一向忠诚的孟塔古也拒绝了，阿斯奎斯顶住了统一党人要求他任命朗的压力，如果任命朗，那将是极具挑衅性的。他提议了另一位统一党人罗伯特·塞西尔勋爵——他负责执行关键的（后来被证明是决定性的）封锁政策，但雷德蒙否决了他，阿斯奎斯又不想冒犯雷德蒙。

最后，他选择让自己填补这个空缺，并前往爱尔兰评估形势。 373
在他离开前不久，上院针对政府的爱尔兰政策通过了不信任投票。阿斯奎斯将离开一个星期。他去了里士满兵营，和三四百名被拘留者中的一些人进行了交谈，凭着律师的直觉，他得出了一个结论，即许多人不应该被关在那里。因此，许多被逮捕的囚犯在不久后获释。他还下令向被拘留者提供更好的食物，这惹恼了看守他们的、领取军用口粮的士兵。在探访后的第二天，他告诉塞缪尔，当他和许多被拘留者交谈时，“我问他们是否对受到的待遇感到不满，他们都回答说没有，只有一个人索要枕头”。[85]他几乎没有遇到任何敌意，这使他误以为，如果友好地对待他们，那么爱尔兰人就会合作。

他还访问了科克郡和贝尔法斯特，广泛收集各种意见，但很少公开露面，并且最低限度地向报纸发布他的私下谈话。在阿斯奎斯抵达时，麦克斯韦告诉他，除了已经安排和宣布的两起处决外，不需要再执行任何处决。阿斯奎斯告诉妻子，除了希伊－斯凯芬顿那件事外，“在我全权负责的整整一个星期里，麦克斯韦犯的严重错误比人们想象的要少”。[86]但他补充道：“我对布政司感到绝望。要是西蒙在就好了。”[87]他告诉塞缪尔，虽然他对事情的进展感到惊讶，但“解除武装的情况令人不满，特别是在科克郡和南部的一些地区”。[88]在回程途中，他访问了他在牛津郡的近邻——居住在加辛顿庄园的莫雷尔夫妇——并告诉奥托林夫人，“都柏林的贫困景象非常可怕，而这正是产生革命情绪的主要原因，他认为这比新芬党运动更可怕，他觉得新芬党运动更具诗意性，而不是革命性”。[89]尽管阿斯奎斯在爱尔兰度过了一段时间，并且有着正常的洞察力和聪明才智，但他低估了共和派人士的吸引力——尽管他看到了尽快实施《爱尔兰自治法案》的必要性。

在阿斯奎斯动身前往都柏林的前夜，内政部宣布成立一个皇家委员会，负责调查起义的原因，由彭斯赫斯特的哈丁勋爵担任主席。该委员会共召开了 9 次会议，其中 5 次在伦敦，4 次在都柏林。除了收集与德国支持者有关的证据或警方信息外，委员会还公开举行会议。比雷尔于 5 月 19 日接受了审查，并且没有为自己开
374 脱，但他透露在起义前的一个月，他曾向陆军部提出申请，要求向都柏林增派士兵，但没有实现——陆军部迅速否认了这一点，尽管是以拐弯抹角的方式。但是，他“阅读了一份很长的打印出来的声明，有时以一种有点刺耳和教条的语气，有时以他那最超然的态度，仿佛是在讨论另一个星球上的某件事”，这证实他并没有近距离处理危机。在这份声明中，他分析说，新芬党是以文学运动的形

式浮现。他还认为，卡森加入了联合政府，这向爱尔兰人发出了一个信号，即地方自治的前景已经消失。[90]即使他在这一点上是错的，但他仍然让这种信念左右了他的政策行为。

起义后，议会召开了会议。在大多数日子里，爱尔兰的议员们提出了一些与军队暴行有关的故事，其中一些含有些许事实——有些甚至超过了些许的程度——而另一些则是编造的，特别是与军队推进和平地区并进行大规模逮捕有关的故事。金内尔是提问最多的人士之一。5 月 24 日，他对起义中最具破坏性的事件之一的细节进行了记录。他问政府：

> 据查，詹姆斯·康诺利的伤是在投降后遭受的。军事当局是否最初决定在他的伤口愈合之前不会对他进行审判；即使外科医生报告说康诺利先生伤势过重、奄奄一息，他们是否仍对他进行了审判；即使他病得走不动路，无法站着被执行枪决，是否仍用担架将他抬到刑场，让他撑在椅子上，然后进行枪决；能否提供一个草草处决将死于枪伤的军事囚犯的先例以及处决的日期和地点？[91]

陆军部次官坦南特无法回答。金内尔声称，晚上（包括处决前一天的夜晚），麦克·迪尔迈德被关在牢房里，没有床，没有枕头，只好用两条薄毯子中的一条裹着一只靴子，将头枕在上面：并且被拒绝向牧师进行告解。坦南特也无法回答这个问题。第二天，阿斯奎斯——民族主义领导人认为他优柔寡断——在下院就恢复爱尔兰的公民政府发表了一份声明，史考特称这份声明“吞吞吐吐”。[92]他说，“作为一项预防措施，我们将继续实行军法管制。我 375
们希望这项措施能迅速、彻底消失”。[93]他访问爱尔兰的唯一目的是查明真相。不过，他没有发现公众舆论正在迅速转向反对英国的一面。他谈到了“强度和深度，我几乎可以毫不夸张地说，现在爱尔兰弥漫的普遍感受，使得我们有了一个独特的机会，可以为解决悬而未决的问题重新出发，使得我们能够共同努力，就爱尔兰政府未来的运作方式达成协议”。[94]

阿斯奎斯宣布，“应同僚们的一致要求”，劳合·乔治将在卡森和雷德蒙之间进行斡旋，或者更确切地说，在他们的支持者之间进行斡旋。[95]虽然劳合·乔治并不想当布政司，但这个备受赞誉的临时角色，正好适合于他的自我意识、虚荣心和表演才能。阿斯奎斯恳求议员们停止讨论爱尔兰问题，因为谣言造成了破坏性的影响，损害了解决问题的机会。雷德蒙称沉默是一种“严峻的考验”，但为了团结一致，他表示将保持沉默。卡森对此表示赞同，并提醒下院“一场英国也卷入其中的战争仍在进行之中”。[96]一些民族主义党认为阿斯奎斯担心将会与卡森对抗，并且认为雷德蒙不愿说服他对抗卡森。狄龙越来越被认为是比雷德蒙更有影响力，阿斯奎斯访问爱尔兰让他深受震动，在那里，阿斯奎斯“敢于冒着生命危险”。[97]与因为害怕空袭而退隐到沃尔顿希思的劳合·乔治不同，阿斯奎斯不缺乏血气之勇。

六

5月30日，格温与劳合·乔治会面，并告诉他，“在战争期间，无论是爱尔兰的统一党，还是英国的统一党，都不会接受爱尔兰自治”。同一天，金内尔再次因为康诺利被枪决对坦南特进行了抨击。坦南特几乎没有提出新的论据，他说，康诺利只是“脚背受伤”，即使无法走路，也没有理由推迟处决。他谴责金内尔“描述不准确，夸大事实”。[98]两天后，当日德兰传来消息说英国海军吃了败仗时，新芬党的支持者兴高采烈地在科克郡游行。但是，在阿尔斯特省，重新出现了实行地方自治的可能性，这被视为严重背叛了在前线作战（他们当时不在爱尔兰捍卫自己的利益）的阿尔斯 376
特士兵。更糟糕的是，向劳合·乔治委托的谈判进展缓慢且隐秘，一个被造谣生事撕裂的社会变得愈发不稳定。劳合·乔治经常逾越权限，首先表现在，5 月 29 日，他给卡森写信说，“我们必须清楚地表明，不管阿尔斯特省愿不愿意，在临时期限结束后，它都不会与爱尔兰的其他地方合并”。[99]卡森认为，这意味着承诺阿尔斯特省永久性不参与地方自治。很难对此做出其他解释，虽然在 1914 年 8 月，当《爱尔兰自治法案》被暂停时，阿斯奎斯明确表示将对不参与地方自治的任何情况进行审查。劳合·乔治让自己变得过于强势和傲慢，而阿斯奎斯再也无法勒住他，于是，这样的事情就发生了。

6 月 1 日，狄龙警告阿斯奎斯，爱尔兰的情况发生了重大且迅速的变化：

> 请记住这一点：一个兄弟参加新芬党运动，而所有其他家庭成员是沃特福德受人尊敬的、有学问的成员（雷德蒙）的坚定支持者，这种情况已经相当普遍……家庭在分裂，我自己就遇到过好几次这样的事例。一名年轻人违背所有其他家庭成员的意愿，参加了新芬党的志愿军……无论是把这些人关进监狱，还是使用我没有提到的其他方法，（你们）都是在制造数以千记的新芬党人，或者说制造政府的敌人。[100]

同样，6 月 7 日，T. P. 奥康纳告诉史考特，“在处决前，99%

的爱尔兰民主主义党都是雷德蒙的追随者，自处决以来，99%的爱尔兰民主主义党都成了新芬党的追随者”。[101]这是一种夸张的说法。由于雷德蒙和他的政党支持战争，而战争在爱尔兰越来越不得人心，并且在起义之前，民族主义党的支持率就已经有所下降。然而，处决和军法管制将使民族主义党更加难以接受卡森和雷德蒙（劳合·乔治分别向他们告知了不同的事情）试图进行的交易。报界获悉，民族主义党的情绪成了主要障碍。

对于大多数民族主义党来说，地方自治必须针对整个爱尔兰，
377 而不仅仅是26个郡。尽管奥康纳认为，爱尔兰的其他地区应当会接受适用于整个爱尔兰（阿尔斯特省的六个郡除外）的协议，并且雷德蒙也同意了。6月12日，报纸公布了劳合·乔治提案的细节：《爱尔兰自治法案》将立即生效，但是在颁布修正案后，该法案将仅在战争期间和战争结束后的一段时间内适用，在此期间，所有爱尔兰议员都可以成为英国议会的议员。与此同时，阿尔斯特省的六个郡将由伦敦进行管辖，政府将在战后召开帝国会议（所有自治领都将参加），以便讨论帝国（包括爱尔兰）的未来治理；之后，政府将达成一个永久性解决方案。

劳合·乔治告诉里德尔，阿斯奎斯从爱尔兰回来了，“他没有制定计划，并且逃避努力达成解决方案的任务”。[102]然而，没有计划、但经过深思熟虑后打算制定一个计划，是否比有一个被认为是不可行的计划更加糟糕，这成为一个有争议的问题。卡森对劳合·乔治的想法很满意，不仅因为阿尔斯特省被排除在外，而且因为他觉得没有义务在战后将六个郡纳入地方自治。虽然劳不喜欢地方自治，但也看到了自治的必然性。然而，兰斯多恩拒绝接受这个计划，6月11日，他告诉朗，这个计划“在道德上是错误的，在政治上也是错误的”——朗向劳合·乔治传达了这个意见。[103]6月22

日，80 名统一党议员要求“确保为南部统一党人提供充分保护，确保爱尔兰自治不会危及战事工作，并且永久排除指定的郡”。[104]雷德蒙不得不为争取基层民众的支持而斗争，因为民族主义党威胁要孤立北方的天主教徒（这成了天主教徒日益支持共和主义的一个重要因素），导致天主教会不会原谅民族主义党。尽管如此，6 月 23 日，在阿尔斯特省举行的民族主义党会议上，劳合·乔治提出的排除建议以三分之二的多数票获得了通过。

农业大臣塞尔伯恩伯爵对没有与内阁商议表示反对：他告诉朗，“我们认为首相的行为不合理、不正当”。[105]他认为劳合·乔治作为全权代表（而不是代表）行事，并且一边行事一边制定政策。6 月 24 日，内阁召开了两次会议，少数核心的统一党人和自由党人之间仍然存在分歧，以至于兰斯多恩认为政府将解体。然而，他无疑是少数派。劳、贝尔福，甚至卡森都赞成立刻达成协议，除了 378
《晨间邮报》外，统一党的报纸也是如此。贝尔福——他在 19 世纪 80 年代被称为“血腥的贝尔福*”——对地方自治的态度发生了转变，这甚至让一些统一党同僚感到震惊，这些同僚习惯他采取最小抵抗路线。劳合·乔治告诉奥康纳，贝尔福在为立刻实行地方自治的计划而战，“就好像他一辈子都是地方自治的支持者一样”。[106]这位托利党的资深政要听说，如果地方自治获得批准，将会对美国舆论产生有益的影响，于是他被说服了。阿斯奎斯采取了一种将在其领导的最后阶段成为典型手段的做法，并任命了一个内阁小组委员会来讨论这个问题。兰斯多恩则担心自己将不得不辞职。同样在 6 月 24 日，政府向内阁分发了麦克斯韦的一份文件，

---

* 贝尔福曾担任爱尔兰事务大臣，因为在任内血腥镇压爱尔兰独立运动，而被称为“血腥的贝尔福”。——译注

警告大臣们，虽然大多数反叛者的领导人已经死了，但人们仍然对他们记忆深刻，“一旦出现新的领导人，情况就会变得很危险……毫无疑问，新芬党将会重新熊熊燃烧”。[107]

6月25日，塞尔伯恩辞职。他没有想到26个郡的地方自治会即刻实行，他认为，实施的可能性在1914年8月被搁置了，要到战争结束后才会重新进行讨论。基于此，他参与了促成劳合·乔治承担这项使命的集体责任行动，但是，当他听说劳合·乔治暗示将立刻实施这个计划时，他不仅告诉阿斯奎斯他要辞职，而且在谈判中，他向双方强调说他反对内阁的路线。两天后，他在上院声称，他和那些想法与他相似的人都被欺骗了。“比雷尔先生从来没有告诉我们，爱尔兰的情况变得更糟了，我们也没有从其他来源处获得任何私人消息。因此，我们对操练、演习一无所知，也不知道其他人获悉的所有其他事情，因此，叛乱让我们大吃一惊。”[108]

他继续说道：“爱尔兰目前处于严重混乱的状态，在我看来，在战争期间如此大规模地修改宪法，这将比我们面临的任何其他道路都更危险。”[109] 6月26日，在高等法院对凯斯门特进行审判时——在几个律师拒绝了这个案子后，凯斯门特最终找到了律师为他辩护——爱尔兰其他地方的民族主义党加入了阿尔斯特省的行列，同意了这个提案，来自被排除在外的阿尔斯特省的三个郡和其
379 他三个省的统一党代表会见了阿斯奎斯和劳合·乔治，并敦促他们仔细考虑，拟议的解决方案是否将导致“新芬党篡夺爱尔兰政府的权力”。[110]

实际谈判内容缺乏透明度，这引起了极大的愤怒。内阁的统一党人尤其对谈判的秘密进行感到恼火，因此，当原定于6月28日召开的讨论爱尔兰问题的会议被推迟到下周时——表面上看，这样做是为了让阿斯奎斯能够进一步地考虑形势，让劳能更广泛地征询

意见——他们的挫败感加深了。内阁未能团结一致，这为那些希望战争决策机构大幅缩减规模的人提供了更多理由。6 月 29 日，索尔兹伯里侯爵被塞尔伯恩在辞呈中所说的话激怒了，他在上院要求政府公布提案的细节和哈丁的调查报告。令他烦恼的是，有两个版本的提案正在传阅——一份泄露给了报界，另一份由雷德蒙在 6 月 12 日向同僚们进行了描述。报界被告知，阿尔斯特省主要信奉新教的六个郡可以根据自己的意愿选择加入或退出地方自治。然而，雷德蒙说，任何退出选择只适用于战争期间。卡森不是这样理解的，他认为该计划允许阿尔斯特省的六个郡永久性不参与地方自治。

索尔兹伯里问劳合·乔治根据哪些授权提出了这些提案，因为这两个版本的提案都建议立刻实施 1914 年的法案，并进行某种程度的修改，这与塞尔伯恩所说的内阁同意的做法相反。他援引雷德蒙的话说，劳合·乔治"自作主张地"提出了这些提案。[111]然而，雷德蒙认为这些提案都是政府的意见，但是，考虑到塞尔伯恩所说的话，这些提案真的是政府的意见吗？索尔兹伯里指出，自 1914 年 8 月起，爱尔兰就没有发生过镇压，这场叛乱"犹如晴天霹雳般"到来。[112]他对打算建立一个新型的爱尔兰政府感到愤怒，因为叛乱的调查报告尚未公布——尽管人们知道报告已经完成——并且国家仍处于动乱之中。

索尔兹伯里声称：

> 自从叛乱被镇压以来，那里的情况一天比一天糟。我们想知道——毕竟，公众有权知道——那里的情况变得有多糟糕。爱尔兰的舆论状况如何？我们知道，少数几个人误入歧途，他 380
> 们必须作为叛乱的领导者被处决——与被枪杀的无辜平民的人

> 数相比，这个数字非常低——这在爱尔兰激起了巨大的同情。他们被称为殉道者，不仅仅是普通民众这样称呼他们，而且我相信，在很多情况下，罗马天主教会以及对爱尔兰的公众舆论产生巨大影响的人也这样称呼他们。[113]

索尔兹伯里敏锐地指出，在爱尔兰四分之三的土地上，新芬党目前占据着主导地位，其追随者对"无论哪个版本都是正确的"提案感到不满，并成了英国的"敌人"。为组建爱尔兰政府进行的任何选举都将使更多的新芬党成员对德国友好，而不是对英国友好。

克鲁告诉索尔兹伯里，透露他希望披露的细节"对公众没有好处"。[114]克鲁含糊地回答了关于劳合·乔治自作主张的问题，声称无论提出什么样的提案，都是"与卡森和雷德蒙一起"制定的。[115]他承诺将公布哈丁的报告，并且在议会进行投票前，不会发生任何事情。克鲁拒绝说明康诺特、芒斯特和莱因斯特的情况有多么糟糕："公开从爱尔兰各地的警察局收到机密报告向来都不是我们的惯常做法，我无法想象的是，过去我们不采取这种做法被证明是有益的，而现在却可能要采用这种做法了。"[116]

当争论继续在上院进行的时候，凯斯门特案的陪审团在退庭83分钟后，宣布判决凯斯门特犯有叛国罪。在宣判前，凯斯门特发表了一篇长长的演讲——他拒绝了乔治·萧伯纳为他撰写的草稿——他辩称，自颁布1351年的法令以来，叛国思想背后的哲学已经发生了很大的变化，他不认同"宪法的化身——国王——仍然可以从黑暗时代的地牢和刑讯室里探究出一部法律的观点，这部法律让人们牺牲自己的生命和肢体以接受良心上的锤炼"。[117]他声称，"14世纪的残忍做法"不适用于爱尔兰。他是在异族的法庭受审，而不是由同胞组成的陪审团进行审判。他只接受爱尔兰人在爱尔兰的法庭上做出的判决。他说，以检察总长的身份对他进行起诉的王室御用律师、议员 F. E. 史密斯爵士，曾支持来自阿尔斯特省的反对政府和议会政策的人，甚至到了支持武装叛乱者的地步，但他自己却没有受到审判。“我们之间的区别是”，他说，“统一党的拥护者选择了一条他们认为可以通向议长职位的道路，而我走了一条我知道注定会走向被告席的道路”。 381

凯斯门特的这篇演讲更有预见性，而非实际作用。1919 年，史密斯成为大法官。然而，主审此案的首席大法官雷丁认为，英国臣民凯斯门特违反了适用于整个英国的法律。在宣判对凯斯门特处以绞刑时，他宣布，“你的罪行是在我们卷入其中的这场可怕的战争中协助国王的敌人，也就是德意志帝国”。《泰晤士报》报道说，“犯人微笑着鞠了一个躬，然后离开了被告席”。第二天，政府宣布，已从圣迈克尔和圣乔治勋章的名册上将凯斯门特除名，他的骑士身份也被没收。

7 月 10 日，为了阻止朗就统一党人的待遇问题辞职，阿斯奎斯打破了沉默，并向下院发表了一份声明。他仍然相信，在“互谅互让”的过程之后，存在着一个和解并达成新协议的独特机会。[118]他说，劳合·乔治在有关各方之间担任“中间人”，并向他通报各个阶段的情况。他发现，达成协议的基础只有一个：在议会对《爱尔兰政府法案》进行修改，将阿尔斯特省九个郡中的六个排除在外后，立刻实行《爱尔兰政府法案》。这个结果得到了广泛支持，包括统一党的领导人劳。阿斯奎斯表示，将立刻向议会提交适当的措施。

他将塞尔伯恩的困难描述为“发生了误解”。[119]他承认，“拟议的解决方案有一些要点，我们中的任何一个人都不会自愿选择这些要点。出于不同的原因，我们都不喜欢其中的某个要点”。[120]在

1914 年 7 月的白金汉宫会议上也是如此。但他认为，战争期间做出的共同牺牲意味着双方都将妥协。[121]他谈到当时在索姆河战斗的爱尔兰师，特别是“名声经久不衰”的阿尔斯特师，他们在爱尔兰和英国之间建立了一个“新的纽带”。

他认为，在那个时候给出法案的任何细节都是“极不方便
382 的”，不过他说，爱尔兰下院的议员都可以成为英国议会的议员，英国政府将任命都柏林的上诉法院法官。他也在等待阿尔斯特省以外的统一党人的提议。他想象着伦敦和都柏林将会达成某种君子协定，那就是在《保卫王国法案》仍然有效的情况下，爱尔兰不会采取任何行动阻止战事工作。提议的协定将持续到恢复和平后的一年，如果届时议会未能就 6 个郡的永久排除情况达成协定，那么将根据枢密院令延长到达成协定时为止。他想要一个统一的爱尔兰，但他意识到，这只能通过与不参加地方自治的郡达成协议的方式（而不是通过武力）来实现。他仍然误解了新芬党目前在这个计划中所扮演的角色。他向卡森证实，随后需要通过一项议会法案，以便将阿尔斯特省纳入其中。将从 1914 年的法案中删除这 6 个郡，在确定可以修改 1914 年的法案后，民族主义党目前接受了该法案。

七

在 6 月 26 日提交的报告中，哈丁就爱尔兰问题得出了几个令政府感到尴尬的结论，他毫不掩饰自己的惊讶，并说道，在起义前，共和派的私人军队获准在都柏林和其他地方不受干扰地游行。“正是由于新芬党领导人的活动，不忠势力才逐渐稳步增长，破坏了最初的爱国主义情绪”，哈丁如是说。[122]报告指出，由于如此多的人参军，导致皇家爱尔兰警队——他们佩戴卡宾枪，因此是一支

准军事部队——的兵力严重不足。都柏林警察局的人手略微不足，但他们没有武器，这就是当枪击发生时他们从街上撤出、军队被派进去的原因。委员会说，政府在爱尔兰的兵力部署使得该制度“在危机中几乎行不通”。[123]

比雷尔的方法遭到了毁灭性的攻击，尤其是因为它在制止叛乱方面作用甚微。哈丁不仅声称反英文学得到了相对自由的传播，还指出牧师和校长如何使用爱尔兰语在年轻人中传播“叛国”思想。[124]他认为，共和派的宣传活动——这些活动将任何企图解除志愿军武装的行为称为英国人挑起“流血冲突”的诡计——吓坏了 383
都柏林城堡。[125]“叛乱的主要原因，”哈丁总结道，“似乎是无法无天的行为不受控制地发展，过去几年来，爱尔兰的管理原则是，如果可以避免与爱尔兰人民的任何派别发生冲突，那么暂时搁置法律是更安全、更有利的做法。”[126]报告称，这“否定了政府的基本原则，即法律的执行和秩序的维护应当始终独立于政治上的权宜之计”。

皇家委员会无法理解，为什么都柏林城堡容忍人们的准军事活动，这些人“受控于那些公开宣布敌视国王陛下政府并准备欢迎和协助国王敌人的人”。该委员会免除了温伯恩的责任，温伯恩是在 1915 年 2 月被任命的，就在比雷尔推行宽容政策之后。8 月 9 日，温伯恩复职。比雷尔和内森难辞其咎。在布政司频繁、长期离开都柏林期间，内森被认为没有充分告知比雷尔局势有多严峻，以及“采取更积极措施的必要性”。[127]皇家爱尔兰警队和都柏林警察局被免除了责任，因为它们的高级警官曾要求下属进行全面报告，在收到报告后，它们把报告转交给了都柏林城堡。比雷尔没有理由不采取行动。狄龙称哈丁的报告是“恶意中伤……是片面的，充满了误解”。[128]委员会没有要求民族主义政治家提供证据。

7 月 11 日，上院就哈丁的报告进行了辩论，尽管阿斯奎斯恳求不要这样做，以免让劳合·乔治促成解决方案的努力受挫。安卡斯特（Ancaster）伯爵斥责温伯恩“只是一个摆件”，但他要求比雷尔承担责任：“这似乎是一件非同寻常的事情，这位大臣负有责任，他的政策导致了这场叛乱，造成了数百人丧生，但他自己毫发未损，几乎没有受到谴责。”[129]之后，坎珀当（Camperdown）伯爵进行了更加严厉的谴责：“不幸的是，他竟然被任命担任一个职位，他的性情和其他方面完全不适合这个职位，这实在是太可怜了。他从未试图治理爱尔兰。的确，我不相信他经常去那儿。他的政策在很大程度上受到爱尔兰议员的影响，并听命于爱尔兰议员，他对从四面八方收到的警告充耳不闻。”[130]

384 安卡斯特希望继续走强硬路线。他说，“在英国派出最勇敢、最优秀的士兵为国而战时，当时的政府居然公开允许叛国和煽动叛乱的活动在爱尔兰各地蔓延”。[131]他认为政府“一再发出不良行为是可以容忍的信号”。[132]强硬路线不是没有道理的，他争辩说。由于战争，英国承受不起在另一条战线上作战。在谈到大臣们时，安卡斯特说道：“在进行一场大战时，他们决不能以任何虚假的感情、虚构的想法或模糊的梦想为指导，而必须以实事求是的政治家的身份来应对他们所面临的局势；政府向爱尔兰负有的首要职责是，确保从那些背叛者和与我们作对的人的手中夺取权力。”[132]

温伯恩——当时，他仍然认为他的辞职随时都会产生法律效力——承认，在他看来，如果向爱尔兰派遣更多部队，如果都柏林城堡在凯斯门特被捕后迅速行动，以了解他回到爱尔兰的意图，并拘禁潜在的麻烦制造者，那么起义是本可以预先制止的。他的这番话让事情变得更糟。爱尔兰实行由爱尔兰总督（没有实权）和布政司（拥有全部权力）负责治理爱尔兰的制度，这个制度遭到了误解，并且运作得很糟糕。阿尔斯特省的新教徒（他们视自己为英国人）和爱尔兰的其他人（他们拒绝接受伦敦的统治）之间存在目标方面的分歧，这让爱尔兰变得难以治理。阿斯奎斯政府在管理爱尔兰时采取的随便、近乎外行的做法，给该政府蒙上了相当大的阴影。这极大地推动了联合王国和英国的战事指挥方向的变化。

兰斯多恩带来了致命的一击。他要求在对《爱尔兰自治法案》进行结构性修改，以便让阿尔斯特省永久性不参与地方自治之前，应根据《保卫王国法案》的变体——都柏林议会无法推翻这个变体——统治爱尔兰。由于阿尔斯特省并非永久性不参与地方自治，而且需要在战后对不参与地方自治的情况重新进行审查，如此一来，破坏让《爱尔兰政府法案》尽快生效这一计划的将是南部的统一党人（兰斯多恩拥有克里郡的大部分追随者），而非阿尔斯特人。民族主义党感到震惊，认为他不能留在内阁；但他仍然留在内阁。阿斯奎斯吓坏了，他告诉克鲁，兰斯多恩的演讲“对爱尔兰人造成了最严重的冒犯”，他“费了很大的劲”才阻止雷德蒙在下 385
院问他兰斯多恩的话是否就是政府的政策。[133]雷德蒙告诉阿斯奎斯，让阿尔斯特省“永久、持续地”不参与地方自治是不可接受的，兰斯多恩提出对1914年的法案进行此类修改，这“完全没有必要成为辩论的主题”。尽管如此，兰斯多恩的言论还是改变了气氛，而且就在阿斯奎斯发表声明后的第二天，人们产生了这样一种印象（准确地说），那就是目前还不会向议会提交新法案。

由兰斯多恩和朗领导的政府里的统一党人也告诉阿斯奎斯，他们不同意代表爱尔兰自治的议员继续在下院任职，并表示统一党的大臣将在目睹《爱尔兰自治法案》据此实施之前辞职。由于这可能会分裂政府，并对战事工作造成影响，阿斯奎斯和劳合·乔治被迫采取行动。民族主义党坚称，他们不接受减少其在英国议会的席位。在没有事先获得内阁同意的情况下，劳合·乔治提出保持原来的席位，致使政府陷入了困境。但是，他仍然态度强硬。7 月 16 日，他告诉里德尔，政府将提交一项法案，并且该法案将难以获得通过，因为该法案试图对《爱尔兰自治法案》进行修改。“不过”，他又说，“我已经向爱尔兰人许下了承诺，如果承诺不能兑现，我就得辞职。有些承诺是在许诺者别无选择的情况下做出的。这些承诺就属于这一类”。[134] 劳合·乔治的信誉将因为自己夸下的海口，以及阿斯奎斯在面对统一党人——因为他们之中最有影响力的人支持劳合·乔治的协议，而那些不支持的人可能会被解雇——时表现出来的不必要的胆怯而毁于一旦。朗对里德尔说，“首相非常缺乏决断力，一个如此聪明的人竟然如此优柔寡断，真是奇怪”。[135] 阿斯奎斯和贝尔福都具有这些特质，正是由于他们的高智商和分析能力，他们能够看到问题的各个方面，以及任何行动的所有后果，这使得他们难以决定哪一个才是最好的。

7 月 19 日，阿斯奎斯表示，他希望下周出台关于爱尔兰的修正法案。然而，第二天，雷德蒙被告知，审议被推迟了，并且正在提出新的提案。他还被告知不会征求他的意见，届时与他的联系将
386 被切断。他警告政府，进一步拖延“将是致命的”。[136] 现在，统一党人正在驱使内阁，他们无法明白自己的不妥协是如何把爱尔兰交给新芬党的。7 月 22 日，雷德蒙获悉，新提案将让阿尔斯特省永久性不参与地方自治，并将终止爱尔兰议员于过渡期间在英国议会的任职。这个提案被认为是既成事实。

7 月 24 日，雷德蒙迫使阿斯奎斯就该法案的草案在下院发表声明。阿斯奎斯说，在各方没有达成一致协议的情况下，不会出台任何法案。雷德蒙试图提出一项动议，以便讨论“明确的，对公众至关重要的问题，也就是爱尔兰迅速加剧的动乱及其对爱尔兰局

势的可悲影响，无疑，这是由政府不打算完全执行他们为暂时解决爱尔兰的难题而提出的条款所造成，这些条款由我们提交给支持者，并被爱尔兰的两党所接受”。[137]一些议员试图把他哄下台——“如果你背叛了爱尔兰，那么你也会背叛比利时”——但他继续讲话。

他回忆了前两个月的谈判，以及他是如何同意让阿尔斯特省暂时不参与地方自治的，因为他希望，在讨论永久性排除协定的时刻到来之前，不参与地方自治的郡将看到，爱尔兰能够公正、恰当地治理自己，并且没有一个郡愿意置身于地方自治的状态之外。民族主义党认为，让爱尔兰议员保留在英国议会的席位，是过渡阶段的“暂时性”保障措施。[138]由于雷德蒙已就最初的提案争取到追随者的支持，因此，他无法支持修改后的提案。他说，政府“已经走上了一条道路，这条道路注定会让爱尔兰人更加怀疑英国政治家的诚信，必然会激怒爱尔兰人的感情，必定会严重损害帝国的崇高利益，为确保这些利益，我们被告知必须暂时解决这个问题”。[139]他继续说道：

> 我无法、也不会同意新的提案，这个提案意味着我要完全、无耻地背弃我在爱尔兰的支持者，我警告政府，如果他们根据向我传达的路线出台一部法案，那么我的朋友们和我无论如何都将予以反对。在这届政府与爱尔兰打交道的过程中，似乎总有一些悲惨的命运尾随其后。自联合政府成立以来，特别是从都柏林发生不幸暴乱以来，他们所采取的每一项措施都令 387
> 人遗憾。他们无视我们提交的每一个建议，在我们劝诱我们的人民做出巨大牺牲，并同意阿尔斯特省的六个郡暂时不参与地方自治之后，现在，他们又把这个协议抛到了九霄云外。他们

采取了最有把握的手段，来加剧爱尔兰局势中可能出现的每一种危险和困难。

劳合·乔治做出了非常糟糕的回应。两周前，他刚刚担任陆军大臣，他为自己无力花尽可能多的时间来团结爱尔兰人的意见进行辩护。他声称，从来没有想过会在某个时刻自动地让排除在外的郡参与地方自治，民族主义党不相信这种说法。不过，劳合·乔治明确表示，“只有阿尔斯特省同意……才会对它实行地方自治”，并且这会成为永久性解决方案的一部分。[140]他觉得自己的话已经说得很清楚了；但民族主义党不这样认为。雷德蒙告诉他，自动实行地方自治的做法已经被写入了法案的草案；劳合·乔治使用了模棱两可的话语（他也许没有想到这么快就要借助这类话语了），指出法案的起草经历了多个阶段。政府对措辞进行了修改，但是，劳合·乔治决心将未能推进立法的责任归咎于民族主义党，而不是他自己。他强调，如果未能就不会自动结束阿尔斯特省不参与地方自治的情况做出承诺，那么无法出台法案，因为内阁中的统一党人不会同意该法案。他承诺政府不会强迫爱尔兰接受这项措施。这不是一场体面的表演。他早些时候表示，他宁愿辞职，也不愿看到协议泡汤。

尽管卡森起初反对立刻批准地方自治，但他意识到，爱尔兰双方都抱有很大的希望，如果现在不执行地方自治，那将会成为一场“灾难”。虽然他的团体根据修改后的提案得到了保障，但是，民族主义党希望爱尔兰在地方自治下实现统一的愿望将会受挫。他从更长远的角度看待问题：“有一点必须说一下，当战争结束时，我们都已经受够了争斗。此外，我们还将面临其他重大问题——整个帝国的重建，整个社会基础的重建，人们不愿意思考的巨大的财政困难，人们难以想象的影响深远的贸易问题。在恢复这一切的过程中，我们又会像以前那样发生争吵。我知道，我说的很多话无法取 388
悦我的政党中的某些人，但我宁愿说出来，因为我知道这些话是真话。"[141]然而，眼下的问题是，政府的阴险行为是怎样摧毁信任的。狄龙说："你对未来的爱尔兰政府造成了致命的打击。你将如何使爱尔兰人民相信英国大臣的言辞？"[142]

当阿斯奎斯结束辩论时——他声称，民族主义党预料到阿尔斯特省可能会遭到胁迫，他对这个说法感到困惑——他恳求民族主义党改变主意，但他们不会。一周后的 7 月 31 日，政府宣布不会出台修正法案。狄龙要求立刻就政府目前的意图发表一份声明。他觉得爱尔兰人被骗了，因为劳合·乔治假装代表一个团结的内阁发言，而实际上并不是这样。"在每一个阶段，我们都意识到，兰斯多恩勋爵看到了条款，而且不是因为这些条款才离开内阁或政府的，他允许我们对这些条款押上我们的政治生涯，却没有发声抗议。我认为，根据我们关于荣誉和内阁大臣义务的看法，兰斯多恩受到这些条款的制约，如果在爱尔兰达成协议，那么他有义务不破坏协议。"[143]

胁迫产生了正反两种效果：

> 如果我们同意让阿尔斯特省的主要郡自由地决定它们自己的命运，那么我们不该为阿尔斯特省的民族主义党争取同样的权利吗？如果贝尔法斯特和安特里姆可以自由地加入统一的爱尔兰，或者不加入，那么蒂龙、弗马纳和德里等城市不应享受相同的条件吗？你们怎么能如此片面地适用这项法案呢？116 年来，你们一直强迫绝大多数爱尔兰人服从一个他们厌恶的政府制度，而前几天，首相、甚至哈丁委员会都说这个制度已经

无可救药地崩溃了，那么这些爱尔兰人该怎么办呢？[144]

狄龙说，这个制度已经被“无限制的军事暴政”所取代。[145]

389 阿斯奎斯坚称，他从来没有给人留下这样的印象，即他或劳合·乔治是“全权代表”，或者意图说出任何束缚其同僚的话。[146]阿斯奎斯对自己的评价是真实的，然而，毫无疑问，劳合·乔治已经越权。阿斯奎斯宣布任命亨利·杜克（Henry Duke）——他是一名统一党的律师，不熟悉爱尔兰的纠纷——担任布政司，这标志着军法管制的结束，杜克很快就承诺将“友好解决不满”。[147]支持爱尔兰自治的自由党人温伯恩恢复了爱尔兰总督一职，这对任命杜克起到了平衡作用，但劳要求阿斯奎斯推迟宣布这项任命，这在民族主义党中引起了骚动。劳合·乔治本来可以威胁要辞职，以阻止阿斯奎斯向统一党人屈服，但他又一次没有这样做，也许是因为他承认自己对这个过程处理得很糟糕。雷德蒙——他声称杜克是他的老朋友之一，曾是他在格雷律师学院的同学——直截了当地说：“提议恢复都柏林城堡是一件非常严肃的事情。但是，在爱尔兰设立一个统一党行政机构，以恢复都柏林城堡，从实际的角度来看，这无疑会进一步激怒爱尔兰人民的感情。这位阁下……不厌其烦地指出，爱尔兰总督纯粹是一个名誉上的职位，是一个摆件，没有实权。爱尔兰真正的总督是布政司和总检察长，他们都是统一党人。”[148]

由于劳合·乔治对自己的角色处理不当，导致阿斯奎斯任由统一党人摆布，而“恢复都柏林城堡”的决定，即使是作为一项临时措施提出，新芬党却将其看作是另一个募兵号召。用《泰晤士报》社论的话来说，英国报纸简单地认为，阿斯奎斯的所作所为证明其政府的“凝聚力、控制力和驱动力越来越弱”。[149]雷德蒙谈到了在法国战斗和死亡的15万爱尔兰人，以及为澳大利亚、新西兰或加拿大军团而战的成千上万的其他爱尔兰后裔，但是，在英国人中间，驱使这些人战斗的精神正在消失。

杜克的首要任务之一是制定一个拨款和贷款制度，以帮助重建在起义期间遭到破坏的都柏林的部分地区，这样企业就可以重新开张并雇用员工。这个举措也表明，在需要时，英国财政部可以帮助爱尔兰。共和派人士对此不以为然。具有讽刺意味的是，即使是一些民族主义党——比如在1917～1918年间试图解决爱尔兰问题的突出人物霍勒斯·普朗克特爵士——也在7月底得出结论，认为即 390
使劳合·乔治的计划得以实施，也只会把爱尔兰交给新芬党。一切都太迟了。[150]

八

令人惊讶的是，弗朗西丝·史蒂文森——她对劳合·乔治的忠诚是毋庸置疑的——认为劳合·乔治在谈判中自损八百，应当辞职。爱尔兰人将愤怒发泄在他身上，那些寻求友好解决方案的人也觉得他应该在阿斯奎斯屈从时辞职。这两人性格的典型方面在爱尔兰危机中展现无遗：阿斯奎斯力图做正确的事情，但他的副手超越了职权范围，越来越无法坦率行事，并在他身后留下了一条破坏的痕迹。这不会是最后一次发生这样的事情。就像人们在这种情况下经常做的那样，劳合·乔治责怪除自己以外的每一个人。他觉得爱尔兰人不可理喻。“我认为他没有完全遵守游戏规则”，史蒂文森小姐在日记中写道。她还补充说，她不同意他的观点，不知道该对他说什么。[151]但没过几天，她又觉得他留任是正确的做法。当时最顺从劳合·乔治的报业大亨里德尔告诉他，阿斯奎斯的左右手

（以麦克纳和孟塔古为首）的地位仅次于他，并且史蒂文森小姐担心，如果他辞职，那么他将永无翻身之日。事实上，对于很多不知道这些私密细节的人来说，谈判提高了劳合·乔治的声望，因为他给人留下的印象是，他能够以某种程度的果断来处理重大问题。他们将他视作阿斯奎斯的理所当然的接班人，即使他指挥得很糟糕。他惯用的谈判武器，无论是魅力还是贿赂，都无法应对如此严峻的挑战。民主主义者正在分裂成不同的派别，而且永远不会再产生影响力。8 月，爱尔兰工会开始攻击他们，并对民主主义者支持分治表示“憎恶”。[152]阿斯奎斯的联合政府也遭到破坏，但具有讽刺意味的是，这将使劳合·乔治受益。

8 月 3 日上午 9 时，凯斯门特在本顿维尔监狱被绞死。在被处决之前，他已经被接纳为罗马天主教会的成员。不久后，政府发表了一份声明，解释了为什么没有对他的判决给予减刑，最主要的原因是他与德国人达成了一项协议，意图建立一个爱尔兰军团，以便
391 在埃及对抗英国人。很多人请求给予缓刑，尤其是史考特，他在 7 月 5 日曾问劳合·乔治，这样做“在政治上是否可行”。[153]史考特辩称，凯斯门特的精神和身体状况都很糟糕——“我认为他至少和枪杀希伊－斯凯芬顿和另外两名记者的宗教狂热分子一样疯狂，但后者（我认为不被绞死是正确的）却不会被绞死（*原文如此*）。”然而，列举希伊－斯凯芬顿遭到任意杀害和殉道的例子，对凯斯门特的案子毫无帮助。与科尔瑟斯特不同，凯斯门特是在英国历史上最残酷的战争中被判犯有叛国罪。

对于史密斯，仍然存有争议。凯斯门特在受审时说，史密斯轻率地做出了叛国罪的判决，这导致史密斯以一种不体面的姿态站了起来，走出了法庭。后来，他以总检察长的身份拒绝了向上院进行上诉的请求。另一个值得关注的问题是，据说在凯斯门特的文件中

发现了一本日记，不仅证明了他滥交的同性恋行为，还证明了他对未成年男孩的性器官有着不正常的兴趣。在决定不给他缓刑的时候，史密斯就考虑过这种迷恋。在回应奥托林·莫雷尔夫人的缓刑请求时，阿斯奎斯告诉她，凯斯门特是一个“堕落和变态的人”。[154]然而，人们还发现了凯斯门特与德国人进一步勾结的证据，这比任何淫荡的性异常行为都更加足以对他进行定罪。

尽管政府担心该案会对美国的舆论造成影响，但仍然依法审理。虽然《泰晤士报》同意判决和量刑，但它谴责政府在围绕此案进行的宣传管理中存在不正当行为，并粗暴地试图让报纸提及凯斯门特的性行为：“这些问题要么应该以直接的方式公开提出，要么就应该完全不受干涉。”[155]政府拒绝交还凯斯门特的遗体，并将它埋葬在监狱外。1965 年，凯斯门特的遗体最终被挖出，并被移交给爱尔兰。人们在都柏林为他举行了国葬，德·瓦莱拉也参加了葬礼。

许多志愿军支持新芬党怀有的建立独立的爱尔兰共和国的理想，但是，新芬党不打算举行起义。实际上，志愿军接管了新芬党，并将一个非暴力的组织转变成了军事组织。1917 年 2 月 3 日，普朗克特伯爵——他是约瑟夫·普朗克特的父亲，曾被驱逐出境，还被免去了博物馆馆长一职——作为新芬党的候选人在北罗斯康芒
郡赢得了补选。这是新芬党取得的第一次胜利，也是它重登舞台的 392
导火索。由于普朗克特有些不情愿，新芬党便决定不接受它在帝国议会中赢得的任何席位。1917 年 4 月 19 日，在普朗克特召集的一次会议结束后，共和运动得到了重建。这次变革在 10 月 25 日的一次新芬党或政党会议上得以确立，新芬党正式成为共和运动的伞式组织。如有必要，它将通过暴力来实现其目标。普朗克特的选举是取得胜利的众多补选中的第一个，也预兆着下一个最为关键的阶
段，在这个阶段，根据宪法为统一主义制定的替代方案消失了。 393

第六章　屠杀

一

1916年2月和3月间，美国总统伍德罗·威尔逊（Woodrow Wilson）的心腹爱德华·豪斯（Edward House）上校访问了伦敦和柏林，为一项议和倡议寻求共同立场。他受到了冷嘲热讽，因为人们认为，威尔逊将在11月竞选连任，他希望获得一个伟大的和平缔造者的声誉，以提高自己的地位。豪斯可能把德国的宣传太当真了，以至于他确信协约国面临着一场艰苦的战斗。根据汉基的说法，豪斯告诉大臣们，德国陆军和海军“比我们想象的更强大”，每三天就会有一艘新潜艇下水，而且还有充足的德军士兵应对下一年的恶战。[1]这是一个令人沮丧的消息：英国的战争指挥人士意识到，如果计划在夏季发动的下一次进攻失败，那么英国将会缺少人手和资金，无法在类似的战场作战。

豪斯的观点是，寻求外交途径最符合协约国的利益。他告诉格雷，如果协约国将它们的议和条件告诉威尔逊，他将请求德国召开会议，以进行讨论。豪斯说，如果德国的条件不合理，那么美国“可能”会加入协约国。[2]3月21日，战争委员会对这个问题进行了讨论，明确不做出决定。西线夏季进攻的准备工作已经开始，阿斯奎斯认为，如果胜利的机会唾手可得，那么放弃这个机会将是毫无意义的。在做出判断时，战争委员会依据的是罗伯逊关于胜利前景的建议。3 月底，豪斯返回美国，他告诉威尔逊目前不太可能请求 395
他进行斡旋。三个月后，德国的提议遭到拒绝。6 月 23 日，就在索姆河战役打响前的一个星期，伊舍给阿斯奎斯写信，“德国派了一名密使去打探法国人的意见，并设法了解停战条件，以便随后讨论议和条件。他们得到的答复是，除非德国在停战前释放所有法国、英国和俄国的俘虏，否则法国不会考虑停战建议。没有再说其他的事情”。[3]法国人还希望德军在进行讨论前撤出法国和比利时的领土。和平仍然是一个幻想。

在豪斯提出建议的两个月后，阿斯奎斯的信心受到了极大的打击。5 月 31 日（也就是在征召第一批已婚男子参加训练后的第二天），德国舰队出港，试图与皇家海军交战。当天下午，日德兰海战爆发。皇家海军开局不利，一艘又一艘的船被击沉，这导致海军中将戴维·贝蒂爵士对旗舰舰长厄尼·查特菲尔德（Ernle Chatfield）说，“查特菲尔德，我们的船今天似乎出了点问题”。这句话成为这场战争中有名的妙语之一。[4]阿斯奎斯随时都在了解情况，但汉基说，那天深夜，他“在打桥牌，就像什么也没有发生一样”。[5]6 月 1 日，又陆续传来了更多消息。到了 2 日上午，情况变得“越来越糟”，尤其是因为第一则官方报告根本没有提到德军的损失。[6]下午 4 点，杰利科的报告抵达唐宁街，报告说，有三艘英国巡洋舰、三艘装甲巡洋舰和十艘或十二艘驱逐舰被击沉，比德军遭受的损失更大。汉基将此称为“这场让人失望透顶的战争中最痛苦的失望”，因为如果英国的海上势力都如此力不从心，那么英国将一无是处。尽管如此，他认为这次损失不会改变海军对德国封锁的效果。他的看法是正确的。

第二天的权威报告带来了更好的消息。德国海军和皇家海军损失的战舰、战列巡洋舰和巡洋舰的数量分别为 1∶1、1∶3 和 0∶3，但是，德国海军损失了 4 艘轻型巡洋舰和 5 艘驱逐舰，而皇家海军没有损失轻型巡洋舰，并且只损失了一艘驱逐舰。因此，皇家海军的军舰损失总数为 8 艘。“我认为他们（德国公海舰队）不会再冒险出海”，汉基说，当然英国海军也不会。他还补充说，“我们的
396 船”究竟出了什么问题也弄清楚了：“船的构造有缺陷，无法防止炸弹炸到炮塔的弹药库。”费希尔认为，贝蒂允许轻型船舰在重型船舰抵达之前就与德军交战，这是犯了大错。即便如此，虽然英国遭受了更大的损失并受到 U 艇的威胁，但杰利科仍然掌握着对北海的控制权。

当海军部收到消息时，海军大臣贝尔福“恳求”阿斯奎斯不要告诉任何人，包括战争委员会：因此，战争委员会没有召集任何会议。[7]海军部正处于恐慌之中，以至于贝尔福请来了最严厉的批评者之一丘吉尔，让他撰写一篇关于这场战役的官方简报，以向报社发布。在这份简报中，丘吉尔准备了一个更令人振奋的版本。直到 6 月 2 日（星期五）的晚上，也就是战斗开始两天后，劳合·乔治才听说了关于此事的传闻。这让他有了更多的武器，以便就如何管理政府以及如何作战等问题针对阿斯奎斯。当消息传到诺思克利夫——里德尔认为劳合·乔治和诺思克利夫“每天都联系”——的耳中时，他的报纸便开始了无情攻击。[8]《泰晤士报》谴责丘吉尔的这种部署是政府“软弱”的表现。[9]不过，德军已经回到了安全港，而皇家海军在北海畅通无阻地航行。在阿斯奎斯夫人看来，这样的批评对她一直认为诺思克利夫施加了有害影响的观点进行了证实，也让她更加相信他正在策划一场针对她丈夫的政变。《旁观者报》的编辑洛·斯特雷奇（Loe Strachey）——他已经成了阿斯奎斯夫人的密友——告诉她，对付诺思克利夫的真正困难是，“这

么多的内阁成员不仅不愿意站起来反抗他，而且还会奉承他，请求他的支持”。在指责诺思克利夫是“公共危险”的同时，人们也提出了这样一个问题：“为什么内阁大臣们要和他狼狈为奸？”[10]

在日德兰海战中损失了这么多船舰后，当士气仍在动摇之中时——并且对德国海军的不利影响还没有完全弄清楚时——英国的士气受到了更大的打击。6月5日的晚些时候，海军部获悉，基钦纳和他的参谋命丧大海。他们乘坐“汉普郡”号（HMS Hampshire）装甲巡洋舰从斯卡帕湾（Scapa Flow）出发，前往俄国商讨向英国给予财政和后勤支持一事。“汉普郡”号在奥克尼群岛以东触到了德国水雷，在9级大风中沉没。为了能让杰利科提供的驱逐舰护航，基钦纳拒绝等天气变好后再出发。劳合·乔治本来应该在船上的，但他因为处理爱尔兰事务在伦敦耽搁了。政府意识到这个消息 397
需要精心处理，部分原因是，正如比弗布鲁克多年后指出的那样，此次任务是这位陆军元帅被从白厅撤职前的一次“变相放逐”；而且还因为公众对他的喜爱之情并没有减弱。[11]

因此，这个消息几乎让全体国民沮丧万分。虽然诺思克利夫的报纸理解公众的情绪，但该报说，“天意如此”。[12]由于议会正在圣灵降临节休会，所以政府直到6月21日才举办了官方葬礼；大臣们纷纷向他发表赞美之词，要是能用不那么可怕的办法摆脱他，他们会很高兴的。伊舍很喜欢基钦纳，但他推迟了从法国返回的时间。“不回英国的另一个原因是”，他告诉黑格，“我无法忍受那些憎恨和贬低基钦纳的人对他的抱怨”。[13]“他的职业生涯结束了，”阿斯奎斯用最难听的伪善的牧师腔调说道，“就在他仍具有不竭的力量和无限可能的时候”。[14]军队被命令默哀7天，军官们戴着臂纱。

公众对基钦纳的英雄品质毫不怀疑。士兵们认为他的死是一个沉重打击；但是，政治阶层已经把他视作障碍。他的死给彻底改变作战方式带来了一线希望。汉基钦佩基钦纳，因为在1914年8月的时候，基钦纳就证明自己富有远见且精力充沛，但他指出，作为一个“独断专行的人”，基钦纳在内阁过得很不舒服。[15]基钦纳几乎不相信同僚能保守关乎仕途的秘密，所以他不愿透露这些秘密。自从罗伯逊被任命为帝国总参谋长以来，他觉得自己被削弱了，尽管他们之间维持着良好的个人关系。就在出发前，基钦纳告诉德比，他知道前往俄国的这个任务是为了“把他弄走”，但“他不想在未做一番挣扎的情况下离开”。[16]虽然他不抱任何幻想。

6月6日早餐时，在听说基钦纳的死讯前，劳合·乔治——陆军元帅非常不喜欢他——告诉史考特，“如果说我们还没有输掉这场战争的话，那么现在我们正在输掉这场战争”。[17]他抨击俄国人，说俄国人每周生产的炮弹比英国人一天的产量还要少。据证实，生产军火的英国妇女平均每周上61.5小时的白班或60小时的夜班。[18]他驳斥了在西线发动进一步攻势的想法，声称在凡尔登战役——在这场战役中，法军英勇地抵抗德军的一系列惩罚性攻击，从2月
398 21日至今，法军已伤亡18.5万人——后，认为英国远征军能够突破德国防线的想法是“愚蠢的”。他认为，“我们的将军基本上不称职”。他（和法国人一样）希望从萨洛尼卡攻击同盟国，但内阁中只有他一人持有这样的观点。史考特发现，劳合·乔治的批评言辞虚浮、不切实际；一同吃早餐的丘吉尔在这位主人离开后对史考特说，劳合·乔治“仍在讲空话”。[19]

当天晚些时候，史考特又和劳合·乔治见面，并告诉他，他应该接替基钦纳。然而，劳合·乔治非常清楚自己只会成为一个有名无实的基钦纳。他自己把作为军需大臣拥有的许多权力转授给了别人，同时罗伯逊又夺走了其他许多权力。只有恢复这些权力，劳

合·乔治才会考虑这项工作。他不信任罗伯逊，因为他怀疑罗伯逊不尊重政治家的意见，并与其他将军（尤其是黑格）密谋以达到自己的目的，并且，他还觊觎罗伯逊享有的任命高级官员的权力。他知道阿斯奎斯认为罗伯逊是“不可或缺的”，所以不太可能为了安抚他而剥夺罗伯逊的这种权力。[20]然而，罗伯逊愿意与这位军需大臣合作。丘吉尔说，在谈到内阁时，帝国总参谋长称劳合·乔治是“那群该死的傻瓜中唯一的活人”。[21]伊舍将一生中的大部分时间都用于和将军们交谈，他告诉黑格：“我希望阿斯奎斯能够自己担任陆军大臣，并任命一位强干的次官。这将是最好的方案，同时让罗伯逊拥有最大程度的自行决定权，但我担心，这是一个不太可能实现的解决方案。”[22]

政客们的着急让阿斯奎斯感到厌恶。他告诉斯坦福德汉：“当可怜的基钦纳的尸体还在北海漂浮时，就接班人一事进行的所有游说和暗中操纵，在我看来都是最不体面的。”[23]诺思克利夫想要推荐米尔纳，米尔纳担任南非总督的履历不过是他众多管理成就中最近的一项，他的务实作风也让这位报业大亨对他称赞不已。然而，诺思克利夫通过《泰晤士报》的社论专栏说，“在这样的时刻，像米尔纳勋爵这样性格坚强的人，却要在对自己的权力没有清楚认识的情况下加入内阁，这是我们无法想象的——并且该报怀疑阿斯奎斯能否意识到这一点。[24]《泰晤士报》不可避免地主张，无论谁担任陆军大臣，他都应当向一个小型的“最高作战委员会”负责，而 399
不是被全体内阁成员的争议所拖累。[25]在今后的几个月里，政府将继续对这个问题进行争论。

马克斯韦尔·艾特肯爵士是劳的加拿大同胞、心腹和亲信，也是一位将在几个月后获封“比弗布鲁克勋爵”的统一党议员。他自愿被越来越多地卷入政治阴谋的中心。星期日，他在萨里郡的切克利（Cherkley）别墅为劳和劳合·乔治举办了一个午宴，讨论他们中的哪一个应该接替基钦纳。一开始局面就非常糟糕，劳谴责劳合·乔治太急于求成。劳合·乔治表示愿意支持劳，但是，当讨论进入到下午时分，很明显，劳向劳合·乔治屈服了，部分原因是他天生缺乏推动力，部分原因是他了解自己的对手具有强大的民众号召力，联合政府需要利用这种号召力，以获取最大利益。他说，他将会见阿斯奎斯，向他推荐任命劳合·乔治。第二天上午（也就是圣灵降临节的公众假日），会议在阿斯奎斯位于牛津郡的周末度假别墅——沃尔夫别墅——举行。根据比弗布鲁克的说法，当劳到达时，首相正在打桥牌，他的客人拒绝等待他打完这一局。就像对待比弗布鲁克回忆录的所有内容那样，我们也应该谨慎对待这个说法。阿斯奎斯驳回了让劳合·乔治接替基钦纳的想法，但阿斯奎斯的权力迅速得到增强，这使劳更加坚信他并没有完全认真地对待自己的责任。之后，首相把这个职位交给劳，劳说他忠于劳合·乔治。在了解劳的意图后，阿斯奎斯——现在，他的妻子正在助长他对劳合·乔治的计划的怀疑——就下定决心不要操之过急。就像他在1914年的卡勒事件后所做的那样，他自己接管了陆军部，却没有说明他的任期是终身的还是暂时的。

尽管如此，到了6月12日，劳合·乔治确信将由他担任这个职务。尽管他本人极富野心，但他从公正的角度坚称太多不称职的将军担任高级职务，他们正在损害战事工作，正在牺牲无数人的生命。他认为，现行的任命制度中存在太多“个人偏袒和职业偏袒”，他相信如果把任命工作交给陆军大臣，就可以消除这种偏袒。[26]然而，如果劳合·乔治不满足于向他提供的权力，那么他可
400 以再次选择辞职。为了收回向罗伯逊授予的任命权，就必须撤销枢密院令，即使是劳合·乔治也很难接受这种做法。这对罗伯逊来说

也是一种耻辱，他很可能不会接受。

劳合·乔治与丘吉尔和史考特进行了交谈，令他们感到震惊的是，劳合·乔治透露，如果被迫辞职，他将让“五个非常富有的手下——3个自由党人，2个统一党人，他们准备在经济上给予他近乎没有限度的支持——进行选举并管理平日的政党机器。”这番言论让史考特担心劳合·乔治会把自己的野心凌驾在国家利益之上，他试图安抚劳合·乔治，他说劳合·乔治将在“重建”后主导政府，无论届时谁担任首相。[27] 6月15日，伊舍记录道：“今晚，我单独和博纳·劳吃晚餐。他告诉我……阿斯奎斯把他叫走，向他咨询了将陆军大臣交由劳合·乔治担任一事。他同意了这个做法，但条件是，如果劳合·乔治拒绝，那么他将得到这个职务。”[28]然而，劳认为，他和劳合·乔治都不会按照基钦纳和罗伯逊的协议接受这个职务。“在我看来，这种做法很低级、很卑劣”，伊舍写道。

当阿斯奎斯向妻子承认劳合·乔治“最积极地请求”接替基钦纳时，她驳斥道，像他这样“狡猾、无耻、有头脑的人”在陆军部任职，是“不可想象的”。[29]当艾萨克斯（Isaacs）在晚宴上告诉阿斯奎斯夫人，劳合·乔治非常积极地想要得到这个职务时，她打了一个哆嗦。她游说兰斯多恩和罗伯逊等人，让他们劝说阿斯奎斯不要做出这项任命。她在日记中写道，“当亨利把自己的意向告诉国王时，国王陷入了绝望。”[30]她是对的，劳合·乔治在宫廷里不受欢迎。6月17日，斯坦福德汉建议国王，“最好的解决方案就是让首相担任陆军大臣。整个陆军委员会都希望这样做。德比可以担任第二把手”。[31]尽管这些人持保留意见，那天，阿斯奎斯还是任命劳合·乔治担任这个职务，尽管他明确表示劳合·乔治不会享有和基钦纳一样多的权力。出于这个原因，劳合·乔治拒绝了这项任命，而对于这个条件，阿斯奎斯立场坚定：劳合·乔治要么按照阿斯奎斯的条件担任这个职务，要么不干。

以诺思克利夫的报纸为首的报界要求任命劳合·乔治，尽管诺思克利夫此前曾私下建议他拒绝这项任命，因为这将导致无法赶走政府和阿斯奎斯。阿斯奎斯夫人担心，这实际上会让诺思克利夫进
401 入陆军部。6 月 13 日，当她在帕丁顿车站偶然看到史考特时，她对史考特说，拟议任命劳合·乔治给她带来了“巨大的痛苦”，也将是“亨利一生中最大的政治错误”。[32]在阿斯奎斯的圈子中，只有孟塔古支持劳合·乔治，阿斯奎斯夫人推断，这是因为他担心如果回避此事，劳合·乔治可能会做损害政府的事情。政客们的所作所为，就像他们没有处在战争状态下一般。

统一党人也对任命劳合·乔治持严重保留意见。6 月 29 日，阿斯奎斯就任命一事向张伯伦征询意见。张伯伦表示“非常担忧”，因为劳合·乔治曾有开展“密谋活动”的劣迹。[33]此外，劳合·乔治为了达到目的威胁要辞职的做法很荒唐。起义后，在他未能争取实现爱尔兰自治的提案后，这种做法变得愈发频繁。劳合·乔治的议会私人秘书戴维·戴维斯（David Davies）上校声称，他看到了一份向阿斯奎斯发送的关于职位空缺的备忘录，其中写道，劳合·乔治在公众中非常受欢迎，以至于“不可能不任命他”；但是，该备忘录补充说道，这个职务“远不如公众认为的那样重要”，而且“劳合·乔治可能会被政党机器吞没等”。[34]因此，阿斯奎斯或许认为，向劳合·乔治任命这个职务，是在帮助自己的同僚和对手自掘坟墓。

最后，劳合·乔治就任陆军大臣，并且没有被夺去基钦纳曾拥有的权力，尽管他向丘吉尔等密友否认自己争取到了阿斯奎斯的让步。阿斯奎斯任命他的条件是，他不得干涉罗伯逊的权限。不幸的是，这个附带条件将导致劳合·乔治谋求削弱帝国总参谋长。

他自己很可能是这样认为的（正如所表明的那样，史蒂文森小姐的观点证明了这一点）：他对爱尔兰的局势处理不当，迫使他接受了陆军大臣一职，尽管他没有从罗伯逊那里得到他认为与这个角色相称的权力。他可能还觉得，他的密友们开始意识到他的弱点，并意识到由于他似乎很少有勇气坚持自己的信念，所以他施展影响力的能力和意愿都是有限的。在这次变动后，丘吉尔向史考特抱怨说，劳合·乔治在其举动导致军需部门出现空缺后，“没有为任命他担任军需大臣帮一点忙”。[35]当时，丘吉尔没有意识到（尽管在几个月后他将意识到），他不仅如此受人轻视，而且如果迫使劳合·乔治让他担任内阁职位，还将进一步损害劳合·乔治的信誉。 402

阿斯奎斯在最后一刻挫败了将军们试图让他任命德比的企图（让国王松了一口气的是，德比当上了次官，成了国王在陆军部的耳目）。到了7月4日，阿斯奎斯最终向劳合·乔治证实，陆军部是他的了（尽管阿斯奎斯的女婿兼私人秘书伯纳姆·卡特早在6月24日就将此告诉了汉基）。黑格认为德比是“一个优秀、诚实的英国人。我希望在这个危机时刻，政府中能有更多像他那样的人”。[36]然而，如果阿斯奎斯认为任命劳合·乔治将会消除他对权力的热情，那么阿斯奎斯是想错了。由于一些关键的大臣——贝尔福、格雷，甚至阿斯奎斯本人——对劳合·乔治持严重保留意见，因此，提拔他似乎再次削弱了阿斯奎斯的权威。

作为陆军大臣的劳合·乔治不仅掌握的权力有限，而且，如果他想兴旺发达，那么他还须依赖报界和军队等摇旗呐喊者。7月8日，汉基说，在劳合·乔治的新办公室里，前来会见他的第一批客人是诺思克利夫和丘吉尔，尽管后者只是在请求支持，以免除他在达达尼尔海峡战役的罪责。至于诺思克利夫，他对黑格的智慧和索姆河战役将“取得成功”深信不疑，这最终将导致他与劳合·乔治疏远，然而，劳合·乔治知道他在新的职位上需要黑格的支持，不管他多么质疑黑格的战略。

史蒂文森小姐担任新上任的陆军大臣的秘书，这件事被广泛宣传——女性担任如此重要的角色，这是一种良好的公关宣传。然而，里德尔——他的《世界新闻报》就是为了这样的目的而存在——担心别人会指责她不只是一个官员，以此大做文章。鉴于她和劳合·乔治的关系在政界广为人知，以及里德尔本人实际上就是一个狗仔队队长，这些担忧被夸大了。基钦纳的死亡以及他被一名议员取代还造成了另一个后果，那就是上院中没有国务大臣，而宪法要求上院中必须有一名国务大臣。阿斯奎斯以此为借口要求格雷以法罗顿的格雷子爵的身份继续担任外交大臣，尽管后者的视力越来越差。格雷被授予伯爵爵位，但他拒绝了，以避免与他的堂兄豪威克的格雷伯爵发生混淆。后者是力促通过《伟大改革法案》的
403 第二代伯爵的孙子。

二

阿斯奎斯正在逐渐丧失下院对他的支持：征兵制和经济统制让自由党和激进派感到沮丧；爱尔兰人对起义的处理方式感到震惊；诺思克利夫的报纸附和并支持这些观点，但这样做的报纸远非只有它一家。更糟糕的是，首相也对他的最高指挥权失去了信心。4月，在一个星期六的上午，黑格拜访阿斯奎斯，以讨论夏季攻势，他发现阿斯奎斯“穿着高尔夫球衣，急着要出去度周末”。[37]在和平时期，娱乐活动对阿斯奎斯来说是很重要的，它能让他恢复精神，并使他的注意力高度集中。他还没有适应战争的要求，而且唐宁街

10 号的八年生活——包括战前充满冲突的几年——让他疲惫不堪。当他们开始讨论官方事务时，黑格发现阿斯奎斯心烦意乱、焦躁不安，尤其是因为陆军部未能执行阿斯奎斯认为的政府政策——向法国派遣新训练的士兵，而不是把他们留在国内。然而，伊舍告诉黑格，他认为阿斯奎斯将继续担任首相，“因为没有其他人可以取代他”。

在士兵们对待出于良心而拒服兵役者方面（这些士兵因此受到指控），政府一直承受着压力，这些压力主要源于自由党议员。威廉·拜尔斯爵士是自由党中最狂热的和平主义者之一，他再次打头阵，声称“出于良心”而拒绝遵守士兵命令的人——理由是他们本身不是军队成员——正在遭受“最严厉、最残忍的惩罚”。[38]这种不安导致阿斯奎斯被迫于 6 月 29 日在下院发表声明，以消除人们的想法，即军队在与这些人打交道时失控了。

他承诺，出于良心而拒服兵役者因拒绝服从命令而受到惩罚威胁的所有案件，都将交由陆军部处理。首先，陆军部将从了解被告的人那里取证，以确定出于良心而拒服兵役的情况是否属实。如果不是，这些人将继续受到军事控制，并将在拘留营服刑。如果属实，这些人将被免于民事监禁，前提是，他们承诺在民事管制下从事“对国家至关重要的工作”。[39]阿斯奎斯承诺，只要他们“令人满 404
意地”执行任务，那么他们将不再受到军纪惩罚。内政大臣任命了一个委员会来决定哪些工作对国家至关重要，以及应在什么样的条件下进行。

阿斯奎斯强调，“所有基于诚实信念而反对服兵役的人都应当并将能够利用议会提供的豁免权”。[40]但是，在其他情况下实施征兵计划时，应考虑到国家面临的严峻的紧急情况：“如果有人将出于良心而拒服兵役作为借口和幌子，以掩盖他们在响应国家号召时的冷漠态度，因此犯下了怯懦和虚伪的双重罪行，那么他们必须受到应得的最严厉的对待。”

一些议员抓住了这一点，并提出了建议：代表梅尔顿（Melton）的托利党议员查尔斯·亚特（Charles Yate）请求他“采取措施，剥夺刚才被他描述为怯懦和虚伪的这些人未来享有的公民权利”。海军元帅赫德沃思·穆克斯（Hedworth Meux）爵士最近在朴次茅斯赢得了补选，他问道，“能否在《圣经》中找到一句话，为那些不愿保护自己的女人和儿童的懦夫进行辩护？”穆克斯曾在1914年8月策划了向法国派遣英国远征军的行动，此外，他还主动率领一支海军旅去解救马弗京*，并获得了民族英雄的称号。

还有另一种观点。6月5日，一个具有文化意义的插曲在伦敦市政大厦上演。这是伯特兰·罗素根据《领土保卫法案》在接受审判，因为他出版了一本反对征兵和法庭运作的小册子，里面尤其提到了一个出于良心而拒服兵役者因为拒绝服役被关进监狱的事情。反征兵联盟的六名成员因为散发小册子而被判处劳役监禁。5月17日，罗素给《泰晤士报》写信，声称自己是作者——“如果有人要被起诉，我就是那个人”——因此，他出现在法庭上。[41]反征兵联盟最初由达到服役年龄的人组成，当他们因为拒绝服役而被监禁时，年纪更大的支持者（例如罗素）就接替了他们的位置。政府无情地使用《保卫王国法案》来镇压异议。在上个月，赫特福德郡的两名妇女因为分发英格兰和平教会的印刷品以及教皇呼吁欧洲统治者以和平方式解决分歧的副本，而被判处罚款50英镑或
405 监禁（她们选择了监禁）。奥托林·莫雷尔和利顿·斯特雷奇目睹

* 马弗京（Mafeking）：南非北部城市。1899年10月11日，布尔人对英国宣战（即“第二次布尔战争”），布尔民兵由此向南部非洲英军主动发起攻击，包围了马弗京。——译注

了审判过程，最后罗素被罚款100英镑。当天，警察突击搜查了反征兵联盟的办公室，带走了“大量的印刷品和宣传册子”。[42]次年11月，警察再次对该部门进行了突击搜查，这引起了内政大臣塞缪尔的注意，因为警方没有征求他的意见。[43]

罗素对罚款提起上诉。6月底，法庭对他的案件进行了审理，与此同时，也对布罗克韦和另外两人（他们因发行一本名为《废除法案》的小册子而被起诉）的案子进行了审理。德比（“一个高大、肥胖、穿着紧身卡其布衣服的男子”，奥托林夫人在描述事件时这样写道）是出示对他们不利的证据的人士之一。[44]罗素上诉失败，拒绝支付罚款，为此，他的书籍和家具都被没收和卖掉：他的一群聪明的朋友（包括奥托林夫人）把它们买了回来。后来，奥托林夫人的丈夫形容这是“罗素被政府追捕的……第一阶段”。[45]布罗克韦选择坐牢，而不是支付100英镑的罚款。

1916年，莫雷尔夫妇位于嘉辛顿的乡村别墅成了他们在布鲁姆斯伯里团体中的各种朋友的避难所，这些人出于良心而拒服兵役。第一个来到嘉辛顿的是杰拉尔德·肖夫（Gerald Shove），他是通过与斯特雷奇和凯恩斯的友谊——长期以来，这两人都是嘉辛顿的常客——来到这里。和凯恩斯一样，他是剑桥大学国王学院的经济学家，也是使徒会的成员。当政府命令他去做农活时，他请求莫雷尔把他带到嘉辛顿的农场去，在那里，他可以照看鸡。奥托林夫人描述他“多么懒散、多么固执、多么不愿意”做他的工作。[46]他在做畜牧工作时严重渎职，以至于禽类下的蛋越来越少，而且还生病了。在做农活（通常是装装样子，而不是真的做）的人中，还有克莱夫·贝尔，他是一名艺术评论家，也是弗吉尼亚·伍尔芙的妹妹凡妮莎（Vanessa）的丈夫，但目前分居。此外，还有肖夫的妻子弗雷德贡德（Fredegond），她是一位女诗人。很快，奥托林夫人就开始生贝尔的气，两人偶尔“吵架”。[47]在一次探访时（这是阿斯奎斯宽容大度的典型表现，他乐于与那些决心破坏其政府出台的重要征兵政策的人交往），阿斯奎斯将贝尔描述为“那个肥胖的、黄头发的小个无赖”。[48]避难者被安置在庄园的一所单独的房子里，这样最大程度降低了贝尔对主人造成的影响，这对莫雷尔夫妇来说是幸运的，但对肖夫夫妇来说就很不幸了。1916 年秋天，奥尔德
406 斯·赫胥黎（Aldous Huxley）搬了进来，尽管他因为视力很差被免除了文书工作。他的父亲非常不同意他搬到嘉辛顿去，言之凿凿地说那里到处都是“怪人”。[49]

奥托林夫人的激进主义是有限度的。“杰拉尔德·肖夫认为有必要在农场工人中组织一个工会，”她回忆道。“但是，老工人们只是摇了摇头，他们认为自己的待遇足够好。考虑到自己做的是最低限度的工作，拿的是不错的工资，住的是舒适的房子，这样做对他们来说是不太合适的。”[50]大概肖夫已经注意到，那些真正干农活的人不得不居住在不太舒适的地方，于是，他发动了一场反资本主义的革命，所取得的成功和他在家禽管理方面的成就一样。并不是所有出于良心而拒服兵役的人都像布鲁姆斯伯里团体的成员那样懒散，其中一个拒服兵役者是面包师（他的和平主义植根于他虔诚的宗教信仰），每天早上 5 点，他都要赶在去农场之前到村里的面包店帮忙。除他之外，嘉辛顿的其他避难者“在村子里自然不受欢迎”。1916 年的秋天，一名记者来到这里，打算“写一篇文章揭露这些‘逃避兵役者’和‘假的’农场工人”。莫雷尔威胁要起诉他诽谤，结果他被吓走了。莫雷尔花了很多时间为斯特雷奇夫妇、邦尼·加内特（Bunny Garnett）和邓肯·格兰特等人向法庭提供证据，这些可疑的出于良心而拒服兵役者以自我为中心，达到了足以抵御任何羞耻感——他们应当对

自己需要依靠数百万人来阻止德国人的刺刀刺进他们的肚子而感到羞耻——的程度。

三

1916 年春夏于西线发动大规模进攻的决定，是在 1915 年 12 月 28 日做出的，目的是在达达尼尔海峡战役溃败后采取一项能振奋士气的行动。对于指挥这场战役的人来说，并不是全体一致认为应当发动这场战役。据汉基说，“在 1 月的时候，基钦纳说，如果可以制止的话，他并不打算发动一场大规模的、长期的进攻”。[51]当时的陆军大臣想要进行“消耗战”，以拖垮德国，迫使其屈服。然而，德军在凡尔登对法军进行了无情攻击，迫使英国迅速决定：英军的攻击将会牵制德军的火力。因此，4 月 7 日，阿斯奎斯批准黑格实施这个任务，即 7 月 1 日的索姆河战役。4 月 14 日，当黑格 407
将军访问伦敦时，基钦纳当面把这个消息告诉了他。

黑格是苏格兰威士忌公司的继承人，他的父亲因酗酒而死。他曾在牛津大学读了三年书（他没有获得学位就离开了，但他以精通马术而闻名），而后以全班第一名的成绩从桑赫斯特的皇家军事学院毕业。他参加了骑兵团，并在印度、苏丹和南非服役。在经历了第二次尝试后，他进入了参谋学院。黑格的一些传记作者指责参谋学院的教学方式太教条主义，导致他无法进行独创性的思考，所有这些都会在他管理英国远征军时造成影响。1906 ~ 1909 年，他在白厅的总参谋部工作了三年，在那里，他学会了办公室政治。在他的一些同辈看来，他对弗伦奇（比他大好几岁）产生了令人惊讶的强大影响。他的思维方式向电车轨道一样，使得敏锐的阿斯奎斯难以摸清他的想法。他一向衣着整洁，又有帝王将相的气质。劳合·乔治觉得他太圆滑，太自信，不喜欢他，但同样被他取悦。他不信任政客，但认为需要取得一场令人印象深刻的胜利，以摆脱他们的批评并赢得战争。

黑格策划的进攻被烙进了英国人的集体记忆：英军进行了数天的初步轰炸，将德国堑壕、铁丝网和机枪哨所打得粉碎。之后，一支“追击军”在残骸中行进，切断了敌人的通信，导致敌人溃逃，结束了堑壕战的僵局。[52]黑格确信将会恢复运动战，因此，他敦促罗伯逊重新招募骑兵。[53]一些军事策划者把希望寄托在研发坦克上，他们预测这将会改变战争，并将在损失较少人员的情况下实现突破。然而，虽然劳合·乔治给予了热情支持，但坦克远远不够先进，无法参加所需的早期进攻。在9月15日的索姆河战役中，英军首次使用了坦克，但收效甚微。在第一次作战中，英军部署了大约50辆坦克，但只有32辆参加了行动，其中14辆发生故障，在剩下的18辆中，只有9辆速度足够快，能跟得上步兵。对于坦克，这是另一个挫折，并加剧了当时白厅和总参谋部之间的紧张关系。白厅认为，总参谋部在不合适的条件下使用了它们。

408 1916年5月25日，罗伯逊在法国向黑格征询意见，询问英国是否应当同意法国的请求，在7月初发动进攻，以减轻凡尔登的压力。另一种选择是等到8月中旬，那时更多训练有素的士兵将被派往法国。黑格毫不含糊地说，对法国的支持宜早不宜晚。霞飞认为最迟的可行日期是7月1日。汉基回忆说，对于黑格攻击在索姆河上盘踞已久的德军的计划，批评家们予以“嘲笑”。但可悲的是，这种嘲笑还不足以阻止这场进攻的实施。[54]

劳合·乔治提到了伊普尔，在那里，一名将军“把士兵们聚集到前线战壕，任凭德军用炮火屠杀他们，却什么也做不了”。[55]6月初，丘吉尔告诉史考特，他和劳合·乔治一样“强烈反对我们发动一场大规模的进攻”。[56]他的理由是“我们无法突破精心建造的德军阵地。我们可以创建一个突出部；运气好的话，我们可以把突出部变成‘一只袖子’。但是，当我们沿着这条‘管道’推进时，我们将在最后遭遇到新的阵地和新的部队，并同时受到来自两翼的攻击”。他认为最好是鼓励德军推进，然后诱捕他们。

黑格告诉霞飞，从 6 月 15 日起，进攻将准备就绪，最初的计划是在 29 日发动进攻。由于天气预报说过两天天气会变好，所以推迟了两天。6 月 24 日，旨在摧毁德国堑壕系统的轰炸开始了。尽管重炮的射程远、火力大，但英军只使用了 500 门重炮，而且发射的大部分炮弹都是榴霰弹，不是烈性炸药。6 月 28 日，伊舍给黑格写信，表达了对国内民意的担忧：“我亲爱的道格拉斯，在这些伟大行动正在进行的时候，你必须激发这里的报界进行宣传。你应该找个聪明的年轻人接通电话……每天晚上给出一份行动报告……每隔两到三天，一个联络官就应该写下一些相当长的小故事，这些故事可以在这里得到巧妙的使用。”[57]伊舍对国内的宣传工作持悲观态度——“没人知道宣传机构设在什么地方，也没人知道由谁负责”——他警告黑格，“它随时都有可能被不属于你的观点所玷污”。

6 月 30 日晚上，黑格说，“在上帝的帮助下，我觉得有希望了”。7 月 1 日天气晴朗，上午 7 点 30 分，英军在索姆河发动了攻势。基于伊普尔战役做出的悲观预测被证明是正确的，灾难性的历 409
史将再一次上演。黑格的上帝不见了。战役开始了，这是英军历史上最血腥的一天，尽管四个半月后，当战场陷入停顿状态时，德国的战争机器遭受了严重的破坏。这些影响改变了战争的政治进程。它在没有实现黑格既定目标的情况下结束，不管它给德军造成了什么样的损害——鲁登道夫（Ludendorff）写道，到 1916 年底，“德军陷入了停顿，疲惫不堪”——英军都遭受了严重摧残。[58]

在肯特郡、汉普斯特德希思（Hampstead Heath），甚至埃塞克斯郡北部的村庄，都能听到炮击声。身在教区（这个教区位于布伦特里和切姆斯福德之间）的安德鲁·克拉克在日记中写道：“整个上午，佛兰德斯（据推测是那里）的枪炮一直都在轰鸣，房子不时地颤动，窗框也在摇晃。”在那个星期六的晚些时候，邮局张贴了关于进攻和声称英国人取得了进展的公告。周一的报纸报道说，多达3000名敌军被俘获，战场上到处都是德国人的尸体。他们引用了《男孩周报》上关于英国进展的官方报道的陈词滥调，却没有提到英军的伤亡情况。公众最初以为战斗非常激烈，德军正在逃亡。7月4日，《泰晤士报》的一名记者写道：“在我们的伤亡人员中，绝大部分都受到了轻伤，”但他补充说，在轰炸未能破坏铁丝网的情况下，步兵遭受了“相当大的损失”。[59]他接着说：“无论怎样赞美我们战士的勇敢行为都不为过。”事实上，黑格认为德国堑壕外的铁丝网会被摧毁、机枪也会被击落的想法是错误的。这些枪炮消灭了一队又一队的英国士兵。

不到一个星期，公众就意识到索姆河战役造成了大量人员伤亡。当一些城镇听到整个营被摧毁的谣言时，当地的报社让士兵的家人探寻进一步的消息。这些谣言往往含有实质内容：7月1日，700人的阿克宁顿伙伴营损失了585人——235人被杀，350人受伤——“这确实有些夸张”；在3000名来自泰恩赛德郡的苏格兰人中，大约有2250人被杀、受伤或失踪；第一布拉德福德伙伴营和第二布拉德福德伙伴营大约有2000人，在战斗的第一个小时就有1770人伤亡。报纸无法刊登细节。记者受到国家审查制度的限
410 制；他们可以提到英国人受伤，但这个做法和得知伤亡情况一样糟糕。《每日纪事报》的菲利普·吉布斯（Philip Gibbs）记录道：

“我的报道讲述了事实。我发誓，这里面没有一个字是故意撒谎……但它们并没有说出全部真相。”[60]他考虑的不仅仅是审查问题。“我不得不顾及那些儿子和丈夫仍在法国作战的男人和女人。”随着恐惧的增加，休假或负伤在家的士兵出于类似的原因三缄其口，因此公众未能及时了解情况有多么糟糕。

据信，仅在第一天，就有19026人丧生，38200人受伤，约占历时140天的战役总伤亡人数的七分之一。[61]甚至在此之前，政客们就对黑格指挥下的伤亡人数将会造成怎样的影响表示担忧。5月7日，朗给劳写了一封信：“你有没有注意到法国的死亡人数不断增加，令人震惊？毫无疑问，部分原因是我们拉长了战线，但这并非全部原因。我从来都不认为黑格爵士是总指挥官的合适人选，我当时就是这么告诉首相的。”[62]

7月1日，黑格写了一篇文章，他似乎对英国的损失有多么可怕一无所知。他写道，早期的报告似乎“非常令人满意”。[63]第二天，他去了一个伤员处理站，发现伤员们“精神抖擞”。尽管他的参谋不知道伤亡总数——副官估计第二天有4万人，但至少少估计了2万人——黑格仍然非常乐观。他写道：“考虑到参战人数和战线的长度，4万人并不算多。”他一向乐观，并且习惯了鼓舞士气的做法；他的下属要么陷入了集体的错觉，要么无法从实际或隐晦的角度计算出这场灾难的绝对规模。

在法国，伊舍对现实情况的掌握要好于黑格。7月9日，他写道：“第一天的总伤亡人数约为6.7万人，其中有3000名军官。劳伦斯［即劳伦斯·伯吉斯（Lawrence Burgis），伊舍的前秘书］从赫马维尔（Hermaville）来到亚眠和我共进午餐，并在这里（波奎斯，伊舍的基地，位于亚眠北部）喝茶，他询问伤亡情况，并引述了上面的数字。我说这里没有人提到这些事情，他含糊地说，我告诉过他，任何谈论伤亡的人都可能会被革职。这是阻挡谣言飞向伦敦的一块岩石，在伦敦，一定有很多关于这个话题的流言蜚语。"[64]极力保护黑格的伊舍担心，如果在伦敦有这样的谈话，人们
411 会问："这是谁的错?" H. G. 威尔斯在1918年写道："英国军队的现任指挥官都是些老头，他们显然只是平庸之辈，并且对这场新型战争一无所知。"[65]

7月3日，也就是阿斯奎斯确认任命劳合·乔治的前一天，劳合·乔治与汉基和贝尔福讨论了这次进攻。汉基说，这次进攻"似乎完全失败了，损失非常惨重"。[66]他心里很清楚原因是什么。"对一支拥有一切可能的防御体系的堑壕部队进行正面攻击，这违反了所有军事原则。"当时的战术是向德军派遣密集的战斗队伍，每个士兵携带66磅的装备，行动相对缓慢，很容易成为德军机枪的目标。劳合·乔治同意汉基的看法，并且这让他在战争结束前的时段里评价黑格时有了谈资。黑格生性固执，不愿改变策略，所以死亡人数不断增加。7月7日，罗伯逊提醒他说，给帝国总参谋长"写一封简短的信，我可以把信念给战争委员会听"，概述到目前为止取得的成功，这将对他有利。[67]一些政客不太相信这种所谓的成功，他们将这些事件作为一个论点——与此有关的讨论将持续到停战——以寻求除了在西线击败德国以外的其他战略。丘吉尔告诉里德尔，索姆河战役是政府对战争管理不力的又一个例子。"他们之所以在西线发动进攻，是因为他们可以说，是（法国人）强迫我们这样做的，由此证明这个过程的正当性。"[68]

整个7月，随着成千上万的电报（发给军官的家人）和信件（发给士官和其他军衔的军士的家人）被送到全国各地的丧亲者的手中，坏消息不胫而走。7月7日，《泰晤士报》刊登了一份在7月1日阵亡的40名军官的名单，并报道了阿尔斯特师——卡森在

1914 年招募的阿尔斯特志愿军——的英雄事迹，其中包括承认“阿尔斯特师损失惨重”。[69]这个报道罕见地提到了战斗对英国军队的影响，报道主要描述了正在采取的打击德国佬的行动。接着，该报公布了一份单独的名单，列载了阵亡的阿尔斯特军官。

很快，名单越来越长，以至于只能列出那些委任军官。无论是震惊还是坚定，公众通常都能保持冷静。谢菲尔德的卢埃林小姐当时还是一名学生，她回忆说：“报纸上一连好几页都是能够拍到的死者和伤者的照片。当然，人们每天都急迫地阅读报纸，看看上面 412
是否有他们认识的人……教堂里常常举办礼拜仪式。那是一个非常、非常悲伤的时期，几乎每一个人都在哀悼。人们穿着黑色的衣服，如果他们不能穿黑色的衣服，他们就会戴黑色的臂章以示尊重。”[70]在接下来的四个月里，死亡无处不在，没有人怀疑这个国家所遭受的损失，即使政府故意对灾难性的损失含糊其辞。10 月 30 日，牧师安德鲁·克拉克说，切姆斯福德的一家百货商店 J. G. Bond“今天上午声称，过去三个月的哀悼仪式铺天盖地。他们无法以足够快的速度获得材料以满足需求”。[71]

到了 7 月 14 日，《泰晤士报》将某页的三分之二用于刊登阵亡的一千名获得其他军衔的军士的姓名，还使用小号字体将另外半页用于记录军官的伤亡情况。经过审查的新闻报道仍然向公众传达带有误导性的乐观情绪。在接下来的一周里，其他军衔的军士的每日伤亡人数大约为 2000 人。报纸对伤亡规模不予置评，但没有人会怀疑，这次伟大的进攻所付出的代价在这场大战中、甚至在任何其他大战中都是前所未有的。7 月 31 日，《泰晤士报》使用极小的字体，在两大版面刊登了 580 名军官和 5770 名士兵的伤亡名单。8 月份，每天刊登的伤亡名单都在 4000、5000 或 6000 之间。

对于这场屠杀——儿子、兄弟、丈夫和父亲突然之间再也回不来的大屠杀——公众为什么能够迅速适应？部分原因是，自 1914 年 8 月的马恩河战役以来，源源不断的伤亡名单曾让人们绷紧了神经。如今，尽管这些名单规模空前，但人们至少已经习惯了看到它们。早在 1915 年 5 月，《泰晤士报》几乎每天都在刊登法国和达达尼尔海峡的伤亡名单，警告读者不要因为见惯了死亡人数而失去对未来的憧憬。[72]受到严格审查的新闻中带有的误导性乐观论调也阻止了士气的崩溃。然而，即使在加里波利和卢斯遭遇了溃败、伤亡惨重，但索姆河战役每天报道的伤亡规模，仍让人有些措手不及。

对于为什么公众很难接受索姆河战役的恐怖规模，无数前线士兵的来信证明了另一个原因：相对较少的人诚实地描述了所发生的
413 情况。邮件遭到审查，所以可以写在纸上的东西是有限制的。即使没有被审查，许多士兵也出于本能，不想让家人知道他们所目睹的细节。而且，因为大多数士兵只看到前线的一小部分，他们往往不知道许多堑壕和几英里外的情况有多糟糕，只有他们的高级军官才了解情况。在休假回家时，士兵们不愿——尽管这种情况会随着时间的推移而减少——过于坦率地与朋友和家人交谈，也不愿伤害感情，同时还因为他们一开始就怀有一种疑虑，即那些没有经历过堑壕的人可能永远无法理解堑壕是什么样的，即使是最能言善辩的士兵也无法对大多数情况进行描述，在战后的几年里，许多描写过战争的人都竭力强调这一点。还有一个原因是当代的男子气概文化，许多士兵志愿服役（在战斗开始时，索姆河战役中的军队完全是志愿军），他们认为自己是赞同并认可这种文化的，为了士气和自尊，他们不愿背离这种文化，特别是不想在最亲近的人的面前表现出来，因为害怕这会加深家人的担忧。

也许，那些即将死去的人都会让他们的家人和自己做好思想

准备。1916年7月15日，当部队向前线挺进时，牛津大学的古典学者斯蒂芬·休伊特（Stephen Hewett）在阵亡前的一周给他的前导师厄克特（Urquhart）［昵称“斯利格”（Sligger）］写信说：“我们很快就会成为头条新闻，或者在阵亡名单上占有一席之地。”[73]第二天，他给另一位朋友写信说：“在不泄露军事秘密的情况下，我可以这样说，我们已经到了这样一个时刻，任何一个欠着一堆信的人都必须做个了结，而且是立刻了结。”[74]在他去世前的四天，他告诉他的一个妹妹，“如果我们不得不承受最重大的损失，即便在我们的余生中度过一段艰难的时光，我们也不应认为自己是不幸的……我们已经证明了，在英雄主义和浪漫主义方面，我们的时代与历史上的任何时代都不相上下”。[75]他给他的另一个妹妹写信说，如果死亡来临，那么在这之前的行动都将是“荣耀的一刻”。[76]

毫无疑问，荣耀观——或者根本不知道现代战争是什么样的——让许多平民无法了解真相，从而阻止了他们对索姆河战役中的巨大战术性灾难提出抗议。鲁珀特·布鲁克诗歌流派及其相关的牺牲和涤罪的价值观如今已成为遗物：很快，齐格弗里德·沙逊和其他人的作品将原汁原味地传达布鲁克无法想象的现实。414
战后成为著名经济史学家的R. H. 托尼（R. H. Tawney），利用那年秋天从创伤中康复的时间，写了两篇关于他自己在索姆河的经历的文章，其中描述了第一天的经历。托尼觉察到在前线和没在前线的人之间有一道屏障——他称之为“帷幕”或“分裂的鸿沟”；他对那些政客们感到震惊，因为他们在谈到国家的战斗精神时，从来没有理解过这种战斗到底意味着什么，不管是身体上的还是心理上的。[77]

对公众来说，由于对涉及堑壕的报道进行了审查和自我审查，这场战争仍然带有布鲁克式的理想主义色彩，或者体现了在实行征兵制前的招募海报上宣扬的“责任”、“荣耀”和“荣誉”。主要是出于商业原因，以及由于政府的审查，报纸和杂志的出版商出版了日报和分册出版的丛书，展现了这场战斗中英勇、乐观的画面。但这是宣传，不是事实。直到1916年的晚些时候，人们才了解了屠杀的规模，才开始改变看法。这对黑格也是有帮助的，他之所以对死亡（这些死亡是由他的战术失误所造成，他应负有责任）的规模轻描淡写，是因为诺思克利夫对他忠诚。黑格竭力培养出这种忠诚，这种忠诚使《泰晤士报》成为他的一条狗，而且更重要的是，为了不破坏广大公众对他的看法，《每日邮报》避免谈论他。

没有参加战斗的公众并非完全不了解西线的生活情况。这场战争不同于以前的战争，因为照片和电影现在可以向国内的人告知正在发生的事情。基钦纳试图禁止摄影师上前线的努力很快就失败了，到了1916年，被破坏之地和废墟的图片已经被画报杂志和报纸的读者所熟悉。然而，即使是这样，公众仍然远离实际情况，因为允许摄影师拍摄的主要条件是不得描绘出英国人的死亡情况。摄影师们呈现的是一幅经过净化的战争画面，这是从允许摄影到允许电影摄影不可避免要经历的一步，而且政府很快意识到了这种做法的宣传价值。1916年春天，两名带着简单的静态摄像机的官方摄影师被派往前线，记录下了各种各样的新闻素材。马斯特曼委托拍摄了名为《索姆河战役》的电影，以鼓舞士气，并把摄影师派到
415 了第四军。由于技术和审查方面的原因，他们没有拍摄实际的战斗场面——即使这是允许的，即使摄像机距离足够近，但政府永远不会允许播放士兵被机枪扫射的镜头。

不过，摄制组被允许拍摄位置较远的大炮、冲向堑壕的士兵、

在堑壕里准备攻击的士兵，以及德国战俘和一些德军的尸体。陆军部为影片配了字幕。8 月 10 日，这部长达 70 多分钟的影片在伦敦向军官、大臣、记者和高级参谋播放。8 月 21 日，这部影片在伦敦的 34 家剧院上映，“拥挤的观众……对如此生动地将战争的现实呈现在他们面前兴致勃勃且激动不已”，尽管人们发现“妇女有时不得不闭上眼睛，以便暂时回避战争造成的伤亡悲剧”。[78]虽然没有解说，但它汇集了各种场景，几乎都是真实的。它的吸引力在于让公众看到了士兵们生活的世界，一个他们从来都不被允许进入的世界。观众人数超过了观看无声电影大明星查理·卓别林（Charlie Chaplin）的电影的人数。作为一个达到服役年龄的英国人，卓别林因为没有从好莱坞回来尽自己的一份力而受到批评。截至 9 月底，估计有 2000 万人看过这部影片。

劳合·乔治写了一封信，以供在首映式上宣读（并在所有其他时间的放映中展示）。在信中，他称这部影片是“自我牺牲和英勇行为的史诗”。[79]他还告诫人们要“向地球上的每一个角落宣扬我们勇士的行为”。在过去的几周里，成千上万的妇女丧偶，如果要避免怀疑、质疑甚至可能的失败主义，那么获得她们对战争工作的支持就更加重要了，她们被告知，“你们的心将在那些生者和死者的荣耀及荣誉中跳动，你们的声音将在那些生者和死者的荣耀及荣誉中呼喊”。[80]在 1916 年 7 月的大灾难发生后，这部影片在消除公众的担忧和不安方面所发挥的作用是无法量化的。它还为军事慈善机构募集了 3 万英镑。

人们对把这种场面当作一种娱乐形式加以宣扬感到有些厌恶，尽管为了避免让人们看到英军的阵亡而对这些场面进行了美化，但是，国王也极力主张人们去观看，因此该影片给人留下的总体印象是正面的。有一个场景是这样的（在展示接下来的一个世纪里发

生的战争的纪录片中，这个场景经常出现）：士兵们跳出堑壕，一
416 个士兵顺着护栏滑下去，而后被杀或受伤；另外一两个士兵在无人区里掉下来。布景完全是舞台场景，而且是在远离前线的地方拍摄的。禁止展示英军的真实死亡情景的命令仍然存在。然而，在索姆河战役取得胜利后，电影成了这场战争的一个重要文化特征。从第二年开始，在陆军部电影拍摄部门的赞助下，电影院每周放映两次新闻影片，并在查理·卓别林和他的朋友们的电影中插播两分钟的“短片”，敦促公众节约食物和燃料、购买战争债券。

雷普顿在战后写道，子孙后代将会惊讶于公众是如何承受如此惨重损失的。他声称，从马恩河战役开始，“那些在他们所爱之人的光荣死亡中遭受痛苦的女英雄们树立了一个引人注意、坚忍不拔的榜样，正是由于她们早期树立的榜样，才使得后来的公众舆论如此稳定”。[81]战争后期，“在成千上万个遭受战祸的家庭中，公众表现出了无可比拟的勇气……他们对好消息和坏消息都抱着同样的态度，没有什么能比这种态度更加坚定；他们宁愿忍受一切也不愿输掉战争，没有什么比这种精神更加坚韧”。[82]他的描述接近事实。这不仅仅是因为公众已经接受了大量的死伤人数。对德国人的恐惧和憎恨足以使人们忍受这样的损失。此外，这还得益于人们长期对权威的顺从——尽管第一次世界大战可能比其他任何事情都更能削弱这一点，因为当时人们最终认识到权威通常是多么的昏庸——以及强烈的社群意识。

在遭受了巨大损失的大英王国的某些地方，再多的审查也无法掩盖这场灾难，也无法阻止公众自发地述说损失和悲痛。在阿尔斯特省，如此多的家庭失去了亲人，使得审查员不愿承认的事情一目了然。在索姆河战役的第一天，第三十六（阿尔斯特）师有 4900 人伤亡，其中阵亡的是 79 名军官和 1777 名其他军衔的军士。7 月

12 日是博因河战役*的纪念日，贝尔法斯特上演了一场集体哀悼的生动场面。“当钟敲响 12 下的时候，所有的车辆都停了下来，男人们都举起了帽子，女士们都低下了头，商业和私人住宅的百叶窗都拉了起来，并降半旗致哀。”[83]沉默持续了五分钟，之后钟声响起。损失的规模进一步说明了人们（不仅仅是阿尔斯特人）对其
他三个省有如此之多的人拒绝应征入伍所怀有的怨恨，也进一步解 417
释了人们要求政府将征兵制扩展到爱尔兰的原因。在伦敦东区，和其他遭受重大损失的城镇一样，教堂里也出现了临时搭建的摆放着照片和鲜花的神龛。在街道和村庄里，妇女们站在屋外等待邮递员的到来。在拉格比公学，校长终止了在校友中宣读伤亡名单的做法，因为这让他的学生感到沮丧，其中一些人不久后就要开始军事训练。黑格的策略所造成的这场灾难的规模是无法掩盖的。

索姆河战役造成的惨烈死亡迫使许多丧失亲人的妻子、母亲和父亲投入了巫师和女巫的怀抱，其中大多数人似乎认为他们是江湖骗子，只有少数人真正相信他们是在与“另一边”交谈。公众对唯灵论者产生了兴趣，不仅是被无处不在的死亡（大多数人对此没有做好充分准备）所激发，也是被一些著名人物——例如夏洛克·福尔摩斯（Sherlock Holmes）的创造者阿瑟·柯南·道尔爵士，这些人把自己与灵媒活动联系在一起——所激发。具有讽刺意味的是，黑格的妹妹亨丽埃塔（Henrietta）是一个深信不疑的唯灵论者，她——和黑格（在一定程度上）——认为战争期间，他们

---

* 博因河战役：1690 年，詹姆斯党人发动叛乱。同年 7 月，詹姆斯二世在博因河南岸地区集结了一支主要由法国、爱尔兰和英格兰天主教徒组成的 2.1 万人的军队。英王威廉三世率领一支由荷兰士兵、英格兰士兵、法国胡格诺派信徒以及丹麦等国雇佣兵组成的 3.5 万人的军队前去征伐。7 月 11 日，两军在博因河对阵。——译注

的哥哥乔治（1905 年去世）的灵魂在指引着黑格。[84]唯灵论者还受益于一种宛如圣经式的观念，即向易受暗示和极度悲伤的人给予启示，由此创造了一种氛围，在这种氛围中，任何事情，无论多么不真实，都是可能的。在道尔的妹夫马尔科姆·莱基（Malcolm Leckie）船长于 1914 年 8 月在蒙斯战役中阵亡——当时据说有一个天使军团出现在堑壕的上方，但这只存在于小说中——后，道尔便全身心地投入唯灵论的研究中。道尔从 1880 年代开始对灵异现象感兴趣，后来在 1922 年通过一系列伪造的照片来宣告仙女的存在。

虽然道尔也在战争中失去了一个哥哥和一个儿子，但 1916 年，当他第一次向公众宣称他信仰唯灵论时，这两人仍健在。他后来说，他的儿子金斯利（Kingsley）在 1918 年死后来找他，祝贺父亲传播了唯灵论中“类似基督的信息”，他的老朋友 W. T. 斯特德（W. T. Stead）（曾与泰坦尼克号一起沉没）和塞西尔·罗兹（Cecil Rhodes）也在死后来找过他。战后，他周游英国和美国，向那些渴望与死去的儿子、兄弟、丈夫和父亲恢复联系的观众讲授唯灵论。[85]道尔曾是一名合格的医生，他并不是唯一一个因屠杀而痴迷于唯灵论的受过教育的人。更著名的人物是奥利弗·洛奇
418 （Oliver Lodge）爵士，他是物理学家和无线电的先驱，自 1880 年代以来，他和道尔一样一直在研究唯灵论。在 1916 年的时候，这两人已经成了老朋友。他们第一次见到彼此是在 1912 年，那一天，他们在白金汉宫被授予爵位。

1909 年，洛奇——他的实际成就还包括开发了火花塞和扬声器——出版了《人死后的存续》（*Survival of Man*）一书。在书中，他认为灵媒证明了人在死后仍然存续。这个理论对他来说是至关重要的，因为 1915 年 9 月，他的小儿子雷蒙德在伊普尔附近阵亡。

在得知儿子死讯的八天后，洛奇夫人拜访了一位著名的灵媒奥斯本（Osborne）夫人，她通过倾斜的桌子显现了这样一个信息："告诉父亲，我遇到了他的一些朋友。"[86]在随后与奥斯本夫人和其他灵媒举行的降神会中，洛奇为雷蒙德在"另一边"的生活构建了一幅令人安慰的画面，他把那里叫作"夏日之地"；但是，洛奇缺乏道尔那种进行宣传的热望和代表唯灵论进行布道的渴望，他担心遭到嘲笑，没有立刻公布细节。

在1916年最黑暗的日子里，洛奇出版了他的书，却遭到了谩骂。令一些人感到震惊的是，一个像他这样声名显赫的人竟然相信江湖骗子的勾当；另有一些人对他表示同情；一些人嘲笑他或感到愤怒。书中的一段话使他遭到了不寻常的咒骂，在这段话中，雷蒙德说，来到"另一边"的人，如果他们愿意，可以抽雪茄、喝威士忌苏打水。"当我告诉你他们甚至可以制造这种东西时，不要认为我在夸大事实，"雷蒙德的灵魂这样说道。"不过，当他们体验过一两次后，似乎就不那么想要了。"[87]禁酒主义者和反烟草游说团体与许多神职人员一同谴责这本书，并且这本书被至少一家公共图书馆拒之门外。

威尔斯对丧亲之痛采取了更为理性的看法，写成了战争中最受欢迎的小说《波列特林先生把他看穿了》。该书于1916年9月出版，当时索姆河战役的伤亡名单还在不断加长。和威尔斯的许多小说一样，这位同名英雄影射了他本人：他住在北埃塞克斯郡的一所雅致的房子里，是一名公共知识分子，也是一个花花公子。与威尔斯不同的是，主人公有一个儿子在前线阵亡了。虽然他毫不怀疑德国应当为这场战争负责，但这使他不仅对这场战争（一位年轻的德国朋友被杀，他为这位朋友的家人感到悲伤，但这并不是迄今为止英国公众情绪的写照）产生了质疑，也对宗教的本质产生了质疑。

419 他开始感受到了一个由战争形成的悲伤群体，这个群体不仅仅因为损失而团结在一起，也因为结束战争的愿望而团结在一起。在当时，这是另一种不受欢迎的情绪。

“突然间，他意识到自己并不孤独”，威尔斯这样描述波列特林。[88]“有成千上万个像他这样的男男女女，他们真心诚意地渴望说出他想说的话，和解的话。”但是，无神论者威尔斯继续写道：“他不再孤独和不幸，在这个世界上不再感到绝望。上帝就在他的身边，在他的心里，在他的周围。”随后，威尔斯让波列特林写道：“只有与上帝同在，生命才有意义。只有和上帝在一起。上帝，他通过人类与盲目的力量、黑暗和不存在做斗争，谁战斗到最后，谁的生命就有了意义。”[89]波列特林给死去的德国朋友的父母写信，谈到“我们的儿子已经向我们展示了上帝……”在一个被死亡震惊的国家，在一个被那些人生愿望没有实现的人的死亡震惊的国家，威尔斯对一个英国人接受恐怖后果的描述会引起如此强烈的共鸣，也就不足为奇了。

四

政客和将军们对这场屠杀的看法大不相同。7 月 16 日，在和劳合·乔治会面——基于什么原因见面尚不清楚——时，里德尔说，“我认为这个国家已经做好了承受重大损失的准备”。劳合·乔治向他透露，“当他们陶醉于微小的结果时，伤亡可能会震惊全国。”[90]三天后，劳合·乔治与雷普顿共进午餐，并告诉雷普顿，他“不知道我们将如何在目前的战场上获胜”。[91]索姆河战役在劳合·乔治的心中播下了一个坚定的信念，那就是永远不应当再尝试这样的战役。8 月 1 日，丘吉尔通过史密斯向内阁发送了一份备忘录，在备忘录中，他反对发动进攻，认为在最初的两天里，有 4 万人不是阵亡，就是因伤而死，或者伤势严重，再也无法战斗了。他估计，到七月底为止，总共损失了 15 万人，是 30 个师的兵力的一半。这场损失巨大的战役取得的最大成果就是推进了三英里，获得了“完全没有军事意义的”土地。[92]丘吉尔最近在堑壕里待了六个月，他知道自己在说些什么，不过，尽管他的备忘录旨在防止军队再次以这种方式被利用，但作为政客（而不是士兵）的他意识到， 420
如果真相大白，将会对公众产生怎样的影响。汉基认为劳合·乔治向这份备忘录提供了意见。

然而，在法国，黑格仍然只看到了数十万人伤亡的光明面——英国在索姆河战役中的伤亡总数大约为 49 万人：“向世界证明，协约国有能力进行和保持猛烈的进攻，并能将最厉害的敌军部队赶出最牢固的阵地……这也让世界对英国的力量和决心，以及英国人的战斗力留下了深刻的印象，”他在日记中写道。[93]两天前（7 月 27 日），伊舍说：“道格拉斯非常冷静和自信，没有受到损失或批评的干扰。到目前为止，我们在这场战斗中损失了大约 15 万人，但这并不比他在进攻开始前计算并向内阁报告的人数多。他说，他在 7 月底前需要 20 万士兵。”[94]在得知丘吉尔的观点时，黑格说：“我也认为温斯顿的判断力因为吃药而受到了损害。”[95]

7 月 29 日，罗伯逊告诉黑格，鉴于伤亡人数正在“增加”，内阁不相信他所说的话：“当权者开始有点不安了……他们不断问我是否认为损失 30 万人会带来真正巨大的战果……”[96]自战争开始以来，黑格不再坚持认为会在 1916 年赢得战争，但他相信德军会先于英军感到精疲力竭，并说——幸运的是，他是在失去亲人的公众听不到的地方说——7 月份的损失“只不过比我们在没有进攻的情况下多了 12 万”。[97]

黑格不会逐步停止进攻，但白厅持怀疑态度的人现在开始建议他停止进攻。然而，8 月 5 日，政府向战争委员会宣读了他对罗伯逊的答复，根据帝国总参谋长的说法，“这确实让他们非常高兴”。这个答复将被分发给内阁，这不仅仅是为了反驳丘吉尔的备忘录，丘吉尔在备忘录中批评了黑格的战略。[98]政府要求罗伯逊向黑格发送一份纪要，上面记录着政府“全力支持”他的进攻战略。[99]与此同时，意识到死亡人数不断增加，8 月 3 日，伊舍给汉基写信说：“你能让国内的民众不要盯着荣誉名册，不要把鼻子凑到地图上吗？”[100]

伊舍鹦鹉学舌般地重复官方话语，这反映了他对不透明性的渴
421 望，尤其是为了保护他的朋友黑格不受批评。当人们开始向议会询问伤亡率高的问题时，政府和一些后座议员的答复方式就是谴责这种询问，部分原因是如果他们做出回答，这可能会向敌人提供情报，同时也因为大屠杀可能会对士气产生影响。最终，8 月 21 日，陆军部的财政司司长亨利·福斯特（Henry Forster）对同僚们说，阿斯奎斯同意“私下、保密地”向议员告知真实的数字，但即使是这种程度的披露也要考虑到“军事上的权宜之计”。[101]这种做法持续了一段时间。

这种严格的审查制度象征着，一旦全面征兵制的“卢比孔河*”被越过，那么阿斯奎斯掌控的国家将变得更加具有压制性和

---

* 卢比孔河（Rubicon）：意大利北部的一条约 29 公里长的河流。根据罗马当时的法律，任何将领都不得带领军队越过作为意大利本土与山内高卢分界线的卢比孔河，否则就会被视为叛变。这条法律确保了罗马共和国不会遭到来自内部的攻击。因此，当恺撒带领着自己从高卢带来的军团（恺撒当时任高卢行省总督）在公元前 49 年 1 月渡过卢比孔河的时候，他无疑挑起了与罗马的当权者（主要是庞培和元老院中的贵族共和派）的内战，同时也将自己置于了叛国者的危险境地。——译注

控制性。7 月 25 日，苏格兰北部特别军事区宣布成立，对进入大峡谷以北进行限制。谢佩岛、纽黑文、哈里奇、斯珀恩角和多佛都将在 9 月底之前效仿这个举措：警察可以在这些地区要求查看任何人的证件，并在必要时逮捕他们。警察还开始出现在其余的公共娱乐场所，封锁了剧院、音乐厅和体育场的出口，对达到服役年龄的男子进行讯问，并要求他们出示豁免服役的证明。此类活动得到了报界的欢呼和声援，它们高声讨伐那些“逃避责任的人、懒散的人和逃避兵役的人”，并在那些甘心忍受索姆河战役的人中获得了极大的支持。[102]爱尔兰人被免于服兵役，他们从爱尔兰蜂拥而至从事高报酬的工作，这导致人们对他们心存怨恨，不过，这些战事工作往往和在堑壕里服役一样有用。

伯特兰·罗素是精神日渐受到压抑的受害者之一。政府不满足于禁止他出国，还禁止他在任何禁区——驻军或海军船坞附近，或者根据《保卫王国法案》被认为敏感的任何地方——授课，以防他从事颠覆活动。在剑桥大学三一学院的管理机构取消他的教职后，罗素计划举办一系列公开讲座，并通过在南威尔士向军火工人发表演讲而引起了不安，这导致他被禁止进入该地区。9 月 5 日，他向陆军部报告了与乔治·科克尔（George Cockerill）将军的会面，后者告诉他，他之所以遇到这些问题，根源在于他在南威尔士的演讲中说，“没有充分的理由让这场战争再多持续一天”。[103]“他说，对矿工和军火工人发表这样的声明是为了降低他们的热 422
情”，而罗素“是在鼓励人们拒绝为国家而战”。科克尔建议，如果罗素愿意重返教授数学的工作岗位，不再从事政治宣传，那么他可以去他想去的任何地方，但罗素不会做出这样的承诺。一场哲学辩论随之展开，结果不出所料，科克尔的表现非常糟糕，但他坚称，如果罗素坚持，那么他将被禁止在任何地方发表这样的演讲。[104] H. W. 马辛汉姆是激进派周刊《国家》杂志的编辑，虽然他曾公开表示在几个问题上与罗素持不同意见，但他给《泰晤士报》写信，声称限制罗素在英国可以去哪里的决定是“严重的侮辱”和“迫害”。[104]

埃兰的自由党议员、前任次官查尔斯·特里维廉（Charles Trevelyan）曾因反对宣战而辞职。他质问道，是否可以不压制罗素的言论自由，允许他发表演讲，只有在他违法的情况下才对他进行起诉。劳合·乔治回答说，“陆军委员会已提出修改这个命令，以便他能够发表拟议的演讲，前提是罗素先生做出光荣的承诺，表明他不会将这些演讲用作违反《保卫王国法案》的宣传工具。但是，由于罗素先生拒绝做出任何此类承诺，对该命令进行的任何修改都被认为是不可取的。防范胜过起诉”。[105] 在请他描述具体威胁时，劳合·乔治说：“我们从一个非常可靠的来源处得到消息，伯特兰·罗素先生将进行一系列讲座，这将严重干扰军队的人员配备。”他说，如果政府允许罗素先生发表演讲，这将是一种“无法原谅的软弱表现”，尽管在回答一名成员的问题时，他无法说清为什么在格拉斯哥——“红色克莱德赛德”的中心附近——举办的讲座会威胁到公共利益，而不是在曼彻斯特举办的讲座。

罗素曾说：“我提议的关于‘可以创造的世界’的讲座并不是为了解决战争带来的直接问题，也不会涉及战争前的外交、出于良心而拒服兵役者、渴望的和平、甚至一般的战争伦理。关于所有这些问题，我已经多次表达了自己的观点。我的意图是把听众的注意力从当前的问题上移开。”[106] 但是，在加的夫的时候，他没有坚持自己的意图，声称他坦白地主张迅速开始和平谈判。威尔士议员查
423 尔斯·斯坦顿说：“在加的夫，他说了所有他能说的话来诋毁这个国家，他自己的国家。只要言语能让他背叛国家，他就会竭尽全力

这样做（*原文如此*）。我认为，仅仅因为他是一个被认为很有才智的人，一个受到美国人欢迎的人，就站在这个议院里支持他的事业，这是可耻的。我不认为我们有很多东西需要感谢美国。美国人对我们国家一点也不友好，虽然伯特兰·罗素在美国可能会受到欢迎，但不能将此作为检验一个真正的英国人的基准。”[107]

政府表示同意。罗素发现，划定的禁区覆盖了东海岸和南海岸的所有郡，以防他向敌人的潜艇发出信号，此外还覆盖了大多数人口密集的城市。他没有在格拉斯哥发表演讲，但在由该市的前市长主持的会议上，当地的一位矿工领袖朗读了他的演讲稿。莫雷尔敦促政府讨论其是否会逮捕朗读演讲稿的人，如果政府决定继续迫害罗素——他抗议说，劳合·乔治在就罗素的演讲稿发表的声明中“没有一句实话”——那么莫雷尔便会对这样做的愚蠢之处提出自己的看法。[108]

在这场坚决镇压异见者的活动中，罗素并不是唯一的受害者。在1916年的最后几个月里，政府对那些被认为是和平主义者或试图破坏战事工作的个人或组织施加了压力。目标对象包括左翼政治组织，例如独立工党（它否认战争是一场资本主义冲突，在这场冲突中，不同国家的工人之间没有争吵），还有民主监督联盟（这两个组织都将拉姆齐·麦克唐纳算作成员）和全国反征兵委员会，其中一些组织的场所被查抄。康斯坦斯夫人——罗素的情妇——的丈夫迈尔斯·马勒森（Miles Malleson）曾担任军官，后来在1915年退伍，他的书《两部短剧》（*Two Short Plays*）引起了特别的烦恼。马勒森是伦敦西区一位颇有名气的演员，也是一位多产的作家。他后来在20世纪40年代和50年代的电影中扮演的角色深受观众喜爱，他专门扮演古怪的牧师。他退伍后，成了一名坚定的和平主义者，两部短剧——《D公司》（*D Company*）和《布莱尔厄尔》（*Black'Ell*）——都带有明确的和平主义，第二部的主角是一名曾获得很多荣誉但厌倦了杀戮的军官。根据《保卫王国法案》，这本书的副本被没收。在下院，拜尔斯和莫雷尔为此对政府进行了
424 抨击。这项禁令是根据军事意见，而非美学意见做出的。马勒森还写了两本有关和平主义者的小册子，但都没有引起当局的注意：这表明里面的内容比较外行。自布鲁克时代以来，人们从文学的角度对战争持有的态度已经发生了变化：在齐格弗里德·沙逊等人的笔下，战争在结束前会变得更加残酷、更加狂暴。布鲁克等人和沙逊等人的不同之处在于，前者是在目睹了战争之前开始描绘战争，而后者是在经历了战争的现实之后才开始描述战争。

持自由思想的人通常成了警察或军队的“围捕”目标。例如，9 月的一个早晨，警察突然出现在伦敦的马里波恩车站。在询问了许多达到服役年龄的人之后，他们只找到了一个人，他无法解释自己为什么没有穿军装。他叫“欧内斯特·斯诺登（Ernest Snowdon），家住帕丁顿的哈罗路，是一名皮革商，也是一个出于良心而拒服兵役者，他已获准免于服兵役”。[109]他本应该到其他岗位报道，当天晚些时候，他出现在法庭上，被罚款 2 英镑，随后被移交给一名军事护卫。在其他突袭行动中，被围捕的还有一名来自伯蒙赛的职业拳击手，他在拳击场被捕；在赫尔举办的一场足球比赛结束后，有 215 人被拘留，其中 4 人未经军队许可擅离职守；在雷丁队与女王公园巡游者队进行的一场比赛结束后，有 42 人被拘留，警察发现这些人都备好了各自的文件、证明——正是这样的事件引起了愤怒和恼怒。在表演《诺丁汉帝国》的剧团里，一名演员因为没有报到而被军队押送走了；一名以前担任驯狮者、主演了《埃德蒙顿帝国》的人也遭到了这样的对待。《泰晤士报》抗议这种以寻找“逃避责任者”为幌子对守法人士进行攻击的行为，受

害者“被公开打上了完全不配被称为公民的有辱人格的”标签，并指出“这种高压行为的成果微不足道、滑稽可笑”。[110]军队将这些活动的责任移交给了警察，警察很快就减少了这些活动。

五

在索姆河战役发生后没多久，政府可能就已经设法对公众隐瞒损失规模。然而，无法掩盖的是，这场战斗使得军队更加迫切地需 425
要士兵，以接替那些阵亡或受伤的将士。因此，政府对 50 万没有通过体检的平民进行了重新测试，并降低了标准。10 月 16 日，雷普顿指出，如果要保持现有兵力，到 1917 年 9 月将需要 100 万名士兵，而根据现有安排，只有 17 万人可供征召。[111]政府决定对豁免服役的情况进行审查，同时让妇女取代单身男子从事军工厂的工作。陆军部的招募部门成立了一个接替人员局，以确保任何可以由女性担任的工作都由女性接替，并确保在企业中用不再适合服兵役的人替换那些适合服兵役的人。据说，除非这些努力取得成功，否则年龄在 41 岁至 45 岁之间的人也必须被征召入伍。[112]没过几天，宣过誓的 41 岁的男子被告知在 11 月 1 日报到，这引起了极大的愤怒（因为这些人知道许多更年轻、更健康的人仍在当平民），于是这个提议被终止了。不过，政府同意，把 30 岁以下非熟练的军火工人都“挑出来”，用妇女和 18 岁以下的男孩接替他们。

豁免矿工服兵役也引起了人们的愤怒，由于劳资纠纷，煤炭产量正在下降，目前的产量是 2.53 亿吨，而需求量较少的 1914 年达到了 2.87 亿吨。[113]即使是英国矿工联合会的领导人斯迈利也承认，如果被豁免服役的矿工被要求去挖煤，而他们又不去，那么没有什么理由向他们给予豁免。这个问题在南威尔士最为严重，1916 年 9

月期间，可以避免的旷工率从近6%上升到了近10%，星期一是尤其糟糕的一天。矿工们要求提高工资。[114]煤矿业主和矿工之间的争端被视为私人恩怨，但在报界开始敦促政府有效采取强制措施，将威尔士的煤田国有化之前，这种争端威胁到了国家，产生了严重的后果。

10月11日，政府就新的未规定具体内容的预算数进行了一场辩论，将注意力更多地转向了人力问题——成立了一个由张伯伦担任主席的人力分配委员会——并暴露出了一种丑陋的顽固不化。利物浦的保守党议员罗伯特·休斯顿（Robert Houston）问，为什么不动用非洲殖民地的军队："这纯粹是一种偏见"，他说。"他们是
426 我们的臣民。他们享有大英帝国的所有特权和所有自由特权，他们适合为自由而战。如果我们现在被德国人打败，被他们踩在脚下，这些有色人种会有怎样的结局呢?"[115]他引用了比勒陀利亚主教关于当地黑人的评价："由于白人经常给他们树立令人厌恶的榜样，这些优良的种族面临着变质的危险……我们在德属东非的男孩被德国训练的黑人枪杀了。我们为什么不利用他们呢? 普鲁士卫队将无法经受住祖鲁人的第二次攻击。"他知道原因是种族主义，并且他收到了一张明信片（经过了适当审查），这是一位匿名记者寄来的，对他两周前在《每日邮报》上发表的建议使用殖民地部队的文章做出了回复。记者谴责他想"把数百万黑人士兵带到欧洲，屠杀体面的白人。你只不过是一个提出了如此卑鄙建议的讨厌鬼"。此外，这位作者还建议休斯顿割断自己的喉咙。

对士兵的需求是如此迫切，以至于有些人——例如《泰晤士报》在10月4日的一篇社论中——呼吁在爱尔兰征兵。这真是鲁莽到了极点。在复活节起义的6个月后，爱尔兰仍然动荡不安，爱尔兰人越来越愤怒。政府中的自由党人大多认为，这种做法将让整

体局势变得更糟，而不是更好。劳合·乔治认为这个举措为时过早，因为这些士兵不会得到很好的利用。他担心，在战略和战术得到改善之前，他们将会被屠杀。他（有些天真地）认为，当时机到来时，在爱尔兰征兵的问题可以得到“妥善处理”，然而，爱尔兰人的敌意反应与他的想法大相径庭。经验丰富的民族主义党议员T. P. 奥康纳“强烈、断然反对”这个提议，他预测“每一户人家都将发生流血事件”——同时他又不情愿地承认这个想法完全合乎逻辑。[116]10月5日，雷德蒙自起义以来首次在沃特福德发表公开讲话，他说他无法相信政府会如此“疯狂”，试图在爱尔兰实行征兵制，在那里，它将“遭到各个村庄的抵制”。[117]他反驳了自起义以来募兵工作就停止了的说法，他援引陆军部的数字说，自那时以来，已有6.1万人应征入伍。但是，不久后的数字显示，有16.1万名达到服役年龄的爱尔兰人没有从事农业或其他免于服役的工作。[118]考虑到新芬党的情况，他还借此机会表示，他的政党永远不会接受征兵制，也不会接受爱尔兰的永久分治。卡森指出，阿尔斯 427
特省的参军人数比其他三个省的总和还多。

两周后，雷德蒙在下院再次对政府进行了抨击，他声称政府在爱尔兰的行为违背了英军之所以对抗德国人的理念，并应对爱尔兰的动荡局面负责。他说，这是“一个可以通过直截了当的演讲来满足公众利益的时刻”，他的语气表明他意识到了自己、他的政党和温和的民族主义党正在为他们的生命而战。[119]他说，目前的局势“充满着威胁和危险”，爱尔兰“宪政运动”四十年来的努力即将付诸东流。他谴责政府自1914年8月以来对爱尔兰人的处理，同时指出已有15.7万名爱尔兰人——其中9.5万名天主教徒和6.2万名新教徒——加入了陆军，另有1万人加入了海军。在将《爱尔兰自治法案》写入法典后，天主教徒表现出了善意。[120]大约有3

万名爱尔兰国民志愿军应征，但他说，英国对爱尔兰的冷落导致许多人被拒之门外，挫败了他想使爱尔兰及其人民与英国紧密联系在一起的愿望。他说，这些态度催生的“怀疑和不信任”在去年的复活节事件中达到了顶峰。[121]在随后的辩论中，劳合·乔治对雷德蒙的数字提出了质疑：有 15.7 万人应征，但 5.2 万人因体检原因被拒，总比例远低于英国其他地区。[122]随后，劳合·乔治自己也承认这个数字是错误的。

一场关于在爱尔兰征兵的争论不可避免地演变成了一场自起义以来英国在爱尔兰行为的讨论。雷德蒙估计，参与叛乱的人最多有 1500 人，但整个爱尔兰都在“搜寻”反叛者，当数千名无辜的年轻人被捕时，这是在离间守法的民众。爱尔兰自治的实施被再次推迟，军法管制仍在实行中，统一党的大臣们正在施加压力。然而，爱尔兰人却在西线为英国国王献出生命。他认为，如果迅速实施爱尔兰自治，那么情况是可以挽回的；但是，如果不这样做，他担心会发生灾难，尤其是有人试图在爱尔兰实行征兵制；此外，当新的爱尔兰志愿军不是被派往爱尔兰军团，而是被派往英格兰和苏格兰
428 的军团时，这会令他们非常反感。

接替比雷尔担任布政司的亨利·杜克用和解的语气做出答复，但他否认政府的政策帮助了新芬党崛起。他和雷德蒙观点不同，证明他们的意见不一致。杜克否认了同谋者是 1500 人，声称有 3000 人。许多被送进监狱的人获得了减刑。仍有 560 人被拘禁。以叛国罪审判所有 560 人毫无意义，但政府也不希望释放他们，不想让他们在一个分裂的爱尔兰挑起事端。他认为继续实行军法管制不是为了英国的利益，而是为了守法的爱尔兰普通男女的利益。他指责爱尔兰（而不是政府）未能在该年 7 月实施地方自治，民众未能就此达成一致。这是一种解释，但并不是特别可靠。结果就是，高压

政治将会继续，而且（不管杜克怎么想）更多的民族主义党将会转向新芬党及共和派中间分子的理念。

起义后，有1800人被送到了威尔士的弗朗戈奇（Frongoch）拘留营，目前还有570人被关在那里，这也是破坏英爱关系的一大原因。囚犯们睡在以前的麦芽仓库里，据说那里老鼠成灾、潮湿、不通风，政府不可避免地对这种说法进行了反驳。政府没有反驳的是，该年10月向他们送去的176磅肉被宣布为不适合人类食用。[123]管理拘留营的一名官员建议用醋洗肉，以消除臭味。尽管负责任的内政大臣塞缪尔称，与居住条件有关的指控是“毫无根据的”，但他也拒绝让议员代表团访问拘留营进行检查。[124]许多被拘留者都是知识分子，由于为受教育程度较低的人开设课程，这所拘留营被称为“革命大学”。迈克尔·柯林斯（Michael Collins）就是校友之一，他曾因担任约瑟夫·普朗克特的副官而被拘留。阿斯奎斯否认管理爱尔兰政府的统一党大臣是出于“反地方自治的精神”才这样做的。[125]他甚至没有提出新的爱尔兰自治计划，这就好像他被困在了沼泽里，无法动弹。然而，在索姆河战役爆发后，他有太多的事情要操心了。不过，他很精明，决定不再讨论征召爱尔兰人的问题。 429

六

这个世界变了个样。街道上到处都是身穿卡其色制服的人，他们有的在休假，有的在制服上系着一个额外的金色织带，表明他们因为重伤退役回家。在伦敦的一些地方，房屋已经变成了重伤者的疗养院，在晚上10点以后到黎明之前禁止吹口哨叫出租车，以便让受伤的英雄们好好休息。生活是一场斗争。虽然那些从事战争工作的人由于加班时间长，工资往往远高于和平时期，但他们的可支配收入却遭到高税收的打击。到了1916年7月下旬，食品价格估计比两年前上涨了65%。[126]服装价格上涨了55%，煤炭价格几乎上涨了一倍。[127]中产阶级和固定收入人群受到的打击尤为严重。虽然新的工业工人大军能够很好地应付，但仍然发现，1914年7月花12先令6便士就能买到的东西，现在花1英镑才能买到，因此，肉成了每周吃一次的奢侈品。1916年8月的一份报告说，工人阶级主要吃“茶、糖、面包、人造黄油和蔬菜”，他们买了一些火腿末和培根皮的碎片来调味汤汁。[128]

平民百姓难免会遭受敌人的“骇人行径”。政府试图应对索姆河战役的附带后果，但它发现，在8月初齐柏林飞艇频繁突袭东部各郡后，它遭到了报界和公众的进一步攻击，因为这次突袭激起了对防空设施的批评。那是个炎热干燥的季节，飞艇的许多炸弹都是燃烧弹，投在了开阔的乡间。农民们认为，这是企图放火烧毁等待收割的谷类作物。为了加快收割速度，陆军委员会宣布将临时调派2.7万名士兵从事农业工作。与此同时，张伯伦的人力分配委员会应该确保最大限度地使用劳动力，判断哪些属于免于服役的工作，哪些不属于，以及哪些人可以请求豁免服役。

齐柏林飞艇的袭击频率再次增加，9月2日至3日夜间，13艘飞艇进行了突袭，造成4名平民死亡，13人受伤。然而，当威
430 廉·利夫·鲁滨逊（William Leefe Robinson）中尉在赫特福德郡卡夫利村庄的上空击落一艘齐柏林飞艇时，这次突袭激发了战争中最振奋人心的一幕：数千名在地面上的人目睹了他的壮举，他们在飞艇落下时唱起了国歌。飞艇上的16人全部丧生，利夫·鲁滨逊被授予维多利亚十字勋章。他后来在战争中被击落并被俘，死于西班牙流感。9月发生了两起更具破坏性的突袭，23日，两架齐柏林飞

艇被击落，但这一次诺丁汉郡和肯特郡有40位平民丧生，130人受伤；两天后，在兰开夏郡、约克郡和林肯郡发生的袭击中，有43人死亡，31人受伤。[129]政府对突袭行动感到焦虑不安，迫使新闻局对哪些内容可以公布进行了限制。理由是“军事上的损失很小，但是，只要德国人认为突袭造成了很大的影响，他们就会继续进行下去，长期报道往往会在英国和国外产生这样的印象，那就是突袭的效果要比实际上大得多”。[130]

防空部队最终进行了反击。9月23日晚至24日凌晨，当12艘齐柏林飞艇袭击伦敦时——这是一次前所未有的大规模突袭——皇家飞行队的一名飞行员在埃塞克斯郡的比勒利卡镇附近击落了一艘飞艇，杀死了22名机组人员。在稍晚的凌晨1点40分，一艘残破的齐柏林飞艇迫降在科尔切斯特以南的埃塞克斯海岸的小威格伯勒（Little Wigborough）。虽然在着陆时飞艇的一部分发生了爆炸，但机头和引擎仍完好无损，机组人员也幸免于难。一名赶到现场的特别警察告诉《泰晤士报》：“在半路上，我遇到了大约20个人，他们朝我走来。他们中的大多数都是体格健壮的年轻人，可能不超过20岁。他们穿着和消防员差不多的制服，只是没有戴头盔。”[131]司令官用“流利的英语”问他离最近的城镇有多远。他告诉他要走六英里路，他们想走到那儿去投降，但这名警察把他们带到了村里的邮局，打电话请求从科尔切斯特派遣一支护送队。

警察用警戒线将齐柏林飞艇围了起来，人们从几英里外赶来观看，士兵们用枪上的刺刀阻挡人们，迫使他们保持距离；它的框架散布在两块田地和一条乡间小路上，拥有这块地——这里是观看飞艇的最佳视角——的农民可以收取门票，用于为红十字会募捐。《泰晤士报》的记者报道说，“它看起来就像一只断了脊背的大怪 431
兽”。虽然英国在报复，但截至目前，突袭已造成352人死亡，799

人受伤。那天晚上，萨福克郡和林肯郡也遭到了轰炸，对伦敦进行的突袭杀死了斯特里汉姆、肯宁顿和布里克斯顿的平民。仅那一晚总共有 40 人死亡，135 人受伤。两天后，南部和东部海岸又有 43 人遇难。审查员只允许含糊地提到伤亡情况，并且不允许提到具体地点。

自 1914 年 8 月以来，强烈的反德情绪日益高涨，民众间接体验到的索姆河战役加剧了这种情绪，而这些突袭又帮助维持了这种反德情绪。在该年的早些时候，这种情绪是在令人尴尬的穿插曲目中出现的。王室大家庭中有三名成员效忠于敌人。他们是乔治三世的曾孙坎伯兰和特维奥特戴尔公爵，以及维多利亚女王的两个孙子奥尔巴尼公爵（他继承了科堡公爵的头衔，因此成了德国亲王）和石勒苏益格－荷尔斯泰因*的阿尔伯特亲王。坎伯兰公爵 71 岁，他没有为任何人而战。1866 年，当普鲁士吞并汉诺威的时候，他离开了汉诺威（他实际上仍然是汉诺威的王储），逃到了奥地利，他仍然居住在奥地利，并且是弗朗茨·约瑟夫的密友。他还娶了亚历山德拉王后的妹妹，因此，他因为婚姻关系成了乔治五世的叔父，而从血缘上来讲，他是乔治五世的堂兄。他已经将近四十年没有访问过英国了，也从来没有在上院中取得一席之地。阿尔伯特亲王由维多利亚女王的女儿海伦娜（Helena）所生，他没有英国头衔，但他出生在温莎。战争爆发时，45 岁的他请求德皇豁免他与英国人作战。

不过，奥尔巴尼与他们不同。他是国王的堂弟（他的父亲是利奥波德亲王，患有血友病，也是爱德华七世的弟弟），也是萨克森－科堡－哥达公爵。他是一个遗腹子，作为英国亲王被抚养长

---

* 石勒苏益格－荷尔斯泰因（Schleswig-Holstein）：德国的一个州。——译注

大，并在伊顿公学接受教育，直到16岁，才继承了德国的公爵领地。然后，他成为另一个表兄德皇的门徒，并被德国化。1914年，他与英国家庭决裂，加入了一个德国步兵团。尽管他在1915年因风湿而退伍，但他继续为公国的士兵提供道德方面的领导，并经常前往前线。和坎伯兰公爵一样，1915年，他的名字也被乔治五世从嘉德骑士的名册中划掉了。 432

4月12日，在下院提出一个问题后，报界——它们不知道爱尔兰议员斯威夫特·麦克尼尔最初在1915年6月7日就提出了这个问题，但被阿斯奎斯扔在了一边——掀起了一场反对这些人的运动。但它遭到了斯坦福德汉的冷遇，斯坦福德汉在7月27日写给格温的信中谴责了1772年的《王室婚姻法》。他说："只要王室成员必须到国外去找老婆、找老公，那么一旦欧洲发生战争，这些麻烦就一定会出现。"[132]这种说法并不完全正确：维多利亚女王的一个女儿路易丝（Louise）公主，在1871年嫁给了阿盖尔公爵；1889年，爱德华七世的一个女儿（也叫路易丝）嫁给了法夫伯爵（他在结婚两天后被提升为公爵）。这两桩婚姻都没有超过苏格兰的范畴。因此，造成这个问题的是对等级地位的追求，而不是法律。

斯坦福德汉为奥尔巴尼的离谱行为开脱，因为奥尔巴尼是一位德国亲王，如果他不为德皇而战，那么他就会成为入籍国的叛徒。斯坦福德汉对格温说，"在我看来，下院在这个问题上似乎已经失去了分寸"。格温向斯坦福德汉保证，他提出这个问题的唯一动机是为了防止与国王过分亲德有关的恶意流言，因为国王没有对他的亲戚采取任何行动。为了能有所帮助，8月2日，《晨间邮报》刊登了一封捏造的信（格温用化名写的），声称《议会法案》可以取消这三人的继承权。但是，由于这三人都不太可能去继承，在议会有更重要的事情需处理的情况下，这封信只是分散了议会的注意力。就在那天，内阁对这件事进行了讨论，阿斯奎斯向下院做了模棱两可的发言。然而，这个问题和国王的德国血统所带来的其他后果不会自行消散，它们将纠缠王室数月，直到王室采取决定性的措施。

七

显而易见的是，索姆河战役不会迅速结束这场战争。同样明显的是，当许多选民仍在海外时，为了避免根据一个严重过时的选民登记制度进行选举，需要进一步延长议会的任期。政府同意将议会延长到 1917 年 5 月 31 日，即上次选举的六年半后，以期能够草拟
433 一个令人满意的经修订的登记制度，并举行合法选举。这并非易事，阿斯奎斯向议会陈述了所涉及的复杂问题。最理想的情况是，他希望把投票权扩大到每一个士兵和水手，这意味着一些 21 岁以下的人也会有投票权。但是，也出现了与选区有关的问题，例如在法国或美索不达米亚的士兵应在哪个选区投票。他说，军事当局强烈反对在士兵服役期间举行投票。他还问，那些“切断了旧的家庭关系和旧的居住关系，进入了迄今为止他们所不知道的地方，并在那里大量聚居的”军火工人，是否应该被赋予选举权，以认可他们做出的牺牲，即使他们在其他方面不符合条件。[133]

阿斯奎斯还有一个更激进的提议，那就是扩大选举权。他接着发表了一个历史性的声明，这是他政治信条的一个分水岭。他的意见具有重要意义，全文引述如下：

> 而且，一旦你开始向国家的这些岗位授予普遍的选举权，

> 那么你就面临着另一个最可怕的命题：你打算怎样对待女性？虽然我不认为人们会怀疑我——在这件事上，我历来的态度都很明确——没有特别的意愿或倾向来将女性纳入选举权的范畴，但是，我还是收到了代表她们发言的人做出的大量陈述，我不得不说，她们向我提出的不仅是一个合理的问题，而且，从她们的角度来看，我认为这也是一个无须争辩的问题。她们说，如果我们不改变选举权的资格限定，那么她们将服从于现状；但是，如果我们引进一个新的选举人类别，无论基于什么样的国家服务理由，那么她们将会感到心满意足。她们解释说——并且我们不可能否认她们的主张——和社会上任何其他阶层的人一样，在这场战争期间，这个国家的女性在战事工作方面提供了有效的服务。的确，她们无法打仗，也就是说，她们无法拿着步枪上战场，但是，她们填补了我们的军工厂，她们正在做战斗人员以前必须做的工作，她们已经取代了他们的位置，她们成为国家的公务员，她们以最有效的方式帮助开展战事工作。[134] 434

就在发表声明前不久，他接待了一个妇女参政运动人士的代表团，这使他觉得这个问题显然无须争辩。

然而，即使阿斯奎斯正在经历一次非凡的转变，但看到自己正在惹出遭人非议的一大堆麻烦，并且在战争中自己理想化的选举权改革将不可能实现，他就受够了当一名政治家。因此，他提出了一个妥协方案。他说，将根据现有的选举权草拟一个登记制度，但在战后，下一个登记制度需要考虑没有选举权的男女所做出的贡献。对于那些搬进了出租屋、失去了财产资格，由此失去了投票权的男性军火工人，他打算恢复他们的权利；但是，士兵们将无法投票，除非选举的那天他们在家。

阿斯奎斯在妇女选举权的问题上改变了看法，激怒了一位未来的选民巴瑟斯特夫人。她是《晨间邮报》的老板，在8月19日写给该报的一封信中，她谴责他改变主意是“最终的背叛行为”。[135]她继续说：“我在战争期间见过很多妇女，并且……没有什么东西能让我改变看法，即女性不如男性，完全不适合参与治理这个国家。”她要求让“真正有男子气概、刚强的人”（她以卡森为例）来进行治理，并阐述了她对选举权的见解。“我希望在第一次世界大战中作战的每一个士兵和水手，在他们的一生中都能拥有一次投票权，然后看到这些票只投给那些通过了某些学历方面的考验、对国家有用的男性。”对阿斯奎斯来说，幸运的是，与选举权改革有关的进一步讨论可以推迟到形势更为有利的时候。然而，对他和政府来说，回避其他争议就没那么容易了。

作为陆军大臣，劳合·乔治的影响力无处不在，但他几乎没有做什么事来博得他人的喜爱。9月17日，在英国陆军部的驻法国总部，一向狡猾的伊舍看到他在工作，说出了恶言恶语的评价。“首相在这里待了三天，留下了非常好的印象……劳合·乔治给人留下了最差的印象，展现出了自己的本色，一个寻求聚光灯的聪明的政治冒险家。他被一群人包围着，其中有雷丁勋爵，雷丁通过涉足财政和政治，降低了他所担任的崇高职位的尊严、权威和
435 地位，还有艾利班克的默里，默里诚实交易的声誉十分令人怀疑，品行也同样令人怀疑。”[136]雷丁现在是最高法院的首席大法官，他的出现令人感到非常奇怪。但是，正如伊舍告诉利奥·马克西的那样，这是“老马可尼帮”。1913年，雷丁的兄弟戈弗雷·艾萨克斯（Godfrey Isaacs）经营的一家公司的股票让“老马可尼帮”的政治生涯几近终结。[137]艾萨克斯也出现在那里。

伊舍对劳合·乔治的评价还没有完："他似乎在寻找摄像机，还有士兵们的欢呼声。他傲慢无礼，随随便便。这些事情都不(*原文如此*）令人惊讶。用威尔士律师的耳朵是缝制不出丝绸钱包的。"这并非保守党人的恶言恶语：伊舍是个自由党人。但是，这说明了年老的当权派不信任他、不喜欢他的程度和原因。当劳合·乔治担任最高职位的时候，他的做法让相当一部分政界人士认为，他往好了说是不清不楚，往坏了说是腐败。例如，1916 年 6 月，索尔兹伯里勋爵告诉他的堂兄贝尔福，他认为劳合·乔治是"一个满嘴空话的人，是一个骗子"。[138]陆军大臣随意贬低英国将军，不顾一切地收买其他职级的人员（诺思克利夫曾说这些人员都不喜欢他），这些都无助于他的事业。

劳合·乔治从法国回来后，应诺思克利夫的要求，接受了美国合众社社长罗伊·W. 霍华德（Roy W. Howard）的采访，这使他冒犯了更多的人。伊舍和其他许多人都感到震惊。"今天，劳合·乔治发布了一篇与美国记者进行的'访谈'，"他在 9 月 29 日写道。"他所说的内容听起来很有道理，但是，他粗俗地展现了自己的想法、惯用的措辞和自夸，让民众为自己的国家害臊。要是在格莱斯顿和皮尔*的时代，他会被谴责为背离了作为我们公共生活之荣耀的高标准的政治礼仪。他们会对这个不同寻常的小无赖说些什么呢?"[139]在采访中，劳合·乔治断言协约国将继续战争，将给对手"致命一击"，这引起了极大的不安。[140]这是他向威尔逊总统发出信号，表明威尔逊为和平进行仲裁的雄心——威尔逊想借此获得

---

* 皮尔：是指罗伯特·皮尔（Robert Peel），英国 19 世纪的一位卓越人物，他的政治策略反映了当时社会的变迁。他务实、经验丰富，是一位出色的和理智的演讲家。就连他最强烈的敌人也承认他的说服力和正直。因此，他常被称为英国历史上最杰出的首相。——译注

好评——可能不会实现。然而，它被解释为劳合·乔治的意思是他想摧毁德国的大国地位，这是他私下声称不可能的事情，但他似乎也热衷于断言英国将获胜，并且胜利将提升英国人的士气。这就是劳合·乔治所说的“复仇的必然召唤”。[141]

436 伊舍使用新词“马可尼帮”来指代和陆军大臣一起在法国的那群人，他咆哮道：“他故意和他的‘朋友们’一起来法国‘享乐’……他任由自己被一群冒险家利用，这些冒险家的胆量随着成功而增长；在他们惹人猜疑的奉承下，他开始相信他的第一个礼服衣箱里藏着一根陆军元帅的指挥棒。如果他不马上醒来，这种幻觉可能会见证他的毁灭。”诺思克利夫对自己在促成这次采访中所扮演的角色感到非常自豪。10 月 5 日，他向艾特肯引述了一句格言来对此进行证明：“在我看来，最好的宣传是报纸。”[142]

劳合·乔治对伤亡如此惨重表示关切，黑格只能把这看作是对自己的含蓄批评。然而，在总指挥官看来，最严重的冒犯是，劳合·乔治会见了法国北方集团军群的司令费迪南·福煦（Ferdinand Foch）将军，并直接向他询问了关于法军和英军以及英国将军在西线的相对表现。虽然福煦小心谨慎地不去贬低黑格，并强调基钦纳的军队缺乏法国老兵的经验，但劳合·乔治还是暗示说他对黑格的领导能力没什么印象。黑格说：“要不是福煦将军亲自把这次谈话告诉我，我真不敢相信一个英国大臣竟会如此没有绅士风度地去找一个外国人，并询问与他下属有关的问题。”[143]黑格一定是生活在世外桃源中，才会得出劳合·乔治是个绅士的看法，并且黑格在批评他人的举止时也带有虚伪的成分。就他自己的行为举止而言，也有一些插曲将使他在这方面的资历受到质疑，比如他在前一年取代了弗伦奇，而后在 1918 年初上演了取代罗伯逊的一幕。

批评劳合·乔治的远不止黑格和伊舍。10 月，劳合·乔治不得不就未规定具体内容的预算数发表演讲，部分原因是为了证明自己是阿斯奎斯的忠实支持者。法国人对他在法国期间的自我宣传行为发表了负面评论，英国记者嘲笑他招来了这种指责。《曼彻斯特卫报》对他的攻击让他十分尴尬，也因此激起了他的愤怒，以至于他指责史考特让一名不在巴黎的记者编造了这个故事。史考特对他的说法进行了斥责，称该报驻巴黎的记者“诚实、能干、消息灵通”。陆军大臣的公关工作也导致他遭到《晨间邮报》的攻击。437
在有关未规定具体内容的预算数的辩论中，和平主义者、自由党议员查尔斯·特里维廉（他后来加入了工党）记录下了《泰晤士报》的说法，即在索姆河战役的最初三个月，伤亡人数为 30 万，“现在不可能远远少于 50 万”。他说，虽然这个“乐观的威尔士人”可能认为战争可以在几个月内结束，但是，如果情况不是这样，那么随着伤亡人数继续以这种速度增加，前景会十分可怕。[144]这就是那么多人对劳合·乔治在采访中的语气进行谴责的原因。

而且，他似乎把诺思克利夫变成了敌人。10 月 11 日，这位报业巨头拜访了陆军部——也许幸运的是，陆军大臣没有出席与未规定具体内容的预算数有关的辩论——他告诉劳合·乔治的首席私人秘书 J. T. 戴维斯（J. T. Davies），罗伯逊对他的工作受到政治干涉感到非常困惑，以至于睡不着觉。如果干涉继续存在，那么诺思克利夫将把揭露这种干涉视为自己的“职责”。[145]伊舍发现了这个阴谋，他在 10 月 17 日说道：“上周，劳合·乔治背着罗伯逊试图让内阁同意把法国前线的师派到萨洛尼卡。罗伯逊去找国王和阿斯奎斯，威胁说如果陆军大臣入侵‘作战’部门，那么他将辞职。”[146]麦克纳对劳合·乔治的看法大打折扣，因为劳合·乔治长期以来对他怀有敌意，他告诉雷普顿，劳合·乔治希望将罗伯逊赶出内阁，因为他“真的相信自己受到了启发，肩负神圣的使命，不会让任何人挡他的道”。[147]雷普顿把这番话告诉了诺思克利夫，后者向雷普顿传话说自己的报纸将支持他，尤其是因为诺思克利夫赞同罗伯逊反对劳合·乔治在萨洛尼卡作战的想法。

史蒂文森小姐认为，诺思克利夫因为罗伯逊遭到干涉而威胁要攻击劳合·乔治，是基于这样一个事实：“诺思克利夫之所以愤怒，是因为大卫不接受他的建议。”[148]他的观点使劳合·乔治对罗伯逊产生了不满，这种不满将会恶化。史蒂文森小姐还指出，“至于诺思克利夫，每个人都说他疯了——因为他过于自负”。[149]然而，不断有证据表明，阴谋是危机、恶作剧和糟糕的判断交织在一起的产物：10 月 16 日，里德尔会见了劳合·乔治，并告诉他：“诺思
438 克利夫和军队中某些身居高位的人密谋要除掉劳合·乔治。”尽管消息的来源不可靠，但已经有许多间接证据对此进行证明。[150]此外，人们还注意到，尽管劳合·乔治热衷于去法国，但他把大部分时间都花在巴黎或后方，很少到前线去，这与他在前一份工作中访问军火工人时的热情形成了鲜明对比。他最权威的传记作者将此归因于“他对烈性炸药的恐惧”，但最重要的是“他的神经质”。[151]幸运的是，他在过去的两年里劝勉过的年轻人不具有这些特征。

他非常不赞成持续不断的进攻，这对他与军队的关系毫无帮助。但到了 10 月底，驻法军队的兵力已不足 8 万人，因此，他的想法实际上是有些道理的。[152]他也没有停止压制罗伯逊。他想出了一个计划，派罗伯逊去俄国，以报告那里的局势。伊舍听说了这个阴谋，据他说，罗伯逊“直截了当地”拒绝去俄国。[153]劳合·乔治觉得明智的做法是把这个计划告诉国王，但国王随即回答说：“我当然不会允许罗伯逊去俄国。首先，他是一个非常有价值的人，不能像可怜的基钦纳那样去冒险……我不会听从这个建议的。”[154] 11 月 5 日，里德尔警告劳合·乔治说，如果在明年春夏的竞选季没有

取得“实质性的进展”，那么“这个国家将会对鲜血、财富和船舰的不断涌出感到厌倦，而且将会面临出现一个强大的和平党派的危险”。[155]

正如劳合·乔治计划的那样，阿斯奎斯承受着巨大的工作量，比他更年轻、甚至更聪明的人都难以承受这种工作量。自 1916 年 1 月以来，战争委员会平均每月召开 6 次会议；但在 11 月，他们开会 15 次。汉基表示，即便如此，它也无法“跟上工作的进度”。[156]围绕保持国家运转展开的斗争日益激烈：外汇正在耗尽，因此更多的货物必须在国内生产，而不是从国外购买。在商船快速损失之际，这有助于避免英国的造船厂未能制造和交付足够商船的情况。在战争委员会的最后几次会议上，其中一次讨论了对所有 60 岁以下的男人进行工业征召的可能性（以及或许征召所有女人），并成立了一个小组委员会来研究如何实现这个目标。

工业征召成了一个重要的话题，因为在整个秋天，随着索姆河战役的伤亡人数不断上升，从在免于服役的岗位上工作的男子中“筛选”出非熟练人员，并让他们服兵役的活动仍在继续。他们不仅来自军工厂，还来自铁路厂房。这导致每周需要 800 名至 1000 名妇女来接替他们，政府紧急呼吁妇女们自愿参加，铁路工会勉强 439
承认妇女们可以在男性从事的行业里做某些工作。随着圣诞节的到来，邮局招募了 7000 名妇女志愿者来收集、分类和投递邮件。尽管如此，这个国家还是开始吃不消了。11 月 13 日，兰斯多恩向内阁传阅了一份文件，声称战争将摧毁文明，并主张通过谈判实现和平。他认为，上一年遭受的死亡和破坏并没有取得什么战果，继续下去的话，意味着“这场恐怖感难以名状的战争将被不必要地延长，那些不必要地延长这场战争的人所负有的责任不亚于那些不必要地挑起这场战争的人”。[157]他指出，已经确认有 110 万人伤亡，其中有 1.5 万名军官阵亡，还有许多人失踪："我们正在缓慢而稳步地消灭不列颠群岛上最优秀的男儿。"[158]此外，这个国家正在走向破产，并使子孙后代陷入贫困。

大家一致同意让内阁审议他的文件。劳合·乔治在接受美国合众社采访时提出的"致命一击"的说法，让美国人很反感。然而，这个说法在英国越来越受欢迎，他的大多数同僚也不情愿地同意这个观点。兰斯多恩的统一党同僚坚决反对他的文件，而罗伯逊领导的高级政要们则对此不屑一顾。兰斯多恩是一个明智而正派的人，但他已经 72 岁了，他的全盛时期是在世纪之交。他与那些和他一样的人——例如海军部的贝尔福（正如杰利科所认识到的那样）——越来越不合时宜，不适合全面战争和它所需要的粗劣政治，最能代表这种情况的例子就是阿斯奎斯。那些备受鄙视的"新派男子"态度粗鲁，举止咄咄逼人，更适合参加战斗。是时候换岗了。

11 月 28 日，固定翼飞机对伦敦进行了第一次轰炸，6 枚炸弹落在维多利亚车站附近，这似乎是为了让人们在更接近英国本土的地方体验英国的政策失误。汉基带着讽刺（这种讽刺也许是无意中的）回忆说："就像那个阴郁季节里的伦敦一样，政府的气氛日
440 益充满了硫黄味。"空气中弥漫着革命的气息和烈性炸药的气味。

思想會

思想會

STARING AT GOD

S i m o n

凝视上帝

大战中的英国

下

BRITAIN IN THE GREAT WAR

Heffer

〔英〕西蒙·赫弗 著

伍秋玉 译

社会科学文献出版社
SOCIAL SCIENCES ACADEMIC PRESS (CHINA)

目 录

第七章　政变

一

在1916年的最后几个星期，阿斯奎斯对这个国家的领导权终于遭遇了无法抵抗的压力，此时达到了被削弱过程的顶点，这个过程起源于征兵制的辩论，但随后在1916年间扩展到了其他方面。他曾因他的政府在爱尔兰的记录而受到批评，在对起义处理不善后，也因未能在爱尔兰实行地方自治而受到批评。在日德兰战役中表现平平之后，海军的能力受到了严格的审查。索姆河战役的溃败，让政府在这场战役打响后的几天内就招致了大量批评，尤其是来自议员的批评。随后，7月18日，阿斯奎斯拒绝发表文件，概述达达尼尔海峡战役的惨败背景，使得他在下院遭到了进一步的攻击。他之所以这样做，一个重要的原因是，他读了汉基就此事发表的一份冗长的备忘录，汉基认为公开此事不符合公众利益。他认为应对战争委员会的讨论保密，就像对内阁的讨论一样，在战争结束之前不应发布任何东西。在涉及协约国的战略和外交的文件中，有太多的东西可以帮助敌人。例如，发布的内容将披露丘吉尔计划进入波罗的海，并在德国北部海岸开展海军行动。如果无法讲述整个故事——而汉基认为不能讲述——那么最好不要讲述任何故事。丘吉尔仍然觉得人们将这场灾难归咎于他，他相信发布信息不仅会为

他树立起更好的形象，还会让他恢复自己的政治生涯。事实上，他
443 告诉里德尔，他“在战争结束前将一直背负耻辱”。[1]当时，对于这个问题，阿斯奎斯面临着成立一个专责委员会的呼吁。他倾向于抵制这个呼吁，因为战争仍在进行中，开展调查将分散政府中更积极地忙于追求胜利的那部分人的注意力。而且，从索姆河传来的消息——当时公众对这些消息才刚刚开始有了一点儿了解——并没有让政府处于有利的地位。

汉基支持阿斯奎斯，他列举了上个世纪拒绝这类呼吁的先例。汉基最担心的是，专责委员会可能会把政府搞垮。和汉基一样，格雷认为整个政府应当辞职，而不是屈服于调查呼吁。然而，战争委员会持有不同的看法。7 月 20 日，阿斯奎斯向下院宣布了一项调查——尽管这不是由议会开展的调查，而是由丘吉尔母亲的朋友克罗默勋爵领导的委员会开展的调查。这个委员会将秘密开会，以便考虑所有现有的证据。另一个委员会将召开会议，调查英国在库特－阿马拉屈辱投降的背景。阿斯奎斯同意了这个要求，因为在那种场合，他的政府最不需要的就是被指责为掩盖这场战争中另一个最不光彩的战略决策。

汉基提出要写一份广泛详尽的备忘录，其中将阐述政府远征加里波利的理由，以及远征的方式。阿斯奎斯——他希望尽可能少地与这片泥沼有瓜葛——欣然同意了。8 月 4 日，格雷告诉编写备忘录的汉基，他“对政府在批准调查方面的软弱感到非常厌恶，并威胁说，如果人们因此不得参与战事工作，那么他将辞职，以向国家表明这种做法正在阻止我们赢得战争”。[2]丘吉尔只能作为证人出席。汉基开始寻找他能找到的所有文件来支持他的案子，并起草了委员会应该审查的其他证人的名单，以确保他那一方的故事被讲述出来。

9月中旬，该委员会召开了会议。9月19日和27日，汉基在这两天阐述了政府的观点，他说委员会无法查看作战委员会的会议记录，这引起了麻烦。最终，政府同意允许委员会主席克罗默勋爵 444 查看会议记录，以证实汉基的说法。对于实际上站在被告席上的丘吉尔来说，汉基并没有为难他。汉基说他阐述了双方的论据，而且似乎没有隐瞒重要信息。然而，他强调，作战委员会的感觉是，费希尔完全支持这些提议。在1月28日的会议上，费希尔什么也没有说，汉基对此感到压力重重，他承认，当海军顾问在这样的会议上保持沉默时，他的沉默通常被认为是表示同意。

9月28日和10月4日，丘吉尔进行了作证。第一天，他发表了一份冗长而详细的声明。他对自己统领的海军部发生的一切全权负责，并明确表示他对任何海军军官都没有怨言。他说，“我到这里来，是为了给那些向我提供专业建议的人进行辩护”。[3]他说，为了帮助俄国人，这次进攻是必要的。他还暗示，基钦纳在一开始就拒绝派遣大量军队，这种做法引发了问题。他否认曾干预计划过程，这个过程由他的海军专家负责，而不是政治家。但他说，海军部现任的两名最资深的顾问——第一海务大臣杰克逊（Jackson）和他的参谋长兼海军少将亨利·奥利弗（Henry Oliver）爵士——都曾支持卡登提出的打通海峡的最初计划。实际上，丘吉尔正在唆使委员会对这两人进行攻击。当被问及是否曾敦促杰克逊和奥利弗支持卡登的计划时，丘吉尔予以否认。作战委员会一开始就一致支持这个计划，并且费希尔没有反对，也没有（在那个阶段，即1915年1月中旬）提出反对卡登计划的理由。丘吉尔承认，在后来决定派遣登陆部队时，他和作战委员会负有共同的责任。然而，在他看来，做出这个决定的主要责任在于基钦纳和阿斯奎斯，他们是在以海军为主的行动显然无法取得成功时做出了决定。

他讲了五个半小时。克罗默——他后来在第二年的2月去世——累得躺在床上。一个星期后，由一群议员、殖民地政治家和军人组成的委员们对丘吉尔的证词提出质疑。丘吉尔的主要任务是让提问者相信，在最初的计划阶段，费希尔对自己的疑虑保持沉默。由于缺乏书面证据，他似乎说服了提问者。此外，丘吉尔还声
445 称，他希望军队登陆并不是为了帮助海军通过海峡，而是为了确保能够最大限度地利用海军在打通海峡方面取得的成功。一旦海军的进攻失败、就让士兵登陆的建议得到了他的支持，但这个建议不是他发起的。费希尔在提供证据时，没有做任何损害丘吉尔的事情。他说，他在1月28日的关键时刻保持沉默，这是因为剩下的唯一选择就是辞职，他不想这样做。然而，当被问及为什么在作战委员会中没有人问他的意见时，他回答说："他们都很清楚是为什么！"[4]在后来写给克罗默的一封信中，费希尔着重提到了丘吉尔："丘吉尔先生是非常正确的。*在我辞职前，我会一直支持他*。我还会这么做的。他有勇气，有想象力。*他是一个战士*。"[5]该委员会将延续到1919年，但收效甚微。不过，丘吉尔的复职已经慢慢开始了。

相比之下，在整个夏末和秋季，阿斯奎斯的可信度都在继续下降。7月30日，劳合·乔治问里德尔，"就更积极地开展战事工作"这个问题举行大选会有什么结果，卡森——据里德尔所说，劳合·乔治用"颂扬"的话描述他——领导的新政党对此进行了辩论。[6]主要的参与者是劳合·乔治、劳和张伯伦。里德尔害怕公众的反应，但劳合·乔治声称，"我认为，这个国家更愿意选择卡森，而不是阿斯奎斯"，并表示他将"高兴和自豪"地在卡森的手下工作。[7]卡森现年62岁。他生长在都柏林的一个新教徒家庭，父亲是一位成功的建筑师，母亲是一个古老的贵族家庭的女儿。他在

都柏林的三一学院攻读法律，到了20世纪80年代，他成了爱尔兰最伟大的辩护律师。对他来说，爱尔兰这个舞台太小了：1893年，他被召到英国律师协会；两年后，他就刑事诽谤为昆斯贝理（Queensberry）侯爵起诉奥斯卡·王尔德（Oscar Wilde），由此一举成名。[8] 1910年，他为他的当事人在阿切尔-希（Archer-Shee）一案中赢得了胜利，在该案中，这个因偷窃而被奥斯本海军学院开除的男孩被证明无罪——泰伦斯·拉提根（Terence Rattigan）的戏剧《温斯洛男孩》（*The Winslow Boy*）就是以这个案件为原型。

他的政治生涯开始于1892年，当时他被任命为爱尔兰副检察长；他曾被选为都柏林大学的自由统一党议员，并于1900年在索尔兹伯里政府担任英格兰副检察长。但是，在战争爆发前的几年里，这个法律机构的支柱一直在阿尔斯特省策划反对爱尔兰自治的运动，并在这个过程中几近达到组织煽动叛乱的程度。他发起了一 446
场武装志愿运动，并成为《阿尔斯特公约》的近45万个签署者中的第一个，该公约承诺用一切必要手段抵制爱尔兰自治。在战争爆发前，他似乎已经准备好领导阿尔斯特的志愿者部队进行一场反对民族主义党的内战。[9]他的半政治家、半海盗作风以及他超凡的领导才能使得那些开展战事的人无法抗拒他。

8月13日，丘吉尔给身在法国的希利写信说，他认为在这场会议后，阿斯奎斯还会继续任职，但“他的处境一点也不好。政府外的保守党人鄙视他，爱尔兰人已经对他失去了信心，许多自由党人要么疏远了他，要么对他感到恼火。内阁中有许多敌对势力在起作用，政府随时都有可能垮台”。[10]此外，达达尼尔海峡委员会的第一份报告也让阿斯奎斯笼罩在阴影中，人们对这份报告的期望加重了他在1916年秋天承受的压力。

正如格雷所言，作为首相，阿斯奎斯的一大缺点是“不愿为保住自己的职位或增加个人声誉而费事”。[11]他把功劳归于应得的人，把失败的责任留给自己。然而，他从未把握住战争的不同节奏，而且，尽管他的妻子和朋友们发出了警告，他也不明白资深的同僚们怎么会密谋反对他。达夫·库珀——他当时在外交部工作，是首相的长子雷蒙德·阿斯奎斯的圈中成员——回忆说，他是“一个很有尊严的人，有点孤僻，有威严。他属于维多利亚时代。他会认为在餐桌上讨论当前政治或批评其他政客是没有教养的”。[12]他也有能力看到任何争论的所有方面，在紧急时刻，这种能力可能会让人觉得遗憾。1916 年 11 月下旬，罗伯逊给黑格写信，告知了这场政治危机，他提到了战争委员会关于征召民众从事工业工作的讨论。这个计划被提交给了全体内阁，其中一些人拒绝了。罗伯逊写道：“首相立刻开始摇摆不定，整个事件又一次被扔回讨论的锅里。只要 23 个成员中每一个都声称有权‘反对’和‘同意’战争委员会的决定，那么这个决定就不可能奏效。”[13]

尽管在担任首相期间，甚至在战争期间，阿斯奎斯都竭尽全力寻找消遣的机会，但他还是筋疲力尽。他已经 64 岁了，嗜酒成性，
447 有三个儿子在服兵役，他非常担心他们。他没有表现出那种喧闹的活力——这种活力让人们对劳合·乔治产生了钦佩，并把他视作一个精力充沛、意志坚定的人——而是黑格曾冷笑着看到的那位“穿着高尔夫球服”的国家领导人。劳、寇松和贝尔福都开始对他失去了信心。9 月 15 日，雷蒙德（他们之间的关系有些疏远）在索姆河阵亡，这对他来说是一个毁灭性的打击。

首相曾多次访问西线。在雷蒙德阵亡前的九天，他进行了一次访问，他在最近从德国人手中夺回的弗里库尔（Fricourt）村见到了雷蒙德。黑格和阿斯奎斯共进晚餐，他发现阿斯奎斯喝了很多酒：“首相似乎喜欢喝我们的陈年白兰地。在我于 9 点半离开餐桌

前，他喝了几杯（大的雪利酒杯）；在我回到餐桌前，很显然，他又喝了几杯。那时他的腿都站不稳了，但他的头脑非常清楚……”[14]
9月17日（星期日）晚，阿斯奎斯的秘书之一给沃尔夫别墅（当时阿斯奎斯夫妇正在那里过周末）打电话，告诉阿斯奎斯夫人，两天前，雷蒙德率领士兵袭击雷斯博夫（Lesboeufs）村时被枪杀，黑格的信带着这条消息抵达了唐宁街。过了一会儿，当她把这个消息告诉她的丈夫时，他崩溃了。星期一，阿斯奎斯没有返回伦敦参加内阁会议，而是去陪伴丧偶的儿媳。唐宁街被淹没在唁电中，首先发来唁电的是国王和王后。

二

阿斯奎斯不仅需要应付丧亲之痛，也越来越需要设法控制战争对经济的影响。10月11日，他不得不向议会再申请3亿英镑，导致到目前为止1916~1917财年的拨款总额达到了13.5亿英镑，使得自1914年8月以来的拨款增加了31.32亿英镑。在他上一次向政府要钱以来的113天里，海军、陆军和军需品花费了3.79亿英镑，而借给盟国和自治领的贷款达到了1.57亿英镑，其他项目（包括食物和铁路）花费了2300万英镑。在描述英国纳税人、债权人的钱产生了哪些价值时，阿斯奎斯为索姆河战役涂上了最明亮的光彩，声称军队“在9英里的战线上推进了大约7英里”，皇家飞行队“完全控制了天空”，导致德军“实际上放弃了对凡尔登的进攻”。[15]在这场战役中，仅英军就俘虏了28050人，缴获了121支 448
枪和396支机枪。他说，黑格曾告诉他英军是如何“经受住了考验”。阿斯奎斯似乎接受了这种说法，而没有丝毫的讥消讽刺。他说，那个时刻，“我们的心中没有怯懦，我们的目的没有动摇，我们的意见没有摇摆不定”。[16]

卡森提醒议员们，和他们中的一些人一样，阿斯奎斯在这场正酣的战斗中失去了一个儿子。他仗义执言，没有掩盖事实。我们已经“付出了相当大的代价，对事实视而不见是没有用的，因为这是一个日益明晰的事实，也是全世界都明白的事实”。[17]他继续说，战斗到底将是“一项艰巨的任务”，他需要人力方面的保证。斯托克波特的议员乔治·沃德尔（George Wardle）代表工党发言，他说：“人们的心理和生活承受的全部负担都可以被讲述出来的那一刻，也许永远不会到来。但是，我相信，无论这个负担是什么，我们都必须承担代价，不管这个代价有多大，因为，这个代价的缘由值得下院和人民永远为此付出。”[18]在后来关于“笨驴领导雄狮”的所有争论中，值得回顾的是当时的工人阶级政党支持政府对索姆河战役的指挥。在那年的工党大会上，沃德尔发表了一篇演说，激起了党内许多人对战争的支持，这使他名声大振。沃德尔也意识到了阿斯奎斯的个人压力，他说，他刚刚发表了“我认为将会是下院历史上最杰出的演讲之一”。[19]

越来越强烈的危机感日益影响着政治行动，并对那些在任何情况下都怀有巨大抱负的人起到了激励作用。10 月 28 日，主要的麻烦制造者劳合·乔治拜访了阿斯奎斯，对战事指挥表示不满。阿斯奎斯告诉汉基，陆军大臣“对战争感到非常沮丧，对总参谋部缺乏想象力感到非常失望，并对索姆河进攻中遭受的重大损失感到心烦意乱”。[20]汉基同意劳合·乔治的评估，并将此告诉了阿斯奎斯。三天后，劳合·乔治向汉基大声抱怨索姆河战役的“血腥和灾难性失败”，并说他宁可辞职，也不愿成为重蹈覆辙团体的一分子。鉴于后来在 1917 年发生的两次灾难性进攻（这两次进攻都得到了当时执政的劳合·乔治的批准），这将是一个具有讽刺意味的承诺。

政府试图解决公众对失败的军事战略的担忧。1916 年 11 月，政府做出了一项努力，以使海军部更能适应海军和商船队的需要： 449
不是撤掉贝尔福，而是用杰利科取代第一海务大臣杰克逊，杰利科将大舰队的指挥权交给了贝蒂。然而，在陆军部，劳合·乔治与罗伯逊的关系不断恶化。10 月，劳合·乔治曾向汉基抱怨总参谋部“缺乏想象力”，并告诉汉基，如果 1917 年再发生类似索姆河战役那样的“血腥和灾难性失败”，他将不会留任。[21] 较之于劳合·乔治，罗伯逊更了解当兵打仗和战略，这正是陆军大臣不能接受的。并且在罗伯逊的西线政策上，劳合·乔治和罗伯逊意见不一。劳合·乔治认为索姆河战役证明了他的观点，即应当在萨洛尼卡开辟一条新的战线。他对一些将军出言不慎，导致军队的上层不信任他并向罗伯逊诉苦。更糟糕的是，劳合·乔治也认为罗伯逊和财政大臣麦克纳（他是劳合·乔治的死对头）是一伙的，并且麦克纳正试图将劳合·乔治派往海外，让他不要挡道，最好是尽快去，再也不要回来，就像基钦纳曾经遭遇的那样——这也正是劳合·乔治希望对罗伯逊做的。

罗伯逊得到了阿斯奎斯的全力支持。汉基甚至认为，劳合·乔治甭想摆脱帝国总参谋长，因为没有明显合适的继任者。汉基提到了这两人之间的争斗，他担心结果是其中的一人辞职——“罗伯逊的辞职将是一场最严重的军事灾难，而劳合·乔治的辞职将是一场政治灾难，它将摧毁政府，也许还会摧毁整个联盟。”[22]

现在，陆军大臣的野心已经是众所周知。伊舍——他的直觉无人能及——在很久以前就察觉到了。他曾在 9 月 29 日给黑格写信说，“马可尼帮”企图接管由阿斯奎斯的密友 J. A. 斯班德编辑的自由党的机关报《威斯敏斯特公报》。当他们获得控股权时，斯宾德成功地做到了决不妥协。“劳合·乔治和他的帮派没能说服他抛弃阿斯奎斯”，他对黑格说，“他们买下了《威斯敏斯特公报》，并威胁要把他赶下台，但是，他们在最后一刻畏缩了，安于让艾利班克的默里担任董事会主席”。[23]任命默里只是证实了伊舍的观点，即
450 劳合·乔治的亲信正在动员各种力量。“毫无疑问，他和马可尼帮打算把最高权力握在他们的手中。”

与此同时，杰利科对航运业的损失十分震惊，10 月 30 日，他绕过直属上级海军大臣贝尔福，直接给阿斯奎斯写信，告诉他需要开发一种方法来对付 U 艇。政府对护航队——将船只聚集在一起、形成一个保护方阵的想法——进行了讨论，但没有足够的军舰来保护商船，而且如果强迫护航队按照航速最慢的船舰的速度前进，那么就会造成延误和港口拥堵。11 月 2 日，杰利科被召集到战争委员会，他请求该委员会向商船提供 3000 支枪以进行武装。航运损失及其对粮食供应的影响，为劳合·乔治提供了与阿斯奎斯争论的另一个领域。马铃薯歉收和物价相应上涨加剧了这种情况。11 月 10 日，在战争委员会内，劳合·乔治要求任命一位“航运督管专员和粮食督管专员”来实施“严厉的措施”，以保障和管理粮食供应。史蒂文森小姐记录道，粮食供应“正变得越来越严峻”。与阿斯奎斯关系密切的人以及寇松都驳斥了这个想法，但在询问并记录劳合·乔治的意见后，劳合·乔治对情妇说道，他“总是可以在他们什么都没做，而且为时已晚的时候指出问题”。[24]这件事透露了很多信息：劳合·乔治的幻想破灭了，以至于他不害怕对政敌开辟另一条战线，他预计他们将失败，并且他决心捍卫自己的名誉。在这种观点下，集体责任不可能轻易地维持下去，实际上也的确没有。

与阿斯奎斯不同的是，劳合·乔治掌握了进行全面战争所需的

要素——这些要素（出于爱国原因，这些要素也许仅次于他的动机）让他的野心合法化，并且使得必须把传统的自由价值观放在一边。其他人也有同样的理解：例如格拉斯哥的议员乔治·巴恩斯（George Barnes），他认为工人阶级尤其对食物价格和食物投机交易感到不安——而政府迫切希望避免工人阶级的不满。“自由放任政策对社会经济没有好处，正如它对作战打仗没有好处一样”，巴恩斯说。“安妮（Anne）女王已经过世了，这个政策也已经过时了，［贸易委员会的主席］越早认识到这个事实，越早下定决心，在监管和控制方面迈出更大的步伐，对所有相关方都会更好。”[25]巴恩斯建议政府对英国的整个小麦产量和所有的外国进口实行国有化，并 451
固定价格。他认为国家应拥有农业和粮食工业的所有权，就像对待军火那样，但这个观点太过激进，难以得到支持。

尽管如此，巴恩斯还是指出了导致全国紧急状态的一些问题，这些问题只有通过政府干预才能解决。他说，牛肉、培根和牛奶供应是投机者的猎物。更糟糕的是，有报道称，富人的行为举止让人觉得就像没有发生战争一样：“前几天，我在一家日报上看到，在伦敦西区，人们仍然习惯于按每人1英镑提供晚餐，有时甚至比这高得多；我最近读到，富人花2先令6便士买桃子，花2先令买梨。现在不是铺张浪费的时候，当富人沉迷于这种铺张浪费的时候，他们只是在加重穷人的负担。我相信人们会记住这一点。”[26]

他说，自1914年8月以来，糖价上涨了120%——事实上他低估了这个数字，因为糖价实际上涨了166%——并问道，这在多大程度上是由于公众的吃糖数量所造成，从而推高了商品的价格。[27]然而，巴恩斯说，粮食供应存在着更广泛的问题，不仅中间商从中分成，农场主、磨坊主、批发商和面包师都对面包的价格造成了影响，而且由于需要士兵，这意味着1914～1915年间耕种的

11.2万英亩土地在1915～1916年间处于休耕状态。后一年的小麦产量估计只有前十年平均产量的88.5%，这是战争时期的灾难。[28]其他议员呼吁征召退伍士兵到田里劳作，并呼吁尚未被派往法国的后备役人员也到田里工作。然而，8月21日，陆军部的政务次官弗朗西斯·阿克兰向下院承认，在1916年8月，2.7万名士兵被安排从事为期两周的劳作，但农民们只申请使用了3000名士兵，因为许多人似乎不知道这项计划。施政能力的问题往往比人力的问题更重要，议员们要求知道为什么政府没有解决这些关键的困难。[29]

政府实施的管制通常考虑不周。例如，为了节约取暖和照明，在秋天临近时，政府根据《保卫王国法案》责令晚上营业到很晚的商店提前关门。然而，由于人们需要轮班工作，许多小商店在晚上7点以后才有很多生意，新的限制对店主的生计造成了严重影
452 响。对小商家来说，这些限制是又一次打击。早在战争爆发前，小商家就因为大型零售商和连锁店的增长受到了影响，并且在实行营业时间限制的情况下，大型商店能够更好地维持生存。议员亨利·钱塞勒（Henry Chancellor）宣读了一封选民的信，阐述了肖尔迪奇选区的选民面临的种种困境：

> 我在杂货店和供应品行业当了24年的店主，我支付工资，缴纳税费。当城里工作的贫穷妇女（主要从事办公室清洁工作）晚上（下班回来）时，那是我的生意最兴隆的时刻，而（这些妇女）直到晚上八点或十点才回来，那时她们得为晚餐购买食物，主要是奶酪、罐头肉、香肠、面包、黄油等。如果我不得不在7点关门，我还不如把百叶窗永远关上，而我卖炸鱼的邻居可能会继续营业，由此抢走我的生意。我是一个寡

> 妇，有一个儿子，他们要从我这里带他去参军，我没有别的谋生手段。[30]

人们恳求政府重新考虑一下，否则这些商店的店主们将被集体送进济贫院。还有人指出，除非放宽限制，否则必不可少的工人，特别是军火工人，将无法在不翘班的情况下购物。塞缪尔为该命令进行了辩护，他引用了煤炭供应委员会关于节约燃料的建议；他还列出了代表服装商、药剂师、杂货店老板、理发师、肉贩、铁器商和小商人的贸易团体的名单，在协商过程中，他们支持这些提议。然而，由于遭到了大力反对，他同意商店从周一到周五开放到晚上8点，周六开放到晚上9点。

随着粮食危机开始引发（至少在官方圈子里）轻微的恐慌，许多下院议员开始考虑集中管理粮食控制这个更广泛的问题。11月15日，赫里福德的托利党议员、学院派经济学家威廉·赫文斯（William Hewins）要求任命一名食物管制员，以便“降低战争持续期间食物短缺和价格严重上涨的风险”。[31]他就这个问题在下院发起了一场辩论，在辩论中，他说，“英国国内相当焦虑”，物价持续上涨是不可避免的。[32]他对联合政府进行了指责。“考虑到英国控 453
制着世界上最大的地区和最肥沃的土地，考虑到你们可以无限制地大量种植为大英帝国的民众服务所需的一切，我认为，英国政府在处理粮食供应问题上的政策是完全不可原谅的。如果你在整个大英帝国的支持下都无法保障粮食供应，那么只能说明你根本就做不到这一点。”[33]政府避免就帝国或英国本土的粮食生产发表声明，也没有提到与粮食生产和供应有关的劳工和运输问题。这象征着政府的无能。

赫文斯的目标是把大臣们引出来，并让他们看到，由于如此广泛的部门参与了粮食政策的实施，有必要进行集中协调。尽管他声称“我并没有对首相或政府的任何成员发表任何评论”，但他还是强调了政府的一个重大失误，而此时这个失误有可能成为致命威胁。[34]他认为，没有集中指挥，任何企业都无法生存。但政府认为，粮食企业可以在没有集中指挥的情况下生存下去。

贸易委员会的主席朗西曼向议员们保证，政府正在采取措施改善粮食供应。他报告说澳大利亚、加拿大和美国的收成创了纪录，但他也承认，并非总是能够找到船将这些收获的果实运送到英国，对此，他在一定程度上指责法国人，因为法国人迟迟才让英国船只在他们的港口掉头。他声称，虽然造船厂的劳动力短缺，但1917年的产量将会增加。不过，他也承认存在严重问题。例如，英国觉得有义务向其盟国提供粮食，这使得国内的情况更加令人担忧。更值得注意的是，英国没有尽快寻求改善情况。朗西曼承认，在农村地区招募士兵时，“最困难的”事情是，需要判断什么时候招募更多士兵将会对粮食供应造成破坏。此外，高价格并没有降低消费，所以，他承认政府可能会“被迫”控制价格。[36]糖仍然是一个问题，但也有土豆暴利的案例，林肯郡的一位农民向军队出售土豆，每英亩获利62英镑，此后土豆的价格就上涨了，这要感谢陆军部在采购方面的无能。

朗西曼概述了他提出的一系列措施，以应对这些困难。他计划
454 发布命令汇集熟练工人，以确保完成船只的建造。然而，虽然政府可以引导劳动力去造船，但没有钢铁就无法建造船只；并且由于缺乏熟练的钢铁工人，导致许多高炉不得不熄火。因此，朗西曼承诺这些高炉将被重新点燃，熟练的钢铁工人将被从军队中带回来。他宣布，除非有人接替重返田地的退伍士兵从事农业工作，否则1月1日以后不再征召全职农业工人，4月1日以后不再征召奶牛场的

工人。他还承认，许多农业机械的维修状况很差，而英国缺乏机修工来修理它们。

接着，朗西曼代表政府承认，必须根据《保卫王国法案》通过枢密院令任命一位食物管制员。然而，政府等到战争的第三年才这样做，这是一种极不称职的表现。他补充说，凡是浪费食物的人——最近有报道称，由于农民对向其提供的合同价格深感受辱，有几加仑的牛奶被倒进了下水道——都将被起诉。这个农民并非孤例：一个农业协会建议其成员，如果合同价格令人不满意，就用他们的牛奶喂猪。不过，这样做至少有利于食物链。他承诺要用法律惩罚在食品市场囤积居奇的人。虽然政府尚未制定计划来确定食品的最高限价，但一些食品（如牛奶）的价格上涨将受到控制。食物管制员负责收集与收购小麦等问题有关的证据，并提出政策建议。他承认这些措施“很激进”——尽管卡森和斯旺西的自由党议员阿尔弗雷德·蒙德（Alfred Mond）觉得它们不够激进，蒙德也是一名实业家和财阀，他在1926年创建了帝国化学工业公司——并说道，按照巴恩斯之前提议的内容，国家应该接管农场，就像接管制造武器的工厂一样，并应确定食物的最高价格，就像劳合·乔治确定武器的最高价格一样。[37]国家接管了军工厂附近的酒吧，并在那里设立了食堂，试图使它们更像工人俱乐部。

这些政策都很“激进”，最激进的方面表现在，它们对自由主义中的不干涉主义思想造成了影响。朗西曼得出结论认为：

> 在某些方面，我们必须放弃我长期坚持的古老的自愿原则，我们可能不得不采取措施，实行国家控制，这可能会引起许多不适，并在某些方面造成些许不满。但是，没有哪一条国家法规几乎不会对部分民众造成影响。我们有权要求国内的所 455

有人做好忍受一些困难的准备，政府将对这些困难进行评估和限定，并尽可能进行平均分配，以便让那些为国家付出更多的人能取得光荣的胜利。[38]

政府将利用枢密院令，从价格、供应、销售和分配等方面对食品市场进行管制。不过，在现阶段，政府已经获得了这些权力，但它还没有力图制定和实施规章制度。这段插曲也显示了劳合·乔治的影响力是如何增长的，在驳回了他任命“粮食督管专员”的想法后，内阁在三天之内就决定采取这些措施。

短期内，政府实施进一步干预的压力在某种程度上因公众的态度而得到了缓解，公众对铺张浪费进行了严厉的批评，这有助于巩固政府的理念。在圣诞节和新年前夕，萨沃伊（Savoy）酒店的总经理发布了“节日晚宴”的细节，每个人的费用在 1 基尼和 25 先令之间（这个费用根据桌子的位置而定，并且不包含葡萄酒），但公众的强烈抗议导致这个报价被撤回。[39]贸易委员会为酒店和餐馆老板安排了一次会议，讨论“经济型菜单”，朗西曼“明确表示，除非酒店老板自己采取必要的行动，否则政府将会为他们采取行动”。[40]

尽管政府试图改善现状，但在索姆河战役遭受失败和巨大的伤亡后，食物短缺加剧了公众的不安。这种不安是由报纸引发的，并且不仅仅是诺思克利夫的报纸。1916 年末，这些报纸将政府描述为无能、缺乏判断力、领导不力、无法做出重要决定。达达尼尔海峡委员会强调了政府的一项失败，进一步损害了它的信誉。一些受欢迎的报纸要求将霍雷肖·博顿利纳入内阁。对许多人来说，博顿利是一个民族英雄，不仅仅因为他努力招募士兵，还因为他在英国各地为激动人心的观众们发表“演讲”，并通过这些演讲获得很高的报酬。在同僚们看来，阿斯奎斯似乎老了，而且正如克劳福德勋爵所说的那样，阿斯奎斯“死气沉沉”，对管理他那笨拙的内阁“毫无希望”。[41] 456

因此，1916 年 12 月的政治危机是在公众——特别是工人阶级——对战争日益不安的背景下发生的。罢工变得更加频繁。1916 年 11 月，批评战争的人士在加的夫举行的一次会议演变成了一场骚乱，一群忠于战事工作的工人把数百名反对者赶了出去。即便如此，仍有迹象表明，工人阶级意识到他们在堑壕战中所遭受的损失，正在从一种以忠诚为主的立场转向一种近似于持不同意见的怀疑态度，而劳工运动并非总是能够轻易地对他们进行控制。

三

11 月 9 日，就在索姆河战役结束前的一个多星期，劳合·乔治对汉基说：“我们将输掉这场战争。”[42]汉基回答说，他从来都不认为德国会被这场进攻击败，而是认为会出现“对我们有利的平局”。[42]用汉基（他的一个兄弟在索姆河战役中阵亡）的话来说，索姆河战役的结果就是：“俘获了大量的囚犯，占领了几平方英里的弹痕累累的泥土。”[43]两天后，劳合·乔治再次告诉汉基，除非改变策略，否则他无法继续任职，并补充说，如果他辞职，他将公开说明辞职原因。最重要的是，劳告诉劳合·乔治，他也对战事指挥感到不满，而且“统一党很可能会分裂”。[44]劳一直支持阿斯奎斯，虽然阿斯奎斯也报之以忠诚，但始终与劳保持一定的距离，并以高人一等的态度对待劳（劳的朋友 J. C. C. 戴维森是这样认为的）。戴维森知道，在自由党和保守党的政要（阿斯奎斯觉得和这些人在一起更舒服）之间，劳“格格不入”，但他觉得阿斯奎斯的态度是

“一个致命的错误，因为我确信博纳肯定很想帮助阿斯奎斯，但遭到了断然拒绝”。[45]

11 月 12 日，在马克斯韦尔·艾特肯爵士的乡间别墅切克利（Cherkley）举办的午宴上，劳抵达时发现史密斯和丘吉尔安坐在那里。这场午宴演变成了丘吉尔关于政府罪孽的演讲。这激起了劳说：“那好吧……我们应当举行大选”，这让沮丧的丘吉尔抗议说这个建议是“他听过的最不道德的事情”。[46]丘吉尔认为，选举将使阿斯奎斯领导的联合政府通过赢得大多数人的支持而重新掌权，因
457 为它将获得一些统一党人的支持，并且不会遭到一致的反对，情况将会是这样。据弗朗西丝·史蒂文森说，第二天，卡森和艾特肯会见了劳合·乔治，告诉他劳即将辞职，并问他，在这种情况下，作为自由党的下一个最高级别人物，“他是否愿意组阁。他断然拒绝了”。[47]关于劳辞职的说法可能被夸大了。劳当然知道，如果由阿斯奎斯领导政府，那么他的政党将难以驾驭，而且（在卡森的压力下）他已经告诉阿斯奎斯，必须做出改变。然而，这与准备离开联合政府不是一回事。

比弗布鲁克——艾特肯将在下一年获得这个称号——的说法就不一样了，他说劳合·乔治召唤了他，没有讨论劳合·乔治继任首相的可能性：但是，和劳合·乔治的回忆录一样，比弗布鲁克的回忆录也往往不可靠，并到了虚构的地步。劳合·乔治拒绝继任的理由是，“前方只有灾难”，并且“他会因为输掉战争而受到指责”。史蒂文森小姐告诉他，如果阿斯奎斯辞职，那么接替阿斯奎斯就是他的爱国义务。但是，统一党人将会不信任他，而自由党人会因为他实际上罢免了前任首相而讨厌他。她对政治有着深刻的认识。

内阁中所有的自由党人都对阿斯奎斯忠心耿耿，因为尽管他缺乏活力，他们还是钦佩他的政治立场，钦佩他尽心尽力地忠诚于自

由党及其议员。而且，在他们看来，可能接替他的人更加糟糕。他们已经把劳合·乔治看作一个威胁，因为他的野心显而易见，同时也认为他可能是不忠诚的，因为他轻而易举地抛弃了他所宣称的自由主义原则，转而提倡国家主义和集权主义。然而，与阿斯奎斯一样，自由党议员们也意识到了劳合·乔治的追随者在这个国家的影响力，并且不愿压制他。和自由党政治家一样，黑格也对他持保留意见。自从劳合·乔治接替基钦纳以来，黑格与陆军大臣有过广泛的接触。这位总指挥官告诉他的妻子："你会发现，我不认为劳合·乔治是个了不起的人或好领导。"[48]他的评价将会变得更差。

与此同时，劳合·乔治还在提出其他想法：11 月 18 日，他和艾特肯在"极度悲观的状态中"吃早餐，因为他觉得劳太受制于阿斯奎斯了，他向史蒂文森小姐吐露说，"他想辞职，并希望担任战争委员会的主席"。[49]这是他第一次提到一个管理战事的独立的小 458
型行政机构——这是卡森长期以来设想的机构——而首相不会是其中的一员，它将在劳合·乔治的领导下独立运作。他想和劳讨论这件事，但是劳"精神状态不稳定"，拒绝见他；他就正在发生的事情向毫不惊讶的阿斯奎斯敞开心扉。对劳合·乔治来说，与自由党同僚讨论这个问题毫无意义，因为没有人会支持他。他所有的支持都来自统一党人，不过，他们对他的计划的支持需要得到统一党领导人的批准。

艾特肯不仅是劳最亲密的政治朋友，而且还在幕后以 17500 英镑的价格控制着《每日快报》，他认为，只要阿斯奎斯继续掌权，战事工作就不可能得到妥善开展，他的这个想法对劳合·乔治起到了很大的帮助。在他看来，他将扮演劳与劳合·乔治的中间人。然而，诺思克利夫误解了艾特肯，他告诉艾特肯，"他设法摧毁劳合·乔治"，并需要艾特肯的帮助——"我将让尽可能多的报纸来帮我。”据说，艾特肯回答说，如果他提供这样的帮助，他将是“国家的叛徒”。这件事是迄今为止最有力的证据，它证明了诺思克利夫享有势力过于强大的臣民地位。后来的事情发展表明，他错读了劳合·乔治的狡诈和狡猾，这也显示出他的判断能力有缺陷。

这位报业大亨已经开始反对劳合·乔治，原因和他反对任何人的常见理由一样——陆军大臣拒绝在所有问题上遵从他的判断和偏见——尤其是因为他意识到劳合·乔治对他的朋友黑格的看法很糟糕，这是众所周知的。他还认为劳合·乔治是个吹牛大王，缺乏道义勇气，因为他经常听到劳合·乔治威胁要辞职。

多亏了艾特肯，劳现在被带入了一场与影响深远的变革有关的讨论。11 月 20 日，在艾特肯居住的位于海德公园酒店的房间里，艾特肯、劳、卡森和劳合·乔治开会，讨论成立一个由三人组成的战争委员会的想法，这个委员会将不包括阿斯奎斯。统一党人赞成劳合·乔治关于阿斯奎斯缺乏“动力”的观点，尤其是他让谈话漫无目的地继续下去，无法果断地结束会议，无论是内阁会议还是委员会会议。并且报界对首相进行了一连串的批评，不管劳合·乔治有没有煽风点火。尽管劳喜欢经常召开小型战争委员会会议的想法，但他对劳合·乔治获得更大的权力——他极其不信任劳合·乔治——感到不满。根据艾特肯的说法，“劳已经形成了这样一种观
459 点，即在官位和权力方面，劳合·乔治都是一个自私自利的人，他只考虑自己的利益”。[50]那天早些时候，他对艾特肯说：“我不会卷入针对阿斯奎斯的任何阴谋。”[51]当劳合·乔治说他想把阿斯奎斯排除在战争委员会之外时，劳的不信任增加了。劳仍然坚持让阿斯奎斯加入。对劳合·乔治来说，劳对首相的忠诚使得事情没有那么容易。

劳合·乔治适度地与劳打交道，他的下一步是让白厅官僚体系

中的关键人物不越位。11 月 22 日，汉基邀请他在自己的俱乐部共进午餐。在那里，陆军大臣透露，他希望“组建一个新的战争委员会——由他本人、卡森、博纳·劳和亨德森组成——选择亨德森是为了安抚工党”。[52]汉基告诉他，他觉得这个主意（而非主要成员）不错。他也想精简决策过程，不再浪费时间，但他对卡森和劳的审议才能评价不高。那天晚上，劳合·乔治邀请汉基与他、劳及卡森共进晚餐，一起讨论此事，但汉基拒绝了，因为这似乎对阿斯奎斯不忠。他可能想到了，也可能没有想到，劳合·乔治提出的领导这个委员会的建议，将会向劳合·乔治赋予极大的权力，使他认为阿斯奎斯继续担任首相的想法变得不可行。

劳知道陆军大臣是一个极端的机会主义者，但是，根据他的私人秘书 J. C. C. 戴维森（后来获封子爵）的说法，劳“几乎已经信服劳合·乔治是被相当崇高的爱国主义动机所鼓动”，然而，在那晚的晚宴上，他又一次对排除阿斯奎斯表达了不安。[53]卡森对重返政坛没什么热情。劳合·乔治确信自己能够团结这个国家并赢得战争。虽然劳合·乔治在计划中设想让阿斯奎斯继续担任首相并掌管除战争以外的所有事情，但现在，他在私下里对阿斯奎斯很刻薄，他告诉史蒂文森小姐，“首相是绝对没有希望了。他对任何事情都拿不定主意，似乎已经失去了一切意志力”。[54]

劳合·乔治的信心得到了提振，因为艾迪生（尤其感谢陆军大臣的任命，他在去年 7 月接替劳合·乔治成为军需大臣）告诉他，许多自由党议员将支持他担任领袖（但这个说法并不完全准确），而且到了 11 月的最后一周，某种程度上，由于劳合·乔治对同僚和报界的悉心栽培，除了需要改变战事工作的领导层、将责任移交给陆军大臣外，谈话几乎不涉及别的内容——“尽管他有 460
许多缺点”，丘吉尔对史考特如是说道。[55]在劳合·乔治逐步接近他的目标时，史考特记录道："有传言称——我希望这是毫无根据的——诺思克利夫掌握了一些与此有关的消息，他将此作为警告威胁乔治。"[56]如果这是真的，那么当时和以后劳合·乔治都在这件事情上表现出了克制——史考特认为是马可尼丑闻*，但也可能是他与史蒂文森小姐近乎重婚的行为。

现在，经过仔细考虑，劳意识到了进行彻底的行政变革的紧迫性。11月23日，他告诉汉基，他支持成立一个小型战争委员会的计划。他对劳合·乔治的支持是变革政府的过程中非常关键的进展；然而，由于对首相的忠诚，劳的想法是让阿斯奎斯也加入新的委员会。汉基向他重复了自己对劳合·乔治说过的话。11月25日，劳和卡森——卡森告诉劳，他和劳一样对劳合·乔治持保留意见——与劳合·乔治及艾特肯共进午餐。后来，劳会见了阿斯奎斯，提出了由艾特肯起草的建议，即劳、卡森和劳合·乔治应在听命于阿斯奎斯的最终权威的情况下开展战事工作，并表示，如果阿斯奎斯不同意，那么他将辞职。首相需要时间来考虑这个问题，不过，他告诉劳，他担心这不是劳合·乔治的最后要求，而仅仅是劳合·乔治的权力日渐增长过程中的一个增量。甚至在劳和阿斯奎斯谈话时，劳合·乔治还在怀疑他的计划能否奏效，因为他确信麦克纳正在唆使阿斯奎斯对付他：史蒂文森小姐认为最好让阿斯奎斯完全退出，做个彻底的了断。"我觉得大卫对此也有疑虑"，她说。[57]

---

* 1911年，帝国议会曾建议在帝国境内建立一条国有无线电台联络线。帝国政府同意照办。邮政大臣在1912年接受马可尼公司承建电台的申请，正在进行签订合同具体条款的过程中，首席检察官伊萨克爵士劝说劳合·乔治购买2000镑美国公司的股票。报纸揭露了这一事实。议会成立专门委员会进行调查。调查报告认为这一指控是"荒唐无稽的"。因为这两个公司在法律上是完全分开的。劳合·乔治等人被宣判无罪。但是，"马可尼事件"对劳合·乔治的政治生涯无疑投下了阴影。——译注

卡森和亚瑟·李——在军需部时，他曾是劳合·乔治的手下——一起在契克斯庄园*过周末，他直截了当地提议说："让阿斯奎斯作为名义上的首相，同时让劳合·乔治越来越像独裁者那样'指挥战争'。"[58]李告诉卡森这是"非常不切实际的"。

阿斯奎斯告诉汉基，他已经收到了劳合·乔治和劳的联合提议，并向汉基征求意见。汉基的回答与他向这两个幕后主要人物给出的答复是一样的。阿斯奎斯给劳写信说，他"不像你那样贬低战争委员会"，他承认这个委员会庞大且难以控制，但他觉得这个委员会干得还不错。[59]他谈到了将有价值的同僚排除在如此小的群体之外的困难；他认为，纳入政府最激昂的批评者卡森，将是 461
"软弱和懦弱的明显表现"；而向劳合·乔治授予这样的权力，就意味着他"一旦找到合适的借口，就会策划一种手段来取代我"。因此，他不知道怎样才能在不得罪忠诚的同僚、不损害其权威的情况下实施这个计划。

11 月 27 日，当劳收到信时，阿斯奎斯告诉劳合·乔治，他拒绝了劳的最后通牒。陆军大臣再次决定辞职。随后，劳促成阿斯奎斯和劳合·乔治在 12 月 1 日（星期五）进行讨论，这样他们就可以商讨一个和解方案。在 11 月 30 日的一次会议上，劳告诉提议涉及的资深同僚——包括兰斯多恩、张伯伦、寇松、罗伯特·塞西尔勋爵、朗和史密斯（贝尔福因为流感卧病在床）——他遭到了强烈的反对，主要是因为他们不喜欢劳合·乔治。他甚至没有提到卡森，他们中的大多数人同样不喜欢卡森。阴谋诡计让兰斯多恩感到震惊，因为他真诚地相信阿斯奎斯是最好的选择；会后，他告诉

* 契克斯庄园（Chequers）：是英国首相的官方乡间别墅，位于英国白金汉郡艾尔斯伯里镇东南方的奇尔顿山脚下。——译注

劳，这档子事“‘在我嘴里留下了一股恶心的味道’。我不喜欢你的计划，我决不相信另一种选择是可取的”。[60]他敦促劳，“在你给我们另一次机会来考虑这种情况之前”，不要向劳合·乔治做出承诺，并说道：“我们所有人都有责任避免采取任何行动，这些行动可能会让阿斯奎斯认为我们携手把他从领导的位置上赶了下来。”

到了11月底，有明显的迹象表明，由于阿斯奎斯失去了权威和犹豫不决，导致领导不力，致使政府正在分崩离析。政客们普遍接受了随大流的做法。在回应兰斯多恩关于进行和平谈判的文件时，封锁大臣罗伯特·塞西尔勋爵发表了自己的观点，声称必须进行作战，但表明“既要作战，又试图保证民众的生活不会发生重大变化，这将会招致灾难”。[61]塞西尔的想法很激进：他认为，财富的拥有者现在不得不做出他们敦促工人阶级做出的那种程度的牺牲，这意味着减少他们的薪酬，并将他们的许多产业国有化；并且现在需要在一个小型内阁委员会（例如劳合·乔治渴望的指挥军事事务的那种委员会）的指导下，让平民对全面战争做出承诺。11月30日，汉基按照商定的议程，敦促阿斯奎斯精简和正式确定
462 内阁决策过程。然而，当劳合·乔治意识到当天战争委员会关于工业征召的讨论是在朗西曼不知情的情况下发生时——贸易委员会的主席完全反对这个想法——他声称，他再也不能忍受这种外行做法了。

阿斯奎斯承认，必须在决策方面做出一些改进，并提议劳合·乔治成立一个“民事委员会”，由陆军大臣担任主席，以管理后方的资源，而战争委员会则负责军事事务。劳合·乔治拒绝了这个想法，因为它不能带来他想要和期望的东西：战事的控制权。因此，12月1日上午，他没有同阿斯奎斯进行推心置腹的会谈，而是以备忘录的形式向阿斯奎斯发出了一份与他所期望的变革有关的最后

通牒，这份备忘录声称，阿斯奎斯和内阁将对该委员会的决定没有否决权。他曾就这份备忘录咨询过德比——他在陆军部的副手，也是让政府转向彻底变革想法的关键人物。艾特肯也见过这份备忘录。这证明了黑格的观点，即德比“就像一个羽毛枕头，从中可以看到最后一个坐在它身上的人留下的凹痕”。[62]阿斯奎斯答应考虑此事。

诺思克利夫似乎到了快没辙的地步，他在会见阿斯奎斯之前同劳合·乔治见了面。但在那之前，他（据李夫人所说，当时他处于情绪最糟糕的阶段）给李打电话，抱怨说“我已经浪费了不知多少时间在劳合·乔治的身上，真是不值得。他永远不会真正行动，也没有勇气辞职”。[63]那天早晨，《泰晤士报》刊登了一篇题为《软弱的方法和软弱的人》（*Weak Methods-and Weak Men*）的社论。它指责糟糕的领导层恶化了破坏战事工作的问题——人力、粮食生产和粮食控制。[64]该报还说政府刚刚对另一个严重的问题采取了果断行动，控制了南威尔士的煤田，从而使矿工们陷入了混乱。“日子一天天、一周周地过去，没有丝毫迹象表明双方在某一点上达成了协议或取得了进展，”这篇社论继续写道。“这个国家充斥着不满情绪，就连联合政府的忠实盟友也开始见风使舵，这难道不令人惊讶吗？”它将政府归类为“举行一系列辩论的社团”，并提出了一个更好的选择：成立一个几乎是永久性的小型作战委员会。它没有呼吁让阿斯奎斯领导这个委员会。

在陆军大臣与阿斯奎斯会晤前，诺思克利夫的情绪是否让陆军大臣的态度变得强硬，对此人们只能猜测。劳合·乔治曾告诉史蒂 463
文森小姐，阿斯奎斯“除了保留首相的职位外，完全没有任何原则。他可以牺牲一切，除了唐宁街10号”。[65]她在日记中写道，从一个“非常讨厌”阿斯奎斯的公众那里涌来了“从全国各地发出的无数封焦急的信件”，要求劳合·乔治接管政权。可以肯定的是——正如一周前在同黑格和德比吃午餐时劳合·乔治告诉黑格的那样——在索姆河战役后，当成千上万的士兵为了夺取几英里的领土而牺牲的时候，公众已经不再被伟大胜利的言论所愚弄，人们的情绪极其低落。

在会面时，劳合·乔治告诉阿斯奎斯，应当只有三个人指挥战争：陆军大臣、海军大臣和不管部大臣。他们将拥有“完全的权力，在服从首相的最高控制权的情况下，指导与战争有关的所有问题”。[66]首相将保留向全体内阁提出问题的“自由裁量权”，并且战争委员会可以邀请任何大臣或官方部门接受质询。至于阿斯奎斯的非成员身份，劳合·乔治引用了一些先例。利物浦、格莱斯顿和索尔兹伯里勋爵在担任首相期间，都远离处理日常冲突的活动。这种比较并不恰当。他们那时的战争，甚至是利物浦勋爵担任首相时英国与拿破仑之间的战争，都不像阿斯奎斯面临的战争那样，对国家的人力和资源提出了如此高的要求。

虽然劳合·乔治向阿斯奎斯保证，他将继续只在他的手下工作，但两人在人事问题上产生了严重分歧。阿斯奎斯想要留住贝尔福，就在几天前，他承诺贝尔福将继续担任海军大臣，由此说服贝尔福接受让杰利科接替杰克逊。然而，劳合·乔治认为贝尔福“年老糊涂，毫无用处”。[67]相比之下，阿斯奎斯讨厌卡森，不想让他回来。劳合·乔治知道卡森对他的用处有多大，但是，他和卡森也有一个问题要解决，那就是他决心将征兵制扩展到爱尔兰。当天晚些时候，阿斯奎斯给劳合·乔治写信，同意了他的许多观点，承认变革是必要的，但他坚持认为，首相必须主持战争委员会，一个独立的国家组织委员会应负责处理国内事务。他在信中没有讨论人事问题，在信的末尾，他（向劳合·乔治）发表了令人无法接受

的声明："在任何情况下，内阁都应拥有最终的权力。"[68] 464

与德比和艾特肯——没有就这份备忘录向他们征求意见——不同，劳在与阿斯奎斯会面后，从劳合·乔治那里得知了提议削减阿斯奎斯权力的计划，他感到震惊，对此从未表示同意。劳合·乔治声称，这不会损害首相的"尊严"。不过，劳合·乔治说，他坚持要阿斯奎斯将贝尔福从海军部开除。这并非劳能忍受的，他说，"我不仅不会参与试图将贝尔福从海军部赶走的任何企图"，而且他也拒绝接替贝尔福（这似乎就是计划的内容），因为自从劳接替贝尔福担任统一党的领导人以来，贝尔福一直都很诚恳可靠。[69]

尽管劳有着相当多的疑虑，那天晚上，他、劳合·乔治和艾特肯还是在海德公园酒店再次会面。劳说，如果阿斯奎斯同意改组委员会，那么他将会觉得自己不便就成员资格一事做主，劳合·乔治也不便这样做。劳合·乔治同意向劳给予行动自由。在那个时候，劳似乎已经准备好相信阿斯奎斯将精简委员会，并将进行人事更迭，以便改善战事指挥。但是，第二天早上，在收到阿斯奎斯的信后，愤怒的劳合·乔治把一份副本寄给了劳，还附上了一封装腔作势的附信，信上简单地写道："亲爱的博纳，随函附上首相的信。国家的存亡取决于你现在的果断行动。你永远的朋友大卫·劳合·乔治。"[70]劳一直小心翼翼地希望不采取任何行动来破坏阿斯奎斯的首相地位，现在，他认为有必要召集他在内阁中的统一党同僚开会，讨论阿斯奎斯和劳合·乔治之间日益加剧的僵局。第二天早晨，他把他们叫到家里。由于担心劳的同僚们会反对他，劳合·乔治敦促德比到伦敦参加会议，但德比不是内阁成员，尽管他在党内有影响力，劳还是觉得无法邀请他。

如果阿斯奎斯希望这场危机的细节能够保密，那么他将会失望，艾特肯已经决定让报界了解这场愈演愈烈的危机。12 月 2 日

（星期六），他通过一家美国中介机构，确保在两家报纸（包括他自己的报纸）上发布详细的报告。报告任命劳合·乔治、卡森和劳为新战争委员会的核心成员，阿斯奎斯夫人将这位泄密者描述为
465 “所有人中最坏的坏蛋”和“低贱的加拿大恶棍”。[71]诺思克利夫在一定程度上通过艾特肯来监控局势。那天早上，他告诉艾特肯：“希望你的人不会像（约翰）西蒙爵士那样做一些见不得人的勾当。今天的情况就非常像。我们收到一些……辱骂他态度消极的信件，真是遗憾。”[72]诺思克利夫的《泰晤士报》接连两天刊登了攻击政府的社论，只是这次提到了那些被认为是“精疲力竭的人”：格雷、克鲁、兰斯多恩（他们都不会留任）和贝尔福（他将留任）。该报没有要求剥夺阿斯奎斯的领导地位，毫无疑问，这是因为无论是诺思克利夫还是他的编辑都认为，这样做可能过于挑衅，以至于会适得其反。该报给那些提到的人打上了无能“核心成员”的标签，阿斯奎斯错误地坚持采用这些人，而这些人对这个国家管理不善。[73]该报说，内阁中有些人“没有疲惫不堪”，“如果他们有勇气”，就能推动变革。挑战书已经发出。

四

那个星期六的午饭后，阿斯奎斯坐车前往沃尔默城堡，但没有向同僚们透露下一步的行动。“在面临如此巨大的危机时刻，他竟然要去度周末，他真是本性难改！”汉基抗议道。[74]那天，《晨间邮报》发表了一篇题为《组建新政府之必要性》（*The Need for a New Government*）的社论，摒弃了阿斯奎斯，称赞了劳合·乔治。前一天，该报进行了热身，发表了一篇题为《不适者仍居高位》（*The Survival of the Unfittest*）的社论。在第二轮抨击中，该报哀叹道：

"只要阿斯奎斯继续担任首相，我们就别无指望了。"[75]它还承诺，或者威胁说要经常发表关于阿斯奎斯失败的原因分析，直到他似乎明白了这个暗示时为止。诺思克利夫察觉到了风向，突然出现在陆军部，据史蒂文森小姐说，他"低声下气"地希望能和劳合·乔治成为朋友。汉基认为，那天早上的报道"显然受到了劳合·乔治的鼓动"。[76]

在阿斯奎斯夫人的要求下，汉基会见了劳，劳告诉他第二天要召开政党会议。劳对将阿斯奎斯排除在拟议的战争委员会之外持保留意见，如今，首相自己接受了劳合·乔治在备忘录中提出的条件，这似乎让劳放弃了保留意见。鉴于这一事态发展，劳告诉汉基，如果阿斯奎斯拒绝与向劳合·乔治移交战争指挥权有关的提议，那么劳将辞职，并将带领他的政党一起结束联合政府。他还 466
说，他希望能在劳合·乔治辞职前辞职，以免让人觉得他是被陆军大臣"拖着走"。阿斯奎斯要求雷丁——自从马可尼丑闻以来，他就很清楚雷丁与劳合·乔治关系密切——控制住他的朋友，但是，当汉基要求雷丁说服劳合·乔治推迟辞职时间时，雷丁告诉他，他已经说服劳合·乔治延缓24小时再辞职。[77] 12月2日的晚些时候，阿斯奎斯从孟塔古——他最亲密的同僚之一，现在是维尼夏·斯坦利的丈夫——那里获悉，劳合·乔治坚持认为，首相——不管谁担任首相——不能加入拟议的战争委员会，因为这个委员会将经常开会，从而干扰到首相的其他职责。

据史蒂文森小姐——她的记事年表并不总是准确——说，在去肯特郡前的那个星期六，劳合·乔治拒绝见阿斯奎斯，因为他觉得自己遇到了一堵墙，于是在那天下午起草了辞职信。[78]汉基意识到让阿斯奎斯待在唐宁街是至关重要的，于是派伯纳姆·卡特去沃尔默把他带回来。汉基和雷丁讨论了这场争吵的荒谬性："显而易见的折中方案是，让首相继续担任战争委员会的最高职位，让劳合·乔治担任主席，并让劳合·乔治自由地展开激烈竞争。”但是，即便这样一个简单的解决方案也是这两人无法接受的，在过去的11年，他们是关系密切的同僚；现在，他们在性格、抱负和政策上都存在着不可调和的分歧。阿斯奎斯的观点很简单：如果不考虑让他领导战争委员会，那么他就不担任首相一职。

12月3日（星期日）上午，统一党人在劳的家里召开了会议。劳是在艾特肯的辞职敦促下，以及被告知艾特肯将利用《每日快报》全力支持劳合·乔治（因为变革政府符合国家利益）的情况下召开了这次会议。此时，艾特肯从来都没有坦诚说明他对《每日快报》的控制。1956年，他的私人秘书告诉研究这个主题的夏威夷大学的教授，“直到1917年，他才接管了《每日快报》的财务；直到1919年1月1日，他才参与制定政策”，这是他的回忆录中包含的众多不实内容之一。他的传记作者A. J. P. 泰勒透露了真相，称收购《每日快报》的交易于1916年12月2日完成。[79]艾
467 特肯急于提升自己不那么重要的地位，他还声称已确保那天早上的《雷纳德新闻报》报道事件的更详细版本。这激怒了统一党的大臣们，他们认为劳合·乔治试图催逼他们把阿斯奎斯赶下台。保守派势力中具有潜在牵制作用的两个人物——兰斯多恩和贝尔福——都没有出现，前者在威尔特郡的庄园里，后者还在卡尔顿花园养病。

劳告诉他的同僚们，他将支持劳合·乔治的计划。而后，他的同僚们通过了一项决议（后来只征询了兰斯多恩的意见，他表现出很大的不情愿），声称：

> 我们同意一段时间前博纳·劳先生向首相发表的看法，即政府不能再这样下去了。很明显，必须做出改变，我们认为，

公开劳合·乔治先生的意图使得从内部进行改组变得不可能。因此，我们敦促首相提交辞呈。如果他觉得无法采取这个举措，那么我们授权博纳·劳先生代我们递交辞呈。[80]

张伯伦认为，劳合·乔治正在进行"公开叛变"——他和同僚们认为陆军大臣口授在《雷纳德新闻报》上发表了这篇文章——而阿斯奎斯显然没有能力与他对抗，阿斯奎斯政府实际上已经结束了。[81]然而，谁可能接替他的问题仍然悬而未决。

到了星期天下午，伯纳姆·卡特已经把阿斯奎斯从沃尔默带了回来。他、孟塔古和雷丁——他们把劳合·乔治的利益放在心上——说服阿斯奎斯克服对交锋的厌恶，承认存在严重的危机，并把它解决掉。因此，阿斯奎斯将劳合·乔治从沃尔顿希思召唤来。在离开萨里郡之前，劳合·乔治和史考特分享了他的计划，史考特说他认为要求阿斯奎斯停止指挥战争是"一个非常难办的任务"，并且"他很可能认为这与他的立场不一致"。[82]

劳先于劳合·乔治到达唐宁街，他和阿斯奎斯进行了秘密会谈。他没有向首相告知当天早些时候通过的决议的确切措辞，他声称自己忘记了，而没有说是故意隐瞒。他确实告诉阿斯奎斯，统一 468
党的大臣们将辞职，但不是为了支持劳合·乔治，而是为了迫使政府改组。唯一有待决定的是，统一党人将同意支持哪位自由党首相，但劳没有向阿斯基强调他的同僚们对劳合·乔治持有的保留意见有多深，以及他们在多大程度上乐于接受阿斯基斯作为改组后政府的领导人。但是，阿斯奎斯将统一党人的做法解释为要求他辞职，以看看国王是否会邀请他回来，而不是让他代同僚们提出辞职，然后自己留任以重新组建一个新的团队。

由于担心统一党人可能会抛弃他，于是阿斯奎斯——他可能不明白劳所说的话——承诺进行改组，根据劳的建议，这个消息在12月3日的午夜前泄露给了报界，并在第二天早上刊登在报纸上。那个星期天的晚上，当劳合·乔治抵达唐宁街时，阿斯奎斯派人去请劳。他告诉这两个人，他们已经就新的战争委员会的职权范围达成了一致，由劳合·乔治担任主席，但在其他人事问题上还没有达成一致。阿斯奎斯同意要求所有大臣辞职，这样他就可以从头开始重组政府。那天晚上，劳把这件事告诉了他的同僚，于是，他们撤销了要求阿斯奎斯辞职的呼吁。

即使已经到了最后阶段，劳合·乔治仍在装模作样地表示忠诚，他说麦克纳一如既往地辱骂他——“他都快要哭了”，阿斯奎斯对妻子说道。[83]就在当天晚上，寇松给兰斯多恩写信，描述了他错过的会议，称劳合·乔治“纯粹是一股破坏性的、不忠诚的力量”。[84]然而，（寇松也很狡黠，知道如何让人消除敌意）他还告诉兰斯多恩，“我们知道，只要他（阿斯奎斯）担任内阁或战争委员会的主席，那么我们绝对不可能赢得战争”。[85]当天晚上，德比起草了一封信，但他没有寄给黑格，在信中，他告诉黑格劳合·乔治在做什么，并承认：“我们不能再这样下去了。”[86]

劳合·乔治认为事情已经解决了。第二天（也就是12月4日星期一）中午，他派人去请汉基，汉基花了一个上午的时间设法让阿斯奎斯夫人平静下来。在经过等候在陆军部外面和陆军大臣接待室内的记者队伍后，汉基发现劳合·乔治躺在火炉边的扶手椅
469 上。汉基承诺将“忠诚和全心全意地”与他合作。[87]他请汉基为新的战争委员会起草一些“规则”，以便在新的内阁分发。然而，从星期天晚上开始，其他势力就一直在起作用，孟塔古随即告诉汉基交易谈不成了。两个因素使阿斯奎斯改变了主意。阿斯奎斯觉得自己已经收买了劳合·乔治，因为他让劳合·乔治担任战争委员会的

主席，并保证自己不一定参加每一次会议。然而，阿斯奎斯夫人认为这是疯狂的，并且阿斯奎斯似乎过分忽视了这样一个现实：他作为首相掌握着大权，但其他人却控制着最重要的政策。当他告诉妻子他将继续控制战争的指挥工作，并将此告诉了劳合·乔治时，阿斯奎斯夫人对此深表怀疑。

然而，最能说明问题的还是当天早上《泰晤士报》发表的社论。这篇社论和一篇新闻报道对这个计划和周末的部署进行了详尽的描述，暗示了该报与劳合·乔治的阵营高度勾结。该报非常支持劳合·乔治应拥有更多权力的想法，这强化了这种猜测。其他报纸将阿斯奎斯描绘成无条件投降，在《泰晤士报》的报道中也可以嗅到这种味道。首相、他的夫人和圈内人发现劳合·乔治插手其间，于是决心挫挫他的锐气。他们对报纸一字不差地报道两人之间的私人谈话尤其感到愤怒。阿斯奎斯给他写信说，“这些报道非常有可能误解和歪曲了”他们所讨论的内容。“除非马上纠正这种印象，即我正被贬到一个不负责任的战争旁观者的地位，否则我不会继续谈判。”[88]

汉基称劳合·乔治对勾结“完全不知情”，并说陆军大臣已经写信将此告诉了阿斯奎斯——“我无法制止诺思克利夫，恐怕也无法影响诺思克利夫。”[89]阿斯奎斯根本不相信他。[90]《泰晤士报》的编辑杰弗里·道森（原名叫杰弗里·罗宾逊）后来告诉劳合·乔治，他是在诺思克利夫没有给予任何提示的情况下主动撰写了这篇社论，因为他不喜欢这个新安排，卡森已经把新安排的详细情况告诉了他［并且他也于星期天在克莱夫顿庄园从华尔道夫·阿斯特（Waldorf Astor）那里收到了新安排的内容］。然而，诺思克利夫——由于厌恶阿斯奎斯，他密谋支持劳合·乔治——于 12 月 3 日晚上 7 点到陆军部拜访了劳合·乔治，所以，劳合·乔治在这件

事情上可能并非无可指摘，尽管艾特肯认为道森“知道的情况比
470 诺思克利夫要多”。[91]阿斯奎斯无法让自己相信陆军大臣没有利用可恨的诺思克利夫来密谋对付他，这意味着他们的关系已经遭到严重破坏。即使他知道道森所说的是事实，但信任的缺失让未来的合作变得不可能。

在这种混乱的时刻，阿斯奎斯向麦克纳——他极其痛恨劳合·乔治——寻求建议，但无济于事。早在8月份的时候，麦克纳就和朗西曼一致认为政府已经走投无路了，并告诉阿斯奎斯降服对手，组建一个没有劳合·乔治的新政府。[92]星期一上午，阿斯奎斯在信中承认，他不会成为战争委员会的成员，但坚称这个委员会将服从于他：“首相对战争政策拥有最高和有效的控制权，应向首相提交战争委员会的议程，主席应每天向首相进行汇报，首相可以指示委员会考虑特定的议题或建议，并且委员会的所有结论都应由首相给予批准或否决。当然，首相可以自行决定参加委员会的会议。”[93]12月4日，当寇松、张伯伦和塞西尔拜访阿斯奎斯，并宣布他们和地方政府委员会的主席沃尔特·朗希望重组政府，但这并非暗示阿斯奎斯应当退休时，阿斯奎斯的信心应该得到了提振：“他们不相信其他人能够组建政府，当然也不相信劳合·乔治先生，”克鲁后来写道。[94]阿斯奎斯把这句话理解为他们将支持他，这使他更加大胆地反对劳合·乔治。然而，他错了。朗尤其不确定阿斯奎斯是否应当留下，因为他同意劳合·乔治对战争指挥的看法。

12月4日下午4点，阿斯奎斯告诉议员们，他已经见过国王，并递交了同僚们的辞呈，国王同意重组政府。国王（他告诉阿斯奎斯，“我对他有十足的信心”）已经咨询过霍尔丹，如果要求解散议会——这是国王希望避免的——他是否有权拒绝。[95]霍尔丹说，国王只能按照他的责任大臣（首相）的建议行事，如果他拒绝首

相的建议，那么首相将辞职，他就必须选择另一位首相。国王似乎准备这么做，霍尔丹（他认为劳合·乔治“真是一个精神错乱的文盲”）警告他不要就谁最终可能成为他的首相进行谈判。[96]议会休会，直到12日才复会，以讨论任何有意义的事务。那天下午，斯 471
坦福德汉见过汉基，并告诉汉基，他和国王都认为劳合·乔治是个“敲诈者”。[97]国王的私人秘书被事态的发展吓到了，他甚至问汉基是否认为国王应该在政府中扮演更多的角色。国王很幸运，因为汉基强烈反对这种做法，无论情况有多么糟糕。

12月4日晚上，劳去见阿斯奎斯，敦促他按照前一天晚上达成的协议（即劳合·乔治掌控战争委员会）来执行计划，以维护稳定。阿斯奎斯不愿让步，劳强调说，如果他不让步，就不要指望获得统一党的支持。阿斯奎斯把格雷、麦克纳、朗西曼、塞缪尔和前殖民事务大臣刘易斯·哈科特召集到唐宁街，征求他们的意见。他们一致认为，劳合·乔治的提议“是让阿斯奎斯放弃职位，并与他的职责不符”。[98]他们告诉阿斯奎斯他应当辞职，并把组建政府的责任推给劳合·乔治。阿斯奎斯告诉他们，他担心，在那种情况下，工党将与劳合·乔治－卡森政府分道扬镳，并滋生出一场规模可观的和平主义运动。随后，他又给劳合·乔治写了当天的第二封信；关于战争委员会，他告诉劳合·乔治：“我已经得出了一个明确的结论，那就是如果首相不担任委员会的主席，那么委员会是不可能运作和行之有效的。”[99]主席一职有时可以委派给下属，但是，如果阿斯奎斯要保留他作为首相的权威，那么他必须担任战争委员会的主席。他还坚持让贝尔福加入战争委员会，并反对卡森加入。

伊舍预见性地猜到了这些事件，甚至是在这些事件发生之前。那天，他给黑格写信说，“鉴于兰斯多恩的备忘录，以及阿斯奎斯不愿就人力、食物等问题做出决定，我认为劳合·乔治完全有理由辞职”。[100]他说这话时，这些事件还没有发生。伊舍继续写道：“他的朋友们希望他能成为首相。人们意识到，阿斯奎斯将领导反对党，不到两个月，劳合·乔治将在下院被击败，然后，我们应举行大选。”这样的期望也许可以解释鄙视劳合·乔治的伊舍，为什么会对劳合·乔治接管政府如此乐观。但是，他也意识到阿斯奎斯的行事风格是站不住脚的：“这可能是让我们摆脱惰性的唯一方法，
472 这种惰性将使我们输掉这场战争。”他也看到了事情的变化。“如果劳合·乔治真的成为首相，那么他唯一的成功机会就是像克伦威尔*那样执政一段时间……除非你已准备好发射葡萄弹，否则发动政变是没有用的。”他明白是什么让阿斯奎斯的对手与众不同。“劳合·乔治主义的目标就是组织我们的资源。”

第二天早上，劳合·乔治收到了阿斯奎斯的信。根据史考特的说法，劳合·乔治“感到很愤慨”，他说整个事件“只不过是首相的优柔寡断和犹豫不决的另一个例证，而事实证明，在战争指挥中，这造成了毁灭性的后果”。这一次，他真的辞职了，在一封写给阿斯奎斯的吹毛求疵的信中，他指责阿斯奎斯拖延和犹豫成性（这种指责是公正的），并且说道（这个说法是不公正的），如果阿斯奎斯坚持他们最初的协议，那么阿斯奎斯“对战争的最高控制权”将不会受到影响。[101]他向劳展示了阿斯奎斯的信，对劳来说，这是一个决定性的时刻：“我得出了一个明确的结论，我已经别无选择，我必须支持劳合·乔治的进一步行动。”[102]劳合·乔治没有提到《泰晤士报》的社论。德比也辞职了，同时（比劳合·乔治

---

* 克伦威尔（Cromwell）：英国政治家、军事家、宗教领袖。17 世纪英国资产阶级革命中，资产阶级新贵族集团的代表人物、独立派的首领。曾逼迫英国君主退位，解散国会，并建立英吉利共和国，出任护国公，成为英国事实上的国家元首。——译注

更加真诚地）坚称自己对阿斯奎斯忠诚。后来，在阿斯奎斯去白金汉宫递交辞呈前不久，他拜访了唐宁街，恳求阿斯奎斯迎合劳合·乔治，但无济于事。寇松、张伯伦和塞西尔再次拜访了阿斯奎斯，并告诉他，考虑到他已经拒绝了劳合·乔治的条件，情况发生了变化，现在唯一的选择就是政府全体辞职。塞西尔表示，阿斯奎斯能做的“最好、最重要的事情”就是效力劳合·乔治，张伯伦说，阿斯奎斯“愤怒甚至轻蔑地拒绝了”这个建议。[103]张伯伦也不愿意效力劳合·乔治，但是寇松和塞西尔严厉地告诉他，如果要求他效力，那么他有义务这样做。在提出这个口头请求后，塞西尔写了一封信，以“为国家着想为由”要求阿斯奎斯这样做，但同样遭到了拒绝。[104]

下午5点，阿斯奎斯召集了其他自由党同僚和亚瑟·亨德森，宣读了他给劳合·乔治的回信和劳合·乔治的辞职信，他们同意阿斯奎斯的意见。稍后，在会上，卡森带来了劳的一封信，撤销了统一党的支持，仍在病中的贝尔福递交了辞呈。他告诉阿斯奎斯，他认为“应当对让乔治领导作战委员会给予公正的审判”。[105]这是阿斯奎斯最亲近、并向其表现出极大忠诚的统一党人对他的背叛。在将近一年后，阿斯奎斯夫人问贝尔福的老朋友威姆斯伯爵：“你有 473
没有想过阿瑟*嫉妒亨利？我花了很长时间才想到这种可能。”威姆斯回答说：“我有想到过吗？亲爱的，你把我当成傻瓜了吗？你不知道阿瑟是什么样的人吗？大家都知道阿瑟嫉妒亨利——这也是很自然的。”[106]

贝尔福的辞职让阿斯奎斯意识到他不可能继续任职了，于是，他在晚上7点30分也辞职了。那天晚上，辛西娅·阿斯奎斯与公

* 是指阿瑟·詹姆斯·贝尔福（Arthur James Balfour）。——译注

公一同吃晚餐，发现他“面色红润，神情安详，抽着一根一基尼的雪茄［这是莫德·丘纳德（Maud Cunard）送给他的礼物］，谈论着要去檀香山”。[107]他之所以平静，也许是因为他坚信——辛西娅夫人觉察到了这一点——即使让劳合·乔治组建一个政府，这个政府也维持不了多久。阿斯奎斯夫人“脸色惨白，心烦意乱”，辛西娅夫人讲述了国王“非常苦恼”的流言，据说国王说：“如果阿斯奎斯这样做，我就不当国王了。”[108]他向阿斯奎斯授予嘉德勋章，但阿斯奎斯谢绝了。那天，国王在日记中写道：“我担心这将引起全城和美国的恐慌，并对协约国造成伤害。对我来说，这是一个沉重的打击，并且我担心这会让德国人振作起来。”[109]

12 月 5 日的晚些时候，国王会见了劳，问他是否可以组建一个政府。劳说他对此拿不准，但会在早上进行报告。根据斯坦福德汉的记录，劳对国王说：“最重要的是建立一个变革的战争委员会，这个委员会可以每天开会，如果有必要，还可以一天开两次会；必须迅速做出决定，并且应当根据决定迅速采取行动。目前的战争委员会几乎不起作用。”[110]劳告诉国王，他曾要求阿斯奎斯进行这项变革，但遭到了拒绝，他确信劳合·乔治能够组建政府。当劳说他考虑寻求解散政府时，对战时选举深恶痛绝的国王表示，他不会同意这样做的。劳敦促国王重新考虑，因为他希望在其同僚不支持劳合·乔治的情况下保留要求解散政府的权利。劳还告诉国王，劳合·乔治认为这场战争“指挥不当”。[111]斯坦福德汉写道：“对此，国王表示反对，并说政治家们应当把战争的指挥权交给专家。”他非常清楚地表达了自己对劳合·乔治的看法。

因此，劳离开了，但他没有拒绝这个职位，而是等待着与阿斯奎斯讨论这位自由党领导人是否会效力他——这将极大地改变事

474 态。劳第一次和劳合·乔治——他不确定自己在统一党人中的地

位，但他知道自己在前自由党同僚中不受欢迎——会晤，后者说他认为劳政府（阿斯奎斯是这个政府的一员）可能是最好的选择。劳去了唐宁街，当时阿斯奎斯正在和克鲁共进晚餐，他问阿斯奎斯是否愿意在他的手下工作，如果不愿意，是否愿意在贝尔福（目前还没有人征求过他的意见）的手下工作。阿斯奎斯拒绝了，而后继续用餐。

第二天早上，劳、劳合·乔治、卡森和艾特肯在劳的家里会晤，他们决定试探一下贝尔福（他知道劳合·乔治多么看不起他在海军部的工作）。劳合·乔治没有向他的共谋者掩饰他对贝尔福的看法，但他认识到贝尔福在其党内拥有巨大的影响力，没有贝尔福的批准是不可能进行下去的。当天下午，贝尔福被邀请参加国王召集的会议，与会者还有阿斯奎斯、劳、劳合·乔治和亨德森，这样国王就可以试图说服他们为了英国的利益携手合作。会议是根据斯坦福德汉和汉基的倡议、在劳的全力支持下举行的。贝尔福不仅仅是前首相，而且曾断断续续地在内阁任职30年，他被要求提前半小时到达。国王询问了他的意见，贝尔福告诉他，“战争委员会成立至今，已经被证明是一个无效和不起作用的机构，如果想要成功地指挥战争，那么必须进行变革”。[112]他认为没有阿斯奎斯的政府是无法为继的。在全体会议开始时，亨德森对此表示赞同。有人试图说服阿斯奎斯效力于劳，因为劳说他的统一党同僚不会效力于阿斯奎斯，但是，阿斯奎斯拒绝在没有向其同僚征求意见的情况下表态。尽管如此，贝尔福力劝阿斯奎斯这么做，并说道，作为前首相，他也曾在阿斯奎斯的手下愉快地工作过。大家一致认为，如果阿斯奎斯决定效力于劳，那么劳将试图组建一个政府，否则，这个任务将落在劳合·乔治的身上。

自由党人证实了阿斯奎斯的观点。他们认为，除了名义以外，这个政府在所有方面都将是一个劳合·乔治政府，同时存在一个领导层分裂的问题。劳合·乔治表达了自己想与阿斯奎斯和解的愿望，但毫无希望。傍晚时分，阿斯奎斯给劳去了一封信，否认他“对这件事有任何自尊方面的感受”，但对他来说，效力劳“是一种不可行的安排”。[113]劳回答说：“我对你的决定感到非常遗憾”；
475 并在晚上7点告诉国王他无法组建政府。阿斯奎斯在写给麦克纳夫人的信中说道：“在过去一个月的大部分时间里，我经历了一段地狱般的时光，几乎是第一次感觉到自己开始变老了。最后，我没有别的办法，哪怕装模作样地对我们粗鄙的报纸发表评价都让人感到厌恶。”[114]他知道他选择了“被排斥”。在写给西尔维娅·亨利的信中，他说：“这有点像一场灾难，不是吗？”[115]

因此，根据劳的建议，国王要求劳合·乔治——他和劳一起去王宫——组建一个政府，他答应试一试。他身边的人（包括史蒂文森小姐）都真诚地相信，他并不想成为首相，而是更愿意在他负责战事期间让劳去担任首相——正如他曾对阿斯奎斯希望的那样。后来，劳说，他认为自己本可以组建政府，但是他没有这样做，原因有二。第一个是：“我一点都不确定在这样的时刻我能否胜任这个职位……公众都将劳合·乔治视为接替阿斯奎斯的人选。”[116]第二个原因是，虽然他觉得他可以指望统一党人支持劳合·乔治，但他不认为他可以指望自由党人支持自己。李夫人宣称劳“完全畏缩了”。在见到国王后，劳合·乔治告诉史蒂文森：“我一点儿也不确定我能否做到。这是一项非常艰巨的任务。”[118]

劳合·乔治和劳整天都在讨论任职的可能性。他们和卡森待在陆军部，一直到午夜。第二天早上，他们一致认为劳合·乔治应该和工党谈谈支持他的可能性，因为劳合·乔治希望——像阿斯奎斯所做的那样——纳入一些工党大臣，那样政府就能够真正代表这个国家。这是至关重要的，因为除了艾迪生（他的职业生涯部分依赖于他作为医生和贫困问题专家的非凡才能，但更多地依赖于劳合·乔治的资助）外，没有哪一个前自由党大臣将会效力于他。[后来，艾迪生于1923年加入了工党，并在艾德礼（Attlee）内阁任职到80多岁。] 劳合·乔治的前自由党同僚认为他不可能长期执政，因为自由党将与他作对，而阿斯奎斯无意放弃其领导地位。他们还认为，对于纳入了劳合·乔治的政府，阿斯奎斯对该政府外部事件的影响力要大于其对内部事件的影响力，并且阿斯奎斯对他的同僚们表现出了极大的忠诚，而他们的回报就是厌恶劳合·乔治和他的做法、态度及赤裸裸的野心，并将他视为参与了背信弃义的勾当。 476

他以前的同僚没有一个愿意承认阿斯奎斯对战争的指挥无法适应这场战争的要求。他们仍对阿斯奎斯忠诚，不仅因为许多人和他是旧识，他们的事业也归功于他，而且因为他们觉得他在迫不得已的情况下已经真诚、尽力地做好了本职工作。同时，他们还尊重他在完全令人厌恶的背景下努力维护自由党的原则。最重要的是，他们痛恨劳合·乔治。然而，客观地说，阿斯奎斯并没有很好地指挥这场战争，他已经筋疲力尽；而劳合·乔治不仅精力充沛，还有想法，统一党人确信劳合·乔治与他所代表的过去决裂，这对获取他们的支持而言是必不可少的。

意识到自己的处境很微妙，劳合·乔治会见了《泰晤士报》的编辑罗宾逊，请他告诉诺思克利夫不要让他的任务变得更加困难，不要让他的报纸“自以为是地对他的行为和意图进行解读”，并抵制“过多的谩骂”。[119]《邮报》几乎没有注意到这些方面，它叫喊着摆脱了所谓的“霍尔丹帮”，它继续诺思克利夫的老生常谈（即行将离任的政府是亲德派的阴谋），甚至在劳合·乔治亲吻国王的双手之前，它就大肆宣扬劳合·乔治的上任。这些都不能帮助他完成任务。

在劳合·乔治的要求下，德比试图说服前首相罗斯伯里伯爵担任掌玺大臣，他认为这会增加政府部门的可信度，但令统一党人高兴的是，罗斯伯里拒绝了，因为自从1895年卸任以来，他作为前首相对其他政党反复无常，而且常常实施具有破坏性的行为，导致统一党人“不赞成”这个建议。[120]罗斯伯里嘲笑德比说服他以“顾问的身份”加入政府部门是个“荒谬的使命”。[121]“他们对政策的事情只字未提。他们要求我向某个人开一张空白支票，但我比大多数人更加不赞成这个人的政策。此外，不管是否咨询我的意见，我都需要出席上院，而我已经有五年半没有参加上院的会议了，我希望再也不要出席上院。”

在试图说服塞缪尔继续担任内政大臣时，劳合·乔治也面临着一项同样艰巨的任务。塞缪尔告诉他，他“非常不喜欢”政府部门的变革方式，并认为报界攻击阿斯奎斯——和阿斯奎斯一样，他认为是劳合·乔治鼓动报界进行攻击——是“无法容忍的”。[122]劳
477 合·乔治否认参与了此事，指责阿斯奎斯对他的建议改变了主意，并声称他“预言了战争期间我们所遭遇的每一场灾难”，却被忽视了。劳合·乔治的表现如此任性、不诚实，这坚定了塞缪尔的决心。因此，劳合·乔治不得不严重依赖统一党人（包括寇松和张伯伦，他们不喜欢劳合·乔治的作风，必须通过劳来说服他们）、工党和少数自由党后座议员的支持。作为回报，寇松、塞西尔、张伯伦和朗让劳从劳合·乔治那里得到一个承诺，即“他无意邀请温斯顿·丘吉尔先生或诺思克利夫勋爵加入政府”。[123]12月5日，丘吉尔——他迟缓地意识到统一党人将不会容忍他重返政坛——和史密斯及劳合·乔治共进晚餐，在劳合·乔治离开并怯怯地委托艾

特肯宣布消息后，丘吉尔从艾特肯的嘴里打探到了真相（根据艾特肯的说法），并对此感到愤怒。他还试图对比弗布鲁克的回忆录中的说法提出质疑，比弗布鲁克便重写了一段来安抚他。和那些回忆录中的很多事情一样，这件事可能发生过，也可能没有发生。[124]劳合·乔治脱离了自由党的大多数成员，无法任命两名本来会支持他的关键人物，又高度依赖那些不喜欢和不信任他的统一党人，他需要在没有任何长期政治盟友的情况下组建政府。他肯定没有意识到这一点，但他与阿斯奎斯之间的裂痕已经为作为执政党的自由党挖掘了一个坟墓。直到 94 年后，它的继任政党才在和平时期再次拥有了一定的权力，随后它在未来又走上了衰弱的道路。

12 月 7 日上午，劳合·乔治会见了工党议员，在克服了最初的敌意之后，他们转而支持他。他觉得刚开始之所以困难，是因为他攻击了西德尼·韦伯（他不是议员，但当时在场）和斯诺登（他一直“非常不愉快”）。[125]韦伯对妻子说：“劳合·乔治正处于最糟糕的时候，他的政策声明含糊其辞，在提供政府职位方面讥诮刻薄。”[126]在劳合·乔治离开后的一次私人会议上，工党就是否接受职位进行了投票，结果是 18 票对 12 票：韦伯认为“对工党来说这是一个灾难性的决定”。[127]诺思克利夫的报纸、艾特肯的《每日快报》和其他报纸立刻表态：《泰晤士报》说，“现在责任已经公平、公正地落在了正确的人的肩上，我们相信他们有足够宽阔的肩膀来挑起这个责任”。[128]两天后，顺从的报纸嘲笑了“这是一个组织严密的阴谋”的说法。[129]戴维森指出，阿斯奎斯“在一个他从未经营 478
过，也没有能力经营的领域中被挫败了，这个领域就是政治阴谋，这个过程主要是通过一些声誉较差的报纸的专栏实施的”。[130]

这个变革受到了公众的极大欢迎，他们几乎不可能不关心跳梁小丑们围绕威斯敏斯特开展的滑稽行为，而正是这些行为实现了这个变革。在索姆河战役之后的黑暗时期，只要目的——或希望达到的目的——正当，就可以不择手段。《泰晤士报》还声称，“‘反战主义’的精神已被有效地驱除，我们整个战争政策的控制权将交给一小群精力充沛、刚强坚毅的人”。[131]然而，劳合·乔治代表的文化变革才是真正具有震撼性的，戴维森的言论也暗示了这一点。在情人当首相的那天，史蒂文森小姐在日记中对一部分情况进行了记录：“今天晚上，他们来看大卫，并和他商议，见到他们非常愉悦。实际上，他们一直等了十分钟或一刻钟。他们都是伟大的托利党人，寇松、塞西尔等，几年前他们是不会和他握手的，也找不到足够有力的话语来表达他们的痛苦和仇恨。现在，他们正等着这位小个子的威尔士律师的接见呢！”[132]

寇松曾说：“我宁愿死，也不愿在劳合·乔治的手下工作。”据说，当他成为新一届政府的关键人物之一时，阿斯奎斯说：“这几乎是一个令人难以置信的故事。”[133]根据张伯伦后来写的一份“非常机密”的记事，在劳代表劳合·乔治询问出席会议的统一党人（朗和张伯伦是出席会议的另外两个统一党人）是否愿意在政府工作后，召开了一个会议。会上，这位推定的首相声称他得到了136名自由党人的支持，“并相信人数还会增加”。[134]统一党人证实，丘吉尔不会任职，诺思克利夫也不会，而且已经就条件与工党达成了一致。在这次会议后，劳合·乔治意识到他获得了足够的支持来回复国王，并表明他能够组建政府。

虽然阿斯奎斯不是贵族，但他是一个受过高等教育、有学识的人，他本人过于正直，以至于他经常看不到别人的腐败、欺骗或恶意。他生性宽宏大量，没有怨恨，对冒犯或侮辱也不敏感。在他领导的联合政府被推翻的过程中，他遭受了很多敌意，但其他人
479 （尤其是麦克纳和劳合·乔治）大多是在利用这种敌意。在1908～

1914 年间，也就是在和平时期担任首相的六年时间里，他出色地带领他的政党渡过了种种难关。他历来对别人的品性拿捏得很准。他接受的维多利亚时代的传统教育使他从中产阶级走向了中上层阶级，但这种教育成了他的阻碍：这种教育是为一个充满确定性、和平的世界设计的，是一种辉格党主义的进步思想。它不仅造就了一种世界观，而且造成了一种自满和对全面战争准备不足的态度。正如自由主义的思想实际上已经消亡一样，在这种教育日薄西山之际，其最优秀的实践者将会看到自己的政治生涯随之一同消亡。在半辈子后，汉基写下了第一次战时联合政府失败的原因，他说，老对手之间“有太多充满仇恨的回忆，太深的不信任”，使得联合政府无法发挥作用。他说，这是一个“永远不会联合起来的联盟”。[135]在战争爆发时，阿斯奎斯找不到能人贤士和资源来改变局面，不是因为他没有进行尝试，而是因为对英国权力的挑战需要一种不同类型的领导人来应对。

劳合·乔治就是那个人。他被人们描述为第一个成为首相的工人阶级；不过，他的父亲是一名教师，而且抚养他长大的叔叔是个鞋匠兼浸礼会牧师，所以，年轻的劳合·乔治从学生时代就注定要接受律师培训，从而在中产阶级站稳脚跟。他是一个唯利是图的人，缺乏阿斯奎斯在公立学校——牛津大学和律师学院——习得的那种文雅。他接受的是欺骗教育，这在马可尼丑闻和他那复杂怪异的私生活中可以窥见一斑；他善于操纵别人，这一点可以在他对诺思克利夫和几乎同样令人讨厌的里德尔的栽培上得到证明；他野心勃勃，乐于以傲慢的态度挑战自君主政体以下的每一个制度，而不管将会造成怎样的从属性损害。这与阿斯奎斯的举止相去甚远。但劳合·乔治真正能改变气氛的，是他将带入政府的那些人，他们中的一些人的道德和举止甚至比他还要差。这些人是鲍德温笔下描述的“厚颜无耻之人”的先驱。[136]他们帮助赢得了战争，却永远改变了英国公共生活的基调，使其变得更加糟糕。

五

除了艾迪生，阿斯奎斯的前内阁同僚们都坚持不效力新政府的
480 决定。于是，格雷和麦克纳等自由党前座议员便从自 1905 年起担任的职位上退了下来。格雷因即将离开外交部而松了一口气，他在阿斯奎斯死后声称，“劳合·乔治决心将阿斯奎斯赶下台，取而代之”。[137]阿斯奎斯向他们交出的领导权——伯纳姆（Burnham）勋爵说这是“非常痛苦的”——帮助他们分裂政党和制造反对党。[138]前统一党和自由党的同僚们仍对阿斯奎斯怀有钦佩之情。塞西尔给阿斯奎斯写信说，“劳合·乔治有很多优秀的品质，但他在耐心、彬彬有礼的举止或胸怀博大、蔑视获得政治成功的低级艺术等方面永远无法与他的前任相提并论”。[139]阿斯奎斯涉足政治从来都不是为了自己。

12 月 7 日的晚些时候，劳合·乔治离开了他的政党，和几个朋友待在一起，他派人请汉基来讨论他能组建什么样的政府。劳在房间里进进出出，汉基发现自己被广泛征求意见，他以为劳合·乔治会在内阁给他安排一个职位。这位新首相告诉汉基——至于真诚的程度，人们只能猜测——他是“世界上最悲惨的人”。[140]尽管如此，他知道，如果他不能维持一个让他在下院拥有多数席位的政府，那么他将别无选择，只能举行大选。

汉基认为政府不应该遭受致使战事无法正常进行的严重分裂，他正确地评估了形势，考虑到新首相计划如何管理政府，他正在创造一种类似于文官独裁的东西，或者他所说的“委任独裁”。[141]劳

合·乔治缺乏专业知识，无法推翻他的军事和海军顾问，但这并没有阻止他构想战略目标，并期待英国军队实现这些目标。生于这个时期初期的历史学家 A. J. P. 泰勒称这些事件是“一场英国式的革命。党内的政要和党鞭都受到了蔑视。后座议员和报纸在某种无意识的公民投票中联合起来，使劳合·乔治在战争期间成为独裁者”。[142]贝尔福说：“如果他想当独裁者，就让他当去吧。如果他认为他能赢得这场战争，那么我完全赞成他试一试。”[143]

报纸（尤其是诺思克利夫的报纸以及格温在《晨间邮报》的撰文）在推翻阿斯奎斯的过程中发挥了相当大的作用。12 月 8 日，阿斯奎斯在改革俱乐部召开的自由党会议上发表了讲话，特别指出12 月 4 日《泰晤士报》的社论是他无法同意与劳合·乔治达成协议的原因。如果他按照这样的条件任职，那么他很快就会被认为是 481
多余的，报界也会敦促他的同僚们摆脱他。不管诺思克利夫怎么想，阿斯奎斯告诉他的同僚，他和格雷成了“一个组织良好、精心策划的阴谋”的目标。[144]参加会议的自由党人表示全力支持阿斯奎斯，劳合·乔治将面临激烈的反对，这些反对者在几天前还是他的同僚。

讽刺的是，考虑到报界支持劳合·乔治，当劳合·乔治在 12 月 7 日晚会见统一党的前任大臣（包括寇松和奥斯丁·张伯伦）时，他们讨论了“是否应当获得进一步的权力来镇压报纸的攻击，这种攻击已经做了那么多败坏名声的事情，并最终导致上届政府的垮台”。[145]劳合·乔治认为“限制报界”并不是推行新体制的理想方式，但他建议对法国政府在这个问题上的政策进行调查。第二天，他给格温写信，感谢《晨间邮报》给予他的“绝妙帮助”。[146]没过几个星期，格温就向巴瑟斯特夫人吐露，“我对那个小个子的威尔士人不抱任何幻想。他狡猾、尖锐、寡廉鲜耻，但有足够的勇气和手段赢得这场战争。不过，我们还是得盯着他”。[147] 12 月 10 日，汉基拜访了劳合·乔治，他们的会面被劳合·乔治接到诺思克利夫打来的一个长长的电话给打断了，“他似乎害怕诺思克利夫”。[148]前一天，根据诺思克利夫的明确指示，《每日邮报》的头版在《失败的过去》（*THE PASSING OF THE FAILURES*）的标题下刊登了一群头戴大礼帽、身穿燕尾服的衰老男人的照片：他们都曾是阿斯奎斯内阁的成员。该页面体现了诺思克利夫对任何惹恼他的政府的不尊重。[149]

12 月 11 日，劳合·乔治宣布了他的战时内阁。劳加入了这个内阁，但不是作为其政党的领袖，也不是作为财政大臣（他也担任这个职务），而是作为下院的领袖：一直以来都是首相在下院扮演这个角色。劳合·乔治不想在议会中脱不了身，而是希望致力于赢得战争，于是，他只在必须讨论重大问题时才出席下院。劳便代表他在下院开会。这让下院感到不安，因为下院认为，如果首相是议员，他就应该出席会议，但劳合·乔治执迷不悟。他知道，多亏
482 了劳，自己才能担任首相，所以他以尊重和明智的态度对待劳，两人成了朋友。这使得劳对上司的一些弄权行为睁一只眼闭一只眼。但劳知道，如果他听命于高度的荣誉观，并使用荣誉观来约束劳合·乔治，那么他将会使政府垮台。正如他对朗所说的那样，“我认为没有别的选择”。[150]劳如此频繁地代表首相，这意味着劳合·乔治不得不就一切问题咨询他，他们有时一天交谈两个小时。劳合·乔治也非常清楚，要是劳受了委屈，那么愤愤不平的劳可以轻而易举地将他击败。劳拥有无可指摘的正直品格，这对在劳合·乔治领导的政府高层任职而言是至关重要的。

在这个小型的战时内阁（人们将这样称呼它）中，有两位同僚在担任地方总督方面拥有丰富的经验：寇松和米尔纳。寇松——

在没有咨询任何其他统一党人的情况下，抓住了这个效力的机会——也拥有丰富的从政经验。他 57 岁，是一个很有智慧的人，为了生存，他已经训练出了表里不一和自我保护的能力。作为德比郡富丽堂皇的凯德尔斯顿庄园的斯卡斯代尔（Scarsdale）勋爵的儿子，当他还在牛津大学的时候，他的显赫地位就已经非常引人注意了，以至于贝列尔学院有一首关于他的押韵诗，诗歌开头写道："我的名字是乔治·纳撒尼尔·寇松（George Nathaniel Curzon）/我的家境最优越。"他在三十多岁时当上了印度总督，大家一致认为他干得很出色，但回国后却没有得到应有的报酬。他引起了贝尔福的嫉妒，这就是寇松花了五年时间才获得他认为理应属于他的伯爵爵位的原因。他有着不同的意见，但在战前动荡的岁月里，在一些激进的党派之争出现之前，他总是设法在两边都拥有朋友，并在两边树立了敌人。在寇松担任总督期间，基钦纳担任印度陆军总司令，他的很多诡计都是从基钦纳那里学来的。就像他对知识的笃信和自身重要性的认识一样，他的政治抱负随着年龄的增长依然不减，因此，他很快就接受了劳合·乔治的邀请，加入了劳合·乔治的精英大臣团队。

米尔纳从未担任过大臣职位，尽管他被认为是英国最有能力的行政官员。他由于缺席指挥战争的第一线而受到了广泛批评。这两人都善于处理事务，劳合·乔治利用他们主持战时内阁为解决特殊问题而设立的委员会。他曾告诉里德尔，寇松很有价值，因为"他游历过很多地方；他了解世界各国。他博览群书；他装满了我们谁也不具备的知识。他在议会里很有用处。他不是一个很好的执行者，也不圆滑，不过，鉴于上述理由，他还是很有价值的"。[151] 483
劳合·乔治还觉得"寇松的最大缺点是，他总觉得自己坐在金宝座上，所以要说相称的话"。[152]他不喜欢寇松，但是，如果他只在朋友中挑选亲密的同僚，那么他将会有困难。寇松告诉上院，新政府不是为那些愿意被领导的人准备的，而是为那些要求被驱使的人准备的。[153]

对于米尔纳，劳合·乔治说："我认为米尔纳和我在很多事情的看法上是一样的。他是一个穷人，我也是。他不代表地主阶级和资产阶级，正如我一样。他热衷于社会改革，我也是如此。"[154]劳合·乔治从社会经济的角度描述了他和米尔纳的相似之处，这充分表明他说了真话：米尔纳的父亲是一名医生，母亲是一位少将的女儿，他曾就读于一所公立学校，之后就读于贝列尔学院。在整个1916年，米尔纳、卡森和劳合·乔治经常一起吃饭，所以，米尔纳的加入给劳合·乔治带来了一个同僚，他知道自己可以信任这个同僚，并和这个同僚的看法一致。他还可能认识到米尔纳是一个深思熟虑的人，这是他所缺乏的品质，而这种品质并不是战时内阁所有大臣都具备的。卡森主张让米尔纳加入，并成功了，但他自己却没有得到一个职位，因为——据劳合·乔治说——新首相不得不安抚那些对他的晋升"感到不满的"充满嫉妒的统一党人。[155]12月9日，劳合·乔治在与斯坦福德汉谈话时，提到了国王强烈希望卡森成为海军大臣（他于是让卡森担任海军大臣），并说他忙于种种职责，而不是参与他的职务需要他定期出席的战时内阁。

最后一名成员是亚瑟·亨德森，由于拉姆齐·麦克唐纳辞职，他在战争爆发后就一直担任工党领袖。他的出现充实了汉基讽刺地称之为的"国家团结的门面"。[156]亨德森53岁，与劳合·乔治同岁，他接受阿斯奎斯联合政府的职位使他成为工党的第一位内阁大臣。他的父亲是一名格拉斯哥的纺织工人，母亲是一名女佣。他在泰恩河畔的纽卡斯尔度过了自己的青年时代，12岁至17岁时，他
484 在一家铸铁厂当学徒。他是一位虔诚的卫理公会教徒。1884年失

业后，他曾当过一段时间的牧师。1892 年，他成为友好创始人协会的一名带薪工会组织者，从此走上了成为工党领袖的道路。1903 年，他作为劳工代表委员会的候选人赢得了补选。1908 年，在基尔·哈迪辞去工党领袖一职时，亨德森接替他，当了两年的工党领袖。在接替麦克唐纳时，他开始第二次担任工党的领导。作为一个没有偏袒、没有诡计、没有伪装的人，他在党内和党外都广受欢迎，被称为“亚瑟叔叔”。他有三个儿子，其中一个是米德尔塞克斯军团的队长，在 1916 年的一次行动中阵亡；另外两个儿子参加了战斗，并活了下来，最后都进了上院。

除了劳以外，所有这些大臣都是不管部大臣，所以他们可以全身心地专注于战事。劳合·乔治随后任命了由内阁成员担任的部门大臣，这些大臣只有在被邀请参加与他们的简报有关的讨论时才能出席战时内阁。贝尔福接替了格雷在外交部的职位——正如他对劳合·乔治所说的那样，他同意这样做，只是因为“你拿枪指着我的头”。[157]

他已经告诉劳——劳传达了新首相的工作邀请——“这确实是拿枪指着我的头，但我马上说‘好’。”劳觉得促使贝尔福任职的原因在于后者具有责任感，要不然他本应当高高兴兴地退休卸任。这种想法忽视了贝尔福想要身处事件中心的渴望，尽管他已经 68 岁了，但他对游戏仍有足够的热情。劳认为，贝尔福对国王进行了干预，这对促成新的联合政府至关重要，而他的任职也推动了其他统一党人为劳合·乔治效力。贝尔福认为，由于几乎每一次战时内阁的决定都会影响外交政策，所以他有权参加任何会议：他也确实是这样做的。任命贝尔福使劳合·乔治和诺思克利夫产生了裂痕，但是，首相知道统一党人将不会容忍他们前任领导的不作为。卡森去了海军部，他也经常参加会议，德比——他成为陆军大臣——也是如此。

其他托利党人也担任了要职：朗起初拒绝任职，但他的同谋寇松一上任，他就改变态度，成了殖民事务大臣；张伯伦担任印度事务大臣。这个变化不可避免地将很多人排挤出局。出于实际和象征性的原因，劳合·乔治急于让孟塔古——他才华横溢，但与阿斯奎
485 斯亲近——掌管国民服务部的（文职）工作，因为他已经起草了一份建立这样一个专门部门的计划。然而，他拒绝了，尽管汉基举行了一场严肃的竞选，但阿斯奎斯夫人发起抨击，质疑他的忠诚。此外，孟塔古还告诉劳合·乔治，担任如此次要的职位会让人觉得“我接受了向我委任的唯一职位”，这会让他和政府失去权威性。[158] 在解释丘吉尔缺席的原因时，劳合·乔治坚称：“他们无论如何都不想要温斯顿任职。如果我坚持，新的内阁就会遭到破坏。”[159] 自由党人认为诺思克利夫选择了置身于内阁之外，以便在政府让他心烦意乱的时候摧毁它。相比之下，尽管没有为他的密友艾特肯谋得一个职位，但劳还是同意任职。艾特肯的失望已经不是什么秘密了。

这是内阁第一次按照议程运作，它事先分发了文件。无处不在的汉基领导着秘书处，为几乎每天召开的会议效力（根据汉基的建议）。在12月9日的第一次会议——审议汉基就战争政策撰写的冗长的备忘录——后，一份议事程序的打印副本被送到了国王那里，这打破了首相亲自给君主写信、概述每次会议发生的事情的古老传统。劳合·乔治装腔作势地说他实在是太忙了，无暇顾及这些细节。斯坦福德汉说，他希望在报告内阁事务，而不是“战争委员会”的事务时，国王能收到一封手写的信件，但这从来没有发生过。劳合·乔治得了重感冒，病倒了，以至于他错过了战时内阁的最初几次会议，这些会议都由劳主持。

罗伯逊将战时内阁视为敌人，而劳合·乔治则将罗伯逊视为敌人。12 月 10 日，汉基开车去沃尔顿希思吃午饭时说，“他对罗伯逊非常不满”。[160]劳合·乔治也对黑格不再抱有希望，他认为黑格“欺凌”罗伯逊，因为罗伯逊没有反抗他，从而辜负了这个国家。[161]劳合·乔治曾要求罗伯逊就获胜机会坦率地发表意见，这位帝国总参谋长直言不讳地回答说：“我毫不犹豫地说，只要我们做正确的事情，我们就能赢。如果我另有想法，我将会告诉你的。”[162]罗伯逊补充说，国内的人力组织非常差，西线附近的铁路系统是一场灾难——劳合·乔治将迅速解决这两个问题——而且种族主义正在阻碍“国内有色人种劳动力的有效部署，（我们必须）募集更多的有色人种军队，以便派往国外合适的战场”。[163]他还说，法军在战争中发号了太多的施令，英国人必须更强硬些。这进一步 486
加剧了他与劳合·乔治的直接冲突，后者永远不会忘记黑格在索姆河战役的所作所为。

首相也可能已经察觉到黑格完全不喜欢他，黑格有绝对的理由认为劳合·乔治不诚实、不值得尊敬，他们之间的冲突是道德和阶级准则的冲突。统一党人——尤其是寇松、朗、塞西尔和张伯伦——向劳合·乔治强调，黑格和罗伯逊留任是他们任职的必要条件，因此，在面对与其意见严重分歧的军事机构时，在没有政党支持的情况下，劳合·乔治所能做的最合适的事情，就是向他可以信赖的人（如汉基）大声抱怨这些人。在节礼日*那天，汉基发现罗伯逊“正处于一个非常不满的状态，他威胁要辞职”。[164]但是，正如汉基指出的那样，战时内阁可能不相信罗伯逊的西线政策，但

* 节礼日（Boxing Day）：为每年的 12 月 26 日，圣诞节次日或是圣诞节后的第一个星期日。——译注

“他们将永远找不到一个士兵来执行他们的‘萨洛尼卡’政策”。

除了统一党人之外，劳合·乔治不得不把自己也塞进他的政府，以便使政府凝聚在一起，他加入了他的“行动部门”，《每日邮报》将此称为由“新派男人”和商人组成的部门。诺思克利夫就这些有活力的人可能是谁直爽地提出建议，例如敦促劳合·乔治采用管理着22个音乐厅的经理阿尔弗雷德·巴特（Alfred Butt）。不久后，巴特为食物管制员德文波特（Devonport）勋爵提供协助。在1911年码头罢工期间，这位白手起家的杂货大亨管理着伦敦港，他向阿斯奎斯展示了自己的有用之处。[165]许多新派男人都是劳合·乔治的密友，或者曾经为他效力过；例如经济理论家利奥·奇奥扎·莫尼（Leo Chiozza Money），他曾为劳合·乔治做过政策方面的工作，在后来的生活中，他不幸地因为在公共场合性骚扰年轻女性而声名狼藉。还有商人考德瑞（Cowdray）勋爵和阿尔弗雷德·蒙德爵士。然而，新政府的目的并不是模仿议会政府，而是赢得战争。

统一党的幕后操纵者、前内阁成员兰斯多恩决定不再任职，结束了近五十年的公共生活。他认为，“国王陛下政府的垮台是灾难性的，将使那些必须解释垮台原因的历史学家感到困惑”。[166]他一生所居住的政治世界即将结束。他对他的女儿德文郡公爵夫人说：“我们在这种时候宣扬家丑，这让我很难过，为了避免这种情况，
487 我本想咽下这些话，但是局面已经失控了。”他很高兴摆脱了大臣职务：“我早就希望被解职了，但这并不是我所期待的我这场拙劣表演的最后一幕。”[167]

六

劳合·乔治意识到，针对阿斯奎斯的政变使他的声誉受损，他

多年来一直试图修复这种损害。“劳合·乔治经常告诉我，他从未想要取代阿斯奎斯成为首相，”布思比勋爵回忆道。“劳合·乔治想要的是作为内阁战争委员会的主席指挥战争。”[168]这仍然是官方的说法。布思比还被告知——不仅是劳合·乔治告诉他，丘吉尔也告诉他——阿斯奎斯在担任这个职位时太拖沓，在战争委员会的会议上，他都是在给维尼夏·斯坦利写信。在下台前的18个多月，他停止了这种做法，这表明报纸的攻击起到了作用。

劳合·乔治的一些统一党同僚蔑视、甚至厌恶他的朋友圈。事实上，他以前的一些自由党同僚也是如此。自由党同僚之一伊舍说，艾特肯的崛起是作为他没能成为贸易委员会主席——这是劳合·乔治承诺过的——的一种安抚。艾特肯曾因为效力于阿斯奎斯而获得了从男爵爵位，现在他因为效力于劳合·乔治（尤其是因为他将劳从阿斯奎斯的身边撬走）而获得了贵族爵位。“他们是一群肮脏的家伙，”1917年元旦那天伊舍在日记中写道。“马克斯韦尔·艾特肯被授予贵族爵位，是因为他花了3万英镑让F. E. 史密斯摆脱了困境，还因为他让博纳·劳和阿斯奎斯分道扬镳……这全是卑鄙的勾当。”[169]艾特肯悄无声息地收购了《每日快报》的多数股权，这也许是伊舍知道的更肮脏的事情。劳合·乔治几乎肯定知道这件事。

当首相意识到把艾特肯推到大臣职位可能会引起公愤时，他给了艾特肯军需次官的职位，但艾特肯立马拒绝了。劳合·乔治想让阿尔伯特·斯坦利（Albert Stanley）爵士担任艾特肯的议员职位。斯坦利是一个铁路大亨，他本可以被任命为贸易委员会的主席，但他不属于下院。因此，为了让艾特肯让出议员职位，他向艾特肯提供了一个贵族爵位。这引发了愤怒。艾特肯当时只有37岁，是兰开夏郡的一名初级议员。德比是兰开夏郡有权势的统一党的赞助

488 人，他告诉劳，如果提拔艾特肯，将会让太多人感到不安。劳认同这个说法，并命令艾特肯不要接受这个提议。艾特肯同意了，但后来劳合·乔治不顾对德比造成的影响，说服了劳。然而，他们都没有咨询国王，国王认为艾特肯完全不合适。斯坦福德汉说，国王对没有向他征求意见感到“惊讶和受伤”，并且“不认为艾特肯爵士提供的公共服务证明了向他授予这种更高的荣誉是正当的”。[170]艾特肯自己也被这个荣誉给逗乐了。12 月 18 日，在与雷普顿共进午餐时，他开玩笑地说道，“他肯定将有事情要发生，因为早上刮胡子的时候他把自己刮伤了，而且他的血是蓝色的”。[171]

斯坦福德汉下令——这个命令很快就被忽视了——首相和他的任何同僚在未来都不得忽视君主特权。劳向斯坦福德汉解释说，这个提议已经提出了，而且愤怒的国王被迫同意了。最大的受害者是劳的声誉，劳为了给劳合·乔治的密友一个华而不实的头衔，似乎牺牲了自己的声誉。1 月 1 日，斯坦福德汉就国王是“荣誉源泉”的主题发送了一份长篇备忘录，并将据此批准所有授予的头衔，这是一份关于如何行事的指示。[172]现在，礼仪是极度缺乏的事物，因为备忘录还指出，国王就没有向其咨询意见发出了一封投诉信，但没有收到任何答复。因此，备忘录的结尾用比较具有威胁性的话语写道：“陛下相信，他现在可以得到保证，那就是在他正式或非正式地给予批准之前，大臣们不得向陛下的任何臣民授予爵位或承诺提议授予爵位。”劳对荣誉不感兴趣，甚至鄙视那些获得荣誉的人，因此，他有时对他们的爵位授予采取一种漫不经心的态度：12 月 23 日，国王非常生气，他曾答应向休·格雷厄姆（Hugh Graham）爵士——另一个加拿大报业大亨——授予一个贵族爵位，但斯坦福德汉指出“公认的宪法程序是这样的：大臣提出建议，君主给予同意——然后采取行动——但在这种情况下，既没有建议也没有同意！”[173]

下院等待着劳合·乔治将这件事和盘托出，但是，当12月12日下院召开会议时，劳报告说，新首相因感冒卧床不起，并建议下院再休会两天。反对党的前座议员麦克纳说，阿斯奎斯到时候会在场，并参与辩论。阿斯奎斯说过，他认为自己是新政府的支持者， 489
所以，他成为反对党的领袖似乎是没有问题的。劳犯了一个错误，因为他声称战争中没有“党派”，这激怒了自由党议员威廉·普林格尔，普林格尔宣称“我们受够了那些伪善的话”。[174]

劳合·乔治的继任标志着政府的大规模扩张，尤其是官员的大幅增加，公务员的人数从1914年的7.5万增加到了1919年的20万，尽管不久后人数开始下降。[175]由于平民生活的新领域需要指导和控制，因此官员们必须指导和控制这些领域，强制执行将成为监管洪流的那些规定。意识到已经失去了自己的政党，但意识到总有一天他将不得不通过竞选来保住自己的位置，劳合·乔治成立了一个名为“花园别馆”的“政策小组”，因为它位于唐宁街10号和11号花园中的波状铁皮建筑内。他把认识的年轻知识分子都拉进这些小屋，命令他们想出办法来帮助赢得战争，以及在恢复和平后改善这个国家（这也许是更重要的）。

12月14日，德文波特被任命为食物管制员。劳合·乔治一上任就立刻成立了劳工部。到圣诞节时，他已经设立了海运部、粮食部和养老金部，养老金部的一个主要职责是确保为战争中身负重伤或致盲的许多严重的伤残人士提供支持。如果可能的话，它将努力帮助他们康复，为他们提供工作培训。红十字会将密切参与该部门的工作。随后，劳合·乔治在1917年8月成立了重建部，在11月成立了国民服务部，在1918年1月成立了空军部（为该年4月英国皇家空军的成立做准备），考虑到政府的长期宣传工作，在1918

年 2 月某日的晚些时候成立了宣传部。这场官僚革命代价高昂：新政府做的第一件事，就是在下院为另外 4 亿英镑未规定具体内容的预算数进行投票。

政府颁布了新的命令，进一步暂停了从安妮女王开始的宪法惯例，即大多数情况下，当一名议员被任命为大臣（也有一些指定的例外情况）时，他必须辞去议员一职，并通过补选获得选民的支持。12 月 15 日，一天之内通过的一项法案再次暂时废除了这个
490 惯例。直到 1919 年，这个惯例才被永久废止。该做法的理由是，大臣们应该集中精力确保胜利，并应在下院回答问题和解释政策，而不是在自己的选区寻求选民的支持。一切都服从于战事指挥。

在接下来的几个月里，人们越来越担心议会的重要性将会降低，因为劳合·乔治很少出席。它证实了这样一种观点，即战争为建立一个可以逃避适当问责的独裁政权提供了借口。在这一点上，自由党的报纸认为它发现诺思克利夫插手干预——正如不久后《每日新闻》说的那样，诺思克利夫正在寻求塑造一个“暴民独裁”，并“把每一个有自尊的人赶出公共生活”。它继续写道：“目的是摧毁议会的权威和权力……诺思克利夫勋爵……对议会毫无用处，并且正在领导暴民反对这个机构。他正致力于通过报界来组建政府。”[176]诺思克利夫宣称自己无意入主唐宁街，但实际上，他的想法与对手们认为他所持有的想法相差无几。

在寻求加强国家治理的同时，新政府还寻求在战争中进行战略变革。12 月 15 日，仍受感冒和喉咙痛折磨的劳合·乔治把罗伯逊和黑格叫到唐宁街。他想把两个师从法国调到埃及，以攻打耶路撒冷的奥斯曼军队，并把黑格的两百支重炮运到意大利过冬，春天再运回来。黑格表示抗议，他解释说，他们需要为明年夏天的进攻做准备，而损失这么多人和这么多物资将会破坏明年夏天的进攻。劳

合·乔治“认为没有可能（在西线）击败德军，不管怎样，不会是在明年”。[177]进一步的讨论被推迟到了圣诞节假日之后，届时，在法国人的帮助下，劳合·乔治将对罗伯逊和黑格的观点非常清楚地表明自己的看法。在他看来，在目前这个阶段，黑格设想的那种索姆河战役式的进攻是不可能的。

12月12日，受国内食物短缺的推动，同时为了分裂对手，同盟国在寄给中立国美国的照会中首次提出议和倡议。国王警告劳合·乔治，需要“极度小心、谨慎地处理”这个倡议。[178]报界和公众将此视为同盟国软弱无力的表现，是封锁取得成功的征兆，但也 491
是一种尝试，以考验《泰晤士报》所称的新政府的“凝聚力”。[179]战时内阁考虑了德国的照会，并得出了结论——他们的盟友也是如此——用汉基的话说，他们认为那是“一种自吹自擂、夸夸其谈的宣传”。[180]人们认为这是一个诡计，目的是争取时间，以加强海上力量。然而，国王敦促劳合·乔治在敌国明确提出议和条件之前不要拒绝这封照会，这样做主要是为了防止中立国家——尤其是美国，该国总统威尔逊刚刚获得连任，正在寻求促成和平——站在反对英国的一边。12月19日，劳合·乔治向议会提交了这个问题，当时他第一次以首相身份对这个问题发表了讲话。

虽然他的喉咙仍然很痛，但他发表了一篇充满命运论调的演讲：

> 我今天来到下院，在这个国家所经历过的最大规模的战争中，在这场将决定英国命运的战争中，作为国王的首席顾问，我肩负着任何在世之人的肩上所能承担的最可怕的责任。这是有史以来最大的战争。这是施加在这个国家或任何其他国家身上的最沉重的负担，随之而来的问题，是伴随人类曾经卷入的

任何冲突所出现的最严重的问题。德国总理发表了一项声明，突然加重了新政府的责任，我建议立刻处理这个问题。[181]

和法国人、俄国人一样，他也认为德国的照会未能阐明议和条件，这阻止了战时内阁认真对待这些倡议。他说，他认为陆军部的任务是“完成并更有效地调动所有国家资源”，“迅速取得胜利”是不可能发生的。[182]他赞扬了军队，但这支军队的领导层即将与他陷入一场激烈的冲突。他解释说，他之所以向劳赋予领导下院的角色，是因为“我们得出结论认为，在一场大战中，任何一个人，无论他的精力或体力如何，都无法同时承担这两项职责”。[183]

他解释说，他选择了“有行政管理和商业能力的人，而不是
492 有议会经验的人，因为我们无法让大部门的领导同时具备这两样”。他试图讨好工会的老主顾，承诺要“更坦率、更全面地承认工党在国家政府中的伙伴关系。迄今为止，还没有哪个政府在治理这个国家的过程中能拥有如此庞大的工会群体——这么多的人一生都与这个国家的劳工和劳工组织有联系。我们意识到，如果得不到工党的全面和无条件的支持，就不可能指挥战争，并且我们渴望得到他们的帮助和建议，以便进行战事指挥”。[184]为了快速做出决策，他废除了和平时期由 23 人组成的内阁制度。“大家都十分确信”，他说，“由于迟迟不做出决定和不采取行动，协约国遭受了一次又一次的灾难”。[185]

阿斯奎斯——他最终决定担任反对党的领袖——没有做出任何回应，但过了一会儿，当劳合·乔治批评不保存内阁会议记录的做法时，他插话说，“内阁有个不成文的灵活规则，那就是除首相外，任何成员都不得对会议过程做任何笔记或记录，首相应当进行记录——这是保存的唯一会议记录——以便向国王递交信件”。[186]

劳合·乔治反驳说，“这是战争委员会和内阁之间的真正区别”，使得这件事成为他新秩序的象征。不过，战争委员会（其会议过程被记录下来）现在和战时内阁是一回事了。

劳合·乔治谈到了其他紧迫的问题。他说，“无疑，粮食问题形势严峻，而且将会变得严重，除非不仅仅是政府，而是整个国家都准备好立刻勇敢地解决这个问题”。[187] 1916 年英国的收成不佳；由于天气恶劣，1917 年的实际播种量只有理应播种量的八分之三。加拿大和美国的收成一直不好，俄国的粮食难以买到，澳大利亚的粮食存在运输问题。他要求“富人”不要过度消费，因为这个国家正在“为生存而战”，要“进行博弈”。[188]他宣称，“每一个可用的平方码”都必须用来种植粮食。[189]

在描述了许多士兵在堑壕中所忍受的痛苦——包括前所未有地承认“索姆河战役的恐怖”——之后，他宣称： 493

> 你们不可能做出绝对均等的牺牲。在一场战争中，这是不可能的，但是，你们可以具有牺牲一切的同等意愿。成千上万的人献出了自己的生命，数以百万的人放弃了舒适的家园，每天与死神打交道，许多人放弃了他们最爱的人。让整个国家把它的舒适、奢侈、放纵和优雅都放在一个圣坛上，用来供奉这些人做出的牺牲。让我们在战争期间宣布全国大斋节。这个国家将因此而变得更好、更强大，无论是精神上、道德上还是身体上。它将让这个国家的素质得到提高，让这个国家的精神变得高尚。如果不这样做，我们就不能充分受益于这场斗争。

他详细描述了可能的牺牲。劳将设法没收牟取暴利者（如军火行业的暴利者）的所得，政府可能不得不迫使没有参军的每一个人从事“对国家重要的工作”。[190]不适合服役或年龄太大而不能服役的人将不得不接受与战争期间的工作地点有关的指示，以便履行适合服役的人所承担的相同的道德义务。12 月 14 日，战时内阁决定任命一名国民服务部的总监，军事和民事部的总监将向其进行报告。前者负责征兵，并把士兵交给陆军部；后者将按照国民服务部的总监拟订的、按国家优先事务排列的行业时间表开展工作。

首先，政府将为重要的行业（如农业）征召劳动力；对于那些不那么重要的行业，政府将定量分配劳动力。他解释道：“非必要行业和定量分配行业的劳动力……将用于释放目前被免除服役的潜在士兵，并用于增加必要行业的劳动力供应。政府将邀请这些劳动力立刻进行登记，按照类似于现有军火志愿者的方式将他们登记为战争工作人员，并在薪金和军属津贴方面制定类似的规定。”[191]这一切之所以成为可能，只是因为当劳合·乔治卧病在床时，亨德森和一样爱国的同僚约翰·霍奇——他曾是艾尔郡一家钢铁厂的搅炼工人，也是第一个被任命为劳工大臣的人——与资深的工团主义者见过面，说服他们接受某种形式的工作征召。公务员亨伯特·沃
494 尔夫（Humbert Wolfe）深度参与组建军需部的劳工部门，他报告称，劳工们“愿意被征召，以便为一个理念而死，而不愿意为私人利益而活（按其说法）”。[192]

劳合·乔治说，这个制度一开始是自愿的，但是，如果没有足够的志愿者，那么他将毫不犹豫地重返议会，并寻求权力，以便为工业征召人力。“这个国家正在为生存而战”，他说，“它有权享受所有国民的最佳效力”。[193]在孟塔古拒绝任职后，他选择了内维尔·张伯伦担任国民服务部的第一任总监，后者是伯明翰市的市长，也是约瑟夫的儿子、奥斯丁的异母弟。劳合·乔治“费了很大的劲”才说服张伯伦接受这项工作，一直以来，张伯伦都高度

专注于让他的城市为战争做出最大贡献。现在，他将负责创建一支“庞大的工业大军”。劳合·乔治并没有夸大张伯伦的不情愿：他的异母兄告诉他，他有责任“为国家工作，为帝国工作”，而不是仅仅为伯明翰服务。对此，内维尔回答说：“我想我没有权利拒绝。”[194]长期以来，内维尔对劳合·乔治的评价很差，他认为劳合·乔治对一些军火纠纷处理不当，做出了不必要的让步，由此鼓励其他地方的工人制造麻烦。他接受了这份工作，但没有抱太多的幻想。很快，他发现自己既缺乏权威也缺乏机制来妥善完成这项任务。孟塔古精明地拒绝了这项工作，因为当未能建立这支新的平民军队时，无论谁承担责任，这个人都不会是劳合·乔治。

这位新首相还提到了爱尔兰，关于这个问题，他很难做到问心无愧，即使是现在，他也无法坦率。“我希望能够消除英国和爱尔兰之间的误会，几个世纪以来，这个误会对一方来说是痛苦之源，对另一方来说是尴尬和软弱之源。我希望那个误会能消除。我试过一次，但没有成功。”一位爱尔兰议员对他说：“再试一次！”劳合·乔治继续说：“错误并不完全是单方面的。我一直觉得，我们在一种紧张不安的、对每一件事和每一个人都充满了怀疑和不信任的气氛中前进，这种怀疑和不信任普遍存在、无处不在……这是一种不信任的泥沼，它堵塞了前进的脚步，使前进变得不可能。”[195]也许他是在为自己日后无法解决爱尔兰的现实情况提前找借口。

最后，他以向阿斯奎斯致敬为幌子，试图为自己辩护。 495

> 我可以说，而且我是真心实意地说，我一生中最遗憾的一件事，就是我要和这位尊敬的绅士分道扬镳了。他的一些朋友知道我是如何努力地避免这件事的发生。多年来，我一直在这位尊敬的绅士的手下工作，而且我也很自豪这么说。我从来没

> 有见过比他更仁慈、更宽容的长官。如果说有什么性情上的缺点，那也都是我的缺点，我毫不怀疑自己有时候很难相处。没有一个人不钦佩他卓越的学识，也没有一个人不愿意在他的手下工作。八年来，我们意见不一，因为不同性格的人必然会意见不合，但是，我们从未发生过私人争吵。[196]

他声称，在整个战争中，他都把国家利益置于党派利益之上，“因为我意识到，从普鲁士的大炮把死亡掷向一个爱好和平、不具有进攻性的小国的那一刻起，文明就受到了挑战，我们需要解决的问题比党派之争更高、更深、更广泛——这个问题的解决将决定几代人在这个世界上的命运，那时现有的党派之争将像枯叶一样掉落在高速公路上。这些问题都是我想要摆到全国人民面前的问题，这样我们的决心才不会犹豫或动摇”。[197]

阿斯奎斯表现出极大的宽宏大量，“衷心”祝贺劳合·乔治继任首相。他作为反对党的前座议员发言，“我说这番话，并不是因为我自称是所谓的反对党的领袖……我不在乎目前这个国家的政府由谁主导，我非常高兴地看到我的朋友、一个如此有能力的人当之无愧地担任这个职位——无论我获得了怎样的经验，无论它的价值是多少，政府都可以利用”。[198]这个说法也不是完全真实的，因为阿斯奎斯本可以作为大法官进入上院。他说，党派分歧只是“暂时搁置”，总有一天会“复苏的”。[199]这就是他留在下院的原因。

他承认，“一方面，这对我来说是一种解脱，从某种程度上说，这是一种难以言喻的解脱，从近年来在几乎无法忍受的条件下背负的日常负担中解脱出来；另一方面，我辛辛苦苦工作了这么长的时间，却留下一个尚未完成的任务，对于此，我无疑感到深深的
496 遗憾”。他继续说，在他的统治下，“判断上的错误、方法上的缺

陷可能存在，而且毫无疑问已经存在”。然而，他继续说道：“但是，对于存在松懈、懒散或意志薄弱的说法，尤其是，我们在集中精力完成我们共同的任务时缺乏彻底性和全心全意的说法，我断然予以否认，这不仅是代表我本人，而且也代表我过去的同僚，以及坐在这样或那样席位上的人。当然，完整的故事还无法讲述。”[200]他总结道：“当所有的事实都被披露时，我很乐意将我的政府，以及我在其中扮演的角色交由历史来评判。”鲜有人注意到阿斯奎斯的贡献，他的贡献被继任者的演讲盖过了风头。对于劳合·乔治的演讲，《泰晤士报》没有轻描淡写，称他的演讲是“帝国和人类历史上的一件大事”。[201]六个月后，阿斯奎斯夫人仍在气呼呼地说：“我永远不会原谅我们自己人和劳合·乔治对他的可恶对待，”1917 年 5 月 28 日，她在日记中向后代如是写道。[202]“你们可以相信我——我们都知道这是一个设计好的圈套！我希望全国人民都知道我的时代、你们的时代或任何人的时代中最肮脏的政治阴谋的每一个细节！”

在 1916 年的节礼日与法国人协商后，协约国通过美国驻巴黎大使拒绝了同盟国的议和照会。他们告诉威尔逊总统，他们希望敌人撤离占领的所有领土，重建政府，解散奥匈帝国，给予赔偿，并保证行为良好，就像两年后在凡尔赛宫坚持的那样。协约国宣布，战斗将持续，直到取得胜利。1917 年就这样开始了，战争没有结束的迹象。然而，现在掌管英国政府的人所拥有的权力比建立保护国*以来的任何人都要多；这个国家承受不起他的失败。 497

---

* 保护国（Protectorate state）：非独立国的一种，也是殖民统治的一种特殊形式。帝国主义国家为了掠夺原材料产地和国际市场，用强力的手段迫使弱小国家、落后国家与之签订不平等条约，以“保护”为名，控制和吞并弱小国家。这些弱小国家就称为保护国。——译注

第八章　独裁

一

就在劳合·乔治组建政府后不久，德国发动了新一轮的进攻，这次是在海上，对英国构成了严重威胁。然而，它也导致了一系列事件，帮助协约国赢得了战争。美国总统伍德罗·威尔逊努力使他的国家保持中立，一个重要的原因是德裔和爱尔兰裔美国人的反英情绪。但是，德国随后于1917年1月31日宣布重新启动无限制潜艇战，使用U艇击沉开往英国水域的任何船舰，这给美国航运造成了损失，导致美国的公众舆论再也无法容忍。尽管德国首相贝特曼·霍尔韦格和德皇在1916年一致认为重启无限制潜艇战将会使美国卷入这场冲突，从而导致一场“精疲力竭的战争”，终结德国的大国地位，并且很可能会导致霍亨索伦王朝的灭亡，但德国仍恢复了这项政策。[1]事实表明，后果超出了他们的认知。威尔逊在政治上别无选择，只能让美国参战，并试图打败德国。战时环境的根本性改变不仅使英国获得了一个新的主要伙伴，也改变了国际关系。

德国人知道，他们在日德兰半岛侥幸躲过一劫，而海上舰队之间的另一场战斗不一定会以德国人取得胜利而告终。然而，作为封锁策略的受害者，他们深知封锁的后果，并寻求以同样的方式进行报复。虽然他们正在渐渐输掉“饥饿之战”，但他们认为，1916年美国、阿根廷和加拿大粮食歉收，也会使英国面临严重的饥饿风险。由于英国的粮食依赖进口，这个观点是正确的。德国U艇的数量增加（从1916年1月的41艘增至一年后的103艘），给德国带来了巨大的优势，他们错误地认为，如果德国选择使用U艇，就有可能使英国求和。与1914年8月一样，迫使德皇采取这项政策的是军人，而不是政治家。自1916年10月起，德国使用驻扎在泽布吕赫的船舰在北海进行有限制潜艇战，尽管贝特曼持保留意见，但现在，这些船舰将驶往大西洋进行无限制潜艇战。 499

2月2日，威尔逊断绝了同德国的外交关系。大多数美国航运公司的船舰都在港口靠泊，纽约的航运活动几乎停止。由于美国60%的出口流向西欧，这严重打击了美国的经济和纽约证券交易所。恪守美国外交政策传统的威尔逊仍然希望可以避免宣战，这场战争意味着美国将干预欧洲政治。但是，在德国外长阿瑟·齐默尔曼于3月3日承认“齐默尔曼电报”——提议墨西哥收复被美国占领的领土，以换取墨西哥支持德国——的真实性后，美国卷入战争（即威尔逊声称的“这将是一场结束所有战争的战争”）的势头变得不可阻挡。

在电报内容被公开后，众议院以403票赞成、14票反对通过了一项允许武装商船的法案。威尔逊最初曾抵制该法案，他担心德国人将此视为一种挑衅行为并宣战。1917年3月，美国遭受了航运损失，美国海军决定再招募2.7万人，并建造260多艘船舰来“驱逐”潜艇。最后，威尔逊意识到自己别无选择。4月2日，他陈述了参战理由，声称他之所以同德国领导人反目，是因为他们对美国发动了侵略战争。经多数票通过（而非全体一致通过），国会两院同意宣战。4月6日，美国对德意志帝国宣战。在1914年的时候，德国的军事精英们拥护入侵比利时和进攻法国的主张，但没有意识到施里芬计划可能会失败，这就是两年半后德军在西线的战事仍陷入困境的原因。现在，这些精英们又忽视了美国参战的后果。

500 当议会于 1917 年 2 月 7 日恢复时，劳合·乔治——他坚持认为，较之于出席下院的会议，他有更重要的事情要做——遭到了自由党议员威廉·普林格尔的抨击，理由是他缺席有关致辞演说的辩论，似乎表明他“故意不尊重”下院。劳代替他发言，阿斯奎斯作为反对党的前座议员进行回击。[2]首相对下院的忽视似乎助长了人们对他的指责，说他的行为像一个独裁者——或者确实像一个执行总裁。工党提出正式抗议。另一位自由党议员约瑟夫·金抱怨说：“我想表达自己的极度吃惊和深切失望。下院不习惯这种处理方式，在我看来，首相越早着手处理下院的事务，政府也就可以更好地应对这场战争。”[3]劳合·乔治不需要下院。像大多数独裁者一样，他只在必要时才与立法机构打交道。议员们纷纷谴责他花时间在公共平台上发表演讲以及在未告知同僚之前宣布政策。

劳合·乔治认为，既可以使用语言、也可以使用武器来进行作战。为此，他决心控制政府的宣传活动，他将马斯特曼（Manman）运营的、位于惠林顿馆的战时宣传局——他认为宣传局不起作用，而他在新闻界的朋友们鄙视该局太低调、太温和——并入了外交部的新闻局。约翰·巴肯（John Buchan）被从法国的情报机构（他曾在此为黑格撰写演讲和公报）召回，并于 1917 年 2 月 9 日担任新部门的负责人。一年后，艾特肯在受封为比弗布鲁克勋爵后不久出任新闻大臣。（当时，比弗布鲁克正忙着与劳合·乔治和劳合作编写一份关于 12 月政变的半官方报告——或者，用劳合·乔治在 1 月 31 日发表的逢迎话语来说，“你在其中起到决定作用的有趣又令人难忘的经历”。）[4]巴肯曾是米尔纳在南非的私人秘书，也是米尔纳养成教育所的重要成员，而且在战争初期曾为新闻局工作。巴肯因冒险小说而出名，这使他成了男生和俱乐部的英雄，尤其是他的间谍小说《三十九级台阶》（1915 年出版）和次年出版的续篇《绿斗篷》。巴肯是战时著名的大众历史学家，他不仅创作了关于 501
白人的奇谈怪论，而且撰写了 24 卷战争史——《纳尔逊的大战史》（*Nelson's History of the Great War*）。他比马斯特曼更加了解新闻和电影的宣传用途：而且他看到了向美国传递战争信息的重要性。

劳合·乔治以令人捉摸不透的干劲，在白厅从事一项与阿斯奎斯的战事工作截然不同的事业。从星期一到星期五，战时内阁每天都召开会议，有时周末也开会，偶尔一天召开两次或三次会议。它催生了许多委员会。劳合·乔治还与印度事务大臣奥斯丁·张伯伦召集了帝国总理会议。1917 年 3 月，帝国战时内阁成立，当时正好赶上美国参战。那个春天，该内阁在伦敦召开了几次会议，帝国主要的自治领政府都参与了战事指挥。它也滋生了官僚主义。到了 1917 年夏天，已经有一百多个部门间委员会，给公务员系统带来了巨大压力。

公务员并不是唯一一个在这个新官僚机构的重压下苦苦挣扎的群体。虽然劳合·乔治有着组织方面的决心，但他无法应付随之而来的种种工作。很快，他就把批准战时内阁会议的议程和纪要的任务交给了汉基，汉基的权力也随之增大。战时内阁讨论的大部分内容都具有高度机密性，甚至会议纪要最初在大臣之间的传阅也受到限制。那些接受传统教育的人常常对新体系以及劳合·乔治采用的做法表示厌恶。他将如此多的权力集中在自身和挑选出来的少数人的身上，而将那些通常会就国家治理问题进行密切磋商的资深大臣排除在外，对于这种做法，不是每一个人都给予支持。2 月，汉基记录下了与“心怀不满”的朗的谈话，后者称该体系是“行不通的”。[5]

帝国会议带来的另一个后果是，劳合·乔治邀请扬·史末资（Jan Smuts）加入战时内阁。史末资——他代表南非参加会议——是英军中将，虽然他在第二次布尔战争中为布尔人而战。劳合·乔治对他独创性的想法留下了深刻印象，认为让他继续发挥作用和见识是很有必要的。他做出了巨大贡献，尤其是他倡导建立皇家空
502 军。能够包容史末资，显示出劳合·乔治心胸宽广，因为史末资狂热支持黑格的西线消耗战政策，该政策将在 1917 年夏末秋初的第三次伊普尔战役后发生动摇，而首相一开始就不太赞同该政策。

当劳合·乔治在 1916 年的圣诞节期间考虑下一步行动时，他仍希望将协约国的进攻转移到意大利战线，侧重于防守，而不是西线进攻。他认为，借助英国的意大利盟友发动攻击，同盟国将被迫从现有的两条战线转移资源，使它们在这些战线变得脆弱。英军的两名将领罗伯逊和黑格对此表示强烈反对。尽管在索姆河战役中损失惨重，但他们仍认为只有在西线才能赢得战争，如果军队被调往意大利作战，那么英国在西线的军事力量将遭到削弱。鉴于向派驻西线的士兵提供食物和装备非常困难，在战时内阁于 12 月 9 日和圣诞节后召开会议时，劳合·乔治建议在萨洛尼卡作战。[6]尽管很多人反对他的观点，但劳合·乔治仍决心利用自己作为国王首席大臣的特权来得其所愿，并且不仅仅要在萨洛尼卡问题上得其所愿。让劳合·乔治得其所愿，而不是让他认为不如自己的战略家得其所愿，这就是他担任这个职位的原因。要是这种情况发生在阿斯奎斯掌权期间，不忠诚的同僚可能会把细节泄露给报纸。而现在，由于审查员禁止在报纸上提到这些内容，公众对此几乎一无所知。

劳合·乔治仍在寻找西线战略的替代方案，1 月初，他前往罗

马，与协约国的领导人讨论如何赢得战争，但这场会议一无所获。之后，黑格——他在1月1日被晋升为陆军元帅——于1月15日同罗贝尔·尼维尔（Robert Nivelle）一同前往伦敦会见劳合·乔治。尼维尔是新任法军总司令，他在法国政局的动荡时期于12月12日接替了霞飞。劳合·乔治曾在罗马见过尼维尔，对他印象深刻，他们的会晤产生了一个不幸的结果。鉴于对尼维尔的钦佩，劳合·乔治放弃了在西线发起另一轮攻击的方案（他的同僚认为他会强烈反对该方案），转为支持尼维尔的计划。在战争的那个阶段，他是如此不尊重英国将军，以至于他似乎认为法国将军提出的任何建议都是更好的策略。他将被证明是大错特错了。 503

黑格想在西线发动另一场攻势，于是把尼维尔带到伦敦，向劳合·乔治说明他希望成为既成事实的事情。然而，首相告诉黑格，事情已经不再是那样处理了。只有获得了战时内阁的批准，进攻才会发生。[7]劳合·乔治的做法让黑格坚定了自己对劳合·乔治的想法、甚至对其性格特征的看法。在这个过程中，劳合·乔治表现出他想要在不使用手段、不拐弯抹角的情况下履行他的高级职能。愤怒的黑格记录道，“他得出总体结论认为，法军在各方面都更好，能够以更少的生命代价取得胜利。我们在索姆河战役中白白损失了(*原文如此*）许多生命，这个国家再也不能忍受这种事情了。要想取得胜利，我们必须选择一条容易攻打的战线，但在西线，我们找不到这样的战线”。[8]黑格试图反驳，解释说英国有责任帮助缓解法军在凡尔登的压力——他希望他所指挥的军队能够按照他制定和领导的计划去做，而不是按照法国军队制定的计划去做，他对法军的计划表现出轻微的蔑视。尽管黑格与尼维尔在一条战线上，但他还是试图消除首相对法军遵守纪律存有的幻想——在接下来的一年里，在法国的几次兵变之后，黑格证明了这一点。

在得到发表意见的机会后，尼维尔很有说服力地阐明了自己的观点。他用一口流利的英语——他的母亲是英国人——说服战时内阁支持一项“突破性的”进攻，他承诺这次进攻不会像索姆河战役那样。他说，如果他错了，那么将在几天内放弃进攻。在听取尼维尔的建议后，大臣们在 1 月 15 日晚上和第二天上午又召开了两次会议，讨论进攻的可行性。英军将在前线的大部分地区缓解法军的压力，让法军攻击兰斯以西的贵妇小径（Chemin-des-Dames），这就是后来众所周知的“第二次埃纳河战役”。这个建议最终获得了批准：1917 年的第一次军事失败已经开始启动。

根据劳合·乔治在 1 月份对黑格发表的不客气言论，黑格可能已经得知，首相也在考虑改善军事指挥，而且也在思考一年后可能取得的进展。由于首相认为法国将军更胜一筹，协约国的联军司令
504 部最终可能由法国人领导。2 月 26 日，在加来召开的一次会议上，首相向高级指挥官们发出了这个信号，他表面上要求讨论黑格在深入研究后勤情况后目前对尼维尔计划持有的保留意见，特别是黑格关于法国的铁路系统无法支持必要的军队和弹药运输的看法。正如黑格所见，如果情况合适，劳合·乔治便会直截了当，不过，他往往倾向于避免直接的对抗，而采用更加马基雅维利*式的方法。经劳合·乔治默许，在与法国总理阿里斯蒂德·白里安（Aristide Briand）讨论后，法军总司令尼维尔建议从 3 月 1 日开始实行联合指挥。他明确表示，他应该领导这个司令部，应当有权指挥英国远征军，尽管在他的总部设有一名资深的英国参谋担任联络官。虽然劳合·乔治很狡猾，但这种操纵利用尼维尔的做法将会迫使他与黑

---

* 马基雅维利：意大利政治家和历史学家，以主张为达目的可以不择手段而著称于世，马基雅维利主义也因此成为权术和谋略的代名词。——译注

格、甚至是罗伯逊发生冲突，而这是他一直极力避免的。

这个计划对罗伯逊来说是一个新闻，尽管他是帝国总参谋长，但他并没有被邀请参加两天前召开的、解决了这个计划的战时内阁会议。德比也缺席了，作为陆军大臣，他对没有人征求他的意见感到愤怒。伊舍说，“艾迪·德比……愤愤不平地抱怨自己被蒙在鼓里。关于加来会议的安排，他一个字也没有听说”。[9]黑格也被蒙在鼓里。在尼维尔介绍他的计划时，劳合·乔治怂恿尼维尔“不要隐瞒……他与黑格元帅的分歧”。[10]据黑格说，就连尼维尔也感到吃惊。黑格概述了他对尼维尔计划的部分内容持有的异议，特别是进攻维米岭的想法，因为这意味着将进攻兴登堡防线的一个袋形阵地。兴登堡防线是德军在凡尔登战役未能取得突破后，于该年冬天在前线东端修筑的防线。劳合·乔治要求法国人制定一套指挥方法，以便他、罗伯逊和黑格进行讨论，这个指挥方法是在那天晚饭前制定，以供第二天进行讨论的。当罗伯逊和黑格与法国人共进晚餐时——劳合·乔治借口生病了，没有参加——他们得到了法国人的计划。他们去和劳合·乔治讨论这个计划，后者突然向他们提出这样一个建议：由于法国人在即将到来的进攻中拥有数量更多的军队，战时内阁已经决定让法国的总司令指挥英国军队。

黑格说，这是“疯狂的”，“我不相信我们的军队会在法国人的领导下作战”。[11]这变成了一场意志的较量，首相告诉黑格，他和罗伯逊现在必须执行战时内阁的决定。罗伯逊也感到愤怒，当汉基 505
告诉他和黑格，劳合·乔治没有就这个建议“从战时内阁那里获得充分授权”时，他更加愤怒了。“我们一致认为，我们宁愿接受军事法庭的审判，也不愿背叛军队，不愿同意让他们接受法国人的指挥。罗伯逊赞同说我们必须辞职，而不是成为这笔交易的合伙人。”黑格记录道：“于是，我们带着对政府和政客们的深恶痛绝上床休息了。”第二天早上，法国将军就白里安的文件“侮辱”了英国军队向黑格道歉——他们证实，白里安的文件是在劳合·乔治的全力配合下起草的。

一直以来，黑格都认为劳合·乔治“很狡猾……诡诈、不可靠”，这一幕证实了劳合·乔治的背信弃义，于是，黑格请求国王给予支持。在为期两天的会议结束后，他给国王写信，概述了劳合·乔治的表里不一，劳合·乔治让他和罗伯逊相信他们是去参加一个关于运输的会议，结果却要求他们不假思索地同意对军队指挥权进行的临时改组。黑格警告国王说，他应当“保持警惕，防止采取任何可能导致我们的军队被解散和被并入法国军团的措施”。[12]黑格还告诉他，劳合·乔治声称是法国人坚持要进行改变，而法国人则说这是在英国内阁的坚持下进行的。这种说法不会提升国王对首相的评价。最后，黑格说，如果觉得另一位将军做得更好，那么他当然会辞职——这种做法本身就有点虚伪，因为黑格知道，即使劳合·乔治不理会国王对这个做法的反对意见，他也不能忽视统一党人的感情。“在我们历史上的这场重大危机中，”黑格带着十足的装腔作势总结道，“我的唯一目标就是尽我所能为国王和国家效力，我满怀信心地将自己交给陛下，让他来决定在这个关键时刻我应当怎样做。”[13]

在采取了将使国王做出愤怒反应的行动后，黑格等待着斯坦福德汉的回信。回信于 3 月 5 日到达。国王的私人秘书——他曾警告过德比要“特别留意”劳合·乔治关心的事情——说，黑格的信“让国王陛下非常不悦”，尤其是因为国王意识到这个计划也一直
506 瞒着他。无论是无意还是有意的，国王直到 2 月 28 日才收到至关重要的战时内阁会议的记录，但为时已晚，他无法反对。斯坦福德汉强调，需要对新协议中提出的“重大变化”做出“进一步的解

释”，才能得到国王的同意。国王认为黑格的辞职将是“灾难性的”，他意识到黑格和罗伯逊遭到了伏击。在3月1日的日记中，国王在与罗伯逊“长谈”后写道，劳合·乔治“让他很为难”。[14]斯坦福德汉向黑格保证，国王将会尽其所能保护他的利益。国王告诉首相“不应当干涉黑格的立场”。[15]德比称这个计划是“荒谬的”，并向黑格保证，要是他知道这个计划，他会提出反对意见。他们都领教过劳合·乔治的做事方法。

据史蒂文森小姐说，首相告诉国王，“在我看来，最重要的是，我们英勇士兵的生命不应当像去年夏天那样被浪费掉，而是应当得到充分利用”。他是不会让黑格忘记索姆河战役的，而且他的做法也不是没有原因的。由于汉基和将军弗雷德里克·莫里斯（Frederick Maurice）爵士——他从1915年起担任军事行动主任，他的祖父弗雷德里克·丹尼森·莫里斯（Frederick Denison Maurice）是维多利亚时代的牧师——的外交才能，双方达成了一项保全面子的协议，该协议向尼维尔赋予了这次行动的指挥权，但是，如果黑格觉得尼维尔的计划威胁到了英军的安全，那么他有权向自己的政府进行申诉。2月28日，尼维尔正式给黑格写了一封信，要求了解他给军队下达的命令的细节，黑格态度强硬地将此描述为“任何绅士都写不出这样的信，伟大英军的总指挥官在收到这样的信时必定会提出抗议”。[16]

大多数政客都会从这件事中吸取教训，但劳合·乔治却不会。事实上，在他试图排挤黑格和罗伯逊后，他们对他产生了不信任和敌意，但这只是坚定了他限制军队高层权力的决心——这种决心更多是基于偏见，而不是基于效果，尽管黑格在索姆河战役的灾难中暴露出了种种缺点。后来，尼维尔的进攻失败了，这至少阻止了他坚持执行他的另一个想法，即从意大利翻越阿尔卑斯山攻打奥地

利。罗伯逊认为，这两件事“都证明了，除非与他的想法一致，
507 否则他绝不会以任何方式听从英国军事当局的建议”。[17]

德比一向被认为是一个容易受人摆布的人，在目睹了劳合·乔治作为首相的作为后，他受到鼓动，不允许劳合·乔治对自己为所欲为。3月6日，他提醒首相，在上任时，首相向他承诺将邀请他出席与其职务有关的所有会议。但是，“2月24日，星期六，战时内阁召开了会议，做出了对在法国指挥战争造成影响的重大决定，但没有召集陆军部的代表参加。既然这个决定已经得到了执行，我认为再讨论这件事的是非曲直已经没有什么用了，但是，我恳切地希望能够采取措施，防止这种情况再次发生”。[18]过了一周半，劳合·乔治给德比发了一封回信，完全回避了所提出的问题，这是劳合·乔治的典型做法。大臣们将不得不习惯一种不太礼貌、商榷更少、更加独裁的风格。

二

寻求分摊责任，从而对自己造成最小伤害，最好给对手造成最大伤害，这也是劳合·乔治的风格。只要他觉得合适，他就会乐于在背后捅别人一刀。因此，在1917年的春天，他没有采取措施阻止达达尼尔海峡委员会在没有公布所依据的证据的情况下发布一份中期报告，以批评他以前的一些同僚，这也就不足为奇了。那份报告和最终报告都将在战后公之于众。劳合·乔治允许这样做，是因为这为他发起一场针对阿斯奎斯的政变提供了一个有用的事后理由。报告显示，战事工作的开展存在高度异常。它的结论是，在战争的最初几个月里，大臣们做出重要决定的方式是“笨拙和低效的”。尽管如此，阿斯奎斯——作为批评的主要对象之一——无法

理解为什么得出这样的结论，因为它超出了相关调查应当审查的时间范围，而且没有列举证据来支持这个结论。[19]然而，这份报告损害了时任首相的声誉。《泰晤士报》称，这证明了丘吉尔——诺思克利夫对他不屑一顾——是“主要推动者”，尽管该报赞扬他至少在“其他人都动摇的时刻”始终如一。[20]但是，该报将此称之为“一个危险的狂热者的始终如一，只有当他确信能将专家的建议塑 508
造成自己的意见时，他才会寻求专家的建议”。该报对他在1915年5月的内阁改组中受到的“压制”喝彩，这个评论表明，在试图让他重返政坛的过程中，伴随而来的将会是敌意。

当汉基在1917年2月看到这份报告的预先证据时，他认为这是一份“非常不公平的文件，对阿斯奎斯太苛刻了，没有充分考虑时代的困难和阿斯奎斯必须应对的令人讨厌的人物”。汉基认为发表这份报告违背了公众的利益。贝尔福同意这种看法，其他同僚（或许也觉得有必要证明最近的政变是正当的）则表示反对。然而，战时内阁获得了议会的同意，删除了汉基所说的“一些更危险的段落”。[21]阿斯奎斯自己对这份报告的期望，或者说恐惧，增加了他在1916年秋天所承受的压力。3月20日，他在下院发表的一份长篇声明中为自己辩护，明确表示，他对在战争期间发布这份报告感到愤怒，因为当时有更严重的问题需要解决。在没有证据的情况下发布报告会给“个人和国家利益带来严重的不公正风险”。[22]

阿斯奎斯说，在面临前所未有的问题时，他愿意等待“历史对他的行为做出评判”。尽管如此，他对报告中有关基钦纳——他无已法为自己辩护——的描述提出了质疑。“基钦纳勋爵绝不是报告中描写的那种孤僻、沉默寡言的独裁者……如果暗示或认为基钦纳勋爵与世隔绝，在战争期间没有向陆军部和其他部门征求军事意见，那就大错特错了。我说的是我所知道的，我绝对不承认这是事实。”[23]他还说：“在军事问题上，我们有义务听从这位伟大士兵的判断，他以满腔的爱国热情承担起陆军大臣的职责。”

阿斯奎斯不太容易生气，但这次例外：“这份报告涉及的任何事情……都没有比它对基钦纳勋爵的行为和能力做出的公开批评更让我感到愤怒和厌恶了，就在两年前，那些人还摆出一副近乎奴性的阿谀奉承的姿态，现在却利用这些批评来贬低他的品格，尽其所能地玷污他给人留下的印象。”[24]他说，基钦纳并没有轻率地做出支持达达尼尔海峡战役的决定。基钦纳曾说，没有足够的可用部队来
509 实施联合行动。阿斯奎斯争辩说，作战委员会没有充分评估基钦纳的建议。“基钦纳勋爵可能是对的，也可能是错的，但没有人可以怀疑这些都是严肃且重要的建议。报告声称，鉴于我们伟大的军事当局具有否决权（暂时否决权），我们（即作战委员会的文官成员）本应进行干涉、推翻他的意见，并说‘你必须派出第二十九师，并且应当立刻派出’，这是非常荒谬的。”[25]如果作战委员会否决了基钦纳的意见，那么他就会辞职，“而同胞们就会拥有充分理由对我们进行普遍谴责”。[26]对新首相来说，报告中受到如此猛烈攻击的人死了，真是帮了大忙。

后来，在关于中期报告的辩论中，丘吉尔试图证明作战委员会的决定和他自己的决定都是正确的。“我是在为我自己辩护”，他说，“但是，我也是在为除我以外的其他同行辩护。我为我作为其中一员的政府辩护。我为我所效力的首领辩护，他是按照我提出的建议行事的。我为海军部的权威和尊严辩护，因为相信我，如果你让人觉得从海军部得到的命令是不顾后果、疏忽、外行的，而且是随意下达的，从而削弱了舰队官兵对这些命令的信心，那么这样做只会对他们造成更严重的伤害”。[27]当劳合·乔治正在利用这份报告埋葬阿斯奎斯时，值得称赞的是，丘吉尔拒绝帮助他。

他承认费希尔曾提出反对意见，但否认了他、阿斯奎斯和基钦纳（作为大臣）无权否定这个反对意见的说法。并且他提到了1915年3月的轰炸，他说，当时，在几天之内损失的生命“不到一个营，这比在西线作战时在堑壕里集合或爬出来进攻后的半小时内损失的生命要少……在这些可怕的事情上，我们必须培养和遵守一种分寸感。我可能会被指责为鲁莽或过于乐观，但我可以辩称，如果我是鲁莽或过于乐观，那是因为从一开始我在判断这场战争时持有分寸感，这种分寸感在重要方面与公认的标准不同”。[28]在有时间对1915年3月和4月的事件进行反思时，他也乐于接受审判：“当这件事在历史法庭的最终复审中获得通过时，我不担心那些后继之人将把同情心投向哪里。你们的委员会可能会谴责那些试图强行通过达达尼尔海峡的人，但是，你们的孩子将会继续谴责那些没有集结队伍帮助他们的人。”[29] 510

劳合·乔治对反对者的报复还表现在，他决心让那些对他完全忠诚的人围在他身边，把那些不忠于他的人赶走。他有时会做出一些很好的选择，即使这意味着要打破地主和中上层阶级在白厅和威斯敏斯特为国家效力的常规模式。1917年春，当他对食物短缺和物价上涨感到担忧时，他管理海军部的方法就是一个很好的例子。

4月下旬，在汉基的敦促下，经贝蒂批准，他命令海军部组建护航队，以防止这么多的商船遭到破坏，之后再也没有遭受这么大的损失。第一海务大臣杰利科曾带头反对护航队，但后来他全心全意地给予支持。尽管如此，劳合·乔治还是解除了他监管海军军舰和商船制造的责任，将职责移交给奥克兰的哥哥埃里克·戈德斯（Eric Geddes）。戈德斯成为平民贵族和海军部的主管，手下有一支正式的作战人员。这不仅仅是劳合·乔治在政客未能做成事时引入商人的另一个例子，也是他管理风格的又一个例证。这种管理风格表现在，他通过创造一份新的工作和授予新的头衔来得到他选中的人，这些人夺去了其他人的全部或大部分角色，比如这个例子中的杰利科。

戈德斯是劳合·乔治式“进取”人士（这些人将为胜利提供动力）的缩影。19 世纪 90 年代初，他因为忽视学业、更喜欢玩橄榄球而被爱丁堡学校开除。他成了一名伐木工人，后来成为东北铁路公司的副总经理。1915 年军需部成立后不久，劳合·乔治把他引入军需部，让他负责监督机关枪的生产，然后是炮弹的装填。当炮弹产量上升时，法国的铁路系统却无法将它们迅速运送到前线。于是，1916 年 7 月，劳合·乔治（他刚接替基钦纳）派戈德斯去解决这个问题（没有适当征求黑格的意见）。尽管没有从军经验，他还是获得了少将军衔。基于类似的理由，他以海军中将的身份去了海军部。幸运的是，戈德斯和黑格相处得很好，他与军队“友
511 好合作”的能力被认为是派他去处理航运的原因之一。[30]不过，他确实成了许多同僚取笑的对象，尤其是因为他几乎像普鲁士人一样，热衷于穿自己有资格穿的制服。

当戈德斯加入海军部监管造船时，他发现该部门管理不善，这与唐宁街的观点——认为海军部充斥着管理不善的现象——相呼应。就连诺思克利夫（不久后，劳合·乔治就把他从伦敦的搬弄是非中调离出来，任命他担任出使美国的军事代表团的团长）也把矛头对准了海军大臣卡森，5 月 2 日，《每日邮报》的一篇社论抱怨“太多的文官掌权”。[31]一周后，该报呼吁实行食物定量配给，称“观望”的食物政策可能会带来灾难性的后果，这让人想起了阿斯奎斯的说法。劳合·乔治意识到卡森没有什么管理才能，而且太倾向于赞同海军上将们的意见，尤其是劳合·乔治鄙视的杰利科。米尔纳——他把相当多的心思用在了海军部的工作上——也给

劳合·乔治留下了深刻印象，使得他不得不换掉卡森。汉基记录道，首相“采取了一个简单的权宜之计，把他‘踢’到了战时内阁”，而战时内阁的大臣们都没有任何职务。[32]后来，劳合·乔治不得不决定由谁来接替卡森，因为海军大臣的职位已经变得比以前更加敏感了。现在，陆军也参与攻击海军的管理问题，利用那里的困难来分散人们对其自身缺点的注意力。

黑格和罗伯逊同意戈德斯和米尔纳对海军部的评价。黑格对“海军部的严重低效状态”提出抗议，利用这种麻烦在战时内阁中开辟了第二条战线。他在日记里讽刺了这一点，他写道，“海军大臣（卡森）最近（同一个小他 30 岁的女人）结婚，他精疲力竭，把所有事情都交给那些无能的水手！”[33]戈德斯告诉黑格，杰利科“非常脆弱，而且优柔寡断”。劳合·乔治曾不太认真地考虑过用汉基取代卡森的想法（这是由战时内阁的秘书提出的），但是，正如汉基以其一贯的极其自尊的口吻指出的那样，他目前担任的职位“实际上无人可替”。甚至连罗伯逊也被考虑过，但他说他会拒绝，因为他无法面对成为一名政客。罗伯逊的候选人资格是由黑格提出的，黑格在战略上与他意见不同——这推翻了首相认为罗伯逊是黑格的代言人和辩护者的看法。

因此，在与卡森——首相担心会得罪卡森——进行了一番激烈 512
的交涉之后，7 月 6 日，首相把海军部交给了极其高效的戈德斯，戈德斯刚刚被任命为海军中将，但还不是议员。政府在剑桥为他安排了一次补选，他幸运地获得了胜利。他在两年内从铁路部门主管升为海军大臣，这是劳合·乔治式运作模式的典型代表。他告诉里德尔，他认为戈德斯“将使商船的产量增加一倍”。[34]新的海军大臣和首相对杰利科的看法一致。杰利科一直任职到 1917 年的圣诞前夜，在辞去第一海务大臣的职务时，他列举了一些理由，包括诺思克利夫对劳合·乔治和海军事务施加的不可接受的影响。戈德斯彻底改革了海军部的组织结构，与造船厂建立了直接关系，就像陆军部与军工厂建立的关系那样。杰利科被边缘化，之后被解职，结束了机构部门对护航队的抵制。到了 1917 年的圣诞节，英国重新夺取了制海权，尽管在前一年的春天，英国的制海权因为潜艇的威胁而处于危险之中。

还有一个更年长、更危险的朋友，他引起了刚上任的劳合·乔治的注意。他就是丘吉尔。丘吉尔在下院仍然受到广泛的鄙视，但 5 月 10 日，在下院的一次秘密会议上，他就食物配给和征召劳动力提出了周全的建议，这似乎改变了人们的看法，并给了劳合·乔治一个借口，以便让他重返政坛。丘吉尔认为，在美国参战前，协约国应采取防御战略，而不是进攻——因为军队需要接受全面的训练来进行堑壕战，这需要几个月的时间。首席党鞭盖斯特（他也是丘吉尔的堂弟）向劳合·乔治报告说，议员们认为丘吉尔的演讲是“一场出色的有政治家风度的尝试”。[35]首相对这个表现赞赏有加，这有助于修复二人之间因丘吉尔没能担任政府职务而产生的裂痕。几天前，史考特记录道，丘吉尔“在提到劳合·乔治时语气相当尖刻，很显然，他已经开始把劳合·乔治看作是命中注定的对手”。[36]

在接下来的几个星期里，劳合·乔治认真考虑了如何让丘吉尔重返内阁。他之前曾郑重承诺，作为统一党人支持其联合政府的条件，他不会将丘吉尔提升为内阁成员。首相的健康状况很差，每当有压力时，他就会崩溃。他工作很长时间，事情进展得很糟糕。甚
513 至不屈不挠的汉基也被牙痛击倒了。战时内阁在议事日程上出现了严重滞后，以至于汉基担心导致阿斯奎斯的联合政府垮台的僵化局面会再次发生。诺思克利夫告诉劳合·乔治，他认为这届政府甚至

比上届政府更加不受欢迎，尽管史蒂文森小姐觉得他之所以这么说，是因为劳合·乔治拒绝征询他的意见。5 月 19 日，首相告诉她，他正在考虑改组。“他说，他想要一个能让他振作起来、帮助他、鼓励他的人，一个不会总是拉长了脸来找他，并告诉他所有事情都出了问题的人”，她如是说道。[37]最大的阻力是劳，他的想法不可动摇。她还说：“我觉得大卫正在考虑让温斯顿来担任一些职务。”她知道他们已经在谈论这种可能性，并且知道劳合·乔治“清楚他（丘吉尔）的局限性，意识到他已经被自负吞噬了”。尽管如此，劳合·乔治还是很看重丘吉尔的精神、韧性、活力、个人魅力、不屈不挠的品格和经验，尽管他犯过错误。首相也渴望得到自由党当权派（他们鄙视他）的支持，并且知道唯一的方法就是诱使阿斯奎斯回来，以此抹消那么多自由党人讨厌他的原因。他向阿斯奎斯提供议长一职，但阿斯奎斯拒绝了。

对于让丘吉尔重返政坛的想法，一些人很热心，但另一些人坚决反对。“在我看来，他不像是一个政治家，而是一个头脑敏捷的政客，他缺乏那些强有力的品质，而这些品质对于一个将在日后负责国家事务的人来说是必不可少的，”伊舍在 5 月 30 日对黑格如是说道。“因此，我希望他待在政府外面。”[38]6 月 2 日，海军上将贝斯福勋爵告诉劳，在安特卫普和加里波利战役之后，更别提 1914 年阿尔斯特危机期间丘吉尔给舰队下达的命令，他“强烈地感觉到他将会再次担任公职”。[39]贝斯福——他不知道什么叫权宜之计和委婉说辞——说，他正在考虑成立一个委员会，如果丘吉尔被任命，就在全国范围内召开谴责丘吉尔的会议，他有要公开的“文件和证据”（他没有说出具体内容），而且他看到“几家重要报纸的编辑”准备放出狗来帮助“避免这则丑闻和给国家带来危险”。

寇松也握有强有力的论据，6 月 4 日，他给劳写信，提醒劳，

他加入战时内阁“是基于一个明确的认识，那就是温斯顿·丘吉
514 尔不能成为政府的一员”。[40]即使劳把这一点告诉劳合·乔治，似乎也不会给后者造成困扰。劳合·乔治要求史末资为丘吉尔任职空军委员会做好准备，而不是之前讨论过的军需部，因为军需部现在已经走上正轨，而在战争中，空军可以成为“决定性的重要力量”。[41]史末资说：“尽管这项任命遭到了政党的强烈反对，但我认为你将为这个国家做出真正的贡献，因为你任命了一个有才干的人到这个部门来。”保守党主席乔治·杨格（George Younger）爵士直接给劳合·乔治写信——他拒绝打扰劳，因为劳的儿子刚刚在行动中丧生——警告他，任命丘吉尔接替考德瑞勋爵（他在德比的手下管理空军委员会）将会损伤托利党的忠诚。他觉得劳合·乔治没有意识到让托利党接受其大部分计划所存在的困难：这可能是压死骆驼的最后一根稻草。

德比希望留住考德瑞，他和劳合·乔治坦率地交换了意见。德比对丘吉尔可能会干涉陆军部的事务感到担忧，因为考虑到丘吉尔在海军部的表现，甚至是他上次担任不承担任何部门职责的公爵领地事务大臣时的表现，这是一个可以预见的问题。寇松——他在第一次写信时没有提出自己的看法——给劳合·乔治写信，再次提到这个问题，并警告劳合·乔治，丘吉尔将“非常不受陆军和海军的欢迎”。[42]寇松问道：“仅仅是为了让那些在我看来人民绝对不会追随的民众领袖闭嘴，而招致这些风险，并忽略那些最忠实的同僚和盟友，这值得吗?”甚至连考德瑞也给劳合·乔治写信说，在他的领导下，空军委员会不仅成功地制造出了更多的飞机，还制造出了比德国飞机还要好的飞机。他的一个论点是，如果任命丘吉尔，那么“温斯顿将会认为，空军取得的所有辉煌成就都归功于他，并且只归功于他”。[43]他问：“你的一位大臣是一个野心勃勃的危险

人物，我相信他会说空军的成就……在很大程度上彻底改变了战争，并成了实现和平的手段，但任命这样的大臣明智吗”，因为这将“导致他认为自己（在民众的眼中）是政府里最重要的人，是竞选首相的合适人选”。最后这句话表明考德瑞至少了解他的这位听众。

劳合·乔治非常担心，他让盖斯特去问丘吉尔，如果向他分配 515
各种职责，他是否会回到兰开斯特公爵领地。丘吉尔的回答是“不”。丘吉尔想要的只是“帮助击败‘匈人’”，要么在战时内阁任职（他说自己不要薪水，鉴于只需向他支付很少的可支配收入，这是一个很好的提议），要么负责任何“战争部门”。盖斯特“竭尽说服之能事”，但没有起到任何作用——丘吉尔无法也不会明白托利党的普通成员对他有多么深恶痛绝。党鞭建议，对劳合·乔治来说，唯一可行的办法是呼吁他的统一党同僚改变主意。[44]

然而，改变人们的想法已不再是劳合·乔治的作风。如果首相不能赢得同意，那么他将按照自己的意愿行事，并敢于让同僚挑战他。7 月 17 日，也就是国王建立温莎王朝的那一天，丘吉尔重返政府，担任军需大臣，考德瑞暂时留任空军委员会。丘吉尔未被允许加入战时内阁：统一党人对他的回归感到非常愤怒，要是再让他加入战时内阁，这会让统一党人吃不消。在了解事情的进展后，劳合·乔治没有咨询劳，而是向他说明了既成事实，这很罕见；在这种情况下，劳合·乔治意识到了统一党人对丘吉尔深恶痛绝，似乎也意识到了他绕过劳的失礼行为，但他自己没有勇气告诉劳，于是，他派比弗布鲁克去做这件事。劳不得不再次面临是支持劳合·乔治、还是让他下台的选择：他选择了前者，并设法平息了自己党内的叛乱。然而，朗告诉他，“这件事的真正效果是摧毁了对劳合·乔治的所有信任。人们普遍认为，他为了除战争以外的个人目的欺骗和诱骗了我们”。[45]劳合·乔治让丘吉尔重返政坛，似乎是因为他担心，如果丘吉尔继续被排除在外，可能会破坏政府的稳定，并会破坏这两人之间的友谊。

丘吉尔取代了艾迪生，后者被任命为第一任重建大臣。重建部的成立表明政府了解，不能让士兵或阵亡士兵的遗孀和孤儿忍受工人阶级在 1914 年前的大动荡时期*所忍受的条件。当时还没有人使用“英雄之家”的标语，但这个标语表明了它的意义所在。然而，在德国被击败之前，除了制定计划外，几乎什么也做不了。艾
516 迪生的工作将是监督社会重建——在处于胚胎状态的福利国家的支持下，这对每个人来说都是公平的交易——以及物理重建和实质重建等问题。在改组团队的过程中，劳合·乔治任命孟塔古担任印度事务大臣。从 1910 年至 1914 年，孟塔古一直担任印度事务次官，但劳合·乔治在意的是孟塔古与阿斯奎斯的亲密关系，使得这个任命具有象征意义。

美索不达米亚委员会的报告促成了孟塔古的复职。1916 年春，印度事务部移交了美索不达米亚战役（主要由印度军队开展）的责任，但印度事务大臣奥斯丁·张伯伦对库特-阿马拉围困和未能向在那里作战的士兵提供适当的医疗服务负有最终责任。虽然张伯伦的官员们在很大程度上不让他知道发生了什么，但报告把他列入了应受到直接或间接批评的人员名单。尽管劳合·乔治竭力劝阻，他还是辞职了。具有讽刺意味的是，公众和同僚对他这种有原则的行为给予尊重，使得他在统一党中获得了新的地位，同时也驳斥了 F. E. 史密斯的俏皮话，即“奥斯丁总是玩这个博弈，但总是输”。[46]

---

* 大动荡时期（Great Unrest）：也被称为“劳工大动荡时期”，是英国 1911 ~ 1914 年的劳工起义时期。——译注

不久后，戈德斯就向劳抱怨说，丘吉尔试图干涉海军部的事务，劳让劳合·乔治告诉丘吉尔不要插手其他部门的事务。对于这个变动，劳合·乔治甚至没有咨询战时内阁的成员，而且并非战时内阁成员的资深大臣——例如德比——也对同僚之间缺乏合作感到震惊。德比就丘吉尔的任命提出辞职，但劳合·乔治向他保证丘吉尔不会干涉陆军部：所以德比撤回了辞呈，但他坚称这是一个“巨大的错误”。[47]劳合·乔治按照他惯有的做法，责备劳没有及时通知德比。德比后来发现，劳合·乔治也没有咨询过劳。

7 月 19 日，格温给伊舍写信说，“自从战争爆发以来，人们会对政府或某个人士感到愤怒，但这种愤怒从来不像现在对劳合·乔治任命温斯顿的愤怒之情那样猛烈”。[48]阿斯奎斯告诉西尔维娅·亨利，他和史末资一起吃午饭，史末资“认为目前的状况无可奈何、在劫难逃，但反对强加于人”。[49]比弗布鲁克称“劳合·乔治的宝座开始摇摇欲坠，但它没有倒下”。[50]在给巴瑟斯特夫人的信中，格温写道：“温斯顿的主要职责之一就是对付工党，如果有人比温斯顿 517
更加不合格、更加缺乏机智、判断力和品格，我目前还没有找到。这是一场可怕的灾难……”[51]C. P. 史考特和《每日纪事报》的编辑罗伯特·唐纳德（Robert Donald）都写信向丘吉尔表示祝贺，但到目前为止，最明白事理的一封信来自他的姑母温伯恩夫人，她在信的结尾写道：“我的建议是留在军需部，不要试图操纵政府！”[52]

丘吉尔意识到，他批评劳合·乔治没有及早提拔他，这对劳合·乔治是多么不公平。他没有认识到反对他的人的规模，以及劳合·乔治为了召回他耗费了多少政治资本。他的工作也没有那么一马平川。7 月 19 日，里德尔告诉他，部门的“大多数领导人都处于叛变状态，很快就会有人辞职”。[53]尽管如此，丘吉尔在军需部的日子是他在政府中最成功的时期之一，虽然这个部门的基础结构是由劳合·乔治为他建造的，并由艾迪生进行了改进。他把惯有的活力和献身精神都投入工作中，他在该部门的经历对他产生了意想不到的影响。这让他相信，由国家监督和控制的军火工业的生产活动“为国家社会主义提出了有史以来最伟大的论据”。[54]尽管许多政界人士对这种做法表示遗憾，但这次内阁改组显示出一种动力，一种将卡森这样的大臣们（他们证明自己不适合这些职位）赶下台的决心，这甚至让伊舍也感到高兴。7 月 28 日，他给艾利班克的默里——劳合·乔治的主要亲信之一，因此伊舍的动机可能会遭到质疑——写信说，“劳合·乔治是留给我们的一项重要资产”。[55]

另一个劳合·乔治希望保持密切联系的人是诺思克利夫，与丘吉尔不同，诺思克利夫很可能会公然反抗劳合·乔治这样做。在阿斯奎斯担任首相时期，大臣们痴迷于报纸。劳合·乔治对报纸的影响力特别敏感，并意识到诺思克利夫是他最害怕的人。他对《泰晤士报》和《每日邮报》的老板怀有敬畏之心，虽然这种敬畏迟早会消除，但他执政的头几个月尚未达到这个阶段。诺思克利夫对英国在参战前无法向美国传达讯息感到恼火，他认为这样做是必要的。他利用大西洋彼岸的各种情报来源，经常告诉劳合·乔治，英
518 国在陈述自己的主张时表现得有多么糟糕。在他的倡导下，新的宣传部门成立了。2 月 25 日晚，一艘德国驱逐舰在离海岸三英里的地方炮击了诺思克利夫位于布罗德斯泰的乡间别墅，杀死了五十码开外的一名妇女和她的孩子，炸伤了另外两人，弹片像雨点般落在房子上，这似乎不是一个巧合。德国人清楚地知道，诺思克利夫对团结英国的公众舆论有多么重要。

一旦美国参战，劳合·乔治很快就意识到，在美国具有良好关系的人应当领导一个任务，帮助团结两国对战争的看法：没有特别的关系可以建立。贝尔福已经执行了一项任务，该回国了。有人说

要用格雷接替他，但劳合·乔治想派一个“新派男子”，而诺思克利夫似乎是一个理想人选。这个使命有两个主要目的：向一个谨慎地将自己描述为伙伴而非盟友的国家加大对这场战争的宣传，以及出于供应方面的原因改善商业关系——第三，劳合·乔治决心让诺思克利夫不要挡道。尽管这是一个高风险的策略，考虑到候选人脾气暴躁、狂妄自大和拒绝接受指导，劳合·乔治在4月份向他授予了这个职位。然而，尽管他表面上渴望权力和影响力，但他最初拒绝了这个职位，也许是意识到了这个建议背后有着不可告人的动机。当贝尔福被告知要向诺思克利夫提供这个职位时，他非常震惊，并表达了自己强烈的反对意见。一般情况下，劳合·乔治会忽视他的反对意见；更常见的情况是，劳合·乔治会坚持自己的做法。他决定再试一次。

5月24日，战时内阁讨论说诺思克利夫的报纸刊登的文章——汉基将这些文章称为“向敌人提供了最有价值的宣传”——没有什么用处，尽管如此，劳合·乔治还是继续他的计划。汉基一点儿也不傻，他知道这“其实是为了摆脱他（劳合·乔治）害怕的诺思克利夫而找的一个托词”。汉基的错误之处在于他的结论：“我肯定诺思克利夫不会接受，即使有人要他这样做。”为什么诺思克利夫改变了主意，我们只能猜测。第二次提议的工作性质略有不同，没有贝尔福承担的外交职责。

当6月7日宣布这项任命时，引发了意料之中的争议，自由党内部几乎可以说是义愤填膺。劳合·乔治在自由党中的几个朋友曾劝他设法治愈由诺思克利夫攻击阿斯奎斯及其政府而造成的创伤，他也答应这样做，但这被认为是一种盲目的挑衅。首相向史考特承认，“摆脱他是必要的。他变得如此‘神经质’，以至于成了真正 519
的公害”。[56]诺思克利夫在做什么，他是否被任命为外交部门的一员，他要对谁负责，下院就缺失的这些细节向内政大臣乔治·凯夫（George Cave）爵士提问，凯夫无法给出答案。与诺思克利夫担任这个职位并离开了四个月相比，他实际上做了什么，劳合·乔治并不在意。

11月中旬，诺思克利夫从美国回来，和预料的正好相反，他改善了英美关系。受这个手下所取得的成功的激励，劳合·乔治让他任职空军部，这是组建皇家空军期间的一项重要任命。诺思克利夫拒绝了，他的拒绝信被刊登在《泰晤士报》上，这对他很有帮助。信中包括对政府的各种严厉批评。劳合·乔治告诉里德尔，“我看到报纸后才得知这封信”。[57]在远远观察了四个月后，诺思克利夫得出结论认为英国的情况很糟糕，他回国后收到了《国家评论》的利奥·马克西的来信，这更加强化了他的观点：“每一种愚蠢行为都是那些对这个伟大国家管理不当的愚蠢的乡巴佬犯下的。”[58]他曾私下告诉劳合·乔治，他认为自己可以在报界发挥更大的作用，而且他觉得有些大臣不忠诚。

这似乎表明诺思克利夫与劳合·乔治的关系走到了尽头，后者告诉里德尔，毕竟诺思克利夫是“不可靠的”，没有“忠诚感，有些无赖”。尽管如此，令国王沮丧的是，和劳合·乔治任命他的弟弟罗瑟米尔勋爵担任空军大臣的做法一样，11月24日，诺思克利夫因为在美国的工作而被晋升为子爵。诺思克利夫对豪斯上校说，他不希望加入“这么没有骨气的机构”，并失去批评的权利。豪斯是他在华盛顿时的密友。豪斯说：“众所周知，诺思克利夫对待劳合·乔治的方式，就好像首相是下属一样，人们纷纷猜测首相什么时候会兔急咬人。”[59]豪斯也记录下了国王对诺思克利夫的“谴责”。[60]

如果说诺思克利夫对劳合·乔治的态度很随便，那么劳合·乔治对同僚的态度也好不到哪里去。11 月 25 日，德比告诉伊舍，“过去 10 天是我经历过的最糟糕的 10 天”，尽管这也是因为他的女婿、罗斯伯里的儿子尼尔·普里姆罗斯（Neil Primrose）在巴勒 520
斯坦阵亡。他声称喜欢劳合·乔治，但又一次差点辞职，直到首相劝阻他。罗伯逊和黑格之间关系紧张，这也一直是劳合·乔治和德比关心的问题，而且这个问题还远远没有解决。

与劳合·乔治的操纵和肆无忌惮的行为有关的最典型的例子，也许是他滥用任免权，而且就像 1917 年秋天对诺思克利夫的子爵爵位发生的争论一样，他没有就作为荣誉源泉的国王格外重视的问题与国王进行适当磋商。1917 年的新年授勋名单嘲弄了尊严、体面，因为名单中的很多人曾帮助过劳合·乔治崛起。这份名单——由于政府更迭而被推迟——于 2 月 13 日公布，但伊舍提前预览了一下，并感到震惊。关于艾特肯的从男爵爵位和贵族地位的争论是新近出现的。然而，也许是因为劳合·乔治知道他在某些圈子里的名声有多坏，并且一直热衷于对此进行反击，所以他对少之又少的明目张胆的帮手给予了回报。尽管如此，在他的支持者中，仍有足够多的人支持伊舍将荣誉分配描述为“一种暴行”，并表示“这种假公济私的行为令人难以置信”。[61]原定于 6 月 1 日提出的寿辰授勋名单*可能会更糟。斯坦福德汉的工作是审查这些提议，并对君主特权的使用情况进行登记。5 月 23 日，他告诉索尔兹伯里，“时时刻刻审议荣誉，这真叫人恶心，这种感觉怎么说都不过分”。索尔兹伯里是向劳合·乔治递交请愿书、敦促他改革授勋制度的 40 位杰出政治家之一。他们要求对每一项授勋都说明理由，以确保只对

---

* 英国一般每年公布两次获得荣誉人士的名单，即君王的生日和新年。寿辰授勋名单则指在君王生日公布的授勋名单。——译注

那些无可指责的人使用君主特权，任何荣誉都不是为了获得或期望获得金钱而给予的，并要求对政党的资金进行审计。

劳合·乔治没有回答，但他就掌管有史以来最长的授勋名单（其中包括12位贵族和24位从男爵）提出了自己的观点。最后，在6月20日，他同意与索尔兹伯里会面。他邀请索尔兹伯里向议会提出一个问题，并且似乎愿意考虑索尔兹伯里提出的与改革制度和使之更加透明有关的所有建议。但后来不了了之。8月7日，当寇松——配得上他的职位——驳回了任何腐败意图时，索尔兹伯里和他的朋友们在上院提交了一项决议。最初请愿者寡不敌众，
521 撤回了请愿，但在夏季休会后，当这个问题再次得到讨论时，决议获得了通过，并且政府同意遵守决议。然而，遵守决议是另一回事。

6月4日，《泰晤士报》在一篇社论中谴责了这份寿辰授勋名单。该报说，“劳合·乔治先生……似乎已经吞噬了整个制度”。[63]太多的人纯粹因为效力于政党而得到爵位，而其他人则因为“高额出资”而获得授勋。一种“无所顾忌的交易”已经形成：尽管该报知道劳合·乔治的背后没有政党机器或竞选资金。和索尔兹伯里一样，该报要求对每一项奖励都诚实说明理由，并要求对政党的经费进行适当审计。在上院进行辩论后，该报重新发起抨击，呼吁支持寇松不做“非同寻常”的事情的观点，声称这场授勋交易丑闻是“恶名昭彰”，谴责“这种偷偷摸摸的、不正当的交易损害了王室的威望”，而且“对涉事的卖爵者、买爵者和经纪人产生了不良影响”。[64]

尽管伊舍对国王忠心耿耿，但他指出，“《泰晤士报》对授勋名单进行的抨击是公正的。这份名单没有涉及在军队中做出贡献的人，而是向一大批用金钱换取爵位的各种卑鄙之人授予荣誉。我担

心，国王一时软弱接受了这种可悲的建议，这将会对他不利”。[65]人们只能推测国王之所以接受这个建议，是因为他发现6个月前的政府更迭已经破坏了稳定，所以他才没有反对首相的做法。在战争结束后，与此有关的辩论将像火烧似的突然爆发；而在战争结束前，上下两院都会询问与慷慨行使任免权和授勋对象有关的问题。然而，由于地位较低的人士也被授予新设的大英帝国勋章，使得改革者的努力付诸东流，因为几乎所有无可指摘的公民都因战事工作受到奖励，尽管他们抱怨贵族企图让他们成为和贵族一样腐败的人。人们认为，沉默一段时间是明智的，而且谴责分配崇高荣誉的机会很快就会出现。

劳合·乔治提议设立新的荣誉勋章和更加专属性的名誉勋位，以便奖励那些在战争中表现出色的军人和文职人员。男人和女人都可以获得这些勋章，那些被授予相当于骑士或骑士大十字勋章的女人将被称为“女爵士”。寇松很喜欢这样的工作，他被要求汇报设立新勋章的可能性，同时对妇女的勋章等级感到苦恼。“向她们授予‘夫人’的头衔也许是不可取的，因为在其他情况下我们可能 522
会出现‘获颁员佐勋章*的托马斯·帕金斯先生和获颁爵级司令勋章的帕金斯夫人——这是引起家庭内部不安的众多原因之一。”[66]设立新的荣誉勋章是为了让该制度民主化，在以前，只有精英才能享受这个制度。除了五个等级之外，还有向工人阶级颁发的大英帝国奖章，用来表彰其领导能力和主动性。然而，该制度的大幅扩张意味着更多的任免权将被滥用。

劳合·乔治向鲍德温的心腹戴维森表示，用金钱换取荣誉是

---

* 大英帝国勋章（Order of the British Empire）由高到低分为5个等级：爵级大十字勋章、爵级司令勋章、司令勋章、官佐勋章和员佐勋章。——译注

“填补政党竞选经费的一种更干净的方法”，这种方法远比美国或工党使用的方法要干净得多。[67]他接着说：“例如一个人给了政党4万英镑，于是得到了男爵爵位……在这个国家，啤酒商对保守党的依附是进行政治腐败的最便捷途径。最糟糕的是，你不能在公共场合为它辩护，但是，使用这种方式募集的政治资金比通过任何其他方式募集的资金要干净得多。”这是非常有争议的：劳合·乔治发现这个制度是有用的，因为他的政策执行在很大程度上依赖于他所用的人，而这些人往往一开始就很少考虑到他或他的方法。

尽管当务之急是战争，但上院很快就根据洛雷本勋爵的动议，讨论了英国政治的污点，即首相让国王授予荣誉和勋章，纯粹是为了给政党经费获得大量捐款。洛雷本希望政府同意一份“明确的公开声明”，其中列明向王室、军队或永久公务员以外的人授予荣誉的理由。[68]他还要求首相必须向君主声明，在授予荣誉之前，没有金钱交易。1914年2月，上院也提出了类似的一致要求，但下院却选择不予理会。洛雷本又提起这件事，因为他相信正在讨论的不正当行为已经发生了。但是，由于参与这些交易的各方都密谋要保守秘密，他没有证据。他的一位朋友曾三次受到邀请，并被告知只要支付1.5万英镑就能获得爵士头衔，支付2.5万英镑就能获得准男爵头衔。当这位朋友拒绝时，爵士头衔的价格便降到了1万英镑。有人告诉这位朋友，他可以升级为从男爵，而他已经花费的1万英镑也可以算入这笔钱。[69]洛雷本还相信兜售这些交易的“掮客”是有佣金的。大多数同辈都听过类似的故事。

523 洛雷本还透露，另一位朋友——一位前大臣——说他从事了兜售荣誉的交易。他提到有人想要一个从男爵爵位，但这人问他，如果把2.5万英镑捐给国王即将访问的一家医院，而不是捐给政党，那么能否得到爵位，他建议这人向政党捐资。“不久后，他就变成了一个从男爵，医院也因此蒙受了损失。”[70]洛雷本要求下院的前首席党鞭——其职责包括担任恩赐秘书——承认他们在这个交易中的角色，但没有人答应。他说，他知道首席党鞭必须在政党组织和安抚媒体上花钱，但兜售爵位是筹集这些资金的途径吗？

在寇松表示通过动议将损害四位在世首相（即罗斯伯里、贝尔福、阿斯奎斯和劳合·乔治）的声誉后，上院拒绝通过洛雷本的动议，但同意一项修正后的动议，要求首相令人满意地证明——而不是向国王宣布——没有金钱交易。根据议会的特权，塞尔伯恩勋爵确实选择了指名道姓的做法。詹姆斯·吉尔德斯（James Gildes）爵士运营着一家帮助军人家属的慈善机构，他获得了2.5万英镑和两笔1万英镑的捐款，前提是他愿意动用自己的影响力，为三名相关人士获得从男爵爵位或骑士爵位。米勒德（Millard）医生是莱斯特郡的一名卫生官员，他请求当地的一个政治协会为他的一位朋友争取爵位。当被问及他的朋友愿意出多少钱时，他退缩了。乔治·霍尔曼（George Holman）曾几次担任刘易斯市的市长，他的朋友们被告知他应该获得爵位，但除非通过金钱交易，否则他得不到。在战争爆发前，在《许可法案》（Licensing Bill）颁布时，乔治·凯基维奇（George Kekewich）爵士——他在1906年是英国议会的一名自由党议员，并且曾是一名高级公务员——的一位朋友想获得爵士头衔，凯基维奇便向他介绍了一名自由党党鞭。他被告知撤回对该法案的反对，并支付5000英镑。他同意做这两件事，然后获得了爵士头衔。另一位渴望得到从男爵爵位的人被告知要支付2.5万英镑。他说他愿意，但最后还是退出了。在1832年的《改革法案》（Reform Act）出台后，英国政坛经历了一段相当清廉的时期，然而，旧的政治模式又回来了。

三

劳合·乔治长期缺席下院，诺思克利夫的报纸一如既往地帮着
524 劳合·乔治指责阿斯奎斯政府，声称在继任者上台后的头几个月里遇到的几乎所有的问题都是阿斯奎斯政府造成的，这有助于新首相避免直接和公开地面对困难问题，尤其是食物短缺，这是1917年初英国面临的最严重的问题。诺思克利夫敏锐地告诉他的员工，公众没有意识到“英帝国和德帝国正在卷入一场饥饿比赛”，他要求实行定量配给，这助长了公众的不安。[71]在不写爱国打油诗的时候，亨利·纽伯特爵士是英国海军部和战时内阁的联络人。他在全国进行了题为《爱国主义、猪和土豆》的巡回演讲，在演讲中，他敦促人们自我克制，种植蔬菜，保存食物残渣来喂猪。[72]这个做法很容易遭到嘲笑，但这是一件非常严肃的事情。

当时的冬天非常寒冷，1月和2月的大部分时间都在下雪，而伦敦则出现了自1895年以来最严重的霜冻。由于运输工具短缺，又没有足够的壮汉来运送，导致煤炭匮乏。极少数人拥有私家车，但政府拒绝向他们提供汽油，除非他们能证明他们的汽车是为战事服务的。困难越来越多。劳动力短缺导致大片土地无人耕种。奶牛被卖掉，因为没有人给它们挤奶；马匹都闲置，因为没有人去役马。军队对熟练饲养员和其他重要的农场工人的需求仍然得不到满足。短缺现象十分普遍：一些富豪仍在伦敦西区的酒店里大吃大喝有五道菜的大餐（并因此受到公开指责），但大多数人都饥肠辘辘。许多公立学校都有几天没有肉吃，和工人阶级一样，男生的早餐也是半可食用的面包、人造黄油和茶。[73]汤布里奇公学的学生沃尔特·奥克肖特（Walter Oakeshott）——他后来成为温彻斯特大学

的校长——回忆说："我们比学校里的任何一代都要饥饿。我们大嚼着我们能吃到的一切东西，我们厚着脸皮向富足的人乞讨食物，我们抢劫果园。"[74]奥克肖特的长辈们也遭受了饥饿。到2月底，伦敦一些主要的绅士俱乐部——包括布铎斯（Boodle's）、布鲁克斯（Brooks's）、旅客（Travellers）和怀特（White's）——都减少了食物的分量，并设立了"无肉日"：其他俱乐部也纷纷效仿。[75]到了2月初，在苏格兰和西北部的部分地区，土豆已经售罄；一个月后，在伦敦几乎也买不到土豆了。3月26日，当秘书们在布鲁克斯俱乐部召开了另一次会议后，伦敦的这些俱乐部同意在用餐时停止供应土豆。富裕阶层向光顾的酒店发送的订单都是要求提供分量更少的食物，并且设立了无肉和无土豆的日子。 525

那时，在伦敦的鱼市场几乎买不到鱼，在首都的食品店外，人们从黎明时起就瑟瑟发抖地排起了长队。一切都是那么绝望，以至于为了防止人们"掠夺"庄稼，政府允许人们在非狩猎季射杀野鸡。[76]盗马案的数量上升，据说，比利时的难民屠夫把马变成了大块的肉和香肠，冒充牛肉或猪肉出售。尽管美国全力支持英镑，使得英国的财政形势有所改善，但外汇还是出现了短缺，并且英国优先考虑的是使用英镑购买食物，而不是弹药。英国曾一度似乎没有外汇来购买阿根廷盈余的食物（英国一直以来都依赖这些盈余的食物），也没有外汇向美国进口额外的肉类和奶制品。

国王的演讲忽略了粮食生产，导致托利党议员莱斯利·斯科特（Leslie Scott）向下院提出了一项动议，要求讨论粮食生产问题。斯科特声称，尽管农民面临的困难"绝对令人震惊"，而且对价格的担忧让他们深感不安，但新政府没有采取任何措施来提高产量。[77]他还说，1917年生产的粮食比1916年多的说法是"荒唐的"。不久后，内维尔·张伯伦将通过国民服务计划向农民提供劳动力，其中 90% 的劳动力未经培训。斯科特恳求释放为自耕农军团服务的、驻扎在英格兰的有经验的农业工人，以从事农场工作。

由于担心公众骚乱，政府已经采取措施试图缓解局势。以高于规定价格出售管制食物的商人将遭到起诉，特别是违反土豆令的蔬菜水果商，这些商贩声称按照食物管制员设定的价格无法牟利。肯特镇的一位蔬菜水果商被罚款 5 英镑（并支付了 5 先令的诉讼费用），因为他拒绝将土豆卖给一位女士，除非她还买别的东西。这是他第二次违法。尽管如此，这些措施显然是不够的。

危机使劳合·乔治的精力和决断力得到了更大发挥。他委派工作，并在必要时介入。他还表现出愿意在必要时解雇那些被证明无效的高级官员，并亲自处理相关事宜——例如实施护航制度，以确保粮食进口。他试图平衡作战打仗和国民生计对人力的竞争性需求。他下定决心要得到一个正确的等式，于是，他请农业委员会主
526 席罗兰·普罗瑟罗（Rowland Prothero）——他是一个深思熟虑的人，曾是万灵学院的学者——来领导增加国内粮食产量的任务。

除了人力短缺之外，阻碍大规模粮食生产的主要因素是土地状况。从 19 世纪 70 年代开始的漫长的战前农业萧条留下了未开垦和荒废的土地，需要认真协调工作，才能确保排水和恢复生产。例如，在 1875～1915 年间，仅诺福克郡（一个以耕地为主的郡）的耕地面积就从 83.6 万英亩减少到 78 万英亩。[78]这个郡有 28.4 万英亩草地，为了 1918 年的收成，必须对其中的 7 万英亩草地进行耕作。[79]农业委员会提出了一项法案，使扩大可耕地的面积变得更加容易。普罗瑟罗宣布，把可耕地的面积从 1900 万英亩增加到 2700 万英亩，就能保证有足够的粮食，以使英国摆脱“潜艇威胁”。[80]然而，为了种植作物，需要 25 万额外的男性，而这些人力却无法得到。自 1916 年以来，种植谷物和土豆的土地略有增加——增加了

33 万英亩——甚至不合作的爱尔兰也多耕种了 70 万英亩，这证明即使爱尔兰人不上战场，他们也对战争做出了有用的贡献。然而，这个过程是缓慢的：委员会预计，在新方案的第一年，只有大约 40 万英亩的土地投入生产。

东部的农民被要求少种芥末，而是改种谷物，因为芥末不是一种“爱国”作物。[81]据估计，仅在林肯郡和伊利岛，就可以因此多种植 1 万英亩的谷物。尽管食物短缺，但普罗瑟罗认为，现在国家有必要为未来几年小麦和燕麦的最低价格做出担保。此举将使农民值得进行必要的投资，以恢复大规模的耕种。

他确定了最低工资标准，每周 25 先令，麦克唐纳代表工会工人声称这是不够的，仅相当于战前的 16 先令。在 1914 ~ 1918 年间，谷物产量从 170.6 万吨增加到了 242.8 万吨。在战争期间，英国从未摆脱对粮食进口的依赖，就像它在 1939 年后被迫做的那样。但是，从 1914 年到 1918 年，净进口量确实从 1670 万吨下降到了 1189 万吨。[82]此外，在普罗瑟罗的指导下，农业政策的一个重大进展是作为肥料的硫酸铵的使用量增加了两倍，这极大地提高了产 527
量，使英国农业从传统的有机农业转向了日益工业化的农业。

普罗瑟罗在执行任务时需要大力支持，于是，劳合·乔治派人去找亚瑟·李。李是一名统一党议员，也是一名前职业军人，在军需部和陆军部时曾效力劳合·乔治。李对在 12 月的时候没能入选政府感到失望和惊讶——显然被劳否决了——但是，劳合·乔治现在让他担任粮食生产的总负责人。比弗布鲁克以“我的健康状况不佳”为由拒绝了这份工作（他在 47 年后去世）。[83]普罗瑟罗对李表示欢迎，并和他很好地合作。普罗瑟罗曾宣布从美国订购了 260 台拖拉机，并将在 3 月下旬进行部署。这些拖拉机将在全国范围内配发，运输服务部将确保这些拖拉机能够正常运行并得到维护，它们的工作效率将提高产量。最终，李从底特律的福特公司（Ford）订购了1万辆拖拉机（这些拖拉机到货较慢，而且往往不适合英国的状况），并制定了一项密集耕作计划，以确保英国广大的、长期未开垦的土地能够再次种植作物。他恳求犁地者考虑一下难以想象的情况，并在星期天工作。3月份的时候，军需大臣要求在军工厂工作的犁地者返回他们的农场工作6周，以便尽其所能地多耕种土地。令大家吃惊的是，许多妇女志愿者很快证明她们也能操作犁和马队。多亏了李的倡议，与1916年相比，1917年多生产了490万蒲式耳小麦，510万蒲式耳大麦和3670万蒲式耳燕麦，还有4200万袋土豆。[84]米尔纳——在加入战时内阁之前，他曾领导粮食生产委员会——认为这个问题应在最高层得到详细解决，包括在必要时提出立法。例如，他提出了一项《玉米生产法案》（Corn Production Bill），设定了谷物的最低价格，这相当于保护主义，因此遭到许多自由党人的咒骂。该法案还设定了最低工资标准，并向房东赋予驱逐低效率佃农的权利。

然而，从短期到中期来看，这些措施本身不足以应对英国面临的巨大挑战。在距离那年的收获季节还有几个月时，虽然小麦的进口量有所增加，但到了4月中旬，英国的小麦供应量已从去年12
528 月政府更迭时的14周下降到了9周。[85]在战争期间，粮食储备从来不像1917年4月那样低过。由于英国如此依赖粮食进口，在U艇战期间及之后，粮食产量的增长都被运输粮食的商船的损失抵销了。在1917年的前6个月，U艇共击沉了213.6126万吨位的英国商船，仅4月份就击沉了54.5282万吨位，相当于击沉了169艘英国船只。相比之下，1916年8月，英国仅损失了43254吨位的商船。在这六个月里，英国造船厂只生产了63.1万吨位的接替商船。[86]据估计，到1917年3月，粮食进口与一年前相比下降了三分之一。在整个1917年，由于采用了护航队，使得4月后情况有所改善，但仍有372.9785万吨位的损失。[87]在2月到6月间，食糖减少了8.5万吨；在1917年全年，肉减少了4.6万吨。[88]伤亡人数令人沮丧：有6408名商船队员伤亡。[89]政府允许报纸刊登航运损失的统计数字，这是一种值得赞扬的坦率行为，也是敦促公众改变饮食习惯的另一种手段。

为了能有船只运输必要的粮食，政府限制了木材和纸张等大宗商品的进口。但是，从国内采购更多木材对人力造成了压力。报纸缩减了版面——到了4月份，《泰晤士报》从通常的16页减少到10页——海报用纸也遭到限制，一些杂志暂停出版。为了能够更快地制造接替商船，海军不得不同意放缓船舰的制造，五艘轻型巡洋舰全部停止生产。明智的是，政府开始加紧制造反潜艇舰。政府决定向美国订购40艘商船，但这需要时间。诺思克利夫——他为自己在德国有情报来源而感到自豪——根据战前频繁访问德国而建立起来的关系网，认为德国正在研发更致命、更隐秘的U艇，所以情况会变得更糟。他认为在航运损失的程度和对食物供应的影响上，他所熟知和尊敬的卡森没有完全坦率。他敦促政府立刻实行定量配给，但大臣们讨厌这个想法，因为它可能影响士气。事实上，卡森在3月10日警告里德尔说，英国面临着“严重的粮食短缺”，粮食仅能供应三个月，而且损失还在不断增加。[90]

刚当上首相，劳合·乔治就聘请德文波特勋爵担任食物管制 529
员。德文波特是一家连锁杂货店的老板，这家连锁店后来发展成为国际性商店。[91]随着无限制潜艇战的重新启动，他经历了一场严峻的考验，而且日常所需的粮食因此遭受了损失。1月中旬，他发布了第一个粮食管制命令，其中包括政府征用其认为没有得到充分耕种的土地——前提是它能找到劳动力来进行耕种。全国妇女农田勤务队（Women's National Land Service Corps）发起了一项新的招募活动。从1917年起，政府开始预先设定谷物的价格，德文波特建议每人每周的主食为四磅面包、两磅半肉和四分之三磅糖。

国家对人民生活进行的此类干涉引起了意料之中的反对。《泰晤士报》的一位记者认为，这些规定意味着民众的食物分量“大大低于德国囚犯和济贫院里的贫民获准得到的分量，而这两类人想必都不是非常积极的受雇工人”。[92]他继续说道：“要是这样，你们或食物管制员能向我提供理由，从而让我的家人（他们都很努力地工作）将之前的食物消耗量减少三分之一吗？”在达特穆尔，出于良心而拒服兵役者之前得到的肉和面包的数量确实是建议数量的两倍多，其他食物的数量则更加慷慨。但现在，他们的伙食，以及济贫院里本来就少得可怜的伙食，都被削减了。（有人抱怨达特穆尔过于宽松，因此没过几周，内政部对此进行了视察。随后，纪律变得更加严厉，被称为教导者的典狱官被赋予了更多的权力。当地人尤其敌视囚犯，有些人希望把囚犯永远囚禁起来，他们认为战前在沼地上工作的囚犯在道德上更高尚，不容易“懈怠”。）[93]

针对与使用糖和酵母、保存大麦和玉米以及节省运输费用有关的抱怨，从3月下旬开始，甚至连啤酒的产量也被限制在每年1000万桶，而在1916年3月31日前的一年，啤酒的产量为2600万桶。每天减少800万桶，相当于腾出30列火车。[94]低度啤酒的价格每品脱上涨了1便士，高度啤酒上涨更多，非啤酒饮料的情况也让人失望，可以从保税仓库提取的葡萄酒和烈性酒的数量降低了50%。政府指示家禽贩养鸡产蛋，而不是养肥它们当佳肴；并要求让猪吃山毛榉果、橡子和废渣。到了1917年5月，零售价格较战
530 前上涨了102%左右。

民众在很大程度上依靠公益行动来改善粮食供应。1917年，

伊顿公学的男生们耕种了 1.5 英亩土地，种植了 15 吨土豆，他们卖了 100 英镑，利润为 45 英镑 19 先令 8 便士。他们将利润捐给了当地一家为康复士兵服务的医院。[95] 5 月 2 日，国王发布公告，敦促民众以更加节约的方式使用粮食，并建议更加小心地喂养马匹，避免使用燕麦或可以供人类食用的其他谷物，政府要求牧师在星期天的礼拜仪式上宣读这份公告达四个星期。自 2 月以来，王室宫廷一直实行严格的定量配给。自从拿破仑战争期间，乔治三世在 1800 年 12 月发布了类似的公告以来，还没有发生过这样的事情。德文波特让他的部门发布了一份被称为“战争蛋糕”的菜谱，英国高贵的下午茶传统被贴上了“不必要的奢华大餐”的标签，而且政府威胁要禁止开设新的茶点店。[96]《泰晤士报》对此感到高兴，评论说，在以前，就连粮食部的工作每天都会被下午茶打断。然而，公众选择充耳不闻。于是，在 4 月中旬，德文波特完全禁止了花式糕点的生产。

在 1917 年的上半年，志愿主义和规劝还不足以防止问题涌入德文波特的办公室。随着护航队减少了运输损失，有人在议会上提出了大量食物在分发前就变质的问题。在 5 月和 6 月，伦敦郡委员会的卫生检查员对成吨的熏肉运输进行了谴责，因为政府未能制定运输或冷藏物流方案，尽管政府声称很多腐烂的肉在到达英国之前就已经不宜食用。从丹麦运来的熏肉要十天才能到达伦敦，再过六天才能到达朴次茅斯。这正是食物管制员应该预防的问题。此外，食物管制员也未能设法制止暴利和投机行为，政府对此表示高度关注，并需要公众的持续合作。

对于德文波特的不作为，诺思克利夫领导的舰队街对德文波特进行了谴责，并要求实行定量配给，还公然抨击暴力投机行为。对于食物管制员来说，不幸的是，他的一些善意的政策失败了，因为它们没有经过深思熟虑。3 月 22 日，德文波特宣布，但凡零售商向任何顾客出售超过两周供应量的糖，都将被处以监禁；但凡任何
531 人在家里存放超过两周供应量的食物，都将被指控为囤积居奇，警察有权进入涉嫌有囤积行为的任何房屋。然而，许多国内的果酱制造商为了制造果酱储存了糖，他们可能会被起诉，这引起了人们的愤怒，所以必须修改命令。由于糖太少，无法供应给果农制作果酱，因此种植水果的一个主要目的——由于当时的偏好，制作果酱消耗的水果数量远远高于任何其他方式的水果消耗量——遭到了否定。而后，人们便种植谷物，而不是种植草莓。巧克力供应也受到了类似的影响，在花式糕点中加入巧克力大多成了一种记忆。此外，英国庞大的官僚机构渴望进行监管，它们往往缺乏常识，对其某些指令如何与其他指令相冲突视而不见，尤其是在水果种植领域，那里的土地本可以用来生产其他粮食。

德文波特认为，可以鼓励民众（而不是强迫民众）控制食物的消费，这种看法多少有些乐观，就像实行征兵制前的劝诫入伍一样，民众已经养成了强烈的利己意识，憎恨国家对他们的日常生活进行干涉。政府出台了一项面包补贴，每年拨款 5000 万英镑，使得 4 磅重面包的价格固定在 9 便士。然而，在 3 月下旬，4 磅重面包的价格一度上涨到了 1 先令，目的是让人们少浪费食物。但是，粮食部仍被迫在 4 月 19 日警告公众，“面包食品”的消耗量仍比目前和预期的供应量高出了 50%。[97]4 月 25 日，德文波特又回到了这个话题，他告诉上院食物将是战争中“极具决定性”的因素。[98]他要求减少一磅的消耗量，并说如果不实行自愿节制，那么他将对面包、糖和任何其他必需品实行定量配给。然而，一切仍没有改变。

因此，5 月 29 日，一封经德文波特签署的致户主的信送到了

英国的各个家庭，信中恳求所有的家庭削减面包的消耗量，“以便忠诚地帮助国家渡过从现在开始到收获季节止的焦虑日子”。[99]它继续写道：“真正的公民、爱国的男人或女人在国家有所需要的时刻不应当让国家失望。”该年3月，政府向公众强制推行了一种新的标准“战时面包”——由大量的生小麦和土豆制成——自那以后，这样的牺牲变得更容易了。这种面包味道不太好，所以这个做法的效果有限。此外，虽然禁止囤积糖的命令引起了愤怒，但政府仍于4月5日发布了一项全面的食物囤积禁令，并且有权搜查任何可疑 532
场所。

德文波特的举措进一步遭到质疑，因为他未能让营养专家参与他所在部门的决策。他就每人每周吃多少主食提出建议，这种吃法每天只产生1200~1300卡路里的热量，而且还需要补充目前非常短缺的其他食物。3月，政府颁布了法规，限定了酒店、餐馆、铁路自助餐厅和俱乐部等餐饮场所的食物消费，还限制了食物的分量，并且让无肉日或无土豆日成了一项强制规定，而不是自愿遵守的规定。4月17日是酒店和餐馆的第一个强制无肉日。战时内阁决定“目前”不打算在私人住宅内强制实施。[100]政府对肉的压力来自于军队的一项请求，军队要求将五分之一的进口阿根廷牛肉作为他们的食物储备，以防U艇战饿死作战士兵。然而，科学家指出，如果要减少肉类消费，那么必须在船舰上腾出更多空间来进口谷物。

到了5月底，德文波特意识到，如果他要成功地完成养活全国人民的任务，就必须进行全面的国家控制，而不是零敲碎打的改革。正如他告诉上院的那样，他在5月份制定了全面的食物配给计划［威廉·贝弗里奇（William Beveridge）是致力于解决这个问题和进行价格控制的主要公务员之一］，但当时这些计划没有得到执行。持续不断的唠叨和危言耸听产生了某种效果：这个国家开始特别意识到食物的使用和供应，这就是他们的意图。然而，现在人们普遍认为规劝是没有意义的，必须实行定量配给，尽管如此，经过另一轮讨论后，战时内阁在5月30日决定这样的政策“目前是不可取的”。[101]

5月10日，劳合·乔治罕见地在下院露面，他坦率地承认，他“实际上并不担心”食物供应，这让一些人不禁要问，为什么在1月份的时候，英国人会认为到夏天可能就要饿死了。“因为我想让人们种植粮食!”他回答道，很显然，这个回答引起了人们发笑，但这进一步反映了他的诚实。[102]然而，里德尔在6月2日记录
533 道：“我告诉劳合·乔治，买糖的队伍正在产生严重的不满，需要立刻对糖的分配进行改革。工人阶级对他们的妻子和家庭被迫忍受这种麻烦和屈辱感到愤怒，而富人的需求和战前一样得到了尽可能多的满足。”[103]大臣们明白社会的一些变化将是永久性的，但他们希望管理好这个过程，而不是向民众强加里德尔所谓的“社会结构的剧烈变化”，例如像俄国那样。[104]三个月前，沙皇被废黜，两个革命团体正在为争夺国家的未来控制权而斗争，在这场斗争中，以弗拉基米尔·列宁（Vladimir Lenin）为首的布尔什维克不久将取得胜利。在英国，如果受到充分煽动，那么从国王到民众，几乎没有人会轻率地忽视英国发生类似工人起义的可能性。

劳合·乔治现在以冷酷无情而闻名，他意识到德文波特力有未逮，5月30日，德文波特的辞职让他如释重负。德文波特没有得到官员们的喜爱，而是赢得了拖拉者和糟糕代表的名声。他自身是一名零售商，因此，人们认为他倾向于避免采取一些措施（尤其是定量配给），这些措施会惹怒他的同行业者。据说，人们怀疑他在这件事情上是否诚实，这促使他以健康不佳为由辞职。和劳合·

乔治的许多辞任的亲信一样，他在离职时得到了子爵爵位。

6月19日，朗达勋爵接替他成为食物管制员。朗达曾担任地方政府委员会的主席。在19世纪90年代，关于威尔士自由党组织的争吵导致他与劳合·乔治分道扬镳，但当劳合·乔治意识到朗达不是政治对手时，这两人最终互相尊重，互相欣赏。与首相的许多朋友不同的是，他是一个有着某种特质、勇气和真本事的人。他在“卢西塔尼亚”号事件中幸存下来，并以大卫·阿尔弗雷德·托马斯（David Alfred Thomas）的身份成为梅瑟蒂德菲尔的自由党议员。1910年，他认为自己不会获得晋升，于是离开了议会，但劳合·乔治利用贵族爵位将他召回，称他是“进取人士”之一，尤其是在看到托马斯在南威尔士的家族矿业生意取得了成功后。他反对在煤炭行业牟取战争暴利，因此，可以指望他在食物行业反对牟取战争暴利。[105]他的职责是管理食物短缺和保持供应的流动性，同时利用面包补贴来降低价格，并设法对其他食品的价格设置上限。朗达的条件近乎苛刻。如果他发现有必要“接管整个国家的食物供应，降低生活必需品的价格（即使这可能让财政部花费数百万的开支），利用地方当局进行食物分配，以及采取强有力的措施来遏制暴利”，那么他将要求战时内阁给予支持。[106]政府同意了。“在 534
我们面临危险的时候，当成千上万的人欣然地为自由事业做出最大牺牲的时候，有人却想着从国家的需要中获利，这样的人简直就是一个敲诈者，必须受到这样的对待”，朗达在就职时说。[107]他承诺他的“第一个努力”将是寻求降低价格。

1917年8月6日，他宣布了控制食物供应的新规定，不仅希望确保所有人都有足够的食物，而且希望帮助缓解工人阶级的愤怒。他建议争取地方当局的支持，以确保这个制度能够正常运转。他对负责地方政府的同僚和苏格兰事务大臣说，“必须节省物资，必须在富人和穷人之间平均分配物资，而且必须降低价格”。[108]他要求地方当局设立粮食管控委员会，以便根据朗达的部门提供的建议行事，从而确保节约食物。其中可能涉及公共厨房，这将有利于节约燃料和调节食物供应。这些委员会将监督当地糖、面包和肉类的分配，并确保实行固定价格。朗达明确表示，另一种选择是“伤脑筋的个人配给制度”。他说，政府将出台一个针对餐饮企业和机构的新监管体系，并制定一个针对注册零售商的计划，以帮助避开黑市。

政府严格执行价格控制：9 月初，来自林肯郡斯伯丁的 74 岁农民乔治·汤普森（George Thompson）承认了 55 项以每吨 15 英镑（比固定价格高出 3 英镑 10 先令）的价格出售土豆的违法行为，他被罚款 5500 英镑——每项 100 英镑——并支付了 250 英镑的诉讼费用。法院被告知，他“在很大程度上”无视该项命令，并“赚了一大笔钱”：估计有 5000 英镑左右。[109]辩护律师描述了土豆种植者的“不满”，他们认为那些生产出优质土豆的人，本来能够以每吨 40 英镑的价格出售，却被迫按照与生产出劣质土豆的人相同的价格出售。然而，这个论据被认为是不相干的。汤普森的土豆生意非常庞大，他被称为土豆种植的“先驱”，政府拿他“杀鸡
535 儆猴”，尤其是警告那些小生意人。巨额罚款并没有让他破产——这恰恰证明他牟取了超额利润。然而，这个案件没有多大的威慑作用。另一位林肯郡的农民因两次对土豆收费过高而被罚款 200 英镑，法官宣布，任何进一步的案件都将得到“更加严肃”的处理，而不仅仅是每宗罪行罚款 100 英镑那么简单。[110]10 月下旬，贝德福德郡的一名市场园丁对 37 项收费过高的指控供认不讳，他被罚款 3700 英镑，并支付了 200 英镑的诉讼费用，他的每项罪行分别被判处监禁两个月，幸运的是，37 项监禁判决同时执行。

几乎所有类型的农民和食品零售商，不管涉及什么样的食品，都向朗达的部门投诉，抱怨价格控制和粮食生产的官僚计划不一定与现实相符，而且农民和零售商需要收回过去的投资。政府据理力争地辩称，在战争的头几年里，当价格上涨时，农民们做得很好，所以现在应当微笑着应付困难。这种说法没有考虑到战争前农民们经历的多年歉收，这场歉收始于19世纪70年代中期的农业萧条，当时许多人为了生存耗尽了他们的资本和生意。“在我国历史上最严重的危机时刻”，朗达所能做的就是唤起他们的爱国主义。[111]这样的规劝不一定奏效，但朗达警告说，如果食品价格不降下来，就会爆发社会动荡，这缓和了局势，俄国发生的一切都太突然了。土地所有者猛烈抨击了朗达的政策——农民们称该政策的特点是“榨干生产者的最后一法新”——并警告说这个政策将限制供应。[112]

在整个秋季，政府继续出台大量法规，例如禁止销售特定的进口干果，这类交易已被国家垄断。为了安抚奶农，政府颁布了《牛奶令》，这项命令概述了一个经销计划，并确定了一个相对较高的价格——最初每夸脱7便士，但从11月1日上涨到了8便士。从9月中旬开始，粮食部每两周出版一期《食物杂志》，这样朗达可以将自己的计划向公众和盘托出。他在9月12日的文章中说，“我们向所有阶层发出了节约消费的紧急呼吁”，并且对于政府目前管控的食物，我们消除了那些“不必要的中间商”，例如批发商，同时消除了牟取暴利的机会。[113]9月，粮食部加强了对糖、土 536
豆、肉、面包、面粉和谷物的经销和销售的控制。每一次价格上涨，都会在工会工人中引起更大的骚动，同时矿工们仍然焦躁不安。9月，造船厂工人的代表要求加薪。根据普罗瑟罗的说法，肉类价格之所以被定得很高，是为了说服农民们从养牛转向生产谷物。尽管如此，到了10月初，他不得不恳求国民少吃肉。很显然，肉类的价格还不够高。

政府还宣布希望收获即将成熟的马栗子*。虽然不能食用，但它们可以被加工并代替在各种工业过程中使用的谷物，特别是在弹药制造中使用的谷物，从而将这些谷物用于养活民众。由于人力资源紧张——据估计，现在有500万妇女参加工作，其中20万人在田里劳作，陆军妇女辅助勤务队每月招募1万名新人——政府决定劝说学童（他们过去常常采集七叶树的果实）去收割坚果。政府敦促学校组织起来，以监督采集情况，并安排把采集的东西送到推进剂物资处的处长那里——这是另一个新的官僚机构。政府也要求土地所有者采集栗子。

朗达制定的价格上限开始限制食物的供应。农民们声称，如果按照允许的价格交易，他们将无法继续经营下去。到了11月下旬，黄油出现了短缺，因为固定价格使得荷兰和丹麦的出口商向英国出口商品变得不再划算。朗达辩解说，早在他的价格上限推出之前，价格就已经几乎翻了一番，牛奶无法进口，而且制作奶酪的成本比制作黄油的成本要低得多，所以现有的牛奶首先应该用来制作奶酪。不过，他已安排从澳大利亚、新西兰和阿根廷进口黄油。现在，政府购买和出售的食物占公众食用的食物的85%，全国各地设立了2000个粮食管控委员会。

物资的匮乏导致了非法囤积，尽管收成良好——去年春天，在内维尔·张伯伦发出呼吁后，许多英国男生参与了粮食收割。商店里开始排起了长队，这种现象以前在英国很少见。政府干预
537 肉类价格，鼓励农民在圣诞节前屠宰牲畜，这导致新的一年出现

* 马栗子：学名七叶树，属无患子目，常用作行道树，种子味苦，生吃有毒。——译注

了鲜肉短缺，把牧场变成耕地限制了鲜肉的可获得性。随之而来的是民众的不安，因为报纸报道称，有钱的阶层——被污蔑为“贪食的肥猪”——仍然可以在昂贵的酒店和餐馆享用美食。当然，在食物供应方面存在着阶级差异，并在某种程度上存在着地理差异。从 1917 年春天开始，政府就敦促那些有花园的富裕家庭，或者那些有能力租用小菜园的家庭，种植尽可能多的水果和蔬菜，这让他们免于遭受困境。农村家庭通常比城市家庭吃得更好，因为他们有野兔、兔子和鸽子。越是贫穷的家庭，越是难以找到像样的食物，而且据说最贫困的家庭正逐渐走向营养不良，不得不寻求慈善帮助。

12 月 4 日，被称为“指挥官”的妇女参政运动的领袖弗罗拉·德拉蒙德（Flora Drummond）夫人率领一个家庭主妇代表团会见了朗达，要求实行定量配给。她们告诉他，“有些人为了买糖和黄油不得不排四到六个小时的队”。[114]她们抱怨说，在没有足够的基本食物可供食用的情况下，巧克力和花式饼干等高档食品仍在生产。当代表团就牛奶短缺提出质疑时，朗达说，政府已命令地方粮食管控委员会确保妇女和儿童在分发期间享有优先权。然而，他拒绝实行定量配给，即使伦敦的肉类批发商声称“我们已经非常接近紧急状态”，即使人们担心其他大城市的食物会在圣诞节前售罄。该年的圣诞节注定不是一个气氛浓厚的节日：在伦敦几乎不可能买到烈酒，而葡萄酒的价格是一年前的两倍。

12 月 11 日，国王和王后访问了德特福德，看到民众排起了长队，他们对“穷人所经历的苦难”感到痛心，“而社区中较富裕的人却没有遭受这方面的痛苦”。[115]国王担心，排队等候的妇女会因不得不旷工而失去了工资或者被迫忽视了孩子，他敦促劳合·乔治采取行动。排长队纯粹是浪费时间——许多妇女本来可以将这些时间花在战事工作上。国王对食品价格感到不安，并在1917年的冬天至1918年游说劳合·乔治。在国王看来，这显然是引发革命的
538 导火索。首相的秘书戴维斯代表首相承诺，这件事将得到“严重关切”，而且劳合·乔治将于下周访问贫困地区。[116]然而，他的关切收效甚微：据报道，12月17日，3000人在伦敦东南部的一家商店排队购买人造黄油，有三分之一的人运气不好，没买到。[117]茶叶的缺乏已经损害了士气，以至于战时内阁命令航运管控员满足朗达的要求，在船舰上留出更多空间来进口茶叶。[118]

对动荡的恐惧促使人们采取了越来越激烈的行动，但并不是所有行动都取得了成功。战时内阁敦促朗达——他的精力有时因明显缺乏积极主动而受到影响——建立一个由2000个地方委员会组成的全国网络，以改善食物分配。12月18日，他谴责委员会未能确保更好地进行食物分配，没能消除排队现象，他说“必须立刻停止”排队现象，但此举短期内产生的效果甚微或几乎没有效果。[119]朗达向他的2000个地方委员会提出的改善分配的请求也基本上是徒劳的。尽管他很恳切，但他似乎对黄油短缺负有部分责任：1917年11月和12月进口了3000吨黄油，相比之下，1913年同期进口了3万吨。造成黄油稀缺的不是航运损失，而是朗达把价格定在每英担*11英镑9先令。这导致荷兰停止了出口，因为生产这种黄油的成本是每英担22英镑5先令。[120]而后，谷物的短缺再次引发了禁止啤酒酿造的呼声，劳合·乔治了解这个国家弥漫着的阴郁情绪，明智地拒绝了这个呼吁。

朗达呼吁公众限制食物消费，或者让人们到常去的杂货店和其他零售商那里购买食物，而不是四处寻找物资，但这没有产生多大

---

* 英担：重量单位，等于100磅。——译注

的效果。控制食物供应的尝试开始出现混乱，考虑到拟议的计划存在官僚方面的复杂性——不仅是购物者与某些商店联系在一起，而且商店根据营业时间对其库存进行监管，以及食物是通过票务系统进行分发的——这对正式实行定量配给来说不是什么好兆头。囤积食物的人受到了巨额处罚并被判处监禁，但也引发了人们的担忧，因为官员们将开始搜查中产阶级的住宅，检查他们的食品储藏室，除了需立即食用的食物外，人们将被剥夺存放任何其他食物的权利。和其他许多官僚法令一样，反对囤积的法令也需要进一步的解释和完善。

在上任的头几个月，朗达的一个显著成就是扩大了工厂食堂的规模，这些食堂的存在有助于管理食物供应。到战争结束时，一千 539
家工业食堂每天供应一百万份廉价的饭菜。然而，正如他所做的许多其他事情一样，这些措施不足以解决如此广泛的问题，很明显，需要一种更加干涉主义的方法。1918 年 1 月 3 日，朗达在伦敦东部的锡尔弗敦（Silvertown）开设了一间公共厨房。他承认，“必须”在全国范围内，而不仅仅是在城市地区实行强制配给。[121] 他警告公众，强制配给无法消除排队现象，也无法保证“绝对公平”的分配。它本身就是不公平的。尽管地方粮食委员会尽了最大的努力，但 1 月中旬伯恩利的 3000 名矿工举行了罢工，抗议不平等的食物分配，并要求实行全面的定量配给。当人造黄油用完时，妇女们在伦敦郊区举行抗议；星期六下午，10 万名工人游行至曼彻斯特市政厅，要求改进食物分配。

事实上，在朗达处理定量配给的难题之前，政府不会引入任何程度的公平来规范英国在战争结束前的食物供给。1917 年 12 月 22 日，粮食部发布了一项计划，以确保更公平地分配肉类、人造奶油、茶和黄油；在平安夜，地方粮食委员会获得授权，采用客户登记制度，在食物匮乏的地区实施定量配给。在定量供应黄油和人造黄油后不久，每人每周的消费总量就从 10 盎司降到了 8 盎司。但到新年时，排队的人少了。12 月 31 日，由于食物短缺，价格再次上涨（尤其是在城市地区），政府宣布还将对糖实行定量配给，每人每周配给 8 盎司，并禁止生产冰淇淋。在 1918 年初，政府开始对另外两种必需品——肉（每周 16 盎司）和黄油（4 盎司）——实行定量配给，这样做是为了平息民怨，而不是因为食物短缺。1918 年 7 月，政府对果酱、茶和猪油实行定量配给，在战争结束前，政府还对面包实行定量配给，男工每周配给 7 磅，女工每周配给 4 磅。

到了 1918 年 2 月，估计有 50 万人经常排队购买食物，其中星期六的排队情况最糟。[122]劳合·乔治仍然担心公众会反抗，希望任命一位粮食分配官，因为他认为食物短缺是“危险的”。[123]分配失败是造成食物短缺的主要原因，而错误通常在于政府干扰了定价机
540 制。控制措施得到了强有力的执行：在接下来的一年里，英国实施了 50000 次定量配给，在停战后英国继续实行定量配给，不过，与德国人所忍受的配给数量和希特勒战争期间所需的配给数量相比，英国的定量配给是慷慨的。[124]尽管劳合·乔治在 1 月初从威尔士收到了该地发生动乱的报告，特别是军火工人发生动乱，但新的制度意味着结束了排长队，并阻止了士气的下降。朗达提出的方案很简单，各个客户在一个零售商那里进行登记，零售商接受的登记数量不得超过其服务能力。然后，政府根据登记客户的数量，按比例向商店分配食物。工党和工会呼吁制定一项通用的计划，以确保公平分配所有食物。

从 1 月 1 日开始，朗达每周设立一个“无肉日”，在该日禁止出售肉类。不过，这个日子的设立与否是件无关紧要的事情，因为

当他的部门在前一周将价格设定在新的水平后，牛肉市场便冷冷清清，因为鲜有农民认为出售牛肉是明智的做法。在市场上仍然可以买到羊和猪，但政府宣布也会调整它们的当前价格。农民们也停止将这些牲畜送往市场。到1月的第一周结束时，伦敦的许多肉店因商品短缺而停业，到了第二周，停业已遍及英国：大多数日子变成了无肉日。中产阶级生活区和工人阶级生活区受到的打击一样严重。尽管国王下令将温莎皇家农场的牛送往斯劳市场，以便为其他农民树立榜样，但是，这个局面在几周内没有得到扭转。然而，在1月的第二周，史密斯菲尔德的猪肉销量较去年同期下降了36.4%，全国各地的排队现象和关门现象持续存在。[125]

最终是操纵市场的企图（而不是无肉日制度）减少了肉的消费。然而，它给人一种公平的印象，因为人们认为民众应当做出同等牺牲。4月12日（星期五）是伦敦萨沃伊的无肉日，食客们可以选择以12先令（大概是一个工人阶级家庭一周的食物花销）的价格购买龙虾，或者如果不想大吃一顿，也可以选择以5先令的价格购买比目鱼、海绵蛋糕，或者以3先令的价格购买芦尖蛋卷。1918年2月的《笨拙》（*Punch*）杂志中刊登了这样一幅漫画：一位穿着晨衣的高贵的年长贵族和一名工人在一家肉店的橱窗外张望；每个人都紧握着自己的配给卡。工人对贵族说："你想买什么？我想买几根香肠？"贵族回答说："嗯，先生，我想知道五便 541
士能买到多少羊肉。"[126]

朗达对食物供应的管理不可避免地招致了批评，尽管他的任务几乎是不可能完成的，而且他从德文波特那里接手的是一个运营不善的控制部门。1918年2月27日，就在大伦敦实行肉类定量配给后的两天，他试图在上院为自己的政策辩护，尤其是他的价格控制政策，该政策激怒了生产商。这个时候，鱼的价格也已经固定了。

“我是去年 6 月上任的”，他说，“当时价格是由供需规律决定的，并且当时价格正在飙升。虽然食物价格连续三年稳步大幅上涨，但在进口食物的价格是战前的两倍多之前，食物没有发生短缺”。[127] 他概述了一些历史性的价格上涨：从 1914 年 7 月到 1916 年 1 月，英国牛腩的价格上涨了 45%；到 1916 年 7 月，涨幅达到了 80%；到 1917 年 7 月，价格上涨了 132.2%。然而，他声称价格已经回落，当时只上涨了 101%。1917 年 7 月的羊肉价格比 1914 年 7 月上涨了 142%；到了 1918 年 2 月，羊肉的涨幅降至 92%。这些证据促使朗达冒险说，这是“英国生产的食物的价格已经得到控制的两个实例”。[128] 由于政府补贴，面包的价格只上涨了 54%。然而，非管控食物的价格正在飙升：在受到管控之前，鱼的价格上涨了 217%；自 1914 年 7 月以来，鸡蛋的价格上涨了 245%。朗达承认，物价上涨引起了“极度不满”，但是，控制措施减少了这种不满，并且帮助消除了引发工业动乱的主要原因，由此增加了英国赢得战争的机会。

他决心做出解释，那就是传统自由主义的信条在全面战争时期根本无法实现。

> 我们被指控违反了经济规律。好吧，我们生活在战争年代。我想，我已经向阁下解释得很清楚了……我打算奉行的政策是，我们将把供需法则放在一边。我已经向阁下说明了其中的原因，其中一个原因是，这是一条既定的经济学基本定律，
> 542 即任何一件日用必需品，只要稍微缺乏，就会导致或可能导致价格上涨几倍。正是因为我的经济学知识，也正是因为我的学识，以至于我不允许这种供需法则在这样的反常时期发挥作用，所以我才采取那种明确的路线。[129]

他说，只要他继续担任食物管制员，这些限制就会继续存在。就食物和其他很多东西而言，公众必须知道，在这样的时刻，不可能有任何例外。

朗达很聪明，他通过提供统计数据来安抚公众舆论，这些数据声称，食物短缺改善了、而不是损害了国家的健康——就像在第二次世界大战期间实行定量配给后的情况一样。尽管最年轻和最健康的男子都在国外服役，但登记主任宣布，在截至 9 月 30 日的三个月里，死亡人数比过去五十年中的任何其他此类时期都少。充分就业和工人阶级获得更高的可支配收入对降低死亡率也有帮助。在 96 个大城镇中，死亡率从 1914 年的 13.5‰下降到近期的 10.9‰。与此同时，婴儿死亡率从 128‰下降到 91‰。[130] 3 月，根据他所了解到的产妇和儿童保健服务供应不足的情况，朗达向战时内阁提交了一份备忘录，阐述了卫生部的基础工作，卫生部决定于 4 月 5 日执行这个项目。

在 1917 年的深冬至 1918 年，尽管朗达做出了努力，但奶制品、肉类和野味仍很稀缺。消息传到西线后，士兵们抱怨说，在让他们冒着生命危险为国家效力的时候，政府最起码要保障妇女和儿童有饭吃。人们很快便意识到了这种情况可能对士气造成的灾难性影响，而且分配工作也得到了稳步改善。1918 年的晚些时候，德国军队也有类似的感觉，这是该国投降的一个重要原因，因为在德国，几乎所有的食物都是严格按照定量供应的——到了夏末，德国人每周只吃四分之一个鸡蛋和一盎司的黄油，水果和可可粉则很难买到，只有代用茶和代用咖啡。在伦敦，随着更多的商船进行平安运输和农业产量的提高，排起的长队消失了。为了让英国人有粮食吃，朗达几乎把自己累死了。他是劳合·乔治的灵感来源之一，他于 1918 年 7 月 3 日去世，享年 62 岁。在去世前的两周，他获得了 543

子爵爵位（他的女儿继承了他的爵位，不寻常的是，从“卢西塔尼亚”号事件中幸存下来的他不是因为服役而获得爵位）。

四

在战争期间，确保农业——和战时的重要工业——拥有所需的充足人力，仍然是一项挑战。就在圣诞节前，由矿工、铁路工人和运输工人组成的“三方联盟”通过了一项决议，抵制“有色人种”、中国劳工和其他外国劳工进入英国，这使得情况更加糟糕。[131]征兵制使问题进一步复杂化。劳合·乔治告诉德比，如果英国不想饿死，那么航运和农业现在就需要这些人力，“我们的可用人力已经到了最低点，‘必须抛开这些无足轻重的偏见’”。在军事方面，他在1917年4月后承认，现在的问题是要坚持到美国人来。3月底，政府出台了《兵役（例外情况审查）法案》[Military Service (Review of Exceptions) Bill]，以确保对之前因体检原因被拒的人士重新进行检查，并对之前被裁定为不适合在海外服役而效力于本土防卫的人士进行审查。在对渴望服役但遭到禁止的男性进行检查时，医生们被指责为“宽松”：据信，有多达10万人蒙混过关。[132]4月，杰利科和罗伯逊在工会会议上发表讲话，强调了英国所处的紧急情况，谈到了更多男性挺身而出的紧迫性。

如果从事免服兵役工作的人士——例如8名诺丁汉郡的矿工——拒绝工作，那么他们将会被罚款，并被送去参军。[133]将拒绝工作者强制送往前线是镇压异议的另一种武器，在战争期间，这种威胁将被用来对付罢工者。3月中旬，政府宣布将敦促另外2万名矿工自愿参军，并继续在矿井中“筛选”年轻、健康的矿工，尽管英国矿工联合会强烈反对这个举措。之后，政府决定不仅对因体检而被拒绝的人进行重新检查，还对那些因为伤势严重而退伍的人进行重新检查。4 月 22 日，退伍士兵在特拉法尔加广场举行了一场大规模的集会，其中一些人举着一条横幅，上面写着“从防空洞里把他们搜出来，退伍士兵将会重返战场。愿上帝惩罚卡斯伯特(Cuthberts)”。[134]“卡斯伯特”是指年轻健康的人，在退伍士兵被 544
要求返回前线时，他们在政府部门从事免服兵役的工作。人们使用《每日镜报》中一个漫画人物的名字来给这些人命名，该漫画人物经常用于讽刺“逃避责任者”。一名男子的征召文件上写着这样的命令：“带上你的义眼去参军。”然而，在退役后将士兵们送到济贫院的做法并不能消减他们的怒气。

劳声称一些人通过“欺诈手段”逃离了战壕，法院审理了一些医生受贿而给予服役豁免的案件。据说爱尔兰到处都是逃避服役的英国“难民”。[135]从对国家至关重要的工作的评判标准来看，有些豁免情况简直是匪夷所思。1917 年 4 月，埃塞克斯法庭向一位烟草商、有执照的酒店老板、速记员、拍卖师的助理和有执照的小贩给予了暂时或无限期的豁免权。[136]也有一些案例是地方当权者——他们本身是法庭的法官——的员工或家人被免于服役，尽管政府公布了一些荒谬的豁免情况，但还是出现了其他荒谬案例——梅德斯通的一个太妃糖制造商、布赖顿的一个瓷器商人和布伦特里的一个茶店经理。[137]女性人手不足的情况开始赶上男性短缺，这让问题变得更加复杂。4 月，政府发起了一项呼吁，要求组建更多的志愿救护队，以防止护士短缺。关于虐待年轻护士的报道浮出水面，这些护士被年长的同事当作下等女佣，而不是被用来照顾受伤的英雄，这阻碍了招募工作。[138]

陆军部在搜罗参军人士方面的无能，导致这些人以细枝末节的问题为由逃避服役。陆军大臣德比发现新官僚机构的压力越来越难以应付，他感到内阁同僚越来越不支持他，而他与劳合·乔治的关系也越来越糟糕，后者对他的评价并不高。1917 年 4 月 29 日，战时内阁宣布，从 5 月 7 日起，军工厂的适龄男性将不再被豁免服役，除非他们的工作高度专业化。政府制定了一个豁免服役方案：凡从事的工作未列于新方案之上的，均不得被豁免服役。现在，政府正在煤矿行业筛选人员，另一个拥有许多健康的年轻男子的行业是纺织业，与其他行业相比，新方案对纺织业的影响将更大。[139]

1917 年 1 月 12 日，新就职的国民服务部总监内维尔·张伯伦奉命起草一份报告，内容是关于入伍人数太少的问题，以及如何为其他至关重要的工作分配剩余的劳动力。劳合·乔治招募了艾迪
545 生——熟悉官场那一套的军需大臣——来监视张伯伦，但是，艾迪生——在建设国家机器方面，他像负责人员一样热情——觉得新的国民服务部总监是个平庸之辈，帮不上什么忙。

陆军准将奥克兰·戈德斯自 1916 年 5 月起担任陆军部的征兵主任，他对张伯伦的帮助更大，但这两人都遇到了一个决心不惹恼工会的文职机关。国家局势的发展促使报界追问，白厅街和堤街沿线的新办公室里的文员和官僚人员来自哪里。于是，政府从公务员队伍中搜罗年轻男子，同时田里或工厂需要女性。公共服务领域的男性流失产生了持久的影响，因为伦敦的很多邮递员去服役了，而他们的接替者不了解地理位置，较大的邮区——例如 EC、SW 和 W——被划分为较小的部分，产生了 EC4、SW3 和 W1。

1 月 19 日，代表各军种和各部门的 27 名非内阁成员参加了一个会议。会上，战时内阁审议了张伯伦的报告。该报告主张废除向 1895～1898 年间出生的 28 万名健康男性（年龄在 18 岁到 22 岁之间）发放的服役豁免。从理论上讲，这将使年纪较大、更有经验和更熟练的工人能够继续服务于工业。罗伯逊完全赞同张伯伦的计

划，尽管如此，这仍然意味着要从22岁以下的男性中挑选7万名已经完成学徒训练的熟练工人。由于此举可能导致专业技术人才流失，战时内阁坚持认为，继续豁免军需、金属、农业和造船行业的工人将大大稀释该计划的影响。自己的建议遭到了粗暴拒绝，这让张伯伦非常生气。罗伯逊也感到愤愤不平，他还没有领悟到劳合·乔治不愿把更多的人投入西线，不愿让他们在计划不周的进攻中被屠杀。张伯伦也曾要求负责陆军部征兵处的工作，但被否决了，这进一步恶化了他和劳合·乔治之间的关系。[140]然而，战时内阁同意，应征召3万名农场工人、2万名矿工、5万名半熟练和非熟练工人。[141]它还决定在这些人年满18周岁的时候征召他们（到目前为止是在18周岁零七个月的时候征召），如果他们训练有素，那么可以根据需要在年满19岁之前将他们送到国外。

张伯伦的报告还主张要求所有年龄在18周岁到60周岁之间的 546
人自愿为国效力，并建议利用劳工介绍所和地方当局来提供帮助。他建议说，应当将他们称为“工业军队”，但遭到了拒绝。首相比较满意的是“国民服务”一词，这反映出它是一个国民志愿计划，尽管首相不希望它与征兵挂钩。1917年2月初，张伯伦宣布成立国民服务部。亨德森——他从日复一日地把他的政党组织在一起的混乱中解脱出来——不得不在下院为新成立的国民服务部以及总监张伯伦进行辩护。在拒绝遵从劳合·乔治的独裁方法时，议员们抱怨说，在议会没有讨论潜在的费用和对工业造成的影响的情况下，这个招募平民工人的计划被强加给了英国。

在威斯敏斯特中央大厅举行了一次盛大的启动仪式后，全国各地都召开了鼓励志愿服务的会议，邮局堆满了参加这项计划的申请表。在启动仪式上，劳合·乔治——他的两侧站着张伯伦、亨德森和劳工大臣霍奇——强调说，如果志愿兵役制失败，那么随之而来的就是强制兵役制。张伯伦提到了 U 艇战，警告公众说，“德国打算在她自己被饿死之前把我们饿死”。[142]我们需要给敌人“当头一棒”，而“国民服务行动正好可以给予这样一击”。为了确定基调，政府命令所有年龄在 18 岁到 60 岁的国家官员自愿参加国民服务计划，这使张伯伦的部门有机会对目前被豁免服役的所有公职人员进行审查。张伯伦强调，任何一个志愿效力的专业人士都不会去做体力劳动，而是去从事能够更好地发挥其才能的工作。

劳合·乔治仍然对人力分配深感担忧，2 月 11 日，他告诉里德尔，他将为此与军队进行一场“大战”。他说，“我今天非常坚定。我不会再让军队从农场、煤矿、造船厂或铁路上抓人”。[143]军队又要求招募 6 万名农场工人。普罗瑟罗说，他能提供的人数不超过 3 万。这在部门内引起了一场争论，经过进一步调查，他发现，即使有女性志愿者的帮助，他也只能再抽出 6000 人。现在，劳合·乔治对征召爱尔兰人已经不再那么漠不关心，因为他意识到征召爱
547 尔兰人不仅会在爱尔兰引起愤怒——他担心那里的人只会“命丧刺刀”——还会在大英帝国的部分地区和美国引起愤怒。无论如何，大多数适龄的爱尔兰人都在土地上劳作，生产基本的粮食。因此，他认识到，所需的额外士兵必须来自于经过精心挑选的人群。

现在，战俘——届时大约有 3 万人——被带到田里工作。但是，与女性相比，他们的贡献就相形见绌了。1916 年 2 月成立的全国妇女农田勤务队是一个志愿组织，目的是引导妇女从事农业工作，以便让男性到前线打仗。到了 1917 年初，该组织已经召集了 20 万名志愿者。在 1917 年初，农业委员会成立了一个妇女分会，最终招募了 26 万名农活志愿者，远远超过了普罗瑟罗设定的 5 万至 6 万名妇女的目标（他认为这相当于 3.5 万名男性）。[144]与此同时，农业委员会妇女分会的主任梅里尔·塔尔博特组建了一支由

1.2 万名流动工人组成的劳动力队伍，即女子农田军。与居住在工作地的人数更多的妇女志愿者不同，农田军的妇女去了这个国家最需要她们的地方。经过 4 周的培训，这些妇女（其中许多都是富裕阶层并来自城市地区）被分配从事农场工作，例如挤奶（使用木制假奶牛对她们进行培训）和喂养牲畜，每周获得 18 先令，在通过能力测试后，周薪上涨到 1 英镑。这种做法安抚了女性，因为她们对张伯伦的志愿计划感到不满，认为该计划只适用于男性（他说这是一种误解）。到了 3 月份，女性志愿者的人数已经超过了英国的部署能力，而军队在第一季度要求征召 35 万名男子，结果只招到了 14 万。[145]尽管女子农田军缓解了对农业劳动力的需求，释放了男性去参军，但 1917 年 10 月，战时内阁还是命令陆军部释放 2000 名熟练的犁地者，以确保播种 1918 年的作物。潮湿的天气延长了收获的时间，推迟了播种，但与前一年相比，1917 年多种植了 38.8 万英亩的土地。[148]

虽然在农业领域部署女性取得了巨大成功，但其他倡议的结果好坏参半。每公布一份伤亡名单，都会加剧人力危机，政府讨论的措施也变得更加激进。由于对措施的可行性怀有疑虑，在工业领域 548
为张伯伦的国民服务计划引入必要的立法时，大臣们一直拖拖拉拉，因此议会不得不等着讨论这个问题，但直到 2 月 20 日，也就是在张伯伦上任两个多月后才开始讨论。政府宣布，通过参加这个计划，18 岁到 60 岁的每个人都将听从政府的安排，以便“前往任何地方，做任何事情”。[147]一位备受尊敬的工党议员威廉·安德森——后来在 1918 年的大选中，他因为反战失去了谢菲尔德市的阿特克利夫选区，然后在数周内死于流感——担心会有大量工人申请，这些工人价值太大，无法免除他们现有的职责，并担心在处理他们的申请时会因官僚作风而出现混乱，他说得有道理。此外，对于达到服役年龄的在职男性来说，在不知道他们可能在哪里工作或从事什么行业，也不知道这项计划将对他们的家庭造成何种影响的情况下，他们中很少有人自愿参加这个计划。

有一种观点认为，政府应当利用工人阶级的精力，以便招募他们从事工业，而不是利用社会地位比他们高的人的技能和才能，这种观点遭到了公众的反对。安德森认为，由于统治阶级的肆意挥霍，资源正在被浪费。2 月 15 日，他对下院说："对于应当为珍珠、各种珠宝、高尔夫球场雇佣人力，以及应当把钱花在珍珠、各种珠宝、高尔夫球场等方面的说法，每个人都同意这种说法是错的。前几天，我在一本高级杂志上看到一则广告，是关于出售珍珠项链的，价格从 4000 英镑到 10000 英镑不等。此时，我们经历了两年半的战争，我十分确信，没有人会反对采取最强有力的措施来处理这个特定问题。"[148] 安德森想制定一个重新部署的计划，将人力从最不重要的工作部署到最重要的工作，但不是强制性的。他担心这个计划是典型的劳合·乔治的风格——想法很好，却不知道如何实施，就连支持政府的报纸也对此议论纷纷。

当劳动力问题仍然严峻时，在该年晚些时候的一次演讲中，奥克兰·戈德斯提到了安德森的想法。他强调说，为"对国家至关重要的工作"寻找更多的男性和女性，意味着一些"奢侈品行业"实际上不得不关闭，因为国民服务部将重新分配那些为奢侈品行业
549 工作的人。[149] "在某个小镇，当我们正在寻找制造飞机的女性时，我们却看到女孩给洋娃娃穿衣服和戴假发的广告。洋娃娃和飞机形成了鲜明的对比，而且玩偶制造商能够支付与飞机制造商同等规模的工资。这显然是将人力用在了错误的方面。"

安德森告诉下院，在 1916 年，200 万名妇女向劳工介绍所申请工作，只有 80 万人得到安置。[150] 农民仍然不愿接受她们。两年半

后，军队才意识到，可以让她们在国内或法国的后方当厨师。安德森表示，人们普遍担心，如果更多的女性参加工作，“家庭生活会进一步混乱”。[151]当国民服务部依法成立时，人们确认这个机构仅为了男性而设立：女性是资源，“对她们将提出单独的呼吁和不同性质的要求”。[152]政府将提出几次这样的呼吁，特别是政府在1917年8月1日成立了妇女林业勤务队，目的是帮助确保砍伐更多的树木以作为木材——这是在法国加固堑壕所需要的——和种植树木。之所以在国内采购更多的木材，是为了腾出商船上的空间，以用于运输食物。1917年2月，伦敦警察厅的厅长同意女性可以驾驶出租车，然而，伦敦的出租车司机却持不同的观点，并威胁说，如果女性出现在驾驶座上，他们将罢工。

人们一致认为，参加这项计划的工人阶级男性将得到与以前职业相同的报酬。政府强调说，任何领薪的专业人员如果自愿加入，都不会按照其惯常的工资标准获付工资。和以往一样，军火工人由于其特殊的价值和重要性将受到不同的待遇。农场工人每周至少获得25先令。设立国民服务部的法律明确规定，加入这个计划的任何人不得被现任老板解雇，但也不允许志愿者在不具有国家重要性的企业工作。张伯伦要求从前线调回更多的熟练工人来制造军火，但军队拒绝就此与他合作。他觉得自己被劳合·乔治抛弃了，因为劳合·乔治没有采取任何措施介入其中以解决这个问题。诺思克利夫也加入进来，并开始攻击张伯伦，理由是张伯伦没有权力来解决这个问题。诺思克利夫迫切地想要寻找弱点，而在张伯伦的身上，他认为他已经找到了政府的弱点，他为这个政府的组建付出了太多。

内维尔·张伯伦是少数几个被拉入劳合·乔治的圈子的人士之一，他们不接受首相期望的标准的顺从关系。他现在的名声也许是 550

一个绥靖者和软弱者，或者是一个过分天真的人，但他决心不在劳合·乔治的面前表现出这一面。从他被任命的那一刻起，他们的关系就一直在恶化。张伯伦曾努力地与其他部门（例如劳工部、军需部和贸易委员会）达成谅解，如果他想有效开展工作，这些部门是必不可少的。他未能妥善地组织他的部门，他和劳合·乔治在豁免服役问题上存在政策分歧。6 月下旬，在未征求张伯伦意见的情况下，一名议会秘书被调离到了另一个部门，这个举动激怒了张伯伦，他给劳合·乔治写信说："在我看来，这个举动太不礼貌了，太不寻常了，我很难相信这是无意的。"[153]首相道了歉，声称这是一场误会。事实上，新上任的议会秘书塞西尔·贝克（Cecil Beck）是少有的劳合·乔治式的自由党人，他已经和首相一起密谋反对这位总监。

劳合·乔治鼓励劳工大臣霍奇——他对张伯伦怀有敌意，并阻碍了劳工介绍所和国民志愿计划之间的合作——就人力政策应当如何进行提出看法。他还向曾支持张伯伦担任招募总监的奥克兰·戈德斯要了一份报告：戈德斯建议根据职业而不是年龄来免除男性的豁免权。这使他与张伯伦对立，在 7 月 13 日向战时内阁提交的最新报告中，张伯伦重申了他的信念，即取消向年轻男子给予的所有豁免。[154]他说，"除非政府准备改变他们目前对年轻男性的政策，否则他看不出他的部门继续存在有什么意义"。戈德斯说，煤矿里大约有 50 万适龄男性，他希望通过抽签来决定豁免服役的名额。

1917 年 8 月初，战时内阁决定，国民服务部的总监应当控制军事和工业领域的人力，这是张伯伦非常不愿意承担的工作。他曾在报纸上读过针对他所在部门的简报——现在，他意识到，这是诋毁他人的惯用手段——并准备好辞职。由于劳合·乔治和诺思克利夫都对他不以为然，他的留任就变得不可能了。于是，在米尔纳的建议下，他辞职了。奥克兰·戈德斯接替了他。戈德斯是一名训练有素的医生，以前曾担任医学教授，他原以为自己将被任命为军队 551
医疗服务的负责人：张伯伦认为戈德斯是被人设计用来解雇他的。在张伯伦辞职的前一天，劳合·乔治让戈德斯去见他。张伯伦原以为这次会面是关于让戈德斯在国民服务部担任下属一事，但是，戈德斯从首相的办公室得知，当天早上，劳合·乔治告诉张伯伦，如果他觉得自己不能胜任这份工作，那么戈德斯可以做。张伯伦从来没有原谅劳合·乔治给予的这种羞辱，1922 年，这次羞辱将在劳合·乔治及其联合政府的垮台中发挥相当大的作用。与此同时，就像工会为明确分工的问题争论不休一样，国民服务部和劳工部之间也必须起草一份正式协议，以便确定哪个部门应当负责哪些工作。坦率地说，后者的存在是为了帮助前者，并将服从于前者。[155]

在接下来的几个月里，随着士兵们在帕斯尚尔战役中葬身于枪口之下，以及军队需要更多的士兵，戈德斯将面临种种困难，而张伯伦至少已经从这些困难中解脱出来。1917 年夏秋两季，政府增加了对体检不合格者的复检力度，发现了大量的欺诈性案例：最常见的是被认为患有癫痫或糖尿病的男性，他们通常没有（但有时有）医生的共谋。据信，仅在伦敦的斯特普尼区，就有 4000 名健康男性故意逃避服役。[156]该年的深秋时节，戈德斯宣布了一项体检分类改革，帮助那些被认为是体检不合格的人入伍。

与人力计划相比，全国煤炭供应的管理工作相对顺利。这也是好事，因为工业、火车和电网都是靠煤炭运转的。1915 年，阿斯奎斯任命了一个委员会来监督煤炭工业，到 1917 年春，该委员会已经进行了三次报告，每一次都引起了更大程度的关注。到了 1916 年 9 月 1 日，大约有 16.5 万名矿工应征入伍，占劳动力的 14.8%；1915 年的产量下降到了 2.53 亿吨，比 1914 年减少了

1250 万吨。政府任命了一名煤炭管制员，从军队召回 1.5 万多名在国内服役的士兵，使得产量增加了 400 万吨。1916 年 12 月，政府接管了南威尔士煤田的全部控制权。3 月中旬，政府负责英国的
552 所有煤矿，协调生产和分配工作。这不是国有化，而是一项临时措施，在此期间，政府与煤矿业主达成了一项财务安排。尽管如此，在天气异常寒冷的 1917 年 4 月——这是自 1839 年以来最冷的 4 月——由于运输问题，伦敦出现了煤炭短缺。在战争期间，铁路几乎没有获得投资，而且维修得很糟糕。[157]新的、更有效率的组织需要一段时间才能形成，不过，管制员将对煤炭的产量、雇用条款和条件、分配、价格、出口和消费进行管制。[158]

弹药的生产仍然是一项关键的优先事项，但为了提高产量，往往会出现图省事的情况，有时甚至是灾难性的。据 1917 年 3 月的一份报告记载，军火工人经常因为上班时打瞌睡而被送上法庭并遭到罚款，他们“未能采取一切预防措施防止火灾或爆炸……并危及数千人的生命”。[159]这份报告是在战争年代最严重的事故之一发生后公布的。1 月 19 日晚上 7 点前，在伦敦东部的埃塞克斯船坞区，位于锡尔弗敦的一家工厂发生了火灾，之后 50 吨三硝基甲苯发生爆炸。政府于 1915 年 9 月接管了这家工厂，以便对三硝基甲苯进行提纯——这个过程比实际生产三硝基甲苯还要危险——尽管工厂老板警告说，这类过程是非常危险的，而且工厂位于建筑物密集、人口稠密的地区，但这个警告被忽视了。工厂遭到破坏，附近 900 处房产被毁或无法修复，大约 7 万人遭受了一定程度的伤害，通常是滚烫的碎石砸到他们的身上并开始燃烧。附近格林威治的一个煤气罐被击中，引发了大火。远在 30 英里外都可以看到锡尔弗敦的大火，爆炸后，整个伦敦的天空立刻被照亮了，“就像许多金色的日落集于一处”。整个伦敦和东部各县，甚至 100 英里外都可

以听到爆炸声。[160]一位地震学家发现，在距离爆炸地点122英里的特伦特河畔的拉德克利夫发生了地震。[161]

不可思议的是，只有73人死亡，400人受伤，因为许多工人已经回家了，大部分周边住户都住在楼下，爆炸的威力被上层楼面吸收。这场爆炸造成至少200万英镑的损失。第二天，爆炸现场“没有闷烧的情况，也没有冒烟”。[162]报纸的报道几乎没有掩盖任何细节，整个伦敦都知道发生了什么事。政府开始努力安置成千上万无家可归的人，并设立了一项救济基金，以确保那些工作场所不复存在的人有足够的钱生活下去。一份政府报告——直到20世纪50 553
年代才公布——抨击了工厂对安全问题漫不经心，因为大部分三硝基甲苯炸药都放在外面的一个货场里等待装运，而集装箱又不足以保护它免受从其他地方引发的爆炸。

五

尽管为了应对每日的战事有大量的工作要处理，劳合·乔治仍希望向大家展示政府也在思考未来。阿斯奎斯成立了一个小型重建委员会，2月17日，劳合·乔治扩大了这个委员会的规模，并修改了职权范围。孟塔古担任执行副主席（在劳合·乔治的手下工作），阿斯奎斯的前私人秘书沃恩·纳什（Vaughan Nash）继续担任秘书。对于劳合·乔治的花园别馆，填补助理人员之位的是一些议员［例如菲利普·科尔（Philip Kerr），他后来成为洛锡安侯爵］以及一些托利党和工党的杰出人物：后者有比阿特丽斯·韦伯，她认为孟塔古是一个“彻底的失败”。[163]有人建议邀请萧伯纳和威尔斯加入，但劳合·乔治——这两人被誉为头脑冷静，毫无疑问，他对此十分警惕——把他们的名字从名单上划掉了。该委员会一直持续到 7 月 17 日，之后被重建部取代。

为了鼓舞士气，向公众表明他们的统治者正在考虑如何使战后的生活变得更好，这是至关重要的。1916 年的晚冬时节到 1917 年，罗伯逊注意到，“在这个国家，受伤和变残废的人越来越多，他们的情绪非常阴郁”，尽管志愿组织努力建立培训学校，向他们传授技能，尽管慈善机构正在为他们建立住宿网络以供他们居住。[164]音乐厅和剧院在上层社会的大力支持下举办慈善演出，在筹集资金修建住宿方面发挥了重要作用。许多工厂都在培训残疾人，以便让他们从事重要的工作，生产对战事至关重要的军火和其他物资。然而，当局在向这些人支付津贴时行动迟缓，当士兵退伍时便停止发放他的服役津贴和他妻子的军属津贴，这让士兵们及其家庭陷入了严重的困境。随着食品价格上涨，这有可能成为一个高度易燃的问题。此外，这些退伍军人愤愤不平，再加上受到被俄罗斯事件鼓舞的和平主义左翼分子和工团主义者的煽动，原本充满了火药
554 味的情况可能会变得更加糟糕。

尽管这些事情让人分心，但劳合·乔治最基本的责任仍然是开展战事工作。在他入主唐宁街后的几周内，从他信任尼维尔的那一刻起，他对如何最好地开展战事工作的判断似乎非常让人怀疑。劳合·乔治支持尼维尔的进攻主张，但以惨败而告终，这表明他对战略的判断并不比阿斯奎斯高明。1917 年 4 月 9 日至 14 日，阿拉斯战役导致 14 万英国人伤亡（包括诗人爱德华·托马斯，他在第一天就被射中胸部），而德国的伤亡人数为 8.5 万。虽然加拿大人占领了维米岭，但黑格和罗伯逊认为这次进攻失败证明了劳合·乔治的愚蠢，因为他让法国人指挥英国远征军，尽管只是暂时的。法国人对这次进攻是否奏效持高度怀疑的态度，而劳合·乔治的主张至关重要，因此，他应当承担大部分政治责任。对于他领导英国的战

事工作来说，这是一个糟糕的开始。然而，当将军们指责他时，他却反过来指责他们支持西线进攻。这种关系永远无法修复。

劳合·乔治继续支持“萨洛尼卡”战略，坚持认为较之于在法国和佛兰德斯继续开展消耗战，攻击德皇更脆弱的盟友将会带来更好的结果。但是，罗伯逊和黑格很快意识到，在二月革命和建立临时政府后，俄国无法维持军事力量或者无法继续生产武器，这可能会让更多的德军前往西线，因此不能抽调用于抵抗他们的西线军队。

不过，首相认为英国最大的希望是，在西线进行另一轮大规模的攻击之前通过封锁来消磨德军，这个想法是正确的。1917 年 5 月 5 日，在尼维尔的进攻主张失败后，协约国在巴黎召开会议，发布了一份英法联合公报，宣称：“这不再是一个旨在突破敌人前线和瞄准遥远目标的问题。现在，这是一个消磨和耗尽敌人的抵抗能力的问题，并且如果实现了，以及一旦实现了这个目标，就要尽可能地加以利用。”[165] 德国人不可能突然投降，只有消耗才能打败他们。

6 月 7 日，米尔纳指出，在俄国事件和美国参战后，“迫切需要重新评估整个战争局势”。[166] 他和其他人担心，法国军队的兵变 555
会使法国成为一个不可靠的盟友。他察觉到了一种“放任自流”的态势，认为需要采取不同的主动措施。1916 年，卡尔接替了他的叔祖父弗朗茨·约瑟夫，成为奥匈帝国的新皇帝，4 月初，当他通过堂兄波旁家族的西斯托亲王（Prince Sixte of Bourbon）与法国政府交涉，以期达成一项单独的和平协议时，采取主动措施的可能性便出现了。劳合·乔治看到了一种分裂同盟国的方法，他对此很热心，但是，意大利人——他们派遣军队与奥地利作战——不感兴趣，于是这个提议失败了。尽管如此，罗伯逊担心首相仍想在意大利发动新的进攻，6 月 13 日，他告诫黑格警惕这样的提议。他对黑格说，现在国内有麻烦了”，因为“在劳合·乔治的影响下，战时内阁已经开始……审查战争的整个方针和战略，并开始‘了解事实真相’”。[167]战时内阁正在与相关人员面谈，很快就会轮到他（和罗伯逊），“然后麻烦就会开始”，因为“已经要求铁路人员提供与向意大利快速运送 12 个师和 300 门重炮有关的数据！只要我担任帝国总参谋长，他们永远别想去哪里”，罗伯逊宣称。

尽管两人都致力于西线战役，但罗伯逊让黑格明白，他需要避免那种习惯性的极端乐观主义，罗伯逊知道劳合·乔治觉得这种乐观主义令人作呕：“不要争辩说你能在今年结束战争，或者德国人已经被打败了。”他建议黑格提出夏季进攻计划，并交给战时内阁来否决——“他们不敢那样做的。”不幸的是，当黑格于 6 月 19 日来到伦敦，争取在佛兰德斯发动新一轮进攻时，他忘记了这个有用的建议。上周，梅西纳岭战役*取得了成功（在这场战役中，由于工兵出色的坑道作业，据报有 1 万多名德国人失踪，其中 7200 人被俘），受此推动，他提出了一次新的攻击，如果成功，将把军队带到奥斯坦德和海岸。在陈述进攻计划时，他使用了一张巨大的地形地势图。在陈述过程中，劳合·乔治认为他的一些同僚的“批判能力”被“彻底制服”。[168]

黑格觉得每一个提问者似乎都“比对方更加悲观”。他断言，“德国接近穷途末路的程度超过了他们的想象”。[169]他要求提供更多

---

* 梅西纳岭战役：一战中第三次伊普尔战役的组成部分。一战进入 1917 年，沙俄爆发革命而退出一战，使德军可以集中力量对付西线。因此，协约国决定在伊普尔地区先发制人发起进攻。德军在梅西纳岭建立了强大的防线，有无数复杂的壕堑和坚固的碉堡。于是，英国人决定巧取。在地质学家经过详细考察后，决定采取挖洞爆炸的战术。据战后估计，这次突然爆炸造成了约 1 万德军士兵当场死亡，伤者更是不计其数。第三皇家巴伐利亚师因此几乎全军覆没。——译注

的人手和枪支，并避开了劳合·乔治的意大利主意。尽管争论激烈，但黑格的最大敌人却是他自己。那天下午，史末资想帮忙，他告诉黑格，劳合·乔治“担心黑格的计划会在冬天耗尽英军的力量，而且不会取得胜利”。黑格像罗伯逊那样小心谨慎地强调说，556
在黑格去伦敦之前，帝国总参谋长在法国拜访了黑格，黑格告诉他：

> 德军现在已经奄奄一息了，只有一个合理的计划可以遵循，那就是
> 把所有可能的人都派到法国去，
> 把所有可能的飞机都派到法国去，
> 把所有可能的枪都送到法国去。[170]

罗伯逊曾拜访黑格，警告他，如果他在没有法国支持的情况下再次发动大规模的进攻，那么英国很快就会没有军队了。尽管如此，罗伯逊仍带着黑格是对的信念回到英国，他在说服劳合·乔治这件事上所扮演的角色损害了他自己的职业生涯。

在接下来的几个星期里，黑格和罗伯逊敦促战时内阁接受这个计划。政客们和黑格谈了好几天，但没有做出什么决定。黑格串通雷普顿，力促《泰晤士报》呼吁派更多的士兵去法国。有人问罗伯逊是否相信这次进攻将会取得成功。他比黑格更加谨慎（这让黑格很恼火），他说这是正确的路线——如果俄国和法国也袭击德军，那么成功将更加确定。劳合·乔治努力克服自己的看法，即他认为军事顾问们是无能的。黑格坦诚地承认，与索姆河的情况类似，他预计每月会有 10 万人伤亡，这让劳合·乔治无法安心。

罗伯逊概述了进一步的论点。“我提醒各位，长期的防御策略

将不可避免地使军队士气低落；我认为，尽管进攻的一方最初可能是较大的输家，但从长远来看，一旦防御一方的体力和精神力量开始崩溃，最终损失最大的肯定是防御的一方；而且，民事活动不亚于军事活动，和在任何商业活动中一样，如果不采取进攻行动，不采取主动，实际上永远不可能取得成功。”[171]大臣们反驳说，这是“消耗”，是“不明智地运用野蛮武力”，罗伯逊认为这些观点是“愚蠢的”。

由于奥地利人似乎希望单独媾和，劳合·乔治更加下定决心要派士兵到意大利北部，进攻的里雅斯特，并鼓励奥军投降。寇松认为，较之于索姆河，佛兰德斯是一个更适合发起攻击的战场；米尔
557 纳看到了让德国人离开比利时海岸的价值；黑格声称，如果占领更多的沿海地区，那么德国对英国的空袭就会减少，这是一个敏锐的政治考虑因素，因为哥达轰炸机的袭击目前正困扰着伦敦和英格兰东海岸。

直到 7 月 18 日，黑格才知道他也许能够继续进行所谓的“第三次伊普尔战役”：又过了三天的时间，最终在罗伯逊声称的战时内阁的“混乱会议”上，首相才表示同意。[172]鉴于劳合·乔治担心公众对大屠杀充满愤怒，他竟然同意再发动一次这样的进攻，这令人感到惊讶。同样让人惊讶的是，黑格——许多人已经将他视为一个屠夫——显然是在冷静地思考这个问题。然而，战时内阁（在杰利科的建议下）也担心航运短缺会使英国因饥饿而屈服，正如黑格所说：“英国不可能到了 1918 年还在继续这场战争。”正是因为这一点和其他原因，劳合·乔治才同意黑格的计划。尽管劳合·乔治意识到黑格对尼维尔进攻的看法是正确的，但这个决定是“带着勉强和疑虑”做出的。[173]黑格被告知，不允许出现另一场索姆河战役：如果进攻失败，应当迅速停止。黑格告诫政客们，在军

队达到其主要目标帕斯尚尔岭之前，可能需要几周的时间，还会有相当数量的人员伤亡。

7月31日，第三次伊普尔战役开始。那天晚上下了一场倾盆大雨，把战场变成了泥海。这场战役很快变成了一场灾难，士兵们在几十年来最潮湿的8月里战斗。英军只推进了4英里，损失了大量的士兵和更多的军官。毫无疑问，这场战役打击了德军的士气，因为德军物资短缺，以至于在前线的士兵只能得到定量配给的面包，但它也打击了英军的士气。对这次重大进攻进行的报道受到了严格审查，不过，即使人们不必过于仔细地阅读字里行间的内容，也能看出进展甚微。更糟糕的是，《泰晤士报》对缺乏来自西线的信息发表了评论，很明显，公众因为缺乏与进展有关的消息而感到不安。无论是因为新闻纸短缺，还是为了不加剧绝望情绪，此时的新闻报纸每日通常只刊登军官的伤亡名单，而不是士官和其他军衔的军士，这些名单在9月份才恢复刊登。

伊普尔的屠杀不像索姆河的屠杀那样令人震惊，因为它没有那 558
么新奇：大量的信件和电报涌向失去了亲人的人们，无论如何，这使人们士气低落。就像索姆河战役一样，就连大臣们也花了一段时间才明白英国在西线的绝对损失规模。形势的急剧变化意味着战时内阁几乎成了常设会议，所以对于大臣们来说，了解战争是如何进行的，并追究将军们的责任，是一个越来难以完成的任务。截至8月2日，战时内阁在235天内召开了200次会议。史末资告诉里德尔，“对组织进行彻底调整”是必要的。[174]“未能充分委派工作，而且大臣们也没有时间去思考战争的真正重大问题。到了周末，由于所出现的问题的数量和复杂性，人们的头脑一片混乱。”的确，佛兰德斯的溃败之所以会继续，原因之一就是政客们忙得不可开交，以至于没能恰当地处理好这件事。后来汉基告诉里德尔，“大臣们被工作压得喘不过气来，以至于他们无法日复一日地跟踪海军和军事行动的细节”。[175]黑格的不诚信，以及他在面对新一轮进攻的失败证据时坚持下去的决定（尽管他曾承诺在这种情况下立刻取消进攻），对这件事没有帮助。高级军官们可能私下认为劳合·乔治是不诚实的，但很难知道黑格在8月4日（也就是战争爆发三周年之日暨伊普尔进攻的第五天）向战时内阁提交的一份报告的内容，他在报告中称，迄今为止的结果是“最令人满意的”。[176]

粮食问题的持续和伊普尔进攻的新闻报道让士气低落，而白天反复出现的、明目张胆的空袭也同样打击了士气。8月12日（星期天）的下午，哥达轰炸机袭击了滨海绍森德，当时那里挤满了白天出游的人和度假者：32人死亡，43人受伤。它们还试图轰炸克拉克顿和马盖特，在它们实施超出轻微损害的行动之前，皇家飞行队把它们驱逐出了这片海域。在绍森德，警察只提前几分钟发出警告，但仅仅警告街上的公众是不够的。对死者进行调查的陪审团称这次突袭是“不可原谅的”，因为在绍森德附近没有与军事有关的任何东西。[177]陪审团也对警告的不充分表示失望。很快，人们就要求建造防空洞，或者至少建造带有地下室或地窖的教堂和建筑
559 物，以便在德国突袭时开放这些地方，让人们能够得到庇护。9月3日晚到4日，英国本土附近出现了军事人员伤亡：德国对位于梅德韦区*查塔姆的海军设施发起突袭，造成152人死亡，其中包括130名睡在营房里的海军新兵。

这件事发生在恐怖的帕斯尚尔战役爆发近两周后，同时伤亡名单开始向公众透露战略存在着严重失误。这场血腥屠杀具有许多令

* 梅德韦（Medway）：英国肯特郡的一个单一管理区，主要城镇包括（由西向东）：斯特洛德、罗切斯特、查塔姆、吉林厄姆和雷纳姆。——译注

人震惊的特征，其中之一是它的缔造者黑格保住了自己的职位。对劳合·乔治来说，当他最终发现事情的真相时（因为黑格甚至没有向罗伯逊提供任何消息），帕斯尚尔战役便成了黑格能力不足的最终证明。首相意识到他被骗了两次——一次被尼维尔欺骗，现在被黑格欺骗——这坚定了他改善战略军事决策和提高建议质量的决心。由于这个建议通常是通过罗伯逊传达的，劳合·乔治便把怒气集中发泄在罗伯逊的身上，尽管黑格才是进攻战略的幕后推手。在第三次伊普尔战役爆发一周后，劳合·乔治完全相信他的将军们错了，他们的战略是一场灾难，于是，他重新提出了增援意大利战线的要求。令罗伯逊沮丧的是，他得到了福煦的支持。福煦正在伦敦参加联合会议，他提议在巴黎建立一个协约国参谋部，这个想法曾是罗伯逊和黑格希冀的，但在尼维尔进攻后遭到扼杀和埋葬。8 月 9 日，罗伯逊告诉黑格："我可以预见，劳合·乔治将来会同意建立这样的组织，以便把这件事交到法国人的手里，不让我指挥。"[178]罗伯逊表示他不会不战而退。"不管怎样，我们将看到这一切"，他对黑格说。[179]对劳合·乔治来说，意大利战役是让军队免于因为黑格的战略而遭到屠杀的一种手段。

罗伯逊被政客们激怒了，他向黑格抱怨他们能力不足："米尔纳是一个疲惫不堪、坏脾气的老头。寇松是一个话叨。博纳·劳也就那样了。史末资有着良好的直觉，但知识欠缺。总的来说，他是最好的，但他们帮不上什么忙。"[180]他对黑格的参谋长、将军朗塞洛特·基格尔（Launcelot Kiggell）爵士说，首相是"一个没有教养的卑鄙家伙"。[181]

8 月 29 日，劳合·乔治在苏塞克斯郡度过了半天假日，和帕斯尚尔一样，那里也风雨交加，他命令罗伯逊下楼去见他，商量下一步该怎么做。他主张意大利进攻，但罗伯逊强烈反对。据黑格 560

说，罗伯逊声称德国人已经苦苦求饶，而且储备不足，佛兰德斯的胜利是不可避免的。后来，罗伯逊给格温（黑格认为格温“非常自命不凡，极其自负”）写信，批评报纸把期望提高到不合理的程度，并警告他，“我担心总有一天会发生争吵”。[182]他概述了他认为首相存在的问题：“无论何时何地，每天都会提出比前任更加疯狂的提案……经常干扰决策。”

法国人继续支持劳合·乔治提出的增援意大利前线的想法，福煦主动提供 100 支枪，但前提是必须获得英国政府的批准，9 月 3 日，他前往伦敦寻求批准，但是，意军本身处于守势，无法领导针对奥地利的联合攻击。黑格和福煦一同参加了会议，他坚持认为不可能从西线抽调一百支枪。劳动摇了，但史末资（他仍然是西线派）和卡森站在黑格的一边。黑格答应了劳合·乔治私下提出的设法找到五十支枪的请求。首相向他吐露，他对亚历山大·里博（Alexandre Ribot）领导的法国政府的垮台感到心烦，这个政府最近在经历了一系列的危机（其中包括法国军队的兵变）之后垮台。他还说，“在战争中，俄国可能无法向协约国提供进一步的帮助”。[183]9 月 13 日，丘吉尔告诉黑格，他也支持 1918 年在法国和佛兰德斯集中力量对付敌人，但“承认劳合·乔治和他对能否在西线击败德军持怀疑态度”。[184]第二天，史密斯和卡森向黑格保证，他们将力促劳合·乔治坚持西线战略。

劳合·乔治陷入了绝望，身体不适，并对俄国日益加剧的无政府状态越来越恼火，于是他回到威尔士的家中休息。9 月 14 日，当汉基在克里基厄斯城堡拜访他时，汉基发现他“十分沮丧”，并且他“对总参谋部的狭隘、同僚们和他意见不一，以及他们害怕推翻总参谋部的意见感到厌恶”。[185]由于意大利攻势遭到反对，他将注意力转向了土耳其，这个想法得到了米尔纳的支持，米尔纳也来克里基厄斯城堡参与协商，但这个想法不会得出任何结果。

虽然黑格的党羽在各个部门的第二梯队任职，但他已经耗尽了战时内阁中大部分人的耐心。在米尔纳含蓄地否定黑格后，9 月 18 日，劳给劳合·乔治写信，说他前一天告诉罗伯逊“我对黑格的 561 进攻完全失去了希望，虽然他（米尔纳）没有明确地那么说，但我知道他持有同样的看法……很明显，我们必须尽快决定是否让这次进攻继续进行下去”。[186] 在里德尔——和米尔纳一样，他也受邀来到克里基厄斯城堡——与劳合·乔治进行交谈后，这位报社老板认为，“很显然，他已决定要求停止西线的进攻。他在许多场合说过反对西线进攻，并预言会失败”。[187] 米尔纳再次完全支持这个观点。在里德尔和汉基看来，劳合·乔治和将军们之间的一场对抗正在酝酿中。

当黑格和阿斯奎斯进行会谈的消息传到克里基厄斯城堡时，劳合·乔治和他的朋友们得出结论认为，陆军元帅正期待着政界领袖同意发起进攻，而且得到了阿斯奎斯的支持。尽管如此，佛兰德斯进攻一直持续到了 11 月初，最终渐渐停息下来，双方都付出了巨大的生命代价。虽然伤亡数字极具争议，但人们一致认为，双方都有超过 25 万人的伤亡。劳合·乔治意识到，要是早点结束的话，罗伯逊和黑格就会被迫辞职，而他当时还没有为这种局面做好准备。不过，在战时内阁中，他找到了另一种激怒他们的方法，那就是敦促他们与土耳其战斗并迫使土耳其退出战争。

在 10 月 15 日与汉基进行的一次长谈中，劳合·乔治说他认为战争不可能在 1919 年前结束，当时他认为协约国最终会有资源发动毁灭性的进攻。不过，他正在考虑成立一个后来被称为“最高军事委员会”的组织，这是一个由协约国的所有盟友组成的协调机构。他的观点得到了一位别有用心的将军的支持，这位将军对弗兰德斯进攻持批评态度，并且也认为英国、法国、俄国和意大利的领导人定期开会可以使战争朝着更好、更加不同的方向发展。亨利·威尔逊爵士——他当时担任东部指挥部的总司令，身在伦敦——正在推动实现这个想法，从中可以看出他是一个阴谋家。协约国的一些将军早就讨论过这种可能性。劳合·乔治接受了这个想法，以对抗他的将军们对西线的痴迷。

劳合·乔治不顾社交准则，决定寻求其他建议。10 月 10 日，他力促战时内阁召见了威尔逊、弗伦奇和罗伯逊，请他们就这个问题发表意见。罗伯逊对召见他的两位同僚感到愤怒，认为这是对他
562 投出了不信任票。那天晚上，他向德比提交了辞呈。德比拒绝了，并向同僚征询意见：寇松让他告诉罗伯逊，劳合·乔治之所以这样做，只是为了在做出重大决定之前进行广泛、明智的咨询，就像阿斯奎斯习惯做的那样。然而，劳合·乔治趁机指责罗伯逊是最近一次进攻失败的罪魁祸首，并且劳合·乔治曾经渴望组建一个并非由他的帝国总参谋长指挥的联军指挥部，而这个念头正变得不可阻挡。

就在战时内阁召开会议的前一天，罗伯逊告诉黑格："这些天来，他非常想要惩罚我。"[188]他正确地认识到劳合·乔治将不再默默地忍受其认为糟糕的军事建议，而不支持建立协约国联军指挥部的任何建议都属于糟糕的建议。他还对黑格说："米尔纳、卡森、寇松、塞西尔、贝尔福都明确地告诉我，在过去的一两个星期里，他的行为让人无法忍受，并说他们都支持我们。"[189]他希望事情能有个了结，因为"我受够了这该死的生活"。10 月 17 日，威尔逊与劳合·乔治共进晚餐，并说道："今天晚上，我清楚地意识到，劳合·乔治想要把罗伯逊赶出去，并且想要遏制总指挥官在战场上的权力。"[190]这正是威尔逊希望并建议的。

然而，首相不得不谨慎行事，因为受到威胁的不仅仅是罗伯逊的自尊。寇松向汉基强调说，如果罗伯逊被赶出内阁，那么托利党的所有领导人（除了劳）都将离开政府，这将不可避免地导致政府垮台。在当时，劳没有发挥什么用处；4 月，他的三个儿子中的老二在巴勒斯坦阵亡，这是一个沉重的打击；更让他雪上加霜的是，9 月底，他的大儿子——皇家空军的飞行员——在法国阵亡；虽然他对劳合·乔治忠心耿耿，但他在政坛上一连几个星期丧失了战斗力。汉基提醒劳合·乔治要小心行事，劳合·乔治“很快就领会了这个暗示”。[191] 埃里克·戈德斯也以显而易见的果断态度介入其中，他告诉罗伯逊，劳合·乔治向战时内阁广泛征询意见不能成为他辞职的理由。罗伯逊留了下来，但好戏还在继续。威尔逊和弗伦奇被要求以书面形式陈述他们对最高军事委员会的看法，罗伯逊要求看他们的报告。这两人都建议在巴黎设立一个中央参谋部，以作为协约国委员会的一部分，并且独立于各国的参谋部。两人都反对在 1918 年发起佛兰德斯进攻——这是罗伯逊的政策。弗伦奇严厉批评了罗伯逊和黑格的其他政策。劳合·乔治和汉基看到了这些报告，意识到如果罗伯逊读到这些报告，他将再次提出辞职。 563

劳合·乔治要求弗伦奇在罗伯逊看到报告前改写部分内容。弗伦奇表示同意，仅仅因为他不想被指责为对罗伯逊怀有个人恩怨，但他拒绝了首相提出的对黑格发表正面评价的建议。10 月 26 日，劳合·乔治和罗伯逊进行了一次和解谈话，内容包括劳合·乔治承诺看看是否可以将最高军事委员会设在伦敦。然而，佛兰德斯进攻遭受了失败并损失了大量兵力，这增强了劳合·乔治进行变革的决心。10 月 18 日——就在代表战时内阁向黑格发送贺电，祝贺军队在伊普尔取得的“成就”的两天后——首相带着自我开脱的心情告诉黑格，“如果不是受到他（黑格）的乐观情绪的影响，没有人会投票支持这次进攻”。[192]黑格的主要错误在于，他认为自己可以在没有法国人指挥的情况下，在美军到来分享荣耀之前发动决定性的打击。不过，当劳合·乔治意识到军队的指挥不能再这样继续下去时，黑格并没有成为替罪羊。

随后传来了意大利惨败的消息，黑格说，在卡波雷托，士气低落的德军和奥匈军队让同盟国在两个星期内推进了100英里。一半的意军不是阵亡，就是投降，或者受伤，或者在卡波雷托战役后逃跑，这引发了人们在后来的几十年嘲笑意大利人的“勇猛”。劳合·乔治借此机会在伦敦召开了协约国会议，启动了他的永久联盟计划。[193]11月7日，协约国在拉帕洛召开了最高军事委员会的第一次会议，同意调查对意大利的援助。在前往拉帕洛的途中，劳合·乔治在巴黎停留，向黑格咨询关于成立最高军事委员会的事情。黑格坚持认为这是行不通的。“首相随后表示，两国政府已经决定成立这个委员会”，黑格说，“为此，我说道，那就没有必要再说了！”[194]两人在意大利问题上僵持不下：黑格敦促劳合·乔治不要把他指挥的军队调遣到意大利去；首相反驳说，当他看到情况非常糟糕时，他就做出了调遣军队的决定。最后，五个师被派往意大利。

首相斥责黑格在报纸上对他进行攻击，他认为这些攻击“显然是受到了军方的鼓励”。黑格最近把《晨间邮报》、《威斯敏斯特
564 公报》和《每日新闻》的编辑派到了法国，所以他可能并非完全无辜。劳合·乔治指责他向阿斯奎斯的朋友J. A. 斯班德——《威斯敏斯特公报》的编辑——汇报了首相干预军事策略的事情。黑格予以否认，答应给斯班德写信——劳合·乔治恳请他不要这么做，大概是因为劳合·乔治没有证据支持这个有些猜疑性的断言。黑格写道：“他的首相地位已经岌岌可危，他试图在公众的眼中证

明自己的战事工作是正确的，试图让民众对抗士兵。事实上，他把自己装扮成国家的救世主，却被总参谋部的糟糕建议所阻碍!”自负者之间的冲突几乎和协约国与同盟国之间的冲突一样可怕。

现在，劳合·乔治关于建立最高军事委员会的计划已被接受，新机构同意每月召开一次会议，其成员每天都从他们的军事代表那里得到消息，英国的代表是威尔逊，法国的代表是福煦。与劳合·乔治向罗伯逊承诺的情况相反，他们将在凡尔赛宫开会。汉基——对于首相来说，汉基的观点已经成了预言——一直不喜欢威尔逊的阴谋和自私行为；但是，汉基最近改变了想法，并将此告诉了劳合·乔治，这对威尔逊的行动进展至关重要。这对罗伯逊造成了间接伤害，他无法应对现在的政治形势。11 月 10 日，伊舍写信谈到了罗伯逊：“他不是一个月前的伍莱，而是一个可悲的影子。”[195]他又谈了一些罗伯逊已经很清楚的事情：“如果他现在不再是政府的唯一军事顾问，但仍然是帝国总参谋长，那么这将使他处在一个错误的位置。”艾莫里被任命为战时内阁秘书处和新委员会的联络人，他说：“回顾这一年在内阁度过的大部分时光，除了罗伯逊在某个场合阐述我们将在西线实现目标的普遍希望外，我想不起来他是否还表明了他认为敌人可能会做什么，或者我们自己可能会做什么。”[196]

在返回英国的途中，11 月 12 日，劳合·乔治再次在巴黎停留，他谈到了协约国不团结的危险，并向公众阐述了成立最高军事委员会的理由。伊舍还有机会和他讨论罗伯逊，劳合·乔治透露，他认为罗伯逊也在利用报纸对付他。“如果伍莱说出了自己的想法，不管是否有力，他都不会反对，但他补充道，‘罗伯逊咕哝了一声，然后把格温和利奥·马克西叫来’。”[197] 565

首相在演讲中还讽刺了所谓的西线胜利，以及“骇人听闻的伤亡名单”是如何让他希望“没有必要赢得这么多胜利的”。[198]这篇演讲可能产生了意想不到的效果，在伦敦的政府内部播种了分歧。德比对演讲的语气和对军队的诽谤感到震惊，他给黑格写信，以“表达我完全相信你和你的士兵”。[199]黑格认为劳合·乔治这样做是出于政治上的权宜之计，“他想让士兵们成为替罪羊，以期能多掌权一段时间”。[200]他担心，“有这样不诚实的人担任首相”，是不可能取得胜利的。黑格和劳合·乔治真是半斤八两。

劳合·乔治被指控为独裁者，他在没有咨询议会的情况下就推动了这一至关重要的政策，这很符合他的独裁者身份。他也没有咨询威尔逊总统。11 月 14 日，他最终向下院进行了报告，宣读了英国、法国和意大利政府关于建立最高军事委员会的协议条款，强调了这个委员会的咨询职能，而非执行职能。他还从威尔逊总统派往伦敦的手下豪斯上校那里听说，豪斯将建议威尔逊总统任命一位军事代表加入新的委员会。罗伯逊仍然怀有深深的敌意。11 月 15 日，阿斯奎斯邀请汉基共进午餐。汉基从阿斯奎斯那里得知，罗伯逊曾向阿斯奎斯征询意见，汉基得出结论认为，罗伯逊在“拼命策划阴谋”。[201]19 日，下院举行了一场漫长的辩论，议会强烈反对通过最高军事委员会来稀释英国的权力。尽管如此，这个计划还是得以实施。11 月 30 日，委员会——这一次获得了美国的明确支持——在凡尔赛召开了会议，由乔治·克列孟梭（Georges Clemenceau）担任主席。克列孟梭 76 岁，之前担任医生兼记者，刚刚第二次担任法国总理兼战争部长。第二天，汉基为劳合·乔治撰写了第一场主要会议的开幕词。

在实现了这个渴望已久的目标之后，劳合·乔治继续修补政府机构，以争取赢得战争。他的下一个目标——这个目标很明智——是将陆军和海军的航空力量合并成一支空军。事实上，这个想法是史末资的，但丘吉尔却热情洋溢地给予支持。这惹恼了统一党的大

臣们，他们搬出了政府不久前就丘吉尔不会干涉战争政策做出的保 566
证。然而，这位军需大臣还是离开了他的部门，并于 8 月 24 日受到了战时内阁的召唤。丘吉尔支持建立空军部，以便合并皇家飞行队和皇家海军航空队，以及控制新的部队，就像海军部和陆军部为海军和陆军所做的那样。那年秋天，议会通过了《空军法案》(Air Force Bill)，并于 1918 年 1 月 2 日成立了空军部；英国皇家空军于该年 4 月 1 日成立。

如果这对未来是个好兆头，那么坦克的成功部署也是如此。1917 年 11 月 20 日，在康布雷的一次小规模进攻中，坦克第一次先于步兵参加战斗，它们破坏了德军的铁丝网，使得军队能够越过敌人的防线。但是，那些可能对防线造成持久性破坏的士兵正在前往意大利的路上。劳合・乔治责怪黑格和罗伯逊“未能”利用康布雷战役的初期战果。尽管劳合・乔治向黑格做出了承诺，但黑格所说的“劳合・乔治的报纸”在整个秋天继续对军方领导进行攻击，即使米尔纳曾警告劳合・乔治让他的狗走开。[202]黑格认为，抽调士兵的政策“削弱了军队现在对其领导人的信心，并最终摧毁了军队作为战斗力量的效率”。随着资源被抽调到意大利前线，黑格对所有愿意倾听的人说，在法国和佛兰德斯开展任何进一步的攻击都是不可能的，这正是劳合・乔治的意图。

然而，当白厅在进行争吵时，德国似乎正在失去自信。9 月 19 日，英国驻马德里大使亚瑟・哈定（Arthur Hardinge）爵士发送的消息抵达伦敦。消息称，德国人又在讨论和平谈判了，自春天以来，梵蒂冈一直试图从中斡旋。德国新任外交大臣理查德・冯・库尔曼（Richard von Kühlmann）奉命进行考察，以查看恢复比利时的地位（前提是德国在俄国自由行事以便向东部扩张）和归还 1914 年占领的殖民地是否可以成为谈判的基础。劳合・乔治前往布洛涅会见了索邦大学的数学教授保罗·佩因莱夫（Paul Painlevé）。几天前，由于里博失去了佩因莱夫领导的社会党人的支持，佩因莱夫随即成为法国总理，但他的任职只持续了四个月。各方没有立刻做出决定。美国人更倾向于分裂德国人民，试图说服他们统治他们的准独裁政府对他们不利，推翻这个政府并与民主主义者进行和平谈判
567 将使他们受益。10 月 6 日，在贝尔福与其他友好国家的代表会晤后，英国通过马德里向德国发出了一则消息，要求提供更多的细节，但没有收到答复。10 月 9 日，库尔曼告诉德国议会，在阿尔萨斯或洛林问题上不存在任何让步，而且德国没有提及撤离比利时的问题，因此讨论结束。接着，10 月初从德国传来的消息称，海军发生了一场兵变，平民因为食物和燃料短缺而士气低落，并对军事突破感到绝望。协约国可能遭受了挫折和灾难，但很显然，他们
568 的敌人也不是坚不可摧的。

第九章　消耗

一

源源不断鼓舞士气——和提高发行量——的新闻报道强化了继续战争的理由，这些报道不仅提醒读者为什么要打这场仗，而且也放大了试图与像德国这样野蛮的国家达成和解的危险。例如，1917年4月17日，诺思克利夫的《每日邮报》和《泰晤士报》报道了位于莱茵兰（Rhineland）的科布伦茨（Koblenz）附近的一家德国“尸体工厂”，据说，在那里，死去士兵的尸体被熬浓，变成制造武器所需的甘油、猪食，甚至是人造黄油。这个故事是从一份未经证实的比利时报纸上摘录的，完全是假的，并且很可能是基于对“*Kadaververwer-tungsanstalt*”一词的误译，这个词指的是熬浓的动物尸体，而不是熬浓的（人类）尸体。（一些德国学者发挥了作用，他们给《泰晤士报》写信，指出了这一点，虽然他们无法对这个例子中的情况进行证明。）尽管如此，约翰·巴肯的新闻局——该局的一些工作人员兼职担任报纸的“特约记者”，这样有助于减少事实和虚构之间模糊不清的地方——出版了一本四页的小册子，并且在下院回答问题时，塞西尔拒绝承认这些故事是胡扯的，尤其是因为罗伯逊告诉战时内阁这是真的。[1]德国人必然否认他们犯下了这样的暴行。几天之内，甚至连法国人也把这个故事斥为

误解，尽管诺思克利夫的报纸继续发布与熬浓的人类尸体有关的严
571 肃报道——通常基于成为德国囚犯的普通英国陆军士兵的故事——和记者们的来信，他们对这个预料之中的匈人野蛮行径的例子感到愤怒。如果说这些故事显示了当时政府在维持士气方面有多么不顾一切，那么它们也显示了公众有多么轻信：在他们看来，德国人的这种暴行是完全可信的。

随着更多的僵局和杀戮导致了更大程度的牺牲，当这些事件曝光时，它们助长了人们在1917年对战争产生的愤世嫉俗的情绪。政客们和公众都有这样的感受，并且在和平倡议零星且无效的背景下，战斗人员也开始表达这种感受，这是力图指挥战事的当局最担心的。甚至在1917年的夏季攻势开始前，那些目睹了西线真实情况的理智士兵就已经到了崩溃的边缘。齐格弗里德·沙逊——他在索姆河战役中获得了军功十字勋章——正在休养，他受到了莫雷尔夫妇和伯特兰·罗素的影响。在回到驻扎在利物浦附近的军营后，他写了一封题为《结束战争：一个士兵的宣言》（*Finished with the War: A Soldier's Declaration*）的信，并把信寄给了他的指挥官。约翰·米德尔顿·默里（John Middleton Murry）是莫雷尔夫妇的朋友之一——他后来成为新西兰短篇小说作家凯瑟琳·曼斯菲尔德（Katherine Mansfield）的第二任丈夫——他帮助起草了这封信，不过，默里不是出于良心而拒服兵役者，因为他被告知不适合服兵役。这封信是由弗朗西斯·梅内尔（Francis Meynell）印刷和分发的，梅内尔是一位活跃于工党左翼的和平主义者，也是乔治·兰斯伯里的《每日先驱报》的业务经理。他曾在1916年提出出于良心而拒服兵役的请求，并被命令从事战争工作，但他拒绝了。1917年1月，在被关进监狱后，他开始绝食抗议。两周后，他被军队开除了，理由是他不太可能成为一名能干的士兵，但更有可能是因为

他说服了当局，让他们相信他宁愿去死，也不愿去打仗，而且他病得太重，无法在强行喂食的情况下存活下来。

在宣言的开头，沙逊就将他的信称作是“故意蔑视军事权威”，这是由于他认为“那些有权力结束战争的人故意延长了战争”。[2]他说，他相信他是在为其他士兵说话，并且他认为他所从事的“防御和解放”之战已经变成了“侵略和征服”之战。在目睹了这么多的屠杀之后，他觉得自己“再也无法为了那些我认为是邪恶和不公正的目的而延长这些痛苦”。他指责政客们牺牲士兵，572
抨击大臣们“欺骗”士兵。只有“麻木不仁的自满”才能使战争得以继续，也正是这种自满情绪使得国内的人们不再憎恶“痛苦的延续，他们没有共同经历这种痛苦，也没有足够的想象力去体会这种痛苦”。这份宣言被送到了报社，出版宣言时，该年度因散布丑闻而最令人震惊的小说——亚力克·沃（Alec Waugh）的《青春朦胧》（*The Loom of Youth*）——恰好也在这个时候出版。这部小说主要因为对男同性恋的轻度描述而遭到抨击，如果说还有什么比它嘲笑公立学校所承担的社会制约责任更冒犯人的话，那就是它讽刺成千上万具有骑士精神的人在法国和佛兰德斯的坟墓中腐烂，以及嘲讽数不清的其他人（比如沙逊）在为国王和国家效力的过程中遭受了精神或身体上的伤害。

7 月 30 日，沙逊的信被写入议会记录，但是，他希望挑起的争吵（在奥托林夫人和其他人的怂恿下，他相信这个争吵会引起轰动）并没有发生，这促使他将军功十字勋章的绶带扔进了默西河。和他一起服役的罗伯特·格雷夫斯称他为“蠢货”。格雷夫斯还说，他在皇家威尔士燧发枪团的军官兄弟们同意沙逊的看法，但觉得他的做法“不太符合绅士的所作所为”。[3]在埃迪·马什（Eddie Marsh）——他是丘吉尔的前私人秘书，也是鲁珀特·布鲁克的文学遗嘱执行人——和格雷夫斯的干预下，陆军部没有把他送上军事法庭，而是把他当作精神病患者来处置。他被送往爱丁堡的奎葛洛卡医院，由该研究领域的权威专家 W. H. R. 里弗斯（W. H. R. Rivers）为他治疗神经衰弱或炮弹休克症。1917 年 8 月 17 日，他在那里遇到了维尔浮莱德·欧文，他以诗人的身份结识了欧文，并对欧文产生了影响。沙逊就欧文最著名的诗歌《青春挽歌》（*Anthem for Doomed Youth*）向欧文发表了评论意见（当时没有出版）。战争结束后，在推广欧文的作品以及确立欧文作为英国最伟大的战争诗人的地位等方面，沙逊发挥了很大的作用。欧文在停战前七天的一次战役中阵亡。在奎葛洛卡医院，沙逊把大部分时间用于写诗，1918 年，沙逊回到西线。英国皇家陆军军医队的军官里弗斯——他知道自己的角色是让他治疗的人恢复到一种精神状态，以便让他们能够回到前线——担心他和沙逊进行的心理方面的讨论
573 会把沙逊变成一个和平主义者。沙逊自身是不是一个和平主义者，这是一个有争议的问题。与奎葛洛卡医院的一些伤员——尤其是马克斯·普劳曼（Max Plowman），他的回忆录《索姆河上的副官》（*A Subaltern on the Somme*）于 1928 年出版，他因为拒绝回到堑壕而被军队开除——不同，沙逊的确回去战斗了。普劳曼（他是一名志愿兵）对 1914 年的参军入伍存有道德方面的疑虑，而从沙逊的作品中可以清楚地看出，沙逊觉得与战友并肩作战是一种道义上的承诺。

和平主义在劳工运动中变得越来越普遍，这对战时内阁的工党成员亚瑟·亨德森提出了一个艰难的挑战。2 月 12 日，在下院关于为战争筹集资金的辩论中，麦克唐纳说政府应当从富人那里征募资金，就像它征募士兵参加战争一样，这让人觉得他是在代表整个工党说话。他正确地预测到，一旦敌对状态停止，那么债务将成为

这个国家面临的主要问题。不过，他的主要观点是通过谈判达成和平，而不是探讨债务。德国新出台的潜艇政策意味着“杀戮变成了谋杀”，德国人曾表示“必须把所有的人道主义考虑因素都扔进垃圾堆”：在他看来，现在能进行的唯一一种战争将是一场彻头彻尾的野蛮战争。[4]他希望“在迄今仍处于战争状态的人民的同意下实现和平”。[5]他认为德国人在西线被打败了，现在的战斗是在东欧，他和首相都持有这种看法。但是，他寻找另一种方式来代替战斗：“如果谈判可以做到，那么应该通过谈判来实现——就谈判而言，我并不建议外交大臣向柏林递交照会，但我的意思很简单，那就是外交部应该利用它现在所获得的机会，继续明确自己的立场，阐明自己的立场，消除误解……我们的外交部应当展现出我们的前线军队所展示的活跃。”[6]他预测，在一场奋战到底的战斗中，美国将在经济上击溃欧洲，利用其巨大的资源来维持并扩大其在战争期间进入的市场。不过，他补充说：“对我来说，‘奋战到底’确保了利用最少的军事投入来取得最大的政治成果，尽管这最少的投入也可能耗费巨大。如果下院不这样做，如果我们只是拿欧洲的未来作赌，把欧洲未来的前景和保障抛到一边，那么考虑到我们目前的处 574
境，我们不要自欺欺人地认为我们正在打最后一场战争，因为我们打的只是未来众多战争中的一场。”[7]

麦克唐纳的这番话把他的同僚们给激怒了。两天后，乔治·沃德尔——在亨德森加入战时内阁后，沃德尔成了议会工党的领袖——在下院对麦克唐纳进行了谴责，声称无论他代表谁说话，反正代表的不是工党。沃德尔称麦克唐纳的演讲“令人惊叹”，但让人没法赞同。[8]1月份举行的最近一次工党大会以185万票对30万票的结果支持了亨德森的动议，“坚定了战斗到底的决心，直到取得胜利时为止”。[9]沃德尔说：“谈判、明确立场、阐明立场都无法消除在这场战争中产生的误解。就像这场战争中的德国，这个对比利时发动无端攻击的国家，这个利用齐柏林飞艇犯下暴行和在公海进行谋杀的国家，是不会因为我们解释和阐明立场而偏离其目标的。下院提出的就是这样无用的政策吗？”[10]沃德尔强调说，如果协约国在现阶段退出战争，那么将会付出代价：“但是，如果继续让德国控制君士坦丁堡（因为它目前实际上已经落入了德国的手中），那么会有怎样的危险？如果我们不结束这场战争，不取得军事胜利，而是让德国占有中欧，让德国畅通无阻地从柏林直驱巴格达，并让德国占领东欧，那又会发生什么？我认为，我们这样做实际上是在那里不遗余力地播下了未来战争的种子——不仅仅是我们的孩子，我们的子孙万代也将为此付出代价。”[11]

在战争的第三个年头，以及在经历了可怕的损失之后，数百万英国人仍然在爱国主义冲动的激励下做出牺牲，他对这种冲动进行了大胆描述，并且具有说服力地阐述了为什么那么多英国人仍然希望对德国发动战争：

> 我们并不是自愿参加这场战争的。我们没有主动谋求战争。这场战争是强加给我们的。在德国放弃作战目标之前开展和平谈判，在我看来，对于任何热爱自己国家的人来说，都是不可能接受的立场。奋战到底、取得胜利对我的意义和对议员的意义并不相同。对于我，它们具有更大的意义。它们意味着德国作战目标的失败，意味着摧毁曾经使人类蒙羞的最卑鄙的
> 575 阴谋，意味着对罪行的惩罚，这个罪行将永远是历史上不可磨灭的污点。它们意味着，首先要取得军事上的胜利，然后才能实现合理的、稳定的和平。[12]

他驳斥了麦克唐纳关于这应当是“最后一场战争”的说法。“我们无法主宰未来。不过，我们可以竭尽所能使其成为最后一场战争，但我们不能说这应是最后一场战争。我们只能在解决这个问题时尽可能地小心，我们应尽我们的力量消除未来战争的根源，但是，如果为了说服德国走向和平而有必要这样说，那么我个人拒绝接受这种说法。我们无法说服德国走向和平……这位议员的发言与目前的事实毫无关系。”工党的分歧（这段插曲就是一个典型的例子）帮了劳合·乔治一个大忙。

然而，几个月后，首相觉得有必要重申发动战争的理由，以对抗日益增长的愤世嫉俗。1917 年 6 月 29 日，他在格拉斯哥对英国的作战目标提出了一种理想化的观点。塞尔维亚和比利时需要恢复独立，这些国家的人民需要得到补偿，土耳其人不得不放弃美索不达米亚和亚美尼亚，普鲁士的军事力量将被摧毁，德国政府将实行民主化。英国人将只和德国领导层进行谈判，这些领导层与发动战争的德国领导层截然不同，而且胜利已成定局。然而，他在一个关键问题上欺骗了自己。由于身处社会主义运动的中心地带，他迎合地预测道，一个复兴的俄国“将比以往任何时候都更加强大，因为在俄国，未来的所有权力都将站在自由和民主的一边，而不是专制的一边”。[13]不久后，他在敦提*围绕自己的主题发表演讲，他声称政府将惩罚食物投机商，以试图鼓舞士气——于 7 月份公布的官方数据显示，自战前以来，食物价格已经上涨了 104%。他说，鉴于食物状况，“这个国家没有出现食物匮乏。德国、奥地利都出现了食物匮乏，并且他们仍在和食物匮乏做斗争”。[14]在看到任何失败的危险之前，英国人还有大量的食物储备。

---

* 敦提（Dundee）：英国苏格兰东部的港口城市。——译注

在牵制麦克唐纳和他政党中的和平派时，亨德森受到了阻碍，因为在1917年的夏天，他前往俄国执行任务，大部分时间没有出席会议。他与亚历山大·克伦斯基（Alexander Kerensky）领导的俄国临时政府（其取代了沙皇政府）进行接洽，目的是说服克伦
576 斯基让俄国继续与德国作战。然后，他前往巴黎参加一个国际社会主义者会议。在那里，他参加了一场讨论，内容是关于是否出席在斯德哥尔摩举行的和平主义者会议。该会议由斯堪的纳维亚半岛及荷兰的中立国左翼人士召集，敌国的社会主义者也将出席。亨德森关于继续作战的承诺遭到了公众的进一步怀疑，因为他是和麦克唐纳一起去参加社会主义会议的，在大多数英国公众看来，麦克唐纳是和平主义的化身，而当时英国正在为自己的生存而战。8月1日，在回到英国后，亨德森感到很气愤，因为他被排除参与战时内阁的会议，该会议就是否应允许他前往斯德哥尔摩进行了讨论。他强行进入会议室，并告诉他的同僚，他们的行为是对他和工人阶级的侮辱。会议纪要上说，“内阁不是有意怠慢他”。[15]他的同僚们担心，斯德哥尔摩的社会主义者——其中包括渴望退出战争的俄国人——将会寻求进行和平谈判，但这种和平谈判不会带来劳合·乔治和他的同僚们所承诺的决定性胜利。

那天晚上，下院进行了一场激烈的辩论，讨论为什么职位这么高的大臣要和一位臭名昭著的和平主义者一同出国处理非部长级事务。劳合·乔治敦促议员们不要急于做出判断。他渴望继续得到工会工人的支持，不想看到其政治领袖亨德森受辱。亨德森试图为自己辩解，但遭到了冷遇。他坦言，他仍然是工党的领袖，有责任以此身份履行职务。然而，这番话遭到了同僚们的“喝倒彩”。[16]公众认为，这次会议将让英国的左翼分子与敌国——德国——的公民进行某种程度的交流，这是不合法的，尽管他们在斯德哥尔摩会见的

任何德国人都无权改变任何事情。劳合·乔治希望亨德森能够重新考虑一下。

结果，亨德森没有改变主意。8月10日，工党大会以超过四分之三的票数决定派代表出席斯德哥尔摩会议。亨德森没有劝说工党成员不要参加会议——战时内阁和所有协约国政府认为不应参加会议——但无论如何，此时他已决定辞职。然而，劳合·乔治非常生气，他撤掉了亨德森的职务，给亨德森写了一封“非常犀利但语法不太规范的信”，在战时内阁同意寄出前，寇松不得不对这封信进行修改，并“软化”其中的语气，尽管如此，亨德森已经决定辞职。[17]劳合·乔治声称亨德森的大臣级同僚对他的讲话感到 577
“极度吃惊”，在答复他的辞呈时，劳合·乔治这样告诉这位误入歧途的工党领袖。[18]

从8月10日的战时内阁会议记录中可以看出劳合·乔治的愤怒情绪。会议记录中写道：“秘书接到指示，今后不得召集亨德森先生参加战时内阁的会议，也不得向他分发战时内阁的文件。”[19]《泰晤士报》称赞亨德森是一个“诚实的爱国者”，但被“愚蠢的自负”毁掉了前途，这很残酷：他对国家负有责任，但在履行这个责任的同时，他也需要保持工党的凝聚力。[20]乔治·巴恩斯——他是哥巴尔斯（Gorbals）的工党议员，自去年12月以来一直担任养老金大臣——接替了亨德森的职位。具有讽刺意味的是，用韦伯夫人的话来说，斯德哥尔摩会议是“一个彻底的失败”，原因在于各国未能就未来的战争指挥达成一致意见，俄国革命者故作姿态，各国代表团出现内斗。[21]但是，就在有必要为战争投入最大力量的时候，和平主义正在英国发展。8月13日，亨德森在下院强调，如果他在党内会议之前辞职，那么和平主义者的得票率将会更高。

在俄国的经历使亨德森相信，必须建立一个宪政和民主的社会主义，以作为布尔什维克主义的备选项，但是，具有讽刺意味的是，这将需要他带领工党朝着一个更强硬的方向发展，并增加了工党与由托利党控制的战时政府发生冲突的领域。这种基调的改变使得工党需要新的结构和章程。1917 年 9 月，亨德森就此第一次与工会大会的代表会面。辞职后，他几乎全职致力于工党的未来规划，他意识到在《选举权法案》通过后，大量的男女工人将出现在选民登记册上——合资格选民由大约 800 万人增加到 1630 万人——这将对工党提出新的要求，并将带来新的机会。他告诉《曼彻斯特卫报》的史考特，工党可能会在下次选举中提出多达 500 名候选人，虽然在该法案被写进法典后，他于 1918 年 2 月 9 日在西布罗姆维奇举行的一次演讲中把估计人数调低到了 300 人至 400 人。[22]他精力旺盛、行为正派、胜任能干，他的辞职是劳合·乔治的一大损失。

工党的新章程（费边主义*的领军人西德尼·韦伯扮演了起草
578 者的重要角色）中有一个章节，75 年后，这个章节代表的是一个必须推翻的充斥着血腥的过去：也就是所谓的第四条。这似乎是韦伯的杰作，而他的草案中毫不妥协的措辞表明，如果自由党不放弃其根深蒂固的原则，那么该党无法与他的社会主义愿景相匹配。一直以来，韦伯都坚持费边主义的观点，他认为和工人阶级一样，中产阶级（他是其中一员）在追求社会主义理想方面也应

* 费边社（Fabian Society）是英国的一个社会主义团体，成立于 1884 年，由一群中产阶级知识分子所发起，以古罗马名将费边（Fabius）作为学社名称的来源。其奉行的思想被称为费边主义，又称费边社会主义。费边社的传统重在务实的社会建设，倡导建立互助互爱的社会服务，其实质在于把资本主义社会传统的自由民主政治与社会主义相结合，从而逐步推进和平宪政和市政社会主义的道路。通过渐进温和的改良主义方式来走向社会主义，而非通过列宁主义所宣称的阶级革命，并通过教育的途径让权力回到知识精英的手中。——译注

享有既得利益，并通过他提到的愿望来反映这一点，即希望“在生产工具、分销渠道和交易媒介均为共同所有的基础上，在公众管理和控制各行各业的最佳制度的基础上，确保从事体力或脑力劳动的工人享受他们劳动的全部成果，并对劳动成果进行最公平的分配”。[23]这不仅将自由党与工人区分开来，而且还宣布，工党渴望成为一个不仅仅涉及体力劳动者的政党，还渴望将其激进的社会主义思想延伸到那些不靠体力劳动谋生的人的身上。《泰晤士报》对此评论道：“最终的影响将是深远的。”[24]然而，该报对那些脑力劳动者加入工党的意愿提出了质疑，尤其是因为很难对其脑力成就进行分配。

工党的大多数新思想——以及1917年的冬天到1918年制定的章程——都植根于和平主义运动，并依赖于民主监督联盟的原则。该联盟由麦克唐纳等工党的和平主义者于1914年在位于贝德福德广场的莫雷尔夫妇的家中组建。在支持民主监督联盟的自由党知识分子中，还有一位著名的和平主义者，他就是伯特兰·罗素。自从去年打了一场官司以来，他就不太想在这个问题上保持沉默。他对任何问题都秉持高尚的做法，这使他鄙视他的一些同事，他认为这些同事把太多的时间花在争论谁应该领导和平主义运动上，而不是花在如何真正地实现其目标上。“尽管如此，他们都在那儿和我一起工作，我尽量对他们有好的评价。”[25]罗素的和平主义存在一个矛盾之处，那就是他在1914年的感觉：“有好几个星期，我都觉得如果我碰巧遇到阿斯奎斯或格雷，那么我会克制不住自己去把他们杀了。”[26]

他声称自己感受到了“爱国主义的折磨”，并渴望德国战败：“对英国的爱几乎是我拥有的最强烈的情感，而在这种时刻，我似乎把它放在一边，我正在做出非常困难的放弃。”他无视自己对国 579

家的热爱，在冲动之下采取了抗议行动，因为“对年轻人的屠杀令我痛心”。[27]他在剑桥大学的三一学院组织了民主监督联盟的一个分支机构，那里的教员和本科生对这些想法表现出兴趣。尽管如此，当他在一次演讲中说“佯称德国人是邪恶的，这种说法纯属无稽之谈”时，整个房间的人都为他鼓掌，他承认自己对此感到惊讶。[28]对罗素来说，在战争初期，剑桥大学是他逃离现实的一个慰藉之地。他从导师乔治·桑塔亚纳那里得到一些安慰，这主要是因为“他对人类没有足够的尊重，以至于他不关心人类是否会自我毁灭”*。

不过，这些活动和情感发生在“卢西塔尼亚”号沉没之前，之后，罗素开始遭到人们的回避。在奥托林夫人的建议下，他克服了绝望，在一些穷困潦倒的德国人被拘留前的几个月，他探望了这些人。她圈子中的另一个人物 D. H. 劳伦斯（D. H. Lawrence）与罗素成了朋友，但对他所谓的和平主义提出了质疑：“你的基本愿望就是将战争的愿望最大化，你真的具备超级战争精神……就像一个参加过你们会议的女人对我说的那样，‘在我看来，他相貌是那么邪恶，我觉得他谈论和平和爱是非常奇怪的。他不可能是认真的。’”[29]不过，在他们就罗素准备的讲座——这些讲座后来编纂成《社会重建原则》（*Principles of Social Reconstruction*）——进行了交谈后，罗素认为劳伦斯是一个法西斯主义者。“渐渐地，我发现他并不是真的希望让这个世界变得更美好，而只是沉湎于雄辩的独白中，抱怨这个世界有多糟糕。”[30]

1917 年 7 月，陆军部的征兵主任告诉上司，自《兵役法案》

---

* 罗素在其自传中这样评论桑塔亚纳：“我在和桑塔亚纳的谈话中找到了些许安慰，他当时在剑桥。他是一个中立的人，无论如何，他对人类没有足够的尊重，以至于他不关心人类是否会自我毁灭。”——译注

颁布以来，招募工作“极其糟糕”，主要是因为审理不愿参加战斗的人的法庭任意运作，要是罗素知道这个消息，那么他将会有所感想。罗伯逊记录道：“在他看来，每天都在发生的不公正行为正在破坏这个国家的士气，正在煽动和平主义的余烬。”[31]他举了一个例子：“在威尔士，最近有11个法庭拒绝继续履行职责，理由是年长的已婚男士被带走，而年轻男人继续享受平民生活。”[32]

由于罗素等人的影响以及民主监督联盟的思想日益受到关注，这恢复了麦克唐纳的影响力，就像他和亨德森的共同事业所做的那样。亨德森坚信，将不会再有工党联合政府，但是，新政党将是一个广泛的组织，它是钉在自由党（执政党）的棺材上的又一颗钉子。到了1917年，民主监督联盟拥有300个附属组织，成员超过 580
75万人，该组织引发内乱、甚至革命的可能性正日益引起当局的注意。[33]虽然该联盟不是彻底的和平主义，但征兵制使它获得了额外的战斗优势，并且它要求在制定外交政策时提高透明度。尽管受到压制——实际上，或许正是因为这种压制——和平主义仍在发展。

二

1917年底，政府就和平谈判提出了最后一连串建议。11月8日，列宁呼吁与同盟国停战。就在前一天，他的武装追随者推翻了俄国临时政府。12月2日，布尔什维克党人与德国人签署了停战协定。这种地缘政治的转变促使兰斯多恩——现在他已经退休一年——给《泰晤士报》写信，描述了他的和平计划——他希望将他的谈判论点（这些论点与他在阿斯奎斯政府的最后几天向他的内阁同僚提出的论点基本相同）公之于众。然而，该报拒绝发表这封信。编辑杰弗里·道森（现在称为“杰弗里·罗宾逊”，因为他为了继承遗产而改了姓）担心这会破坏最高军事委员会在巴黎召开的第一次会议。此外，但凡任何人撰写、印刷或散发呼吁和平谈判的传单，都有可能被逮捕，被处以巨额罚款，甚至可能被判入狱，因为 1917 年 11 月出台了更严格的审查制度和更严厉的惩罚措施。为举办和平会议进行的任何尝试——尤其是在伦敦东区，那里的主要支持者之一是兰斯伯里——经常遭到一群群退伍士兵和伤兵以及愤怒妇女的阻挠。

兰斯多恩希望贝尔福读他的信，以确保信中的内容不会对外交部或他的老同事造成伤害。几天前，他给贝尔福寄去了一份九页的备忘录，说明需要进行和平谈判及制定适度的作战目标，以吸引双方的理性人士。然而，贝尔福——他曾委婉地告诉兰斯多恩，“我不认为现在是讨论和平问题的合适时机——要去巴黎开会，没时间看信，于是，他让兰斯多恩把信拿给常任次官哈丁勋爵看”。[34]哈丁
581 是一位经验丰富的外交家，他曾是 1903 年爱德华七世提出的英法协约倡议的主要推动者，这让他声名鹊起；1916 年，他结束了担任六年的印度总督一职，回到英国。兰斯多恩回忆说：“他说这封信‘体现了政治家风范’，将会‘带来益处’。”[35]接着，兰斯多恩在上院会见了《每日电讯报》的老板伯纳姆勋爵，询问他的报纸是否会刊登这封信。伯纳姆同意了，尽管他不赞同兰斯多恩的论点，因为他认为兰斯多恩的论点并没有完全脱离外交部的想法。

这封信引述了大臣们关于“持久和平”显然是不可能的说法，并重申了兰斯多恩向内阁提交的备忘录中的一些论点。[36]他说，打败德国人这个作战目标“本身不是目的”。他引述了阿斯奎斯的话，声称除了击败同盟国，协约国还会寻求“赔款和保障”，尽管他觉得赔款无法“消除对人类犯下的严重错误”。如果凡尔赛宫承

认了这种预见性说法，也许会使世界免于遭受更多的恐怖，因为正如兰斯多恩继续说的那样：“正因为这场战争比历史上的任何一场战争都可怕，因此，我们可以肯定下一次战争将会比这次更加可怕。为了纯粹的毁灭而滥用科学的做法是不可能突然停止的。”[37]他呼吁达成一项国际仲裁协议，以避免“重演类似1914年那样的暴行”。

兰斯多恩声称，一些最初的作战目标（例如“大规模重新划分东南欧版图”）“可能无法实现”，尽管向比利时给予赔款仍然“排在目标的前列”。[38]他主要关心的是希望在引起“世界性灾难”之前结束这场战争，但是，这只有在双方都意识到战争已经持续太久的情况下才会发生。他说，他相信许多德国人、奥地利人和土耳其人都有这种感觉，因为他们面临严重的经济困难，他还引述了埃里克·戈德斯的话。戈德斯曾表示，他们“一直在努力”启动和平谈判。他想要得到一个官方承诺，即协约国不希望作为大国的德国“遭到毁灭”，不会试图把一种德国人并不想要的政府强加给他们，不希望在国际上排斥德国，“公海自由”有待讨论，以及英国将支持对日后的国际争端进行仲裁。他认为这将鼓励德国的和平党派。他声称，最近的部长级演讲中也提到了这些承诺，而公海自由是美国人提出的——这让英国感到愤怒。如果这些观点能够被采纳，那么在1918年就可以实现“持久而光荣的和平”。[39] 582

当兰斯多恩在巴黎提交这封信时，诺思克利夫说，如果他知道这件事，他会发表这封信，并附上一篇“犀利的社论”。[40]由于错过了这个机会，他让《泰晤士报》攻击兰斯多恩，所采用的方式连劳合·乔治都认为“非常粗鄙”。他还让《每日邮报》写道：“如果兰斯多恩勋爵举白旗，那么只有他一个人投降。”[41]（在报纸上读到这封信的时候，劳合·乔治才第一次知道这封信。）《晨间邮报》

称，这封信是“在背后捅刀子”。[42]《泰晤士报》对一个有问题的说法进行了抨击，这种说法认为，该报之所以拒绝发表这封信，是因为“我们认为它未能反映出英国舆论负责任的一面”。[43]该报斥责兰斯多恩是个老头——他已经72岁了——自从1905年以来，他就没有担任过重要职务。该报声称，他引述政治家的话是“鲁莽的”和“几近不诚实的”。它主要担心的是，英国的盟友和敌人记得兰斯多恩曾担任外交大臣，因而这封信会理所当然地得到他们的重视。

劳对他的托利党同僚和《每日电讯报》刊登这封信进行了抨击，这激怒了伯纳姆，因为哈丁批准了信的内容，这也是他同意刊登这封信的一个原因。劳不知道哈丁批准了这封信，他恳求伯纳姆不要告诉劳合·乔治，“因为这只会引起麻烦”；他还“恳求”伯纳姆不要发表一篇确认事件发生顺序的文章，以便保护《每日电讯报》的声誉。[44]在里德尔进行干预后，伯纳姆做出了让步。然而，米尔纳同意兰斯多恩的观点，许多地方报纸（这些报纸的基调通常是为了迎合读者的情绪）的社论作者也同意。出版当天，阿斯奎斯碰巧和兰斯多恩在卡文迪什广场共进午餐。他告诉妻子：“这是一封非常棒的信，很理性，会引起很大的哗啦声和争吵声……我很高兴他写了这封信。”[45]阿斯奎斯的追随者——格雷、霍尔丹和伊舍——也热情地支持兰斯多恩，麦克唐纳和亨德森也是如此。

伊舍评论道：“兰斯多恩给《每日电讯报》写了一封有趣的信，让人们注意到一个观点，两晚前，罗伯逊和我们一起在总司令部吃晚餐，他也提出了大致相同的观点。”[46]“你们的和平目标没有得到外交部的‘赞赏’，并且你们没有制定协调一致的‘战后’政策。”当诺思克利夫在法国的报纸上对兰斯多恩进行攻击时，伊舍
583 说，“诺思克利夫接受《晨报》的‘采访’，他在采访中说兰斯多

恩的那些话是一个愚蠢、年迈、失去自我控制的人发出的，这个采访引起了人们的普遍反感”。[47]

兰斯多恩告诉他的女儿德文郡公爵夫人，“我收到了形形色色的人写来的信，这让我忙得不可开交——有几封充满敌意，但大多数是完全支持我的”。[48]有人认为是塞西尔怂恿兰斯多恩写了这封信，国王的侍从武官珀西伯爵告诉格温，此举“针对的是劳合·乔治，兰斯多恩永远不会原谅劳合·乔治把自己赶出去”。然而，兰斯多恩是自愿离职，不是这位威尔士能人轰走的。这封信在美国非常不受欢迎，劳合·乔治声称它几乎毁了巴黎会议，因为没人相信兰斯多恩是在没有得到政府批准的情况下擅自行动的。几周后，兰斯多恩告诉他的女儿，他唯一的遗憾是，“我对任何可以被称为‘德国和平’的东西都是深恶痛绝的，我本来应该对这种厌恶情绪多唠叨几句的”。[49]他未能认识到他的论点中存在一个根本的矛盾：那就是如果同盟国面临如此严重的经济压力，那么只需再加一把劲，就可以将它们全部击败——这也是最终发生的情况。

政府的官方说法是，兰斯多恩“只代表他自己说话”。[50]它补充说，他没有就此征询政府成员的意见（这个说法是完全错误的）。贝尔福把责任甩得一干二净，他不仅是兰斯多恩的老朋友，也是一个自称诚实正直的人，因此这个行为很可耻。兰斯多恩是一个真正值得尊敬的人，从来不会让贝尔福因为说实话而觉得难堪。劳与兰斯多恩疏远，后者忍受了来自统一党人的一连串诽谤，并认为自己遭到了所在政党的“官方驱逐”。[51]他花了很多年才恢复声誉。但是，不管政客们怎么评论兰斯多恩，不管他是对是错，劳合·乔治和威尔逊总统都将在几周内就作战目标发表公开声明。

工党也在战争问题上继续偏离正统路线。1917 年 12 月，在威斯敏斯特举行的一次特别会议上，工党与工会大会共同通过了一份关于作战目标的备忘录，该备忘录深受民主监督联盟的观点的影响。它支持建立国际联盟的想法，这也是政府的观点，但谴责秘密外交和帝国主义。为了让工会不要接受工会大会的观点，以及为了
584 证明英国并非正在寻求一条不合理的和平之路，1918 年 1 月 5 日，劳合·乔治在伦敦的卡克斯顿市政厅向工会领导人发表了一场具有重要政治意义的演讲。在人们继续持不同意见的背景下，他强调说，协约国“不是在对德国人民进行侵略战争”，而是在伸张正义，既是为了欧洲小国（比利时、塞尔维亚和黑山），也是为了向法国归还阿尔萨斯和洛林以及解放被占领的法国、意大利和罗马尼亚。[52]他还主张建立一个独立的波兰，赔偿遭受德国侵略破坏的国家，承认奥匈帝国内部各民族的愿望，以及建立一个尊重“条约的神圣性”的国际秩序。

他向工会发表了演讲，而不是向议会，因为俄国事件的冲击仍在回荡，他不顾一切地想要得到劳动人民的支持。他的话得到了几乎所有人的鼓掌，尽管史考特在《曼彻斯特卫报》的社论专栏撰文抨击他拒绝支持布尔什维克，史考特认为布尔什维克相当不错。史考特还表示，根据目前尚不清楚的证据，他担心劳合·乔治正计划与德国达成一项和平协议，将东部的领土划分给德国，以弥补他们在西部的损失。前一周，战时内阁讨论了作战目标——由史末资、菲利普·科尔和塞西尔起草。它的目的是鼓舞士气，提醒公众为什么英国要打仗。它的次要目的是展示协约国的合理要求与德国人提出的任何不合理的和平建议之间的差距。就在劳合·乔治发表讲话的那个周末，全国工会谈判代表会议呼吁接受俄国的和平提议，而克莱德的工程师则建议举行罢工，以迫使政府进行和平谈判。三天后，威尔逊总统呼应了劳合·乔治的观点，宣布了他的十四点方案，尽管这些意见在某些方面比劳合·乔治的观点更有局限

性。在制定了目标后，剩下的就是赢得战争和实现目标。

虽然主张和平的人仍然是少数，但当局十分关切，一直紧紧盯着他们。全国反征兵联盟遭到瓦解。到了1917年春天，有3000多名出于良心而拒服兵役者被关进监狱，总共有5000人被关起来。根据新的《选举权法案》，在被释放后，他们可能会在五年内被禁止进行投票。[53]同时，警察局长向内政部发送了有关和平主义活动 585
的报告，并不断地向当地军事指挥官报告劳工骚乱。负责苏格兰场刑事调查的巴兹尔·汤姆森开始收集与和平主义者或潜在的革命组织有关的信息，并向战时内阁提交这些信息。战时内阁敦促政府就煽动活动发表声明，以作为宣传活动的依据。

警方经常突击搜查被认为是创作文学作品的场所，这些文学作品旨在推动和平谈判来破坏战事工作。1917年11月，他们接管了全国公民自由理事会，在那里，煽动性文章［例如密尔（Mill）的《论自由》（*On Liberty*）和威尔斯在《每日新闻》上发表的重印文章］被没收，即使审查员通过了这些文章。捍卫公民和工业自由现在似乎成了一种犯罪行为。印度地方自治运动——该运动似乎是为了压制合法的异见——的伦敦办事处遭到袭击，加剧了这种气氛。当时新闻用纸稀缺，左翼团体发现很难登载他们的信息。右翼报纸提高了价格，诺思克利夫不止一次向比弗布鲁克销售足够的新闻用纸来帮助他渡过难关，以此帮助《每日快报》维持经营。尽管如此，左翼活动的加剧助长了官方的偏执，1917年俄国发生的事件也成指数级地助长了这种偏执。

1917年8月，英国成立了一个全国作战目标委员会，以对抗和平主义宣传。该委员会由各政党资助，但从当年11月起改由财政部资助。它接管了全国爱国组织中心委员会的工作，并利用它们的分支网络。全国作战目标委员会邀请了一些受人尊敬的政治家来发表演讲，内容关于英国为什么而战。不过，它关心的与其说是维持战争投入，倒不如说是确保在和平到来时不会出现令人不快的意外。它为电影院制作了宣传短片。从1917年9月到停战的这段时期，它召开了近900次会议（包括集会），并空投了传单。

三

官方畏惧和平主义，不仅仅是出于对纯粹失败主义的恐惧。由于工党的左翼分子都是和平主义者，并且他们都支持布尔什维克，586 因此，政府日益担心他们拒绝战斗是他们将会发动革命的先兆，而放弃对德作战将使得他们能够集中精力在英国煽动一场阶级战争。弗朗西丝·史蒂文森——或许是在呼应劳合·乔治的观点——认为这场骚乱是“阴险的”，“完全由试图贿赂工人的德国特工及和平主义者策划的”。[54]

3月15日，当有消息说沙皇代表他自己和他病重的儿子退位时，这种担忧便显露无遗。这给英国带来了外交问题，也给国王带来了私人问题。一方面，国王——那天晚上，他在日记中写道，“我处于绝望之中”——是沙皇的表兄，一直与沙皇保持着密切联系。另一方面，沙皇在工人阶级中极不受欢迎，他们视他为暴君。[55]因此，国王和大臣们都小心行事。3月19日，国王通过驻彼得格勒的武官发了一封电报，说：“我一直都很牵挂你，如你所知，我将和以往一样永远是你真正、忠实的朋友。”[56]3月22日，劳合·乔治同劳、哈丁勋爵——外交部常任次官——以及斯坦福德汉在唐宁街召开了一场会议，讨论如何处理俄国临时政府提出的为沙皇及其家人提供庇护的请求，尽管国王的许多忠诚臣民憎恶这位前独裁者。仍在彼得格勒任职的布坎南转达了最初决定，即英国政府将批准这个请求，不过，应明确说明这个请求是由俄国临时政府提出的，而不是英国。然而，斯坦福德汉强调说，在采取任何行动之前，都必须征求国王的意见。当劳合·乔治漫不经心地建议说国王可以把他的一所房子供给沙皇居住时，斯坦福德汉“提醒首相，除了巴尔莫勒尔堡*外，国王没有别的房子，但在这个时节，巴尔莫勒尔堡肯定不是一个合适的住所”。[57]

1917 年春天，目睹了法国左翼发展趋势的伊舍警告劳合·乔治和斯坦福德汉，俄国革命的影响正在欧洲蔓延，就像 1789 年法国大革命的影响一样。这种担忧开始出现，并为几周后不允许沙皇及其家人在英国定居的决定提供了重要依据。国王担心——或者至少是斯坦福德汉担心，他说服国王相信他的观点是正确的——英国的工会工人可能会反对。3 月 31 日，乔治·兰斯伯里——他后来 587
担任工党领袖——在艾伯特大厅主持了一场庆祝沙皇倒台的集会，由于审查员禁止报纸报道此事，使得这件无关痛痒的事变得不那么重要。在这种气氛下，以及在其他人要求实行共和制的呼吁声中——包括威尔斯在《泰晤士报》上发出的呼吁，报纸说，这个呼吁证明了“聪明的人有时也会写出很愚蠢的东西”——国王给贝尔福写信，问他是否会在这个问题上进一步征求劳合·乔治的意见，尽管国王对他的表弟怀有“强烈的个人情谊”。[58]他不太喜欢沙皇皇后，他认为是沙皇皇后的行为导致了俄国的剧变，他尤其不希望与沙皇皇后走得太近。

国王希望瑞士或丹麦能够提供庇护。但是，4 月 2 日，贝尔福告诉国王，经过战时内阁的讨论，政府已经向罗曼诺夫家族发出了

---

* 巴尔莫勒尔堡（Balmoral）：位于阿伯丁郡。公元 1852 年，维多利亚女王以 30000 几尼的价格买下了这座城堡，从那时起即成为英国王室在苏格兰的私用官邸。——译注

邀请他们去英国定居的函件，并且无法收回。尽管如此，人们还是对在英国流亡期间前俄国皇室如何维持其生活方式表示担忧，布坎南被告知，如果俄国政府把罗曼诺夫家族送过来，那么应要求俄国政府提供资金，因为英国王室缺乏供养他们的资源，而要求纳税人供养他们是不可想象的。不仅仅是工会工人焦虑不安。3 月 21 日，国王的朋友哈里·维尼爵士——他是一名自由党议员，曾在阿斯奎斯政府担任农业大臣——给斯坦福德汉写信，警告说，如果罗曼诺夫家族到来，那么他们将“被一个巨大的阴谋和间谍系统包围”，并将带来一大群随从。[59]届时，布坎南作为大使所起到的影响，以及他在平息事态和使俄国参战方面所发挥的作用，都将毁于一旦。不过，维尼最担心的是，“英国国王可能会陷入极其尴尬的处境”，他暗示道：“难道威尼斯或科孚岛的宫殿非常不合适吗?”后来，维尼曾两次因猥亵未成年男孩而被判有罪，所以他将会非常清楚这种极端尴尬的情况。

报界对提供庇护的可能性进行了讨论，国王开始收到关于此事的辱骂信。他和斯坦福德汉都非常担心，以至于 4 月 6 日斯坦福德汉在一天内给贝尔福写了两封信，声称罗曼诺夫家族来英国是不合适的，“不仅在俱乐部，就连工人们”也对此议论纷纷，这会使国王陷入“非常不公平的境地”。[60]第二封信说，在公众反对意见的推
588 动下，政府必须撤回之前发出的邀请。在这些劝说的重压下，贝尔福告诉劳合·乔治，他认为国王已经被置于“一种尴尬的境地”。[61]

英国王室十分警惕，以至于他们保留了亨利·亨德曼（Henry Hyndman）编辑和撰写的《正义》（*Justice*）的两份副本。亨德曼是 19 世纪 80 年代社会主义运动的老将，他在 4 月 5 日出版的期刊中使用了大字标题《需要建立一个英国共和国》（*Need for a British Republic*），斯坦福德汉在第二封信中引用了这篇文章。[62]受欢迎的

报纸发表了耸人听闻的文章，描述了沙皇皇后与拉斯普京①的关系。那些没有诋毁罗曼诺夫家族的人嘲笑这些文章。4 月 10 日，斯坦福德汉拜访了劳合·乔治，“让他明白了国王坚决认为俄国皇帝和皇后不应该来英国”。他告诉首相，“即使政府公开声明他们对俄国皇室的到来负有责任，民众仍会回答说，政府这样做是为了掩护国王”。[64]劳合·乔治“承认，显然情况比他意识到的更为严重”。[65]这件事被提交给战时内阁，4 月 13 日，战时内阁获悉“某些工人阶级对沙皇怀有一种强烈的敌意”，如果沙皇来到英国，“可能会激发和加重这种倾向”。[66]由于俄国是英国的盟友，内阁承认给予庇护可能会导致两国关系紧张。他们认为法国南部最适合罗曼诺夫家族居住。他们给布坎南发了一封电报，描述了这种情绪，并征求他的意见。他被告知不要就这个问题与俄国人进行交流。

4 月 23 日，塞西尔在发给布坎南的电报中说，“我们正在试探法国人的意见，以弄清楚他们是否会接待前俄国皇帝和皇后。与此同时，你不要抱有任何希望地认为他们在战争期间能够被英国接收”。[67]情况就是这样。劳合·乔治为了安抚国王，同时也意识到有必要把新的俄国政府作为盟友，他设法让法国提供庇护，然而，当时本可以确保罗曼诺夫家族安全离开俄国的温和派已经失去了影响力。无论如何，人们普遍认为，即使有办法，沙皇也会拒绝离开。4 月 27 日，塞西尔在下院回答了关于罗曼诺夫家族的问题，他说政府“没有采取主动”，问题就这样被搁置了。[68]7 月的时候有消息说，为了他们的安全，罗曼诺夫家族将被转移到西伯利亚。[69]在经

① 拉斯普京（Rasputin）：俄罗斯帝国的神父，尼古拉二世时期的神秘主义者、沙皇及皇后的宠臣。俄罗斯萨拉托夫省人，被认为是俄罗斯正教会中的佯狂者之流。于 1916 年 12 月 30 日去世。他因丑闻百出，激起公愤，为尤苏波夫亲王、迪米特里大公、普利希克维奇议员等人合谋刺死。——译注

过又一年日益严酷的对待之后，1918 年 7 月 16 日至 17 日的晚上，尼古拉二世和他的家人在叶卡捷琳堡的一所房子的地下室里被谋杀了。

589 听到这个消息时，国王吓坏了。在国王的叔父康诺特公爵的督促下，国王宣布为“亲爱的尼基”举行为期一个月的宫丧；“亲爱的尼基，恐怕他上个月被布尔什维克分子枪杀了，我们无法得到任何细节……这是一桩卑鄙的谋杀，我对尼基忠诚，他是最善良的人，一个十足的绅士。”[70]然而，为了遏制英国的革命风气，为了在公众极度不满的时刻确保自己王位的稳定，国王下意识地放弃了一个机会来阻止这件事情的发生。直到他死后很久，他和斯坦福德汉（比他早五年离世）在结束罗曼诺夫家族时所扮演的角色才被披露出来，当时知道所有细节的劳合·乔治遵照汉基的指示，在回忆录中对此事只字未提。

虽然政府避免了由欢迎沙皇及其家人来英国而可能引起的煽动事件，但是，一场与在英国实行共和制有关的激烈辩论在 1917 年的整个夏天持续进行，这在很大程度上是由威尔斯的介入和各种小册子的散发所导致。虽然早在停战前这种辩论就逐渐消失了，但在此之前，王室一直对他们的未来感到担忧。国王的母亲亚历山德拉王后——他深深爱着他的母亲，他称她为“亲爱的妈妈”——尤其悲观，可能在一定程度上对他的观点造成了影响。王太后告诉 7 月初拜访过她的阿斯奎斯夫人，“我认为现在所有的王权都会消失”。[71]她又补充了一句：“劳合·乔治，那个讨厌的小个子男人对你的丈夫做出如此可恶的事情——不过，你的亨利将会回来的……然而，我什么也不能说！”

在接下来的几个月里，斯坦福德汉对民众的反君主制情绪保持着高度警惕，并采取了进一步的措施来提高乔治五世及其家族的支持率。劳合·乔治力劝国王参观工业中心，并在他这样做时由衷地赞扬了他。在一份备忘录中，他的私人秘书记录道："我们必须努力促使有思考能力的工人阶级、社会主义者和其他人，不要把国王视为一个有名无实的领袖，一个他们所说的'不算数'的人物，而应当视为一个永远起作用的权威，他善于接受对各阶层的利益和社会福祉造成影响的信息，不仅会对这些问题给予同情，而且渴望进一步解决这些问题。"[72]他希望国王能在与工人的谈话中表现出这些品质。

在他的表弟被迫退位后，国王对自己的德国血统和他的家族有一个德国名字非常敏感，这无助于消除他的焦虑。他开始担心这对 590
他的人民来说是一种挑衅，而当时他们可能已经出现了不稳定状态。1917 年 5 月初，他开始考虑改名，并启动了一个深度保密的咨询过程，他咨询了高级私人顾问和他的叔父康诺特公爵——康诺特公爵是他的密友。3 月 8 日，政府颁布了一项法案，剥夺向国王的德国亲戚——奥尔巴尼公爵（维多利亚女王的后裔）和坎伯兰公爵（乔治三世的后裔）——授予的英国头衔，因为他们支持德皇。于是，获得一个新的姓氏便成了自然而然的下一步。

康诺特公爵建议采用都铎-斯图亚特（Tudor-Stewart），但是，阿斯奎斯痛恨"都铎"，因为"这个名字让人想起亨利八世和血腥玛丽"，并说道，在"斯图亚特"家族中，一个被斩首，另一个被废黜。[73]罗斯伯里也觉得这些名字让人联想到不幸的事件，他认为"菲茨罗伊"比较好。[74]斯坦福德汉读到爱德华三世被称为"温莎的爱德华"后，建议使用"温莎"。这个姓氏正中国王的下怀，尽管嘉德纹章官阿尔弗雷德·斯科特-加蒂（Alfred Scott-Gatty）爵士反对。"我觉得我有责任指出"，6 月 25 日，他对斯坦福德汉说道，"温莎这个姓氏是普利茅斯勋爵和其他出身高贵、但家境贫寒的家庭的姓氏”。（在最初的草案中，“家境贫寒”代替了“商人”）。[75]这位嘉德纹章官喜欢“金雀花”，因为“据我所知，这个姓氏已经绝迹了”。斯坦福德汉觉得金雀花“太有派头”，这与阿斯奎斯认为这个姓氏“太夸张”的看法相呼应。[76]

这就是“温莎”这个姓氏的来历。此外，斯坦福德汉指出普利茅斯的姓氏是温莎－克里夫（Windsor-Clive），由此击败了嘉德纹章官。6月15日，国王向斯坦福德汉确认采用“温莎”。人们一致同意，维多利亚女王——她已去世16年——建立了一个新的王朝，她在世的所有后代（已婚女子除外）都将使用新的姓氏。7月17日，几位自治领总理、坎特伯雷大主教、劳合·乔治和罗斯伯里出席了会议，枢密院通过了一项王室公告，宣布“朕全家姓温莎，朕的家族就叫‘温莎家族’”，并放弃所有德国人的头衔和荣誉。[77]德皇听到这个消息后，据说他很想观看“萨克森－科堡－哥达*的风流娘儿们”的演出。[78]

国王还告诉枢密院，“梅**和我很久以前就决定，我们的孩子可以嫁入英国家庭”，此举将对王位继承产生深远的影响。[79]在此之
591 前，《每日邮报》发起了一场运动，要求英国王子不要再娶德国新娘。在写日记时，他没有对此事进行轻描淡写：“这是一个历史性的时刻。”的确如此：但是，王宫忘了将开会的事情通知阿斯奎

* 萨克森－科堡－哥达王朝（Saxe-Coburg-Gotha）：一个源自德国，曾经统治萨克森－科堡－哥达公国（1826～1918年）、比利时（1831年至今）、葡萄牙（1853～1910年）、保加利亚（1887～1946年）和英国（1901～1917年）的欧洲王室。英王爱德华七世成为第一位萨克森－科堡－哥达王朝的英国君主。在英国，此王朝仅传了两代，直到英王乔治五世于1917年7月17日下诏将王朝名称改为“温莎王朝”为止。——译注

** 梅（May）：乔治五世的妻子玛丽王后，她出生于5月，所以她在家族中的昵称是“梅”。——译注

斯，以便让他参加会议，为此阿斯奎斯气得脸色铁青。[80]居住在英国的德国亲戚——例如国王的小叔子特克公爵和特克的亚历山大亲王——放弃了他们的德国头衔，成了剑桥侯爵和阿斯隆伯爵，尽管阿斯奎斯暗示说，公众可能会非常过分地创建这样的人名（他们并没有）：据了解，他们不会参与上院的党派政治，正如王室公爵也不会参与一样。罗斯伯里祝贺斯坦福德汉为“一个王朝命名……从历史的角度来说，这确实是一件值得骄傲的事情。我羡慕你，并且嫉妒你”。[81]一年后，国王告诉威尔逊政府的海军助理部长富兰克林·德拉诺·罗斯福（Franklin Delano Roosevelt），“我在德国有很多亲戚，但我可以坦率地告诉你，在我的一生中，我从未见过一位德国绅士”。[82]

四

王室可能认为它已经更换了姓氏，由此摆脱了发端的共和制，然而，政府仍然敏锐地意识到了战时激进主义的更广泛威胁。特别是，当克伦斯基领导的俄国临时政府屈从于布尔什维克政变时，人们越来越担心俄国的例子正在吸引英国工人中的模仿者。因此，1917 年 5 月，劳合·乔治任命了一个委员会来调查日益严重的工业动乱。在经历了 1910～1912 年的问题后，他看到了和平时期广泛开展的劳工运动所造成的破坏；在进行全面战争之际，这些运动的重演将带来致命的危险。

军事领导人也同样感到担忧。5 月 25 日，在与罗伯逊和劳合·乔治共进晚餐后，德比告诉黑格，“毫无疑问，俄国革命制造了一场革命性质的、危险的动乱。下院的气氛也非常糟糕”。[83]当陆军大臣在一周前访问法国并与他共进晚餐时，伊舍已经对德比所说的动乱

进行了估量。他在5月19日的日记中写道："昨天晚上，德比很晚才到。他对英国的事情既兴奋又悲观。食物供应、人力和罢工都令
592 他非常担心。革命的幽灵站在他的椅子后面。"[84]5月，亨德森访问了俄国，并建议劳合·乔治让英国承认俄国的新政府。首相同意了，然而，为了安抚法国人，他被迫改变了主意。

1917年春天，在一些地区，民众的激进情绪加剧，引发了一波工业动乱，这是这个国家难以承受的。政府认为这是食物短缺造成的：虽然政府对高收入人群征收重税，但工人们常常认为他们的雇主从战争中赚了一大笔钱，而他们被迫为食物支付高昂的价格，这占了他们每周开销的很大一部分。劳合·乔治召见了一个矿工代表团，亲自向他们保证食物供应。当时，他正在寻找一个比德文波特更富有同情心的人，或者至少是一个能鼓舞工人信心的人来担任食物管制员。他考虑任命一个大规模合作化运动的领导人，但后来，他让英国矿工联合会的罗伯特·斯迈利（一个直言不讳的反对征兵的人）接管德文波特的工作，希望能让斯迈利闭嘴；但斯迈利拒绝了，导致劳合·乔治任命了朗达。

然而，由于英国在战争中未能取得突破，民众的士气仍然低落。当僵局再次出现时，受到严格审查的报纸对阿拉斯战役*（英国在4月9日发动了维米岭攻势）一贯持有的温和的必胜信念很快变成了一个严酷而熟悉的现实，这尤其让和平主义者觉得自己有了正当理由。就左翼的其他派别来说，工会运动中的激进分子焦虑不安，时刻警惕着熟练工人的特权遭到侵蚀。工程工人开始担心他们的工资涨幅赶不上通货膨胀的速度。从3月中旬开始，兰开夏郡发

---

* 阿拉斯战役（Battle of Arras）：第一次世界大战时在法国西北小镇阿拉斯发生的战役。维米岭战役是阿拉斯战役的序幕，也是加拿大所参与的一战中最有名的战役之一。——译注

生了几起孤立的罢工事件，原因是在没有对稀释举措进行协商的情况下，洛奇代尔（Rochdale）工厂的女工被要求做一些熟练工人的工作。公司解雇了反对这项措施的人，这种做法是违法的，但是，军需部害怕与雇主和工人发生冲突。4 月 6 日，劳合·乔治警告他的同僚们，“他从几个渠道得到消息，在主要工业中心发生了具有相当规模、组织有序，且具有煽动倾向的劳工运动”。[85]他承认一些工人有着“真切、正当的不满情绪”，而且容易被“暴力的无政府主义者”利用。

几天之内，由于政府取消了免于服役证明计划，工程师联合会的成员暴发了动乱。免于服役证明计划由人力委员会于 1916 年 11 593
月设立，以便工会领导人向一些成员发放免于服役证明，但在政府下令对军火工业进行彻底清查时，这个计划被中止了。巴罗的工程师们继续罢工，反对削减奖金制度，政府向他们发出了最后通牒，要求他们在 24 小时内返回工作岗位，否则将遭到逮捕。尽管如此，工人们也只是以 1623 票对 1200 票同意返回工作岗位。[86]在首相的提议下，国王向巴罗的工人们发出劝告，并表示相信他们将尽一切努力在战事工作中发挥自己的作用。5 月初，他和王后对西北地区的造船厂、制造厂和军工厂进行了为期一周的访问。

到了 5 月 3 日，兰开夏郡有 6 万人罢工，其他地方的工程工人也紧随其后，不到一周就有 20 万人进行了罢工。这些罢工没有获得官方的同意：5 月 11 日，政府发布了一份警告通知，敦促“所有忠诚的公民立即恢复工作”，并称“根据《保卫王国条例》的规定，任何对停止军需生产工作的煽动，均属犯罪行为，将被处以终身劳役，或被处以可能给予的从轻处罚”。[87]尽管英国必须赢得战争，并且政府对劳工行动采取了严厉的惩罚，但 1917 年的罢工总共损失了 560 万天的产量。[88]

劳合·乔治让艾迪生负责进行谈判。幸运的是，艾迪生得到了罢工者的公认领导人的支持，因为他们认为极端分子——这些极端分子比雇主更加鄙视罢工者——是动乱的幕后黑手。广大公众对罢工者怀有敌意，他们认为罢工者背叛了国家，到了5月15日，一些罢工者重返工作岗位。尽管劳合·乔治把事情委托给了艾迪生，但他还是介入了，并于5月17日决定起诉非正式罢工的领导人。有7人遭到逮捕，于第二天被送往布里克斯顿，并根据《保卫王国法案》受到指控。商店管理人员领导了当地的罢工，政府最终下令逮捕了其中的22人。

在政府内部，人们对如何处理罢工者意见不一。首相决心分裂工人阶级以对抗激进分子，但是，詹姆斯·史蒂文森（James Stevenson）爵士——他是军需部地区组织主任，也是尊尼获加（Johnnie Walker）威士忌酒厂的前联席常务董事——试图缓和劳合·
594 乔治对工人的敌意。史蒂文森表示，许多人目睹了政府和资本所有者之间的阴谋，后者利用战争，使用了廉价劳动力，并希望在和平到来时留住这些廉价劳动力，而牺牲掉获得更高薪酬的熟练工人。谈判仍在继续，政府放弃了免于服役证明计划，并同意释放七名男子，前提是他们保证将会行为良好。尽管劳合·乔治好斗，但政府别无选择，只能对几乎所有罢工者的要求做出让步。然而，检察总长史密斯威胁说，如果他们再次停工，那么法律的威力就会使他们遭到处罚。5月19日，罢工结束。

虽然艾迪生在与工程工人的领袖罗伯特·布朗利（Robert Brownlie）达成协议中发挥了重要作用，但劳合·乔治对协议的操纵再次威胁到局势的稳定。当唐宁街公布这份协议时，它删除了提到艾迪生的所有内容，声称劳合·乔治解决了这个问题：这是不真实的。艾迪生——他完全忠于劳合·乔治，而且他所做的也正是劳合·乔治要求他做的事情——非常生气，他在日记中写道："上帝知道，在向劳合·乔治给予我所能给予的和他应得的所有功劳时，我从来没有迟疑过，而且我讨厌自我宣扬的想法，但是，这件事让整个部门和我自己蒙羞。"[89]劳合·乔治的新闻官威廉·萨瑟兰（William Sutherland）——他后来成为领头的沽名钓誉者之一——删除了艾迪生的名字。首相迫切需要艾迪生的才干和忠诚，他对这种歪曲事实的做法感到愤慨。然而，这个事件表明劳合·乔治身边的那些人——批评者称他们是政治寄生虫——是如何代表他处理事务的，他们通常都是听从了上级的指示。艾迪生的影响力是如此巨大，以至于他迫使劳合·乔治于5月21日在下院发表了一份解释性声明，劳合·乔治声称他确认功劳属于他的下属。

6月3日，社会主义者召开了利兹大会，进一步证明了在工人阶级中，有一些人激进、好斗。在利兹市工业动荡的背景下，这个大会"旨在向俄国革命致敬，组织英国民众追随俄国"，并呼吁工人和士兵在英国建立苏维埃。[90]麦克唐纳提议赞扬俄国和上千名代表，这些代表不仅来自工党、工会和民主监督联盟，也来自妇女运动和平民联盟——一个马克思主义-工团主义的"教育"组织，致力于使工人变得激进。社会主义者很难找到一个场地，因为在政 595
府施加"爱国主义的压力"之后，利兹的艾伯特大厅拒绝为他们提供场地；会议在大剧院进行，当时市议会同样面临着"压力"，但它认为压制言论自由是错误的。

工会工人对工业征召感到愤怒，在由矿工、铁路工人和运输工人组成的"三方联盟"于6月下旬召开的一次会议上，他们决定，"在征召人力之前应该先征募财富"，并要求建立一份财富和财产登记制度，以便"为国民做出真正平等的牺牲做好准备"。[91]这进一步证明了布尔什维克思想的受欢迎程度。独立工党议员兼英国贸易协会联合会的主席詹姆斯·奥格拉迪（James O'Grady）宣布，尽管法律限制罢工，但在过去的12个月里，罢工已经达到了123次，并且“他从来没有见过政府部门和工会工人之间的关系像现在这样糟糕”。[92]

在这些事件发生后不久，7月，啤酒短缺在许多大城镇和拥有大型军工厂的城镇引发了不满。受到影响的城镇有伦敦、伯明翰、利兹、谢菲尔德、纽卡斯尔和巴罗因弗内斯。有人呼吁将产量提高50%，达到每年1500万桶；在一些乡村地区，在干草收获的季节，啤酒的价格涨到了每夸脱一先令，酿酒商和酒吧老板从中牟取暴利，这不可避免地引发了人们的指责。政府承认在农村地区存在“困难”（它将此归咎于啤酒生产的分配）。[93]

由于担心国内秩序崩溃，政府宣布，在下个季度，食物管制员允许将啤酒的产量提高三分之一；政府优先考虑的是将啤酒生产分配到有大片可耕地等待收割的地区，以及设有军工厂的地区。但是，随之而来的问题是啤酒的强度将会降低。这使爱尔兰人很不高兴，因为他们的烈性黑啤酒和波特式啤酒在如此低的比重下是酿造不出来的，这是一长串不满名单上的又一项。夏末时节，为了使工人们高兴，政府将啤酒——包括一种官方批准的新式“政府麦芽酒”——的价格定在每品脱5便士，同时规定东部各郡流行的轻度啤酒的售价每品脱不得超过4便士。政府进一步增加了三分之一
596 的啤酒数量，使得酿造工作可以持续到9月底，由此满足了那些在夏天倍感口渴的人，以及那些帮助收割的人的需求。那些被指控为牟取暴利的酿酒商降低了淡啤酒和波特酒的价格，他们不想为任何暴乱背黑锅。

当内政大臣乔治·凯夫爵士决定对革命采取更多的预防措施时，内政部第一次开始积极地监督和镇压异见人士。他与武装部

队、警察和几个利害相关的政府部门的代表成立了一个非正式的安全委员会，以审查情报。从 1917 年 4 月起，苏格兰场的刑事调查部门开始对有组织的工人阶级以及那些被认为是失败主义盛行的地区进行日常监视。该委员会起草了一份“危险、可疑人士”名单。[94]当全国作战目标委员会于该年年末成立时，内政部将与目标委员会和英国全国工人联盟密切合作。英国全国工人联盟由“爱国”的社会主义者组成，是民主监督联盟的制衡力量。这项政策非常无情，但很有效。

贫穷和破损的住房、食品定量配给的威胁以及价格上涨，进一步加剧了工人阶级的动荡。然而，零星的罢工——通常是由当地的抱怨所引起——继续困扰着政府，这种状况持续到了 1917 年秋。例如，铁路工人抱怨工作条件——他们要求每天工作 8 小时，这使得政府每年需支付 1000 万英镑的加班费——而工程师工会也提出了类似的要求，这威胁到了军工厂。政府利用《保卫王国法案》禁止他们罢工，并进行安抚，在管理层和工人之间进行调解。[95]由于担心铁路会遭到破坏，政府下令对运河进行检查，以期利用运河来运输货物。铁路工人要求每周加薪 10 先令。战时内阁授权铁路行政部门每周向全国铁路工会的成员额外支付 5 先令。全国铁路工会拒绝了这个提议。而后，这个数字被提高到了 6 先令，并被接受；此外，政府也做好了准备以应对其他工会提出的权利主张。[96]

尽管如此，除了这些地方性的困难之外，还有证据表明更加根深蒂固的激进主义正在抬头。9 月，《泰晤士报》发表了一系列文章，声称“在毫无意义和愚蠢的‘劳工骚乱’的背后”，是一场有意识的革命运动，该运动旨在彻底推翻现有的经济和社会秩序，但不是在某个不确定的未来，而是在此时此地”。[97]该报认为，克莱德 597
赛德等地的工人长期以来一直认为真正的冲突是交战国的统治精英

之间的冲突，与工人阶级的国际兄弟情谊无关。在马克思理论的启发下，俄国革命思想的发展推动了欧洲政治思潮——集体主义、联合主义和无政府主义——在英国工人中的传播。《泰晤士报》认为，在革命运动中，这些工人无意中成了主要操纵者的工具，并且公众对破坏资本主义的阴谋一无所知。“结果就是隐蔽的革命者扼住了政府和国家的咽喉，想要扼杀它们”，该报在一篇社论中写道，这篇社论回忆了该报就这个主题发表的其他文章。该报认为，“当英国意识到危险时”，它将会奋起反抗。

军火工人的工资上涨使得熟练工人的平均工资达到了每周 3 英镑 15 便士，并使非熟练工人的平均工资达到了每周 2 英镑 3 便士。尽管如此，11 月下旬，考文垂还是针对承认工会和雇主们未能就工会程序达成一致举行了为期一周的罢工。即使公众对罢工给战事工作造成的影响感到愤怒，也是无济于事。不可避免的是，政府不得不强加了一个解决方案，这个方案就和讨论了一下商店服务员的角色一样简单。

正是因为对劳工的需求依然不可阻挡，工人们才能够为了增加工资而开展劳工运动，不管这种做法多么不爱国。到了 1917 年底，英国大约有 10000 个工厂生产军火，其中 5000 个由军需部控制，包括 150 个国有工厂。工人住房的建造几乎占据了建筑行业的全部，仅大伦敦区就建造了 1500 所新住宅。现在，任何花费超过 500 英镑的非必要建筑都需要许可证。在这片土地上，战俘们在 1917 年全年工作，如果没有他们，这个国家可能会挨饿。虽然航运损失减少了，但损失的吨位仍然是新造船舰吨位的两倍，因此，军队不得不抽调 20 万人到造船厂工作。这无疑是雪上加霜；因为随着俄国革命政权和同盟国之间的战斗结束，德国把士兵和武器从东线转移到了西线，而此时英军在西线兵力不足。虽然英国对钢铁

和炼钢用煤的需求增加了，但矿工短缺。该年夏天，南威尔士的煤 598
矿工人因工资和机器状况举行了零星的罢工，多达1.2万人停工。人们担心供家庭使用的煤在冬天将会耗尽。

9月下旬，在要求加薪25%后，矿工们还要求每周增加10先令的工资。光是加薪，政府每年就要支付2500万英镑至3000万英镑，而且这意味着矿工的工资在三年内将增加65%。煤炭管制员盖伊·卡尔斯罗普（Guy Calthrop）告诉战时内阁，“这些人越来越难以控制”，但承认，自1914年以来，生活成本上涨了83%。[98]他对军工厂在没有持续煤炭供应的情况下能够维持10天以上表示怀疑，此外，大多数工厂都没有储备库存的空间。战时内阁意识到必须做出让步，“同时承认矿工的要求是不合理的，令人深感遗憾”。公众对由此导致煤炭价格每吨上涨了2先令6便士予以谴责。然而，做出这种让步，是一个处于绝境的政府在处理工业动乱（这个动乱毒害了1914年之前英国人的生活）遗留问题时所采用的手段。

五

在决心将战争进行到底后，政府发现自己不仅要处理劳资关系和供应问题，还要应付不断增加的成本。到了1917年春，尽管政府征收了更高的税费，但财政状况仍然很糟糕。1913年，国家支出占国内生产总值的8.1%；到了1917年，这个数字达到了38.7%。[99]尽管许多人的收入由于加班而有所增加，但财政部的数据显示，1914年3月使用15先令可以买到的物品，到了1916年3月需要一个索维林金币才能买到。[100]4月3日，劳告诉内阁，英国的黄金储备下降到了2.19亿美元，而每周的战争开销是7500万美元。三个星期内，英国将会耗尽资金。去年 12 月，黄金储备的损失率是每天 500 万美元，或每周 3500 万美元，由此可见，问题越来越严重。[101]截至 4 月，国家债务达到了 40 亿英镑——相比之下，战前是 6.51 亿英镑——并且每月增加 1.35 亿英镑。到了 7 月，债务每月增加 1.8 亿英镑，仅利息一项每年就要花费 1.1 亿英镑。[102]战斗只是一项开支，政府增加了福利服务，特别是针对士兵家属的
599 福利，并且为战事工人提供宿舍。公众对因为受伤或残疾而退伍的士兵能否得到治疗表示关切，此举将需要更多的开支。[103]此外，这些伤残士兵或阵亡士兵的家属也必须得到照料。1917 年 3 月的政府数据显示，在这些家属中，有 518741 人依赖于养老金部——设立该部门是为了对这个尚处于雏形之中的福利国家进行管理——的慷慨救济。[104]英国有 140275 名残疾人，62796 名寡妇，128294 名由寡妇抚养的子女，157544 名伤残士兵的子女，以及 29832 名其他受抚养人。此外，大约有 12.5 万名寡妇尚未达到领取养老金的年龄，另有 13 万名男子在退役后身体不适合于工作，或者仍在医院接受伤情评估。

到了 1917～1918 年，英国还欠其盟国 13.332 亿英镑的未偿贷款，欠帝国 1.945 亿英镑的未偿贷款。国家债务飙升到了 1000% 以上，从 1914 年的 7.06 亿英镑升至停战时的 74.81 亿英镑，税收只抵销了大约 22.1% 的战争费用。[105]在战争期间，缴纳所得税的人数增加了两倍多，从 110 万人增加到 350 万人。超额利润税的征收提高了政府的收入，这些收入与所得税收入几乎相等。超额利润税由麦克纳于 1915 年引入，目的是安抚工团主义者，因为他们担心雇主会变得过于富有。劳最终把所得税率提高到了 30%，把超额利润税率提高到了 80%。

战争费用继续无情地增加。1917 年 4 月，战争费用达到了每

天625万英镑；到了7月，这个数字达到775万英镑。一年多来，预计成本和实际成本之间的差距相当于英国的总收入。劳说，通过征收超额利润税，政府每天本应增加700万英镑的收入，但是，由于政府被迫严格管制烟草税和娱乐税，因此每天最多只能增加400万英镑。一个由工人组成的代表团拜访了劳，他们抱怨说烟草税是一种累退税*，征收高额的烟草税将会引发动乱，此举对低收入者的打击要比对中产阶级的打击更大。

1914年，所得税的平均税率是每英镑征收1先令。现在，平均税率达到了5先令，对于那些缴纳额外税的人，税率达到了8先令3便士（或41.5%），如果税率继续提高，那么民众会对提高产量和投资产生疑虑。[106]在战争的第一年，超额利润税为政府增加了2900万英镑的收入，但在第二年，这个数字达到了1.25亿英镑。政府坚称，此举将使英国能够比德国坚持更久。一些议员就不那么肯定了，他们担心英国会面临毁灭。幸运的是，许多工薪阶层愿意向帮助军人及其家人的慈善机构捐款，或者购买战争债券，这缓解了财政部的压力。实际上，到了1917年，国家战争债券——其利率为4%或5%，可以在5到10年后赎回——已经成为筹集资金的 600
主要手段。在战争期间，货币供应增加了一倍。当和平到来时，以及当贷款人赎回他们的债券时，英国避免了恶性通货膨胀，而这种恶性通货膨胀摧毁了德国的经济。这是因为英国的很多债务是由海外投资者持有，而且国内经济没有恢复流动性。此外，与德国人不同，在整个战争期间，英国人支付了相当高的税收。尽管如此，政

---

* 累退税：是指无论纳税人的收益或财产数额大小、负担能力高低，都按同一比例征税，结果负担能力高者，负担率低，而负担能力低者，负担率高，纳税人之间的负担能力差距越大，这种现象越明显，因此将具有这种性质的税称之为“累退税”。——译注

府将不得不通过借贷来偿还债务，这将为20世纪20年代后期至30年代积累问题。

7月6日，下院就政府开支进行了辩论，既抱怨了新的、明显不负责任的政府风格，也警告了大臣们支出失控的问题。一项由各党派议员签署的动议要求成立一个专责委员会来审查开支决定。提议者戈弗雷·柯林斯（Godfrey Collins）上校说："下院的最高目标是控制开支。但是，必要的信息被故意隐瞒，没有这些信息，控制就不可能奏效。"[107]在对劳合·乔治的办事方式进行的另一轮抨击中，柯林斯坦言，"为了达到目的，政府每天利用报纸。随着政府对报纸的利用日益增多，这削弱了下院的权力。下院没有被充分告知财政状况。政府要钱，但拒绝提供信息"。

柯林斯声称，在劳合·乔治几乎从不出席下院的情况下，劳担任下院的领袖，但他无法同时妥善地履行财政大臣的职责。财政部的财务秘书——斯坦利·鲍德温，这是他的第一份政府工作——也很少出现在下院，因为他在财政部处理劳的工作。"如果政府拒绝任命这个委员会，那么公众会说政府是故意的，目的是使他们的行为不受批评。今天，英国有300万人缴纳所得税，每个公民都感受到了这场战争对经济造成的影响。如果政府在向下院隐瞒与开支有关的控制措施和信息的情况下征税，那么我会对政府的道德权利提出质疑。"[108]他对官僚机构进行了指责，尤其指责政府让没有劳工经验的官员来控制他。

大量新的政府职能部门的产生，极大地增加了公共开支，这些职能部门正是劳合·乔治计划（该计划旨在给人一种充满干劲的印象）的核心，也是开展战事的必要条件。柯林斯抱怨说，"到处
601 都有人在大声疾呼反对官僚主义和增加不必要的部门。借贷和通货膨胀的害处是显而易见的。每个商人都承认，我们现在提出的建

议，对于他们成功经营企业来说是至关重要的”。其他发言者称赞了 19 世纪的财政大臣（尤其是格莱斯顿）在克里米亚战争和其他战争后削减开支的做法。劳表示，虽然他无法在战争期间削减开支，但是，他必须反驳为了给国家筹集资金以用于支付庞大的工资费用，而拿英国的未来作为抵押的说法。一名议员称，仅军需部就有 8000 名“职员、门卫和其他人员”。[109]是否批准额外的开支由战时内阁决定，甚至只有劳合·乔治本人可以决定。劳承诺成立一个专责委员会，尽管其职权范围仍含糊不清。

考虑到英国普遍存在的种种压力、困难和丧亲之痛，1917 年初，民众精神贫乏、情绪阴郁，并且这种状况持续了整整一年，这也就没什么好奇怪的了。首先，这种阴郁既是字面上的解释，也含有比喻修辞的说法。1916 年圣诞节后的几天，大雾使伦敦陷入瘫痪。食物和燃料的供应越来越少，禁酒运动者鼓动政府禁止酿酒，以节省糖，因为糖特别稀缺。铁路公司宣布减少服务和关闭车站，同时行程缩减，票价上涨约 50%，目的是阻止平民出行：这是下一次大战的海报“您的旅程真的有必要吗?”的前身。监管被视作任何困难的解决之道，却忽视了根本原因。在实行监管的地方——无论是价格管制、租金管制，还是干预重要行业——都造成或加剧了长期的供应问题。

战前生活的最后残余正在被清除。在 1917 年的纽马克特春季赛马大会之后，所有的比赛都被取消了。对平民来说，坐火车出行真是太困难了，开车几乎是不可能的，那些参加比赛的人被斥责为游手好闲者、逃避责任者和不爱国人士。然而，饲养者的强有力游说迫使战时内阁于 7 月 4 日下令恢复这项运动，“考虑到养马在全国至关重要”，战时内阁还允许马匹参加 40 天的比赛，前提是大部分马匹都在纽马克特马场或距离马厩不太远的其他马场，而且训练的马匹不超过1200匹——此举是为了节省饲料。[110]其他动物爱好者就没这么称心如意了，根据《保卫王国法案》，甚至连狗展也被
602 禁止了。[111]

雷普顿自上而下观察了英国人的生活，1917年7月，他注意到了这场战争对中上层阶级造成的影响。“战争的唯一明显迹象是，现在的男人晚上通常穿着短外套，打着黑色领带，晚餐时间变短了，仆人越来越少，服侍也不那么周到。出租车和汽油缺乏，在一些地方，糖也相当缺乏。”对于社会地位比他低的人，他认为战争并没有对这些人产生太糟糕的影响。“工人阶级的工资很高，食物虽贵，但很丰富。遭受贫苦的人也只是在最低限度的范围内，并且他们普遍没有遭受战争带来的真正痛苦——这是一个令人吃惊的论断，但它表明了在1914～1918年间，生活富裕的英国人继续尽情享乐是多么的容易。”[112]

他认为，“最大的受害者是中产阶级，尤其是那些收入固定、地位低下的女性，以及那些失去了丈夫或儿子的人”。这种说法有一定的道理。虽然在战争中传统军官阶层的伤亡人数高得不成比例，但是，最富有的人往往依靠非工薪收入生活，而且将继续这样做，即使向他们征收高额的税费。然而，中产阶级没有这样的资本缓冲，如果他们的经济支柱在军队服役，那么军属津贴无法让他们继续保持原来的生活地位；如果经济支柱阵亡，他们通常会面临可怕的困难，意识到这一点，英国成立了各种慈善机构，以便为“临时绅士”的遗孀和孤儿提供支持。富裕阶层还要忍受被放大的旧的“仆人问题”，因为几乎没有任何多余的劳动力来为他们承担仆人的工作。就连雷普顿——正如他用一贯高傲的口气解释的那样——在试图修理房子时，也遇到了不少麻烦。房子建造者说，“他有11个人，而不是战前的40个人，而且他们都很老了，不敢

冒险爬上高高的梯子。他们的工资涨了三分之一，而原材料的价格又非常可怕”。[113]

不可避免的是，对于工人阶级来说，困苦是最残酷的事情，对于那些需要搬到英国的另一个地方去参与战事工作而被迫背井离乡的人来说，情况更是如此。例如，军需部决心改善铁矿石生产，以便加快建造接替商船，这需要将数千名工人转移到产铁地区。然而，这些地方的住房严重短缺，无法安置外来工人。自 1914 年 8 月以来，平民们已经习惯了让士兵和工人住在他们家里，但他们这样做是出于自愿，而且人们很乐意通过出租多余的房间来赚取额外 603
的收入。现在，如果政府没有大规模的临时住房建设计划，那么这个问题似乎是无法解决的。巴罗因弗内斯的人口增长了两倍，女工的涌入引发了特殊的问题。那些有空余房间的人深谙供求规律，把房租抬高到工人们——尤其是收入较低的妇女——能够负担得起的水平之上。卡莱尔的人口已经增加了两万，无法再提供住所。

为了解决这个问题，政府设立了地方福利委员会，以确保工人能够顺利地被迁移到新的工作地点；中央宿营委员会让当地代表安排住宿、处理投诉和分配房间。然而，当事情发展到了这样的地步，也就是当所有愿意接受房客的人已经没有房间可用时，那些有空余房间却没有提供的人，现在将被迫根据《保卫王国法案》的更多新规定提供住处。所有业主都将被迫披露他们拥有的住所。军需大臣艾迪生意识到这种做法侵犯了个人权利，承诺说：“不管怎样，我本人认为，只有在极少数情况下，才有必要行使强制权力或采取极端措施。”[114]

尽管如此，人们普遍表示反对，议员们指责政府缺乏远见，在没有规划住房以容纳工人的情况下设立工厂。艾迪生抗议说，建造住所的计划是不可行的，既没有劳动力，也没有材料来建造住所。

詹姆斯·霍格（James Hogge）——他是爱丁堡议员，在1918年的大选后成为政府的首席党鞭——对可能会向他和其他议员的选民强制安排工人的做法提出了抗议："我听说，在这个星期里，你有几天无法通过某些道路……因为路上有醉汉。这可能是真的，也可能不是真的，但是，如果这是真的，那么他们就是那些被强制安排给织袜子和围巾的女士的人。"[115]在意识到必须采取行动后，军需部宣布了一项倡议，将在巴罗因弗内斯为工人们——其中许多人一直住在光荣的营房里——建造500个永久性和500个半永久性的住所。

政府提出了一个合规与检查制度，以确保住所达到标准，这激怒了霍格。他对"调查那些受人尊敬的妇女的家庭生活"表示担
604 心，"在这些妇女中，很多人的儿子和丈夫都在前线服役"。[116]他请求艾迪生设想一下强制安排住所的后果。"当然，他必须明白，不得不提供住所的妇女必须得到更多的保护。以苏格兰的一些村庄为例。这些妇女为军队献出了自己的男人，除了她们和女儿外，家里常常一个人也没有。我亲爱的朋友，你能够安之若素地想象一个手无寸铁的妇女和她的女儿在军火工人定居的苏格兰村庄里生活的情景吗，她们被迫负担这些从事军火生产的粗野男人。"[117]另一种批评意见针对的不是强制安排住所，而是要求提高工资：年轻女性的平均工资是每周23先令，而自1914年以来生活成本的增加严重限制了她们能够负担得起的住宿范围。

斯诺登——他刚刚在一次会议上当选独立工党的主席，（令政府感到震惊的是）这个会议欢呼沙皇的倒台，并庆祝和平主义——指出，让年轻女性生活在如此拥挤的环境中，这存在一个主要的危险：那就是"容易发生伤风败俗的事情"。[118]当他想到政府政策所引发的后果时，他感到"震惊"。更重要的是，"对个人自

由的干涉……比提议的内容更令人愤慨”。西阿伯丁郡的自由党议员约翰·亨德森说：“从来没有向下院提交过像这个政策一样邪恶的法案。”[119]他又说道：“我还担心会永久任命这种受薪官员和地方委员会，”并担心为国家工作的人“越来越多，超出了能够控制和了解的范围”。昔日的英国几乎不触及个人生活，更不要说干涉个人生活了，这种情况正在被埋葬。[120]士兵受到军纪的约束，这有助于他们在住宿他人家庭时规范自己的行为，但军火工人就不是这样了。由于政府中的大多数人提出意见，该法案进行了二读，但仍无法掩盖后座议员的不安。

六

尽管1916年伦敦的防空系统有了重大改进，但这一整年空袭对生命和财产造成的威胁越来越大，这加剧了公众的痛苦。该年9月，齐柏林飞艇停止了对伦敦的突袭，皇家飞行队在击落敌机方面变得非常有效。由于德国人似乎不会再回来了，因此政府在1917 605
年初减少了防御。然而，1917年4月25日，德国人在白天对福克斯顿进行了轰炸，造成95人死亡。在接下来的几天里，德国驱逐舰对肯特海岸（特别是拉姆斯盖特）发起了零星的炮击，虽然没有造成多少人员伤亡，但摧毁了许多财产。不久后，议会内外的人士要求东部和东南部沿海城镇的所有平民撤离，这将使本已严峻的住宿问题实际上变得更加难以处理。政府相当理智地拒绝考虑任何此类事情，声称它正在改善国家的防空和空袭警报系统。为了鼓舞士气，政府还下令轰炸欧洲海岸被占领的城镇，比如泽布吕赫。

随着来自空中的威胁增加，人们敦促政府任命一位防空大臣，陆军部对皇家飞行队的现有控制被认为是无法维系的，因为尽管政府设立了一个空军委员会，但没有大臣对议会负责。战时内阁还考虑了“从空中掉落细菌以传播传染病的可能性”。[121]它早就预料到德国人会在英国公众身上尝试这样的策略，以作为“骇人行径”的一部分。专家们认为细菌战将不起作用，除非直接向水源中投放伤寒或霍乱病毒。专家们觉得从空中掉落细菌是“不可能的”，但是，政府要求科学家们考虑可能的报复性手段。

丘吉尔采取了令人欢迎的积极行动，他意识到军工厂在空袭面前是多么不堪一击，于是他发起了一项计划，用沙袋建造防空壕和防空洞，以保护工人。正如他承认的那样，这只是照搬许多私营工厂的做法。尽管建造这些防空洞会影响生产率——这些防空洞由工人们自己挖掘——但他认为，由于在遭到突袭时，工人们不会撤退回家，因此建造防空洞将会提高产量。丘吉尔希望进一步实施这项原则，并敦促战时内阁批准在这些工厂附近的居民区建立防空洞网络。工人阶级往往居住在廉价的住房里，人们认为这些住房在轰炸后特别容易倒塌；政府承认，无论是否遭到轰炸，战后，全国的住房存量需要大量的公共补贴才能提高到可以接受的水平，并且政府
606 已邀请地方当局提交援助申请。[122]

然而，英国当局认为他们已经制服了德国的空中力量，没有料到德国会使用“哥达”固定翼轰炸机。该轰炸机从比利时的基地起飞，主要在水上飞行，然后到达目的地，它基本上摆脱了英国高射炮的骚扰。5 月 25 日，哥达轰炸机在白天对福克斯顿市及周边地区进行了突袭，它们的飞行高度达到了 10500 英尺，装备了机关枪，杀死了 71 人，打伤了 192 人。此前，由于伦敦上空阴云密布，它们放弃了对伦敦的突袭。在接下来的一周，陪审团在审讯中“强烈谴责了地方和军事当局的疏忽，因为他们没有做出安排来警告公众”。[123]

6月13日上午，德国人对伦敦进行了第一次类似的袭击，造成162人死亡，432人受伤，袭击地点主要是在利物浦街车站附近。东印度码头路的上北街学校有18名儿童死亡，三天后，人们从瓦砾中挖出一名小女孩，她还活着。五分之一的伤亡人员都是儿童。国王来到突袭现场，在幸存者的欢呼声中缓慢驾车穿过街道；然后，他去医院看望伤者。第二天，一架齐柏林飞艇遭到摧毁（就在那时，一家私人拥有的三硝基甲苯炸药工厂在阿什顿安德莱恩发生爆炸，造成43人死亡，120人受伤。政府表示愿意支付丧葬费用）。政府在处理防空问题时反应迟缓，导致人们不可避免地提出批评——6月14日，保守党议员威廉·乔伊森-希克斯在议会宣称，在发现哥达轰炸机和投掷炸弹之间有45分钟的时间。在发现哥达轰炸机时，政府通过电报提前发出了警告，警察被派去命令人们躲起来。但是，政府没有向一些机构发出警报，尤其是学校和医院。乔伊森-希克斯还要求对德国城镇进行报复性突袭。

那天晚上，伦敦市民召开会议，通过了一项要求采取报复行动的决议，全国各地都效仿他们的做法。公众敦促议员们在议会进行辩论；但政府拒绝进行报复，而是通过加强警报和改善防御来提高士气。由于空军资源有限，战时内阁认为最好将空军用于防御，而不是用于攻击。它还认为，在皇家飞行队的射程内轰炸德国城镇的建议“实际上是一种‘骇人行径’”。[124]

然而，英国在处理哥达轰炸机的问题上不作为，这助长了德国 607
人的气焰。7月7日，22架轰炸机在白天对伦敦进行了突袭，造成250人伤亡，其中57人死亡。人们对空袭警报太糟糕提出抗议，尤其是因为轰炸机已经在东海岸的上空被发现。政府承认，之所以不愿意发出警报，是因为本土防卫军在上周接到了三次假警报。如果对所有这些警报采取行动，那么将会损害生产力。《泰晤士报》

发现民众“普遍都很愤怒”，这种愤怒是由民众觉得英国受到了羞辱所引起，也是由与日俱增的担忧所引起，即人们担心空军力量可能会决定战争胜负，而这个国家似乎无法应对这个挑战。[125]战时内阁授权凯夫启动一个警报系统，“在突袭者的行进路线几乎毫无疑问地表明他们的目的地或目标时发出警报”。[126]皇家飞行队在返航时，于埃塞克斯海岸袭击了哥达轰炸机，据报道，其中一架被击落。伦敦东区爆发了一场小型骚乱，人们破坏了德国人拥有的或被认为是德国人拥有的财产，24 人被捕。

在报界对政府允许这样的袭击发生表示愤怒、公众要求进行报复之际，战时内阁陷入了轻微的恐慌。英国建立了伦敦防空区，此外，尽管黑格反对，战时内阁命令从西线撤回皇家飞行队的两个中队来保卫伦敦。劳合·乔治将飞机短缺归咎于阿斯奎斯的“犹豫不决”，这是一个含有部分实情的方便的借口——阿斯奎斯没能控制空军委员会——但新首相不能长久使用这个借口。[127]没过多久，新计划奏效了。8 月，德国对伦敦发起的三次袭击都失败了，德国人转而试图在夜间进行轰炸。长期以来，人们一直认为伦敦周围的高射炮射程不足，无法击落任何东西，因此战斗机便成为执行这项任务的关键。

在突袭发生后，战时内阁召集罗伯逊参加一个特别会议。他发现大臣们对这次突袭感到近乎歇斯底里的恐慌，他列举了所知道的在前线发生的更大规模的屠杀，并对黑格说，“要是看到那样的屠杀，人们会以为世界末日到了”。[128]本土武装部队的总司令弗伦奇出席了会议，并抱怨他所能支配的用于保卫英国的兵力存在不足。罗伯逊私下表示同意，他说保卫国家的士兵主要是“残余兵力”——不适合在国外服役的士兵，或者法律认为太年轻而不能在
608 国外服役的士兵。他还说，“我们的高射炮显然没有什么用，我们的

飞行员零星地抵达，他们无能为力，不过，他们却成功地击落了一架轰炸机。事实上，我们没有足够的飞机来满足我们的需求”。

7 月 9 日，下院召开了一次关于防空的秘密会议。根据议长发布的官方报告，劳合·乔治说，“无法保证在空中提供全面的保护”。[129]他认为德国轰炸英国的主要原因之一，是迫使英国从法国撤回飞机以保卫本土，这是战时内阁决心避免的战略。劳合·乔治转而承诺说，在过去的 6 个月，飞机产量有所增加，并将继续增加，他相信弗伦奇很快就有足够的飞机来充分保卫伦敦。一周后，伦敦市对一套鸣笛系统进行了测试，但室内的大多数人都听不到鸣笛声。当局尝试发射炮弹、信号弹，警察在街上用手枪放空枪，当局也尝试在河上用船鸣笛。对完美警报系统的探索在政府所称的“预警炸弹”中达到高潮，三门大炮每隔 15 秒发射一次，同时警察在街上张贴告示，命令人们“躲起来”。[130]劳合·乔治向下院保证，皇家海军的轰炸机将经常袭击位于比利时的德国机场，并向这些机场投掷炸弹，所投炸弹的吨数比哥达轰炸机在伦敦投下的要多。

9 月 24 日至 10 月 1 日，德国人对伦敦进行了六次突袭，包括使用新型飞机“巨人”轰炸机进行的突袭，巨人轰炸机能够在 19000 英尺的高空飞行，能投放 1000 公斤的炸弹。这类轰炸机不仅超出了枪炮的射程，也超出了探照灯的光照范围，更重要的是，它还超出了战斗机的射程。[131]政府进行了一场辩论，内容是关于对夜间袭击发出警报，以防半睡半醒的平民冲到街上，从而更容易受到炸弹的袭击。德国采用了夜间袭击——在希特勒发动的战争中，这个战略将会很常见——成千上万的伦敦人自发地躲进地下防空洞。当局发射了大炮，以警告民众突袭即将到来。不幸的是，一些人误以为这是高射炮，认为袭击已经开始了，于是惊慌失措。人们要求政府使用鸣笛的方式进行警报，但政府说，在街道上，鸣笛声比炮声更加难以听到。

对于突袭，首相本人就不那么刚勇了。他即将对几家新闻机构
609 成功提起诽谤诉讼，这些机构曾指责他在突袭期间退隐到位于沃尔顿希思的房子。他之所以这样做，是因为他害怕爆炸。他声称，他提起诉讼不是因为针对他发起的人身攻击，而是因为这可能会在公众中播下恐惧的种子，促使他们认为突袭比实际情况更加危险。突袭也在继续助长民众要求进行报复的呼吁声。10 月 2 日，劳合·乔治视察了遭轰炸的地区，并会见了要求报复的抗议者。有人听到他对其中的一些人说："我们将那样做。"[132]

该月下旬，国王和王后巡视了伦敦东区，视察了防空洞。一些伦敦东区的民众给国王发了一封电报，要求他命令陆军部接待一个代表团，这个代表团将转达他们的报复请求。他把电报转交给了首相，斯坦福德汉小心翼翼地告诉报界，国王已经转交了电报。几个伦敦自治市*的市长和拉姆斯盖特市的市长也加入了抗议的队伍，拉姆斯盖特市曾是轰炸机在泰晤士河河口进行打靶练习的地方。政府通报说，之所以延迟采取报复行动，不是因为不愿像德国人那样"野蛮残忍"，而是因为如果使用空军进行报复，那么西线的盟军可能会招致危险。不过，空军兵力正在增加。据报道，虽然德国平民没有受到攻击，但轰炸伦敦的飞机所停靠的机场遭到了攻击。不到两周，皇家飞行队的飞机轰炸了位于萨尔布吕肯**的工厂。11 月初，在索尔福德举行的补选中，经验丰富的码头工人领袖本·蒂利

---

* 伦敦市和 32 个伦敦自治市共同组成大伦敦。大伦敦位于英国英格兰东南部，是英格兰下属的一级行政区划之一，范围大致包含英国首都伦敦与其周围的卫星城镇所组成的都会区。——译注

** 萨尔布吕肯（Saarbrücken）：德国南部城市，萨尔州首府。——译注

特（Ben Tillett）轻松击败了一位政府候选人，他的竞选宣言包括要求“进行大规模的空袭报复”，以及提高军人及其家属的津贴。这个宣言反映出公众对政府的幻想破灭了。战时内阁请求博利厄的孟塔古勋爵撤回就空袭的预防措施向寇松提出的问题，因为“如果不向敌人透露有价值的信息，他将无法回答这个问题”，但事实上，这样的“缺陷”不应当被公开。[133]

在1917年的冬天至1918年，德国人继续对首都、肯特郡和东部各郡进行空袭。1918年1月15日，格温对巴瑟斯特夫人说：“相信我，英格兰没有腐烂堕落。虽然它是一个由笨驴和无赖领导的雄狮之国，但英格兰的本质还是好的。我从来没有对人民失去信心。但是，我对我们所有的领导人失去了信心。”这番话反映出民众的普遍感受，那就是在保护英国人民免受血腥袭击方面，政府做得太少。[134]一些政治和军事领导人不会不同意这种说法。1月28日晚，德国人轰炸了拉姆斯盖特，116所房屋遭到破坏，但没有人员 610
伤亡。位于考文特花园的奥德汗（Odham）印刷厂的地下防空洞被直接击中，导致38人死亡，65人受伤。这次突袭共造成67人死亡，166人受伤，其中包括妇女和儿童，他们在毕晓普斯盖特（Bishopsgate）车站发生的踩踏事件中被踩死。战时内阁决定公布这些数字，因为如果不公布这些数字，在当时的气氛下，可能会引发疯狂的、令士气低落的谣言。[135]政府承诺向休·特伦查德（Hugh Trenchard）将军——他负责组建英国皇家空军——提供飞机用于轰炸德国，以使德国屈服；但他从来没有获得这些飞机。

七

随着人们背井离乡、迁移出社区，战争造成的流离失所对人们的行为和社会产生了其他有害的影响，这些影响在1917年以前就已经显现出来。从1916年初开始，可卡因——药剂师认识的人或由药剂师的熟人介绍的人仍然可以在柜台上买到这种毒品——导致人们出现上瘾，尽管这种毒品的价格使得只有富人才会面临成瘾问题。为了能够让那些与遵守规定的药剂师不熟识的人获得可卡因，一个庞大的毒品黑市由此形成。“有人告诉我”，1916年6月22日，塞缪尔对下院说，“在某些阶层中，可卡因的使用有所增加”。[136]人们普遍认为，自从1908年根据《药剂法》禁止鸦片以来，可卡因已经成了人们的首选毒品；政府禁止向武装部队的士兵出售可卡因，并考虑限制公众获得可卡因。所谓的“提神饮料”中含有乙醚或可卡因，在伦敦较为时尚的街区的商店里，随处都可以看到这种饮料，人们认为，这种饮料的出售助长了民众对纯可卡因的渴望。供应商和贩卖者几乎每天都要出庭受审，大多数人都受到严厉的监禁处罚；还有人担心，德国正在通过其代理商向英国大量输送毒品，意图损害休假士兵的健康和士气。在被定罪的人中，有很大一部分是外国人，尤其是俄国人。随着公众恐慌的加剧，1916年7月28日，政府决定发布王室公告，禁止进口可卡因和鸦片，除非获得了许可证。

在法国，士兵们经常光顾妓院，与其说是为了消遣，不如说是
611 为了减轻战争造成的创伤，甚至在伦敦这样的城市——在那里，长期以来，当局深受卖淫问题的困扰——对妓女服务的需求也在飙升。这助长了性病的传播，无端增加了军队的伤亡。1917年初，有人在下院就向经营“妓院”的人给予宽大处理一事提出了质询。[137]2月13日，凯夫承诺向治安法官给予额外权力，以处置妓院，并承诺将出台新的立法。经营妓院的惯犯最高将被罚款40英镑，凯夫说这笔钱就像是“被跳蚤咬了一下”。对于第三次或三次

以上犯有此类罪行的人，他将罚款增加到500英镑或处以一年的监禁，对拉客者给予的最高刑罚是监禁一个月。最激进的是，他提议将明知自己有性病的人与其他人发生性行为的做法定为刑事犯罪，并建议将1889年《不雅广告法》的适用范围“不仅扩展到与该疾病有关的所有广告，还扩展到涉及流产或堕胎手段的广告，或者暗示相关场所可以被用于不道德用途的广告。我们还加大了处罚力度，这些处罚似乎太轻了。处罚分别提高到罚款100英镑和监禁6个月（而不是罚款40先令和监禁1个月），以及罚款5英镑和监禁3个月”。[138]政府禁止刊登治疗性病的广告，这是为了确保假药——包括几乎全部的所谓的江湖疗法——不会被当作真正治疗方法的替代手段。

性病不是战争制造的，在和平时期，性病就已经成为英国的一个灾祸，以至于1913年英国成立了一个皇家委员会，负责预防性病和更好地组织治疗等事宜。但是，战争让情况变得更糟。皇家委员会希望开展性教育，以提醒年轻人注意这些危险。1916年7月，女子学校的女校长召开了会议，同意父母有责任“在这件事情上给予女儿必要的道德教育”，然而，在场的一名女医生告诫她们，“在和中上层阶级的父母打交道时，她觉得他们不愿意、也无法处理这些事情”，而来自下层阶级的父母“在表述方面没有天赋”。[139]自封的专家在英国进行巡回演讲，描述性病的危害。1917年1月，来自公民自由委员会的贝西·沃德（Bessie Ward）夫人在妇女合作协会的会议上发表了演讲。该会议由弗吉尼亚·伍尔芙组织，在泰晤士河畔的里士满召开。沃德夫人谈到了征兵制——布鲁姆斯伯里团体很熟悉这个话题，他们中的大多数合格成员都极力避免征兵制——这不可避免地导致她谈到了性病给轻率的年轻士兵带来的危害。会议结束后，一位正式成员——兰斯顿（Langston）夫人—— 612

对沃德夫人的话感到愤怒，她觉得只有没有孩子的女人才会说出这样的话，并说道，“我们做母亲的试图忘记儿子们不得不经历的一切”，说完，她放声大哭起来。[140]伍尔芙夫人的传记作者把沃德夫人描述为“执迷不悟”，并把这个可怜女人的气愤话语看作是“胡说八道”，布鲁姆斯伯里团体冷漠无情地脱离现实（为了避免遭遇这样的现实，其成员采取了很多行动）的态度很少如此生动地表现出来。

到了1917年，政客们认为英国已经陷入了性病的流行之中。尽管政客们决心尽可能少地讨论这个问题，但公众还是愈发意识到了这个问题。凯夫的《刑法修正案》规定，患有性病的人引诱他人发生性行为或实施性行为的，即构成犯罪，最高可被判处两年监禁（无论是否服劳役）。一旦向议会提交修正案，那么将很难控制公众的担忧。1913年，伦敦一家专门治疗性病的医院——洛克医院——记录了23974个病例，但到了1916年，这个数字达到了36500。[141]这个疾病对婴儿死亡率和儿童健康造成影响，一名向委员会提供证据的医生说，该疾病对全国的影响总体上可能比结核病还要严重。这种疾病的高发生率也推动了离婚率的上升，并导致民众要求放宽离婚法。

在军队中，每1000人中就有43人患有性病，也就是说，在500万人的军队中，总共有10.7万人身患性病。这对每一个人来说，都是一场灾难。[142]阿瑟·柯南·道尔爵士非常震惊，他要求关押所有“臭名昭著的妓女和妓院老板”，一直关到战争结束6个月后；在其他人看来，这种做法带着《维多利亚传染病法案》（该法案使海军造船厂和军营附近的妇女遭到逮捕并接受医疗检查）的味道。道尔的想法遭到了强烈抵制。[143]伦敦被认为是堕落的中心，滑铁卢路的周边地区被认为是“开放的阴沟”，妓女们在那里引诱休假的士兵，她们通常在生意结束后偷走士兵们的钱包。[144]更令当时的民众感到恐怖的是，有报道说，男孩们在“开放的阴沟”里替妓女们“招揽”生意。一些“业余”女性加入了本已臃肿的专业队伍，这让问题变得更加复杂。[145]在《泰晤士报》的一篇报道突出强调这个问题之后，宪兵巡逻队前往该地区，逮捕了违反军纪的 613
士兵。当地警察围捕了与军人们谈话的妇女，指控她们“干扰士兵”。[146]

对于平民，地方政府委员会已经要求145个地方理事会提供治疗计划，到了1917年4月下旬，已经有99个地方理事会这样做了，有61个治疗计划获得批准，为300万人口提供服务。[147]患性病的男女比例大约是2∶1或3∶1，为了防止庸医使事情变得更糟，法案规定，无资格人士治疗性病的，即构成犯罪，将被处以100英镑的罚款或6个月的监禁。一场宣传运动将宣传这些新中心，结束假装这些疾病不存在的局面。截至1917年4月，战争期间的梅毒病例为2.7万例，淋病病例为7000例，梅毒相关疾病为6000例。联合政府的首席党鞭盖斯特说，妇女们在火车站等候休假归来的士兵，引诱他们去妓院，他呼吁加强对休假在家的士兵的监督。他还认为应当对性病进行通报，他的许多同僚也持有这一观点，那些在治疗期间拒绝接受治疗的患者将会被逮捕和拘留。1918年3月，他如愿以偿，当时《保卫王国法案》的一项修正案——条例40D——规定，患有性病的妇女与武装部队的成员发生性行为的，即构成犯罪。一些警察允许报纸公布被控在感染期间与士兵发生性关系的妇女的姓名，但对士兵的姓名保密，这引起了公愤。狂热者们也没有想到，女人会因为感染了她的丈夫而被起诉，即便最初是她的丈夫将疾病传染给她，而后她的丈夫被治好了。

私生子的比例从1907年的3.94%上升到了1917年的5.54%，

但是，这些儿童的死亡率据说是婚生子女的两倍。[148]在社会上，婚外性行为仍然遭到严格禁止，非婚生子女和单身母亲受到极大的羞辱，此外，堕胎是非法的。然而，在第一次世界大战的后期，人们朝着对性持更加宽容的态度迈出了试探性的第一步。玛丽·斯托普斯（Marie Stopes）——伦敦大学学院37岁的古植物学家，她在23岁时成为英国最年轻的科学博士——正在为自己的书《结婚之爱》（*Married Love*）寻找出版商。这本书主张更广泛地普及避孕知识和
614 避孕方法的使用，并将于1918年3月出版。斯托普斯博士是一位坚定的优生学家，她强烈反对堕胎，尤其是因为堕胎是危险的，有时是在致命的条件下进行，这促使她写了这本书。最终，一位慈善家（她后来嫁给了他）不得不花钱出版这本书，因为没有任何商业出版机构愿意碰它。第一年，这本书就出版发行了第五版，它的赞助人很快就收回了投资。战争期间，结婚率反复上下起落：1913年，英格兰和威尔士共有286583对男女结婚，1915年为360885对，1917年为258885对，1919年为369411对。离婚率几乎没有增加，直到第二次世界大战期间和战后才开始上升。

一些人没有理解婚姻之爱的真正含义。1912年，在中央刑事法院审理的案件中，有2.75%涉及重婚。到了1918年，这个数字达到了20.2%。这种情况是仅仅发生在士兵身上（可以很容易地对他们不在家的原因进行解释），还是变成了一个更广泛的问题，当时并不清楚。战后，重婚起诉有所下降，这表明属于前一种情况。[149]1918年6月，能夺得重婚界“金棕榈奖”的当属汤姆·威尔金森（又名威廉姆斯）了，他是一名38岁的工兵。他因重婚行为被肯特郡巡回法庭判处七年劳役，又因另一起重婚行为被德比郡巡回法庭判处同样的刑罚。《泰晤士报》报道说，“有证据表明，他曾与5名女子举行过婚礼。在他被捕时，他正在安排与另外3名年

轻女子结婚”。[150]他是一个多元论者，他还从三个不同的兵团里逃了出来。

妇女们经常在工厂或地里长时间工作，这加剧了父亲不在身边的儿童与父母之间的疏远感。由于如此之多的男子参军服役，传统的家庭单位承受着巨大的压力。随着男孩和一些女孩无人管控，青少年犯罪出现了显著的增长，这与成人犯罪率正好相反。由于很多男子在服役，成人犯罪率开始大幅下降，到了1916年3月，11所监狱被封存，另外几所部分关闭。到了1918年，平均每天只有1393人在徒刑监狱——最严厉的监狱——里服刑，而在1913年这个数字为2704人，在地方监狱服刑的人数为7335人，五年前，这个数字为14352人。[151]然而，那些太年轻而不能为国服役的人使得犯罪率上升。

1916年2月3日，《泰晤士报》报道了几起所谓的“坏男孩”的示威活动。在伦敦，市政厅的一名治安法官下令对一个被称为 615
“黑手”的团伙的头目处以鞭刑，罪名是打破窗户和盗窃。[152]就在前一天，伦敦塔桥儿童法庭记录的案件数量创下了单日最高纪录，达到了55起，其他伦敦治安法官也报告了类似的工作量。男孩们偷窃贵重物品，在警察（不是“临时警察”）稀少的黑暗街道上抢劫行人，甚至从邮局的货车上偷包裹，这引起了人们的关注。在这些人中，不缺愿意充当教唆犯的成年人，也不缺招募年轻罪犯偷东西以供他们售卖的成年人，但是，更有胆量的年轻罪犯们自己当起了教唆犯。1916年2月，金斯顿的治安法官将一名12岁的男孩威廉·麦克科尼（William MacQuerney）——他曾因为从奉献箱里偷东西而被处以鞭刑——送进了少管所，因为他和一帮他曾传授过偷盗技能的男孩闯入一家网球俱乐部，偷走了俱乐部的银质奖章。

当时的社会认为，为国王和国家战斗而缺席家庭教育的父亲是造成这个问题的根源，正如《泰晤士报》的记者所说的那样，“在大街上游荡、对所有诱惑来者不拒的任性男孩不太服从母亲的管教”。此外，他们也没有兄长来为他们树立榜样。1916 年春，伦敦警察厅的厅长认为青少年犯罪率比上一年增加了 50%，他将这种情况归咎于“父母管教的缺失。在许多案例中，父亲离家参军，母亲在军工厂找到工作或者从事其他类型的工作，结果就是没有成年人在家照看孩子”。[153]对于一些人来说，在不用担心父亲的愤怒和管教的情况下，脱离正轨的诱惑被证明是无法抗拒的。国家儿童协会的主席里顿勋爵提出了一种更人道的观点，他说：“战争精神使他们产生了冒险的欲望，而在许多情况下，这种欲望只能通过无法无天的行为来满足。”[154]然而，由于父亲们无法给予必要的鞭打，国家便承担起了责任。这个问题曾于 1916 年 5 月 4 日在下院提出，内政大臣塞缪尔说：“人们普遍认为，电影院放映的一些电影中的角色是造成这个问题的原因之一。”[155]放映盗窃行为的电影受到了特别谴责。

他就这个问题给法官和警察局长写了一封信。在对最后的数据进行核对时，人们发现，1915 年，少年法庭审理了 43981 个案件，
616 而 1916 年为 47362 个。犯罪规模在无情地扩大。1917 年，犯罪总数为 53300 起，当时格拉斯哥和曼彻斯特发生了广为人知的团伙犯罪。[156]盗窃和恶意破坏是两种最常见的犯罪行为。由于男性自愿参军，导致警察人数减少，使得这个问题愈发严重。在留下来的人中，很多人年纪较大，身体不太强壮，并且不太擅长抓捕年轻的罪犯。到了 1916 年 10 月，利物浦的治安法官对青少年犯罪率的急剧上升感到震惊，恳求政府将青少年根据治安法官的命令接受鞭刑的年龄上限从 14 岁延长到 16 岁，并恳求政府允许处以更加严厉的刑罚。他们还希望获得权力以便对父母进行罚款。[157]不过，他们还要

求增加少年军团和童子军的数量，以转移年轻人的精力，并呼吁组建更多的青年俱乐部，以便让年轻人消磨夜晚时光。

1916 年 10 月 23 日，塞缪尔在内政部召开了一次会议，以便讨论这个问题，与会者包括几名议员、少管所和工业学校的检察长以及内政部儿童部门的负责人。他承认，在有数据可查的上一年，青少年犯罪率增加了 30%；在大都市区，男孩的犯罪数量从 1914 年的 1708 起上升到 1915 年的 2713 起，女孩的犯罪数量从 76 起上升到 130 起。[158]事情变得如此严重，以至于国王和王后对犯罪行为的增加表示"严重关切"，并要求塞缪尔"转达国王陛下的愿望，即采取适当的措施来对付这种罪恶"。塞缪尔详述了一些大家熟悉的理由：战争激发了男孩子们的冒险精神，实行灯火管制后街道漆黑一片，父亲缺席，以及电影催生了一种"无法无天的精神"。

由于管理童子军或少年军团的 70% 的负责人都在服现役，使得规劝这些团体组织青少年的做法受到了限制。不过，出席了内政部会议的罗伯特·巴登-鲍威尔（Robert Baden-Powell）爵士说，这个问题在童军运动中得到了解决，因为妇女和男孩们自己接管了领导权。他希望更积极地招募"流氓"男孩，这样他们就能被驯服，他还认为校长应当把男孩介绍给这些团体。1916 年 12 月，内政部为全国青少年组织委员会制定了一项计划，该计划将协调男孩和女孩俱乐部的工作，以建设性的方式让青少年有事可做。1917 年 1 月，教育委员会宣布向地方当局拨款，以便建立"游乐中心， 617
公立小学的孩子们可以在放学后在那里玩耍，并从中受益"。[159]

与此同时，事情变得更加糟糕。1916 年 11 月，三名儿童（一对 10 岁的兄妹和一个 9 岁的男孩）被判犯有破坏安全罪。在他们被定罪的那一天，内政部又召开了一次会议，讨论青少年犯罪的盛行（现在，社会的世俗化作为一个原因被纳入了框架），并要求延长鞭刑（其作为一种惩罚手段）的年龄上限。主持会议的桑威奇（Sandwich）伯爵说，他曾在学校里受过鞭刑，这使他成了“一个最了不起的英雄”。[160]一场全面的道德恐慌爆发了。1916 年 12 月，伯明翰主教在伦敦主持召开了全国公共道德委员会的会议，他说：“现在普遍存在的道德状况非常严峻。生活中的种种散漫几乎都是受到了战争环境的鼓励。”[161]成千上万的年轻人来到他所在教区的军工厂工作，“每一种诱惑都摆在他们的面前”。一位来自兰贝斯的牧师说，虽然在战前的 20 年里，他所在的地区关闭了 2000 家妓院，但现在卖淫的人数比以往任何时候都要多，“街上到处都是 15、16 岁的女孩，她们在向士兵和水手献媚”。

1917 年 2 月，保守党议员查尔斯·亚特上校询问塞缪尔的继任者凯夫，“鉴于青少年犯罪的增加，以及据说现在已经没有地方关押年轻罪犯了，因为所有这些地方都人满为患，他是否考虑郡治安法官和郡教育委员会主席就使用桦木条的必要性发表的看法，并做出相应的指示？”[162]凯夫拒绝了，但他确实表示，少管所和工业学校的容纳能力已有“相当大的提高”。他几乎不需要做出指示：1917 年，在英格兰和威尔士，有 5210 名男性青少年被判处体罚，而在 1914 年，这个数字为 2415。[163]伦敦老街治安法庭的领薪治安法官透露：“现在，父母（尤其是母亲）控告自己的孩子偷窃是很常见的，而在几年前这种情况还很罕见。如果孩子的父亲在家，他可能会被痛打一顿，但现在父亲离家在外，母亲别无选择，只能去报案。”[164]

一些议员认为，即使这样做也还是不够的，他们希望用这样的
618 刑罚来取代青少年在成人监狱里服的短期徒刑。由于男性在军队服役，缓刑犯监督官出现短缺，尽管人们认为对于伤势严重无法返回前线的士兵来说，这是一个理想的职业。然而，虽然这些青少年缺

乏纪律性，但他们也具有前所未有的价值。年龄在 14 岁到 18 岁之间的男孩——虽然已经离开了学校，但他们还太小，无法参军——是企业哄抢的对象，由于男性劳动力短缺，他们可以挣到战前同龄男孩做梦也想不到的钱。如果他们犯错误，则不是由经济上的匮乏所引起。此外，犯罪的并非只有男性。1917 年，有 109 名女孩被送进监狱，而在 1913 年，这个数字是 49。[165]值得注意的是，英国的两个城市——莱斯特和布拉德福德——积极利用社工来照顾年幼儿童，这使得莱斯特的犯罪数量保持不变，而布拉德福德的有所减少。从 1917 年初开始，在使用青年俱乐部和其他组织的同时，犯罪总数也有所下降，这表明仅靠惩罚措施是不能解决问题的。

八

到了 1917 年底，当人们在展望和平、思考所面临的挑战时，几近无边的黑暗被几小束光穿透了，不管和平多么遥远，人们仍然相信它一定会到来。去年夏天，政府设立了一个劳资纠纷委员会，以调查南威尔士工人阶级的不满根源。该委员会以一种启发性的方式指责道："坐落在高山环绕的山谷里的房屋千篇一律"，缺乏"有尊严的市政建筑……缺乏休憩用地和适合建造花园及小块园地的土地；并且煤田与大型人口中心普遍隔离。"[166]该地区缺乏鼓励开展政治活动所需的"社会团结"，此外还存在着好战和对资本主义的憎恨，并且有人建议政府可以从矿井里"搜寻"能服役的人，这可能是压垮人们忍耐极限的最后一根稻草。[167]

委员们敦促在战后采取激进措施，以防止情况恶化：不仅仅提供更好的住房和工作条件，而且应强制性组建工会，每个企业都应有一个工会，此外，还应提供更好的教育和工作保障（也就是在

619 没有同事和雇主同意的情况下，不得解雇任何工人）。该委员会设想进行税收改革，以减少对工人阶级的消遣事物征收的税费，并将“超额利润”充公。10 月 11 日，劳合·乔治会见了由全国铁路工会的秘书长 J. H. 托马斯（J. H. Thomas）率领的一个代表团，处理了在劳工运动中反复提出的另一个要求，那就是普遍实行全国医疗保险，这些保险适用于大约 1200 万工人。托马斯要求劳合·乔治成立一个卫生部，主要是为了保障过度劳累的妇女的健康福祉。劳合·乔治反驳说，现有的保险制度正在被一些妇女利用，需要更好的监督。托马斯承认存在“个别诈病案例”，但声称大多数女性都很守本分。[168]首相说，在赢得战争之前，建立卫生部和扩大保险范围所需的资金应当被用来追求胜利。不过，他承诺，一旦战争结束，他将设立卫生部，以便修复“战争造成的破坏”；战时内阁对这个问题进行了讨论，并在去年春天就建立卫生部的必要性达成了一致，而且批准了朗达勋爵起草的一份备忘录，备忘录以这样的声明开头：“现在，公众对我们公共医疗服务的既有缺陷和效率低下产生了强烈的不满……人们普遍且迫切地要求改进。”[169]

为了长期稳定劳资关系——并同意战后国家应继续对私营部门进行大量干预——政府成立了一个委员会，由下院的副议长 J. H. 惠特利（J. H. Whitley）担任主席，以便为雇主和雇员之间的关系设计一个新的框架。惠特利策划成立正式的协商机构，让双方定期会面，以讨论不满，如果协商不成，双方还可以寻求仲裁。9 月召开的工会大会年会对此表示欢迎，尤其是因为这些机构将向工人提供意见。雇主们发现，与俄国革命中工人监督组织的变体相比，这些机构更可取。1919 年，这些机构开始运作，它们被称为惠特利委员会，并且至今仍然存在于公共部门中。

人们也意识到，英国的住房在战后需要进行彻底整修。花园城市协会——自 1914 年以来，该协会基本上停滞——召开了会议，讨论一旦建筑行业恢复正常，它们将如何扩大此类定居点。重建部开始拟订计划，以确定所需住房的数量——到 1918 年底，估计为 620
30 万所——并为如此庞大的建设计划获得必要的物资，不仅是住房所需的物资，也包括支持该计划的基础设施所需的物资，以及控制这些材料的价格，以便使该计划可行。

政府还开始制定计划，以保障退伍和伤残士兵的福利。劳合·乔治让养老金大臣乔治·巴恩斯负责这些人离开军队医院后的照料事宜。政府设立了康复机构，可以在那里进行心理治疗和物理治疗。红十字会和圣约翰救伤队在康复工作中发挥了重要作用，《每日快报》的创始人亚瑟·皮尔森（Arthur Pearson）爵士（他早在十年前就失明了）建立了一个新的慈善机构——后来被称为圣邓斯坦（St Dunstan's）慈善机构——用于支持失明的退伍军人。政府知道，人们将会根据它对待因保卫祖国而致残的人士的方式来对它做出评判。皮尔森为圣邓斯坦慈善机构设立了一个革命性的目标：它将训练盲人工作，而不仅仅是为他们提供慈善支持。其他慈善机构也会对不同残疾程度的男性采取同样的做法。

然而，可以说，正是妇女地位的提高预示着未来最重大的社会变革。工人阶级妇女的作用和重要性已经改变，因为对她们服务的需求几乎永无止境。在女性就业的职业阶梯上，也出现了一线曙光。例如，律师协会就一份允许女性进入律师行业的报告进行了辩论。《泰晤士报》支持这个想法，认为如果一个女人可以成为一名记者或医生，那么她就没有理由不能成为一名律师。然而，报告认为，“与相应数量的男性相比，大部分女性的天生条件不及他们，他们拥有从事法律职业的最高职位所需的逻辑思维能力和强大的体力”。[170]具有讽刺意味的是，在认识到向妇女赋权的势头不可阻挡以及赋权的做法不可辩驳方面，智力水平最高的男性却是最迟意识到这种情况的人士之一，无论如何，直到 1922 年才出现获得律师资格的第一位女性。

到了 1917 年，大概只有傻瓜或偏执狂才无法理解战事工作对妇女的依赖以及向她们赋予公民权利的必然性，她们中的一些人自
621 19 世纪 60 年代以来一直要求赋权。1917 年 3 月下旬，下院投票决定再次将议会的任期延长到 1917 年 11 月 30 日，也就是它第一次组建后将近七年之日。即使在那时进行选举，也会以根据 1913 年的选举权资格编制的登记册为依据，而那时数百万人因为服役或战事工作背井离乡。不过，人们普遍认识到，在进行任何选举之前，妇女必须获得投票权，这使得登记册更加无用。正如阿斯奎斯——他支持延长议会的任期——所说的那样，根据此类登记册进行的任何选举都将被视为缺乏“议员授权”。[171] 去年 10 月，他协助召开了一个议长会议，以讨论选举权改革。劳合·乔治希望这个进程能够继续，并召开了 26 次会议。会议提出了 37 项决议，其中 34 项获得一致通过。实际上，这些决议包括成年男子的普选权：任何有房可住（无论是自有还是租赁）或开设企业的人都可以投票。那些设立企业的人可以再投一票，大学毕业生也是如此。但是，任何人都不允许投两票以上。为了避免腐败，选举费用将受到限制，并将对席位进行重新分配，以确保每个议员代表大约 7 万人。

然而，影响最深远的提议是妇女应当拥有选举权。阿斯奎斯——去年秋天，他宣布改变对妇女选举权的态度——概述了可能发生的情况：她们不会像男人一样在 21 岁时拥有选举权，而是在 30 岁或 35 岁时，并且选举权只适用于那些拥有房子、拥有年产值为 5 英镑的土地或者丈夫被登记在选民登记册上的妇女。一些妇女认为应对年长的妇女设置年龄壁垒，而不是对年轻的妇女，因为年

轻的妇女在战争中发挥了更大的作用，因此更有资格获得选举权。

阿斯奎斯解释了他改变态度的原因：

> 一直以来，完全出于对公共利益的考虑，我反对妇女获得选举权。我想，几年前我曾大胆地使用过这样的说法："让妇女们自己去解决这个问题吧。"嗯，阁下，她们已经在这场战争中解决了这个问题。没有她们，我们如何继续进行战争？除了没有携带武器上战场外，在为了开展我们的战争大业而做出的贡献或正在做出的贡献中，妇女们几乎没有一项服务不像男性那样积极和有效。无论我们走到哪里，都能看到她们带着热 622
> 情，颇有成效地从事着三年前还被认为是完全属于男性的工作，同时不会损害她们的性别特权。这不仅仅是一个感性的论点，尽管它吸引着我们的感情和我们的判断力。[172]

他还预见了将在国家"重建"期间出现的新的战后秩序。在这种新秩序下，不让女性的声音"直接被听到"是"不可能的"。[173]另一个考虑因素使得扩大选举权成为可能。1914 年，潘克赫斯特夫人暂停了激进的妇女参政运动，这意味着政府向妇女给予选举权的决定不能被看作是对暴力活动的回应。由于编制新的登记册是不切实际的，因此，人们希望到战后再进行选举。劳合·乔治说，不可能根据旧的登记册进行选举，"因为如果使用旧的登记册，那么你将会把那些使新英国成为可能的男人排除在外"。[174]一位议员喊道"还有女人！"于是，首相纠正为"男人和女人"。

对于"新秩序"将会带来什么，劳合·乔治很警惕。他说，"当我们使用成千上万（现在达到了百万）的妇女来解决劳动力的状况时，这些妇女从事着之前从未参与过的工作，当我们重塑整个工业体系的时候，难道我们要抛弃她们，而不让她们在决定工作条件方面有发言权吗？我只能说这是一种暴行，是忘恩负义，是不公正、不公平的。我相信这个国家的人民不会这样做”。[175]政府已经决定让下院进行一次自由投票，以决定妇女是否应该被赋予选举权，不过，他说他确信结果将会是怎样的——并且改革可以在“没有痛苦的政治争议的情况下”得到解决。[176]

3月29日，他在唐宁街接待了一个由福西特夫人带领的妇女参政论者代表团，不过成员中也包括战前运动的其他巨头，例如潘克赫斯特夫人和德斯帕德（Despard）夫人。[177]他说：“从立法机构开始干涉家庭、干涉人民的健康、干涉子女的教育和抚养的那一刻起……有一半的人口，特别是最关心家庭、最关心儿童的健康和抚养的那一半人口，对于应该做些什么，她们完全没有发言权，这是
623 不可思议的。”[178]这场战争将确保“女性必须被允许在该国的政府里拥有全面的伙伴关系”，并且政府将立刻起草《选举权法案》。尽管如此，在下院仍有持不同意见的人，一名议员要求举行全民公投。

比例代表制*在上院的尝试以失败告终，政府也没有兴趣强行解决这个问题。就在下院进行辩论的同一天，似乎是为了强调这一点，陆军女子辅助军团成立了。人们仍然很愤怒，因为劳合·乔治极少出席下院，并且他的战时内阁的其他成员也不经常出席。爱尔兰议员斯威夫特·麦克尼尔抱怨说，“所有这些程序可能会让首相成为巨人，不过，它们也必定会让下院、民权和自由成为侏儒”。[179]也

---

* 比例代表制：议会选举中分配议席的两种主要方法之一。比例代表制以每一参选组别所得选票占全部的百分比分配议席，反映社会多元不同意见。简单而言，如有30%的选民给某一政党投票，那该政党就能在议会上赢取大约30%的席位。——译注

有一种学术流派认为，尽管在战争时期编纂新的登记册很困难，但政府是故意不这样做的，目的是延长这届政府的任期。然而，4月18日，《选举权法案》以203票对42票在下院通过三读。很多反对者是爱尔兰人，他们力图惩罚政府未能结束都柏林城堡的统治。

6月，《选举权法案》被交付给下院的委员会。年满21岁的所有男子都有选举权。据称，根据议长会议的建议，女性需要等到30岁才有选举权。然而，会议的一些成员否认他们同意这样的限制。有人认为，女性需要更长的时间来形成一种固定的政治观点，因此也需要更多的时间来成熟——并不是所有的议员都同意这个观点，一些议员认为，与明显缺乏教育优势的同龄男性相比，30岁以下的女性毕业生在智力上更胜一筹。正如休·塞西尔勋爵——他强烈支持平等选举权——辩称的那样："还有比年龄更愚蠢、更加没有根据、更加不牢靠的限定条件吗？这不仅仅是不合逻辑的，在这个问题上谈年龄简直毫无理性可言。你还不如因为一些女人染着红头发并让染头发成为一种败坏风俗的行为，而不向这些女人赋予投票权。这种做法有违常理。"[180]

然而，另一个考虑因素是议会准备向女性赋予选举权；但它不准备让她们占据支配地位。根据战前的数据，据估计，如果女性享有与男性同等的选举资格，那么选民中将会有1200万女性，而男 624
性只有1000万。这种差距部分是由出生率所造成，部分是因为妇女的寿命比较长。一些男性在战争中丧生，使得这种不平衡现象更加严重。[181]然而，为了向某些议员所能接受的女性人数（700万）赋予选举权，那么女性的年龄必须达到40岁。

在下院同意了妇女选举权的原则——它以压倒性的多数票（330票）通过了这项原则，只有55名议员反对——后，反对者中就出现了支持平等选举年龄的最响亮的呼声。他们认为，限制年龄既不理性也不符合逻辑，因为他们主要反对的是性别。在这场辩论中落败后，他们认为就年龄壁垒进行争论是毫无意义的。他们仍然占少数。1918 年 2 月 6 日，《人民代表法案》最终向 30 岁以上的女性赋予选举权，这个限制一直持续到了 1928 年，那一年出台的法案规定，年满 21 岁的女性将获得选举权。它取消了年满 21 岁的男子的财产限定条件，并将选举限制在一天之内。1914 年，只有三分之二的男性拥有选举权；现在，每位男性都将拥有选举权，因为议会意识到，工人阶级（无论男女）是如何帮助英国度过了自拿破仑战争以来最严重的危机。

九

虽然阿斯奎斯政府在战前面临的两大困难——刚刚发端的劳资纠纷（多亏了雇主愿意用加薪来收买工人，这个困难才得以解决），以及要求妇女选举权的呼声——在 1917 年得到了解决，但第三个、或许是尤其破坏稳定的一个困难（也就是爱尔兰问题）仍然是一个不受欢迎的干扰因素，它分散了与德国作战的时间、精力和资源。1917 年 2 月 19 日，爱尔兰布政司亨利·杜克参加了战时内阁的会议，请求当局将 31 名在起义后曾被监禁的男子驱逐出爱尔兰，因为当时爱尔兰“存在某种危险的局势”。[182]战时内阁同意了，但是，杜克被告知不要逮捕民族主义议员劳伦斯·金内尔、新当选的乔治·普伦科特（George Plunkett）伯爵或牧师迈克尔·奥弗拉纳根（Michael O'Flanagan）神父——他被指控“煽动叛乱”。3 月 7 日，T. P. 奥康纳——他于 1880 年进入下院——恳求“大家团结一致，真心实意地解决爱尔兰问题”。[183]他极力避免争论，因
625 为和大多数爱尔兰人一样，他意识到在得票率方面，新芬党逐渐打

败了民族主义党。这个问题在全世界（不仅在美国，而且在加拿大和澳大利亚）的反响都很糟糕。但是，由于统一党人和民族主义党仍然无法确定前进的道路——并且统一党人继续声称，爱尔兰有 20 万适龄男性未能自愿参军，而在参军的 10 万人中，有一半来自阿尔斯特省——政府拒绝即刻对宪法进行修改。

在 3 月 7 日的辩论中，劳合·乔治确认应当解决爱尔兰问题，“不仅仅是为了爱尔兰，也是为了帝国”。[184]他所缺乏的只是手段。几个世纪以来，英国给爱尔兰人带来了“无情的、常常是残酷的不公正”以及“傲慢和侮辱，（这些）导致了对英国统治的仇恨深入爱尔兰人的骨髓”。[185]这给英国的国际声誉造成了“最大的污点”，虽然他描述了自 19 世纪 80 年代以来爱尔兰的土地、教育和经济改革，这些改革使爱尔兰变得更好。然而，“在英国推行所有有益的立法之后，尽管爱尔兰在物质方面比以往任何时候都更加繁荣，但是，至今仍有一个无法改变的事实，那就是与克伦威尔时期相比，爱尔兰并没有更加顺从于英国的统治。这证明了爱尔兰人的不满与物质无关，而是与人民的骄傲和自尊有关”。[186]同时，他承认了“另一个事实，在爱尔兰的东北部，有一群人对爱尔兰的统治充满敌意，就像爱尔兰的其他地方对英国的统治充满敌意一样，是的，他们准备反抗爱尔兰的统治，就像爱尔兰的其他地方反抗英国的统治一样”。

因此，“如果违背他们的意愿，将他们置于爱尔兰的统治之下，那么这将是对自由和自治原则的公然践踏，就像拒绝爱尔兰其他地区实行自治也是在践踏自由和自治原则一样。试图在阿尔斯特省重复爱尔兰政府治理不当的致命错误，以此纠正爱尔兰的过去，试图在爱尔兰的一个角落重复过去的情况，同时在爱尔兰的其他地方纠正过去，这将是一种愚蠢的方式。这将是违背人民意愿的政府”。[187]为避免疑义，他断言英国人不会容忍阿尔斯特兄弟遭到与他们自认为不同的爱尔兰人的强行统治，而且政府也不会强迫他们这样做。他说，在这一点上，他的政策是坚持阿斯奎斯在1914年9月宣布的做法，当时阿斯奎斯向阿尔斯特省保证，在回报阿尔斯特人民在战争中表现出来的忠诚时，英国不会把他们交由都柏林
626 统治。

所以，这个问题仍然难以解决。“在六个郡愿意加入之前，爱尔兰的议员们是否准备将它们排除在地方自治之外？不是。如果回答为‘否’，那么爱尔兰的议员们是否准备一直等到六个郡都愿意加入后才实行地方自治？不是。如果两个问题的回答都是‘否’，那么他们是否准备胁迫阿尔斯特省？回答是‘否’。”[188]他担心爱尔兰的永久分裂将成为唯一的选择，然而，如果爱尔兰人接受了这六个郡自己做决定的权利，那么它们可能在几年内加入地方自治。他认为，如果阿尔斯特省被胁迫，那么结果就是爱尔兰的分裂，并将破坏地方自治状况。他敦促爱尔兰人召开一次会议，彼此好好交谈，但他表示，如果他们愿意让阿尔斯特省慢慢来，那么其他26个郡现在就可以实行地方自治。议员们就西贝尔法斯特的罗马天主教飞地，以及弗马纳郡和蒂龙郡的大型民族主义社区向他提出质问，劳合·乔治不准备探讨得那样细致入微。他也不会讨论爱尔兰的不稳定在一定程度上是如何由其经济问题造成的。

阿斯奎斯建议召开一次帝国会议来对这个问题进行仲裁，这激起了劳合·乔治的兴趣。然而，雷德蒙抨击首相只向26个郡给予地方自治，首相进行了反驳，声称这是在“观望和等待”。[189]雷德蒙否定了进行更多谈判的想法：“恕我直言，根据我上次谈判的经验，我将不再进行谈判。”他认为德国人看到有关辩论的报道时会“高兴得咯咯笑”。[190]他警告劳合·乔治，除非情况有变，否则将会

发生哪些事情。“这个重大问题是，爱尔兰是否仍将像多年来所做的那样，依靠宪法行动来获得她的民族权利，或者是否将重新诉诸革命的方法和理念。”[191]

雷德蒙感到极度悲观。

> 如果宪政运动消失，我恳请首相注意，他将发现自己面对一场革命运动；他将发现，即使是宪政制度，也不可能得到维护——他认为他能做到，这样想不会给他带来什么好处。他将不得不用一把出鞘的利剑来统治爱尔兰。我无法想象，这位功
> 绩显赫的尊敬阁下会成为在爱尔兰建立这样一个政府的工具。 627
> 但是，如果他坚持走一条正中革命者的下怀、削弱并有可能摧毁立宪政党的道路，那么他必定会这样做。[192]

不断呼吁民族主义党让步是没有意义的。现在，是时候向卡森及其支持者发出呼吁，让《爱尔兰自治法案》适用于整个爱尔兰，让阿尔斯特人民看到没什么好害怕的。否则，新芬党领导的政府以及随之而来的一切将成为可能的结果。

随后，雷德蒙带领他的政党走出下院，而不是继续参与一场“毫无用处、徒劳无功、羞辱性的辩论”。[193] 自 1916 年 12 月以来，在出现意见不一的大部分情况下，爱尔兰人都投票反对政府，所以现在他们不参加会议也不会有太大的关系。第二天，他们发表声明说，如果劳合·乔治坚持自己的观点，那么这将会“永远剥夺爱尔兰的自治权”。[194] 该党声称，它“永远不会同意”向阿尔斯特省给予有效的否决权。他们指责劳合·乔治撒谎，声称在胁迫阿尔斯特省的问题上，他从未改变主意，因为他在 1912 ~ 1914 年支持地方自治进程。他们说，在 1916 年的失败谈判中，他只提到了“临

时战争安排”，这个安排把阿尔斯特省排除在外。宪政运动本来是可以继续的，但“遭到英国政府的妨碍，英国政府被爱尔兰的亲德革命党玩弄于股掌之间，这些革命党愚蠢、固执，堪比彼得格勒最恶劣的反动派”。这种说法一点也不夸张。更令人担忧的是，民族主义党提请政府注意澳大利亚参议院支持地方自治，这意味着他们将试图在这个问题上分裂帝国。

这个问题不仅涉及帝国的政策，也涉及外交政策中最重要的领域。威尔逊总统知道支持地方自治或具有爱尔兰血统的美国人无处不在，他敦促劳合·乔治采取行动。首相确信，如果这个问题得到公正解决，那么政府将会从澳大利亚招募到更多的新兵。但是，他无法回避国内的政治问题，如果政府批准全面的地方自治，那么它可以指望爱尔兰的民族主义党在下院的投票。这将阻止他们与阿斯奎斯的自由党结盟以及在爱尔兰问题上击败政府——这种情况很有
628 可能发生。劳合·乔治害怕被击败，因为他担心阿斯奎斯将在不进行选举的情况下组建政府——因为没有最新的登记册作为举行选举的依据。这或许可以解释为什么几周后，当劳合·乔治发现自己最亲密的朋友之一雷丁勋爵将与阿斯奎斯共度周末时，他请求雷丁邀请阿斯奎斯加入政府，“可以选择担任除政府首脑以外的……几乎任何职位”。[195]阿斯奎斯回答说，如果政府“以妥当的态度”开展战事，那么他将继续支持政府，但是，“在任何情况下，我都不会在以劳合·乔治为首的政府中任职。长期密切的交往使我对他产生了深深的不信任。我知道他不可能忠心耿耿，不可能长久怀有感激之情”。[196]雷丁坚持，为了让他闭嘴，阿斯奎斯说：“除非我拥有至高无上的权威，否则我不会让自己与他所说的政府‘顾问’扯上关系。”阿斯奎斯把标有“秘密”字样的讨论纪要发给克鲁，他说，“无论如何，要显示出风是朝着哪个方向吹的”。[197]

具体而言，劳合·乔治之所以对阿斯奎斯和他的朋友们重掌大权感到恼火，真正的原因是，“他们会把我为开展战事而采取的所有措施都归功于他们”。[198]尽管他一再声明，但国家的利益总是排在他的自尊之后。然而，爱尔兰问题令他恼火。他对史蒂文森小姐说，他真是一个“懦夫”，因为去年7月，当阿斯奎斯在地方自治问题上做出让步时，他没有辞职。[199]他要求卡森“为了帝国”缓和反对立场。他要求威尔逊给卡森写信，以强调美国的关切，并让前驻华盛顿大使布莱斯勋爵也给卡森写信，由此秘密地给卡森施压。卡森当然不愿意立即驳回他们的请求，而劳合·乔治又一次向雷德蒙提出了前一年的六·二六协议。然而，雷德蒙拒绝了，因为新芬党赢得了每一场补选，并威胁要让他的政党垮台。4月16日，战时内阁终于对爱尔兰问题进行了讨论，同意1914年的法案“在某些方面已经过时”。[200]战时内阁还同意“没有人支持爱尔兰的永久分治”，但认为企图在阿尔斯特省强行实施地方自治的做法将以失败告终。它任命了一个三人委员会（由寇松领导）来起草一项法案，以便对1914年的法案进行修改，但是，如果爱尔兰人反对，那么不能强行通过该法案，这意味着僵局仍然存在。

1917年春，由于民族主义党的支持者（尤其是年轻男性）不断涌向新芬党，试图找到一个解决方案的努力失败了。一些乐观人士将俄国革命解读为“民主的和平胜利”，这个胜利可能会推动爱 629
尔兰问题得到和平解决。[201]但是，这种感觉并没有持续多久。和俄国一样，一种更极端的结果很快就出现了。5月中旬，劳合·乔治非常担心，他请教前任下一步该如何进行。斯坦福德汉收到一封来自公众的信，信中要求国王在安抚爱尔兰方面发挥积极作用：国王被告知，“依我的拙见，对君主的忠诚必须是由君主本身激发的，而不是组织或宣传的结果”。[202]5月15日，狄龙——获悉了起义后出现的新的事实——告诉史考特，如果新芬党找到一个有能力的领导人，那么“他们将彻底击败我们”。[203]

第二天，劳合·乔治向雷德蒙和统一党人提议，应出台一项法案，以便立刻向所有的郡（阿尔斯特省的 6 个郡除外）授予地方自治。议会将在 5 年后重新审议被排除在外的郡。人们希望民族主义党（而不是新芬党）将统治爱尔兰，并希望阿尔斯特省的统一党人很快就会看到，爱尔兰岛的其他地区将以一种足以让他们接受的方式进行治理，使得他们结束排除 6 郡的情况。还有人建议成立一个爱尔兰委员会，以便处理对整个爱尔兰造成影响的问题，这个委员会将由阿尔斯特省的议员和来自都柏林的同等数量的议员组成。如果愿意，委员会可以决定在五年期限届满之前结束排除 6 郡的情况。政府还承认，根据 1914 年的法案提出的爱尔兰财政解决方案是不够的。劳合·乔治说，如果这个想法被拒，那么他将组建一个由所有党派代表组成的爱尔兰大会，以便考虑未来的情况。

和阿斯奎斯一样，诺思克利夫建议把这件事交给裁判小组，这个小组由聚集在伦敦参加帝国会议的自治领的总理组成，然而，这个建议被认为是不切实际的。雷德蒙立刻拒绝了分治——他告诉劳合·乔治，他的同僚们相信“这个做法不会得到爱尔兰的支持”。[204]不过，他对组建爱尔兰大会的想法很感兴趣，尤其是因为他最近曾向克鲁提出这个想法，克鲁又把这个想法提交给了唐宁街：雷德蒙知道，不同自治领的宪法都是由居住在那里的民众单独商定的，所以组建大会的想法在爱尔兰可能行得通。由米德尔顿领导的南部统一党人勉强给予同意，同时声明他们相信“统一的帝国政府”是唯一的解决办法。[205]

630 6 月 11 日，劳合·乔治告诉下院，政府将邀请爱尔兰各郡和郡自治市镇委员会的主席来组建大会。参加组建的人士还包括：来自四个省的爱尔兰较小社区的两名代表，罗马天主教、新教和长老会的领导人，商人，以及工会的领导人。政府要求各政党派成员参加，包括南部统一党的单独代表。然而，首相很恼火，因为新芬党事先拒绝参加大会，除非整个爱尔兰的独立问题能够得到讨论。大会的职权范围是“为帝国内部的爱尔兰未来政府制定宪法”，这是共和派人士无法接受的。[206]新芬党还希望大会由普选产生，并希望被关押的叛乱分子能被当作战俘，这些都是政府无法容忍的。劳合·乔治承诺为他们保留五个名额，以防他们改变主意。政府还将提名15位爱尔兰的主要人物，以确保所有与政治无关的意见都能被听到，并且大会的总人数将达到101人。

他希望爱尔兰人能就主席人选达成一致，但是，如果无法达成一致，那么政府将提名一位。他似乎仍然不明白，如今大量的爱尔兰人都支持新芬党。事实上，劳合·乔治之所以如此不在意新芬党是否会参加大会，原因之一就是，他认为新芬党只会存在几个月，之后就会重新处于爱尔兰政治话语的边缘。然而，在5月和6月期间，爱尔兰各地成立了大约70个新芬党俱乐部，表面上是为了帮助新芬党人担任地方政府职位，但实际上是作为一个服务于大选的政治机器的雏形。

那天，议会听取了劳合·乔治的建议，还听取了对威廉·雷德蒙（William Redmond）少校——他是民族主义党的领袖的弟弟——的哀悼。威廉·雷德蒙53岁时参军，在比利时的梅森岭阵亡。在他决定超龄参军并投身于激烈的战斗之后，他的死在英国引起了巨大的反响，这体现了赞成地方自治的人士准备做出牺牲，他们为了卡森所说的“自由的共同事业”，“在堑壕中并肩作战”。新芬党蔑视这些人，并将看到在未来的几十年，对他们英勇行为的认可将在爱尔兰遭到压制。[207]

631 6月15日，博纳·劳宣布，为了显示英国的“真诚”——以及为了不破坏大会——所有在起义后仍被关押的囚犯都将被释放。两天后，这个举措得到了实施。劳表示，“政府受到一种乐观希望的激励，即他们本着宽宏大量的精神所实施的行为将会受到欢迎，如果某些情况预示着能够实现和解（这是联合王国和帝国中所有各方的愿望），那么大会将在这种情况下开始其艰巨的工作”。[208]民族主义议员金内尔——他在下院为新芬党发声——警告劳，“大多数爱尔兰人认为提议的大会不具有代表性，它是由爱尔兰人民现在不会推选出来的人组成，是根据军法管制举行的，并且是在压制公众舆论和公众集会权利的情况下举行，它排除了目前唯一可以接受的解决方式，剥夺了执行任何决定的权力，并受到需要提及预先安排好的决定的限制，爱尔兰人民如此厌恶这个决定，以至于现在没有足够强大的权力将这个决定强加在他们的身上”。[209]他认为，“这样一个只局限于亲英目的的大会将是对1916年的原则和牺牲的背叛，正是这些原则和牺牲使得解决问题变得迫在眉睫”，并希望组织“一个通过成年人的普选而产生的自由大会……否则放弃组织大会的想法”。

囚犯们回到都柏林，迎接他们的是前所未有的欢呼，这证明共和制不再是少数人的运动。被释放的领导人（例如德·瓦莱拉）开始参加补选：他在东克莱尔（East Clare）取得了胜利，他说那里的选民代表了“曾参加复活节起义的人们的想法”，他的胜利“为死者树立了一座永久的纪念碑”。[210]为了奉行共和制的理念，他没有参加帝国议会。随着囚犯们回到自己的社区，志愿军运动——朝着让新芬党与其他分离主义组织结成联盟的方向前进——重新活跃起来，而且比以往任何时候都更加强大，志愿军们为德·瓦莱拉拉选票，这表明他们有多么深入地参与了这个政治进程。

7月26日，大会在都柏林三一学院召开，在接下来的9个月，大会都在这里举行，新芬党的示威者常常在这里聚集。由于未能就临时主席的人选达成一致意见，政府要求布政司担任临时主席。霍勒斯·普朗克特爵士是一位信奉地方自治的曾经拥有权势的农业改革家，不久后，他便担任了这个职务。他没能获得米德尔顿和其他 632
南部统一党人的信任，不是因为他的观点，而是因为他认为自己有能力担任主席。政府警告新芬党，它将不会容忍任何内乱、骚乱或煽动叛乱。

大会暂时平息了爱尔兰问题。对劳合·乔治来说，更有用的是，它在新一届联合政府的上任初期赢得了美国人的好感，也赢得了自治领的好感。然而，尽管经过长时间的讨论，除了争取到一些时间外，大会没有取得任何其他成果。大会注定要失败的另一个原因是，米德尔顿领导的代表南部统一党的10名成员和来自阿尔斯特省的21名成员根本不能达成一致。正如米德尔顿指出的那样，“这10个成员一心要找到这个长久问题的解决办法，而那21个成员决心要阻挠整个爱尔兰问题的解决，因此，他们之间没有开展合作的希望”。[211]1917年10月，爱尔兰大会在科克郡召开了一次特别会议，目睹了反叛者的大本营的真实情况。“刚到会场”，米德尔顿回忆说，“一些暴徒开始推搡雷德蒙，他不得不被同僚们救了出来”。[212]第二天，在一次正式的午餐后，“雷德蒙德刚发表完演讲，警察就不得不从侧门偷偷地把他带离会场”。

根据《保卫王国法案》，报告大会上审议的内容是违法的，这使得全国都不知道进展情况，尽管每次会议之后都会发表一些无关痛痒的报告。然而，当孟塔古前往印度事务部任职，并进行一项意义深远的改革时，作为大英帝国的另一个分支，印度的政策变更也许会让爱尔兰人得到一些安慰。8月15日，也就是印度独立前的三十年，为了表彰印度在战争期间所做出的贡献，孟塔古宣布，“国王陛下政府的政策是，在政府的各个分支增加与印度人的联系，逐步发展自治机构，以期在英国国王的庇护下逐步在印度实现责任制政府”。[213]这导致在1918年发布了一份报告，概述了孟塔古-切尔姆斯福德改革（以他自己和总督切尔姆斯福德勋爵命名），承认印度有必要演变成像澳大利亚或加拿大那样的自治领。该报告的大部分提议后来体现在1919年的《印度政府法案》中，该法案开启了一个自治进程，尽管只是在较低级的层面上。这是大英帝国解体的第一步，也是至关重要的一步——而那些在爱尔兰争取一定程
633 度自治的人可能没有充分注意到这一步。

11月中旬，杜克告诉战时内阁，他担心，由于阿尔斯特省的统一党人拒绝接受爱尔兰其他地区的提议，谈判可能会破裂。民族主义党预言，他们的支持率将会暴跌，选民将转向新芬党，这个预言正在变成现实。在全国各地巡回演出时，卓别林子爵（他曾在索尔兹伯里领导的内阁任职）在上院的一次辩论中将埃蒙·德·瓦莱拉——他成为新芬党的领导人——描述为“在爱尔兰各地相继召开的会议上……以刻意的方式，明目张胆地、蓄意地、冷血地煽动叛乱”。[214]他说德·瓦莱拉的演讲“特别指出了三件事。一个是爱尔兰从英国完全独立，另一个是爱尔兰脱离英国，第三个是爱尔兰的主权独立。这是新芬党的政策，由那位领导人自己制定，该领导人目前被允许不受干扰地在爱尔兰各地宣讲这些煽动性的学说，只要他愿意，他可以随时随地这样做”。[215]威廉·雷德蒙之死导致德·瓦莱拉在东克莱尔的补选中以超过三分之二的多数票获胜。在反叛者被释放后，爱尔兰发生了零星骚乱，尤其是科克郡及周边地区。杜克认为新芬党正在制定暴力政策。自1914年起，政府终结了移民美国的政策，这使许多灰心丧气的年轻人留在了爱尔

兰，而这些年轻人成了共和派人士的争抢对象。[216]

政府继续为共和运动提供殉道者。7 月，爱尔兰共和兄弟会最高委员会的主席托马斯·阿什（Thomas Ashe）因发表煽动性演讲而根据《保卫王国法案》被逮捕。9 月 25 日，他在蒙特乔伊监狱被强迫喂食后死亡，此前，他对自己被当作罪犯而不是政治犯进行了绝食抗议。他的遗体被抬到市政厅以供瞻仰，成千上万的人列队经过，向他告别。葬礼经过了精心安排，以便达到最大的效果。送葬队伍从都柏林市中心前往格拉斯奈文墓地，在墓地时炮火齐发，迈克尔·柯林斯简短地说道："没有什么可说的了。我们刚才听到的炮火齐发是在一个死去的芬尼亚社社员的墓地发表的唯一恰当的讲话。"[217]战时内阁获悉，当局"一致认为，如果行政长官干预任何与葬礼有关的群众示威活动，都不可能不引起最激烈的对立和严重的混乱"。[218]

阿什是一位虔诚的罗马天主教徒，一位主教参加了他的葬礼，634
表明教会支持这方面。在这次有组织的实力展示活动的几天后，新芬党召开了政党会议（即特别新芬党会议），会上，新芬党与志愿军团结在一起。新芬党声称拥有 1200 个分支机构，有人认为它只是一种暂时的现象，这种观点显然是错误的。通过口头表决，德·瓦莱拉成为联合运动的领袖。由于他在行政人员的选举中支持伊万·麦克尼尔，这堵死了他重返共和派最高位置的道路。狄龙恳求战时内阁允许使用"特殊规则"来处置新芬党的囚犯，以避免再次发生叛乱。[219]战时内阁告诉杜克"自行酌情决定"。[220]在大约 40 人绝食抗议的情况下，战时内阁决定改变规则。政府怀有一种错觉，认为"如果大会取得成功，那么新芬党运动就会像纸牌一样溃散"。

根据大赦令，德·瓦莱拉于 1917 年 7 月从刘易斯监狱获释。他敦促武装和训练一支军队，以实现运动的既定目标。这样的呼吁是在嘲弄大会。在德·瓦莱拉于东克莱尔取得胜利后，现在，新芬党赢得了阿尔斯特省以外的每一场补选。卓别林和许多像他一样的人认为，杜克应该结束德·瓦莱拉一贯从事的煽动行为。在意识到起义后的高压手段所造成的伤害后，政府小心翼翼地采取行动。然而，杜克利用《保卫王国法案》来让阿什等人闭嘴的做法是非常不明智的。

政府允许在沃特福德举行一场会议，德·瓦莱拉在这次会议上发表了讲话。在都柏林，当 37 名男子被指控非法演练时，他们拒绝接受法院的管辖，每人被罚款 10 英镑，并被解雇。在德·瓦莱拉的观众中，有许多是十四五岁的男孩，他们参加了三四年后的内战。在答复卓别林和其他同行的抱怨时，寇松问他们是否更喜欢“大规模的镇压”，政府——它已经在爱尔兰部署了 5 万名士兵，而不是将士兵派往西线——没有什么选择。更糟糕的是，为了显示政府是公平的，政府同意对阿尔斯特志愿军进行全面裁军，但是，当阿尔斯特志愿军威胁要在北方的军工厂发动罢工时，裁军行动受阻。

从 1917 年的冬天至 1918 年，爱尔兰的部分地区（特别是科克郡）发生了食物短缺，这进一步帮助新芬党作为一股政治力量进行动员。他们不仅强调了政府的无能，也让爱尔兰被指责为自私，
635 因为爱尔兰向英国出口粮食，而爱尔兰人却没有粮食吃。新芬党尽可能地谈论“饥荒”的危险。它还威胁要举行一场关于独立的非官方公投，这令政府十分不安。新芬党在粮食危机中姿态高调，这帮助建立了更多的新芬党俱乐部，有助于该党在 1918 年的大选中获胜。很快，它便拥有了 25 万会员。剩下的问题是，它是否会通过政治手段或准军事手段来达到其目的。德·瓦莱拉为爱尔兰不参加这场战争进行了辩护，他说，这场战争不是为了比利时或塞尔维

亚等其他小国的利益，而是为了确保英国和法国等大国的主导地位。有谣言称新芬党将在 11 月发动新的起义，这个谣言被证明是毫无根据的。新芬党人偶尔会因为非法演练而被捕，不过，他们没有什么兴趣以遭到大规模逮捕为由挑起运动。真正让政府担心的是，现在，罗马天主教的神职人员——在起义后，他们越来越多地批评英国政府——似乎很好战，特别是其年轻成员。

苏格兰的左翼组织正在密切关注爱尔兰的事态发展。10 月 23 日，劳合·乔治接待了一个工团主义者的代表团，其中的大多数人来自克莱德塞德，一些人希望苏格兰在战后获得地方自治。他对此进行了反驳，声称这需要建立一个英格兰议会，其权力之大足以与帝国议会相匹敌，这会让苏格兰相形见绌。目前，苏格兰人的要求被逐渐平息下来，但爱尔兰问题延续到了 1918 年，那时，这个问题变得更加严峻。 636

第十章　逃脱

一

1917 年 12 月，即使美国军队即将抵达法国，英军仍然极度缺乏人手。政府对每一个可能的新兵来源进行了调查。事态如此严峻，以至于 11 月 26 日战时内阁讨论了在爱尔兰征兵的想法，但内阁最后拒绝了这个想法。针对出于良心而拒服兵役者的强硬政策仍在继续，有些人一再被送进监狱。到了 1917 年末，有 1300 人被关进了监狱，大约三分之二的人至少是第二次进监狱。其中 419 人是第二次服刑，489 人是第三次，34 人是第四次，4 人是第五次。这些人已经对最恶劣的条件（例如恶劣的食物）司空见惯，而且他们往往是被单独监禁。其中一个是来自曼彻斯特的詹姆斯·布莱特莫尔（James Brightmore），他被关在克利索普斯（Cleethorpes）的一个拘留营里。当他拒绝服从命令时，他被要求在一个十英尺深的洞里待上 11 天，洞里的水很快就淹到了他的脚踝。他浑身湿透，处于崩溃状态，最终被总参谋部的一名来访官员发现。惩罚结束了，下达命令的军官——曼彻斯特军团的格里姆肖（Grimshaw）少校——被勒令辞职。[1]格里姆肖否认了所有的一切。

在接下来的一个月，克利索普斯又发生了一件事，一个出于良心而拒服兵役者告诉一名士官，作为一个基督徒，他无法服从军队的命令，于是，他被游街示众，脖子上绑着一个装满东西的行囊，几乎要把他勒死。有报道称，真正因为基督教而拒服兵役的人实际上受到了迫害，这激怒了杜伦大学的教务长亨斯利·亨森（Hensley Henson）。亨森支持这场战争，他给《泰晤士报》写信，抱怨说“政府对基督教所要求的个人良知缺乏尊重”，并补充说， 639
如果因良心问题而被囚禁的虔诚的基督徒被释放，那么这个国家将会欢欣鼓舞。[2]亨森还对“想参战的牧师不幸地被豁免服役”感到遗憾，他说，“这对那些被迫服役的人、那些不要求或不希望服役的人来说非常不公平”。他认为，如果想参战的基督徒被豁免服役，那么不想打仗的基督徒就可以被免除牢狱之灾。

有些法庭是不称职的，它们常常对自己的愚蠢行为睁一只眼闭一只眼，随着对士兵的迫切需求日益增加，这种愚蠢行为越来越多。当有人投诉地方法庭决定拒绝给予豁免时，大臣们拒绝干预。结果就是，那些本来很乐意从事战争工作的人（比如务农的人）只能违抗法律。一些被拒绝给予豁免的人是贵格会教徒，他们反对服役的观点早已得到证实，许多法庭不是根据它们听到的事实做出判决。当某个人出狱后，他立刻受到军事法（而不是民法）的制约，这意味着他被认为是一名士兵，在他因为拒服兵役而再次与当局发生冲突时，他受到了军事法庭的审判，并被送回监狱。有些人绝食抗议，却被强迫进食。公众对和平主义者几乎没有什么同情，对于一些鼓励人们出于良心而拒服兵役的会议，民众（包括很大一部分女性）经常中断这些会议，受伤的士兵和休假的士兵也会加入进来。1917 年 7 月，在哈克尼区（Hackney）发生了一起事件，有 200 名到 300 名反和平主义者参与叛乱，其中一名受伤的男子发表了演讲，声称在“德国未被摧毁”的情况下不可能实现和平，并高唱了《去征服吧，大不列颠》和《天佑吾王》。[3]

5月初，伯特兰·罗素最终因为信仰而遭受磨难，他被监禁了六个月，在狱中享受二等待遇，也就是普通罪犯享受的待遇。1月，他在《法庭》（*Tribunal*）——反征兵联盟的报纸，他曾担任该报的编辑——上写了一篇文章，他认为美国军队将被用来恐吓英国的罢工者（这种说法是毫无根据的），“这是美国军队在国内习惯干的事”。[4]2月9日，他被判有罪，但他对判决提出上诉。在上诉失败后，他被送往布里克斯顿监狱。在定罪时，弓街地方法官约翰·迪金森（John Dickinson）爵士谴责罗素的言语是“有害的”。
640 他毫不怀疑罗素曾试图损害英国与美国的关系，并将他的罪行描述为“糟透了”。然而，罗素足够聪明，不会认同这种说法。

多亏了贝尔福的干预，他才可以在狱中享受一等待遇，这意味着可以把书和食物送进监狱。其兄罗素伯爵十五年前曾因重婚罪被关在这所监狱，当他看望伯特兰时，他很高兴能与狱警们重叙旧情。在那个时代，大多数书籍的相邻书页之间都没有裁开，奥托林夫人偷偷地把她写的信件和伯特兰现在的情妇康斯坦斯·马尔森（Constance Malleson）夫人的信件塞进装订好的《伦敦数学学会学报》。在布里克斯顿监狱，罗素做得最引人注目的事情是，他对朋友利顿·斯特雷奇的作品《维多利亚女王时代名人传》进行了解读。该书在那年春天出版，并成为战后世界攻击维多利亚时代的价值观、战后思维的激进化和修正主义承诺的先驱。有一次，在读这本书时，“我笑得太大声了，以至于狱警走过来阻止我，说我必须记住监狱是惩罚人的地方”。[5]

罗素不这样认为。他写道：“我觉得监狱生活在许多方面都是很惬意的。”当时，监狱方面没有强迫他与普通的罪犯关在一起。“我没有什么约会，没有什么艰难的决定要做，我不害怕有人来看我，也没有人打断我的工作。”他写了《数理哲学导论》

(*Introduction to Mathematical Philosophy*)，并发现他所遇到的囚犯“在道德上决不逊于其他人，尽管他们的智力总体上略低于正常水平，这一点可以从他们被捕的原因中看出来”。他找到了德国囚犯，并和他们讨论康德；他用法语给他的情妇写信，但他却告诉当局那是他从一本正在阅读的法语书中抄来的段落。“我怀疑监狱长不懂法语”，他记录道，“但他不愿承认自己的无知”。[6]

当局如此积极地追捕那些试图破坏征兵制以及不履行为国王和国家而战的义务的人，这并不令人惊讶。西线——最有可能在那里发动进攻——军队的兵力尤其不足。汉基计算得出，当时缺少 72 万名士兵，而正在招募 18 岁男子的本土防卫军的兵力不足 12 万人。[7]11 月 24 日，黑格告诉陆军委员会，他担心到 1918 年 3 月底，仅步兵就存在 25 万人的缺口。[8]11 月 29 日，英国组建了皇家海军女子勤务队，以确保有更多的男性在海上作战——“鷦鷯”（很快，她们就被称作“鷦鷯”）不仅担任厨师和秘书，还担任电报员和电 641
工——但这对军队没有什么帮助。

12 月 6 日，德比在战时内阁宣读了黑格的警告，即如果不采取措施增加兵力，“那么到了 1918 年 3 月 31 日，驻法步兵师将比目前的兵力缩减 40%”。[9]与会者讨论了缩减每个师的规模，将营数从 12 个减少到 9 个。1918 年 1 月，战时内阁最终同意了这个做法。罗伯逊已经将军事形势的所有真相都告诉了劳合·乔治。和往常一样，每当遇到困难时，劳合·乔治就生病、躺在床上，不过，在此之前，他会列举黑格毫无根据的乐观主义和夸大其词，以此痛斥自己的帝国总参谋长。首相告诉德比他希望黑格辞职，这促使德比告诫他这样做是不明智的。

然而，海军将迎来领导层的大变动。杰利科被解除了第一海务大臣的职务。这件事处理得很不得体。1917 年圣诞节前夕，在杰利科回国前不久，戈德斯给他写了一封信，信中说他被解除了职务。罗斯林·韦密斯（Rosslyn Wemyss）爵士接替了杰利科。韦密斯是国王的老船友和朋友，参加过达达尼尔海峡战役和最后的撤退行动，并从 10 月起担任第一海务次官。对杰利科来说，自从戈德斯接管海军部以来，这不可避免地成了他杰出但缺乏想象力的职业生涯中一个不讨人喜欢的结局。还会有更多高层官员的流血事件发生。12 月 30 日，米尔纳告诉将军亨利·威尔逊爵士："劳合·乔治对罗伯逊非常生气，他建议把罗伯逊踢出去，让（威尔逊）进来。"威尔逊故作宽宏大量地回答说："我反对这样做，不过，我赞成劳合·乔治让我在凡尔赛宫拥有更多的权力，并把罗伯逊从主人的地位降到仆人。"[10]

罗伯逊非常清楚，首相是如何急于将战略错误的责任转嫁给除他自己以外的所有人。12 月 8 日，他对黑格说，战时内阁"终于担心人力问题了"，劳合·乔治——正如罗伯逊向黑格报告的那样——决定指责陆军委员会（该委员会经常警告他们士兵短缺）"误导了"他们。[11]罗伯逊坦言，这种篡改事实的做法"证明，不可能与这样一个人进行真诚的合作"。这是劳合·乔治第一次在军队的兵力问题上表现出不诚实，在余后的战争期间（以及他此后的
642 历史声誉中），这种不诚实一直尾随着劳合·乔治，并让协约国面临失败的危险。正如丘吉尔在 12 月 6 日的会议上指出的那样，在军队中，本土防卫军的人数超过了所需的人数，但是，劳合·乔治不会把他们派到前线去，因为他担心黑格会找到一种方法来屠杀他们，导致协约国在兵力方面无法占有明显的优势。尽管黑格曾预言，由于俄国退出战争，德国将从东线调来 30 个师（尽管到了 12 月 6 日，只有 6 个师到达了西线），但首相还是没有把本土防卫军的士兵派到前线。在劳合·乔治的支持下，德比给黑格写信，敦促

他确保为军队提供更好的安全和保障，这也许可以通过建造更好的混凝土碉堡来实现，就像德国人建造的那样。

很显然，美国的援助——政府主要讨论了美国承诺投入的对德作战的人员数量——是一把双刃剑，因为它将塑造美国的力量。12月9日（星期日），在位于沃尔顿希思的房子共进午餐时，里德尔警告劳合·乔治，未来一年形势严峻。航运损失增加，对外贸易大幅下滑，债务增加30亿英镑。但是，更为不祥的也许是，他补充道："美国人当然希望美国成为全球排名第一的国家。到1918年底，他们将拥有世界上所有的黄金；他们将拥有一支庞大的商船队……他们将在世界各地开辟新的市场，在我们战斗的同时，他们将开发这些市场。他们憎恨我们对海洋的控制……（他们）将努力削剪我们海军的羽翼。威尔逊总统既冷静又狡猾。我们必须留意的是，在我们努力消灭德国人的过程中，我们不能把自己也给消灭了。"[12]

随着悲观和沮丧感与日俱增，里德尔的担忧也日益增长。至今情绪仍然激昂的黑格不再谈论下一次进攻，而是意识到，在西线，现在只可能打一场防御战。可能要等到美国人带着新的兵力或新的想法到来，或者依靠敌人的灾难性错误，才能实现打败德国的奇迹。诺思克利夫——在去年前往美国时，他曾命令《每日邮报》在他不在国内的时候总是站在军队的一边——对未能巩固在康布雷取得的战果感到震惊，于是，他让报纸将火力对准了总参谋部，尤其是罗伯逊。12月12日，《泰晤士报》呼吁展开调查，找出导致康布雷战役失败的责任人，不过，诺思克利夫仍然尊重黑格，认为他是被下属的糟糕表现所拖累。1月14日，国民服务大臣奥克兰·戈德斯哀叹道，"就同时解决所有问题而言，进行重大打击无 643
异于出现神圣的奇迹，因为这些问题被笼统地称为一个问题，并被贴上了人力的标签”。[13]他提议废除基于职业提供免役证明的立法，并且一直主张取消向 18 岁男孩给予的豁免。

政府每周都在调整它的优先事项。如果造船厂的生产人员突然闲置，那么不被需要的工人可以去前线。戈德斯声称招募工作进展顺利，但是，现代军队需要精通工程、电气和炸药科学的人才，而这些人只能从免于服役的岗位中获得。他认为，在非必要行业和军工行业，可以搜寻到 45 万名达到服役年龄的潜在新兵，并且在必要的时候，尚未进入劳动力队伍的老年男子或妇女可以接替他们的工作。当年轻健康的士兵享受着高工资，并且免受德国炮弹和子弹的攻击时，为了保持士气，政府不再允许将那些身负重伤的士兵或者实际上已经过了服役年龄的老人送回战场，也不再允许阻止前线士兵的休假。

1918 年 1 月初，很显然，为了回应首相对黑格的蔑视，戈德斯向下院宣布：“政府非常仔细地研究了伤亡问题。虽然政府不希望仅仅根据伤亡人数来判断指挥官的行动，以免妨碍他们在战场上的行动，但政府还是决定，对人命的疏忽和对伤亡情况的轻率，不论在什么地方出现，都应当予以消灭。”[14]它至少向公众表明了政府对索姆河和帕斯尚尔战役的看法，并且这可能是戈德斯精心策划的一个举动，目的是向焦躁不安的人群证明，他们忍受了如此多的痛苦，政府理解他们的感受。

不过，他还必须确保自己的言论不会引发高级指挥官辞职。“我不想被人误解。我们没有指责任何一位海军上将或将军鲁莽行事或无视人命。政府正在制定一项非常明确的一般性原则，我非常清楚，在任何时候，特别是在我们等待美国人到来的时候，这项原则将指导政府监督其任命的指挥官的行动。”他重申，政府仍然认
644 为在爱尔兰推行征兵制弊大于利。有 100 万人被免于服役，戈德斯

不排除有些人可能通过贿赂得到了豁免。

政府就拟出台法律以便自动取消职业豁免进行了辩论，导致其最坚定的批评者之一威廉·普林格尔——他是一个追随阿斯奎斯的自由党人——嘲笑联合政府花了 13 个月的时间来解决人力问题。他嘲讽了坐在国务大臣席位*上的官员："我们知道，这个国家和盟国的形势从未像今天这样糟糕。就在一两天前，军需大臣说大英帝国现在安危未定。这是一个非常严峻的局势。"[15]他声称，现在炮弹供应过剩，以至于在法国成堆的炮弹都"生锈"了。[16]1 月 17 日，陆军部次官詹姆斯·麦克弗森（James Macpherson）承认，"关于在战场上雇用有色人种，我们已经最认真地考虑了这个问题，并且目前仍在认真考虑。各个战区都在尽可能地利用他们为国效力"。这反映出政府在人力问题上是多么不顾一切。[17]长期以来，军队和政界一直反对黑人与白人一起服役。第二天，劳合·乔治对另一组工团主义者——他们的合作对戈德斯的计划取得成功而言至关重要——发表了讲话，传达了比以往更加明确的信息。"我自己的信念是：大家要么继续，要么屈服。"[18]

当政客和士兵们还在为下一步该怎么做而争吵不休的时候，英国的军事情报部门开始意识到，由于结束了与俄国的战争，德国人打算利用他们所有的资源来迫使英国和法国屈服。政府估计，由于俄国"退出"协约国，德国军队（德军让 18 岁的男孩上前线，而英军要等到他们年满 19 岁，才让他们上前线——至少官方是这样做的）正在重新部署来自东线的士兵，至少有 95 万人，可能多达 160 万人。[19]甚至《泰晤士报》也报道了德军现在"向西蜂拥"而

---

* 国务大臣席位：指下议员议长右侧的第一排座位，坐在该排者为英国首相、财政大臣及其他政府官员。——译注

至的情况。这是自 1914 年以来，德军似乎第一次有可能重新发起攻势。这正是德军的计划。1917 年 11 月 11 日，也就是停战的前一年，德国军需总监埃里希·鲁登道夫（Erich Ludendorff）在蒙斯主持了一次高级军官会议，讨论了战略问题。会议决定，“我们必须打击英国人”。[20]理由很简单。正如英国公众不断（而且是真实地）被告知的那样，在后方，德国的情况比英国还要糟糕。封锁
645 导致德国出现了严重的食物和燃料短缺，衣服等其他必需品也供应不足。由于劳合·乔治在 1915～1916 年间对军火工业进行了有效动员，协约国的军备制造现在已经超过了德国。俄国退出一战，意味着德国可以将东线的资源转移到西线，而不会让自己处于不利境地。最重要的是，经过大量训练和装备精良的美国人即将到来。在德国人看来，这个形势可以说是机不可失、失不再来。德国的目标是西线的英国远征军。

1918 年 1 月 19 日，在写给劳合·乔治的信中，丘吉尔直言不讳地说道：“我认为我们为军队做得还不够。真的，我必须向你说明这一点。我们没有按照本应采取的方式来增加兵力。我们应当立刻补充兵员。”[21]他说得对——也许比他认为的还要正确——但是，劳合·乔治并没有向丘吉尔吐露他的想法，即他对让黑格拥有大量的人力放手去做感到担心。事实上，首相对事情的看法完全不同。1918 年初，由于俄国退出一战，意军溃败，法军士气低落，英国远征军缺乏人手，他认为战争会持续到 1919 年。劳合·乔治对他的军事顾问和他们的反复失败感到沮丧，他试图改组军队的指挥权，寻找新的想法和新的取胜方法。他曾试图通过设立最高作战委员会来削弱罗伯逊的势力，而后，他在 1917 年 12 月 19 日告诉史考特，他打算用亨利·威尔逊爵士来取代罗伯逊。[22]威尔逊和劳合·乔治相互理解，都认为法国将军比英国将军好。威尔逊野心勃勃，他

在主人关心的问题上表现得很顺从。他加入最高作战委员会，这意味着该委员会非常有可能提供首相乐意接受的建议。威尔逊沉迷于政治阴谋，使得他在政坛受阻，直到他遇到了一位赏识者——也就是劳合·乔治，后者可能在威尔逊的身上看到了一种志趣相投的精神。这个时候，伊舍描述道："亨利·威尔逊……是我们这些人中最聪明的人士之一。不幸的是，他涉足政治，并且像许多爱尔兰人一样，他对橡木棍*情有独钟。这些对他不利，这种不利也许是无法补救的，如果是这样，那么军队和国家都将遭受惨重的损失。"[23]

1917 年 12 月 28 日，在吃早餐时，劳合·乔治对史考特说："将军们对巨大的伤亡毫无怜悯之心，他们命令士兵们去送死，就像被宰杀的牛那样。一次又一次，优秀的士兵被命令去做一些完全不可能的事情，比如在无法切断铁丝网的情况下冒着机关枪的扫射前进。"[24]令他愤怒的是，当指挥系统中的每个人都向上级报告说这 646
样的任务是不可能完成的时候，总司令部命令道："告诉他们要服从命令。"这就是劳合·乔治希望限制罗伯逊和黑格权力的原因。帝国总参谋长是他的第一个目标，即使德比告诉劳合·乔治，如果罗伯逊被免职，那么他也将辞去陆军大臣一职。1918 年元旦，当黑格在伦敦见到德比时，他得知了劳合·乔治将对罗伯逊实施的计划。

在重返法国之前，黑格和德比交谈，声称他对德国发起进攻的可能性表示怀疑，这一如既往地危害到了他自己的事业，也因此破坏了他要求增兵的呼吁。他认为德军将及时地向西线调派 32 个师，但是，他认为德军发动大规模进攻的代价太高；他是根据经验才这

---

* 橡木棍（shillelagh）：一种木制的棍子，通常是用黑荆棘树做成的，一端通常有一个很大的旋钮，另一端有一个小的锥形点。——译注

样说的。黑格如此公开地表达自己的感受，从政治的角度来说，这是愚蠢的，这让日夜为增派军队而争论不休的罗伯逊感到惊愕，尽管黑格的说法合情合理。黑格认为，如果德国人试图发起进攻并失败了，那么他们将会完蛋——因此，他认为他们不会发起进攻。黑格似乎已经开始放缓对增加兵员的需求，他曾打算用这些兵员来弥补 1917 年的灾难性进攻对军队造成的兵力损失，如果他告诉德比他真正需要多少人，那么这个数字就会一目了然。早些时候，他声称需要 11.6 万人来接替阵亡的士兵。[25]德比——他和罗伯逊目标一致——也对黑格的失言感到愤怒，他让罗伯逊转告黑格将来在开口说话前先三思。罗伯逊对黑格说："我比你更加了解这些人，"他指的是政客们以及他们为了达到目的而歪曲一切的能力——尤其是劳合·乔治。1 月 9 日，黑格和德比与劳合·乔治共进午餐，德比用 100 支雪茄和首相打赌（首相用 100 支香烟），声称战争将在 1919 年之前结束。精明的黑格同意这种说法，"因为考虑到德国国内的状况"。[26]

在高级军事顾问中，被劳合·乔治及战时内阁忽视的不仅仅是罗伯逊。当 1 月 11 日莫里斯将军报告说，德军发动进攻的迹象正在增加时，劳合·乔治说："内阁认为不会发动进攻，并认为德军真正想攻打的是意大利，或许还有萨洛尼卡。"[27]就在德军从东线调遣军队时，英军因为兵力短缺只集结了 120 个营。艾莫里报告说，
647 劳合·乔治"无法忘记，黑格和他的同僚们对伤亡几乎漠不关心，并且叫嚣着局势很危险，以便在德国人表现出不发起攻击的迹象时，能有足够的人手进行另一场血腥的袭击"。[28]英国人正在跟随着凡尔赛宫的曲调跳舞，凡尔赛宫认为西线局势稳定，最好把军队部署在中东地区。到了 1 月 26 日，莫里斯记录道："劳合·乔治和威廉·罗伯逊之间的关系正迅速变得让人难以忍受。"[29]这大概是因为

首相开始感觉到罗伯逊在某些方面可能是对的。根据情报，德国在西线的兵力比之前预计的多出了60万到70万。根据艾莫里的报告，“这扰乱了劳合·乔治的计划所依赖的根据”。[30]事实上，1918年2月7日，在战时内阁的一次会议上，军事情报总监、少将乔治·麦克多纳（George Mac-Donogh）爵士宣布，“自去年10月以来，德国总共有30个师被调往西线”，敌人还可以调动“27个师”。[31]

二

到了1918年的冬末，国家对平民生活进行的控制日益严格。扔掉仍然适合人类食用的食物被认为是一种违法行为。政府鼓励那些拥有土地的人种植粮食和饲养猪，但警告他们不要用任何可供人类食用的东西来喂猪。全国爆发了一场关于如何喂养猪的辩论，《泰晤士报》热心地将此称为“猪的问题”：“任何一个对猪有一丁点了解的人都不能否认猪拥有许多令人钦佩的品质，”该报说道，其中一个就是它会很高兴地吞咽“食材废料”。[32]政府不可避免地监督了为猪特制的“蛋糕”（这种蛋糕由棕榈仁和椰子肉的副产品制成）的生产和经销，制定了政府养猪计划。政府的下一步是敦促农村家庭成立养猪俱乐部，集体饲养猪群。

对违反食品法规（尤其是针对以错误的价格出售食品或者对浪费食物）提起诉讼正成为越来越普遍的事情，中产阶级的家庭尤其容易因为囤积食物而被起诉。一些人被发现囤有令人吃惊的战时物资。3月9日，萨里郡伯斯托的约翰·罗伯逊（John Robertson）因为囤积了95磅的糖、161磅的面粉、55磅的大米、42磅的糖蜜、45磅的饼干、9磅的人造黄油、33磅的茶、100磅的燕麦片、41品脱的汤和234块方糖而被判有罪。[33]他的家庭成员 648

包括他的妻子、一个成年的女儿、一个 10 岁的儿子和两个仆人，还有两个在外上学的儿子，尽管他声称整个大家庭的成员当时都住在家里。他被罚款 50 英镑，支付了 32 基尼的诉讼费用，并被没收超出四周供应量的所有食物。公司和批发商也经常成为这些规定的受害者，不是因为他们故意不服从这些规定，而是因为有时候情况复杂，他们很难解释清楚。违规者包括立顿的茶叶商人，他们受国王和王后陛下的委托经营茶叶。

2 月 25 日，伦敦周围各郡开始实施肉类配给计划，报纸刊登了国王和王后陛下的配给卡的照片，以说明王室为支持战争做出了同等牺牲。4 月 7 日，该计划开始在全国推行，它本应在 3 月 25 日实施，但官僚机构没有做好准备，尤其是在计算向从事繁重体力劳动的人给予的补充配给量方面。动物内脏也实行定量配给，政府呼吁人们多吃些野味——鹬、鸻、兔子、野兔和无处不在的林鸽。屠夫们花了很长时间才核对完每一位顾客的配给卡。不过，到了 3 月中旬，最糟糕的情况已经结束。政府让英国在食物上自给自足的希望也破灭了：7 月 3 日，J. R. 克莱因斯（J. R. Clynes）——他在朗达于 7 月 3 日去世后接替朗达担任食物管制员——警告战时内阁，饲料缺乏威胁到了畜牧生产，也威胁到了马匹的供应。在 1917 年的粮食危机期间，政府对 18 岁到 23 岁的农业工人给予了服役豁免，但在 4 月 30 日，政府认为这类豁免是可以取消的，并设定了征召 3 万人的目标，然而，这个举动被证明是不切实际的乐观之举。尽管女子农田军尽了最大努力，但由于人力短缺，一项开垦更多废弃耕地的计划还是被放弃了。部分由于这个原因，英国在 7 月份广泛实行了食物配给。

对公众造成影响的不仅仅是食物短缺。3 月下旬，由于煤炭和电力短缺，店主们被禁止使用橱窗照明工具，餐馆和剧院也被勒令提前关门。伦敦地铁也关闭得很早，周日列车班次稀少；已经严重缩减的铁路服务遭到了进一步削减，许多支线在周日停运。政府警告烟草批发商，如果他们不改善烟草的经销情况，那么国家将为他们做这件事。政府提醒烟草商，不按照规定价格销售产品的，即构 649
成轻微违纪行为。人力短缺造成了广泛影响。由于人手不足，民事案件的陪审团审判受到了限制。担任陪审员的最高年龄从 60 岁提高到了 65 岁。大多数建筑物，无论是公共的还是私人的，自战前以来都没有得到维护。油漆剥落，邋遢、无光彩的样子随处可见。到了 1918 年的冬末，英国和英国人都破败不堪，情绪消沉。服装和布料都很稀缺，因为工厂专门生产数英里长的卡其布，而不是生产用于制作西服和连衣裙的材料。受到影响的不仅仅是英国人的生活；英国殡葬业协会警告公众，由于缺乏榆木木材，棺材供应不足。事实上，英国拥有充足的榆木，但政府的分配制度毫无用处。政府建议使用纸制棺材，而不是改善这种情况。

燃料短缺导致政府对天然气和电力供应实行配给制，餐馆不得不在晚上 9 点 30 分停止供应食物，为了节省燃料，所有娱乐场所必须在晚上 10 点 30 分之前关闭。政府开设了国营厨房，为那些没有燃料做饭的人提供汤、炖菜和布丁等外卖食物。政府继续暂停银行假期，去度假被认为是不爱国的行为。由于线路维护困难，列车服务经常中断，而且票价大幅度上涨。

尽管战争的最后阶段充斥着贫困、压力和恐惧——或者可能正是由于这些贫困、压力和恐惧——但创造力在继续发展，某种形式的精神生活也在继续，对娱乐和放松精神的追寻也在继续。战争并没有扼杀艺术，随着战争变得日益激烈，产生了经久不衰的艺术作品。某种文化生活在继续着，并提供了新的灵感，尽管战争激发的大部分东西直到战争结束后的几年才实现。H. G. 威尔斯——和在战前一样，他在战争期间也很多产——出版了《主教的灵魂》（*The Soul of a Bishop*），这是一部精神危机寓言，描述了一个民族在遭受严重损失和劫难后对其信仰提出质疑；亚力克·沃的《青春朦胧》虽然没有那么深刻，但争议更大。诗歌产生了更持久的影响。T. S. 艾略特出版了《普鲁弗洛克及其他所见》（*Prufrock and Other Observations*），这本薄薄的书中包括1915年在一本杂志上首次出版的《J. 阿尔弗瑞德·普鲁弗洛克的情歌》（*The Love Song of J. Alfred Prufrock*）。这本小册子是一个早期现代主义的声明，主要诗歌采用了意识流的写作手法和广泛的典故。《泰晤士报文学增刊》蔑视这本书，它对其中的内容评论道："它们与诗歌毫无关
650 系。"[34]罗伯特·格雷夫斯的第一卷诗集《精灵与燧发枪手》（*Fairies and Fusiliers*）颂扬了他和齐格弗里德·沙逊的友谊；而沙逊自己的诗《老猎人》（*Old Huntsman*）也于1917年出版，这首诗是献给托马斯·哈代的。1917年11月，曾在皇家音乐学院学习作曲的艾弗·葛尼（Ivor Gurney）出版了他的诗集《塞汶河和索姆河》（*Severn and Somme*）。在战前，葛尼出现了躁狂抑郁症的迹象，在写诗和发表诗歌的过程中，他受伤，被毒气所害，这加剧了他的精神问题。他曾在堑壕里写过歌，战后，在沃恩·威廉斯的指导下，他重新开始学习，创作了几部小作品。但是，他的精神疾病如此严重，以至于他一生中的大部分时间都是在精神病院度过的。他于1937年在阿拉斯（Arras）去世。在葛尼去世后不久，爱德华·托马斯发表了诗歌，葛尼曾为其中的19首谱写了曲子。

就公开表演和新作品的展示来看，音乐也呈现出社会性的一面，这表明在一个极度阴郁的时代，人们仍然怀有一种文明感。1917年10月22日，在女王大厅举办的一场音乐会上，《奥德利夫人的组曲》（*Lady Audley's Suite*）——这是一部弦乐四重奏的作

品——进行了首演，并获得了热烈的好评：“这些时日以来，这是我们从一位英国人那里听到的最有希望的新作品。”[35]它在很多方面都很了不起。它的作曲家赫伯特·豪厄尔斯（Herbert Howells）曾因身体原因被拒绝服兵役，他被诊断出患有格雷夫斯氏病（一种甲状腺疾病），只能活六个月。有一种方法也许可以对他进行治疗，这就是居里夫妇在过去十年发现的镭。豪厄尔斯的父亲是格洛斯特郡的一个破产的店主，因此，他负担不起治疗费用。他在皇家音乐学院的老师休伯特·帕里爵士有能力负担，并告诉豪厄尔斯他愿意出钱。豪厄尔斯活到了 91 岁，他可能是最伟大的现代英国教堂音乐的作曲家。他于 1983 年去世。

在战争期间，弗兰克·布里奇写过室内乐和一些管弦乐作品。与他战前的作品相比，这些音乐柔和且发人深省，有些与战争直接相关。1915 年，他的《哀歌》（*Lament*）广受赞誉，这部作品是为了纪念“卢西塔尼亚”号上一位被淹死的 9 岁女孩。1916 年，他写了一首众赞歌《献给上帝、国王和权利》（*For God and King and Right*）。1917 年，他的音乐走向了更加逃避现实的道路，他的四首特色曲目包括《水中仙女》（*Water Nymphs*）和《迷迭香》（*Fragrance*）等乐章，随后创作了《三首田园诗》（*Three Pastorals*）和一部组曲《童话》（*Fairy Tales*）。1918 年，布里奇为布鲁克的十四行诗《吹吧，你的号角》（*Blow Out, You Bugles*）谱写了令人惊叹的曲子，讽刺的是，他后来却以和平主义闻名。 651

由于无法服现役，布里奇在战争期间至少能够继续作曲。帕里——作为皇家音乐学院的院长，他肩负着教学和行政管理的重担，并开展慈善工作——创作了几部杰作：《耶路撒冷》（他没有这样称呼这部作品）、合唱赞歌《海上骑士》（*The Chivalry of the Sea*）、《离别之歌》（*Songs of Farewell*）和一些管风琴赞歌。在战争期间，爱德华·埃尔加（Edward Elgar）爵士创作的大多是歌曲，以及一些配乐和短管弦乐作品。他拥有巨大的创作冲动，这种冲动持续到了战争结束，并产生了大量作品，但后来有所减弱。埃尔加为曾经繁荣的世界的逝去感到悲伤，这种悲伤可以在他1918年开始创作的四部作品中听到：他的小提琴奏鸣曲、弦乐四重奏、钢琴五重奏，以及他最著名的大提琴协奏曲——这是他完成的最后一部重要作品。

从1918年初开始，在一系列的英国音乐会中，一位年轻的指挥家阿德里安·博尔特（Adrian Boult）——他由于健康原因被免于服现役（他在94岁生日前不久去世）——在伦敦交响乐团担任指挥。在1916年之前，博尔特一直是后备役营的一名勤务兵，但由于精通法语、德语和意大利语，他后来被调到陆军部担任翻译。他指挥过的音乐会包括沃恩·威廉斯的《伦敦交响曲》（*London Symphony*）的第二场演出（就在战争爆发前进行了首演）、帕里的《交响乐变奏曲》（*Symphonic Variations*）和巴特沃斯（Butterworth）的作品，巴特沃斯死于索姆河战役。不过，其中的一场音乐会成了传奇。

在整个战争期间，古斯塔夫·冯·霍尔斯特（Gustav von Holst）——他具有瑞典血统，在战争初期，他抛弃了名字中的“冯”* ——申请了各种各样的非战斗工作，但是，即便这样，他仍因身体不合格而被免于参与这些工作。最后，他在基督教男青年协会获得了音乐总监的职位，负责为欧洲的士兵安排管弦乐队和其

* 冯（von）：通常出现在德国人的名字中，在德语中是“……的”、“属于……”的意思。古代德语民族只有名没有姓，由于同名的人很多，为区别就把“von”附在名字后面，再加上出生地名，即“某地的某某”，以区别于另一个同名字的人。但在17世纪以后，“von”往往是表示贵族名字的一部分，即“某贵族家庭的某某”，这是其贵族出身的特殊标志。——译注

他音乐娱乐活动。后来，在1918年10月初，霍尔斯特在萨洛尼卡任职。他的朋友们知道，在1914年末到1916年初，他创作了自己的管弦乐组曲《行星》，但仍未搬上舞台。为了祝贺霍尔斯特出国任职，他的一位赞助人亨利·鲍尔弗·加德纳（Henry Balfour Gardiner）决定付费让他在离开之前于9月29日在伦敦女王大厅进行一场私人演出。

霍尔斯特让他的朋友博尔特指挥首场演出。霍尔斯特在位于伦敦西部布鲁克格林的圣保罗女子学校教音乐，学校的唱诗班在最后一个乐章《海王星》中进行了合唱。虽然这部作品对埃尔加、沃恩·威廉斯的作品进行了创新，甚至对帕里（霍尔斯特的老师）在1912年创作的《第五交响乐》进行了创新，但它成为英国管弦 652
乐前所未有的经典之作，尽管霍尔斯特的朋友爱德华·登特（Edward Dent）说，这首曲子听起来“远没有他在进行乐谱研究时预期的那么现代”。[36]一些伟大的音乐作品在首次演出时因其糟糕透顶而被载入史册，但《行星》却不是这样，它是一部揭露了霍尔斯特是一个能与同时代的欧洲人（例如施特劳斯、斯特拉文斯基或拉威尔）相媲美的天才的作品之一。它是英国音乐复兴时期最伟大的作品之一。应邀前来的观众被这部作品深深折服。一位经理立即招募了博尔特，让他在接下来的音乐季中进行首场公开演出。

就在他的学生取得成功后的一个星期，心脏本来就不太好的休伯特·帕里爵士成了流行性感冒的受害者，他在位于苏塞克斯郡鲁辛顿的家中去世。但是，他培养了一些作曲家，例如沃恩·威廉斯、亚瑟·布里斯、杰克·莫伦、约翰·爱尔兰（John Ireland）和霍尔斯特，他们将确保日益发展的英国文化生活在他死后继续繁荣下去，并在战争结束（当时距离战争结束已经不远了）后能够继续繁荣下去。

对那些认为高雅文化不能安慰他们的人来说，普遍的贫困激起了他们偶尔的反抗行为。英国矿工联合会以24.8万票对21.9万票反对从该行业中选出5万名男子。第二天，工程师联合会极力反对奥克兰·戈德斯，以防止选出更年轻的成员参加战斗，不过，当预料中的德军进攻成为现实时，大多数异议都消失了。埃里克·戈德斯告诉议会，英国似乎没有意识到自己的商船运输是多么不足。在1917年的最后一个季度，英国每月制造14万吨位的商船，但在1918年1月，这个数字仅为5.8万吨位。[37]然而，他没有选对时机发言，因为就在他发表上述言论的时候，在战争期间颇受欢迎的威尔士亲王于3月初访问了克莱德的工厂。在那里，他称赞了工人们为战争胜利所做出的贡献，并鼓励他们继续努力，尤其是因为船舰的生产仍然不足。

戈德斯既指责了管理层，也责备了工人。他的目标是每年生产300万吨位的船舰（即每月生产25万吨位），以当时的生产速度来看，这似乎是无法实现的。他的“功绩”是让造船商和工会工人团结起来，他们联合发表了一份声明，对他声称他们不了解形势的
653 严峻性进行了谴责。他们指责政府违背了劳合·乔治在去年11月就改善船厂工人的工作条件（当然与向从事繁重体力劳动的工人提供食物配给有关）所做出的承诺。他们还声称，政府将劳动力引向军舰，而非商船，这是问题的根源。此外，如果老板和工人之间不发生冲突，那么产量将会上升。

那年初夏，尽管军火工人和农业工人的工资上涨，但随着工会会员的人数再次大幅增加（全年增幅将达到19%），一波罢工浪潮对生产造成了影响。蓬勃发展的飞机工业是动乱的温床。到了5月底，南威尔士的4万名矿工因管理层拒绝承认工人委员会而举行罢

工，于是，煤炭管制员被召唤来。尽管许多矿工没有直接返回工作岗位，但政府还是满足了矿工的所有要求。然后在6月，英国矿工联合会要求为其成员每周加薪9便士。由于担心煤炭罢工会对整体生产造成影响，政府投降了。7月23日至26日，考文垂和伯明翰的工程工人举行罢工，因为有传言称政府将对他们进行征兵，直到政府威胁要征召罢工领导人并对这些领导人实施军纪惩罚时，罢工才结束。尽管如此，政府还是非常焦虑不安，劳合·乔治要求每个小时汇报情况。所有行业的罢工总数为1165起，比1917年增加了400多起，是1913以来的最高水平。[38]

煤田的动乱一直持续到了1918年，这个动乱尤其令人担忧，因为它对生活中的许多领域造成了影响，从为皇家海军供电到家庭供暖和供电，到钢铁的基本生产，再到使用蒸汽驱动的火车来运输军队、人员和货物。1913年，这些煤矿生产了2.874亿吨煤；到了1918年，这个数字下降到了2.227亿。煤炭的质量也下降了。导致煤炭短缺的不仅仅是罢工，尽管在1918年的前11个月，煤矿中发生了134起纠纷，损失了108.1万个工日。[39]挑选煤矿工人参军的做法也对生产力造成了严重影响。战前，有116万人在煤田工作；在28.9万人参军后，政府不顾矿工联合会的意愿，决定征召5万名未婚矿工。在1918年3月后，政府又征召了2.5万名矿工，这进一步降低了产量。丘吉尔警告战时内阁，如果战争持续到1919年，这将不可避免地导致炮弹产量下降。大臣们必须在确保 654
国家能够对抗德国和保持高昂的士气之间取得平衡。

由于严重缺乏人手，妇女们便继续以更快的速度投入战事工作。当她们到达工作年龄时，她们被纳入国民服务计划；在年满18周岁时，她们可以加入陆军女子辅助军团或皇家海军女子勤务队，许多人觉得很兴奋（这种兴奋与1914年加入基奇纳军的年轻男子所感受到的兴奋类似），于是便加入了。1918 年 3 月，陆军女子辅助军团登广告征求 3000 名女职员，其中 1700 名将在法国服务。由于性病已经达到了流行性疾病的程度（虽然医院提供免费的治疗），政府向男女青年发出了越来越严厉的警告。广告中登载了婴儿出生时因梅毒而失明的恐怖故事，使得与这场灾祸有关的广告变得越来越生动。政府没有时间装拘谨，1918 年 2 月，国王——而不是王后——参观了位于伦敦罗彻斯特街的性病治疗中心，随后发表了一份声明，强调了该中心所从事的工作的重要性。

纵观整个英国社会，人们做出的牺牲是不可能减少的。4 月 22 日，劳提出了最后一份战时预算，他称之为“一份财务报表，其规模远远超过任何时间、任何国家已知的任何财务报表”。[40]现在，战争每天花费 700 万英镑；即使战争结束了，管理国家的成本也会比战前高得多。[41]1914 年的支出为 1.73 亿英镑。劳表示，除去战争支出，1918 年的支出将达到 2.7 亿英镑，这主要是因为养老金成本的增加，但同时也是为了兑现正在提出的扩大国家教育体系的承诺。[42]他说，国家债务已经上升到了 79.8 亿英镑，其中一部分是由于借给俄国的钱在俄国革命后没有得到偿还所造成的，尽管劳拒绝承认这是一笔坏账。在 1918～1919 年，收入比支出少了 1.1 亿英镑，劳提议通过增税来弥补这个缺口。他给出了一个标准来衡量自 1914 年以来的情况变化：“我今年提议增加的税收，远远超过战前最后一年税收总额的 60%。”[43]即便如此，只有 26.3% 的战争费用是由税收支付的；其余的都是债务。

对于增税，劳也在苦苦挣扎。他不能提高超额利润税，因为财政部已经意识到，提高超额利润税的任何举动都有可能抑制额外的
655 生产，从而削减增加的收入总额。所以，他必须提出一个具有独创

性的方案。其中一项措施是停止对信件实施的“一便士邮政”*，自从1840年邮票问世以来，这种做法已经持续了78年。现在，写信要花3.5便士。支票的印花税将从1便士提高到2便士，这将带来每年100万英镑的额外收入。英国的个人所得税将从每英镑征收5先令提高到6先令，预计每年将增加4140万英镑的收入。但是，这项规定只适用于年收入超过500英镑的人群。[44]附加税将从每英镑征收3先令6便士提高到4先令6便士，并且将对年收入达到2500英镑的人群进行征收，而不是3000英镑。年薪5000英镑（相当于英国首相的薪水）的人将就每英镑缴纳7先令2便士（或36%）的税费；年收入2万英镑的人将就每英镑缴纳9先令5便士（或47%）的税费。

公众认为农民获得了巨额利润，于是，劳建议派遣税务局对他们进行调查。据估计，90%的农民没有开设纳税账户。预计这笔税收每年将增加530万英镑的收入。他说，他将把烈酒税提高一倍以上，从而带来1115万英镑的收入；并将把啤酒的关税提高一倍，从而带来1570万英镑的收入。由于食物管制员规定了啤酒的价格，因此，酿酒商无法将全部的增税都转嫁到消费者的头上。不过，公众也认为酿酒商在牟取暴利。考虑到酿酒商对托利党的支持，劳向酿酒商征税的举动是在冒着巨大的风险。烟草税的增长幅度较小，从每磅6先令5便士增长到每磅8先令2便士，而且对烟草实行价格管制意味着，就像啤酒一样，部分增税将由生产商承担。尽管进口受到严格限制，但政府还是同意让尽可能多的烟草进入该国，因为正如劳所解释的那样，由于税率太高，进口烟草“几乎等于引

---

* 一便士邮政（penny post）：1840年，在发明家罗兰·希尔（Rowland Hill）的提议下，英国推出了“一便士邮政”，这是世界上第一个普及邮件服务。国营邮局以统一资费向国内任意地址寄件，并以此获得了邮政的垄断经营权。结果，平价邮政服务大受欢迎，所带来的信息流动更是促进了经济增长。——译注

进资金”。[45]增加的烟草税收每年将带来800万英镑的收入，而且新的糖税带来了1320万英镑的收入。

有报纸报道说富人并没有做出其他所有人都必须做出的牺牲，为了应对这些报道，劳提出了一项新的税收。他提议的奢侈品税——他在去年曾考虑征收此类税费——将以三种方式进行征收：对珠宝等奢侈品进行征收，对因为价格高而被认为是奢侈品的物品进行征收，以及对豪华场所（例如酒店和餐馆）进行征收。他提议每先令征收2便士，或按16.5%的税率进行征收。他说，这比法国的同类税率要高，此类税费每年可以增加2400万英镑的收入：他的目标是增加更多的收入。现在，凡是能让政府从中分到一杯羹的税目，政府基本上都进行了增税。然而，贡献了较高税收收入的
656 实际上仍然是公众，或者至少是那些有工作的人。

劳工运动再次呼吁征收“兵役税*”，但政府通过发行更多的战争债券来回避这个问题，政府恳求那些拥有大量现金的人为这场日益昂贵的战争提供资金。3月的第二周被认为是“商人周”，国王带头呼吁财阀们在七天内认购1亿英镑的债券。利物浦的一家航运公司弗雷德里克·利兰公司（Frederick Leyland & Company）率先认购了200万英镑。考虑到利息为5%（这个利息具有竞争力），这并不完全是一种慈善行为。不到4天，政府就筹集到了所需的金额，筹得的资金总额几乎达到了1.39亿英镑。

三

由于公众对信息的渴求，在战争期间，报纸的影响力大大增

* 兵役税：向不服兵役者征收的税费。——译注

加；对于战事指挥方面的缺陷，它们变得越来越尖锐。在1918年1月间，诺思克利夫的报纸不断加大攻击，帝国总参谋长罗伯逊成了明显的攻击目标。诺思克利夫可能认为他是在帮劳合·乔治的忙；《泰晤士报》的军事记者雷普顿认为，他的老板“把自己绑在了劳合·乔治的战车车轮上”。[46]1月21日，《每日邮报》指责罗伯逊遵循“石器时代的策略”。在接下来的几天里，该报谴责总参谋部让政客们为他们的失败背黑锅，并驳斥了与人力短缺有关的争论。[47]这些攻击非但没有帮助劳合·乔治，反而给他带来了两个问题。如果他解雇罗伯逊，这似乎表明他是在执行诺思克利夫的命令；另一个危险是，就像1915年对基钦纳的攻击一样，这可能会鼓励人们支持罗伯逊，从而导致无法解雇他。统一党的议员们非常愤怒，他们的战争委员会要求政府谴责诺思克利夫。劳合·乔治让诺思克利夫把他的狗叫走，并对斯坦福德汉说，他“本应该把他（诺思克利夫）带出去枪毙了”。[48]

作为雷普顿的编辑，道森从雷普顿的文章中删除了一些他认为会惹恼政府或诺思克利夫的段落。道森——他因为在20年后支持绥靖政策而名誉扫地——选择重写雷普顿的报道，以便符合报纸社论采取的路线，从而让他的老板高兴，这是一个修改事实以迎合舆论的有趣例子。道森的行为激怒了雷普顿，雷普顿觉得自己再也无 657
法为诺思克利夫工作了，于是，他在1918年1月16日辞去了《泰晤士报》的工作。他在辞职信中说，他的老板对劳合·乔治采取了“屈从和认错的态度”，同时“忽视了军队的切身利益”。[49]导致雷普顿辞职的最终导火索是《泰晤士报》的一篇社论，对于政府将如何安排从免于服役的岗位工作的人士中挑选出来的大约42万名男子，这篇社论进行了歪曲报道。雷普顿被告知，这些人将加入海军和新生的皇家空军，并被用来“维持”陆军，但是，这篇社论却说他们都将去堑壕。“我认为这太过分了，”雷普顿中校写道，“要是我再跟这些笨蛋待在一起，那么我像德国间谍那样被绞死也是活该。”[50]他让道森预览了他的辞职信，并补充说那篇社论是在“说谎”。《泰晤士报》发表了一份不实声明，给出了它那份版本的辞职信。雷普顿的名望以及他声称报纸对黑格和罗伯逊的“阴谋”迫使他辞职的说法（“事实上，这个推论没有任何根据”）让诺思克利夫感到惊慌。[51]

一些人（特别是《旁观者报》的编辑斯特雷奇）认为，诺思克利夫对军队的攻击是狂妄自大的另一个迹象，他可能认为自己可以取代劳合·乔治成为首相。与此同时，在巴黎的雷普顿拜访了伊舍，并做了一些有益的个人公关工作，以此安慰自己。“雷普顿带着满腔的怒火来到巴黎”，伊舍说道，“他受到了诺思克利夫的卑鄙对待”。[52]一名高级军官告诉雷普顿，德军在西线部署了165个师：此时，劳合·乔治——他知道实际数字是175——提议向巴勒斯坦派遣更多士兵，而战时内阁继续无视关于德军调动的警告。据估计，英国国内有20.1万名健康男子，但政府拒绝将他们派往国外。因此，下一轮争吵正在酝酿之中。[53]

在经历了前两年的溃败之后，首相的西线战略变成了停止在西线发动任何攻击。不管他认为巴勒斯坦是一个令人满意的替代战略，还是仅仅认为他需要寻求一个替代计划，以避免将大量士兵投入西线，他都不可能直截了当地说明。即使对史蒂文森小姐，他也不总是坦率的，更不用说在他自己的回忆录中了。然而，不管他的动机如何，他无疑真诚地希望避免进一步的大规模屠杀。

在政府中，一切都不是很顺利。1月21日，当战时内阁讨论
658 将征兵制扩大到爱尔兰，并将地方自治作为交换条件时，卡森辞职了，首相“发自内心地感到深深的遗憾”。[54]由于他名义上负责宣传

工作——约翰·巴肯是这个部门的总监——所以，卡森的离开留下了一个重要的职位需要填补。在卡森辞职后，巴肯告诉诺思克利夫，应该任命一位对议会负责的大臣，以便推动该部门的工作。他想到了诺思克利夫，但他没有意识到此类任命会让政府出现裂痕的可能性变得更大，因为许多大臣认为诺思克利夫很恶毒。这个任命之所以没有发生，是因为劳合·乔治想到他向劳欠下的人情，于是派人去找比弗布鲁克。无论如何，诺思克利夫声称他不会因为加入政府而牺牲他的报纸的独立性。比弗布鲁克非常精明，他说服诺思克利夫负责对外宣传工作，尽管不是作为一名大臣。比弗布鲁克把总部设在位于克尔之家（由英国的自由党政客支配）的英国战争宣传基地，他将向首相进行报告，并向首相保证自己会忠诚。比弗布鲁克冷嘲热讽地说："我预计自己会在与诺思克利夫的致命冲突中丧生，这是迟早的事，"他对里德尔说道。[55]巴肯成了情报总监。阿诺德·本涅特负责对法宣传工作（没有报酬），他的经历为他后期撰写的一部更好的小说《外国佬》（*Lord Raingo*）提供了素材。

在同意重组现在所称的"宣传部"的几天后，比弗布鲁克成为兰开斯特公爵领地事务大臣。任命需要拖延几天进行，因为需获得国王的同意，这就需要劳合·乔治恳求国王，声称他只是想"招募英国头脑最好、精力最充沛的人才为国王效力"。[56]国王同意了，声称他"本人"并不认识比弗布鲁克，因此，他对比弗布鲁克的低评价是基于他在报纸上读到的东西。[57]他可能听说了他的叔父康诺特公爵的看法。康诺特公爵曾担任加拿大总督，据说，他曾说"任何一个正派的人都不会需要比弗布鲁克"。[58]

史考特告诉劳合·乔治，和国王一样，他认为任命比弗布鲁克和诺思克利夫是不明智的。首相为后者进行了辩护，他说，"如果不想让他把充沛的精力浪费在制造麻烦上，那么有必要为他安排一份工作”。[59]争论仍在继续，由于劳合·乔治为管理政府选择了庸俗、腐败和完全不恰当的方式，老派人士对此无法理解。3月6
659 日，史考特在上院发起了一场辩论，讨论了任命比弗布鲁克和诺思克利夫是非常不合适的问题，里布莱斯代尔（Ribblesdale）勋爵——他也许是爱德华七世时代最杰出的时髦肖像画的主人公——抱怨这两位新闻大亨，谴责他们的方法如何“在很大程度上控制并鼓动着”现在与他们有关联的政府。[60]

甚至在这场辩论之前，政客、将军和报纸之间的三方斗争所造成的破坏性影响早已显而易见。2月12日，退休的海军上将贝斯福勋爵在上院对报纸攻击高级军官进行了猛烈抨击。他说，任何一名军人都将知道这对陆军和舰队的士气造成了多大的破坏，因为这破坏了人们对军队领导能力的信心。他认为应当使用《保卫王国法案》来惩罚那些发布此类信息的人。“我警告政府和首相，这个国家动荡不安，堑壕和舰队的情况更糟，因为报纸有权力在军队中提拔或罢免军官。”[61]这发生在诺斯克利夫上任之前。

奥斯丁·张伯伦——曾有传言称他将复职——抨击政府利用报纸削弱公务员，阿斯奎斯也持有这样的看法。令张伯伦感到不安的是，大臣们（尤其是劳合·乔治）与舰队街走得太近，到处都弥漫着腐败的气息。他说，诺思克利夫和其他人的诽谤“不仅本身很恶劣，而且是怯懦的表现，而进行诽谤的人不仅是在以爱国公民在战争时期不会采取的方式行事，而且是在以绅士们在任何时候都不会采取的方式行事”。[62]他指责劳合·乔治在保护罗伯逊免于受到攻击方面存在失职。但他补充说，高级官员对政府政策进行抨击的，不应追究这些高级官员，这暗指黑格和罗伯逊就首相如何管理政府事务进行的直率批评。

张伯伦也提出了更加明确的控诉：

报纸的职能不是政府的职能，政府的职能也不是报纸的职能。如果这两种职能结合在一起并由同一个人承担，那么将会出现谬见和误解。政府的职能是什么？这三位伟大的报纸老板都是政府的成员，或者与政府关系密切。虽然他们的报纸不时 660
被发现含有政府极力否定的内容，但是，我可以直截了当、诚心诚意地告诉你们，你们永远无法说服公众相信政府的成员或与政府有关联的人能够在他的报纸上开展一场与政府当天的政策相对立的运动。[63]

他说，劳合·乔治把报纸的老板纳入政府，这导致公众产生了“怀疑和不信任”：

我告诉这位尊敬的朋友，在议员厅，在下院的外面，在人们开会的地方，每个人都在说些什么，但是，我认为现在是人们在下院负责任地公开发言的时候了。只要你把一个坚持独立性的报纸的老板所肩负的职能和一个忠于政府的成员所肩负的职能结合在一起，那么你无法摆脱误解，你也无法摆脱这类麻烦。你不可能既要鱼，也要熊掌。[64]

他补充道：

你不会允许你的同僚（而不是报社老板）发表违背国王陛下政府的政策的言论，或者攻击为国王陛下政府效力的人。除了发表演讲外，你不可能允许他们写文章，也不可能允许他们在报纸上发表文章。对于我尊敬的朋友和他的政府来说，除非他们让事情透明化、公开，让全世界都明白，并切断与报纸

> 的联系，否则他们永远无法避开公众的评判，也永远不会拥有他们应该拥有、我也希望他们拥有的权威。

几名现役军官也加入了张伯伦发起的谴责行动之中。上校哈里·维尼爵士对政府促成的“与诺思克利夫的报纸结成的可耻和危险的联盟”进行了抨击，声称这“看起来像一桩肮脏的交易”。[65]沃尔特·吉尼斯（Walter Guinness）少校谈到了驻法士兵所感受到的“异乎寻常的愤怒”，对此，“政府……只能责怪他们自己”。克劳
661 德·洛瑟（Claude Lowther）上校声称，诺思克利夫、罗瑟米尔和比弗布鲁克经营的报纸将忠于政府（他们中的两人目前正效力于这个政府）：这是一个有趣的假设。马丁·阿切尔－谢（Martin Archer-Shee）上校提到了比弗布鲁克关于第二次伊普尔战役的说法——英国军队“遗弃”了那里的加拿大人——并大声疾呼：“我认为，让能够说出那样的话的人担任这个国家的宣传总监，在此之前，这个人还追名逐利，恕我冒昧直言，这些话完全是在诽谤我们的军队，是绝对不准确的，在我看来，这件事同样无法激起民众对政府的信任。”[66]

张伯伦始终如一。三个星期后，在卡森家的一次晚宴上，他向出席的人们（包括米尔纳和艾莫里，他在日记中记录了这一点）宣称，提拔比弗布鲁克和诺思克利夫是一种“耻辱”的行为，“对于这个问题的决议，如果他和卡森愿意联起手来，那么政府将崩溃”。[67]米尔纳警告他说，“他是在白费心机”。张伯伦没有发起这样的挑战。比弗布鲁克私下与张伯伦进行争论，但张伯伦进行了反击：“政府和报纸之间的联系……破坏了报纸的独立性，并使政府对报纸发表的所有观点负责。”[68]不过，他也担心有人试图通过任命大臣来“收买”报纸，并为“反对国王的臣仆和公众人物的……

地下阴谋”提供便利。

就在同一天，由索尔兹伯里领导的统一党战争委员会通过了一项决议，要求政府停止招募报社老板，除非这些人放弃对报社业务的控制。这使劳合·乔治十分担心，他在委员会发表了讲话，并在私下举行的会议上承认，他提拔的一些人在性格方面并不理想。但是，他补充道："在这种时候，我们不能过于拘谨，因为脏活要脏人来干。"[69]张伯伦觉得“劳合·乔治轻而易举地就把议会给骗了，他们没有让他为自己的冒犯行为备受煎熬，就像他们本应做的那样”。[70]张伯伦在下院和英国社会对劳合·乔治的做法进行了批评，这使首相感到不安。他的批评非常准确，很有分量，并且出自一个无可争议的正直人士之口。张伯伦在统一党有很大的影响力，劳合·乔治能够继续执政靠的就是统一党的支持。在向统一党委员会发表演讲之前，首相与张伯伦进行了一个小时的私人谈话，他在谈话中说，“他已经规定，在任职期间，任何大臣都必须让自己绝对脱离 662
对报纸的控制，而且罗瑟米尔和比弗布鲁克是‘根据他们的功绩’获得任命”。最终，3 月 11 日，他就此在下院发表了一份公开声明。可悲的是，他告诉张伯伦，他已经向报社陈述了“事情的另一面”，因为士兵们“密谋”反对他。在下院，他绝对否认自己或以他的名义行事的任何官员“煽动撰写攻击上将和将军的段落”。议员们沉默不语，只说了一句“那诺思克利夫呢?”

当天晚些时候，下院就政府与报社的关系进行了一场长时间的辩论，这场辩论是由张伯伦发起的，他说他相信劳合·乔治的话。其他人则不然，比如斯宾塞·休斯（Spencer Hughes），他是一名记者，斯托克波特市的自由党议员，也是下院中最受欢迎的人物之一。“我们知道，诺思克利夫的报纸对来自东法夫选区的议员（阿斯奎斯先生）进行了侮辱和诽谤，”休斯回忆道，“这是这些报道的汇编，我认为这些报道不仅糟透了，而且还很可恨。当我读到对公众人物的批评时，我有时希望我们能把写这篇文章的人找出来，让他站在他所抨击的人的身旁。而后，我们来做个评判，看看在这两人中，究竟谁为国家和帝国做出了更大的贡献。”[72]接着，休斯引述了一位未透露姓名的编辑就当时英国报纸的状况发表的看法：

> 当我们感到公众舆论支持我们的时候，我们会毫不犹豫地捍卫光明。当我们认为错误是不受欢迎的时候，我们总是对错误提出抗议。当我们碰巧知道事实的时候，我们就说出事实。当我们确信虚构的故事更能增加可信度的时候，我们就会毫不犹豫地采用虚构的故事。当我们觉得我们可以依靠读者的轻信时，我们从不自找麻烦、从不使用乏味的论证方法。当我们发现自满是通往幸福的更稳当的道路时，我们从来没有要求过自己要心怀感激。

他接着说：“如今，有很多报纸都是按照这样的路线运作的。任何公众人物——政治家、水手或士兵——的命运都将由这样的报纸来决定，我认为这是不对的，我也无法认为它是对的。事实上，很难相信这些报纸的政策能够在某种程度上控制或影响任何一个名副其
663 实的政府的政策。”[73]

其他议员对诺思克利夫的报纸的恶行感到愤怒。他们公开了报纸针对基钦纳、罗伯逊和杰利科的“仇杀行为”，随后公开了诺思克利夫对其他国家怀有的怨恨，在战争的不同时期，诺思克利夫命令编辑们不要撰写任何关于法国的正面报道，也不要撰写关于德国的正面报道。[74]人们不可避免地提到了关于德国尸体工厂的虚假故事。虽然爱尔兰的民族主义党议员约翰·麦基恩（John McKean）

称赞诺思克利夫开创了航空事业，并确保《每日邮报》没有成为一个卑躬屈膝的机构。但是，对大多数议员来说，攻击他的机会早就该来了。另一位民族主义党议员亚瑟·林奇总结了人们的普遍感受："我认为，在面对诺思克利夫的报纸施加的不公正压力时，本届政府不够强大。诺思克利夫的报纸是他们的父母，政府是由诺思克利夫的报纸精心培育、养育、哺育的，并在迟疑不定中走向成熟。诺思克利夫的报纸做了什么，它就能毁掉什么。如今，政府不敢持有与诺思克利夫的报纸相反的观点。"[75]

普林格尔公开指责首相给报纸（尤其是诺思克利夫的报纸）提供了素材，这些素材让他登上了首相的宝座，同时得罪了他的对手。当劳合·乔治发言时——他认为这件事对他个人非常重要，因此，他极为罕见地出席了下院的会议——他没有理会这些指责，而是为他的新大臣比弗布鲁克进行辩护。"自从任命以来，我会见了一些来找我的人，他们批评这次任命。我对他们说，'你们能否说出一个可以做得更好的人?'到目前为止我还没有得到任何答复。"[76]

事实上，诺思克利夫干得很好。1918 年春天，他不断受到一系列呼吸系统疾病的困扰，但他仍努力向德国大肆宣传该国对战争的责任以及战败的可能性。他找威尔斯帮忙。在 5 月 31 日召开的一次会议上，人们一致同意，在英国通过封锁最终可能饿死德国的同时，英国应承诺在国际联盟的监督下实现和平繁荣。建立国际联盟是威尔斯钟爱的想法之一，因为他对世界各国的政府做出了承诺。于是，这件事被提交给了贝尔福，并在外交部耽搁了好几个星期；然而，现有的宣传单被扣了下来，因为缺少飞机，无法将它们投放到敌后。威尔斯的幻想很快就破灭了，诺思克利夫努力让他按捺住火气，承诺要和比弗布鲁克一起承担组织上的失败。 664

审查制度——报界认为自己是这项制度的受害者——继续令人恼火。1918 年 3 月，在伦敦的莱斯特画廊举办的一场极为成功的战争艺术展上，官方战争艺术家之一克里斯托弗·内文森（Christopher Nevinson）试图展示他的绘画作品《荣耀之路》（*Paths of Glory*）。这幅画描绘了两个战死的士兵躺在一片被炸毁的土地上。他被告知，根据《保卫王国法案》，他不能描绘死去的英国士兵，于是，他在画上放了一张沿对角线折叠的棕色纸，以便盖住他们，纸上印着“经审查”的字样。这也引起了麻烦，因为这个词只有在官方批准的情况下才能使用。该年年末，威廉·奥本（William Orpen）爵士创作了一幅画，描绘了堑壕里的两具德国人的尸体，但这幅画没有遇到什么困难，因为它们是德国人的尸体。虽然这场战争在早期就阻止了漩涡派画家的运动，但自 1914 年以来，画家们就把他们的绘画技能奉献给了国家。惠灵顿公馆委派战争艺术家——包括内文森、约翰·拉维利、保罗·纳什（Paul Nash）和埃里克·肯宁顿（Eric Kennington）——前往前线进行绘画。[77]这些绘画作品并不隐晦，而且往往带有浪漫色彩。毕竟，它们是宣传工作的一部分，所以，当内文森越界进入现实主义时，当然会遇到困难。在绘画中或在公众欣然接受的描述战争的各种期刊中，有关英雄主义行为的描述都是非常受欢迎的。伯特·托马斯（Bert Thomas）等人的插画出现在杂志以及各种招聘和国民储蓄的海报上。最让人印象深刻的插画是，他描绘了一个抽着烟斗、嬉皮笑脸的士兵，这个士兵一边点燃烟，一边说道“稍等一下，德皇!”。

关于审查制度的一个重要案件被提交到了法院。在离开《泰晤士报》后，雷普顿加入了《晨间邮报》，在格温的支持下，他在那里发起了一场单人运动，反对他的前老板关于军事战略的想法。他告诉圣·洛·斯特拉赫（St Loe Strachey），他认为劳合·乔治和诺思克利夫是“这个国家的诅咒”，讽刺的是，和首相一样，他认为陆军委员会应当把诺思克利夫拖出去枪毙。[78]1月24日，雷普顿在他新就职的报纸上发表了第一篇文章，讨论了“内阁的拖延和怯懦”。这篇文章没有通过审查，并促使劳合·乔治要求提起诉讼，直到他的同僚说服了他。[79]2月11日，雷普顿撰写了一篇关于凡尔赛会议的文章，并阐述了在德国可能发动攻击的情况下，英国远征军的兵力是多么不足。这一次，战时内阁决定起诉雷普顿，劳合·乔治对任何胆敢揭露其失败的人都怀有特别强烈的报复心。

他曾希望雷普顿和格温因叛国罪受审，直到他的法律官员说服 665
他这样的起诉将会失败，并会让德国人认为雷普顿有道理。雷普顿没有向敌人透露任何有价值的东西，因为敌人的报纸对凡尔赛会议进行的报道比他所能报道的还要广泛。尽管如此，第二天下午，苏格兰场的两名警官来到了他位于汉普斯特德的宅邸（雷普顿借了大量的抵押贷款，这促使他搬到新的宅邸，而他的债权人正在四处打探他的住所），对他进行讯问。第二天，雷普顿被传唤出庭。他的文章没有通过审查就被印刷出来，因此，报纸因“技术罪”被罚款100英镑，而雷普顿也被罚款100英镑。这个判决让《晨间邮报》的老板巴瑟斯特夫人感到失望，她曾表示要与员工们团结一致，她说她希望能与员工们关在一起。[80]这起诉讼案件让弓街挤满了人，这是自克里平*医生的案件以来观看人数最多的一起诉讼，“有很多朋友和女士前来观看”，雷普顿写道——这起诉讼案件大大增加了他的知名度和权威，而这正是劳合·乔治不想要的。[81]中校在他的文章中增加了尖酸刻薄的语气，这令首相大为恼火，而且

* 克里平（Crippen）：即霍利·克里平（Hawley Crippen），美国人，后移居英国。他用最危险的毒品“魔鬼的呼吸”杀害了自己的妻子，并与情人一起逃跑。1910年，他在伦敦本顿维尔监狱被绞死。——译注

雷普顿很快就会有更多的机会撰写批评文章。

1918 年夏末，诺思克利夫的报纸领导了一场新的反对敌国侨民的运动，使英国陷入动荡。这场运动针对的是入籍的德国人、奥地利人和匈牙利人，他们逃脱了 1914～1915 年的大围捕。该年夏天，人们普遍担心战争可能会失败，由此滋生了这场运动。这反映出英国决心在德国人口述议和条件之前进行报复。诺思克利夫的报纸派记者到主要城市去煽动和报道反对敌国侨民的情绪。7 月 30 日，8000 人聚集在艾伯特大厅，一致通过了一项决议，要求立刻拘留所有具有“敌国血统”的人，无论性别、等级或国籍。[82]贝斯福——他做了主旨发言，并适时地支持诺思克利夫的报纸——把一波又一波的罢工、封锁政策的软弱无力以及各种其他困难归咎于敌国侨民的影响，对于这个归责，他无法提供证据。协助诺思克利夫的是独立议员诺埃尔·彭伯顿·比林（Noel Pemberton Billing），他曾是英国皇家海军航空队的军官，也是皇家空军的早期倡导者，他还从霍雷肖·博顿利那里学到了很多他所不知道的东西。

666 1916 年，比林创办了一份名为《帝国主义》的期刊（后来改名为《义务警员》），内容与《约翰·布尔》相似，里面充斥着他的阴谋论，几乎所有的阴谋论都涉及犹太人和同性恋者的关系网。他认为，德国人拥有一份 4.7 万名英国“性变态者”的名单，据说其中包括阿斯奎斯夫妇，而且免不了包括霍尔丹，他们正在胁迫霍尔丹从事间谍活动。[83]1918 年夏天，在《义务警员》的一篇标题吸引人的文章《阴蒂崇拜》（*The Cult of the Clitoris*）中，他指控女演员莫德·艾伦（Maud Allan）是女同性恋（这是真的）——或者如报道所说，指控她“与那些沉迷于畸形情爱的人有联系”——并指控她与德国人合谋（这不是真的），是 4.7 万个性变态人士之一。艾伦对他提起了诽谤诉讼，在这起臭名昭著的审判中，他获得了胜诉。[84]在那些为比林作证的人中，有阿尔弗雷德·道格拉斯（Alfred Douglas）勋爵。艾伦小姐——“淫荡、不贞洁、不道德”——以饰演衣着暴露的莎乐美*而出名。宫内大臣的审查员禁止公开演出王尔德的剧本，于是，艾伦小姐参加了一次私人演出。

此案导致寇松在战时内阁的一次会议上要求对该案件的报道进行审查，因为“这个机会正在被用来攻击社会的每一个阶层，必然会造成不好的社会影响”。[85]内政大臣乔治·凯夫爵士说，法官达令要求报界不要公布证据的某些部分。但他说，他不能秘密进行审判，因为如果他不公开审判，那么“外界就会产生怀疑和议论”。比林最终获胜，不仅是因为他持续对法官进行抨击，还因为陪审团接受了他的论点，即扮演莎乐美的任何人显然都是堕落的，这场胜利给了诺思克利夫一个信号，使他无惧指控，并要求进一步围捕敌国侨民，禁止他们进入沿海地区。有人对拥有银行和企业的真正的德国人进行了指控，并发起了一场“拘留所有人”的运动。

在整个 7 月，诺思克利夫命令他的两家全国性报纸继续进行攻击。他认定，由于米尔纳是敌国侨民，政府将不会采取适当的敌国侨民政策，他敦促《泰晤士报》的编辑就米尔纳的血统发布一份声明。1854 年，米尔纳出生在黑森大公国**，他的父母是英国人，但他的祖母是普鲁士人。几位极右翼议员支持这项事业，并就敌国

---

* 《莎乐美》是英国作家奥斯卡·王尔德于 1893 年创作的戏剧。莎乐美的故事最早记载于《圣经·新约》中的《马太福音》。莎乐美是希罗底（希律王的第二任妻子）的女儿，希律王（巴勒斯坦伽里黎的统治者）的继女。其母因施洗约翰指责她通奸，阻止希律王娶她为妻，而对施洗约翰怀恨在心遂将莎乐美作为其复仇工具，指示她以跳舞取悦希律王，以换取圣人的人头。——译注

** 黑森大公国：通称黑森 - 达姆施塔特，全称黑森和莱茵河畔大公国或黑森和莱茵河左岸大公国，是神圣罗马帝国的一个伯爵领地和大公国。1567 年，黑森伯国一分为四，分出黑森 - 达姆施塔特伯国。1806 年后，黑森 - 达姆施塔特伯国被提升为黑森大公国，从 1871 年至 1918 年，它是德意志帝国中的联邦国之一。——译注

侨民的“问题”提出了许多疑问。弗里德里克·勒弗顿·哈里斯
667 （Frederick Leverton Harris）是封锁部的次官，他因为妻子到拘留营去探望一位家族朋友利奥波德·冯·普雷森（Leopold von Plessen）男爵而遭到攻击。当封锁大臣塞西尔听说劳建议哈里斯辞职的传言后，他给劳写信说：“如果他辞职，那么我也会辞职——我宁愿去清扫十字路口，也不愿成为受彭伯顿·比林和他手下摆布的部门里的一员。”[86]劳改变了想法，哈里斯留了下来，但选择不参加下次选举。丘吉尔非常愤怒，因为军需部的一些专家、科学家都具有德国血统，这迫使战时内阁同意，对在政府部门工作的敌国侨民颁布的禁令，应当根据“对国家具有重要性这一明确理由”进行变通。[87]有人指出，在随美国军队来到英国的士兵中，许多人出生在德国或者他们的父母是德国人。

为了平息歇斯底里的情绪（尤其是由当地政府官员引起的），劳合·乔治成立了一个敌国侨民委员会。该委员会要求拘留所有18岁以上的男性侨民，遣返所有女性侨民（如果无法遣返，就拘留她们），审查自1914年1月1日以来所有敌国侨民的归化入籍，解除任何具有德国血统的人担任的公职，禁止敌国侨民进入禁区，以及关闭所有德国企业。战时内阁决定，“任何不在英国出生的英国臣民，在没有许可的情况下，不得更改自己的名字，这个规定将追溯适用于战争期间”。[88]凯夫按照大多数建议采取了行动，但并没有解除敌国侨民的公职，这其中可能包括米尔纳。敌国侨民调查委员会——由高等法院的法官担任主席——审查了6000名德国人和1.8万名其他敌国侨民的情况。《每日邮报》抨击该委员会只抽出时间对其中的300人进行了质询。国民党组织了集会，要求进行大规模拘留，并成立了地方公共安全委员会。该党于去年成立，组织了一场125万人签名的“怪物请愿”，请愿书长达两英里。在法

国，战争命运发生扭转，这将压制歇斯底里的情绪。

比弗布鲁克——在宣传部，他是诺思克利夫的上司——受够了外交部阻挠他的提议，6 月 24 日，他递交了辞呈。贝尔福坚持自己的立场，声称不可能有两名大臣制定外交政策，而希望向敌国宣传信息的比弗布鲁克似乎决心要制定外交政策。和内维尔·张伯伦的任命一样，这也是劳合·乔治改革政府的决心导致冲突的一个例 668
子，这种情况也需要他进行干预才能解决——而他当时没有时间这么做。经过数天的争论，政府同意继续用宣传单“轰炸”德国人，比弗布鲁克也收回了辞呈。然而，由于情况复杂，直到战争的最后几天，也就是三个月后，传单才重新从飞机上（而不是气球上）落下。

四

1918 年 1 月 30 日，最高军事委员会在凡尔赛宫召开会议。会议主要讨论了人力短缺问题，以及大幅缩减师的规模的可能性。劳合·乔治——他认为自己已经为在圣地进行的战役输送了大量的士兵，雷普顿将此称为“通过与土耳其人作战来赢得战争的疯狂计划”——要求提供缩减规模的证据。[89]当罗伯逊在会议中就西线的安全问题质问他时，他和罗伯逊发生了进一步的争吵。后来，劳合·乔治当着外国人的面斥责帝国总参谋长不同意他的观点，“他已经在伦敦提出了自己的建议，在这里，他没有必要再重复了”。[90]让劳合·乔治觉得自己有理的是，罗伯逊——他对首相感到失望——似乎忘记了一个关于指挥制度的基本事实，这在一定程度上解释了为什么首相决定让他靠边站，无论首相采用的方法有多么糟糕。然而，罗伯逊认为，作为帝国总参谋长，他拥有基本权力，而且英国军队不应以任何方式受到法国的控制或影响，并且他从未放弃这个信念，那就是只有在西线才能赢得战争，德国人将被赶出他们非法占领的领土。

政府下令禁止报纸报道最高军事委员会的审议情况，法国人的不满也对审议细节造成了影响，因为法国人认为，英国从未在西线发挥过自己的作用。审查的理由是，公布细节将有助于敌人，但莫里斯认为，这“实际上是在阻止讨论，这将对政府有害”。[91]然而，关键的政治问题是劳合·乔治和克列孟梭达成了一项协议，该协议
669 向最高军事委员会授予行政权，允许其将英国和法国军队部署到西线最易受到攻击的地方。这在当时是严格保密的，但谣言很快就传开了。

在国王和阿斯奎斯的支持下（罗伯逊本应意识到，这种支持将会使他与劳合·乔治的关系进一步恶化），罗伯逊拒绝与该委员会合作，他正确地意识到，成立这个委员会，是为了让它作为军事建议的替代机构。1 月 22 日，劳合·乔治会见了斯坦福德汉，并毫不掩饰他对军队领导层的不满。谁将负责部署一个与法国人联合组建的、由 30 个师组成的战略后备役，成了争吵的主要原因。按照计划，驻凡尔赛的代表亨利·威尔逊爵士将拥有这种权力，如果他愿意，他将凌驾于罗伯逊、黑格和陆军委员会之上。英法两军的主要联络官爱德华·斯皮尔斯（Edward Spears）认为，威尔逊“首先很懒惰，然后很有野心，他彻底摧毁了他所具有的一切军事美德”。[92]他还有“一种非常张扬的个性和一种威慑人的丑陋，对此他很自豪，他夸口说，有人给伦敦最丑的人写了一张明信片，明信片却直接寄给了他”。[93]

罗伯逊告诉劳合·乔治，帝国总参谋长必须保留这种权力，“因为他是唯一一个直接对陆军委员会负责的人以及就英国陆军向

政府负责的人”。[94]他不会考虑任何其他安排，“因为这将涉及把行政权移交给一个不对其行为的后果负责的委员会”。罗伯逊明确表示，他的工作不只是提供建议，还要确保他所领导的军队中士兵的福利，并阻止可能危及这种福利的任何事情。行政权力必须伴随着责任。因此，英法两国的战略后备役必须由罗伯逊和福煦共同管理。一名美国代表和一名意大利代表将在委员会任职，尽管几乎没有美国士兵驻扎在欧洲，尽管意军只在意大利前线进行部署。在战场上，没有一个士兵能够在不承担后果的情况下影响英法联军的行动，在最高军事委员会，情况也是这样。

陆军委员会团结一致反对政治干预，并一致赞同罗伯逊的观点。凡尔赛计划背后的想法“触及了每一项基本指挥原则的根基”，委员会向战时内阁发了一份备忘录，对此进行了说明。[95]关于 670
这个问题，劳合·乔治深受米尔纳的影响，米尔纳以智识为由，解释了为什么变更行政权。然而，米尔纳没有看到，或者忽略了这样一种可能性，那就是军人们不会轻易接受以这种方式处理事情的官僚或技术官僚的干预。2 月 9 日，劳合·乔治向德比征求意见，试图阻止罗伯逊辞职，他决定让罗伯逊与威尔逊互换位置，担任英国驻凡尔赛的常任军事代表，以此解决这个问题。黑格告诉劳合·乔治，他不会接受威尔逊从凡尔赛下达的命令，但劳合·乔治没有就这个举措征询他的意见。劳合·乔治告诉罗伯逊，他仍将是陆军委员会的成员，他将与福煦平起平坐，并与福煦分担部署战略后备役的责任，而且（劳合·乔治以一种与其说是在谈论罗伯逊、不如说是在谈论他自己的姿态说道）他还将获得每年 1000 英镑的加薪，以及在巴黎免费获得一所房子。这将有效地创建一个双重指挥官的模式，由威尔逊担任帝国总参谋长，并将使这两个指挥官都争着让劳合·乔治听取自己的意见。

2 月 11 日，罗伯逊——他收到了德比发出的一份正式备忘录，阐述了提议的角色——拒绝了这份工作，因为他的正直要求他这样做；尽管黑格劝他接受这份工作，因为如果他成为凡尔赛的代表，那么他本质上就是“总司令”。虽然他不考虑以这个身份与威尔逊一起工作，但继续保持他与威尔逊的现有关系实际上不会给他带来任何问题。[96]德比也敦促罗伯逊留下：“如果我认为这是对你的侮辱，我是不会同意的。”[97]但是，罗伯逊对劳合·乔治说，接受这个工作意味着“他将接受他和陆军委员会都曾谴责过的原则”。由于未能说服罗伯逊不要辞职，黑格请求国王出面干预，“首先，在这个节骨眼上，所有的士兵都必须团结一致；其次，罗伯逊可能会反对劳合·乔治向东线派兵攻打土耳其，从而使我们免于遭受失败”。[98]在需要他对首相进行批评的任何事情上，国王从来都不会不征求斯坦福德汉的意见就采取行动。然而，黑格发现国王的私人秘书“迟迟未能掌握目前的形势”，也许黑格没有意识到斯坦福德汉认为这是一场国王不需要参与的战斗，实际上也是宪法不允许国王
671 参与的战斗。如果国王反对劳合·乔治的行为，而劳合·乔治固执己见的话，那么劳合·乔治将别无选择，只能辞职，这将造成大规模的动荡，破坏国王之前付出的与人民和民选代表团结一致的努力。

然而，2 月 13 日，斯坦福德汉确实传达了国王的“惊讶”——也可以被解读为“愤怒”——因为国王直到前一天才听说这个计划。[99]劳合·乔治当然对罗伯逊及其同事竭力阻挠他的行为感到愤怒，但是，就像通常处理国王密切关注的事情一样，他不是缺乏礼貌，就是故意隐瞒事实，这使情况变得更糟。斯坦福德汉对劳合·乔治说：“国王强烈反对免除罗伯逊的帝国总参谋长一职，对军队来说，免去罗伯逊的职务是不可估量的损失，这将引起全国人民的

怨恨，并将让敌人欢欣鼓舞。”劳合·乔治对斯坦福德汉说，他完全不同意这个说法。如果国王听说罗伯逊受到如此高的评价，那么这些看法一定是捏造的。“他不像国王那样对威廉·罗伯逊爵士怀有极端好感”，如果说这些言论容易引起争端，那么与随后说的话——如果国王坚持让罗伯逊留下，那么“政府将无法继续，国王陛下必须物色其他大臣”——相比，这些言论就相形见绌了。[100]斯坦福德汉觉得自己被打败了，他做出了让步。他还发现，德比（德比通常遵循最小抵抗路线，并且不希望在劳合·乔治和罗伯逊的战斗中充当调解人）已经受够了帝国总参谋长的“不可理喻”，只想辞去陆军大臣一职。国王在日记中写道：“我非常担心，因为首相正试图除掉罗伯逊，如果他不留心，那么他的政府将会垮台，现在正处于水深火热之中。”[101]

结果，罗伯逊并没有辞去帝国总参谋长的职位，而是被暂时停职，因为斯坦福德汉以国王的名义要求他让这个提议的指挥制度运作起来。政府让德比——他实际上是听从罗伯逊的命令，在没有帝国总参谋长允许的情况下，他不得与总指挥官沟通——向在意大利指挥远征军的将军赫伯特·普卢默（Herbert Plumer）爵士授予罗伯逊的职位。但是，据汉基说，这种做法促使普卢默拒绝了这份工作。在发出工作要约之前，汉基重新起草了要约，但普卢默还是拒绝了，并表达了对罗伯逊的支持。“在接下来两天的谈话中，德比勋爵表示，他现在希望我继续担任帝国总参谋长”，罗伯逊回忆 672
道，“2 月 13 日，他递给我一份他写给首相的信件的副本，提议说应当这样做”。[102]威尔逊继续担任驻凡尔赛的代表。因此，劳合·乔治的处境很不利，他的两位最资深的将军拒绝了帝国总参谋长的工作，因为他们反对最高军事委员会的运作方式。

在听说罗伯逊拒不让步后，米尔纳——他塑造了劳合·乔治对最高军事委员会的看法，不愿意看到这种看法遭到罗伯逊的破坏——通过议会私人秘书威廉·奥姆斯比-戈尔（William Ormsby-Gore）告诉汉基，如果罗伯逊不辞职，那么他将会辞职。2月12日，在评论国王的演讲时，阿斯奎斯抨击了劳合·乔治对战事工作的管理，尤其是这方面。他非常清楚——因为这两位战士都在向他进行汇报——公众视线之外发生的事情，他恪尽职守地说道，尽管前几个月遇到了种种挫折，“我们的总指挥官道格拉斯·黑格爵士和我们的帝国总参谋长威廉·罗伯逊爵士，这两位伟大的战士……丝毫没有动摇我国和帝国的信心”。他阐述道：“两年多来，协约国军的战争大业在这段时间里遭遇了种种变幻莫测的命运，他们一次又一次地证明，他们拥有非凡的远见、坚韧、耐心和不屈不挠的决心，这些品质能够最大限度地赢得和维持英国军队的信任和忠诚。当我说我们欠他们无尽的感激并应给予他们坚定的信心时，我是在呼应下院的声音，也是在呼应整个国家的声音。”[103]

鉴于与两个星期前在凡尔赛究竟发生了什么事情有关的谣言已经传开了，阿斯奎斯的另一个相关担忧是，劳合·乔治违背了他在宣布最高军事委员会时做出的承诺，即最高军事委员会不具备行政职能。这使他再次提到了黑格和罗伯逊：

> 总指挥官和总参谋长不能同时侍奉两个主人。总参谋长只能为一个主人效力，这个主人应该是他自己的政府。同样，总指挥官应当且仅应当通过总参谋长接获命令。我所认为的准则——除非出现相反的情况，否则这个准则对于开展战事而言
> 673 是合理且实际的，并在该委员会最初的章程和职能定义中得到了承认——已经被抛弃或遭到了严重修改，想到这一点，我感到很遗憾。[104]

对于劳合·乔治进行军队高层变动的传言，阿斯奎斯进行了嘲讽，并希望能够得到一个“简单、明确的答复”。[105]他用一种惯用的傲慢语调，用一种他的许多同僚都不熟悉的嘲弄口吻继续说道：“在这类事情上，我排除了我们读到的那些卑鄙的个人争斗、阴谋诡计和争吵，我认为我们绝对不存在这种情况。它们不值得注意，而且我不相信——除非我有压倒性的相反证据，否则我不会相信——它们会对政治家或军人的行动造成影响。”他知道这就是正在发生的事情，而且国家利益并没有被放在第一位。

就像在重要场合经常发生的那样，首相精疲力竭，得了感冒，政府看上去既无能又局促不安。他试图指责阿斯奎斯无礼，没有将所提出的问题知会他。他说，关于黑格和罗伯逊接受凡尔赛指挥制度的说法，充其量只有一半是真话：“大家达成了一致，”他声称。[106]“对于已经达成的任何决议，大家没有意见分歧。”关于最高军事委员会，他支支吾吾，声称如果他向阿斯奎斯提供其想要的详细答案，那么他可能会向敌人泄露重要信息。阿斯奎斯就这个问题向他提出了质疑，并进行了激烈的争论。阿斯奎斯的支持者们起哄，并打断了劳合·乔治，他们越是这样做，他就表现得越狡诈。他的战事指挥方式与被议会问责和遵守荣誉传统的做法是不相称的。

他气势汹汹地说，参加凡尔赛会议的协约国的四个国家已经同意不公开谈论会议的结论；他指责他的前任试图讨论“军事决定”，而阿斯奎斯抗议说他根本不想这样做。听到这话，劳合·乔治发火了：“在指挥战争的时候，有些问题是政府必须决定的。在我看来，如果下院不满意，那么它只有一种方法处理这种情况；它可以更迭政府。”[107]接着，他对一个关键的谎言进行了抨击。阿斯奎斯的效忠者乔治·兰伯特（George Lambert）打断了他的话，问 674

道："道格拉斯·黑格爵士和威廉·罗伯逊爵士赞成这些决定吗？"劳合·乔治回答说："当然，他们都出席了，所有的代表都同意了。"阿斯奎斯的大多数朋友都嘲讽他，声称唐宁街如何播种与黑格和罗伯逊漠视生命有关的谣言，以及主要的麻烦制造者者诺思克利夫如何逍遥法外。劳合·乔治谴责了这个"彻头彻尾的谎言"，并声称自己一直在"奋力反对报纸上出现的这些段落"。[108]他没能说服他们。麦克唐纳宣称："今天下午，首相的演讲失败，下院肯定对此印象深刻，"没有人否认他的这个说法。[109]

劳合·乔治再次会见了罗伯逊，这位将军告诉首相，如果他继续担任帝国总参谋长，那么他将接受削减权力。劳合·乔治——他不愿意被看作是诺思克利夫的走狗——仍然觉得自己不能解雇罗伯逊。汉基将米尔纳的不满告诉了首相，他要求内阁秘书让米尔纳平静下来。米尔纳说，如果罗伯逊能忠诚地执行在凡尔赛同意的政策，并且公开说明他拒绝了驻凡尔赛的工作，那么他将接受罗伯逊的留任。然而，2 月 14 日，对于要么留任帝国总参谋长，要么前去凡尔赛，罗伯逊再次予以拒绝。他应邀参加了战时内阁的会议，并表示，由于内阁似乎不愿意接受他的建议，内阁应该解除他的最高军事顾问的职务，但是，如果内阁不这样做，那么他想知道让他留任以便管理一个"他认为危险和不可行的"制度是否"明智或公平"。[110]由于担心政府会内爆，劳合·乔治派贝尔福和德比去劝说罗伯逊改变主意。然而，尽管汉基向贝尔福简要说明了他将要说的话，但是贝尔福完全搞错了，并且从来没有妥当地提出这个建议。德比对罗伯逊受到的待遇感到恼火，他打算辞职，黑格劝他不要这样做，因为黑格担心如果他这样做，那么诺思克利夫将会接替他。

一向忠于黑格和罗伯逊的国王公开表达了自己的感受。劳合·

乔治——在与王室打交道时，他总是设法装出一副彬彬有礼的样子——愤怒地对斯坦福德汉说，国王“为那些政府决定除掉的军官们……辩护，这是在鼓励兵变”。[111]这种正面攻击让斯坦福德汉感到震惊，他向劳合·乔治保证国王没有这种意图。2 月 16 日，罗伯逊——他是这些军官中的其中一名——给劳合·乔治写信，概述了他的“良心”如何不允许他按照首相的意愿行事。[112]他警告劳合·乔治：“你已决定采用的方法肯定是行不通的，也是危险的。”然而，就在同一天，战时内阁被告知劳合·乔治将发表一份声明，宣布罗伯逊辞职，威尔逊将接替他，劳合·乔治已经下定决心要以独裁的方式行事。国王吓坏了：“我不信任他，”他这样描述威尔逊。[113]寇松没有出席会议，人们担心他正在考虑辞职，于是让汉基通过专人与他联系。 675

罗伯逊声称官方声明说了两个谎。声明中说，他拒绝在削减权力的情况下留任，而实际上不是这样的。声明中还说，他已经辞职，实际上他并没有辞职。声明中也没有说明他拒绝去凡尔赛的原因，即他认为这个制度是不可行的原因。劳合·乔治曾一度邀请他——他已经担任了两年的常任高级将领——担任驻凡尔赛的副代表，成为职级比他低的威尔逊的下属。声明没有提到这一点。

劳合·乔治把黑格和罗伯逊归为一类人，但是，在把罗伯逊赶走后，他还没有制定赶走前者的计划，尽管他考虑了适合接替前者的几位将军。南非将军兼战时内阁成员扬·史末资——他是劳合·乔治最喜欢的士兵，作为一个局外人，他可以不让历来关于其个性的看法影响到他的判断——建议劳合·乔治留住黑格，因为他觉得没有比黑格更好的人选。首相与黑格的下一次会面很难使他相信这个判断是正确的。2 月 16 日晚，在从法国的一次陆军指挥官会议回来后，黑格抵达伦敦，决心会见劳合·乔治。在这次指挥官会议上，他得知德军的实力大大增强，“我们现在必须随时准备面对非常猛烈的攻击”。[114]这种看法与他在1月初所表达的疯狂观点相矛盾，对提高他在唐宁街的可信度毫无帮助——即使这一次他被证明是对的。德比在维多利亚车站接他，并告诉他，威尔逊已经接替了罗伯逊。黑格觉得罗伯逊是被迫离开的，这不是他的错觉。第二天（星期天）早上发生的第一件事情是，罗伯逊拜访了黑格，并告诉黑格，他觉得德比不太“正直”。[115]然而，黑格似乎决心接受官方对事件的说法，并且没有显得大惊小怪，也许是为了避免自己因为
676 抗议而被好斗的首相解雇。

然后，德比把黑格带到劳合·乔治位于沃尔顿希思的房子，黑格认为那里“让我想起了海边的避暑寓所”。当他们到达时，劳合·乔治正在休息。劳合·乔治一现身，黑格便强调说，他从来没有批准过他们正在讨论的任何安排，但是，现在这些都是内阁政策，他将忠诚地执行这些安排。劳合·乔治暂时离开了房间，这给了德比一个机会，他告诉黑格，陆军元帅已经“相当清楚地”陈述了自己的立场，而陆军大臣对黑格反对新制度至少是毫不怀疑的。随后，德比向黑格保证，如果首相“在下院就这个问题做了任何与我（黑格）有关的失实陈述，那么他准备在上院站出来，断然否认”。联军的统一指挥权本来是可以建立起来的，但最后就此结束。

黑格应邀前去拜访威尔逊，讨论由谁来接替威尔逊在凡尔赛留下的空缺职位。这个职位落到了亨利·罗林森（Henry Rawlinson）爵士的身上，黑格对此很高兴。德比刚才主要作为旁观者参与了上述事件，他觉得自己受到了连累。那天晚上，他会见了黑格，再一次提到他正在考虑辞职，他也向国王阐明了这个想法，国王同意辞职是最好的办法。德比准备把他的威胁付诸行动。黑格劝他为了军

队的利益留下来，劳也敦促德比留下来，而汉基阻止朗（朗对罗伯逊受到的待遇感到愤怒）辞去殖民事务大臣一职。如果他们刚好在比弗布鲁克进入政府时以及诺思克利夫得到一个正式的职位时辞职，那么由罗伯逊的离开所引起的骚乱可能会对政府造成致命的破坏。然而，到了 2 月 17 日，黑格的陈述内容已经发生改变，他的主要关注事项不是罗伯逊，而是“我是否对向我下达命令的拟议安排感到满意”。[116]作为陆军委员会的成员，罗林森很满意，因为他给黑格下达的任何指示都将构成“合法命令”。[117]如果罗伯逊在政治博弈中依靠黑格作为援军，那么他将会感到失望。在决定是否要冒着失去自己工作的风险来挽救罗伯逊的工作时，黑格被认为是做得还不够。不过，话说回来，罗伯逊不仅不是一个绅士，还犯下了被劳合·乔治打败的终极罪行。

第二天早上，当德比（犹豫不决地）决定不从政府辞职时，罗伯逊“在晨报上读到他已经辞职了”。[118]阿斯奎斯要求对此做出解释，但劳表示，由于“非常怕冷”，劳合·乔治不能出席下院的 677
会议，他希望第二天能参加。[119]那天早上，劳不辞辛苦地去见黑格，并告诉黑格，劳合·乔治要求他于该日下午在议会宣读的一份声明，并建议他关于黑格应当说些什么。劳合·乔治要他说黑格认为新的安排是“一个可行的计划”。[120]然而，黑格并不那样认为。“我说这不是我的观点，因为我认为这是一个糟糕的计划，而且不可靠，因为它设置了两个可以给我下达命令的官员，这是双重控制。”他说：“他不能说我认为这个计划是可行的，但是，我将尽最大努力根据这个计划开展工作。”劳理解黑格的意思，并且没有歪曲他的意思。劳的秘书戴维森告诉汉基按照黑格的建议来阐述这个声明。[121]

声明还宣布，罗伯逊接受了东线师的指挥权，这促使阿斯奎斯的追随者之一詹姆斯·霍格询问，为什么不向他授予童子军的指挥权。第二天，劳合·乔治做出了他承诺的声明。他没有提到的是（但汉基写在了他的回忆录中），唯一值得注意的事情是罗伯逊如何坚持了这么长时间。汉基觉得罗伯逊是“首相上台后想要摆脱的很多东西的化身”。[122]这位将军之所以能够任职到现在，是因为他在军人和政治家中享有很高的声望。直到现在，劳合·乔治才终于觉得自己拥有足够的权威来处置帝国总参谋长，他与这个帝国总参谋长在战略问题上存在严重分歧。罗伯逊笑到了最后：“在接受实际考验时，执行委员会彻底崩溃了，3 月 26 日，福煦将军担任最高统帅，并一直担任到战争结束。”[123]离职后，罗伯逊将受到劳合·乔治的不公正待遇，他期望得到的贵族爵位从未兑现，而且与其他高级将领相比，他得到的战争奖金非常少。战争最后几个月发生的事件足以证明，他对战略的大部分评估都是正确的，因此，一想到这一点，劳合·乔治就会感到恼怒：从他对枝节问题的关注来看，他对战略的把握是非常差劲的。

在对付了罗伯逊后，劳合·乔治觉得摆脱不了黑格，于是决定让他的部队缺少兵力，这样他就不能发动另一轮进攻。但是，这也
678 意味着，劳合·乔治必须对没有充足的士兵来保卫西线承担责任，这一点他似乎从未考虑过，就像黑格从未想过军队士兵短缺的真正原因一样。和劳合·乔治一样，新上任的帝国总参谋长威尔逊（有意或无意）无视协约国军目前在西线面临的危险。3 月 4 日，莫里斯告诉威尔逊，他预料到德国人将在康布雷周围发动攻击，威尔逊不同意这种看法。这是因为他真的是这样认为的，还是因为他知道劳合·乔治的看法，并希望避免与劳合·乔治发生冲突，我们只能猜测了——尽管劳合·乔治早在一个月前就派史末资和汉基到西线，检查应对这种袭击的准备情况。新的指挥制度并不完美，部

分原因是黑格决心做自己的主人：3月，劳合·乔治了解到，黑格和贝当一直在就西线和意大利之间的军队部署进行自由决策。

在整个2月下旬，更多的情报到达了陆军部，内容关于德国的师正在向前线转移。然而，正如莫里斯在28日记录的那样，“大臣们仍然不愿相信德国将在西线发起攻击”。[124]到了3月中旬，对于德军在西线“集结”所造成的战争局势转变，议员们在下院提出了一些问题：然而，政府假装忽略这些问题。[125]莫里斯告诉他们，德国的进攻将在3月15日之前准备好，可能在康布雷附近发动。春天的天气异常干燥，这只会增加袭击的可能性。四天后，莫里斯告诉威尔逊，他“肯定”袭击将会发生；威尔逊对他说，德国人试图从索姆河的废墟发起进攻，这种做法没有意义。[126]3月12日，威尔逊进一步向战时内阁详述了这个意见，声称肯定不会发起攻击。“德国人在西线集结军队并不是为了好玩”，莫里斯说道。[127]然而，黑格——他于3月14日被传唤到伦敦——带着一种叛变者的热情坦言道，劳合·乔治和劳“尽了最大的努力让我告诉你们，德国人不会进攻”。[128]然后，黑格列举了劳合·乔治病态性不诚实的另一个例子。“首相说，我认为‘德国人只会攻击我们前线的一小部分’，我说我从来没有说过这样的话。”

黑格强调说，如果他是一名德国将军，因为成功结束了东线而陶醉不已，那么他将会发起攻击。他对联合政府的领导人说，“我们必须做好准备，以应对在前线50英里的地方发起的非常猛烈的攻击，因此，我们急需调派士兵”。即使没有这样的进攻，他也担 679
心到6月还会缺少10万兵力。[129]劳合·乔治没有理睬他，而是答应不撤出黑格的任何一个师来组建总预备队——这是凡尔赛提出的建议。并不是所有的大臣都自满得意：丘吉尔意识到西线防守不足，非常危险，并开始敦促劳合·乔治从在英格兰集结的军队中向黑格调拨更多的士兵。首相继续拒绝，再加上陆军部决定在本土保留12 万人的后备役——黑格经常传达的信念（即他的军队可以轻易地抵抗 18 天的进攻）对这个决定提供了支持——使得英国距离战败仅有一步之遥。

1918 年 3 月 21 日凌晨 4 点 43 分，德军开始进攻，正如莫里斯预测的那样，进攻发生在康布雷的前方，就在法军和英军的交汇处，德军的最高指挥官认为那里是联军在前线最薄弱的地方，而且那里雾气弥漫。敌人部署了 76 个师，以对付英国的 26 个步兵师和3 个骑兵师，另外还有 8 个师作为后备役。美军到达前线的人数还不够多，无法发挥作用，而且没有进行部署。第一天，英军伤亡惨重，德军推进了 4.5 英里，占领的土地几乎和联军在整个索姆河战役中占领的土地一样多：超过 7000 人阵亡，1 万人受伤，还有 2.1 万人被俘。德军也损失惨重，近 1.1 万人阵亡，2.9 万人受伤，但只有 300 人被俘。[130]雷普顿坦言，“只有英国士兵的英勇才能弥补战时内阁的愚蠢”。[131]在进攻开始的那天早上，威尔逊——他驳斥德军将发起攻击的想法，这被证明是错误的——告诉战时内阁，这可能“只不过是一次大规模的突袭”。[132]当莫里斯告诉他进攻正在进行时，他简直不敢相信。他的传记作家、少将查尔斯·卡威尔（Charles Callwell）爵士巧妙地说道，法国事件的“极端严重性”必定需要经过一段时间才能渗透到伦敦。[133]

恰恰相反，坏消息传得很快，当天下午，人们在下院询问劳，政府认为这是怎么回事。他的回答完全歪曲了前几周在白厅发生的事件。他承认，在那个阶段，掌握的细节非常少，但他补充说：“我确实有理由这样说，这次袭击并不令人感到惊讶，而且负责我
680 们部队的人已经预见到而且始终相信，如果发生这样的袭击，我们
完全有能力应对，这个国家发生的任何事情都不会成为平添我们焦

虑的理由。”[134]

几天内，德军走了40英里，进入了荒凉的索姆河战场上的一片空地，这片空地几乎没有什么战略价值。只接受了堑壕战训练的英国士兵在野外毫无希望，但是，随后的撤退挽救了许多生命。准确指出攻击地点的不仅仅是莫里斯。根据汉基的说法，协约国军队的许多高级军官已经预料到了这个地点。2月初，汉基曾和史末资一起去前线，并与许多高级军官进行了交谈。“这是世界历史上的决定性时刻之一，”他在日记中写道，“但是，我认为我们的同胞将坚守阵地。”[135]很快，事实表明，“我们的同胞”没能守住阵地。撤退的规模如此之大，以至于3月23日，汉基已经在谈论“溃败”。那天下午，从西线特地飞过来的总参谋部的沃尔特·柯克（Walter Kirke）上校告诉战时内阁，大约有4万英国人伤亡，损失了600支枪，其中包括100门重炮。[136]也许最令人沮丧的是，他说索姆河战役开始时被废弃的堑壕，现在正准备好供军队用于撤退。

战时内阁讨论了从意大利和巴勒斯坦撤军，并派遣一个印度师去支援前线。由于“出现了紧急情况”，战时内阁决定将5万名致力于保卫英国本土的18岁至19岁的年轻人派往法国，以便为协约国的军队增援，尽管这将使不列颠群岛易于受到攻击。令人惊讶的是，虽然数周以来情报部门都在散播敌军集结的消息，但竟然还有8.8万名士兵休假回家，他们将被尽快送回战场——每天大约8000人。对威尔逊来说，他曾经不相信会遭受溃败，现在已经变成了他不知道将在多大的程度上遭受溃败。

劳合·乔治的虚伪激愤地发作了——因为应受到指责的是他，而不是他那傲慢、常常思路狭隘的总指挥官——他对黑格大发雷霆，因为黑格“没有为这次袭击做任何准备，尽管他被警告说袭击很可能会发生，就像曾经发生的那样”。[137]不过，他认为威尔逊已经预见到了这一点，这与证据完全不符。劳合·乔治觉得他的凡尔赛计划没有得到执行，因为法国人太迟才召集后备役。威尔逊继续蒙蔽劳合·乔治和战时内阁，3 月 23 日，他说他认为双方的兵
681 力“大致相当”，尽管莫里斯报告说，事实上有 191 个德国师对战协约国的 165 个师，德国拥有 11.76 万支有效的步枪，占据了优势。[138]难怪战后克列孟梭说劳合·乔治是“他见过的最大的骗子”。[139]在这个举国绝望的时刻，威尔斯——他完成了小说《乔恩和彼得》——说道：“没有纳尔逊*和威灵顿**来拯救这个国家，也不可能出现纳尔逊或威灵顿。这个国家甚至还没有找到劳合·乔治先生的替代人选。”[140]

战时内阁“处于恐慌之中，正在讨论撤退到海峡港口并将我们的军队撤回英国的安排”。[141]威尔逊轻描淡写地草率说道，这是“令人焦虑的一天”，并承认，虽然法国人答应增援，但增援部队需要三天才能到达。[142]黑格的副官菲利普·沙逊（Philip Sassoon）爵士觉得他很清楚问题出在哪儿。3 月 23 日，他在写给伊舍的信中说道：“情况非常简单。敌人拥有兵力，而我们没有。两年来，道格拉斯·黑格爵士一直警告身在英国国内的朋友，我们的兵力处

---

* 纳尔逊（Nelson）：即霍雷肖·纳尔逊（Horatio Nelson，1758 年 9 月 29 日～1805 年 10 月 21 日），英国风帆战列舰时代最著名海军将领及军事家，在 1798 年尼罗河口海战及 1801 年哥本哈根战役等重大战役中率领皇家海军获胜，他在 1805 年的特拉法尔加战役中击溃法国及西班牙组成的联合舰队，迫使拿破仑彻底放弃海上进攻英国本土的计划，但他自己却在战事进行期间中弹身亡。——译注

** 威灵顿（Wellington）：即阿瑟·韦尔斯利，第一代惠灵顿公爵（1769 年 5 月 1 日～1852 年 9 月 14 日），拿破仑战争时期的英国陆军将领，第 21 位英国首相。19 世纪最具影响力的军事、政治领导人物之一。最初于印度军中发迹，西班牙半岛战争时期建立战功，并在打败拿破仑的滑铁卢战役中分享胜利。他最终成为英国陆军元帅，而且还被俄罗斯帝国、奥地利帝国、普鲁士王国、汉诺威王国、西班牙王国、葡萄牙王国和尼德兰王国七国授予元帅军衔，是世界历史上唯一获得八国元帅军衔者，沙皇亚历山大一世称他为世界征服者的征服者。——译注

于危急状况，但是，他们更喜欢谈论阿勒颇*，沉溺于有关美国人的神话梦境之中。”[143]然而，黑格——根据他自己的说法，他曾在1916年和1917年让德军疲惫不堪——从来没有想过，与英国远征军不同的是，德军竟然还能横扫他的军队，并像以前那样向前推进。

第二天的消息更加糟糕。就连黑格——此刻，他对士兵们的战斗精神充满信心，尽管他们不得不撤退——也向白厅发出消息，承认“形势严峻”。[144]“他们已经突破了防线”，劳合·乔治告诉里德尔，“问题是后面有什么能够阻止他们”。[145]丘吉尔——他面临着将失去2.5万名有军事经验的军火工人的危险——和威尔逊要求劳合·乔治授权大规模征召超龄男子和在免于服役的岗位上工作的男子。前线的北翼仍在坚守之中，但南翼的撤退正在变成一场溃败。3月25日，当《泰晤士报》的第一篇社论声称“形势严峻”并呼吁做出更大的牺牲时，战时内阁开始讨论将强制征兵扩展到爱尔兰（这在一定程度上反映出这次的突然崩溃造成了极度绝望），并将服役年龄的下限更改为17岁半，将上限更改为50岁。[146]战时内阁还考虑征召之前因身体不适合服役而被豁免的士兵。它承认，关于“被征召的爱尔兰人可能具有的战斗价值”，“专家意见”存在“分歧”。[147]3月27日，在一次专门讨论爱尔兰征兵问题的战时内阁会 682
议上，杜克辩称，这个举措毫无意义，而且将会团结所有反对英国的天主教人士。它将聚集爱尔兰战斗组织中的“多名危险人士”。[148]没有人理睬他。政府更担心的是，当它在英国使出最后一招时，不在爱尔兰征兵将会引起民众的愤怒。

内阁一致同意，军工厂可以释放19岁到20岁的男子参加战

---

* 阿勒颇（Aleppo）：叙利亚的一个城市。——译注

斗，到了7月，已经有12万人被释放出来，但是，丘吉尔反对释放更多的人，最后他赢了。德军正在索姆河战场上横冲直撞，尽管这个战场布满了弹坑和其他障碍，是最难攻克的地方。汉基得出结论认为，德军之所以表现得这么好，是因为英军的兵力快耗尽了。政府发起了又一轮的号召，呼吁让女性参与战事工作——尤其是在夏天临近的时候，让女性从事田间劳动。5月2日，政府呼吁5万名“女孩”从事农业工作。政府向那些响应的人保证说，一旦找到充足的人手，将会向她们提供合适的住所，并且每天“至少”发放1先令的薪资。然而，就连她们的人数也在减少。[149]

虽然劳合·乔治表面上显得平静而坚定，但他害怕“发生灾难”，不过，并不是所有的事情都朝着有利于德国的方向发展，而且丘吉尔也试图让劳合·乔治挺住。“即使陆地战争失败了，还有海战、空战，而且美国也会协助我们取得胜利。但是，现在是冒险的时候了。”[150]此外，尽管协约国的军队被迫撤退，但德军进攻的主要战略目标——把英法军队分开——并没有实现。再者，英国的武器生产也取得了巨大成功。在德国推进后的三个月里，伍尔维奇军工厂每月生产了4800万枚小型武器弹药，其中一些雇员每周工作100小时。[151]到目前为止，有340万人（其中75万人是妇女）从事军火工作。现在，武器和弹药的生产系统非常高效，供应很容易满足需求，并为最终扭转西线局势做出了关键的贡献。

即使发生了骇人听闻的平民悲剧，也不能破坏这个崇高的事业。1918年7月1日，8吨三硝基甲苯炸药在位于诺丁汉郡奇尔维尔的国家弹药灌装工厂——这是英国生产炮弹最多的工厂——发生爆炸。从1915年到停战期间，这家工厂制造了1900万枚炮弹。爆
683 炸造成134人死亡，由于尸体被炸成碎片，只有32人的身份得以确认。另有250人受伤。爆炸的声音在30英里外都能听到，这是

英国有史以来由爆炸引起的最严重的灾难。直到三天后，官方才发布公告，审查员严格限制报纸的报道内容。负责这次事故的大臣丘吉尔发了一封电报，赞扬了工厂工人的士气。工厂的总经理回答说，他们唯一关心的是继续战事工作。第二天，工厂便复工了。在1915年的炮弹短缺后，谢特温德（Chetwynd）勋爵便创建并设计了这家工厂，他声称爆炸是破坏分子所为。不过，更有可能的原因是，即使天气炎热，工厂仍竭力打破自己的生产纪录，但是在处理一种内在不稳定的物质时，没有遵守安全程序。

在距离英国本土更近的地方发生的事件，为英国最近在工业方面取得的优势提供了进一步证据。5月19日，伦敦见证了战争中最大规模的空袭：43架德国轰炸机试图发动空袭，但有13架坠毁或被击落。无论如何，这也是德国轰炸机的最后一次突袭。由于材料短缺，德国飞机的建造质量很差，更容易被摧毁。这次突袭造成49人死亡，177人受伤，肯特郡和埃塞克斯郡的几个村庄遭到轰炸。从那时起，德国的形势日益恶化，促使英国要求在西线使用飞机。这也归结于英国在为皇家空军建造飞机方面效率更高。1914年，英国只建造了245架飞机；1918年，总数达到了32018架，是1917年的两倍多。[152]协约国军队获得的空中优势成为逆转德军进攻的另一个关键因素。此外，帝国战时内阁于6月在伦敦召开了会议，会上，劳合·乔治强调说航运遭受了极小的损失，英国皇家海军开展了卓越的反潜行动，德国和奥地利的食物短缺引发了内乱，英国有理由感到乐观。

3月26日，仍在和黑格清算旧账的弗伦奇受邀加入战时内阁，他向政坛领导人提供了另一种分析。他说，黑格“没有判断能力，身边尽是些愚蠢的人和糟糕的指挥官……在毫无希望的佛兰德斯攻势中，军队被打得落花流水，黑格让军队大失所望。”[153]在3月26

日的信中，黑格指出，他认为德军有25个师作为后备役。这个断
684 言——是在德国人重新进行机动战的时候提出的——仅仅证实了迫切需要找到更多的士兵。这是一个了不起的断言，无论如何，法国现在正向这个地区大举派兵以抗击德军，从而减缓了德军的进攻速度——尤其是因为即使在距离巴黎75英里的地方（这是自1914年9月以来，敌人首次进入这个距离），法国也有大炮在轰击。

五

然而，在3月26日的战时内阁会议上，弗伦奇造成的主要损害是，他愚蠢地告诉大臣们，只需要再派一些军队来“维持秩序”，便可以相对容易地在爱尔兰推行征兵制。[154]这与爱尔兰人的观点形成了鲜明的对比。W. B. 叶芝（W. B. Yeats）在4月写给霍尔丹的信中说，“因为你是一个有学问的人，因此我们有共同语言”。[155]他继续说：“一些人认为可以在不杀害男人，甚至是女人的情况下强制征兵，我还没有遇到过与这些人有过密切接触的人……在爱尔兰，有一种情感很奢侈，在习惯了目标性思维习惯的英国人中，鲜有人能够理解。人们身上具有东方人的特质，而且我们无法断定在我们面前的悲剧会有多么巨大。”叶芝称，很显然，英国政府把心思放在“让人觉得奇怪的无关紧要的问题上”，它向那些最不了解爱尔兰的人征求意见，以此制定政策。他担心，如果政府继续决定让爱尔兰人为英国而死，那么“我一生的所有工作……都是为了阐明和美化大众的思想，这个工作将被摧毁。百年之后，爱尔兰将生活在痛苦的贫瘠之中”。不仅仅是爱尔兰人有这种感受。杜克强烈反对征兵制，实际上，截至目前劳合·乔治认同杜克的观点。1917年2月，他曾告诉里德尔，在爱尔兰实行征兵制只能招

募到16万人，而且是“在刺刀的威胁下”才能招募到，许多人会出于良心而拒服兵役。[156]与劳合·乔治的大多数看法一样，这个看法也是会变的。

为了寻找更多的义务兵，除了咨询弗伦奇外，战时内阁还就爱尔兰问题征询了其他人的意见。皇家爱尔兰警队的队长、准将约瑟夫·伯恩（Joseph Byrne）爵士的观点本应让政府警醒，伯恩认为，继续推进该法案将是“一个错误”。此外，杜克的“严重怀疑”也应当引起注意，他在3月27日的战时内阁会议上指出，“我们还不如招募德国人”。[157]爱尔兰总指挥官、将军布莱恩·马洪 685
（Bryan Mahon）爵士说，可以强制征兵，“但会极其困难”。马洪说，政府需要增派军队，这不仅是为了进行强制征兵，也是为了实行军法管制，因为在强制实施法案后，政府需要军队来控制愤怒的爱尔兰。奇怪的是，对于如何使任何被迫加入英国军队的爱尔兰人服从军纪或参加战斗（因为试图用步枪强迫他们的话可能会导致叛乱），没有一个高级官员提出疑问。弗伦奇天真地认为，为新芬党进行操练的人只要能摆脱其领袖的毒化影响，就能转变成优秀的英国士兵。

早些时候，劳合·乔治曾为政府没有征召爱尔兰人的做法进行辩解，声称他们中的许多人在生产食品或者在工厂工作，而这些工作往往是至关重要的。但现在，他却摒弃了姑息做法，这并不是因为法国的局势严峻，而是因为如果要让保守党人接受地方自治，那么强制征兵是必不可少的。霍勒斯·普朗克特爵士认为这是“疯狂的”。[158]在德国的攻势取得初步胜利后，首相惊慌失措，似乎陷入了某种错觉。当内阁于4月6日审议爱尔兰大会的报告时（该报告本应为解决爱尔兰问题提供一条途径），他掩盖了这样一个事实：反对报告调查结果的相当少的那部分人都是统一党人，并且除了占多数的民族主义党希望实行地方自治外，该报告没有得出任何新的结论。他告诉他的同僚们，如果这份报告给予爱尔兰财政自主权，即使是（无视该程序的）新芬党也会接受它。一种同样的错觉驱使他要求在爱尔兰实行征兵制，而大会也罕见地一致反对这个做法，并对政府发出警告。

托利党人不明白，为什么当每一个适宜的英国人都被征召入伍时，却没有征召爱尔兰人。然而，这是对政治现实的故意漠视。令他们感到震惊的是，有传言说政府将立刻宣布在爱尔兰实行地方自治，以便让征兵制易于接受。从 1916 年的夏天开始，他们并没有在地方自治的问题上继续进行下去，当时他们有效地行使了否决权，从而助长了新芬党的成功。劳合·乔治的朋友们（尤其是史考特）警告他不要这样做。史考特在 4 月 7 日写给他的信中说道："这种做法不具有政治家风度，而且必定会摧毁在爱尔兰采取怀柔
686 政策的所有希望。"它至少会破坏在爱尔兰大会上取得任何成就的所有希望。各种事件继续阻碍着人们走向一个可喜的结果。3 月 6 日，宪政派民族主义党的领袖和化身雷德蒙在长期健康状况不佳后去世。他的葬礼在位于伦敦的布朗普顿教堂举行，人们向他致以隆重的悼念；但是，在都柏林，葬礼（根据米德尔顿的说法）却"敷衍了事"。狄龙接替他成为民族主义党的领袖。然而，随着新芬党日益强大，民族主义党正在逐渐消亡，尽管在春季的补选中该党蹒跚而行、步履艰难。正如米德尔顿在谈到雷德蒙时所说的那样，"他的死被用来推翻他的政策"。[159]实际上，陈旧的爱尔兰宪政民族主义与雷德蒙德一起被埋葬了。

4 月 8 日，爱尔兰大会公布了一致反对征兵制的大会报告。尽管如此，劳合·乔治还是在第二天宣布了这项政策。这是自阿斯奎斯将爱尔兰政权移交给麦克斯韦将军以来，在爱尔兰问题上

出现的一系列失误中的最新一起。就在消息传来的第二天，德·瓦莱拉表示欢迎征兵制，这样一来，新芬党“就可以有系统地、以暴力方式反对征兵制的实施”。[160]然而，为了避免暴露内阁中的分裂，或者为了暗示征兵制本身并不重要，政府否认存在交换条件，但是，4 月 11 日，战时内阁下令立刻起草一项《地方自治法案》。[161]

在下院关于人力的辩论中，劳合·乔治声称他打算在爱尔兰实行征兵制：“当紧急情况发生时，有必要让 50 岁的男子和 18 岁的男孩参军，以便为自由和独立而战……我完全确信，再也没有理由把爱尔兰排除在外。”[162]狄龙喊道：“你不能通过强迫的手段从爱尔兰获得任何士兵——一个也不行。”首相宣读了民族主义党在 1914 年发表的一份声明，这份声明说他们准备支持“一场捍卫小国的神圣权利和自由、尊重并扩展民族主义伟大原则的战争”。[163]爱尔兰民族主义党的阿尔弗雷德·伯恩（Alfred Byrne）尖锐地指出：“从那时起，我们经历了一场革命。”

狄龙说，如果政府允许爱尔兰决定自己的命运，那么他将会支持征兵制。在爱尔兰人看来，刚开始，这是一场保卫占少数的爱尔兰民族的战争，而后变成了一场他们觉得有必要保卫自己的民族不受英国人侵犯的战争。劳合·乔治无法承认的是，他对起义（他在其中扮演了如此重要的角色）及其后果处理不当，严重 687
限制了他的回旋余地。当他说“在一切都安排好的时候”将通过枢密院令在爱尔兰实行征兵制时，科克郡民族主义党的资深议员威廉·奥布莱恩（William O'Brien）表示，“这是对爱尔兰的宣战”。[164]他的同僚迈克尔·弗莱文（Michael Flavin）补充道：“也是在对世界各地的爱尔兰人宣战。”劳合·乔治随后宣布，“我们打算邀请议会通过一项在爱尔兰实行自治的措施”，但是，伯恩告诉他："你可以留着它。"首相说，每一项提案都必须根据其是非曲直来评判，因为它们并不是连在一起的。他忽视了一个（正确的）主张，即大会的一个非宗派小组委员会一致反对在爱尔兰征兵。汉基在旁听席上看着，觉得这是一个糟糕的演讲，尤其是因为劳合·乔治对细节把握得很差。"这不是领袖向全国发出的眼下所需的紧急召唤。"[165]他注意到在过去的一年劳合·乔治老了很多——劳合·乔治在去年1月满55岁——"他的头发几乎都变白了"，他记录道。

阿斯奎斯（汉基认为他做得"好多了"）打算对劳合·乔治的建议持保留意见。但是，他担心，"根据我的判断，自战争爆发以来，这个国家从未面临过像现在这样严峻的局面"。[166]劳合·乔治拒绝透露伤亡人数。阿斯奎斯说，根据他对大规模进攻中缴获的枪支和俘虏的估计数量，他不怀疑这将是"整个战争中最残酷的伤亡名单"。他要求劳合·乔治慎重考虑征召中年男子入伍的问题，他们中的许多人正在努力经营企业，这些企业因为之前的征召失去了年轻员工。此外，如果他们参加战斗，那么他们的生计将不复存在，即使他们活了下来。他没有谈论爱尔兰，不过，参与辩论的其他人谈论了，当统一党和爱尔兰民族主义党就爱尔兰对王室和文明价值观的忠诚互相侮辱时，或者侮辱对方缺乏这种忠诚时，气氛变得非常糟糕。在其中一篇更加理性的文章中，狄龙问劳合·乔治："在做出这个决定之前，他应当征询谁的意见？战时内阁有没有向爱尔兰代表征询意见？如果有，请他说出这个人的名字。他要把征兵制应用到爱尔兰，并且战时内阁打算在不征求爱尔兰人民代表意见的情况下就这个问题做出决定，难道这就是他的自由理念吗？这比普鲁士主义还要糟糕。"[167]

688 他强调，大会的观点完全被忽视了。他说，在他40年的公共

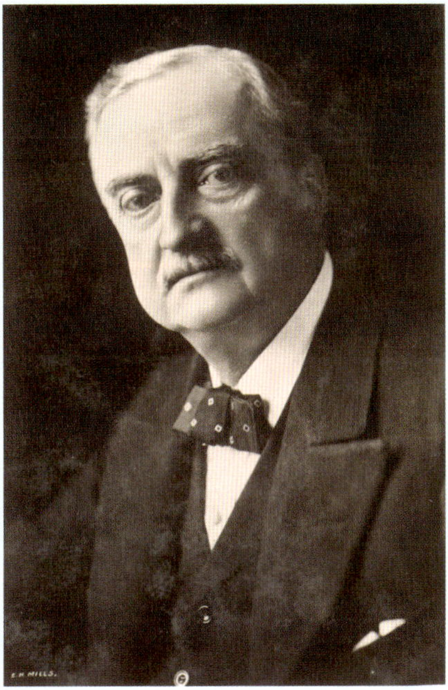

约翰·雷蒙德，爱尔兰民族主义者领袖，
但他的警告被忽视了。

罗杰·凯斯门特，爱尔兰革命者，
1916 年被英国政府处以绞刑。

FIRECLAY PIPES
SLATES BRICKS CEMENT
Irish Rebellion_ May 1916.
Talbot Street, Dublin, held against a rebel charg
Picture taken under fire.

1916 年爱尔兰复活节起义，英国士兵在都柏林塔尔博特街构筑街垒。

博纳·劳，保守党政治家，
战时内阁中的重要成员。

寇松伯爵，保守党贵族中的魁首。

阿瑟·亨德森，英国工党领袖。

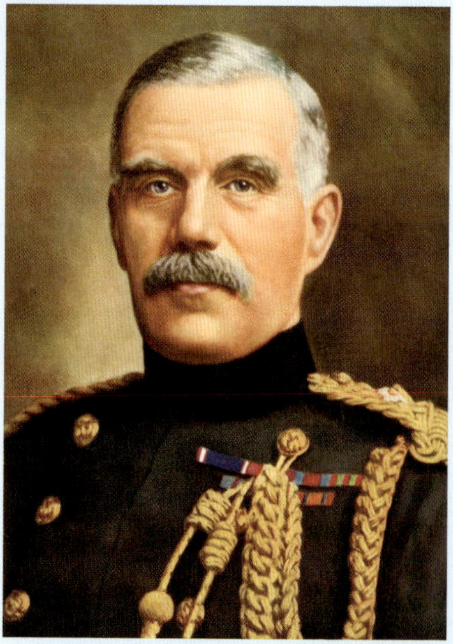

威廉·罗伯逊将军，劳合·乔治的对手。

女性公交车售票员。

女性军工厂工人，伦敦肖迪奇理工学院，1915。

1915 年南威尔士矿工罢工。

英国第一所国家食堂，创建于 1917 年 5 月 21 日，以应对战时食物短缺。

Why catch their Influenza?
YOU need not! Just carry Formamint with you and suck these delicious tablets whenever you are in danger of being infected by other people.
"Suck at least four or five a day"—so says Dr. Hopkirk in his standard work "Influenza"—for "in Formamint we possess the best means of preventing the infective processes which, if neglected, may lead to serious complications."
Seeing that such complications often lead to Pneumonia, Bronchitis, and other dangerous diseases, it is surely worth while to protect yourself by this safe, certain, and inexpensive means. Protect the children, too, for their delicate little organisms are very exposed to germ attack, especially during school-epidemics. Be careful, however, not to confuse Formamint with so-called formalin tablets, but see that it bears the name of the sole manufacturers: Genatosan, Limited (British Purchasers of Sanatogen Co.), 12, Chenies Street, London, W.C. 1. (Chairman: The Viscountess Rhondda.)
"Attack the germs before they attack you!"
Though genuine Formamint is scarce your chemist can still obtain it for you at the pre-war price—2/2 per bottle. Order it to-day.
Formamint
THE GERM KILLING THROAT TABLET

一种咽喉片的广告，用来防治战争后期爆发的西班牙大流感。

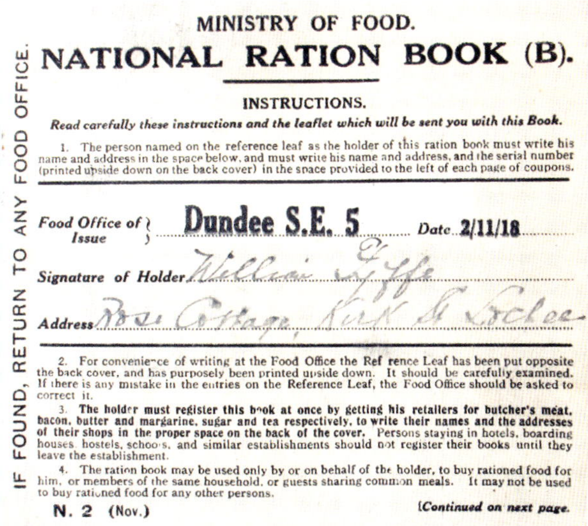

IF FOUND, RETURN TO ANY FOOD OFFICE.

MINISTRY OF FOOD.

NATIONAL RATION BOOK (B).

INSTRUCTIONS.

Read carefully these instructions and the leaflet which will be sent you with this Book.

1. The person named on the reference leaf as the holder of this ration book must write his name and address in the space below, and must write his name and address, and the serial number (printed upside down on the back cover) in the space provided to the left of each page of coupons.

Food Office of Issue Dundee S.E. 5 *Date* 2/11/18

Signature of Holder William Fyffe

Address Rose Cottage, Kirk St Lochee

2. For convenience of writing at the Food Office the Reference Leaf has been put opposite the back cover, and has purposely been printed upside down. It should be carefully examined. If there is any mistake in the entries on the Reference Leaf, the Food Office should be asked to correct it.

3. **The holder must register this book at once by getting his retailers for butcher's meat, bacon, butter and margarine, sugar and tea respectively, to write their names and the addresses of their shops in the proper space on the back of the cover.** Persons staying in hotels, boarding houses, hostels, schools, and similar establishments should not register their books until they leave the establishment.

4. The ration book may be used only by or on behalf of the holder, to buy rationed food for him, or members of the same household, or guests sharing common meals. It may not be used to buy rationed food for any other persons.

N. 2 (Nov.) *Continued on next page.*

1918年11月2日的一张食物配给证。

1918年11月11日，战争结束，民众欢呼雀跃。

生活中，他从未见过爱尔兰现在面临的如此严峻的局面。他对劳合·乔治说："你做出的决定让爱尔兰陷入了流血和混乱，除了东线和西线外，你又开辟了一条新的战线。你怀着轻松的心情去做这件事，没有咨询爱尔兰的代表，也没有阅读你们的大会报告……我希望，为了这个国家，为了这个帝国，战时内阁处理战争的方法能够与他们处理爱尔兰问题的方法有所不同。"[168]狄龙非常愤怒，因为政府没有单独制定对爱尔兰强制征兵的措施，而是将征兵措施"嵌入"包含其他政策的英国法案之中。

然而，或许最严厉的批评来自科克郡中部的民族主义党议员丹尼尔·希恩（Daniel Sheehan）上尉。

> 他成功做到的最重要的一件事，就是团结爱尔兰的所有民族主义党的意见，以反对这个建议。在这个问题上，我是怀着一种感情说的，我和他的家人都在这场战争中谦卑地承担了我们的责任，因为我们相信协约国军队为之战斗的原则是正义和公正的。征兵制不适用于我。我家里的每一个成年人都曾服役。我失去了一个儿子，另一个受了伤，第三个此刻在法国的医院里，一个妹夫阵亡，一个侄子在德国当囚犯，我的一个弟弟在爱尔兰卫队服役。因此，我能以某种认真和严肃的态度说，这位首相先生，如果他试图对爱尔兰实行征兵制，那么他将面临（绝对会面临）灾难。任何一个称职的爱尔兰人都会反抗征兵制，而且我要说，在这场战争中，我们是自愿为这项事业做出贡献的——它来自我们的良心，而不是被强迫的。[169]

他确信这个提议将会阻碍、而不是帮助战事的进行："他需要三个爱尔兰军团才能得到一个军团。”[170]希恩根据自己的经验辩称，在爱尔兰，新兵招募工作遭到扼杀，因为英国人坚持认为爱尔兰军
689 团的人员多半应为英国军官，而英国军官对士兵缺乏同情。“呃，我记得，当我们和第九孟斯特营一起训练的时候，第九孟斯特营的几乎每一个士兵都是我征召的，有一个副官，他是一个英国军官，战前他在伦敦只是一个保险公司的职员。因为有四个学员被从第七伦斯特营派到我们营里来，他就说：‘又有四个该死的爱尔兰人要到你们军团里来！’”[171]他总结道：

> 我们过去所做的一切牺牲，都将因为你的愚蠢方法，因为你没能了解爱尔兰，而变得毫无进展、徒劳无益，而你将让这些牺牲变得比以往任何时候都更加徒劳无用。我们这些人虽然失去了孩子，但我们对战争充满信心，并且我们相信，爱尔兰应当得到更好的待遇，而不是你们在这件事情上向我们给予的那种待遇，我们民族的需求值得你们好好考虑……我将坚决抵制对我们的同胞强制实行征兵制的任何企图。给予我们民族自治。给予我们平等待遇，就像你们对待你们的自治领那样。我们要求至少做到这一点。给予我们这些，我们就会去做其余的事情，因为爱尔兰人的本能使得我们从来都不会对慷慨的待遇无动于衷。

新芬党不想要平等待遇，他们想要爱尔兰的主权。他们不接受征兵制，因为他们否认英国对爱尔兰的统治。显而易见的是，到该年年底，爱尔兰的宪政民族主义将消亡。

4月9日，当阿斯奎斯在辩论中发言时，他要求团结起来，以便向公众、协约国和全世界展现“一个坚不可摧的阵线”。[172]他说，

要做到这一点，那么在“向爱尔兰强加一个措施，我们知道，无论对错，很多爱尔兰人民都厌恶这个措施”时，必须避免“可怕的短视”。[173]这把劳合·乔治推进了一个死角。劳声称，有希望从爱尔兰征召过来的士兵将“会使军事力量发生变化”。在被问及具体数字时，他建议征召超过12万人。[174]然而，随着政府承认不会自动对爱尔兰征兵，而是要等到枢密院发布命令后才强制执行（这是杜克于4月5日向劳合·乔治提出的想法），因此，有迹象表明政府正在重新考虑这个问题。同样受到刁难的劳声称：“我们不会在这个问题上改变态度。”一个爱尔兰人喊道，“我们也不会。”[175]雷普顿认为劳合·乔治“误导”了议会和公众，并补充道：“我希望历史将会发现，在这些徒劳的东线战役中派遣了一百多万士兵，这是不可原谅的。”[176] 690

4月17日，普朗克特坦言：“在8个月的时间里，我努力团结我的同胞们，那么在这场战争中，他们就可以通过大多数爱尔兰人发起自治。在这么多天里，政府做得很成功的一件事就是让他们团结起来，决心不为英格兰而战。”[177]第二天，法案获得通过，但没有迹象表明将实施地方自治。劳合·乔治要求朗起草一份各方都能接受的法案，这是一项艰巨的任务，因为大会对其报告存在意见分歧（44票对29票），而且还必须满足英国的新盟友美国的感情。让事情更加复杂的是，朗已经变成了一个联邦主义者，他认为爱尔兰的地方自治应当开启联合王国的联邦化。[178]相当少的议员同意这个说法，奥斯丁·张伯伦也同意这个说法，但是，大多数内阁成员强烈反对，尤其是因为在任何联邦中，英格兰的规模都是不成比例的。劳合·乔治认为这个想法太激进，考虑得不够充分，于是放弃了。

尽管弗伦奇承认实施这个法案“并不容易”，但他仍然极其渴望实施这个法案。将军尼维尔·麦克雷迪（Nevil Macready）爵士——他是一名副官——建议让军事法庭对任何拒绝服役的爱尔兰人进行审判：他似乎没能把握现实。战时内阁行事更为谨慎。皇家爱尔兰警队对征兵的成功性不太有把握，杜克坚持认为征召工作根本不可能组织起来，并将导致在整个爱尔兰实行军法管制。[179]天主教会越来越强烈地反对征兵制，告诫人们不要合作。有人担心天主教会将要求皇家爱尔兰警队中信奉天主教的警察不要帮助实施该法案，他们似乎已经得到了除阿尔斯特省以外的大部分法律界人士的支持。有传言称，一场大罢工将使爱尔兰陷入瘫痪，并且人们担心，英国依赖的爱尔兰的粮食供应可能会被中断。5 月 1 日，普朗克特指出，“对英格兰的仇恨”现在变成了爱尔兰人“普遍的情绪”。

即使人们没有试图强迫爱尔兰人为国王而战，但这种情绪也造成了巨大的问题。2 月，大会主席霍勒斯·普朗克特爵士来到伦敦，要求里德尔——他作为与劳合·乔治进行沟通的渠道——告诉劳合·乔治，“早日解决爱尔兰问题是绝对有必要的”，因为“爱尔兰表面上平静而满足，实际上却隐藏着随时可能爆发的大
691 规模叛乱”。[180]阿尔斯特人“顽固不化，毫不退让”，普朗克特认为，应当由大会（而不是政府）来解决这个问题，那样一来，设计解决办法的人便有责任执行它，但是，也有必要采取一些强制措施。普朗克特在 1 月 11 日的日记中写道，“卡森在内阁中是至高无上的”，而杜克曾向他暗示，卡森是他取得进展的主要障碍。[181]在 2 月的访问中，普朗克特告诉劳，阿尔斯特省的态度是“站不住脚的”，“政府必须进行干预。必须强制采取一个民主的解决方案”。[182]

在把爱尔兰的命运交给大会后，劳合·乔治便有空制定凡尔赛

指挥制度和处置罗伯逊，这转移了他对这个问题的注意力。新芬党不屈不挠地继续发展，引发了广泛的骚乱，人们在监狱里进行绝食抗议，而且由于没有强迫喂食，他们的健康状况令人震惊。劳合·乔治给普朗克特写信，建议可以向实行地方自治的郡给予财政激励，并采纳了大会提出的由爱尔兰议会内部的一个委员会对阿尔斯特省进行统治的建议，该委员会可以让阿尔斯特省免于接受它不喜欢的措施。然而，阿尔斯特省的代表不会停止他们对爱尔兰议会的反对。

1918 年 2 月发生了一些事件，那就是新芬党没收了农场和牲畜，宣布它们是爱尔兰共和国的财产，切断了电报线，伏击了警察。2 月 25 日，《泰晤士报》报道说，“国王的命令已经在克莱尔、斯莱戈、罗斯康芒和梅奥等郡停止执行，这是毫无疑问的事实，前几天，战时内阁就已经知道了这个情况”。[183]战时内阁考虑过拘留新芬党的积极分子，但是，内政大臣凯夫和检察总长史密斯说，由于可能被拘禁的人士是英国臣民，很难证明他们曾参与“敌对联盟”。因此，拘禁的做法在法律上是有问题的。[184]爱尔兰的西部地区不服从法律，这使得大会无法令人信服，并使其决定不可能行得通。

3 月 12 日，上院就爱尔兰问题进行了辩论。索尔兹伯里嘲笑了寇松在四个月前做出的断言，这个断言对爱尔兰正在走向何方显示出一种荒诞的空想主义：“在谈到德·瓦莱拉先生的演讲时，高贵的伯爵说，‘这些演讲对公共秩序没有危险，只有少数人是极端的新芬党，这个群体变得越来越小，而不是越来越大。’他补充 692
道，‘在爱尔兰，犯罪现象并不普遍。新芬党的议事程序中没有暴力政策’。我想知道，我那位高贵的朋友是否满意地回想起他去年 11 月向上院做出的保证。”[185]

索尔兹伯里描述了一个失控的爱尔兰：大批身穿制服的年轻人在街上挥舞着左轮手枪和三色旗，反叛者公开操练，警察束手无策，牛被偷走，反叛者突袭房屋以寻找武器，甚至有一面美国国旗因为美英结盟而被反叛者撕毁。最严重的骚乱发生在南部和西部的一些郡，例如克里、戈尔韦、蒂珀雷里、利默里克和克莱尔。他对杜克实行这种软弱的政策感到愤怒，其中包括释放绝食者以避免制造更多的殉道者，而不是让他们死在监狱里。政府不允许发生对抗，是因为政府不希望破坏举行大会的气氛，他对这个说法进行了反驳。索尔兹伯里认为，政府的软弱是对守法的爱尔兰人民的背叛，但事实上，早在 1916 年 4 月和 5 月，政府就背叛了爱尔兰人民，让他们听天由命。他得出了一个结论，这个结论适用于那个已不复存在的世界："我敦促政府行使向其赋予的力量，也就是确保法律和秩序得到维护的力量。有人说，武力不能解决问题，而且毫无疑问的是，武力也不能解决不公正和管理不善的问题。但是，武力是对付混乱的良药。事实上，所有政府的根本基础都是力量。"[186]米斯伯爵同意索尔兹伯里的观点，他对这个问题提出了一个不同的观点："诸位阁下，请想一想，过去五十年来，在获得爱尔兰人民的喜爱和爱戴方面，我们几乎没有取得任何进展，这难道不是一件非常可悲的事情吗？"[187]政府只能通过血腥的胁迫来改变爱尔兰的事态发展，即使这样也很可能失败。由于政府对起义处置不当，大多数爱尔兰人干脆放弃了对宪政民族主义的信仰。

这种丧失信仰的情况尤其严重，因为在爱尔兰实行的任何法律和秩序都必须由军队来执行。新芬党对皇家爱尔兰警队发起抵制，这种抵制本来是想把警察们当作社会弃儿一样驱逐出爱尔兰，但常常演变成暴力和恐吓，就像 19 世纪 80 年代的土地战争一样，而这

种战术就是在那时发展起来的。[188]它让警察失去了作用。例如，有 693
报道说，在北蒂珀雷里郡，皇家爱尔兰警队“几乎总是待在营房里，害怕受到攻击”。[189]在西科克郡，袭击情况非常严重，以至于皇家爱尔兰警队的前哨被关闭，警队聚集在更坚固的建筑物里，在那里他们可以更好地保护自己。因此，爱尔兰的大片地区开始无人监管。这帮了新芬党一个大忙，因为它可以搜查私人房屋以寻找武器。

4 月 21 日（星期日），首相邀请史考特到位于沃尔顿希思的房子吃午餐，并告诉史考特，“他决心在爱尔兰实行征兵制。他知道会有麻烦——骚乱、流血，但最好还是面对这一切，并克服麻烦”。[190]他说，不要重演复活节起义后旷日持久的处决过程。如果有人必须被枪毙，那么就让他靠墙站着，当场枪毙，他说，这是他从巴黎公社学到的一个教训。他没有理会史考特的反对意见，史考特认为，在进行征兵的同时，需要一支比将征召的军队还要庞大的军队来镇压爱尔兰。史考特将他的态度描述为“完全不计后果”。[191]在那天晚上的晚宴上，劳合·乔治向里德尔——在他面前，劳合·乔治已经习惯了完全不加掩饰地直言不讳，而在史考特的面前，劳合·乔治却没有这样做——承认，“我们要和爱尔兰人打一场大仗”，并声称他确信新芬党与德国人结盟。[192]“如果允许地方自治，而爱尔兰人又不准备在保卫帝国方面发挥自己的作用，那么我们必须向他们表明，我们打算统治爱尔兰。”杜克告诉他，爱尔兰的工会正在进行动员。4 月 23 日发生的为期一天的大罢工受到了广泛关注，这预示着如果强制实行征兵，将会引发混乱。4 月 21 日，德·瓦莱拉已经成功地说服天主教会让牧师们在每一个教区宣读一份声明，声称征兵制是强加给爱尔兰人的“压迫性和不人道的法律”，爱尔兰人“有权利用符合上帝律令的一切手段进行反抗”。阿尔马*的大主教罗格红衣主教告诉德·瓦莱拉：“当我谈到消极抵抗时，我并不是说我们要躺下来让人们从我们的身上走过。”[193]

杜克被激怒了，在恳求劳合·乔治不要执行这项政策后，他提交了辞呈，5月5日，劳合·乔治接受了杜克的辞呈。爱德华·肖特（Edward Shortt）接替了他。肖特是一名自由党律师，他的解决方案是鼓励爱尔兰人加入法国军队，但这个方案没有被采纳。[194]爱尔兰总督温伯恩也辞职了，就像他在1916年曾做过的那样。不过，这一次是永久辞去总督职位。劳合·乔治向米德尔顿发出工作要
694 约，但是，在劳合·乔治拒绝他的条件——征兵必须与地方自治分开，以避免同时惹恼民族主义党和阿尔斯特省的统一党人，并避免使爱尔兰变得无法治理——时，他拒绝了这份工作。劳合·乔治有些夸张地对米德尔顿说，“从来没有向之前的总督批准过”这样的条件。[195]后来，劳合·乔治邀请弗伦奇担任这个职位，弗伦奇同意米德尔顿的意见，但觉得作为一名士兵，他有责任接受。弗伦奇对征兵制怀有一种狂热的信仰，而且他还是一个来自古老的罗斯康芒家族的爱尔兰人，尽管他出生在肯特郡，这些都是他的最大优势，但是，普朗克特认为他“非常无知，并且不太聪明”。[196]为爱尔兰提供一个实际上相当于军事总督的职位，这是被认定为不出差错的劳合·乔治在当时引发的另一场公关灾难。霍尔丹——弗伦奇的一位密友——给弗伦奇写信，声称强制征兵是不可能的，并警告他说：“要记住，胁迫手段从来没有成功过，在爱尔兰也永远不会成功。”[197]在弗伦奇上任后不久，以及在这位新的爱尔兰治安长官（或总督，他更愿意人们这样称呼他）在一次暗杀行动中幸存下来

* 阿尔马（Armagh）：位于北爱尔兰。——译注

后，米德尔顿拜访了他，并坦言道，“他上任时的状况使得他的任务是完全不可能完成的”。[198]

在与首相讨论这个问题后，史考特认为他明白是什么原因推动了这项政策。他告诉狄龙：

> 你要记住：（i）他热爱武力并过分相信武力的价值；（ii）他渴望征召更多的士兵——征兵制将至少让他在阿尔斯特省获得四五个师；（iii）他深信，只有实行征兵制，才能使他的政府实行地方自治；（iv）他相信爱尔兰的地方自治已经发展或正在发展成为一个明确的分离主义运动，而帝国议会对皇家武装部队的控制问题（包括部队的建立和使用）是这方面的试金石。[199]

所有这些都没能阻止史考特在 5 月 11 日的社论中写道，劳合·乔治正处于做“一些非常邪恶的工作”的边缘，并将摧毁自格莱斯顿时期以来在爱尔兰取得的每一项进步。[200]

5 月 16 日至 17 日的晚上，作为准军事总督的弗伦奇以与德国人勾结为由，逮捕了大约 150 名著名的新芬党积极分子，这加剧了事态的恶化。包括德·瓦莱拉在内的主要头目被驱逐到英格兰。日子一天天过去，政府承诺的勾结“证据”没有出现。最终，政府 695
就敌人在复活节起义中所发挥的作用发布了一份报告，这份报告几乎无法证明 1918 年 5 月的逮捕是正当的。然而，德·瓦莱拉在 1918 年 1 月发表了一项声明，声称“只要德国是英国的敌人，而英国是爱尔兰的敌人，那么爱尔兰就是德国的朋友”。[201]声明声称，德国人曾计划在爱尔兰投放武器，在德·瓦莱拉身上发现的文件“非常详细”地描述了其叛军的章程，并且有消息称，U 艇在爱尔兰西部附近活动，目的不是击沉商船。

由于在解释其高压手段方面，政府面临着越来越大的压力，最终，寇松卷了进来，目的是煽风点火。6 月，他告诉上院新芬党曾计划“叛国”。[202]有充分的证据证明新芬党偷窃武器——他们闯入存放枪支的房屋，抢夺警察的步枪或配枪，以及从采石场偷窃爆炸物——但是，这只能表明他们试图再发起一场起义，而不能说明这是德国阴谋。然而，当被问及政府是否打算对被驱逐者进行审判时，寇松说，审判将会向敌人透露他们和他们的阴谋是如何被发现的。他们被拘留：政府基本上没有无可争辩的证据。就像征兵制一样——强制实行征兵制会更具爆炸性——政府知道，以叛国罪开始审判新芬党将是一种致命的挑衅。逮捕的目的似乎是抹黑新芬党，然而，它只是引发了进一步的冲突，到那时，要抑制共和主义的兴起已经为时已晚。

弗伦奇设法逮捕了运动中一些较为温和的成员。这使得迈克尔·柯林斯（他是新芬党的高层人员、起义的老将，多次被关在福诺克拘留营，而且还是一位在伦敦接受过培训的律师）和凯萨·布鲁加（Cathal Brugha，在起义期间，他是南都柏林联盟的二号人物）能够自由地扩大自己在该组织的影响力，他们俩都逃脱了当局的魔爪。劳合·乔治命令张伯伦处理爱尔兰问题。由于新芬党仍然赢得了补选，这个任务并不容易。

和往常一样，首相把更多的时间花在言辞上，而不是行动上。一旦他看到反对派的规模，并意识到他将在战争中开辟另一条战线，那么他将不得不收回他的威胁。5 月 15 日，政府在爱尔兰推
696 行新版的德比计划，而不是征兵制，该计划让男子宣誓愿意服役。由于对法案获得通过感到厌恶，狄龙带领他的政党离开下院三个月。枢密院从未发布在爱尔兰实行征兵制所需的枢密院令。伊舍承

认："我很担心地方自治的事情。对于重新制定宪法来说，现在是一个艰难的时刻。劳合·乔治做得最糟糕的地方是，他没有准备好替代方案——也就是托里什·维德拉什（Torres Vedras）防线*。不过，他的机敏会给他带来好处。"[203]6 月 19 日，朗领导的关于地方自治的一个委员会向战时内阁进行了报告，但无法改善 1914 年夏天提出的方案。战时内阁同意放弃此事，不实行征兵制，也不授予地方自治。除了坚持这个路线外，弗伦奇几乎没有收到任何行动指示。他坚守这个路线，直到 6 个月后的大选时为止。与此同时，正如伦敦德里侯爵于6 月 20 日在上院所说的那样，"是英国政府放任了新芬党"。[204]

6 月 25 日，肖特在下院发表演讲，他强颜欢笑面对大会取得的成就，声称对大会结果采取行动的时刻将会到来。他解释说，征兵制和地方自治的措施之所以被搁置，是因为两个重大事件：他所说的在爱尔兰发生的"德国阴谋"，据说一名敌国特工在克莱尔海岸外被捕；以及新芬党从一个"无害的文学协会"转变成由"极端分子和使用身体暴力的人士"管理的协会。[205]早在大会召开之前，后一种情况就发生了，尽管政府在起义后才决定给反叛者贴上"新芬党"的标签，尽管这个"文学协会"没有参加叛乱，也许只是混淆了事态。反对国王的人怎么称呼自己并不重要，两年多来，

---

* 托里什·维德拉什防线：1809 年，西班牙战场的塔拉维拉会战落下了帷幕，韦尔斯利将军率领 2 万英军，在 3 万 5 千西班牙军的支援下，在历时两天的血战中击退了 4 万 6 千法军，获得了胜利。韦尔斯利将军获得了威灵顿子爵的封号。但这个战术性的胜利是短暂的，苏尔特的 3 万部队在南方挺进，威胁威灵顿的退路。在看到和西班牙人再次合作的希望变得渺茫后，威灵顿决定退回葡萄牙，并在葡萄牙加强防御，组织民兵，实行焦土战略，对必将来临的法军采用拖垮战术。防御工程的重心就是著名的托里什·维德拉什防线。该防线是在绝密的条件下，从 1809 年 10 月开始构筑的，以防线中前沿的托里什·维德拉什镇命名。——译注

他们的运动越来越剧烈，如果政府认为这种好战是最近才产生的，那么政府就是在自欺欺人。

据称，新芬党曾在爱尔兰进行宣传，鼓励人们支持德国人。肖特列举了一些例子："不要理会警察要求你摧毁自己的财产以及当德国军队在爱尔兰登陆时离家出逃的命令。""当德国人来的时候，他们会以朋友的身份到来，他们将结束英国在爱尔兰的统治。因此，请待在家中，并尽可能地帮助德国军队。""德国人将会为他们获取的任何用品、干草、玉米或饲料支付费用。"他接着说：
697 "在爱尔兰，有人把这些东西写了出来，有人把它们张贴出来，有人负责散播有关爱尔兰的这类事情。他们的目的是什么？"[206]他声称，有证据表明，其中一个被拘留的领导人提到了德国的进攻，并指出"机会"再次出现的时刻即将到来。与此同时，爱尔兰人可能会让英国无法治理爱尔兰。还有一名新芬党人曾经说道："只要英国是我们的敌人，我们就有义务帮助英国的敌人，而我们帮助英国的敌人的最好办法，就是组织、武装和训练我们的爱尔兰志愿军，并尽早给英国致命一击。"

问题不仅仅是宣传。"从德国在春天开始发动大规模攻势的那一刻起……我们发现，德国与爱尔兰有联系，不仅德国向爱尔兰传送消息，爱尔兰也向德国传送消息。这两个事实很清楚。我们的情报来源警告我们，一名德国特工将于 4 月 12 日登陆，届时他将在爱尔兰的西海岸登陆。"[207]据说，两艘满载武器的德国潜艇正在驶往爱尔兰，起义计划在 5 月底举行，情报人员说德国可能还会试图登陆士兵。肖特震惊地说道，爱尔兰的同谋者正是那些在参与 1916 年的起义后被释放的人。令他尤其感到惊讶的似乎是，"事实证明，他们绝对不会和解，并且完全不会被向他们展现出的慷慨之举所打动"。[208]当局曾在 1916 年受到了羞辱，现在，除了逮捕潜在的反叛者外，当局别无选择。正如寇松在早些时候所说的那样，在告诉上院暂时忘掉地方自治时，他说，如果不是因为这样做将会伤害到英国军队，政府本可以提供更详细的证据，这种说法至少是个借口。

肖特声称，从德·瓦莱拉（他是“公认的爱尔兰极端分子的领导人”）和一名同志之间的通信中收集到了与起义时间有关的证据。[209]一名托利党议员大声问道，写信的人是否已被枪毙，而肖特（他吸取了1916年的教训）说他希望不会再有人被处决。弗伦奇发布了一则公告，以便争取让爱尔兰人自愿参军，从而避免征兵制，并消除对叛乱的挑衅。但是，人们仍然对爱尔兰的形势存在误解，无论是有意还是无意的。肖特认为，问题仅仅是“200或300名极端分子”，新芬党在补选中的支持率大幅上升本应足以让他相 698
信那是无稽之谈。

他的声明被认为是不会实行征兵制的证据，出席会议的劳合·乔治对此极力否认。卡森提到了寇松曾就天主教会反对征兵一事发表的言论，他指责政府“跪爬在”天主教会的等级制度面前，而后者的行为仿佛是在进行一场“宗教战争”。[210]寇松——他曾说天主教的神职人员“建议他们的信徒宁可遭受永恒诅咒的惩罚，也要最大限度地抵制征兵”——发现自己遭到了英国罗马天主教会的攻击，而《泰晤士报》认为他的说法是一种“赤裸裸的绝望”。[211]他为自己辩护，发表了一份声明，其中引用了一些神职人员的话，他们声称，那些与英国压迫者勾结的人将受到神圣的谴责。

爱尔兰民族主义党的约翰·麦基恩是参加辩论的唯一一位民族主义党人，他向肖特阐述了所发生的事情：

> 在战争开始时，爱尔兰人民和大不列颠人民一样热情地支持协约国。而后，他们的态度发生了变化。在1916年的起义后，政府对待犯罪分子的错误政策改变了整个爱尔兰的情绪。如果爱尔兰人民现在没有在争取自决、自由和文明的斗争中获得所谓的“权利份额”，那么你只能责怪英国政府，因为它在爱尔兰从来没有做过正确的事情，即使是偶然。由于这些罪恶的处决，在对待战事方面，爱尔兰的整个局势发生了变化。[212]

劳合·乔治出手干预，请求给予宽容，而不是给予严厉的批评，就像政府“由于我们不得不在这样的条件下处理事务”而受到的严厉批评那样。[213]他声称，政府做出征兵制的决定，完全是出于对“公正和公平竞争”的考虑。如果50岁的英国人被征召，那么年轻健康的爱尔兰人也应该被征召。然而，他表示，等待枢密院颁布命令的过程表明，政府认识到有必要区别对待爱尔兰和英国。他最终承认政府试图给予地方自治，并希望实行征兵制，这两者之
699 间存在关联。“在战争中，你不能强行通过一项被这个国家强大的舆论机构认为具有高度争议性的措施。你不能这么做。”[214]然而，这同样适用于爱尔兰的征兵制，就像适用于英国接受的地方自治一样。他希望对26个郡实行一定程度的地方自治，并与其他6个郡就全爱尔兰的问题定期举行会议，以便在某种程度上维护爱尔兰的统一。可是，现在大家都知道，一些分离主义运动的领导者和德国人勾结在一起，因此，他觉得他不可能批准这样的路线。

首相称天主教会与所谓的阴谋有关联，这是“他们犯下的最致命的错误之一”。[215]它击碎了好不容易从准备承认地方自治的统一党人那里获得的信任，现在，这些统一党人害怕被一个天主教国家统治，害怕身处这26个郡的统一党人失去宗教自由。不过，他

证实，在可预见的未来，爱尔兰的征召工作只会在自愿的基础上进行。阿斯奎斯再次请求召集自治领的总理到伦敦参加帝国的战时内阁会议，以解决爱尔兰问题，但这个请求遭到忽视。莫雷尔还呼吁要么对被关押的新芬党囚犯（他们被剥夺了探视权）进行审判，要么予以释放。

肖特提到的那位特工登陆了，这至少表明，从对起义的处理中，政府学到了一些东西。前职业军人、康诺特游骑兵队的一等兵约瑟夫·帕特里克·道林（Joseph Patrick Dowling）在 1914 年 9 月从蒙斯撤退时被俘，并被征召进凯斯门特的爱尔兰旅。4 月 12 日，他乘坐一艘从 U 艇派出的橡皮艇在克莱尔郡的海岸附近登陆。英国情报部门破解了德国的代码，知道道林要来了。他最终在前往戈尔韦的途中被捕，被带到了伦敦，并被关押在伦敦塔。8 月初，军事法庭以通敌罪等三项罪名对他进行了审判。他被判处死刑，由行刑队执行，但在大臣们的建议下，国王立刻将死刑减为无期徒刑。他于 1924 年获释。

7 月 3 日，在零星骚乱（包括在特拉利枪杀皇家爱尔兰警队的一名警员）之后，弗伦奇宣布新芬党和爱尔兰志愿军为“危险组织”，禁止在没有政府许可的情况下召开会议。政府经常收缴武器和弹药。杜克采取的轻柔和缓的方法结束了。弗伦奇解除了伯恩——他认为伯恩是个无用之人——对皇家爱尔兰警队的指挥权。在其他方面，政府继续无端地冒犯爱尔兰人。汉娜·希希-斯基弗顿（Hanna Sheehy-Skeffington）夫人是 1916 年被一名疯狂的军官谋杀的士兵的遗孀。7 月中旬，她带着 9 岁的儿子从美国回到了利物浦，她被禁止穿越爱尔兰海回到自己的故乡。伦敦为这个禁令进行 700
辩护，声称都柏林政府认为她出现在爱尔兰是“有害的”。[216]使问题变得更加严重的是，去年 1 月，军官科尔瑟斯特被从布罗德莫精神病院释放出来，而希希－斯基弗顿夫人没有得到一分钱的补偿。最终，政府决定让她远离爱尔兰，理由是“她一直在美国从事反英宣传”。[217]在霍洛威短暂逗留后，政府至少让她搬进了一家旅馆。

7 月下旬，在补选中败给了新芬党后，爱尔兰民族主义党的势力遭到削弱，在拒绝参加会议三个月后，他们又回到了下院。鉴于预计大选将在几个月内举行，他们希望利用自己的存在来提高可信度，并赢回输给共和派的大量选票。狄龙指责政府正在走向极权主义；他说，政府已经开始启动

> 一种普遍胁迫的制度，这对爱尔兰构成了肆意挑衅，而且这个制度的许多细节是完全没有必要的。我只谈一点，这是一件小事，但对我们来说是至关重要的，因为它涉及违背信仰的问题。他们在爱尔兰全面实行军法管制，委任了一个军事独裁者，并实施了《保卫王国法案》，程度比在这个国家实行的还要严厉。如果政府认为它没有得到这些权力的充分保护（无论危险有多大），我还真无法想象。但是，他们并不满足于这些权力，他们重新启用了 1887 年颁布的《永久强制法案》，仅仅为了肆意侮辱和挑衅，这是完全没有必要的，但他们这样做了，尽管 1906 年政府中的所有自由党大臣都郑重承诺不再使用这个法案，尽管下院以及我的记忆告诉我大多数人废除了这项法案。可是，在最终废除该法案时遭到了上院的阻止，他们没有任何借口或理由，尽管他们拥有强大的权力，他们还是恢复了它。在我看来，这证明了政府的目的之一就是藐视和激
> 701 怒爱尔兰人民。[218]

他说，政府未能就征兵制与民族主义党进行适当磋商，导致“爱

尔兰人民投向了革命党”。[219]爱尔兰人民认为这项政策并非出于军事上的需要，而是被用来作为放弃地方自治的借口。他嘲笑德国阴谋的想法：并指出，现在，霍勒斯·普朗克特爵士——他曾在英国享有神谕地位——的声明没有在英国的报纸上发表，因为他也否认知晓所谓的阴谋。狄龙知道1916年曾有一个阴谋，他拒绝相信1918年也有一个阴谋，尽管阴谋的说法可以让政府提出其他说辞。

就在他发表讲话的几天前，他确认另一群革命者谋杀了沙皇及其家人。“当你们把爱尔兰完全交给新芬党，就像你们现在尽最大努力做的那样，你们打算怎么对待爱尔兰？”他问道。他预言性地继续说道：“你们正面临一个问题，这个问题将比以往任何时候都更加考验英国的政治家。看看你们对其他民族使用的语言，想想它对爱尔兰的影响。在讨论爱尔兰问题时，有些人谈起这一点，就好像在过去的四年里什么也没有发生，好像从来没有发生过战争，好像从来没有发生过俄国革命，好像我们所看到的这些巨大变化都没有发生过。”[220]

英国不仅支持维护比利时主权的想法，还支持让波兰在欧洲地图上重现以及建立捷克斯洛伐克的想法。但是，他问道，“那么爱尔兰呢？它比这些民族中的任何一个都要古老，毫无疑问，它为民族进行的斗争比捷克-斯洛伐克人，甚至比波兰人都要持久得多”。[221]爱尔兰人想抓住欧洲解放的浪潮，但被告知阿尔斯特省的问题阻挡了他们。然而，狄龙坚持认为，在大力支持捷克斯洛伐克人时，英国忽视了后代所称的苏台德地区*的德国人的抗议，这些德国人不希望被捷克人统治。很明显，这是一种双标做法，但它是

* 苏台德地区：一个独特的历史名称，是指一战与二战期间，捷克斯洛伐克境内邻近德国讲德语的居民所居住的地区。——译注

一个不幸的比较。

政府在爱尔兰征兵问题上耗费了时间和精力，这对战事工作没
702 有什么好处，而劝诫人们帮助政府在爱尔兰征募新兵的运动基本上徒劳无果。英国宣传说，到 8 月，此举将征募到 5 万士兵。事实上，到停战时，此举只征募到了 9000 士兵，无论如何，考虑到爱尔兰的舆论状况，这个数字还是惊人的。

六

由于将爱尔兰作为兵源的前景黯淡，而德国人仍在向巴黎进发，拯救西欧的其他手段就变得十分必要。3 月 29 日（耶稣受难日），战时内阁决定请求威尔逊总统在接下来的三个月里每月派遣 10 万人参加英国军队的战斗，否则英国不可能维持军队的力量。很快，威尔逊便同意了，他提出派遣 12 万名士兵，为期四个月，而不是三个月。那天晚些时候，形势似乎发生了逆转。德军遭受了巨大损失，在亚眠城外被拦了下来。4 月 3 日，在博韦*与法国人和美国指挥官潘兴将军举行会议后，英国确认让福煦担任西线的协约国盟军总司令。黑格表示赞成，不过他有权就他不同意的任何决定向他自己的政府进行申诉。根据黑格的说法，在场的劳合·乔治“看上去好像极度吃惊，他似乎仍处于沮丧之中……在我看来，他是个彻头彻尾的骗子”。[222]

黑格担心劳合·乔治在寻找一个军事替罪羊。他认为，在军队撤退后，预计首相会在下院遭到攻击，“因为他之前没有解决人力问题，还因为他在关键时刻不顾军事顾问（也就是帝国总参谋长）

---

* 博韦（Beauvais）：法国北部城市。——译注

的建议，亲自命令挥师向东”。[223]劳合·乔治确实把矛头对准了休伯特·高夫（Hubert Gough）爵士——他指挥被击败的第五集团军——但黑格为他辩护，声称他在困难的情况下已经尽了最大的努力。[224]黑格已经告诉高夫，他希望高夫离开前线，以便他沿着索姆河准备一道新的防线。于是，3 月 28 日，高夫把剩余军队的指挥权交给了罗林森。对劳合·乔治来说，这还不够，他希望全面免去高夫的职务。黑格说，在没有举行听证会的情况下，不得解雇高夫，并告诉劳合·乔治，如果他想让高夫受到惩罚，那么他必须给黑格下达这样的命令。黑格称劳合·乔治是一个“卑劣可鄙的人”。第二天，他收到德比发来的电报，电报中说“我很清楚，他 703
的部队已经对高夫失去了信心”，还说高夫应当被解除指挥官的职务，这证实了黑格的看法。[225]

黑格别无选择，只能服从，但他极度不同意对高夫的处置，以至于他给德比写信说，如果这是政府的愿望，那么他将向陆军大臣提交辞呈。他很清楚这不是政府的愿望，所以就像黑格的另一位资深同僚罗伯逊一样，高夫也被打败了。劳合·乔治像以往那样咆哮发怒，为了证明自己过分对待军官（这名军官在由首相的政策所造成的恶劣状况下尽了最大的努力）的行为是合理正当的，4 月 9 日，他甚至在下院暗示，高夫很可能会受到军事法庭的审判。为了掩盖或转移人们对他判断错误的注意力，他愿意陷进任何深渊。

陆军不是劳合·乔治面临的唯一问题。4 月 1 日，在组建英国皇家空军时，休·特伦查德爵士——他曾在法国指挥皇家飞行队——成为空军参谋长，此前，他策划了皇家飞行队和皇家海军航空队的合并。然而，他随即辞去了职务，因为他与空军大臣罗瑟米尔产生了严重分歧，他不想为罗瑟米尔工作，但是他需要向罗瑟米尔汇报工作。空军大臣不断地干涉与人力分配有关的决定，即使他的知识和专业技能远远比不上特伦查德。去年 11 月，罗瑟米尔在和特伦查德进行面谈时明确表示，他和他的哥哥诺思克利夫将反对罗伯逊和黑格，而特伦查德效忠于这两人。在担任空军参谋长的三个月里，特伦查德不得不为英国皇家空军的诞生做准备。他和罗瑟米尔几乎在每件事情上都有分歧，罗瑟米尔经常无视他的建议。4 月 10 日，战时内阁接受了特伦查德的辞呈，并要求他重新担任驻法皇家空军的指挥官。他拒绝了，因为对他的同僚约翰·萨尔蒙德（John Salmond）少将——他将接替萨尔蒙德的职位——来说，这是一种无法容忍的侮辱。在听到这些荒谬的事情后，伊舍坦言道，“这个国家实际上没有政府”。[226]

正如人们在罗伯逊被解雇一事上所看到的那样，国王讨厌对英国军队进行政治干涉，认为特伦查德的离开是“一个巨大的不幸”。他把特伦查德叫到白金汉宫；特伦查德没有隐瞒。[227]会面结
704 束后，特伦查德给劳合·乔治写信解释原因，他的信被拿给战时内阁看。罗瑟米尔做出了恶毒的回应，他的举动是在自掘坟墓。由于不仅仅是特伦查德对罗瑟米尔的判断力和能力提出了质疑，4 月 25 日，罗瑟米尔辞职。特伦查德在法国指挥一支远程轰炸部队。与担任首相时的其他许多事情一样，劳合·乔治没有征求国王的意见，国王被特伦查德的待遇和首相无视他的证据给激怒了。罗瑟米尔得到被晋升为子爵的承诺，于是不声不响地辞职了。当 1919 年 4 月偿还债务的时间到了时，斯坦福德汉告诉劳（他请求国王给予批准），国王（劳合·乔治又一次没有征求国王的意见）“极不情愿地”批准还债。[228]

在复活节休会期间，奥克兰·戈德斯负责起草一项法案，以解决军队的人力问题。这反映出政治阶层的绝望，以及自 3 月 21 日的进攻以来对英国政体的存续所产生的威胁。服役年龄的下限降到

了17岁，上限提高到了55岁——随后又降低到50岁，因为很明显，除了医生以外，年龄如此之大的人在军事方面的用途是有限的。法庭将被废除，因为健康状况和职业将成为衡量一个人能否服役的唯一标准。根据弗伦奇的建议，不仅仅是爱尔兰人，就连马恩岛和海峡群岛的居民也将被征召入伍。对德国人入侵英国的担忧——这种担忧从战争的前几个星期起就处于休眠状态——此刻又卷土重来。汉基告诉伊舍："海军部已经为最坏的情况做好了准备，他们已经考虑了好几天，并且已经计划好在海峡港口受到威胁或被敌人占领时应采取哪些行动。"[229]

由于意识到在平民中可以找到许多达到服役年龄的男子，于是，警察重新开始围捕，并将嫌疑犯交给军队审问。6月的一个星期六的晚上，20名这样的人士被关在芬斯伯里公园（Finsbury Park）的一家电影院。[230]在农业、重工业，甚至在白厅，搜查行动仍在继续。政府制定了一个男生夏令营制度，以接替从农场里选出来的3万名成年男子，这样便可以继续开展收获工作。政府引入了三千名来自大学和师范学院的年轻妇女（她们居住在帐篷里），让她们在萨默塞特郡和彼得伯勒附近的沼泽地带收获亚麻。

4月9日，在复活节的休会后，也就是雷普顿在《晨间邮报》上发表文章后的第二天，劳合·乔治在下院发表了讲话。雷普顿在文章中写道："为什么军队一再提出的增兵要求仍未得到答复？除了劳合·乔治先生外，还有谁要为无法满足军队的需求负责？我认 705
为，我们必须对那些辜负这个国家的大臣们更加无情，我们对无能的宽容会给公众带来危险。"[231]正是在这场辩论中，劳合·乔治陈述了在爱尔兰实行征兵制的计划。因此，在和劳合·乔治一起吃午饭之前，汉基发现他"相当沮丧、紧张和不安"，这也就没什么好奇怪的了。[232]

在提出新的措施以帮助赢得这场战争时，他告诉议员们，“我感到遗憾的是，这些措施将使广大人民做出极端牺牲，除了极端必要性，以及我们正在为国民生活中最基本和最神圣的一切而战之外，没有什么能够证明这些牺牲是合理的。[233]他急于证明政府对最近的局势逆转没有任何责任，他说：“尽管1917年伤亡惨重，但在1918年1月1日，驻法军队的规模还是要比1917年1月1日的规模大得多。”同样，在意识到自己是如何阻止增援西线的英军后，他抗议道：“没有证据表明德军会将进攻的全部武力集中在我们身上，”这使得将军们“非常难以”决定在哪里部署军队。[234]

他解释了取消士兵休假的必要性，并解释说，因为“情况紧急”，需要对18岁半的男孩进行四个月的培训，然后把他们派到法国，而不是等到他们满19岁才派去。但是，英国不得不训练更多的士兵：从军火行业抽选了10万名身体健康的男子；从矿工中挑选了5万人，还将再征召5万人。所有25岁以下通过体检的公务员都必须服役。在确认提高服役年龄的上限时，他说：“军队中有很多服务不需要身体最好的人，让这个年龄段的男性来填补这些服务是大有助益的，这能够释放出更加年轻、更加健康的男子去前线打仗。”[235]同样，他们也可以取代本土防卫军中的年轻人，使得这些年轻人可以被派往法国。

第二天，在对《兵役法案》进行二读时，政府对一些提案进行了修改。年龄在42岁到50岁之间的男子通常不会被征召入伍，因为他们中的许多人都是国家重要行业的熟练工人。尽管如此，劳在讲话时（虽然这项措施很重要，但劳合·乔治又恢复了不参加下院会议的情况）承认，征召这些男子将对贸易和生产造成非常
706 严重的影响。凯夫说，除了急需的医生之外，只有在“非常严峻的国家紧急情况下”，50岁到55岁之间的男子才会被征召入伍；

一些议员认为这种情况已经出现。[236]政府将要求神职人员和其他牧师服役，但他们可以选择是加入战斗部队还是非战斗部队。议员将有权选择是服役还是留在下院。政府认为，选民们选出议员，是为了让他们去做“对国家有重要意义的工作”。[237]

七

4 月初，德国人似乎已经失去了势头。后来人们了解到，这是由于士兵与军官之间的忠诚瓦解，以及由于皇家海军的封锁在很大程度上阻止了货物通过海路进口到德国，造成了供应短缺。索姆河战场的地形复杂也是部分原因。因此，德国人在寻找新的攻击点；然而，4 月 10 日，在下院就《兵役法案》的二读进行辩论时，德国占领了阿尔芒蒂耶尔（Armentières），这引发了新的担忧，人们担心德国人可能会到达并占领海峡港口。法国人仍然不愿向这个地区派遣军队以阻止德军的前进，即使不久后巴黎将成为德国人的目标。第二天，乐观主义大师黑格发布了一道命令，他的话被载入了英国的文化记忆，而且最后还带有现实主义色彩：“每一个士兵都必须坚守每一个站位；不能退却。我们背水一战，相信我们的事业是正义的，我们每一个人都必须奋战到底。”[238]这足以确保《兵役法案》获得通过，尽管这激起了爱尔兰人的愤怒。

其他人则试图为英国的困境追究责任。格温——为了让阿斯奎斯下台，他做了很多事情——认为劳合·乔治是罪魁祸首：“他对所有人都撒了谎，包括下院。现在，在敌人猛烈攻击我们的大门时，他仍然想玩他那肮脏的政治小把戏，”4 月 16 日，他对巴瑟斯特夫人说道。[239]“我不相信他是真诚的，即使他在爱尔兰征兵的愿望也是不真诚的。他玩弄英国，并将使英国一败涂地……无论谁接

707 替他，一定会比他干得更好。他身边都是金融界和报界的无赖。他没有诚信，没有良心，也没有正义感——有的只是低级的政治手腕。”

劳合·乔治声称，1918 年 1 月的驻法军队要比一年前的规模更大，这个不诚实的说法让莫里斯感到震惊。当这个说法传到堑壕里时，也引起了驻法英军的愤怒。在堑壕里，被德军击退的士兵们知道他们寡不敌众，而且正如劳合·乔治所暗示的那样，他们不是被规模较小的军队打败。更重要的是，诸如莫里斯的士兵们知道，军队之所以寡不敌众，仅仅是因为在收到德军可能发动袭击的警告时，战时内阁拒绝增援。喜欢说谎的不仅仅是劳合·乔治。莫里斯在 4 月 9 日记录道：“寇松在上院就人力问题发表了一些绝对不真实的言论。”他是否知道这些言论是不真实的，这是另一回事。[240]

4 月 17 日，政府宣布任命德比担任驻法特派团的大使和全权公使，德比接受了任命。国王对这个举措感到不满。根据斯坦福德汉的说法，国王“不仅感到惊讶，而且觉得受到了伤害”，因为没有人征求他的意见，尽管他刚刚和劳合·乔治就内阁问题进行了长时间的讨论。他反对在这个敏感的时刻撤换伯蒂勋爵，让一个新手来接替伯蒂。伯蒂是一位深得法国信任的经验丰富的外交官，也是克列孟梭的好朋友，但是，他也觉察到他的一个最亲密的朋友被降职了，并且他将失去一位他绝对信任的内阁成员所提供的建议。[241]

劳合·乔治曾有过兼任陆军大臣的想法，但在国王反对后，他任命了米尔纳。小规模内阁的重建使得奥斯丁·张伯伦被任命为战时内阁的成员，但是不专管部门事务。这引起了诺思克利夫的报纸的嘲笑，它认为张伯伦是一个“不起作用的平庸之辈”。诺思克利夫指出张伯伦对报纸的攻击对公众造成了影响。[242]其他人认为，在罗伯逊事件后，这项任命是为了缓和统一党人的紧张关系，也是为了证明，如果劳合·乔治愿意，他可以不服从诺思克利夫。张伯伦对劳合·乔治不抱任何幻想，但他认为政府更迭的前景是“不可想象的”，并告诉首相：“危机如此严重，我们这些支持政府的人必须毫不吝啬地给予支持，并提供你需要的任何帮助。”[243]

正是在这种危机状态下，劳合·乔治在4月9日发表的“与 708
1917年相比，军队规模更大”的说法给他来了个回马枪。自由党议员戈弗雷·巴林（Godfrey Baring）爵士在下院问道，这些数字是否包括劳工营和其他非战斗单位。陆军部次官告诉他，战斗力量逐年增强，但事实并非如此。陆军部的柯克上校给次官伊恩·麦克弗森（Ian Macpherson）发送了错误的数字，因为他们无意中把意大利战线的士兵也包括了进去。这并不是唯一的错误。4月24日，莫里斯在《泰晤士报》上读到，劳在前一天对下院说，在政府没有忽视黑格和罗伯逊的建议的情况下，英法两国的指挥官早先同意扩大英国的战线，让英国接管法国的一个战区。莫里斯也知道那是不真实的，而且这样做过度拉长了英国远征军的战线。黑格也是这样认为的，他向米尔纳抱怨过类似的报道。[244]

正如斯皮尔斯所说的那样：“他（莫里斯）认为这个答复清楚地证明了政府决心避免对近在眼前的灾难承担任何责任。”[245]莫里斯认为，劳并不知道自己的说法是不准确的，但为劳准备答复的人之所以这样做，是为了确保让政府逃脱责任。4月30日，他给帝国总参谋长威尔逊写信，告诉他有关人力的声明严重影响了现役军人的士气，因为他们知道自1月1日以来各营的人数急剧减少；他说，最好再发布一次声明，以纠正这种误解。但是，他没有收到任何答复。

5月7日，在政府拒绝更正记录后，莫里斯给《晨间邮报》、《泰晤士报》、《每日电讯报》、《每日纪事报》和《每日新闻》写信，声称劳合·乔治和劳就驻法军队的兵力问题向下院撒谎。他告诉他的儿子和大女儿："你们知道，在过去的一段时间里，政府一直没有公布与战争有关的真相。这样做是为了表明他们做了一切可能做的事情，而责任在于将军们。事实绝对不是这样，我是少数几个知道事实的人士之一。"[246]他知道自己违反了军纪，但他相信为了"让公民的责任优先于士兵的责任"，这是一个难得的机会。

黑格在法国听到了这个消息，他不以为然。他认为莫里斯的行为是一个"严重的错误"，因为"没有人能同时既是一名士兵又是
709 一名政客。作为士兵，我们必须履行职责，保持沉默，相信大臣们会保护我们"。[247]这种虚伪令人震惊。当劳合·乔治不诚实的时候，黑格很少保持沉默，他不是去找当时担任帝国总参谋长的罗伯逊，就是去找他在白金汉宫的朋友。人们一定会认为黑格感到很尴尬，因为他对这番荒诞的话语无动于衷，没有提出质疑，而这番话折射出他的道德勇气和领导能力。艾莫里坦言道，"毫无疑问，雷普顿已经和莫里斯联系了"，但事实并非如此。[248]劳合·乔治最初的看法——他不会动摇这个看法——是，有人针对他策划了一场政治阴谋，目的是要把他打倒，用阿斯奎斯取代他，而他要为保卫自己进行残酷的斗争。

除了《每日电讯报》外，所有的报纸都刊登了这封信。报纸说，劳在4月23日发表的声明"使人完全误解了"在凡尔赛就扩大英国战线进行的讨论，"这是本届政府最近在下院做出的一系列错误陈述中最新的一个"。[249]4月9日，莫里斯谈到了劳合·乔治的谎言，补充说，他已经采取了"非常严肃的措施"，就是写这封信，因为"信中引用的声明被很多士兵认为是不正确的，而这个认识正在滋生士兵们对政府的不信任，最终只会损害我们军队的良好士气（*原文如此*），而在这个时候，我们本应尽一切可能来提高

士气”。[250]他要求议会对他的说法进行调查。

莫里斯是一名老派的正直士兵。斯皮尔斯——他曾在莫里斯的手下工作，当时是英国驻巴黎军事代表团的团长——形容他是“军事荣誉的灵魂”，“政客们的战术和他们过于狡猾的手段使他深受其害”。[251]斯皮尔斯坦言道，“他尤其对劳合·乔治产生了深深的不信任”，莫里斯“蔑视全能的首相，将被隐瞒的真相告诉全国人民……由此毁了他在军队的职业生涯”。斯皮尔斯是一个非常聪明的士兵，他仔细观察了劳合·乔治，认为他对战略的把握“非常外行”，对军事问题的把握“非常无知”。罗伯逊认为劳合·乔治的观点是“愚蠢的，愚蠢到无法争辩”。[252]斯皮尔斯发现将军们“没有意识到带着国家政治领袖一起玩的至关重要性”。[253]在尼维尔进攻之前，劳合·乔治试图让法国人指挥英国远征军，于是将军们便摒弃了他。 710

在战争结束以及劳合·乔治去世很多年后，斯皮尔斯写道，劳合·乔治声称自己“赢得了战争”，这是一个“谬论”：“因为在1918年的春天，他拒绝听从军事顾问的警告，他让我们比战争中的任何其他时期都更加接近失败。”[254]斯皮尔斯将英军在德军进攻的前四周遭受的巨大伤亡——比为期14周的帕斯尚尔战役多出7万人——直接归咎于首相的“战略构想”。在退休后写的一份备忘录中，莫里斯说道，在1918年3月21日的战斗前夕，步兵人数比1917年1月1日少了10万人。总共减少的兵力不是预期的120个营，而是140个营，并且解散了两个骑兵师。他反驳了从萨洛尼卡撤回士兵增援西线的说法。劳合·乔治吹嘘的数字被夸大了，因为他把出现在前线的30万名手无寸铁的劳工和中国苦力也算了进去。

阿斯奎斯——在出版这封信的前夕，莫里斯给他寄去了一份副本，但为了避免让他承担责任，莫里斯没有征求他的意见——在下院就这封信向劳提出了质疑。莫里斯告诉阿斯奎斯，“我完全以我所认为的公众利益作为指引”，阿斯奎斯对此毫不怀疑。[255]劳说，由两名资深法官组成的荣誉法庭将尽快进行调查并发布报告。阿斯奎斯寻求就这个问题进行辩论，劳同意了——但是要在法官们发布报告后。调查将在私下进行，被询问的人无须进行宣誓。这促使海军元帅赫德沃思·穆克斯爵士声称陆军和海军“对下院处理事情的方式感到厌烦透顶”。[256]阿斯奎斯极力主张在法庭开庭前进行辩论，而劳察觉到一种不愉快的情绪正在上涨，于是同意了。

汉基称这个情节是“真正的重磅炸弹”。[257]5 月 8 日，战时内阁会议对这个问题进行了讨论，根据汉基的广泛研究，劳合·乔治概述了他将做出的辩护。他声称，他的主要问题不在于说谎，而在于他无法彻底地为自己辩护，因为他不愿向敌人透露有用的情报。战时内阁担心黑格觉得自己“有义务”——换句话说，是迫于政府的压力——接管更多的前线工作。[258]汉基确实发现军队的步枪减少
711 了 100548 支，几乎和莫里斯说的一模一样。他发现为劳合·乔治辩护的唯一方法就是胡言乱语，吹毛求疵地争论“步枪的力量是否是衡量战斗力量的唯一标准”。[259]

第二天，5 月 9 日，下院进行了辩论，这是官方反对派在战争期间唯一一次让下院与政府发生分歧。前一天晚上，雷普顿向阿斯奎斯做了简要汇报，晚饭前，他不请自来地拜访了阿斯奎斯位于卡文迪什广场的住所，阿斯奎斯对妻子说，“他义愤填膺”。[260]雷普顿声称有最新数据证明劳合·乔治是错的。阿斯奎斯呼吁成立一个专责委员会，以调查莫里斯的说法。他否认自己实际上是在试图对政府投不信任票。阿斯奎斯认为政府将毫无异议地接受他的请求，他之所以做出这样的设想，部分原因是他认为莫里斯的指控会引起大臣们的极大关注，他们将即刻要求对这些指控进行适当的审查。毕

竟，阿斯奎斯说："这是一封将军写的信，他写这封信的时候一定知道自己严重违反了国王的规定，他的整个军事前途真的处于危险之中。因此，可以推断，除非他在写这封信时背负了沉重的责任感和公共职责，否则他不会采取这样一条使他自己的前途有可能、甚至非常可能遭受灾难的道路。"[261]

阿斯奎斯太了解劳合·乔治了，他和劳合·乔治在一起的情况并不总是像看上去的那样。他有些厌恶地感觉到，劳合·乔治政府的腔调和态度发生了变化。他不愿相信这可能会带来什么样的后果。他坚持旧的价值观，也就是"新派男人"觉得可有可无的价值观。"我最强调的是，"他说道，"在下院，我们习惯于接受——我们必须接受——国王的大臣们根据他们的职权做出的准确、真实的声明，除非相反的情况得到证实，而我希望我们将永远坚持这个有理有据的议会传统。"[262]他认为，这种做法在很大程度上取决于大臣们的正直："为了政府的利益，为了军队的利益，为了国家的利益，为了协约国的利益，为了所有人的最高利益，也就是为了不受阻碍地开展战事，我们的责任是建立一个调查法庭，它能够根据其章程和权力，迅速地向议会和国家做出一个决定性和权威性的判决。"[263] 712

阿斯奎斯声称，一个专责委员会将毫无偏见地审议这个问题，这促使劳嘲笑这个主张"丢人"*。阿斯奎斯对劳——他是下院"伟大传统"的"监护人和受托人"，也是下院的领袖——进行了抨击。"在下院，如果你无法找到五个不带有党派偏见的人，那么你就会认为在纯粹的事实问题上，他们无法做出真正的决定，这是

---

* 劳就"毫无偏见"的说法对阿斯奎斯进行了抨击，"我无法列举哪个议员对政府既不友好、又不反对，因此，他们一定带有某种程度的偏见"。——译注

对的吗，或者甚至可以说这是得体的吗？”

接下来发言的是劳合·乔治，他让汉基工作了几天，以便提供在演讲中反驳莫里斯所需的所有信息。他知道如果他失败了，将会导致政府垮台，所以，他在前一天晚上向资深同僚（包括米尔纳、张伯伦和汉基）排演了一遍，他们提出了很多修改意见。首相明确指出，仍在陆军部工作的时候，莫里斯从未质疑过这个声明。他声称自己几乎每天都与莫里斯打交道，并将莫里斯视为朋友（莫里斯是否同意这个说法是非常有争议的。劳合·乔治冷嘲热讽地说莫里斯是背叛的魔鬼）。他提出了自己的反指控：

> 来找我不是他的事吗，尤其是当这个伟大的将军认为这件事如此重要，以至于他违反了国王的规定，树立了一个不守纪律的榜样的行为是正当合理的时候。首先向内阁反映情况，或者至少去找被他指责的大臣，对这位大臣说，“你在下院就一个最重要的事实问题犯了一个错误”，这样做难道不是他的事吗？他可以很巧妙地提出这个问题。他本可以说，“我敢说你被误导了，但你可以改正”。但是，他没有对我说过一个字！在报纸上看到这则声明之前，他连一个音节都没有向我提起过！我要说我受到了不公平的待遇。[264]

这种展示自尊心受到伤害的方式非常高明。

他和他的同僚们反对组建一个专责委员会，因为“在人们情绪激动的时候，它不是调查事实的最佳法庭”。[265]另一方面，法官们的“习惯做法是审查事实”，这是必需的。尽管如此，劳合·乔治决心向法官们伸出援助之手。他说，“我提供的数据来自陆军部的官方记录，在我发表声明之前，我就送交了这些记录。如果它们

不正确，那么莫里斯将军和其他人一样负有责任。但是，它们并不 713
是不准确的。从那以后，我做过调查”。[266]他有些吹毛求疵地说道：“难道有人想告诉我，他们不是军队‘战斗力量’的一部分吗？当英军撤退、不得不放弃花费数月准备的战壕时，一些士兵不得不在炮火下临时修筑防御工事来解救步兵——这些士兵难道不是军队的战斗力量吗？如果没有这些士兵，那么你不得不派遣步兵，以便让他们去干那些事。”[267]

劳合·乔治从莫里斯的办公室里拿出了一份包含这些数字的文件。当乔治·兰伯特——他是一个追随阿斯奎斯的自由党人——询问这份文件是否有草签时，劳合·乔治说草签了——由莫里斯的副手草签。他对随之而来的笑声表示愤慨。“我并没有暗示说他是编制这些数字的人，但他负责印发了这份文件。”[268]他继续用受伤的语调补充道：“我从官方来源获得这些数字，如果这些数字有什么问题，那么莫里斯将军本人应对此负责。我想，在诋毁大臣们的名誉时，他可能在信中这样说了。”事实上，负责此事的是副官，但此时劳合·乔治已经超越了事实。

在解释了英国为何要扩大战线，以及根据谁的授权这样做之后，劳合·乔治提出了最后两点。莫里斯的干预破坏了军队的纪律，无论阿斯奎斯如何坚持，莫里斯的动议都是对政府的不信任票。他对此进行了谴责，当时德军仍在进攻，并“准备发起可能是战争中最大的一次打击”。[269]他的演讲旨在让统一党人和他的自由党支持者支持他；而不是为了证明他是一个正直的人。接下来发言的是普林格尔，他指责劳合·乔治激起了下院的情绪，“没有人能够比他更有技巧、更不以为然地激起人们的情绪”。[270]休·塞西尔勋爵评论说，他的演讲是对莫里斯的有力抨击，但没有为政府辩护。不过，鉴于大多数人都支持政府，因而没有必要进行辩护，动议以 293 票对 106 票被否决。

人们普遍认为阿斯奎斯发表了一篇令人遗憾的演讲，尤其是因为他没能对专责委员会做出预先判断，并且他避免与劳合·乔治进行决斗。黑格——他对妻子说话时稍稍改变了腔调——告诉妻子：
714 “可怜的莫里斯！看到下院如此轻易地被劳合·乔治做出的哗众取巧的演讲所欺骗，真是太可怕了。作为由一群明辨事理的英国人组成的机构，下院正在丧失其声誉。”汉基对这个事实感到十分尴尬，以至于在四十多年后的回忆录中把它隐瞒了下来。实际上，他在日记中是这样评价劳合·乔治的演讲的：“我一直觉得这不是一个讲‘真话、讲出所有事实、并且只讲事实’的人所做出的演讲。”[271]汉基知道劳合·乔治已经看到了经过副官修正的数字，并选择不予理会。伊舍指出，“现在的危险是，劳合·乔治和他的随从可能会变得‘自命不凡’。胜利是容易的，但在政治上，风一会儿就转向了”。[272]只知道一半故事的报界纷纷见风使舵，谴责莫里斯，并赞扬政府，《泰晤士报》称这个结果“无异于消灭”劳合·乔治的批评者，并指责莫里斯是罗伯逊的党羽们针对威尔逊进行的“恶毒阴谋”中的一颗“棋子”。[273]

阿斯奎斯本可以对他的继任者和前同僚进行诽谤，要求对劳合·乔治的正直性进行调查，但这意味着自由党的终结。在就莫里斯开展的辩论中，统一党人支持劳合·乔治，不是因为他的论点令人信服，而是因为他们不喜欢阿斯奎斯。诺思克利夫也号召报界支持首相，而不是费功夫去分析事实。这也许是这位报业大亨为劳合·乔治做出的最伟大的贡献，因为直到 1922 年，劳合·乔治才被推翻。汉基认为，阿斯奎斯之所以没有加大打击力度，是因为他担心自己会把政府搞垮——在战争的那个阶段，这会让取得胜利的前景变得艰难。

莫里斯承认，他已经“准备好接受报纸的某个版面对我进行的谩骂”，但他并没有“准备好接受政府为了拒绝我的调查请求而采取的做法”。[274]这些做法包括拒绝让他查阅可以证实其指控的官方文件，以及（完全错误地）声称他在4月9日参与了下院的会议，并听到了劳合·乔治的声明，但他什么也没说。这个故事是由劳合·乔治的私人秘书兼新闻发言人萨瑟兰传播开来的，萨瑟兰在就这个话题与一名政治记者的谈话中撒了谎。[275]

莫里斯还认为，劳合·乔治做出了对案情不公的证词，并且又一次不诚实地声称，莫里斯在离任前没有与他或任何其他人进行交涉，莫里斯没有参加凡尔赛的那次重要会议，以及劳合·乔治于4月9日提出的主张是以莫里斯或他的部门提供的信息为依据。在凡 715
尔赛，莫里斯看到了一字不差的会议记录，所以很清楚发生了什么。1912～1913年的马可尼丑闻的狂热者们将会发现劳合·乔治的行为方式是多么寡廉鲜耻。[276]

首相决心将非战斗人员纳入士兵数量，这违背了常规做法，但这也是很典型的做法。莫里斯也不记得曾被要求提供或提供过劳合·乔治在4月9日提到的数字。最虚伪的是，5月8日，劳合·乔治获悉了柯克的错误（大概是在战时内阁的会议之后，因为会议记录中没有提到这一点）——并且人数中错误地纳入了在意大利的军队数量（8.6万人）——但是，他在第二天选择不提及这个错误，而是故意再次使用了错误的数字。这使了解真相的官员们感到震惊。柯克甚至提出辞职。很显然，这也惹恼了米尔纳，他知道这个事实，劳合·乔治便开始孤立和排斥米尔纳。劳合·乔治没有对记录进行更正。

莫里斯知道没有了回头路。在他告诉陆军委员会，他出于“良心方面的考虑”故意违反纪律后，5月11日，陆军委员会将他列入了退休名单。5 月 13 日，政府宣布他退休。[277]第二天，有人披露说他成为《每日纪事报》的军事记者。后来，他在该报工作了 5 个月，直到劳合·乔治的代理人用出售爵位获得的资金买下了这份报纸，并把它变成了首相的喉舌。随后，莫里斯跳槽去了《每日新闻》。为了泄愤，在他退休时，政府让他拿到的不是少将薪资的一半（每年 750 英镑），而是少校薪资的一半（每年 225 英镑）。这使陆军委员会感到震惊，在翌年十月，他的退休工资才被增加到正确的数目。

在战争结束后的许多年里，莫里斯继续纠缠劳合·乔治，要他说实话，但没有成功，这也让劳合·乔治的前同僚们感到尴尬，尤其是贝尔福，他认为莫里斯犯了一个严重的错误。1936 年，劳合·乔治在回忆录中攻击莫里斯，这部回忆录中的很多段落无非强调了作品的不可靠性，并强化了劳合·乔治死后享有的完美骗子的声誉。就连弗朗西丝·史蒂文森也在日记中承认，在他于 5 月 9 日发表演讲之前，有人寄给他一份列有真实数字的文件，并说那份文件被烧毁了。劳合·乔治的秘书处的关键成员约瑟夫·戴维斯（Joseph Davies，也称为 JT. 戴维斯）告诉她，首相一边把文件扔进火里，
716 一边说："只有你、我、弗朗西丝知道这份文件的存在。"[278]

八

随着夏季的临近，英国继续面临食物短缺。由于冷藏设备缺乏，肉类销售中断，送到批发商手中的是不太适合人类食用的劣质食品。奶农们抗议牛奶的价格，声称有些奶农将会倒闭。7 月 15 日，政府对黄油、人造黄油、猪油、肉和糖发放了新的配给票证，但是，自从配给计划实施以来，配给的数量有所增加，一些内脏和

肉制品已经不在配给之列。第二天，里奥·艾莫里声称，政府要求内阁秘书处开始制定计划，内容时关于“如果法国和意大利退出，英国将继续进行战争”——他将此称为几十年后“1940～1943 年的局势”。[279]

尽管政府不断提到严峻的国家紧急状况，劳工运动仍然很普遍。在伦敦，飞机制造者举行了罢工，起因是管理层拒绝承认一套工会代表制度。然而，直到有人对一开始就允许罢工的部门进行谩骂，政府才达成了一项协议，允许承认工会代表。当时政府的想法是，在国家处于危险之际，应当满足工人们的要求，以免发生严重损害。随后，尽管来自工程师联合会的领导施压，要求其成员重返工作岗位，考文垂的军工厂还是爆发了一场罢工。这次罢工是由军工厂对技术熟练的工人实行定量配给所引起，而且带有明显的政治色彩，其推动因素是丘吉尔（在一份从未发表的新闻声明的草案中）所称的“和平主义、失败主义和布尔什维克主义的隐晦暗示”，这种隐晦暗示认为，如果武器生产停止，那么战争也会停止。[280]截至 7 月 24 日，已有 1.2 万名技术熟练的工人在考文垂进行罢工，公然违抗工程师联合会的行政领导。据报道，第二天，伯明翰就有 10 万名男子举行了罢工（随后，这个数字被修正为 1.5 万人，但这已经足够具有破坏性了）。与此同时，据说 30 万工人代表在利兹集会，要求在接下来的一个星期里举行总罢工。

7 月 26 日，政府以劳合·乔治的名义发表了一份声明，这份声明是由丘吉尔拟写的，声称如果罢工者在 7 月 29 日没有返回工作岗位，那么他们将根据《兵役法案》被征召入伍，因为他们试 717
图迫使政府“改变对开展战事而言至关重要的国家政策”。政府威胁要控告任何一个煽动他人离开工作岗位的人。[281]《泰晤士报》声称，这“不是一起普通的劳资纠纷，而是对国家的挑战”。[282]在春季的危机后，比以往任何时候都更加渴望胜利的公众强烈支持政府发出的威胁。当地工会的领导人进行了干预，他们敦促工会成员明白事理，这迅速使工人们重返工作岗位。

1914 年，43 岁以下的男子有 950 万人，其中有 610 万人被征召入伍或者参加“国民服务”计划，从事对国家至关重要的工作。其他所有人的身体状况都“非常不佳”。自 1 月 1 日以来，这个国家实际上已经招不到新兵了，剩下的主要是男孩和年龄较大的男子，有 50 万人，这给重要行业带来了巨大的压力。[283]在意识到她们对战事工作的重要性，以及在认识到她们由此成了工业力量后，妇女们开始为同工同酬和改善工作条件进行罢工。由于从事相同工作的男性每周获得 5 先令的战争奖金，而妇女们却没有，8 月中旬，伦敦公共汽车和有轨电车的女售票员进行了罢工。有人争辩说，这些妇女大多获得了军属津贴，因此不需要奖金。她们的罢工造成了巨大的混乱，以至于政府派来了乔治·阿斯克威思（George Askwith）——他在大动荡时期担任阿斯奎斯的工业调解人——以便解决问题。[284]管理层决定也向这些妇女发放 5 先令的奖金。约克郡的矿工因工资和工作条件举行了罢工，这次罢工很快得到了解决，因为政府此前担心即将到来的冬季会出现短缺，敦促人们准备一些木柴：8 月 16 日，战时内阁获悉，形势“非常严峻”，煤炭产量每年减少约 4000 万吨，这不仅仅是由于“挑选煤炭工人参军”所造成，还因为西班牙流感在 1918 年夏天传入英国。[285]贸易委员会的主席阿尔伯特·斯坦利爵士要求在 9 月 30 日以前将 4.2 万名健康状况为 A 类和 B1 类的男子送回矿场。

更令人担忧的是，8 月 30 日，伦敦警察厅因薪资问题举行了罢工，根据汉基的说法，这场罢工“犹如晴天霹雳”。[286]内政大臣、伦敦警察厅的总监和内政部常务次官都在度假。那天早上，伦敦没有警察值勤。警察们提前几个小时通知说他们要进行罢工，他们没有正式的工会（只有一个非正式的工会，即全国警察和狱警联盟， 718
它成立于战前，但在法律上是不合法的）。不过，他们与工人工会有联系，工人工会的秘书——也就是工党议员查尔斯·邓肯（Charles Duncan）——建议他们不要罢工。他向劳合·乔治承认警察们的“行为不妥”。劳合·乔治刚从克里基厄斯回来，在那里，他就可能的选举集思广益，而后他把邓肯召到了唐宁街。[287]工会要求将每周12先令的战争奖金增加到1英镑，同时要求承认工会，并恢复一名因组织工会而被解雇的警察的职务。截至8月30日的晚些时候，估计有1.2万名警察举行了罢工，只有便衣刑事调查局和临时警察（罢工警察轻蔑地称他们是“工贼”和“破坏罢工者”）在保护伦敦市民。[288]在史末资的干预下，600名警卫被派到关键的公共建筑外站岗。劳合·乔治命令邓肯去会见警方领导人，让他告诉他们，如果他们返回工作岗位，那么政府将对他们的不满进行充分讨论。

汉基的解决方案很激进：彻底清除当地的警察力量，建立一个国家警察署，如果现任警察立刻恢复工作，那么允许他们继续任职；与此同时，在伦敦组建陆军警察队。不过，他认为关于薪资的抱怨是合理的。8月31日，在长达1个小时的会议上，劳合·乔治迅速同意在8个月内向他们支付第二笔奖金，他解雇了伦敦警察厅的总监爱德华·亨利（Edward Henry）爵士——尽管放任这种不满情绪大幅滋长的是内政部——并向亨利授予了准男爵爵位，以示安慰。接替亨利的是前陆军部副官尼维尔·麦克雷迪爵士，他平息了事态，并着手进行改革，包括招募女警察。一个月后，大西部铁路公司（Great Western Railway）的工人罢工导致南威尔士和伦敦之间的火车停运：政府宣布罢工是非法的，并威胁要派遣六个营的士兵介入，以便恢复秩序，帮助消除罢工。与其说这是战前阶级冲突的回归，不如说这是有组织的劳工们意识到了这个国家对声誉的依赖程度，并准备在一个几乎所有成年人都有选举权的新时代发出自己的声音。

任何形式的劳工运动所造成的后果都是严重的，因为英国在即将到来的冬季仍然面临短缺。不仅是煤炭短缺（这导致政府命令调暗公共建筑的灯光），还有食物短缺，尽管食物管制员做出了努
719 力。从 11 月 3 日起，政府将对果酱实行定量配给，对牛奶实行一个新的、据说是改进了的分配制度。人们越来越多地利用土豆来制作面包。为了说服人们吃鱼而不吃肉，政府降低了鱼的价格，苹果的价格猛涨到每磅三先令。不过，与德国相比，英国仍是一个富饶的国度。当某个食物的价格很便宜时，人们往往会吃这种食物；当一向便宜的切割肉变得昂贵、超过实际价值时，人们便去寻找其他的食物。鱼的数量更加充足，这表明海军在保护捕鱼船队方面取得了成功，为日益昂贵且无法获得的肉类提供了另一种选择。从这个意义上来讲，在政府的指挥下，英国成功避免了另一场危机。

在战争期间保证人民有饭吃，这是英国的一个巨大优势。相比之下，到了 1918 年秋，英国的成功封锁导致德国的食物供应崩溃，生活和营养水平下降，尤其是城市地区的生活和营养水平。燃料和衣服也供应不足。在人口众多的中心地区，士气的下降具有传染性。这反过来又蔓延到前线的士兵，他们开始屈服，而不是战斗。这些正是协约国军队和美国军队（截至停战时，西线有 200 万名美国士兵）目前遭遇的士兵，因此整个战争的形势发生了变化。

虽然敌人放慢了进攻，但是，为了征募尽可能多的士兵而采取的激烈措施使和平主义者相信，再打下去是没有意义的。6 月 20 日，莫雷尔和斯诺登——这场战争中最坚定的两个反战人士——在

下院呼吁进行和平谈判。莫雷尔对赢得战争几乎不抱希望。“我能理解，在这样的时刻，当德国人就快炮轰到巴黎的城门口时，当奥地利人正在接近威尼斯时，或者离威尼斯不远时，正如首相所说，形势是严峻而险恶的，下院中有许多人会认为不应当说出与议和有关的话。”[289]他声称，“我相信，在欧洲所有交战国家的人民的脑海中，而不是在统治阶层的脑海中，对和平的渴望，从来没有像今天这样如此之深、如此之广、如此之热烈”。[290]

他重申说伤亡数字非常可怕。他说，在截至 6 月 9 日的一周内，每天有 700 名英国士兵阵亡。在这一周里，有 3 万人受伤或失 720
踪。从 1 月初到 6 月初的五个月里，有 7.1 万士兵阵亡，而且在其中的大半时期，敌人还没有实施大举进攻。受伤和失踪的人数达到了 30 万。他认为德国的数字更糟，这就是德国公众要求结束战争的原因。他说，奥地利出现了骚乱，并举行了停战会议。然而，与人们休戚相关的是发生在英国附近的事情。他说：“前几天，我和一个在战争中失去了几个儿子的老人交谈，他用一种我不会轻易忘记的口吻对我说：‘这不是战争；这是谋杀！’这种感受正在这个国家蔓延。”[291]

莫雷尔断言，即使是德国政府也承受不起忽视民意的代价。在这一点上，他的认知比他所了解的还要正确。出于这个原因，他要求部署“外交武器”。[292]但是，他回顾了 1917 年下院讨论和平谈判的几个场合，说道，“致命打击”这样的措辞将使外交斡旋变得更加困难。他怀疑普鲁士军队——他这样称呼它——能否被摧毁，即使被摧毁，他也确信普鲁士的军国主义无法被摧毁。斯诺登斥责劳合·乔治在辩论这个问题时从来不参加下院的会议——劳合·乔治通常把参加会议的事情交给贝尔福，就像这次一样——并谴责政府没有将俄国退出战争作为一个契机来重新讨论这个问题。贝尔福指责他的政敌试图分裂协约国军队，以及试图怂恿德国人相信他们即将取得胜利；他说，协约国寻求的是一种和平，这种和平可以防止侵犯比利时的类似暴行再次发生，并确保享有一个自由的未来。然而，这似乎并不是德国人的愿望。

他强调说，政府绝不会拒绝严肃的和平提议，但问道：“德国政府是否曾在任何文件或任何讲话中公开和坦率地说过，他们将放弃比利时，恢复比利时，比利时将享有绝对的经济和政治独立的地位？我不知道他们曾发表过这样的说法。”[293]国家荣誉不允许英国在这一点上让步。他谈到了一种未来，届时“国际联盟”将提供真正的安全与和平。但是，他总结道：“如果我们听从刚刚坐下来的这位绅士向我们提供的建议，如果我们不正视事实，如果我们看不清德国的野心到底意味着什么，德国政治家真正想要的是什么，
721 以及他们决心要得到什么，那么我们将永远得不到那种和平，我们也永远不配得到那种和平。”[294]他赢得了下院的支持。德国完全拒绝讨论归还它所占领的任何领土，这仍然是一个巨大的障碍。

然而，就在莫雷尔发言的时候，西线的形势已经发生了明显的转变。7 月 18 日，法国军队开始将德国人从尚帕涅击退，协约国军队很快便夺回了自 3 月以来被攻克的防线。这个消息，再加上没有空袭，帮助恢复了士气（除了前四个月军事上的失利外，军队的士气还因为种种原因严重低落，许多人表现出前所未有的、令人震惊的盲从态度）。现在，德国人民已经感受到了这场战争对心理
722 造成的全面冲击，事实证明，他们是无法赢得这场战争的。

第十一章　停火

一

1918 年 8 月 4 日，星期日，宣战的第四年，英国各地举行了宗教和非宗教活动来纪念报界所称的“阵亡将士纪念日”。国王和王后主持了仪式，出席了由坎特伯雷大主教主持的、在威斯敏斯特的圣玛格丽特教堂举行的一个礼拜仪式。坎特伯雷大主教在布道中告诫国民不要“松懈”，不要“失去控制”。[1]那天下午，伦敦主教在海德公园主持了一场有 2 万人参加的仪式，大理石拱门成了人们献花“纪念阵亡者”的神龛。在所有的集会上，都宣读了一项决议，宣布参加集会的人是在“默默地向在世界大战的分散战场上为争取自由而牺牲的帝国子民致敬”。[2]它还呼吁承认那些仍在战斗的人所做出的牺牲，特别是那些战俘所做出的牺牲，以及那些为了“维护文明”而在军工厂和其他地方从事重要战争工作的人所做出的牺牲。

三天后，劳合·乔治在下院回顾了这场战争。他的演讲让人觉得他要么记性太差，要么习惯于说谎，以至于即使在议会里、即使他的谎言或错误陈述很容易被揭穿，说谎仍成为他的第二天性。“我们与法国达成了协议”，他告诉下院，“如果法国遭到肆意攻击，英国将支持她”。[3]这次演讲是在做戏，与 1914 年 8 月的事件风

马牛不相及。一些议员表达了他们的惊讶。但是，他的演讲并不是
725 为了准确地描述战争，而是为了夸耀他去年冬天实行的一个制度，也就是让福煦担任“协约国盟军总司令”，这个制度帮助阻止了德国人的进攻。如果允许他更早地实行这个制度，那么这次进攻中的一个因素将会被消除。这激怒了追随阿斯奎斯的人士。一些人必定知道，要不是劳合·乔治忽视黑格的意愿、没有对西线军队增援，德军的进攻本来是不会成为什么大问题的，而且去年春天的全国大恐慌本来也是可以避免的。他吹嘘说，政府已经派出一支庞大的新部队，以便迅速击退德军的进攻。

赫伯特·塞缪尔跟在他的后面发言，并开始纠正他对历史的离奇说法。“我认为，如果首相回顾事实，他会发现他的记忆在这一点上欺骗了他，”他在谈到法国时说道，“我们的双手是完全自由的。”[4]他准确地引用了格雷在1914年8月3日所说的话，所有这些都是有记录可查的无可争议的事情。塞缪尔无意揭露劳合·乔治的不诚实或无法把握事实，尽管他偶然这么做了。他继续发言，以避免在公众中产生破坏性的误解。“至关重要的是，国家不应认为有任何秘密条约或私人协约迫使我们在1914年8月初参加这场战争。促使我们参战的，是我们的责任感，是我们根据条约保障比利时独立的义务，是我们维护公法的地位和欧洲的自由以使其不受蛮横侵略的责任感，仅此而已，我们没有与法国政府签订当时要求我们参战的任何具体合同。”[5]

塞缪尔提醒劳合·乔治，后者在去年11月吹嘘说，统一联军的指挥权是为了确保对任何攻击都能做出有效回应。塞缪尔的发言让劳合·乔治感到窘迫：“虽然我们很高兴英国能在这么短的时间内派出26.8万人，”他说，“虽然我们发自内心地庆幸政府和陆军部在关键时刻迅速渡过英吉利海峡，但是，下院认为，如果那些庞

大的军队当时就在现场，并且已经部署了这些军队以应对预料中的攻击，那么战斗可能会发生变化。”[6]劳合·乔治竭力声称这些军队是后备役，专为这个时刻保留的。塞缪尔提醒劳合·乔治，1917～1918年，他曾在陆军部的一个小组委员会任职，该小组委员会曾多次警告政府，把大量军队留在国内是愚蠢的。劳合·乔治引导人 726
们远离真相，他的做法并不令人感到奇怪，令人吃惊的是，他以为没有人会注意到。

在随后的辩论中，劳合·乔治再次站起来，承认“契约”一词可能是错误的。他说，“在我看来，这是一种荣誉上的义务”，这与他之前所说的完全不同。[7]但凡一个明智的人士都会提醒他，在比利时遭到攻击之前，当“荣誉上的义务”就摆在面前时，他是多么不支持战争。然而，塞缪尔指出，1914年8月3日，格雷在下院发表演讲时明确表示，没有荣誉上的义务。不管劳合·乔治怎样竭力歪曲事实，真相总会大白于天下。当时阿斯奎斯不在场，他读到了塞缪尔说的话，并写信祝贺他纠正了劳合·乔治对我们与法国达成的“谅解”存在的“可怕和最有害的误解”。[8]如果还有人想知道劳合·乔治的真实性格和本质，那么这篇演讲是一个有用的预演，预先展示了他在今年年末向国家寻求授权时将使用的语气和方法。

第二天，西线出现了真正的转折点。亚眠战役促使德军撤退，并一直持续到停战。德国指挥官鲁登道夫称8月8日是“德国军队的黑日”。他们很快被赶回距离兴登堡防线7英里的地方，这促使忠顺的威尔逊给黑格写信，并告诉他，如果他在进攻兴登堡防线时遭受了重大损失，那么战时内阁将感到不安，除非他能取得成功。黑格感到震惊。“内阁准备以一种阴险的方式干预和干涉我的计划，但又不敢公开说他们打算为任何失败承担责任，却准备为每一次获胜邀功”，他在日记中写道，“毫无疑问，这封电报的目的是在万一发生失败时保全首相。”[9]劳合·乔治在回忆录中否认知道威尔逊的电报。

在攻击的第一天，协约国军队就缴获了400支枪和2.2万名俘虏。[10]在亚眠战役后，黑格稳住了自己的位置。两个星期前，劳合·乔治曾召见在意大利指挥军队的陆军中将卡文（Cavan）伯爵到伦敦，“审查”他是否有可能接替黑格的职位。汉基——他在日记中
727 提到了这次会谈——说服劳合·乔治继续支持黑格。[11]当报纸报道说协约国军队持续推进，公众意识到德军在逃窜，战争真的变得对协约国军队有利时，国内的情绪四年来第一次转变为兴奋和期待。8月31日，当麦克唐纳试图在伦敦南部的普林斯迪公地举行的独立工党会议上发表演讲时，他的声音被喧闹声压倒，叫喊的主要是退伍士兵和残疾士兵，但也不全是，接着发生了一场小骚乱。

9月10日，黑格前往伦敦，向米尔纳解释前线的局势自8月8日以来发生了怎样彻底的变化，以便内阁在做出决定之前能更好地了解情况。在四个星期内，有7.7万名俘虏被抓获，800支枪被缴获。德国战俘出现了革命情绪，拒绝服从他们的军官或士官，并且向情报官员提供了充分的理由，以便让情报官相信虽然德国士兵仍在战斗，但整个军队的纪律正在崩溃。黑格告诉米尔纳，“这是战争结束的开始”，不过他的乐观主义历史可能让米尔纳对他的断言有所质疑。[12]黑格要求米尔纳立刻把所有的本土军队都派往法国，以消灭德军，不过，黑格拒绝为截至1919年年中所需的兵力制定计划，声称只要采取正确的行动，到那时，战争已经结束了。

接下来几周发生的事情是，数月的攻击让德军精疲力竭，士气低落，他们无法与协约国军队的优势兵力和装备对抗，被赶回了比利时。美国军队现在正在涌入法国，到停战时，西线有643.2万协

约国军队和美国士兵，但只有352.7万德军与他们对抗。[13]奥地利人希望寻求和平，哈布斯堡领地的政治形势甚至比霍亨索伦领地的还要糟糕。协约国军队和美国军队有更好的补给线，更多的食物，更多的马匹，更多的弹药，更好的情报和更厉害的空中力量。德军和奥匈帝国的军队士气低落，在9月和10月间，不断增加的逃兵和投降者充分说明了这一点。在这个特殊的充满戏剧性的悲观时刻，诺思克利夫在9月说，“没有人能活着看到这场战争结束”。[14]然而，事实是，就在他说话的时候，同盟国的战士们正在考虑投降。

当德国突然发现自己没有盟友时，最终的结果变得更加确定了。随着协约国军队在巴勒斯坦和萨洛尼卡取得胜利，土耳其前线正在崩溃。9月27日，保加利亚发送了一封照会，要求停战。9月 728
30日，保加利亚提出停战条件，协约国接受了这些条件。10月3日，威廉二世成立了由巴登亲王马克西米利安（Prince Max of Badenn）领导的新一届更为自由的政府，该政府承认，打败目前对抗同盟国的势力是不可能的。该政府试图采取各个击破的方法，于是向威尔逊总统求和。美国从来都不是协约国之一，为了保持行动的独立性，美国和协约国之间只是“打交道”，因此，如果美国愿意，它可以有不同的作战目标，也可以单独媾和。德国人选择利用美国的这种单独性，而此时此刻，美国人似乎乐于考虑让他们的作战目标与欧洲协约国的作战目标不同。10月4日，奥地利请求威尔逊总统停止战争；10月27日，奥地利无条件提出了停战请求。

法国和英国将加入与威尔逊的讨论，尽管他们对威尔逊提出的十四点原则中的某些内容持保留意见。十四点原则是威尔逊在去年1月提出的美国作战目标。这些目标大部分是由威尔逊的主要外交政策顾问豪斯上校起草。对英国来说，大多数都易于接受。这些目标包括承诺民主、自由贸易、建立国际联盟，以及公开达成谅解、无秘密外交。对于要求德国撤离所占领的领土（特别是比利时）并将其归还给这些国家的人民，英国也对这个目标感到满意，自1914年8月以来，这一直是英国作战目标的组成部分。而且，尽管英国决心保留自己的帝国，但它支持威尔逊关于奥匈帝国人民享有民族自决的观念。然而，英国对威尔逊要求海洋自由的主张感到焦虑，因为这将对英国实施帝国政策和皇家海军监管海外领地的能力造成影响。这对美国人没有什么影响，美国人认为没有必要维护大英帝国。如果英国接受这个原则，那么它将严重限制英国实施封锁的能力，而正是这种封锁摧毁了德国。威尔逊的中东建议也没有考虑到英国在那里的利益，例如前奥斯曼帝国的非土耳其民族的命运。威尔逊希望保证他们得到“自主发展”，并让达达尼尔海峡永久开放，以便船只自由通行，这些理想未必适合英国在该地区的需要。威尔逊也没有提到赔款问题，而英国渴望德国为其侵略行为的
729 后果付出经济代价。

到了10月初，德国平民的士气开始崩溃，德皇和他的政治顾问们承受了极大的压力，不得不与威尔逊交涉。食物、燃料和衣物的短缺已经够糟糕的了，但是，在10月初，无情地袭击了欧洲和世界其他地区的“西班牙”流感传入柏林，并开始杀死营养不良和疲惫不堪的群体。10月6日，最高军事委员会会议在巴黎召开，官员们开始讨论德国停战的条件，怀疑德国政府的议和请求会不会只是空喊口号，并猜想德国是不是很快就会投降。对于德国和奥地利分别提出的要求，威尔逊总统不愿就他的看法同巴黎的各位代表交换意见，他主要关心的是敌人是否接受十四点原则。

然而，他确实向同盟国强调，当同盟国的军队仍在协约国的领土上时，他无法建议协约国停止敌对行动。同样清楚的是，早在

10 月 8 日，除了英国对十四点原则中的一些内容持保留意见外，对于结束敌对行动所需的条件，那些派军队与德国人作战的国家都有不同的看法。威尔逊总统在没有与协约国协商的情况下对停战请求做出了答复，并且直到 10 月 9 日才把他的答复告诉协约国，这让人们普遍感到恼火，尤其是劳合·乔治。除了德军撤出所占领的领土外，协约国还有他们自己想强加的条件。法国人——福煦传达了他们的观点——向德国提出了条件，出席了会议的汉基认为这些条件“太极端”，并且“非常羞辱人”。[15]

10 月 12 日，当德国人答复威尔逊，寻求协商从他们所侵略的所有领土上撤退的过程时，英国人将此解释为这是德国人在为重新部署军队争取时间。在与劳、贝尔福、丘吉尔和陆军参谋长协商后，劳合·乔治给威尔逊发了一封电报，敦促他对德国人的停战条件“不要抱有幻想”，并就停战条件征求其盟友的意见。[16]威尔逊仍然没有征询他们的意见，但是，他在发给德国人的下一封照会中考虑到了劳合·乔治的电报，明确说明德国在组织军队撤离所占领的领土时，必须尊重美国和协约国军队享有的军事支配地位，必须结 730
束潜艇战，并让正在撤退的德国军队停止肆意破坏沿途的一切。

10 月 19 日，黑格被召到唐宁街，他就德国军队的现状发表了意见，并就如果德国人寻求停战，他们将提出什么条件发表了看法。他认为，即使德国人被赶出法国和比利时，他们仍会严守纪律，以便保卫自己的国家。他们不会接受无条件投降。他说，法国军队似乎认定战争已经结束，而美国军队缺乏一个有经验的军官阶层，缺乏足够的训练，并且组织不充分，没有多大用处。至于条件，他建议德国立刻撤出比利时和所占领的法国领土，交还阿尔萨斯和洛林，并由协约国军队占领，让法国和比利时的车辆和平民返回这些地区。劳合·乔治问黑格，他认为提供如此严苛的条件会有什么后果，这些条件将导致德国继续战斗。黑格回答说，协约国应当只提出他们愿意坚守的条件："我们应该坚决反对法国人进入德国，以报旧仇。"他觉得英国人不愿为此而战。

他在发给德国人的一封电报中强调，唯一可接受的停战协议将是"让协约国及参战各国能够执行所做的安排，并让德国无法恢复敌对行动"。[17]总统还强调，在德国推翻霍亨索伦王朝并建立共和国之前，不会进行任何谈判，而是要求德国投降。第二天，德国接受了威尔逊的条件，并由威尔逊的军事顾问制定执行这些条件的具体细节。直到10月23日威尔逊才正式将这些信息传达给协约国。

在德国接受威尔逊的建议以及协约国同意这些建议之前，战斗仍在继续。现在，协约国军队和美国军队继续占据上风。与此同时，随着奥斯曼军队被击败，在整个10月，英国军队都在征服叙利亚和美索不达米亚。然而，黑格和亨利·威尔逊爵士仍然保持谨慎的悲观态度——黑格也许意识到了他过去宣告成功所造成的损害。10月下旬，他们警告劳合·乔治，德军的撤退是有序进行，
731 而不是杂乱无章的。事实上，他们的军队并没有被打垮，如果遭到攻击，他们会猛烈反击。威尔逊认为德国没有理由投降，黑格指出，缴获的枪支数量已经下降。然而，军事家们不了解的是，德国的政治形势迅速变化，德国平民和军人的士气崩溃，这些促使他们接受了威尔逊总统的条件。失去保加利亚和土耳其等盟友对德国毫无益处。西线的德国军队已经精疲力竭，物资短缺，他们最多只能守住阵地：他们的指挥官并不指望能取得突破。

10月28日至11月4日，最高军事委员会在巴黎召开了10次会议，以确定德国将提出的条件。10月29日，协约国及参战各国在奥赛码头（Quai d'Orsay）——法国外交部的所在地——讨论了十四点原则。劳合·乔治带着战时内阁的指示（即不承认海洋自

由）来到这里。克列孟梭支持劳合·乔治。豪斯——他代表威尔逊，也是“海洋自由”计划的制定者（汉基是这样认为的）——威胁说，如果不接受，那么美国可能不得不与德国单独缔结和平条约。在这种情况下，劳合·乔治和克列孟梭一致同意，协约国将继续战斗。劳合·乔治告诉豪斯，英国不是一个军事国家，而是一个海军国家，它的力量在于它的舰队，并且它不会放弃它认为合适的使用舰队的权利。第二天，英国向威尔逊传达了这个保留意见以及另一项意见，德国必须向因其侵略行为而遭受财产损失的平民给予赔偿。美国没有单独缔结和平条约，11 月 3 日，威尔逊表示，他“体谅地”承认协约国的关注事项和封锁问题。[18]

在 10 月 29 日的会议之前，劳合·乔治告诉黑格，他希望在缔结和平条约后的一年内保持一支强大的军队，同时让关键行业的工人阶层恢复平民生活，尤其是矿工。“他显然认为，我们可能不得不面对国内的麻烦，以及面对我们现有的一些盟友的困难。”[19]与此同时，同盟国继续内爆。10 月 28 日，捷克斯洛伐克和波兰宣布成立自己的政府。10 月 29 日，德国公海舰队发生兵变。10 月 30 日，奥斯曼帝国与协约国达成停战协定，奥地利要求与意大利停战。奥匈帝国的皇帝卡尔眼看着他的帝国分崩离析，并意识到他的人民渴望结束战争，双重君主制被载入了史册。奥地利舰队被移交给了南 732
斯拉夫民族委员会。11 月 3 日，奥地利和匈牙利与协约国缔结停战协定。

德国军需总监鲁登道夫对德国同意威尔逊的条件深感不满。起初，他不愿照单全收，后来认定这些条件是完全不能接受的。在 10 月底的时候，他认为他已经说服了自己，德国应当继续战斗下去。尽管一个月前，他认为德国已经战败了。然而，他很快意识到，并告诉他的政府，德国军队无法保卫中欧。如果守住西线

（这是非常不可能的，因为随着协约国军队的推进，成千上万的士兵继续投降，仅在11月的第一个星期就有1.8万人投降），那么德意志帝国将会受到来自南部和东部的攻击。[20]德国的政治阶层越来越清楚地认识到，他们的人民不会容忍又一个打仗作战的冬天，这些战争将让他们忍饥挨饿、没有燃料，他们的士兵看到大规模的进攻已经被击退了，而且和协约国军队（其拥有成千上万的准备涌入法国的美国士兵）不一样，他们没有更多的资源可供使用。随着工人苏维埃的成立，德国城市的秩序开始瓦解，汉堡和慕尼黑等遥远的城市也发生了起义。一旦这些事情发生，除了最狭隘的德国人以外，所有人都清楚地认识到失败是不可避免的。

11月1日，最高军事委员会会议宣读了劳合·乔治与其他协约国领导人和全权代表早些时候批准的停战条件。黑格认为它们“非常严苛”：德国人在莱茵河以东40公里处撤退，交出5000支枪和大量车辆，并撤离领土。[21]英国政治和军事领导人反对向德国强行施加“屈辱性”的和平条约，米尔纳和德比称类似这样的举动“违背了大英帝国的最佳利益”。[22]然而，对一些人来说，提议的条件还不够。代表相当一部分公众发言的诺思克利夫通过《泰晤士报》呼吁德国无条件投降。就在停战前，诺思克利夫与劳合·乔治进行了一系列越来越有火药味的会晤，他警告劳合·乔治不要对德国宽大处理，并重复了他的要求，以便弄明白政府考虑的人选是谁，而且也许还要求在即将到来的和会上成为代表团的一员，据
733 说，首相对他说“见鬼去吧”。[23]

二

随着西线局势的逆转，人们开始猜测，劳合·乔治将在“深

秋”举行大选，首相身边的人奉其命令助长了这种猜测。[24]该年8月，他告诉里德尔，他“强烈支持在11月向英国发出呼吁”，因为当时的形势已经发生了逆转，他认为进行选举对他有利。不过，他说，无论如何，上次选举已经过去了差不多八年，因此现在应当尽快进行选举，从而否认自己占据了有利形势。[25]这让政治阶层在休会期间有了谈资，而且政府即将推出新的登记册——这个登记册“彻底改变了选举地图，也彻底改革了选举机制”——这使得提前选举变得无法抗拒，无论战争是否仍在进行。[26]然而，当这个问题第一次被讨论的时候，人们相信战争可能还会持续一两年。

客观地说，举行选举具有无可争辩的理由，因为政府在不同时期通过了五项议会法案，每次将任期延长几个月，使得议会超过正常任期三年。在1910年12月的选举中，有一半的下院议员没有选出来，但是在补选中，他们中的大多数人没有对手，因此无法反映出民主。此外，不仅有大量的新选民“成为新的选民类别，例如年满19岁的士兵和作为新性别的女性”，而且在10月23日，下院就塞缪尔提出的一项决议进行了辩论，该决议要求通过一项法案，允许女性成为议员。274名议员（包括曾经在这个问题上无法改变态度的阿斯奎斯）支持该法案，只有25名议员反对，尽管有人呼吁成立新的下院，以便做出决定。正如塞缪尔所说的那样：“你不能说‘600万妇女可以成为选民，但决不能有一名妇女成为立法者’。在通过《人民代表法案》时，我们采取了深思熟虑的行动，已经放弃陈旧、狭隘的信条，这种信条认为妇女的领域就是家，除了家，她们没有其他的领域。”[27]然而，穆克斯上将坦言，“我认为下院不适合任何受人尊敬的女性坐在里面……如果要通宵开会，如果要熬夜到凌晨2点或3点，那会发生什么？‘谁回家？’的问题将变成‘谁将送我回家’的问题”。[28] 734

8月下旬，另一个早期迹象表明政府将进行选举，那就是政府宣布将于11月在电影院上映一部讲述劳合·乔治生平的电影，这进一步加剧了人们对选举的猜测。9月12日，劳合·乔治在曼彻斯特发表演讲，正式开启了他的竞选活动。在那里，他感受到了出生城市的自由。他没有提到选举，但是，他表达了对未来的希望，他在演讲的开头提到了胜利的必然性——“德国人没有美国的帮忙”。[29]他表达了组建一个国际联盟的愿望。他还提到了重建，修建更便利的交通，以及更好地利用英国的“人力资源”；并强调改善医疗保健——也许他最著名的言辞是，“我们无法靠C3等级的人口维持一个A1等级的帝国”，他声称，一位医生告诉他，“如果这个国家的健康水平得到适当重视”，那么还会有额外的一百万人能够被武装起来。他早些时候就表达了这些观点，因为他知道必须做出一个最为重要的变革承诺。8月，在与里德尔讨论未来时，他提到了奥克兰·戈德斯向他提交的“令人不安”的统计数据，这些数据显示，“这个国家的人民的体质远远低于应有的水平，尤其是在农业地区，那里的居民本应是最强壮的”。他接着说，“这是因为工资低、营养不良和住房条件差。在战争结束后，必须立刻纠正这些问题”。[30]

他原计划去北部城市视察，但是，在曼彻斯特演讲的那天晚上，他晕倒了，被诊断出得了西班牙流感。曼彻斯特市的市政厅为他准备了一间卧室，电车从他休息的大楼一侧改道，以便让他享受清静和安宁。曼彻斯特的一位顶尖专家照料他，9月21日，他恢复了健康，回到伦敦，但仍然虚弱无力。

他开始试探同僚们，看看谁能在人才济济的政府里成为战后重建英国的最佳人选。当时，他甚至准备把诺思克利夫也包括进来，尽管朋友们警告说他不可能与诺思克利夫共事。比弗布鲁克在他那本不可靠的回忆录《男人与权力》（*Men and Power*）中声称，在亚眠战役前焦虑的几个月里，诺思克利夫拉拢他和雷丁，让他们向劳合·乔治提出主张，以便让诺思克利夫担任枢密院议长，并协助劳合·乔治拯救这个国家。没有其他证据予以证实，这样的故事削弱了诺思克利夫在宣传工作中做得很出色的事实。在战争的最后阶段，英国又开始散发传单，这些传单进一步破坏了本已低落的德军士气。甚至在飞机投入使用之前，英国利用气球在 6 月至 8 月间投下了 7820367 张传单，这引起了兴登堡的警觉，他们警告军队，协约国在对“德国的意志”开战。[31] 735

尽管诺思克利夫取得了种种成就，劳合·乔治也准备考虑让他担任内阁职位，但是，首相意识到无法信任他。不过，在那时，劳合·乔治也不值得信任。诺思克利夫最大的抱怨之一是，他认为劳合·乔治已经承诺在新的登记册生效时立刻进行选举，但劳合·乔治没有这样做。随后，诺思克利夫通过里德尔要求知道劳合·乔治正在考虑的新内阁成员的姓名，因为他不会利用他的报纸来支持一个纳入了他所说的“老帮派”——阿斯奎斯的联盟——的政府。对劳合·乔治来说，这个举动太过火了，他回话说，他“不会对政府的组建做出任何承诺，也不会妄想去做这样的事情”。[32] 由于没有任何东西能让他和诺思克利夫推心置腹，或者让他就可能做或不做某事寻求诺思克利夫的认同，他意识到诺思克利夫可能会撤回其报纸所给予的支持——鉴于劳合·乔治实际上没有政党的支持，因此，报纸的支持是至关重要的。由于首相决定在情况允许的时候进行选举，因而他需要另一家报纸作为支持手段。

几个月来，他知道英国政治的本质即将发生变化。春天，在霍尔丹家举行的晚宴上，他告诉主人以及当时在场的西德尼和比阿特丽斯·韦伯，“未来将存在于两个新的政党之间，而旧的自由党将分裂成这两个政党”。[33]1918 年 12 月的大选（即现有联合政府的支持者和剩余的其他政党之间的竞争）计划，早在明确这将是一场战后选举之前就已经拟定，更确切地说，是在预计主要问题是将这场战争打到最后，还是试图进行议和的时候。劳合·乔治决心要实现前一种情况，而追随阿斯奎斯的许多自由党人（尽管可能不是阿斯奎斯本人）则要实现后一种情况。[34]早在 1918 年 7 月，首席党鞭盖斯特就已经拟定了值得政府支持的议员名单。[35]

自 1917 年初以来，首相就急于让一位友好的商人买下《每日
736 纪事报》，该报的日发行量达 80 万份，具有很大的影响力。如前所述，该报还让莫里斯将军担任军事记者，因此，劳合·乔治找个朋友买下该报的另一个动机是强迫莫里斯离开，并阻止他写一些与战事指挥有关的不友好的文章。该报的售价为 110 万英镑，每年的利润约为 20 万英镑（不过其中的 13 万英镑被用于缴纳超额利润税）。这位友好的商人就是亨利·达尔齐尔爵士，他是一名自由党议员，同时也是《雷诺兹新闻》和《波迈公报》的老板。去年 1 月，他被提升为准男爵，这有助于他的收购活动。里德尔参与了收购《每日纪事报》的阴谋，他在 9 月初坦言，在安排融资方面存在“一些困难”。[36]不久后，政府公布了这些困难的性质。

10 月 1 日，交易完成。“劳合·乔治将通过亨利·达尔齐尔爵士完全控制编辑政策，达尔齐尔实际上将是他的经纪人”，里德尔说道，“这个实验将会很有趣”。[37]首相实际上使用别人的钱——而且这笔钱的来源非常可疑——来拥有一家报纸，他从来不认为这种行为是得体的，但是，劳合·乔治的亲信们就没他那么高尚了。不久后，人们普遍认为，出售爵位所得的钱资助了这次收购。作为大臣的比弗布鲁克极不恰当地深深卷入了这场阴谋，这引起了极大的关注，以至于 10 月 15 日下院对此进行了讨论。拉纳克郡议员、阿

斯奎斯的坚定支持者威廉·普林格尔说，“如果公共信息的源头落入少数团体或某个团体的手中，那么这实际上是在嘲弄真正的民主”。[38]他声称《每日纪事报》“实际上处于政府的控制之下”，这个说法是完全正确的。[39]

追随阿斯奎斯的人知道，在大选到来之际，报界几乎没有人会为他们说话，这放大了达尔齐尔为劳合·乔治所取得的成就。普林格尔希望政府对收购该报的交易进行调查，然而，政府把比利时交给德国人的可能性都要大于进行调查的可能性。他把政府不进行调查的原因记录了下来。政府曾向两位早期的潜在买家——肥皂和清洁剂的巨头莱佛休姆（Leverhulme）勋爵和科尔文（Colwyn）——授予过爵位，从而让他们不要挡道；而且作为首席党鞭的盖斯特也参与了这些谈判，因此，几位杰出的政客肯定会因为此类调查而受 737
到损害。普林格尔要求在场了解真相的人士——达尔齐尔和盖斯特——纠正任何细节上的错误。他们保持沉默。

他继续透露，政府要求一名会计师对《每日纪事报》进行估价，会计师给出的估价为 90 万英镑，低于老板的期望值，并且这个数字已经传达给了盖斯特。“在收到这份报告后，我们发现莱佛休姆勋爵并不是真正的涉案人，”普林格尔继续说道，“但是，在日光牌肥皂的背后，还有一个有趣且重要的人物，那就是比弗布鲁克勋爵。当时，比弗布鲁克勋爵是新闻大臣。我觉得这件事涉及下院，因为新闻大臣既是政府成员，也是一位负责任的大臣，在他宣称自己已经放弃了另一份先前拥有的报纸的所有控制权时，他本应就收购报纸进行谈判。”[40]

然而，普林格尔透露，由于价格太高，比弗布鲁克退出了。如果政府想要买下《每日纪事报》，那么将不得不使用政党基金。比弗布鲁克曾经答应，如果他买下这份报纸，那么他将再支持劳合·

乔治五年。他还没有准备好代表《每日快报》做出这个承诺。更复杂的是，《每日纪事报》的老板弗兰克·劳埃德（Frank Lloyd）拒绝向托利党出售该报。在了解到这一点后，盖斯特曾试图说服劳埃德相信比弗布鲁克——他通过劳进入英国政坛，并完全赞同保守党的政治主张——实际上不是托利党人，尽管他曾是托利党的议员。盖斯特并不是那种可怕的“新派男人”——这类人在一定程度上靠着不正当手段和表里不一发迹——而且他早该知道事情的来龙去脉。他是温伯恩的弟弟，丘吉尔的表亲，在退伍之前就获得了杰出服务勋章。用这种方式弄脏他的手，将会严重贬低他的身份。

达尔齐尔在辩论中发言。他声称，他之所以发言，主要是因为任何进一步的沉默都会被误解。他否认在收购《每日纪事报》后曾试图“压制该报的独立性”，然而，该报的内容很快表明事实并非如此。[41]他声称，该报之所以被卖掉，是因为前主人的健康状况不佳，而他买下该报，主要是为了防止一群托利党人接管它。考虑到该报的老板拒绝将报纸卖给比弗布鲁克，托利党人不太可能接管该报。他否认知道比弗布鲁克的手段，事实上，他也不知道莱佛休

738 姆的手段。他还否认自己屈从于任何人，也否认自己实施了不正当行为——“我的公众生活是公开的”。[42]1921 年，劳合·乔治向他授予贵族爵位，以表彰他的公共服务。

这桩交易表明，远离了主流自由党人、没有了政党基金的劳合·乔治需要耗费哪些周折才能获得产生影响力的新手段和新的富豪朋友。莫里斯被迫辞职，任命他的编辑罗伯特·唐纳德也被迫辞职，尽管在该年的早些时候，劳合·乔治给了唐纳德一份在比弗布鲁克的手下做事的兼职工作——担任中立国的宣传总监，史考特曾把唐纳德视为“劳合·乔治的侦察员”。[43]然而，唐纳德决定雇佣莫里斯，这似乎表明他在自寻死路。他在报纸上明确表示不再信任劳合·乔治，

而劳合·乔治也表示不信任他。《每日纪事报》曾就人力短缺对政府进行了大肆批评，而对爱尔兰政策的批评就像对战争政策的批评一样，成了遥远的往事。当选举到来的时候，《每日纪事报》会像奴隶一样忠诚。11 月 4 日，比弗布鲁克因为被坏牙感染，辞职去做喉部手术，宣传部也因此逐步瓦解了。在宣传部被废除前，他的继任者唐厄姆（Downham）勋爵任职了两个月。

虽然诺思克利夫的影响力明显减弱，劳合·乔治正准备宣称自己赢得了战争，而且对这位报社老板的自负，他远没有像以前那样担心，但是，其他人仍然对诺思克利夫的权力感到担忧。11 月 7 日，在一场关于宣传部的辩论中，卡森对诺思克利夫进行了攻击，他意识到诺思克利夫一直在力促劳合·乔治让其成为和会的正式代表。“我很清楚这个事实”，他说：

> 说一句反对诺思克利夫勋爵的话几乎构成叛国罪。我知道他的权力，知道他会毫不犹豫地行使这种权力，如果任何人让这个地位极高的人感到不快，那么他会试图剥夺这些人的职务或公职。但是，在我这个年龄，无论是职位、薪酬，还是任何与政府有关的事情，甚至是公共生活，都不会对我造成什么影响，而我真正关心的是体面政府的利益，我甚至有可能招致这位伟大的托拉斯老板的憎恶，他利用自己的身份垄断了这个国家很大一部分的报纸，总是有一群现成的谄媚者来奉承他，来替他制定他认为最符合其利益的政策。[44] 739

卡森代表一个政治阶层发言，这个阶层厌倦并烦透了诺思克利夫想象着自己具有某种使命。他决心向这位报业大亨表明，其行为不可能不受到批评。导致他这样做的最后导火索是诺思克利夫的报纸对米尔纳进行了攻击，考虑到诺思克利夫从事官方宣传工作，卡森认为这类攻击不仅不公平，而且还很“不得体”。[45]米尔纳在凡尔赛时接受了采访，诺思克利夫对此表示反对。一篇社论引用了一封来自法国的电报，声称采访对法国造成了“极大伤害”。卡森认为这封电报是诺思克利夫自己发出的。他还说，“我认为现在真的是时候停止这种事情了”。他坦言，公众中“最优秀的一些人”“憎恨”这种行为。对于那些持怀疑态度的人，卡森说：“公众人物或担任公职的每一个人都知道，从诺思克利夫勋爵感到不快的那一刻起，追捕行动就开始了，一直持续到他把任何被他视为对手的人赶下台。”

他用激烈的言辞作为结语：

> 一名政府官员之所以对米尔纳勋爵进行攻击，目的是让他离职……以便让诺思克利夫勋爵接替米尔纳的职位或者进入战时内阁，这样他就可以出席和会，无论这个会议什么时候召开。整件事是英国公众生活的耻辱，也是新闻界的耻辱。我非常清楚批评报界有多难。我非常清楚你们为此得到的回报。感谢上帝，我从来不在乎他们怎么说我。我从来没有在意过，但是，我确实希望下院的议员们，不管他们是否同意米尔纳勋爵的意见，无论他们是否同意任何其他大臣的意见，都能认识到，无论如何，在这样一场危机中，公平竞争、公正批评、诚实待人和体面生活是必不可少的。[46]

坐得最远的斯坦利·鲍德温——他在辩论中代表政府发言，这个政府充分利用了诺思克利夫的服务——为政府的宣传员辩护，声称随着战争的结束，诺思克利夫效力的部门“不仅奄奄一息，而且濒临关门……不再运作”。[47]

与此同时，劳合·乔治继续为提前选举制定计划。在德国的立场开始瓦解后，那些与首相关系密切的人便开始与阿斯奎斯的支持 740
者讨论他们在大选后组建的新的联合政府中可能担任的职位。9月26日，前自由党首席党鞭艾利班克的默里作为中间人，再次向阿斯奎斯提供了议长一职，并向他的追随者——朗西曼和塞缪尔——提供了两个内阁职位，还提供了六个次长职位，以换取他们支持联合政府，并同意立刻举行选举。阿斯奎斯拒绝了。

并非一贯支持劳合·乔治的所有人士都乐于听到关于提前选举的传言。史考特利用《曼彻斯特卫报》，把火力对准了提出这个建议的人——他的朋友劳合·乔治。他在11月1日写道："这样选出来的政府未来不会具有真正的权威。它本可以选择在这样的时刻进行选举。在该国实际解除了武装时，以及除了自己的政党之外，所有政党都处于不利和混乱之中时，这样才能夺取政权。"[48]他的言辞非常尖锐。第二天，劳合·乔治正式给劳写信，向劳提出了提前选举的建议，劳接受了。11月5日，国王——他和《曼彻斯特卫报》的意见一致——不情愿地同意解散议会，他在与首相进行长时间的讨论"之前是持反对意见的"。接着，劳与劳合·乔治开始就策略进行辩论。[49]

三

值得赞扬的是，由于少数几位大臣的干劲和崇高精神，联合政府早在战争进入决定性阶段之前就开始谋求塑造战后的世界。第一个也是最明显的例子便是选举权改革，但是，人们也承认迫切需要重建英国——不是因为战争造成的破坏（这种破坏相对较小），而是因为家庭的破碎，以及有必要更换战前陈旧且不合标准的基础设施。解决复员问题，让所有在战争结束后从战场上归来的人重返平民生活，把这些问题处理好已经足够了。但是，如果英国想要一个繁荣和成功的未来，那么需要更好地为这个国家的人力资源做好准备。所以，重建必须是社会和物理结构的重建。

在开发英国的人力资本方面，教育是关键。即使在战争最激烈
741 的时候，在索姆河战役的头几天，上院也讨论过这方面的计划，他们意识到现有制度存在巨大缺陷，以及它所造成的持续的人才浪费。1916 年 7 月 12 日，霍尔丹提出了一项动议，“呼吁人们关注国家的培训问题，关注为将来做准备的必要性”。[50]他也许比任何人都清楚，在一些与英国相竞争的国家，尤其是德国和美国，教育制度是多么优越。德国工人阶级的孩子在 14 岁时离开学校，而不是在 13 岁，之后，他们中的大多数人接受四年的培训或当学徒，而不是随随便便地去干那些没有技术含量的苦力活，而这正是许多英国工人阶级男孩的命运。中产阶级的孩子在学校多待两到四年，然后一些人去上大学。正如霍尔丹承认的那样，英国教育制度的主要弱点是，工薪阶层的孩子几乎不可能上大学。不过，英国提供少量的奖学金和助学金，所以至少在这方面，英国领先于德国，但这还不够好。

这个问题很严峻。1916 年，英国有 275 万名 12 岁到 16 岁的男孩和女孩。大约有 110 万人在 13 岁时离开学校。更多的一些人在 14 岁时离开学校。只有 25 万人上了正规的中学，通常只上一两年。在 585 万名年龄在 16 岁到 25 岁的年轻人中，只有 9.3 万人参加了全日制课程，大部分是短期课程。霍尔丹指出，重视教育和培训的国家具有巨大的优势。[51]他说：“我们必须尽最大的努力培养后代，使他们在智力、道德和身体上做好准备，以便承受将要面临的

压力……其他国家一直在奋起，它们投入的勤勉程度和学识超出了我们自身体现出来的水平，而正是由于他们的过分勤勉，才对我们造成了危险。在这场斗争中，我们必须确保自己并非毫无准备。我们必须就鼓足干劲和明确方向进行必要的改革。”[52]

霍尔丹的想法和远见对 H. A. L. 费希尔（H. A. L. Fisher）产生了深远的影响。费希尔是教育委员会的主席，在此之前，他是谢菲尔德大学的副校长。他是一个高尚的自由主义知识分子，充满了阿诺德*式美好与光明的理想，但也毋庸置疑地与英国的知识贵族有关联。他是历史学家 H. W. 费希尔的儿子，是弗吉尼亚·伍尔芙的嫡亲表兄；他的妹妹艾德琳（Adeline）嫁给了拉尔夫·沃恩·威廉斯，另一个妹妹先是嫁给了著名的法律历史学家 F. W. 742
梅特兰（F. W. Maitland），后来嫁给了博物学家的儿子，也就是植物学家弗朗西斯·达尔文（Francis Darwin）爵士。

费希尔希望废除半工半读制，根据这个制度，兰开夏郡和约克郡等工业地区的孩子可以工作，前提是他们要投入一定的时间接受教育。他希望 14 岁以下的孩子完全专注于学业，这个建议遭到工会的极力抵制，并引发了来自农业领域的抱怨，由于人力短缺，农业面临着巨大的压力。他还决心成立郡教育委员会，以扩大教育系统的范围和内容。他的第一个伟大倡议是在 1918 年 3 月说服议会将离校年龄提高到 14 岁。他这样做的依据是，英国赢得战争是无可非议的，就像 1918 年 9 月看起来的那样。但是，要想利用胜利，

* 阿诺德：指马修·阿诺德（Matthew Arnold，1822～1888 年），英国近代诗人、教育家，评论家，拉格比公学校长、托马斯·阿诺德之子。曾任牛津大学诗学教授。主张诗要反映时代的要求，需有追求道德和智力“解放”的精神。其诗歌和评论对时弊很敏感，并能做出理性的评判。代表作有《评论一集》、《评论二集》、《文化与无政府主义》、诗歌《郡莱布和罗斯托》、《吉卜赛学者》、《色希斯》和《多佛海滩》等。——译注

就需要在态度上进行一场革命。

在强调通过教授人文学科来培养心智的重要性的同时，他特别想要进行更多的科学培训和教育，以及让人们接受新思想。他还想知道“大量工人阶级的孩子没有接受培训，在这些孩子中，有多少瓦特、开尔文和达尔文已经流失了。在我们国家，最大的错误是把注意力集中在教育和培训富人上……对于工人的孩子来说，除非他有一个非常与众不同和热心的父亲，否则他能得到什么呢？呃，不管怎样……我们 90% 的人口都没有接受过教育，如果我们要充分利用我们现有的人才，那么教育是必需的”。[53]霍尔丹希望在 1916 年启动这个计划，但是，费希尔直到 1918 年才完成，这个计划为霍尔丹提出的“继续教育学校”的愿景奠定了基础，工薪阶层的孩子在 13 岁以后可以上继续教育学校，而且政府将提供更多的大学入学名额。[54]

1918 年 3 月 13 日，费希尔概述了他的一些愿景。“曾经有一段时间，人们希望小学老师对课程中的每一门课都达到同样的水平，无论是同样精通，还是同样不精通。曾经有一段时间，学校是按照成绩来发工资，那时在阅读、写作和算数方面，学生的成绩很少能够超越机械化教学的结果。我们已经超越了那个阶段。我们鼓励教师专业化，我们的课程更广泛、更多样化，我们不再依赖于根
743 据成绩发工资的机械化教学。”[55]据估计，超过一百万的残疾儿童得不到适当的教育。费希尔的目标不仅是让国家向他们提供机会，而且还寻求提高公众健康，这样一来，天生残疾的人就会减少。对于健康的孩子，应大力强调体育教育。他还迫切地想让家长们更加关注孩子的教育，支持学校拓展学习机会的工作。

费希尔没有退缩。“该法案的目的是为各类人才提供尽可能多的出路。我们在法案中提议，让地方教育机构承担义务，为所有适

合接受中学教育的学生提供中学教育。”要做到这一点，就必须“提供中央学校、高等小学、初级技术学校和初级商业学校”。这还不是全部。“此外，我们建议为14岁至16岁的所有青少年实施一项非全日制的义务教育计划，但允许存在一些例外情况，这个建议与实施选拔和发展特殊人才的计划并不矛盾。”[56]他说，最终，提高离校年龄和提供额外教育的成本每年将在1000万英镑以下，由税收和地方政府共同承担，这大约是一天半的战争开销。他还提议增加教师工资和中央对学校的拨款，希望授权地方政府开设幼儿园，并为中学和技术学校的教师制定退休金计划。

费希尔之所以提出这项新政策，是因为他认为，青少年的思想很容易受到影响（不断上升的青少年犯罪的人数就证明了这一点），而且通过教育，年轻人将受到更多好的影响，而不是坏的影响。如果年轻人14岁就开始工作，那么在16岁或18岁之前，每周大约8小时的“继续教育课程”将继续向这些超出离校年龄的年轻人灌输知识。“法案提议向贫困家庭的孩子给予一定程度的道德指引和指导，这些被普遍认为是富裕家庭的孩子才拥有的，届时，我能够自信地宣称，我将得到整个社会的道德感作为支持。”[57]

费希尔不是一个功利主义者，但是，他相信教育的目的是陶冶情操和发展品格。不过，他最后说了一句实用的话： 744

> 接着，我问道，我们向广大公民提供的教育，是否足以应付这场世界大战的演变给我们帝国带来的新的、严重的和持久的责任，是否足以应付我们向千百万新选民强加的新的公民负担？我认为不足以应付。在这个国家，任何能够明辨是非的人必定会同意我的看法。我相信，此时此地，我们有责任改善这种状况。我认为，如果我们让一连串过去的不便模糊了我们的

> 视野，那么我们不仅会失去一个黄金机会，也没有尽到我们对子孙后代的沉重责任。[58]

人们还认识到，英国正在进入一个与其他国家展开激烈竞争的新时代，受过更好教育的劳动力对于经济发展至关重要。在对法案的二读进行辩论时，自由党议员弗朗西斯·阿克兰说："那些不仅在特定的行业关注事项上，而且在涉及公民身份的普通问题上，不希望工人拥有更广阔的前景、更好的素质和更强的思考能力的行业，都不是我们应当在这个国家鼓励甚至保留的行业。毫无疑问，困难时刻即将到来。如果这个法案的主要条款得以执行，那么所有从事这些行业的人都将获得精神禀赋，在此情况下，倘若我们让这些行业缺乏更好的精神禀赋，那么这个代价我们根本负担不起。"[59]

费希尔的法案被认为是方案的第一步，这个方案向那些没有能力支付教育费用的人提供了教育机会。可以预见的是，有些人持反对意见。统一党人抗议说，这可能会导致许多年轻人接受过度教育，他们将会发现没有足够的空缺职位来安置那些学业有成的人。扩大受过教育的人口将会带来繁荣，从而为更高水准的工作创造机会，人们对此既不理解，也不赞同。一些议员抱怨成本太高，尤其是因为费希尔和他的支持者希望他的改革能让更多的人上大学，而不仅仅是特权阶级的孩子。阿克兰说："我们当然希望我们的奖学金制度（包括今后几年的助学金）能有所发展，因为我们要把'教育阶梯'这个词从我们的词汇表中完全划掉，这样我们就可以用'教育高速公路'取而代之。"[60]他还概述了超出法案范畴的一些
745 愿望："我们希望在教育委员会的有效监督下，为所有阶层、富人和不那么富裕的人开设私立学校。我们要简化考试制度。我们希望我们教授某些科目的方法能有很大的改变和发展，尤其是科学和现

代语言。”

与统一党议员对成本的担忧一样，许多工薪阶层人士也对子女推迟就业的成本感到担忧——就像他们对自1870年以来的每一次教育改革所表现出来的那样。这在一定程度上解释了为什么费希尔计划的立法花了这么长时间才在议会获得通过。这项立法对95%的学龄儿童造成影响，并在1917年2月获得了战时内阁的批准。然而，正如费希尔所了解的那样，矛盾的是，工人阶级也是这项措施的最大支持者，因为他们也意识到，这将使他们的孩子有机会比他们的父母过上更好的生活、找到更好的工作，并能摆脱家政服务或无技能劳动等苦差事。他把他的法案归类为保证年轻人权利的一项措施。

然而，还有一个宪法方面的考虑因素对该法案造成不利。费希尔的反对者认为，该法案过于激进，不可能在议会的第八个年头获得通过，需要通过大选给予具体授权。对一些人来说，比如统一党议员巴兹尔·佩托（Basil Peto），“这是向社会主义理论迈出了很大一步，这个理论认为儿童属于国家，而国家的男女公民仅仅被视为繁衍机器”。[61]这项措施在9月份新学年开始之前就生效了，就在这个月，威尔斯出版了他的小说《乔恩和彼得》，这本书致力于探索战前英国教师的支配地位，这些教师“完全没有教育理念”。[62]到目前为止，这个国家已经敏锐地意识到，在战争开始的时候，它的技术水平是多么的低下，通识教育的不足如何阻碍了战事工作。事实上，一些批评费希尔的人认为他的雄心还不够大，他们是对的。但是，在向所有人提供教育机会方面，他迈出了至关重要的第一步。

对儿童的进一步帮助，甚至在他们上学之前给予的帮助，是根据1918年《产妇与儿童福利法》（Maternity and Child Welfare Act）

提供的，该法案允许地方政府设立委员会，以便监督母亲及其子女
746 的福利，资金部分来自中央政府，部分来自地方政府。自 1911 年《国民保险法》颁布以来，参加工作的妇女一直享有医疗保险，而不参加工作的妇女就无法享有这种保险。这些福利委员会是预防医学领域的一个重要发展，它们设法改善刚生完孩子的产妇的健康，并降低已经下降的婴儿死亡率和疾病水平。

政府承诺要解决的另一个重大社会问题是住房问题，就像提到医疗和教育改革一样，住房问题也是着眼于即将到来的竞选活动。在停战前的两周，地方政府委员会的主席成员威廉·海耶斯·费希尔（William Hayes Fisher）（与教育改革家没有关系）告诉下院，政府将如何处理住房问题。政府承诺实施“一项非常大的重建政策”，因为他认为，如果人们只能回到不卫生、通风不良、没有阳光的房子里，那么即便推行改善儿童福利或消除结核病等政策，也是无济于事的。[63]同 19 世纪 70 年代以来的历任大臣一样，费希尔反复强调：“必须建造新房子，必须重建和修复老房子，必须逐步清除贫民窟。”他承诺，下一届议会将通过大量立法。[64]他还提出了政府福利房的问题，并承诺地方议会可以提供 80 年的贷款来资助建造这种住房。市镇和区议会已经有权为工人阶级提供住房，不过，这项权力也将扩大到郡议会。

在 1914 年之前的五年里，英国人口最稠密地区的房屋建造量已经出现下降，而在战争期间，由于缺乏人力来建造房屋，使得这个问题变得更加严重。具有讽刺意味的是，由于爱尔兰的民族主义党势力强大，在王国中，只有爱尔兰在战前制定了大规模的住房计划。在英国的其他地方，住房短缺的情况非常严重，以至于政府在报纸上刊登广告，鼓励人们提供信息以便其他人能在某些大城市找到住房，并向这些人给予奖励。议员们担心数百万士兵将回到这些

住房供应不足的地方，有人呼吁至少需要一百万套新房子，每个郡都对其需求进行了评估。

苏格兰的人口大约是英格兰人口的八分之一，一项调查显示，仅苏格兰就需要12.1万套住房。[65]一些议员建议，与其让地方政府争取贷款来提供资助，还不如让政府在特殊情况下向他们拨款。只有在政府拨款后，才能由私人资助开发项目。还有人呼吁修建更多 747
的农村住房，以便响应政府劝说士兵返乡务农的政策。然而，财政部仍未承诺为一项建设计划提供资金，也没有强制或鼓励地方议会启动建设计划。许多自由党人不喜欢国家干预的想法，但是，正如朗西曼所说："就我个人而言，我不喜欢政府的做法，我认为这种做法是最低效和最昂贵的。但是，目前的需求是如此之大，以至于我把住房的必要性放在了最重要的位置；而且我认为获得这些住房的方式在某种程度上是次要的。"[66]

约西亚·韦奇伍德上校——他是一个比朗西曼更严厉的自由党人——对费希尔的提议进行了抨击："今天，有一项法案摆在我们的面前，它在一个非常小的范围内体现了两项非常重要的原则。第一个是国家应当担负起这个国家的建筑业，第二个是国家应当按照不健全、不经济的路线开展建筑业。"[67]韦奇伍德担心，以"慈善租金"建造房屋将会毁掉每一个私人房东的生意，破坏私人企业，并且由于人们寻求的是便宜的房子，而不是按市面租金租售的房子，这会导致地方议会的"营私舞弊"和腐败。对于建立一支住房检查员队伍，以检查这个新成立的国家权力机关的进展是否令人满意，以及大规模增加国家向非生产性人员支付的工资，他对此也表示担心。他还遭到了波特兰公爵之子亨利·卡文迪什-本廷克(Henry Cavendish-Bentinck)勋爵的猛烈抨击："虽然战前我们在下院争吵不休，制定了符合维多利亚时代早期经济学的政策，正如这位议员刚才所做的那样，但是，既得利益集团已经把人民逼入绝境，除了排水沟、巷子和操场外，他们剥夺了孩子们的任何游乐场所，并且一直在大批大批地消灭孩子。”[68]

四

尽管从 1918 年夏末开始英国就朝着和平迈进，但是，政治阶层根本不相信过渡是容易的，也不相信经过四年的极端艰难和牺牲之后维持公众期望是容易的。例如，政府迫切需要解决住房问题，这不仅仅是为了对返乡的战士守信，也是为了避免给工人阶级任何
748 借口去参加布尔什维克式的活动，这些活动不仅改变了俄国，而且威胁要吞噬德国。人们还记得，去年 3 月，兰斯伯里在艾伯特大厅举行了欢迎俄国革命的会议，这是支持革命理想的第一次大型公开活动，当时有很多人在集会上高唱《红旗》。兰斯伯里提到俄国军队是如何拒绝射杀抗议者的，他说：“我们可以理解，当所有国家的工人阶级都拒绝射杀其他国家的工人阶级时，政府就无法再发动战争了。如果各方的军队都向无人区进发，拒绝继续战斗，那么这场战争明天就会结束。”[69]

5 月，在利兹召开的工党大会呼吁成立“工人和士兵委员会”，就像现在管理俄国西部的苏维埃一样，斯诺登是主要的倡导者之一。政府通过了一项建立委员会的动议，但是，由于缺乏严肃的组织机构，最后什么也没有发生。6 月下旬的另一场会议呼吁结束与其他政党的休战，并呼吁工党议员退出政府，为选举做准备。亨德森坚持自己的想法，确认一旦进行选举，就会爆发真正的政治战争，而不是在选举之前爆发。当时，工党已经有 301 名潜在候选人，并宣布预计还会有 100 名候选人。一个意外访客出席了会议，

他是被废黜的俄国社会党总理克伦斯基。除了少数强硬的布尔什维克分子外，所有人都对他表示热烈欢迎。9 月，工会大会根据 300 万投票中的多数票决定继续与工党合作，少数人希望成立一个比工党更左的工会工党。这次投票确保了协调一致的劳工运动，这是该党走向权力舞台的重要基础。此后，政府对布尔什维克主义的宣言高度警觉：在德比郡举行的一次演讲后，政府根据《保卫王国法案》逮捕了西尔维亚·潘克赫斯特（Sylvia Pankhurst），她在演讲中主张走强硬的社会主义路线。她为女性设定的主要政治目标现在似乎已经实现。

矛盾的是，在协约国的境况越来越好之际，英国国内的工业环境却在恶化。棉纺厂的罢工很快得到了解决，但是，9 月底，铁路工人因要求加薪开始在南威尔士举行罢工，而后蔓延至伦敦和英国的其他地区。铁路工人感觉自己掌握了主动权，如果政府坚持与选任的官员谈判，那么他们就拒绝与政府谈判，这些激进分子有自己 749
的代表。政府说，为了让火车运行，它将派遣军队——伦敦步枪旅的 3000 名士兵立刻前往动乱的中心地区纽波特以及大东部铁路公司在伦敦东部的斯特拉特福德设置的主要车站。甚至劳工运动也不承认罢工者：英国工人联盟称他们为“布尔什维克主义和无政府主义者”。[70]政府中最具影响力的工党议员 J. R. 克莱因斯也对他们进行了攻击，因为他们在工人同胞为追求胜利而牺牲的时候，却扣压食物和军需品。由于没有火车运送煤炭，南威尔士的 10 万名矿工闲置，海军和商船队使用的蒸汽煤有三分之二来自那里。政府告诉罢工的铁路工人，他们将被征召入伍。这个威胁，加上武装部队的到来，促使工人们重返工作岗位。然而，这回轮到南威尔士的矿工了，他们要求缩短每天的工作时间，并威胁说，如果不这样做就进行罢工。战时内阁提出在达成和平条约后的六个月内减少工作时间，这让局势恢复了平静。[71]

与此同时，政府威胁将征召罢工的克莱德造船工人入伍，这些工人要求每周的最低工资达到5英镑，工会领导人已要求他们返回工作岗位。虽然政府根据《保卫王国法案》有权对主谋进行起诉，但是，它认为在如此动荡的地区制造殉道者将会取得适得其反的效果。不过，征召拒绝工作的人入伍却是另一回事。9月28日上午，政府在克莱德赛德附近张贴了一份王室公告，声称："现在，政府有必要宣布，但凡造船厂的工人在10月1日（星期二）或之后故意旷工，即表明他们自愿置身于政府提供的特殊保护之外。"[72]为免生疑义，公告在结尾处承诺，这些人将按年龄组别被征召入伍，这与两个月前在考文垂发布的威胁如出一辙。如果说这是大棒，那么胡萝卜就是建议成立惠特利委员会来解决造船工人的工资问题。在公告发布后，工人们举行了投票，以1025票对1014票否决了重返工作岗位的呼吁。但是，由于需要三分之二的多数票通过才能继续罢工，于是，工人们在星期二的最后期限前及时返回工作岗位，政府与他们达成了一项谅解，组建一个惠特利式的委员会，以听取他们的不满。然而，大约有60名25岁以下的男子没有返回工作岗位，他们收到了征召文件。

当然，也有例子表明当时的英国遭受了一个更大的不幸。1918
750 年6月，尽管正值盛夏，但在不列颠群岛，一场毁灭性的流感初现端倪。同月，爱尔兰多个地区爆发流感，并蔓延至英国本土。它被称为"西班牙流感"，因为据说它在几周前就已经在西班牙传播开来。它更有可能起源于堪萨斯州的一个美军集中营，3月的时候，这个集中营遭到了流感的袭击。在战争期间，大规模的人口流动是无法避免的，此外，食物短缺和价格高昂导致人们营养不良，这些促使该问题进一步恶化。在贝尔法斯特报告疫情后，莱奇沃斯、卡迪夫和哈德斯菲尔德成为首批宣布疫情的本土城镇，希钦农村委员会——其覆盖莱奇沃斯——敦促人们“避免去电影院和其他拥挤的地方”。[73]

到了7月的第一个星期，伦敦受到了影响，尤其是伦敦东区的纺织厂，那里有多达20%的工人患病。他们的症状是剧烈头痛、肾痛和体温迅速上升到103或104华氏度*。室内工人特别容易受到感染，室外工人则“几乎免疫”。[74]随后，在远至萨里、米德兰兹和泰恩赛德的地方都有疫情暴发记录，后两个地区的煤矿严重枯竭，缺勤率过高对关乎经济的工业效率造成了严重影响。7月初，都柏林和伦敦报告了第一例死亡病例。之后，伯明翰及其周边地区的军工厂开始受到影响，整个曼彻斯特的小学都停课了，而后伦敦的小学也停课了，主要原因是老师生病了。[75]在7月的某一天，作为重要通信枢纽的伦敦中央电报局有700人请病假。[76]就在暑假前不久，哈德斯菲尔德的所有学校都停课了，在一些地方，殡仪馆的棺材也用完了。医生给患者服用氨化奎宁，但没有效果。一些人提议使用江湖疗法和不太可疑但不确定来源的其他疗法（比如每天喝三次可可粉），这些人大出风头。报纸上充斥着各种预防措施，例如喝粥，早上起来的第一件事和晚上睡前的最后一件事是强迫自己打喷嚏，快走，多呼吸新鲜空气。哈里·弗尼斯（Harry Furniss）先生在著名的临床医学权威机构嘉里克俱乐部发表了一篇文章，宣称目前已知的唯一治疗方法就是“吸鼻烟，它能有效地抑制并杀死隐伏的芽孢杆菌”。

10月，疫情进入第二个更加致命的阶段。当作曲家休伯特·帕里爵士于10月7日去世时，他是那一周在伦敦去世的80个人中 751

* 103或104华氏度：约等于39.4或40摄氏度。——译注

的一员。[77]新一轮的疫情迅速蔓延，10 月中旬，利物浦、都柏林和米德尔斯堡爆发了流感。南安普敦的死亡率从 14‰上升到了 44‰。在格拉斯哥，这个数字从 12‰上升到了 41‰，在 10 月的第三周有 510 人死亡。[78]在截至 10 月 21 日的四周内，霍恩西有一半死者的死因为流感。在受到严重影响的北伦敦，由于学生和教师患病，整个北伦敦的学校都停课了。[79]在伊尔福德，有 1.1 万名儿童被学校送回家，医生的诊室外排起了长队，殡仪馆的工作人员抱怨说他们应付不过来了。在邻近的东哈姆，14 岁以下的儿童被禁止进入公共娱乐场所。在附近的莱顿斯通，很多人死于流感，以至于很多家庭向当地医生提供钥匙，让医生进出他们的房子。布莱顿的小学被勒令停课一个月。在新一波疫情暴发三周后，在地方政府委员会就如何避免患上流感提出建议时，《泰晤士报》评论说，“最好在马逃跑之前锁上马厩的门……卫生部有必要在这类事情上保护公众，没有什么比这个疫情更能说明这种必要性了”。[80]

10 月 28 日，政府承认死亡率大幅上升，然而，海耶斯·费希尔——他是地方政府委员会的主席，在内阁中负责处理这个问题——表示，情况还没有巴黎或维也纳那么糟糕。即便如此，估计一周内仍有 4000 人死亡。人们认为军队的输送加剧了这个问题，费希尔说，死亡主要是由流感患者遭受了由高度流动的人口传播的继发性感染所导致。据报道，在桑德兰市的墓地和教堂周围，政府必须对排起长龙的丧葬队伍进行管理。[81]死亡来得很迅速，在街头，可以看见人们因为疾病而被抬走。据报道，月底，贝尔法斯特监狱有 111 名“政治犯”受到疾病的折磨，这使本已微妙的局势更加恶化。由于军队人手不足，更糟糕的是，有报道称，在多塞特郡布兰福德的皇家空军营（在那里，平均每天需要补充 1.5 万名士兵），5 周内发生了 252 例流感病例，其中 198 例需要住院治疗，

59 例已经死亡。[82] 752

医学研究委员会花费了越来越多的资源来寻找防止流感传播的办法，但是，由于该委员会正在开展伤口治疗方面的工作，使得它无法对这种流行病投入任何必需的努力。地方政府委员会——以一名医务人员、四名助理医务人员和二十名卫生检查员作为骨干人员，在整个英格兰和威尔士开展工作——监督海报、传单和新闻公告的制作，以便将预防感染的最佳方法告知公众，尽管唯一的办法是把自己锁在室内，避免与任何其他人接触。学校停课，政府警告公众避开拥挤的场所，例如电影院。放映的间隔时间大大增加了，以便对建筑物进行充分的通风换气。正如《泰晤士报》和其他许多报纸预测的那样，未能对疫情做出明确的反应，是导致不久后组建卫生部的一大因素。

五

这场流感疫情在人们的记忆中是前所未有的，并造成了史无前例的浩劫，它构筑了一个意想不到的背景，让人们开始意识到德国即将被迫投降，并导致了一种奇怪的矛盾心理。10 月 7 日，辛西娅·阿斯奎斯夫人——她的丈夫在战争中幸存下来，但她的两个兄弟、一个姐夫和几个亲密的朋友却没能幸免——写道："我开始揉眼睛，以便看清和平的前景。我认为这比之前发生的任何事情都需要更多的勇气。打转转的人只有在停止旋转时，才会意识到自己是怎样的头晕目眩。人们将不得不重新审视长期的远景，而不是短期的远景，人们最终将充分认识到，逝去的不仅仅是在战争期间死去的人。"[83]韦伯在 11 月 4 日的日记中宣称，"在普通公民中，鲜有人或根本没有人对即将到来的和平感到高兴"。她觉得，这是因为和她一样，英国也对混乱的社会、专横的政府和巨大的公共债务等前景深感忧虑。[84]然而，实际上，对于这些事情，普通民众的感受并没有她和政治阶层那样强烈，民众们的反应是欢呼雀跃，等待着宣告和平，但她自己对此并不感到高兴。“英国和法国本身已经精疲
753 力竭，只能靠自己的命脉生存，同时它们摧毁了德国文明。这对谁有好处呢？”不过，即使对战胜国来说，实现即将到来的和平也可能是有益的。

第二天，劳合·乔治向下院详细介绍了与奥匈帝国停战的细节，其中包括这个双重君主制国家全面撤出其占领的所有外国领土，以及该国的海军投降。奥匈帝国的投降使得位于其南部和东部边境的德军遭到暴露，而奥匈帝国的灭亡现在只是时间问题了。11月8日（星期五），协约国和美国概述了与德国停战的条件，并要求德国在11月11日（星期一）之前决定是否接受。战胜国提出的条件反映出它们对哪些事项达成了一致，这些条件在很大程度上（但不是完全）基于十四点原则，并且允许讨论赔款问题（这是法国人特别关注的一点）。前一天晚上，巴伐利亚共和国在慕尼黑宣布成立。德国总理巴登亲王马克西米利安辞职。德国军队表示不再支持德皇，第二天，德皇退位并逃往荷兰，王储宣布放弃王位。腓特烈大帝的王朝永远失去了权力。

11月10日（星期天），人们聚集在林荫大道（那里到处都是缴获的德国枪支）和白金汉宫的前面，期待着宣告和平，就像他们四年前期待宣战一样。国王和王后坐车围绕伦敦兜了一圈，无论他们走到哪里，都有民众欢呼雀跃。国王原本打算对军工厂进行第无数次鼓舞士气之旅，但他取消了这个旅程，决定在关键时刻留在伦敦。在停战的前一天晚上，政府发布了与军火工人和士兵有关的详细信息。所有加班都将停止，任何希望离开工厂或部队、重返文

职工作的人都可以立刻这样做。大多数工厂将实行半职工作制，一些工人将被解雇，政府将向他们提供火车通行证，以便他们能返回家乡，并向他们提供特殊的失业补贴，直到他们找到工作。仅仅过了几天，被解雇的工人们就意识到这些福利是不够的。11 月 19 日，主要来自伍尔维奇军工厂的 6000 名妇女向白厅进发，要求得到更加慷慨的支持。为进行重建，政府将立刻遣散“重要人士”——那些对重建至关重要的人。但是，这无法让大多数渴望回家的人感到满意。 754

当晚，内阁会议讨论了德国即将陷入布尔什维克主义的问题，除非能及时达成停战协议，以便让德国当局有机会进行重组。于是，内阁做出了决定。亨利·威尔逊在日记中写道，“现在，我们真正的危险不是德国兵，而是布尔什维克主义”。[85]11 月 11 日凌晨 2 点，福煦在贡比涅森林的一节火车车厢上会见了德国代表。早上 5 点，双方同意停战，停战于上午 11 点生效。第五皇家爱尔兰枪骑兵团的列兵乔治·埃德温·埃里森（George Edwin Ellison）是最后一个阵亡的人，他于 9 点 30 分在蒙斯进行的一次巡逻中阵亡。他是 1914 年蒙斯战役的老兵，还参加过伊普尔、阿尔芒蒂耶尔、卢斯和康布雷战役。他的坟墓紧挨着第一个阵亡士兵约翰·帕尔的坟墓。

上午 9 点 30 分，内阁召开了会议，决定在上午 11 点鸣钟；然后，它授权官员开始复员工作。艾莫里在白厅下了 24 路公交车，来到唐宁街，一群人跑到他前面的街道上，“正好看到劳合·乔治在门阶处告诉他们（那时离 11 点大约还有 5 分钟），战争将在 11 点结束……（他们）开始演唱《天佑吾王》，这是一场在政治上令人满意、但在音乐上并不十分令人满意的表演”。[86]上午 11 点，政府在伦敦发射了一颗信号炮——通常使用这种方式来告知空袭——

标志着战争的结束，汽笛和教堂钟声在英国各地响起。这是一个阴郁、沉闷、潮湿的日子，当大雨倾盆时，阿诺德·本涅特在宣传部的办公室里记录下他的喜悦之情，“这对抑制歇斯底里和布尔什维克主义是一件极好的事情”。[87]就连韦伯夫人也不得不承认，伦敦正处于“喧嚣和狂欢的混乱之中”。[88]不过，她还是像往常一样凝视着前方：“革命的浪潮还要多久就会赶上胜利的浪潮呢？”

人群再次聚集在白金汉宫外，白天，国王和王后——王后在日记中写道，这是“世界历史上最伟大的一天”——来到阳台上，向持续数小时疯狂欢呼的人群致意。[89]人们唱着歌，挥舞着旗帜，高喊着“我们需要乔治国王”，乔治国王不停地表示感谢。[90]午饭时，欢呼声达到了高潮，一支卫兵列队一边行进，一边演奏着凯旋进行曲，然后从《希望与荣耀之地》演奏到《蒂珀雷里》。纽伯特告诉妻子，“当我在描绘响彻舰队街及河岸街的欢呼声时，我能听到这些欢呼声。今天上午，伦敦上空的枪声令人激动……”[91]达夫
755 ·库珀——在度过了一个狩猎周末后返回伦敦时，他从利物浦大街乘坐出租车——坦言道：“在跳舞、欢呼和飘扬的旗帜中，我只是想到了那些已经死去的朋友们。”[92]阿斯奎斯夫人记录道，几天来，“整个欧洲的混乱、饥荒和火山爆发般的巨大不安让我心情沉重”。[93]对国王来说，这是“美好的一天，是这个国家历史上最伟大的一天”。然而，当他在日记中描述他的堂兄退位时，却流露出一种对旧世界的感伤，他说，“昨天，威廉到达荷兰”。[94]下午，尽管下着雨，他和王后还是乘坐一辆敞篷马车，穿过欢呼的人群，沿着河岸街来到市长府邸，然后经由皮卡迪利大街返回王宫。当劳合·乔治沉浸在胜利的喜悦中时，国王给阿斯奎斯发了一封电报，感谢他早年“明智的忠告和冷静的决心”。阿斯奎斯夫人在她的日记中记录下了这句话，并写道：“这很值得嘲笑一下。”

在英国的主要街道上，当消息传到邮局时，男男女女聚集在街道上欢呼，他们升起旗帜，并停下手头的工作。那些没有因为流感疫情而关闭的学校宣布放假半天。埃塞克斯教区的牧师安德鲁·克拉克听说“在布伦特里*，人们激动得发狂”，他所在的村庄“村民们非常兴奋”。[95]在一些地方，钟声持续响了一整天，随着消息从一个村庄传到另一个村庄，钟声也在一个又一个村庄响起。三年半后，广播才出现，英国广播公司（BBC）才成立。人们在窗户和酒吧的正面悬挂旗帜。身在佩思郡的伊舍在日记中写道：“我和肯尼思·麦克劳德（Kenneth McLeod）正在沼泽地里，他在几分钟前射死了一只丘鹬。我们听到了村里的钟声，知道已经签署了停战协议……少数人（既不比他们的同胞好，也不比他们的同胞差）将永远得到荣耀。真正的荣耀属于成千上万的年轻无名死者。”[96]在都柏林——这个被认为是亲德的地方——普朗克特（他使用了布尔战争期间解除围困时的贺语）目睹了“一场狂欢庆祝，在这场庆祝中，新芬党也被感染了”。[97]

上午 11 点，刚从布里克斯顿监狱获释的罗素正在托特纳姆法院路上行走：“不到两分钟，所有商店和办公室的人都走到了街上。他们征用了公共汽车，让汽车带他们到想去的地方。”[98]特拉法加广场燃起了篝火，严重损坏了纳尔逊纪念柱的基座。军火工人们离开工厂，在街道上跳舞，他们用三硝基酚把皮肤染成黄色，这让 756
他们的外表显得与众不同。弗吉尼亚·伍尔芙自发地觉得这些场景很珍贵，她注意到枪声响起，并写道：“河上响起了汽笛声。它们仍然在鸣叫。几个人跑向窗外看。白嘴鸦盘旋着，有那么一会儿，它们显示出某种象征性的表情，时而感恩，时而向坟墓哀悼……到

---

* 布伦特里（Braintree）：埃塞克斯郡的一个城镇。——译注

目前为止，没有钟声，也没有旗帜，只有汽笛声和断断续续的枪声。”[99]

从下午1点开始，大本钟在沉默了一段时间后又开始报时了，这表明一切正在恢复正常。政府宣布，由于报时机制的复杂性，要过两三个星期才能再次听到威斯敏斯特教堂的钟声。当天下午，劳合·乔治在下院正式宣布停战。德国人将在14天内撤出其侵占的西欧领土——不仅是比利时，还有卢森堡、阿尔萨斯和洛林，这些领土将由协约国军队接管，协约国军队将俘获仍留在这些领土上的所有德国人。在这14天内，所有被关押在德国的来自这些领土的国民都将被遣返。协约国的战俘也将被释放，协约国将在和会上对德国战俘的命运做出决定。德国将交出大量的机器和武器，德军奉命在撤退时不得摧毁任何东西，并将铁路、煤炭和机车车辆移交给之前被其占领的领土。大部分德国海军和辅助舰队以及所有潜艇也将被移交。

停战期限定为36天，不过可以延长。任何缔约方在提前48小时发送通知后，可以取消停战安排。但是，德国已经群龙无首，忍饥挨饿，受尽屈辱，疲惫不堪，没有继续战斗的能力。在首相发表声明后，下院和上院休会，议员们前往威斯敏斯特的圣玛格丽特教堂参加一场即兴的感恩礼拜仪式。劳合·乔治和阿斯奎斯一起走到圣玛格丽特教堂，他们谈论着各自的女儿，没有发生争议。在接下来的五天里，国王和王后乘坐一辆敞篷车在伦敦的不同地方兜转，主要是比较穷的地方。国王和他的人民互相致敬。

757 对于许多参加过战斗或失去亲人的人来说，他们所能想到的只是所谓的“永不归返的军队”，并觉得自己难以应付庆祝活动。这对众多寡妇、孤儿和失去儿子的父母来说是最艰难的，他们中的许多人面临着经济困难和情感真空。对于幸存的人来说，他们的痛苦并没有减少。在威尔士的一个营地里，罗伯特·格雷夫斯走了很长一段路，他“一边咒骂，一边哭泣，心里想着死去的人”。[100]他的朋友沙逊在牛津疗伤，晚上来到伦敦，“发现街上和拥挤的地铁里有很多人，所有人都挥舞着旗子，大出洋相——这是一种群情激昂的爱国主义情绪的爆发。这是一个糟糕的雨夜，天气很温和。这是为过去四年令人厌恶的悲剧划下的一个令人作呕的结局”。[101]在什鲁斯伯里，他的朋友（也是他的学生）维尔浮莱德·欧文的母亲收到了陆军部的电报，告知说，她的儿子在一周前横渡桑布尔－瓦兹（Sambre-Oise）运河的一次行动中阵亡。正如欧文在他的诗《为国捐躯》（*Dulce et Decorum Est*）中所写的那样：“我的朋友，你不会如此热情地告诉那些燃烧着荣耀欲火的孩子们那个古老的谎言，为国捐躯，死得其所。”这首诗写于去年3月，但直到1920年才出版。

A. J. P. 泰勒在描绘停战之夜时写道：“素不相识的人在门口和人行道上交媾。他们宣称新生战胜了死亡。”[102]当局开始关注这场持续了几个晚上的派对，尤其是在街上点燃篝火的行为。然而，战时内阁的会议记录显示，11月12日晚上10点30分，埃里克·戈德斯视察了“受影响的一些主要中心”，发现“各地的人们心平气和，行为端正。当时很少人喝醉，也没有做出什么过分的举动。在出现这类情况的少数人中，大多为澳大利亚人”。[103]庆祝胜利的伦敦仍在遭受流感的侵袭。10月27日至11月2日期间，仅在首都就有2200人死于流感。英国总共有15万人死亡。汉基同劳合·乔治一起在巴黎待了一段时间，以确定停战条件，之后，他感到精疲力竭。11月6日，他感染了流感。尽管如此，他的妻子（和他们家里的其他人一样，她也感染了这种病毒）仍然在11月11日上午11点“把窗户打开了一会儿”，以便“让我听一听为停战敲响的欢乐钟声”。[104]

在私人日记中，汉基毫不吝啬地大力称赞自己为赢得战争所做
758 的一切：“我发起并迫使大家完成了所有的战争准备工作……战时内阁是我设计和构想的，也是我创造的……我最初是一位伟大首相的知己和顾问，后来成为另一位首相的知己和顾问……我驾驶着这艘伟大的国家之船，绕过一个又一个危险的岬角，驶进一个宁静的港口。”在回忆录中，他略加谦逊地写道：“这场战争能取得胜利，主要归功于一个巨大的系统，这个系统结合了协调与友好，将协约国的所有努力都集中在打败敌人这个最高任务上，但这个系统只是在战争的最后一年才发挥最大作用。”[105]根据截至目前的情况，以及在对汉基过分自负的话语采取不全信的态度后，这种说法是正确的。但是，1918 年 11 月，协约国之所以松了一口气，原因还在于美国人终于到达了西线，德国人在春季攻势中战线拉得过长，以及英国的长期封锁取得了成功。英国士兵做出的巨大牺牲让德国人陷入了困境，另一方面，英国的海上力量在赢得战争中发挥了决定性作用。

当素不相识的人在门口交媾时，劳合・乔治、丘吉尔、史密斯和亨利・威尔逊在唐宁街共进晚餐。他们谈论的主要话题是选举。事实上，丘吉尔一直就他在新政府的职位缠着劳合・乔治，他担心随着战争的胜利，托利党可能不会同意他加入内阁——丘吉尔认为内阁会按照“格莱斯顿”的路线进行重组。[106]但是，他们讨论了另一个并非无关的问题。“劳合・乔治想要对德皇执行枪决”，威尔逊在日记中写道，“F. E. 史密斯表示同意。温斯顿则不同意。”[107]晚饭后，在回到位于伊顿广场的家时，威尔逊遇到“一位上了年纪、衣着考究的女人，她流露出一副悲痛欲绝的可怜相，独自一人痛哭流涕”。威尔逊将军询问是否可以帮助她，她回答说：“谢谢

你，不需要。我是在哭，但是我很高兴，因为现在我知道了，虽然我的三个儿子都在战争中牺牲了，但他们没有白白牺牲。”

对于险遭失败，丘吉尔持非常现实的态度，这不仅仅是因为他敏锐地意识到，在去年冬天的关键时刻，劳合·乔治因为拒绝向西线派兵而存在失职。1914 年，法国“濒临毁灭。要是法国距离被毁灭的境地更近一点，如果德国进行更多的潜艇战，如果不让美国来帮助我们，那么这可能会让我们所有人都饿得投降……可能一直到最后都会不分上下”。[108]当能够再次饮酒时，国王在白金汉宫执行他设想的计划，他派人去取一瓶 1815 年的白兰地，这是摄政王为庆祝惠灵顿在滑铁卢的胜利而准备的。然而，他发现酒“发霉了”。[109] 759

六

格温在停战日给伊舍写信，谈到了下一个挑战：布尔什维克。“他们歌曲的全部主旨就是为了说明英格兰是腐败的，政府是腐败的，诺思克利夫才是真正的首相……他们只是沿着正确的路线去创造一场革命。在这个国家，最不愿意看到革命情绪的人是劳合·乔治，原因很简单，因为布尔什维克认为他是这个国家最腐败的人……”[110]在法国医院里探望士兵时，黑格偶然听到一些人询问英国为什么需要一个国王。不只是战败国的人在利用这个机会来质疑当时的社会状况。

劳渴望与劳合·乔治保持一个强大的联盟，他认为这是在英国压制布尔什维克主义的唯一途径。然而，一些有影响力的人物，尤其是一向悲观的诺思克利夫，并不确定是否可以阻止布尔什维克主义。他认为工人阶级，尤其是曾经上过前线的相当大比例的工人阶级，已经做好了准备，如果他们的愿望得不到满足，那么他们将会发动欧洲模式的革命。为此，他与亨德森进行了交谈，并将《每日邮报》的版面捐赠给工党，以便工党传达他们的观点。他认为，与安抚潜在的革命者一样，迁就工党并尊重工党的关切事项是一个不错的方法。对他和英国来说，幸运的是，工党中的许多人——尤其是亨德森，他曾去过俄国——和诺思克利夫一样，非常希望把布尔什维克主义从英国政治中排除出去。但是，他关注的问题不止于此：他渴望以官方身份参加和会，并不仅仅是出于狂妄自大，还因为他发自内心地担心协约国会警告一下便把德国放了，最终未能摧毁普鲁士的军国主义，而他认为普鲁士的军国主义仍将对英国的安全构成长期威胁。

随着停战的宣布，征兵工作立刻停止，一些战争限制也随之放松。酒店和餐馆获准营业到较晚时候，人们可以点燃篝火和燃放烟花，钟声可以被敲响，公共时钟可以进行报时。在停战之夜，商店可以使用橱窗照明工具，但在这一晚后，政府取消了这项特许，直到煤炭供应得到改善时为止。政府宣布，在圣诞节，肉的定量配给
760 将增加一倍。服装制造商被告知停止生产制服，并开始生产便服。人们兴奋地讨论着英式足球和明年夏天一流板球赛事的恢复。在两周内，《保卫王国法案》的大部分限制——例如禁止拍摄或绘制沿海地区的草图，以及有争议的条例 40D，该条例将患有性病的妇女与军队成员发生性关系的行为视为犯罪——被取消，大多数新闻审查也被取消。

当大选最终举行时，也有人要求彻底结束审查制度，并要求在竞选期间给予言论自由。这在爱尔兰尤为明显，在那里，将参与竞选的新芬党仍是一个被禁止的组织。政府声称，一些限制可以被取消，但是在尚未最终缔结和平条约的情况下，其他限制必须保留。

在这种情况下，政府勇敢地给出了直到停战前一天为止的英国伤亡人数的细节——尽管不准确、不完整，但伤亡规模仍然令人畏惧：估计有66万官兵死亡，210万人受伤，36万人失踪，其中包括囚犯。[111]政府这样做是在打赌，它认为获胜的感受会使人们平静地接受这些数字。如果赌输了，那么一个本已动荡不安的社会可能会变得更加难以管理。

11月12日，劳合·乔治在自由党会议上发表讲话，承诺进行社会和经济改革。但是，他对保守党的依赖束缚了他的手脚。在他的演讲中，最令人难忘的一句话（这句话经常被错误地引述）是，“我们必须为赢得战争的英雄们提供合适的住所”，不能重复1815年后的情况，当时我们错过了改革和进步的机会，导致了数年的不满和动荡。[112]11月23日，他在伍尔弗汉普顿（Wolverhampton）完善了他的口号，在一次演讲中，他还公开表示，他希望向退役士兵分发土地，让他们参与农业复兴，并继续让女性对经济做出贡献。他说：“我们的任务是什么？是让英国成为一个适合英雄居住的国家。”[113]

就在停战的第二天，艾迪生告诉下院，根据由孟塔古主持的委员会制定的一项计划，这些英雄的复员取决于“工业需求”。[114]政府按照对民营经济的重要性，将军队分为42个行业小组，其中最有价值的小组将被最先遣散。后来的结果证明，由于各部门的职责 761
分工，这并非政府认为的好主意。因为在士兵离开部队之前，由陆军部负责处理士兵的相关事宜；在离开部队后，则由劳工部接手。公司需要向军队告知它们的需求。艾迪生说，据信，60%的士兵都有工作等着他们。

政府目前正在编写一份小册子，说明复员工作如何进行，艾迪生列出了每个士兵的基本复员程序：

> 首先，士兵被送到家附近的安置站。在那里，他收到一份保护证书，一份回家的火车通行证，一笔以现金支付的战争慰劳金，一份失业救助保险单，对于士兵来说，这份保险单的有效期为 12 个月，为 26 个星期的失业提供保障，保险金的数额我已经提过了。他将收到战争慰劳金。具体的付款方式将于近期公布。我认为很可能会分四周付款。在到达安置站时，士兵将获得 28 天的休假，在这期间，他可以领取薪金和伙食金，军属津贴也将继续发放。[115]

他补充说，任何因战争而“失业”的军官或符合条件的人都可以在公务员部门找到一份长期工作，并且在军官们复员后可以为他们保留这份工作一年。[116]从士兵中提拔出来的前军官成了弱势群体，他们没有战前通常与这种地位相匹配的私人收入，对这个阶层的许多人来说，战后立刻进行的调整和重新安置将是一场特殊的斗争。

在白厅，专家们也对处理退役的伤残军官提出了一些意见，政府在劳工部为他们设立了任命部门。与忽视精神损害的做法相反，该部门发放了一本小册子，就如何处理创伤后的精神紧张提供了建议，其中包括“应当鼓励他阅读，例如优秀的小说、诗歌或任何他感兴趣的东西。之后，应当向他提供机会，以便让他聆听关于自然历史、家禽养殖、旅行或任何感兴趣的课程。这样，他的大脑才
762 能继续运转，他的空闲时间才能得到保障”。[117]

在他完全康复，开始考虑自己的职业生涯后，任命部门就会“对他采取类似家长式控制的做法”。通过使用全国性的网络，该部门将引导他去接受进一步的教育、培训或职业发展。随着和平的到来，对这类服务的需求将会非常巨大，而这个制度并不总是能够应付。不过，各种慈善机构如雨后春笋般涌现，致力于帮助那些因

战争而致残的人康复，而农村中心（包括安多佛附近占地1000英亩的一个庄园）将充当起慈善机构所称的“医院和公民生活之间的桥梁”，在那里，人们可以接受培训，在医疗监督下过上更加积极的生活。此外，政府还设立了自愿性养老金部，向那些希望自主创业的人提供补助金和贷款。[118]

战争催生了对官僚机构的狂热崇拜，这种崇拜将在和平时期盛行起来。停战后的第二天，英国成立了一个庞大的委员会和顾问委员会网络，由“具有成熟经验和出色处事能力的男人和女人”组成，以便就原材料采购和英国重建的所有方面向重建大臣提供意见。[119]他们也会就如何处理军用剩余物资和促进新的产业（特别是在工程方面）提出建议，以便利用战争期间开发的技术为平民服务。

由于士兵复员需要一段时间，因此，英国国内目前面临的困难是，如何处置300万名不再需要其效力的、目前在4万至5万家需要寻找新客户的公司工作的军火工人。停战一周后，丘吉尔对劳合·乔治说：“虽然我是缓慢地解雇工人，并且尽可能为各个领域争取时间，但从现在起，我不得不解雇越来越多的男女工人。而且，我将在短时间内解雇其他工人，所有人都失去了战时的高工资，只能拿着微薄的薪水，他们会因此出现不满情绪。”[120]工人们一点也不傻。“工人们坦率地说，既然政府为了赢得这场战争愿意无限期地每天花费800万英镑，那么他们就不应该吝惜这笔小得多的钱，以便让国家度过过渡期。”

严重的经济混乱时期开始了，战斗人员的返乡将使情况变得更加糟糕。重塑和平时期的经济并非一朝一夕之事。自由党人和统一党人都认为，随着曾经的家庭支柱开始寻找新的工作，以及返乡士兵希望重返以前的工作岗位，工党准备伺机利用许多家庭面临的困 763

难。一些工党成员这样做了，很多人没有这样做。政府希望工业和民营经济风平浪静，他们把希望寄托在尚不明确的重建计划上。重建计划需要一支军队来建造新的住宅和商业建筑，以及修建新的公路和新的铁路等配套基础设施。在即将到来的竞选活动中，政府不仅需要详细阐述这些计划，还需要概述如何实现这些计划。与执行计划有关的问题最终将会出现，在某些情况下，这些计划要么不能全面执行，要么根本不会执行。

11 月 14 日，政府证实，大选将在一个月后举行。工党将新宪法作为武器，并相信扩大的选民队伍将使他们获得一大批支持者。长期以来，工党中一直有一个强大的派别，该派别以其全国执行委员会为基础，希望离开联合政府。议会政党——他们认为，为了对战后的解决方案产生影响，最佳手段是获得联合政府的成员资格——希望留下来。在一次紧急会议上，乔治·萧伯纳要求社会党人对劳合·乔治说“不”。该党以将近 75% 的压倒性票数决定作为反对党参加选举，一旦议会解散，他们就离开联合政府。11 月 22 日，克莱因斯辞职，以帮助领导他的政党。去年 7 月，朗达因过度工作导致的肺炎去世，自那以后，克莱因斯便一直担任食物管制员（由于养猪计划的成功，他在上任后不久便取消了培根和火腿的定量配给，从而赢得了一些声望）。亨德森对工党的机会持乐观态度，因为正如他告诉史考特的那样，“他们在每个城镇都设立了工会组织”。[121] 工党将派出 361 名候选人，其中的 140 人是由宪法通过后新成立的地方政党提名；其余的人是由工会担保，其中英国矿工联合会提名的候选人最多，共有 51 人。[122]

和国王一样，许多议员认为这次选举是一个令人不快的机会主义行为。航运部次官利奥·奇奥扎·莫尼爵士就是因为这个看法而辞职，他担心许多穿制服的士兵是否有投票权。但是，人们也认为，停战和投票之间太过仓促，无法对和平问题涉及的很多因素以及它所带来的挑战进行适当辩论和考虑。利奥爵士是一位有才华、 764
有影响力的经济学家，曾担任劳合·乔治的议会私人秘书。他认为，首相概述的改革计划无法安抚民众，他觉得动荡对这些民众造成的影响将比政府意识到的还要严重。

令莫尼感到遗憾的是，联合政党（工党选择将自己排除在这个联合政党之外）将参加选举："最重要的是，我担心，这场选举的结果将会使工党在下院丧失适当且充分的代表权，导致其寻求议会以外的表达方式。我想说的是，这对我们国家来说是一个危险，我们必须面对这个危险。这个问题迟早要面对。如果我们不在下院面对它，那么可以肯定，我们将会在下院之外面对它，而且我们将不得不面对一种议会以外的表达方式。"[123]莫尼认为工人阶级根本不会接受像战前那样的生活和工作条件。他对政府继续进行自由贸易的承诺存有疑虑，他确信政府打算无限期地推迟爱尔兰的地方自治。他认为这两项政策都违背了人民的意愿，他不能参与其中。

为了让自由党团结起来，劳合·乔治做了最后一次尝试，他再次邀请阿斯奎斯担任大法官，但阿斯奎斯又一次拒绝了，其他自由党人也拒绝加入联合政府。实际上，阿斯奎斯告诉劳合·乔治——劳合·乔治在选举前要求见阿斯奎斯——他很乐意成为和会的代表。劳合·乔治拒绝给他答复，也从来没有做出答复。国王也给首相写了一封信，请首相将阿斯奎斯"作为律师、政治家和一个具有清晰、冷静判断能力的人"派去凡尔赛，但他的信没有得到答复。[124]11 月 25 日，国王接见了劳合·乔治，后者支支吾吾地说，除非阿斯奎斯加入内阁，否则在选举之前什么也做不了。不出所料的是，之后，劳合·乔治又开始闪烁其词。他不能告诉国王的是，他不喜欢与前任一起出风头（因为在竞选活动中，人们将劳合·

乔治描述成赢得战争的人），也不喜欢让前任在凡尔赛会议中获得如此高的地位，从而提高阿斯奎斯作为替代首相的声誉。然而，在阿斯奎斯于 1928 年去世后不久，劳合·乔治就一如既往地表现出惊人的不诚实，不顾一切地提高自己的声誉，声称自己为阿斯奎斯在代表团中提供了一个席位。

765 首相告诉汉基——汉基非常支持阿斯奎斯——他不能要求“博纳·劳、贝尔福或巴恩斯等对他忠心耿耿的人让位给阿斯奎斯”。[125]汉基和国王合谋让劳合·乔治改变主意，但他们失败了。国王告诉汉基，“劳合·乔治会说，国王想让阿斯奎斯去参加和会，因为阿斯奎斯是他的朋友。但事实是，我希望阿斯奎斯去，是为了国家的利益……为了团结”。[126]汉基坦言，国王“几乎没有掩饰他个人对劳合·乔治的不信任……他认为，如果劳合·乔治赢得选举，那么他的任期不会超过 15 个月。工党还没有准备好组建政府。不久后，阿斯奎斯肯定会回来”。然而，事实并非如此。

汉基顺道拜访了斯坦福德汉，听闻了后者对劳合·乔治的谩骂。这位朝臣认为劳合·乔治在上个星期二没有出席国王向议会发表的纪念停战的讲话，这是令人震惊的失礼行为。汉基试图让斯坦福德汉相信劳合·乔治“确实因为流感而不舒服”——两个月前，汉基曾在曼彻斯特感染过流感——但是，他被告知：“好吧，对于人们不指望其他人做成的事情，我觉得人们也会期望劳合·乔治打退堂鼓。”汉基轻描淡写地谨慎说道，“他显然不喜欢或不信任劳合·乔治”。第二天，他坦言道，“首相对阿斯奎斯非常敌视，并对国王希望阿斯奎斯参加和会感到恼火”。[127]

选举平等权还涉及另一个因素，那就是退伍军人能否作为候选人。1917 年 3 月，在关于召回体检不合格的士兵的争吵中，英国成立了全国退役及复员水手和士兵联合会。1918 年 6 月，在利物浦举行的一次补选中，该联合会以提高退休金、为退伍军人提供更多康复服务以及废除审查豁免原因的法案为竞选纲领，让一名残疾的退伍军人与斯坦利勋爵（德比伯爵爵位的继承人）进行竞争。德比知道自己成了抗议的目标，一度想把儿子从战场上撤回。他觉得“退伍士兵的反对意见要比人们意识到的严重得多”。[128]由于担心退伍军人会反对斯坦利，战时内阁决定免除在海外服役的伤兵和退伍军人的兵役，并在投票前宣布了对法案做出的进一步修改。斯坦利——他在国外服现役，没有出席竞选——以 2224 票对 794 票获胜。秋天，英国内政部的情报局察觉到“极端分子”企图接管 766
联合会，不过，情报局也担心联合会的民粹主义会使其成为一个“数量非常多、非常危险的团体”。[129]

另一个退伍军人团体——银章党，因退伍军人可以佩戴的徽章而得名，以表明他们曾经服过役，从而避免妇女用白色羽毛羞辱他们——按照与联合会类似的路线运作，但也制定了一些政策，这些政策超出了退伍军人的需求范畴，例如女性获得同等的报酬和驱逐敌国侨民。12 月 4 日，在提名截止时，有 31 名退伍军人候选人，他们大部分是联合会的成员。其中 20 人是伤兵。许多候选人在提名截止前再次退出。这是第一次需要缴纳 150 英镑保证金的选举，如果候选人获得的选票少于八分之一，那么保证金就会被没收，这遏制了候选人参选。

劳合·乔治希望立刻进行大选，并将于 11 月 28 日在哈德斯菲尔德举办的一次演讲中发放阿斯奎斯所称的“联票”（一封由首相和劳为支持联合政府的候选人签署的认可信），和莫尼一样，许多自由党人将这些举动视为无法容忍的、带有剥削性质的犬儒主义行为。[130]11 月 18 日，阿斯奎斯告诉自由党人，他认为如此“吵闹和混乱”的选举是“一个错误和灾难”；他希望士兵们先返乡，这样他们才有投票、发声的机会。[131]奥克兰·戈德斯宣布了一些安排，以确保士兵们可以邮寄选票，那些不在法国或比利时的士兵可以指定代理人（尽管事实证明鲜有人这样做）。塞缪尔称选举的时机是“不合理的”：“他们没有给民众时间进行思考，也没有给民众时间考虑未来的政策。”[132]各个政党处于不同的混乱状态。统一党人的混乱程度是最轻的，这对联合政府的连任是个好兆头。事实上，正是因为劳合·乔治意识到追随阿斯奎斯的人士的担忧以及亨德森对其组织是否适合选举的担忧，才促使他如此渴望进行选举。

“联票”的主意是他在夏天想到的，这种方式确保了那些支持他的自由党人和支持其政府的统一党人得到认可，这对他们是有好处的，对他也是有好处的。通过拒绝向如此多的追随阿斯奎斯的自由党人发放联票，以及让工党走自己的路，统一党人将在新的议会
767 中占有绝大多数席位。阿斯奎斯仍然控制着公认的自由党，任何想要获得联票的人都会被逐出公认的自由党。无论如何，正如11月23日在伍尔弗汉普顿举行的一次演讲中所承认的那样，劳合·乔治将莫里斯的辩论中所述的士兵投票方式视为衡量可靠性的关键指标。因此，他努力寻找可信的候选人，这将使他继续担任首相，但需要依靠统一党人的支持。

在关于莫里斯的问题上，他指责反对派策划了一场“议会阴谋，目的是推翻一个正处于危机之中、努力争取胜利的政府”。[133]这至少是他孤立他们的理由。阿斯奎斯对劳合·乔治又一次歪曲事实的行为感到震惊，在哈德斯菲尔德举办的演讲中，他在谈到自己在这场辩论中扮演的角色时说，“在我的整个议员生涯中，没有什么角色……能比这个更让我感到后悔和羞愧的了”。[134]最终，劳合·乔治向英格兰、苏格兰和威尔士选区发放了602份联票，其中，364名保守党人、159名自由党人和18名国家民主党人收到了联

票。[135]国家民主党是一个工人阶级的反社会主义政党。此外，这将是一场与以往完全不同的选举。11月21日，王室批准了《1918年议会（妇女资格）法》，该法规定，除了可以在选举中投票外，妇女还可以作为候选人参加选举。

11月18日，政府公布了劳合·乔治和劳的联合计划，随后在竞选期间发布了各种政策文件。同一天，阿斯奎斯宣称自己直接继承了格莱斯顿的政治衣钵，并声称自己是一个“没有任何前缀或后缀的……自由党人”。[136]他希望尽快把在过去四年中夺去民众生命的政府从民众的生活中抹去。罗瑟米尔告诉丘吉尔，联合计划“不够先进”。他认为劳合·乔治天生的激进本能“被保守的托利党人抑制住了”。[137]比弗布鲁克觉得联票的分发过于凸显党派主义，于是利用《每日快报》表示，他承诺支持那些在战争中表现良好的候选人，不管联合计划是否认可他们，即使他近来也在那届政府中任职，即使他和劳关系密切。劳似乎从长远的角度来看待其政党参与联合政府的问题，他认为当时机成熟时，其政党的代表人数将足够多，以确保该党日后在联合政府中的独立性。自由党将永远分裂，无法执政。 768

丘吉尔对比弗布鲁克感到愤怒，觉得自己遭到了背叛。比弗布鲁克回答说：“忽视许多候选人基于对国家的服务而提出的公开主张是不明智和错误的，即使这些候选人不会向联合政府做出承诺，我声称我有权就这个问题和其他问题自由发言……如果在那些队伍之外有其他的合格人士，那么我打算支持他。”[138]10月31日，他告诉阿斯奎斯夫人：“你认为我一如既往地强烈反对你的丈夫，你这是大错特错了。我非常尊敬阿斯奎斯先生，很少有人能让我如此信任。”[139]他解释说，他在1916年的时候支持劳合·乔治，原因不在于阿斯奎斯，而是在于“那些像藤壶一样依附阿斯奎斯政府的人，尤其是总参谋部中的那些人”。比弗布鲁克声称，这个结果证明了劳合·乔治对罗伯逊和陆军部的怀疑是有道理的。“跟现任首相一样，我也对结局感到遗憾，但是，我们觉得我们是在为国家的生存而战。”他希望阿斯奎斯的建议“将在缔结和平条约时得到采纳”：他和阿斯奎斯的这个希望将会落空。阿斯奎斯夫人照例无视她的丈夫和他的朋友们可能希望从《每日快报》那里得到的任何支持，她回答说：“亨利·威尔逊爵士、劳合·乔治、诺思克利夫、你以及你们这伙人几乎使我们陷入英国士兵所遭受过的最大的军事灾难。”[140]

即使德国战败的迹象成倍增加——例如 11 月 20 日，被俘获的 U 艇舰队在哈里奇集合，出发前往斯卡帕湾——英国人的情绪却很恶劣，而且怀有复仇之心。那天早晨，报纸公布了暂定的战争伤亡人数。《泰晤士报》评论道：“为了给军国主义的信徒们实施的屠杀找到能与之匹敌的参照物，我们得回到帖木儿或成吉思汗的时代。”[141]民众普遍要求对德皇处以绞刑，并让德国人支付赔款，政客们不可抗拒地利用这些要求。11 月 28 日，内阁决定对德皇进行审判，因为正如威尔逊（当时他在场）所指出的那样，“防止可怕事件重演的最可靠方法是追究个人责任和进行惩罚”。说起来容易做起来难，因为此刻他身在中立国荷兰。11 月 29 日，劳合·乔治在纽卡斯尔说，法律界官员已经同意，由于入侵比利时，德皇“犯了可予起诉的罪行，他应当为此负责”。[142]这一招虽然落空了，但在赢得选举之前却是很有用的。劳合·乔
769 治的肆无忌惮和缺乏诚实在这个时刻得到了淋漓尽致的展现。凯恩斯将他的行为描述为“一部令人深感遗憾但又极富戏剧性的历史，它暴露出了一个人本质上的弱点，这个人的主要灵感不是来自于他真实的冲动，而是来自于暂时环绕在他周围的气氛的重大

变化”。[143]遭遇长期囚禁后返回家园的瘦弱战俘的故事让人们的复仇欲望变得更加强烈。12 月，埃里克·戈德斯在一次选举会议上说，“我们要像挤柠檬一样把德国榨得一滴不剩……我会榨干它，直到你能听到果核碎裂的声音”。[144]凯恩斯将这种说法描述为“最粗俗的景象”。

劳合·乔治试图在竞选期间制造一种充满活力的印象，尤其是在处理社会问题——如果对这些问题放任不管，可能会损害他的支持率——方面。他让戈德斯负责复员工作，这个行动（政府刚刚掌握这个行动的规模）不仅需要让军队重返平民生活，还需要让多余的军火工人重返平民生活。一些雇主对尽快让关键工人重返工作岗位表示担心，劳合·乔治希望打动那些雇主，以便开始和平时期的生产。与此同时，丘吉尔还安排铁路公司订购装备和材料，以便利用军工厂的人力资源整修铁路线路。对失业的恐惧不仅让可能的受害者感到担忧，也让那些急于避免不满的政客感到担忧。然而，竞选活动分散了人们的注意力，使劳合·乔治严肃处理这个问题的前景变得渺茫。

人们都很虚弱，不仅仅是那些服过役、受过伤、遭受伤残和患有炮弹休克症的人。奥克兰·戈德斯编写了一份关于民众身体状况的报告，其中显示了贫困和粗劣的饮食对工人阶级造成的可怕影响，以及为什么那么多人被认为不适合服兵役，即使是在将标准定得很低的情况下。在建有棉纺厂的地区，男人们在 30 岁时就出现了大多数人直到 50 多岁才表现出来的衰老迹象。8 月，劳合·乔治对里德尔说，“我要声明，我不会让这种情况延续下去。除非改善贫困阶级的状况，否则进行这场战斗是没有用的”。[145]然而，劳合·乔治并没有集中精力处理这个问题，这表明他很自然地把自己的利益放在了公众的利益之上。11 月 26 日，艾莫里告诉妻子，

“伟大的英国人民对社会改革和重建毫无兴趣，他们只对让德国人
770 为战争买单和惩罚德皇感兴趣”。[146]

竞选活动需要自我推销，而战争的结束为这一点提供了绝佳的机会，但并非所有机会都是理想的。劳合·乔治决定在12月1日举行一个开车巡游伦敦的仪式，参加者包括他自己、克列孟梭和奥兰多（Orlando，意大利总理），以及这三个国家的高级官员。黑格受到邀请，福煦也参加了，但黑格听说自己将和“亨利·威尔逊将军一起乘坐第五辆马车。我觉得这是一种我无法忍受的侮辱，更何况这个侮辱来自首相”。他在日记中咆哮道：“在过去的三年里，我都让自己躲而避之……我已经耐心地忍受了劳合·乔治的自负和趾高气扬，以及他吹嘘‘他所取得的成就，多亏了他的远见’……历史将证明，真正的事实是，尽管劳合·乔治指挥不当，英国军队仍在法国赢得了战争。我不打算和福煦或任何一群外国人参加胜利游行……这种游行主要是为了提升劳合·乔治的重要性，帮助他竞选。”[147]这篇日记表明劳合·乔治缺乏自知之明的程度令人吃惊。当黑格的日记和他的其他私人文件最终在1952年出版时，比弗布鲁克描述他“在死后25年又干了一件自取灭亡的事情”。[148]

唐宁街解释说，黑格缺席胜利游行，因为国王需要他出现在法国，当时国王正在法国检阅军队。国王也感到震惊，因为这样的活动竟然在他出国期间和竞选期间举行。12月19日，黑格正式回国。康诺特公爵和劳合·乔治带着仪仗队和乐队在查令十字街迎接他，乐队演奏了《英雄今日得胜归》（*See, the Conquering Hero Comes*），然后他坐上皇家马车，前往白金汉宫与国王共进午餐。鉴于黑格死后被称为屠夫（这个名声他当之无愧），值得一提的是，《泰晤士报》认为，在他回国时，伦敦街头弥漫着的“只是快

乐”的情绪。[149]

12 月 11 日，也就是大选前三天，联合政府发表了最后的政策声明。它有五点：“惩罚德皇，让德国支付战争赔款，让士兵尽快回家，向归国士兵和水手给予公平待遇，提供更好的住房和更好的社会条件。”[150]一些候选人更加直接。来自罗姆福德选区的联合政府的自由党候选人阿尔伯特·马丁（Albert Martin）张贴了一张海报，上面简单地写着：“让德国为战争买单，绞死德皇。”[151]劳合· 771
乔治在布里斯托尔的演讲中强调了这五点，在演讲中，他确认立刻停止征兵。诺思克利夫在他的报纸上进行了一个月的高调宣传，这对他和他的同僚们造成了不好的影响，他们开始对大幅偏离《每日邮报》的路线和在较小程度上偏离《泰晤士报》的路线充满戒心。凯恩斯补充了第六点——“惩罚那些犯下暴行的人”。他将劳合·乔治的表现斥为“愤世嫉俗者的笑料”。[152]诺思克利夫的做法激怒了劳合·乔治，后者对他进行了斥责：“不要总是搬弄是非。”[153]然而，在广播出现之前的最后一次大选中，联合政府对选民说的最后一句话呼应了诺思克利夫的要求。在目睹了竞选活动后，威尔逊对劳合·乔治怀有的昏头昏脑的崇拜逐渐消失了。“劳合·乔治在这次选举中的贿赂行为（*原文如此*）简直令人作呕”，12 月 13 日，他坦言道，“我明天不投票了”。[154]

选举结果直到 12 月 28 日才公布。在 159 名持有联票的自由党人中，有 136 人被选举为议员。在莫里斯的辩论后，只有 54 人投票支持阿斯奎斯。如果没有这份联票，统一党人本来可以击败他们。只有 29 个没有联票的自由党人当选，8 人没有遭到持有联票的候选人的反对。保守党有 333 人当选，国家民主党有 9 人当选。只有一位支持退伍军人的候选人当选，他就是詹姆斯·霍格，他以独立自由党人的身份参选，报纸在很大程度上忽视了独立自由党人的竞选活动。让海外士兵邮寄选票的计划推迟了投票结果的公布，取得了有限的成效。许多人占用报纸版面，在报纸上登载道“送我们回家，我们将会投票”，或者“等到我们复员后再投票”。[155]然而，政府没能尽快吸取拖沓复员的教训。

阿斯奎斯——他承认自己几乎没有想过失败的可能性——失去了自1886年以来获得的东法夫的席位。在投票日那天，当他开车四处转转时，他发现保守党的海报上写着：“阿斯奎斯差点让你输掉战争。你想让他破坏和平吗?”麦克纳、塞缪尔、西蒙和朗西曼都输掉了选举。由于一些无党派人士夺得了他们的席位，工党最终获得了61个席位。亨德森、斯诺登和麦克唐纳等大多数工党领袖也在选举中失去了他们的席位。这次选举的选民人数是有史以来最多的，达到了1500万。汉基坦言道，劳合·乔治“几乎被他的压倒性胜利惊呆了，并且似乎真的为阿斯奎斯的失败感到心
772 烦”——由于没有联票，后者取得这样的结果是不可避免的，这大概是汉基使用“几乎”这个词的原因。[156]他还记录道，劳“承认他并不高兴，但非常清醒”。

劳合·乔治可能会担任英国首相，但是，他现在受到了保守党多数派的控制，已经到了借日子活命的地步。奥斯丁·张伯伦通过他的异母弟内维尔加入下院，他说出了很多人持有的观点，他说，“如果政府面对的是一个更强大的反对党，那么政府将会做得更好”。[157]然而，这并非采用联票制度的目的，让劳合·乔治当选才是目的。

对于爱尔兰来说，这个选举结果标志着与过去的深刻决裂，预示着黑暗的未来。在战争和1910年议会任期的最后几天，爱尔兰的民族主义党一直坚称，除非爱尔兰获得地方自治（而自治必须在停战后迅速执行），否则欧洲不可能达成新的解决方案。政府拒

绝做出承诺，仍然相信这样一种观点：它为解决这个问题指定的大会无法就此达成一致，争论又回到了战前僵持不下的局面——是爱尔兰的民族主义党被迫放弃地方自治，还是阿尔斯特省被迫同意地方自治。在停战前的6天，肖特强调说，未能就分治达成协议使得任何主动倡议陷于瘫痪，于是，这就为1918年大选两年半后发生的流血事件和爱尔兰民族主义党的消亡开辟了道路。[158]

约翰·埃斯蒙德（John Esmonde）上尉是下院最年轻的议员，1915年，他在英国皇家陆军军医队效力，当他父亲去世时，他接替他的父亲成为北蒂珀雷里郡的议员。在停战前的6天，在一次关于爱尔兰政府的辩论中，他强烈谴责政府摒弃符合英国作战目标的义务："我曾目睹自己被埋在一个坟墓里，里面有400名在战斗中阵亡的爱尔兰民族主义士兵，我曾目睹过下院里一位曾经杰出的议员的最后安息之地，我问你们，所有这些生命，所有这些爱尔兰人，他们牺牲自己的生命，流尽自己的鲜血，难道是为了换取欧洲各个国家的自由，而让爱尔兰留在一个高压和压迫的制度之下吗？"[159]他的话对所有党派的议员产生了巨大的影响，但对政府没有造成影响。

现在，爱尔兰的情况就像民族主义党警告劳合·乔治的那样糟糕。8月的时候，狄龙曾告诉史考特，选举最多只会选出10名民 773
族主义党人，而席卷全国的新芬党将拒绝参加议会会议。事实上，在一场以无情的宣传斗争为标志的选举之后——在这场选举中，政府夸大了英国征收的税款数额，新近获得选举权的妇女被敦促去投票，"就像皮尔斯夫人那样"——新芬党赢得了105个爱尔兰席位中的73个，包括除了之前由民族主义党控制的6个席位以外的所有席位。[160]其中一位胜利者是马克耶维奇伯爵夫人，她是第一位当选为联合王国议会议员的女性。尽管如此，和她的同志们一样，她没有出席议会会议。狄龙参加东梅奥选区的选举，但以 4500 票之差落选：德·瓦莱拉击败了他。

狄龙对史考特说，“这个结果是由一种恐吓做法所造成，这是我所知道的最残忍和精心组织的做法……他们从其他郡带来了武装团伙（有 400 人或 500 人来自克莱尔郡），他们威胁民众说，如果投票给我，就会被处死。”[161]这个故事在爱尔兰各地重演，身穿志愿军制服的男子为新芬党的候选人拉票。恐吓并不完全是新芬党取得压倒性胜利的原因，但是，狄龙说恐吓起到了作用，这种说法是正确的。在全国范围内，新芬党的得票率为 48%，但在 6 个郡（这 6 个郡后来成了北爱尔兰）以外的地方，新芬党的得票率为 68%。[162]新芬党之所以获胜，是因为它是一个反英政党，而不是因为它除了要求独立之外还有一个连贯的计划。迈克尔·奥弗拉纳根神父是来自罗斯康芒的一名牧师，曾担任该党的副主席，负责宣传工作。据称，他说：“民众把票投给了新芬党。我们现在要做的就是向民众解释新芬党是什么。”[163]

狄龙指责雷德蒙在战争期间让民主主义党的机器失灵。然而，即使不失灵，他们也不是武装组织的对手，这些武装组织威胁要杀死任何不按规定方式投票的人。爱尔兰的民族主义党切断了与年轻人的联系。狄龙认为，这一代人“不知道我们的运动为爱尔兰取得了哪些成就”，但他知道该党的错误在于没有启发这些年轻人。[164]真正的罪魁祸首是阿斯奎斯，他对起义处置不当，还有劳合·乔治，他荒谬地要在爱尔兰实行征兵制。政府在选举前的立场是，一旦事态平息下来，就在爱尔兰实行分治。但现在，民族主义党不再是爱尔兰的代表。新芬党证实其放弃在英国议会的席位，并提议在都柏
774 林组建自己的议会——目前正在等待威尔逊总统的支持。后来加入爱尔兰议会的很多人目前正被关在监狱或拘留营里，考虑到选举结

果，爱尔兰希望英国释放这些人。

弗伦奇曾提议在爱尔兰成立一个正式的老兵组织，以便欢迎和支持退役士兵，并向他们分发土地，以表彰他们的贡献。但这个提议不了了之。政府没有预见到，对于赢得和平的男女来说，违背承诺和没有兑现的空谈将给和平蒙上一层阴影。政府没有兑现的承诺并不仅限于向爱尔兰做出的承诺。775

第十二章　余波

一

关于1914～1918年的战争，存在一种悖论，那就是战争一旦结束，它对英国民众造成的深远影响往往会变得更加明显。成千上万的家庭都有一个或更多成员永远回不来了。在教堂的公墓和墓地里，在停战后为因伤死亡的军人举行的葬礼上，鸣枪队的礼炮声不绝于耳。1919年的冬天，街道上到处都是退伍军人，他们穿着军队发放的厚大衣（即使退伍了，他们也获允穿着这些大衣来御寒），渐次返回家乡寻找工作。一种战争年代的意识已经扎根，这种意识认为，政府拥有无限的公共资金储备，可用于得到民众支持的任何目的。这种意识也许可以解释那些战斗和幸存下来的人以及那些忍受他们离家在外的家庭所怀有的高期望。在第一次世界大战之后，再分配和国家供给的理论进入了国民的心灵，但它并没有引发更为致命的第二波浪潮，尽管直到20世纪40年代末，它才被广泛采纳。然而，公共支出将永远不会像1914年以前那样低，部分原因是英国需要公共支出来满足政治期望，但主要原因是英国需要偿还债务。

伯特兰·罗素说，由于战争，“我修正了我对人性的整体看法”。[1]其他哲学倾向不那么强烈的人也是如此。前几年的苦难助长了世俗主义，服从于社会地位高的人和制度的做法遭到了质疑。人民的世纪已经开始了，不仅开始于充满变革的前欧洲帝国和专制统治时期，也开始于几乎人人拥有选举权的英国，在那里，统治者们 777
近距离地了解到，他们能够稳固地位，是因为得到了民众的同意，而不是由继承权或等级制度决定的。顺从的时代不是已经消亡了，而是正在消亡。在那些返回家园的、经历过血腥战场的可怜步兵中，有许多人对统治阶级冷嘲热讽，因为是后者指挥了这场他们幸免于死的屠杀。这一点，再加上劳合·乔治的联合政府违背承诺，将成为工党招兵买马的有力工具。阶级划分——在1914年前还相对僵化——已经遭到严重削弱，原因并非离散的阶级不复存在(很显然，他们仍然存在)，而是人们越来越无法仅仅因为一个人占据了较高的社会地位就认为他/她值得尊敬。这些是四年战争所带来的最大变革，而且它们还远远没有完成。

在由全面战争结束引发的前所未有的巨变中，最明显的莫过于妇女地位的变化。数以百万计的男性恢复工作，不再需要一大群妇女制造军火——停战时有95万妇女参与制造弹药——这个国家将不得不进行重新调整。到战争结束时，女性占了军火工人的46.7%；1918年1月，在国营弹药工厂的雇员中，女性占了75.8%。在战争期间，职业女性的总数增加了22.5%，达到了730万。[2]在两个月内，就有75万名妇女被解雇。[3]尽管许多妇女离开了工厂，但家庭用人仍然短缺。成千上万的妇女可能不再有工作，但是，战争已经使男性和女性的态度变得更加强硬，他们反对接受一份需要屈从的工作。许多在1914年摆脱家政服务上前线或在工业领域工作的人，再也没有重拾用人的旧业。1914年，有13%的女性从事家政服务；到了1931年，只有8%的女性从事这个工作。[4]曾经聘请女佣或厨师的中产阶级家庭必须认识到，放弃女佣或厨师不仅是战时的措施，也是永久性的措施。

由于战争的缘故，一个以女性为主的职业的地位得到了进一步提高：护士。为了保持这个行业的高标准，为了鼓励更多的女性加入这个行业，以及为了反映出政府提高民众健康的愿望，1919 年 3 月，政府颁布了立法，开始在全国范围内对护士进行登记。这将是福利国家的关键支柱，而福利国家的创建几乎是悄无声息开始的。政客们第一次不得不认真考虑妇女的需求，原因很简单，那就是
778 30 岁以上的妇女享有投票权。当她们在工厂和农业领域做出了贡献，在男人们离家在外时承担了抚养家庭的重担后，妇女的地位以及社会对她们的尊重正在发生变化。有些妇女愿意回归家庭生活；许多妇女不愿这样做，而是想在这个时代与男子竞争工作。在这个时代，妇女的工资通常比较低，而且当妇女因为性别被拒时，是无法获得法律补偿的。尽管过去的四年取得了很大的进步，但启蒙运动还有很长的路要走。

男人和女人的社会结构都发生了变化。低级军官的伤亡率是其他级别军士的三倍。战争摧毁了旧的主要阶层的一部分，这个阶层因为伤亡人数不成比例而受到打击。在参加战斗的公立学校的男生中，有 18% 的人死亡，占总数的 11%。1908 ~ 1915 年离开学校的一代人——即 1890 ~ 1897 年出生的一代人——受到的打击尤其严重。[5]在所有公立学校中，伊顿公学的死亡人数最多，1157 名校友的名字被刻在一座纪念碑上，这个纪念碑的长度就是整个修道院的长度。许多幸存下来的老军官阶层回到了不稳定的生活状态，并且私人收入减少。庞大的地产被分割，巨大的房屋被出售。阶级壁垒被削弱或被打破，不仅仅是因为一些士官成了军官。战后重建为男女提供了摆脱战前角色的新机会。政府拨款使得有创业精神的退伍军人能够开办企业、创办农场，并成为自己的主人。

这个国家必须处理的最重要的问题是，因其青年男子遭受的可怕屠杀所导致的后果。1914 年，英国正规军及其后备役达到了 733514 人。在随后的四年中，英国又征募了 510 万人，因此，截至停战时，有 22.1% 的英国男性在服役。大约 70.5 万名来自不列颠群岛的士兵阵亡，25 万来自大英帝国的士兵阵亡。超过 56 万人在佛兰德斯阵亡，其中一半人的坟墓在哪里，无人知晓。[6]考虑到爱尔兰征兵引发的争议，以及处理不当所造成的后果，人们注意到，死者中有 49435 人是爱尔兰人。一个高得惊人的伤亡人数来自现在的北爱尔兰。[7]虽然在克里米亚战役中士兵的死亡概率更高（这是因为在弗洛伦斯·南丁格尔与疾病做斗争前，疾病侵袭了那里的军队），但是，由于参与一战的人数众多，导致 1918 年 11 月的英国到处都是孤儿寡母，他们的数量比 17 世纪内战以来的任何时候都 779
要多。到处都是没有儿子赡养的母亲，还有找不到男人婚配的年轻女性。妇女在人口中的比例有所上升，特别是较年轻的女性。据估计，有 34 万名儿童失去了父母一方或双方。[8]“也许这场战争的真正不幸是，那些年纪大的人仍然固执地活着”，A. J. P. 泰勒回顾道。[9]流感仍然猖獗，到了 1919 年 2 月，第三波流感（欧洲大陆比英国更严重）开始肆虐。虽然敌人的行动制造了恐怖和愤怒，但只造成不到 1500 名平民死亡。

20 世纪 30 年代，广受欢迎的地形学家和记者亚瑟·米（Arthur Mee）——他逐个郡地撰写了《国王的英格兰》（*The King's England*）系列书籍——指出，在英格兰和威尔士，只有 32 个“被上帝祝福的村庄”在战争中没有人员丧生，因此没有战争纪念碑。据信，在英格兰和威尔士的近 11200 个民政教区中，有 53 个教区在战争中没有人员丧生。而在苏格兰和北爱尔兰，一个这样的教区都没有。泰勒写道，与 1914 年之前的移民造成的流失率相比，战争导致的不列颠群岛的人员流失率实际上要低得多。在 1914 年之前，许多爱尔兰人移民到美国，许多英国人移民到帝国的“白人”地区——加拿大、澳大利亚、新西兰，以及新近成立的南非联盟，移民到南非联盟的人数要少一些。[10]在 1903～1913 年间，大约有 315 万英国人移民，其中大约一半的人移居加拿大。在第二次世界大战结束时，又有 50 万人移居加拿大。[10]

人们希望用正式的方式来纪念死者，这种需求可以理解。1919 年夏天，由埃德温·路特恩斯（Edwin Lutyens）爵士在与政府协商后设计的临时国家纪念碑出现在白厅，第二年，这个纪念碑被换成了永久性石头结构。在 20 年代，随着停战周年纪念日的临近，作为佛兰德斯战场（英国远征军的大多数战役都在那里发生）的象征，罂粟花将在 11 月初成为一种普遍的纪念标志。然而，在 1919 年的春天，公众意识到，战争中的伤亡高于所有其他伤亡，这凸显出了战争的代价和为之而战的价值观。5 月 15 日，艾迪丝·卡维尔的送葬队伍蜿蜒穿过伦敦，前往威斯敏斯特大教堂。为了向这位
780 最不浮夸的女人表示敬意，葬礼的场面非常铺张。当载着她的遗体的船舰抵达多佛时，镇上教堂的钟声响起，庄严而悠长。从多佛到伦敦，人们排列在铁轨两旁，向装载她的火车致敬，一群护士在维多利亚迎接这辆火车。她的灵柩盖着英国国旗，被抬上一个炮架，然后沿着维多利亚大街被运送到修道院。街道两旁站满了士兵，冷溪近卫团的士兵们将枪口朝下，护送着炮架。据《泰晤士报》报道，“军官们敬礼，妇女和儿童肃静地站着”。[11]

修道院下半旗。会众包括亚历山德拉王后、大臣和大使。阿斯奎斯夫妇是参加葬礼的名人之一，在到达修道院时，这位前首相发现“聚集了一群人，却是最不知名、最没有代表性的会众”。[12]葬礼结束后，送葬队伍继续穿过伦敦市来到利物浦街，灵柩被放在一节

火车车厢里，这节车厢刚刚上过漆，外面裹着一层紫色（哀悼的颜色）和白色的布。人们使用火车将卡维尔护士的遗体运往诺威奇，在那里，人们将以最高军事荣誉把她安葬在大教堂的围地里。诺福克军团的仪仗队在诺威奇迎接火车，通往大教堂的道路上挤满了人。“如果我们有力量，就让我们宽恕吧”，诺福克郡的莱特·哈葛德写道，“但是永远不要忘记！”[13]

无论是受伤的生者还是死者，都需要社会的关注。150 万人饱受毒气或枪伤的折磨，患有炮弹休克症的情况非常普遍。对于那些因伤势过重而无法工作的人、他们的家属以及光荣殉难的人，国家应如何履行对他们负有的义务，早在 1916 年 8 月，这个问题就已经开始困扰着议员们。在下院举行的一场漫长的辩论中，有人提议，除了给予议会在战争初期同意的国家资助的法定福利外，英国人民还应当向按郡组建的自愿基金捐款，以表达他们的感激之情，这些基金可以向有特殊需要的家庭提供额外的帮助。然而，并不是每个人都认为责任应该落在慈善机构的身上。利物浦的统一党议员威廉·卢瑟福（William Rutherford）道出了许多人的心声，他说：

> 十四年前，我还是利物浦市的市长。那一年，在利物浦，我们有 60 名参加过克里米亚战争和印度兵变的退伍军人，以及四分之三的其他退伍军人（这些退伍军人参加我们每年为他们举办的小型年度晚宴），不得不佩戴他们的勋章，走出济贫院去参加晚宴。任何一个对自己的国家有一点尊重或尊敬的人，只要看到这些人，都会有所触动。他们会想到，这些人被迫在济贫院里度日，以便获得吃的、喝的、穿的等必需品。我们相信，这件事是一个原则问题，在为这场战争做出的辉煌牺牲——牺牲生命、财产、儿子、四肢、事业和前途——中，在 781

这场战争中受伤的任何人、他的妻子、他的母亲和他的孩子，都不应该遭受贫困或艰难，也不应该被迫乞求他人给予面包。这些人和这些阶层有权得到或要求得到的并不是慈善，而是公平公正。那些在这场战争中为我们牺牲生命的人，我们知道全能的上帝会照顾他们。但是，他们的遗属是留给下院的遗产，下院负责管理这个国家的资金，应当确保公平正义，确保与这些人达成的协议得到体面的执行。[14]

对于如何最好地照顾那些虽然残疾、但努力恢复平民生活的人，黑格夫人进行了探讨。和那些旧的正规军的军官不一样，许多受伤的军官是从士兵晋升上来的，他们没有私人收入，面临着贫困。在停战一周后，当黑格从劳合·乔治那里听说，国王根据劳合·乔治的建议，希望向总司令授予子爵爵位时，黑格请求延后处理向他给予的奖励，“在首相为残疾军官和士兵确定津贴”，以及“向听从我命令的所有军衔的军士”给予赏金后再处理。[15]黑格觉得残疾军人被“忽视”了，他向国王解释说，他拒绝爵位，是为了向政府施加更大的压力，以便帮助他们。[16]尽管黑格犯了许多错误，但他决心为那些从他的战术和战略失误中幸存下来的人做正确的事情，而他的关切迫使政府于1921年成立了英国退伍军人协会。

几个星期以来，黑格不顾议会的质疑，继续拒绝子爵爵位。残疾军官基金会每个月要花掉5000英镑，几乎快把钱用光了，而黑格面对的许多“非常悲惨的案例”让他很苦恼。[17]残疾军官基金会的资金“（主要）用于帮助那些养老金不足或根本没有养老金的军官，医生的证明显示，许多这类军官无法工作，而且没有养老金或生活津贴。这些穷人的未来将会怎样？他们把自己的一切都献给了
782 国家，没有一点讨价还价的余地”。对黑格来说，他最应当考虑的

做法是心平气和地接受爵位，这将让他在议会中拥有一席之地，从而能够更加有力地开展活动。

劳合·乔治告诉黑格的私人秘书菲利普·沙逊爵士，政府推迟开展照顾残疾退伍军人的工作，这是在1919年1月的重建开始前担任养老金大臣的约翰·霍奇的过错，他造成了“可悲的混乱”。霍奇原本是工党议员，考虑到他在战争期间为阻止罢工而承担的政治风险，劳合·乔治让他担任养老金大臣，这是一种不可取的奖赏，也是首相再次展现出他一贯具有的、不受欢迎的逃避责任的特征。他说，霍奇的继任者拉明·沃辛顿-埃文斯（Laming Worthington-Evans）爵士承诺，这个制度将在两个月内顺利运行。

许多老兵患上了所谓的“炮弹休克症”。在战争开始时，人们就认识到了这种病症，但早期的治疗并不是特别有效。起初，受害者被称为“神经错乱的士兵”，精神病事务管理委员会负责照顾他们。1916年，政府拨款为这些士兵修建了汉普郡精神病院，还修建了该郡的内特利医院和位于伦敦东南部丹麦山上的莫兹利医院的部分设施。不久后，其他类似的机构就多了起来，例如在默西塞德郡的马格尔建造的机构，以及在旺兹沃斯修建的斯普林菲尔德战争医院。军官们——最著名的是齐格弗里德·沙逊——在苏格兰的奎葛洛卡战争医院接受治疗，沙逊的医生兼卫生官员威廉·哈尔斯·里弗斯（William Halse Rivers）上尉——他在1904年与人共同创办了《英国心理学杂志》（*British Journal of Psychology*）——成为研究炮弹休克症的权威人物。

受到西格蒙德·弗洛伊德（Sigmund Freud）的影响，里弗斯认为，他的一些同事试图让患有炮弹休克症的人压制他们的记忆，这种做法是错误的。他认为，那些试图埋葬记忆的人发现记忆会在睡觉时重现，并对他们造成创伤，而学习面对现实将有助于克服创伤：这将通过他所说的“漫长的再教育过程”来实现。[18]就士兵们在第一次世界大战中的经历对精神造成的损害而言，“炮弹休克症”构成了严重的失实描述。尽管里弗斯（他于1922年去世）和他的同事们做出了种种努力，有些人还是被这种病症折磨了几十年，有些人表现出了身体颤抖等症状。在战后的英国，饱受这种病症折磨的人实在是太常见了。

政府意识到了回国士兵传染性病的危险，即使以战争的标准来
783 衡量，这种危险也是前所未有的。报纸刊登预防广告，在这些士兵回来之前，政府就分配了性病专家，以确保在需要治疗的地方能够提供治疗。五分之一的退伍军人患有性病。政府提供免费治疗，以试图控制性病。报纸发表了很多关于梅毒危害的文章，它们已经不再像战前那样遮遮掩掩了，但仍然无法描述防止性病传播的具体且“简单的卫生措施”——避孕套。[19]1918年，休假回国的士兵向5.5万人传染了性病，其中仅伦敦地区就有1.6万人——1万名男子和6000名妇女——被传染了性病。[20]政府提供了140个治疗中心，但仍需要更多的治疗中心。虽然政府将更多的资源用于诊所和教育，但坎特伯雷大主教兰德尔·戴维森博士——他对士兵的了解似乎有限——说了一段有所帮助的话：“我确信，如果我们不能牢记这不仅是一个医学问题，也是一个道德问题，如果我们不能牢记必须关注它的伦理方面以及那些直接涉及身体状况的问题，那么我们不会有任何收获。”[21]政府最担心的是未出生的孩子感染性病，以及随之而来的死产、婴儿死亡率和残疾婴儿比例的上升。虽然在整个19世纪和1914年前，性病在城市和驻军周围很普遍，但现在，这个问题得到了承认和公开讨论，这证明战争的确改变了社会及其规则。

伴随战争而来的出生率下降引发了政府的更广泛担忧，其中包

括对未出生婴儿感染性病的担忧，人口也需要重建。1918 年 6 月，登记署署长伯纳德·马利特（Bernard Mallet）爵士在皇家公共卫生研究所举办了一个讲座，内容是关于出生率的下降：1913 年，英格兰和威尔士有 881890 个孩子出生，但在 1917 年仅有 666346 个孩子出生。[22]1915 年，英国创下了破纪录的结婚人数，这有助于减缓出生率的下降速度，但伯纳德爵士说，他认为，由于未能生育，英国在战争中“失去”了 65 万条生命。他还担心，这么多年轻人阵亡，还有一些人严重致残，出生率需要一些年头才能恢复。他认为，欧洲国家每天“失去”7000 条生命，他将此称为“最大规模的……种族自杀”。

在 1918 年 7 月的婴儿周——国家发起的鼓励生育的活动——开幕时，海耶斯·费希尔使用了更加丰富多彩的语言，《泰晤士 784
报》报道说，他声称：“我们必须确保为将来提供充足的健康人口，并确保种族的摇篮要大量超过种族的棺材。除非我们这样做，否则在地球上未开垦的地方生存的就不是我们的种族，而是另一个有着不同语言和理想的种族，一个文明程度和基督教信仰都较低的民族。”[23]在优等种族在整个欧洲进行四年的自相残杀后，这就是人们对未来的恐惧。伦敦德里夫人在伦敦举办了一场母仪展览会，以便满足那些“很早就逃离家庭，甚至不知道如何抱孩子”的“女孩儿们”的需求。保护母亲和婴儿健康的愿望推动了卫生部的成立。

英国面临的挑战范围广、规模大，需要进行前所未有的社会和经济重建。为了拆除庞大的战争机器，重新部署那些操纵机器的人，以及在四年的贫困之后重建一个国家，政府需要进行前所未有的干预。就公众而言，重建工作必须从英国的结构开始。除了为至关重要的工人提供住所外，在战争期间，政府几乎没有修建房屋，也几乎没有对摇摇欲坠的房屋进行翻修。人们等待着政府履行其就住房做出的选举承诺。1913～1914 年，政府召开了一个与道路有关的会议，该会议的调查结果被搁置，但是，随着战争的结束，对汽车交通的限制和汽油限制的解除，修建主要公路的需求变得迫切起来。在大伦敦，一项修建主干道的计划开始实施，这将促成 20 年代和 30 年代郊区的扩张。

格莱斯顿和阿斯奎斯奉行的最低限度国家干预和经济自由主义的日子结束了。大选后，战时内阁一开会，就讨论了如何处理不再需要进行武器制造的国有工厂。[24]一些人认为——这些想法很快就破灭了——它们可以生产商品，与私营工厂竞争。劳合·乔治是一个十足的自由党人，他想把它们从国有企业的簿册上除名，但是寻找买家是很困难的。通货膨胀降低了议会在 1914 年设定的补贴价值：如果不想让不安变成动荡，就需要进行紧急调整。阿斯奎斯知道这一点。在复活节起义和索姆河的灾难之后，当人们对他的执政
785 失去信心时，他曾含糊地说，战后的情况不可能像以前那样了。这意味着财富分配将更加公平——甚至可能由国家进行分配——以确保穷人得到照顾。英国成立了一个联合劳工委员会，以确保在时机成熟时顺利地安排复员事宜，并确保从前线返回的男子和工作生活因战争而改变的妇女的需求得到满足。现在，时机已到，阿斯奎斯甚至没有进入议会，而他的继任者肩负着全新且艰巨的使命，却发现很难让自己投身于和平带来的这种不可避免但又单调乏味的结果，在 1919 年 6 月之前的大部分时间里，这位继任者都是作为一个国际政治家出现在凡尔赛宫，寻求缔结和平条约。

要想兑现劳合·乔治在竞选中做出的所有承诺，联合政府需要的资金远远超过了现有的资金。随着工人们重新加入劳动力和资本所剩无几的行业，仅仅为了增加收入以应对住房、医疗保健和教育

等基本挑战，就需要进行根本性的经济重建。在停战时，英国将几乎一半的国内生产总值用于公共部门，是 1914 年的 4 倍；收支差额达到了 15 亿英镑，是 1913～1914 年的 8 倍。国家债务是 1914 年的 14 倍。当美国参战时，劳试图说服美国直接借钱给协约国，而不是通过英国。但美国没有这样做，于是英国财政部和纳税人便要为这个问题承担责任。英国欠海外债权人 13.65 亿英镑，欠美国 8.52 亿英镑。但是，其他国家欠英国 17.41 亿英镑，其中俄国欠英国 5.68 亿英镑，法国欠英国 5.08 亿英镑（大部分是英国从美国借来的，然后转借出去的），意大利欠 4.67 亿英镑（也是英国从美国借来的，然后转借出去的），比利时欠 9800 万英镑，塞尔维亚欠 2000 万英镑，其他国家欠 7900 万英镑。从技术上讲，如果英国的债务人还清债务，那么英国向美国欠付的债务就不成问题；然而，自从沙皇被布尔什维克政府取代后，俄国欠付的债务得到偿还的希望就没有了。[25]

设置更高的税率，以及让更大比例的劳动者缴纳税款，将成为经济格局的一个永久组成部分。这不仅表明了政府决心偿还国家债务，而且表明了如果要满足那些参加过战争的人们的期望，就必须为现在已达成并得到理解的政治共识提供资金，这是政府对未来的义务。征收更高的税费有助于劳合·乔治让大众相信，富人为了国家利益放弃了他们的战争利润。然而，一半的税收收入被用于支付 786
债务利息。工党建议征收资本税，但劳不同意。这场战争几乎没有造成长期经济损失，后来的自由贸易崩溃将会造成这种损失。然而，英国工业面临的直接问题是，英国发现自己很难在国际上进行竞争。例如，就钢轨而言，英国的制造成本是每吨 15 英镑，而美国为每吨 10 英镑。这个国家不得不进行其他变革，这些变革虽然不是翻天覆地的，却折射出英国重新站起来所面临的经济挑战。对自上而下的每一个人来说，战后的世界已经大不相同。新议会颁布的一项早期法案废除了安妮女王在 1707 年颁布的法律，这部法律规定，新任命的内阁大臣需要参加补选，以获得选民的认可。废除这部法律不仅是为了提高效率，也是为了节省不必要的开支。此外，人们已经习惯了很晚才天黑的夏季夜晚，并且延长用于工作的白昼时间节约了能源成本。因此，政府宣布，战时创造的英国夏令时将予以保留。

即使这些国内问题很严重，但国际局势的不稳定仍笼罩在这些问题的上方。太多的政客和军人认为，与德国的战争是被中断了，而不是结束了，这种观点一直持续到凡尔赛和会结束后。对于被打败的德国来说，德皇的退位让它处于动乱之中，而 1918 年 3 月至 7 月的进攻失败让它感到震惊——尽管有些人意识到，正是那次耗尽力量的进攻使德国丧失了机会。在竞选活动中，劳合·乔治一直都像人们预料中的那样乐观，而且在公开场合也是如此。但在巴黎，情况就不一样了。停战日那天，克列孟梭的女儿央求父亲说出“你很快乐”。他回答说：“我说不出来，因为我不快乐。这一切都是徒劳。”[26]由于种种原因（例如丧失亲人和贫困），许多英国人都有同样的感受。

寇松和史密斯希望劳合·乔治支持内阁审判德皇的决定，他们担心，如果他不这样做，将会对民意产生影响。尽管首相早先对民粹主义充满热情，但他知道处决威廉是不可能的。他也不再需要用这个承诺来打动选民。工党和其他政客希望获得赔款，而劳合·乔治和劳认为赔款将让德国崩溃。在凡尔赛宫，他们的明智观点不会
787 占据上风。战后世界的现实情况很快便凸显出来。

这次选举表明，旧的自由党已经失势，保守党和工党是主要的参与者。从政治的角度来说，战争在顽固的保守主义和理想化的社

会主义（而不是革命化的社会主义，但少数激进分子除外）之间造成了新的两极分化。作为一个没有政党根基的首相，这使得劳合·乔治的地位变得更加特殊。在战争期间，工会在1914年之前的大动荡中得到加强，其成员从400万增加到了650万，形成了支持工党的基本盘。[27]爱尔兰已经发生了革命，更糟的还在后头。新政府并不缺少潜在的反对者。

2月，新一届议会——其成员之所以当选，部分原因是满足了这些期望——召开会议。财政部的财务秘书斯坦利·鲍德温曾对约翰·梅纳德·凯恩斯说过一句著名的话，新议员都是“一些冷酷无情的人，他们在战争中似乎表现得很好”。[28]鲍德温是一名铁厂厂长，他的生意蓬勃发展，但在整个战争期间，他向慈善机构捐赠了相当多的钱，部分原因似乎是他为自己年龄太大无法参加战斗而感到沮丧（1914年，他47岁）。他并非冷酷无情之人，以至于6月，就在缔结和约之前，他匿名给《泰晤士报》写信，宣布他已将五分之一的财产（12万英镑）捐给财政部，用于缓解财政危机，并敦促像他一样的人也这么做。[29]这封信的标题是《富人施惠》（*Richesse oblige*）。他写道，“整个国家已经耗尽了资源。人们自然而然地感觉到……所有阶级都有被挥霍无度和物质主义浪潮淹没的危险。靠借钱生活太容易了，但是意识到你在这么做却是很困难的”。[30]他把他的举动称为“谢恩的奉献”，《泰晤士报》称他的信“写得很高尚”。在描述新的托利党议员时，他的密友J. C. C. 戴维森使用了他的表述，说这些议员“有很大比例是冷酷无情之人，他们大多唯利是图”，而这些人“在我看来是寡廉鲜耻的”。奥斯丁·张伯伦称他的新同僚是“一群自私、自大的人”。[31]有260名新议员当选；许多人是商人，少数人是工会成员。然而，诺思克利夫——执着于他的反对布尔什维克主义的渐进计划——担心不仅在

议会中，就连当权者中也有太多的托利党“老帮派”（使用了《每
788 日邮报》喜欢的措辞）。

二

1919年1月10日，当劳合·乔治重组政府时，《泰晤士报》宣称，“他在这个国家的庞大拥趸将会感到深切的失望”，原因是他未能注入新鲜血液，该报认为这表明他“缺乏想象力，而且已经到了无可救药的地步”。[32]该报称朗被任命为海军大臣，“坦率地说，这令人费解”，并说新的财政大臣奥斯丁·张伯伦代表了“一种过时的传统”。该报声称，首相将丘吉尔派到陆军部，把他安置在“一个他蓄意激起了人们最大不信任的岗位上”。该报不愿对F. E. 史密斯爵士升任议长发表评论。首相至少有过这样的想法：任命前印度国民大会党主席S. P. 辛哈（S. P. Sinha）爵士担任印度事务次官，并授予贵族头衔。他是第一个在政府或上院任职的印度人。

劳合·乔治强调说，不会按照旧的模式建立内阁政府，这让张伯伦和其他人非常恼火。有人认为，政府的主要人物将在凡尔赛宫参加和会，内阁政府将于1919年10月恢复。虽然汉基目睹了“博纳·劳力促张伯伦争取担任财政大臣”，而“劳合·乔治断然拒绝了”，但是12月16日，张伯伦还是成了财政大臣。[33]他最初拒绝张伯伦是因为他害怕报界会因为这个任命攻击他，事实上，报界确实这样做了。张伯伦也很不情愿。首先，劳合·乔治在1月9日向他提供财政大臣一职的信中说，由于重建工作的需要，“当财政部和其他部门之间出现分歧时……将会出现重大问题”，这些分歧不应由内阁处理，而应由张伯伦、劳合·乔治、劳（他仍是下院的领

袖）和另一位大臣组成的委员会处理，这种唐突让他觉得自己被冒犯了。[34]其次，财政大臣通常住在唐宁街 11 号，有机会接近首相，但他却将无法得到这个机会，因为劳合·乔治希望劳住在唐宁街 11 号。

第三，张伯伦了解到劳合·乔治正在考虑组建一个战时风格的小型内阁，而作为财政大臣的他将不会参与其中（这是前所未有的）。这是压垮他的最后一根稻草。劳合·乔治试图说些恭维话，789 声称在重建之际，像张伯伦这样的前财政大臣（他于 1903 ~ 1905 年在贝尔福政府担任财政大臣）正是政府需要的。在听说劳合·乔治已经考虑了这个名单（其中包括丘吉尔和沃辛顿 - 埃文斯），但根据金融家朋友们的建议而拒绝了这个名单时，张伯伦并没有被打动。他对首相说："这个职位对我没有吸引力，对此你不会感到惊讶。你在最后一刻把它给了我，我认为这种做法非常唐突无礼，就像你把一根骨头扔给一条狗一样。我必须说，我并没有感到特别受宠若惊。"[35]他态度生硬，这又一次驳斥了史密斯的俏皮话，即"奥斯丁总是玩这个游戏，但总是输"。[36]劳合·乔治答应让他加入战时内阁，由此最终说服了他。

丘吉尔希望回到海军部（劳合·乔治向他提供了海军部的职位，但后来又撤回了），同时希望负责空军，也就是他目前在陆军部负责的工作。寇松——劳合·乔治已经开始讨厌他了，但是，他的经验和在托利党的追随者使他成为联合政府中必不可少的人物——仍然是上院的领袖。贝尔福留在了外交部，费希尔留在了教育部，孟塔古继续担任印度事务大臣。肖特成为内政大臣，米尔纳接替朗成为殖民事务大臣。最具争议的是任命史密斯担任大法官，并授予伯肯海德勋爵的头衔，尽管他曾担任检察总长。国王认为史密斯庸俗、靠不住，对此非常生气，"国王陛下担心这个任命将会让法律界大吃一惊……不过，国王陛下只希望他的预测是错误的”，斯坦福德汉对劳合·乔治说道。[37]

伯肯海德来自西北小镇（他的头衔便取自这个小镇）的一个中产阶级家庭，他在牛津大学和律师界有过辉煌的职业生涯。他在盾形纹章上使用“faber meae fortunae（史密斯是自己命运的建造师）”作为座右铭，这既印证了他的小聪明（国王对此存有戒心），也显示了他的华而不实和低级趣味（国王对此感到可悲）。丘吉尔是伯肯海德最亲密的朋友之一，由于伯肯海德在保守党中拥有相当多的支持者——丘吉尔称他们为“托利民主党人”——这可能对劳合·乔治有用，于是，丘吉尔力劝劳合·乔治任命伯肯海德。[38]然而，《晨间邮报》认为，“任命他为大法官简直就是开了一个非常过火的玩笑。这些事情有等级之分”。[39]对于这个任命，嗜酒的伯肯海德忍不住问道：“我是应该像勋爵那样酩酊大醉，还是应该像
790 法官那样保持清醒？”[40]

最重要的任命之一是让艾迪生担任地方政府事务大臣。这个任命在某种程度上是为了延续他在重建工作中的角色。但是，他也会监督用于政府福利房的国家资金的分配情况，以兑现劳合·乔治做出的建造适合“英雄”居住的房子的承诺。与劳合·乔治重掌政权时做出的其他承诺一样，这个承诺也将留给他的大臣们去实现，而他将把 1919 年上半年的大多数时间用于在凡尔赛宫装腔作势。

每一项统计数据都显示住房出现了严重危机。在战争的最后两年，花园城市和城镇规划协会经常就这个问题请愿。1918 年，英格兰和威尔士共有 1103 个地方当局告诉政府，他们需要为当地的工人阶级提供更多的住房，其中 510 个地方当局需要提供 100 多套住房。[41]政府估计目前需要 61 万间住房，停战后，政府即刻向上修正了这个数字。当一些士兵回到家中，发现由于卫生原因，他们的

房屋已被宣告不能住人，并被告知需要立刻迁出时，这加剧了政府在政治上的尴尬。此外，住房短缺导致租金上涨，而且许多房东在租户们不知道的情况下出售房屋。

早在1917年3月，政府就承认，为工薪阶层提供更好的住房"是战后必须解决的最紧迫问题"。[42]就在一年后，政府宣布将在缔结和约的第一年建造30万所房子。[43]1919年冬天，战时内阁对住房问题进行了广泛讨论，H. A. L. 费希尔告诉内阁，在谢菲尔德有1.6万所贫民窟，但只计划建造500所新房。劳合·乔治得出结论，中央政府将不得不控制这个计划，因为依赖地方政府是"无用的"。[44]地方议会被责令在3个月内提交计划。

4月7日，艾迪生向下院通报了最新情况。除了五年没有为工人阶级建造房子外——他估计这意味着有35万所房子没有建成——他还认为有37万所房子具有严重缺陷或者不适合人类居住。他认为，这样的条件是矿业社区发生动乱的主要原因。此外，在全国范围内，有300万人生活在超过两个人挤在一个房间里的拥挤环境中，其中仅伦敦就有75万人。

他还提到了位于东部伦敦的肖尔迪奇区的一条街道，那里有168户家庭、总共733人住在129所房子里。在许多这样的街道 791
上，有很多结核病患者，他们不仅与别人同住一间房，而且常常同睡一张床。艾迪生认为，治疗结核病的成本相当于建造大量的房屋，因此，不改善恶劣的生活条件将会让这个国家付出巨大的代价。但是，在建造其他房子，并把居民迁到那些房子之前，有权宣告原来的房子无法住人的1800个地方当局不愿意这样做。因为它往往需要宣告整个地区无法住人，而买下大片地区的费用让地方当局望而却步。

艾迪生提出了各种各样的建议来解决这个问题。他提议说，地方当局将被迫进行清查，对于不适合居住的建筑物，业主将不会得到补偿，由此节省了公共资金。政府将向地方当局提供新的财政援助。自 1 月份以来，地方议会已申请启动 700 个建造项目，将把从战场上归来的士兵用作劳动力。艾迪生说，这些项目建成后将提供 10 万套住房，但是，这只占伦敦及其周边地区所需数量的大约七分之一。他还提议改善伦敦以外的交通系统，那样人们就可以更加便捷地住在离市中心更远的房子里了。

政府制定了一项《土地收购法案》（Acquisition of Land Bill），旨在使人们能够更加容易地购买未被有缺陷的住房占用的建筑用地，而且艾迪生承诺将把租金固定在不会阻碍建造私人住宅的经济水平，这个说法遭到了托利党的些许怀疑。人们有一种感觉，那就是大臣们现在已经习惯于国家控制生活的所有领域，以至于他们还没有充分意识到，私营企业也许可以在缓解住房问题方面发挥作用。艾迪生重申他在 1919 年的目标是制造 30 亿块砖，并承诺在 1920 年将制造 500 万块。仅在 1919 年 3 月，他就代表政府下单购买 3 亿块砖，并声称复员部门已经接到命令，要求士兵尽快脱下军装，进入砖厂。（他说所有砖厂工人都是复员士兵，几位议员援引了选区的相反情况，由此对这个说法提出质疑。）

人们担心，在住房需求量最大的地区会发生大规模收回房屋的情况，于是敦促政府修改 1915 年的《提高租金和抵押贷款利息法
792 令》（Increase of Rents and Mortgage Interest Act），该法令在战争期间阻止了此类事件的发生。停战后，这些控制措施的解除成了问题所在。有些大臣仍然不愿意干涉房东的权利（即按照他们认为合适的方式处理或处置其财产的权利），但是，艾迪生认识到，在建造更多的房子前，这个难题是无法解决的，他承诺政府将延长《租金管制法令》（Restriction of Rent Acts）的期限，以缓解这个问

题。3月初，政府屈从于这个无法避免的情况，颁布立法，将租金管制再延长一年。

1919年6月，在根据《议会法案》建立卫生部后，艾迪生将管理卫生部——这个安排是恰当的，因为他是皇家外科医学院的研究员——同时将负责房屋建造。这是合乎逻辑的一个举措。早在19世纪中期，人们就把体面或“卫生的”住房与公共卫生联系起来。自19世纪70年代以来，清除贫民窟的立法就明确了这一点。但现在，新的部门将宣布，为了兑现首相的承诺，到1921年底，还需要50万套住房。1914年以前的建造速度是每年修建8万套，因此，需要付出巨大的努力来寻找劳动力。[45]更糟的是，砖头和木材严重短缺。

结果就是，在接下来的两年里，只建成了21.3万所房子，这导致了联合政府在1922年垮台。考虑到住房危机的严重程度，政府担心布尔什维克主义在英国的发展，并担心那些心怀不满的人容易被左翼学说吸引，尤其值得注意的是，劳合·乔治对选举期间所做的承诺表现出了漫不经心。

政府的另一个主要优先事项是恢复经济的正常化。金融管制开始放松。虽然英国在法律上从未脱离过金本位，但英格兰银行要求人们要“爱国”，不要用纸币兑换黄金。1919年，虽然战争结束了，但英国仍然没有恢复金本位制。不过，这将在1925年带来不幸的结果。英镑兑美元的汇率跌至1英镑兑3.5美元，从技术上讲，如果制造业能够利用这个优势，那么这本应给英国的出口带来好处。在战后经济繁荣（这种繁荣在1920年破灭）的初期，物价和工资都有所上涨。推动价格上涨的主要原因是政府实施了去年秋天的一些竞选承诺。虽然埃里克·戈德斯宣布了一项基础设施计划，以实现公路、铁路、码头和运河的现代化，但是，由于战时支 793

出的结束，在停战后的两年里，政府的总体支出大幅下降了75%。为了巩固在更加现代化的未来必不可少的行业之一，政府还着手使电力供应行业合理化，并规范电网的电压。

由于政府的工作量如此之大，现在不是继续审视劳合·乔治的做事方法的好时机。在竞选活动中，劳合·乔治曾信誓旦旦地承诺，要让这个国家适合英雄居住，并绞死德皇，但这一切已经开始困扰他。与鲍德温时期不同，劳合·乔治的很多同事都没有达到战前的标准，也就是公职人员的标准或接近公职人员的标准。由于劳合·乔治曾经涉嫌滥用授勋制度，这一点再次引起了人们的注意。5月28日，下院对一项动议进行了辩论，这项动议要求在以金钱交换荣誉方面保持透明。这项动议得到了所有人的支持，其中包括霍雷肖·博顿利。为了及时地让自己免于破产，博顿利筹集了3.4万英镑来参加大选。不久，他就主持了一场大规模的“胜利债券”骗局，利用公众的爱国主义精神，让他们拿出一大笔钱，他们原本以为这些钱将被投资于政府股票，但实际上却进了博顿利的口袋。三年后，他进了监狱。

该动议的提出者、陆军准将亨利·佩奇·克罗夫特（Henry Page Croft）说，“‘政客’这个称呼已经成为全国各地的耻辱之一”。[46]国民党——由一群托利党人组成，克罗夫特是成员之一，他决定不加入联合政府——规定，只有英国臣民才能向该党的基金捐款，而且捐款人的姓名应能够查阅。但是，除了吸引资金外，授勋制度还被用来安抚和哄骗议员，破坏他们的独立性。它改变了政治和政党制度的性质，因此也改变了议会民主的性质，而英国在一定程度上是为了议会民主而战。

令人尴尬的事实被写入了议会记录。克罗夫特说，上届议会的290名议员要么得到了头衔，要么得到了工作，要么得到了晋升。从劳合·乔治成为首相之日到1919年4月29日，共有155人获得世袭爵位，其中154人来自平民。一人来自战斗部队。在这154人中，有许多是议员或贵族，其他人是选区主席或支持者，这个制度的受益者是与至少14家全国性或地方性报纸和一家通讯社有联系的人。百 794
分之百的子爵爵位获得者是新闻从业人员，在获得从男爵爵位的人中，有20%的人是新闻从业人员。正如克罗夫特所说的那样，在那些献出生命的人和那些只说不做的人之间，差别是显而易见的。

在回应去年的上院辩论时，克罗夫特对“爵位获得者的品格”进行了毫不留情地批判。他说：

> 我听说，而且我想大家也都知道，在最近的授勋名单上，绅士们获得了头衔，然而，正派的人是不会让这些人进家门的。根据一份我并不完全赞同的最著名杂志的说法，其中有几个人会被伦敦的任何一个有声望的社交俱乐部拒之门外。在这方面，我听到了一个关于现任首相的令人吃惊的故事，这个故事可能不是真的。他的一个朋友对他说：“你难道不认为我们在这方面已经做得太过火了吗？”那位尊敬的先生回答道：“我亲爱的朋友，沃波尔并不比我好多少。”[47]

克罗夫特不明白，如果一个人认为他所支持的事业——无论是建立一家医院，还是组建一个政党——是正当的，那么他为什么要为自己的行为被人知道而感到羞耻呢？

克罗夫特将追踪劳合·乔治滥用授勋制度的行为，并且最终会在把他拉下马的过程中发挥作用。不过，他提到的对战士缺乏认可的情况很快便得到了纠正。在签署《凡尔赛条约》的前几天，丘吉尔提议奖励那些帮助取得胜利的人。黑格继续拒绝爵位，因为他觉得自己指挥的士兵受到了不公正的待遇。虽然他毫无疑问地真诚希望他的士兵先于他得到照顾，但作为政客的他拒绝爵位却是有着不可告人的动机，这不仅仅是因为，对他以前的下属和他们的家人来说，这样做是一个极好的公关举措。他忍不住记录道："我还注意到，当法国外交部长因无能被从法国的陆军司令部召回时，他竟然被授予子爵爵位！"斯坦福德汉告诉汉基，"国王身边的人都在叫嚷着要根据威灵顿公爵的先例向黑格授予公爵爵位，威灵顿公爵
795 的军队规模还不及黑格的十分之一哩"。[48]很显然，汉基对这种野心感到震惊，他回答说："我敢肯定劳合·乔治绝不会同意，我建议授予伯爵爵位。"他说，如果黑格成为公爵，那么贝蒂也会想成为公爵：斯坦福德汉认为这是行不通的，国王由此避免了与劳合·乔治发生冲突。

黑格最终同意接受伯爵爵位和 10 万英镑，普卢默将军和艾伦比将军将被任命为陆军元帅，并被授予男爵爵位和 3 万英镑，威尔逊也将被提升为陆军元帅，拜恩（Byng）将军和罗林森将军被授予男爵爵位和 3 万英镑。其他奖励的规模近一步缩减，例如向弗伦奇授予 5 万英镑，向不幸的罗伯逊仅授予从男爵爵位和 1 万英镑。这就是劳合·乔治对前帝国总参谋长的怨恨，他之所以给予奖励，很大程度上只是因为他担心如果不奖励罗伯逊，将会影响到军队的士气。另一位受益人是汉基，他获得了 2.5 万英镑。根据第一版《国家人物传记大辞典》（*Dictionary of National Biography*）的记载："他送给私人秘书一盒小雪茄。"[49]

三

自战争初期以来，政府就一直关注如何让士兵顺利回归平民生

活。1916年5月，托马斯·雅各布森（Thomas Jacobsen）——他是一位实业家和自由党议员——曾问阿斯奎斯是否会任命“一个委员会，以便考虑战争结束后将出现的雇用问题的总体立场，这个委员会将专门提出建议，从而广泛、全面地处理这个问题，也就是确保退役后回归平民生活的士兵获得适当的就业机会，以及确保在重新融入我们的经济体系之前的任何一段时间内，他们都不会遭受磨难”。[50]阿斯奎斯向他保证，这个问题“引起了政府的注意”。

鉴于1919年冬天的混乱局面，这个问题显然没有引起足够的关注。和平时期的第一个大丑闻是复员管理工作，自停战以来，政府在这方面几乎没有采取任何行动（尽管丘吉尔一再呼吁）。至今仍在服役的士兵可以在两个选择中任选一个：一种是继续服役到战争结束，届时将签署和平条约；另一种是服役到停战后的六个月，也就是1919年5月11日。到那时，如果没有出台进一步的立法，那么大部分军队将会解散。然而，大臣们私下承认他们并不急于遣 796
散军队。他们必须想出办法，如何处理数以百万计的军备人员和其他战争工人，这些人将加入一个劳动力泛滥的市场。[51]此外，英国还面临着将数百万人从以前的战区迁回家乡的挑战。与此同时，英国还要确保在法国留下足够的军队，以便执行停战协定的条款，并确保在停战协定崩溃时有足够的军队可用。这支军队本身就提出了一个问题，即谁应该在军队中服役，如果没有足够的志愿人员，鉴于战争被认为是已经结束了，那么强迫服役的做法是否仍然可以接受。就连那些获允复员的士兵也提出了一个问题：是先入伍的先复员，还是经济需求应优先于所有其他因素？尽管发展经济需要“重新启动”工业，而在这个过程中，获得资本所有者的真诚善意是至关重要的，但是，为了建立一个平静的战后社会，也许更好的办法是，先满足士兵的需求，再满足雇主的需求。然而，由于政治上的混乱（劳合·乔治首先关注的是选举，然后是凡尔赛和会，他没有采取什么措施来解决这个问题），这两个目标都没有得到适当实现。

工党曾在1917年1月的会议上讨论过复员问题，并强调了工会在帮助士兵重新融入工业领域方面所具有的重要性，以及创建新的劳工介绍所的重要性。工党曾建议可能需要800个劳工介绍所。现在，没有一个工党议员进入内阁，无法核查这些意图或者类似这些意图的想法是否得到了实施。然而，作为时任重建大臣的艾迪生在1918年1月24日宣布，复员机制已经就位，并制定了一项计划，如果归乡的士兵没有工作，就把他们分配到战后的重要行业。政府将首先遣散所谓的“重要人士”——那些拥有对英国重建至关重要的技能的人。[52]然而，这个计划在执行上存在很大的缺陷。

丘吉尔敦促劳合·乔治利用政府的资助从军工厂订购金属制品，就像他对铁路公司做的一样，铁路公司需要大规模的投资计划来更新它们长期被忽视的轨道和车辆。他认为迅速执行住房政策是至关重要的，完成农村电气化的计划也是如此。他还恳求首相让他
797 负责复员工作，因为重新部署在军火行业工作的庞大且可能难以控制的平民军队的过程非常重要，但是，在12月19日的战时内阁会议上，与会者同意让埃里克·戈德斯负责这项工作，他应当从“重新启动工业”的角度，而不是从让士兵离开军队的角度来履行职责。[53]戈德斯并不想担任这个职位，但他改变了主意，汉基认为这是因为劳合·乔治“用计哄骗”了他。[54]根据汉基的说法，丘吉尔对这个决定感到“愤怒并充满敌意”。[55]

对于这个看似缓慢且武断的制度，公众越来越感到愤怒，那些自愿参军、履行职责并希望回归正常生活的人也是如此。除了政府缺乏意愿来解决这个问题外，返乡士兵遇到的第一个障碍是法国北

部的铁路支离破碎，以及英国的铁路年久失修。更荒谬的是，许多可以被遣送回国的士兵在抵达英国后被关在营地里，而不是被从军队中释放出来。这是因为政府还没有就是否再次需要将他们用于军事目的做出最后的决定，或者在不需要他们的情况下，政府没有就遣散顺序做出决定。

在竞选期间，劳合·乔治曾轻率地承诺——尽管这可能导致独断专行——休假回家的士兵可以立即复员。现在，陆军委员会发布了一项命令，规定在休假期间，任何士兵都不得复员。1919 年 1 月 3 日，在福克斯顿和多佛的“休整营”中，1.2 万名士兵被要求重新登船前往法国，加入占领军。他们拒绝了，要求将假期延长一周。威尔逊非常生气：“整个复员工作都被劳合·乔治完全束缚住了手脚，他急于在最近的选举中获得选票，不断增加各种各样的权力来帮助遣散军队，而这是我们这些军人本来可以独自、毫不费力做到的事情。”[56]在法国等待的士兵有 225 万人，还有 20 万匹马，以及供所有士兵和马匹使用的补给，这带来了后勤方面的问题，而法国军队的不合作无助于解决这个问题。当丘吉尔走进陆军部时，军需总监驻伦敦的参谋告诉他，“福煦元帅和佩约特（Payot）将军都对目前身在法国的军需总监不友善”，他们尽可能少地提供帮助。[57]

很快，戈德斯就陷入了困境。这并不完全是他的错：那些突然遣散了之前雇用的工人的企业往往缺乏恢复生产所需的原材料，并 798
且缺乏运送货物的运输工具，因此在重新雇人方面进展缓慢。1918 年 12 月 29 日，他给劳合·乔治写信说：“工业并没有像人们预期的那样迅速吸收从战时工作转向和平工作的工人……这些行业并没有向企业提供指引，并倾向于依赖政府和屈从于填鸭式的喂养。”[58]复员过程进展缓慢，让那些想要回家的士兵非常恼火。在媾和后的头六个星期，只有4.2万名士兵复员，不到英国军队的1%。有14个政府部门参与了复员工作，这显示出官僚国家的庞大和戈德斯必须应付的问题。

1919年1月6日，威尔逊恳求米尔纳让劳合·乔治发布一份声明，声称战争还没有结束，士兵必须服从命令，否则军队很快就会不存在了。然而，与身边的一些人相比，劳合·乔治更加不擅长处理现实问题：而且他拒绝说战争还没有结束，尤其是因为他的选举胜利在一定程度上基于他已经赢得了战争这个荒谬的断言。1月7日，威尔逊和他讲道理，并吹嘘道："我把他吓坏了。"[59]尽管如此，劳合·乔治仍然没有发表声明。米尔纳把陆军部移交给丘吉尔，后者很快领会了米尔纳的意思，但遭到了首相的持续抵制。1919年1月8日，一支由1500名士兵组成的队伍从伦敦西北部的一个营地抵达唐宁街，询问劳合·乔治发生了什么事，他当时不在。很多士兵认为，政府把他们留下来，是为了与俄国的布尔什维克作战，鲜有人愿意看到这种情况。

戈德斯——他的声誉正处于危险之中——想让士兵们尽快脱下军装。出于职业惯性，他告诉政府帮助完成订单最迫切需要哪类人，于是政府开始制定计划，以便根据年龄和服役时间遣散士兵，而不是根据技能或职业，甚至军营进行复员。但是，在他能够改变任何事情之前——而且任何改变都需要黑格的合作——不满情绪成倍增加，报界也介入了。在停战后，丘吉尔（他现在是陆军大臣）便在他所期望的复员工作中扮演了一个角色，但是，他必须与戈德斯合作，而后者保留了对这项任务的全面控制权。1月15日，戈德斯给他写信，建议他们确定需要多少士兵来组建一支"过渡军
799 队"或占领军，并提议说他们应当根据"简单原则"来挑选士兵。他提议，"凡在1916年1月1日之后参军的、目前年龄在33岁以

下的士兵……都可以留在军队，其他所有人均可复员”。这个截止日期意味着这些人是根据《兵役法案》被征召入伍的，而不是自愿参军。[60]

和往常一样，丘吉尔决定在这件事情上采取主动，尽管他并不负有终极责任。他上任后的第一个想法就是完全停止复员，这表明他几乎不了解那些仍在服役的士兵及其家人的愤怒。1 月 19 日，他警告劳合·乔治说，陆军的纪律正在“腐烂”，因为它“在缺乏普通人认为的公平竞争的情况下三三两两地遣散官兵”。[61]在停战日，陆军的花名册上有 367 万名官兵。截至那时，已经有 1.34 万名军官和 63.1 万名士兵被遣散。[62]丘吉尔认为，在得到永不反悔的保证（即军队将不会不复存在，并且能够完成在签订停战协议和凡尔赛和约后要求他们从事的工作，也就是占领莱茵兰和清理西线）之前，将军们——在过去的几年里，他们已经习惯了政客们的两面派——不会配合复员工作。他发了一封电报，告诉劳合·乔治，“简要地说，这个计划包括遣散五分之四的士兵，并向剩下五分之一的士兵支付双倍的薪水，以便完成后面的工作。我对陆军的现状极为忧虑，我正在尽一切努力制定一份全面的计划，以供您批准”。[63]

1 月 10 日，也就是丘吉尔被任命的那天，威尔逊承认他收到了驻法指挥官发来的“不祥信件”，信中提到了“驻法军队的情绪”。[64]黑格就拖延复员对士气造成的影响向丘吉尔发出了类似的警告。这些陈述引起了陆军大臣的重新思考，并使他决定让驻法士兵的复员延迟不超过两年。在调到陆军部的一周后，丘吉尔进一步完善了他的想法，并建议遣散在 1916 年 1 月 1 日前入伍的所有士兵；这个想法的缺点是，最后被征召入伍的是那些具有高技能的人，他们最不可能被留下。如果要想在和平时期重新发展工业，那么应当召回这些工人，而不是将他们留在法国。

政府决定在莱茵兰部署一支占领军，它将由五个军团（每个
800 军团各有两个师）和一个骑兵师组成。对于丘吉尔不想立刻遣散的一些士兵来说，这让他们有了一个目标，但是，到1920年夏天，占领军的人数迅速减少，降到了1.4万人以下。无论如何，1916年1月1日以后入伍并且仍在服役的人数超过了160万，远远超过了所需的人数。政府同意立刻遣散40岁以上的士兵，并在劳工部的合作下，遣散对重启英国工业至关重要的人员。政府不会要求受伤两次以上的士兵留下，而且在属于上述类别的士兵中，无论如何只需要大约三分之二的人留下。自愿希望留下一年的士兵可以留下来。但是，他还建议，任何违反军纪的士兵，如果被发现有违抗命令的行为，将被排在退伍名单的最后。对于那些留下来的人，他们获得的好处是大幅增加薪资和获得更多的休假津贴。列兵的奖金是每周10先令6便士，上校及以上级别军官的奖金是每周42先令。丘吉尔知道，必须重建旧的正规军，与其说是为了本土防御，不如说是为了海外驻军，而这些奖金对于鼓励士兵们在军队里干一番事业而言是非常重要的。

然而，丘吉尔、罗伯特·霍恩（Robert Horne）爵士（劳工大臣）和戈德斯兄弟在没有咨询劳合·乔治的情况下制定了这个计划。他们也没有和财政大臣谈过，即使这会涉及大量财务因素。当听到有人提议在法国保留一支超过160万人的分遣队时，身在巴黎的首相勃然大怒，因为这可能会对军队本身产生影响，还因为这些计划的“奢侈”本质。他对丘吉尔说：“政府首脑几乎没有得到公平对待。这不是一个细节问题，而是一个头等政策问题……一开始就应当征求我的意见。”[66]

在劳合·乔治缺席的情况下，战时内阁可以讨论这些计划，但

不能做出决定。威尔逊（他被邀请出席会议）说，除非立刻制定出一个计划，否则将不会部署占领军。丘吉尔受到这个说法的鼓舞，1 月 16 日，他告诉寇松，军队人员“正在迅速流失，如果我们不小心，那么在未来的几个月，我们将发现我们没有了强有力的工具，而我们在欧洲的政策依赖这些工具”。[67]在爱尔兰，我们将不会有试图维持和平的士兵，不会有皇家驻军，也不会有名副其实的正规军。鉴于此，战时内阁受到了威胁，“不情愿地”同意了丘吉尔和威尔逊的提议。[68]张伯伦对费用感到“非常害怕”，劳竭尽全力 801
不允许做出决定，因此当汉基不在巴黎时，他没有要求秘书做会议记录。

还有其他推动因素引发了复员的呼声。1 月中旬，大约有 5000 名士兵被关在南安普顿等待遣散，至少他们是这样被告知的。后来，他们听说自己将被遣送回法国去参加占领军，于是发生了叛乱。他们占领了部分码头，把总部设在一个大的海关仓库里，并拒绝服从命令。罗伯逊是本土防卫军的指挥官，他要求目睹了法国军队兵变的特伦查德平息这场企图实施的叛乱。这位名义上负责管理这些士兵的军官被证明是无能的。特伦查德试着讲道理，他把士兵们召集起来，并告诉他们，政府会倾听他们的不满，但只有在他们服从军纪之后。他们起哄推搡他，他几乎被撞倒。

他放弃了讲道理的做法，认为只有武力威胁才能解决问题。他要求调来 250 名士兵和宪兵，这促使南方司令部的指挥官告诉他，他不能射杀叛乱分子。特伦查德回答说，他只是在告知自己的打算，而不是征求同意。这支部队获得了弹药并包围了海关仓库；特伦查德命令他们把自己武装起来。他要求叛乱分子投降，结果招来一名中士对他破口大骂。宪兵逮捕了这名中士，其他叛乱分子投降了。在码头的其他地方，有一些人不愿投降，在部队用消防软管向他们喷射冰冷的水后，他们也投降了。特伦查德亲自和很多人进行了面谈，并有条件地释放了愿意返回法国的士兵。但是，当得知特伦查德在军队的拟议用途上欺骗了他们时，他们感到震惊，这进一步表明了处理过程的无能。

在米尔纳的支持下，戈德斯行使了他的职权，开始成组地遣散士兵。到 1 月 28 日，戈德斯每天遣散 3.5 万名士兵，速度之快，以至于政府开始担心，在缔结和约之前，估计需要 115 万名士兵，而按照这个速度的话，届时军队的人数将会太少。丘吉尔很生气，因为戈德斯向陆军部提交的统计数据大部分是错误的，有时甚至存在巨大的错误。陆军部被告知，停战时，在册的军官有 55.8 万人，结果是 17 万人，实际上有 335 万名士官和其他军衔的军士，而不是戈德斯的办公室声称的 535 万人。[69]当丘吉尔了解到真实的数字时，他极力想要减缓遣散的速度，却忽略了这对士气造成的影响。黑格也担心军队正在"消失"，很快就会没有足够的人手来组建一支像样的占领军——这可能意味着"德国人能够谈判出另一种和约"。[70]然而，政府在选举中承诺结束强制服役，这意味着它不能强迫士兵加入占领军。丘吉尔只遣散"重要人士"的计划也引起了争议，许多长时间服役的非重要人士认为这是不公平的。

802

丘吉尔和威尔逊前往巴黎，见到了劳合·乔治。[71]他们说服他，让他几乎全盘接受他们的计划。在获悉这个情况后，劳给劳合·乔治写信，对在这个时候宣布将这么多士兵留在军队表示担忧，这需要议会通过新的法案。劳认为可以从志愿留下的士兵中募集到所需的人数，丘吉尔对此表示怀疑，并希望政府从一开始就对议会和公众坦诚。黑格向威尔逊保证，对于那些留下来的士兵，政府将宣布大幅加薪，以此解决他们的纪律问题。丘吉尔敦促劳合·乔治不要让劳的"莫名恐惧""麻痹了必要的行动"。[72]

丘吉尔终于获得了战时内阁的批准，他仔细地向诺思克利夫做了简报——“我请求你竭尽全力来推进必要的措施”。1 月 28 日，他减慢了遣散速度，只允许遣散 37 岁以上和军衔为下士或以上的士兵。其余的士兵被告知，当相关行业需要他们的技能时，他们才会被遣散。[73]戈德斯——此时，丘吉尔已经打败了他——把自己的职责交给了弟弟奥克兰，而他自己成立了一个新的委员会，对英国的交通基础设施进行全面改革，他的经验使他更适合做这件事。诺思克利夫命令编辑们支持丘吉尔的建议，并向身在法国的士兵分发了 20 万份称赞这个计划的《每日邮报》。[74]

那些曾经拒绝当兵的人也在焦急地等待着与其命运有关的消息。1919 年 2 月下旬，仍有 1500 名出于良心而拒服兵役者被关在监狱，其中许多人是连续服刑。1 月 1 日，支持战争的著名公众人物提出请愿书，声称继续监禁这些人没有任何用处，政府对此置之 803
不理。在签署请愿书的人中，有三位是前任大法官——洛雷本、霍尔丹和巴克马斯特——还有其他前大臣，包括克鲁、莫莱和布莱斯。一些议员请求立刻免除那些已服刑人士的军事义务；但政府拒绝了，因为此时政府仍在动员那些曾为国王和国家而战的人加入占领军。支持被监禁的和平主义者的人士（例如约西亚·韦奇伍德）对这个论点进行了嘲笑。3 月 5 日，他对下院说道，“我敢说，这种做法不会得到军队中任何普通士兵的支持。继续监禁那些已经在监狱里待了两年半的人，不是英国士兵希望政府为他们做的事情”。[75]他说，他们出于良心而拒服兵役，他们的真诚毋庸置疑，因为他们一再因为拒绝战斗而被送进监狱，而且许多人被关了两年半。他对一些绝食抗议的人被强制喂食感到愤怒，并指责医务人员“冷酷无情”，使用了“最大限度的武力和暴力”。[76]

他声称，旺兹沃斯监狱的新任监狱长大声喊道：“我才不想让这些臭狱警和那些‘值得尊敬的人’混在一起。”[77]有一名囚犯是贵格会教徒，他冷嘲热讽地向监狱长表示感谢，于是他被戴上了镣铐；监狱长称其他人为“血淋淋的猪”，并威胁只给他们吃面包和水。韦奇伍德声称，“许多出于良心而拒服兵役的人已经死了，还有更多的人已经疯了，在20世纪的英国，我们还要容忍一个在监狱里折磨人并把他们逼疯的内政大臣和监狱长吗?”[78]唐纳德·麦克林（Donald Maclean）爵士是追随阿斯奎斯的自由党人的领袖，他支持韦奇伍德，指责政府没有为这些人安排非战斗性的国民服务工作——就像那些被惯坏的人在位于嘉辛顿的莫雷尔夫妇的农场里所做的那样。那些有关系的出于良心而拒服兵役者有时能够比较轻松地应付战争，他们的命运与那些人的命运有很大差别，后者往往更真诚地决心不去夺取生命，并被赋予了更大的勇气，每次他们拒绝战斗时，都被一再判处监禁。

内政大臣肖特说，如果监狱里的人自愿从事战争工作，那么他们可以马上离开监狱。但是，一些人甚至拒绝前往比利时帮助修复
804 战争造成的破坏。他说，旺兹沃斯监狱长的行为受到了调查，但监狱长否认了一切。然而，肖特不得不承认，这不是一项独立的调查，而是由内政部官员进行的调查。他还否认所有相关人员都信奉宗教，声称“我自己也收到过出于良心而拒服兵役者的来信，他们的品格可能是最高尚的，他们否认关在同一所监狱里的人与宗教有任何联系，因为从这些人的行为和他们是什么样的人中可以看出来”。[79]

下院反对肖特，他遭到了厉声呵斥。他辩解说，在复员前，这些人都要服从军纪，而且在那些同意战斗的士兵复员前，是无法释放这些人的，这种说法没能打动任何人。休·塞西尔勋爵要求修改法律，以便释放这些人，但肖特拒绝考虑。他认为，所有这些人希

望接受的是“政府的绝对投降”。他声称，即使出于良心而拒服兵役者由于健康原因被释放（有些人已经被释放），也会激怒等待复员的士兵及其家人。政府试图避免进一步激怒不稳定的公民，因此，政府很有可能出台平民主义政策，而非常识性政策。然而，政府实在是太尴尬了，以至于它宣布由阿尔比恩·理查森（Albion Richardson）爵士进行独立调查。理查森是一名自由党议员和律师，他曾担任伦敦郡审理出于良心而拒服兵役者的上诉法庭的庭长。

4 月 3 日，上院就这个问题进行了辩论。自由党的政要们通常带头要求释放和平主义者，现在，兰斯多恩也表示支持。政府已经没有争论的余地了，那天早上，在讨论这个问题时，战时内阁意识到了这一点。于是，皮尔子爵代表政府宣布，“政府决定，凡是被视作士兵并被关在监狱里的人，现在就应从军队里释放出来，凡是在监狱里总共服过两年刑或两年以上刑期的人，不管是出于良心而拒服兵役者还是其他人士，都应从监狱里释放出来”。[80]在“绝对主义者”中，有 71 人因疾病、强迫进食或虐待而死在了监狱里。当“绝对主义者”被释放时，战时内阁一致认为，“向因此被释放的人给予失业救济金是不可取的”。[81]

然而，士兵们并没有因为政府同情“出于良心而拒服兵役者”而感到愤愤不平。1 月底，在格拉斯哥发生骚乱的时候，士兵们因为对复员工作进展缓慢和营地的恶劣条件感到愤怒，在加来发起兵变。引发这场兵变的最终导火索是，一名列兵因为发表了被认为是 805
具有煽动性的讲话而被逮捕，他的同志们揭竿而起，把他从监狱里救了出来。3 月 4 日至 5 日，加拿大军队在位于北威尔士吉梅尔公园的疏散营发生骚乱，原因是船舰短缺，延误了他们的复员，他们被告知要在那里待上几天（他们已经在那里待了几个星期）。那些没有参加过战斗的士兵被遣送回家，而那些参加过战斗的士兵却被告知要等待，这使情况更加糟糕。骚乱于4日晚上9点30分开始，据报道，就在洗劫军官的住所以寻找酒饮之前，有人喊了一声“来吧，布尔什维克”。[82]接着，商店里的香烟和雪茄被洗劫一空。

这些士兵闯入食堂女员工的宿舍，偷走了她们的工作服，结果发生了离奇古怪的事情。第二天，一些骚乱者装扮成女人在营地游行。随后，他们抢劫了一辆载有40多桶啤酒的啤酒车，之后发生了枪击事件。由于担心大约600名士兵（他们是营地内1.7万名士兵中的骚乱者）可能会进入附近的里尔镇（Rhyl）去搞破坏，政府便派军队去镇压叛乱。这最终造成5人死亡，28人受伤，随后有25人被判犯有叛乱罪。这没能阻止加拿大士兵于6月17日在埃普索姆再次发生骚乱，骚乱的起因是两名同胞因酗酒和扰乱治安被捕。据估计，来自附近康复营的400名到500名士兵冲进镇上的警察局，拆毁了外面的铁栏杆，向窗户扔砖头，并砸坏了门。他们释放了一名囚犯，警方担心自身的生命安全，于是释放了另一名囚犯。大多数警察都受了伤，其中一个叫格林（Green）的警官受伤而死。在解放了他们的同志后，士兵们回到了营地。这个事件激起了加拿大最高司令部的愤怒和悔悟：超过1000人参加了格林的葬礼，并成立了一个由罗斯伯里领导的基金会，旨在供养格林的妻子和孩子。

事实证明，对于那些设法脱下军装的人来说，政府无力引导他们去做有用的工作。政府声称，在1919年的冬天，有报道称，两周前在霍洛威劳工介绍所报道的3887名男子中，有57%是退伍军人，它对此感到震惊。情况没有迅速好转。在5月的最后一个星期，有1万名至1.5万名退伍军人在威斯敏斯特游行示威，以引起
806 政府对大量失业士兵的关注，尤其是众多没有工作的残疾退伍军

人。政府承诺建立适合残疾士兵的轻型制造工厂，但是，就像制定士兵训练计划的承诺一样，或者像确保为士兵们保留工作的承诺一样，这个承诺也没有兑现。

四

士兵们的骚乱也反映在了工业领域。随着战争的结束，对缺乏爱国主义进行的指责已成了过去的事情。1919 年冬天，一个接一个的行业开始罢工。乔治·兰斯伯里是支持社会党人的《每日先驱报》的编辑，也是未来的工党领袖。1917 年，他曾利用《每日先驱报》对俄国革命表示欢迎；1920 年，他在俄国成为列宁和其他布尔什维克领导人的贵宾。在新政府上台时，他写道：

> 我看到，在我国的每一个工业中心，越来越多的男人和女人变得充满愤怒和仇恨，开始过着懒惰和无知的寄生生活。我看到，那些依靠苦力工人的劳动过活的阶级一天比一天富裕，一天比一天肥胖。我看到，那些有钱有势的阶级从事臭名昭著的勾当，这些勾当驱使着那些工人在贫困的泥沼中越陷越深——他们在物质上和精神上都很贫穷。在这一切之上，是另一场早期战争的幽灵，它将再次唤起人类能够承受的所有痛苦和仇恨。[83]

他不只是为自己说话。

就在重建工作变得迫在眉睫的时候，人们担心会发生大罢工，并呼吁组建一支志愿部队，以便在发生大罢工——就像后来在1926 年 5 月发生的大罢工一样——时维持国家运转。2 月初，伦敦地铁公司（London Underground）发生了最具破坏性的劳工纠纷，导致伦敦陷入瘫痪。另一方面，克莱德、伦敦和贝尔法斯特的造船工人也进行了罢工，工程师和电工也加入了罢工的队伍，即使每个行业都建立了自己的惠特利委员会，大多数纠纷都是关于将工作时间减少到每周 40 小时。政府开始为食物短缺做准备，如同德国 U 艇大战还在继续一样。深冬时节，甚至在南威尔士的铁路和造船厂
807 工人威胁进行罢工（矿工们声援这场罢工）之前，煤炭就已经很匮乏了。苏格兰的矿工单独举行了罢工，他们要求每周工作 30 小时，工资为 5 英镑。甚至连旅馆员工也进行了罢工，他们要求每天工作 8 小时，伦敦的发电站也面临着被关闭的威胁。这促使政府表示，根据《保卫王国法案》，电工罢工是一种违法行为，将被处以 100 英镑的罚款和 6 个月的监禁。然而，张伯伦敏锐地指出："不幸的是，近年来，人们越来越依赖政府，把它作为劳资纠纷的最终仲裁者。"他说，这导致劳资双方都坚持认为政府会进行干预：但是，这也把政府拖进了一个具有潜在破坏性的领域。

到目前为止，最严重的骚乱发生在格拉斯哥，起因是人们对工作时间的抱怨——他们也要求每周工作 40 小时——和租金水平。在骚乱的背后，有一个激进的左翼组织，他们极力支持俄国革命，被当权派视为不顾一切地想要进行阶级斗争。抗议持续了数天，警示战时内阁可能需要采取坚定的行动。一向好斗的丘吉尔建议说："我们应当等到一些明显的过分行为出现后再行动，"不过，他已经准备好调遣军队。[84]第二天发生了交战，也就是 1 月 31 日的"乔治广场之战"。群众在位于广场的市政厅前举行了集会，他们被告知，政府无意接受罢工委员会的要求，也无意介入他们与雇主之间的纠纷。罢工者向警察扔瓶子，郡长宣读了《取缔暴动法》，他被乱飞的玻璃击中，站在他旁边的警察局长被一个瓶子打中，骑警和

巡警向暴徒发起攻击。

两名罢工领导人因煽动暴乱而被捕。其中一位是威利·加拉赫，他曾在战争期间领导克莱德赛德的公会代表运动，并因违反《保卫王国法案》而被判入狱。加拉赫带头呼吁每周工作40小时，这不仅仅是为了帮助缓解因为士兵从战场上归来而造成的失业，还因为他有着更广泛、更具战略性的目标，正如他自1921年加入共产党后所展示的那样。为了恢复秩序，他和他的同志大卫·柯克伍德获准向人群发表讲话，并敦促他们前往该市的传统集会地点格拉斯哥绿地；他们这样做了，但是更多的骚乱爆发了，电车被推翻， 808
紧接着警察用警棍袭击暴乱分子。商店被捣毁，并被洗劫一空。夜幕降临时，成群的年轻人在街上游荡。罢工者的三号领袖伊曼纽尔·欣维尔（Emmanuel Shinwell）也被逮捕。欣维尔后来成为艾德礼内阁的一员，并因操纵政策、无视他所谓的统治阶级而臭名昭著。他最终进入了上院，柯克伍德也进入了上院。

当德国明显处于将被布尔什维克接管的边缘时，英国当局再也无法漠然视之了。第二天，数千名头戴钢盔的士兵挤满了格拉斯哥的街道。为了直面这个挑战，罢工者——虽然他们不鼓励发生更多的骚乱——承诺将在整个苏格兰展开行动。罢工委员会声称，克莱德有10万人罢工，但由于受到了恐吓以及到处都是罢工纠察员，人们对愿意罢工的人数产生了怀疑。根据《泰晤士报》的报道，在接下来的日子里，“佩戴刺刀的士兵继续守卫着火车站、邮局、发电站和其他容易受到攻击的地方，成排的穿着苏格兰短裙的士兵在风笛手的带领下，游行穿过街道，旨在提醒不满者，当局已准备好应付试图挑起骚乱的任何做法”。[85]由于担心发生暴乱，五辆坦克于2月3日抵达格拉斯哥。在谈到罢工者时，《泰晤士报》说，“他们尽了最大努力来阻止我们赢得这场战争，但失败了。现在，他们正在密谋阻止我们建立公正、持久的和平。”[86]柯克伍德被无罪开释，但加拉赫和欣维尔被判入狱五个月。

有人认为，虽然较为极端的工党议员在选举中失去了席位，但是，这让在阿斯奎斯缺席期间成为反对党领袖的唐纳德·麦克林爵士感到担忧，他担心持不同意见的人将在议会外找到一个新的根据地——就像在格拉斯哥发生的那样。2月17日，他告诉下院，“任何读过报纸的人都知道外面发生了什么，国外出现了危险的主义——而且下院的权威遭到了蓄意攻击”。[87]

国王在议会的开幕式上发表讲话，内容包括承诺筹集重建资金和偿还因战争导致的债务。这里摘录了关键的一段：

> 必须迅速采取全面的行动，以便鼓励实现改善社会秩序的
> 809 愿望，在经历了战争后，这个愿望在我国人民的心中激荡。战前，我们的土地上存在着贫困、失业、住房不足和许多可以补救的弊病，这些弊病因为不团结而变得愈发严重。但是，自从战争爆发以来，各党派、各阶级为了一个伟大的理想共同努力和奋斗。在实现这个共同目标的过程中，他们表现出了团结和自我牺牲的精神，这种精神使这个国家崇高起来，并使它能够在取得胜利的过程中充分发挥作用。然而，战争造成的破坏和损耗还没有得到修复。如果我们要弥补这些损失，建设一个更加美好的英国，那么我们必须继续展现这种精神。我们必须不惜牺牲任何利益或偏见，以便消除不应遭受的贫困，减少失业，减轻失业造成的痛苦，提供像样的住房，改善国民健康，以及提高整个社会的福利水平。过分温柔地对待公认的弊端是不能达到这个目标的，它必然会受到暴力、甚至骚乱的阻碍。只有通过耐心和不懈的决心，我们才能贯彻必要的立法和行政

行动。现在，我请求你们支持的正是这种坚决的行动。[88]

难怪政府不仅请求停止暴力，还请求避免“骚乱”。格拉斯哥的骚乱刚刚结束，一场天然气和电力工人的罢工就使贝尔法斯特陷入了瘫痪，而且伦敦地铁公司的罢工也开始了。战时内阁的会议比战争时期开得还要久，因为它试图面对英国经济面临的众多威胁。正是由于这类危机感，2 月 12 日，它确定取消审查制度“还为时过早”。[89]当月，铁路工人、矿工和运输工人再次重申了三方联盟，这是对工人阶级运动在选举中争取到的可怜的议会代表权所做出的自然而然的反应。在 1910 ~ 1913 年，三方联盟曾数次几乎让这个国家陷入瘫痪。矿工们把战后的解决办法和政府的新任务视为一个机会，以便在新的基础上确立自己的地位，而且他们希望通过三方联盟的罢工威胁来实现他们的目标。

全国铁路工会的秘书 J. H. 托马斯——他不喜欢这种做法（尽 810
管他的工会后来在 1919 年 9 月举行罢工）——告诉劳合·乔治：“麻烦在于，他们试图在五分钟内纠正一个世纪的不满，并且他们不会给你五分半钟。”[90]战前，铁路公司的工资开支是每年 5000 万英镑，这个数字已经上升到了 1.1 亿英镑，如果新的需求得到满足，那么工资开支将达到 1.51 亿英镑。[91]铁路工人决心把战争年代获得的临时收入变成固定工资，而政府却不接受。意识到需要安抚矿工，政府成立了一个委员会，讨论将煤矿收归国有。然而，这需要另一场战争才能实现。

3 月，在委员会进行报告之前，矿工和铁路工人举行了罢工。除了缩短工作时间以外，矿工们还希望为努力找工作的复员同事和因退伍军人返乡而被取代的人士提供非常优惠的失业津贴。铁路工人则要求增加工资。2 月 9 日，丘吉尔告诉威尔逊，劳合·乔治已经预料到了这种情况，这将导致“在政府和布尔什维克之间进行一场实力较量”。[92]当挑战来临时，劳合·乔治告诉战时内阁，由于战时的国有化仍然有效，“矿工和铁路工人都不是雇主的雇员，而是国家的雇员……罢工将对国家不利……国家必须获胜，为了这个目的，国家必须使用其所有权力，否则这个国家的政府将终结”。[93]他仍然准备在必要时利用《保卫王国法案》来对付罢工领导人。尽管劳合·乔治穷尽雄辩之才，尽管政府曾经因为不慎而吃亏，但政府还是尽力置身事外。

2 月 12 日，战时内阁讨论了一项计划，以便在大罢工的情况下分发食物，并派军队进入，以保持港口畅通。这是在讨论是否要增援米尔纳去年派往俄国北部的 1.4 万名英国和帝国的士兵，以及是否对布尔什维克发动攻击的背景下进行的，这是对英国工人阶级运动的高度挑衅。丘吉尔想要全面开战，劳合·乔治和战时内阁却不想——不是因为后勤或人力方面的原因，而是因为害怕激怒有组织的劳工。

考虑到这些因素，在对国王的演讲发表评论时，劳合·乔治说，过去几年，英国的经济状况比人们记忆中的要好。实际工资上
811 涨了，没有失业，没有战前那种规模的贫困，也没有痛苦。至少可以说这种说法非常不诚实，是他扭曲事实的典型表现，在他以压倒性优势赢得选举后，他在这方面做得比以往更加无情。然而，他明白，对失业的“真正恐惧”目前正在甚嚣尘上，“工人阶级受教育程度越高，他们对这些社会状况的不满就越深、越强烈”——他指的是不平等，这种不平等体现在许多劳动人民生活在非常拥挤的环境中，加剧了战败的欧洲国家的动荡不安，但在一个已经取得胜利的国家，这种不平等也不是不可能的。[94]1 月 16 日的官方数据显示，有 53.7 万名男性和 43 万名女性领取了失业救济金。[95]失业者有

时会得到工作，这些工作的报酬低于他们的失业救济金，如果他们拒绝接受这些工作，那么他们的救济金就会被切断。

随着春天的临近，工业形势没有任何改善的迹象。3 月中旬，在南威尔士和诺丁汉郡，大约有 5 万名矿工举行罢工，并启动了三方联盟。令人高兴的是，拟议举行的大罢工的威胁在没有发生对抗的情况下消退了。在如此动荡的时期，很难预测罢工将会造成怎样的后果，尤其是因为警察也威胁要再次举行罢工。苏格兰的骚乱情况尤其严重，那里的警察看到政府用钱安抚激进的军火工人，他们希望类似的事情也能发生在自己的身上。同月，战时内阁拒绝承认伦敦警察厅的工会，因为警察厅的总监告诉他们，他无法管理一支加入了工会的队伍。[96]更加火上浇油的是，职业罪犯退伍返乡，以及受过军事训练的人进入社会，加速了犯罪率的上升，这些人忍受了多年的危险和困难，认为通过偷窃来改善生活不会让他们遭受什么损失。为了让人们打起精神，战时内阁批准了提高啤酒产量的建议，但不会降低啤酒的酒精含量（事实上，当时人们对啤酒的质量非常不满，以至于战时内阁建议提高啤酒的酒精含量），也不会提高啤酒的价格，并且将向因士兵返乡导致人口增加的地区提供更多的物资。

加紧酿造啤酒并不能满意地解决这个国家所面临的因工人们的不安而引发的问题。劳合·乔治知道，对劳资关系的担忧将会阻碍商业活动的重启，此类重启对于防止失业而言是必需的，并且建立信心也是至关重要的。不过，他也意识到，生产成本的增加——由 812
过高的加薪要求所导致——将破坏竞争力，并将使人们失去工作。在劳工运动中，人们认为有些具体的不满根本没有得到解决。例如，出于人道主义原因，矿工们希望轮班 6 小时，而不是 8 小时。他们还想修改《最低工资法》——该法案是由阿斯奎斯在大动荡期间不顾他的反干涉主义信仰而颁布——以便更多地考虑到每类矿工的平均工资。[97]工党认为，停工是由于资方拒绝进行适当谈判而引起，而且，它用工会的口吻威胁说，“罢工”政策将继续下去，直到合理的要求得到承认时为止。[97]

当政府开始尽其所能地重建私营企业，出售其在战争期间建造或接管的造船厂和工厂时，这招致了工党的怨愤。面对着显露出来的资本主义态势，工党向政府和公众陈述了动乱的原因。增加股息的公告激怒了工人，这些事件在停战后即刻引起了劳工骚乱和阶级对立。由于开工时间短，只有两年，兰开夏郡棉花行业的实际工资处于历史低位，但投资者的资本回报率却上升了45%。[98]还出现了谋取暴利的案例，就连征收超额利润税也无法平息人们的情绪。那些被曝光的事件被认为是冰山一角，有谣言说整个资产阶级都在大肆敛财，而工人们却在苦苦挣扎。

工党寻求对土地、矿山和铁路进行国有化，这“不是一种社会主义思想，而是针对商人的一个直率的商业建议”，根据工党中任期最长的议员威廉·布雷斯（William Brace）的说法，这样的政策将把投机产业转变为可靠的投资。[99]布雷斯承认布尔什维克是国家的敌人，但他相信牟取暴利者也是危险的。在如此动荡的时期，他的说法一点儿也不夸张。“我想对雇主们说”，他总结道，“要认识到局势的变化，要认识到工人阶级将不再被视为‘砍柴挑水的人’”。[100]

一些普通工会成员对他们较为温和的领导人不屑一顾，转而拥护布尔什维克主义，这引起了极大的不安。很显然，克鲁害怕发生
813 革命，在3月4日的上院辩论中，他试图找到与劳动阶级的共同点：“工人们真的希望从资本家的前景中消除冒险和好运的所有要素吗？也许，在某种程度上，他们可以这样做，而且即使他们这样

做了，人们也不会感到惊讶，因为随着工业在这个国家的继续发展，那些要素都成了资本家的专有财产。”他认为，应该更广泛地与工人共享资本主义的成果，而不是终结资本主义，这并不是一个很超前的观点。共享利润的公司从 19 世纪就开始存在，并在战前开始激增。其他类似的倡议将在未来的工业冲突、大罢工和其他事件中产生。尽管大选前丘吉尔在他的选区敦提发表讲话，暗示说铁路国有化将成为政府的政策，但社会主义政策没有得到大臣们的支持。很显然，丘吉尔随口说出的这些话引起了铁路公司和工会的极大恐慌，因为他们都没有意识到这样的想法已经浮现在大臣们的脑海中——丘吉尔的同僚们也对这个建议感到震惊。

工会希望达成和解并进行谈判，政府提出了强制仲裁的想法。然而，它对这个想法缺乏足够的信心，以至于无法在国王的演讲中提出相关建议。相反，劳合·乔治含糊其辞地呼吁“社会各阶层具备常识，以便使这个伟大的国家凭借过去五年的牺牲以及英雄主义和坚韧不拔的精神所赢得的胜利，不会在几个星期的疯狂斗争中被肆意地挥霍殆尽”。[101]

这场骚乱的真正责任落在了存续下来的追随阿斯奎斯的自由党人的身上。正如阿克兰在同一场辩论中所说的那样，劳合·乔治举行了一场“耍噱头”的竞选活动。通过使用联票，他竭尽所能阻止工党议员参选，因为他们的当选将让男女工人在议会中有发言权；并且在大选前夕，他对工党及其领导人进行了“猛烈抨击”。[102]阿克兰还对劳合·乔治实行的限制航运可用性的政策进行了抨击，该政策减少了进口，实行了一种保护主义，使国内价格——尤其是食物价格——上涨。鉴于首相在就国王的演讲进行的辩论中要求推动出口，这个举动显得非常虚伪。阿克兰认为，采取保护主义立场的另一个原因是，政府为了应对战争，预先 814

购买了大量的商品，并且不希望造成损失——只有通过抑制自由贸易才能避免损失。尽管政府对经济和工业事务管理不善，尽管英国社会高度动荡，但布尔什维克主义在英国没有立足之地。

到了签订《凡尔赛和约》的时候，已有 80% 的士兵复员，而且许多人很快便开始工作，尤其是在妇女回归家庭后。退伍军人协会要求政府在其劳动力中为残疾男子设立 5% 的配额，并启动一项全国计划，要求私营雇主也这样做。[103]退伍军人协会表示，他们认为除非采取措施，否则其成员中的“极端分子”准备诉诸暴力抗议，这让劳工大臣霍恩感到担忧。他们还希望在可行的情况下由退伍军人接替妇女，并希望劳工介绍所在提供工作时优先考虑退伍军人，特别是残疾军人。政府认可这种新的优先次序，并意识到这样的政策需要工会的支持，但又不太可能获得支持。工会无法接受解雇一个健康的人，让一个残疾人来取代他。退伍军人协会要求觐见国王，国王感到很尴尬，并向霍恩暗示，他打算只对雇用了 5% 的退伍残疾军人的公司授予皇家认证。

对于让女性离职，战时内阁没有什么顾虑：“很多在政府中工作的女性根本不需要这种形式的收入，而且很多女性已经结婚，她们的丈夫可以养活她们。”霍恩说道。他兑现了自己的诺言。到了 1921 年，有工作的妇女比 1914 年还要少。不过，4 月的时候，有人试图在下院提出《妇女解放法》（Women’s Emancipation Bill），以便允许妇女取得专业资格，并根据一样的条件在民事和司法部门任职，例如担任公务员和地方行政长官。该法案还将允许女性进入上院，就像她们现在可以进入下院一样——有少数女性获得世袭贵族身份，并且可以为女性创建其他贵族头衔。不过，该法案还将使年满 21 周岁的女性获得选举权，就像男性那样。该法案遭到了否决，但它的大部分条款在几年内出台——尽管直到 1958 年女性才进入上院。正如提出该法案的保守党议员威廉·亚当森所说的那样：“在重建世界的伟大时期，男性和女性必须在前所未有的平等条件下共同面对未来。因此，在我看来，下院有责任采取必要的措施，消除仍然阻碍该国妇女前进的障碍。”[104]还有人要求下院讨论法律职业是否应当接纳女性，就像19世纪晚期的医生职业一样。当时的气氛很明朗。 815

五

就在一轮敌对行动停止时，另一轮敌对行动重新燃起。1918年12月19日，爱尔兰共和军试图暗杀总督弗伦奇*；1919年1月21日，上个月当选的新芬党议员——获释的他们（有36人被监禁）拒绝出席英国下院，公开拒绝承认帝国议会对爱尔兰的权威——在都柏林市政大厦召开了第一届爱尔兰议会。这座大厦刚刚被用作午餐提供场所，以便欢迎皇家都柏林明火枪团的400名被遣返的囚犯回家，周围的建筑物都挂着英国国旗。他们获得了大量选票，议员们宣布成立爱尔兰共和国，并宣布爱尔兰和英国处于战争状态。为了证明这一点，当天，蒂珀雷里第三旅的志愿军在蒂珀雷里的索勒黑德贝镇（Soloheadbeg）杀死了守卫一批炸药的皇家爱尔兰警队的两名警察（这个行动没有获得新芬党领导的批准），引发了持续三年多的日趋严峻的暴力、破坏和流血事件。

霍尔丹一直待在爱尔兰，弗伦奇就未来的道路向他征求意见：霍尔丹的想法是向爱尔兰给予自治领地位，同时与爱尔兰达成慷慨

---

* 1918年12月19日，弗伦奇的汽车被一群枪手阻截，遭到了几轮手枪子弹的狂射。弗伦奇本人没有受伤，1名刺客被击毙，1名保镖受伤。——译注

的财政解决方案。然而，当索勒黑德贝镇的谋杀案发生时，他刚刚回到英国本土，这促使弗伦奇给他写信说："我们有必要宣布整个爱尔兰为军事区……新芬党领导人无法控制自己的人民……目前的形势阻碍了我们朝着所希望的方向取得任何进一步的进展。"[105]霍尔丹认为弗伦奇的反应"很愚蠢"。在接下来的几个月里，几名新芬党议员因为煽动叛乱或非法集会遭到逮捕，他们不是被送上军事
816 法庭，就是被带到常驻治安法官那里，然后被送进监狱，通常被关押两到三年。制定一个连贯的爱尔兰政策似乎是不可能的，把共和派人士关起来是政府所能想到的唯一办法，而且政府每次采取这样的行动都使得爱尔兰民众对英国的态度变得更加强硬。

对于建立共和国的宣言，英国的反应是既惊讶又嘲笑。但是，共和党人并没有轻率行事。《纽约时报》的记者注意到，在市政大厦里挤满了观看这个活动的人群，其中有"相当多的牧师"。天主教会现在大力支持新芬党，虽然不是官方支持。[106]在竞选活动中，新芬党的计划没有具体说明如何将英国驱逐出爱尔兰，而公众对谋杀案的反应表明他们不会支持暴力。死去的皇家爱尔兰警队的两名警察都来自当地家庭，而且都很受欢迎，谋杀案在爱尔兰人中引起了极大不安。

当时，这些志愿军——从那时起，他们有了一个新名字，即爱尔兰共和军——只攻击皇家爱尔兰警队的警察。不久后，他们把攻击目标转向英国士兵。在市政大厦召开的会议呼吁全世界的自由国家承认和支持爱尔兰共和国，并要求"外国驻军"撤离爱尔兰。新的议会宣称，只有它才有权为爱尔兰制定法律，只有它才能公正地接受爱尔兰人民的效忠。于是，一场独立战争开始了，并一直持续到了 1921 年 7 月。

1919 年 2 月 4 日，德·瓦莱拉（警方在通缉令中将他描述为

“35 岁，是一名教授，身高 6 英尺 3 英寸，穿着便服”）和另外两个人——约翰·米尔罗伊（John Milroy）和约翰·麦克格雷（John McGarry）——使用来访者偷偷送进来的一把伪造钥匙，从林肯监狱逃了出来。德·瓦莱拉从牧师那里拿到监狱的总钥匙，并使用教堂的烛用蜡为钥匙做了一个印模，之后来访者像平常送东西一样，把根据印模复制的钥匙装在一块蛋糕里送进了监狱。[107]他被送到曼彻斯特，随后短暂地去了爱尔兰和美国，并于 4 月回到爱尔兰，成为爱尔兰议会的主席。一周前，有四名同志从乌斯克的监狱里逃了出来，自从弗伦奇于去年 5 月开展围捕行动以来，他们遭到了监禁。为了打击最具影响力的要害，新芬党要求禁止在爱尔兰猎狐，直到自去年 7 月的围捕行动以来被关押在英国的共和派囚犯全部被释放时为止。然而，这个要求造成了适得其反的效果，因为它的许多支持者都在为狩猎和纯种马企业工作。在新芬党于选举中取得了压倒性胜利后，爱尔兰处于“危急”状态，因此，都柏林市长呼 817
吁肖特释放囚犯。肖特不仅是内政大臣，也是最后一位爱尔兰布政司。[108]在肖特未能释放囚犯后，市长直接恳求劳合·乔治：“继续把他们关在监狱里是没有用的，”他说，而且这样做将会造成“可悲的后果”。[109]

弗伦奇也希望释放这些人，他敏锐地觉察到新芬党中的温和分子正在与极端分子争斗，他认为如果政府做出一个姿态，那么将会吸引更多的温和分子。他发现的这种分裂状况将在爱尔兰正式分治后的 1921～1922 年的内战中显现出来。由于劳合·乔治身在巴黎，不在国内，政府在这个问题上实际上是群龙无首。3 月 4 日，战时内阁决定“逐步”释放囚犯。[110]与此同时，德·瓦莱拉围住并奉承爱尔兰裔美国人，以便筹集资金和获得支持。

当国王于 2 月 11 日召开议会时，他根据劳合·乔治为他写的演讲稿说，“爱尔兰的情况让我非常焦虑，但是，我诚挚地希望情况能够很快得到充分改善，以便可以持久地解决这个难题”。[111]没有迹象表明这个涅槃将如何实现，尽管霍勒斯·普朗克特爵士建议说，“必须向爱尔兰给予自治领的地位”，这可能是避免灾难的唯一手段。[112]休·塞西尔勋爵建议在爱尔兰的四个省各成立一个委员会，在《爱尔兰自治法案》暂停五年期间，这些委员会应当相互讨论如何最好地开展工作。然而，就连政府也明白，对于一个由共和派人士主导的爱尔兰来说，以往的妥协是没有用的，而且时间不多了。对于爱尔兰的名称，英国迟迟未能做出决定；另一方面，爱尔兰的大多数人拒绝修改宪法，并且已经开始了独立战争。

在第一次世界大战后，爱尔兰并不是唯一一个寻求民族自决的英国属地。印度也在加紧进行争取独立的运动。印度认为，自1914年以来，印度人民为支持宗主国做出了牺牲，英国对它有亏欠，这在很大程度上激发了独立运动。引起骚动的一个更直接的原因是，1919年3月，英国通过了《无政府与革命犯罪法》[Anarchical and Revolutionary Crimes Act，又名《罗拉特法》(Rowlatt Act)，以推荐该法案的委员会的法官命名]。该法案无限
818 期延长了1915年《印度防卫法》（Defence of India Act）的规定，允许不经审判对从事恐怖主义或煽动行为的人关押两年。该法令引发了自1857年兵变以来前所未有的大规模骚乱。

1919年4月13日，在旁遮普邦阿姆利则市（Amritsar）的一个花园——札连瓦拉园（Jallianwala Bagh）——发生了英属印度历史上的一个关键事件。当时，印度的一些地区遭受了饥荒。旁遮普邦在第一次世界大战中征召了36万人在各个战场作战，因此，他们对国王的忠诚是显而易见的。[113]然而，在逮捕和驱逐印度民族主义领导人萨提亚·帕尔（Satya Pal）博士和赛义夫丁·克齐鲁

(Saifuddin Kitchlew) 博士后，印度发生了持续数日的骚乱。这两位领导人曾敦促对《罗拉特法》进行非暴力抗议。旁遮普邦的省督迈克尔·奥德威尔（Michael O'Dwyer）爵士和代理准将雷金纳德·戴尔（Reginald Dyer）——他出生于印度，加入驻印军队超过30年，负责指挥当地驻军——担心兵变会重演。于是，他们宣布实行军法管制，并宣布禁止公众集会。

然而，这个命令不是被忽视了，就是没有传达到民众，因为成千上万的印度人来到札连瓦拉园庆祝旁遮普邦的拜萨哈节*，并聆听演讲者宣扬对英国统治的消极抵抗。戴尔认为这是一种威胁到秩序的不服从命令的表现，于是他——根据军法管制，他具有采取行动的主动权——带着50名携带步枪的士兵，在没有事先警告的情况下，命令他们向花园里的人群开枪；他还带着40个装备着反曲刀的廓尔喀人。当他们从花园入口的两边向人群开火时，人群惊慌失措，发生了踩踏。这场猛射持续了大约十分钟。[114]一份官方报告称，最终有379人死亡，1000人受伤，当地组织估计死亡人数超过1000人。印度人和英国人都憎恨戴尔，尽管许多身在印度的英国人认为他的做法是正确的，就像许多在本土的英国人所认为的那样。这些英国人从报纸上读到的报道是片面的，而且从一开始就是不准确的。官方的说法是，戴尔为印度暴徒袭击英国教师马塞拉·舍伍德（Marcella Sherwood）的事件报了仇。这个袭击确实发生了，但被用作展示武力、以吓退激进分子的借口。据说，在阿姆利则，有三名银行经理被烧死，其中一名在被烧死前遭到了棍棒殴打。《泰晤士报》根据总督办公室向英国发回的资料，痛斥“消极

* 拜萨哈节（Baisakhi）：一个丰收的节日，旁遮普的新年节日，也用于纪念Khalsa（锡克教的宗教兄弟会）的成立。——译注

抵抗”运动并不消极，并且（在提请注意甘地在动乱中的领导作用后）指出，“莫罕达斯·卡拉姆昌德·甘地先生……是一个误入
819 歧途并且容易激动的人”，是煽动革命的“危险”的“掩护马”。[115]

在大屠杀发生后不久，报纸对英国国民被杀表示愤慨，并对总督切尔姆斯福德勋爵所说的“公开叛乱”感到震惊。他们要求立刻严惩这些“反叛者”。[116]几周后，政府才向英国公众披露真相，而且即使真相大白，那些负有责任的人仍然能够请来辩护律师。奥德威尔——他是一名寻求报复的印度民族主义者，1940 年，他在伦敦的一次公开会议上被谋杀——因管理有方、严加控制而受到赞扬。戴尔被称为“阿姆利则屠夫”，他不后悔自己的所作所为。吉卜林不仅是一位重要的公众人物，而且对印度有着深刻的了解，他对戴尔的行为大加赞赏。《晨间邮报》设立的一项基金为他筹集了 2.6 万英镑。这个举动让人想起了 1866 年卡莱尔（Carlyle）对另一位粗暴的帝国主义者爱德华·埃尔*的指责。[117]印度事务大臣孟塔古称戴尔的行为是“严重的判断错误”。

戴尔辩护说，注意到其他城市的骚乱，他担心会发生一场反对英国统治的阴谋，并认为自己的使命就是阻止这场阴谋，不管方式有多么残酷。然而，阴谋并不存在，即使发生了复活节起义，但这个起义的教训至少表明流血不是理想的权宜之计。在写给报纸的文章中，政客和公众将爱尔兰和印度进行了比较，并提到了一个共同的主题，那就是帝国的管理不善。爱尔兰问题将在三年内得到一定

---

* 爱德华·埃尔（Edward eyre）：英国探险家。1861 年至 1864 年担任牙买加代理总督，而后被任命为牙买加常任总督。1865 年 10 月 11 日，黑人在莫兰特湾开始起义。在随后的镇压中，总共 400 名黑人遭到处决。1866 年 1 月 17 日，埃尔力促牙买加立法机关废除了立法机关和牙买加宪法，使牙买加成为英国的殖民地。——译注

程度的解决，而印度问题将花费三十年。然而，放松帝国与属地之间的联结的过程已经开始了。札连瓦拉园大屠杀成为民族主义运动的决定性时刻，而孟塔古－切尔姆斯福德改革可能带来的任何好处都被否定了。尽管一些英国政客——尤其是丘吉尔——始终认为印度没有能力进行自治，但是，在未来的几年，印度倡导自决的坚定立场及其主张的正义性将在英国议会获得越来越多的支持者。

六

1月12日，和会开始。在头两个月里，几乎没有取得任何进展。3月5日，劳合·乔治去了巴黎，在接下来的几个星期里，他、克列孟梭、伍德罗·威尔逊和奥兰多开始讨论细节问题。其他领导人面临的主要问题是，克列孟梭坚持羞辱德国，以便让法国在 820
很大程度上获益。史蒂文森小姐指出，法国人“不相信德国被打败了，并认为他们还没有为未来获得足够的保证”。[118]美国人激怒了劳合·乔治，根据威尔逊的说法，美国人计划大幅扩大他们的陆军和海军的规模，同时以坚持执行向国际联盟的承诺为由拖延会议。应其他领导人的要求，劳合·乔治同意留在巴黎，直到签署初步条款时为止。

由于劳合·乔治在国外，无法出席议会，这不仅意味着伟大的重建计划不得不在没有他持续监督的情况下启动，而且他留下了权力真空，并且随着团结作战的缘由的消除，这有时候鼓励了同僚们开展不受欢迎的自由行动。似乎至少有一位大臣已经厌倦了战后的世界。4月13日，史蒂文森小姐记录道，“不忠而又野心勃勃的”丘吉尔正在给劳合·乔治带来“大麻烦”。“作为陆军大臣，他急切地希望这个世界不要处于和平状态，因此，他计划在俄国发动一场大战。”[119]

4 月 16 日，劳合·乔治短暂地回到伦敦，向下院通报进展情况，尤其是关于俄国的问题。他（和丘吉尔持有相同的看法）荒谬地说道，如果需要的话，协约国可以征服俄国；然后，他直接返回巴黎。在下院发表演讲的过程中，他声称，他不希望与德国达成“报复性的和约”，对于诺思克利夫试图策划在凡尔赛对德国采取行动，他进行了猛烈抨击（但没有指名道姓），他说：“说实话，我宁愿达成一个好的和约，也不愿要一个好的报社。”[120] 他继续说道：

当一个人在强烈的失望感中费力工作时，不管他的期望有多么不合理，多么荒谬，他总是倾向于认为是这个世界运转得太糟糕。当一个人自欺欺人时，当获允接近他的所有人都帮助他相信他是唯一能赢得战争的人时，当他正在等待众人的呼声，要求他去指挥世界的命运时，当背后没有一丝议论，没有一丁点声音时，那么这是相当令人沮丧、令人不安、令人烦乱的。

没有他，战争也取得了胜利。一定是哪里出了什么问题。
821 当然，问题一定出在政府的身上！无论如何，他是唯一能议和的人。那些接近他的人这样告诉他，不断地这样告诉他。所以，他公布了和约的条款，并等待着“欢呼”。可是，“欢呼”没有来。他退居到阳光明媚的地方，等待着，但没有任何声音传到那遥远的海岸，召唤他去完成拯救世界的伟大任务。你能期望些什么呢？于是，他回来了，并说道，“好吧，我看不见灾难，但我肯定它就在那里。它一定会来的”。在这种情况下，我愿意让步，但是，我要说的是，当这种病态的虚荣心发展到在伟大的盟友（这些盟友的团结对于世界和平与幸福至关重要）之间制造分歧的地步时，当有人试图使法国不信任英国，使法国憎恨美国，使美国不喜欢法国，使意大利与所有人争吵时，我要说，即使患有这种疾病，也不能成为犯下如此严重的反人类罪的理由。[121]

当劳合·乔治说出“病态的虚荣心”时，他轻叩了一下自己的脑袋，以便说明他认为诺思克利夫疯了。他还没有完全讲完，他希望证明自己对诺思克利夫的攻击是正当的，因为这对消除协约国的其他首脑持有的某些观念来说是至关重要的。“在法国，人们仍然认为《泰晤士报》是一份严肃的报纸。他们不知道这不过是一份三便士版的《每日邮报》。在欧洲大陆，人们真的认为它是英国政府的半官方报纸。”

由于没有反对党，以至于在首相进行抨击时，没有人提醒首相他之前对诺思克利夫的依赖。这次抨击转移了人们对缔结和约的注意力，劳合·乔治不愿讨论和约缔结问题，因为他与威尔逊和克列孟梭在各种问题上遇到了困难。当时，诺思克利夫刚刚解雇了《泰晤士报》的编辑道森（尽管道森最终会回来完成他的历史使命，也就是和他的兄弟罗瑟米尔一同担任希特勒政策的主要绥靖者），并敦促道森的继任者亨利·威克汉姆·斯蒂德到下院查阅劳合·乔治从凡尔赛发回的报告。斯蒂德坦言，当下院看到首相攻击他的老板时，下院“高兴得大叫起来”。[122]诺思克利夫的报复包括每天在《每日邮报》上打印一个黑色的方框，登载战争中阵亡、失踪和受伤的人数，并在报纸的其他地方打出醒目的标语“那些专制者还会欺骗你”。[123]

5月7日，身在凡尔赛宫的德国代表收到了和约条款。协约国 822

继续实行封锁，封锁将持续到 7 月，以确保德国人必须回到谈判桌前，并达成协议。克列孟梭之所以决定寻求赔款，是因为法国有 50 多万幢房屋和 17600 幢建筑物被部分或全部毁坏。大约 2 万家工厂或车间遭到破坏或摧毁，工厂设备被没收，并被带到德国。估计有 86.04 万英亩的农田被遗弃，100 万头牛被德国人围捕并被带回德国。当德国人撤退时，他们经常把撤离的土地夷为平地。根据法国人的估计，由德国对他们发动战争所造成的损失和作战费用在 350 亿到 550 亿战前采用的金币法郎。[124]

当然，法国并非唯一一个付出这些代价的国家。即使英国拥有一支强大的军队与俄国人作战，它能否负担得起军队的开支和补给就是另一回事了。4 月 30 日，张伯伦提出了他的预算。当战争费用的问题还在继续时，和平重建费用的问题开始了。鉴于 1918～1919 年的赤字为 16.9028 亿英镑，因此政府不会削减税收。即使不需要负担和装备庞大的军队，政府预计 1919～1920 年的赤字仍会维持在 2.3381 亿英镑。啤酒税和烈酒税有所增加，遗产税也有所提高，遗产税的最高税率甚至达到了 40%，导致更多古已有之的土地所有权遭到分割。1919 年 6 月，政府通过一项新的胜利贷款筹集到了 2.5 亿英镑，但情况仍然很危险。

6 月 21 日，也就是在凡尔赛宫采取最后行动前的一周，根据海军少将路德维克·冯·罗伊特（Ludwig von Reuter）的命令，德国公海舰队在斯卡帕湾集体自沉。冯·罗伊特是一名指挥被俘船舰的军官。自沉事件违反了停战协定，严格地讲，这是一种战争行为。协约国宣布，冯·罗伊特将被送上军事法庭。法国人很生气，因为他们想要一些船舰；英国人则松了一口气，因为他们希望避免一场关于如何分配船舰的争吵。朗告诉下院，由于船舰只是被扣押，而没有投降，海军部无法采取预防措施防止它们自沉。如果在船上安排守卫军——据朗报告，有70多艘船不是自沉，就是搁浅——那么这将违反停战协定的条款。凡尔赛和会对将协约国的哪些损失增加到赔款中进行了讨论，它坚定了协约国不经谈判就强制执行其条款的决心。 823

韦伯夫人和志同道合的朋友住在乡下，和许多左翼人士一样，在劳合·乔治操纵大选后，他们仍在舔舐自己的伤口。在听到德国船舰自沉的消息时，韦伯夫人在日记中写道："我们都对和约感到厌恶，因此不再讨论它，人们试图把它作为不洁之物从自己的头脑中驱逐出去，当世界再一次恢复理智时，人们一致同意清除这种不洁之物。"[125]她继续说道："在协约国为这次胜利感到后悔之前，除了击沉自己的舰队外，德国还将击沉其他东西，例如资本主义制度。德国人可以和西方文明玩一场精彩的游戏，只要他们愿意玩，只要他们有创新精神和坚持到底的集体决心。"

1919年6月28日，也就是萨拉热窝暗杀事件后的第五年，在签署凡尔赛和约之前，劳合·乔治在巴黎召开了一次午餐会议。他召集了劳和罗伯特·塞西尔勋爵等主要的联盟伙伴，以及他在唐宁街和花园别馆的最亲密的同盟者弗朗西丝·史蒂文森、菲利普·科尔、威廉·萨瑟兰爵士（他已经获封爵士）、J. T. 戴维斯和劳的得力助手戴维森，还有他的女儿梅根。午餐后，这一行人驱车前往凡尔赛宫，戴维森回忆说："在通往宫殿的最后四分之一英里处，两侧并排站立着法国骑兵，他们头戴钢盔，身穿蓝色野战制服。"[126]当贵宾们到达入口处时，仪仗队举起武器致意；他们走上楼梯，旁边站着共和国卫队，他们的制服和滑铁卢战役时的制服一模一样，"蓝色的布，红色的饰面，白色的鹿皮裤，以及漂亮的带马鬃羽毛的银色头盔，每个人都拿着出鞘的军刀，一动不动地站着。这幅画面非常有艺术感，给人留下了深刻的印象，当轮到匈人上楼的时候，他们也一定会这样想。”[127]

这个场景的其他方面就没那么令人印象深刻了。劳合·乔治和劳不得不挤过人群，来到镜厅。三点钟，德国人走了进来，向克列孟梭鞠了一个躬，在法国领导人讲话之后，他们签署了条约。然后，劳合·乔治给国王写了一封亲笔信。这则消息被电传到伦敦：从傍晚开始，人群就聚集在白金汉宫外。晚上6点刚过，国王、王后和他们的孩子们走到中央阳台上，向“表现出极大忠诚的民众”
824 表示感谢，这场演讲持续了40分钟，同时鸣放了101响礼炮。[128]

劳和戴维森前去机场，以便飞往伦敦。戴维森穿过“欢呼的人群”进入白金汉宫，并把信交给国王。[129]9点15分，国王刚吃完晚餐。他接过信，上面写着：

> 劳合·乔治先生秉承对陛下的谦卑职责，荣幸地宣布，今天下午，刚刚在镜厅签署了和约，结束了大英帝国与德意志帝国长达四年多漫长、可怕的战争，这场战争给人类造成了巨大的痛苦。
>
> 他希望代表帝国的所有全权代表向国王陛下表示衷心的祝贺，祝贺签署了和约，这标志着这场持续了这么长时间的可怕斗争胜利结束了，在这场斗争中，来自帝国各地的国王陛下的臣民发挥了重要作用。

国王身穿海军元帅的制服，聆听戴维森汇报凡尔赛宫签约仪式的场景，并从阳台上与他的人民互致敬意——估计外面有10万人。“上帝保佑”，他在日记中写道，“这个亲爱的古老国家很快就会安
825 定下来，团结前进”。[130]

致　谢

经女王陛下的许可，本书摘录了已故的乔治五世国王陛下的日记和斯坦福德汉勋爵的文件。

许多人在查阅档案方面慷慨地给予我帮助，或者为我提供了研究材料、说明以及对我撰写本书很有价值的其他信息。我要感谢威廉·奥尔登、克里斯·安德鲁教授、伊恩·贝克特教授、弗兰克·鲍尔斯教授、西蒙·伯恩斯爵士阁下、马修·巴特勒博士、朱莉·克罗克、王室荣誉律师埃德蒙兹、杰勒德·德格鲁特教授、威尔·希文、劳拉·霍布斯、牧师马克·琼斯、科林·劳森教授、山姆·林德利、准将艾伦·马林森、利奥·麦金斯特里、爱奥那·麦克拉伦、安妮·平德、瑞利勋爵、安德鲁·莱利、威廉·斯特拉特、奥利弗·厄克特·欧文、汤姆·沃德夫妇和梅丽莎·惠特沃思。我还要感谢温莎城堡皇家档案馆的工作人员、牛津大学博德利图书馆、伦敦大英图书馆、剑桥大学图书馆、剑桥大学丘吉尔学院、裘园国家档案馆以及威斯敏斯特宫的议会档案馆。

玛丽·张伯伦帮我纠正了各种错误，她知识面广，在审稿时一丝不苟。本书的护封由斯特芬·希思科特设计。苏·布里雷再一次以非凡的技巧和奉献精神承担起校对工作，我对她感激不尽。艾莉森·雷也对本书进行了校对，维基·罗宾逊为本书编制了索引。

我的经纪人乔治娜·卡佩尔以她一贯的忠诚和奉献精神支持我，就像她在这个三卷本项目中所做的那样，而这个项目最初是她的主意。我感到特别幸运，因为我的出版商奈杰尔·威尔考克森是那样技能熟练、有耐心、有洞察力，他再一次按照最高标准为我改进和制作手稿，使它更加连贯。如有其他错误，则由我个人承担。

最后，我要向我深爱的妻子戴安娜致以感激之情。近十年来，她一直在听我重述和介绍近代英国历史，我们的儿子弗雷德和约翰尼也是如此。如果没有她的鼎力支持，我没法撰写这本书，也不可能撰写这个系列的前几卷，有些读者会认为我这样说有些夸大其词；不过，其他作家非常清楚我并没有言过其实。

西蒙·赫弗

于大利斯

2019 年 5 月 15 日

参考文献

原始文献

Asquith Papers, Bodleian Library, Oxford.

Balfour Papers, British Library.

Beaverbrook Papers, Parliamentary Archives (PA).

Cabinet Papers, National Archives, Kew (NA).

Churchill Papers, Churchill College, Cambridge.

Crewe Papers, Cambridge University Library.

Esher Papers, Churchill College, Cambridge.

George V Papers, Royal Archives, Windsor (RA).

Hankey Papers, Churchill College, Cambridge.

Lansdowne Papers, British Library.

Law Papers, Parliamentary Archives (PA).

Lloyd Papers, Churchill College, Cambridge.

Lloyd George Papers, Parliamentary Archives (PA).

Northcliffe Papers, British Library.

Parry Papers, Shulbrede Priory.

Plunkett Papers, National Library of Ireland.

Rayleigh Papers, owned privately by Lord Rayleigh.

Stamfordham Papers, Royal Archives, Windsor (RA).

二手文献

Adams I: *Arms and the Wizard: Lloyd George and the Ministry of Munitions, 1915 – 1916*, by R. J. Q. Adams (Cassell, 1978).

Adams II: *Bonar Law*, by R. J. Q. Adams (John Murray, 1999).

Adams III: *Balfour: The Last Grandee*, by R. J. Q. Adams (John Murray, 2007).

Amery: *The Leo Amery Diaries: Volume I: 1896 – 1929*, edited by John Barnes and David Nicholson (Hutchinson, 1980).

Andrew: *The Defence of the Realm: The Authorized History of MI5*, by Christopher Andrew (Allen Lane, 2009).

AP: *The Conscription Controversy in Great Britain, 1900 – 18*, by R. J. Q. Adams and Philip P. Poirier (Macmillan, 1987).

Asquith C.: *Diaries 1915 – 1918*, by Lady Cynthia Asquith (Hutchinson, 1968).

Asquith, *Diary*: *Margot Asquith's Great War Diary 1914 – 1916: The View from Down- ing Street*, edited by Michael and Eleanor Brock (Oxford University Press, 2014).

Asquith, *MR*: *Memories and Reflections, 1852 – 1927*, by the Earl of Oxford and Asquith KG (Cassell, 2 vols, 1928).

Asquith, *VS*: *HH Asquith: Letters to Venetia Stanley*, selected and edited by Michael and Eleanor Brock (Oxford University Press, 1982).

Barnett: *The Collapse of British Power*, by Correlli Barnett (Eyre Methuen, 1972).

Beaverbrook I: *Politicians and the War, 1914 – 1916*, by the Rt Hon. Lord Beaverbrook (Thornton Butterworth, 1928, vol. I; Lane

Publications, 1932, vol. II).

Beaverbrook II: *Men and Power 1917 – 1918*, by Lord Beaverbrook (Hutchinson, 1956).

Bell: *Churchill and the Dardanelles*, by Christopher M. Bell (Oxford University Press, 2017).

Bell Q.: *Virginia Woolf: A Biography*, by Quentin Bell (Hogarth Press, 2 vols, 1972).

Bilton: *The Home Front in the Great War: Aspects of the Conflict 1914 – 1918*, by David Bilton (Pen & Sword, 2004).

Blake: *The Unknown Prime Minister: The Life and Times of Andrew Bonar Law, 1858 – 1923*, by Robert Blake (Eyre & Spottiswoode, 1955).

Boothby: *Recollections of a Rebel*, by Robert Boothby (Hutchinson, 1978).

Brandon: *The Spiritualists: The Passion for the Occult in the Nineteenth and Twentieth Centuries*, by Ruth Brandon (Alfred A. Knopf, 1983).

Brooke, *1914*: *1914 & Other Poems*, by Rupert Brooke (Sidgwick & Jackson, 1915).

Brown: *Essays in Anti-Labour History: Responses to the Rise of Labour in Britain*, edited by Kenneth D. Brown (Macmillan, 1974).

Bullock: *The Life and Times of Ernest Bevin*, by Alan Bullock (Heinemann, 3 vols, 1960 – 83).

Callwell: *Field Marshal Sir Henry Wilson Bart, GCB, DSO: His Life and Diaries*, by Major General Sir C. E. Callwell KCB (Cassell, 2 vols, 1927).

Campbell: *F. E. Smith, First Earl of Birkenhead*, by John Campbell (Jonathan Cape, 1983).

Charman: *The First World War on the Home Front*, by Terry Charman (Andre Deutsch, 2014).

Chitty: *Playing the Game: A Biography of Sir Henry Newbolt*, by Susan Chitty (Quartet, 1997).

Churchill R.: *Lord Derby, King of Lancashire: The Official Life of Edward, Seven-teenth Earl of Derby, 1865 – 1948*, by Randolph S. Churchill (Heinemann, 1959).

Churchill W.: *The World Crisis*, by Winston S. Churchill (Thornton Butterworth, 6 vols, 1923 – 29).

Clark: *The Sleepwalkers: How Europe went to War in 1914*, by Christopher Clark (Allen Lane, 2012).

Clark A.: *Echoes of the Great War: The Diary of the Reverend Andrew Clark 1914 – 1919*, edited by James Munson (Oxford, 1985).

Clarke: *The Locomotive of War: Money, Empire, Power and Guilt*, by Peter Clarke (Bloomsbury, 2017).

Cooper: *Old Men Forget*, by Duff Cooper (Rupert Hart-Davis, 1953).

Dangerfield: *The Damnable Question: A Study in Anglo-Irish Relations*, by George Dangerfield (Constable, 1977).

Darroch: *Ottoline: The Life of Lady Ottoline Morrell*, by Sandra Jobson Darroch (Chatto & Windus, 1976.)

Davidson: *Memoirs of a Conservative: J. C. C. Davidson's Memoirs and Papers*, edited by Robert Rhodes James (Weidenfeld & Nicolson, 1969).

DeGroot I: *Douglas Haig, 1861 - 1928*, by Gerard J. DeGroot (Unwin Hyman, 1988).

DeGroot II: *Back in Blighty: The British at Home in World War I*, by Gerard DeGroot (Vintage Books, 2014).

Dilks: *Neville Chamberlain: 1869 - 1929*, by David Dilks (Cambridge University Press, 1984).

DNB *1961 - 70*: *The Dictionary of National Biography, 1961 - 70*, edited by E. T. Williams and C. S. Nicholls (Oxford University Press, 1981).

E&H: *All Quiet on the Home Front: An Oral History of Life in Britain during the First World War*, by Richard Van Emden and Steve Humphries (Headline, 2003).

Ensor: *England 1870 - 1914*, by R. C. K. Ensor (Oxford University Press, 1936).

Ferriter: *A Nation and not a Rabble: The Irish Revolution 1913 - 1923*, by Diarmaid Ferriter (Pro le Books, 2015).

Fox: *British Art and the First World War, 1914 - 1924*, by James Fox (Cambridge University Press, 2015).

G&T: *British Documents on the Origins of the War 1898 - 1914*, Vol. XI, edited by G. P. Gooch and Harold Temperley (HMSO, 1926).

Gilbert, III: *Winston S. Churchill: Volume: III: 1914 - 1916*, by Martin Gilbert (Heinemann, 1971).

Gilbert, IV: *Winston S. Churchill: Volume: IV: 1916 - 1922*, by Martin Gilbert (Heinemann, 1975).

Gilbert, III (C): *Winston S. Churchill: Volume III Companion* (2 vols), by Martin Gilbert (Heinemann, 1972).

Gilbert, IV (C): *Winston S. Churchill: Volume IV Companion* (3 vols), by Martin Gilbert (Heinemann, 1977).

Gilmour: *Curzon*, by David Gilmour (John Murray, 1994).

Grey: *Twenty-Five Years, 1892 - 1916*, by Viscount Grey of Fallodon KG (Hodder & Stoughton, 2 vols, 1925).

Grigg I: *Lloyd George: From Peace to War 1912 - 1916*, by John Grigg (Methuen, 1985).

Grigg II: *Lloyd George: War Leader 1916 - 1922*, by John Grigg (Penguin Allen Lane, 2002).

Haig: *The Private Papers of Douglas Haig, 1914 - 1919*, edited by Robert Blake (Eyre & Spottiswoode, 1952).

Haldane: *Autobiography*, by Richard Burdon Haldane (Hodder & Stoughton, 1929).

Hamilton: *Listening for the Drums*, by General Sir Ian Hamilton (Faber & Faber, 1944).

Hammond: *C. P. Scott of the Manchester Guardian*, by J. L. Hammond (Bell, 1934). Hankey: *The Supreme Command, 1914 - 1918*, by Lord Hankey (George Allen & Unwin, 2 vols, 1961).

Hardinge: *Royal Commission on the Rebellion in Ireland: Report of Commission* (HMSO, 1916).

Hart: *The Somme*, by Peter Hart (Weidenfeld & Nicolson, 2005).

Haste: *Keep the Home Fires Burning: Propaganda in the First World War*, by Cate Haste (Allen Lane, 1978).

Heffer, *P&P*: *Power and Place: The Political Consequences of King Edward VII*, by Simon Heffer (Weidenfeld & Nicolson, 1998).

Heffer, *HM*: *High Minds*: *The Victorians and the Birth of Modern Britain*, by Simon Heffer (Random House, 2013).

Heffer, *AD*: *The Age of Decadence*: *Britain 1880 to 1914*, by Simon Heffer (Random House, 2017).

Holmes: *The Little Field Marshal*: *A Life of Sir John French*, by Richard Holmes (Weidenfeld & Nicolson, 2nd edition, 2004).

Holroyd: *Bernard Shaw*, by Michael Holroyd (Chatto & Windus, 3 vols, 1988 – 91).

Hyman: *The Rise and Fall of Horatio Bottomley*: *The Biography of a Swindler*, by Alan Hyman (Cassell, 1972).

Hynes: *A War Imagined*: *The First World War and English Culture*, by Samuel Hynes (The Bodley Head, 1990).

Jeffery: *Ireland and the Great War*, by Keith Jeffery (Cambridge University Press, 2000).

Jellicoe: *Jutland*: *The Un nished Battle*, by Nicholas Jellicoe (Seaforth Publishing, 2016).

Jolliffe: *Raymond Asquith*: *Life and Letters*, by John Jolliffe (Collins, 1980).

Judd: *Lord Reading*: *Rufus Isaacs*, *First Marquess of Reading*, *Lord Chief Justice and Viceroy of India*, *1860 – 1935*, by Denis Judd (Weidenfeld & Nicolson, 1982).

Kerry: *Lansdowne*: *The Last Great Whig*, by Simon Kerry (Unicorn, 2017).

Keynes: *The Economic Consequences of the Peace*, by J. M. Keynes (Macmillan, 1920).

Kynaston: *Till Time's Last Stand*: *A History of the Bank of England*

1694 – 2013, by David Kynaston (Bloomsbury, 2017).

LG: *War Memoirs*, by David Lloyd George (Odhams, 2 vols, New Edition, 1938 (Vol. I) and 1936 (Vol. II)).

Lee: *A Good Innings: The Private Papers of Viscount Lee of Fareham PC, GCB, GSCI, GBE*, edited by Alan Clark (John Murray, 1974).

Lloyd I: *The Amritsar Massacre: The Untold Story of One Fateful Day*, by Nick Lloyd (IB Tauris, 2011).

Lloyd II: *Passchendaele: A New History*, by Nick Lloyd (Viking, 2017).

Lodge: R*aymond, or Life and Death: with Examples of the Evidence for Survival of Memory and Affection after Death*, by Sir Oliver J. Lodge (George H. Doran, 1916).

M&B: *Baldwin: A Biography*, by Keith Middlemas and John Barnes (Weidenfeld & Nicolson, 1969.

Martel: *The Month that Changed the World: July 1914*, by Gordon Martel (Oxford University Press, 2014).

Maurice: *The Maurice Case: from the Papers of Sir Frederick Maurice KCMG, CB*, edited by Nancy Maurice (Leo Cooper, 1972).

McKibbin: *The Evolution of the Labour Party 1910 – 1924*, by Ross McKibbin (Clarendon Press, 1974).

McKinstry: *Rosebery: Statesman in Turmoil*, by Leo McKinstry (John Murray, 2005).

Meleady: *John Redmond: The National Leader*, by Dermot Meleady (Merrion, 2014). Midleton: *Records and Reactions 1856 – 1939*, by the Earl of Midleton, KP (John Murray, 1939).

Morley: *Memorandum on Resignation, August 1914*, by John, Viscount Morley (Macmillan, 1928).

Morley G.: *The Life of William Ewart Gladstone*, by John Morley (Macmillan, 2 vol. edition, 1905).

Morrell I: *Ottoline: The Early Memoirs of Ottoline Morrell*, edited by Robert Gathorne-Hardy (Faber & Faber, 1963).

Morrell II: *Ottoline at Garsington: Memoirs of Lady Ottoline Morrell*, edited by Robert Gathorne-Hardy (Faber & Faber, 1974).

Newton: *Lord Lansdowne: A Biography*, by Lord Newton (Macmillan, 1929).

Nicolson I: *Sir Arthur Nicolson, Bart, First Lord Carnock: A Study in the Old Diplomacy*, by Harold Nicolson (Constable, 1930).

Nicolson II: *King George V: His Life and Reign*, by Harold Nicolson (Constable, 1952).

O'Brien: Milner: *Viscount Milner of St James's and Cape Town, 1854 - 1925*, by Terence H. O'Brien (Constable, 1979).

OFMH: *Why We Are At War: Great Britain's Case*, by Members of the Oxford Faculty of Modern History (Clarendon Press, 3rd edition, 1914).

P&H: *Northcliffe*, by Reginald Pound and Geoffrey Harmsworth (Cassell, 1959).

Parker: *The Old Lie: The Great War and the Public School Ethos*, by Peter Parker (Hambledon Continuum, 2007).

Parry: *College Addresses, Delivered to Pupils of the Royal College of Music*, by Sir C. Hubert H. Parry, Bart, edited by H. C. Coles (Macmillan, 1920).

Petrie: *The Life and Letters of the Right Hon. Sir Austen Chamberlain KG, PC, MP*, by Sir Charles Petrie, Bt (Cassell, 2 vols, 1939 – 40).

Petrie, *CT*: *The Chamberlain Tradition*, by Sir Charles Petrie, Bt (Lovat Dickinson, 1938).

Pollock: *Kitchener*, by John Pollock (Constable, 2001).

Ponsonby: *Falsehood in War-Time: An amazing collection of carefully documented lies circulated in Great Britain, France, Germany, Italy and America during the Great War*, by Arthur Ponsonby MP (George Allen & Unwin, 1928).

Pope-Hennessy: *Queen Mary: 1867 – 1953*, by James Pope-Hennessy (George Allen & Unwin, 1959).

Postgate: *The Life of George Lansbury*, by Raymond Postgate (Longmans, Green & Company, 1951).

Repington: *The First World War 1914 – 1918: Personal Experiences of Lieut Col C. à Court Repington, CMG* (Constable, 2 vols, 1920).

Renwick: *Bread for All: The Origins of the Welfare State*, by Chris Renwick (Allen Lane, 2017).

Riddell: *Lord Riddell's War Diary 1914 – 1918*, by George Riddell (Ivor Nicholson & Watson, 1933).

Robertson: *Soldiers and Statesmen 1914 – 1918*, by Field Marshal Sir William Robertson, Bart (Cassell, 2 vols, 1926).

Ronaldshay: *The Life of Lord Curzon: Being the Authorized Biography of George Nathaniel, Marquess Curzon of Kedleston, KG*, by the Rt Hon. the Earl of Ronaldshay (Ernest Benn, 3 vols, 1928).

Rose I: *The Later Cecils*, by Kenneth Rose (Weidenfeld & Nicolson, 1975).

Rose II: *King George V*, by Kenneth Rose (Weidenfeld & Nicolson, 1983).

Roskill: *Hankey: Man of Secrets*, by Stephen Roskill (Collins, 3 vols, 1970 - 74).

RRJ: *Churchill: A Study in Failure 1900 - 1939*, by Robert Rhodes James (Weidenfeld & Nicolson, 1970).

Russell: *The Autobiography of Bertrand Russell* (George Allen & Unwin, 3 vols, 1967 - 69).

S&A: *Life of Herbert Henry Asquith, Lord Oxford and Asquith*, by J. A. Spender and Cyril Asquith (Hutchinson, 2 vols, 1932).

S&W: *Public Schools and the Great War: The Generation Lost*, by Anthony Seldon and David Walsh (Pen & Sword, 2013).

Samuel: *Memoirs*, by the Rt Hon. Viscount Samuel (The Cresset Press, 1945).

Scott: *The Political Diaries of C. P. Scott, 1911 - 1928*, edited by Trevor Wilson (Collins, 1970).

Searle: *Corruption in British Politics, 1895 - 1930*, by G. R. Searle (The Clarendon Press, 1987).

Simon: *Retrospect: The Memoirs of the Rt Hon. Viscount Simon GCSI, GCVO* (Hutchinson, 1952).

Sommer: *Haldane of Cloan: His Life and Times 1856 - 1928*, by Dudley Sommer (George Allen & Unwin, 1960).

Souhami: *Edith Cavell*, by Diana Souhami (Quercus, 2010).

Steed: *Through Thirty Years, 1892 - 1922: A Personal Narrative*, by Henry Wickham Steed (Heinemann, 2 vols, 1924).

Stevenson I: *With Our Backs to the Wall: Victory and Defeat in*

1918, by David Stevenson (Allen Lane, 2011).

Stevenson II: *1917: War, Peace and Revolution*, by David Stevenson (Oxford University Press, 2017).

Stevenson F.: *Lloyd George: A Diary*, by Frances Stevenson, edited by A. J. P. Taylor (Hutchinson, 1971).

Strachan: *The First World War: Volume I: To Arms*, by Hew Strachan (Oxford University Press, 2001).

Taylor I: *English History 1914 – 1945*, by A. J. P Taylor (Oxford University Press, 1965).

Taylor II: *Beaverbrook*, by A. J. P. Taylor (Hamish Hamilton, 1972).

Taylor F.: *The Downfall of Money: Germany's Hyperin ation and the Destruction of the Middle Class*, by Frederick Taylor (Bloomsbury, 2013).

Thompson I: *Northcliffe: Press Baron in Politics, 1865 – 1922*, by J. Lee Thompson (John Murray, 2000).

Thompson II: *Politicians, the Press and Propaganda: Lord Northcliffe and the Great War, 1914 – 1919*, by J. Lee Thompson (Kent State University Press, 1999).

Townshend I: *Easter 1916: The Irish Rebellion*, by Charles Townshend (Allen Lane, 2005).

Townshend II: *The Republic: The Fight for Irish Independence 1918 – 1923*, by Charles Townshend (Allen Lane, 2013).

Trevelyan: *Grey of Fallodon: Being the Life of Sir Edward Grey, Afterwards Viscount Grey of Fallodon*, by George Macaulay Trevelyan, OM (Longmans, Green & Co., 1937).

VBC: *Champion Redoubtable: The Diaries and Letters of Violet Bonham Carter, 1914 - 1945*, edited by Mark Pottle (Weidenfeld & Nicolson, 1998).

Webb: *The Diary of Beatrice Webb*, edited by Norman and Jean Mackenzie (Virago Press, 4 vols, 1982 - 85).

Wells, *Britling*: *Mr Britling Sees it Through*, by H. G. Wells (Uniform Edition, 1933). Wells, *JP*: *Joan and Peter*, by H. G. Wells (Cassell, 1918).

Wilson: *The Rasp of War: The Letters of H. A. Gwynne to The Countess Bathurst, 1914 - 1918*, selected and edited by Keith Wilson (Sidgwick & Jackson, 1988).

Young: *Arthur James Balfour: The Happy Life of the Politician, Prime Minister, Statesman and Philosopher 1848 - 1930*, by Kenneth Young (G. Bell & Sons, 1963).

报纸杂志

Daily Mail

The Daily Telegraph

Lancet

Manchester Guardian

Spectator

The Times

The Times Literary Supplement

学术期刊

Biography

Britain and the World

The English Historical Review

The Historical Journal

Historical Reflections

Journal of British Studies

Journal of Contemporary History

Journal of Modern History

Social Service Review

其他资料

Hansard's Parliamentary Debates (Commons) Series 5, Volumes 64 to 117, (Lords) Series 5, Volumes 17 to 34.

The Dictionary of National Biography (Oxford University Press, 2nd edition).

Wisden's Cricketers' Almanack.

注　释

第一章　后果

1. G & T, p. 12
2. Ibid.
3. RA GV/PRIV/GVD/1914：28 June.
4. G&T, p. 13.
5. *The Times*, 29 June 1914, p. 8.
6. G & T, p. 28.
7. Ibid.
8. See Heffer, AD, p. 768ff.
9. Hansard, Vol. 64 col. 214.
10. Ibid. , col. 215
11. Ibid. , col. 216.
12. G&T, p. 17.
13. Ibid. , p. 15.
14. *The Times*, 1 July 1914, p. 11.
15. G&T, p. 18.
16. Ibid. , p. 18.
17. Ibid.
18. Ibid. , p. 28.
19. G&T, p. 21.
20. Ibid. , p. 422.
21. Clark, p. 420.
22. Ibid. , p. 24.
23. Ibid.
24. Ibid. , p. 25.
25. Ibid. , p. 27.
26. Ibid. , p. 30.
27. Ibid. , p. 32.
28. Ibid. , p. 34.
29. *The Times*, 11 July 1914, p. 7.
30. G & T, p. 39.
31. Ibid. , p. 40.
32. Ibid. , p. 41.
33. *The Times*, 16 July 1914, p. 9.
34. Ibid. , 13 July 1914, p. 5.
35. Ibid. , 20 July 1914, p. 9.
36. G & T, p. 45.
37. *The Times*, 18 July 1914, p. 7.
38. G&T, p. 47
39. Ibid. , p. 49.
40. Ibid. , p. 50.
41. *The Times*, 20 July 1914, p. 7.
42. G&T, p. xi.
43. Ibid. , p. 54.
44. Ibid.
45. *The Times*, 21 July 1914, p. 7.
46. G&T, p. 63.

47. Ibid. , p. 64.
48. *The Times*, 22 July 1914, p. 7.
49. Ibid. , p. 8.
50. Ibid. , p. 9.
51. G&T, p. 69.
52. Ibid. , p. 70.
53. Ibid. , p. 365.
54. Ibid. , p. 72.
55. Ibid. , p. 73.
56. Ibid. , p. 73.
57. Clark, p. 456.
58. G&T, p. 74.
59. Asquith, II, p. 5.
60. Clark, p. 489.
61. Clarke, p. 117.
62. Beaverbrook I, I, p. 31.
63. G&T, p. 74.
64. Ibid. , p. 75.
65. Ibid. , p. 78.
66. Ibid. , p. 79.
67. *The Times*, 25 July 1914, p. 10.
68. G&T, p. 80.
69. Ibid. , p. 81.
70. Ibid.
71. Ibid. , p. 82.
72. Grey, II, p. 63.
73. Ibid.
74. G&T, p. 83.
75. Ibid. , pp. 83 – 84.
76. Ibid. , p. 84.
77. Ibid. , p. 85.
78. *The Times*, 25 July 1914, p. 9.
79. Ibid. , p. 87.
80. G&T, p. 86.
81. Ibid.
82. Ibid, p. 88.
83. Ibid.
84. Ibid. , p. 91.
85. Grey, I, p. 311.
86. G&T, p. 92.
87. Ibid. , p. 93.
88. Grey, I, pp. 312 – 13.
89. 请参阅 Heffer, P&P, pp. 155 – 66，说明当时的统一党人是多么不愿意奉行国王提出的与法国达成谅解的政策。
90. G&T, p. 94.
91. Ibid. , p. 96.
92. Ibid. , p. 97.
93. Ibid. , p. 99.
94. RA GV/PRIV/GVD/1914: 25 July.
95. G&T, p. 100.
96. Ibid. , p. 102.
97. Martel, p. 280.
98. G&T, p. 102.
99. Ibid. , p. 104.
100. Ensor, p. 488; G&T, p. 111.
101. Asquith, II, p. 5.
102. Ibid. , p. 6.
103. G&T, p. 104.
104. Ibid. , p. 107.
105. *The Times*, 27 July 1914, p. 7.
106. Hammond, p. 177.

107. Scott, p. 91.
108. Hansard, Vol. 65 col. 729.
109. Ibid., cols 727 – 28.
110. Hansard, Vol. 65 col. 937.
111. Ibid., col. 938.
112. Grey, I, p. 337.
113. Morley, p. 1.
114. Ibid., p. 2.
115. Ibid., p. 3.
116. 伊舍的文件：ESHR 2/13，1915年1月17日的日记条目。
117. Scott, p. 93.
118. Riddell, p. 1.
119. Ibid.
120. Ibid., p. 8.
121. Ibid., p. 7.
122. Ibid., p. 9.
123. G&T, p. 118.
124. Ibid., p. 121.
125. Ibid.
126. G&T, p. 123.
127. Ibid., p. 124.
128. Ibid.
129. Ibid., p. 127.
130. G&T, p. 130.
131. Ibid., p. 133.
132. Ibid., p. 134.
133. Trevelyan, p. 249.
134. Ibid.
135. G&T, p. 138.
136. Ibid., p. 139.
137. Ibid., pp. 140 – 41.
138. Martel, p. 281.
139. Hansard, Vol. 65 col. 1123.
140. Asquith, VS, p. 129.
141. G&T, p. 155.
142. Ibid., p. 157.
143. G&T, p. 162.
144. Ibid., p. 163.
145. Ibid., p. 164.
146. Ibid.
147. Grey, I, p. 321.
148. G&T, p. 169.
149. *The Times*, 29 July 1914, p. 9.
150. Haig, p. 67.
151. G&T, p. 160.
152. Morley, G, I, p. 976.
153. Repington, I, p. 8.
154. G&T, p. 170.
155. Ibid., p. 171.
156. Haldane, p. 270.
157. Grey, I, p. 339.
158. G&T, p. 180.
159. Hansard, Vol. 65 col. 1324.
160. *The Times*, 30 July 1914, p. 7.
161. Asquith, VS, p. 133.
162. *The Times*, 30 July 1914, p. 7.
163. Asquith, II, p. 6.
164. G&T, p. 185.
165. Ibid., p. 194.
166. Ibid., p. 186.
167. Grey, I, p. 326.
168. G&T, p. 186.
169. *The Times*, 30 July 1914, p. 9.

170. G&T, p. 193.
171. Ibid. , p. 187.
172. Ibid. , p. 198.
173. Ibid. , p. 199.
174. Hansard, Vol. 65 col. 1574.
175. Asquith, II, p. 7.
176. G&T, p. 200.
177. Ibid. , p. 201.
178. G&T, p. 202.
179. Kynaston, p. 267.
180. *The Times*, 1 August 1914, p. 8.
181. Kynaston, p. 269.
182. *The Times*, 31 July 1914, p. 9.
183. Ibid. , p. 6.
184. Martel, p. 336.
185. Morley, p. 4. 在 1910 年至 1911 年的宪法危机中，阿斯奎斯的口头禅是“观望和等待”：请参阅 Heffer, AD, pp. 625 – 26。
186. Morley, p. 5.
187. Ibid. , pp. 6 – 7.
188. G&T, p. 217.
189. Grey, I, p. 329.
190. G&T, p. 220.
191. Ensor, p. 493.
192. Hansard, Vol. 65 cols 1787 – 88; Asquith, VS, p. 138.
193. Grey, I, p. 332.
194. G&T, p. 222.
195. Ibid. , p. 226.
196. Ibid. , p. 227.
197. Asquith, VS, p. 139.
198. G&T, p. 230.
199. Asquith, II, p. 7.
200. G&T, p. 235.
201. Ibid.
202. Ibid. , p. 236.
203. Ibid. , p. 227.
204. Ibid. , p. 228.
205. Ibid. , p. 229.
206. Ibid. , p. viii.
207. *The Times*, 1 August 1914, p. 6.
208. Ibid. , p. 9.
209. RA GV/PRIV/GVD/1914: 1 August.
210. Asquith, II, p. 7.
211. Grey, I, p. 334.
212. Grey, II, p. 1.
213. Ibid. , p. 10.
214. G&T, p. 241.
215. Ibid. , p. 243.
216. Asquith, VS, p. 140.
217. Wilson, p. 19.
218. *The Times*, 4 August 1914, p. 2.
219. G&T, p. 253.
220. Ibid. , p. 260.
221. Ibid. , p. 252.
222. Ibid. , p. 259.
223. Amery, p. 104.
224. 劳埃德的文件：GLLD 28/6, 1914 年 8 月 1 日的日记条目。
225. Asquith, II, p. 7.
226. Kerry, p. 245.
227. PA: BL/34/3/3.

228. 克鲁的文件：1918 年 8 月 11 日阿斯奎斯写给克鲁的信。阿斯帕西娅是伯里克利的情妇，也是苏格拉底的朋友，她是一家妓院的女老板。
229. *The Times*, 2 August 1914, p. 4.
230. Ibid., p. 6.
231. 引述自 *The Times*, ibid., p. 5.
232. 劳埃德的文件：GLLD 28/6，1914 年 8 月 2 日的日记条目。
233. Asquith, II, p. 8.
234. Ibid.
235. *The Times*, 3 August 1914, p. 8.
236. Asquith, II, p. 8.
237. Morley, p. 10.
238. Ibid., p. 12.
239. Ibid., p. 13.
240. Ibid.
241. G&T, p. 274.
242. Morley, p. 15.
243. Ibid., p. 18.
244. Samuel, p. 104.
245. *The Times*, 3 August 1914, p. 7.
246. Morley, pp. 22 – 23.
247. 伊舍的文件：ESHR 2/13，1914 年 8 月 3 日的日记条目。
248. Heffer, AD, pp. 810 – 16.
249. Amery, p. 105.
250. Morley, p. 25.
251. Hankey, I, p. 162.
252. Asquith, II, p. 14.
253. Simon, p. 95.
254. G&T, p. 290.
255. Ibid., p. 294.
256. Asquith, II, p. 20.
257. *The Times*, 3 August 1914, p. 3.
258. Ibid., 4 August 1914, p. 2.
259. Grey, II, p. 14.
260. Hansard, Vol. 65 col. 1809.
261. Ibid., col. 1810.
262. Ibid., col. 1816.
263. Ibid., col. 1818.
264. Ibid., col. 1821.
265. Ibid., col. 1822.
266. Ibid., col. 1823.
267. Ibid., col. 1824.
268. Grey, II, p. 15.
269. Hansard, Vol. 65 col. 1825.
270. Ibid., col. 1826.
271. Ibid., col. 1827.
272. Trevelyan, p. 265.
273. Hansard, Vol. 65 col. 1828.
274. Ibid., col. 1829.
275. Ibid., col. 1831.
276. Riddell, p. 6.
277. Steed, II, p. 27.
278. G&T, p. 297.
279. Ibid., p. 302.
280. Asquith, VS, p. 148.
281. *The Times*, 4 August 1914, p. 4.
282. Hansard, Vol. 65 col. 1833.
283. RA GV/PRIV/GVD/1914: 3 August.
284. Hansard, Vol. 65 col. 1834.

285. Ibid. , col. 1835.
286. Ibid. , col. 1836.
287. Ibid. , col. 1838.
288. Ibid. , col. 1841.
289. Ibid. , col. 1843.
290. Ibid. , col. 1861.
291. Ibid. , col. 1865.
292. Ibid. , cols 1867 – 68.
293. Ibid. , col. 1880.
294. Martel, p. 136.
295. Grey, II, p. 20.
296. Morley, p. 29.
297. Ibid. , p. 30.
298. Ibid. , p. 31.
299. G&T, p. 308.
300. Ibid.
301. Ibid. , p. 311.
302. Ibid. , p. 312.
303. Ibid. , p. 314.
304. Ibid. , p. 347.
305. Ibid. , p. 351.
306. Hansard, Vol. 65 col. 1927.
307. Asquith, II, p. 21.
308. Scott, p. 99.
309. G&T, p. 318.
310. Ibid. , p. 320.
311. Haig, p. 67.
312. G&T, p. 328.
313. Samuel, p. 105.
314. G&T, p. 330.
315. Ibid. , p. 360.
316. Ibid. , p. 355.
317. RA GV/PRIV/GVD/1914: 4 August.
318. Hankey, I, p. 165.
319. Strachan, p. 162.
320. *The Times*, 5 August 1914, p. 6.
321. Darroch, p. 141.
322. Russell, II, p. 15.
323. *The Times*, 5 August 1914, p. 9.

第二章　战争

1. *The Times*, 5 August 1914, p. 10.
2. Ibid. , 10 August 1914, p. 9.
3. Keynes, p. 133.
4. *The Times*, 6 August 1914, p. 3.
5. G&T, p. 339.
6. Russell, II, p. 16.
7. 检索自 http://www. nationalmuseum. af. mil/Visit/Museum – Exhibits/Fact – Sheets/Display/Article/579656/neutrality – league – announcement – no – 2 – 1914/。
8. *The Times*, 5 August 1914, p. 7.
9. Ibid, 6 August 1914, p. 3.
10. Ibid, 15 August 1914, p. 3.
11. Hyman, p. 149.
12. See Heffer, AD, pp. 337 – 57.
13. Hyman, p. 149.
14. Postgate, p. 152.
15. *The Times*, 5 August 1914, p. 8.
16. DeGroot II, p. 65.
17. Parker, p. 39.
18. Riddell, p. 13.

19. Russell, II, p. 17.
20. Parry, p. 216.
21. *The Times*, 7 August 1914, p. 1.
22. VBC, p. 7.
23. *The Times*, 12 August 1914, p. 7.
24. Webb, III, p. 218.
25. Hansard, Vol. 66 col. 38.
26. Scott, p. 101.
27. Hammond, p. 181.
28. *The Times*, 5 August 1914, p. 7.
29. Sommer, p. 307.
30. Heffer, AD, pp. 483 – 84.
31. Asquith, Diary, p. 24.
32. Asquith, VS, p. 153.
33. Ibid., pp. 39 – 40.
34. 劳埃德的文件：GLLD 28/6，1914年8月6日的日记条目。
35. Asquith, VS, p. 157.
36. Adams I, p. 5.
37. Scott, p. 100.
38. Churchill R., p. 184.
39. Hansard, Vol. 66 col. 805.
40. Asquith, VS, p. 177.
41. Ibid., p. 241.
42. *The Times*, 15 August 1914, p. 3.
43. Hynes, p. 88.
44. Holroyd, II, p. 348.
45. Ibid., p. 349.
46. Ibid., p. 354.
47. Ibid., p. 355.
48. Hansard, Vol. 68 col. 305.
49. Ibid., col. 306.
50. Ibid., col. 307.
51. Ibid., col. 308.
52. Morrell I, p. 277.
53. *The Times*, 2 September 1914, p. 9.
54. Holroyd, II, p. 345.
55. Chitty, p. 220.
56. OFMH, p. 108.
57. Hynes, p. 36.
58. Hansard, Vol. 65, col. 2076.
59. Ibid., col. 2077.
60. Ibid., col. 2079.
61. Asquith, VS, p. 157.
62. Hansard, Vol. 65 col. 1986.
63. Andrew, p. 58.
64. 请参阅 Hansard, Vol. 66 col. 267。
65. Hansard, Vol. 65 col. 1989.
66. Hansard (Lords), Vol. 18 col. 501.
67. *The Times*, 12 August 1914, p. 3.
68. Ibid., 15 August 1914, p. 3.
69. Ibid.
70. Fox, p. 47.
71. Stevenson F., p. 3.
72. *The Times*, 21 September 1914, p. 9.
73. Ibid., 23 October 1914, p. 4.
74. Ibid., 24 October 1914, p. 3.
75. Haste, p. 113.
76. Asquith, VS, p. 285.
77. Ibid., p. 286.

78. Searle, p. 245.
79. *The Times*, 30 October 1914, p. 10.
80. RA GV/PRIV/GVD/1914: 29 October.
81. *The Times*, 30 October 1914, p. 9.
82. Gilbert III (C), I, p. 226.
83. *The Times*, 6 August 1914, p. 3.
84. Ibid., 15 August 1914, p. 3.
85. Andrew, p. 55.
86. *The Times*, 31 October 1914, p. 4.
87. Hansard, Vol. 68 col. 126.
88. Ibid., cols 134 – 35.
89. *The Times*, 11 November 1914, p. 9.
90. Hansard (Lords), Vol. 18 col. 72.
91. Andrew, p. 53.
92. Hansard (Lords), Vol. 18 col. 74.
93. Ibid., col. 83.
94. Hankey, I, p. 220.
95. Hansard (Lords), Vol. 18 col. 133.
96. Andrew, pp. 75 – 76.
97. *The Times*, 29 September 1914, p. 3.
98. Taylor I, p. 1.
99. Hankey, I, p. 4.
100. Asquith, VS, p. 326.
101. Hankey, I, p. 184.
102. Asquith, VS, p. 187.
103. Cooper, p. 52.
104. Hansard, Vol. 65, col. 2197.
105. Ibid., col. 2198.
106. *The Times*, 10 August 1914, p. 5.
107. Ibid., 11 August 1914, p. 2.
108. Hansard, Vol. 65 col. 2082.
109. Asquith, Diary, p. 15.
110. Repington, II, p. 198.
111. Hansard, Vol. 65 col. 2213.
112. Meleady, p. 301.
113. Ibid., Vol. 65 col. 2298.
114. Petrie, II, pp. 1 – 2.
115. PA: BL/34/5/2.
116. Blake, p. 229.
117. Petrie, II, p. 11.
118. *The Times*, 15 September 1914, p. 10.
119. Hansard, Vol. 66 col. 882.
120. Ibid., col. 893.
121. Ibid., col. 894.
122. *The Times*, 14 September 1914, p. 9.
123. Hansard, Vol. 66 col. 902.
124. Ibid., col. 905.
125. Asquith, VS, p. 240.
126. Hansard, Vol. 66 col. 905.
127. RA GV/PRIV/GVD/1914: 17 September.
128. *The Times*, 17 September 1914, p. 10.
129. Haig, p. 69.
130. PA: BL/117/1/2.

131. Callwell, I, p. 159.
132. Robertson, I, pp. 56 – 57.
133. Haig, p. 70.
134. Asquith, VS, p. 164.
135. Holmes, p. 1.
136. Asquith, VS, p. 168.
137. Hansard (Lords), Vol. 66 col. 501.
138. Hankey, I, p. 187.
139. Asquith, VS, p. 190.
140. Ibid., p. 195.
141. Ibid., p. 197.
142. Ibid., p. 191.
143. Gilbert, III (C), I, p. 54.
144. Asquith, Diary, p. 23.
145. Hansard, Vol. 65 col. 2154.
146. Ibid., col. 2155.
147. Ibid., col. 2201.
148. Taylor II, p. 86.
149. Clark A., p. 3.
150. Wilson, p. 26.
151. Ibid., p. 27.
152. J. M. McEwen: 'Northcliffe and Lloyd George at War, 1914 – 1918', The Historical Journal, Vol. 24, No. 3, p. 651.
153. Hansard, Vol. 66 col. 373.
154. Ibid., col. 454.
155. Ibid., col. 455.
156. Ibid., col. 477.
157. Ibid., col. 481.
158. 伊舍的文件：ESHR 2/13，1914 年 8 月 31 日的日记条目。
159. Campbell, p. 378.
160. *The Times*, 1 September 1914, p. 9.
161. 诺思克利夫的文件：BL Add MS 65156.
162. Gilbert, III (C), I, p. 96.
163. Asquith, VS, p. 395.
164. *The Times*, 21 September 1914, p. 9.
165. Asquith, VS, p. 226. 这句法语的大致意思是“拭目以待”。
166. E&H, p. 119.
167. *The Times*, 2 September 1914, p. 4; ibid., 3 September, p. 4.
168. 1914 年 8 月 19 日的军事命令，检索自 https://www.firstworldwar.com/source/kaisercontemptible.htm。
169. *The Times*, 3 September 1914, p. 4.
170. Hansard, Vol. 66 col. 607.
171. Ibid., col. 608.
172. Ibid., col. 610.
173. Ibid., col. 614.
174. Ibid., col. 664.
175. Ibid., col. 666.
176. Ibid., col. 667.
177. Asquith, VS, p. 234.
178. Ibid., p. 235.
179. Asquith, Diary, p. 34.
180. Webb, III, p. 217.

181. Bell, p. 22.
182. *The Times*, 5 September 1914, p. 9.
183. Asquith, VS, p. 246.
184. Churchill R., p. 193.
185. DeGroot II, p. 24.
186. *The Times*, 5 October 1914, p. 10.
187. Ibid., 28 September 1914, p. 4.
188. Asquith, VS, p. 260.
189. Bell, p. 28
190. Asquith, VS, p. 266.
191. Ibid., p. 275.
192. Ibid., p. 285.
193. Bell, p. 36.
194. Stevenson F., p. 6.
195. Asquith, VS, p. 221.
196. Ibid., p. 243.
197. Ibid., p. 225.
198. Ibid., p. 232.
199. RA GV/PRIV/GVD/1914: 29 October.
200. Asquith, VS, p. 298.
201. Ibid., p. 266.
202. Samuel, p. 107.
203. Hankey, I, p. 217.
204. *The Times*, 3 October 1914, p. 3.
205. Ibid., 7 August 1914, p. 2.
206. 检索自 http://www.espncricinfo.com/magazine/content/story/763919.html。
207. *The Times*, 8 September 1914, p. 4.
208. Ibid., 4 March 1915, p 9.
209. Ibid., 5 March 1915, p. 9.
210. Ibid., p. 10.
211. Ibid., 6 March 1915, p. 9.
212. Ibid., 20 May 1915, p. 9.
213. Ibid., 22 May 1915, p. 5.
214. Asquith, Diary, p. 41. 如需了解这些苦难的详细叙述，请参阅 Heffer, AD, Chapters 14 to 18 passim。

第三章　同盟

1. Hansard, Vol. 68 col. 4.
2. *The Times*, 12 November 1914, p. 9.
3. Hansard, Vol. col. 348.
4. Ibid., col. 349.
5. Ibid., col. 351.
6. Ibid., col. 354.
7. Ibid., col. 370.
8. Ibid., col. 376.
9. Hankey, I, p. 242.
10. Asquith, VS, p. 309.
11. Hankey, I, p. 239.
12. *The Times*, 17 December 1914, p. 8.
13. Asquith, Diary, p. 61.
14. *The Times*, 17 December 1914, p. 9.
15. Hansard (Lords), Vol. 18 col. 295.

16. Ibid., cols 300 - 01.
17. Ibid., col. 302.
18. *The Times*, 21 January 1915, p. 9.
19. Hansard, Vol. 69 col. 1111.
20. Ibid., Vol. 70 col. 402.
21. Ibid., Vol. 69 col. 1223.
22. *The Times*, 11 November 1914, p. 4.
23. Hansard, Vol. 70 col. 154.
24. *The Times*, 3 March 1915, p. 10.
25. Asquith, VS, p. 448.
26. *The Times*, 3 March 1915, p. 11.
27. Hansard (Lords), Vol. 18 col. 720.
28. Ibid., col. 721.
29. Ibid., col. 722.
30. *The Times*, 10 November 1914, p. 4.
31. LG, I, p. 194.
32. Asquith, VS, p. 520.
33. Rose II, p. 174.
34. RA GV/PRIV/GVD/1915: 29 March.
35. Marvin Rintala, 'Taking the Pledge: H. H. Asquith and Drink', Biography, Vol. 16 No. 2, p. 110.
36. Grigg I, p. 438.
37. Scott, p. 121.
38. Asquith, Diary, p. 92.
39. Asquith, VS, p. 525 (n).
40. Asquith, Diary, p. 93.
41. Lee, p. 157.
42. Marvin Rintala, op. cit., p. 106.
43. Asquith, VS, p. 509.
44. Blake, p. 239.
45. Hansard, Vol. 71 col. 864.
46. Ibid., cols 872 - 73.
47. Ibid., col. 894.
48. 引述自 *The Times*, 1 May 1915, p. 10。
49. Ibid., 30 April 1915, p. 11.
50. Hansard, Vol. 71 col. 899.
51. *The Times*, 3 May 1915, p. 10.
52. Ibid.
53. *The Times*, 31 March 1915, p. 5.
54. Hansard, Vol. 71 col. 256.
55. *The Times*, 29 April 1915, p. 5.
56. Ibid., 1 April 1915, p. 5.
57. Ibid., 19 March 1915, p. 10.
58. Ibid., 19 April 1915, p. 5.
59. Stevenson F., p. 6.
60. Clark A., p. 57.
61. *The Times*, 23 April 1915, p. 5.
62. Ibid., 20 April 1915, p. 4.
63. Hansard, Vol. 71 col. 834.
64. Russell, II, p. 51.
65. Gilbert III (C), I, p. 107.
66. Riddell, p. 36.
67. Stevenson F., p. 3.
68. Asquith, VS, p. 298.
69. Asquith, Diary, p. 45.
70. Ibid., p. 311.
71. Ibid., p. 317.

72. Hankey, I, p. 238.
73. Asquith, VS, p. 184.
74. Asquith, MR, II, p. 43.
75. Asquith, VS, p. 327.
76. PRO CAB 42/1/11.
77. Asquith, VS, p. 331.
78. 伊舍的文件：ESHR 2/13，1914年12月18日的日记条目。
79. Grey, II, p. 69.
80. Asquith, VS, p. 345.
81. Ibid., p. 346.
82. Gilbert III (C), I, p. 347.
83. Asquith, Diary, p. 68.
84. Grigg I, pp. 192 – 93.
85. Asquith, VS, p. 356.
86. Ibid., p. 359.
87. Bell, p. 85.
88. Gilbert III (C), I, p. 380.
89. Ibid., p. 367.
90. *The Times*, 22 January 1915, p. 33.
91. Ibid.
92. Newton, p. 445.
93. Blake, p. 238.
94. Asquith, VS, p. 387.
95. Bell, p. 76.
96. Gilbert III (C), I, p. 433.
97. 伊舍的文件：ESHR 2/13，1915年1月24日的日记条目。
98. Gilbert III (C), I, p. 461.
99. Asquith, VS, p. 405.
100. Asquith, MR, II, p. 88.
101. Robertson, I, p. 147.
102. Rose II, p. 173.
103. Taylor F., p. 18.
104. *The Times*, 9 February 1915, p. 8.
105. Hansard, Vol. 69 col. 146.
106. Ibid., cols 220 – 22.
107. Ibid., col. 330.
108. Ibid., col. 332.
109. Ibid., col. 333.
110. *The Times*, 9 February 1915, p. 9.
111. Riddell, p. 62.
112. Ibid., p. 449.
113. Asquith, VS, p. 445.
114. Hansard, Vol. 70 col. 598.
115. Roskill, I, p. 168.
116. Gilbert III (C), I, p. 710.
117. Roskill, I, p. 168.
118. Barnett, p. 85.
119. Hansard, Vol. 70 col. 501.
120. Ibid., Vol. 71 col. 314.
121. Asquith, Diary, p. 73.
122. Ibid., pp. 88 – 89.
123. Newton, p. 445.
124. Asquith, Diary, p. 84.
125. Asquith, VS, p. 165.
126. Ibid., p. 423.
127. Hankey, I, p. 289.
128. Asquith, VS, p. 508.
129. Ibid., p. 484.
130. Ibid., p. 491.

131. 请参阅 Asquith, VS, pp. 502 – 03。
132. Riddell, p. 65.
133. Wilson, p. 80.
134. Scott, p. 119.
135. Ibid. , p. 120.
136. Riddell, p. 78.
137. Asquith, VS, p. 519.
138. Grigg I, p. 224.
139. Wilson, p. 75.
140. Asquith, VS, p. 514.
141. Ibid. , p. 522.
142. Riddell, p. 98.
143. PRO CAB 42/2/17.
144. Asquith, VS, p. 520.
145. Wilson, p. 81.
146. Asquith, VS, p. 551.
147. Ibid. , p. 553.
148. Hankey, I, p. 299.
149. *The Times*, 16 April 1915, p. 5.
150. VBC, p. 39.
151. Thompson II, p. 55.
152. *The Times*, 1 April 1915, p. 4.
153. Ibid. , 19 April 1915, p. 4.
154. Ibid. , 20 April 1915, p. 11.
155. Ibid. , 21 April 1915, p. 9.
156. Ibid. , p. 10.
157. Adams I, p. 15.
158. Asquith, VS, p. 560.
159. *The Times*, 21 April 1915, p. 9.
160. Asquith, Diary, p. 101.
161. Ibid. , p. 103.
162. Asquith, VS, p. 557.
163. Ibid.
164. Ibid. , p. 558.
165. Ibid. , p. 562.
166. Ibid.
167. *The Times*, 22 April 1915, p. 11.
168. Ibid. , 28 April 1915, p. 5.
169. Ibid. , 22 April 1915, p. 11.
170. Asquith, VS, p. 564.
171. Hansard, Vol. 71 col. 313.
172. Ibid. , col. 315.
173. *The Times*, 23 April 1915, p. 9.
174. Asquith, VS, p. 583.
175. Ibid. , pp. 597 and 589.
176. Ibid. , 6 May 1915, p. 9.
177. Wilson, p. 87.
178. *The Times*, 26 May 1915, p. 9.
179. Postgate, p. 157.
180. Hyman, p. 132.
181. Stevenson II, p. 15.
182. *The Times*, 10 May 1915, p. 9.
183. Ibid. , 8 May 1915, p. 9.
184. *The Times*, 11 May 1915, p. 9.
185. 伊舍的文件：ESHR 2/14, 1915 年 5 月 9 日的日记条目。
186. Asquith, VS, p. 590.
187. Ibid. , p. 593.
188. Ibid. , p. 596.
189. 阿斯奎斯的文件：MS. Eng. lett. c. 542/1/6。
190. Asquith, Diary, p. 109.
191. Jolliffe, p. 202.

192. VBC, pp. 49 – 50.
193. *The Times*, 13 May 1915, p. 10.
194. Asquith, Diary, p. 112.
195. *The Times*, 15 May 1915, p. 9.
196. Ibid., p. 7.
197. Ibid., 13 May 1915, p. 9.
198. Hansard, Vol. 71 col. 1842.
199. Ibid., Vol. 83 col. 1071.
200. *The Times*, 13 May 1915, p. 9.
201. Ibid., 18 May 1915, p. 4.
202. 如需了解雷普顿的背景资料，请参阅 Heffer, AD, pp. 553 – 54。
203. *The Times*, 14 May 1915, p. 8.
204. P&H, p. 475.
205. Riddell, p. 87.
206. W. Michael Ryan, 'From "Shells Scandal" to Bow Street: The Denigration of Lieutenant-Colonel Charles à Court Repington', *The Journal of Modern History*, Vol. 50 No. 2, p. D1099.
207. *The Times*, 20 May 1915, p. 9.
208. Repington, I, p. 35.
209. *The Times*, 14 May 1915, p. 9.
210. Repington, I, p. 36.
211. *The Times*, 17 May 1915, pp. 9 – 10.
212. Gilbert III (C), II, p. 864.
213. Stevenson F., p. 49.
214. Petrie, II, p. 20.
215. Asquith, Diary, p. 110.
216. Ibid., p. 111.
217. Gilbert III (C), II, p. 887.
218. Stevenson F., p. 50.
219. Gilbert III (C), II, p. 888.
220. Ibid., p. 889.
221. Riddell, p. 93.
222. 伊舍的文件：ESHR 2/14，1915 年 5 月 17 日的日记条目。
223. Asquith, *Diary*, p. 153.
224. Riddell, p. 94.
225. Hankey, I, p. 318.
226. VBC, p. 53.
227. Davidson, p. 25.
228. Hamilton, p. 253.
229. Asquith, *MR*, II, p. 95.
230. 伊舍的文件：ESHR 2/14，1915 年 5 月 17 日的日记条目。
231. Beaverbrook I, I, p. 102.
232. Hankey, I, p. 315.
233. *The Times*, 18 May 1915, p. 9.
234. RRJ, p. 79.
235. DeGroot II, p. 120.
236. Petrie, II, p. 27.
237. Bell, p. 177.
238. Rose II, p. 189; RA GV/PRIV/GVD/1915: 22 May.
239. Gilbert III (C), I, p. 191.
240. RRJ, p. 77.
241. 伊舍的文件：ESHR 2/14，1915 年 5 月 18 日的日记条目。
242. O'Brien, p. 262.
243. Asquith, *Diary*, p. 154.

244. *The Times*, 19 May 1915, p. 9.
245. Hankey, I, p. 316.
246. Asquith, MR, II, p. 93.
247. Roskill, I, p. 174.
248. 伊舍的文件：ESHR 2/14, 1915 年 5 月 19 日的日记条目。
249. Nicolson, p. 263.
250. Gilbert III（C）, II, p. 911.
251. Asquith, *Diary*, p. 122.
252. Hansard, Vol. 71 col. 2392.
253. Ibid., col. 2393.
254. Asquith C., p. 25.
255. Asquith, Diary, p. 123.
256. *The Times*, 20 May 1915, p. 9.
257. Asquith, *Diary*, p. 124.
258. Gilbert, III（C）, II, p. 919.
259. VBC, p. 53.
260. Gilbert, III（C）, II, p. 921.
261. Asquith, *Diary*, p. 133.
262. VBC, p. 57.
263. Asquith, *Diary*, p. 107.
264. Stevenson F., p. 52.
265. Riddell, p. 89.
266. Gilbert, III（C）, II, p. 924.
267. Asquith, *Diary*, p. 113.
268. Bell, p. 185.
269. Gilbert, III（C）, II, p. 927.
270. Riddell, p. 90.
271. Scott, p. 244.
272. Davidson, p. 25.
273. LG, I, p. 147.
274. Adams I, p. 39.
275. Wells, JP, p. 579.
276. Searle, p. 275.
277. Haig, p. 125.
278. Hansard, Vol. 72 col. 162.
279. Asquith, *Diary*, p. 109.
280. Stevenson I, p. 382.
281. Haste, p. 157.
282. Asquith, *Diary*, p. 145.
283. Hankey, I, p. 319.
284. Wilson, p. 92.
285. Samuel, p. 109.
286. Asquith, *Diary*, p. 137.
287. 克鲁的文件：1915 年 7 月 4 日克鲁写给阿斯奎斯的信。
288. Haldane, p. 282.
289. Ibid., p. 283.
290. Grey, II, p. 237.
291. Ibid., p. 238.
292. Trevelyan, p. 278.
293. Hansard（Lords）, Vol. 18 col. 1017.
294. Ibid., col. 1021.
295. Ibid., col. 1019.
296. *The Times*, 24 May 1915, p. 7.
297. Thompson I, p. 240.
298. Beaverbrook I, I, pp. 116 – 118.
299. *The Times*, 4 November 1915, p. 3.
300. 伊舍的文件：ESHR 2/14, 1915 年 5 月 21 日的日记条目。
301. Repington, I, p. 41.
302. Steed, II, p. 73.

303. Thompson I, p. 245.
304. Haig, p. 35.
305. *The Times*, 22 May 1915, p. 9.
306. 汉基的文件：HNKY 5/1/1。
307. Riddell, p. 84.
308. Taylor I, p. 27.
309. Hankey, I, p. 317.
310. *The Times*, 26 May 1915, p. 5.
311. RA PS/PSO/GV/C/R/225.
312. *The Times*, 27 May 1915, p. 9.
313. Hankey, I, p. 337.
314. Scott, p. 125.
315. Ibid., p. 126.
316. Hansard, Vol. 72 col. 557.
317. Ibid., col. 559.
318. Ibid., col. 560.
319. Asquith, *Diary*, p. 157.
320. Ibid., p. 158.
321. 阿斯奎斯的文件：MS. Eng. lett. c. 542/1/108。
322. Ibid.: MS. Eng. lett. c. 542/1/118.
323. Ibid.: MS. Eng. lett. c. 542/1/195.
324. Ibid.: MS. Eng. lett. c. 542/1/198.
325. 我非常感谢威廉·斯特拉特（William Strutt）阁下提供这一信息。阿斯奎斯写给斯特拉特小姐的信保存在瑞利档案馆。
326. *The Times*, 18 June 1915, p. 5.
327. Grigg I, p. 264.
328. Barnett, p. 113.
329. *The Times*, 5 June 1915, p. 10.
330. Ibid., 9 June 1915, p. 8.
331. Ibid., 11 June 1915, p. 11.
332. Ibid., 14 June 1915, p. 8.
333. Webb, III, p. 235.
334. Adams I, p. 53.
335. *The Times*, 3 July 1915, p. 9.
336. Callwell, I, p. 236.
337. Asquith, Diary, p. 163.
338. Ibid, pp. 146 – 47.
339. *The Times*, 16 January 1915, p. 9.

第四章 征兵

1. *The Times*, 10 July 1915, p. 8.
2. Ibid., 7 July 1915, p. 3.
3. Ibid., 25 June 1915, p. 3.
4. Ibid., 15 February 1916, p. 8.
5. Boothby, p. 16.
6. *The Times*, 23 October 1915, p. 7.
7. Ibid., 18 October 1915, p. 5.
8. Haste, p. 90.
9. *The Times*, 23 October 1915, p. 7.
10. Ibid., 19 October 1915, p. 9.
11. Hansard (Lords), Vol. 19 col. 1103.
12. *The Times*, 22 October 1915, p. 9.
13. Ibid., 26 October 1915, p. 8.
14. Pope-Hennessy, p. 501.
15. Clark A., p. 90.
16. Asquith, Diary, p. 94.

17. Asquith, VS, p. 569.
18. *The Times*, 26 April 1915, p. 5.
19. Wells, *JP*, p. 582.
20. Brooke, 1914, p. 11.
21. Ibid., p. 15.
22. 检索自：https://www.poetryfoundation.org/poems/57324/i-saw-a-man-this-morning。
23. Hynes, p. 10.
24. *The Times*, 5 May 1916, p. 9.
25. D. H. Lawrence, The Rainbow, Chapter 12.
26. Morrell II, p. 74.
27. *The Times*, 23 May 1916, p. 5.
28. 帕里的文件：帕里，1916年3月10日的日记条目。
29. Haste, p. 27.
30. 如需了解福西特夫人，请参阅 Heffer, *HM*, pp. 619 – 24, and Heffer, *AD*, pp. 709ff.
31. Riddell, p. 99.
32. 伊舍的文件：ESHR 2/14，1915年6月24日的日记条目。
33. *The Times*, 7 June 1915, p. 5.
34. Scott, p. 126.
35. *The Times*, 14 July 1915, p. 9.
36. Ibid., 16 July 1915, p. 10.
37. Ibid., 20 July 1915, p. 7.
38. Ibid., 22 July 1915, p. 7.
39. Ibid., 21 May 1915, p. 9.
40. Hansard, Vol. 72 cols 81 – 82.
41. Ibid., col. 349.
42. *The Times*, 7 June 1915, p. 9.
43. 克鲁的文件：1915年7月4日克鲁写给阿斯奎斯的信。
44. Churchill R., p. 185.
45. Ibid., p. 186.
46. Adams I, p. 116.
47. *The Times*, 19 July 1915, p. 9.
48. Taylor I, p. 38.
49. *The Times*, 9 July 1915, p. 3.
50. Ibid., 3 August 1915, p. 2.
51. Clark A., p. 83.
52. *The Times*, 29 November 1915, p. 3.
53. Amery, p. 123.
54. Hansard, Vol. 73 col. 2395.
55. Ibid., col. 2397.
56. Ibid., col. 2398.
57. Ibid., col. 2425.
58. Ronaldshay, III, p. 135.
59. Amery, p. 124.
60. *The Times*, 18 August 1915, p. 7.
61. Gilbert III (C), II, p. 1139.
62. *The Times*, 25 August 1915, p. 7.
63. Asquith, Diary, p. 185.
64. Ibid., p. 187.
65. Wilson, p. 121 (n).
66. Riddell, p. 117.
67. Thompson II, p. 66.
68. Wilson, p. 119.
69. Scott, p. 132.
70. Ibid., p. 134.

71. Ibid. , p. 135.
72. 伊舍的文件：ESHR 2/15，1915年9月3日的日记条目。
73. Gilbert III（C），II，p. 1170.
74. Webb，III，p. 238.
75. *The Times*，10 September 1915，p. 9.
76. Grigg I，p. 291.
77. Bullock，I，p. 51.
78. Grigg I，p. 298.
79. Ibid.
80. Stevenson F. , p. 87.
81. Grigg I，p. 300.
82. Hansard，Vol. 77 col. 802.
83. Ibid. , col. 803.
84. *The Times*，22 May 1916，p. 5.
85. Ibid. , 2 November 1915，p. 5.
86. Taylor I，p. 41.
87. *The Times*，30 September 1915，p. 7.
88. Ibid. , 4 October 1915，p. 9.
89. Hansard，Vol. 74 col. 34.
90. Roskill，I，p. 217.
91. Stevenson F. , p. 59.
92. Hansard，Vol. 74 cols 733 – 34.
93. Kerry，p. 254.
94. *The Times*，4 October 1915，p. 5.
95. Ibid. , 27 September 1915，p. 10.
96. Churchill R. , p. 192.
97. 引述自 Martin Farr，'Winter and Discontent：The December Crises of the Asquith Coalition，1915 – 1916'，*Britain and the World*，Vol. 4 No. 1，p. 118。
98. *The Times*，6 October 1915，p. 4.
99. Thompson II，p. 78.
100. *The Times*，11 October 1915，p. 9.
101. VBC，p. 81.
102. Ibid. , p. 83.
103. Asquith，*Diary*，p. 198.
104. Scott，p. 144.
105. Riddell，p. 126.
106. Gilbert III（C），II，p. 1219.
107. Asquith，*Diary*，p. 199.
108. Roskill，I，p. 227.
109. Stevenson F. , p. 70.
110. *The Times*，20 October 1915，p. 8.
111. Repington，I，p. 53.
112. Thompson II，p. 77.
113. Hankey，I，p. 434.
114. Hankey，II，p. 444.
115. 劳埃德的文件：GLLD 28/6，1915年11月27日的日记条目。
116. Hankey，II，p. 441.
117. 劳埃德的文件：GLLD 28/6，1915年11月27日的日记条目。
118. Haig，p. 97.
119. Ibid. , p. 109.
120. 请参阅 Heffer，*AD*，pp. 811 – 16；and DeGroot I，pp. 144 – 45。
121. Esher Papers：ESHR 2/15，diary entry for 13 November 1915.

122. Haig, p. 109.
123. 伊舍的文件：ESHR 2/15，1915年11月23日的日记条目。
124. 同上：ESHR 2/15，1915年11月25日的日记条目。
125. Holmes, p. 292.
126. Haig, p. 36.
127. 请参阅 Heffer, *AD*, p. 258.
128. Asquith, Diary, p. 218.
129. DeGroot, p. 213.
130. Repington, I, p. 88.
131. DeGroot, p. 214.
132. Robertson, I, pp. 165 – 66.
133. Gilbert III (C), II, p. 1250.
134. Scott, p. 158.
135. Ibid., p. 165.
136. Grigg I, p. 321.
137. Hankey, I, p. 424; Wilson, p. 127.
138. Hansard, Vol. 75 col. 367.
139. Hankey, I, p. 426.
140. *The Times*, 19 October 1915, p. 5.
141. Ibid., 23 October 1915, p. 7.
142. Ibid., 19 October 1915, p. 9.
143. Ibid., 23 October 1915, p. 3.
144. Hankey, I, p. 427.
145. *The Times*, 3 November 1915, p. 14.
146. Ibid., p. 11.
147. Ibid., p. 12.
148. Ibid., p. 14.
149. Scott, p. 154.
150. AP, p. 128.
151. Ibid., p.
155. 152. Ibid.
153. Asquith, *Diary*, p. 180.
154. 请参阅 Heffer, *AD*, pp. 483 – 84。
155. *The Times*, 25 November 1915, p. 9.
156. Ibid., 8 December 1915, p. 7.
157. Gilbert III (C), II, p. 1341.
158. *The Times*, 17 December 1915, p. 7.
159. Charman, p. 54.
160. Hansard, Vol. 77 col. 217.
161. AP, p. 134.
162. Ibid., p. 135.
163. *The Times*, 28 December 1915, p. 9.
164. RA PS/PSO/GV/C/R/260.
165. Stevenson F., p. 89.
166. Martin Farr, op. cit., p. 121.
167. Stevenson F., p. 90.
168. Trevelyan, p. 327.
169. 劳埃德的文件：GLLD 28/6，1915年12月3日的日记条目。
170. VBC, p. 90.
171. Nicolson II, p. 271.
172. RA GV/PRIV/GVD/1915: 30 December.
173. Hammond, pp. 190 – 91.
174. Robertson, I, pp. 294 – 95.

175. Hansard, Vol. 77 col. 936.
176. Ibid., col. 950.
177. *The Times*, 5 January 1916, p. 4.
178. Hansard, Vol. 77 col. 951.
179. Ibid., Vol. 104 col. 1366.
180. Ibid., Vol. 77 col. 954.
181. Ibid., col. 957.
182. Ibid., col. 953.
183. Ibid., col. 963.
184. Ibid., col. 978.
185. Asquith, *Diary*, p. 236.
186. Scott, p. 172.
187. Ibid., p. 169.
188. Stevenson F., p. 96.
189. Ibid., p. 98.
190. Simon, p. 107.
191. Taylor I, p. 55.
192. AP, p. 148.
193. E&H, p. 251.
194. Wells, JP, p. 579.
195. Scott, p. 161.
196. Gilbert III (C), II, p. 751.
197. Sommer, p. 333.
198. *The Times*, 1 December 1915, p. 9.
199. Ibid., 21 December 1915, p. 11.
200. Hansard, Vol. 77 col. 96.
201. Ibid., col. 122.
202. Ibid., col. 117.
203. Ibid., col. 118.
204. Ibid., col. 121.
205. *The Times*, 21 December 1915, p. 11.
206. Ibid., 24 January 1916, p. 5.
207. Clark A., p. 106.
208. Thompson I, p. 251.
209. Hansard (Lords), Vol. 22 col. 107.
210. Ibid., col. 126.
211. *The Times*, 24 January 1916, p. 10.
212. Hansard (Lords), Vol. 21 col. 87.
213. Ibid., col. 90.
214. Scott, p. 182.
215. Haig, p. 129.
216. Hansard, Vol. 80 col. 1430.
217. Gilbert III (C), II, p. 1083.
218. Scott, p. 183.
219. Hammond, p. 193.
220. Hansard, Vol. 80 col. 1563.
221. Ibid., col. 1570.
222. Ibid., cols 1571 – 72.
223. Ibid., col. 1575.
224. Scott, p. 191.
225. Asquith, *Diary*, p. 243.
226. Heffer, AD, p. 316.
227. Scott, p. 193.
228. Gilbert III (C), II, p. 1450.
229. Stevenson F., p. 102.
230. Hankey, II, p. 481.
231. Roskill, I, p. 256.
232. *The Times*, 1 April 1916, p. 3.
233. Thompson I, p. 252.

234. *The Times*, 30 March 1916, p. 9.
235. Thompson I, p. 253.
236. *The Times*, 13 April 1916, p. 6.
237. Webb, III, p. 252.
238. Repington, I, p. 185.
239. Scott, p. 197.
240. Steed, II, p. 131.
241. Lee, p. 148.
242. Riddell, pp. 170 – 71.
243. Scott, p. 197.
244. Ibid., p. 198.
245. Stevenson F., p. 107.
246. Scott, p. 199.
247. Ibid., p. 200.
248. Stevenson F., p. 107.
249. RA PS/PSO/GV/C/R/285.
250. Hansard, Vol. 82 col. 44; Roskill, I, p. 266.
251. Hansard, Vol. 82 col. 181.
252. Churchill R., p. 207.
253. *The Times*, 26 May 1916, p. 9.
254. Ibid., 15 September 1916, p. 9.
255. Hansard, Vol. 82 cols 1853 – 55.
256. *The Times*, 12 February 1916, p. 3.
257. Hansard, Vol. 82 col. 1856.
258. *The Times*, 14 February 1916, p. 4.
259. Hankey, II, p. 477.
260. Morrell II, p. 104.
261. Hynes, p. 146.
262. Hansard, Vol. 82 col. 646.
263. Ibid., col. 647.
264. Ibid., col. 648.
265. Ibid., col. 650.
266. *The Times*, 11 April 1916, p. 5.
267. Hansard, Vol. 86 col. 1256.
268. Ibid., Vol. 83 col. 126.
269. *The Times*, 16 March 1916, p. 5; ibid., 17 March 1916, p. 5.
270. Russell, II, p. 24.
271. Charman, pp. 61 – 62.
272. 伊舍的文件：ESHR 2/15，1916 年 3 月 17 日写给赫伯特·亨利·阿斯奎斯的信。
273. Repington, I, p. 333.
274. Grigg I, p. 338.
275. Wilson, p. 171.
276. Stevenson F., p. 105.
277. *The Times*, 29 March 1916, p. 10.
278. BL Add MS 62161 ff. 100 – 101.
279. *The Times*, 24 May 1916, p. 5.

第五章 叛乱

1. Scott, p. 114.
2. Ibid.
3. Hardinge, p. 6.
4. *The Times*, 31 October 1914, p. 9.
5. Meleady, p. 314.
6. *The Times*, 31 October 1914, p. 9. 如需了解詹姆斯·拉金及其追随者，请参阅 Heffer, *AD*, pp. 794 – 98。

7. Wilson, p. 58.
8. Ibid., p. 59.
9. *The Times*, 31 October 1914, p. 9.
10. Townshend I, p. 71.
11. *The Times*, 21 January 1915, p. 6.
12. 检索自：https://www.poetryfoundation.org/poems/57313/on-being-asked-for-a-war-poem。
13. Meleady, p. 320.
14. *The Times*, 3 July 1915, p. 6.
15. Wilson, p. 59.
16. 检索自：http://www.easter1916.net/oration.htm。
17. Townshend I, p. 115.
18. Ibid., pp. 83-84.
19. Danger eld, p. 147.
20. Hardinge, p. 7.
21. Townshend I, p. 106.
22. Ibid., p. 78.
23. Ibid., p. 79.
24. *The Times*, 4 March 1916, p. 8.
25. Midleton, p. 229.
26. Townshend I, p. 124.
27. Hansard (Lords), Vol. 21 col. 964.
28. Hardinge, p. 11.
29. Andrew, p. 87.
30. Townshend I, p. 135.
31. Ibid., p. 138.
32. Asquith C., p. 128.
33. Ferriter, p. 154.
34. Danger eld, p. 176.
35. 请参阅关于此的讨论：https://www.independent.ie/irish-news/why-pearse-may-not-have-read-out-the-1916-proclamation-at-gpo-after-all-30589327.html。
36. 文本摘录自：http://www.firstdail.com/? page_id=75。
37. Townshend I, p. 108.
38. Hankey, II, p. 475.
39. Townshend I, p. 183.
40. Gilbert III (C), I, p. 268.
41. Asquith C., p. 163.
42. Ibid.
43. 伊舍的文件：ESHR 2/16，1916年7月10日的日记条目。
44. *The Times*, 29 April 1916, p. 9.
45. Hansard, Vol. 82 col. 675W.
46. Townshend I, p. 246.
47. Ferriter, p. 158.
48. Townshend I, p. 270.
49. *The Times*, 1 May 1916, p. 10.
50. Webb, III, p. 254.
51. 普朗克特的文件：1916年5月4日的日记。
52. Dangerfield, p. 216.
53. Samuel, p. 116.
54. Townshend I, p. 272.
55. Ibid., p. 274.
56. Grigg I, p. 347.
57. Townshend I, p. 279.

58. Holmes, p. 325.
59. Dangerfield, p. 210.
60. Townshend I, p. 280.
61. Meleady, p. 370.
62. Hansard, Vol. 82 col. 283.
63. Ibid., col. 284.
64. Ibid., col. 285.
65. *The Times*, 12 May 1916, p. 5.
66. Scott, p. 206.
67. Hansard, Vol. 82 col. 32.
68. Ibid., col. 33.
69. Ibid., col. 35.
70. Ibid., col. 35.
71. Ibid., col. 36.
72. Ibid., col. 37.
73. Ibid., col. 38.
74. Scott, p. 205.
75. Hansard, Vol. 82 col. 935.
76. Ibid., col. 937.
77. Ibid., col. 938.
78. Ibid., col. 940.
79. Ibid., col. 951.
80. Ibid., col. 953.
81. Ibid., col. 955.
82. Ibid., col. 956.
83. Ibid., col. 957.
84. Ibid., col. 959.
85. 克鲁的文件：1916年5月14日阿斯奎斯写给塞缪尔的信的副本。
86. S&A, II, pp. 215 – 16.
87. Ibid., p. 216.
88. Ibid., p. 217.
89. Morrell II, p. 108.
90. *The Times*, 20 May 1916, p. 7.
91. Hansard, Vol. 82 cols 2075 – 76.
92. Scott, p. 207.
93. Hansard, Vol. 82 col. 2309.
94. Ibid., col. 2310.
95. Ibid., col. 2311.
96. Ibid., col. 2312.
97. Scott, p. 207.
98. Hansard, Vol. 82 col. 2535.
99. Meleady, p. 380.
100. Hansard, Vol. 82 col. 2958.
101. Scott, p. 217.
102. Riddell, p. 184.
103. 劳合·乔治的文件：1914年2月28日的日记。
104. Kerry, p. 259.
105. Ibid.
106. Adams III, p. 314.
107. RA PS/PSO/GV/C/R/291.
108. Hansard (Lords), Vol. 22 col. 388.
109. Ibid., col. 389.
110. *The Times*, 28 June 1916, p. 9.
111. Hansard (Lords), Vol. 22 col. 495.
112. Ibid., col. 496.
113. Ibid., col. 497.
114. Ibid., col. 498.
115. Ibid., col. 500.
116. Ibid., col. 501.

117. *The Times*, 30 June 1916, p. 6.
118. Hansard, Vol. 84 col. 57.
119. Ibid., col. 58.
120. Ibid., col. 59.
121. 请参阅 Heffer, *AD*, pp. 820 – 21。
122. Hardinge, p. 6.
123. Ibid., p. 4.
124. Ibid., p. 7.
125. Ibid., p. 11.
126. Ibid., p. 12.
127. Ibid., p. 13.
128. Hansard, Vol. 84 col. 2126.
129. Hansard (Lords), Vol. 22 col. 615.
130. Ibid., col. 619.
131. Ibid., col. 616.
132. Ibid., col. 617.
133. 克鲁的文件：1916 年 7 月 12 日阿斯奎斯写给克鲁的信。
134. Riddell, p. 201.
135. Ibid., p. 205.
136. *The Times*, 21 July 1916, p. 9.
137. Hansard, Vol. 84 col. 1340.
138. Ibid., col. 1430.
139. Ibid., cols 1433 – 34.
140. Ibid., col. 1438.
141. Ibid., col. 1452.
142. Ibid., col. 1461.
143. Ibid., col. 2123.
144. Ibid., cols 2125 – 26.
145. Ibid., col. 2131.
146. Ibid., col. 2135.
147. *The Times*, 5 August 1916, p. 3.
148. Hansard, Vol. 84 col. 2153.
149. *The Times*, 1 August 1916, p. 9.
150. Ibid., 24 July 1916, p. 10.
151. Stevenson F., p. 109.
152. *The Times*, 9 August 1916, p. 3.
153. Scott, p. 222.
154. Darroch, p. 182.
155. *The Times*, 4 August 1916, p. 7.

第六章　屠杀

1. Hankey, II, p. 479.
2. Ibid., p. 480.
3. 伊舍的文件：ESHR 2/16，1916 年 6 月 23 日写给赫伯特·亨利·阿斯奎斯的信。
4. Jellicoe, p. 136.
5. Hankey, II, p. 491.
6. Ibid., p. 492.
7. Scott, p. 214.
8. Riddell, p. 185.
9. *The Times*, 5 June 1916, p. 9.
10. Thompson II, p. 101.
11. Beaverbrook I, I, p. 205.
12. Taylor, p. 58.
13. 伊舍的文件：ESHR 2/16，1916 年 6 月 9 日写给道格拉斯·黑格爵士的信。
14. Hansard, Vol. 83 col. 146.
15. Hankey, II, p. 508.
16. Churchill R., p. 210.

17. Scott, p. 215.
18. Hansard, Vol. 82 col. 1344.
19. Scott, p. 216.
20. Ibid., p. 217.
21. Ibid., p. 218.
22. 伊舍的文件：ESHR 2/16，1916年6月9日写给道格拉斯·黑格爵士的信。
23. Rose II, p. 195.
24. *The Times*, 9 June 1916, p. 9.
25. Ibid., 21 June 1916, p. 9.
26. Scott, p. 219.
27. Ibid., p. 220.
28. 伊舍的文件：ESHR 2/16，1916年6月15日的日记条目。
29. Asquith, *Diary*, p. 267.
30. Ibid., p. 269.
31. Churchill R., p. 211.
32. Ibid., p. 268.
33. Petrie, II, p. 50.
34. Riddell, p. 207.
35. Scott, p. 224.
36. Roskill, I, p. 283; Haig, p. 135.
37. Haig, p. 139.
38. Hansard, Vol. 83 col. 1013.
39. Ibid., col. 1014.
40. Ibid., col. 1015.
41. *The Times*, 17 May 1916, p. 9.
42. Ibid., 6 June 1916, p. 5.
43. Brock Millman, 'HMG and the War against Dissent, 1914 - 18', *Journal of Contemporary History*, Vol. 40 No. 3, p. 424.
44. Morrell II, p. 111.
45. Hansard, Vol. 86 col. 826.
46. Morrell II, p. 124.
47. Ibid., p. 125.
48. Darroch, p. 219.
49. Ibid., p. 211 (n).
50. Morrell, p. 126.
51. Hankey, II, p. 494.
52. Ibid., p. 495.
53. DeGroot I, p. 225.
54. Hankey, II, p. 495.
55. Ibid., p. 215.
56. Scott, p. 213.
57. Haig, p. 150.
58. Ibid., p. 153.
59. *The Times*, 4 July 1916, p. 9.
60. Haste, p. 68.
61. 检索自：https://www.iwm.org.uk/history/what-happened-on-the-first-day-of-the-battle-of-the-somme。
62. Davidson, p. 39.
63. Haig, p. 154.
64. 伊舍的文件：ESHR 2/16，1916年7月9日的日记条目。原文中的“Degomméd”是伊舍在使用诺曼时代在英国所用的法语中对“degommé”一词的变体，指的是用枪击或打击而倒下。劳伦斯·伯吉斯是伊舍的门徒和前秘书，也是他最喜欢的人之一。伊舍为他在汉基那里谋得一份位于伦敦的工作，伯吉斯在政府部门拥有漫长而杰出的职业生涯。
65. Wells, JP, p. 585.
66. Roskill, I, p. 286.
67. DeGroot I, p. 256.
68. Riddell, p. 198.
69. *The Times*, 7 July 1916, p. 10.
70. Hart, p. 211.
71. Clark A., p. 165.
72. *The Times*, 29 May 1915, p. 9.
73. Hewett, p. 108.
74. Ibid., p. 109.
75. Ibid., p. 112.
76. Ibid., p. 113.
77. DeGroot II, p. 115.
78. *The Times*, 22 August 1916, p. 3.
79. Hynes, p. 122.
80. Ibid., p. 123.
81. Repington, I, p. 43.
82. Ibid., p. 44.
83. *The Times*, 13 July 1916, p. 5.
84. DeGroot I, p. 155.
85. Brandon, p. 220.
86. Ibid., p. 215.
87. Lodge, p. 197.
88. Wells, Britling, pp. 266 - 67.
89. Ibid., p. 269.
90. Riddell, p. 201.
91. Repington, I, p. 285.
92. Gilbert III (C), II, p. 1537.
93. Haig, p. 157.
94. 伊舍的文件：ESHR 2/16，1916年7月27日的日记条目。
95. DeGroot I, p. 258.
96. Ibid., p. 256.
97. Ibid., p. 257.
98. Haig, p. 158.
99. Ibid., p. 159.
100. 伊舍的文件：ESHR 2/16，1916年8月3日写给莫里斯·汉基中校的信。
101. Hansard, Vol. 85 col. 2298W.
102. Charman, p. 55.
103. Russell, II, p. 72.
104. *The Times*, 5 September 1916, p. 9.
105. Hansard, Vol. 86 col. 539.
106. Ibid., col. 827.
107. Ibid., col. 835.
108. *The Times*, 20 October 1916, p. 9.
109. Ibid., 12 September 1916, p. 5.
110. Ibid., p. 9.
111. Repington, I, p. 361.
112. *The Times*, 10 October 1916, p. 5.
113. Ibid., 26 October 1916, p. 9.
114. Ibid., 30 October 1916, p. 5.
115. Hansard, Vol. 86 col. 116.
116. Riddell, p. 215.
117. *The Times*, 7 October 1916, p. 10.

118. Ibid., 14 November 1916, p. 5.
119. Hansard, Vol. 86 col. 581.
120. Ibid., col. 583.
121. Ibid., col. 588.
122. Ibid., col. 652.
123. Ibid., col. 1483.
124. Ibid., col. 1485.
125. Ibid., col. 632.
126. Hansard, Vol. 85 col. 2508.
127. *The Times*, 9 August 1916, p. 3.
128. Ibid., 23 August 1916, p. 3.
129. Bilton, p. 127.
130. Haste, p. 32.
131. *The Times*, 25 September 1916, p. 10.
132. Wilson, p. 187.
133. Hansard, Vol. 85 col. 1451.
134. Ibid., cols 1451 - 2.
135. Wilson, p. 5.
136. 伊舍的文件：ESHR 2/16, 1916年9月17日的日记条目。
137. 请参阅 Heffer, *AD*, pp. 573 - 94。
138. BL Add. MS49758 f. 311.
139. 伊舍的文件：ESHR 2/17, 1916年9月29日的日记条目。
140. Grigg I, p. 425.
141. Ibid., p. 433.
142. PA: BBK/C/261.
143. Grigg I, p. 382.
144. Hansard, Vol. 86, col. 145.
145. Stevenson F., p. 115.
146. 伊舍的文件：ESHR 2/17, 1916年10月17日的日记条目。
147. Repington, I, p. 351.
148. Stevenson F., p. 115.
149. Ibid., p. 117.
150. Ibid.
151. Grigg I, p. 384.
152. Robertson, I, p. 301.
153. 伊舍的文件：ESHR 2/17, 1916年10月16日的日记条目。
154. Grigg I, p. 389.
155. Riddell, p. 219.
156. Hankey, II, p. 551.
157. Kerry, p. 264.
158. Asquith, *MR*, II, p. 142.

第七章　政变

1. Riddell, p. 203.
2. Hankey, II, p. 525.
3. Bell, p. 236.
4. Ibid., p. 246.
5. Ibid., p. 247.
6. Ibid., p. 205.
7. Ibid., p. 206.
8. 请参阅 Heffer, AD, p. 497ff。
9. Ibid., Ch. 18 passim.
10. Gilbert, III (C), II, pp. 1542 - 43.
11. Grey, II, p. 241.
12. Cooper, p. 54.
13. Haig, p. 183
14. Ibid., p. 164.

15. Hansard, Vol. 86 cols 101 – 2.
16. Ibid. , col. 103.
17. Ibid. , col. 106.
18. Ibid. , col. 108.
19. Ibid. , col. 111.
20. Roskill, I, p. 311.
21. Hankey, II, p. 556.
22. Ibid. , p. 557.
23. 伊舍的文件：ESHR 2/17，写给道格拉斯·黑格爵士的信，1916年9月26日。
24. Stevenson F. , p. 121.
25. Hansard, Vol. 86 col. 436.
26. Ibid. , col. 446.
27. Ibid. , col. 478.
28. Ibid. , col. 451.
29. Hansard, Vol. 85 col. 2248.
30. Ibid. , Vol. 86 col. 1438.
31. Ibid. , Vol. 87 col. 827.
32. Ibid. , col. 828.
33. Ibid. , col. 832.
34. Ibid. , col. 837.
35. Ibid. , col. 845.
36. Ibid. , col. 853.
37. Ibid. , col. 861.
38. Ibid. , col. 863.
39. *The Times*, 23 November 1916, p. 9.
40. Ibid. , 1 December 1916, p. 5.
41. Grigg I, p. 438.
42. Taylor, pp. 62 – 63; Hankey, II, p. 557.
43. Hankey, II, p. 515.
44. Stevenson F. , p. 122.
45. Davidson, p. 42.
46. Blake, p. 301.
47. Stevenson F. , p. 123.
48. Haig, p. 166.
49. Beaverbrook I, II, p. 135; Stevenson F. , p. 124.
50. Beaverbrook I, II, pp. 127 – 28.
51. Ibid. , p. 138.
52. Hankey, II, p. 564.
53. Davidson, p. 42.
54. Stevenson F. , p. 127.
55. Scott, p. 235.
56. Ibid. , p. 236.
57. Stevenson F. , p. 128.
58. Lee, p. 159.
59. Blake, p. 307.
60. PA: BL 117/1/29.
61. Asquith, MR, II, p. 148.
62. Beaverbrook II, p. xvi.
63. Lee, p. 160.
64. *The Times*, 1 December 1916, p. 9.
65. Stevenson F. , p. 129.
66. S&A, II, p. 252.
67. Asquith, Diary, p. 309.
68. Ibid. , p. 254.
69. Blake, p. 310.
70. PA: BL/117/1/30.
71. 阿斯奎斯的文件：MS. Eng. d. 3216，1918 年 2 月 8 日的日记

条目。

72. PA：BBK/C/261.

73. *The Times*, 2 December 1916, p. 9.

74. Hankey, II, p. 565.

75. Wilson, p. 205.

76. Roskill, I, p. 323.

77. 如需了解马可尼丑闻，请参阅 Heffer, AD, pp. 573 – 95。

78. Stevenson F., p. 130.

79. PA：BBK/C/220；Taylor II, p. 99；Beaverbrook I, I, p. 75.

80. Davidson, p. 43；Blake, p. 315.

81. Petrie, II, p. 57.

82. Hammond, p. 203.

83. Asquith, Diary, p. 307.

84. S&A, II, pp. 256 – 57.

85. Blake, p. 315.

86. Churchill R., p. 229.

87. Roskill, I, p. 326.

88. 阿斯奎斯的文件：MS 31 f. 20。

89. Ibid., MS 32 f. 21.

90. Hankey, II, p. 568.

91. Beaverbrook I, II, p. 244.

92. 请参阅 Martin Farr, 'Winter and Discontent：The December Crises of the Asquith Coalition 1915 – 1916,' *Britain and the World* Vol. 4 No. 1, p. 129。

93. S&A, II, p. 264.

94. Asquith, MR, II, p. 133.

95. RA GV/PRIV/GVD/1916：4 December.

96. Sommer, p. 352.

97. Roskill, I, p. 327.

98. Samuel, p. 120.

99. S&A, II, p. 265.

100. 伊舍的文件：ESHR 2/17，写给道格拉斯·黑格爵士的信，1916 年 12 月 4 日。

101. Scott, p. 248；S&A, II, pp. 266 – 67.

102. Blake, p. 332.

103. Gilmour, p. 457.

104. Grigg I, p. 466.

105. Young, p. 368.

106. 阿斯奎斯的文件：MS Eng. d. 3216，1917 年 11 月 19 日的日记条目。

107. Asquith C., p. 241. 丘纳德夫人——也称为“埃默拉尔德”——是一位先进的贵妇。

108. Ibid., p. 242.

109. RA GV/PRIV/GVD/1916：5 December. 110. Blake, p. 336.

111. RA PS/PSO/GV/C/K/1048A/1.

112. Ibid

113. PA：BL/81/1/1.

114. Martin Farr, op. cit., p. 137.

115. Ibid., p. 139.

116. Adams II, p. 239.

117. Lee, p. 162.

118. Grigg I, p. 475.

119. Thompson II, p. 115.

120. PA：BL 81/1/36.
121. McKinstry, p. 522.
122. Samuel, p. 124.
123. Gilbert, IV (C), I, p. 35.
124. Peter Fraser, 'Lord Beaverbrook's Fabrications in *Politicians and the War, 1914 - 1916*', *The Historical Journal*, Vol. 25 No. 1, pp. 151 - 52.
125. Riddell, p. 230.
126. Webb, III, p. 270.
127. Ibid., p. 271.
128. *The Times*, 7 December 1916, p. 9.
129. Ibid., 9 December 1916, p. 9.
130. Davidson, p. 45.
131. *The Times*, 9 December 1916, p. 6.
132. Stevenson F., p. 134.
133. Young, p. 372.
134. PA：BL 81/1/36.
135. Hankey, II, p. 570.
136. Keynes, p. 133.
137. Trevelyan, p. 333.
138. Riddell, p. 228.
139. S&A, II, p. 286.
140. Hankey, II, p. 573.
141. Ibid., p. 575.
142. Taylor I, p. 73.
143. BL Add MS 49831 f. 249.
144. *The Times*, 9 December 1916, p. 10.
145. Wilson, p. 206.
146. Ibid., p. 208.
147. Ibid., p. 212.
148. Thompson I, p. 263.
149. *Daily Mail*, 9 December 1916, p. 1.
150. Blake, p. 343.
151. Riddell, p. 213.
152. Ibid., p. 230.
153. Hansard (Lords), Vol. 23 col. 922.
154. Riddell, p. 243.
155. Grigg I, p. 484.
156. Hankey, II, p. 579.
157. S&A, II, p. 279.
158. Grigg II, p. 183.
159. Riddell, p. 231.
160. Hankey, II, p. 594.
161. Lloyd II, p. 22.
162. Robertson, I, p. 286
163. Ibid., p. 287.
164. Hankey, II, pp. 595 - 96.
165. 请参阅 Heffer, AD, pp. 594 - 95 and 701 - 2。
166. Kerry, p. 269.
167. Newton, p. 455.
168. Boothby, p. 18.
169. 伊舍的文件：ESHR 2/17，1917 年 1 月 1 日的日记条目。
170. PA：LG/F/29/1/2.
171. Repington, I, p. 412.
172. PA：LG/F/29/1/6.

173. PA：BL 81/1/67.
174. Hansard, Vol. 88 col. 796.
175. 检索自：https：//assets.publishing.service.gov.uk/government/uploads/system/uploads/attachment_data/file/733378/Civil-Service-Workforce-Headline-Statistics-March-2018.pdf。
176. Thompson II, p. 124.
177. Haig, p. 186.
178. Nicolson II, p. 294.
179. *The Times*, 13 December 1916, p. 11.
180. Hankey, II, p. 599.
181. Hansard, Vol. 88 col. 1333.
182. Ibid., col. 1338.
183. Ibid., cols 1340-41.
184. Ibid., col. 1341.
185. Ibid., col. 1342.
186. Ibid., col. 1343.
187. Ibid., col. 1346.
188. Ibid., col. 1347.
189. Ibid., col. 1348.
190. Ibid., col. 1350.
191. Ibid., col. 1352.
192. AP, p. 192. 沃尔夫后来在战争期间成为一位有名的诗人，即使是个二流诗人。
193. Hansard, Vol. 88 col. 1353.
194. Petrie, II, p. 65.
195. Hansard, Vol. 88 col. 1354.
196. Ibid., cols 1356-57.
197. Ibid., col. 1357.
198. Ibid., col. 1358.
199. Ibid., col. 1359.
200. Ibid., cols 1359-60.
201. *The Times*, 20 December 1916, p. 9.
202. 阿斯奎斯的文件：MS Eng. d. 3215，1917年5月28日的日记条目。

第八章　独裁

1. *The Times*, 7 March 1917, p. 17.
2. Hansard, Vol. 90 col. 38.
3. Ibid., col. 46.
4. PA：BBK/C/218a.
5. Hankey, II, p. 664.
6. NA：CAB 23/1：1916年12月27日战时内阁第20次会议的记录。
7. Stevenson F., p. 138.
8. Haig, p. 192.
9. 伊舍的文件：ESHR 2/18，1917年3月20日的日记条目。
10. Haig, p. 200.
11. Ibid., p. 201.
12. Ibid., p. 204.
13. Ibid., p. 205.
14. RA GV/PRIV/GVD/1917：1 March.
15. Haig, p. 126；Stevenson F., p. 147.
16. Haig, p. 203.

17. Robertson, II, p. 203.
18. Churchill R., p. 256.
19. Hansard, Vol. 91, col. 1755.
20. *The Times*, 9 March 1917, p. 9.
21. Hankey, II, p. 526.
22. Hansard, Vol. 91 col. 1754.
23. Ibid., cols 1758 – 59.
24. Ibid., col. 1760.
25. Ibid., col. 1764.
26. Ibid., col. 1765.
27. Ibid., col. 1798.
28. Ibid., col. 1803.
29. Ibid., col. 1807.
30. Brown, p. 84.
31. Thompson I, p. 273.
32. Hankey, II, p. 654.
33. Haig, p. 240.
34. Riddell, p. 249.
35. Gilbert, IV (C), I, p. 60.
36. Ibid., p. 59.
37. Stevenson F., p. 158.
38. 伊舍的文件：ESHR 2/19，写给道格拉斯·黑格爵士的信，1917年5月30日。
39. Gilbert, IV (C), I, p. 67; and see Heffer, AD, p. 808.
40. Gilbert, IV (C), I, p. 68.
41. Ibid., p. 69.
42. Ibid., p. 72.
43. Ibid., p. 74.
44. Ibid., p. 76.
45. Blake, p. 361.
46. Beaverbrook II, p. xiii.
47. Churchill R., p. 281.
48. Wilson, p. 220.
49. Grigg II, p. 193.
50. Beaverbrook II, p. 139.
51. Wilson, p. 221.
52. Gilbert, IV (C), I, p. 101.
53. Riddell, p. 257.
54. Renwick, p. 126.
55. 伊舍的文件：ESHR 2/20，写给艾利班克的默里勋爵的信，1917年7月28日。
56. Scott, p. 296.
57. Riddell, p. 291.
58. BL Add MS 62253 ff. 118 – 119.
59. Thompson I, p. 291.
60. Ibid., p. 293.
61. 伊舍的文件：ESHR 2/18，1917年2月4日的日记条目。
62. Searle, p. 310 (n).
63. *The Times*, 4 June 1917, p. 9.
64. Ibid., 8 August 1917, p. 7.
65. 伊舍的文件：ESHR 2/19，1917年6月9日的日记条目。
66. NA：CAB 23/2：1917年4月18日战时内阁第122次会议的记录，附录3。
67. Davidson, p. 279.
68. Hansard (Lords), Vol. 26 col. 835.
69. Ibid., col. 837.
70. Ibid., col. 839.

71. Thompson II, p. 124.
72. Chitty, p. 240.
73. S&W, p. 101.
74. Ibid., p. 102.
75. *The Times*, 23 February 1917, p. 6.
76. NA: CAB 23/1: 1917 年 2 月 17 日战时内阁第 71 次会议的记录。
77. Hansard, Vol. 90 col. 110.
78. See Heffer, AD, pp. 77 - 82.
79. Hansard, Vol. 92 col. 2455.
80. Ibid., col. 2252.
81. Ibid., col. 2456.
82. Stevenson I, p. 375.
83. PA: BBK/C/85.
84. Lee, p. 168.
85. Hankey, II, p. 643.
86. Hankey, II, pp. 639 - 40.
87. Stevenson II, p. 69.
88. E&H, p. 190.
89. Bilton, p. 92.
90. Riddell, p. 243.
91. 如需了解关于德文波特的详细信息，请参阅 Heffer, AD, pp. 594 - 95 and 701 - 2.
92. *The Times*, 19 February 1917, p. 9.
93. Ibid., 19 April 1917, p. 3.
94. NA: CAB 23/1: 1917 年 1 月 23 日战时内阁第 42 次会议的记录，附录 1。
95. *The Times*, 14 June 1918, p. 3.
96. Ibid., 31 March 1917, p. 3.
97. Ibid., 20 April 1917, p. 3.
98. Ibid., 26 April 1917, p. 9.
99. E&H, p. 194.
100. NA: CAB 23/2: 1917 年 3 月 19 日战时内阁第 99 次会议的记录。
101. NA: CAB 23/2: 1917 年 5 月 20 日战时内阁第 151 次会议的记录。
102. Stevenson F., p. 157.
103. Riddell, p. 253.
104. Ibid., p. 254.
105. *The Times*, 17 November 1916, p. 12.
106. Grigg II, p. 396.
107. *The Times*, 18 June 1917, p. 9.
108. Ibid., 6 August 1917, p. 4.
109. Ibid., 5 September 1917, p. 5.
110. Ibid., 3 October 1917, p. 3.
111. Ibid., 7 September 1917, p. 8.
112. Ibid., 8 September 1917, p. 8.
113. Ibid., 12 September 1917, p. 3.
114. Ibid., 5 December 1917, p. 5.
115. PA: LG/F/29/1/50.
116. PA: LG/F/29/1/51.
117. E&H, p. 217.
118. NA: CAB 23/4: 1917 年 12 月 13 日战时内阁第 297 次会议的记录。
119. *The Times*, 19 December 1917, p. 7.

120. Ibid. , 8 January 1918, p. 8.
121. Ibid. , 4 January 1918, p. 7.
122. Stevenson I, p. 377.
123. Grigg II, p. 400.
124. Stevenson I, p. 377.
125. *The Times*, 14 January 1918, p. 3.
126. 检索自 https://punch.photoshelter.com/image/I0000TwvicTvztfo。
127. Hansard (Lords), Vol. 29 col. 143.
128. Ibid. , col. 144.
129. Ibid. , col. 147.
130. *The Times*, 8 December 1917, p. 5.
131. Ibid. , 22 December 1916, p. 5.
132. Ibid. , 30 March 1917, p. 7.
133. Ibid. , 5 April 1917, p. 3.
134. Ibid. , 23 April 1917, p. 5.
135. Ibid. , 5 April 1917, p. 3.
136. Ibid. , 13 April 1917, p. 3.
137. Ibid. , 20 April 1917, p. 3.
138. Ibid. , 25 April 1917, p. 9.
139. Ibid. , 1 May 1917, p. 3.
140. Dilks, p. 210.
141. NA: CAB 23/1: 1917 年 1 月 19 日战时内阁第 39 次会议的记录。
142. *The Times*, 7 February 1917, p. 9.
143. Riddell, p. 239.
144. Hansard, Vol. 90 col. 143.
145. Dilks, p. 230.
146. *The Times*, 27 August 1917, p. 6.
147. Hansard, Vol. 90 col. 917.
148. Ibid. , col. 916.
149. *The Times*, 15 November 1917, p. 5.
150. Hansard, Vol. 90 col. 924.
151. Ibid.
152. Ibid. , col. 1498.
153. Dilks, p. 237.
154. NA: CAB 23/3: 1917 年 7 月 13 日战时内阁第 185 次会议的记录。
155. NA: CAB 23/4: 1917 年 9 月 12 日战时内阁第 231 次会议的记录，附录 1。
156. *The Times*, 17 July 1917, p. 3.
157. Ibid. , 3 May 1917, p. 9.
158. NA: CAB 23/1: 1917 年 2 月 14 日战时内阁第 65 次会议的记录，附录 3。
159. *The Times*, 12 March 1917, p. 5.
160. Ibid. , 22 January 1917, p. 9.
161. Ibid. , 27 January 1917, p. 3.
162. Ibid. , 22 January 1917, p. 10.
163. Webb, III, p. 279.
164. Woodward, p. 193.
165. Hankey, II, p. 678.
166. Stevenson II, p. 183.
167. Haig, p. 239.
168. Stevenson II, p. 187.

169. Haig, p. 240.
170. Stevenson II, p. 183.
171. Robertson, I, p. 184.
172. Ibid. , II, p. 248.
173. Hankey, II, p. 684.
174. Riddell, p. 261.
175. Ibid. , p. 273.
176. Lloyd II, p. 133.
177. *The Times*, 15 August 1917, p. 3.
178. Haig, p. 251.
179. Lloyd II, p. 134.
180. Haig, pp. 251 – 52.
181. Grigg II, p. 225.
182. Wilson, p. 232; Haig, p. 254.
183. Haig, p. 253.
184. Ibid. , p. 254.
185. Hankey, II, p. 697.
186. Blake, p. 362.
187. Riddell, p. 273.
188. Lloyd II, p. 224.
189. Haig, p. 259.
190. Callwell, II, p. 18.
191. Hankey, II, p. 713.
192. Haig, p. 261; Stevenson II, p. 203.
193. DeGroot I, p. 346.
194. Haig, p. 263.
195. 伊舍的文件：ESHR 2/20，1917 年 11 月 10 日的日记条目。
196. Amery, p. 179.
197. 伊舍的文件：ESHR 2/20，1917 年 11 月 13 日的日记条目。
198. DeGroot I, p. 348.
199. Haig, p. 267.
200. DeGroot I, p. 349.
201. Hankey, II, p. 728.
202. Haig, p. 274.

第九章 消耗

1. NA：CAB 23/2：1917 年 5 月 2 日战时内阁第 130 次会议的记录。
2. Hynes, pp. 174 – 75.
3. Ibid. , p. 175.
4. Hansard, Vol. 90 col. 340.
5. Ibid. , col. 342.
6. Ibid. , col. 344.
7. Ibid. , col. 350.
8. Ibid. , col. 698.
9. Postgate, p. 164.
10. Hansard, Vol. 90 col. 701.
11. Ibid. , col. 702.
12. Ibid. , col. 704.
13. *The Times*, 30 June 1917, p. 8.
14. Ibid. , 2 July 1917, p. 6; 17 July 1917, p. 3.
15. NA：CAB 23/3：1917 年 8 月 1 日战时内阁第 201 次会议的记录。
16. *The Times*, 2 August 1917, p. 7.
17. Amery, p. 166.
18. *The Times*, 13 August 1917, p. 7.
19. NA：CAB 23/3：1917 年 8 月 10 日战时内阁第 211 次会议的记录。
20. *The Times*, 13 August 1917, p. 7.
21. Webb, III, p. 285.

22. Scott, p. 317; *The Times*, 11 February 1918, p. 3.
23. McKibbin, p. 96.
24. *The Times*, 19 October 1917, p. 7.
25. Russell, II, p. 17.
26. Ibid.
27. Ibid., p. 18.
28. Ibid., p. 19.
29. Morrell II, pp. 67–68.
30. Russell, II, p. 21.
31. Robertson, I, p. 313.
32. Ibid., p. 314.
33. Stevenson I, p. 464.
34. Kerry, p. 283.
35. Ibid., p. 284.
36. Ibid., p. 285.
37. Ibid., pp. 285–86.
38. Ibid., p. 288.
39. Ibid., p. 289.
40. Riddell, p. 296.
41. Ibid., p. 297; Thompson I, p. 294.
42. Haste, p. 174.
43. *The Times*, 30 November 1917, p. 9.
44. Riddell, p. 298.
45. 阿斯奎斯的文件：MS. Eng. d. 3216，1917 年 11 月 29 日的日记条目。
46. 伊舍的文件：ESHR 2/20，1917 年 11 月 29 日的日记条目。
47. 同上，ESHR 2/21，1917 年 12 月 3 日的日记条目。
48. Newton, p. 472.
49. Ibid., pp. 472–73.
50. Kerry, p. 290.
51. Blake, p. 364.
52. *The Times*, 7 January 1918, p. 7.
53. Brock Millman, 'HMG and the War against Dissent, 1914–18', *Journal of Contemporary History*, Vol. 40 No. 3, p. 429.
54. Stevenson F., p. 159.
55. RA GV/PRIV/GVD/1917: 15 March.
56. RA PS/PSO/GV/C/1067/M/20.
57. RA PS/PSO/GV/C/1067/M/29.
58. Nicolson II, p. 301; *The Times*, 21 April 1917, p. 9.
59. RA PS/PSO/GV/C/1067/M/26.
60. RA PS/PSO/GV/C/1067/M/51.
61. RA PS/PSO/GV/C/1067/M/52.
62. RA PS/PSO/GV/C/O/1106/1. 另请参阅 Heffer, AD, pp. 193–94.
63. RA PS/PSO/GV/C/1067/M/61.
64. Nicolson II, p. 302.
65. RA PS/PSO/GV/C/1067/M/61.
66. NA：CAB 23/2：1917 年 4 月 13 日战时内阁第 118 次会议的记录。
67. RA PS/PSO/GV/C/1067/M/65.
68. Hansard, Vol. 92 col. 2566.
69. RA PS/PSO/GV/C/1067/M/69.
70. RA GV/PRIV/GVD/1918: 25 July.

71. 阿斯奎斯的文件：MS Eng. d. 3215，1917 年 7 月 16 日的日记条目。
72. Nicolson II，p. 308.
73. RA PS/PSO/GV/C/O/1153/320.
74. RA PS/PSO/GV/C/O/1153/346.
75. RA PS/PSO/GV/C/O/1153/251.
76. RA PS/PSO/GV/C/O/1153/252.
77. Nicolson II，p. 310.
78. RA PS/PSO/GV/C/O/1153/354.
79. RA GV/PRIV/GVD/1917：17 July.
80. 阿斯奎斯的文件：MS Eng. d. 3215，1917 年 7 月 21 日的日记条目。
81. Nicolson II，p. 310.
82. Charman，p. 90.
83. Churchill R.，p. 273.
84. 伊舍的文件：ESHR 2/19，1917 年 5 月 19 日的日记条目。
85. NA：CAB 23/2：1917 年 4 月 6 日战时内阁第 115 次会议的记录。
86. *The Times*，4 April 1917，p. 6.
87. Ibid.，12 May 1917，p. 6.
88. 检索自：https：//www. ons. gov. uk/ employmentandlabour market/ peopleinwork/workplacedisputesand workingconditions/articles/ labourdisputes/2017 # historical – context。
89. Grigg II，p. 112.
90. *The Times*，2 June 1917，p. 3.
91. Ibid.，22 June 1917，p. 3.
92. Ibid.
93. *The Times*，6 July 1917，p. 7.
94. Millman，op. cit.，p. 436.
95. NA：CAB 23/3：1917 年 8 月 18 日战时内阁第 218 次会议的记录。
96. NA：CAB 23/4：1917 年 11 月 16 日战时内阁第 275 次会议的记录。
97. *The Times*，25 September 1917，p. 9.
98. NA：CAB 23/4：1917 年 9 月 27 日战时内阁第 240 次会议的记录。
99. Stevenson I，p. 370，p. 372.
100. Hansard，Vol. 84 col. 190.
101. Adams II，p250.
102. Ibid.，Vol. 95 cols 1493 – 94.
103. NA：CAB 23/2：1917 年 4 月 6 日战时内阁第 115 次会议的记录，附录 1。
104. *The Times*，7 March 1917，p. 7.
105. Stevenson I，p. 371.
106. Hansard，Vol. 95 col. 1529.
107. Ibid.，col. 1495.
108. Ibid.，col. 1501.
109. Ibid.，col. 1530.
110. *The Times*，5 July 1917，p. 7.
111. Ibid.，23 May 1917，p. 7.
112. Repington，II，pp. 3 – 4.
113. Ibid.，p. 5.
114. Hansard，Vol. 92 col. 2131.
115. Ibid.，col. 2136.
116. Ibid.，col. 2142.
117. Ibid.，col. 2144.

118. Ibid. , col. 2161.
119. Ibid. , col. 2162.
120. Ibid. , col. 2163.
121. NA：CAB 23/1：1917 年 2 月 8 日战时内阁第 59 次会议的记录，附录 2。
122. *The Times*, 30 July 1917, p. 3.
123. Ibid. , 1 June 1917, p. 3.
124. NA：CAB 23/3：1917 年 6 月 5 日战时内阁第 154 次会议的记录。
125. *The Times*, 9 July 1917, p. 9.
126. NA：CAB 23/3：1917 年 7 月 10 日战时内阁第 180 次会议的记录。
127. Riddell, p. 254.
128. Robertson, II, p. 17.
129. Hansard, Vol. 95 col. 1703.
130. *The Times*, 23 July 1917, p. 3.
131. Stevenson II, p. 186.
132. *The Times*, 3 October 1917, p. 3.
133. NA：CAB 23/4：1917 年 11 月 1 日战时内阁第 262 次会议的记录。
134. Wilson, p. 239.
135. NA：CAB 23/5：1918 年 1 月 29 日战时内阁第 333 次会议的记录。
136. Hansard, Vol. 83 col. 301.
137. Ibid. , Vol. 90 col. 446.
138. Ibid. , col. 1103.
139. *The Times*, 8 July 1916, p. 5.
140. Bell Q. , II, p. 36.
141. Hansard, Vol. 92 col. 2073.
142. Ibid. , col. 2091.
143. *The Times*, 15 February 1917, p. 9；请参阅 Heffer, HM, pp. 534 – 35。
144. *The Times*, 22 February 1917, p. 3.
145. Ibid. , 28 February 1917, p. 3.
146. Ibid. , 1 March 1917, p. 5.
147. Hansard, Vol. 92 col. 2075.
148. *The Times*, 19 August 1918, p. 9.
149. E&H, p. 268.
150. *The Times*, 28 June 1918, p. 4.
151. Ibid. , 22 August 1918, p. 3.
152. Ibid. , 3 February 1916, p. 5.
153. E&H, p. 242.
154. *The Times*, 13 March 1916, p. 5.
155. Hansard, Vol. 82 col. 132.
156. Ibid. , Vol. 107 col. 726.
157. *The Times*, 18 October 1916, p. 5.
158. Ibid. , 24 October 1916, p. 5.
159. Ibid. , 26 January 1917, p. 11.
160. Ibid. , 6 November 1916, p. 5.
161. Ibid. , 5 December 1916, p. 5.
162. Hansard, Vol. 90 col. 963.
163. E&H, p. 241.
164. *The Times*, 6 February 1917, p. 5.
165. Edith Abbott, ‘Juvenile Delinquency during the First World War：Notes on the British

Experience, 1914 - 18', *Social Service Review*, Vol. 17 No. 2, p. 195.
166. *The Times*, 2 August 1917, p. 4.
167. NA: CAB 23/4: 1917 年 10 月 18 日战时内阁第 252 次会议的记录。
168. *The Times*, 12 October 1917, p. 3.
169. NA: CAB 23/4: 1917 年 4 月 6 日战时内阁第 115 次会议的记录，附录 1。
170. *The Times*, 17 January 1917, p. 9.
171. Hansard, Vol. 92 col. 463.
172. Ibid., col. 469.
173. Ibid., col. 470.
174. Ibid., col. 489.
175. Ibid., col. 493.
176. Ibid., col. 496.
177. 请参阅 Heffer, AD, p. 707ff。德斯帕德夫人是弗伦奇子爵的妹妹。
178. *The Times*, 30 March 1917, p. 3.
179. Hansard, Vol. 92 col. 1549.
180. Ibid., Vol. 94 col. 1827.
181. Ibid., col. 1648.
182. NA: CAB 23/1: 1917 年 2 月 19 日战时内阁第 73 次会议的记录。
183. Hansard, Vol. 91 col. 425.
184. Ibid., col. 455.
185. Ibid., col. 456.
186. Ibid., col. 458.
187. Ibid., col. 459.
188. Ibid., col. 461.
189. Ibid., col. 474.
190. Ibid., col. 476.
191. Ibid., col. 477.
192. Ibid., cols 478 - 79.
193. Ibid., Vol. 91 col. 481.
194. *The Times*, 9 March 1917, p. 6.
195. Judd, p. 134.
196. Ibid., p. 135.
197. 克鲁的文件：阿斯奎斯写给克鲁的信，1917 年 5 月 28 日。
198. Stevenson F., p. 156.
199. Ibid., p. 155.
200. NA: CAB 23/2: 1917 年 4 月 16 日战时内阁第 120 次会议的记录。
201. *The Times*, 17 March 1917, p. 3.
202. RA PS/PSO/GV/C/O/1106/13.
203. Scott, p. 291.
204. *The Times*, 18 May 1917, p. 7.
205. Ibid., 19 May 1917, p. 7.
206. Midleton, p. 235.
207. Hansard, Vol. 94 col. 619.
208. Ibid., col. 1385.
209. Hansard, Vol. 94 col. 1608.
210. Townshend I, p. 331.
211. Midleton, p. 235.
212. Ibid., pp. 238 - 39.
213. Hankey, II, p. 692.

214. Hansard (Lords), Vol. 26 col. 1021.
215. Ibid., col. 1022.
216. NA：CAB 23/3：1917 年 7 月 14 日战时内阁第 186 次会议的记录。
217. Townshend I, p. 333.
218. NA：CAB 23/4：1917 年 10 月 15 日战时内阁第 249 次会议的记录。
219. NA：CAB 23/4：1917 年 10 月 1 日战时内阁第 242 次会议的记录。
220. NA：CAB 23/4：1917 年 10 月 4 日战时内阁第 245 次会议的记录。

第十章 逃脱

1. *The Times*, 28 July 1917, p. 3; 3 August 1917, p. 3.
2. Ibid., 15 September 1917, p. 5.
3. Ibid.
4. Ibid., 11 February 1918, p. 2.
5. Russell, II, p. 34.
6. Ibid., p. 35.
7. Hankey, II, p. 740.
8. Robertson, I, pp. 314 – 15.
9. Gilbert, IV (C), I, p. 204.
10. Callwell, II, p. 47.
11. Haig, p. 271.
12. Riddell, p. 299.
13. Hansard, Vol. 101 col. 58.
14. Ibid., col. 64.
15. Ibid., col. 90.
16. Ibid., col. 92.
17. Ibid., col. 508W.
18. *The Times*, 19 January 1918, p. 7.
19. Hansard, Vol. 101 cols 62 – 63.
20. Stevenson I, p. 39.
21. Gilbert, IV (C), I, p. 233.
22. Scott, p. 323.
23. 伊舍的文件：ESHR 2/14，1915 年 5 月 23 日的日记条目。
24. Scott., pp. 324 – 25.
25. Elizabeth Greenhalgh, 'David Lloyd George, Georges Clemenceau and the 1918 Manpower Crisis', *The Historical Journal*, Vol. 50 No. 2, p. 401.
26. DeGroot I, p. 356.
27. Maurice, p. 64.
28. Amery, p. 199.
29. Maurice, p. 66.
30. Amery, p. 201.
31. NA：CAB 23/5：1918 年 2 月 7 日战时内阁第 340 次会议的记录。
32. *The Times*, 4 March 1918, p. 3.
33. Ibid., 11 March 1918, p. 5.
34. *The Times Literary Supplement*, 21 June 1917, p. 299.
35. *The Times*, 23 October 1917, p. 11.
36. Short, p. 161.
37. *The Times*, 6 March 1918, p. 7.

38. Stevenson I, p. 467.
39. Ibid., p. 386.
40. Hansard, Vol. 105 col. 691.
41. Ibid., col. 696.
42. Ibid., col. 698.
43. Ibid., col. 699.
44. Ibid., col. 708.
45. Ibid., col. 716.
46. Repington, II, p. 149.
47. Thompson I, p. 296.
48. Ibid.
49. NP: BL MS 62156.
50. Repington, II, p. 187.
51. *The Times*, 23 January 1918, p. 7.
52. 伊舍的文件：ESHR 2/21，1918年2月4日的日记条目。
53. Elizabeth Greenhalgh, op. cit., p. 402; NA: CAB 23/5: 1918年2月11日战时内阁第342次会议的记录。
54. *The Times*, 22 January 1918, p. 7.
55. Thompson II, p. 182.
56. PA: LG/F/29/2/6.
57. PA: LG/F/29/2/7.
58. 阿斯奎斯的文件：MS. Eng. d. 3216，1918年2月7日的日记条目。
59. Scott, p. 336.
60. Hansard (Lords), Vol. 29 col. 277.
61. Ibid., col. 34.
62. Hansard, Vol. 103 col. 655.
63. Ibid., col. 656.
64. Ibid., col. 657.
65. Ibid., col. 659.
66. Ibid., col. 671.
67. Amery, p. 208.
68. PA: BBK/C/79.
69. Searle, p. 322.
70. Petrie, II, p. 108.
71. Hansard, Vol. 104 col. 42.
72. Ibid., col. 83.
73. Ibid., col. 84.
74. Ibid., col. 87.
75. Ibid., col. 103.
76. Ibid., col. 124.
77. Fox, p. 88.
78. Thompson II, p. 180.
79. Repington, II, p. 197.
80. Ibid., p. 228.
81. Ibid., p. 231.
82. *The Times*, 31 July 1918, p. 3.
83. Hynes, p. 226.
84. *The Times*, 30 May 1918, p. 4.
85. NA: CAB 23/6: 1918年6月4日战时内阁第425次会议的记录。
86. PA: BL/83/4/19.
87. NA: CAB 23/7: 1918年7月11日战时内阁第444次会议的记录。
88. Ibid.
89. Repington, II, p. 193.
90. Haig, p. 282.
91. Maurice, p. 69.

92. Ibid. , p. 52.
93. Ibid. , p. 53.
94. Wilson, p. 254.
95. Ibid. , p. 255.
96. Haig, p. 284.
97. Churchill R. , p. 319.
98. Haig, p. 285.
99. Churchill R. , pp. 323 – 24.
100. Nicolson II, p. 321.
101. RA GV/PRIV/GVD/1918: 13 February.
102. Robertson, I, p. 235.
103. Hansard, Vol. 103 col. 17.
104. Ibid. , col. 19.
105. Ibid. , col. 20.
106. Ibid. , col. 26.
107. Ibid. , col. 29.
108. Ibid. , col. 30.
109. Ibid. , col. 40.
110. Wilson, p. 256.
111. Stevenson I, p. 493.
112. Robertson, I, p. 237.
113. RA GV/PRIV/GVD/1918: 16 February.
114. Haig, p. 285.
115. Ibid. , p. 286.
116. Ibid. , p. 286.
117. Ibid. , p. 287.
118. Taylor, p. 100.
119. Hansard, Vol. 103 col. 474.
120. Haig, p. 287.
121. PA: BL 84/7/3.
122. Hankey, II, p. 779.
123. Robertson, I, p. 237.
124. Maurice, p. 73.
125. Hansard, Vol. 104 col. 485.
126. Maurice, p. 74.
127. Ibid. , p. 75
128. Haig, p. 292.
129. DeGroot I, p. 368.
130. Stevenson I, p. 55.
131. Repington, II, p. 254.
132. Maurice, p. 24.
133. Callwell, II, p. 73.
134. Hansard, Vol. 104 col. 1293.
135. Hankey, II, p. 785.
136. NA: CAB 23/5: 1918 年 3 月 23 日战时内阁第 371 次会议的记录。
137. Riddell, p. 320.
138. Maurice, p. 25.
139. Robert K. Hanks, ‘Georges Clemenceau and the English’, *Historical Journal*, Vol. 45, p. 73.
140. Wells, JP, p. 694.
141. Maurice, p. 77.
142. Gilbert, IV (C), I, p. 273.
143. Ibid. , p. 274.
144. Hankey, II, p. 786.
145. Riddell, p. 320.
146. *The Times*, 25 March 1918, p. 9.
147. NA: CAB 23/5: 1918 年 3 月 27 日战时内阁第 374 次会议的记录。

148. NA：CAB 23/5：1918 年 3 月 27 日战时内阁第 375 次会议的记录。
149. *The Times*, 3 May 1918, p. 3.
150. Gilbert, IV (C), I, p. 277.
151. Stevenson I, p. 382.
152. Ibid., p. 383.
153. Hankey, II, p. 787.
154. AP, p. 231.
155. Sommer, pp. 356 – 57.
156. Alan J. Ward, 'Lloyd George and Irish Conscription', *The Historical Journal*, Vol. 17 No. 1, p. 109.
157. AP, p. 232; Alan J. Ward, op. cit., p. 110.
158. 普朗克特的文件：1918 年 4 月 9 日的日记。
159. Midleton, p. 244.
160. NA：CAB 23/6：1918 年 4 月 10 日战时内阁第 388 次会议的记录。
161. NA：CAB 23/6：1918 年 4 月 11 日战时内阁第 389 次会议的记录。
162. Hansard, Vol. 104 col. 1357.
163. Ibid., col. 1358.
164. Ibid., cols 1361 – 62.
165. Roskill, I, p. 522.
166. Hansard, Vol. 104 col. 1367.
167. Ibid., col. 1378.
168. Ibid., cols 1378 – 79.
169. Ibid., col. 1405.
170. Ibid., col. 1406.
171. Ibid., col. 1407.
172. Ibid., col. 1528.
173. Ibid., col. 1527.
174. Ibid., col. 1538.
175. Ibid., col. 1541.
176. Repington, II, p. 272.
177. 普朗克特的文件：1918 年 4 月 17 日的日记。
178. Alan J. Ward, op. cit., p. 117.
179. NA：CAB 23/6：1918 年 4 月 23 日战时内阁第 397 次会议的记录。
180. Riddell, p. 311.
181. 普朗克特的文件：1918 年 1 月 11 日的日记。
182. Ibid., 15 February 1918.
183. *The Times*, 25 February 1918, p. 9; NA：CAB 23/5：1918 年 2 月 25 日战时内阁第 353 次会议的记录。
184. NA：CAB 23/5：1918 年 2 月 26 日战时内阁第 354 次会议的记录。
185. Hansard (Lords), Vol. 29 col. 369.
186. Ibid., col. 377.
187. Ibid., col. 378.
188. 请参阅 Heffer, AD, p. 270ff。
189. Townshend II, p. 30.
190. Scott, p. 342.

191. Ibid. , p. 344.
192. Riddell, p. 325.
193. Townshend II, p. 339.
194. 相比之下，霍勒斯·普朗克特爵士试图说服爱尔兰人加入美国军队。普朗克特的文件：1918 年 8 月 18 日的日记。
195. PA：BL 83/4/21.
196. 普朗克特的文件：1918 年 8 月 23 日的日记。
197. Sommer, p. 358.
198. Midleton, p. 252.
199. Hammond, pp. 241 –42.
200. Ibid. , p. 240.
201. *The Times*, 25 May 1918, p. 7.
202. Hansard (Lords), Vol. 30 col. 329.
203. 伊舍的文件：ESHR 2/21, 1918 年 5 月 15 日的日记条目。托雷斯·维特拉斯（Torres Vedras）是威灵顿在葡萄牙准备的防御工事，它阻止了英军在半岛战争中被击败。
204. Hansard (Lords), Vol. 30 col. 297.
205. Hansard, Vol. 107 col. 906.
206. Ibid. , col. 909.
207. Ibid. , col. 911.
208. Ibid. , col. 912.
209. Ibid. , col. 913.
210. Ibid. , col. 924.
211. *The Times*, 27 June 1918, p. 7, p. 10.
212. Hansard, Vol. 107 col. 934.
213. Ibid. , col. 956.
214. Ibid. , col. 960.
215. Ibid. , col. 962.
216. Ibid. , col. 1214.
217. Ibid. , col. 606.
218. Ibid. , Vol. 109 col. 94.
219. Ibid. , col. 96.
220. Ibid. , col. 103.
221. Ibid. , col. 104.
222. Haig, p. 300.
223. Ibid. , p. 301.
224. 如需了解高夫的背景，请参阅 Heffer, AD, pp. 810 –14。
225. Haig, p. 301.
226. 伊舍的文件：ESHR 2/21, 1918 年 4 月 11 日的日记条目。
227. RA GV/PRIV/GVD/1918：13 April.
228. PA：BL 97/2/11.
229. 伊舍的文件：ESHR 2/21, 1918 年 4 月 12 日的日记条目。
230. *The Times*, 18 June 1918, p. 3.
231. David R. Woodward, ‘Did Lloyd George Starve the British Army of Men Prior to the German Offensive of 21 March 1918?’ *Historical Journal*, Vol. 27 No. 1, pp. 241 –42.
232. Roskill, I, p. 522.
233. Hansard, Vol. 104 col. 1337.

234. Ibid. , col. 1338.
235. Ibid. , col. 1354.
236. Ibid. , col. 1477.
237. Ibid. , col. 1629.
238. AP, p. 237.
239. Wilson, p. 266.
240. Maurice, p. 31.
241. PA: LG/F/29/2/14.
242. Petrie, II, p. 118.
243. Ibid. , p. 117.
244. Hansard, Vol. 105 cols 851 – 52.
245. Maurice, p. 36.
246. Ibid. , p. 60.
247. Haig, p. 308.
248. Amery, p. 219.
249. Maurice, pp. 97 – 98.
250. Wilson, p. 276.
251. Maurice, p. 4.
252. Ibid. , p. 5.
253. Ibid. , p. 6.
254. Ibid. , p. 9.
255. S&A, II, p. 303.
256. Hansard, Vol. 105 col. 1983.
257. Hankey, II, p. 798.
258. Maurice, p. 236.
259. Roskill, I, p. 541.
260. 阿斯奎斯的文件: MS. Eng. d. 3216, 1918 年 5 月 9 日的日记条目。
261. Hansard, Vol. 105 col. 2349.
262. Ibid. , col. 2353.
263. Ibid. , col. 2354.
264. Ibid. , cols 2355 – 56.
265. Ibid. , col. 2357.
266. Ibid. , col. 2359.
267. Ibid. , col. 2360.
268. Ibid. , col. 2362.
269. Ibid. , col. 2373.
270. Ibid. , col. 2374.
271. Grigg II, p. 508.
272. 伊舍的文件: ESHR 2/21, 1918 年 5 月 13 日的日记条目。
273. *The Times*, 11 May 1918, p. 7.
274. Maurice, p. 107.
275. Ibid. , p. 145.
276. Heffer, AD, p. 573ff.
277. Maurice, p. 111.
278. Ibid. , p. 172.
279. Amery, p. 227.
280. Gilbert, IV (C), I, p. 361.
281. *The Times*, 27 July 1918, p. 7.
282. Ibid.
283. NA: CAB 23/7, 1918 年 7 月 19 日战时内阁第 449 次会议的记录。
284. 请参阅 Heffer, AD, p. 662ff。
285. NA: CAB 23/7: 1918 年 8 月 16 日战时内阁第 460 次会议的记录。
286. Roskill, I, p. 595.
287. 汉基的文件: HNKY 1/5, 1918 年 8 月 30 日的日记条目。
288. *The Times*, 31 August 1918, p. 6.
289. Hansard, Vol. 107 cols 538 – 39.

290. Ibid. , col. 539.
291. Ibid. , col. 540.
292. Ibid. , col. 541.
293. Ibid. , col. 569.
294. Ibid. , col. 576.

第十一章 停火

1. *The Times*, 5 August 1918, p. 4.
2. Ibid. , 3 August 1918, p. 3.
3. Hansard, Vol. 109 col. 1412.
4. Ibid. , col. 1429.
5. Ibid. , col. 1430.
6. Ibid. , col. 1431.
7. Ibid. , col. 1456.
8. Samuel, p. 127.
9. Haig, p. 326.
10. Gilbert, IV (C), I, p. 367 (n).
11. 汉基的文件：HNKY 1/5，1918 年 7 月 23 日的日记条目。
12. Haig, p. 326.
13. Stevenson I, p. 245.
14. Taylor I, p. 110.
15. Hankey, II, p. 854.
16. Ibid. , p. 856.
17. Ibid. , p. 857.
18. Ibid. , p. 862.
19. Haig, p. 338.
20. *The Times*, 9 November 1918, p. 6.
21. Haig, p. 339.
22. Ibid. , p. 337.
23. Thompson II, p. 215.
24. *The Times*, 23 July 1918, p. 7.
25. Riddell, p. 349.
26. *The Times*, 20 August 1918, p. 7.
27. Hansard, Vol. 110 col. 814.
28. Ibid. , col. 851.
29. *The Times*, 13 September 1918, p. 8.
30. Grigg II, p. 577.
31. Thompson II, pp. 208 – 9.
32. Riddell, p. 366.
33. Sommer, p. 352.
34. 请参阅 Roy Douglas, 'The Background to the "Coupon" Election Arrangements', *English Historical Review*, Vol. 86 No. 339, p. 321.
35. Sommer, p. 330.
36. Riddell, p. 353.
37. Ibid. , p. 365.
38. Hansard, Vol. 110 col. 80.
39. Ibid. , col. 81.
40. Ibid. , col. 82.
41. Ibid. , col. 87.
42. Ibid. , col. 91.
43. J. M. McEwen, 'Lloyd George's Acquisition of the Daily Chronicle in 1918', *Journal of British Studies*, Vol. 22 No. 1, p. 131.
44. Hansard, Vol. 110 col. 2350.
45. Ibid. , col. 2351.
46. Ibid. , col. 2352.
47. Ibid. , col. 2364.

48. Hammond, p. 246.
49. RA GV/PRIV/GVD/1918: 5 November.
50. Hansard (Lords), Vol. 22 col. 655.
51. Ibid., col. 676.
52. Ibid., col. 657.
53. Ibid., col. 660.
54. Ibid., col. 671.
55. Hansard, Vol. 104 col. 388.
56. Ibid., cols 391 – 92.
57. Ibid., col. 396.
58. Ibid., cols 399 – 400.
59. Ibid., col. 339.
60. Ibid., col. 342.
61. Ibid., col. 347.
62. Wells, JP, p. 212.
63. Hansard, Vol. 110 col. 1119.
64. Ibid., col. 1140.
65. Ibid., col. 1156.
66. Ibid., col. 1167.
67. Ibid., col. 1169.
68. Ibid., col. 1174.
69. Postgate, p. 167.
70. *The Times*, 26 September 1918, p. 6.
71. NA: CAB 23/8: 1918 年 10 月 24 日战时内阁第 490 次会议的记录。
72. *The Times*, 28 September 1918, p. 3.
73. Ibid., 27 June 1918, p. 7.
74. Ibid., 2 July 1918, p. 3.
75. Ibid., 15 July 1918, p. 9.
76. Hansard, Vol. 108 col. 1813.
77. *The Times*, 17 October 1918, p. 3.
78. Ibid., 19 October 1918, p. 3; 23 October 1918, p. 3.
79. Ibid., 22 October 1918, p. 3.
80. Ibid., 23 October 1918, p. 7.
81. Bilton, p. 108.
82. Hansard, Vol. 110 col. 1465.
83. Asquith C., p. 480.
84. Webb, III, p. 315.
85. Callwell, II, p. 148.
86. Amery, p. 243.
87. Hynes, p. 254.
88. Webb, III, p. 318.
89. Pope-Hennessy, p. 509.
90. Bilton, p. 111.
91. Chitty, p. 245.
92. Cooper, p. 92.
93. 阿斯奎斯的文件: MS. Eng. d. 3216, 1918 年 11 月 11 日的日记条目。
94. RA GV/PRIV/GVD/1918: 11 November.
95. Clark A., p. 258.
96. 伊舍的文件: ESHR 2/21, 1918 年 11 月 11 日的日记条目。
97. 普朗克特的文件: 1918 年 11 月 11 日的日记。
98. Russell, II, p. 37.
99. Bell Q., II, p. 62.

100. S&W, p. 186.
101. Hynes, p. 255.
102. Taylor I, p. 114.
103. NA：CAB 23/8：1918 年 11 月 14 日战时内阁第 502 次会议的记录。
104. 汉基的文件：HNKY 1/6，1918 年 11 月 6 日到 17 日的日记条目。
105. Hankey, II, p. 872.
106. Gilbert, IV （C）, I, p. 410.
107. Callwell, II, p. 149.
108. Gilbert, IV （C）, I, p. 421.
109. Charman, p. 301.
110. Wilson, p. 317.
111. Hansard, Vol. 110 col. 3347.
112. *The Times*, 13 November 1918, p. 9.
113. Ibid. , 23 November 1918, p. 13.
114. Hansard, Vol. 110 col. 2596.
115. Ibid. , col. 2598.
116. Ibid. , col. 2599.
117. *The Times*, 29 June 1918, p. 3.
118. Ibid. , 2 August 1918, p. 9.
119. Ibid. , 13 November 1918, p. 12.
120. Gilbert, IV （C）, I, p. 416.
121. Scott, p. 317.
122. McKibbin, p. 111.
123. Hansard, Vol. 110 col. 3201.
124. S&A, II, pp. 312 – 13.
125. 汉基的文件：HNKY 1/6，1918 年 11 月 18 日的日记条目。
126. 同上，1918 年 11 月 23 日的日记条目。
127. 同上，1918 年 11 月 24 日的日记条目。
128. Stephen R. Ward, 'The British Veterans' Ticket of 1918', *Journal of British Studies*, Vol. 8 No. 1, p. 157.
129. Ibid. , p. 159.
130. Asquith, MR, II, p. 170.
131. *The Times*, 19 November 1918, p. 8.
132. Samuel, p. 131.
133. Asquith, MR, II, p. 171.
134. S&A, II, p. 317.
135. Davidson, p. 87.
136. *The Times*, 19 November 1918, p. 8.
137. Gilbert, IV （C）, I, p. 421.
138. PA：BBK/C/85.
139. PA：BBK/C/265.
140. PA：BBK/C/261.
141. *The Times*, 20 November 1918, p. 7.
142. Ibid. , 30 November 1918, p. 6.
143. Keynes, pp. 127 – 28.
144. Ibid. , p. 131.
145. Riddell, p. 349.
146. Amery, p. 246.
147. Haig, pp. 346 – 47.
148. Beaverbrook II, p. xviii.
149. *The Times*, 20 December 1918,

p. 9.
150. Hammond, p. 247.
151. 检索自: http://spartacus-educational.com/GE1918.htm。
152. Keynes, p. 131.
153. 劳合·乔治的文件: F/41/8/31。
154. Callwell, II, p. 155.
155. Stephen R. Ward, op. cit., p. 167.
156. 汉基的文件: HNKY 1/6, 1918年12月28日的日记条目。
157. Petrie, II, p. 132.
158. Hansard, Vol. 110 col. 1988.
159. Ibid., col. 2000.
160. Ferriter, p. 181.
161. Scott, p. 362.
162. Townshend II, p. 61.
163. Ferriter, p. 184.
164. Ibid., p. 183.

第十二章 余波

1. Russell, II, p. 39.
2. Stevenson I, pp. 447-48.
3. DeGroot II, p. 337.
4. 检索自: http://www.bbc.co.uk/history/british/britain_wwone/women_employment_01.shtml。
5. S&W, p. 1.
6. 检索自: http://www.longlongtrail.co.uk/army/some-british-army-statistics-of-the-great-war/。
7. Jeffery, p. 5.
8. E&H, p. 100.
9. Taylor I, p. 121.
10. 检索自: englishemigrationtocanada.blogspot.com。
11. *The Times*, 16 May 1919, p. 13.
12. Asquith, MR, II, pp. 173-74.
13. *The Times*, 16 May 1919, p. 13.
14. Hansard, Vol. 85 cols 981-82.
15. Haig, p. 344.
16. Ibid., p. 345.
17. Ibid., p. 357.
18. Lancet, 2 February 1918.
19. *The Times*, 31 December 1918, p. 9.
20. Hansard (Lords), Vol. 34 col. 84.
21. Ibid., col. 76.
22. *The Times*, 13 June 1918, p. 3.
23. Ibid., 2 July 1918, p. 3.
24. NA: CAB 23/9: 1919年1月8日战时内阁第514次会议的记录。
25. Clarke, p. 187.
26. Stevenson I, p. 1.
27. Heffer, AD, p. 651ff; Stevenson I, p. 463.
28. Keynes, Ch. 5.
29. M&B, pp. 72-73.
30. *The Times*, 24 June 1919, p. 13.
31. Taylor I, p. 129.

32. *The Times*, 11 January 1919, p. 9.
33. 汉基的文件：HNKY 1/5，1918 年 12 月 16 日的日记条目。
34. Petrie, II, p. 136.
35. Petrie, CT, p. 162.
36. Beaverbrook II, p. xiii.
37. PA：LG/F/29/3/1.
38. Gilbert, IV（C）, I, p. 445.
39. Campbell, p. 460.
40. Ibid., p. 469（n）.
41. Hansard, Vol. 108 col. 1048.
42. Ibid., Vol. 92 col. 207.
43. *The Times*, 22 March 1918, p. 3.
44. NA：CAB 23/9：1919 年 3 月 4 日战时内阁第 541 次会议的记录。
45. Renwick, p. 139.
46. Hansard, Vol. 116 col. 1335.
47. Ibid., col. 1340.
48. 汉基的文件：HNKY 1/5，1918 年 12 月 5 日的日记条目。
49. DNB 1961 – 70, p. 487.
50. Hansard, Vol. 82 col. 658.
51. 丘吉尔向劳合·乔治提出这一点：请参阅 Gilbert, IV（C）, I, p. 440。
52. *The Times*, 25 January 1918, p. 4.
53. Churchill W., VI, p. 52.
54. 汉基的文件：HNKY 1/5，1918 年 12 月 18 日的日记条目。
55. Gilbert, IV（C）, I, p. 443.
56. Callwell, II, p. 161.
57. 丘吉尔的文件：CHAR 16/3/17。
58. Brown, p. 88.
59. Callwell, II, p. 161.
60. NA：CAB 23/8：1918 年 1 月 28 日战时内阁第 521 次会议的记录，附录。
61. Gilbert, IV（C）, I, p. 462.
62. *The Times*, 22 January 1919, p. 10.
63. 丘吉尔的文件：CHAR 16/3/39。
64. Gilbert, IV（C）, I, p. 451.
65. Gilbert, IV（C）, I, p. 474.
66. 丘吉尔的文件：CHAR 16/3/30。
67. 同上：CHAR 16/3/18。
68. Gilbert, IV（C）, I, p. 475.
69. 丘吉尔的文件：CHAR 16/3/54 – 5。
70. Haig, p. 350.
71. 丘吉尔的文件：CHAR 16/3/53。
72. 同上：CHAR 16/3/80。
73. 同上：CHAR 16/3/95。
74. 同上：CHAR 16/3/121。
75. Hansard, Vol. 113 col. 561.
76. Ibid., col. 562.
77. Ibid., col. 563.
78. Ibid., col. 564.
79. Ibid., col. 568.
80. Hansard（Lords）, Vol. 34 col. 164.
81. NA：CAB 23/10：1919 年 4 月 10 日战时内阁第 555 次会议的记录。
82. *The Times*, 7 March 1919, p. 10.

83. Petrie, II, p. 140.
84. NA：CAB 23/9：1918 年 1 月 30 日战时内阁第 522 次会议的记录。
85. *The Times*, 4 February 1919, p. 9.
86. Ibid., 1 February 1919, p. 9.
87. Hansard, Vol. 112 col. 625.
88. Ibid., cols 49 - 50.
89. NA：CAB 23/9：1919. 1919 年 2 月 12 日战时内阁第 531 次会议的记录。
90. Stevenson F., p. 173.
91. NA：CAB 23/9，1919 年 3 月 19 日战时内阁第 547 次会议的记录。
92. Gilbert, IV (C), I, p. 520.
93. NA：CAB 23/9：1919 年 3 月 20 日战时内阁第 548 次会议的记录。
94. Hansard, Vol. 112 cols 72 - 73.
95. Ibid., col. 339.
96. NA：CAB 23/9：1919 年 3 月 13 日战时内阁第 544 次会议的记录。
97. Hansard, Vol. 112 col. 327.
98. Ibid., col. 340.
99. Ibid., col. 333.
100. Ibid., col. 345.
101. Ibid., col. 81.
102. Ibid., cols 352 - 53.
103. NA：CAB 23/10：1919 年 6 月 6 日战时内阁第 577 次会议的记录。
104. Hansard, Vol. 114 col. 1564.
105. Sommer, p. 363.
106. *The Times*, 21 January 1919, p. 9.
107. Ibid., 5 February 1919, p. 9.
108. Ibid., 7 February 1919, p. 9.
109. Ibid., 10 February 1919, p. 5.
110. NA：CAB 23/9：1919 年 3 月 4 日战时内阁第 541 次会议的记录。
111. Hansard, Vol. 112 col. 49.
112. *The Times*, 15 April 1919, p. 8.
113. Ibid., 17 April 1919, p. 12.
114. Lloyd I, p. xxii.
115. *The Times*, 15 April 1919, p. 13.
116. Ibid., 19 April 1919, p. 11.
117. 请参阅 Heffer, HM, p. 579。
118. Stevenson F., p. 174.
119. Ibid., p. 179.
120. Hansard, Vol. 114 col. 2947.
121. Ibid., cols 2953 - 54.
122. Thompson I, p. 326.
123. Haste, p. 197.
124. Taylor F., pp. 21 - 22.
125. Webb, III, pp. 344 - 45.
126. Davidson, p. 91.
127. Ibid., p. 92.
128. RA GV/PRIV/GVD/1919：28 June.
129. Davidson, p. 93.
130. RA GV/PRIV/GVD/1919：28 June.

索　引

（索引页码为原著页码，即本书边码）

图书在版编目(CIP)数据

凝视上帝：大战中的英国：全二册／（英）西蒙·赫弗（Simon Heffer）著；伍秋玉译. -- 北京：社会科学文献出版社，2021.7

（思想会）

书名原文：Staring at God：Britain in the Great War

ISBN 978 -7 -5201 -8424 -3

Ⅰ. ①凝…　Ⅱ. ①西… ②伍…　Ⅲ. ①第一次世界大战 - 史料 - 英国　Ⅳ. ①K561.45

中国版本图书馆 CIP 数据核字（2021）第 094734 号

· 思想会 ·

凝视上帝：大战中的英国（全二册）

著　　者／［英］西蒙·赫弗（Simon Heffer）
译　　者／伍秋玉

出 版 人／王利民
责任编辑／刘学谦

出　　版／社会科学文献出版社·当代世界出版分社（010）59367004
地址：北京市北三环中路甲 29 号院华龙大厦　邮编：100029
网址：www. ssap. com. cn
发　　行／市场营销中心（010）59367081　59367083
印　　装／北京盛通印刷股份有限公司

规　　格／开 本：880mm × 1230mm　1/32
印 张：35.25　插 页：0.5　字 数：874 千字
版　　次／2021 年 7 月第 1 版　2021 年 7 月第 1 次印刷
书　　号／ISBN 978 -7 -5201 -8424 -3
著作权合同登记号／图字 01 -2021 -1521 号
定　　价／198.00 元（全二册）